PAUL/WIEHL/GROSSE

MITTELHOCHDEUTSCHE GRAMMATIK

SAMMLUNG KURZER GRAMMATIKEN GERMANISCHER DIALEKTE

BEGRÜNDET VON WILHELM BRAUNE

HERAUSGEGEBEN VON
SIEGFRIED GROSSE UND KLAUS MATZEL

A. HAUPTREIHE NR. 2

PAUL/WIEHL/GROSSE
MITTELHOCHDEUTSCHE GRAMMATIK

MAX NIEMEYER VERLAG TÜBINGEN
1989

HERMANN PAUL

MITTELHOCHDEUTSCHE GRAMMATIK

23. Auflage

neu bearbeitet
von
PETER WIEHL UND SIEGFRIED GROSSE

MAX NIEMEYER VERLAG TÜBINGEN

1989

1. Auflage 1881
2. Auflage 1884   (um die Satzlehre erweitert)
3. Auflage 1889
4. Auflage 1894
5. Auflage 1900
6. Auflage 1904   (um das Wort- und Sachregister
7. Auflage 1908   von F. Saran erweitert)
8. Auflage 1911
9. Auflage 1914
10. Auflage 1918
11. Auflage 1926
12. Auflage 1929 ⎫
13. Auflage 1939 ⎬ bearbeitet von E. Gierach
14. Auflage 1944 ⎭ (die Satzlehre von der 14.–19. Auflage bearbeitet von
15. Auflage 1950   O. Behaghel)
16. Auflage 1953   bearbeitet von L. E. Schmitt
17. Auflage 1957
18. Auflage 1959 ⎫
19. Auflage 1963 ⎬ bearbeitet von W. Mitzka
19. Auflage 2. Druck 1966
20. Auflage 1969 ⎫
21. Auflage 1975 ⎬ bearbeitet von H. Moser und I. Schröbler
22. Auflage 1982   Syntax durchgesehen von S. Grosse
23. Auflage 1989   neu bearbeitet von P. Wiehl und S. Grosse

CIP-Titelaufnahme der Deutschen Bibliothek

Paul, Hermann:
Mittelhochdeutsche Grammatik / Hermann Paul. – 23. Aufl. / neu bearb. von
Peter Wiehl u. Siegfried Grosse. – Tübingen : Niemeyer, 1989.
(Sammlung kurzer Grammatiken germanischer Dialekte :
A, Hauptreihe ; Nr. 2)
ISBN 3–484–10233–0 kart.
ISBN 3–484–10232–2 Gewebe
NE: Wiehl, Peter [Bearb.]; Sammlung kurzer Grammatiken
germanischer Dialekte / A

© Max Niemeyer Verlag Tübingen 1989

Satz und Druck: Allgäuer Zeitungsverlag GmbH, Kempten
Einband: Heinrich Koch, Tübingen

Inhalt

Teil I
LAUTLEHRE (§§ 24—83)
Neu bearbeitet von Peter Wiehl

Kapitel I: **Allgemeines (§§ 24—25)**

Kapitel II: **Vokalismus (§§ 26—83)**

KAPITEL III: **Konsonantismus** (§ 84—156)

Kapitel IV: Unterschiede der Landschaftssprachen (§§ 157–170)

Teil II
FORMENLEHRE (§§ 171–296)
Bearbeitet von Peter Wiehl

Kapitel I: Allgemeines (§§ 171–173)

Kapitel II: Deklination der Substantive (§§ 174–195)

Inhalt

TEIL III

SYNTAX

Neu bearbeitet von Siegfried Grosse

KAPITEL I: **Verbum (§§ 302—335)**

Kapitel II: Subjekt und Prädikat (§§ 336–342)

Kapitel III: Kasus (§§ 343–387)

Kapitel IV: **Wortarten (§§ 388–435)**

KAPITEL VII: **Besonderheiten der Satzfügung (§§ 491–496)**

ANHANG

Vorworte

Zur Einleitung, Laut- und Formenlehre der 23. Auflage

Hermann Pauls Mittelhochdeutsche Grammatik, 1881 von ihm als kleines
Büchlein für den akademischen Unterricht für Deutschsprachige und Ausländer, die das Neuhochdeutsche als Hauptfach studieren, angelegt, hat sich im
Laufe ihrer über hundertjährigen Geschichte zu einem umfangreichen Standardwerk der germanistischen Mediävistik entwickelt (und ist damit auch über
den Titel der „Sammlung k u r z e r Grammatiken germanischer Dialekte" hinausgewachsen). Durch stetiges Einbringen neuer Forschungsergebnisse, insbesondere aus dem Bereich der Mundartforschung, hat sich diese Grammatik
schon früh von der Paulschen Zielsetzung entfernt und ist zum Handbuch für
den Lehrenden und Forschenden geworden, ohne indes nach der strengen
Systematik z. B. der Ahd. Grammatik Braunes angelegt zu sein. Das Dilemma
der doppelten Zielsetzung als Handbuch mit der Funktion einer wissenschaftlichen Grammatik, bedingt durch unterschiedliche Adressatenkreise, wurde
schon bald erkannt und zuletzt von Hugo Moser in seinen Vorworten zur 20.
und 22. Aufl. angesprochen. Es aufzuheben wäre nur möglich durch die Erstellung einer neuen, umfassenden wissenschaftlichen Grammatik einerseits und
einer kurzgefaßten, den ursprünglichen Intentionen Hermann Pauls folgenden
Grammatik für den Studierenden im Grundstudium andererseits. Da aber erstere Grammatik nicht in Aussicht steht, war die Tradition der Paulschen
Grammatik mit ihrer letztlich doch akzeptablen Doppelfunktion auch in der
vorliegenden 23. Aufl. fortzuführen.

Die Herausgeber der Sammlung waren sich einig, daß die 23. Aufl. durch
eine tiefgreifende Bearbeitung, d. h. durch neue Anordnung, Formulierung,
graphische Gestaltung, durch Erweiterungen und Straffungen im Hinblick auf
Lesbarkeit und Verständlichkeit verbessert werden sollte. Die durch die vorausgegangenen Bearbeitungen bedingte Zunahme des Stoffes sowie die Art
seiner Einbindung durch Einschübe, Anmerkungen und die im Text angesiedelten Literaturangaben hatten mit der Zeit zu einer gewissen Unübersichtlichkeit geführt, die zumal dem Studierenden den Zugang erschwerte und ihm,
dem ursprünglichen Adressaten, das Buch entfremdete. Aus didaktischen
Gründen wurde daher manches aufgenommen oder ausführlich erläutert, was
dem Wissenschaftler redundant oder gar fehl am Platze erscheinen mag, was
aber dem Studierenden, wie ich aus der Praxis ersehen konnte, den Einstieg
und das Erfassen von Zusammenhängen erleichtern kann.

Aus diesen Gründen wurde die im Laufe der Zeit immer unübersichtlicher
gewordene Einleitung völlig umgearbeitet. So werden zunächst die sprachhistorischen Probleme, die sich aus dem Kompositum ‚Mittelhochdeutsch' ergeben, ausführlicher als bislang dargelegt, und zwar in einem Überblick über die
Einbettung des Deutschen in das Germ. und Idg., einer detaillierten Gliederung des Sprachraums und einer breiteren Darstellung der Periodisierung und
ihrer Problematik. Zusammengeordnet wurden die Kapitel über die Sprach-
schichtung, die höfische Dichtersprache und die Entstehung des Nhd. Ein
Überblick über die sprachlichen Kennzeichen des Mhd. gegenüber dem Ahd.
und Nhd. betreffend Lautung, Formenbau und Syntax, verbunden mit einem
ausführlichen Literaturverzeichnis zu den Quellen und Hilfsmitteln, schließt
sich an. Die Kapitel über Schrift, Schreibung und Aussprache wurden neu
geordnet und stellenweise erweitert. Das Kapitel über die Betonung wurde,
früheren Auflagen folgend, wieder in die Einleitung einbezogen.

In der Lautlehre wurden, dem Wunsch der Herausgeber der Sammlung
entsprechend, in stärkerem Umfang neuere Erkenntnisse der Phonologie berücksichtigt, dies jedoch unter Wahrung des traditionell junggrammatischen
Charakters dieser Grammatik. Dieser problematischen Aufgabe, letztlich ato-
mistische und systemhafte Betrachtungsweise zu kombinieren, habe ich, soweit
es eben vertretbar und didaktisch vermittelbar erschien, versucht weitgehend
gerecht zu werden. Daß hiermit vielfältige Umgestaltungen und unvermeidbar
Ausweitungen vieler Kapitel verbunden waren, braucht nicht betont zu werden; die Veränderungen im einzelnen zu begründen, würde hier zu weit
führen.

Die Zusammenstellung und Abfolge der Kapitel zur Gruppenentwicklung
der Vokale und Konsonanten erfolgt noch strenger als bisher nach chronologischen Aspekten. Viele Kapitel wurden grundlegend neu konzipiert und über-
sichtlicher angeordnet und gestaltet, so u. a. die zum Umlaut, zur Synkope und
Apokope, zur Lautverschiebung, zu den Geminationen und Kontraktionen;
neu eingeführt wurden Kapitel zur nhd. Diphthongöffnung (§ 44) und zur
Vokalsenkung vor Nasalen (§ 50). Die Einzeldarstellungen der starktonigen
Vokale und der Konsonanten, bislang meist ein verwirrendes Durcheinander
unterschiedlicher Informationen, wurden nach Möglichkeit in drei Abschnitte
gegliedert: unter ‚Mhd.' mit Angaben zur Herkunft des Lautes und zum ‚normalmhd.' Idealtyp, sodann unter ‚Maa.' mit der Nennung der mundartlichen
Varianten, letztlich unter ‚Nhd.' mit der Darlegung der gegebenenfalls vorkommenden Lautwandlungen zum Nhd. hin. Das Kapitel zu den Landschaftssprachen (§§ 157−170), um die sprachgeographischen Angaben gekürzt (sie
finden sich jetzt bei der Raumgliederung §§ 4−6), wurde mit Literaturverzeichnissen zu den einzelnen Mundarten versehen.

Die Formenlehre wurde weitgehend belassen und nur in wenigen Fällen
umgestaltet; sie soll in einer späteren Auflage einer gründlichen Bearbeitung
unterzogen werden. Die von Hugo Moser eingebrachten exemplarischen syn-

chronischen Gliederungen der Substantive (§§ 191–195), Adjektive (§ 201f.) und Verben (§§ 289–296) wurden beibehalten, obwohl sie in dieser knappen Form nicht befriedigen können.

Trotz der vielfältigen Eingriffe, Umstellungen und Umformulierungen blieb letztlich die inhaltliche Substanz der vorausgegangenen Auflage bewahrt. Tilgungen betreffen lediglich die ausführlichen Literaturangaben zum Frühnhd. (§ 7 alt), die Handschriftenproben im Anhang, gelegentlich überflüssige Beispiele. Die zahlreichen Umstellungen und Erweiterungen erzwangen eine neue, nunmehr feinere Paragrapheneinteilung, die über eine Paragraphenkonkordanz mit der Einteilung der Auflagen 20 bis 22 in Verbindung steht.

Neu in der 23. Auflage sind die chronologisch geordneten und daher leicht ergänzbaren Literaturangaben am Ende eines jeden Kapitels, die in dieser Form Literaturverzeichnisse zu bestimmten Sachgebieten oder Problemkreisen darstellen. Neu ist ebenfalls ein alphabetisches Literaturverzeichnis aller in der Grammatik zitierten Sekundärliteratur mit annähernd 2000 Titeln. Wenngleich hier Vollständigkeit nicht angestrebt war, ist unseres Erachtens doch eine recht brauchbare Bibliographie zum Mhd. entstanden, die sich – auch durch Hinweise der Rezensenten und Benutzer – zukünftig noch ergänzen läßt.

Die umfangreichen Wort- und Sachregister zur Einleitung, Laut- und Formenlehre wurden mit denen der Syntax zusammengeführt und mußten der neuen Paragraphenzählung angepaßt werden. Das Abkürzungsverzeichnis der grammatischen und anderer Termini wurde geringfügig abgeändert. Die Auflistung der Abkürzungen der Sekundärliteratur (vormals S. XXXff.) konnte wegen des neuen Literaturverzeichnisses entfallen; die Zeitschriftenabkürzungen werden in einer nunmehr eigenen und erweiterten Liste erschlossen.

Zu Dank verpflichtet bin ich meinem Kollegen und Mitbearbeiter Siegfried Grosse für die angenehme Zusammenarbeit und für die Überlassung einer halben studentischen Hilfskraftstelle, auf der nacheinander Frau Angela Josephs, Frau Susanne Siekmann und Frau Christiane Groß in dankenswerter Weise die bibliograpischen Angaben überprüften und zusammenstellten. Besonders danken möchte ich Christiane Groß für ihre unermüdliche Mitarbeit an den Registern, an den Abkürzungsverzeichnissen, an den Literaturverzeichnissen sowie beim Korrekturlesen, nicht zuletzt auch für manchen Änderungsvorschlag aus der Sicht der Studierenden. Herzlich danken möchte ich auch Frau Birgitta Zeller vom Max Niemeyer Verlag für die harmonische Zusammenarbeit.

Hinweise auf Versehen, Fehler, Unklarheiten sowie Anregungen und Ergänzungsvorschläge werde ich stets gern entgegennehmen. Möge die 23. Aufl. in dieser Form nicht nur die Fachkollegen, sondern auch – im Paulschen Sinn – die deutschen und ausländischen Studierenden, die Mediävistik als Haupt- oder Nebenfach gewählt haben, zufriedenstellen.

Bochum, 23. Februar 1989   Peter Wiehl

Zur Syntax der 20. Auflage

(...) Anliegen des Buches ist es, ein Bild von dem syntaktischen Gefüge des Mittelhochdeutschen zu vermitteln um der Kenntnis dieses Gefüges selbst willen. Es ist nicht beabsichtigt, eine vollständige Beschreibung des Systems zu geben, aber die wesentlichen Züge sollen aufgezeigt werden. Dieses Buch ist weder eine historische Syntax noch eine strukturalistische. Das mittelhochdeutsche Gefüge wird nicht aus dem althochdeutschen oder aus dem urgermanischen abgeleitet. Um der Konsequenz willen wurde auch darauf verzichtet, in einzelnen, ausgewählten Fällen auf die vor-mittelhochdeutschen Voraussetzungen hinzuweisen, so instruktiv dies hätte sein können. Was ich beschreibe und in seiner Bedeutung zu erfassen suche, ist der mittelhochdeutsche Befund, nicht seine Ursprünge.

Das mittelhochdeutsche Gefüge aber ist nicht durch 300 Jahre hindurch statisch. Es gibt einerseits innerhalb gewisser Bereiche synchronisch erscheinende Varianten von unterschiedlicher Breite, und es gibt anderseits chronologisch differenzierte Verschiebungen. Die Darstellung strebt an, neben dem, was relativ statisch ist, derartige Varianten kenntlich zu machen und eventuell vorhandene Bedeutungsnuancen zu erfassen.

Vergleichende Betrachtung anderer Sprachen, auch nicht-nächstverwandter, kann den Blick für bestimmte Phänomene innerhalb einer Einzelsprache schärfen. Der ‚kundige Leser‘ mag aus einzelnen Formulierungen erkennen, wo Derartiges im Spiele ist, der weniger kundige aus den Literaturhinweisen; Vergleichsmaterial aus anderen Sprachen wird nicht angeführt.

Ein Exempel strukturalistischer Darstellung einer bestimmten historischen Sprachstufe zu geben, habe ich mich nicht in der Lage gesehen, unbeschadet der Bereicherung, die ich von seiten der strukturalistischen Syntaxforschung erfahren habe. Es scheint mir, daß einer deskriptiven Darstellung der mittelhochdeutschen Syntax, wie ich sie hier vorlege – deren Unvollkommenheiten besser als jeder präsumptive Kritiker zu kennen ich für mich in Anspruch nehme – in der gegenwärtigen Forschungslage ein ‚Grundlagenwert‘ (Henzen) zuerkannt werden darf, und daß sie einer strukturalistischen Syntax vorangehen sollte.

Die Texte, auf denen meine Darstellung beruht, gehören ihrer Entstehung nach in die Zeit der zweiten Hälfte des 11. Jahrhunderts bis in den Anfang des 14. Jahrhunderts. Was die handschriftliche Überlieferung betrifft, so gelangt man bis in den Anfang des 16. Jahrhunderts. Es sind nicht sämtliche Texte dieser Epoche berücksichtigt worden: das Schwergewicht liegt auf der ‚klassischen Zeit‘, und es dominieren die poetischen Texte völlig gegenüber der Prosa. (...)

Eine syntaktische Untersuchung darf sich nicht auf einen kritischen Text stützen, sie muß auf die Lesarten zurückgreifen. Das Problematische sind die Ausgaben ohne Lesarten-Apparat und die als ungenügend bekannten veralteten Ausgaben. Der Schade ist nicht zu groß, wenn in eine Reihe von Zeugnissen für eine und dieselbe syntaktische Erscheinung sich eines verirren sollte, das nicht handschriftlich belegt ist. Man kann aber nicht skrupulös genug sein, wo es sich um seltene oder vereinzelte Erscheinungen handelt.

Lesarten-Varianten syntaktischen Charakters, soweit sie nicht inhaltliche Verschiedenheiten bezeichnen, stelle ich bewußt gegeneinander in der Absicht, den Eindruck des Statischen, den die Darstellung vielleicht in zu hohem Grade hervorrufen könnte und der durch den Charakter nicht weniger den Studierenden zur Verfügung stehender Textausgaben verstärkt wird, zu korrigieren. Sie sind Zeugnisse entweder für konkurrierende Möglichkeiten oder für zeitliche Differenzierungen. Auf das eine wie auf das andere verweist man bei gegebenem Anlaß an Hand verschiedener Textbelege; am anschaulichsten aber läßt sich beides demonstrieren an Varianten der selben Textstelle. Es ist nicht erforderlich, und es würde verwirren, wenn zu jedem Beleg die Varianten angeführt würden und wenn diese vollständig gegeben würden; es genügt, wenn dies in charakteristischen Fällen geschieht und in einer gewissen gleichmäßigen Verteilung über alle Kapitel des Buches hin.

Orthographie, Akzentsetzung, Interpunktion der Text-Belege folgt den jeweils gebrauchten Ausgaben, sofern nicht die in den Apparaten oder in Paralleldrucken gegebenen handschriftlichen Lesarten eingesetzt sind. Die Belegstellen sind also nicht normalisiert. Die Ungleichmäßigkeit des äußeren Bildes, die sich daraus ergibt, ist nicht schön, und für den Anfänger mag sie erschwerend sein; mir scheint ein anderes Vorgehen nicht zu verantworten. Gelegentlich habe ich mir die Freiheit genommen, von der Interpunktion der angeführten Ausgabe stillschweigend abzuweichen, wenn diese meiner Ansicht nach das syntaktische Verständnis des Textes erschwert oder auf einer unrichtigen Auffassung beruht, und in einigen Fällen, wo ich diplomatische Abdrucke benutze, habe ich die Orthographie leicht normalisiert, aus Rücksicht auf studentische Leser und im Bewußtsein der Inkonsequenz dieses Verfahrens. (...)

Berlin, 11. September 1969   Ingeborg Schröbler

Zur Syntax der 23. Auflage

Die 23. Auflage der von Hermann Paul begründeten „Mittelhochdeutschen Grammatik" ist keine nur durchgesehene, sondern eine gründlich umgearbeitete Fassung. Bei jeder Neuauflage sehen sich die Bearbeiter mit vielen Fragen über Umfang und Ziel der neuen Fassung konfrontiert. In welchem Maß sollen neue Erkenntnisse aufgenommen werden? Wie wird man den Anforderungen eines Unterrichtswerkes gerecht, das für die Studierenden lesbar und durchsichtig sein soll und doch auch den Forschungsansprüchen der Lehrenden zu genügen hat? Wie ist das Corpus der zahlreichen und mit Sorgfalt erhobenen literarischen Belege aus den Texten beizubehalten, die noch immer den Kanon des Studiums bilden? Kann eine bewährte Grammatik einfach fortgeschrieben werden, um aktuell zu bleiben? Behält sie dann noch ihre Stimmigkeit, oder sollte sie einer völlig neuen Konzeption weichen? Sind die Erkenntnisse der neuen Grammatikforschung zum gegenwärtigen Deutsch auf historische Texte übertragbar, wenn wir die Sprechwirklichkeit der damaligen Zeit nicht kennen, sondern hauptsächlich Texte, die auch an außersyntaktische Regeln gebunden sind?

Wir haben uns für einen Mittelweg entschieden: Ingeborg Schröblers Syntax wurde neu geordnet, der Text überarbeitet, an einigen Stellen gekürzt, an anderen erweitert, der Forschungsstand aktualisiert und die drucktechnische Präsentation verbessert:

1. Die drei Teile Lautlehre, Formenlehre und Syntax folgen jetzt unmittelbar aufeinander, denn die bisher jedem Teil angefügten Register stehen vereint am Ende des Bandes. Dabei ist das bisherige Register zur Syntax geteilt und in die viel ausführlicheren Wort- und Sachregister der beiden anderen Teile integriert worden. Eine Reihe neuer Sachbegriffe ist aus der Syntax hinzugekommen.

2. Die Syntax beginnt mit § 300 und ist bis § 496 durchnumeriert. Auslassungen und Doppelnummern wurden vermieden. Neue Kapitel sind in die Numerierung einbezogen worden. Wir haben aber die Schröblersche Kapitelstruktur in der Regel beibehalten. Eine Paragraphenkonkordanz ermöglicht die Benutzung der älteren Auflagen.

3. Die Gliederung der Syntax ist grundlegend verändert worden. Wir haben die frühere Reihenfolge, die in den Kapiteln I–VI die Wortarten in ihren syntaktischen Funktionen und in den Kapiteln VII–XII den Satz brachte, aufgegeben. Statt dessen haben wir versucht, in sieben Kapiteln eine Stringenz zu erreichen, die vom Verb als Satzkern ausgeht und zum komplexen Satz und den Besonderheiten der Satzfügung hinführt. Wir glauben, auf diese Weise den Zugang zum Verständnis mittelhochdeutscher Texte erleichtern zu helfen. Die früher oft unverbunden aufeinander folgenden Kapitel gehen jetzt, so meinen wir, folgerichtig auseinander hervor. Wir wollen nicht die Valenzgrammatik auf das Mittelhochdeutsche übertragen, aber wir haben sie als ordnungserleichternde Leitlinie gewählt.

4. Einige Kapitel sind neu gefaßt, einige eingefügt worden. Darlegungen, die für das Mittelhochdeutsche von randständiger Bedeutung sind, wurden gekürzt, z. B. die Erörterungen über den Aspekt.

5. Viel Mühe wurde auf die Erleichterung und Verbesserung der Lesbarkeit des Textes verwandt durch stilistische Änderungen und Vereinfachung der Darstellung. Fußnoten wurden aufgelöst und mehrheitlich in die Texte aufgenommen.

6. Geändert wurde die Zitierweise der Literatur, die bisher mit vielen Wiederholungen besonders platzaufwendig war. Autor, Erscheinungsjahr der Mo-

nographie oder Abhandlung und Seitenzahl werden genannt und können in dem umfänglichen, ebenfalls für beide Teile der Grammatik vereinten Literaturverzeichnis bibliographisch erschlossen werden. Die Literaturangaben erscheinen am Ende eines Kapitels in einem chronologisch geordneten Literaturblock. Alle Titel sind überprüft und aktualisiert worden, wobei durch Erweiterungen vor allem die Brücke zur Grammatik der Gegenwartssprache geschlagen worden ist, um von hier aus den Zugang zum Mittelhochdeutschen zu öffnen.

7. Schließlich verbessern eine neu strukturierte Typographie und die Gliederung der Texte mit zusätzlichen Zwischenüberschriften die Übersichtlichkeit.

Herrn Dr. Helmut Kuntz bin ich für vielfältige, zeitaufwendige, stets geduldige und kreative Mitarbeit zu großem Dank verpflichtet. Ohne seine Mithilfe wären sowohl die Konzeption der Gesamtpräsentation als auch die bibliographischen Recherchen im einzelnen und ihre Erfassung mit Hilfe des Computers nicht möglich gewesen.

Zu danken habe ich außerdem Frau Prof. Dr. Shoko Kishitani, Todai-Universität Tokyo, für viele anregende Gespräche über die Syntax des Mittelhochdeutschen.

15. Februar 1989   Siegfried Grosse

EINLEITUNG

Vorbemerkung: Die Einleitung soll in kurzer Form einen sprachhistorischen Überblick bieten. So informieren die ersten drei Kapitel über die einzelnen Bestandteile des Kompositums ‚Mittel-hoch-deutsch‘, beginnend mit Deutsch als Sprache germanischer und indogermanischer Herkunft, fortschreitend zur räumlichen Abgrenzung durch das Wort ‚hoch‘ und abschließend mit der Periodisierungsproblematik, die sich aus der Zeitangabe ‚mittel‘ in der dt. Sprachgeschichte ergibt. Mit Sprachschichten des Mhd., mit einheitssprachlicher Tendenz in der höfischen Dichtersprache und mit der Entstehung der nhd. Schriftsprache befaßt sich kurz Kap. IV. Im Überblick zeigt Kap. V. sprachliche Kennzeichen des Mhd. aus den Bereichen Lautung, Formenbau und Syntax auf, die diese Sprachstufe vom vorausgehenden Althochdeutschen (Ahd.) und vom folgenden Neuhochdeutschen (Nhd.) abheben; die meisten dieser Merkmale werden an späterer Stelle der Grammatik ausführlich behandelt. Die folgenden Kapitel beschäftigen sich mit der Aufzeichnung des Mhd., zunächst mit den Schriftarten, sodann mit der Wiedergabe der Sprache in den mittelalterlichen Handschriften und mit der Normalisierung der Schreibung des Mhd. durch Karl Lachmann. Angaben zur Betonung schließen die Einleitung ab. Soweit nicht thematisch an einzelne Kapitel angebunden, findet sich die wichtigste Literatur zum Mhd. in § 16.

I. Indogermanisch – Germanisch – Deutsch

A. Das Indogermanische §1

Das Deutsche gehört zu den germanischen Sprachen, die wiederum zur indogermanischen (o. indoeuropäischen) Sprachgruppe zählen.

Das Indogermanische (Idg.) ist ein aus lautlichen, morphologischen und lexikalischen Entsprechungen späterer Einzelsprachen erschlossener Archetypus. Ob es sich dabei um ein Rekonstrukt oder um eine etwa 3000 v. Ch. tatsächlich gesprochene, einem ‚Urvolk‘ zuzuordnende Sprache handelt (Meid 1975), ist umstritten; der Begriff umreißt wahrscheinlich nur einen offenen Sprach- und Kulturverbund (Schweikle 1986, 20).

Der Terminus ‚Indogermanisch‘, zu Beginn des 19. Jhs. geprägt, nennt mit Indisch und Germanisch die äußerste östliche und westliche Sprache einer über weite Teile Europas und Asiens sich erstreckenden Sprachenfamilie. Den ungenauen geographischen Begriff ‚Indoeuropäisch‘ vermeiden wir, weil einige Sprachen Europas (Ungarisch, Finnisch, Estnisch, Lappisch, Baskisch, Türkisch) dieser Sprachenfamilie nicht angehören (u. a. Mettke 1983, 17). Die Familie der idg. Sprachen wird nach einer bestimmten Konsonantismusdivergenz (Kennwort ‚hundert‘: avestisch *satem* – lat. *centum*) in Satem- und Kentumsprachen aufgeteilt. Zu der Satem-Gruppe zählen Indisch, Iranisch, Armenisch, Slawisch, Baltisch, Albanisch sowie die untergegangenen Sprachen Phrygisch und Thrakisch, zur Kentum-Gruppe gehören Griechisch, Italisch (mit Latein und den romanischen Nachfolge-

sprachen), Keltisch, Germanisch sowie die untergegangenen Sprachen Hethitisch, Illy-
risch und Tocharisch. Die ältesten bezeugten Einzelsprachen sind Indisch, Hethitisch
und Griechisch aus dem 2. Jahrtausend v. Ch.

Lit. zum Idg.:
Überblick: Meid 1975; Voegelin, C. F./Voegelin, F. M. 1977; Lockwood 1979; Szeme-
rényi 1980; Schmidt, K. H. 1984/85; Lehmann 1985; vgl. ferner Sprachgeschichten
(§ 3).
Grammatiken: Brugmann/Delbrück 1893; Hirt 1921; Krahe 1943; Lehmann 1955
(Phonologie); Lehmann 1974 (Syntax).
Wörterbuch: Walde/Pokorny 1927.
Wortschatz: Meid (Hrsg.) 1987a.
Urheimat: Scherer, A. (Hrsg.) 1968; Cardona/Hoenigswald/Senn (Hrsg.) 1970; Kilian
1983; Gamkrelidze/Ivanov 1985a, 1985b; Diakonov 1985; Gimbutas 1985.

§ 2   B. Das Germanische

Wohl gegen Ende des 2. Jahrtausends hat sich das Germanische von den anderen idg. Sprachen abgesondert. Das Germ. unterscheidet sich sprachlich vom
Idg. durch die Aufgabe des freien Wortakzentes und die Festlegung auf Initial-
akzentuierung der Wörter (§ 21), durch die erste o. germ. Lautverschiebung
(§ 85) und den Grammatischen Wechsel (§ 92f.), durch den systematischen
Ausbau des Ablauts bes. bei der Flexion der starken Verben (§ 28ff.; § 244ff.),
durch die Ausbildung einer konsonantischen („schwachen') Deklination bei
Substantiv (§ 186ff.) und Adjektiv (§ 196ff.) und sekundärer sog. „schwacher'
Verben mit präteritalem Dentalsuffix (§ 238; § 255ff.), durch Reduzierung des
Formenbestandes beim Substantiv, Adjektiv und Verb sowie durch bestimmte
Vokalveränderungen (Phonemzusammenfall idg. /a/, /o/, /ə/ > germ. /a/, idg. /ā/,
/ō/ > germ. /ō/; Monophthongierung von idg. /ei/ > germ. /ī/ und idg. /ēi/ > germ.
/ē²/ (§ 26); Nasalschwund mit Ersatzdehnung (§ 36) und Sproßvokalbildung
idg. /m̥, n̥, l̥, r̥/ > germ. /um, un, ul, ur/ (§ 26); Wandel von /e/ > /i/ (§ 32) und
Brechung von /i/ > /ë/ (§ 33) sowie Phonemspaltungen von /u/ > /u/, /o/ (§ 34;
§ 66; § 68) und /eu/ > /eo/, /iu/ (§ 35; § 77; § 81)).

Die Germanen, als deren Urheimat seit etwa 2000 v. Ch. der westl. Ostseeraum gilt
(Penzl 1972,147; Hutterer 1975,45), breiten sich seit dem 6. Jh. v. Ch. nach Norden,
Osten und Süden aus, was zu kulturellen Eigenentwicklungen und sprachlichen Sonde-
rungen führt. Man unterscheidet für die Zeit um Christi Geburt drei (oder fünf) Sprach-
gruppen: das Nordgermanische in Skandinavien (Altnordisch mit den Folgesprachen
Schwedisch, Dänisch, Norwegisch, Isländisch), das Ostgermanische im Oder-Weich-
sel-Gebiet (mit den später untergegangenen Stammessprachen Gotisch, Wandalisch,
Burgundisch) und das West- o. Südgermanische in Nordwestdeutschland und Süd-
england (mit den Folgesprachen Englisch, Niederländisch, Friesisch, Deutsch).
Die Westgermanen lassen sich aufgrund archäologischer Befunde in drei weitere
Stammesgruppen untergliedern (vgl. Maurer 1942; Maurer 1956; Schwarz 1956), die von
Tacitus und Plinius nach den drei Söhnen des germ. Stammvaters Mannus benannt
wurden: 1. Die Ingwäonen o. Nordseegermanen (mit den Stämmen der Angeln,
Chauken, Sachsen u. Friesen) siedeln an der Nordseeküste von Jütland bis Belgien, von

wo die Angeln und ein Teil der Sachsen im 4./5. Jh. n. Ch. nach England abwandern. Die Sprache der auf dem Festland verbliebenen Sachsen, das Altsächsische (As.), ist die Vorstufe des späteren Niederdeutschen. 2. Die Istwäonen o. Weser-Rhein-Germanen (mit den Stämmen der Franken und Hessen) bewohnen die heutigen fränkischen und hessischen Gebiete, die Franken zudem Holland, Belgien und Nordfrankreich. Während in Frankreich das Fränkische im 9. Jh. dem Romanischen unterliegt, entwickelt es sich in den Niederlanden über das Altniederfränkische zum späteren Niederländischen. Auf deutschem Gebiet wird das Fränkische (mit Ausnahme des Ostfränkischen) und das Hessische zusammen mit dem Thüringischen zur Grundlage des Mitteldeutschen und damit zum nördl. Teil des Hochdeutschen. 3. Die Erminonen o. Elbgermanen (mit den späteren Stämmen der Alemannen, Baiern, Langobarden und Thüringer) dringen in der Völkerwanderungszeit von der Elbe nach Süden vor. Die Thüringer (urspr. Hermunduren) werden später sprachlich dem Mitteldeutschen zugeordnet, die bis zum Alpennordrand gelangenden Alemannen und Baiern bilden zusammen mit den Ostfranken sprachlich das Oberdeutsche, den südl. Teil des Hochdeutschen. Die Langobarden, die bis nach Oberitalien (Lombardei) kommen, werden im 10. Jh. romanisiert.

Die sprachlichen Übereinstimmungen in den westgermanischen (wgerm.) Sprachen gehen nicht auf eine urspr. Einheit zurück, sondern sind wohl Produkte späterer Ausgleichsentwicklungen. Die wgerm. Gemeinsamkeiten sind die Konsonantengemination vor /j, w, r, l/ (§ 96), der Übergang von germ. /ê¹/ > wgerm. /â/ (§ 70), der Verlust des auslautenden germ. /s/ der Flexionsendung (z. B. got. *gasts;* − ahd. *gast;* § 174), die Übernahme der Ablautstufe des Plurals in der 2. Sg. Prät. (z. B. got. *gaft* − ahd. *gâbi*) und der Ausfall des germ. /i/ und /u/ nach langer Silbe in unbetonter Stellung (z. B. got. *handus* − ahd. *hant*).

Lit. zum Germ.:
Überblick: Feist 1924; Streitberg/Michels/Jellinek (Hrsg.) 1936; Schwarz 1951; Maurer 1952; Stroh 1952; Schwarz 1956; Lehmann 1966; van Coetsem 1970; van Coetsem/ Kufner (Hrsg.) 1972; Penzl 1972; Hutterer 1975; Munske 1980; Jungandreas 1981; Penzl 1986; Schweikle 1986; Snyder 1987; vgl. ferner Sprachgeschichten (§ 3).
Grammatiken: Paul, H. 1879a (Vokalismus); Kluge 1913; Hirt 1931; Prokosch 1939; Streitberg 1963; Krahe/Meid 1969; Markey 1977 (mit Bibliographie); Ramat 1981; Bammesberger 1986 (Verbalsystem).
Wörterbücher: Seebold 1970 (st. Verben); Köbler 1975 (Latein − Germ.). − Zur germ. Lautverschiebung vgl. § 85.

Lit. zum Gotischen:
(Das ostgerm. Gotische ist die früheste durch einen umfangreichen Text belegte germ. Sprache; Zeugnis ist die Bibel des westgot. Bischofs Wulfila).
Überblick: Jellinek 1926; Mossé 1950 (Bibliographie); Stutz 1966; Scardigli 1973; Stutz 1985; Penzl 1985.
Grammatiken: Streitberg 1920; Kieckers 1928; Braune/Helm 1928; Mossé 1956; Hempel 1966a; Krahe 1967; Krause 1968; Braune/Ebbinghaus 1973.
Wörterbücher: Streitberg 1965 (Got.-Griech.-Dt.); Holthausen 1934 (Etymol.).

§ 3   C. Das Deutsche

Teile der Nordsee-, der Weser-Rhein- und der Elbgermanen wachsen seit der
Karolingerzeit infolge der Loslösung vom romanisierten westl. Frankenreich
zu einer politischen, kulturellen und später auch sprachlichen Einheit zusammen, die mit dem Begriff ‚deutsch' bezeichnet wird. Dieser Begriff, seit 786
zunächst als mlat. *theodiscus* (= ‚vulgaris', ‚volkssprachig' im Gegensatz zum
Latein) belegt, erscheint als dt. Wort *in diutiscun* ‚auf deutsch' und in der auf
den dt. Sprachraum eingeschränkten Bedeutung zuerst bei Notker von St.
Gallen (gest. 1022), später um 1110 im Annolied bereits in bezug auf Sprache,
Land und Einwohner *(Diutischin sprecchin, Diutsche lant, Diutschi man, Diuti-
schi liuti)*. Der Terminus *diutsch* ist Sammelbegriff für die im ‚deutschen Land'
vereinten wgerm. Stammessprachen und Mundarten und wird erst in nhd. Zeit
zur Bezeichnung für die überregionale Einheitssprache.

Die Entstehung des ‚Deutschen' aus den drei wgerm. Sprachgruppen spiegelt sich teilweise in der Dreigliederung des deutschen Sprachraumes wider:
Niederdeutsch (< Sachsen = Teil der Nordseegermanen), Mitteldeutsch
(< Franken, Hessen = Teile der Weser-Rhein-Germanen, außerdem Thüringer = Teil der Elbgermanen), Oberdeutsch (< Alemannen, Baiern = Teile
der Elbgermanen, außerdem Ostfranken = Teil der Weser-Rhein-Germanen)
(§§ 4–6). Diese Genese des Deutschen aus unterschiedlichen Stammessprachen
erklärt, zusammen mit zahlreichen auch räumlich divergierenden Sprachwan-
delerscheinungen der Folgezeit, die starke dialektale Zersplitterung, zugleich
aber Bestrebungen zur Ausbildung eines überregionalen Idioms wie im ‚klassischen' Mittelhochdeutschen (§ 9), in den Kanzlei-, Drucker- und Ausgleichs-
sprachen der frühnhd. Periode und letztlich in der nhd. Einheitssprache (§ 10).

Lit. zum Deutschen:
Zum Begriff ‚Deutsch': Fischer, Hermann 1894; Vigener 1901; Dove 1916; Vaas 1924;
Krogmann 1936; Neumann, F. 1940; Weisgerber 1949; Rupp 1951; Weisgerber 1953;
Jakobs 1968; Eggers (Hrsg.) 1970; Goossens 1971; Reiffenstein 1971; Worstbrock
1978; Sonderegger 1979, 45–56; Strasser 1984.
Sprachgeschichten des Deutschen: Grimm, J. 1848; Scherer, W. 1878; Socin 1888;
Kluge 1920; Hirt 1925; Behaghel 1928; Frings 1956; Frings 1957; Moser, Hugo 1957;
Schirokauer 1957; Weithase 1961; Moser, Hugo 1963; Eggers 1963; Guchmann 1964;
Agricola/Fleischer/Protze (Hrsg.) 1969; Moser, Hugo 1969; Schmitt, L.E. (Hrsg.)
1970; Bach, A. 1970; van Raad/Voorwinden 1973; Mollay 1974; Watermann 1976;
Keller, R. E. 1978; von Polenz/Sperber 1978; Coletsos/Sandra 1979; Sonderegger
1979; Schmidt, W. (Hrsg.) 1980; Schildt 1980a; König 1981; Wolf, N.R. 1981;
Tschirch 1983; Schweikle 1986; Wolff, G. 1986.
Sprachgeschichtliche Handbücher: Stammler (Hrsg.) 1957; Althaus/Henne/Wiegand
(Hrsg.) 1980; Fleischer et al. (Hrsg.) 1983; Besch/Reichmann/Sonderegger (Hrsg.)
1984.

II. Räumliche Gliederung

A. Deutscher Sprachraum und Gliederungskriterien   § 4

Der deutsche Sprachraum ist zunächst zweigeteilt in das Niederdeutsche (Ndd.), das in der norddt. Tiefebene gesprochen wird, und in das Hochdeutsche (Hd.), die Sprache im höher gelegenen, überwiegend gebirgigen Teil Deutschlands südl. der Mittelgebirgsschwelle längs Rothaargebirge und Harz und nördl. der Alpen.

Anm. 1: ,Hoch' bzw. ,nieder' sind hier noch rein geographische, sprachraumbezogene Begriffe, ,Hochdeutsch' bedeutet also nicht ,Einheits-, Schrift- o. Oberschichtsprache' wie in nhd. Zeit. Das Spätmittelalter benutzt für Ndd. bzw. Hd. die Termini ,Niederländisch' bzw. ,Oberländisch'.

Sprachlich unterscheiden sich die beiden Varietäten vor allem im Konsonantismus: das Ndd. hat den alten germ. Lautstand bewahrt, wogegen sich das Hd. durch die sog. zweite o. hd. Lautverschiebung (§§ 86–91) partiell davon getrennt hat. Die Grenzlinie zwischen beiden Sprachräumen, nach einem Paradigma *maken/machen*-Linie oder nach dem Ort der Rheinüberschreitung Benrather Linie genannt, verläuft heute etwa von Aachen – Benrath bei Düsseldorf – Rothaargebirge – Kassel – südl. v. Magdeburg – Wittenberg – Frankfurt/Oder, lag aber in mhd. Zeit südlicher, bes. im Osten (vgl. Karte Linie a).

Da die hd. Lautverschiebung nicht den gesamten hd. Sprachraum konsequent erfaßt hat, sondern nach Norden hin und den Rhein hinunter immer schwächer erscheint, läßt sich das Hochdeutsche in zwei Teilgebiete untergliedern, in das Oberdeutsche (Obd.) im Süden und das Mitteldeutsche (Md.) in der Mitte zwischen Oberdeutschem und Niederdeutschem. (Zu ,Md.' Wolf, H. 1967).

Anm. 2: ,Mittel' ist bei Mitteldeutsch geographischer Begriff, nicht zu verwechseln mit der Zeit- und Periodenbedeutung bei ,Mittelhochdeutsch' (§ 7).

Sprachlich unterscheiden sich die beiden Gebiete durch die Verschiebung der Geminata /pp/ zu /pf/ im Obd., wogegen /pp/ im Md. bewahrt bleibt (wie auch im Ndd.). Die Grenze zwischen dem Obd. und dem Md. heißt nach einem entsprechenden Paradigma *appel/apfel*-Linie oder nach dem Ort der Rheinüberschreitung Speyerlinie und verläuft heute westl. v. Straßburg – Speyer – nach Norden Richtung Fulda – nördl. v. Eisenach – südl. v. Jena – nördl. v. Plauen; auch diese Linie lag wohl im Mittelalter etwas südlicher (vgl. Karte Linie d). Das Oberdeutsche umfaßt die Mundartlandschaften des Alemannischen, aus dem sich seit dem 13. Jh. das Schwäbische ausgliedert, des Bairischen sowie im nördl. Teil des Süd(rhein)fränkischen und des Ostfränkischen.

Das Mitteldeutsche gliedert sich zunächst in das West- und das Ostmitteldeutsche (Wmd. bzw. Omd.), die Grenze verläuft zwischen Fulda und Werra (*pund/fund*-Linie; vgl. Karte Linie e). Das Omd. besteht aus dem Thüringischen, nach der Ostkolonisation seit spätmhd. Zeit auch aus dem Obersächsischen, dem Schlesischen und dem Hochpreußischen. Das Wmd. ist wiederum aufgrund unterschiedlicher Lautverschiebung aufgeteilt in das Mittelfränkische (Ripuarisch im Norden um Köln u. Moselfränkisch im Süden um Trier, beide in mhd. Zeit noch unscharf getrennt) und in das Rheinfränkische (um Mainz, einschließlich des Hessischen). Rheinfränkisch und Moselfränkisch trennt die sog. Hunsrückbarriere o. die *dat*/*das*-Linie (*dat* im N., *das* im S.; vgl. Karte Linie c). Moselfränkisch kennt im Unterschied zum nördl. Ripuarischen Verschiebung von /rp/, /lp/ *(dorp, helpen)* zu /rf/, /lf/ *(dorf, helfen);* die Grenze bildet die *dorp*/*dorf*-Linie o. die Eifelbarriere (vgl. Karte Linie b). Die wmd. Barrieren o. Isoglossen, die z.T. im Rothaargebirge zusammenlaufen, nennt man den ‚Rheinischen Fächer‘ (Linien a, b, c der Karte).

Die Abgrenzung der Mundartlandschaften, die sich überwiegend an lautlichen, weniger an anderen sprachlichen Unterschieden orientiert (vgl. §§ 157–170), kennt selten scharfe Linien, sondern häufiger wechselnd breite Übergangsstreifen, die sich, da die zugrundeliegenden Spracherscheinungen veränderlich sind, verschieben können. Zudem ist die Einteilung des dt. Sprachraumes zuverlässig nur mit Hilfe der heutigen Mundarten möglich, deren Raumverhältnisse indes nur mit Einschränkung auf das Mhd. übertragen werden können.

Die heutigen Mundarten weisen teilweise noch zurück auf Sprach- und Verkehrsgruppen der Völkerwanderungszeit, die wir germanische ‚Stämme‘ nennen, und noch mehr auf die Sprachräume der deutschen ‚Stämme‘ des Karolingerreiches, denen zum Teil Stammesterritorien entsprechen, auch auf kirchliche Einteilungen der Alemannen, Baiern, Thüringer, Franken, Sachsen. Aber sie werden in ihrer späteren geschichtlichen Entwicklung stark bestimmt von jüngeren Siedlungsbewegungen, jüngerer politischer Raumbildung, von Verkehrs- und Kulturströmungen und wirtschaftlichen Entwicklungen.

In der mhd. Zeit kommt es, verursacht durch starke Bevölkerungszunahme, zu einer wesentlichen Ausweitung des dt. Siedlungs- und Sprachraumes. Neben der Rodung und Kultivierung binnenländischer Urwälder (Bayerischer Wald, Oberpfälzer Wald, Schwarzwald) im 11./12. Jh. führen vor allem die Expansionsbewegungen nach Süden, Südosten und Osten zu starken Gebietserweiterungen. Im Süden dehnt sich im 11.–14. Jh. die Sprachgrenze des Alemannischen bis zum Monte Rosa aus, im Südosten die des Bairischen in das Gebiet des heutigen Österreich. Seit dem 10. Jh. werden die slawischen Gebiete östl. der Elbe und Saale erobert und besiedelt und die Marken Lausitz und Meißen, im 12. Jh. die Markgrafschaft Brandenburg und die Herzogtümer Mecklenburg und Pommern gegründet. Die deutschen Ritterorden dringen im 13. Jh. bis nach Livland vor. Während in den eroberten Gebieten die slawische Sprache weitgehend verdrängt wurde und nur in Sprachinseln bewahrt blieb (Sorbisch in der Lausitz, Kaschubisch in Hinterpommern, Masurisch in Ostpreußen), konnten sich die Tschechen dem dt. Einfluß entziehen und wurden nur in Randgebieten Böhmens und Mährens deutschsprachig. Unter Überspringen romanischer bzw. slawischer Sprachgebiete entstehen dt. Sprachinseln in Norditalien (zimbrische ‚Sieben Gemeinden‘ u. ‚Dreizehn Gemeinden‘, Pladen), in Jugoslawien (Zarz, Gottschee), in Mähren (Budweis, Brünn, Zwittau, Landskron), in der Slowakei (Zips) und in Rumänien (Siebenbürgen um Hermannstadt).

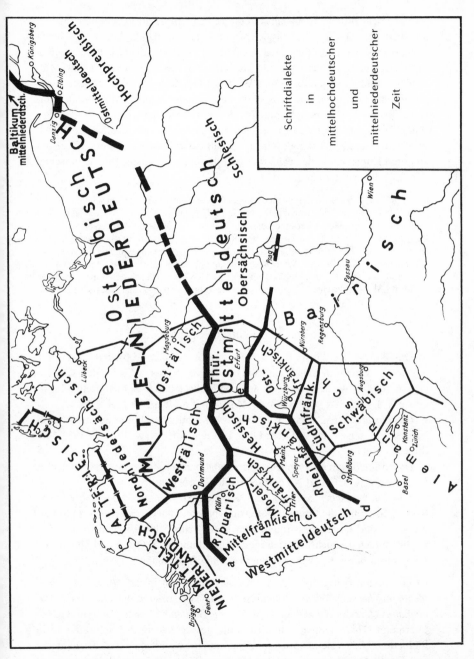

a) *maken/machen*-Linie; b) *dorp/dorf*-Linie; c) *dat/das*-Linie; d) *appel/apfel*-Linie;
e) *pund/fund*-Linie; f) *ik/ich*-Linie.

Sprachgeschichtlich bedeutsam sind die in den Kolonisationsgebieten entstandenen neuen Misch- und Ausgleichsmundarten, in denen Mundartelemente der aus verschiedenen Regionen des Altlandes stammenden Siedler miteinander verschmelzen; hierbei bleibt die alte Nord-Süd-Staffelung (Ndd.-Md.-Obd.) dominant gegenüber einer West-Ost-Gliederung, da die Siedler meist aus ihrem Stammland direkt ostwärts wandern (Ausnahme: Mittelfranken ins südl. Siebenbürgen, md. Siedler ins nördl. Ostpreußen). Im Ostmitteldeutschen Obersachsens (Meißens) treten zu einer starken md. Grundlage ndd. und obd. Mundartmerkmale hinzu, so daß diese Ausgleichsmundart bei der späteren Entwicklung des Frühnhd. und der nhd. Schriftsprache die entscheidende Rolle spielen kann.

Anm. 1: Die Vielzahl der Veränderungen in der deutschen Sprachgeschichte erklärt sich teils aus Sprachbewegungen zwischen Alpenland und Nordsee, teils aber auch durch autochthone Neuerungen gleicher Art in verschiedenen Landschaften. Gelegentlich können auch Einzelpersonen für Sprachwandel verantwortlich gemacht werden: im 13. Jh. bringen offenbar Rudolf von Habsburg und seine Leute aus der Schweiz /â/ für /ei/ nach Wien und Umgebung, nach Kärnten zur selben Zeit der Herzog aus seiner rhfrk. Heimat; heute ist es nach München aus dem Ofrk. durch die stark fränkisch durchsetzte Oberschicht eingeführt (Kranzmayer 1956, § 20 g 2, 6, 8).

§ 5　　　　B. Der oberdeutsche Sprachraum

a) Das Bairische gilt im heutigen Bayern östlich des Lechs und einer Linie Nürnberg—Bayreuth einschließlich Österreichs, früher auch im deutschsprachigen Teil des Westens von Böhmen und Mähren und in Sprachinseln Südosteuropas. Es gliedert sich in *Nord-, Mittel-* und *Südbairisch* (vgl. § 159).

Das *Nordbairische* reicht, verstärkt in der mhd. Sprachperiode, nach Nürnberg hinein, wo es sich mit dem Ofrk. traf und trifft. (Vgl. Pfanner 1954, 148; Straßner 1980.)

Das *Mittelbairische* (weniger gut Donaubairisch) wird in Niederbayern, Oberbayern, Ober- und Niederösterreich gesprochen.

Zum *Südbairischen* gehören Tirol, Kärnten, Steiermark. Das südliche Oberbayern, Salzburg, die Grenzgebiete von Ober- und Niederösterreich zur Steiermark hin sind Übergangsstreifen vom Mittel- zum Südbairischen. Auch zahlreiche, sprachgeschichtlich wichtige Streusiedlungen im Osten und Süden sind oder waren bairisch. (Vgl. Kranzmayer 1956; Freudenberg 1980.)

b) Das Alemannische (vgl. § 160) wird unterteilt in das *Hoch-* oder *Südalemannische*, das *Niederalemannische* oder *Oberrheinische* und das *Nordalemannische* oder *Schwäbische*. *Swâbe, ze Swâben* bedeutet das alem. Gebiet überhaupt. Hochalemannisch wird heute gesprochen in der Schweiz und in Südbaden, Niederalemannisch im Elsaß, in einem südlichen Teil des heutigen Landes Baden-Württemberg und in Vorarlberg, Schwäbisch im Hauptteil Württembergs und im bayer. Schwaben sowie in einzelnen Sprachinseln in Ost-

und Südosteuropa und in Übersee (im Sathmargebiet in Rumänien geht das Schwäbische rasch zurück). (Vgl. Bauer, C. et al. (Hrsg.) 1954; Moser, Hugo 1955b; Kleiber 1968; Kleiber 1980.)

c) Das Ostfränkische gilt heute im bayer. Franken bis Meiningen und Koburg und in einem Teil von Baden-Württemberg mit Wertheim und Tauberbischofsheim, auch im Vogtland (vgl. § 161).

d) Zum Süd(rhein)fränkischen rechnet man Baden zwischen Rastatt und Wiesloch und einen Teil von Nordwürttemberg (vgl. § 6b, § 161).

C. Der mitteldeutsche Sprachraum § 6

1. Westmitteldeutsch

a) Das Mittelfränkische (§ 165) umfaßt heute die ehemalige Rheinprovinz von Düsseldorf bis Trier, von Westfalen den Kreis Siegen, den nordwestl. Zipfel von Nassau, Luxemburg, den nordwestl. Teil von Lothringen. Der nördl. Teil ist das *Ripuarische*, das von der Eifelbarriere (*dorp/dorf*-Linie; Karte Linie b) zunächst bis zur Benrather Linie (*maken/machen*-Linie; Karte Linie a) reichte, seit etwa 1500 sein Gebiet durch die Verschiebung weniger Wörter weiter nach Norden bis zur niederfränkisch-niederländischen Grenze, der sog. Ürdinger Linie (*ik/ich*-Linie; Karte Linie f) ausdehnte. Südl. der Eifelbarriere bis zum Hunsrück (*dat/das*-Linie; Karte Linie c) mit rechtsrheinischem Gebiet wird das *Moselfränkische* gesprochen. Die Mundart der Siebenbürger Sachsen in Rumänien steht dem Mittelfränkischen, bes. dem Luxemburgischen (Letzeburgeschen) nahe. (Vgl. Schwarz 1957; Schützeichel 1976; Beckers 1980.)

b) Das Rheinfränkische (§ 164) umfaßt den südlichsten Teil der ehemaligen Rheinprovinz, den größten Teil des deutschsprachigen Lothringen, die Hauptmasse der ehemals preußischen Provinz Hessen-Nassau, Hessen-Darmstadt, den nordwestlichen Zipfel des bayerischen Franken mit Aschaffenburg, den nördlichen Teil von Württemberg und Baden, die Rheinpfalz, den Nordrand des Elsaß. Es nähert sich im Süden mehr und mehr dem Alemannischen. Man trennt daher den südlichen Teil des Gebietes auch als eine besondere Mundart ab, die man als Südrheinfränkisch oder Südfränkisch bezeichnet und die zum Obd. zählt (vgl. § 5d). Zahlreiche md., vor allem rhfrk. Sprachinseln gibt es in Übersee sowie in Südost- und Osteuropa, wo sie allerdings seit dem Zweiten Weltkrieg im Rückgang begriffen sind (bes. Banat, früher Wolgadeutsche). (Vgl. Wiesinger 1980a.)

2. Ostmitteldeutsch

a) Das Thüringische ist das ältere Omd. und gliedert sich in das Nord-, West- und Ostthür.; die Ostgrenze verläuft etwa von Altenburg bis Halle (vgl. § 167).

b) Das Obersächsische umfaßt das Osterländische, das Meißnische und das Erzgebirgische, dem das Nordwestböhmische zuzuteilen war (vgl. § 10; § 168).

c) Das Schlesische mit dem angrenzenden Lausitzischen. Schlesisch sprach man auch in zahlreichen Streusiedlungen in Polen und Nordungarn (vgl. § 169).

d) Das Hochpreußische im südl. Teil des Ermlandes (vgl. § 170).

Für die mhd., auch die spätmhd. Zeit ist diese Unterteilung des Omd. noch nicht zu erkennen. (Vgl. Helm-Ziesemer 1951,35; Putschke 1980.)

§ 7   III. Zeitliche Gliederung des Deutschen

Die Einteilung der deutschen Sprachgeschichte in Epochen und Perioden ist wegen unterschiedlicher Wertung sprachlicher, literaturgeschichtlicher und extralingualer Kriterien umstritten. Zumal sprachliche Veränderungen, oft von divergierender Intensität und Ausbreitung, setzen sich erst nach langen Übergangsphasen durch, so daß einer punktuellen Grenzmarkierung mit Jahreszahlen immer etwas Künstliches anhaftet. Problematisch ist auch die Übernahme extralingualer Kriterien aus anderen historischen Disziplinen (Literaturgeschichte, Allgemeine Geschichte, Kirchen-, Kultur-, Sozial-, Technikgeschichte u.a.) mit je unterschiedlichen Periodisierungsansätzen. Hinzu kommt die Aufteilung in die großräumigen Varietäten Niederdeutsch und Hochdeutsch und u.U. Niederfränkisch/Niederländisch, die wegen je eigener Sprachentwicklung in ihrer Periodisierung meist getrennt betrachtet werden.

Das Niederdeutsche setzt ungefähr 800 n. Ch. mit ersten literarischen Zeugnissen ein; die Periode bis etwa 1150 nennt man das Altniederdeutsche o. Altsächsische. Von 1150−1600 folgt das Mittelniederdeutsche (mit den Mundartregionen Niedersächsisch, Ostndd., West- u. Ostfälisch), das als Sprache der Hanse im 14./15. Jh. internationale Geltung erlangte. Das Neuniederdeutsche (1600−Gegenwart) büßte, bedingt durch den Niedergang der Hanse und das Vordringen des Hochdt., diese Bedeutung ein und blieb nur als (meist ländliche) Umgangssprache auf Dialektebene (‚Plattdeutsch') erhalten. Lit. s. § 16j.

Das Niederfränkische/Niederländische ist vom 9.−12. Jh. (Altniederfränkisch) nur spärlich überliefert. Seit dem 13. Jh. entwickelte sich auf der Grundlage der flandrisch-brabantischen Dialekte eine Literatur- und Schriftsprache, das Mittelniederländische (auch ‚Dietsch, Duitsch'). Im 17. Jh. übernahm der Norden literarisch und sprachlich die Führung, so daß die neuniederländische Hochsprache (das ‚Hollands' o. spätere ‚Nederlands') auf dem Dialekt Amsterdams basiert. Lit. s. § 16k.

Für das Hochdeutsche gibt es unterschiedliche Gliederungsvorschläge, die je nach Kriterienauswahl und -gewichtung in ihrer Periodenanzahl und -benennung sowie in den Zeitabgrenzungen voneinander abweichen (vgl. Wolf, H. 1971; ders. 1984). Ausgehend von einer Zweiteilung der dt. Sprachgeschichte in das Altdeutsche (von den Anfängen bis ca. 1500) und das Neudeutsche (von ca. 1500 bis zur Gegenwart), die sich mit der historischen Epochengliederung in Mittelalter und Neuzeit deckt, hat J. Grimm (1854, XVIII u. 273) eine Aufspaltung der altdeutschen Epoche in das Althochdeutsche (ca. 750−ca. 1050) und das Mittelhochdeutsche (ca. 1050−ca. 1500), somit eine Dreigliederung vorgenommen. Der Einschnitt bei 1500 wurde vor allem mit der Bedeutung Luthers, den man in der älteren Forschung als den Schöpfer der nhd. Schriftsprache ansah, begründet. Als man die Verflechtung der Sprachform Luthers mit früheren Sprachstufen und bes. mit der kursächsischen Kanzleisprache erkannte, verzichtete man vielfach auf den Zeitansatz 1500, verlegte das Ende der altdt. Epoche in die Mitte des 14. Jhs. und fügte eine Übergangsperiode ,Frühneuhochdeutsch' (1350−1650) ein. Diese Viergliederung in Perioden von jeweils drei Jahrhunderten geht bereits auf W. Scherer (1878, 11 ff.) zurück. So konkurrieren heute im wesentlichen die Drei- und Viergliederung, beide mit dreifacher Unterteilung der mhd. Periode:

(Vordeutsch	5. Jh.−750)	(Vordeutsch	5. Jh.−750)
1. Althochdeutsch	750−1050	1. Althochdeutsch	750−1050
2. Mittelhochdeutsch	1050−1500	2. Mittelhochdeutsch	1050−1350
Frühmhd.	1050−1170	Frühmhd.	1050−1170
Klass. Mhd.	1170−1250	Klass. Mhd.	1170−1250
Spätmhd.	1250−1500	Spätmhd.	1250−1350
		3. Frühneuhochd.	1350−1650
3. Neuhochdeutsch	1500−heute	4. Neuhochdeutsch	1650−heute

Von den Zeitansätzen der Dreigliederung geht auch der das Niederdeutsche einbeziehende Periodisierungsvorschlag Hugo Mosers aus (1950/51, 305−307; 22. Aufl. dieser Grammatik, 3f.): Nach einer vordeutschen Phase folgt das frühmittelalterliche Deutsch o. Frühdeutsch (ca. 770−1170), das in seinen hochsprachlichen Formen von Geistlichen gestaltet wird; es wird unterteilt in das ältere Frühdeutsch (750−1050) und das jüngere Frühdeutsch (1050−ca. 1170). Von adligen Laien geprägt ist das hochmittelalterliche Deutsch (1170−1250), wonach zunehmende Verbürgerlichung das spätmittelalterliche Deutsch (1250−1520) bestimmt. Die neudt. Zeit setzt mit dem Frühneudt. (1520−1620) ein.
  Sprachhistorischen Periodisierungskonzepten liegen überwiegend, zumal die altdeutsche Epoche betreffend, sprachliche Kriterien zugrunde, bes. Phonemwandel, seltener Veränderungen auf dem morphologischen und syntaktischen Sektor. Diese Veränderungen müssen, um als Grenzmerkmal einer Periode gelten zu können, gravierend in das Sprachsystem eingreifen, d. h. zur Umstrukturierung eines sprachlichen Teilsystems führen, und zudem ihren Prozeß und ihre Verbreitung weitgehend abgeschlossen haben. So besteht ein Phonemwandel gemeinhin aus einem (meist allophonischen) Anfangsstadium, gegebenenfalls Zwischenstadien und einem Endstadium (meist als Phonemisierung) und benötigt längere Zeit (oft Jahrhunderte) zu seiner maximalen räumlichen

Ausbreitung. Dieses Endstadium eines Lautwandels wird häufig als Grenzmerkmal angesehen; in der sich anschließenden Periode ist die veränderte Lautstruktur prinzipiell akzeptiert und erfährt nur noch leichte ‚Nachbesserungen‘ (z. B. Beseitigung von Ausnahmefällen, geringfügige Isophoneverschiebung, Versuche graphematischer Normierung u. ä.).

Kriterien dieser Art bestimmen das dreiteilige Periodisierungsschema: In vorahd. Zeit, im 6./7. Jh., vollzieht sich die ‚hochdt. Lautverschiebung‘ (§ 86 ff.), die sich zu Beginn der ahd. Periode (um 750) weithin durchgesetzt hat; in der ahd. Zeit bahnen sich die Nebensilbenabschwächung (§§ 52−56) und der *i*-Umlaut (§ 41) an, die zu Beginn der mhd. Periode (1050) im wesentlichen Geltung haben; ebenso liegen die Anfänge der ‚nhd. Diphthongierung‘ (§ 42) und der ‚md. o. nhd. Monophthongierung‘ (§ 43) in der Frühphase des Mhd., doch ist ihre Ausbreitung erst nach 1500 abgeschlossen, so daß die neuen Lautsysteme als Merkmale des folgenden Nhd. angesehen werden. Vergleichbare sprachinterne Kriterien gibt es weder für die Periodenabgrenzung des Frühnhd. (1350 bzw. 1650) noch für die Binneneinschnitte des Mhd. (1170, 1250).

Für diese und andere Einschnitte werden Kriterien aus Nachbardisziplinen übernommen: dominant ist die Literaturgeschichte bes. bei der Einteilung der neudt. Sprachgeschichte, für die altdt. Zeit liefert sie Personen wie Notker (1022), Luther (1500, 1520), Opitz (1650); die ständische Herkunft der Dichter dient zur Untergliederung des Mhd. in die Phase der geistlichen (1050−1170), höfisch-adligen (1170−1250) und bürgerlichen (seit 1250) Literaten. Politische Ereignisse haben Einfluß auf die Sprachentwicklung, so der Untergang des Stauferreiches (um 1250), die Verlegung der Reichskanzlei nach Prag unter dem Luxemburger Karl IV. (um 1350), der Westfälische Frieden (1648), und dienen damit als sprachexterne Periodisierungskriterien, letztere bes. zur Eingrenzung des Frühnhd.

Lit. zur Periodisierung:
Grimm, J. 1893, III,365; Grimm, J./Grimm, W. 1854, XVIII u. 273; Müllenhoff/Scherer, W. (Hrsg.) 1864, Vorrede; Scherer, W. 1878, 11−13; vgl. Sprachgeschichten § 3. − Einzeluntersuchungen zur Periodisierung: Moser, Hugo 1950/51; Moser, Hugo 1951/52; Bentzinger 1966; Große, R. 1967; Wolf, H. 1971; Objartel 1980; Schildt 1980b; Schildt (Hrsg.) 1982; Penzl 1984a; Wolf, H. 1984.

IV. Sprachschichtung und ‚Einheitssprache‘

§ 8   A. Sprachschichten des Mittelhochdeutschen

Man kann (mit Jellinek 1936) Sprache einteilen nach dem menschlichen Organ der Mitteilung bzw. Aufnahme, nach dem Zweck, dem Geltungsbereich und den Trägern. Für das Mittelhochdeutsche gilt:

I. Es gibt sichtbare und hörbare oder, nach der Tätigkeit des Mitteilenden, geschriebene und gesprochene Sprache. Wir verfügen nur über Zeugnisse der geschriebenen Sprache und können gesprochene Sprache der mhd. Zeit nur annähernd erschließen z. B. durch die gewiß stilisierte direkte Rede in Epen, bes. Stichomythien wie bei Hartmann im Iwein (Vs. 483−95, 2117−19, 2206−15 u. ö.) u. im Erec (Vs. 4059−83, 9027−48; Wiehl 1974) oder im NL (Sonderegger 1981), oder durch Predigtnachschriften bes. Bertholds von Regensburg u. Meister Eckharts (Weithase 1961).

Lit. zum gesprochenen Altdt.: Weithase 1961; Sonderegger 1980; Wiesinger 1980b; Wolf, N. R. 1981, 169−172; Sonderegger 1981; Grosse, S. 1985c; Grosse, S. 1987.

II. Nach Zweck und Formung unterscheidet man Kunstsprache und kunstlose Zweck- und Gebrauchssprache. Kunstsprache ist z. B. die Sprache der Dichtung, auch als Lese- o. Vortragssprache, ebenso Texte der Mystik, wogegen Zwecksprache in Urkunden, Urbaren, Gesetzestexten, scholastischen Schriften udgl. anzutreffen ist.

III. Nach dem geographischen Geltungsbereich kann man Ortssprache und regionale Gemeinsprache unterscheiden. Innerhalb eines Sprachgebietes (wie z. B. des Deutschen) kann es mehrere Gemeinsprachen geben; gilt eine von ihnen für das gesamte Gebiet, nennt man sie Verkehrssprache, der meist eine Tendenz zur überregionalen Einheitssprache innewohnt.

IV. Den Sprachträger betreffend gibt es unter soziologischem Aspekt im Mittelalter wohl folgende Sprachformen: die von breiten, bes. nichtadligen Bevölkerungskreisen gesprochenen Mundarten (als Großmundarten im Früh- und Hochmittelalter noch vorwiegend Stammessprachen, im Spätmittelalter überwiegend Territorialmundarten), dann die uns unzugängliche Zwischenschicht der Umgangssprachen der Oberschichten (‚Herrensprachen‘, wohl mit leichter mundartl. Färbung), letztlich Schreib- und Literaturidiome, die hochsprachliche Formen darstellen. Als Hochsprache mit Tendenz zur überlandschaftlichen Einheitssprache tritt uns im Hochmittelalter die höfische Dichtersprache entgegen; ob sie nur Literaturidiom oder sogar Verkehrssprache des obd. und möglicherweise auch des md. Adels war, ist umstritten (vgl. § 9).

Lachmann (1820, VIII) hatte angenommen, „daß die Dichter des 13. Jhs. bis auf wenig mundartliche Einzelheiten, ein bestimmtes unwandelbares Hochdeutsch redeten, während ungebildete Schreiber sich andere Formen der gemeinen Sprache, teils ältere, teils verderbte, erlaubten". Danach hätte es also eine hochdeutsche Gemeinsprache mit im wesentlichen einheitlichem Charakter gegeben, die Herrensprache und als Dichtersprache Kunstsprache war. Die geschriebene Sprache ist ihr genaues Abbild nicht, sie kann landschaftliche Sonderheiten enthalten. Schon von Müllenhoff (M./Scherer 1864, XXIVf.) wurde diese Gemeinsprache Hofsprache genannt, weil sie an den Fürstenhöfen, besonders am kaiserlichen Hofe, gesprochen worden sei. Ihre Grundlage sei die alemannische Mundart mit ostfränkischen Einschlägen gewesen. Andere nannten die Lachmannsche Gemeinsprache Schriftsprache und setzten sie schlechtweg gleich Einheitssprache. Das Ergebnis der langen Bemühungen formulierte Jellinek (1935,27) für die mhd. Verhältnisse so:

„1. Es gab geschriebene Sprache mit bestimmten orthographischen Traditionen. 2. Es gab Kunstsprache. 3. Es gab Herrensprache ... 4. Es gab gemeinsprachliche Tendenzen, wie die Untersuchungen über die Dichtersprache gezeigt haben. Aber es gab keine Einheitssprache".

Der Forschung bleibt noch die Frage der Schreiblandschaften, bei Urkunden der Anteil der Kanzlisten (Vorsteher, Kopist; deren Herkunft), ihre Aufteilung nach Hersteller- oder Empfängerurkunden usw. Im 13. Jh. zeigt sich das Bair.-Österr. als geschlossene Gruppe, während das Alem. vielgestaltig erscheint. Für das Fränk. gibt es in dieser Zeit noch zu wenig Urkunden (vgl. Klappenbach 1945,260). Für die Auswertung der Urkunden bleibt noch viel zu tun.

Im Spätmittelalter entwickeln sich überlandschaftliche Verkehrs- und Schreibsprachen. Von deutscher Schriftsprache läßt sich aber erst seit dem 16. Jh., von einer wirklichen Einheitssprache erst seit der 2. Hälfte des 19. Jhs. sprechen.

Anm. 1: Unter Schreibsprache verstehen wir mit Frings eine nicht voll ausgebildete Form der Schriftsprache (Frings/Schmitt, L. E. 1944b,78f.).

Lit. zu Schreiblandschaften:
Corpus III, Vorrede; Maurer 1956,1ff.; Sparmann 1961,5; Besch 1961; Besch 1965; Besch 1967; Wolf, N. R. 1975.

Lit. zu mhd. Schriftsprache u. Schreibsprachen:
Forschungsberichte: Jellinik 1936, 186–220; Henzen 1954, 51–92.
Im einzelnen: Lachmann 1820, VII; Pfeiffer 1861; Braune 1873; Paul, H. 1873; Braune 1874a; Heinzel 1874; Behaghel 1886; Socin 1888, 80ff.; Kauffmann, F. 1888b; Fischer, Hermann 1889; Brandstetter 1890; Brandstetter 1892; Müllenhoff/Scherer (Hrsg.) 1864, XXXI; Böhme 1893; Behaghel 1896; Bohnenberger 1897; Zwierzina 1898; von Kraus 1899; Roethe 1899; Zwierzina 1900; Zwierzina 1901; Hoffmann, J. 1903; Singer, S. 1912; Schirokauer 1923; Götze 1929; Bach, H. 1937; Bischoff, K. 1943; Moser, Hugo 1951/52; Pfanner 1954; Henzen 1954; Moser, Hugo 1955a; Öhmann 1956; Rudolf 1962; Guchmann 1964; Gaca 1964; Heinrichs 1967; Schieb 1969; Wießner/Burger 1974; Schellenberger 1974; Wiesinger 1977; Giesecke 1978; Schubert 1979; Reiffenstein 1980; Wiesinger 1980b; Arndt, F./Arndt, E. 1981; Wolf, N.R. 1981, 173–193; Reiffenstein 1986.

§ 9   B. Höfische Dichtersprache

Die mhd. Dichtersprache ist ritterliche Kunstsprache. Ihre Ausstrahlung zeigt sich in späterer Prosa, so in den Schriften von Mystikern, etwa Mechthilds von Magdeburg, aber auch im Schwabenspiegel oder in den Polizeiverordnungen Nürnbergs, die von hochgebildeten Verfassern stammen müssen (Pfanner 1954).

Im 12. Jh. bildet sich zunächst am mittleren Rhein ein mfrk. Literaturidiom aus. Wieweit einzelne Denkmäler ihm zuzuweisen sind, bleibt bei der sprachlichen Verwandtschaft des Hess. und Thür. zu fragen (Straßburger Alexander, König Rother, Herzog Ernst, Trierer Floyris?). Dann verschiebt sich das Schwergewicht der literarischen Tätigkeit nach Süddeutschland. In den Kreisen der ritterlichen Gesellschaft entstand wohl eine durch den höfischen Wortschatz bereicherte, durch Meidung grob mundartlicher Züge und unhöfischer Ausdrücke verfeinerte ‚Umgangssprache'. Aus ihr geht eine Literatursprache hervor, die Ansätze zu einer Gemein- und Einheitssprache in sich birgt, so starke landschaftliche Verschiedenheiten sie auch noch aufweist. Sie wird als geschriebene, vielleicht auch gesprochene Dichtersprache gepflegt und auch von Geistlichen in klösterliche Schreibstuben und Schreibschulen übernommen. So können wir zwar nicht von einer mhd. Schriftsprache reden, wohl aber gab es eine über den Mundarten stehende Sprachform, die wir als mhd. ‚höfische Dichtersprache' bezeichnen; man spricht auch vom ‚klassischen Mhd.'. Sie herrscht das 13. Jh. hindurch und wirkt noch im 14. Jh. nach. Auch die aus Niedersachsen stammenden Dichter des 13. und 14. Jhs. bedienen sich ihrer in einer im wesentlichen mitteldeutschen Form, wobei sich Anklänge an ihre heimischen ndd. Mundarten finden.

Anm. 1: Der Erfurter Ebernand ist Zeitgenosse des ‚klass. Mhd.' (um 1215). Er lehnt in seiner Reimlegende äffische Nachahmung ab: *ich bin ein Durenc von art geborn, Het ich die sprâche nû verkorn, Unt hete mîne zungen An ander art getwungen, Warzuo wêre mir daz guot? Ich wêne ich effenliche tuot, Der sich der sprâche zucket an, Der er niht gefuogen kan* (4467f.). Er ist dadurch ein Zeuge für die Tendenz zur mhd. Spracheinheit − neben dem Niederdeutschen Albrecht von Halberstadt, der sich ebenfalls an das Mhd. thüringischer Prägung hält (Vs. 45−61).

Die Entstehung einer höfischen Dichtersprache erklärt sich nicht nur aus dem Wunsch der Dichter, ihren Werken eine allgemeine Verbreitung zu sichern, sondern vielleicht auch aus der dem Universalen zugeneigten Haltung der staufischen adeligen Gesellschaft. Die Dichtersprache setzt sich mit Hartmann von Aue, Gottfried von Straßburg, Wolfram von Eschenbach, dem NL-Dichter, Heinrich von Morungen, Reinmar von Hagenau und Walther von der Vogelweide durch, deren Werke für ihre Zeit wie für die neuzeitlichen Beurteiler seit den Romantikern unbestritten die Gipfelleistungen der deutschen mittelalterlichen Epik und Lyrik darstellen. Die Gestalt dieser Sprache erschließt sich uns nur schwer, da wir die Dichtungen nicht in der originalen Form, sondern nur in Abschriften besitzen, die zumeist 100 und mehr Jahre jünger sind.

Die Tendenz des ‚klassischen Mhd.' zur überlandschaftlichen Einheitssprache zeigt sich in Wortschatz und -formen, in der Lautung (bes. im Reim) und im Stil.

1. Wortschatz und Formen

Es wurden einige Wörter aus dem Ndfrk. (Mittelniederländischen) entlehnt, aus Flandern und Brabant, den Vermittlungslandschaften frz. Einflusses, so *dörper* ‚Bauer' (> nhd. Tölpel), *ors* ‚Roß', *ritter* (mndl. *riddere*), das neben hd.

rîter ‚Ritter‘ steht, *wâpen* ‚Waffe‘, dazu noch das Diminutivsuffix *-kîn (kinde-kîn)*; § 88, Anm. 2, § 65, Anm. 5. Vor allem finden sich afrz. Entlehnungen, die z. T. ihrer Form nach auch aus dem Altprovenzalischen übernommen sein können: Lehnwörter wie *garzûn* ‚Knappe‘, *prîsen* ‚preisen‘; Lehnprägungen wie *hövesch* (afrz. *corteis*); Lehnsuffixe wie mhd. *-îe* < afrz. *-ie*, vgl. *profezîe* ‚Prophezeiung‘, *jegerîe*, mhd. *-leie* < afrz. *-ley*, vgl. *manegerleie*, mhd. *-ieren* < afrz. *-ier*, vgl. *turnieren, loschieren* ‚wohnen‘.

Literarische Überschichtung zeigt sich bei bair. Dichtern, die der eigenen Mundart fremde, aber beim Alemannen Hartmann und beim Ostfranken Wolfram bezeugte Wörter übernehmen: *albaere* statt *einvaltig, kleiden* statt *kleit anlegen, kleidern* ‚sich ankleiden‘, *bâg* ‚Streit‘, *begarwe* ‚ganz und gar‘, *entwër(h)* ‚hin und her‘, *vëtel* ‚altes Weib‘, *vlahs* ‚Flachs‘ statt *har, vlëgen* ‚flehen‘, *vormunt* statt *gêrhabe, vröude, hagel* statt *schûr, halde* statt *lîte, knabe* statt *buobe, klëben* statt *picken, kocher* ‚Köcher‘, *löuwe* statt *lêwe, ors* statt *ros, mitwoche* statt *mitiche, rise* statt *türse, sînt, sint* statt *sît* ‚seither‘, *slâ* statt *slage* ‚Schlagspur im Blech‘, *slange* statt *wurm, schämen* statt *-a-, spitze* Fem. statt *spitz* Mask., *sunne* Mask. statt Fem., *ungärwe* ‚schlecht bereitet‘, *wësen* ‚sein‘, *kirchwîhe* statt *-tag, knobelouch* statt *klobelouch, draben* statt *draven*.

Nebeneinander stehen alte und neue Formen im gleichen Text der Österr. Reimchr., so Ortsadv. *in* / neu *în, drin* / *drîn; min, din, sin* gekürzt neben *-î-, vogeteie* / *vogetîe, klêit* / *klagt, lëit* / *legte;* neben *lît, gît* steht *ligt, gibt,* neben Rückumlaut *bedaht* ‚bedeckt‘ *gedect,* neben *ergazte* auch *ergetzte,* neben dem alten Nom. Sg. *kaste* neu *kasten,* neben *-ôht* neues *-aht, jëhen* neben *sagen, eckel* ‚Stahl‘ neben *stahel; unz, hinz* wird seit ca. 1300 verdrängt durch *biȝ, brogen* durch *giuden* ‚prahlen‘; *tougen* durch *heimelîche, wërven* durch *wërben* ‚sich hin und her bewegen‘. Unsicher ist manchmal, was in dem Text alt oder neu ist: *vînt/vîant, verliesen/vliesen, verlust/vlust; droȝȝe, drüȝȝel* ‚Kehle‘/*kël, ënhalb/ënt-* ‚jenseits‘, *kinne* ‚Kinn‘/*kinbein.* Vgl. Kranzmayer 1950, § 5c, § 19.

2. Lautung

Im graphisch-lautlichen Bereich ist die Forschung vor allem von den Reimverhältnissen ausgegangen (vgl. die grundsätzliche Untersuchung v. Zwierzina 1900 u. 1901), wonach sich die höfische Dichtersprache als eine Mischung von alem. und ofrk. Lautstand erweist, der vielleicht die Verkehrssprache des alem.-frk. staufischen Adels zugrundeliegt (Hugo Moser 1955a). So gehört zur mhd. ‚klassischen‘ Reimgrammatik die Unterscheidung der fünf *e*-Laute (§§ 61–64; § 71f.). Während in einem großen Teil der gleichzeitigen alemannischen Urkunden noch volle Endsilbenvokale auftreten (vgl. Corpus; dazu Boesch 1946), sind sie in den höfischen Dichtungen zumeist zu /-e/ abgeschwächt (§ 59); das gibt der Dichtersprache den Charakter einer auf umgangssprachlicher Grundlage beruhenden Sprachform. Sie ist graphisch in den Handschriften nicht einheitlich. So erscheint für germ. /b/ in den Hss. obd. ⟨p⟩ neben frk. ⟨b⟩, für germ. /k/ alem. ⟨ch⟩ und ⟨kch⟩ neben frk. ⟨k⟩ (§ 88; § 90). Ausgesprochene überlandschaftliche Mischung zeigt sich beim Gebrauch der alem. Formen *gân, stân* neben den vorwiegend bair. und frk. *gên, stên* (§ 280f.) in den gleichen Dichtwerken.

Bei bair. Dichtern finden sich alem. Eigenheiten, wie *gân, stân, hân, mahte* Ind., *mähte* Opt. statt der eigenen Formen *gên, stên, haben, mohte, möhte;* *-ære, mê* statt *-âr(e)*, *mêr(e)*; oder ofrk. (Wolfram) und md. wie *lûhte* ‚leuchtete', *quëk* statt *kek;* Reime *-g: -ch, -nt: -nd (mantel : wandel), -lt- : -ld- (wolte : golde), -rd- : -rt-, iuw : öuw*, älteres *ûw : ouw, iu : iü (hiute : liüte), egi* zu *ei:* altem *ei: ei* aus *age* (§ 107ff.), *-end* Part. Präs. *(komend)* statt *-und; ir, iu(ch), iur,* ‚ihr, euch, euer' für heimische, erst ca. 1280 nunmehr als Pl. auftauchende alte Dualformen *ëʒ, ënk, ënker.*

Innerhalb des Bair. entlehnen südbair. Dichter aus dem Mbair., das sie in Wien kennenlernen; die heimischen Wörter und Formen können daneben im gleichen Text auftreten. Die gesamtbair. Reime /ë/ : /e/ sind nur literarisch, wenigstens stimmt die südbair. Mundart nicht dazu; möglicherweise holte wie bei *ar : or* (§ 159,18), *ûm : oum* (die uns nicht bekannte) Verkehrssprache solches Wiener Gut herein. Für /ë/ : /e/ vor /r, l, h/ ist die ‚nhd.' Dehnung (§ 45 f.), in der dort /ë/ zu /ē/ wird, zu bedenken. Sonstige ins Südbair. entlehnten Reime sind *(egi>) ei : î, ouf : ûf, ih : ieh, uh : urh* (*r* dort vokalisiert), *ur : uor, ür : üer, uon : un, in : ien, â : o, t : d, ck : gg, rf : f, s : ʒ.* Aus dem Md. (Prag) sind ins Südbair. so entlehnt *æ : ä, ë; ê : e, ô : o, ër : er* (von Wolfram?), *ie : i, uo : u, ie : ê, uo : ô; -lich, -rich, -wig* statt bair. *-î-; în (künegîn)* statt *-in(ne), uf* statt *ûf,* sog. ‚Rückumlaut' *gelârt, gekârt* (§ 262, Anm. 1 u. 2); *hæte* (Ind. Prät. zu *haben*) neben südbair. *hët,* bair. *hiet,* mbair. *hêt* (oder nach Wolfram). (Vgl. Kranzmayer 1950, § 5, § 9, § 16, § 26.)

kom Ind. Prät. zu ‚kommen' gilt als bair. Merkmal gegenüber alem. *kam.* Aber dies ist nach Ausweis heutiger Mundarten auch bair., nur haben bair. Dichter und danach die Urkundensprache dies mit *kom* überschichtet, das sie aus Wolframs Werken holten. Von ihm stammen auch die Formen des Präs. *komen,* Ind. *ich kume, du kumst, er kumt (kümst, kümt), wir komen, ir kom(e)t, si koment* (die Mundarten haben da /e/ oder /i/). (Vgl. Kranzmayer 1950, § 19 und Fußn. 68).

Anm. 2: Zu den Konsonanten im Reim stellte Lachmann fest: „im Auslaut der letzten Senkung oder vorletzten Hebung vor vokalisch anlautender letzter Hebung dürfen nach betontem kurzen Vokal nur Liquida, *ch, sch, z* und alle Konsonantenverbindungen, nicht aber *b, g, d, p, t, k* (außer *mit*), *f, h, s* stehen". Dazu äußert Pfeiffer (1858,69), dagegen verstoße der beste Reimer Gottfried am öftesten; aus solchen Gründen habe man Walther, Wolfram und Reinmar Strophen als unecht aberkannt. Lachmann und seine Gegner dachten an positionsschwere Quantität im Vers. Die Abneigung der Klassiker gilt jedoch der schwankenden Gestalt der Verschlußlaute in der binnendeutschen Konsonantenschwächung, die Gottfried in Straßburg nicht erreicht hat (§ 101); /f/ ist landschaftlich wirklich /v/, /h/ noch heute im Südosten Spirans (§ 159,6), und /s/ war im Übergang von *š*-Nähe im Zusammenfall mit /ʒ/ begriffen. Jene /ch, sch/ (< /sk/, vgl. § 155) sichern metrische Positionsschwere.

3. Stil

In der höfischen Dichtersprache häufig gebrauchte Stilmittel sind die unpersönliche Ausdrucksweise sowie passivische Konstruktionen als Zeichen der Höflichkeit und der Distanz: *man sprach* (AH 36), *dô uns ze scheidenne geschach* (Iw 330), *mir wart anders niht gesaget* (AH 160). Dazu tritt die gemeinsame Neigung zum Nominalstil: *dô wart von spote michel schal* (G 11 364) und zur Personifikation: *den daz rætet ir muot* (AH 397). (Vgl. Bayer, H. J. 1962).

Lit. zum Stil:
Bayer, H. J. 1962; Stötzel 1966; Eilers 1972; Hufeland 1985.

§ 10   C. Entstehung der neuhochdeutschen Schriftsprache

Seit dem Ende des 12. Jhs. zogen deutsche Siedler in den slawischen Osten. Nach Obersachsen, Schlesien und in den Nordrand der Sudetenländer kamen vor allem thüringische, ferner hessische und ostfränkische, doch auch bairische Siedler. Neben die slawische Sprache trat hier eine durch Ausgleich der mundartlichen Unterschiede entstandene omd. Verkehrssprache, die allerdings örtliche und landschaftliche Verschiedenheiten aufwies. In Böhmen und im nördl. Ordensland Preußen entwickelte sich eine deutsche Dichtung, die noch unter dem Einfluß der höfischen Dichtersprache thüringischer Prägung stand.

Im 14. und 15. Jh. nahmen die landschaftlichen Unterschiede in der schriftlichen Überlieferung wieder zu, aber auf der anderen Seite bildeten sich in den fürstlichen und städtischen Kanzleien verschiedene Zentren mit mehr oder weniger fester Schreibüberlieferung heraus, welche die Entstehung einer nhd. Gemeinsprache vorbereiteten. Im Süden und Westen wie im Osten des deutschen Sprachgebiets zeigen sich in der Urkundensprache Ausgleichsvorgänge, die z. T. zu dem lautlichen und flexivischen Stand der heutigen Schriftsprache führten.

Im Süden bekam seit den Habsburgern die bairisch beeinflußte Sprache der kaiserlichen Kanzlei in Innsbruck, später in Wien, eine große Bedeutung; ohne das Auftreten Luthers hätte die nhd. Gemeinsprache wohl obd. Charakter bekommen. Im Zusammenhang mit dem späteren Wirken Luthers, der die omd. Sprachform in den Vordergrund rückte, wurden die omd. Kanzleien von größerer Wichtigkeit − inwieweit die humanistisch beeinflußte kaiserliche Kanzlei der Luxemburger in Prag, ist fraglich geworden. Nach der herrschenden Vorstellung bildete sich im thüringisch-obersächsisch-schlesischen Raum eine omd. Verkehrssprache, deren Schreibform im wesentlichen von der thüringischen Bildungsmitte Erfurt bestimmt wurde. Auf ihr bauten die durch das Geschäftsleben geprägten Schreibsprachen der Kanzleien auf, insbesondere die der kursächsischen Kanzlei in Meißen, die durch Luther zur lautlich-flexivischen Grundlage der nhd. Schriftsprache geworden ist.

Dieses von der führenden Rolle Wettins und Meißens, z. T. auch des Humanismus geprägte Bild von der Entwicklung des Nhd. kann sich modifizieren, wenn man die bis ins Frühmhd. zurückreichenden landschaftssprachlichen Entwicklungen wie die ‚nhd.‘ Diphthongierung, die ‚nhd.‘ o. ‚md.‘ Monophthongierung, die Dehnung u. a. in größerem Umfang beizieht und gründlicher erforscht, als dies bisher geschehen ist. Vor allem zeigt sich schon jetzt, daß die als ‚neuhochdeutsche‘ Eigentümlichkeiten der omd. Verkehrssprache herausgestellten Erscheinungen zum guten Teil auch in obd. und wmd. Gebieten auftraten. Gleichgültig, wie sich die Entwicklung im einzelnen vollzogen hat, es steht fest, daß zwischen der nhd. Schriftsprache und der mhd. Dichtersprache nur in der Schreibung eine Kontinuität besteht, daß die nhd. Schriftsprache aber sonst im Zusammenhang mit der Sprache der Kanzleien entstanden ist.

Lit. zur Entstehung der nhd. Schriftsprache, zum Frühnhd., zur Stellung Luthers s. Frühnhd. Bibliographie v. Piirainen 1980; zur geplanten kommentierten Bibliographie des Frühnhd.: Freund 1987.

V. Sprachliche Kennzeichen des Mittelhochdeutschen

A. Textbasis des ‚Normalmittelhochdeutschen‘   § 11

Die Quellen des Mhd. sind bis zur Mitte des 13. Jhs. hauptsächlich epische und lyrische Dichtungen, zum Teil auch schon Predigten. Seit der Mitte des 13. Jhs. nehmen die volkssprachigen Texte immer mehr zu und dringen in Domänen vor, die vormals dem Latein allein vorbehalten waren. Wir treffen auf erste Gesetzestexte in dt. Sprache, auf Urkunden und Urbare, auf Rechtsbücher (Sachsenspiegel, Schwabenspiegel), auf Fachprosa der verschiedensten Bereiche (bes. Medizin, Jagd), auf Chroniken, auf religiöse Literatur wie Predigten, Erbauungsschrifttum, Legenden, mystische Schriften, Übersetzungen scholastischer Werke, Bibelübersetzungen und geistliche Lieder (zu den Textsorten des Mhd. vgl. Kästner/Schirok 1985).

Unsere Grammatik behandelt als Grundstock die Sprachverhältnisse des ‚klassischen‘ Mhd. und damit der Dichtungen um 1200, die als sprachlich vorbildhaft gelten und die auf andere Sprachräume und andere Textsorten einwirken. Doch auch diese höfischen Werke zeigen sprachliche Unterschiede je nach landschaftlicher Herkunft und Bildung der Verfasser oder Schreiber; zudem stammen die meisten Handschriften aus dem 14./15. Jh., sind also um Jahrhunderte vom Original entfernt und entsprechend ‚modernisiert‘. Aus den guten dieser späten Hss. hat Karl Lachmann einheitliche Schreibregeln, das sog. ‚Normalmhd.‘ (§ 18), rekonstruiert, das seither kritischen Ausgaben zugrunde liegt, allerdings die tatsächlichen graphemischen und auch phonemischen Divergenzen der Hss. verdeckt. Trotz dieser Einschränkung können wir hier von diesem Idealtypus des ‚klassischen‘ Mhd. ausgehen, sofern auch die Abweichungen in anderen hd. Mundarten, in anderen zeitlichen Phasen (Frühmhd., Spätmhd.) und in anderen Sprachschichten und Textsorten an gegebener Stelle Berücksichtigung finden (zu den maa. Besonderheiten vgl. §§ 157–170).

B. Lautung

1. Verhältnis Ahd. – Mhd.   § 12

Im Bereich der Lautung ist der Vokalismus auch in der mhd. Zeit in Bewegung und ‚erstarrt‘ erst als Vokalsystem der nhd. Schriftsprache. Hingegen bleibt das Konsonantensystem und -inventar, wesentlich geprägt durch die zweite o. hochdt. Lautverschiebung (§ 86) in der vorahd. Periode, in der gesamten altdt.

Epoche nahezu fest; Änderungen betreffen überwiegend die Aussprache und Schreibung einzelner Konsonanten oder Konsonantengruppen.

Vokalismus:

1. Der *i*-Umlaut, der als Primärumlaut von /a/ > /e/ bereits im 8. Jh. in der Schreibung erscheint, setzt sich im Frühmhd. auch dort durch, wo er ahd. verhindert wurde (sog. ‚Sekundärumlaut' vor *ht, hs, rw* und vor /i/ der zweitfolgenden Silbe, z. B. ahd. *mahtig, magadi — mähtec, mägede;* § 41, Anm. 2); auch bei den übrigen Umlauten velarer Vokale erfolgt der graphische Nachvollzug des wohl früheren Lautwandels, von wenigen Versuchen im Spätahd. abgesehen, erst im Frühmhd., in normalisierter Form als /ö, ü, æ, œ, iu, üe, öu/ (§ 41, Anm. 3, Anm. 5—7).

2. Der spätahd. Diphthong /iu/ ist im Mhd. langer Monophthong /ü:/, doch bleibt im normalisierten Mhd. die Diphthongschreibung ⟨iu⟩ erhalten (§ 77).

3. Die ahd. Diphthonge /ea, ia/ und /eo, io/ fallen im Mhd. in dem Diphthong /ie/ zusammen (§ 81).

4. In der Nebensilbenabschwächung, einer späten Folge der germ. Initialakzentuierung (§ 21), werden die im Ahd. noch vollen Vokale der nichtstarktonigen Silben (außer in den schweren Ableitungssuffixen wie *-unge, -inne, -haft* u. a.) im Mhd. zu einförmigem, schwachtonigem /ə/ oder fallen ganz aus (Apokope bzw. Synkope: §§ 52—56), z. B. ahd. *namo, turi, gilouba* > mhd. *name, tür, geloube/gloube.* Im Alem.-Schwäb. können die vollen Vokale der Ableitungs- und Flexionssilben, soweit sie im Ahd. lang waren, erhalten bleiben (§ 59,4). Bair. /ô/ begegnet in altertümlicher Verwendung z. B. im NL (*ermorderôt, vorderôst;* § 59,4).

Konsonantismus:

1. Stimmtonverlust von /b, d, g/ im Wort- und Silbenauslaut und entsprechende Schreibung im Mhd. als ⟨p, t, c⟩ (sog. ‚Auslautverhärtung'; § 100), z. B. *tages — tac, neigen — neicte.*

2. Aussprachewandel von /sk, sc/ zum mhd. Zischlaut /ʃ/ im 11. Jh., geschrieben ⟨sch⟩ (§ 155), z. B. ahd. *scrîban* — mhd. *schrîben.*

3. Vielfach Medienschwund von /b, d, g/ sowie Schwund von /h/ zwischen Vokalen mit folgender Vokalkontraktion (§ 107ff., § 112), z. B. ahd. *legit* — mhd. *leit,* ahd. *gibit* — mhd. *gît,* mhd. *slahen* neben *slân* (§§ 283—288).

4. Assimilationen, bes. Teilassimilationen, z. B. *inbîʒ > imbîʒ,* oder Lenisierung von /t/ nach Nasalen, z. B. *nante > nande* (§ 105).

§ 13   2. Verhältnis Mhd. – Nhd.

Lautliche Kennzeichen, die für die Unterscheidung des Mhd. vom Nhd. wichtig sind, zeigen sich regional bereits in früher mhd. Zeit:

Vokalismus:

1. ‚Nhd.‘ Diphthongierung der mhd. Langmonophthonge /î, iu, û/ zu /ei, äu, au/ seit dem 12. Jh., z. B. mhd. *mîn niuwez hûs* > nhd. *mein neues Haus* (§ 42).

2. ‚Nhd.‘ o. ‚md.‘ Monophthongierung der mhd. Diphthonge /ie, üe, uo/ zu /i:, ü:, u:/ seit dem 11. Jh., z. B. mhd. *lieber müeder bruoder* > *lieber müder Bruder* (§ 43).

3. Dehnungen mhd. kurzer Vokale in offener Tonsilbe (mhd. *gë-ben* > nhd. *gē-ben*) seit dem 12. Jh. (§ 45), ebenso Dehnungen einsilbiger Wörter, kurzer Vokale vor bestimmten Konsonantengruppen (*r*+Dental) und als Analogiebildung in geschlossenen einsilbigen Wörtern (§ 46).

4. Kürzungen langer Vokale vor bestimmten Konsonantengruppen (*ht*, *r*+Kons. u. a.) (§ 47).

5. Senkung von /ü, u/ zu /ö, o/ bes. vor Nasalen z. B. mhd. *sunne* > nhd. *Sonne* (§ 50).

6. Rundungen bestimmter Vokale in der Nachbarschaft bestimmter Konsonanten, z. B. mhd. *helle, schepfen, âne, finf* > nhd. *Hölle, schöpfen, ohne, fünf* (§ 48); in anderen Fällen findet Entrundung statt, z. B. mhd. *küssen, slöufe, stiuz* > nhd. *Kissen, Schleife, Steiß* (§ 49).

7. Öffnung alter geschlossener Diphthonge /ei, öu, ou/ zu nhd. /ai, äu, au/, z. B. mhd. *bein, böume, boum* > nhd. *Bein, Bäume, Baum* (§ 44).

Konsonantismus:

1. Ausspracheveränderung des /s/ vor /p, t/ im Anlaut zum Zischlaut /ʃ/, z. B. *stein, springen* (§ 155); im Obd. auch im In- und Auslaut, z. B. *wespe, most.*

2. Aussprache- und Schreibveränderung des /s/ vor /l, m, n, w/ im Anlaut zum Zischlaut /ʃ/, geschrieben ⟨sch⟩, z. B. mhd. *slange* – nhd. *Schlange;* gleiches gilt gelegentlich für /s/ nach /r/ im In- und Auslaut, z. B. mhd. *bars* – nhd. *Barsch,* mhd. *kirse* – nhd. *Kirsche* (§ 155).

3. Schwund des /w/ zwischen nhd. /au/ oder /äu, eu/ und /e/, z. B. mhd. *frouwe* – nhd. *Frau,* mhd. *vröuwen* – nhd. *freuen* (§ 117).

4. Veränderung des inlautenden /w/ zu /b/ nach /l, r/, z. B. mhd. *varwe* – nhd. *Farbe,* mhd. *swalwe* – nhd. *Schwalbe* (§ 117).

5. Verstummen o. Schwund des /h/ silbenanlautend im Wortinnern, bes. nach /r, l/, z. B. mhd. *sehen* > nhd. *se(h)en,* mhd. *bevelhen* > nhd. *befehlen* (§ 111, § 142).

6. Aussprache- u. Schreibänderung der Verbindung /hs/ zu nhd. /ks/ ⟨chs⟩, z. B. mhd. *vuhs* > nhd. *Fuchs* (§ 140).

7. Wechsel von anlautendem /t/ zu /d/, z. B. mhd. *tunkel* > nhd. *dunkel,* aber auch umgekehrt, z. B. mhd. *dôn* > nhd. *Ton* (§§ 143—148).

§ 14 C. Formenbau

Im Bereich des Formenbaus ergibt sich infolge der Abschwächung der Endsilbenvokale im Mhd. eine weitgehende Formenvereinfachung und damit ein tiefgreifender Systemwandel in der dt. Sprache. Der aus dem Idg. u. Germ. überkommene synthetische Sprachbau, der auf der Kennzeichnung der Flexion und z. T. auch der Klassen durch Morpheme des Endungsbereichs der Wörter beruht und der in ahd. Zeit noch in Funktion ist, bricht im Mhd. wegen der Abschwächung der Endsilbenvokale zu einförmigem /ə/ oder zu /ø/ zusammen (§§ 51–56). Die vormaligen Aufgaben der Endungsmorpheme werden nunmehr im Mhd. von Hilfskonstruktionen (Artikel beim Substantiv, Personalpronomen beim Verb, Präpositionen, Hilfsverben) übernommen, so daß partiell analytischer Formenbau vorliegt. Allerdings entstehen im Laufe der mhd. Zeit auch Möglichkeiten, synthetisch neue Formen zu bilden: so erfolgt die zunehmende Profilierung der Numeruskategorie teilweise durch Umlaut des Stammvokals oder durch bestimmte Pluralendungen (*-er, -e, -en* u. a.). Ebenso fungiert der Umlaut in vielen Fällen als Merkmal des Konj. Prät. bes. der starken Verben, oder er trennt Adjektiv und Adverb (*schœne – schône;* § 205. Ausführlich §§ 172–175, §§ 237–241).

Auch im Formenbau zeigen sich Kennzeichen, die für die Unterscheidung des Mhd. vom Nhd. wichtig sind, ansatzweise bereits in mhd. Zeit. Die Tendenz zum Ausgleich und zur Vereinfachung der Formen bestimmt die Entwicklung. Bei den st. Verben werden die Stammvokale und, falls vorhanden, die in grammatischem Wechsel (§ 93) stehenden Konsonanten vereinheitlicht (z. B. mhd. *was, wâren* – nhd. *wār, wāren*); ebenfalls wird die 3. Pl. Präs. Ind. durch Verlust der *t*-Endung der 1. Pl. Präs. Ind. angeglichen (mhd. *si gebent* – nhd. *sie geben*). Außerdem treten viele st. Verben zur schwachen Konjugation über (z. B. *hinken, spalten, walten, spannen* u. a.). Beim Substantiv werden die Kasusunterschiede weiter eingeebnet (z. B. mhd. Sg. N. *diu zunge,* Sg. A. *die zungen* – nhd. Sg. N. A. *die Zunge*). Die Pluralbildung durch das *er*-Morphem mhd. *was, wâren* – nhd. *wār, wāren*); ebenfalls wird die 3. Pl. Präs. Ind. durch weitet sich aus. Zahlreiche Substantive wechseln im Nhd. das Geschlecht (§ 177, Anm. 5; § 180, Anm. 6; § 183, Anm. 10; § 184, Anm. 5; § 187, Anm. 5).

Zu Wortschatz und Stil des ‚klass.' Mhd. vgl. § 9,1 u. § 9,3.

§ 15 D. Syntax

Bindung und Freiheit prägen die Syntax des Mittelhochdeutschen in auffallend anderer Weise, als es im heutigen Deutsch der Fall ist (§ 300). In den Reimdichtungen bestimmen die außersyntaktischen Bedingungen der Vers- und Strophenform (Reim, Versmaß, Kadenz und Melodie) den sprachlichen Ablauf; in der Prosa dominiert vielfach die lateinische Formulierung als Muster für eine deutsche Übersetzung, Paraphrase oder freie Wiedergabe z. B. bei der Verwendung des Konjunktivs im abhängigen Satz oder dem Gebrauch von absoluten und Partizipialkonstruktionen. Gegenüber dem Althochdeutschen gewinnt die mittelhochdeutsche Version einer lateinischen Vorlage größere Selbständigkeit. – Diesen formbezogenen Bindungen stehen syntaktische Freiheiten gegenüber, die wir in der Gegenwartssprache nicht kennen: Die Wortstellung im Satz ist freier (§ 302); die Endstellung des finiten Verbs gibt es im konjunktionalen Nebensatz noch nicht (§ 445ff.). Die Kongruenz in Numerus und Genus folgt inhaltlichen Bezügen, ohne daß es eine grammatikalische Kennzeichnung gibt (§ 340f.). Die Negation hat vielfältigere, differenzierte Formen in der Wortbildung und -stellung (§ 436ff.). Freier gehandhabt werden die Rektionen von Verb und Präpositionen, da in manchen Fällen der Gebrauch mehrerer Kasus möglich ist (§ 343ff.). Im Vergleich zum Althochdeutschen hat sich das Verbalsystem in der Anwendung der Tempora, des Genus Verbi und der infiniten Formen weiter entfaltet (§ 310ff.). Bei den Kasus fällt im Vergleich zu heute der sehr viel häufigere Gebrauch des Genitivobjekts auf (§ 361f.); den Instrumental gibt es gegenüber dem Althochdeutschen nur noch in weiter reduzierten Resten (§ 386f.).

E. Quellen und Hilfsmittel   § 16

soweit nicht an anderer Stelle aufgeführt (Dt. Sprachgeschichten § 3; Dt. Verslehren § 23); angefügt sind Literaturhinweise zum Ahd., Mndd. und Mndl., ohne Anspruch auf Vollständigkeit.

a) Quellen:
Die schriftlichen Zeugnisse des Mhd. sind vor allem Dichtungen, Fachliteratur (meist Prosa) und Urkunden. Die literarischen Quellen sind mit reichen Literaturangaben nach Sachgruppen behandelt in der Literaturgeschichte von Ehrismann, G. 1922(–1935). Alphabetisch geordnet und die mlat. Literatur einbeziehend: Stammler/Langosch (Hrsg.) 1933(–1955; ‚Verfasserlexikon‘); Neuauflage des Verfasserlexikons, die Fachliteratur einbeziehend: Ruh et al. (Hrsg.) 1978. Zur mhd. *Prosa:* Stammler 1957; Eis 1957; Eis 1967.
    Weitere Literaturangaben in den *Literaturgeschichten:* Schwietering 1932; Schneider, H. 1943; Genzmer et al. 1952; Erb 1963; Neumann, F. 1966; Sowinski 1971; Bertau 1972; Assion 1973 (Fachlit.); de Boor (Hrsg.) 1973; de Boor/Kolb (Hrsg.) 1979; de Boor/Hennig (Hrsg.) 1979; Böttcher, K./Geerdts (Hrsg.) 1981; Heinzle (Hrsg.) 1984; Glier (Hrsg.) 1987; Bäuml 1987.
    Zu den deutschsprachigen *Urkunden:* Grundlegende Sammlung dt.-sprachiger Urkunden bis 1300 ist: Corpus, hg. v. Wilhelm et al. 1932(–1963); Goebel, U. 1974 (Bd. 1; Wortindex zu Corpus); Breßlau 1912 (Urkundenlehre). Die Urkundenbücher sind nach Sprachteilräumen geordnet bei Moser, V. 1929 u. 1951; Dahlmann/Waitz 1931; Michels, V. 1921 (zus. mit poet. Denkmälern). Weitere Untersuchungen: Leist 1893; Vansca 1895; Philippi 1920; Kiefer 1922; Scheuermann 1923; Zeheter 1924; Gleißner 1935; Schmitt, L. E. 1936; Hefele (Hrsg.) 1940; Gleißner/Frings 1941; Klappenbach 1945; Boesch 1946; Köck 1946; Hammerschmidt 1948; Schützeichel 1956a; Fichtenau 1957; Kirchhoff 1957; Boesch (Hrsg.) 1957; Cordes 1959; Schützeichel 1960; Rexroth 1960;

Masarik 1961; Rudolf 1962; Haacke 1962; Haacke 1963b; Hirsch 1965; Langenbucher 1965; Meissburger 1965; Kleiber 1965; Strebl 1967; Boesch 1968; Schulze, U. 1975; de Boor 1975; Wiesinger 1977; Weller 1977.

b) Mhd. Wörterbücher:
Benecke/Müller, W./Zarncke 1854 (nach Wortstämmen geordnet); Lexer 1872 (alphabetischer Index, mit zahlreichen Ergänzungen aus der Lit. des 13.–15. Jhs.); Lexer 1874 (‚Kleiner Lexer‘, ohne Literaturbelege; Neudr. der 37. Aufl. 1986); Matzel 1981 (Nachträge zu Lexer 1872); Bachofer/von Hahn/Möhn 1984 (Rückläufiges Wb. zu Lexer 1872 u. 1874); Jelinek 1911 (Wb. zu böhmischen Sprachdenkmälern); Dalby 1965 (Wb. Jagd); Gellinek/Rockwood 1973 (Häufigkeitswb. zu dt. Prosa des 11./12. Jhs.); Kühn 1978 (Wbb.-Bibliographie); Pretzel 1982 (Mhd. Bedeutungskunde).
Etymologische Wörterbücher: Duden 1963; Wasserzieher 1963; Kluge/Mitzka 1967; Makkensen 1977.

c) Glossare und Verskonkordanzen (Reimwörterbücher):
Überblick: Leclercq 1975a. – *Im einzelnen:* Arndt, K. F. 1815 (Niebelungenlied, Klage); Schulz, A. 1867 (Wolfram, Reimwb.); Lübben 1877 (Nibel. Not); Bartsch, K. (Hrsg.) 1880 (Nibel. Not); Riemer 1912 (Armer Heinrich, Wb. u. Reimwb.); Bürck 1922 (Iwein, Reimwb.); Thalmann 1925 (Wolfram, Reimwb.); Saule 1925 (Nibel. Not, Reimwb.); Jandebeur 1926 (Hartmann v. Aue, Reimwb. außer Iwein); Schlageter (Hrsg.) 1926 (Gottfried, Reimwb.); Benecke 1928 (Iwein); Heffner/Petersen 1942 (MF); Mosselmann 1953 (Gottfried); Wießner 1954 (Neidhart); Weber, G. 1954 (Reimwb. Lieder Hartmanns); Scheidt 1955 (Morungen); Heinrich, S. O. 1957 (Friedrich v. Hausen); Valk 1958 (Gottfried); Heffner 1961 (Wolfram); Wisbey 1967 (Wiener Genesis); Wisbey 1968 (Vorauer u. Straßburger Alexander); Schieb/Kramer/Mager 1970 (Veldeke); Weleda 1974 (Kaiserchronik, Reimwb.); Leclercq 1975b (St. Brandan, Reimwb.); Anderson, R. R./Goebel 1976 (Heinrich von Melk. Wb. u. Reimwb.); Bäuml/Fallone 1976 (Nibelungenl.); Jones, G. F. et al. (Hrsg.) 1978 (Weingartner Liederhs., Reimwb.); Jones, G. F./Müller. U./Spechtler (Hrsg.) 1979 (Kl. Heidelbg. Hs.); Boggs 1979 (Hartmann); Schmidt, K. M. 1980 (Ulrich v. Lichtenstein); Putmanns 1980 (Herzog Ernst, Reimwb.); Bennewitz-Behr et al. (Hrsg.) 1984 (Neidhart Hs. C, Reimwb.).
Lexikographie: Gärtner 1980a; Gärtner 1980b; Gilbert/Hirschmann 1980/81.

d) Mhd. Grammatiken:
Weinhold 1883 (Nachdruck 1967; vollständigste Darstellung, als Materialsammlung bis heute nicht ersetzt, sonst veraltet); Michels, V. 1921 (zahlreiche Hs.-Belege, Landschaftliches im Wortschatz); Mausser 1932 (breit u. unübersichtlich); Eis 1951; Meisen 1968; Michels, V./Stopp 1979 (mit Verzeichnis neuerer Fachlit.); Helm 1980 (Abriß); Mettke 1983; de Boor/Wisniewski 1984; Weinhold/Ehrismann, G./Moser, Hugo 1986.
Umfassende dt. Grammatiken (mit Mhd.): Grimm, J. 1893; Wilmanns 1897 (Nachdr. 1967); Paul, H. 1916 (Nachdr. 1968); Behaghel 1968.
Diachrone dt. Grammatiken: Karstien 1939 (Lautlehre); von Kienle 1969 (Laut- u. Formenlehre); Szulc 1969 (Lautsystem); van Raad/Voorwinden 1973 (Phonologie); Bauer, Gerhard 1986 (Einführung in Diachronie).
Einführungen in das Mhd.: Zupitza/Tschirch 1953; Gerdes/Spellerberg 1972 (mit Ahd.); Ehrismann, O./Ramge 1976; Seidel/Schophaus 1979; Bergmann, R./Pauly 1985 (mit Ahd.).

e) Wortbildung u. Morphologie des Mhd.:
Grimm, J. 1893, II u. III; Weinhold 1883, 248–349; Wilmanns 1897, II; Paul, H. 1916, V; Kluge 1925 (Abriß d. dt. Wortbild.); Kluge 1926 (Nominale Stammbild.); Erben 1964 (Wortbild. synchron u. diachron); Henzen 1965 (Dt. Wortbild.); Werner, O. 1965 (hist.

Morphologie); von Polenz 1972 (Methoden d. Wortbildungslehre); Kern/Zutt 1977 (Gesch. d. dt. Flexionssystems); Fleischer 1982 (Wortbild. in Gegenwartssprache); Erben 1983 (Einführung); Grosse, S. 1985b (Morphologie d. Mhd.); Zutt 1985 (Wortbildung d. Mhd.).

f) Wortschatz u. Bedeutung:
Suolahti 1910 (Franz. Einfluß); Möller 1915 (Lat. Fremdwörter); Rosenquist 1932 (Franz. Einfluß); Biener 1939 (Untergang ahd. Wörter); Rosenquist 1943 (Franz. Einfluß); Lemmer 1968 (Bibliographie z. dt. Lexikologie); Schirmer 1969 (Wortkunde); Barth, E. 1971 (Bibliographie Fachsprache); Burger 1972 (relig. Wortschatz); Hoffmann, W. 1974 (Semantik); Fritz, G. 1974 (Semantik); Beckers 1975 (Semantik); Gindele 1976 (relig. Wortschatz); Reichmann 1976 (Germanist. Lexikologie); Pretzel 1982 (Mhd. Bedeutungskunde); Schuler 1982 (Lehnprägung); Bachofer 1982 (Lexikographie zum Mhd.); Kutzelnigg 1983 (Geruchswortschatz); Lawson 1984 (Semantik); Hernández 1984 (Mystik); Wiktorowicz 1985 (Temporaladv.); Menge 1985 (Lexikologie des Mhd.).
Wortgeschichten: Maurer/Stroh (Hrsg.) 1959; Schwarz 1967a; Maurer/Rupp (Hrsg.) 1974; darin: Freytag 1974 (Frühmhd.) u. Wießner/Burger 1974 (Höfik).

g) Syntax:
Historische deutsche Syntax: Grimm, J. 1893, IV; Erdmann, O./Mensing 1886; Wilmanns 1897, III; Naumann 1915; Paul, H. 1916, III u. IV; Behaghel 1923; Wunderlich, H./Reis 1924; Dal 1966; Lindgren 1969; Kettmann/Schildt 1976; Ebert 1978; Bentzinger 1982; Greule 1982; Lenerz 1984; Grosse, S. 1985a; Ebert 1986; Betten 1987.
Syntax anderer Sprachen: Delbrück 1893, III (Idg.); Wackernagel 1920 (Griech., Lat. u. Deutsch); Hirt 1921, VI u. VII (Idg.); Brugmann 1925 (Idg.); Löfstedt, E. 1928 (Lat.); Hirt 1934, III (Idg.); Kühner/Stegmann 1962 (Lat.); Wessen 1970, III (Schwed.); Dal 1971 (Germ. einschließlich Deutsch); Braumüller 1982 (Germ.); McLaughlin 1983 (Engl.); Abraham 1983 (Wgerm. Sprachen).
Syntax im Sprachwandel: Havers 1931; Fourquet 1959; Isenberg 1975; Jeffers 1976; Lightfoot 1979; Pinborg 1980; Fisiak 1984; Hundsnurscher 1984; Lüdtke 1984.
Syntaktische Studien am Textbeispiel: Rohde 1971; Rockwood 1975; Schulze, U. 1975; Betten 1980; Betten 1984.

h) Reimgebrauch in mhd. Literatur:
Allgem. Untersuchungen: Zwierzina 1900 u. 1901; Schirokauer 1923; Heusler 1925; Wesle 1925; Repp 1929; Bayer, A. 1934; Wiesinger 1975; Ernst/Neuser (Hrsg.) 1977; Nagel 1985; s. ferner dt. Verslehren § 23.
Untersuchungen zu einzelnen Werken o. Autoren: Zwierzina 1898 (Hartmann u. Wolfram); Junk 1902 (Rudolf v. Ems); Zwierzina 1903 (Rudolf v. Ems); Schröder, E. 1904 (Rudolf v. Ems); Bürck 1922 (Iwein); Kramer 1957 (König Rother); Kantola 1982 (Ulrich v. Zatzikhoven).

i) Zum Althochdeutschen:
Überblick: Sonderegger 1970a; Sonderegger 1974. – Vgl. die entspr. Artikel in: Althaus/Henne/Wiegand (Hrsg.) 1980; Besch/Reichmann/Sonderegger (Hrsg.) 1984; ferner Sprachgeschichten (§ 3).
Grammatiken: Weinhold 1863 (Alem.); Schatz 1907 (Altbair.); Baesecke 1918; Schatz 1927; Braune/Mitzka 1953; Weinhold 1967 (Bair.); Naumann/Betz 1967; Meisen 1968; Franck/Schützeichel 1971 (Altfrk.); Braune/Ebbinghaus 1977; Braune/Eggers 1987.
Wörterbücher: Graff 1834; Massmann 1846; Karg-Gasterstädt/Frings/Große, R. (Hrsg.) 1968; Köbler 1971; Köbler 1974; Schützeichel 1974.
Sonstiges: Brinkmann 1931 (Sprachwandel); Penzl 1971 (Lautwandel); Szulc 1974 (Phonologie, Morphologie); Simmler 1979 (Phonologie); Penzl 1982 (Phonologie); Penzl 1987 (Dialekte).

j) Zum Mittelniederdeutschen:
Überblick: Lasch 1925; Sarauw 1926; Foerste 1957; Bischoff, K. 1962; Krogmann 1970; Härd 1973; Peters 1973; Goossens (Hrsg.) 1973; Lasch 1979; Bischoff, K. 1981; Sanders 1982.
Grammatiken: Gallée 1910 (As.); Sarauw 1921 (ndd. Maa.); Holthausen 1921 (As.); Cordes 1973 (Andd.); Lasch 1974.
Wörterbücher: Schiller/Lübben 1875; Lübben/Walther 1888; Lasch/Borchling 1928; Diefenbach/Wülcker 1965 (Ndd.-Hd.); Köbler 1982 (Andd.-Nhd.).
Sonstiges: Zum Verhältnis Ndd.-Hd.: Kirch 1952; Bischoff, K. 1957; Große, R. 1964; Sodmann 1973; Gernentz 1980; Beckers 1982; Schmidt, O./Vennemann 1985.

k) Zum (Mittel-)Niederländischen:
Überblick: Frings 1944a; van Haeringen 1960; Goossens 1971; Goossens 1974; de Vooys 1975; Morciniec 1980; Brachin 1985.
Grammatiken: Franck 1910; Stoett 1923 (Syntax); van den Meer 1927 (Lautlehre); Schönfeld 1932; Le Roux, T. H./Le Roux, J. J. 1963; de Vooys 1963; de Witte 1966; van Loey 1968; Schönfeld/van Loey 1971; van de Ketterij 1977 (Einführung Mndl.); Rijpma/ Schuringa/van Bakel 1978; van den Toorn 1982; Hogenhout-Mulder 1983 (Einführung); van Bree 1987.
Wörterbücher: Verwijs/Verdam 1885; Verdam/Ebbinge Wubben 1932; Schieb/Kramer/ Mager 1970 (zu Veldeke); de Vries 1971 (Etymologie).
Sonstiges: Petit 1888 (Bibliographie −1925); van Loey 1937 (Brabantisch im MA.); Gysseling 1961 (zur Grammatik); van Sterkenburg 1984 (Lexikographie).

VI. Schrift, Schreibung, Aussprache

§ 17   A. Schrifttypen in mittelhochdeutscher Zeit

Zur Aufzeichnung der mhd. Sprachdenkmäler diente das lateinische Alphabet, wobei die ahd. Versuche fortgesetzt wurden, die dt. Sprachlaute mit den lat. Zeichen wiederzugeben. Da sich Laut und Zeichen im Mhd. ebensowenig wie bei den ahd. Anfängen decken oder zu einer phonetisch ausreichenden Dekkung bringen lassen − so fehlen z. B. im lateinischen Alphabet Zeichen für die Umlaute von /o, u, â, ô, û/ sowie für die Diphthonge /ei, ie, ou, uo, öu, üe/ und für den Sekundärumlaut von /a/ (§ 41, §§ 78−83), ebenso für Affrikaten (§ 128, § 138ff., § 150) und Halbvokale (§ 115, § 118) −, bleibt das Schwanken der Schreibung, das durch eindringende mundartliche Unterschiede verstärkt wird, und die Schwierigkeit, den genauen phonologischen Wert der Schriftzeichen festzulegen.

Die Schrift, in der die mhd. Sprachdenkmäler handschriftlich aufgezeichnet sind, zeigt die abendländisch-europäische Weiterentwicklung der karolingischen Minuskelschrift zur sog. ‚gotischen Schrift‘ oder ‚gotischen Minuskel‘, die sich vor allem in Nordfrankreich und Oberitalien mit Rom vollzog. Die mhd. Schriftentwicklung steht überwiegend unter nordfrz. Einfluß, wobei die Niederlande und Burgund als Mittler fungierten; weit weniger bedeutsam ist bis zum 14. Jh. der Einfluß Italiens. Got. Schrift, von Hause abwertende Bezeichnung der Humanisten des 15./16. Jhs., ist Sammel- und Stilbegriff wie in der bildenden Kunst. Der neue got. Schriftstil zeigt sich zuerst in Hss. des 11. Jhs. und prägt sich während des 12. weiter aus. Das Bild der karoling. Minuskelschrift, welche die antike Majuskelschrift abgelöst hatte, wird bestimmt durch breiten, ausgewogenen, horizontalen Duktus mit runden Buchstabenteilen. Diese regelmäßigen, breitgezogenen Rundungen werden jetzt ‚gebrochen‘, die einzelnen Buchstaben und vertikalen, kräftig gezogenen Grundstriche zusammengerückt. Sie machen so einen gitter- oder gewebeartigen Gesamteindruck mit betonter Vertikale. Man spricht daher von ‚Gitterschrift‘ oder auch ‚Textur(a)‘. Der im 12. Jh. entwickelte Typ der got. Schrift wird im 13. noch stärker ausgeprägt und siegt völlig. Der ältere Duktus des 12. Jhs. erhält sich während des 13. am längsten in mhd. Hss. des Alem. und Bair.; die westdt. Hss. stehen früher und neuerungsfreudiger unter nordfrz. Einfluß.

Im 14. Jh. verändert sich der einheitliche abendländische Typus der got. Schrift durch Aufnahme der Gebrauchsschrift (‚Kursive‘) aus städtisch-herrschaftlichen Geschäfts- und Kanzleibedürfnissen und durch nationale und landschaftliche Sonderformen. Unter dem Einfluß der Kursivschrift des alltäglichen Geschäfts- und Verwaltungslebens wird die alte got. Gitterschrift zur Buchschrift, aus der Kreuzung von Kursive und Buchschrift wird in Nordfrankreich-Burgund die sog. ‚Bastarda‘, eine Bastardschrift also, entwickelt, die sich noch im 14. Jh. schnell über die Niederlande und Deutschland ausbreitet. Sie ist bis in die Inkunabelzeit (Zeit der Früh- oder Wiegendrucke) am Ende des 15. Jhs. die herrschende europäische Schrift nördlich der Alpen und erreicht in den Prunkhss. der burgundischen Herzöge (Philipps des Guten und Karls des Kühnen) mit ihren berühmten Miniaturen ein schönes, vollkommenes Ebenmaß.

Die sog. gotischen Schriftarten bestehen wie die karolingische Minuskel aus Kleinbuchstaben. Seit dem 11. Jh., vereinzelt schon früher, werden die Eigennamen, später auch der Zeilen- und/oder Satzbeginn zuweilen durch Majuskeln hervorgehoben.

Neben dieser Verwendung der Großbuchstaben steht die Ausschmückung durch Initialen, die sich durch Größe, Verzierung und z. T. Kolorierung vom übrigen Text abheben. Die Initialen werden erstmals in spätantiken Hss. zur Kennzeichnung von Kapitelanfängen verwendet und im Mittelalter zur Miniaturenmalerei weiterentwickelt. In mhd. Hss. zeigen sie oft auch den Beginn oder das Ende von Szenen oder Reden an, dienen − meist als Großinitialen − einer Art Bucheinteilung oder der Bildung von Akrosticha (z. B. in Gottfrieds ‚Tristan‘), oder sie sind reine, nach graphischen Mustern angeordnete Schmuckinitialen (z. B. Tristan-Hs. M, Parzival-Hs. G). Zusätzliche Gliederungssignale können Capitulum-Zeichen C oder Paragraphen § auf dem Kolumnenrand sein.

Als Interpunktionszeichen verwenden die mittelalterlichen Schreiber vorwiegend den Punkt, der bei den antiken Grammatikern als *comma* (.), *colon* (·) und *periodus* (˙) zur Bezeichnung kurzer und mittlerer Pausen bzw.

des Satzendes gebraucht worden war. Zu den verschiedenen Punkten oder Punktkombinationen kam in mittelalterlichen Hss. seit 1300 der Schrägstrich (Virgel), seit 1350 das Fragezeichen, das als Tonzeichen aufzufassen ist, wie seine weitgehende Übereinstimmung mit der Neume *Quilisma* (‚zitternde und steigende Tonverbindung‘) zeigt. Im späteren Mittelalter erscheinen dann auch Semikolon (;) und Doppelpunkt. Die deutschsprachigen Hss. beschränken sich im wesentlichen auf den Punkt. Er steht in gebundener Rede oft am Vers- oder Zeilenende; in anderen Hss. findet sich dort, bes. seit dem 11. Jh., der Binde- oder Schrägstrich.

Die Abkürzungen in den dt. Hss. sind zu einem großen Teil aus den lat. Hss. übernommen: z.B. ¯ für *m, n (minē, vrouwē);* ’ oder ˢ für *-(e)r (d‘, dˢ);* hochgestellter Vokal für vorausgehendes *r (g^{o}z = grôʒ); uñ, vñ, v̄* für *unde, unt* (lat. *unde!*): & für *-et (nim&).* Deutsche Kürzel sind bes. *dc, wc = daʒ, waʒ* (vorwiegend alem.), später *dz, wz.* Die Kürzungen für nomina sacra sind dt. und lat. Hss. gemeinsam: *ihs = Jesus, xpc = Christus* usw.

Zahlzeichen sind bis ins 15. Jh. vorwiegend – durch Punkte oder Striche vom Kontext abgehobene – Buchstaben, also die römischen Zeichen (*·x·, -X-* usw.). Die indisch-arabischen Ziffern sind erst im späteren Mittelalter verbreitet; bezeichnend für die Unsicherheit in ihrem Gebrauch sind noch im 17. Jh. Schreibungen wie 16008 = 1608. Auch Kombinationen von indisch-arabischen und römischen Zahlzeichen finden sich häufig (*mcccc33* = 1433; *MCCCC7* = 1407). Die Ziffern 4 (ꝏ), 5 (И) und 7 (∧) unterscheiden sich stark von den heutigen Formen.

Die verbreitetste Geheimschrift bestand darin, die Vokale durch die im Alphabet folgenden Konsonantenzeichen zu ersetzen *(xngfmbchp = ungemacho);* ihr Verwendungsbereich waren im frühen Mittelalter vor allem die Glossen, im späteren Mittelalter namentlich Unterschriften, Rezepte und Segen.

Lit. zum mittelalterl. Schriftwesen:
Grundlegend: Wattenbach 1896; Löffler, K. 1929; Kirchner 1950; Bischoff, B. 1957; Bischoff, B. 1979; Mazal 1986.
Im einzelnen: Petzet/Glauning 1910 (Dt. Schrifttafeln); Crous/Kirchner 1928 (Got. Schriftarten); Foerster, H. 1946; Eis 1949; Bischoff, B. 1954 (Geheimschriften); Hunger 1961; Cappelli 1961 (Abbreviaturen); Heinemeyer 1962 (Got. Urkundenschrift); Fischer, Hanns 1966 (Ahd. Schrifttafeln); Friedrich 1966; Jensen 1969; Baudusch 1980 (Interpunktion); Höchli 1981 (Interpunktion).

B. Schreibung und Aussprache des Mittelhochdeutschen

§ 18 1. ‚Normalmhd.‘ – Textkritik – Editionstechnik

Für die Anwendung der Zeichen des lateinischen Alphabets gab es keine allgemein verbindlichen Normen, sondern höchstens die Verpflichtung gegenüber einzelnen Schreibtraditionen. So kommt es, daß in den Hss. ein Zeichen für verschiedene Laute und umgekehrt mehrere Zeichen für denselben Laut verwendet wurden.

Die mhd. Sprachdenkmäler auch der Zeit um 1200 sind überwiegend in Hss. des 14./15. Jhs. erhalten. Sie sind also jüngere Abschriften, die absichtlich zum Sprachstand der eigenen Zeit modernisiert wurden (vgl. die heutige Bibel), aber auch Willkürlichkeiten und Fehler aufweisen. Erst durch Textkritik kann der schwierige Versuch gemacht werden, die Sprachformen der verschollenen Ersthandschrift oder gar des Diktats des Dichters oder Schriftstellers zu erschließen.

Für die kritischen Ausgaben mhd. Texte schuf Karl Lachmann das ‚Normalmhd.', d.h. Schreibregeln auf Grund der Schreibungen guter Hss., genauer Beachtung des Reimgebrauchs und der Lautgeschichte vor allem für die Dichtungen der Zeit um 1200. Die Normalisierung Lachmanns kann daher für das Früh- oder Spätmhd. kaum angewandt werden.

Lachmann hat nirgendwo die Grundsätze seines Normalmhd. insgesamt dargestellt. Er schuf in seinen Ausgaben von Walther, NL, Wolfram eigene Zeichen oder gab vieldeutigen der Hss. feste Bedeutung, z.B. dem ⟨æ⟩, das langes /ê/ oder kurzes /e/ wiedergeben konnte und im Md. weithin ⟨e⟩ geschrieben wurde. Vgl. die nichthandschriftlichen ⟨ä, ö, ü⟩ (§ 63; § 67; § 69), die er einführt. Zur grammatischen Behandlung der Texte vgl. Sparnaay 1948.

Lit. zur mhd. Textkritik:
Eine systematische Darstellung der mhd. Textkritik im Ansatz enthält Stackmann 1964. – Zur Methode der Leiths. vgl. Lutz-Hensel 1975; Moser, Hugo/Tervooren 1977, II, 7ff. – Zusammenhängende theoretische Darstellungen sind: Kantorowicz 1921; Seiffert 1958; Maas 1960; Seiffert 1969. – Vgl. ferner: Hübner 1934; Niewöhner 1957; Schieb 1967; Ganz/Schröder, W. (Hrsg.) 1968; Kuhn, Hugo/Stackmann/Wuttke (Hrsg.) 1968; Tervooren 1968; Objartel/Rennings 1968; Martens/Zeller (Hrsg.) 1971.

Außer der kritischen Textausgabe, d.h. in der Regel einem normalisierten Text mit Lesartenapparat, kennt die Editionstechnik als weitere Wiedergabemöglichkeiten den Abdruck der einzigen o. der besten Hs., den diplomatischen Abdruck, synoptische Kombination von diplomatischem Abdruck und normalisiertem Text, Photokopie einer Hs. oder Faksimile.

Eine Reihe vorzüglich edierter Faksimiles von mhd. Hss. ist in den letzten Jahrzehnten in spezialisierten Verlagen erschienen. Zu dem berühmten Faksimile der Gr. Heidelberger Liederhs. (Manesse-Hs.) des Insel-Verlags (1925/29) traten z.B. Faksimiles der Heidelberger Bilderhs. des Sachsenspiegels (1970, Insel-Verl.), Nibelungen-Lied Hs. C und Die Klage (1968), die Weingartner Liederhs. (1969), Wolframs Parzival, Titurel u. Tagelieder des Cgm. 19 (1970; alle im Verlag Müller und Schindler, Stuttgart), Rolandslied Cpg. 112 (1970) u. Mhd. Spruchdichtung Cpg. 350 (1974; beide Verlag Reichert, Wiesbaden), Kaiserchronik aus Vorau Cod. 276/I (1953), Gedichte der Vorauer Hs. Cod. 276/II (1958), Wolframs Willehalm Cod. Vindob. 2670 (1974) und das Ambraser Heldenbuch Cod. Vindob. S.N. 2663 (1973; alle Akad. Druck- u. Verlagsanstalt, Graz). – Weniger eindrucksvoll, doch für akad. Lehr- u. Studienzwecke durchaus geeignet sind fotomechan. hergestellte Schwarzweißdrucke wie z.T. die Schrifttafeln von Petzet/Glaunig 1910 oder die Abdrucke der Reihe Litterae, Göppingen. – Der Hs. nahe bleiben diplomati-

sche Abdrucke wie u. a. die Ausgaben der Kaiserchronik (hg. v. E. Schröder), des König
Rother (hg. v. Frings/Kuhnt; mit allen Fehlern, so hyperhd. *zvgint* statt *tvgint* 929,
spozeder st. *spotet ir* 1962). – Synopsen von diplomatischem Hs.-Abdruck und normalisiertem Text bieten z. B. die Ausgaben von Moriz von Craûn (hg. v. Pretzel), Die Heidin
(hg. v. Henschel/Pretzel), Hartmanns Klage u. Büchlein (hg. v. Zutt) oder mit vierfacher
Synopse Eilharts von Oberg Tristrant (hg. v. Bußmann). – Die Reihe ‚Deutsche Texte
des Mittelalters' wendet wechselnde Grundsätze an (vgl. Simon in: Ulrich von Etzen-
bach, hg. v. H.-F. Rosenfeld, Bd. IL, S. V–XXXII). – Proben verschiedener Editionstechnik: Eis 1949.

Lit. zu Editionen u. Editionstechnik:
Kuhn, Hugo/Stackmann/Wuttke (Hrsg.) 1968; Ganz 1973; Lenders/Moser, Hugo
(Hrsg.) 1978; Reichmann 1978; Sappler/Straßner (Hrsg.) 1980.

Ein Vergleich der Schreibung in den Hss. (in der Wiedergabe von Faksimile,
Photokopie o. diplomatischem Abdruck) mit entsprechenden textkritischen
Ausgaben macht in vielen Fällen die starken Divergenzen und damit Vor- und
Nachteile des normalisierten Mhd. deutlich. Mit Rücksicht auf die praktischen
Bedürfnisse schließt sich unsere Darstellung, wo die mundartlichen Verschie-
denheiten nicht ausdrücklich hervorgehoben werden müssen, möglichst an die
Lachmannsche Schreibregelung an, wodurch allerdings bei einzelnen Texten
eine sich vom handschriftlichen Befund graphisch stark entfernende Verein-
heitlichung herbeigeführt wird.

§ 19   2. Schreibung und Aussprache der mhd. Vokale

Schriftzeichen des normalisierten Mhd. sind für:

kurze Vokale: ⟨a, e, i, o, u⟩ und die Umlaute ⟨ä, ö, ü⟩
lange Vokale: ⟨â, ê, î, ô, û⟩ und die Umlaute ⟨æ⟩ [äː], ⟨œ⟩ [öː], ⟨iu⟩ [üː]
Diphthonge: ⟨ei, ou, ie, uo⟩ und die Umlaute ⟨öu/eu/öi⟩, ⟨üe⟩

Das Zeichen ⟨e⟩ steht für drei Kurzvokale verschiedener Herkunft und Aussprache: für offenes /e/ aus germ. /ë/, in Grammatiken u. Wörterbüchern ⟨ë⟩
oder ⟨ę⟩ geschrieben (§ 64); für geschlossenes /e/ (§ 62), den Primärumlaut
von /a/ (auch ⟨ę⟩); in unbetonter Silbe für den Schwa-Laut [ə]. Das Zeichen
⟨ä⟩ hebt den sehr offenen Sekundärumlaut des /a/ (§ 63) von den anderen e-
Lauten ab. Die Ligaturen ⟨æ⟩ (§ 71) und ⟨œ⟩ (§ 75) kennzeichnen die langen
Umlaute von /â/ und /ô/, wogegen für den langen Umlaut von /û/ das ahd.
Diphthongzeichen ⟨iu⟩ (§ 77) beibehalten wurde. Für den Umlaut von /ou/
finden sich neben ⟨öu⟩ (§ 80) auch ⟨eu, öi⟩, selten ⟨oi⟩ (zu unterscheiden von
⟨oi, oy⟩ in Lehnwörtern aus dem Französischen, vgl. § 156). Normalisiertes /ei/
(§ 78) wurde im Alem. [ɛi] gesprochen, also mit geschlossener Aussprache des
ersten Diphthonglautes (wie auch bei /ou/ und /öu/), im Bair. dagegen [ai] (was
z. B. für Walther-Texte zutrifft).

Die Hss. unterscheiden nicht Länge und Kürze. Der Winkel als Längezeichen, der sich nur gelegentlich findet, ist nach dem Beispiel Notkers von Lach-

mann eingeführt worden, wobei /æ/ und /œ/ ohne Längezeichen blieben. Notker hatte mit dem Vertikalstrich betonten Kurzvokal, mit diesem und verstärktem Federabhub oben betonte Vokallänge bezeichnet und damit aus sich durchkreuzender antiker Tradition ein klares System geschaffen (die Angelsachsen und mit ihnen die Nordgermanen benutzten den erstgenannten Strich für die Länge; vgl. Keller, W. 1908,97). In den kritischen Ausgaben wird der Winkel mit Recht meist gesetzt, doch statt dessen auch der horizontale Strich: *rât/rāt*, *lêhen/lēhen* usw. Die Unterscheidung von ⟨ä⟩, ⟨ö⟩ als Zeichen für Kürze und ⟨æ⟩, ⟨œ⟩ als Zeichen für Länge ist den Hss. ebenfalls fremd, die ⟨å⟩ und ⟨ŏ⟩ für langen und kurzen Laut schreiben.

/ö/ und /œ/ sind in den Handschriften meist nicht von /o/ geschieden. Noch weiter geht die Verwirrung bei den verschiedenen *u*-Lauten: /u, ü, iu, uo, üe/ und selbst /ou, öu/ werden nicht selten durch gleiche Zeichen wiedergegeben. Manche Hss. allerdings unterscheiden genauer.

In md. Hss. wird für alle *e*-Laute in der Regel ⟨e⟩ geschrieben, in obd. aber wird der offene *e*-Laut mit ⟨æ⟩ (aus der Verbindung von ⟨a⟩ und ⟨e⟩ entstanden), ⟨e, ę⟩ oder ⟨å⟩ wiedergegeben. Mfrk. /ê/, gelegentlich /œ/, können vor /r/ als ⟨ei⟩, das erste auch als ⟨i⟩ geschrieben sein. Umlaut /e/ wird mfrk., seltener alem. und bair., mit ⟨ei⟩ wiedergegeben, mfrk. auch mit ⟨i⟩ in umgekehrter Schreibung der wmd. Senkung /i/ > /e/ (vgl. § 64f.). Das übergeschriebene *e* verflüchtigt sich später über Zwischenstufen zu zwei Punkten, wodurch die Schreibungen ⟨ä, ö, ü⟩ entstanden sind. Die Punkte des normalisierten Mhd. vertreten überhaupt oft übergesetzte Buchstaben oder Zeichen (vgl. §§ 159–166) der Hss., wenn sie dort, wie gewöhnlich, nicht ganz fehlen. Oft bedeuten solche Zeichen nichts, sind bloße Zierschnörkel, oder sie dienen zur Unterscheidung im Schriftbild (u/n).

Die Buchstaben ⟨i⟩ und ⟨u⟩ werden auch zur Bezeichnung der Konsonanten /j/ und /v/ gebraucht und umgekehrt ⟨j⟩ und ⟨v⟩ auch für /i/ und /u/. Oft wird ⟨v⟩ für /u/ und /v/ im Anlaut, ⟨u⟩ für /v/ und /u/ im Inlaut verwendet. /w/ ist öfters ⟨vu, wu⟩ oder ⟨uw⟩; dazu § 115ff. Im Md. wird das Zeichen ⟨i⟩ oft zur Kennzeichnung der Langvokale benutzt, vgl. ⟨ai, oi, ui⟩ für /â, ô, iu/ (vgl. noch heute die Schreibung des Namens *Voigt*). – Zu ⟨y⟩ vgl. § 65, Anm. 6; § 156.

Mhd. Zeichen und Aussprache entsprechen in vielen Fällen dem Nhd., wenn auch die Aussprache der mhd. Laute nicht immer zu sichern ist; wir kennen die zeitlichen, landschaftlichen, soziologischen Unterschiede bei der unvollkommenen Schreibung der Hss. zu wenig.

Die nhd. Orthographie spiegelt vielfach mhd. Lautverhältnisse wider. Man schreibt ⟨ei⟩, während man jetzt [ae] spricht (mhd. *bein:* nhd. *Bein*) oder ⟨eu⟩), während die Aussprache jetzt [ɔø] ist. Man schreibt weiterhin ⟨ie⟩ für heutiges [i:], weil man im Mhd. Diphthong [iə] sprach (mhd. *liep:* nhd. *lieb*); man hat die Schreibung auch auf altes /i/ übertragen, soweit dieses im Nhd. gedehnt wurde (s. § 45f.), und ⟨e⟩ als Dehnungszeichen aufgefaßt (mhd. *rise:* nhd. *Riese,* mhd. *vihe:* nhd. *Vieh*). Ähnlich ist auch das ⟨h⟩ nach dem Verstummen zum Dehnungszeichen geworden (mhd. *gemahel:* nhd. *Gemahl;*

mhd. *zëhen:* nhd. *zehn;* mhd. *vihe:* nhd. *Vieh;* danach nhd. *Hahn* für mhd. *hane; nehmen* für *nëmen; ihr* für *ir; Lohn* für *lôn; Stuhl* für *stuol* usw.; vgl. § 142).

Weiteres zu den einzelnen Vokalen §§ 60−83.

§ 20   3. Schreibung und Aussprache der mhd. Konsonanten

Schriftzeichen des normalisierten Mhd. sind für:
Sonore Konsonanten: Halbvokale ⟨w⟩, ⟨j⟩; Liquiden ⟨r⟩, ⟨l⟩; Nasale ⟨m⟩, ⟨n⟩
Verschlußlaute: ⟨p, t, k/c, b, d, g⟩, ⟨q⟩[kw]
Affrikaten: ⟨pf/ph⟩, ⟨tz/z⟩, (alem. ⟨kch/cch⟩)
Reibelaute: ⟨v, f, s, z/ʒ, sch, ch, h⟩

Das Zeichen ⟨w⟩, hervorgegangen aus den ahd. mhd. Zeichen ⟨vv, vu, uv, uu⟩, steht zunächst für den bilabialen Laut, der im 13. Jh. zum labiodentalen Laut wird (§ 115). Das ⟨j⟩, in den Hss. auch als ⟨i, y, g, gi⟩ geschrieben, kann im Mhd. stimmhafte Spirans oder auch Verschlußlaut sein (vgl. *jehen − er giht;* § 118ff.). Der stl. Verschlußlaut /k/ wird im Wort- und Silbenauslaut ⟨c⟩ geschrieben. Die Affrikata /pf/ kann im normalisierten Mhd. auch als ⟨ph⟩ vorkommen. Für die Affrikata [ts] gibt es im Mhd. zwei Zeichen: Im Wortanlaut und nach Konsonanten steht ⟨z⟩ (z. B. *zal, herze),* inlautend nach Vokal ⟨tz⟩ (z. B. *sitzen),* auslautend kann beides vorkommen (z. B. *schaz, schatz)* (§ 150). Nebeneinander stehen stl. Spirans /f/ und sth. Spirans (urspr. Lenis) /v/ (z. B. *vater/fater;* aber meist *vl-, vr-);* es findet sich überwiegend ⟨f⟩ im Auslaut und in den Verbindungen /ft, fs/, anlautend und intervokalisch ⟨v⟩ (z. B. *hof, hoves; niftel)* (§ 131f.). Das Zeichen ⟨s⟩ für alte idg. Spirans ist je nach Stellung stl. oder sth., doch ist die Aussprache dem Zischlaut /sch/[ʃ] ähnlich, bis im 13. Jh. daraus stl. o. sth. Spirans /s/ wird und diese mit /ʒ/ zusammenfällt (§ 151, § 155). Bewahrt und verstärkt wird der Zischlaut zu stl. [ʃ] in den wortanlautenden Verbindungen /st/ und /sp/ (z. B. *stein, spil)* und vor /l, m, n, w/ oder nach /r/ (z. B. *slange, swert, bars).* Der ebenfalls stl. Reibelaut /s/, entstanden aus germ. /t/ durch die 2. Lautverschiebung, wird ⟨z⟩ oder, um eine Verwechslung mit dem Affrikata-Zeichen ⟨z⟩ zu vermeiden, in Grammatiken und Handbüchern, seltener in Textausgaben, als geschwänztes ⟨ʒ⟩ geschrieben (z. B. *daz wazzer/ daʒ waʒʒer).* Die ahd. Verbindung /sk/ wird im Mhd. zu /sch/[ʃ] und erscheint in den Schreibungen ⟨sk, sc, sh, sch⟩, md. auch ⟨sg⟩. Im Wort- und Silbenanlaut ist ⟨h⟩ Zeichen für den Hauchlaut (z. B. *hûs, nâhe),* im Auslaut und in den Verbindungen /hs/ und /ht/ für den Reibelaut [x], oft auch ⟨ch⟩ geschrieben (z. B. *er sah/sach, naht, vuhs).* Soweit es sich um alem. u. bair. Texte handelt, ist ⟨ch⟩ auch nach /i/ o. /e/ als gutturales [x] zu sprechen (z. B. *ich, beche* ‚Bäche' wie *bach;* vgl. § 139). Im Mhd. ist ⟨h⟩ niemals stummes Dehnungszeichen wie im Nhd. Weiteres zu den einzelnen Konsonanten §§ 115−155.

Die mhd. Schreibung bezeichnet die Laute phonetisch genauer, während im Nhd. unter der Wirkung analogen Ausgleichs für etymologisch zusammengehörige Wortformen gleichmäßige Schreibung durchgeführt wird, vielfach auch gegen die Aussprache; vgl. mhd. *tac−tages:* nhd. *Tag−Tages, leit−leides: Leid, grap−grabes: Grab, zeicte−zeigen: zeigte; stam−stammes: Stamm, brante−brennen: brannte, sante−senden: sandte* usw. Hierher gehört auch, daß im Nhd. ⟨ä⟩ statt des mhd. ⟨e⟩ eingeführt ist, wo es bei der Festlegung der Rechtschreibung seit dem 16. Jh. als Umlaut des /a/ empfunden wurde, vgl. *Vater−Väter* = mhd. *veter,* ich *fahre−du fährst* = mhd. *verst, hangen−hängen* = mhd. *hengen, lang−Länge* = mhd. *lenge* usw. In einigen Fällen hat man den Zusammenhang nicht mehr erkannt und schreibt *Eltern, behende.*

VII. Betonung

A. Wortton

1. Allgemeines   § 21

Durch Betonung oder Akzentuierung werden sprachliche Einheiten (Silbe im Wort, Wort im Satz) hervorgehoben. Man unterscheidet musikalischen Akzent, d. h. Betonung durch Variation der Tonhöhen (der uns für die alten Sprachstufen verschlossen bleibt, da uns ihre Sprechsprachen nicht zugänglich sind), von dynamischem Akzent, d. h. Betonung durch verstärkten Atemdruck. Dieser dynamische Akzent, der im Idg. als freier Akzent jede Silbe eines Wortes unter bestimmten Bedingungen hervorheben konnte, wird im Germanischen (ca. 500 v. Ch., nach dem Wirken des Vernerschen Gesetzes [§ 92], aber vor Beginn der schriftlichen Überlieferung) auf die erste Silbe des Wortes festgelegt: germ. Initialakzent. Daher wird in den germ. Sprachen in der Regel die Wurzel- o. Kernsilbe des Wortes akzentuiert; Präfixbetonung ist sehr selten. Nur bei einigen sehr alten präfigierten Nomina wurde im Germ. das Präfix akzentuiert und folglich bis heute nicht abgeschwächt, wogegen jüngere präfigierte Verben Wurzelbetonung erhielten, wodurch ihre Präfixe im Mhd. der Nebensilbenabschwächung zu /e/ unterlagen: vgl. mhd. *úrloup,* aber *erlóuben, úrteil − ertéilen, ántwürte − ent-(spréchen); úrteilen* u. *ántwürten* wurden erst später von den Nomina abgeleitet (§ 59,6).

Man unterscheidet drei Akzentuierungsgrade: den Hauptton (d. h. den eigentlichen Akzent, durch Akut zu bezeichnen), den Nebenton (meist bei drei- und mehrsilbigen Wörtern, mit Gravis zu bezeichnen) und den Schwachton (unbezeichnet). So trägt in nhd. *Hausvater Háus-* den Hauptton, *-và-* den Nebenton, *-ter* ist schwachtonig.

1. Im einfachen mhd. Wort ruht der Hauptton wie im Nhd. auf der Anfangssilbe (Wurzel- oder Kernsilbe).

Anm. 1: Die Wörter und Namen fremder Herkunft haben die Betonung der Herkunftssprache; doch ist bei älteren, deren fremde Herkunft nicht mehr im Bewußtsein war, die deutsche Anfangsbetonung eingetreten.

Manche hebräische Namen bewahren häufig den ursprünglichen Akzent, vgl. *Adâ´m, Abê´l, Davî´d;* andererseits steht aber neben *Márjâ,* eingedeutscht *Mérge* (vgl. die ONN Mergentheim, St. Märgen), auch *Marî´a.* Aus dem Frz. übernommene Namen schwanken: *Artû´s* und *A´rtûs, Iwéin* und *I´wein, Trístan* und *Tristán* usw.

Anm. 2: Nhd. Tonverschiebungen wie in Wörtern, in denen die schallstärkere zweite Silbe den Ton an sich gezogen hat, so in nhd. *lebéndig, Holúnder, Wachólder, Forélle, Hornísse,* kommen mhd. noch nicht vor; es heißt *lë´bendec, hólunder, wë´cholter, vórhele, hórnuȝ.*

2. Die Stellung des Nebentones im mehrsilbigen einfachen oder abgeleiteten Wort ist nicht durch die Quantität der haupttonigen Silbe bedingt, wie man früher angenommen hatte (vgl. Sievers 1877,528), sondern die Stellung wechselt innerhalb desselben Wortes je nach Zusammenhang der Rede (vgl. Paul, H. 1879b,130ff.).

3. Tritt zu einem Suffix ein neues hinzu, so erhält dieses den stärkeren Akzent, was zur Betonung zusammengesetzter Wörter stimmt. Daher hat in *senedærinne* ‚die sich Sehnende‘ die Silbe *-rin-* einen stärkeren Ton als *-dæ-* (es ist aus *senedære* abgeleitet). So ziehen *-ære, -unge, -nisse, -sal, -inne, -în, -lîn* u. a. regelmäßig den Nebenton an sich, weshalb sie auch ihre vollklingenden Vokale bewahrt haben (vgl. § 59). In viersilbigen Wörtern wie *wúnderǽre* ‚Wundertäter‘, *wándelùnge, kúneginne* u. dgl. besteht ein stärkerer Nebenton.

Anm. 3: Zu der früher gemachten Unterscheidung zwischen unbetontem /e/ nach langer haupt- und nebentoniger Silbe (z. B. in *muoter, stimme, weinènde*) und stummem /e/ nach kurzer haupt- oder nebentoniger Silbe (in *vater, name, gevángène*) vgl. Paul, H. 1882,187.

Lit. zum germ. Akzent:
Sievers 1877; Sievers 1920; Hoffmann-Krayer 1924; Michels, V. 1925; Barber 1932; Senn 1943; Helm 1949; Schirmunski 1962,156−176; Schweikle 1964; Siebs 1969.

§ 22   2. Wortton beim Kompositum

Bei zusammengesetzten Wörtern müssen nominale und verbale Komposita unterschieden werden, d. h. solche, bei denen das zweite Glied ein Nomen, und andere, bei denen es ein Verbum ist. Im nominalen Kompositum trägt die Wurzelsilbe des ersten Gliedes einen stärkeren Ton als die des zweiten, im verbalen die des zweiten Gliedes einen stärkeren Ton als die des ersten, das immer eine Partikel ist. In *morgengâbe, widerrede* haben also *mor-* und *wi-* einen stärkeren Ton als *-gâ-* und *-re-,* dagegen in *widerreden* hat *-re-* einen stärkeren Ton als *wi-.* Eine Ausnahme machen die mit *ge-, ver-* und *be-* zusammengesetzten Nomina, in denen der Akzent stets auf das zweite Glied fällt; vgl. *geschiht, verlust, begin.*

Anm. 1: Nur die folgenden Partikeln können in verbaler Komposition erscheinen: *durch, über, under, umbe, hinder, wider;* die aus ursprünglich selbständigen Präpositionen abgeschwächten *be-, ge-, en-, ent-, er-, ver-, zer-* oder *ze-;* ferner *volle- (vol-)* und *misse- (mis-).*

Anm. 2: Nicht als Komposita gelten Verbindungen wie *abe wërfen, zuo sprëchen,* in denen das Verb einen schwächeren Ton hat als die Partikel, denn man sagt *ër wirfet abe, ër sprichet zuo.* So ist auch zu unterscheiden zwischen *dúrch varn* und *durchvárn (ich var dúrch – ich durchvár).* – Doch kommt es seit der Entstehung der höfischen Dichtersprache vor, daß die trennbare Partikel vor dem Verbum nicht den Starkton trägt. Namentlich Dichter, die nach regelmäßiger Alternation im Verse streben, machen davon Gebrauch. Herkömmlich im Auftakt: *hin wîste mich der waltman* Iw 598 (Zwierzina 1901,281); im Versinnern: *zer tür ûz gienc* Pz 246,27; häufig in der Lyrik: *nâch hôher wirde ûf swinget* Wa 47,9. Vgl. Schatz 1930,43.

Anm. 3: Nicht zu verwechseln mit den Verbalkomposita sind die Ableitungen aus Nominalkomposita. Sie werden nach dem Grundwort betont. *hálsslagen* ‚ohrfeigen‘ und *ántwürten* z.B. sind nicht Komposita aus *hals* und *slagen, ant-* und *würten,* sondern Ableitungen von *hálsslac, ántwürte* (Denominativa).

Anm. 4: Ebenso müssen von den Nominalkomposita geschieden werden die Ableitungen aus Verbalkomposita. So sind *erlœsære, erlœsunge, behältnisse, erbérmde* ‚Barmherzigkeit‘, *durchlíuhtec* ‚hellstrahlend‘ nicht Komposita, sondern Ableitungen aus *erlœsen, behalten, erbarmen, durchliuhten* (Deverbativa).

Anm. 5: Die Nominalkomposita mit *ver-* und *be-,* ebenso die mit *ge-* sind erst durch Angleichung an die entsprechenden Verbalkomposita entstanden, z.B. *vergíft* ‚Gift‘ nach *vergë´ben.* Sie haben (vor)althochdeutsche mit *ga-, furi-* (= mhd. *für-*) oder *fra-* und *bi-* verdrängt, die der allgemeinen Regel gemäß den stärkeren Ton auf dem ersten Glied hatten. Gotisch heißt es noch *gámains,* aber schon ahd. *giméini,* mhd. *geméine;* nur vereinzelt sind Fälle wie ahd. *gáskaft* (neben *giskepfen*) oder mhd. *gámen* ‚Spiel‘ (= gotisch *gá-man* ‚Genossenschaft‘). Häufiger steht noch mhd. betontes *für-* und *bi-* neben unbetontem *ver-* und *be-,* z.B. in *bígraft* ‚Begräbnis‘ neben *begráft.* Die heutige Wortgeographie zeigt beides (DWA IV); vgl. § 59.

Anm. 6: Verstärkendes *al-* vor Adjektiven und Adverbien kann untergeordnet werden: *almáhtic – álmähtic, alwâ´r* ‚ganz wahr‘ – *álwære* ‚albern‘, *aldâ´, alúmbe* ‚rings herum‘, *aléine, alwéinende* usw., aber gebräuchlicher ist *álsó* als *alsó´.* Die Partikel *un-* kommt betont wie unbetont vor.

In Nominalkomposita wie *wíderréde* kann man die Tonsilbe des zweiten Gliedes noch als haupttonig betrachten, wenn sie auch schwächer ist als die der ersten. Ist aber das erste Glied ein einsilbiges Wort wie in *júncfròuwe, dúrchvàrt,* so erhält die betonte Silbe des zweiten Gliedes den Nebenton, bleibt aber immer stärker betont als irgendeine folgende Silbe.

Anm. 7: Wenn ein Kompositum nicht mehr als solches erkannt wurde, konnte der Nebenton schwinden: *gamen* ‚Spiel‘ (zu *man*), *viertel* neben *vierteil.* In *vihewëc > vibich, vorwërc > vorbrich* (15. Jh.) ist das Kompositionsglied nicht mehr zu erkennen.

In Verbalkomposita trägt die Wurzelsilbe des zweisilbigen ersten Gliedes den Nebenton *(ùberwínden),* das einsilbige erste Glied dagegen ist unbetont *(durchstëchen, erkénnen).*

Anm. 8: Nur in den viersilbigen Fremdwörtern auf *-ieren* fällt auch auf die einsilbigen Partikeln ein Nebenton, weil die darauf folgende Wurzelsilbe unbetont ist, vgl. *gèzimíeret* ‚mit Helmschmuck versehen‘, *sich vèrnoijíeren* ‚abtrünnig werden‘.

Ein zweisilbiges Kompositum kann wieder Glied eines Nominalkompositums werden. Nach der allgemeinen Regel ist in *hantwërc-liute* die Silbe *liu-* stärker betont als *wërc*, in *houbet-buochstap* die Silbe *buoch-* stärker betont als *stap* usw.

Zur Betonung in Pro- und Enklise vgl. § 23.

§ 23   B. Satzton

Die gesprochene Rede (z. B. ein Satz) gliedert sich in Sprecheinheiten, die ein oder mehrere Wörter umfassen, z. B.: *Bístu | ein áckermàn | wónend | in Béhemer lànde, | so dúnket uns, | du túst uns | héfteglich | únrècht* (Ackermann IV, 2). Jede dieser Sprecheinheiten hat einen Tongipfel auf der Wurzelsilbe eines ihrer Wörter (Akut), manchmal noch einen Nebengipfel (Gravis); daran lehnen sich die übrigen Silben und/oder Wörter schwachtonig an. Soweit sie dem Tongipfel vorausgehen, sind sie proklitisch ('vorwärtsneigend'; s. o. *ein, in, so, du*), folgen sie ihm, sind sie enklitisch ('rückwärtsneigend'; s. o. *uns* u. die unbetonten Nebensilben). Proklitisch sind namentlich die Präpositionen und Pronomina, insbesondere der Artikel (vgl. *ze lánde, ich sól, der mán*), enklitisch namentlich dem Verbum nachgestellte Pronomina (vgl. *túot ër, gáb ëʒ*). Doch können die Präpositionen vor dem Personalpron. den Ton tragen: *án mir* oder *an mír, û´f iuch* oder *ûf íuch, zúo mir* oder *ze mír*.

Die in der Sprecheinheit schwachtonigen Wörter oder Silben können – ähnlich den Nebensilben eines Wortes – abgeschwächt werden, d. h. sie können unter Verlust lautlicher Bestandteile verkürzt werden oder mit dem folgenden (Proklise) oder vorausgehenden (Enklise) Wort verschmelzen, wobei es auch zu Vokalveränderungen (z. B. Krasis) oder Assimilationen kommen kann. Im folgenden sind die häufigsten Fälle der Verkürzung und/oder Verschmelzung aufgeführt:

1. Von den Formen des Artikels schwächt sich *daʒ* zu *deʒ* und weiter zu *ʒ* ab, das dann in der normalisierten Schreibweise gewöhnlich mit dem vorhergehenden Worte zusammengeschrieben wird, z. B. *lâtʒ kint; dës* zu *s*, z. B. *s morgens; diu* und *die* zuweilen zu *de* und vor Vokalen zu *d (d ougen)*. Sehr häufig verschmelzen die Formen des Artikels mit einer vorausgehenden Präposition, vgl. *ûf(e)ʒ (< ûf daʒ), umbeʒ, anʒ, inʒ, überʒ; ûfen (< ûf dën), umben, übern; anme, am(m)e, am (< an dëme); inme, im(m)e, im; bîme; zëme, zëm; ûfme, ûfem; vorme, vorm; underm; zën (< ze dën), zër (< ze dër); ein > en* in *enwiht* neben *ein wiht* 'ein unbedeutendes Wesen = gar nichts'; usw.

2. Anlehnung (Enklise) des Personalpronomens zeigt sich in Reimen wie *mohter (< mohte ër): tohter, saʒ er: waʒʒer, vander: einander, zôher (< zôch ër): hôher, hastes (hast es*, Gen.) *: gastes, baten (< bat in) : staten, dun (< du in) : sun, zuoder (< zuo dir) : bruoder.* Ganz gewöhnlich sind *ichʒ, ichs, wirʒ, wirs, binʒ, mohtenʒ, wirn, mirn* (auch im Reim: *duʒ : schuʒ, mirʒ : hirʒ,*

tuoʒ : fuoʒ), mochtens (< mohten si) u. dgl. Nachgestelltes *du* verliert sein *d* durch Assimilation : *tuostu,* schwächt *-u* zu *-e: tuoste* und verliert es vor Vokal: *tuost;* vgl. § 214, Anm. 7.

3. *daʒ* und Personalpron. verschmelzen nicht selten mit *ist* oder miteinander (Krasis): *deist, dêst, dest* (§ 105, Anm. 5); auch *dast* für *daʒ ist; eist, ëst* für *ëʒ ist; ërst, dërst* für *ër ist, dër ist;* ähnlich *nust* für *nu ist; deich* für *daʒ ich, deir* für *daʒ ër, deiʒ* für *daʒ ëʒ;* u.a.; vgl. § 214, Anm. 7.

4. Für *dar mite, dar bî* usw. finden sich *dermite, derbî;* für *darinne, darûʒe* usw. *drinne, drûʒe;* seltener *dinne* für *dâ inne, hinne* für *hie inne.*

5. Die Negation frühmhd. *ne* (ahd. *ni*) kann ihren Vokal verlieren und entwickelt (über silbisches [ŋ]) den Stimmton als schwaches /e/ vor dem /n/ im Anschluß an das Verb: frühmhd. *ne bat > enbat.* An vorangehende Pronomina oder Partikeln lehnt *ne* sich an und kann das /e/ verlieren: *iʒ ne haben, ëʒn haben; dune, dun; ërne, ërn; ëʒne, ëʒn; ichne, ichn,* aber auch *ine, in; sône, sôn; jâne, jân* usw., wegen der Schwachbetonung im Satz auch *sone, son* usw., *niene, nien* (üblich für *niht ne), nune, nun* usw.

6. Der volle Vokal einiger Präpositionen ist zu /e/ geschwächt, wo sie, nicht durch den Artikel getrennt, unmittelbar vor einem vollbetonten Worte standen; gelegentlich wird der Vokal ganz unterdrückt. So tritt *en* für *in* ein in Verbindungen wie *enhant* oder *enhende* ‚in der Hand‘, *enrihte* ‚in gerader Richtung‘, *enzëlt* ‚im Paßgang‘, *enzît* ‚zur rechten Zeit‘ und in den ganz adverbialen *entriuwen* ‚fürwahr‘, *envollen* ‚vollständig‘, *enmitten, enzwischen* ‚zwischen‘ (eigentl. ‚in zweifachen‘), *enzwei, envieriu* ‚in vier Stücke‘, *enein* ‚in eins, zusammen‘, *enbor* oder *embor* ‚empor‘, *engegene; be* für *bi* (sonst wird die Adverbialform *bî* gebraucht) in *bedaʒ* ‚währenddem‘, *bediu* ‚deshalb‘, *behende* ‚bei der Hand‘, *behanden* ‚bei den Händen‘, *benamen* ‚bei Namen = wirklich‘, *bevollen (= envollen), bewîlen* ‚bisweilen‘, *bezîte (= enzîte); met* für *mit* in *metalle,* gewöhnlicher *betalle* ‚gänzlich‘; *ver* für *für* in *verguot, verniht.* Die Präposition ‚zu‘ hat schon ahd. eine betonte *(zuo)* und eine unbetonte Form *(za, zi);* mhd. stehen *zuo* und *ze* nebeneinander, vgl. Lachmann zu Iw 5873 (als Adv. nur *zuo). ze* verliert sein /e/ vor vokalischem Anlaut, vgl. *zeinem, zêrste; zuns, zim, zir;* vor /w/ in *zwâre* ‚fürwahr‘ neben *zewâre* (so stets H, s. Zwierzina 1901,375), *zwiu* ‚wozu‘. *in* verliert seinen Vokal in *nëben* für *enëben, nouwe* neben *enouwe* ‚stromabwärts‘.

Anm. 1: Andere Fälle sind nur beschränkt im Gebrauch. Bei Wo und einigen anderen ist *ich* vor *iu* zu *i* verkürzt, vgl. *i'u = ich iu, i'iuch = ich iuch.*

Anm. 2: *hërre, vrouwe* schwach betont vor Eigennamen, Titeln und in der Anrede können die Zweisilbigkeit einbüßen, vgl. *her Gâwan, vrou künegîn, vrô werlt. her* kann weiter zu *er* geschwächt werden, z. B. *er Sîvrit, er Dietrich; vrou* zu *vro, vor, ver,* vgl. *vro Belakâne, vor Eva, ver Hersant* (Benecke/Müller/Zarncke 1854, III, 422); mhd. Fam.-Name *Vernadelen* (= Sohn der *vrouwen Adelen),* Zerbst 1346 (vgl. *Vernaleken = *vrouwen Aleken).* − *ouch* wird unbetont zu *ôch* zusammengezogen und zu *och* gekürzt. − *eckert, ockert* ‚nur, auch‘ haben die Kurzformen *eht, oht* neben sich, die zu *êt/et, ôt/ot* geschwächt werden.

Anm. 3: Auf Schwachbetonung im Satz gehen auch *lân* für *lâʒen, hân* für *haben* zurück, wohl auch *gît* (§ 109), *im(m)er* für *gibit, iemer* (§ 81) u. a. m.

Anm. 4: Über den Abfall oder die Schwächung der Endsilben infolge Schwachbetonung im Satz vgl. §§ 51–56.

Die Tongipfel der Sprecheinheiten sind nicht durchweg von gleicher Stärke; durch den Inhalt des Satzes kann wie im Nhd. der eine über die anderen durch besonderen Nachdruck erhoben werden und trägt dann den Satzhauptton. Wörter, die in der Regel pro- oder enklitisch sind, selbst tonlose Vor- und Endsilben können durch den Satzton, meist auf Grund eines Gegensatzes, zum Gipfel einer Sprecheinheit erhoben werden: *wan ér was ír und sí was sîn* Wh 100,7.

Anm. 5: Zusammenschreibungen eines proklitischen Wortes mit dem folgenden wie *fürwâr, überál* u. dgl. dürfen nicht mit eigentlichen Komposita verwechselt werden, und man darf auf sie nicht die für die letzteren geltenden Betonungsgesetze übertragen.

Anm. 6: Die Prät. *hât, hêt, hët* ‚hatte‘ (§ 288, Anm. 4) werden auf Schwachbetontheit im Satz zurückgeführt.

Die Betonung im Verse beruht auf der Betonung der natürlichen prosaischen Rede, aber die metrischen Bedürfnisse zwingen zu vielfachen Änderungen. Die Vernachlässigung des Unterschiedes zwischen natürlicher und metrischer Betonungsweise hat öfters zur Aufstellung falscher Regeln geführt. Abweichungen zwischen beiden im Vers vermögen besondere klangliche Wirkungen hervorzurufen – gewiß gilt dies auch in vielen Fällen für das mittelalterliche Publikum.

In den kritischen Ausgaben mhd. Dichtungen haben die Herausgeber in recht problematischer Weise oft weit über die hsl. Überlieferung hinaus von den genannten Möglichkeiten Gebrauch gemacht, um ein ‚glattes‘ alternierendes oder daktylisches Metrum zu erzielen.

Lit. zur deutschen Verslehre:
Saran 1907; Heusler 1925; Pretzel/Thomas 1957; Habermann/Mohr 1958; Hoffmann, W. 1967; Baesecke 1968; Arndt, E. 1971; Paul, O./Glier 1974; Köneke 1976; Ernst/ Neuser (Hrsg.) 1977; Tervooren 1979; Breuer 1981; Wagenknecht 1981; Mettke 1983, 36–41; Nagel 1985.

TEIL I

LAUTLEHRE

neu bearbeitet von
Peter Wiehl

Kapitel I

Allgemeines

1. Zur Methode der Lautbetrachtung   § 24

Die herkömmliche historische Grammatik sucht, ausgehend von den überlieferten Graphen, die sie mit Hilfe phonetischer Begriffe in ihrem akustischen Wert deutet, primär die Wandlung einzelner Laute oder Lautgruppen zu ermitteln und diese Veränderungen in Lautgesetze zu fassen. Diese von den Junggrammatikern der Leipziger Schule (H. Paul, O. Behaghel, W. Braune, K. Brugmann, B. Delbrück, A. Leskien, H. Osthoff, E. Sievers, K. Verner u. a.) in den siebziger Jahren des 19. Jhs. entwickelte, am Vorbild der Naturwissenschaften orientierte und somit auf positivistischer Sprachauffassung beruhende Methode zielt auf die Ermittlung einzelner Laute einer Sprachstufe oder Sprache und die im Vergleich mit anderen Sprachstufen oder verwandten Sprachen sich zeigenden Divergenzen. Die Beschreibung dieser Abweichungen und Veränderungen, die Eruierung von Gesetzmäßigkeiten der Entwicklung (bis hin zu der umstrittenen These von der Ausnahmslosigkeit der Lautgesetze) und die Erklärung von lautgesetzlichen Ausnahmen als Analogiebildungen bestimmen die junggrammatische Forschung. Dabei geht die historisch-vergleichende Sprachwissenschaft durchaus über die diachrone Untersuchung von Einzellauten hinaus und beschreibt Veränderungen von Lautgruppen, ohne indes die Sprache als System zu sehen.

Lit. Sprachwissenschaft der Junggrammatiker:
Leskien 1876; Sievers 1876; Verner 1877; Osthoff/Brugmann 1878; Osthoff 1879; Paul, H. 1880a; Brugmann/Delbrück 1893; Sievers 1901; Behaghel 1923. *Darstellungen:* Putschke 1969; Schneider, G. 1973; Reis, M. 1974; Wilbur (Hrsg.) 1977; Christmann, H. H. (Hrsg.) 1977.

Vorliegende Grammatik geht, gemäß ihrer junggrammatischen Herkunft und Tradition, in herkömmlicher Weise auf die Veränderungen der Einzellaute ein (vgl. §§ 60−83, §§ 114−156), erfaßt hierbei auch mundartliche Varianten (bes. §§ 157−170) und verfolgt außerdem im Sinne H. Pauls die Weiterentwicklung zum Nhd. hin. Bei der Darstellung des Lautgruppenwandels hingegen werden, soweit in diesem Rahmen möglich, Erkenntnisse der Phonologie eingebracht (vgl. §§ 26−50, §§ 84−113).

Die von N. S. Trubetzkoy und R. Jakobson (Prager Schule) begründete strukturalistische Phonologie betrachtet die Laute, genauer die Phoneme in ihrem Zusammenhang, im System. Phoneme als die kleinsten bedeutungsdifferenzierenden lautlichen Einheiten lassen sich durch Substitutionsproben an Minimalpaaren (Wörtern mit nur einer Lautdivergenz) ermitteln, z.B. mhd. /e/ : /i/ in *setzen : sitzen,* /o/ : /i/ in *wol : wil,* /m/ : /b/ in *man : ban* (Notation der Phoneme durch Schrägstriche). Schwierigkeiten ergeben sich bei der phonologischen Betrachtung historischer Sprachstufen, da man über die Aussprache nur selten Genaueres weiß; nur die Reime geben spärliche Auskunft. So machen die Hss. in der Schreibung keinen Unterschied bei mhd. *her* ‚her‘ und *her* ‚Heer‘, doch lehrt die Reimgrammatik, daß beide Wörter niemals miteinander reimen; es müssen daher zwei verschiedene *e*-Laute mit bedeutungsdifferenzierender Funktion, also Phoneme, vorliegen, nämlich offenes /ɛ/ bzw. geschlossenes /e/ (in den Handbüchern mit diakritischen Zeichen *hër* bzw. *hẹr* unterschieden). Im Ahd. haben wir in den entsprechenden Wörtern *hëra* ‚her‘ und *hẹri* ‚Heer‘ noch ein einziges Phonem /e/ mit zwei Allophonen; diese werden im Mhd. wegen des Endungsverfalls (Apokope) zum alleinigen Unterscheidungsmerkmal der Bedeutung beider Wörter und somit phonemisiert.

Die historische Phonologie ermittelt aus den Graphen der Hss. ein (meist idealisiertes o. normalisiertes) Inventar von Phonen und Phonemen sowie die Phonemdistribution und erstellt daraus ein Phonemsystem der betreffenden Sprachstufe (z. B. des Mhd. in seiner normalisierten Form), vergleicht dieses mit Phonemsystemen anderer Sprachstufen (z. B. Germ., Ahd., Nhd.) und versucht, daraus Erkenntnisse bes. in Hinblick auf die Ursachen der Sprachwandelphänomene zu erlangen, wobei der Tendenz des Systems zur Symmetrie und Ökonomie die entscheidende Rolle zukommt.

Lit. Phonologie:
Pfalz 1925; Jakobson 1931; Trubetzkoy 1931; Twaddell 1938; Trubetzkoy 1939; Penzl 1949; Pfalz 1952; Fourquet 1952; Fourquet 1954; Pfalz 1954; Martinet 1955; Kranzmayer 1956; Schirmunski 1957; Koekkoek 1958; Moulton 1961/62; Keller, R. E. 1961; Valentin 1962; Fourquet 1963; Valentin 1969a u. b; Penzl 1969; Szulc 1969; Philipp 1970 (dt. 1974); Wurzel 1970; Herrlitz 1970; King 1971; Hanewald 1971; Werner 1972; Penzl 1972; Heike 1972; van Raad/Voorwinden 1973; Penzl/Reis/Voyles 1974; Penzl 1975; Russ 1978a; Vennemann 1978; Keel 1982; Russ 1982; Kohrt 1984a; ders. 1984b; Simmler 1985; Szulc 1987.
Bibliographien: Keller, R. E. 1969; Helff 1970; Schindler/Thürmann 1971; Fisiak (Hrsg.) 1978; Dinnsen 1979.

§ 25   2. Arten der Lautveränderung

a) Lautwandel

Unter Lautwandel versteht man die Umgestaltung des Phonemsystems einer Sprache durch diachrone Veränderungen von einzelnen Lauten oder Lautgruppen. Lautwandlungen lassen sich in sog. ‚Lautgesetze‘ oder (besser) ‚Lautregeln‘ fassen.

Unter phonetischem Aspekt unterscheidet man traditionell zwischen kombinatorischem (o. bedingtem) Lautwandel, der nur unter bestimmten Kontextbedingungen erfolgt (d. h. unter Einflußnahme anderer, meist folgender Laute, z. B. bei Brechung, Wandel, ahd. Monophthongierung, i-Umlaut, oder durch die Stellung in Wort o. Silbe, z. B. bei der hdt. Lautverschiebung, der

Dehnung in offener Tonsilbe) und spontanem (o. unbedingtem o. isolier-
tem) Lautwandel, wobei sich ein Laut oder eine Lautgruppe (unseres Wissens)
unabhängig vom lautlichen Kontext verändert (z.B. bei der germ. Lautverschiebung, der ‚nhd.‘ Diphthongierung, der ‚nhd.‘ Monophthongierung); der
Begriff ‚spontaner Lautwandel‘ ist umstritten wegen unserer Unkenntnis der
auslösenden Faktoren (vgl. u. a. Penzl 1971,25). In Hinblick auf Veränderung
der Artikulation spricht man von Palatalisierung, Hebung, Senkung, Rundung,
Dehnung u. dgl. Die Ergebnisse der kombinatorischen Lautwandlungen sind
partielle o. totale Assimilationen, Dissimilationen, Haplologien oder Metathe-
sen. Gleichartige Veränderungen von Lautgruppen (z.B. die beiden Lautverschiebungen, ‚nhd.‘ Diphthongierung u. Monophthongierung u.a.) werden
auch als ‚Reihenschritte‘ bezeichnet (Pfalz 1918; Kranzmayer 1956, Nr. 13 u.
Nr. 28; dort Näheres zur ‚Reihenausweichung‘ u. ‚Reihenaufsaugung‘).

Lit. Lautwandel (allgemein):
Paul, H. (Hrsg.) 1900; Bloomfield 1933; Hockett 1958; Hoenigswald 1960; Labov
1963; Höfler 1967; King 1969 (dt. 1971); Koch, W. A. (Hrsg.) 1970; Cherubim (Hrsg.)
1975; Schweikle 1986, § 6.

b) Phonemwandeltypen

Unter phonologischem Aspekt unterscheidet man meist vier Haupttypen des
Phonemwandels: 1. Die Phonemspaltung, die zu einer Erweiterung des
Phonemsystems führt, bildet in einer ersten Phase Allophone mit komplementärer Distribution (meist aufgrund des Folgekontextes, z.B. /i, j, î/ beim Umlaut, bestimmte Folgekonsonanz bei der ahd. Monophthongierung u.a.), die in
der zweiten Phase nach Aufhebung oder Zerstörung der Kontextbedingung
(z.B. infolge der Nebensilbenabschwächung) phonemisiert werden; aus einem
Phonem haben sich so in der Regel zwei Phoneme entwickelt. 2. Zu einer
Reduktion des Phonemsystems kommt es durch (totalen) Phonemzusammenfall (o. Phonemverschmelzung), d.h. durch die Aufgabe einer Opposition und die Verschmelzung zweier Phoneme zu einem (z.B. ahd. /ea/, /io/ >
mhd. /ie/; mhd. /î/, /ei/ > nhd. /ai/). Eine Sonderform stellt der partielle Phonemzusammenfall dar, der als eine Kombination von Phonemspaltung und -zusam-
menfall das Phonemsystem nicht verändert. Ein Phonem spaltet sich zunächst
in zwei allophone Varianten mit komplementärer Verteilung, dann verschmilzt
eine Variante mit einem anderen Phonem (z.B. beim Primärumlaut /a/ > /e/;
bei der Dehnung in offener Tonsilbe), wogegen die andere Variante, das Aus-
gangsphonem, ‚quantitativ reduziert‘ bestehen bleibt (z.B. als unumgelautetes
/a/ bei der Primärumlautung; als Kurzvokal in geschlossener Tonsilbe). 3. Die
Phonemverschiebung ist ein Wandel in der Oppositionsart, d.h. es ändern
sich nur die Relationen zwischen den Phonemen, doch bleibt die Anzahl der
phonemischen Einheiten erhalten. Das Phonemsystem wird hierdurch weder
erweitert noch reduziert (z.B. in der germ. Lautverschiebung). 4. Zu einer
Reduktion im Phonemsystem führt der Phonemschwund (o. Phonemver-

lust), z. B. durch Diphonemisierung eines vormaligen Einzelphonems zu einer Phonemverbindung (z. B. germ. /p/ > altobd. /pf/).

Anm. 1: Als weiterer Typ wird gelegentlich die Phonemhinzufügung genannt, die das Phonemsystem erweitert, z. B. durch Übernahme fremdsprachlicher Phoneme oder durch Monophonemisierung, indem eine Phonemverbindung zum Einzelphonem wird (z. B. ahd. /sk/ > mhd. /ʃ/; vgl. Moulton 1967).

Lit. Phonemwandeltypen:
Pfalz 1918; Jakobson 1931; Hoenigswald 1946; Martinet 1955; Penzl 1957; Hoenigswald 1960; Moulton 1961/62,14; Jones, D. 1967; Moulton 1967; Penzl 1969,21ff.; Herrlitz 1970, 28–39; Penzl 1971, 22–27; Penzl 1972, 80–91; Bartsch, R./Vennemann 1982; Kohrt 1984b,518f.; Simmler 1985.

c) Analogie

Außer dem Phonemwandel, der immer das Phonemsystem tangiert, gibt es Lautveränderungen, die auf assoziativer Übertragung von Lautungen aus konkurrierenden sprachlichen Formen beruhen, die sog. Analogiebildungen. Einander ähnliche Wortformen oder zwei begrifflich assoziierte Wörter (semantische Analogie) werden, zunächst als Verstoß gegen die Sprachrichtigkeit (‚falsche Analogie'), lautlich vereinheitlicht und in dieser Gestalt im Laufe der Sprachentwicklung zur Norm erhoben. Im Allgemeinen führt die Analogie zur Formenvereinheitlichung, dies bes. beim Übergang vom Mhd. zum Nhd.; das Phonemsystem wird dadurch nicht verändert.

Wenn z. B. zu *sëhen* das Prät. im Mhd. *sach* lautet, im Nhd. aber *sah*, so ist das /h/ nicht aus /ch/ entstanden, sondern aus dem Präsens und dem Pl. Prät. (mhd. *sâhen*) übernommen worden. So heißt es auch mhd. *rêch – rêhes* = nhd. *Reh – Rehes, sê – sêwes* = *See* – *Sees, mël – mëlwes* = *Mehl – Mehles, kamp – kambes/kammes* = *Kamm – Kammes*. Andererseits wurde aus mhd. *asch – eschîn* durch Ausgleich nhd. *Esche – eschen*. Die jüngere und die ältere Form stehen häufig gleichzeitig nebeneinander (nhd. *stände – stünde, schwämme – schwömme*). Analogiebildungen gehen nicht immer von der gleichen Stelle im Flexions- und Ableitungssystem aus; es kommt auch vor, daß Doppelformen entstehen. So heißt es mhd. *hôch, hôher* und ebenso nhd. *hoch, hoher*. Andererseits entspricht mhd. *rûch, rûher* nhd. *rauh, rauher* (doch *Rauchwerk* ‚Pelzwerk', weil die Zusammengehörigkeit nicht mehr gefühlt wurde). Mhd. *gel, gelwer* erscheint zunächst als nhd. *gehl, gelber*, wovon nun *gelb* abgeleitet wird, durch das *gehl* verdrängt wird. Aber aus mhd. *val, valwer*, das lautgesetzlich *fahl, falber* ergibt, entstehen zwei Wörter: *fahl, fahler* und *falb, falber*. Mhd. *stat*, Gen. *stete* spaltet sich in *Statt* und *Stätte* und ersteres wiederum durch die Bedeutungsentwicklung und die diese anzeigende Schreibung in *Statt* und *Stadt*. Es heißt mhd. *gold – guldîn*, aber im Nhd. wird *gülden* durch die Neubildung *golden* verdrängt; nur als Münzbezeichnung bleibt *Gulden* (mhd. *guldîn phenninc*). Es hieß im Ahd. *wëssa* ‚ich wußte', aber *wissi* ‚ich wüßte'. Indem aber sowohl zu *wëssa* eine Konjunktivform als auch zu *wissi* eine Indikativform gebildet wurde, finden sich die Formen *wëssa* und *wissa, wissi* und *wëssi* (§ 270).

Lit. Analogie
Best 1973; Kiparsky 1974; Antilla 1977; Boretzky 1977; Ross 1982; Knobloch (Hrsg.) 1986.

d) Übertragung

Außer durch Phonemwandel oder Analogie können Lautveränderungen als Übertragung von einem Ort zu einem anderen erklärt werden; dies läßt sich für das Mhd. mit Hilfe der Urkundenuntersuchung und der vergleichenden Mundartforschung oft rekonstruieren. Diese Übertragung braucht nicht über Umgangs- und Verkehrssprachen durch große Gruppen von Sprechern vermittelt worden zu sein, sie kann auch, vor allem auf dem Weg über die höfische Dichtersprache, gelegentlich von einzelnen Personen ausgegangen sein (vgl. § 9).

Kapitel II

Vokalismus

I. Veränderungen starktoniger Vokale und Vokalgruppen

A. Überblick

§ 26   1. Veränderung der Vokale vom Idg. zum Nhd. (Schema)

Für die Darstellung der historischen Entwicklung der starktonigen Vokale nehmen wir als Ausgangspunkt das erschlossene Idg. und verfolgen die Veränderungen über das Mhd. hinweg bis zum Nhd. Hierbei können die Kurzvokale gesondert aufgeführt werden, da sie bis zum Mhd. nicht mit Langvokalen oder Diphthongen in Beziehung treten; erst im Nhd. gibt es infolge der Dehnungen (§ 45f.) Übergänge zu den Langvokalen und umgekehrt bei Kürzungen (§ 47) Wechsel von Lang- zu Kurzvokalen. Weit enger gestalten sich seit idg. Zeit die Verflechtungen der Langvokale und Diphthonge, die daher in einem integrierten Schema dargestellt werden. (Nicht aufgeführt sind Dehnung, Kürzung, Senkung, Rundung und Entrundung.)

Erläuterung der Abkürzungen:
W: Wandel v. idg. /e/ > /i/ bei folgenden /i/, /j/ o. Nasalverbindung sowie von germ. /ĕ/ > /i/ vor germ. ahd. /u/ (§ 32). **B:** ‚Brechung' o. Senkung der hohen Vokale germ. /i/, /u/, /eu, iu/ zu /e/, /o/, /io/ vor folgenden mittleren u. tiefen Vokalen /a, e, o/ (§ 33ff.). **M:** Monophthongierungen: Im Ahd. von germ. /ai/ > ahd. /ê/ (vor /r/, /w/, germ. /h/; § 38) und germ. /au/ > ahd. /ô/ (vor Dentalen, germ. /h/; § 39); im Mhd. von ahd. /iu/ > mhd. [ü:] ⟨iu⟩ (§ 77, 1); im Nhd. von allen mhd. /ie/, /üe/, /uo/ > nhd. /i:/, /ü:/, /u:/ (§ 43). **D:** Diphthongierungen: Im Ahd. von germ. /ê²/ > ahd. /ea, ia, ie/ und von germ. /ô/ > ahd. /oa, ua, uo/ (§ 40); im Nhd. von allen mhd. /î/, /iu/, /û/ > nhd. /ai, ei/, /äu, eu/, /au/ (§ 42). **U:** Umlaut: Palatalisierung der velaren Vokale vor /i/, /j/, /ĭ/ der Folgesilbe (§ 41). **Ö:** Nhd. Diphthongöffnung (§ 44).

Kurzmonophthonge

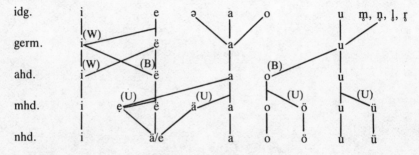

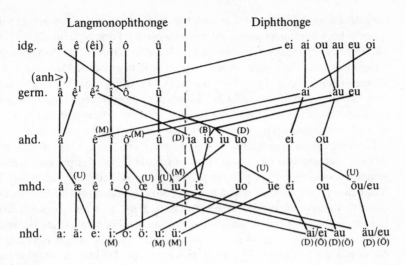

2. Wandel der Vokalsysteme   **§ 27**

Folgende synchronische Darstellung bietet die Phonemsysteme der starktonigen Vokale im Ahd., im Mhd. und im Nhd. in idealisierter Gestalt; so gilt das
mhd. System unter dem Vorbehalt dialektaler Unterschiede bei der Realisie-

	Kurzvokale palatal / velar unger. / gerundet			Langvokale palatal / velar unger. / gerundet			Diphthonge palatal / velar unger. / gerundet		
Ahd.	/i/		/u/	/î/		/û/		/iu/	
	/e/		/o/	/ê/		/ô/	/ea/	/eo/	/oa/
		/a/			/â/		/ai/		/au/
Mhd.	/i/	/ü/	/u/	/î/	/iu/[ü:]	/û/	/ie/	/üe/	/uo/
	/ẹ/ /ë/	/ö/	/o/	/ê/	/œ/	/ô/	/ei/	/öü/	/ou/
	/ä/		/a/	/æ/		/â/			
Nhd.	/i/	/ü/	/u/	/i:/	/ü:/	/u:/			
	/e/	/ö/	/o/	/e:/	/ö:/	/o:/			
		/a/		(/ä:/)		/a:/	/ai/	/oi/	/au/

rung der Phoneme und in der Lautentwicklung als das Vokalsystem der ‚klassischen‘ mhd. Literatursprache in ihrer normalisierten Form (vgl. Moulton 1961/ 62, 30f.). Die Phonemsysteme sind zerlegt in die drei Gruppen der Kurzvokale, Langvokale und Diphthonge und sind nach artikulatorischen Merkmalen der Zungenstellung (hoch – mittel – tief), des Artikulationsortes (Vordergaumen/ vorn/palatal – Hintergaumen/hinten/velar), der Lippenstellung (ungerundet – gerundet) und des Öffnungsgrades (offen – geschlossen) angeordnet.

Im ahd. System gehen die alternierenden Phoneme /i/ : /e/, /u/ : /o/ und /iu/ : /eo/ auf komplementär distribuierte Allophone des Germ. zurück (vgl. Brechung, Wandel, Alternanzen §§ 31–35). Der Langvokal /â/, im Germ. wegen Phonemzusammenfalls mit /ô/ nicht mehr vorhanden, ist bereits im Germ. durch Nasalschwund vor /h/ mit Ersatzdehnung (§ 36) ersetzt und wird im Ahd. quantitativ verstärkt durch Phonemverschiebung von germ. /ê^1/ > ahd. /â/ (§ 72). Die Langmonophthonge ahd. /ê/ und /ô/ stammen aus der Phonemspaltung der ahd. Diphthonge /ai/ bzw. /au/ in der ahd. Monophthongierung (§ 37ff.), wogegen die ursprünglichen germ. /ê^2/ und /ô/ durch die ahd. Diphthongierung zu /ea/ bzw. /oa/ wurden (§ 40). Bereits in ahd. Zeit zeigt sich die *i*-Umlautung als Phonemspaltung des /a/ und (wohl zeitweiser) Phonemverschmelzung des Umlauts mit altem /ë/, bevor sich der Umlaut zu geschlossenem /ẹ/ weiterentwickelt und altes /ë/ offen wird (oder bleibt). Insgesamt führen die genannten Veränderungen bes. als Beziehung zwischen dem System der Langvokale und der Diphthonge zu ‚dreieckigen‘ Monophthongsystemen und zu einer Verdoppelung des ahd. Diphthonginventars gegenüber dem Germ.

Das mhd. Vokalsystem ist mit 23 Phonemen das reichhaltigste in der dt. Sprachgeschichte. Der Zuwachs erklärt sich vor allem aus der Phonemspaltung der velaren Vokale im Zuge der *i*-Umlautung, die zu neun neuen Phonemen führt: /ẹ, ä, ö, ü; æ, œ, iu; öu, üe/. Probleme ergeben sich durch die Differenzierung der vorderen mittleren Kurzvokale, da hier eine vierstufige Reihe aus /i/, geschlossenem /ẹ/ (Primärumlaut), halboffenem /ë/ (< germ. /ë/) und offenem /ä/ (Sekundärumlaut) entstanden ist. Umstritten ist die horizontale Zuordnung: so wird dem Öffnungsgrad von /ö, o/ von Penzl (1969,76) halboffenes /ë/, von Wiesinger (1970, I,22) aber geschlossenes /ẹ/ zugeordnet (vgl. auch Penzl 1975,104). Im Bereich der Diphthonge wird die Reduktion durch Monophthongierung des /iu/ zum Langmonophthong /iu/ [ü:] sowie durch Phonemzusammenfall von ahd. /ea/ und /eo/ (über /ia/ bzw. /io/) zu mhd. /ie/ wieder ausgeglichen durch die neuen Umlautdiphthonge /üe/ und /öü/.

Auf dem Weg zum Nhd. ergeben sich Veränderungen des Vokalsystems durch die ‚nhd.‘ Diphthongierung (§ 42), die md. o. ‚nhd.‘ Monophthongierung (§ 43), den nhd. Diphthongwandel (Öffnung; § 44) und durch die Hebung der offenen /ä/, /ë/, /æ/. Die Hebung der Kurzvokale erfolgte wohl in zwei Etappen, zunächst als Phonemzusammenfall von /ä/ mit /ë/, dann von /ë/ mit /ẹ/; bei den Langvokalen geht /æ/ direkt in /ê/ über (Moulton 1961/62,31f.). Aus dem ‚Vierecksystem‘ der mhd. Kurz- und Langvokale mit je zwei Vokalen auf

der tiefen Stufe wurden im Nhd. ‚Dreiecksysteme' mit je einem tiefen Vokal
(/a/, /â/). Läßt man das nhd. /ä:/, das meist auf Schreibungsaussprache und nur in
wenigen Fällen auf mhd. /æ/ zurückzuführen ist, als Phonem gelten (vgl. Moulton 1961/62, 34f.), so ergibt sich für die Langmonophthonge wie im Mhd. auch
im Nhd. ein Vierecksystem. Im Nhd. sinkt das Phoneminventar gegenüber
dem Mhd. auf 17 (bzw. mit /ä:/ 18) Phoneme ab als Folge vor allem der He-
bungsvorgänge bei den Monophthongen und der durch die ‚nhd.' Monoph-
phthongierung und den Diphthongwandel (Öffnung; § 44) bedingten Reduktion der Diphthonge auf eine einzige Reihe.

Beim Übergang zum Nhd. kommt es zu einer Verbindung von Öffnungsgrad und Vokalquantität, die das Mhd. nicht kennt. Während die Vokale sich mhd. ihrer Herkunft nach
unterscheiden, z.B. /ẹ/ geschlossen, /ë/ offen, /ä/ ganz offen war, ist der Lautwert in der
künstlich geschaffenen nhd. Hochlautung (‚Bühnensprache') nach der Quantität gere-
gelt: die kurzen Vokale sind offen, die langen geschlossen. So wird mhd. *bette* mit
geschlossenem /ẹ/ zu nhd. *Bett* mit offenem /ɛ/, mhd. *lëben* und *pfärt* mit offenem /ɛ/ zu
nhd. *Leben* und *Pferd* mit geschlossenem /e:/.
   Demnach erscheinen mhd. *vetere, brët, geslähte* als nhd. *Vetter, Brett, Geschlecht* mit
/ɛ/, aber *heben, gëben, ärze* als nhd. *heben, geben, Erz* mit /e:/; mhd. *lêrche* > nhd. *Lerche*
/ɛ/, mhd. *swære* > nhd. *schwer* /e:/. Mhd. *got, slôʒ* entsprechen nhd. *Gott, Schloß* /ɔ/, aber
mhd. *bote, grôʒ* den nhd. Formen *Bote, groß* /o:/.
   Auch nhd. ⟨i, u, ö, ü⟩ scheiden sich in gleicher Weise: mhd. *bitter, lieht* > nhd. *bitter,
Licht* mit kurzem offenem /i/, mhd. *ime, liep* > nhd. *ihm, lieb* mit langem geschlossenem
/i:/; mhd. *muoter* > nhd. *Mutter* mit offenem /u/, aber mhd. *jugent, künec, mül* > nhd.
Jugend, König, Mühle mit geschlossenem /u:, ö:, ü:/.

Lit. Vokalsystem:
Trost 1939; Kufner 1957 (bair.); Moulton 1961/62,30f.; Valentin 1962; Philipp 1965;
Valentin 1969a; Fleischer 1969; Herrlitz 1970; Moulton 1970; Wiesinger 1970, I,22;
Penzl 1971; Stanich 1972; Penzl 1975; Sonderegger 1979; Lühr 1982.

B. Vokalveränderungen in idg. und germ. Zeit

1. Ablaut

a) Arten des Ablauts § 28

Ablaut nennt man den regelmäßigen Wechsel bestimmter Vokale in etymologisch verwandten Wörtern (‚Stammsilben-' o. ‚Wurzelablaut') oder Wortteilen
(‚Suffixablaut'). Der Ablaut, der außer im Germ. u. a. auch im Griechischen,
Lateinischen u. Slawischen vorkommt, gehört also schon dem Idg. an und wird
auf idg. Akzentverhältnisse zurückgeführt. Im Deutschen findet er sich hauptsächlich als Stammsilbenablaut in der Konjugation der starken Verben und in
der Wortbildung, im Mhd. z.B. als Alternanz /i/ − /a/ − /u/ in *binden, ich bant,
wir bunden, gebunden − diu binde, daʒ bant, der bunt;* oder /a/ − /uo/ in *graben,
ich gruop − daʒ grap, diu gruobe.* Der Ablaut ist nicht abhängig vom phonetischen Kontext (also z.B. dem Folgesilbenvokal als Voraussetzung für kombi-

natorische Alternanz wie bei der Brechung im Germ. oder beim Umlaut im Ahd.), sondern er entsteht wohl durch idg. Positionswechsel des Wortakzents und unterschiedliche Betonungsarten (vgl. § 21). Das Idg. kennt zum einen den freien, d. h. in seiner Stellung nicht festgelegten Wortakzent (im Unterschied zum Initialakzent des Germ.), zum anderen zu verschiedenen Zeiten die Dominanz einer der beiden Akzentarten, des musikalischen (o. melodischen o. Ton-) Akzents und des dynamischen (o. exspiratorischen o. Druck-) Akzents. Der musikalische Akzent bewirkt durch Veränderung der Tonhöhe einen Wechsel in der Klangfarbe eines Vokals (z. B. idg. /e/−/o/ oder /ē/−/ō/), den man Abtönung o. qualitativen Ablaut nennt. Der dynamische Akzent führt durch Verstärkung oder Verminderung des Atemdrucks zur ‚Abstufung‘ der Vokaldauer (z. B. idg. /e/−/ē/−/ə/−Ø) und bildet damit den quantitativen Ablaut.

Während man beim qualitativen Ablaut nur zwei Abtönungsgrade (Hoch- und Tiefton, z. B. /e/−/o/, /ē/−/ō/, /a/−/o/) unterscheidet, kennt man beim quantitativen Ablaut im Idg. vier Abstufungen: 1. Grundstufe (auch Normal-, Voll- o. Hochstufe), meist Kurzvokal mit normaler Betonung (z. B. /e/); 2. Dehnstufe, der entsprechende Langvokal bei starker Betonung (z. B. /ē/); 3. Schwundstufe (o. Nullstufe), Wegfall des Vokals wegen fehlender Betonung; 4. Reduktionsstufe (o. Tiefstufe), bei schwacher Betonung aus selten vorkommendem langem Grundstufenvokal entstandener schwa-Laut o. ‚Murmelvokal‘ /ə/.

Quantitative Abstufungen eines Grundvokals, meist in Verbindung mit Abtönung, also einem Wechsel der Vokalqualität, zu denen noch bestimmte Folgelaute (z. B. Halbvokale, Sonanten, Sonantenverbindungen) hinzutreten können, bilden feste Gruppen von (in der Regel zwei bis vier) alternierenden Vokalen, die Ablautreihen. Für das Germ. und Dt. bedeutsam werden fünf Ablautreihen, die auf der Alternanz des idg. Grundstufenvokals /e/ mit dem entsprechenden abgetönten idg. /o/ basieren, die idg. e−o-Reihen (germ. e−a-Reihen). Sie unterscheiden sich voneinander durch jeweils andere Folgelautkombinationen: in den Reihen I und II verbindet sich der Ablaut idg. /e/−/o/ mit den Halbvokalen /i/ (idg. /ei/−/oi/) und /u/ (idg. /eu/−/ou/), in der Reihe III mit Nasal oder Liquida plus einem weiteren Konsonanten (z. B. idg. *elk−olk*) oder mit Nasal bzw. Liquida als Geminata (z. B. *emm−omm*), in der Reihe IV mit einfachen Nasalen oder Liquiden (z. B. idg. *en−on*) und in der Reihe V mit einfachen Konsonanten außer Nasal oder Liquida (z. B. idg. *ed−od*). Zu den beiden Grundstufen treten in den Reihen I−IV Schwundstufen, so daß nur die entsprechenden Folgelaute, d. h. die Halbvokale /i, u/, Nasale /m, n/ oder Liquiden /l, r/ als silbenbildende Laute erhalten bleiben; bei Nasalen und Liquiden entsteht im Germ. in diesen Fällen der Sproßvokal /u/. In den Reihen IV und V, die idg. /e/−/o/ mit einfacher Konsonanz kombinieren, erscheint in 3. Position die Dehnstufe idg. /ē/, in der Reihe V in 4. Position die Grundstufe /ĕ/. Außer diesen fünf zusammengehörigen idg. e−o-Reihen gibt es noch die Reihe VI, in der zwei im Idg. rein quantitative Ablautreihen (idg. /a/−/ā/ und idg. /o/−

/ō/) infolge der Lautentwicklung im Germ. zum Ablaut /a/–/ō/ zusammenfallen
(also nicht auf Abtönung zurückgehen).

Übersicht über die Ablautreihen

Stammform	1. Grundstufe	2. abgetönte Grundstufe	3. Schwundstufe	4. Schwundstufe
Reihe				
I idg.	ei̯	oi̯	i	i
germ.	î	ai	i	i
mhd.	î	ei, ê	i	i
II idg.	eu̯	ou̯	u	u
germ.	eu	au	u	u
mhd.	iu, ie	ou, ô	u	o
III idg.	e (+ m, n, l, r + Kons.)	o	m̥, n̥, l̥, r̥	m̥, n̥, l̥, r̥
germ.	i (+ m, n + Kons.)	a	u	u
	ë,i (+ l, r + Kons.)	a	u	o
mhd.	i (+ m, n + Kons.)	a	u	u
	ë, i (+ l, r + Kons.)	a	u	o
			Dehnstufe	
IV idg.	e (+ m, n, l, r)	o	ē	m̥, n̥, l̥, r̥
germ.	ë	a	ê¹	u
mhd.	ë, i	a	â	o
			Dehnstufe	**Grundstufe**
V idg.	e (+ Kons. außer m, n, l, r)	o	ē	e
germ.	ë	a	ê¹	ë
mhd.	ë, i	a	â	ë
		Dehnstufe	**Dehnstufe**	**Grundstufe**
VI idg.	a	ā	ā	a
	o	ō	ō	o
germ.	a	ô	ô	a
mhd.	a	uo	uo	a

Lit. Ablaut:
Grimm, J. 1893, I; Kluge 1891; Hirt 1931; Alm 1936; Helm 1949; van Coetsem 1963;
Motsch 1967; Ross 1967; Penzl 1969, 29−32; Herrlitz 1970, 90−93; Augst 1975b;
Born 1980; Bock/Langner 1984; Born 1985; Nyman 1985; Fulk 1986; Schweikle 1986;
Braune/Eggers 1987, § 50.

Nach der (umstrittenen) Laryngaltheorie gab es im frühen Idg. Kombinationen
von relativ wenigen Stammsilbenvokalen (/e/−/o/−Ø) mit mindestens drei
Kehlkopflauten (Laryngalen), die in den späteren Einzelsprachen nicht mehr
vorkamen (außer im Hethitischen). Aus diesen Verbindungen sind nach dieser
Theorie die Ablautreihen entstanden.

Lit. Laryngaltheorie:
de Saussure 1879; Lehmann 1955; Hjelmslev 1963; Winter (Hrsg.) 1965; Lindemann
1970; Herrlitz 1970, 93−96; Lehmann 1974; Boretzky 1975; Schmalstieg 1980.

§ 29 b) Ablaut im Germanischen und Deutschen

Der idg. Ablaut wurde im Germ. in zwei Richtungen systematisch ausgebaut:
im Bereich der starken Verben (sog. ablautende Verben) und in dem der
Wortbildung.

Für die Verben besaß das Idg. in der Reduplikation (vgl. noch got. *haitan*
‚heißen', Prät. *haíhait*) und in den vollen Flexionsendsilben bereits zwei charakteristische Merkmale zur Tempusdifferenzierung, zu denen der akzentab-
hängige Ablaut hinzukam. Mit dem Verlust der Reduplikation im Germ. (außer im Got.) und der späteren Endsilbenabschwächung beim Übergang vom
Ahd. zum Mhd. wird der Ablaut zunehmend alleiniger Träger der Funktion,
bei den starken Verben die Zeitstufe und im Prät. sogar den Numerus zu
bezeichnen. (Eine andere Möglichkeit, Tempora zu unterscheiden, hat das
Germ. bei den schwachen Verben mit dem Dentalsuffix im Prät. entwickelt;
vgl. § 238, § 258). Die vier Ablautstufen der einzelnen Ablautreihen entsprechen den vier verbalen Stammformen, die jeweils bestimmte Tempora reprä-
sentieren und die zur Bestimmung und Klassenzuordnung eines starken Verbums erforderlich sind. In der Regel stehen die 1. Stammform (Infinitiv u./o.
1. Sg. Ind. Präs.; z.B. mhd. *binden, ich binde*) für die Wurzellautung aller
Präsensformen, die 2. Stammform (1. Sg. Ind. Prät.; z.B. mhd. *ich bant*) nur
für die 1. u. 3. Sg. Ind. Prät. (die 2. Sg. Ind. Prät. folgt in allen wgerm.
Sprachen dem Ablaut des Pl. Prät.), die 3. Stammform (1. Pl. Ind. Prät.; z.B.
mhd. *wir bunden*) für alle Formen des Pl. Ind. Prät. und (in Reihe II−VI mhd.
umgelautet) für 2. Sg. Ind. Prät. und den gesamten Konj. Prät. und schließlich
die 4. Stammform (Part. Prät.; z.B. mhd. *gebunden*) nur für diese Form. Wenn
sich auch an der Klassenzugehörigkeit eines starken Verbums oder an den
Ablautreihen seit germ. Zeit grundsätzlich nichts geändert hat, so haben doch
lautgeschichtliche Entwicklungen wie Brechung (§§ 32−35), ahd. Monophthongierung (§ 37ff.), ahd. Diphthongierung (§ 40) und Umlaut (§ 41) zu
Lautvarianten bestimmter Formen und zu Aufspaltungen einiger Verbklassen

(im Mhd. in den Reihen I–III; vgl. unten § 30 u. § 245ff.) geführt. Im Mhd. tritt außerdem zu den ursprünglichen sechs Ablautreihen eine VII. Reihe starker Verben, die ehemals reduplizierende Verben zusammenfaßt (vgl. unten § 30 u. § 253).

Der Ablaut ist auch im Nhd. für die Tempusbildung der st. Verben bestimmend, allerdings auf drei Stammformen reduziert, da die Alternanz zwischen Sg. Prät. und Pl. Prät., die im Mhd. in den ersten fünf Ablautreihen noch besteht (z. B. mhd. *ich bant – wir bunden;* nhd. *ich band – wir banden*), durch Analogieausgleich beseitigt wird (bis auf wenige Reste: nhd. *ich ward/wurde; sie sangen/(wie die Alten)sungen*). Viele mhd. st. Verben gehen allerdings unter (z. B. *bîten, rîsen, diezen, jehen* u. a.), viele wechseln über zu den schwachen Verben (z. B. nhd. *kreischen, seihen, saugen, brauen, kauen, bellen* u. a.), manche haben st. u. sw. Mischformen (z. B. nhd. *buk/backte, glomm/glimmte, melkte–gemolken, mahlte–gemahlen* u. a.).

Im Bereich der Wortbildung kann, bei weitgehend festem Konsonantengerüst der Wurzel, durch den Ablaut des Stammvokals und in Verbindung mit Derivationsmorphemen eine Vielzahl von sekundären Wörtern aller Wortarten aus schon vorhandenen ‚primären‘ Wörtern (meist den st. Verben) abgeleitet werden.

Im Germ. sind zahlreiche schwache Verben aus st. Verben gebildet worden, wobei die abgetönte Grundstufe der Reihen I–VI als Lautbasis für die deverbative Ableitung dient. So entstehen viele Kausativa (got. *drigkan, dragk – dragkjan* ‚tränken‘; mhd. *trinken – trenken*), Intensiva oder Iterativa (vgl. § 255).

Im nominalen Bereich kommen zahlreiche Substantivbildungen mit Ablaut vor (z. B. mhd. *daʒ trinken, der tranc, der trunc*); vielfach sind die Derivationsmorpheme im Mhd. infolge der Endsilbenabschwächung nicht mehr vorhanden, so daß nur der Ablaut als Differenzierungsmerkmal übrig bleibt. Auch etliche Adjektive sind mit Hilfe des Ablauts gebildet worden (z. B. got. *fraliusan* ‚verlieren‘ – *laus* ‚leer, los‘, mhd. *verliesen – lôs*). Außer diesen Stammsilbenablauten kommen sehr selten Suffixablaute vor, so in -*inc/-unc* (z. B. *nîdinc, nîdunc* ‚Neider‘).

Die Zuordnung der abgeleiteten schwachen Verben, Substantive und Adjektive regelt sich im Germ. nach den Ablautverhältnissen der starken Verben, die als Basis der etymologischen ‚Wortfamilien‘ gelten. Im Nhd. gehen indes die st. Verben zurück (heute ca. 160 st. Verben nach Augst, 1975b), wogegen Derivationen als schwache Verben, Substantive und Adjektive produktiv bleiben.

c) Ablautreihen im Mittelhochdeutschen   **§ 30**

Reihe Ia: /î/ – /ei/ – /i/ – /i/
    Ib: /î/ – /ê/ – /i/ – /i/

Im Sg. Ind. Prät. tritt /ê/ vor /r/, /w/, germ. /h/ und im Auslaut (vgl. Ahd. Monophthongierung § 38) an Stelle von /ei/.

Beispiele aus Flexion und Wortbildung: *belîbe – beleip – beliben*, dazu *lîp – leibe* ‚Überbleibsel‘, *leiben* ‚übrig lassen‘ – *lëben; zîhe – zêch – zigen, gezigen*, dazu *zeigen – inziht* ‚Beschuldigung‘; *weiȝ* ‚ich weiß‘ – Pl. *wiȝȝen*, dazu *wîȝen* ‚verweisen‘, *itewîȝ* ‚Vorwurf‘, *wîȝe* ‚Strafe‘, *wîs(s)age* ‚Weissager‘ – *witze* ‚Verstand‘, *gewis; lîden* ‚leiden‘ ursprünglich: ‚gehen‘ – *leiten* ‚gehen machen‘ – *ledec* (?); *lêren – lirnen (lërnen), list; leinen – lënen* (selten *linen*, Reimbelege s. Schirokauer 1923,20); *streime, strîme, strime*, durch Anlehnung an *rieme* auch *strieme* ‚Strieme‘. Zu alem. *klîn* für *kleine:* Umlaut /î/, /i/ neben /ai/, Grimm, J./Grimm, W. 1854, Bd. 5, 1087; Frings 1928,454; Mitzka 1934,312: auch ndd., damit ist der Ablaut gesichert. – Weitere Verben s. § 245.

Reihe IIa: /ie/, /iu/ – /ou/ – /u/ – /o/

IIb: /ie/, /iu/ – /ô/ – /u/ – /o/

Im Präs. wechselt /iu/ (Sg. Ind. u. Sg. Imp.) mit /ie/ (in allen übrigen Formen; vgl. Brechung § 35). Im Sg. Prät. erscheint /ô/ vor Dentalen u. germ. /h/ (vgl. Ahd. Monophthongierung § 39, § 79, § 74) an Stelle von /ou/. Das Part. Prät. hat statt germ. /u/ im Ahd. Mhd. /o/ (vgl. Brechung /u/ > /o/ § 34).

Beispiele aus Flexion und Wortbildung: *liegen, liuge – louc – lugen, gelogen;* dazu *lougen* (st. Neutr. ‚das Leugnen‘) – *lüge; bieten, biute – bôt – buten, geboten, bote, gebot, bütel; biegen – bouc* ‚Ring‘, *böugen – boge, bücken; liebe – gelouben – lop, loben, gelübede; nieȝen – nôȝ* ‚Nutzvieh‘, *genôȝ* eig. ‚der Vieh auf derselben Weide hat‘, (Schröder, E. 1923a,70) – *nuz, nütze; siech – suht; jiuch – joch.* In einigen Wörtern dieser Reihe tritt eine Dehnstufe /û/ auf: *sûge – souc – sugen, gesogen,* dazu *söugen; grieȝen* ‚zerkleinern‘, *grieȝ, grôȝ, grûȝ.* Der Name *Hadloub* zeigt Ablaut zu *lop* ‚Lob‘; Mitzka 1934,312. – Weitere Verben s. § 246.

Reihe IIIa: /i/ (+ /m, n/ + Kons.) – /a/ – /u/ – /u/

IIIb: /ë/, /i/ (+ /r, l/ + Kons.) – /a/ – /u/ – /o/

In Reihe IIIa mit Nasal + Kons. steht im Präs. immer /i/ (vgl. Wandel /e/ > /i/ vor Nasal + Kons. § 32), im Part. Prät. /u/ wie im Germ. (d.h. keine Brechung zu /o/ bei Nasalverbindungen, vgl. § 34). In Reihe IIIb mit Liquida + Kons. wechselt im Präs. /i/ (Sg. Ind. u. Sg. Imp.) mit /ë/ (in allen übrigen Formen; vgl. Wandel /e/ > /i/ vor germ. /î/, /u/ der Folgesilbe; § 32); hier wird im Part. Prät. germ. /u/ zu ahd. mhd. /o/ gebrochen (vgl. Brechung § 34).

Beispiele aus Flexion und Wortbildung: *binde – bant – bunden, gebunden*, dazu *binde* die ‚Binde‘, *underbint* st. Neutr. ‚Unterschied‘ – *bant, gebende – bunt, bündel; rinne – ran – runnen, gerunnen,* dazu *rinne* die ‚Rinne‘ – *rennen* (ahd. *renn[j]en*, eigentlich ‚rinnen machen, laufen machen‘, vom Pferd) – *runs* oder *runst* ‚Fluß, Kanal‘; *wërben, wirbe – warp – wurben, geworben,* dazu *gewërp* ‚Gewerbe‘, *wirbel – warp* mask. ‚Drehung‘, *ander warbe* ‚zum zweitenmal‘; *trinken – tranc, trenken – trunc; trinnen* in *entrinnen – trennen – trünne* ‚Schwarm‘, *abetrünnec; bërgen, bërc, gebirge – borgen, burc, bürge; wërc – würken; sint* ‚Weg‘, *gesinde* ‚Gefolgschaft‘ *senden.* Mfrk. Merkmal ist *ende, inde* ‚und‘ (vgl. als weiteren Ablaut engl. *and;* vgl. auch DSA, Karte 67: heute *en* noch ndfrk. am Westrand.) – Weitere Verben s. § 247.

Reihe IV: /ë/, /i/ − /a/ − /â/ − /o/

Die hierher gehörenden Wortstämme haben meist einfachen Nasal oder einfache Liquida nach dem Stammvokal, seltener davor (z. B. *trëffen*). Den Ablaut der IV. Reihe zeigen auch einige Verben mit /h, ch/ nach dem Stammvokal, so *stëchen, vëhten, dëhsen* ‚Flachs schwingen‘. − Im Präs. wechseln /i/ (Sg. Ind. u. Sg. Imp.) und /ë/ (in allen übrigen Formen; vgl. Wandel /e/ > /i/ vor germ. /i/, /u/ der Folgesilbe § 32); im Part. Prät. ist germ. /u/ zu ahd. mhd. /o/ gebrochen (vgl. Brechung § 34), doch kann in der Wortbildung germ. /u/ bei bestimmten germ. Suffixen (mit Nas. + Kons., mit /i/, /j/, /u/) erhalten bleiben.

Beispiele aus Flexion und Wortbildung: *nëmen, nime − nam − nâmen, − genomen,* dazu *nâme* ‚das Nehmen‘, *genæme − nunft* in *nôtnunft* ‚Raub‘, *sigenunft* ‚Sieg‘, *vernunft; bir,* Inf. *bërn* ‚tragen, gebären‘ − *bar − bâren − geborn,* dazu *barn* ‚Kind‘ − *bâre, gebære* ‚angemessen‘, *-bære* in *êrbære* usw., *gebâren − bürn* ‚aufheben‘, *geburt, urbor* ‚Ertrag‘; *zëmen* ‚sich geziemen‘ − *zam, zemen − gezæme* ‚geziemend‘ − *zunft; hëln, hëlm − helle − hæle* ‚Verheimlichung‘ − *hol, hülle; brëchen, brëche* ‚Werkzeug zum Brechen‘ − *brâche − bruch, brocke; krëte − krote* (Reimbelege s. Schirokauer 1923,61; vgl. DWA IV); *leschen* (intr. ‚erlöschen‘, mit Übergang von /ë/ in /e/, vgl. § 41, Anm. 4) − *leschen* trans. ‚löschen‘ mit aus /a/ umgelautetem /e/. − Weitere Verben s. § 248.

Reihe V: /ë/, /i/ − /a/ − /â/ − /ë/

In dieser Reihe folgt auf den Stammvokal einfacher Konsonant, der nicht Nasal oder Liquida ist. − Im Präs. wechseln /i/ (Sg. Ind. u. Sg. Imp.) und /ë/ (in allen übrigen Formen; vgl. Wandel /e/ > /i/ § 32).

Beispiele aus Flexion und Wortbildung: *gëben, gibe − gap − gâben − gegëben,* dazu *gëbe* ‚Gabe‘, *gift − gâbe, gæbe* Adj. ‚was leicht zu geben ist, angenehm‘; *wëgen* ‚wägen, bewegen‘, *wëc − wagen* (Subst.), *wagen* ‚sich bewegen‘, *wegen* ‚bewegen‘ − *wâge, wâc* st. Mask. ‚Woge‘, *wâgen, wæge* ‚gewogen, vorteilhaft, gut‘; *ligen,* Part. *gelëgen, lëger* ‚Lager‘ − *legen, lâge* ‚Hinterhalt‘; *vrëgen* (selten) − *vrâge* (dazu *vrâgen*); *trëten − trate* ‚Spur‘; *dës − daʒ, wës − waʒ.* − Weitere Verben s. § 249.

Reihe VI: /a/ − /uo/ − /uo/ − /a/

Aus den im Idg. quantitativen Ablautreihen /a/ − /ā/ und /o/ − /ō/ ergibt sich durch Phonemzusammenfall im Germ. die quantitativ-qualitative Ablautreihe /a/ − /ô/, ahd. mhd. /a/ − /uo/ (vgl. Ahd. Diphthongierung /ô/ > /uo/ § 40). Im Mhd. erscheint der Grundstufenvokal /a/ im gesamten Präs. (doch in der 2. 3. Sg. Ind. umgelautet zu /e/) und im Part. Prät., der Dehnstufenvokal /uo/ im Sg. u. Pl. Prät. In der Wortbildung kommen neben den Umlauten /e/ und /üe/ gelegentlich auch /u/ bzw. /ü/ vor.

Beispiele aus Flexion und Wortbildung: *var* ‚fahre‘, *gevarn − vuor(en),* dazu *vart, verge* ‚Ferge, Fährmann‘ − *vuore* ‚Lebensweise‘, *vüeren − vurt; grabe − gruop,* dazu *grabe* ‚Graben‘, *bigraft* ‚Begräbnis‘ (DWA IV) − *gruobe − gruft, grübelen; tragen − truoc − truht* ‚Last‘; *hane − huon; sache − suochen; gate − guot; ahse − uohse* ‚Achselhöhle‘; *bast − buost* ‚Strick aus Bast‘; *tal − tüele* ‚Vertiefung, Wunde‘ − *tülle* ‚Bretterzaun‘. − Weitere Verben s. § 251.

Reihe VII: $\left.\begin{array}{l} \text{/a/, /â/, /ei/,} \\ \text{/ou/, /ô/, /uo/} \end{array}\right\} - \text{/ie/} - \text{/ie/} - \left\{\begin{array}{l} \text{/a/, /â/, /ei/} \\ \text{/ou/, /ô/, /uo/} \end{array}\right.$

Im Mhd. zu einer einheitlichen Reihe zusammengefaßt werden die im Idg. und noch im Got. reduplizierenden und reduplizierend-ablautenden Verben. Die Reduplikationssilbe, die im Sg. u. Pl. Prät. der Wurzel vorangestellt wird, besteht aus dem wurzelanlautenden Konsonanten ·und dem Reduplikationsvokal [ĕ] (got. ⟨aí⟩), z. B. got. *haldan, haíhald, haíhaldum, haldans*, mit /ê/-/ô/-Ablaut got. *lêtan, laílôt, laílôtum, lêtans*. Im Nord- und Westgerm. kommt es auf Grund des Initialakzents zur Verschmelzung von Reduplikationssilbe und Wurzel (got. *haíhald*) > **healt* > as. *hêlt;* ahd. *healt, hialt* > mhd. *hielt;* oder (got. *laílôt*) > **lelêt* > **léêt* > aisl.ags.as. *lêt;* ahd. *liaz* > mhd. *liez*. Im Mhd. ist also der Kernvokal im Sg. u. Pl. Prät. immer /ie/, wogegen im Präs. sechs verschiedene Kernvokale vorkommen (/a/ + /l/, /n/ + Kons., /â/, /ei/, /ou/, /ô/, /uo/), die jeweils entsprechend auch im Part. Prät. stehen. Das /ie/ erscheint nicht in abgeleiteten Wörtern.

Anm. 1: Im Ahd. unterscheidet man noch zwei Verbklassen auf Grund verschiedener Präteritumsvokale: /ia/ bei Präsensvokalen /a/, /â/, /ei/; /io/ bei Präsensvokalen /ou/, /ô/, /uo/.

Beispiele aus der Flexion: *halten − hielt, hielten − gehalten; râten − riet; heizen − hiez; loufen − lief; stôzen − stiez; ruofen − rief.* − Weitere Verben s. § 253.

Andere Ablautreihen

Neben diesen sieben Reihen gibt es noch andere Ablauterscheinungen, die im Mhd. nur durch schwache Reste vertreten sind; namentlich handelt es sich um den Wechsel von /â/ − /uo/, der verschiedener Herkunft ist.

Beispiele: *tât, getân − tuon; râbe* ‚Rübe‘ − *ruobe; râwe* ‚Ruhe‘ − *ruowe* (gleichbedeutend); *vlæjen* ‚spülen‘, *vlât* ‚Sauberkeit‘, nhd. in ‚Unflat‘ − *vluot; âmât − uomât* ‚Nachmahd‘ (DWA I); *stroum* ‚Strom‘ − *strûm*, daneben auch *strâm, strân, stram* (Reimbelege Bech, F./Diemer 1863, 473; Schirokauer 1923, 60). − Ob das seltene *schüene* neben *schœne* (im Adv. *schuone* neben *schône*) und die Form *guome* neben *goume* ‚Gaumen‘ auf Ablaut beruhen oder landschaftssprachliche Formen darstellen, ist umstritten (vgl. Ehrismann, G. 1897, 273).

2. Alternanzen von mhd. /ë/ − /i/, /u/ − /o/, /iu/ − /ie/

§ 31   a) Allgemeines

Diese im Mhd. in Flexion und Wortbildung häufig vorkommenden Alternanzen von Haupttonvokalen beruhen auf verschiedenen kombinatorischen Lautwandelprozessen aus frühgerm. bis frühahd. Zeit. Es handelt sich um regressive Assimilationen, d. h. um partielle oder totale Angleichungen bestimmter Wurzelvokale an bestimmte folgende Phoneme oder Phonemgruppen. Verantwortlich für die vorliegenden Phonemspaltungen sind ursprünglich volle Folgesilbenvokale, die im Mhd. meist nicht mehr erkennbar, also abgeschwächt oder geschwunden sind, oder aber auf den Kernvokal folgende Nasalverbindungen. So führen einerseits die hohen Folgesilbenvokale /i/, /j/, /u/ sowie Nasal + Kons. (o. Nasal + Nasal) zur Hebung von idg. /e/ > germ. /i/ (auch ‚Wechsel‘, ‚Wandel‘, ‚e-Erhöhung‘, ‚u-Umlaut‘ genannt), andererseits bewirken die mittleren und tiefen Folgesilbenvokale Senkung von germ. /i/ > frühahd. /ë/, germ. /u/ > frühahd. /o/ und germ. /eu/ > ahd. /eo, io/ (meist ‚Brechung‘ nach J. Grimm o. ‚a-Umlaut‘ genannt; zur Terminologie vgl. Morgenroth 1959/60).

b) Alternanz mhd. /ë/ − /i/ (‚Wandel‘ und ‚Brechung‘)

α) ‚Wandel‘, ‚Wechsel‘ idg. /e/ > germ. /i/ §{ }32
Der älteste kombinatorische Lautwandel ist der Wechsel von idg. /e/ > germ. /i/ vor einem /i/ o. /j/ der Folgesilbe (auch ‚germ. *i*-Umlaut‘; z.B. lat. *medius* − ahd. *mitti*, mhd. *mitte*) oder vor folgendem Nasal + Kons. (lat. *ventus* − ahd. *wind*, mhd. *wint*). Später tritt im Ahd. noch der Wechsel vor /u/ der Folgesilbe hinzu (lat. *securus* − ahd. *sihhur*, mhd. *sicher*). In allen übrigen Fällen, also vor /a/, /e/, /o/ der Folgesilbe, bleibt das idg. germ. /e/ im Ahd. Mhd. erhalten, wodurch es je nach Vokal der Folgesilbe in Flexion und Wortbildung zum /ë/ − /i/-Wechsel der Haupttonsilben kommt: vgl. lat. *edere, edo, edis, edit* − ahd. *ëʒʒan, iʒʒu, iʒʒis, iʒʒit;* aber ahd. *bindan* wegen Nasal + Kons.

> Beispiele aus der Konjugation der st. Verben: *hëlfen − ich hilfe, du hilfest, ër hilfet* (ahd. *hëlfan − hilfu, hilfis, hilfit*); *lësen − ich lise, du lisest, ër liset; bërn − ich bir, du birst, ër birt;*
> aus der Wortbildung: *vël* ‚Fell‘ (urgerm. **fella*) − *villen* ‚geißeln‘ (ahd. *fill[j]en*); *vërre* ‚fern‘ − *virre* ‚Entfernung‘, *virren* ‚entfernen‘ (ahd. *fërro − firrî, firr[j]en*); *rëht − rihte* ‚gerader Weg‘, *rihten, gerihte* (ahd. *rëht* [urgerm. **rëhta-*] − *rihtî, riht[j]en, girihti*); *gëbe* ‚Gabe‘ − *gift* (ahd. *gëba − gift* [urgerm. **giftiz*]); *hërte* ‚Herde‘ − *hirte* (ahd. *hërta − hirti*); *bërc − gebirge* (ahd. *bërg* [urgerm. **bergaz*] −*gibirgi*); *sëdel* ‚Sitz‘ − *gesidele* (‚Masse von Sitzen‘, ahd. *sëdal − gisidili*); *wërt − wirdic; ërde − irdîn* ‚irden‘; *irdisch; lëder − liderîn*. Dagegen heißt es *swimmen, binden, sinnen, dringen* mit beständigem /i/ durch alle Formen des Präsens hindurch, ebenso *sin(-nes), gewin (-nes), rinde* usw. − *trit* zu *trëten* ist Neubildung nach *schrit*.

> Anm. 1: Der Übergang von /ë/ > /i/ vor /u/ ist ahd. nicht immer durchgedrungen, s. Braune/Eggers 1987 § 30c; Joesten 1931, lehnt ihn ab, schwerlich mit Recht.

β) ‚Brechung‘ germ. /i/ > ahd. /ë/ §{ }33
Als gleichsam gegenläufige, wenn auch spätere und weniger konsequente Veränderung gilt die Brechung des germ. /i/ > ahd. /ë/ vor den Folgesilbenvokalen /a/, /e/, /o/ (außer vor Nasalverbindungen); vgl. lat. *lingere* − ahd. *lëccôn* ‚lekken‘. Beide Phonemspaltungen, der Wandel von /e/ > /i/ und die Brechung von /i/ > /ë/, ergänzen sich zumindest tendenziell zu der ahd. Alternanz nach der Distributionsformel: /i/ vor /i/, /j/, /u/, Nas.+Kons. gegenüber /ë/ vor /a/, /e/, /o/ (außer Nas. + Kons.). Da die Brechung nur einen kleinen Teil der Wörter erfaßt und später die Veränderungen vielfach durch Ausgleich wieder beseitigt wurden, gilt diese Formel nur bedingt.

Namentlich im Part. Prät. der st. Verben der I. Abl.-Reihe (*gestigen* von *stîgen* usw., vgl. § 245) ist /i/ meistens erhalten geblieben. In einigen Fällen ist /ë/ fest, z. B. in *klëben* (altsächs. *kliƀon*), *lëben* (engl. *live*), *lëbere* ‚Leber‘ (engl. *liver*), *quëc* ‚lebendig‘ (dazu vgl. Nordstrandh 1954), das neben *erquicken* (ahd. *irquick[j]en*) steht, ferner in *stëc* ‚Steg‘, das neben *stíc* begegnet und von *stîgen* abgeleitet ist, in *wëhsel* (ahd. *wëhsal*, lat. *vicis*), *wëhseln*. In manchen Fällen hat die Brechung zu Doppelformen geführt: *schif* – *schëf*, *schirm* – *schërm*, *schirmen* – *schërmen*, *line* – *lëne* ‚Lehne‘, *linen* – *lënen*, *wisse* oder *wiste* – *wësse* oder *wëste* ‚wußte‘ (§ 270), *misse* – *mësse* (< *missa* ‚Messe‘), *krisme* – *krësme* (< *chrisma*) ‚geweihtes Salböl‘ (md. auch ‚Diözese‘).

Anm. 1: J. Grimm hatte noch irrtümlich angenommen, daß in allen Fällen /i/ das ältere sei. Er war von dem Got. ausgegangen, wo zunächst jedes hochtonige idg.-urgerm. /e/ zu /i/ geworden war, und hatte übersehen, daß urgerm. /e/ in den übrigen außergotischen Sprachen ebenso wie im Ahd. meistens als /ë/ erhalten geblieben war. Den Übergang von /i/ zu /ë/ nannte er Brechung, weil er von der Vorstellung ausging, daß der höchste, an der Spitze der Lautreihe stehende Vokal /i/ gleichsam umgebrochen wurde. Der Terminus wird sinngerechter für das Ags. (Sievers/Brunner 1951, § 77) und Anord. auf die Diphthongierung angewandt: ags. *eorde*, anord. *iǫrd* ‚Erde‘ (Heusler 1925, § 76).

§ 34 c) Alternanz mhd. /u/ – /o/

Schon im Germ. kommt es zu der Phonemspaltung des /u/, das vor /i/, /j/, /u/ und vor Nasal + Kons. erhalten blieb, aber vor /a/, /e/, /o/ der Folgesilbe zu /o/ gesenkt (‚gebrochen‘) wurde. Die Alternanz /u/ – /o/ betrifft vor allem die Flexion der starken Verben (Klasse II, IIIb, IV), wo in den Schwundstufen /u/ (Pl. Prät.) und /o/ (Part. Prät.) wechseln, und die Deklination (*a*- und *ô*-Deklination mit Brechung). Vor ursprünglich folgendem /i/ o. /j/ wurde das /u/ im Mhd. zu /ü/ umgelautet.

Beispiele: *si zugen* ‚zogen‘ – *gezogen* (ahd. *zugun* – *gizogan*); *si suln* – *ër solte* (ahd. *sculun* – *scolta*); *vürhten* – *vorhte* ‚fürchtete‘ (ahd. *furiht[j]en* – *forahta*); *vol* – *füllen*, *zorn* – *zürnen*, *holt* – *hulde*, *loch* – *lücke*, *wort* – *antwürte* ‚Antwort‘, *vogel* – *gefügele*, *loben* – *gelübde*, *wolf* – *wülpinne* ‚Wölfin‘, *golt* – *guldîn*, *holz* – *hulzîn* ‚hölzern‘, *hof* – *hübesch*, daneben die Neubildung *hövesch*. Dagegen *gebunden*, *gewunnen*, *sunne* (ahd. *sunna*), *brunne* (ahd. *brunno*) usw.

Anm. 1: Wenn es im NL stets *Burgonden* heißt statt *Burgunden* oder *Burgenden*, so liegt keine bair. Ma.-Form, sondern literarische Entlehnung aus dem Fränk. vor, vgl. Schröder, E. 1919, 240.

§ 35 d) Alternanz mhd. /iu/ – /ie/

Diese mhd. Alternanz geht auf die Phonemspaltung des germ. Diphthongs /eu/ zurück, dessen einzelne Bestandteile je nach Folgelautung gesenkt bzw. gehoben werden: bei /a/, /e/, /o/ in der Folgesilbe wird der Bestandteil [u] zu [o] gesenkt, so daß /eo/ entsteht, und gegenläufig wird vor /i/, /j/, /u/, Nasal + Kons. und vor /w/ der Bestandteil [e] zu [i] gehoben, woraus /iu/ entsteht. Im Mhd. bleibt das Zeichen ⟨iu⟩ erhalten, doch ist der ahd. Diphthong zu langem [ü:] monophthongiert und lautlich mit dem Umlaut von mhd. /û/ und /iu/ (§ 77) zusammengefallen. Der ahd. Diphthong /eo/ entwickelt sich über /io/, /ie/ zu mhd. /ie/ und fällt mit einem anderen /ie/ zusammen, das aus germ. /e²/ > ahd. /ê/ > /ea/ > /ia/ hervorging (§ 81). Die Alternanz betrifft daher nicht alle im Mhd. vorkommenden Monophthonge /iu/ [ü:] bzw. Diphthonge /ie/, sondern nur die von germ. /eu/ stammenden. Man findet sie vor allem in der Konjugation des st. Verbums (Klasse II) und in der Wortbildung.

> Beispiele: *ich ziuhe* (ahd. *ziuhu*), *du ziuhest (ziuhis), er ziuhet (ziuhit)* − *si ziehent (ziohant),* Inf. *ziehen (ziohan)* usw., *lieht − liuhten, siech − siuche, biegen − biuge* st. Fem. Vor /w/: *briuwen* (‚brauen' ahd. *briuuuan), riuwe, triuwe* (ahd. *riuuua, triuuua*).

> Anm. 1: Doppelformen durch Ausgleich hat *knie − kniu,* Gen. *kniewes − kniuwes* (sollte eigentlich lauten *knie −* Gen. *kniuwes* [für urspr. **knëwes*]). − *niuwan* (aus *ni + io + w*) mit sekundärem /iu/ vor /w/ hat infolge Einwirkung des selbständigen *nie* (aus *ni + io*) die Nebenform *niewan.* − Das Lehnwort Teufel (gr.-lat. *diabolus*) lautet mhd. *tievel* und *tiuvel,* auch *tîvel* (Näheres § 81, Anm. 1).

> Anm. 2: Im Obd. wurde ursprünglich das /iu/ auch vor /b, p, f, m, g, k, ch/ durchgängig bewahrt (vgl. Braune 1877,557). In der mhd. Zeit ist gewöhnlich /ie/ nach der obigen Regel eingetreten, doch findet sich daneben noch in manchen Wörtern /iu/, vgl. *diup, liup, tiuf, stiuf-, vliuge, triugen, liuf* (Prät. von *loufen*) neben *diep, liep* usw.

> Lit. Alternanzen (Wandel, Brechung):
> Braune 1877; Joesten 1931; Penzl 1969, 57 u. 59; Herrlitz 1970, 71−77; Penzl 1971, 137−141; Braune/Eggers 1987, § 52.

3. Nasalschwund mit Ersatzdehnung   § 36

Schon im Urgerm. ist der Nasal vor /h/ geschwunden unter Dehnung des vorhergehenden Kurzvokals (‚Ersatzdehnung'): /-anh/ > /-āh/; /-inh/ > /-īh/; /-unh/ > /-ūh/; z. B. idg. **þanktō* > germ. **þanhtō* > *þāhtō* > ahd. *dâhta* > mhd. *dâhte* (nhd. Kürzung zu *dachte*). Daraus ergeben sich die Formen mhd. *denken −* Prät. *dâhte,* Part. Prät. *gedâht,* dazu *andâht;* ebenso *dünken − dûhte, gedûht;* mit Gramm. Wechsel *hâhen (*hanhen) − hienc, gehangen; vâhen* ,fangen' − *vienc, gevangen; lîhte − lunge* ,Lunge', eigl. ‚die Leichte'; *entfâhen − entfangen; gedîhen* ,gedeihen' − *gedigen* ,ausgewachsen, reif' (Gramm. Wechsel ohne Nasal oder Ersatzdehnung, als Analogiebildung in der I. Klasse der st. Verben?).

Wie im Ndd. ist auch im Alem. /n/ vor /s/, /f/ geschwunden, doch ist die Erscheinung jung und tritt in der Überlieferung wenig hervor: *fîf* für *finf, ûs* für *uns, îsel* ,Insel'.

> Lit. Ersatzdehnung:
> Bohnenberger 1927/28; Maurer 1942; Penzl 1969, § 19; Braune/Eggers 1987, § 33, § 128, Anm. 1.

C. Vokalveränderungen in ahd. Zeit

1. Althochdeutsche Monophthongierung

§ 37 a) Allgemeines

Im Frühahd. werden die germ. Diphthonge /ai/ und /au/ partiell durch kombinatorischen Lautwandel vor bestimmten Konsonanten zu /ê/ und /ô/ monophthongiert (vgl. § 72, § 74); die verbleibenden Diphthonge erfahren eine Veränderung zu /ei/ und /ou/ (vgl. § 78f.). Die daraus sich ergebenden ahd. mhd. Alternanzen von /ei/ − /ê/ bzw. /ou/ − /ô/ zeigen sich vor allem in der 1. 3. Sg. Prät. der st. Verben der Ablautreihen I und II und führen zu deren Aufspaltung in je zwei Untergruppen (vgl. Ia *grîfen* − *greif,* Ib *dîhen* − *dêch,* § 245): IIa *biegen* − *bouc,* IIb *bieten* − *bôt,* § 246).

> Anm. 1: Im As. erfolgt spontaner Lautwandel aller germ. /ai/ und /au/ zu den Monophthongen /ê/ und /ô/ (z. B. germ. **bain* > as. *bên,* germ. **baum* > as. *bôm*).

§ 38 b) Alternanz ahd. mhd. /ei/ − /ê/

Germ. /ai/ wird seit dem 7. Jh. vor den Kons. /r/, /w/, germ. /h/ (also nicht ahd. mhd. /hh/, /ch/, ausl. /h/ < germ. /k/), im Auslaut einiger Interjektionen (mhd. *sê* ‚siehe', *wê* ‚wehe' vgl. got. *sai, wai,* mhd. *weinen*), ferner regelmäßig in Nebensilben und Endungen (got. *habaida* − ahd. *habêta*) zu ahd. /ê/ monophthongiert. Altes /ai/ ist in dieser Stellung nur noch in sehr frühen ahd. Quellen belegt; in der 1. Hälfte des 8. Jhs. ist diese Monophthongierung bereits beendet (vgl. Braune/Eggers 1987, § 43).

In allen übrigen Fällen ist der Diphthong erhalten geblieben, jedoch mit Übergang des /ai/ > /ei/ seit dem Ende des 8. Jhs. (vgl. Braune/Eggers 1987, § 44).

§ 39 c) Alternanz ahd. mhd. /ou/ − /ô/

Germ. /au/ wird im 8. Jh. vor allen Dentalen /t, d, s, ȝ, z, r, n, l/ und germ. /h/ zu ahd. /ô/ monophthongiert (vgl. Braune/Eggers 1987, § 45).

In allen anderen Fällen, also vor gutturalen und labialen Konsonanten und im Auslaut ist der Diphthong erhalten geblieben, wobei /au/ im 9. Jh. zu /ou/ wurde (vgl. Braune/Eggers 1987, § 46).

Beide Monophthongierungen /ai/ > /ê/ und /au/ > /ô/ sind vertikale Assimilationen der Diphthongkomponenten *(a + i; a + u)* an die mittleren Vokale *(e; o).* In einer ersten Phase erfolgt partielle Assimilation durch Senkung des 2. Diphthongteils *ai > ae* bzw. *au > ao,* danach kommt es durch Hebung der 1. Diphthongkomponente zur totalen Assimilation *ae > ee* bzw. *ao > oo.* Wegen unterschiedlicher Öffnungsgrade gibt es keine Phonemverschmelzung der neuentstandenen /ê/ und /ô/ mit den alten Monophthongen germ. /ê²/ und germ. /ô/ (zur phonetischen Qualität vgl. Literatur bei Braune/Eggers 1987, § 35, Anm. 3). Diese werden vielmehr durch ‚strukturellen Druck' der neuen Monophthonge im Ahd. zu /io, ie/ bzw. /uo/ diphthongiert (s. § 40; vgl. Braune/Eggers 1987, § 35f., § 38ff., § 53).

Der Wandel germ. /ai/ > ahd. /ei/ bzw. germ. /au/ > ahd. /ou/ ist eine partielle Assimilation, d. h. durch Hebung der 1. Diphthongkomponente erfolgt eine Veränderung des Lautwertes (vgl. Braune/Eggers 1987, § 44, § 46).

Lit. ahd. Monophthongierung:
Penzl 1947; Moulton 1961/62, 19 f.; Penzl 1969, 57 f.; Williams 1970; Matzel 1970, § 44 ff.; Herrlitz 1970, 41—46; Penzl 1971, 124—131; Stanich 1972; Morciniec 1982; Braune/Eggers 1987, § 53.

2. Althochdeutsche Diphthongierung   § 40

Die germ. Langvokale /ê²/ und /ô/ werden in ahd. Zeit diphthongiert, und zwar germ. frühahd. /ê²/ > ahd. /ea, ia, ie/ > mhd. /ie/ und germ. /ô/ (z. T. über ahd. /oa, ua/) > ahd. mhd. /uo/. Die Diphthongierung zu mhd. /ie/ findet sich in alten Lehnwörtern und in den Präteritum-Formen (außer Part. Prät.) der st. Verben der Klasse VIIa (vgl. § 81,3, § 30, § 253), z. B. *halten — hielt — hielten — gehalten* (vgl. Braune/Eggers 1987, § 35 f.). Die Diphthongierung des germ. /ô/ erfolgt nur in Kernsilben (z. B. got. *fôtus* — ahd. mhd. *fuoz*), nicht in Nebensilben (z. B. got. *salbôda* — ahd. *salbôta*, mhd. abgeschwächt zu *salbete*).

Die ahd. Diphthongierung ist ein spontaner Lautwandel, der gemeinhin auf ,strukturellen Druck' bzw. ,phonologischen Schub' der durch die ahd. Monophthongierung neu entstandenen /ê/ und /ô/ zurückgeführt wird, wofür auch der späte Zeitansatz von Mitte des 8. Jhs. bis ca. 900 spricht. Ausgangspunkt für diese Phonemverschiebungen ist wohl Zweigipfligkeit der langen Monophthonge [éè] bzw. [óò], woraus in zwei Dissimilationsphasen zunächst /ea/, dann /ia/ entstehen, bevor partielle Assimilation zu /ie/ führt. Auf gleiche Weise kann /ô/ über /oa, ua/ zu /uo/ werden (so im Alem.), es kann aber auch ohne Zwischenphasen direkt /ô/ > /uo/ werden (so im Fränk. um 750, im Bair. um 900; vgl. Braune/Eggers 1987, § 39).
Bei dem aus germ. /ê²/ entstandenen /ie/ kommt es im 10./11. Jh. zur Phonemverschmelzung mit dem gleichlautenden Diphthong /ie/ (< ahd. /io, eo/ < germ. /eu/).
Die aus der ahd. Diphthongierung hervorgegangenen /ie/ (zusammen mit /ie/ < germ. /eu/) und /uo/ zusammen mit dessen Umlaut /üe/ werden durch totale Assimilation des zweiten Diphthongteils an den ersten bereits im 11./12. Jh. zunächst im Md. wieder zu Monophthongen (,Nhd.' Monophthongierung § 43); gegenüber dem Ausgangsphonemen /ê²/ und /ô/ liegen diese /i:/, /ü:/, /u:/ eine Stufe höher.

Lit. ahd. Diphthongierung:
Dal 1951; Galton 1954; Bruch 1963; Schweikle 1964; Rauch 1967; Penzl 1969, 59; Valentin 1969a; Herrlitz 1970, 47—49; Penzl 1971, 131—136; Braune/Eggers 1987, § 53.

3. Umlaut   § 41

Unter Umlaut (auch *i*-Umlaut) versteht man die partielle Assimilation (teilweise Angleichung) velarer Vokale in betonten Silben an die palatalen Vokale /i, j, î/ der schwachbetonten Folgesilben (Palatalisierung). Dieser kombinatorische Lautwandel, der bereits im Ahd. eingetreten ist, führte zu Kernvokalalternanzen, wie sie noch im Nhd. deutlich zu erkennen sind, z. B. *Kraft — kräftig, Hof — höfisch, höflich, Fuchs — Füchsin, Haus — häuslich.* Der Umlaut hat außer

dem Gotischen alle germ. Sprachen erfaßt und breitete sich im Deutschen nach
der herrschenden Auffassung vom Nordwesten her abklingend nach Süden aus
(Monogenese).

Lit. Umlaut allgemein:
Zu den verschiedenen Theorien über Entstehung u. Ausbreitung des Umlauts s.
Braune/Eggers 1987, § 51, Anm. 1. – *Umlaut als gemeingerm. Lautwandel:* van
Haeringen 1918; Rooth 1929, Kap. 6; Streitberg/Michels/Jellinek (Hrsg.) 1936, II,2,
395ff.; Collinder 1941; Marchand 1956. – Zur *Polygenese:* Höfler 1956; Moser, Hugo
1969,97. – *Umlaut in Maa:* Nagl (Hrsg.) 1895; Schatz 1907; Löfstedt, I. 1944; ders.
1947/48; Kranzmayer 1938; Kranzmayer 1956; Hotzenköcherle 1956; Schirmunski
1962; Antonsen 1969; Franck/Schützeichel 1971.

Wann der Umlautprozeß einsetzt und ob es verschiedene Umlautperioden
(Kauffmann, F. 1890; Schweikle 1964,237ff.) gibt, ist schwer zu entscheiden,
weil im Schriftbild der ahd. und mhd. Quellen Umlautgrapheme zunächst nur
sporadisch, keineswegs konsequent und gewiß mit einiger Verzögerung gegenüber dem eigentlichen Lautwandel erscheinen. Als erstes Graphem findet sich
seit dem 8. Jh. ⟨e⟩ für den Umlaut des Kurzvokals /a/, dessen Lautwert gegenüber dem alten germ. ahd. /ë/ geschlossener ist. Dieser ‚Primärumlaut‘ /ẹ/
kommt allerdings nicht bei bestimmten Folgekonsonanten vor (bes. /ht/, /hs/,
/rw/ u.a.; s.u.). Erst im 12. Jh. gibt es auch in diesen Fällen Umlautgrapheme,
zumeist ebenfalls ⟨e⟩, obwohl nunmehr der Lautwert dieses sog. ‚Sekundär-
umlauts‘ sehr offen, d.h. offener als der des germ. ahd. /ë/ ist; er wird in den
späteren Hss. und in den Handbüchern mit ⟨ä⟩ bezeichnet. Der Kurzvokal /a/
kennt also zwei unterschiedliche Palatalisierungsstufen (sehr geschlossenes /ẹ/
und sehr offenes /ä/), deren Grapheme zeitverschoben (im 8. und im 12. Jh.) in
den Hss. erscheinen (daher ‚Primär-‘ u. ‚Sekundärumlaut‘); ob auch der
eigentliche Lautwandel analog zeitverschoben stattgefunden hat, ist nicht
geklärt. Grapheme für die Umlaute anderer velarer Vokale erscheinen, abgesehen von dem Umlaut ⟨iu⟩ für /û/ bei Notker (um 1000), erst seit dem 12. Jh.,
doch bis ins Frühnhd. inkonsequent und uneinheitlich; bes. im Md. bleibt der
Umlaut oft unbezeichnet. Im normalisierten Mhd. schreibt man die Umlaut-
phoneme der Kurzvokale /e/ o. /ẹ/ (Primärumlaut von /a/), /ä/ (Sekundärumlaut
von /a/), /ö/, /ü/, der Langvokale /æ/ (Umlaut von /â/), /œ/ (< /ô/), /iu/ (< /û/), der
Diphthonge /öu, eu, öi/ (< /ou/) und /üe/ (< /uo/).
Die Bedingungen für diesen kombinatorischen Lautwandel, nämlich das
Vorhandensein der umlautbewirkenden Faktoren /i, j, î/ in der schwachbetonten Folgesilbe, werden bereits in ahd. Zeit nur noch teilweise erfüllt. Vielfach
ist das /j/ schon im 7. Jh. nicht mehr erhalten (vgl. got. *lausjan* – ahd. *lôsen* >
mhd. *læsen*) bis auf wenige Fälle zwischen Vokalen (mhd. *sæjen*) oder nach
/r, l/ (mhd. *scherje* ‚Scherge‘ zu *schar;* vgl. § 118). Zwischen dem 10. u. 12. Jh.
werden im Zuge des Endsilbenverfalls die Folgelaute /i, î/ überwiegend zu /e, ə/
geschwächt oder schwinden ganz (ahd. *gesti* > mhd. *geste* ‚Gäste‘; ahd. *skônî* >
mhd. *schœne* ‚Schönheit‘; ahd. *turi* > mhd. *tür* ‚Tür‘). Man muß also meist auf

den frühahd. o. auf einen (oft nur erschlossenen) vorahd. Lautstand zurückgehen, um die Umlautbedingungen zu erkennen. Wegen der großen Zeitspanne
zwischen angenommener vorahd. phonetischer Umlautung und frühmhd. Phonemisierung bzw. Graphemisierung spricht vieles für die Annahme, das aus /i/
im 10. Jh. abgeschwächte, doch hellgetönte /e/ der Endsilbe habe, auch auf
Grund der inzwischen veränderten Akzent- und Artikulationsverhältnisse,
ebenfalls assimilatorische, d. h. umlautbewirkende Kraft erlangt, allerdings
von geringerer Intensität als /i/, wie die häufigen Umlauthemmungen bei den
späteren Prozessen bezeugen (bes. /û/ > /iu/, /ou/ > /öu/, /u/ > /ü/; vgl. hierzu
Schweikle 1964, 197–265; Schweikle 1986, 92–95 spricht hier von ‚mhd.
i/e-Umlaut‘).

Der vorahd. *j*-Schwund in der Schreibung setzt einen solchen in der Aussprache voraus, doch Grapheme für durch dieses /j/ bewirkte Umlaute erscheinen erst in frühmhd. Zeit (vorahd. **wânjan* > ahd. *wânen* > mhd. *wænen*).
Phonologisch läßt sich dies damit erklären, daß die phonetische Umlautung als
ein einheitlicher vorahd. Vorgang zunächst zur Bildung heller Allophone der
dunklen betonten Vokale führt, und erst mit dem spätahd. Endsilbenverfall,
d. h. mit der Zerstörung der Kontextbedingung für die komplementäre Distribution, kommt es zur Phonemisierung der palatalen Allophone und zum wachsenden Bedürfnis nach ihrer Graphemisierung. Damit ließe sich die Gleichzei-
tigkeit von Endsilbenabschwächung und Umlautbezeichnung in der Schrift erklären. Eine Ausnahme wäre das sozusagen ‚vorzeitige‘ Erscheinen des Primärumlauts ⟨e⟩ in schriftlichen Zeugnissen seit dem 8. Jh.: hier kommt es zu
einer vorübergehenden Verschmelzung des hellen Umlaut-Allophons von /a/
mit dem alten Phonem germ. ahd. /ë/ und der Übernahme des vorhandenen
Graphems ⟨e⟩, das auch beibehalten wurde, als sich später der Umlaut über /ë/
hinaus zum geschlossenen /ẹ/ weiterentwickelte (vgl. Twaddell 1938, Penzl
1949, Moulton 1961/62, Antonsen 1964, Valentin 1969a). Neben den velaren
Haupttonvokalen erfährt auch offenes /ë/ Umlaut zu geschlossenem /ẹ/ vor /i/ der
Folgesilbe (z. B. ahd. *brët, brëtir* > mhd. *brët, brẹter;* vgl. Anm. 4).

Lit. Umlaut im Ahd. Mhd.:
Braune 1877; Paul, H. 1887; Kauffmann, F. 1888a; Zwierzina 1900; Sievers 1903;
Schirokauer 1923; Schatz 1927; Hirt 1931; Mayer, A. 1934. – Überwiegend unter
phonologischem Aspekt: Twaddell 1938; Penzl 1949; Fourquet 1952 (dt. 1970); Four-
quet 1954; Schwarz 1954 (Eigennamen); Sonderegger 1959a (Forschungsbericht);
Kratz 1960; Antonsen 1961; Schirmunski 1961; Moulton 1961/62; Streitberg 1963;
Antonsen 1964; Schweikle 1964; Fleischer 1966,70–73; Valentin 1969a; Penzl
1969,55f.; Bach, E./King 1970; Penzl 1970; Twaddell 1970; Herrlitz 1970,51–58;
Penzl 1971,115–124; Augst 1971; Dal 1971a; King 1971; Valentin 1971; Erdmann, P.
1972; Vennemann 1972a; Lüssy 1974; de Boor 1974; Robinson 1975; Voyles 1976;
Russ 1977; van Coetsem/McCormick 1982; Capek 1983; McCray 1983; Penzl 1983;
Quak 1983; van Loon 1986; Schweikle 1986; Arcamone 1987.

Unter funktionalem Aspekt ist der Umlaut in ahd. Zeit redundant, da die
vollen Endsilben zur Kennzeichnung bestimmter Formen ausreichen; es

kommt daher zu doppelter Markierung z.B. des Plurals der mask. u. fem. *i*-Stämme (ahd. *gast, gesti < *gasti; kraft, krefti < *krafti*) oder der *iz/az*-Stämme (ahd. *lamb, lembir < *lambir*) oder in der 2. 3. Sg. Präs. der st. Verben (z.B. Klasse VI ahd. *varu, veris, verit < *varis, *varit*). Erst mit der Abschwächung der *i*-haltigen Endsilben wird die Kennzeichnungsfunktion des Umlauts (zus. mit Artikel, Personalpronomen udgl.) bedeutsam. Im Mhd. findet er sich daher im Pl. der mask. u. fem. *i*-Stämme (§ 175f.) sowie im Gen. Dat. Sg. der fem. *i*-Stämme u. fem. Wurzelnomina (§ 184), bei den fem. *jo*-Stämmen (§ 182), bei den neutr. *ja*-Stämmen u. im Pl. der *iz/az*-Stämme (§ 180); in der 2. 3. Sg. Präs. starker Verben mit umlautfähigem Stammvokal (Kl. VI u. VII) sowie in der 2. Sg. Prät. Ind. *(du hülfe)* und im Konj. Prät. *(ich hülfe, du hülfest)* der Klassen II−VI, bei den schwachen Verben mit sog. Rückumlaut (mhd. *hœren − hôrte*), bei den Präterito-Präsentien bes. im Konj. Prät.; bei der Steigerung der Adjektive (mhd. *lanc − lenger, lengest*); in der Wortbildung bei ehemaligen o. noch vorhandenen *i*-haltigen Suffixen zur Bildung von Substantiven (bes. Abstrakta), Diminutiven, Adjektiven u. abgeleiteten sw. Verben. (Im Nhd. kommt es zu zahlreichen Analogiebildungen mit Umlaut.)

Beispiele:
1. Zur Deklination: Pluralbildung: *gast* − Pl. *geste* (ahd. *gesti*), *sun* − Pl. *süne* (ahd. *suni*), *kraft* − Pl. *krefte* (ahd. *krefti*), *brût* − Pl. *briute, hant* − N.A. Pl. *hende* − D. Pl. *handen* (ahd. *henti − hantum*), *hûs* − *hiuser* (ahd. *hûsir*), *loch* − *löcher;* Gen. Dat. Sg. der fem. *i*-Stämme (§ 184), *krefte* (ahd. *krefti*) − *kraft, briute* ‚der Braut‘ − *brût* (vgl. § 177, Anm. 2 u. 4).
2. Zur Konjugation: *ich grabe − du grebest, er grebet* (ahd. *grabu − grebis, grebit*), Ind. *wir sungen* ‚sangen‘ − Konj. *wir süngen* (ahd. *sungum − sungîm*), Ind. *wir gâben* − Konj. *wir gæben*, Ind. *wir fuoren* − Konj. *wir füeren*, 2. Sg. Prät. Ind. *du sünge, du gæbe, du füere*, Ind. *mohte* − Konj. *möhte* (ahd. *mohta − mohti*), Präs. *hœren* − Prät. *hôrte* (ahd. *hôr[j]en − hôrta*).
3. Zur Wortbildung: *guot − güete* (ahd. *guotî*), *adel − edele* (ahd. *adal − edili*), *sal − geselle* (ahd. *gisell[j]o* ‚der mit jemand den Saal gemein hat‘), *lant − ellende* (ahd. *elilenti* Subst. ‚anderes Land‘, Adj. ‚in anderem Land befindlich‘), *bachen* ‚backen‘ − *becke* ‚Bäcker‘ (ahd. *bahhan − beck[j]o*), *zam − zemen* (ahd. *zemm[j]en* ‚zähmen‘), *trinken − trenken* (< *trankjan), *hangen − hengen* (ahd. *hangên − heng[j]en*), *sât − sæjen, vâre* ‚Nachstellung‘ − *gevære* ‚nachstellend‘ (ahd. *fâra − gifâri*), *vater − veter(e)* ‚Vetter‘ (ahd. *fater − fetir[j]o*), *gebâren − gebærde* (ahd. *gibârên − gibârida*), *wurf − würfel* (ahd. *wurfil*), *durch − dürkel* (ahd. *durhil* ‚durchlöchert‘), *mâʒe* (fem. ‚Maß‘) − *mæʒec* (ahd. *mâʒîg*), *bast − bestîn* (Adj. ‚aus Bast‘), *gast − gestîn* und *gestinne, tuoch − tüechlîn, tôre − tœrisch, man − mensche* (ahd. *mennisco*).
4. Zur Komparation des Adj.: *hôch* − Komp. *hœher* − Superl. *hœhest* (ahd. *hôhir-, hôhist-*) usw. − Zum Nebeneinander von umgelautetem Adj. *(veste, schœne;* ahd. *festi, skôni)* und nicht umgelautetem Adv. *(vaste, schône;* ahd. *fasto, skôno)* vgl. § 205.

Anm. 1: Unterbliebener Umlaut /a/ > /e/
Im Ahd. erscheint in bestimmten Fällen trotz folgendem /i/ kein Umlaut des /a/ (s. Braune 1877,550), doch wird bereits eine lautliche Färbung vorhanden gewesen sein, die nur nicht so bedeutend war, daß man eine Bezeichnung für nötig hielt. Im Mhd.

finden wir zwar in einigen wenigen von diesen Fällen unumgelauteten Vokal, der auch in der heutigen Lautgestalt noch erhalten ist; vgl. mhd. *arte* (Gen. Dat. Sg., Nom. Akk. Pl. von *art*), *einfalte* ‚Einfalt‘, *drîvalte* ‚Dreifaltigkeit‘, *gewaltec* neben seltenerem *geweltec*. In den wenigen anderen Fällen, in denen der erwartete Umlaut fehlt und mhd. noch ⟨a⟩ geschrieben wird, stehen daneben mhd. Schreibungen mit ⟨ä⟩ und ⟨e⟩, und das Nhd. hat dafür ⟨ä⟩.

Anm. 2: Umlaut /a/ > /ä/ (Sekundärumlaut)
Von solchen Einzelfällen abgesehen erscheint als Sekundärumlaut von /a/ im Mhd. /ä/. Dabei hat /i, j/ auch dort gewirkt, wo im Ahd. noch ⟨a⟩ geschrieben wird; die Entwicklung ging aber nicht bis zu geschlossenem /ẹ/, sondern blieb bei dem als ganz offener *e*-Laut zu sprechenden /ä/ stehen.
Der Sekundärumlaut /ä/ erscheint:
1. vor einigen Konsonanten, die eine zunächst den Umlaut hemmende Wirkung hatten:
a) allgemein vor /ht, hs/, aber auch, besonders obd., vor einfachem /h/ und /ch/: *mähte* (Pl. zu *maht* oder Konj. Prät. von *mügen* ‚mögen‘), *mähtec, nähte, geslähte, gebrähte* ‚Lärm‘, *geträhte* ‚Überlegung‘, *trähtîn* ‚Herr‘, vgl. § 68, Anm. 1; *hähse* ‚Kniebug des Hinterbeins‘, *wähset; äher* ‚Ähre‘, *twähele* ‚Handtuch‘, zu *twahen* ‚waschen‘, *gewähenen* ‚erwähnen‘; *hächel* ‚Hechel‘;
b) vor /r/ in Verbindung mit gewissen Konsonanten, besonders vor /rw, rh/: *gärwen* ‚bereiten‘ zu *gar, värwen* ‚färben‘, doch daneben auch *verwen, härwe* ‚herb‘; *märhe* ‚Stute‘, Fem. zu *marh* ‚Roß‘, *phärit, phärt* (älter *phärvrit*), wohl auch *ärne* neben *erne* ‚Ernte‘, *därren, zärren* neben *derren, zerren;* dagegen nur *erbe, verderben, werme, wermen, wermer, erge, herte, geverte;*
c) vor /lh/: *wälhisch, wälsch* ‚welsch‘ zu *walh* ‚der Welsche‘; Schwankungen sind zum Teil dadurch entstanden, daß die lautlich entwickelten Formen durch Analogiewirkungen verdrängt wurden;
2. vor folgendem /iu/: *älliu* neben *alliu* (Nom. Sg. Fem. u. Nom. Akk. Pl. Neutr. zu *al*) und ähnliche Formen (§ 198, Anm. 2; § 220, Anm. 1); vgl. de Boor 1974, 118–139;
3. in den Ableitungen mit *-lîch* und *-lîn*, gleichviel, ob das /a/ in der nächstvorhergehenden oder in der zweitvorhergehenden Silbe steht: *mänlîch, väterlîch, angestlîchen* und *ängestlîchen, väterlîn* (vgl. auch Anm. 10);
4. in Formen, in denen der Umlaut von der zweitfolgenden Silbe ausging: *ärze* (‚Erz‘, aus ahd. *aruzzi*), *mägede* (ahd. *magadi*, Gen. Dat. Sg. u. Nom. Akk. Pl. zu *magad*, nhd. *Magd*) neben *meide* (aus *megidi*), *mägedîn* (Dim. zu *maget*), *vrävele* ‚kühn‘, *väterlich* (*väterlîn*, ahd. *faterlîh, faterlîn*), *mähelen* ‚vermählen‘, ahd. *mahal-[j]en, zähere* Pl. von *zaher* ‚Zähre‘ (ahd. *zahari*), *trähene* Pl. von *trahen* ‚Träne‘ (ahd. **trahani*), in diesen beiden kommt noch das /h/ hinzu, *ähte* (ahd. *ahtowi*, flektierte Form zu dem Zahlwort *ahte*), worin auch /ht/ hemmend gewirkt haben würde; *gägen* aus *gagani* neben *gegen* aus *gagini* > *gegini* (Zwierzina 1900, 302);
5. in jüngeren Neubildungen: *schämen* neben *schemen* (vgl. Sievers, 1903, 260; Zwierzina 1900, 312; Schirokauer 1923, 3), *zämen* neben *zemen* (Reinbot S. XVII); *wälde* (Pl. von *walt*) neben *walde* (ahd. *walda*), *stäbe* neben *stabe* (ahd. *staba*). So vielleicht auch in *äffen*, woneben *affen* steht. – Zur Ausbreitung des Umlauts im Plural der *a*- und der konsonant. Stämme vgl. §§ 174–178; §§ 186–189.

Anm. 3: Umlaut /â/ > /æ/
Der Umlaut von /â/ wird in der normalisierten Schreibung (zum Unterschied von ⟨e⟩ und ⟨ä⟩) durch ⟨æ⟩ bezeichnet (§ 19, § 71). Er scheint wegen des /h/ verhindert zu sein in *smâhen* neben *smæhen*. Er unterbleibt oft infolge der Wirkung der Analogie im

Präs. der st. Verben *râten, slâfen, lâʒen* usw.: *râtet, slâfet* neben *rætet, slæfet*. Neben *grâve* (ahd. *grâvo* ‚Graf') steht in md. Maa. *græve* (ahd. *grâveo*).

Anm. 4: Umlaut /ë/ > /ẹ/ (= /e/)
Auch (offenes) /ë/ hat Umlaut zu (geschlossenem) /ẹ/ erfahren, wenn es (durch Übertragung) vor /i/ der folgenden Silbe zu stehen kam, das im Ahd. entweder in allen oder wenigstens in einigen Formen des betreffenden Wortes vorhanden war (vgl. Paul, H. 1887,548; Kauffmann, F. 1888a,393; Kranzmayer 1938,84): *eben* neben *ëben, ete-* in *etewër, etewaʒ, eteslîch, helm(e), ledec, schelme, sehs* (nach der flektierten Form *sehse,* ahd. *sehsi), sehste* (dagegen *sëhzëhen, sëhzec*), *tete* (< *tetich*) neben *tëte, welher, vels* (hier braucht der Vokal nicht als Umlaut von /a/ aufgefaßt zu werden), *zehen* neben verbreiteterem *zëhen* (Zwierzina 1900,311). Ob in *jener* das anl. /j/ angleichend gewirkt hat (vgl. aber *jëhen, jësen, jëten*) oder von wgerm. **jan-* auszugehen ist (vgl. Sievers 1884,567; Sievers 1894,407; Hirt 1931, II, § 73,4), bleibt umstritten. Vgl. § 64.

In Lehnwörtern zeigt sich dieselbe Erscheinung: *belliz, belz* (aus mlat. *pellicia,* erg. *vestis,* zu *pellis* ‚Fell'), *venster* (aus **fénistra* für lat. *fenestra*) neben *vënster.* Aber auch ohne folgendes /i/ tritt geschlossenes /ẹ/ auf: *lewe* ‚Löwe' (daneben ist vielleicht *lêwe* anzusetzen), *spenden* (lat. *expendere*), *zedel* ‚Zettel', aus lat. *scedula.*

In älteren Darstellungen wird z. T. /e/ und /ë/ verwechselt, vgl. § 64, Anm. 1.

/sch/ hatte palatisierende Wirkung (§ 64, Anm. 1), daher heißt es *dreschen, leschen.* Auch vor /st/ gilt mhd. /e/: *deste, gestern, swester* (omd. *swëster*), *weste* ‚wußte' neben *wëste* (s. Zwierzina 1926,1); *brësten* ‚brechen', *nëst* und das nach Mitte des 13. Jhs. auftauchende Lehnwort *fëst* ‚Fest' schwanken zwischen /ë/ und /e/ (teilweise könnte auch hier das /e/ auf Wirkung eines /i/ zurückgeführt werden).

wert ‚Insel', *helt* ‚Held' reimen omd. auch mit /ë/ *(wërt, hëlt); nach Zwierzina 1926,17, sind solche Reimwörter „mit beliebiger Aussprache aus der Literatur geholt"; vielleicht ist aber /ä/ anzusetzen.

Mal. beschränkt, bes. bair., ist vor einfachem /b, d, g, t/ /ë/ > /e/ geworden. – Zweifelhaft bleibt die Qualität noch in manchen Wörtern, namentlich solchen, in denen die neueren Maa. voneinander abweichen. So ist auch die hier angenommene Schreibweise nicht immer gesichert.

Anm. 5: Umlaut /o/ > /ö/, /ô/ > /œ/
Der Umlaut von kurzem /o/ wird in geregelter Schreibung mit ⟨ö⟩, von langem /ô/ mit ⟨œ⟩ wiedergegeben, aber ⟨œ⟩ wird, vor allem im Md., noch im 14./15. Jh., z. T. vermieden. Bes. *schône* für *schœne* findet sich öfters in Reimen. Umlaut von /ô/ scheint südbair. vor /n/ zu unterbleiben. – Da vor /i, j/ nach der Lautregel nicht /o/, sondern nur /u/ möglich ist (§ 34), kann /ö/ nur durch Analogie statt /ü/ oder in jüngeren Neubildungen auftreten: *got,* aber *gütinne,* dafür gewöhnlich *götinne* ‚Göttin'; *hof – hübesch,* daneben *hövesch; tohter,* dazu *töhterlîn;* auch in Lehnwörtern: *öl, sölre* ‚Söller' (vgl. § 177, Anm. 2 u. 4).

Anm. 6: Umlaut /u/ > /ü/
Vielfach unterbleibt der Umlaut des /u/, so vor /lt/ und /ld/, vgl. *dulten* (Verb auf *-jan*), *gedultec* (ahd. *-îg*), *verschulden, schuldec, hulde* (ahd. *huldî*), doch neben *guldîn* ‚golden' auch *gülden* (md.) und häufiger *gülte* als *gulte* ‚Zahlung'. Im Obd. hindern /gg, ck, pf, tz/ den Umlaut (vgl. v. Bahder 1890,199), daher *brugge, mugge, rugge, bucken, drucken, jucken, rucken, zucken, stucke, lupfen, lupfen, rupfen, schupfen, stupfen, nutze, nutzen* gegen md. *brücke* usw.; ferner Nasal + Kons., wobei aber die Verhältnisse nicht so regelmäßig sind: *wunne* neben *wünne, kunde* neben *künde, dunken* neben *dünken;* noch beschränkter ist das md. Gebiet von *ümbe* (Adv. u. Präp.) neben gewöhnlichem *umbe* (ahd. *umbi*), doch auch alem. *ümbe (:krümbe)* bei

G und KvW; vor einfachem /m/: *vrumen, drumen* ‚zertrümmern' neben *vrümen* und *drümen.*

Besonders fehlt die Bezeichnung des Umlauts im Konj. Prät. in vielen Handschriften, vgl. z. B. *zuge* ‚zöge', *verlur* ‚verlöre' usw.; für andere Handschriften gilt dies nur vor Nasal + Kons. Auch die verschiedenen Nasalverbindungen sind nicht immer gleichmäßig behandelt; über die Verhältnisse bei H, Wo und G s. v. Kraus 1898,111; vgl. auch Junk 1902,459; ferner Jilek 1927; über die heutigen obd. Maa. Wiget 1924, 250—269. In md. Dichtungen wird z. T. /u/ : /ü/ gebunden (§ 68); *über* neben *uber*, s. Paul, H. 1884a,582. Vgl. § 68.

Anm. 7: Umlaut /û/ > /iu/, /uo/ > /üe/, /ou/ > /öu/
Der Umlaut von /û/, /uo/, /ou/ ist im Obd. durch einen folgenden labialen Konsonanten verhindert: *rûmen* ‚räumen', *sûmen, uoben* ‚üben', *gelouben, erlouben, touben* ‚betäuben', *houbet, zoubern, touven, koufen, stroufen* ‚abstreifen', *troumen, zoumen;* das Md. kennt hier Umlaut, auch in *gelöuben, erlöuben, höubet, zöubern, töufen, köufen.* Vor /gg/ unterbleibt der Umlaut im Obd. in *gouggeln (goukeln)* = md. *göukeln;* /gg/ stand ursprünglich auch in *lougnen* = md. *löugnen* (Nebenformen *louken, leuken*). Durch /ch/ ist der Umlaut verhindert in *ruochen* ‚sich kümmern' und *suochen.* Obd. *trûten* neben *triuten* ist jüngere Neubildung. Vor /w/ bleibt /ou/ durchweg ohne Umlaut, daher *ouwe, frouwe,* wiewohl sie ursprünglich ein /j/ enthielten. Wenn trotzdem in manchen Wörtern /ou/ und /öu/ nebeneinander stehen, so beruht dies darauf, daß im Ahd. *ew* (umgelautet aus *aw*) und *ouw* miteinander wechselten; daher: *gouwe* — *göuwe* und *gou* — *göu* (‚Gau', ursprünglich *gewi,* Gen. *gouwes;* Umlaut noch in *Allgäu* = Albgau, 9. Jh. *Alpagawi), houwe* — *höuwe* und *hou* — *höu* ‚Heu', *douwen* — *döuwen* ‚verdauen', *drouwen* — *dröuwen (dräuen* = drohen), *frouwen* — *fröuwen* ‚freuen', *strouwen* — *ströuwen;* ahd. *frewida* und *frouwida* > mhd. *vreude, vrouwede, vröude;* vgl. v. Bahder 1890,213. Eine andere Erklärung von /eu, öu/ in diesen Fällen versucht V. Moser 1927,107. — Nach solchem Muster wurde zum Lehnwort *lewe* ‚Löwe' spätahd. *louwo,* mhd. *louwe* (frühnhd. Lau) und *löuwe* (nhd. Leu) gebildet; vgl. Bremer 1888,384.

Anm. 8: Umlaut Diphthong /iu/ > Monophthong /iu/ [ü:]
Es gibt auch einen Umlaut von altem /iu/ (§ 77), der mit dem von /û/ zusammengefallen ist. Dies wird erwiesen durch die Schreibung (in manchen Hss. ⟨ü⟩ gegen unumgelautetes ⟨iu⟩) und jetzige mal. Aussprache von *liute* (= ahd. *liuti), tiutsch* (= ahd. *diutisc), geriute, fiuhte, diuten, liuten, liuhten* u. a., die zu *briute* (= ahd. *brûti)* usw. stimmen. Gehindert wird dieser Umlaut durch /w/ und /r/ *(triuwe, tiure* u. a.). /iu/ wie /ü/ entspricht nhd. /eu/. In der 2. 3. Sg. Präs. der starken Verba *(biutest, -et)* ist er durch Ausgleich beseitigt (nhd. ‚bietest, -et'; aber Nebenformen ‚beust, beut'). Vgl. Brenner 1889,245; Behaghel 1889,247; Brenner 1895,80; Sievers 1895,330; Mertes 1929/30 und 1930/31.

Anm. 9: Durch ein enklitisches Wort veranlaßt ist der Umlaut in *sem mir* neben *sam mir* (= so mir), *daʒ ist* > *dêst.* Umlaut durch enklitisches *ich* (ahd. *meg-ih, drenk-ih* ‚trank ich') und andere Pronomina ist nicht mehr üblich; vgl. aber § 269, Anm. 1 und *tete* neben *tête* aus *tetich.*

Anm. 10: Die Ableitungssilben *-lîch* und *-lîn* scheinen wie im Nhd. auch auf die übrigen Vokale umlautend gewirkt zu haben, wenn diese auch nicht in der nächstvorhergehenden Silbe standen, also z. B. *töhterlîn, müeterlîn,* aber *lobelîch* neben *löbelîch.* Doch läßt sich meistens wegen der fehlenden Genauigkeit in der handschriftlichen Wiedergabe keine bestimmte Entscheidung treffen (vgl. auch Anm. 2,3).

Anm. 11: Dagegen pflegen die Suffixe *-nisse* und *-ære* (nhd. *-er*) mhd. noch keinen

Umlaut zu bewirken, also *vancnisse* ‚Gefängnis‘, *behaltnisse, erkantnisse; wahtære, gartenære, burgære, schuolære.*

Anm. 12: Zum Umlaut vor /ei/, /sch/ vgl. § 64, Anm. 1; § 75; § 160,1.

Lit. Umlaut (zu Anmerkungsteil):
Braune 1877; Paul, H. 1884a; Sievers 1884; Paul, H. 1887; Kauffmann, F. 1888a; Bremer 1888; Behaghel 1889; Brenner 1889; von Bahder 1890; Sievers 1894; Sievers 1895; Brenner 1895; Zwierzina 1900; Junk 1902; Sievers 1903; Schirokauer 1923; Wiget 1924; Jilek 1927; Moser, V. 1927; Mertes 1929/30; Mertes 1930/31; Hirt 1931; Kranzmayer 1938; de Boor 1974.

D. Vokalveränderungen in mhd. und frühnhd. Zeit

§ 42   1. ‚Neuhochdeutsche‘ Diphthongierung

Unter ‚nhd.‘ Diphthongierung versteht man den bereits im Frühmhd. belegten und bis ins 16. Jh. sich ausweitenden spontanen Lautwandel der drei engen Langmonophthonge /î/, /iu/ [ü:], /û/ des Normalmhd. zu den drei offenen Diphthongen ⟨ei, ai⟩, ⟨eu, äu⟩, ⟨au⟩ [ae, ɔø, ao] der nhd. Gemeinsprache (z. B. mhd. *mîn niuweʒ hûs* > nhd. *mein neues Haus*). Diese neuen Diphthonge werden in der mhd. und frühnhd. Übergangszeit wie auch in den heutigen Maa. von der alten Diphthongreihe mhd. /ei/ (< germ. /ai/), /öu/ und /ou/ (< germ. /au/) meist getrennt, doch kommt es im Nhd. zum Phonemzusammenfall der entsprechenden Diphthonge beider Reihen (z. B. mhd. *mîn bein* > nhd. *mein Bein;* mhd. *hiuser, böume* > nhd. *Häuser, Bäume;* mhd. *hûs, boum* > nhd. *Haus, Baum*). Vgl. Michels/Stopp 1979, §§ 91–94; V. Moser 1929, § 77, § 79; Kranzmayer 1956, §§ 13–16, §§ 19–22; Schirmunski 1962, § 6, § 8; Wiesinger 1970, I, 69–198.

Beispiele: /î/ > /ei/: *bî, bîhte, bîʒen, blî, brî, gedîhen, dîn, mîn, sîn, drî, gîge, gîsel, grîs, hîrât, île, îtel, îs, îsen, lîp* (aber *leip* ‚Brot‘), *belîben* ‚bleiben‘, *lîden* (aber *leit* ‚Leid‘ und *leiden* ‚leid machen‘), *lîhen, lîm, lîn, gelîch* ‚gleich‘, *lîse, mîden, mîle, nît, nîgen* (intr. ‚sich neigen‘, aber *neigen* trans.), *pîn(e), prîs, rîben, rîche, rîfe* (‚gefrorener Tau‘ aber *reif* ‚Reifen‘), *rîhe, rîm, Rîn, rîs, schîbe, schîn, schrîben, schrîen, schrîn, sîde, sîn* lat. ‚esse‘, *sît, sîte* (= nhd. ‚Seite‘, aber *seite* = nhd. ‚Saite‘), *snîden, snîen, spîse, strît, swîn, trîben, vînt, vlîʒ, vrî, wîle, wîn, wîp, wîse* (‚weise‘, ‚Art und Weise‘, aber *weise* ‚Waise‘), *wît, wîʒ, zît, zwîc, zwîvel.* – /û/ > /au/ : *bû, brûchen, brûn, brût, bûch, hûbe, hûs, hût, krût, lût, lûter, mûl, mûs, rûch*, (‚rauh‘; aber *rouch* ‚Rauch‘) *rûm, strûch, strûʒ, sû, sûber, sûfen, sûgen, trûbe, trût, tûbe* (aber *toup* ‚taub‘), *tûsent, ûf, ûʒ, vûl, vûst, zûn.* – /iu/ > /eu, äu/ : *hiuser, miuse; biule, diuten, iuch, hiute, kiusche, liuhten, liute, niun, riuten, riuwe* ‚Reue‘, *tiuvel, triuwe, tiure* ‚teuer‘, *vriunt, geziuc* ‚Zeug‘, *ër biutet* ‚beut, bietet‘, *ziuch* ‚zeuch, ziehe‘, *fliuget* ‚fleucht‘, *kriuchet* ‚kreucht‘. – Daß bei einigen nhd. Wörtern die Diphthongierung unterblieb, ist aus Analogie zu erklären, vgl. *Friedhof* zu mhd. *vrîthof* (an *Friede* angelehnt), oder es liegt Entlehnung aus dem Ndd. vor wie in mhd. *hiune* ‚Hüne‘. – Zu *dû, nû* vgl. § 76.

In der schriftlichen Überlieferung zeigen sich frühe Ansätze und die allmähliche Ausweitung der Diphthongschreibung zunächst in bair. Texten. Bereits in spätahd. Zeit finden sich vereinzelt ⟨ei⟩ und ⟨ou⟩ vor Vokal (sog. Hiatus-Diphthongierung) oder im absoluten Auslaut, um 1100 erscheinen sie auch in Stellung vor Kons. in südtiroler Urkunden (Kranzmayer 1956, § 13c, b). Kärntner Urkunden belegen ⟨ei⟩ gelegentlich im 12. Jh. in lat. Text mit *Seifridus, Reichersberg, Eîtwiggi* (vorher *îtwic;* Lessiak 1908a, 252), ⟨eu⟩ z. T. in *Neuenhusen, Treuenriut,* doch überwiegt die Monophthongschreibung bis ins 13. Jh. (Michels/Stopp 1979, § 91, 1a). Zu Beginn des 13. Jhs. reimt der bair. Dichter Heinrich von dem Türlîn ⟨î⟩ mit ⟨ei⟩ (< *-egi-*), z. B. *zît* (o. *sît* o. *samît*) : *geleit,* auch *hiute : freute* und ⟨û⟩ vor Labialen mit ⟨ou⟩, ebenso andere bair. Dichter (Kudrun, Reinbot, Ottokar), die aber nicht ⟨î⟩ : ⟨ei⟩ reimen (Michels/Stopp 1979, § 91, 1b); auch Nibelungenlied, Biterolf, Rosengarten A u. Rabenschlacht kennen noch keinen völligen Übergang von ⟨î⟩ zu ⟨ei⟩ (Zwierzina 1900, 396). Der Schreibwandel von ⟨û⟩ zu ⟨ou⟩ bzw. ⟨iu⟩ zu ⟨öu⟩ findet sich gegen Ende des 12. Jhs. in der Millstätter Hs. mit einheitlichem Graphem ⟨ŏ⟩ *(brŏt, ŏf, bŏwen − brŏte, lŏhtet),* ebenso in der Vorauer Hs. (auch ⟨ov⟩, ⟨au⟩), wogegen ⟨î⟩ graphisch erhalten bleibt (Michels/Stopp 1979, § 91, 1b). Offenbar ist die Diphthongschreibung der drei Vokale nicht ganz gleichmäßig durchgeführt worden, denn ⟨û⟩ wird in alten bair. Hss. weit konsequenter durch ⟨au, ou⟩ ersetzt als ⟨iu⟩ und ⟨î⟩ durch die entsprechenden Graphien, und erst im 14. Jh. dringt im Bair. die einheitliche Diphthongschreibung durch (Lindgren 1961, 21, 30). Die neuen Diphthonge ⟨ei⟩, ⟨eu, öu, œu⟩ und ⟨au⟩ werden meist von den alten Diphthongen durch deren Zeichen ⟨ai⟩, ⟨äu, aü⟩, ⟨ou, au⟩ unterschieden.

Am Ende des 13. Jhs. setzt die Diphthongschreibung in Ostfranken ein und ist seit Anfang des 15. Jhs. vollständig durchgedrungen (Lindgren 1961, 33). Von hier verbreiten sich die Diphthonggraphien über Frankenwald, Fichtelgebirge nach Nordosten (Frings 1936, 205) zunächst bis an die Mulde als Westgrenze (v. Polenz 1954, 153). Ebenfalls um 1400 zeigen sich die Diphthonge im Schwäbischen, zunächst in Augsburger Urkunden; von der Ostgrenze aus verbreiten sie sich nur langsam im 15. Jh. nach Westen und erreichen die südl. Gebiete erst Anfang des 16. Jhs. (Moser, V. 1929, 154; Lindgren 1961, 38). Seit dem Anfang des 14. Jhs. dringen die Diphthonge in Böhmen, Schlesien und Altpreußen ein, ebenso im östl. Teil Ostfrankens (Bamberger und Würzburger Urkunden). Schließlich erreicht die Diphthongschreibung im 15. Jh. den omd. Raum mit Ostthüringen und Obersachsen (die Kursächs. Kanzlei ist erst kurz vor 1500 zu Diphthongen übergegangen; vgl. Bach, H. 1934, 28) und im 16. Jh. wmd. Gebiet (Rheinfrk. u. Moselfrk.; vgl. Wagner, K. 1927; Moser, V. 1929, 157f.; Schützeichel 1960, 90−94). Wenn sie sich im Wmd. schnell durchsetzt, wird dies mit der einheitssprachlichen Entwicklung zusammenhängen, da man Diphthonggraphien im 16. Jh. auch in rip. und alem. Quellen (aus Köln, Straßburg, Basel, Zürich, Bern) antrifft, obwohl hier in den Maa. keine Diphthongierung vorkommt.

In der gesprochenen Sprache wurde z. T. wohl ein Halbjahrhundert eher als in der schriftlichen diphthongiert (vgl. Schwarz 1962, 124 zu Ostböhmen; DWA Bd. IX, 125 zu Schlesien-Lausitz u. Altpreußen; Wiesinger 1962, 228−258 zu Schlesien), lediglich im Rheinfrk. u. im Moselfrk., evtl. im Westschwäb. eilt offenbar der mal. Entwicklung die Schriftsprache voraus (Moser, V. 1929, 156). Für eine lautliche Ausbreitung der Diphthonge sprechen: die phonetisch bedingte Hiatus-Diphthongierung in Bereichen, wo die literarische Norm diese Bedingung nicht kennt (z. B. im Hochalem.); die Diphthongierung von nur dialektischem md. /û/ (< mhd. /iu/) entgegen der literatursprachlichen Norm (z. B. mhd. *niuwe* > md. *nau* in *Nauheim, Naumburg);* die verschiedenen lautlichen Varianten der Diphthonge in den Maa. (z. B. im Schwäb., s. u.) und die im 16. Jh. im Schwäb. bezeugte Diphthongaussprache lateinischer Langmonophthonge (schwäb. *veinum, ausus* statt *vinum, usus;* vgl. Schirmunski 1962, 220).

Anm. 1: Die gleichmäßige Entwicklung der drei Laute /î/ > /ei/, /û/ > /au/, /iu/ > /eu/ und ihre ausnahmslose Durchführung in den meisten Mundarten war nur bei gleichartigen physiologischen Vorbedingungen möglich. Phonetisch bezeichnet man den dreifachen zusammenhängenden Lautwandel mit gleichem Endergebnis als ‚Reihenschritte' im Vokalismus (§ 25a). Nach den lebenden Maa. sind zu scheiden: 1. eine ältere, lautlich weiter vorgeschrittene Diphthongierung im Hiatus und im Wortauslaut (z. B. *bî, vrî;* DSA Karten 69−72 *bauen, schreien, schneien, neue* und SDS I, 148 *schneien,* 149 *Blei,* 152 *bauen,* 153 *Sau, Bau,* 156 *neue*), die mit Ausnahme des Höchstalem. gemeinhochdeutsch ist; 2. eine jüngere an den übrigen Wortstellen, die im Ndd., im Nieder- und Hochalem. und in md. Maa. (rip. und osthess.-westthür. zwischen Fulda und Erfurt) nicht eingetreten ist (vgl. DSA Karte 6 *beißen,* 24 *Haus,* 74 *Eis*). Wer daher eine von diesen Mundarten kennt, kann über die Scheidung der in der Schriftsprache zusammengefallenen Laute nicht im Zweifel sein. Auch die übrigen Maa. halten zumeist die neuen Diphthonge von den alten gesondert (Wiesinger 1970).

Anm. 2: Weitere Diphthongierungen in einzelnen Landschaften § 157ff.

Die Diphthongierung ist eine in Raum und Zeit sich allmählich vollziehende Artikulationsveränderung, deren Zwischenstufen weder durch die Schreibung noch durch die heutigen Maa. in allen Einzelheiten erfaßbar sind. Als Ausgangsstadium nimmt man zweigipflige Betonung der mhd. Langmonophthonge an *(iî − ûù − úù),* woraus sich durch Dissimilation der ersten Komponente eine schrittweise Steigerung des Öffnungsgrades und somit die Zwischenstufen *įi − ųü − ųu > ei − öü − ou > ęi − ǫ̈ü − ǫu* sowie letztlich die Extremdiphthongstufe *ai − aü − au* ergeben (vgl. Wrede 1895, bes. 269−272; Moser, V. 1929, § 77; Schirmunski 1962,221; Wiesinger 1970,70ff.; Penzl 1974,347f.). Einige Maa. haben durch partielle Assimilation der zweiten Komponente /ae/ − /aö/ − /ao/ oder durch totale Assimilation die tiefe Monophthongreihe /â/ − /å/ − /å̂/ (z. B. bair.-österr. nur /â/) erreicht (Schirmunski 1962,221). Das Schwäbische wiederum ist nur bis zur mittleren Stufe /ei/ − /öü/ − /ou/ gelangt, da die Extremdiphthongstufe /ai/ − /aü/ − /au/ bereits durch Diphthonge anderer Herkunft (< mhd. /æ/, /â/) besetzt war (Wiesinger 1970,73f.) Vielfach kommt es mal. auch zur Umlautentrundung von mhd. /û/ > /î/ (Wiesinger 1970, 86ff., 132f.), so daß die jeweiligen Reihen nur noch aus zwei Diphthongen bestehen (z. B. mhd. *wîb − hiuser* > moselfrk. *weib − heiser,* schwäb. *wǝib − hǝisr,* bair. *waeb − haesr* (vgl. Schirmunski 1962,225; Kranzmayer 1956,13a,d).

In die genannte Diphthongabstufung durch variable erste Diphthongkomponente sind auch die alten Diphthonge /ei/ − /öu/ − /ou/ eingebunden, die sich in den Maa. meist durch Öffnung zu /ai/ − /aü/ − /au/ von den neuen Diphthongen distanzieren (vgl. zur phonemischen Wertung der Diphthonge Werner 1972,32ff.; Heike 1972,43f.). Sie werden auch in der Schreibung oft unterschieden, z. B. als ⟨ei, ey⟩ < mhd. /î/, aber ⟨ai, ay⟩ < mhd. /ei/ (vgl. Bahder 1890; Moser, V. 1929, § 77, § 79).

Anm. 3: Nach Sievers beginnt die Diphthongierung im tiefen Fallton, und auf diese Stellung scheint sie in manchen Texten noch tatsächlich eingeschränkt, so z. B. in allen Reimbelegen des Seifrid Helbling; vgl. Sievers 1920,159. − Über die neuen Diphthonge im Alem. s. Maurer 1942,309.

Anm. 4: Altes /ei/ ist in unbet. Stellung zumeist erhalten geblieben: *stain, lait,* aber unbest. Art. *ein* (doch subst. *ainer*), oft auch *-heit* u. dgl. Auch *geist, vleisch, heilec* bewahren gewöhnlich /ei/: es sind Lehnwörter aus der Hochsprache der Kirche, s. Pfalz 1925,207. – Das seltene *helig* ist nicht nur bair., sondern fast in allen Maa. zu belegen; vgl. Ehrismann, G. 1897,292.

Anm. 5: Während die Schreibung ⟨ai⟩ erhalten bleibt, entwickelt sich im Bair. der alte Diphthong über /oi/ zu /oa/, das um 1400 erreicht ist. Das Nordbair. bewahrt /oi/ in zweisilb. Wörtern, gewisse bair. Randmaa. kennen es noch allgemein. Auch im Schwäb. entwickelt sich /ei/ > /oi/ und westschwäb. zu /oa/, s. Maurer 1942,230; Kranzmayer 1956, § 20; Mitzka 1957a, 1669; DSA 16 *heiß.*

Umstritten ist in der Forschung Entstehung und Ausbreitungsweise der Diphthongierung. Monogenese im südöstl. dt. Sprachraum legt, wie oben gezeigt, die Diphthongschreibung nahe, wonach die dort entstandene ‚Aussprachemode' durch Ausstrahlung unter Vermittlung des höfischen Kulturzentrums Wien sukzessive sich nach Art der ‚Wellentheorie', d. h. mit abnehmender Intensität bei wachsender Entfernung vom Ausgangspunkt, ausbreitete (vgl. Wagner, K. 1927; Kranzmayer 1956, § 13, e1; Lindgren 1961,57f. u. 1968,288). Dagegen spricht auch einiges für Polygenese, für autochtone Entstehung der Diphthonge in einzelnen Landschaften, und zwar entsprechend dem jeweiligen Lautsystem. Selbständige Diphthongierungen, die u. a. auch im Ndl. und Engl. vorkommen, findet man im Dt. in der westfäl. Diphthongierung und bes. im Schwäb., wo alle Langmonophthonge (also auch /â/, /ê/, /ô/, /æ/, /œ/) diphthongieren; hiermit ließen sich auch Diphthongierungsinseln in Monophthonggebieten oder die Diphthongierung im Hochpreußischen und Siebenbürgischen erklären (vgl. Schützeichel 1960,90; Schirmunski 1962,218ff.; Wiesinger 1970,73f., bes. Anm. 1; Lüdtke 1968, 97–109; Penzl 1974,350).

Als Ursache für die nhd. Diphthongierung wurde seit Wrede (1895) die mhd. u. frühnhd. Apokope angesehen, was inzwischen widerlegt ist (Lindgren 1961). Penzl (1974) geht von einer bisher übersehenen frühmhd. Dehnung der Kurzvokale im Bair. aus und sieht die Entstehung neuer Langvokale /i:/, /ü:/, /u:/ als Anstoß für ein Ausweichen der entsprechenden alten Langvokale in die Diphthonge. Es bleibt zu klären, weshalb im Bair. nicht auch die übrigen Langvokale so reagieren; vgl. dagegen das Schwäb. mit der Diphthongierung aller Langmonophthonge.

Lit. Nhd. Diphthongierung:
von Bahder 1890; Wrede 1895; Ehrismann, G. 1897; Zwierzina 1900; Lessiak 1908a; Pfalz 1918; Sievers 1920, 148–198; Pfalz 1925; DSA 6, 16, 24, 69–72, 74; Wagner, K. 1927; Moser, V. 1929; Schmitt, A. 1931; Bach, H. 1934; Frings 1936; Maurer 1942; DWA (Bd. 9: 1959); von Polenz 1954; Kranzmayer 1956; Mitzka 1957a; Kliemann 1958; Trost 1958; Schützeichel 1960; Lindgren 1961; Schirmunski 1962, 213–228; Schwarz 1962; Wiesinger 1962; Lindgren 1968; Lüdtke 1968, 97–109; Penzl 1969,82f.; Herrlitz 1970, 27–32; Moser, Hugo/Stopp (Hrsg.) 1970; Wiesinger 1970, I.; Heike 1972; Werner 1972; Penzl 1974, 345–357; Penzl 1975; Michels/Stopp 1979, §§ 91–94; Heidelberger 1979.

§ 43   2. ‚Neuhochdeutsche' Monophthongierung

Unter ‚nhd.' oder ‚md.' Monophthongierung versteht man den seit dem 11./12.
Jh. im Mitteldeutschen sich vollziehenden spontanen Lautwandel der mhd.
engen Diphthonge /ie/, /üe/, /uo/ zu (wohl offenen) hohen Langmonophthongen
/i:/, /ü:/, /u:/, die in die nhd. Schriftsprache eingehen (z. B. mhd. *lieber müeder*
bruoder > nhd. *lieber müder Bruder;* vgl. § 81ff.). Allerdings erfolgt kein
Zusammenfall mit den gleichlautenden alten, (wohl geschlossenen) hohen
Langmonophthongen mhd. /î/, /iu/ [ü:], /û/ (< germ. î, û), da nur diese von der
nhd. Diphthongierung (§ 42) erfaßt werden; dennoch gibt es vereinzelt Reime
zwischen beiden Monophthongreihen (z. B. *diet* ‚Volk' : *zît, schiere* ‚bald' : *vîre*
‚Feier', *ruof : ûf, swuor : sûr*). Dagegen kommt es zum Phonemzusammenfall
der neu entstandenen Langmonophthonge mit den wenig später durch Dehnung aus Kurzvokalen hervorgegangenen gleichlautenden Langmonophthongen (§ 45f.; z. B. mhd. *liebiu bin(e)* > nhd. *liebe Biene;* mhd. *grüeniu tür* >
nhd. *grüne Tür;* mhd. *kluogiu jugent* > nhd. *kluge Jugend*). In der nhd. Schreibung ⟨ie⟩ wurde die mhd. Diphthongkomponente *e* als nicht gesprochenes
Längezeichen beibehalten und oft auf gedehnte Vokale analog übertragen
(z. B. mhd. *bin(e)* > nhd. *Biene,* mhd. *vil* > nhd. *viel,* aber nicht bei mhd.
biber).

Beispiele für ‚nhd.' Monophthongierung: /ie/ > /i:/: *bieten, diep, dienen, fliehen, kiel*
(‚Schiff'), *kriec, liep, liet, siech, tier, stieʒ* (Prät. von *stôʒen*), *brief, ziegel, zieren, riet*
(Prät. von *râten*). – /uo/ > /u:/: *bluot, buoch, guot, huon, kluoc, muot, genuoc, ruoder,*
ruom, suochen, tuoch, tuon, vuoge ‚Geschicklichkeit', *wuot, zuo, vuor* (Prät. von
varn). – /üe/ > /ü:/: *bücher, güete, rüemen, rüeren, vüeren, küele, müede, blüejen*
‚blühen'.

Die ‚nhd.' oder ‚md.' Monophthongierung tritt zuerst im Wmd. auf. Sie beginnt bei /uo/
und /üe/ bereits im 11., bei /ie/ im 12. Jh. Nach den heutigen Maa. und dem Dt. Sprachatlas verbreitet sie sich über das Rheinfrk., Teile des Süd- und Ostfrk. und das Omd. Im
gesamten Obd. (außer dem östl. Ofrk.) sind dagegen die Diphthonge erhalten geblieben.
(Vgl. DSA Karte 12 *Bruder,* 94–96 *müde,* 124 *fliegen;* Wrede 1893,351ff. zu *müde;*
Wrede 1895,283ff. zu *fliegen.*)

Anm. 1: Anl. *íe* ist seit dem 14. Jh. über *ié* zu *je* geworden, so auch in den damit
zusammengesetzten Wörtern *iegelîcher, ietwëder, ieman, iezuo* (‚jetzo, jetzt'; über die
versch. Formen s. v. Bahder 1929,431). Im Mhd. ist Diphthong zu sprechen.

Anm. 2: Nach der Monophthongierung ist oft vor Mehrfachkonsonanz Kürzung der
Längen eingetreten, z. B. mhd. *lieht* > *li:ht* > nhd. *Licht;* mhd. *muoter* > *mu:ter* >
nhd. *Mutter* u. dgl. (§ 47).

Im Rip., Moselfrk. u. Osthess. finden sich statt der neuen Monophthonge /i:/, /ü:/, /u:/
geschlossene /e:/, /ö:/, /o:/ (z. B. *breve* ‚Briefe', *fös* ‚Füße', *broder* ‚Bruder'), die dem ndd.
u. germ. Lautstand entsprechen. Es ist umstritten, ob hier die germ. Laute bewahrt
blieben oder ob über die ahd. Diphthongierung eine sekundäre Monophthongierung und
Öffnung erfolgte (also germ. /ê²/ > ahd. /ea, ia, ie/ > mhd. /ie/ > /ê/ bzw. germ. /ô/ > ahd.
mhd. /uo/ > /ô/ (vgl. Moser, V. 1929, § 81,4; Schirmunski 1962,230; Wiesinger 1970,
§ 106b, § 117a, § 118a, § 122a; Michels/Stopp 1979, § 96, Anm. 3).

Anm. 3: In einigen Maa. (Oberhess., Teilen des Moselfrk., Nordbair.) unterliegen die neuen Monophthonge einer sekundären Diphthongierung zu /ei/, /öu/, /ou/ (sog. ‚gestürzte Diphthonge'), z.B. ohess. *breif* ‚Brief', *goud* ‚gut' (vgl. Schirmunski 1962,231; Moser, V. 1929, § 81,3; Michels/Stopp 1979, § 96, Anm. 2).

Ursachen der ‚nhd.' Monophthongierung und strukturelle Zusammenhänge sind ungeklärt. Die historische Entwicklung dieser Laute führt von den germ. Monophthongen /ê²/, /ô/ mit der ahd. Diphthongierung (§ 40) zunächst zu Dissimilationsprodukten /ea/, /oa/ und, mit extremer Spannweite, /ia/, /ua/, wobei als Anlaß die in der ahd. Monophthongierung (§ 37ff.) bedingt entstandenen neuen Laute /ê/, /ô/ angesehen werden (‚phonologischer Schub'). Noch im Ahd. setzt dann ein Umschwung zur Assimilation der zweiten Diphthongkomponenten ein, der über mhd. /ie/, /uo/, (/üe/) letztlich in der ‚nhd.' Monophthongierung zur totalen Assimilation in md. /i:/, /u:/, (/ü:/) führt. Wenn auch die neuen hohen Langmonophthonge mit den alten nicht zusammenfallen und sie wahrscheinlich die Opposition ‚geschlossen : offen' phonetisch trennt (Moulton 1961/62, 32), kommt es doch zu einer Art ‚Überfüllung' dieser Reihe, gesteigert noch im 12. Jh. durch die Dehnung der hohen Kurzvokalreihe (§ 45), und erst durch die Übernahme der nhd. Diphthongierung (§ 42) im 15./16. Jh. wird im Md. eine Entlastung dieser Reihe erreicht. Strukturelle Zusammenhänge zwischen nhd. Monophthongierung und Diphthongierung im Sinn von Kausalität bestehen aber nicht. Daß indes eine Tendenz zur Vermeidung dieser ‚Überfüllung' der Reihe /i:/, /ü:/, /u:/ bestanden hat, bezeugt das Ausweichen einiger Maa. in die mittlere Reihe /ê/, /ô/, /ô/ oder in die ‚gestürzten' Diphthonge /ei/, /öu/, /ou/ (Anm. 3); überhaupt wäre eine md. Monophthongierung zu /ê/, /ô/, /ô/ wegen der quantitativen Unterbesetzung dieser Reihe und wegen der Parallellautung im benachbarten Ndd. verständlicher gewesen als die Monophthongierung zu /i:/, /ü:/, /u:/. − Im Obd. ist die hohe Langmonophthongreihe nach der nhd. Diphthongierung (§ 42) unbesetzt oder (nach Penzl 1974,354f.) nur durch gedehnte Kurzvokale schwach besetzt, so daß gerade hier die nhd. Monophthongierung hätte einsetzen können oder zumindest im ‚Sog' übernommen werden müssen, was indes nicht der Fall ist. Die Modelle von strukturellem ‚Überdruck', ‚Sog' u. dgl. versagen offenkundig bei der Suche nach Ursachen für die ‚md.' Monophthongierung.

Durch die md. Monophthongierung und die späte Durchführung der ‚nhd.' Diphthongierung im 16. Jh. wird im Md. eine gewisse quantitative Ausgewogenheit im Langmonophthongsystem erreicht, die dann auch das nhd. Vokalsystem bestimmt (wenngleich zu Lasten einer ‚überfüllten' Diphthongreihe /ai/, /äu/, /au/).

Lit.: Nhd. Monophthongierung:
Wrede 1893; Wrede 1895; von Bahder 1929; Moser, V. 1929; Kranzmayer 1956, §§ 13−16, §§ 19−22; Moulton 1961/62,31f.; Schirmunski 1962, 228−232; Fleischer 1966; Penzl 1969,83; Herrlitz 1970,27; Wiesinger 1970, I, 69−198; Penzl 1974; Michels/Stopp 1979, § 91; Wolf, N.R. 1985, 1310.

§ 44   3. Neuhochdeutscher Diphthongwandel (‚Öffnung‘)

Die mhd. Diphthongreihe /ei/, /öu/, /ou/ (< germ. /ai/, /au/, soweit nicht von der ahd. Monophthongierung zu /ê/, /ô/ erfaßt, vgl. § 37ff.) erfährt seit dem 13. Jh. durch Senkung der ersten Diphthongkomponente im Bair. u. Schwäb. eine Öffnung zu /ai/, /äu/, /au/, die auch von der nhd. Gemeinsprache übernommen wird (z. B. mhd. *bein, böume, boum* > nhd. *Bein, Bäume, Baum*). Die Öffnung erfolgt als phonologischer Schub, veranlaßt von den aus mhd. /î/, /iu/, /û/ diphthongierten geschlossenen /ei/, /öu/, /ou/ (vgl. § 42), um beide Diphthongreihen zu unterscheiden. Im Nhd. kommt es zum Phonemzusammenfall beider Reihen in der offenen Artikulation.

Die Schreibung ⟨ai⟩ verbreitet sich im Bair., wo sie nach dem 16. Jh. der ⟨ei⟩-Schreibung weicht. Im Nhd. ist das Zeichen ⟨ai⟩ selten (z. B. *Kaiser* < mhd. *keiser*) und dient meist zur graphischen Unterscheidung von Homophonen (z. B. mhd. *lîp* ‚Leib‘ − *leip* ‚Laib‘, *sîte* ‚Seite‘ − *seite* ‚Saite‘, *wîse* ‚weise‘ − *weise* ‚Waise‘). Die Schreibung ⟨au⟩ setzt sich im 16. Jh. gegen ⟨ou⟩ durch. Bereits im 14. Jh. wird ⟨öu⟩ von ⟨eu, åu⟩ verdrängt; im Nhd. wird ⟨äu⟩ geschrieben, wenn der etymologische Zusammenhang mit ⟨au⟩ erkennbar ist (z. B. *Baum − Bäume*), ansonsten steht ⟨eu⟩.

> Anm. 1: Die nhd. Schreibung ⟨ei⟩ für den geöffneten Diphthong /ai/ stammt vom Schreibgebrauch der kursächs. Kanzlei, die Schreibung ⟨au⟩ statt mhd. ⟨ou⟩ geht dagegen wohl auf die Habsburger Kanzlei zurück (vgl. Schweikle 1986, 101).

> In den Maa. tendieren die alten mhd. Diphthonge /ei/, /öu/, /ou/ z. T. schon in frühmhd. Zeit zur Monophthongierung, dies in Fortsetzung einer in der ahd. Monophthongierung als Phonemspaltung in /ei/ − /ê/ bzw. /ou/ − /ô/ erkennbaren Entwicklung. (Das Ndd. hat seinerzeit bereits alle germ. /ai/, /au/ zu /ê/, /ô/ monophthongiert). Mhd. /ei/ bleibt als Diphthong /ai, ei/ nur im Alem., Niederhess. u. Westthür., als /oi/ im Schwäb. und als /oa/ im Bair. erhalten, wird aber zu Langmonophthong /ê/ bes. im nördl. Md. (Mfrk., westl. Rheinfrk., Teilen des Omd.) u. im westl. Ofrk., zu Langmonophthong /â/ im östl. Rheinfrk., im südl. u. östl. Ofrk. Etwas anders verhält sich mhd. /ou/, /öu/, das als Diphthong /au/ im Niederhess. u. Westthür. sowie im Schwäb. (z. T. als /oi/) erscheint, als Monophthong /ô, ô/ im Rip., nördl. Moselfrk. und Omd., als Monophthong /â/ im Südmoselfrk., Teilen des Hess. u. Südfrk., in großen Teilen des Ofrk. u. vor allem im Bair. (Vgl. Moser, V. 1929, § 79; Schirmunski 1962, 233−236; Wiesinger 1970, §§ 131−155; Kranzmayer 1956, 58−71); DSA Karte 16 ‚heiß‘; Wrede 1894, 95 ‚heiß‘, 100 ‚zwei‘, 331 ‚Fleisch‘; Wrede 1895, 270 ‚Seife‘, 289 ‚Kleider‘.) Weiteres s. § 151ff.

> Lit.: Nhd. Diphthongwandel:
> Wrede 1894; Wrede 1895; Moser, V. 1929, § 79; Kranzmayer 1956; Schirmunski 1962, 233−236; Wiesinger 1970, §§ 131−155; Wolf, N. R. 1975; Mettke 1983, § 27; Wolf, N. R. 1985, 1307 u. 1311; Schweikle 1986, 100f.

4. Dehnung

§ 45   a) Dehnung in offener Tonsilbe

In offener Tonsilbe wird alte Kürze zumeist gedehnt. Diese von H. Paul (1884b, 101−134) aufgestellte Regel besagt, daß die mhd. kurzen Mono-

phthonge in ursprünglich offener, d. h. in nicht durch Konsonanten abgeschlossener (,gedeckter') Stammsilbe quantitativ verändert werden zu den entsprechenden langen Monophthongen (z. B. mhd. *si-gen* > nhd. *siegen̦*, aber mhd. *sin-gen* = nhd. *singen*). Ausnahmen von dieser Regel s. u. und § 46.
Die Dehnung beginnt im Ndfrk. schon in ahd. Zeit und erfaßt im 12. Jh. das westl. Md., im 13. Jh. das gesamte Md., im 14. Jh. das Obd. mit Ausnahme des Südalem. (Mitzka 1957a, 1609). Neuerdings wird Dehnung im Südbair. bereits für das 11. Jh. angenommen, Polygenese ist also nicht auszuschließen (Kranzmayer 1956, § 27 h. 1; Wiesinger 1970, I, 19; Penzl 1975, 114).

Anm. 1: Im Ndfrk. ist die Dehnung in offener Tonsilbe schon in der ahd. Periode erfolgt, am frühesten im Altwestndfrk., im Mndl. dann völlig durchgeführt (Schönfeld 1932, 33). Entsprechend kennt sie Heinrich v. Veldeke, scheidet aber Dehnung und alte Länge streng (Frings/Schieb 1945/46, 45). Im 13. Jh. reimen md., im 14. vereinzelt obd. Dichter etymolog. Kürze mit alter Länge.
Bewirkt hat diese Dehnung der germ. Akzent, der bei mhd. kurzen Vokalen in offener Silbe ,schwachgeschnitten' war, d. h. die Aussprache des Vokals setzt mit höchster Energie ein und wird bis zum Einsatz des folgenden Konsonanten so weit abgeschwächt, daß leicht eine kleine Pause für diesen nötig wird und der Eindruck der Länge entstehen kann. Im Gegensatz zu dieser noch im Innern des Alem. lebenden Aussprache werden die nhd. Kürzen im Norddt. mit ,scharfgeschnittenem Akzent' gesprochen: der Vokal wird in seiner stärksten Ausspracheenergie durch die Bildung des Konsonanten ,abgeschnitten' (Sievers 1901, § 843). Als Ursache der Dehnung wird auch Isomorphie angenommen, d. h. eine Gleichheit der Silbenstruktur ist zu erreichen, also Kurzsilben V/K zu dehnen zu VV/K (Vokallänge) oder VK/K (Konsonantengemination); vgl. Valentin 1969b, 341−347; Penzl 1975, 114f.

Beispiele: *tragen, jagen, klagen, sagen, wagen* (,Wagen', dagegen *wâgen* Verb ,wagen'), *laden, adel, waten, haben, graben, laben, aber, hase, nase, haven* ,Topf', *name, scham(e), vane, maln* (vom Müller, dagegen *mâlen* vom Maler), *ar, schar, gar; pflêgen, sëgen, lëder, trëten, bëten, klëben, lëben, strëben, wëben, rëbe, sëhen, geschëhen, lësen, wësen, nëmen, kël* ,Kehle', *bërn* ,tragen', *gebërn* ,gebären', *bër* ,Bär', *wërn* ,währen/gewähren', *legen, wegen,* ,bewegen', *edele, heben, wenen* ,gewöhnen', *weln* ,wählen', *her* ,Heer', *nern* ,nähren, erretten', *wern* ,wehren', *jener; ligen, wider, biber, rise, wise, bin(e), vil, gir; boge* ,Bogen', *vogel, gelogen, bodem, bote, loben, obene, hose, oven, wonen, kol; öl; jugent, jude, tugent; künec* ,König', *mül* ,Mühle', *tür, gebürn*.

Anm. 2: Einsilbige Formen auf /r/, /l/ hatten zweisilbige auf *-re, -le* neben sich: *ar* und älteres *are, bërn* und *bëren, vil* und *vile, kol* und *kole*. Ob sie diesen oder analoger Formübertragung die Dehnung verdanken, ist nicht ausgemacht.

Anm. 3: Da das Md. das unbetonte /e/ besser als das Obd. (namentlich auch nach /r/ und /l/) bewahrt, sind Formen wie *varen, quelen, geboren, verholen, here, vile, dëme, vadem; vride, schade; wëder, wider* ganz gewöhnlich. So blieb das Md. für die Dehnung in offener Tonsilbe bereit.

Im Nhd. ist die Dehnung nicht regelmäßig durchgeführt; vielmehr ist vor /t/ fast immer, häufig vor /m/ (stets wenn *-er, -el* folgt, vgl. § 99) öfters vor *-er* und gelegentlich auch sonst die Silbengrenze in den folgenden Kons. verlegt: mhd. *gate* > nhd. *Gatte, wir riten* > nhd. *ritten,* ebenso *zesamen* > *zusammen,*

komen > *kommen, hamer* > *Hammer, himel* > *Himmel, sumer* > *Sommer,*
wider > *Widder, doner* > *Donner, manec* > *manch* und *mannig* usw. In allen
Fällen aber wurde die mhd. kurze offene Tonsilbe beseitigt. Wörter auf *-er, -el*
können in der Sprechsprache synkopiert sein, so daß dadurch die Silbe geschlossen wurde und damit Dehnung unterblieb, z. B. *himl, hamr.* Die Doppelung von Konsonantenzeichen drückt im Nhd. vorausgehende Vokalkürze aus
(vgl. §§ 96–99). Dehnung unterbleibt auch vor /sch/ und /ch/ *(waschen, ma-*
chen), die ursprünglich Konsonantenverbindungen waren (ahd. /sk/ > /sch/, /hh/
> /ch/) und wie alle Konsonantenverbindungen (außer /r/ + Dental) Dehnung
verhindern.

§ 46 b) Dehnung in anderen Fällen

α) Dehnung einsilbiger Wörter mit geschlossener Silbe (Analogieausgleich)
Durch Übertragung aus den Flexionsformen, die offene Silbe aufwiesen, konn-
te auch die einsilbige Wortform mit geschlossener Silbe die Dehnung des
Stammvokals annehmen.

Beispiele: mhd. *sales* > nhd. *Saales,* danach nhd. *Saal* für mhd. *sal,* ebenso *Stab* für *stap*
nach *stabes, Weg* für *wëc* (aber noch Adv. *weg* aus *enwëc* = auf den Weg); so erhielten
Dehnung: *zam, gewar, tac, stëc, (ge)lit, kil* ‚Federkiel' (vgl. *kiel* ‚Schiff'), *hof, tor* ‚Tor,
Tür' (vgl. *tôr(e)* ‚Tor, Narr'), *sun* ‚Sohn', *vluc, zuc* usw. Vielfach schwankt die Umgangssprache im Gebrauch, entsprechend den mal. Verhältnissen, vgl. *Glas, Grab, Tag, Rad,*
wo die Hochlautung (nach Siebs 1969) Länge vorschreibt.

β) Dehnung einsilbiger Wörter mit geschlossener Silbe (Einfachkonsonanz)
Auch einsilbige Wörter, die im Mhd. wie im Nhd. auf einfachen Kons. ausgehen, können Dehnung erfahren, wenn diese nicht aus den Flexionsformen in
die Grundform übertragen worden sein kann. Allgemein ist die Dehnung in
nhd. Aussprache vor /r/ herrschend geworden: *ër* > *ēr, dër* > *dēr, wir* > *wīr*
usw.

Beispiele: *dar, wër, hër, dir, ir, mir, vor, enbor(e)* > *empor, für.* Ob die Dehnung in
dar, vor, ebenso in *dëm, wëm, im, wol* von solcher Art oder aus der ursprünglichen
Zweisilbigkeit (*dëme* usw.) zu erklären ist, bleibt unentschieden; *dën, wën, in* (ihn)
können an den Dativ angeglichen sein. – In den Maa. ist Dehnung einsilbiger Wörter
weit verbreitet, z. T. selbst vor Doppelkonsonanten.

γ) Dehnung in geschlossener Silbe vor /r/ + Dental
In der nhd. Schriftsprache sind vor /r/ + Dental /d, t, s, z/ oftmals /a/ und /e/,
seltener andere Vokale, gedehnt:

Beispiele: mhd. *vart* > nhd. *Fahrt,* ebenso *art, bart, ars, harz; ërde, wërden, swërt,*
ärze ‚Erz'; *begirde; geburt.* Mundartlich sind solche Dehnungen vor /r/ + Kons., auch
vor /l, n/ + Kons. und anderen Gruppen weit verbreitet und reichen häufig bis in die
mhd. Periode zurück. Sie finden sich schon im 12. Jh. in Urkunden aus Kärnten:
Längezeichen in *wêrt* ‚Insel', *Bêrnhardi* (vgl. Lessiak 1908a, 245).

δ) Dehnung im zweiten Glied von Komposita
Dehnung findet sich schließlich auch in dem zweiten Glied von Komposita,

dem noch eine Silbe folgt: *ertbîbe, vuoʒschâmel, lîch(e)nâm(e)* und zunächst in obliquen Kasus der Namen auf *-frid, -her, -win* (vgl. Wesle 1925,110; Behaghel 1928, § 245).

Lit.: Dehnung (oft zus. mit Kürzung):
Paul, H. 1884b; von Bahder 1890,85; Sievers 1901, § 843; Wesle 1925,110; Behaghel 1928, § 245; Moser, V. 1929, § 49; Schönfeld 1932 (Mndl.); Frings/Schieb 1945/46,45; Kranzmayer 1956, § 27, § 34; Schirmunski 1962, 181–191; Droescher 1965,127f.; Russ 1969, 82–88; Penzl 1969,84ff.; Valentin 1969b, 341–347; Gabriel 1969 (Ahd.); von Kienle 1969, 37–40; Siebs 1969; Wiesinger 1970, I, 19; Herrlitz 1970,27f.; Rein 1972, 129–146; Reis, M. 1974; Penzl 1975,113ff.; Russ 1976, 131–138; Michels/Stopp 1979, §§ 77–80; Simmler 1985, 1132f.; Wolf, N.R. 1985, 1310.

5. Kürzung   § 47

Die mhd. Langmonophthonge sowie die durch die nhd. Monophthongierung (§ 43) entstandenen hohen Langmonophthonge /i:/, /ü:/, /u:/ werden vor bestimmten Konsonanten oder Konsonantenverbindungen zu den entsprechenden Kurzmonophthongen (Paul, H. 1884b, 122–134). Die Kürzung, im ganzen weit weniger häufig und regelmäßig als die Dehnung, zeigt sich seit dem 12. Jh. im Md. in Reimen wie *brâht : gemaht, gedâht : naht;* sie tritt im Bair. nur teilweise, im Alem. meist nicht auf.

Kürzung:

1) Ziemlich allgemein vor /ht/: *brâhte, brâht* ‚gebracht‘, *dâhte, gedâht, andâht, âhte* (‚Ächtung‘, aber: *ahte* ‚Aufmerksamkeit‘), *æhten* ‚ächten‘, *tâht* ‚Docht‘, *dîhte* ‚dicht‘ (aber Diphthongierung in *bîhte* ‚Beichte‘, *lîhte* ‚leicht‘ usw.).

2) Vor /r/ + Kons.: *lêrche, hôrchen, hêrre* (daneben steht schon im Mhd. *hërre*) und *hêrsen* ‚herrschen‘, *hêrlîch, hêrschaft.*

3) Vor (ursprünglicher) Doppelkonsonanz, ferner vor den Folgesilben *-er* und *-en,* wenn die Silbengrenze in den Mittelkonsonanten verlegt wurde: *râche, lâʒen, genôʒ* ‚Genosse‘, *müeʒen; blâter, nâter, jâmer; wâfen-wâpen.*

4) In Zusammensetzungen wie *brâmber* ‚Brombeere‘, *nâchgebûre* ‚Nachbar‘, *Gêrbert, Gêrtrût, hôchvart* ‚Hoffart‘, *hôchzît.*

5) Teilweise schon mhd. in unbetonter Silbe von *-lîch* zu *-lich* in Adj.: *êrlich* usw.; ähnlich bei der Adverbialform *-lîche(n) : liche(n).* Ebenso wird *-rîch* in Eigennamen > *-rich (Dietrich).* (Zwierzina 1901, 81–95. Vgl. § 58, Anm. 1.)

6) Auch die aus /ie/, /uo/, /üe/ entstandenen langen Vokale können vor Konsonantenhäufung, vor *-m, -en, -t, -er, -el* und im Nebenton gekürzt werden. Vgl. *lieht, viehte, dierne, iergen* ‚irgend‘, *niergen, gienc, hienc, vienc, ieze* (‚itz‘ veraltet), *viertel, vierzëhen, vierzec; stuont* (altertümlich *stund* = stand), *muoter, vuoter, muoʒ* ‚muß‘, *gruonmât* ‚Grummet‘, *Uolrîch, Kuonrât* ‚Konrad‘; *nüehtern, müeter, rüeʒel* ‚Rüssel‘, *müeʒen.* – Neben *iemer* und *niemer* stehen schon im Mhd. *immer* und *nimmer* (Reimbelege s. Schirokauer 1923,88).

7) Auch der Diphthong /ei/ wird gelegentlich verkürzt: vor Konsonantenhäu-

fung *einlif* > *eilf* > nhd. *elf, zweinzec* ‚zwanzig', in unbetonter Silbe *vierteil* >
viertel, urteil > *urtel, ôheim* > *ôhem* ‚Ohm', *schultheize* > *schultezze* ‚Schulze'.
Zum Verhältnis der Oppositionen lang/kurz zu den Oppositionen geschlos-
sen/offen im Nhd. vgl. § 27.

Lit.: Kürzung (oft zus. mit Dehnung, s. § 46):
Zwierzina 1901, 81−95; Schirokauer 1923,88; Moser, V. 1929, § 50; Schirmunski
1962, 191−194; Penzl 1969,86; Michels/Stopp 1979, §§ 87−90.

§ 48   6. Rundung

Unter Rundung (o. Labialisierung) versteht man die Veränderung der Lippen-
stellung von ‚ungerundet, gespreizt' zu ‚gerundet' bei der Vokalartikulation.
Rundung wie auch Entrundung lassen sich z.T. mit dem Streben nach Artiku-
lationserleichterung erklären, vereinzelt handelt es sich im Nhd. auch um Angleichungen an lautverwandte Wörter oder um hyperkorrekte Formen. Nach
Ausweis der Schreibung gibt es die Rundungen /e/ > /ö/ und /i/ > /ü/ seit dem
Anfang des 13. Jhs. im Alem., seit dem 14. Jh. im Schwäb. u. Ofrk., selten im
Md. u. Bair. Anders verläuft die Ausbreitung der Rundung /â/ > /ô/: sie erscheint im 12. Jh. im Bair. und erfaßt dann das Niederalem., Ofrk. u. Md. noch
in mhd. Zeit. Rundungen treten in bestimmter konsonantischer Umgebung
ein, ohne daß sich daraus eine feste Regel ableiten läßt.

Man unterscheidet Rundungen
    1) von /e/ zu /ö/, die in der Nachbarschaft von /l/ und /sch/, von Labialen und
Affrikaten eintreten kann; vgl. mhd. *helle* > nhd. *Hölle*, vgl. ferner mhd.
lecken ‚löcken', *leffel, erleschen, leschen, scheffe* ‚Schöffe', *welben, gewelbe,
zwelf, schepfen, schrepfen, ergetzen;* durch Anlehnung an verwandte Wörter in
derren, (ge)wenen (vgl. Schröder, E. 1898,30). Mit Dehnung in offener Silbe:
(ge)wenen ‚gewöhnen', *lewe, meve* ‚Möve', *swer(e)n* ‚schwören', *vletze* ‚Flöz';
    2) von /â/ zu /ô/, die vor allem in der Nachbarschaft von Nasalen und Denta-
len, aber auch von Labialen und /h/ zu beobachten ist. Beispiele: *mâne* ‚Mond',
mânôt ‚Monat', *âne* ‚ohne', *âmaht* ‚Ohnmacht'; *quât* ‚Kot', *wâc* ‚Woge', *âtem*
‚Odem' (neben ‚Atem'), *brâdem* ‚Brodem'; *mâhe* ‚Mohn', *tâhe* ‚Ton';
    3) von /i/ zu /ü/, von /ie/ zu /ǖ/, so in *finf* (schon im 13. Jh. *fünf*), *riffeln*
‚durchkämmen', *rimpfen, wirde, wirdec, flistern;* in *geswier (geswër)* ‚Geschwür'.

Anm. 1: Bei /ǖ/ statt /ie/ in nhd. ‚lügen' (< mhd. *liegen*), ‚trügen' liegt wohl Anlehnung
an *lüge* vor, verbunden mit Ausweichen vor homonymem nhd. ‚liegen' (< mhd.
ligen).

Lit. Rundung:
Schröder, E. 1898,30; Moser, V. 1929, § 66, § 75; Schirmunski 1962, 207−211; Penzl
1969,87f.; Penzl 1975,120f.; Mettke 1983,72.

7. Entrundung   § 49

Den Übergang von gerundeten Monophthongen (/ü/, /iu/ [ü:], /ö/, /œ/) und Diphthongen (/öu/, /üe/) zu den auf gleicher Zungenhöhe benachbarten ungerundeten Vordervokalen (/i/, /î/, /e/, /ê/, /ei/, /ie/) nennt man Entrundung (o. Ent- o. Delabialisierung). Sie ist seit dem 12. Jh. im Bair. bezeugt und findet sich auf dem gesamten hd. Gebiet mit Ausnahme des Rip., Ofrk. u. Hochalem. Im 14./ 15. Jh. kommt es mal. zu starker Vermischung beider Zeichenreihen (z. B. *ibel* ,übel‘, *first* ,Fürst‘ u. umgekehrt *schüff* ,Schiff‘); wieweit die Reime /i/ : /ü/ ungenau oder mal. rein sind, ist oft schwer zu entscheiden. Da die omd. Drukke die Zeichenvermischung von Anfang an meiden und auch die obd. Drucke seit dem 16. Jh. die Zeichen wieder streng scheiden, dringen nur in wenigen Fällen Entrundungen in die nhd. Gemeinsprache (vgl. Moser, V. 1929, § 65).

1) Am häufigsten ist die Entrundung von /ü/ zu /i/ zu beobachten, so z. B. in *bülleʒ* ,Pilz‘, *bümeʒ* ,Bimsstein‘, *gümpel* ,Gimpel‘, *küssen* ,Kissen‘, *küte* ,Kitt‘, *sprützen, vündelinc* ,Findling‘ (auf mhd. *vund-* zurückgehend, aber an *finden* angeglichen; ähnlich in *vündelkint, vündelhûs, ûʒfündec*), *güpfel* ,Gipfel‘, *kürre* ,kirre‘.

2) Entrundung von /öu/ zu /ei/ liegt vor in *eröugen* (zu *ouge* ,Auge‘) ,ereignen‘, *slöufe* ,Schleife‘; *zöugen* (ebenfalls zu *ouge*) ist durch *zeigen* verdrängt.

3) Entrundung /iu/ [ü:] über /eu/ zu /ei/ begegnet in *kriusel* ,Kreisel‘ (mit Angleichung an ,Kreis‘), *spriuzen* ,spreizen‘, *stiuʒ* ,Steiß‘.

Lit. Entrundung:
Moser, V. 1929, § 65; Schirmunski 1962, 204–207; Penzl 1969,87; Mettke 1983,72f.

8. Vokalsenkung vor Nasal   § 50

Im Md. werden die hohen Kurzmonophthonge /ü/ und /u/ in Stellung vor Doppelnasal oder vor einfachem Nasal ohne Folgekonsonanz zu /ö/ und /o/ gesenkt (z. B. mhd. *sunne > Sonne, sumer > Sommer, kumen > kommen; münech > Mönch;* mit Dehnung *sun > Sohn, künec > König;* bei Part. Prät. der Reihe III vor *-nn-, -mm-: gewunnen > gewonnen, geswummen > geschwommen,* nicht aber bei *gebunden, gesungen*). Diese Senkung des Md. aus frühmhd. Zeit wird im 14. Jh. im Schwäbischen, seit dem 15. Jh. im Obersächs., gegen Ende des 16. Jhs. im Bair. übernommen und gilt für die nhd. Gemeinsprache.

In anderen Nasalverbindungen oder bei /r/ + Kons. kann sich die mal. Senkung nicht in der nhd. Gemeinsprache durchsetzen (z. B. mal. *gebonden, gonst, honger; worf, ordel* ,Urteil‘, *dorst*).

Ebenso dringt die parallele Senkung des hohen /i/ > /e/ des Md. nicht in die nhd. Gemeinsprache (z. B. md. *hemel, vrede, seben, spelen*); vgl. § 64.

Lit. Senkung vor Nasal:
Moser, V. 1929, § 74; Schirmunski 1962, 239–253; Penzl 1969,88; Penzl 1975,121; Michels/Stopp 1979, § 85.

II. Vokale in nichtstarktonigen Silben

§ 51   A. Allgemeines

Als eines der wesentlichen Unterscheidungsmerkmale zwischen dem Ahd. und dem Mhd. gilt die Nebensilbenabschwächung. Als Folge der Festlegung des germ. Wortakzentes auf die Stammsilbe kommt es bereits in spätahd. Zeit zu einem allmählichen und stufenweisen Verfall der Phonem- und Graphemoppositionen in Nebensilben (vgl. Braune/Eggers 1987, §§ 54−77a); im frühen Mhd. hat sich dann die Abschwächung zu dem Phonem /ə/, graphisch ⟨e⟩, durchgesetzt, wobei in bestimmten Fällen auch Schwund dieses Nebensilbenvokals eintreten kann (Synkope, Apokope § 52ff.). Ausnahmen von dieser Entwicklung bilden durch Nebenton geschützte Ableitungs- und Flexionssilben, die teilweise den vollen Vokal bewahren (§ 59), sowie vereinzelt Fälle, in denen die Vokalquantität wechselt (§ 58). Entgegen dieser Abschwächungstendenz kommt es gelegentlich in Nebensilben zur Entstehung neuer, etymologisch nicht begründeter sog. Sproßvokale (meist /e/; § 57).

Lit. Nebensilbenvokalismus:
Paul, H. 1877; Wilmanns 1897; Paul, H. (Hrsg.) 1900, I, 706ff.; Baesecke 1918, §§ 21−47; Lindgren 1953; Moulton 1961/62,29f.; Sonderegger 1961; Schirmunski 1962, 156−176; Reiffenstein 1969; Valentin 1969a; Herrlitz 1970,59f.; Moser, Hugo/ Stopp (Hrsg.) 1970, I, Bd. 1−3 (Frühnhd.); Sonderegger 1974, 152−155; Holliefield 1980; Mettke 1983, § 32; Schweikle 1986,96ff.; Braune/Eggers 1987, §§ 54−77a.

B. Synkope und Apokope

§ 52   1. Überblick

Beim Schwund des Nebensilbenvokals unterscheidet man zwischen Synkope, dem Ausfall eines unbetonten Vokals innerhalb eines Wortes, und Apokope, dem Verlust eines unbetonten Vokals im absoluten Wortauslaut; Elision ist eine Apokope bei Hiatus, d. h. der Nebensilbenvokal im Wortauslaut schwindet vor vokalischem Anlaut des folgenden Wortes. Apokope und Elision betreffen nur Endsilben, Synkope kommt in Vor-, Mittel- und Endsilben vor. Die Tendenz zum Vokalschwund in Nebensilben setzt sich über das Mhd. im Frühnhd. und Nhd. fort, wenn auch gelegentlich ein im Mhd. getilgter Nebensilbenvokal im Nhd. aus Systemzwang restituiert wird.

§ 53   2. Endsilbenschwund

a) Die Apokope des /e/ nach /m, n/ und kurzem Tonvokal bleibt landschaftssprachlich beschränkt: in *nam(e), han(e), swan(e)*, seltener bei *scham(e), ram(e)*, vereinzelt im Konj. *nëm(e), scham(e)* usw. (Zwierzina 1900,47). Allgemein ist die Apokope in *hin, dan, von* neben veraltendem *hine, dane, vone*;

aber *wan* ‚außer' steht wohl nicht für *wane,* sondern für den adv. Akk. zu *wan* ‚leer'. Schwachbetont haben ursprünglich zweisilbige Wörter ihr Endungs-*e* eingebüßt, während sie es bei voller Betonung bewahren. So sind *ane, abe, mite, obe* als Präpositionen zu *an, ab, mit, ob* geworden, haben hingegen als Adverbien und als erste Glieder eines nominalen Kompositums ihre volle Form bewahrt. Aus demselben Grunde sind *hërre* und *frouwe* vor Namen und Titeln zu *hër* und *frou (frô)* geworden (§ 23, Anm. 2) und finden sich Doppelformen der Pron. *ime – im, dëme – dëm, wëme – wëm* wie der Konjunktionen und Adv. *abe (= aber) – ab, ode (= oder) – od* (§ 121, Anm. 8), *alse* (neben *alsô)* – *als, same* ‚ebenso' – *sam, unde – und, un, wande* ‚denn, weil' – *wand, wan (wande ne – wanne, wan* ‚warum nicht') usw.

Die ‚frühneuhochdeutsche' Apokope beginnt im 13. Jh. im Bair.; bis zur vollen Durchführung vergehen noch 200 Jahre. Im 14. Jh. begegnet sie im Ofrk. und Schwäb., ein Vierteljh. später im übrigen Alem., um 1450 im Rheinfrk.; in Böhmen war sie 100 Jahre vorher aufgetreten. Aber dorthinein reicht auch das Omd., das sie nicht annimmt. – Beispiele: *Hirt, Hahn, Herz;* frühnhd. in den genannten Landschaften etwa auch *Bot, Nam, ich gib* ‚ich gebe', *ich grab.*

Die Reimdichtung bewahrt ältere Lautformen meistens länger als Prosa. Die Apokope reicht zeitlich und räumlich so weit wie die nhd. Diphthongierung; sie erscheint im Westen etwas früher, im Osten etwas später. Unterschiede zeigen sich, wenn Funktionen bedroht sind wie der Unterschied des Numerus (nhd. *Tag* – Pl. *Tage)* oder des Genus, aber nicht der des Kasus, den die Mundarten ja heute weithin aufgegeben haben. Im Pronomen und Adjektiv enthalten die Endungen meist Konsonanten, so daß das charakteristische Klangbild nicht verloren ging. Beim Adj. gibt es funktionell wichtige Endungen, die daher ohnedies vor der Apokope geschützt sind. Auch die Betonung wirkt mit: in dritter Silbe oder bei Schwachbetontheit im Satz tritt die Apokope früher ein (vgl. Lindgren 1953, 209).

Anm. 1: Ein Zusammenhang der nhd. Diphthongierung mit der Apokope, wie er z. B. von Moser, V. 1929, 154ff. angenommen wurde, besteht offensichtlich nicht. Das Kerngebiet der Apokope liegt in Bayern, das der nhd. Diphthongierung in Steiermark und Kärnten (vgl. Lindgren 1953, 31, 53ff.; Hugo Moser/Stopp (Hrsg.) 1970, I, 1, 216–266).

b) Nach einer Lautregel des Normalmhd. schwindet /e/ nach /l/ und /r/ mit vorausgehendem kurzem Tonvokal (Synkope u. Apokope). Es heißt demnach *kil* ‚Federkiel', Gen. *kils,* Pl. *kil,* Dat. *kiln* gegen *tac, tages, tage, tagen; ar* ‚Aar', *arn* gegen *name, namen; ich ner* ‚rette, nähre', *du nerst, ër nert, wir nern* gegen *ich hœre, du hœrest, ër hœret, wir hœren.* Doch bleibt das /e/ im Md. vielfach erhalten, zum Teil auch obd. Ferner schwindet /e/ gewöhnlich nach den Ableitungssilben *-el, -er* und auch *-en: ahsel, ahseln* gegen *vrouwe, vrouwen; lûter, lûters, lûtern* gegen *guote, guotes, guoten; dër gevangen, die gevangen* (statt **gevangenen)* gegen *dër guote, die guoten* usw.

Anm. 2: In den kritischen Ausgaben mhd. Texte wird das /e/ unterschiedlich behandelt, z. B. in *sal(e)s* ‚Saales‘, *dër ober(e)*, ‚obere‘, *dër beʒʒer(e)* ‚bessere‘.

c) Allgemein ist Synkope des /e/ der letzten Silbe zwischen /h/ und /t/, /h/ und /s/: *siht* ‚sieht‘, *sihst, seht; giht* ‚sagt‘, *sleht* ‚schlägt‘ usw.; häufig obd. zwischen /n, m/ und /t/: *mant, wont, mante, wonte, nimt, kumt, nëmt* (2. Pl.) usw.; ferner zwischen /m/ und /nt/ in Formen wie *nëmt* (3. Pl.), in *sament/samet* > *samt, sant* (Reimbelege Schirokauer 1923,93), *liument* > bair. *liunt, niement* > *niemt* u. dgl.

d) Im Präs. schwindet das /e/ der Endung *-et* nach Dental sowie allgemein nach langer Silbe: *er ræt, gilt, vint* (durch Systemzwang treten dann wieder die vollen Formen *rætet, giltet, vindet* neben sie), bes. alem. auch nach kurzer Silbe: *be-, erstat* für *-statet*, im Part. Prät. *bestat* (:*gesat* Er 9580), *bat, lat, schat* für *badet* usw. (über *schât* usw. § 285c).

e) Der unbest. Art. und die Pron. *mîn, dîn, sîn* können im Mhd. satzunbetont das /e/ der Endungssilbe einbüßen: *eins, eim, ein, einʒ, mîns, dîm, sîn, sînʒ* für *eines, einem, einen, eineʒ* usw.; ebenso *iur* für *iuwer, iurs* für *iuwers* (§ 216, Anm. 2). Ähnlich werden satzunbetonte Hilfsverben einsilbig: *wirt, wirst* für *wirdet, wirdest, hët* für *hëte, wær* für *wære, wârn* für *wâren, worn* für *worden*, u. a. – Im Nhd. ist das /e/ in diesen Fällen fest geworden (Systemzwang; Ausnahme: *wird, wirst*).

f) Wörter der Form $\acute{-}\acute{-}e$ haben häufig das Endungs-*e* nach der Mitte des 12. Jhs. eingebüßt: *boumgart(e), kirmës(se)*, Dat. Sg. *garzûn(e)*, Gen. *âbents*, Pl. *guldîn(e)*, Prät. *wundert(e)* usw. (vgl. Haupt zu Erec 7703).

g) In den kritischen Ausgaben der Dichtwerke ist /e/ vielfach wegen des Metrums ausgelassen (und umgekehrt auch gegen die Handschriften eingesetzt) worden (vgl. Paul, H. 1882,181ff.). Früher ist man, von Lachmannschen Regeln befangen, in dieser Hinsicht vielfach zu weit gegangen. Für jeden Dichter bedarf die Frage einer eingehenden Untersuchung. In den kritischen Ausgaben der Texte ist überschüssiges Auslaut-*e* oft vor der Hebung getilgt, vor der Senkung belassen worden (Lachmanns ‚Verschleifung‘).

Sicher darf man nicht aus metrischen Grundsätzen Wortverkürzungen im Verse vornehmen, die für die Sprache des Dichters nicht zu erweisen sind. Andererseits sind Kurzformen längst in der Sprache üblich, bevor sie in der Schreibung zum Ausdruck kommen; denn der Schreiber gibt nicht lautgetreu das Gehörte wieder, sondern folgt der Tradition (vgl. § 17ff.). Das Versmaß kann daher das Vorhandensein von Kurzformen erweisen, auch wenn sie in der Überlieferung nicht auftreten.

Allgemein anerkannt ist die Elision. Man versteht darunter Apokope eines unbetonten auslautenden /e/ vor vokalischem Anlaut: *stæt(e) unz, rôs(e) âne dorn*. Sie ist keine Erfindung des Versbaues, sondern beruht auf sprachlicher Grundlage, wenn sie auch von den Dichtern – übrigens in verschiedenem Maße – zur technischen Übung gemacht wurde. (Im Ahd. hatte Otfried durch untergesetzten Punkt die beim Vorlesen auszulassenden Vokale bezeichnet.) Daß daneben Hiatus (Zusammenstoß eines auslautenden /e/ mit anlautendem Vokal) auch im Verse zulässig war, ist bekannt.

Anm. 3: Besonders hervorzuheben ist, daß Synkope des /e/ in der gesprochenen Sprache weiter geht, als dies in der Schrift gewöhnlich zum Ausdruck kommt. Zu den erwähnten Fällen treten andere:
a) Synkope des Endungs-*e* kann auch vor vokalischem Anlaut des folgenden Wortes erscheinen: *er sprichet,* aber *spricht er* (wie *machete* zu *machte*); häufig beim /e/ zweisilbiger Präpositionen: *mítt(e)n in, hínd(e)r im, übr ál* usw., doch auch sonst: *ritt(e)r in, trûr(e)c und.*
b) Der Ausfall des /e/ zwischen gleichen oder verwandten Konsonanten greift viel weiter, besonders Liqu. und Nas. begünstigen ihn: Akk. Sg. *kein(en),* Inf. *minn(en), gewinn(en), verdien(en), alweinde* Pz 118, 18; /m/ + /n/: *komnt, nâm(e)n, rûm(e)n;* /r/ + /n/: wie *wâr(e)n* auch *fuor(e)n, hërr(e)n;* /r/ + /r/: *errschôჳ = er erschôჳ* Pz 120, 8; /l, r, n/ + /c, g/: *sæl(e)c, trûr(e)c, trûrgen, man(e)c, mangen;* die Gen.-Endung -*es* nach /s, z/ : *prîs(e)s bejac* Pz 434, 30, *witz(es),* sogar *diens* für *dienstes* (Paul, H. 1876, 73) usw. − Dies sind weithin Beispiele extremer Lachmannscher Wolfram-Metrik.

Lit. Endsilbenschwund:
Paul, H. 1876; Paul, H. 1882; Zwierzina 1900; Schirokauer 1923; Moser, V. 1929, 154ff.; Lindgren 1953; Schirmunski 1962, 159−164; Penzl 1969, 88f.; Moser, Hugo/Stopp (Hrsg.) 1970, I, Bd. 1, 122−207, 216−266; Braune/Eggers 1987, §§ 56−61.

3. Mittelsilbenschwund   § 54

a) Schwachbetontes /e/ schwindet zwischen gleichen oder verwandten Kons. in vorletzter Silbe (Synkope): *hër̃re* (< ahd. *hêriro*), *ër̃re* (< ahd. Komp. *êriro* zu *êr*), *tiurre* (durch Analogie *tiurer*), *bœste* (für *bœseste*), *sende* (für *sene[n]de*) ‚sehnend‘, das Prät. *bette* (für *betete;* schon Kchr), *warte* (für *wartete*), *nîte* (für *nîdete*), *rette* (für *redete*).

b) Unbetontes /e/ ist im Innern des Wortes zwischen hoch- und tieftoniger Silbe ausgefallen (Synkope). Das wirkt sich vor allem in der Formenbildung aus; vgl. *ambet* − Gen. *am(p)tes, market* − Gen. *marktes, dienest* − Gen. *dienstes* und danach später auch *amt* (im Reim s. Schirokauer 1923, 89), *markt, dienst;* ferner steht *wälsch* neben *wälhisch* (§ 41, Anm. 2, 1c), *tiutsch, tiusch* ‚deutsch‘ neben seltenem *tiutesch, mensche* neben *menneschlîch; emჳec* − Adv. *emeჳlîche* ‚beständig‘; im Sup. *schœnest* − *schœn(e)ste,* Komp. *minre* neben *minner(e),* Dat. *michelme* neben *michelem(e), ein(e)me* neben *eime, dîn(e)me* neben *dîme.* Der Dat. *morgene* ist zu *morne* neben *morgen* verkürzt, das Adv. *vërrene* zu *vërne* neben *vërren.* Der Einfluß der umgebenden Kons. macht sich dabei bemerkbar; es heißt *gemeinde, vreude* (ahd. *frewida*), aber *gewiჳჳede* ‚das Wissen‘, im Prät. *vreute* (ahd. *frewita*), *mante, wonte,* jünger *machte* neben *machete* (§ 264, Anm. 4). Obd. geht der Ausfall noch weiter: *liument,* aber die schwache Nbf. *liumde; lëbendec,* daneben bair. *lëmtec* usw.

c) In der Kompositionsfuge ist der Vokal regelrecht nach kurzer Stammsilbe erhalten: *bëtehûs, boteschaft, hoveman* (außer, entsprechend der Regel § 53b, nach /l, r/ mit vorausgehendem kurzem Tonvokal: *türwarte*), bei *ja*-Stämmen auch nach langer Silbe: *hellewîʒe*. Aber daneben entstehen auch *e*-lose Formen durch Neubildung oder Ausfall: *tagestërne – tacstërne* usw. Umgekehrt erscheint gelegentlich auch nach langer Silbe /e/: *misselîch* und *mislîch* ‚verschiedenartig', *brûtlouf* ‚Hochzeit', aber *briutegam* ‚Bräutigam', *nahtegal* ‚Nachtigall'; namentlich bei *ô*- und *n*-Stämmen: *riuwevar* ‚traurig aussehend' (zu *riuwe* ‚Kummer'), *herzevriunt;* auch bei Eigennamen: *Heinrîch* und *Heimerîch, Ruotgêr* und *Rüedegêr* usw. Tritt eine Kasusform auf /e/ als erstes Kompositionsglied auf, bleibt dieses /e/ meistens erhalten: *dœnediep.*

Anm. 1: Während das Md. die längeren Formen bewahrt, führt das Obd. die Kürzungen durch. Das Bair. geht voran; ihm folgt das Alem., wobei die Formen vielfach wechseln. Jedoch überwiegen auch obd. bis weit ins 13. Jh. die volleren Formen. Wie spätmhd. solche Doppelformen im Verse nach Bedarf verwendet werden, zeigt Schatz 1930,37 für OswvW.

Lit. Mittelsilbenschwund:
Gröger 1911; Schirokauer 1923; von Bahder 1929; Schatz 1930; Schirmunski 1962, 164ff.; Moser, Hugo/Stopp (Hrsg.) 1970, I, Bd. 1, 63–122, Bd. 2, 101–253; Braune/ Eggers 1987, §§ 62–69.

§ 55   4. Vorsilbenschwund

Das unbetonte /e/ der Vorsilben fällt mehrfach aus, so namentlich in der Vorsilbe *ge-* vor Vokal, aber auch vor /r, l, n, w/; vgl. *günnen* ‚gönnen', *gëʒʒen* (Part. zu *ëʒʒen); genden, gêren* neben *geenden, geêren; grade, grëch* ‚in gutem Stande' neben *gerade, gerëch; glîch, glimpf, glit, glouben, glücke* neben *gelîch, gelimpf, gelit, gelouben, gelücke; gnâde, gnanne* ‚Namensvetter', *gnôʒ* ‚Genosse', *gnuoge* ‚viele' neben *genâde, genanne, genôʒ, genuoge; gwan, gwis* neben *gewan, gewis.* Im Nhd. erscheinen hier die Formen mit /e/ außer in der Verbindung /gl-/ und in *gönnen.* – Bildungen mit *be-* haben (z. T. schon im Ahd.) den Vokal verloren in *erbarmen, erbünnen* ‚mißgönnen', *bange* (zu *ange*, Adv. von *enge*), *binnen;* seltener stehen *blîben, blangen* ‚verlangen' neben *belîben, belangen.* – *ver-* büßt seinen Vokal ebenfalls manchmal ein: *vreischen* für *ver-eischen, vrëʒʒen* für *ver-ëʒʒen.* Außerdem ist das /r/ in *vliesen, vlust* neben *verliesen, verlust* ausgefallen; im Nhd. ist *ver-* wiederhergestellt. *zamen* steht neben *zesamen(e).* Umgekehrt wird mhd. *ze* von nhd. *zu* abgelöst (vgl. § 26,6).

Anm. 1: Im Obd., besonders der späteren Zeit, kommt auch vor anderen Konsonanten Ausstoßung des /e/ in *ge-* und *be-* vor, so namentlich vor /s/ (*gselle, gsîn* usw.), auch mit Assimilation des /g/ oder /b/ an den folgenden Kons., so daß die Vorsilbe als ganz geschwunden erscheint; vgl. *gangen, krœnet, birge* ‚Gebirge', *bûre* ‚Bauer', *gunde* neben *g(e)gangen, gekrœnet, gbirge, gbûre, bgunde.* Über *b(e)gunde* vgl. Haupt zu Erec 23.

Anm. 2: In der Verwendung solcher Formen unterscheiden sich die Dichter und die Handschriften. KvW z.B. gebraucht *gnâde, gnuoc* (neben *genuoc*), aber nur *gelîch, geloube, gelücke;* s. Haupt zu KvW Engelh 209.

Lit. Vorsilbenschwund:
Schirmunski 1962, 166–170; Moser, Hugo/Stopp (Hrsg.) 1970, I, Bd. 1, 1–63, Bd. 2, 56–100; Braune/Eggers 1987, §§ 70–77a.

5. Synkope und Apokope im Nhd.   § 56

Erst im Nhd. treten Synkope und Apokope ein z.B. in *schrîbære* ‚Schreiber‘, *gelücke, wonunge, schœne, lëbende, abbet, ambet, arzet* (neben *arzât*), *houbet, jaget, maget, market, nacket, veiʒet* ‚feist‘ (= ‚fett‘ < ndd. *fêtid*), *voget, hemede, vremede, ackes* ‚Axt‘, *bâbes* ‚Papst‘, *kebese* ‚Kebsweib‘, *angest, dienest, ërnest, hengest, herbest, krëbeʒ, obeʒ, münech;* es heißt nhd. auch *Hirt* neben *Hirte, Tür* neben *Türe.* – Umgekehrt wird im Nhd. /e/ fest nach /l/ und /r/, wenn -*en* der Flexion folgt: mhd. *kiln, nern, heln* : nhd. ‚Kielen, nähren, hehlen‘, ebenso beim flektierten Part. Prät. *dër gevangen, die gevangen* ‚der Gefangene, die Gefangenen‘. Mhd. *kël(e)* entspricht nhd. ‚Kehle‘.

C. Sproßvokal   § 57

Bestimmte Konsonanten, bes. die Liquiden /l, r/ und Nasale /m, n/, bilden seit idg. Zeit silbische Allophone [l̥, r̥, m̥, n̥], aus denen sich Sproßvokale (Svarabhakti) von einzelsprachlich unterschiedlicher Phonemisierung entwickeln können (germ. /u/, evtl. gesenkt zu /o/: idg. **bhr̥tís* > germ. **burd* ‚Geburt‘; idg. **u̯lná* ‚Wolle‘ > germ. ahd. *wolla;* wgerm. auch /a/: got. *fugls, akrs* – ahd. *fogal* ‚Vogel‘, *ackar* ‚Acker‘; vgl. Braune/Eggers 1987, § 65). Im Ahd. entfalten sich Sproßvokale auch nach den Sonanten zwischen den Verbindungen mit /h/ oder /w/ (*rh, lh, rw, lw,* auch *sw*), im Obdt. auch zwischen /r/ und gutturalen u. labialen Konsonanten (vgl. ebd. § 69).

Im Mhd. treten Sproßvokale nur noch gelegentlich, meist mal., auf, überwiegend als /e/, seltener als /i/. Sproßvokal vor /w/ erscheint in *tewenge* ‚zwinge‘, *sewenne* ‚immer wenn‘, südalem. *zewussent, zewizschent* ‚zwischen‘ (vgl. Gleißner/Frings 1941,65; Klappenbach 1945, III, 236f.).

Spätbair. entsteht im 13. Jh. nach der im 12. Jh. erlöschenden ahd. eine neue Sproßvokalbildung: /e/ zwischen /r/ und /n, m/: *zoren* für *zorn* (wohl über *zorn̩*), *turen, arem, sturem.* Wenn -*nen* nach Konsonant steht, tritt scheinbar Schwund des stammhaften /n/ ein: *zürnen* > *zürn̩* > *züren,* Dat. Pl. *dirnen* > *dieren, begeg(e)nen* > *begegen.* Mbair. erscheint im 14. Jh. als Sproßvokal /i/: *galigen* ‚Galgen‘, *melichen* ‚melken‘, *feligen* ‚Felge‘, vgl. Kranzmayer 1956, § 5 g 3 Fn. 9, § 49f., § 50d; bair. *chirichen,* schweiz. *kilichherre* (Gleißner/Frings 1941,52).

Im Frühnhd. hat sich /r/ im Silbenauslaut, ebenso -*re* nach altem /î, û, iu/ (> nhd. /ei, au, eu/ vgl. § 42) zu -*er* entwickelt: *gîr* ‚Geier‘, *lîre* ‚Leier‘, *vîre, Spîre, Stîre; gebûr* ‚Bauer‘, *schûr* ‚Hagel‘, *sûr, ûr* ‚Auerochse‘, *mûre, trûre(n);*

viur ‚Feuer‘, *hiure* ‚heuer‘, *gehiure, schiure, stiure, tiure, âventiure* ‚Abenteuer‘; aber nicht in *ûr(e)* ‚Uhr‘ (aus lat. *hora* über mndd. *ûr;* doch heute oberhess. *auer*).

Lit. Sproßvokal:
Reutercrona 1920; Gleißner/Frings 1941; Klappenbach 1945, III, 236f.; Kranzmayer 1956, § 5, § 49, § 50; Schirmunski 1962, 401f.; Penzl 1969,89; Moser, Hugo/Stopp (Hrsg.) 1970, I, Bd. 1, 267–304; Mettke 1983, § 33; Braune/Eggers 1987, § 65, § 69 (Ahd.).

§ 58   D. Wechsel zwischen langem und kurzem Vokal

In einigen Fällen finden sich langer und kurzer Vokal nebeneinander, besonders /î/ und /i/. Die Ursachen sind verschieden. Jüngere Kürzung infolge der Unbetontheit liegt vor in den Zusammensetzungen mit *-lich,* das neben *-lîch* schon im 13. Jh. sehr verbreitet ist (vgl. § 47,5), desgl. in *-rich* neben *-rîch* in Eigennamen wie *Dietrich,* wahrscheinlich auch in *uf* (md.) neben *ûf.* Jüngere Dehnung tritt auf in *nû* neben *nu, în* ‚hinein‘ neben *in* und in Bildungen wie *künegîn* neben *küneginne* (seltener *künegin*). Verschiedenheit der Bildungsweise findet sich in *rîter* neben *riter.* Durch Ausgleich tritt *drîn* ‚dreien‘ neben urspr. *drin. schôʒ* ‚Geschoß‘, *slôʒ* ‚Schloß‘ haben *schoʒ, sloʒ* neben sich, *itewîʒ* ‚Verweis‘ auch *itewiʒ* usw.

Anm. 1: Über *-lîch* und *-lich* im Reim bei H s. Zwierzina 1896a, 192, bei Wo Zwierzina 1898, 468, im NL Matthaei 1902, 30, bei Rud. v. Ems Junk 1902, 468, weitere Dichter Zwierzina 1901, 81. H reimt *-lich* mit Vorliebe kurz, im Iw wird langes *-lîch* fast ganz zurückgedrängt; Wo's Form ist *-lîch,* nur vereinzelt daneben *-lich*; G kennt nur *-lîch. -lich* ist vornehmlich alem. und rheinfrk., *-lîch* bair. und ofrk. (bair. Hss. schreiben seit dem 13. Jh. *-leich*). Übersicht über die Dichter Zwierzina 1901, 89. Kurzes *gelich* bei Stricker, Moritz v. Craûn, Die gute Frau u. a. (nicht H) ebd., 81. Über das Adv. *-lîche(n)* neben *-liche(n)* s. v. Kraus 1898, 161; Zwierzina 1901, 89 u. 92; Junk 1902, 469. Vgl. Wortregister unter *-lîch* usw. Der Gebrauch von *-rîch* und *-rich* in Namen deckt sich meist mit *-lîch, -lich* (vgl. Zwierzina 1901, 81).
Über die Verbreitung von *in* und *în* s. Zwierzina 1901, 71, über das Fem.-Suffix *-in, -în, -inne* ebd. 77, über *drîn* neben *drin* ebd. 76. – Wie Suffix *-in* zu *-în,* wurde *-win(e)* ‚Freund‘ *-wîn: Ortwîn, Liutwîn* (bair. *Leutwein;* Schramm 1957, 33; volksetym. ‚Wein‘).
Über die Entstehung von *in/în, uf/ûf* usw. (über die Verbreitung s. Zwierzina 1901, 67) sind die Ansichten geteilt (alter Ablaut?). Vgl. dazu Loewe 1927, 271, und die Einwendungen von Sievers 1927, 304.
Über *schôʒ, slôʒ* vgl. Zwierzina 1903, 427; Schirokauer 1923, 55; zu *itewîʒ* s. Bartsch, K. 1862, 20; Junk 1902, 466.
Neben *lîch(e)nam(e)* begegnet *lîchâm lîchnâm* ‚Leib, Leichnam‘, *gehôrsâme* (Subst.), *gehôrsâmen* (Verb). *briutegâm(e)* bei fränk. Dichtern (Zwierzina 1901, 97).

Anm. 2: Über *Gunthêr, Giselhêr* (nicht im NL) neben *Gunther, Giselher* vgl. Braune 1900, 96; Zwierzina 1900, 96. Gegen Ansatz von *Sîvrîde, Gunthêre* (bei Lachmann, Bartsch, Braune aus metrischen Gründen) Zwierzina 1900, 97. Vgl. Loewe 1927, 279. *-gêr : -ger* s. Sonderegger 1961, 257. Vgl. § 72.

Anm. 3: Über *hërre, mërre* neben *hêrre, mêrre* vgl. § 72 Anm. 2. Über *gâr* neben *gar* vgl. § 207. Über Kurz- und Langformen der Personalpron. *(du : dû)* vgl. § 213 Anm. 1.

Lit. Quantitätswechsel:
Bartsch, K. 1862; Zwierzina 1896a; ders. 1898; von Kraus 1898; Braune 1900; Zwierzina 1900; ders. 1901; Junk 1902; Zwierzina 1903; Matthaei 1902; Schirokauer 1923; Loewe 1927; Sievers 1927; Schramm 1957; Sonderegger 1961; Moser, Hugo/Stopp (Hrsg.) 1970, I, Bd. 3, 152–193.

E. Wechsel zwischen vollem Vokal und schwachem /e/   § 59

1. Die im Ahd. vorhandenen vollen Vokale der Ableitungs- und Flexionssilben bleiben erhalten, wo sie durch den Nebenton geschützt waren, so z. B. durchgängig in den Ableitungen auf *-inc, -unge, -nisse* (daneben *-unc, -nusse, -nüsse*), *-uot (armuot, heimuot),* obd. *-ôt (arnôt* ‚Ernte‘, *weinôt* ‚das Weinen‘, *einœte),* *-inne,* in den Diminutiven auf *-în,* gewöhnlich *-lîn* (alem. *-î, -lî).* Durch den Verlust des Nebentons ist aber vielfach ein Vokalwechsel entstanden, so daß dieselbe Ableitungs- oder Flexionssilbe bald mit vollem Vokal, bald mit unbetontem /e/ erscheint, vgl. obd. N. Sg. Fem. und N. A. Pl. Neutr. *blindiu* (bair. später *blindeu),* aber md. *blinde* (gemäß ahd. frk.: *blintu).* Über solchen durch Satzbetonung veranlaßten Wechsel s. § 23.

2. Das Part. Präs. geht auf *-ende* aus, aber einige substantivierte Partizipien haben *-ant: heilant, wîgant* ‚Kämpfer‘, *vâlant* ‚Teufel‘, *vîant* (neben *vîent, vînt,* vgl. Schirokauer 1923, 83). Nebeneinander stehen *liumunt* − *liument* ‚Leumund‘, zuweilen noch *tûsunt, âbunt* (auch *tûsant, âbant*) neben *tûsent, âbent* (ebd. 85 u. 83). *arzât* steht neben *arzet* ‚Arzt‘ (ebd. 81), *trëhtîn* neben *trëhten* ‚Herr‘ (§ 68, Anm. 1). Neben *mânôt* ‚Monat‘ kommt zuweilen *mânet* vor (Schirokauer 1923, 82). Neben vorwiegend obd. *-ære* (ahd. *-âri*) steht hauptsächlich md. *-er* (ahd. *-eri* < *-ari);* aber auch *-ære* wird im Laufe der Zeit zu *-er* geschwächt: *vischære* > *vischer.*

3. Sehr üblich ist *i*-Schreibung für unbetontes /e/, daher auch Reime wie *lônis : Simeônis, trôstis : is* (= *ist*), *schônist* ‚schönst‘: *krôn ist* (= *krône ist*). Ebenso steht dieses /i/ md., auch z. T. obd., in den unbetonten Partikeln *(int-, ir-, vir-).* Für *ver-* findet sich auch *vor-* und *vur-,* für *ent-* auch *unt-* und *ont-.* Für *im, in, ir* kommen neben *em(e), en(e), er(e)* auch *om(e), um(e)* usw. vor, die vermutlich *öm, üm* zu lesen sind; vgl. § 214 Anm. 5. − Nebeneinander stehen in Adjektiven *-ic* und *-ec: sælic* − *sælec, heilic* − *heilec.* Ersteres geht auf ahd. *-îg* zurück. Mit den Adjektiven auf *-ic* hat sich aber im Mhd. eine andere Klasse vermischt, die im Ahd. *-ag* hat, so daß beide nicht mehr auseinanderzuhalten sind (ahd. *sâlîg,* aber *heilag*). Ebenso stehen nebeneinander *künic* − *künec* (ahd. *kuning*). − Neben *-isch* kommt *-esch* vor *(irdisch* − *irdesch);* das /e/ wird sogar mitunter ausgestoßen (§ 54b). − Md. ist *-en* neben *-în* in den Stoffbezeichnungen *irdîn, steinîn* usw. Im Superlativ steht noch zuweilen *-ist, -ôst* neben *-est: minnist, obrist, vorderôst, oberôst* (vgl. Schirokauer 1923, 85). Die

Adjektivendung *-oht* steht neben *-eht* : *hoveroht* − *hovereht,* ‚höckerig‘, *ræse-loht* − *ræseleht* ‚rosig‘.

4. Bei den schwachen Verben, die im Ahd. auf *-ôn* ausgehen, erscheint /ô/ (/o/) neben dem gewöhnlichen /e/, besonders in Verben mit dreisilbigem Inf. in der 3. Sg. Ind. Präs. *(verzwîvelôt* : *tôt)* und noch öfter in dem gleichlautenden Part. Prät., zuweilen auch im Prät. *(wandelôte* neben *wandelte).* Auf ahd. *-ônti* geht das (bes. bair.) Part. Präs. auf *-unde* zurück: *weinunde,* das frühzeitig auf andere Klassen übertragen wird (vgl. Schirokauer 1923, 85).

Im Alem.-Schwäb. können die vollen Vokale der Ableitungs- und Flexions-silben, soweit sie im Ahd. lang waren, erhalten bleiben. Bair. /ô/ begegnet in altertümlicher Verwendung z.B. im NL *(ermorderôt, vorderôst);* § 257, Anm. 1; § 264, Anm. 2.

Volle Endsilbenvokale finden sich vor allem in folgenden Fällen: 1) /ă̆/ in den Ortsadverbien *dannân, hinnân* usw., im Nom. Akk. Pl. der *ô*-Stämme *(gëba,* Pl. zu *gëbe).* − 2) /o/ im Gen. und Dat. Pl. der *ô*-Stämme und der schwachen Deklination (*-on* = ahd. *-ôn,* im Gen. früher *-ôno);* in den Endungen der zweiten schwachen Konjugation (auf *-ôn),* nicht bloß in den § 264, Anm. 2 erwähnten Formen; in der 2. Sg. und im Pl. Ind. Prät. der schwachen Verben (*-tost, -ton, -tont).* − 3) Neben /o/ außer im Auslaut erscheint auch /a/ und /u/, letzteres besonders in schwäb. Denkmälern. − 4) /u/ im G. D. A. Sg. und N. A. Pl. der schwachen Feminina; daneben erscheint auch /o/. − 5) /i/ in den Eigen-schaftsbezeichnungen, die im Ahd. auf /î/ ausgehen (§ 183, Anm. 3); im Opt. Prät. der schwachen Verben (z.B. *santi),* teilweise auch der starken durch Formübertragung. Daneben aber findet sich fast immer die Abschwächung zu /e/, nur das bisherige /i/ ist obd. in der Regel beständig.

Im südlichsten Alem. sind in der Ma. solche Formen noch heute lebendig, z.B. in Vispertärminen: Sg. *zunga, -u(n)*; Pl. *taga, -o, -u(n).* (Vgl. Wipf 1910; Mitzka 1957a, 1625.)

5. In einigen Fällen ist die Wurzelsilbe des zweiten Teiles eines Komposi-tums, das als solches nicht mehr empfunden wurde (§ 23), wie eine Ableitungs-silbe behandelt; daher *iemer, niemer = (n)ie mêr; iemen, niemen* (im Reim z.B.: *riemen* Iw 319) neben *ieman, nieman* ‚jemand, niemand‘ (vgl. Schirokauer 1923, 86); *alse, als* neben *alsô,* zunächst ohne Bedeutungsunterschied; *diu* (alter Instr.), aber *deste* ‚desto‘ aus *dës diu; zweinzec, drîzec* neben *zweinzic, drîzic* (*-zic* ‚Dekade‘). Mhd. schon völlig verdunkelt ist die Zusammensetzung in *meʒʒer* (Ro 2510 noch *meʒʒes,* ahd. *meʒʒirahs* aus *meʒʒi-sahs* ‚Speise-Mes-ser‘) und *wërelt, wërlt,* ahd. *wëralt/wërolt* aus *wër* ‚Mann‘ nd *alt* ‚Zeitalter‘. Spätmhd. kommen hinzu *viertel, urtel* für *vierteil, urteil, junker* und *jumfer* (zuerst ndrh. bezeugt) für *juncherre* und *juncfrouwe, kirwe* für *kirchwîhe, mitwoche > mitiche* (Gleißner/Frings 1941,52), *schuochsûter > schuoster* u.a.; in Suffixen *ôhem* für *ôheim, kleinet* für *kleinôt, uomet = âmât* ‚Nachmahd‘ DWA I).

Anm. 1: Im Alem. sind auch hier häufig die vollen Endsilbenvokale bewahrt; vgl. auch oben Nr. 4.

Anm. 2: Im Bair. erscheint auch -ein für -în, z.B. wirtein (vgl. § 58, Anm. 1).

6. Ebenso haben einige Partikeln in der Zusammensetzung verschiedene Gestalt erhalten, je nachdem, ob sie betont oder unbetont waren (vgl. §§ 21−23). So stehen *antheiȝ* ‚Versprechen‘, *antlâȝ* ‚Loslassung, Sündenvergebung‘, *ampfanc* ‚Empfang‘ neben *entheiȝen, entlâȝen, empfâhen; imbîȝ* neben *embîȝen* ‚genießen, frühstücken‘; *bivilde* ‚Begräbnis‘ neben *bevëlhen* ‚begraben‘, *bischaft* ‚Geschichte‘ neben *beschaffen*, nebeneinander *bígraft* und *begráft* ‚Begräbnis‘, *bídèrbe − bedérbe* ‚tüchtig‘ (vgl. Benecke zu Iw 3752); *úrbor* ‚Ertrag‘, *urlôse* ‚Erlösung‘, *urstende* ‚Auferstehung‘, *urteil* neben *erbërn, erlœsen, erstân, erteilen* ‚urteilen‘; *virwiz, -witze* ‚Neugier, neugierig‘ neben *verwitzet sîn* ‚ein Narr sein‘, *fürsaz* ‚Einsatz, Pfand‘ neben *versetzen, fürziht* neben *verzihten*, usw.

Über *be-, ge-, ver-* als Präfixe von Substantiven s. § 22, Anm. 5.

Lit. Wechsel Vollvokal − /ə/:
Wipf 1910; Schirokauer 1923; Gleißner/Frings 1941; DWA I; Mitzka 1957a.

III. Die einzelnen Vokale in starktonigen Silben

A. Kurzvokale

mhd. /a/   § 60

Mhd: Mhd. /a/ entspricht im wesentlichen ahd. /a/ (< germ. /a/ < idg. /a, o, ə/). Bei ursprünglichem /i, j, î/ in der Folgesilbe wurde es bereits im Ahd. zu /ę/ (Primärumlaut; vgl. § 62, § 41) und gegen Ende der ahd. Periode zu /ä/ (Sekundärumlaut; vgl. § 63, § 41, Anm. 2) umgelautet.

Maa: Seit dem 12. Jh. finden sich Kontraktionen der Lautgruppen -abe- (haben > hân) alem. -ade- zu /â/ (er schadet > er schât), bair. -age- zu /ei/ (gesaget > geseit); vgl. § 108, § 110, § 285. − Mbair. u. südbair. nähert sich -ar- dem offenen /o/ und reimt mit -or- (art : wort). Ebenso reimt im Bair. oft /a/ : /â/; vgl. § 159,18. − Im Alem. stehen kam, kâmen gegen bair. kom, kômen in den Präteritumformen; vgl. § 160,4. − Selten ist im Alem. /a/ für /ë/ (hër = har); vgl. § 160, Anm. 1. − Im Mfrk. wird /a/ vor /l/ zu /o/ (halten > holden, manicfalt > manigfolt), z.T. hant > hont; vgl. § 165,5. − Vor /ch/ wird /a/ mfrk. gedehnt (geschaich, raich) mit ⟨i⟩ als Längezeichen; vgl. § 165,6. − Im Omd. steht oft satzunbetont /a/ für /o/ (ader ‚oder‘, dach ‚doch‘); vgl. § 166,5. − Neben von, wol, sol werden die alten Formen van(e), wal(e), sal im Md., namentlich Mfrk., und Ofrk. oft verwendet. Auch wanen für wonen ‚wohnen‘ findet sich; van reicht noch in das Niederalem. hinein.

Anm. 1: Über *van* bei G und späteren Alemannen und Österreichern s. Zwierzina 1900, 4, Anm. 1; zu *sal* vgl. § 273.

Anm. 2: Mhd. *gar* kann als Adverb gedehntes /â/ (ahd. *garo*) haben, nicht das Adj. (ahd. Gen. *garwes* usw.).

Anm. 3: *verwarren* (z.B. Wa 34,18) ist nicht = *verworren* zu setzen, sondern, wie der Konj. Prät. *verwüere*, Neubildung nach der VI. Klasse; vgl. Zwierzina 1900, 313.

Nhd: Kurzes /a/ blieb im Nhd. gewöhnlich erhalten in geschlossener Stammsilbe *(man, lant, nacket)*, in offener Stammsilbe nur in bestimmten Fällen (§ 46), so häufig vor /t/ *(gate)* und /m/ *(zesamen)*, bes. wenn *-er, -el* folgen *(gater, hamer, hamel)*. Ansonsten wird /a/ in offener Tonsilbe im Nhd. gedehnt *(sagen, vane* ,Fahne‘, *malen* ,mahlen‘, § 45), ebenso in einsilbigen Wortformen in Analogie zu Flexionsformen mit offener Silbe *(sal − sales, stap − stabes*; § 46α); auch vor Konsonantengruppen /r/ + Dental tritt im Nhd. Dehnung ein *(bart, harz;* § 46γ). Durch Analogieausgleich wird in den Ablautreihen IV und V kurzes /a/ des Sg. Prät. im Nhd. gedehnt *(nam − nâmen, gap − gâben)*. Ebenfalls Analogieausgleich tilgt den ,Rückumlaut‘ *(hengen − hancte)* bis auf wenige Ausnahmen (nhd. *nannte, kannte* u. a.; vgl. § 262a). Unumgelautetes /a/ vor den Suffixen *-nisse* und *-ære (gevancnisse, erkantnisse, wahtære, gartenære)* wird im Nhd. umgelautet (§ 41, Anm. 11); in wenigen Fällen bleibt mhd. umlautlose Form im Nhd. bestehen (ahd. *einfalti*, mhd. *einfalte* ,Einfalt‘; § 41, Anm. 1).

§ 61   Lautgruppe mhd. /e/, /ä/, /ë/

Es gibt im Mhd. sechs *e*-Laute, die man nach den Kriterien ,starktonig − schwachtonig‘, ,kurz − lang‘ und ,offen − geschlossen‘ (hier auch mit Zwischenstufen ,halboffen, überoffen‘) unterscheidet:

I. In Starktonsilben gibt es die Kürzen:
  a) /ę/ geschlossen (Primärumlaut von germ. frühahd. /a/); s. § 62.
  b) /ä/, überoffen (Sekundärumlaut von germ. ahd. /a/); s. § 63.
  c) /ë/, offen (aus germ. /e/ oder /i/); s. § 64.
II. In Starktonsilben gibt es die Längen:
  a) /ê/, geschlossen (ahd. /ê/, germ. /ai/); s. § 72.
  b) /æ/, offen (Umlaut von ahd. /â/); s. § 71.
III. In Schwachtonsilben gibt es die Kürze:
  /e/, offen, Zeichen für den Schwa-Laut [ə]; s. § 59.

Zur Schreibung in den Hss. s. § 19. − Zur Lautung der verschiedenen *e*-Laute s. § 64. − Zum Gebrauch in den Maa. s. § 157ff.

§ 62   Primärumlaut /e/

Mhd: Im Ahd. kommt seit dem 8. Jh. das aus kurzem /a/ umgelautete kurze geschlossene /e/ vor (in den Handbüchern meist ⟨ę⟩ geschrieben); vgl. § 41. Die den Umlaut bewirkenden Laute /i, î, j/ der Folgesilben, die im Ahd. überwiegend noch vorhanden sind (außer bei den urspr. *jan*-Verben), sind im Mhd. infolge der Nebensilbenabschwächung meist nur noch als *e*-Laut vorzufinden. Im 9. Jh. ist der Umlaut im wesentlichen durchgedrungen, sieht man von wenigen Ausnahmen ab: bei Stellung des *i*-Lautes in der übernächsten Folgesilbe oder bei bestimmten intervokalischen Konsonantenverbindungen (/ht/, /hs/, /rw/, /l/ + Kons., /r/ + Kons.) erfolgt die Umlautung wohl erst in einer späteren Phase und erscheint in der Schreibung seit dem 12. Jh. Dieser sog. Sekundärumlaut unterscheidet sich vom Primärumlaut durch seine offene Artikulation und wird in den Handbüchern als ⟨ä⟩ geschrieben (vgl. § 63, § 41, Anm. 2).

Der Primärumlaut führt zu Numerus- und/oder Kasusdifferenzierungen bei der *i*-Dekl. *gast − geste* (ahd. *gesti*), *kraft − krefte* (ahd. *krefti* = Gen. Dat. Sg., Nom. Gen. Pl.) und bei den ehemaligen *iz/az*-Stämmen *lamp − lember* (ahd. *lembir*), *blat − bleter* (ahd. *bletir*). Beim starken Verb der VI. Ablautreihe werden die 2. 3. Sg. Ind. Prät. umgelautet: *ich trage − du tregest, er treget* (ahd. *tragu − tregist, tregit*). Beim Adj. erfolgt Umlautung im Komp. und Sup.: *lanc − lenger, lengeste* (ahd. *lang − lengiro, lengisto*); im Bereich der Wortbildung u. a. bei ahd. *î*-Abstrakta *lenge* (ahd. *lengî*); bei Adj. des *ja*-Stammes *senfte, enge, veste;* bei urspr. *jan*-Verben wie *brennen* (got. *brannjan*), *setzen* (got. *satjan*); bei Suffixen mit /i, î/ wie *-în* (*bast − bestîn* ‚aus Bast‘), *-ic (kraft − kreftic), -isch* (*man − mennisch* ‚männlich, menschlich‘, *mensch* ‚Mensch‘), *-inne (gast − gestinne)* usw. (vgl. § 41, Anm. 1; Braune/Eggers 1987, § 58).

Kontraktion von *-ege- >* /ei/ findet sich neben unkontrahierten Formen *(leget − leit, treget − treit, egedehse − eidehse);* vgl. § 107, § 285.

Maa: S. § 64.

Nhd: Kurzes /e/ bleibt erhalten in geschlossener Tonsilbe wie in *geselle, geste* ‚Gäste‘, *ermel, herbst, erne* ‚Ernte‘, *helm* ‚Stiel‘ (in Namen *-halm*), *welch, denne* ‚dann, denn‘, in offener Silbe nur vor /t/, /m/, *-el, -er* wie in *keten* ‚Kette‘, *bleter* ‚Blätter‘, *veter* ‚Vetter‘, *vetel* ‚Vettel‘; vgl. § 45.

Dehnung erfolgt in offener Tonsilbe (*vlegel, legen, engegen;* § 45) und als Analogieausgleich zu den Flexionsformen mit offener Silbe (*her* ‚Heer‘, *mer* ‚Meer‘); vgl. § 46α. Bei einigen Wörtern mit Primärumlaut tritt zunächst mal. (alem.) Rundung zu /ö/ ein (*frömd, zwölf;* vgl. § 48; Boesch 1946,77; Besch 1967,99f.), die sich in vielen Fällen im Nhd. durchsetzt (mhd. *schepfen, leschen, helle, leffel*), gegebenenfalls mit Dehnung (*wenen* ‚gewöhnen‘, *swern* ‚schwören‘, *lewe* ‚Löwe‘): Zum Verhältnis /e/ : /ë/ : /i/ § 61.

Sekundärumlaut /ä/   § 63

Mhd: Der jüngere Umlaut von /a/, der sog. Sekundärumlaut, ist zwar schon für das Ahd. zu erschließen, entwickelt sich aber erst im Mhd. seit dem 12. Jh. voll (§ 41, Anm. 2). Er hat im Unterschied zum älteren Primärumlaut /ẹ/ ganz offene Aussprache und wird im genormten Mhd. mit dem Zeichen ⟨ä⟩ verse-

hen. In den mhd. Hss. wird er häufig vom Primärumlaut /ẹ/ nicht unterschieden
(vgl. § 19).

Der Sekundärumlaut /ä/ erscheint bei Stellungen und Konsonantenkombina-
tionen, die die Primärumlautung verhinderten, so vor /ht/ *(mähtic, nähte),* vor
/hs/ *(wähset),* vor /rw/ *(värwen),* vor /rh/ *(märhe* ‚Stute‘), vor /lh/ *(wälhisch),* bes.
obd. vor einfachem /h/ und /ch/ *(äher* ‚Ähre‘, *hächel* ‚Hechel‘), oder bei Formen, in denen der ursprüngliche *i*-Laut in der zweitfolgenden Silbe stand (ahd.
Nom. Akk. Pl. *magadi* – mhd. *mägede* ‚Mägde‘; ahd. *aruzzi* – mhd. *ärze*
‚Erz‘). Weiterhin findet Sekundärumlautung vor den Ableitungssilben *-lîn* und
-lîch statt *(väterlîn, väterlîch),* seltener bei folgendem /iu/ *(älliu* ‚alle‘) oder /ei/
(ärweiz ‚Erbe‘, *ärbeit;* vgl. Schröder, E. 1898,49).

Maa: Bair. /ä/ > /a/ § 158,9. – Md. u. alem. Reime mit /ë/ s. § 64, bes. Anm. 4.

Nhd: Der Sekundärumlaut /ä/ bleibt in geschlossener Silbe nhd. als Kürze
erhalten *(mähtic* ‚mächtig‘, *geslähte* ‚Geschlecht‘, *gärwen* ‚gerben‘). Dehnung
tritt ein in offener Tonsilbe *(gewähenen* ‚erwähnen‘ *frävele* ‚Frevel‘), ferner vor
/r/ + Dental *(ärze* ‚Erz‘, *pfärt* ‚Pferd‘); vgl. § 45, § 46γ.

Der geschlossene Primärumlaut /ẹ/ und der offene Sekundärumlaut /ä/ werden im Nhd., soweit sie kurz bleiben, offen gesprochen.

Die nhd. Rechtschreibung ist bestrebt, bei der Verteilung der Zeichen ⟨e⟩
und ⟨ä⟩ etymologische Zusammenhänge aufzuzeigen (mhd. *gast* – *geste,* nhd.
Gast – Gäste, mhd. *alt* – *elter,* nhd. alt – älter). Wo die Herkunft der Umlaute aus /a/ nicht mehr erkannt wird, steht ⟨e⟩ (Eltern < *alt, elter;* fest < *fast;*
behende < *hant;* brennen < got. *brannjan).*

<table>
<tr><td>§ 64</td><td style="text-align:center">mhd. /ë/</td></tr>
</table>

Mhd: Der kurze offene *e*-Laut, in den Handbüchern überwiegend durch Trema
⟨ë⟩ von dem geschlossenen Primärumlaut /e/ (geschr. ⟨e⟩ oder ⟨ẹ⟩) unterschieden, geht auf germ. /e/ und /i/ zurück (< idg. /e/, /i/). Da germ. /e/ bei
nachfolgenden /i, j, u/ oder Nasalverbindungen zu /i/ wird (Wandel § 32, § 65),
also nur vor /a, e, o/ der Folgesilbe als /ë/ fortbesteht, und da germ. /i/ vielfach
unter dem Einfluß von /a, e, o/ der Folgesilbe (außer bei zwischenstehenden
Nasalverbindungen) zu /ë/ wird (Brechung o. *a*-Umlaut § 33), findet sich im
Ahd. nach /ë/ in der Regel /a, e, o/ (ahd. *ërda, gëbe* ‚er gebe‘, *hëlfo* ‚Helfer‘).

Kommt dennoch in der Folgesilbe ein /i/ zu stehen, sei es durch Übertragung
(mhd. *sëhs* – ahd. *sehsi),* sei es in Lehnwörtern (mhd. *belliz* ‚Pelz‘ – mlat.
pellicium), so erfährt das offene /ë/ Umlautung zu geschlossenem /e/ und fällt
dann mit dem /ẹ/ des Primärumlauts zusammen (vgl. § 41, Anm. 4).

Anm. 1: Zum Teil sind früher die *e*-Laute falsch angesetzt worden. Vgl. § 41,
Anm. 4.
  a) Unrichtig ist ⟨e⟩ statt ⟨ë⟩ in *drëc, rëchenen, snëcke, snëpfe, vëgen,* umgekehrt
⟨ë⟩ statt ⟨e⟩ in *denne (wenne, swenne), schenkel, senen, wellen* ‚wollen‘.
  b) Eine dem Umlaut ähnliche Wirkung hat /sch/ gehabt, daher *dreschen, leschen*

(§ 41, Anm. 12). Auch vor /st/ steht meist /e/: *deste, gestern, swester* (omd. *swëster*), *weste* ‚wußte‘ (über *weste* s. Zwierzina 1926,1), aber *brësten* ‚brechen‘, *nëst*. Das Lehnwort *vënster* und das erst nach der Mitte des 13. Jhs. auftauchende Lehnwort *fëst* schwanken zwischen /ë/ und /e/; teilweise könnte auch hier das /e/ auf Wirkung eines /i/ zurückgeführt werden, wie es der Fall ist in *sehs(e)* < ahd. *sehsi* neben *sëhs, zehen(e)* < ahd. *zehini* neben *zëhen*, und (Kranzmayer 1956, § 4a3) in *ledic, predige*. Weiteres § 41, Anm. 4.

Maa: Innerhalb des Mhd. können sich auch Berührungen von /e/, /ë/ mit /i/ zeigen. Nicht selten, besonders md., reimen /ë/ oder /e/ und /i/ miteinander, besonders vor /r/ und /l/: *vëlde : milde, vërre : irre, vël : spil, erkennen : sinnen, geselle : wille, merken : wirken*. Auch wird häufig /e/ für /i/ geschrieben (md. Senkung /i/ > /e/; § 50, § 65) z. B. *erdisch, gevelde, hemel, vel (vil), ich werbe, erren;* umgekehrt, wenngleich seltener, auch /i/ für /ë/ und /e/, z. B. *nimen, giben, mirken, brinnen, erkinnen.*

Anm. 2: Diesen Reimen und Schreibungen entspricht Übergang von /e/ (/ë/) > /i/ in heutigen Maa. und in noch weiterem Umfange Senkung des /i/ > /e/; vgl. Sütterlin 1924,183; Moser, V. 1916,457. Vgl. § 65, § 159,14.

Aus den Landschaftssprachen mögen die verschiedenen nhd. Übergänge zu /i/ stammen: /ë/ > /i/ in *jëst* ‚Gischt‘, *jësen* ‚gischen‘ (neben ‚gähren‘), *pfërsich* ‚Pfirsich‘ (lat. *persicum*); /ę/ > /i, î/ in *geter* ‚Gitter‘ (zu ‚Gatter‘), *scherning* ‚Schierling‘, *trehter* ‚Trichter‘ (aus mlat. *tractarium*), *wehsen* ‚wichsen‘ (zu *wahs*); *hæppe* > *heppe* ‚Hippe‘; vgl. Moser, V. 1916,475. Nebeneinander gelten *schërbe : schirbe;* im st. Präs. tritt /ë/ durch Ausgleich an die Stelle von /i/ (§ 242, Anm. 3).

Bair. erscheint /i/ für /e/ vor /r/: *kirze, hirzog, irmer;* vgl. § 159,14.

Landschaftlich war die Klangfarbe der mhd. *e*-Laute sehr verschieden. Sie muß für jede Gegend aus der Zeichengebung in den Hss., den Reimen der Dichter und der heutigen Mundart vergleichend erschlossen werden. (Vgl. Luick 1886,492; Zwierzina 1900,249; Michels 1921, § 29; Kranzmayer 1956, § 3c,d, § 4a,3.) – Wieweit im einzelnen reine Reime, wieweit ungenaue Bindungen (‚Augenreime‘) bzw. literarische Lehnreime vorliegen, muß für jeden Dichter auf Grund der Ma. seiner Heimat untersucht werden. Dabei muß mit vielfältigen Entlehnungen gerechnet werden (§ 9).

Anm. 3: Früher unterschied man /e/ und /ë/ nur nach dem Ursprung, jetzt scheiden wir sie nach dem Lautwert. In den Pronominalformen *dër, dës, dëm, dën, ër, ëʒ, ës* ist /ë/ durchgängig angesetzt, in unbetonter Stellung wird wie in den Flexionssilben das schwache /ə/ vorliegen.

Anm. 4: Im Gebrauch der fünf verschiedenen *e*-Laute des Mhd. /e, ë, ä, ê, æ/ nimmt das Bair. eine Sonderstellung ein. Hier fielen /ë/ und /e/ vor Verschluß- und Reibelauten, aber nicht vor /h, l, r, m, n/ zusammen (§ 159,14). Die fünf *e*-Laute wurden im Md. durchweg ⟨e⟩ geschrieben. Die Reime und die heutigen Maa. lehren uns, daß im allgemeinen /e/ und /ê/ geschlossene, /ë, ä, æ/ offene Qualität hatten. So werden im Alem. /ë/ : /ä/ gereimt und von Dichtern, welche die Bindung ungleicher Quantität nicht scheuen, auch /e/ : /ê/, /ë/ : /æ/. Ferner ist /æ/ mit /ê/ in Teilen des Md., besonders hess.-thür., zusammengefallen; hier finden sich Reime wie *swære : êre, sundære : sêre, beswæren : lêren;* jedoch kommen auch ungenaue Bindungen vor. Im Md. wird für /ä/

und /æ/ nur ⟨e⟩ geschrieben, weil die ganz offene Qualität verlorenging und die mittlere [ë] für sie eintrat (§ 162,3). Ebenso gebrauchen die ofrk., südrheinfrk. und sogar einige aus dem zunächst benachbarten alem. Gebiet stammenden Dichter diese e-Reime (§ 160f.; Zwierzina 1900,295).

Anm. 5: Im Westalem. und westl. Ofrk. erscheint /a/ für mhd. /ë/ seit dem 13. Jh., im Schles. erst 15. Jh. Vgl. Kranzmayer 1956, § 3c; DSA 34 recht (‚überoffenes e‘); vgl. § 160, Anm. 1.

Zur bair. Kontraktion von -egi- > /ei/ > /â/ vgl. § 159,19. – Zur omd. Entrundung /ö/ > /e/ vgl. § 166,4.

Nhd: Kurzes /ë/ bleibt im Nhd. in geschlossener Silbe erhalten (*lërnen, hëlfen, rëchen* ‚rächen‘, *wërlt* ‚Welt‘), ebenso in offener Silbe vor /t/, /m/, *-el, -er* (*wëter* ‚Wetter‘, *brëter* ‚Bretter‘, *zëtel, bëtelen, sëmel* ‚Semmel‘, *dëmere* ‚Dämmerung‘; § 45). In allen anderen Fällen mit offener Tonsilbe erfolgt Dehnung schon in der mhd. Sprachperiode (*lëder, nëmen, krëbez* ‚Krebs‘; § 45), als Analogieausgleich (§ 46α) in *bër* ‚Bär‘, *wëc* ‚Weg‘ (aber nicht mhd. *enwëc* ‚weg‘), *hër* ‚her‘ (ahd. *hëra*), *wër* ‚wer‘, *dën* ‚den‘ zu *dëme* ‚dem‘ (aber nicht *dër* ‚der‘, außer deiktisch). Gedehnt wird auch vor /r/ + Dental bei geschlossener Silbe (*ërde, wërden, swërt);* vgl. § 46γ. Normgerecht ist heute in den Dehnungsfällen geschlossene Aussprache von [e:], z.B. [de:R]; vgl. § 27.

§ 65   mhd. /i/

Mhd: Das mhd. /i/ geht entweder auf altes germ. /i/ zurück, soweit dieses nicht gelegentlich vor /a, e, o/ zu /ë/ gebrochen wurde (vgl. § 33), oder es ist aus idg. /e/ entstanden, und zwar frühgerm. vor /i, j/ der Folgesilbe und vor Nasal + Kons., im Ahd. vor /u/ der Folgesilbe (vgl. § 32).

Im ersten Fall, der nicht durchgehend eingetretenen Brechung von /i/ > /ë/, kommt es zu Doppelformen wie *schif – schëf, linen – lënen* ‚lehnen‘, *wisse/ wiste – wësse/wëste, misse – mësse* ‚Messe‘, *bringen –* ndd. md. südbair. *brëngen* (< *brangjan;* vgl. § 267, Anm. 1). Auch unterbleibt die Brechung im Part. Prät. der I. Abl.-Reihe wie in *geriten* (ahd. *giritan*), *gegriffen* (ahd. *gigriffan*), ferner vor stimmhaften Konsonanten wie in *wider* (ahd. *widar*), *ziln* (ahd. *zilên*) oder vor ahd. /sk/, mhd. /sch/ wie in *vischen, visch* (ahd. *fiskôn, fisc* < germ. *fiskaz*). Im zweiten Fall, dem Wandel von idg. /e/ > germ. /i/, ergeben sich je nach ursprünglicher Folgelautung im Ahd. Mhd. Wechsel zwischen /ë/ und /i/, so in der Konjugation: *nëmen, wir nëmen – ich nime, du nimest* (ahd. *nëman, nëmamês – nimu, nimis* usw.) oder in der Wortbildung wie in *bërc – gebirge* (ahd. *bërg* < germ. *bërgaz – gibirgi*). – Abgeschwächt wird *in- > en-* in *enwëc, enlant.*

Bei mhd. Kontraktion der Lautfolgen *-ige-, -ibe-, -ide-* (ahd. *-igi-, -ibi-, -idi-*) entsteht mhd. /î/: *er liget – er lît,* ahd. *Sigifrid –* mhd. *Sîvrit, er gibet – er gît, er quidet – er quît* ‚er sagt‘ (vgl. § 107, § 109, § 285a).

In den Hss. wird /i/ oft ohne i-Punkt geschrieben, im 14. Jh. auch wie ⟨y⟩, im 15. Jh. auch wie ⟨j⟩ (vgl. § 19, § 73, § 156).

Anm. 1: Die offene Qualität des mhd. /i/ erweist sich darin, daß bair. u. md. Dichter den Reim /i/ : /î/ meiden (vgl. Zwierzina 1901,60).

Anm. 2: Zu /i/ in unbetonter Silbe (*rätich* ‚Rettich', *pfennic, eʒʒich* u.a.) vgl. § 59.

Anm. 3: Ahd. *wini* ‚Freund' zeigt /i/ in *Ortwîn, Wolfwîn:* vgl. dazu nhd. *Leutwein* usw. (Behaghel 1928, § 245); s. § 46δ. – Auf Emphase könnten die gedehnten *bî* ‚bei', *în* ‚hinein' beruhen (evtl. Ablaut), die es schon im Ahd. gibt.

Anm. 4: Über die Verbreitung von *in* und *în* s. Zwierzina 1901,71, über das Fem.- Suffix *-in, -în, -inne* ebd. 77, über *drîn* neben *drin* ebd. 76.

Anm. 5: *rîter* verhält sich zu *riter* wie *snîder* zu *sniter; ritter* ist entlehnt aus ndfrk. *riddere.* Das Wort kommt mit dem hochhöfischen Rittertum aus Flandern wie *ors, wâpen, dörper, -kîn* (§ 9,1). Vgl. Lachmann zu Iw 42, Benecke und Henrici zu Iw 6, Martin, E. 1888,255; ferner Schröder, E. 1897,158; Stosch 1902,76. Zu *rîtære, rîter, riter, ritter* im Reim s. Schirokauer 1923,51.

Anm. 6: ⟨y⟩ mit dem Lautwert [i, j] tritt in Fremdwörtern und fremden Namen auf, z.B. im Wh: Heidenkönig *Tybalt,* seine Frau *Gyburc;* dort *franzoys* neben *franzois, tyost* neben *tjost.* Seit Ende des 13. Jhs. steht ⟨y⟩ für /i, j/ auch in heimischen Wörtern, bes. bair. Vgl. § 156.

Anm. 7: Akzentverschiebung findet statt bei mhd. *íeder, íez* > *iéder, iéz* > nhd. *jeder, jetzt.*

Maa: Die md. Senkung von /i/ > /e/ (§ 50, wie /u/ > /o/, § 66, und /ü/ > /ö/, § 67), meist vor Nasal o. Liqu. + Kons., ist seit dem 12. Jh. bezeugt (Bruch 1953, I, 216f. u. II (1954), 60f.), dringt aber nicht ins Nhd. durch: *kend, drenken, wert* ‚Wirt', *gevelde* ‚Gefilde', *hemel, neder* ‚nieder' (vgl. § 162,5, § 166, Anm. 3). – Rundung des /i/ > /ü/ findet sich mal. vereinzelt, z.B. *finf* > *fünf, rimpfen* > *rümpfen, wirde* > *würde, flistern* > *flüstern, ich wiste* – *ich wüste, zwischen* – *zwüschen* (neben *zwuschen, zuschen;* vgl. § 116); vgl. § 48. – Bair.-ofrk. Diphthongierung des /i/ > /ie/ vor /r, n, h/ *(ding, wirt, niht)* s. § 159, 10 u. 15. – Bair. /e/ > /i/ vor /r/ (bair. *hirzog, kirze, wirme*) vgl. § 159,14. – Zum mbair. Sproßvokal /i/ (*galigen* ‚Galgen', *melichen* ‚melken') vgl. § 57. – Mfrk. *-ehe-* > /ie, i/ *(sehen* > *sien, zehen* > *cin)* vgl. § 165, Anm. 5. – Md. Dehnung des /i/ zu /î/ in Pronomina nach *r*-Ausfall (*wir* > *wî, dir* > *dî*) s. § 122, § 213, Anm. 4, § 162,9. – Im Md. ist ⟨i⟩ oft Längezeichen, bes. im Ripuarischen: ⟨ai, oi, ui⟩ für /â, ô, iu/ (*doit* = *tôt, heirre* = *herre*); vgl. § 19, § 165,6.

Nhd: Kurzes /i/ ist nhd. in geschlossener Silbe gewöhnlich erhalten *(bringen, schif),* in offener Silbe bleibt es kurz nur vor /t/ *(geriten, geliten),* /m/ und/oder *-el, -er* (*himel, kitel, wider* ‚Widder', aber gedehnt ‚wider, wieder'); vgl. § 45. Ansonsten wird /i/ in offener Stammsilbe nhd. gedehnt: *ligen, bine* ‚Biene', *vihe* ‚Vieh', *vil(e)* ‚viel', *du gibest, er gibet* (§ 45). Ausgleich nach offenen Silben der flektierten Formen liegt vor bei *spil, stil* (< *spi-les, sti-les;* vgl. § 46α), ebenso haben *inen, ime, ire* zur Dehnung von *in* ‚ihn', *im* ‚ihm', *ir* ‚ihr' geführt. Wie bei /e/ vor /r/ wurden die Kurzwörter *dir, mir, wir* gedehnt (§ 46β), vor /r/ + Dental Fälle wie *begirde* (§ 46γ). Die Rundung /i/ > /ü/ (*finf* > *fünf;* s.o. u. § 48) dringt aus den alem.-schwäb.-ofrk. Maa. ins Nhd. durch, von wenigen Ausnahmen abgesehen (*zwüschen, süben* ‚sieben‘, *er würt* ‚er wird‘).

Anm. 8: /u/ ist für /i/ eingetreten in *wiste*. H. Paul glaubte, daß das /i/ in der Konjunktivform *wiste* als Umlaut (= /ü/) aufgefaßt und dazu ein entsprechender Ind. gebildet worden sei; vgl. dazu Fiedler 1928, 188, der Rückumlaut annimmt: *wiʒʒen : wuste* wie *küssen : kuste;* Zwierzina 1926, 8, denkt bei *wuste – woste* an Angleichung an *konde, mohte.*

§ 66   mhd. /o/

Mhd: Das mhd. /o/ entspricht ahd. /o/, das aus germ. /u/ durch Brechung (*a*-Umlaut) vor /a, e, o/ in der Folgesilbe (außer bei dazwischenstehenden Nasalverbindungen) entstanden ist (§ 34). Zum vieldeutigen Schriftbild in den Hss. § 19.

Maa: Im Md. findet sich seit dem 12. Jh. Senkung des /u/ zu /o/ vor Nasalen: *sonne, geswommen, sonder, somer* u. a. (vgl. § 50; Besch 1967, 103), die sich im Nhd. durchsetzt. – Auch sonst wechseln im Md. /u/ und /o/ öfter: *uffen, hulz, genumen* u. a., dagegen *gebort, hondert, bedorfen* (vgl. § 68). – Im Md. finden sich häufig statt *von, wol, sol* ältere Formen mit /a/ (vgl. § 60). – Im Mittel- u. Südbair. reimen die Silben *-ar-* u. *-or-* (*art : wort, bedarf : dorf*), was auf ein offenes /o/ schließen läßt (vgl. § 159, 18). – Im Mfrk. wird /a/ > /o/ vor /l/ *(halten > holden, manigfolt),* auch vor /n/ *(hant > hont);* vgl. § 165, 5. – Im Omd. erscheint /a/ für /o/ (satzunbetont in *ader : oder, ab : ob, dach : doch*); vgl. § 166, 5.

Nhd: Im Nhd. ist kurzes /o/ in geschlossener Tonsilbe erhalten *(woche, golt, dorf, wort),* ebenso in offener Silbe vor /m/ *(komen, genomen)* oder *-er (doner).* Gedehnt wird /o/ in allen anderen Fällen der offenen Silbe: *gelogen, geboten, vor(e), enbore* ‚empor‘, *wol(e)* (§ 45); ebenso bei Analogieausgleich in einsilbigen Wortformen *(hof, tor)* (§ 46α).

§ 67   mhd. /ö/

Mhd: Mhd. /ö/ ist der Umlaut von /o/ (§ 41, Anm. 5). Da die lautgeschichtliche Entwicklung nach /o/ nur die Laute /a, e, o/ in der Folgesilbe kennt (vgl. Brechung § 34), kommt umlautbewirkendes /i, j, î/ nach /o/ in der Regel nicht vor. Umlaut /ö/ findet sich daher nur in neueren Wortformen, so in Analogiebildungen wie *dorf – dörfer, horn – hörner* (analog nach *lamp – lember,* ahd. *lembir*); im Plural einiger Mask. der *a*-Dekl. nach dem Vorbild der *i*-Dekl. *(gast – geste)* z. B. *stoc – stöcke;* nach i-haltigen Ableitungssilben wie *-inne (götinne), -isch (höfisch), -lîch (götelîch)* sowie bei Diminutiven auf *-lîn (hölzelîn, töhterlîn);* selten vor *-ære, -er* (ahd. *-âri*) in *dörpære, dörper* (doch mhd. noch nicht in z. B. *mordære* ‚Mörder‘, *soldenære* ‚Söldner‘); gelegentlich in Lehnwörtern *öl* (lat. *oleum*), *sölre* ‚Söller‘ (lat. *solarium*). Analogiebildungen sind Konj. Prät. *möhte, dörfte* u. a. Mehrfach stehen gesetzmäßiges /ü/ neben

Analogiebildung mit /ö/: *hübesch − höfesch, gütinne − götinne;* sonst aber regelgemäß *horn − hürnîn, holz − hülzîn, vogel − gevügele.* Das Zeichen ⟨ö⟩ gibt es nicht in den Hss.; vgl. § 19.

Maa: Md. Senkung von /ü/ > /ö/ (*münech, künec* u. a.) vgl. § 50, § 69. − Omd. Entrundung /ö/ > /e/ § 166,4; § 49.

Nhd: In geschlossenen Tonsilben bleibt kurzes /ö/ (*hörner, möhte*) und wird in offener Silbe gedehnt (*höfisch*). Die md. Senkung von /ü/ > /ö/ setzt sich im Nhd. durch (*münech* ‚Mönch‘, *günnen* ‚gönnen‘), vgl. § 50, § 69. Die regelgemäße *ü*-Lautung vor /i/ wird häufig in Analogie zu /ö, o/ ausgeglichen (*golt − güldîn* ‚golden‘, veraltet ‚gülden‘; *holz − hülzîn* ‚hölzern‘; *wolken − gewülke* ‚Gewölk‘).

mhd. /u/   § 68

Mhd: Germ. /u/, das im Wgerm. bei /a, e, o/ in der Folgesilbe zu /o/ gesenkt wurde (Brechung o. *a*-Umlaut § 34; § 66), blieb bei folgenden /i, j, u/ oder Nasalverbindungen als /u/ im Ahd. Mhd. bestehen. Bei /i, î, j/ in der Folgesilbe findet im Mhd. Umlautung zu /ü/ statt, die aber vielfach verhindert oder verzögert wird, so bes. vor /lt/ oder /ld/: *dulten* (*jan*-Verb), *gedultec* (ahd. *-îg*), *hulde* (ahd. *huldî*); daneben gibt es auch Doppelformen wie *guldîn* u. *gülden* (md.) ‚golden‘ oder *gülte* häufiger als *gulte* ‚Zahlung‘ (vgl. *i*-Umlaut § 41, Anm. 6). Zum vieldeutigen Schriftbild ⟨u, v, w⟩ in den Hss. s. § 19 (für Vokal), § 20, § 131f. (für Konsonant /v/). Das Vermeiden der Reime /u/ : /û/ im Md. spricht für offene Kürze.

Maa: Im Obd. hindern /gg, ck, pf, tz/ den Umlaut (vgl. v. Bahder 1890,199): *brugge, bucken, stupfen, nutzen;* Umlaut fehlt auch teilweise vor Nasalverbindungen oder vor einfachem /m/: *wunne* neben *wünne, dunken* neben *dünken, vrumen* neben *vrümen* (vgl. § 41, Anm. 6); meist auch *luge* ‚Lüge‘. Besonders fehlt der Umlaut im Konj. Prät. in manchen Denkmälern durchgängig, also in *zuge* ‚zöge‘, *verlur* ‚verlöre‘ usw., in anderen nur vor Nasal + Kons. Die verschiedenen Nasalverbindungen können landschaftssprachlich verschiedene Wirkung gehabt haben. − Neben *über* steht noch *uber* (s. Paul, H. 1884a, 582). − Die Willkür der Schreiber oder deren völliger Verzicht auf eine Kennzeichnung des jeweiligen Umlauts wie die Vieldeutigkeit mancher handschriftlicher Zeichen lassen oft keine Entscheidung zu. Auch Reimproben versagen: in md. Dichtungen wird nicht selten /u/ : /ü/ gebunden. − Vgl. § 41, Anm. 6. Mit der md. Senkung von /u/ > /o/ verhält es sich ähnlich wie mit der von /i/ > /e/ (*gebirge − geberge;* § 65, § 162,5): *dorst, holde, bedorfen, vorste* (*vürste*), *gebort, hondert, mogen* ‚mögen‘. Daneben finden sich mal. Hebungen von /o/ > /u/ (§ 165,7): *genumen, hulz, wurt, muhte* und Reime wie *gevult* ‚gefüllt‘ : *golt, vlugen* ‚flogen‘ : *herzogen, geburt* : *gehôrt, vürste* : *torste.* Senkung von /u/ > /o/ vor Nasalen (§ 50) wie *sunne > sonne, sun > son, vrum > vrom* u. a. breitet

sich im Md. von Westen nach Osten aus (12. Jh. mfrk. u. hess., 13. Jh. thür.,
teilweise Pfalz u. Obersachsen, 14./15. Jh. im ganzen md. Gebiet, auch im
Schwäb.; vgl. Besch 1967,103). − Zu bair. /u/ > /uo/ vor Nasal, /h/, /r/ vgl.
§ 159,10 u. 15.

Anm. 1: Für ahd. *truhtîn* (,Herr' = Gott) kommt im Mhd. *trohtîn* im 11. u. 12. Jh.
vor, meist aber heißt es (unerklärt, doch zum Ablaut stimmend) *trähtîn, trëhtîn, -en*
(: *vëhten* Iw 4773, 5014, vgl. Zwierzina 1898,491); aber stets *truh(t)sæȝe* (,Truchseß'
= der über das Gefolge gesetzt ist).

Anm. 2: In dem Fremdwort *busîne* (afrz. *buisine*, lat. *bucina*), *busûne* /u/ > /o/,
,Posaune'; Reimbelege s. Schirokauer 1923,64.

Anm. 3: Statt *ouw, öuw, euw, iuw* wird häufig nach den Handschriften *ow, öw, ew, iw*
gedruckt. Der Lautwert aber ist der gleiche: *vrowe, triwe* sind also wie *frouwe, triuwe*
zu lesen. Vgl. § 41.

Anm. 4: Über die Entstehung von *uf* : *ûf* (alter Ablaut?), *in* : *în* usw. sind die
Ansichten geteilt. Vgl. Loewe 1927,271; die Einwendungen von Siebers 1927,304.
Verbreitung: Zwierzina 1901,67. Vgl. § 65.

Anm. 5: Mit /o/ und /u/ kommen vor: *kumen* ,kommen' (vgl. § 248, Anm. 1) und
trucken (vgl. v. Polenz 1956b,127).

Nhd: Im Nhd. bleibt kurzes /u/ in geschlossener Stammsilbe erhalten: *busch,
schuz* ,Schutz', *gebunden;* in offener Tonsilbe vor /t/ oder /m/ + *er, el* erfolgt
keine Dehnung: *buter, sumer* ,Sommer', *kutel* ,Kuttel, Kaldaune' (§ 45). In
allen anderen Fällen der offenen Tonsilbe wird gedehnt: *jugent, kugel* (§ 45).
Ebenso vor /r/ + Dental in geschlossener Silbe (§ 46γ): *geburt* (aber *vurt* ,Furt',
kurz). Durch Analogieausgleich aus flektierten Formen mit offener Silbe werden einsilbige Wörter mit geschlossener Silbe gedehnt (§ 46α): *sun* ,Sohn',
vluc, zuc. Die Kurzwörter *nu, du* finden sich schon mhd. in gedehnter Form.

Aus dem Md. setzt sich im Nhd. im wesentlichen die Senkung /u/ > /o/ vor
Nasalen durch (§ 50): *sunne* ,Sonne', *vrum* ,fromm', *sumer* ,Sommer'; daneben
gibt es aber auch Doppelformen wie bei *brunne* ,Bronn, Brunnen' oder Formen ohne Senkung wie *wunder;* vgl. § 66. Ausgleich zu *golt* liegt vor bei
,golden' < mhd. *guldîn,* frühnhd. *gülden.*

Aus dem Obd. wurden gelegentlich unumgelautete Formen vor /gg, ck, pf,
tz/ (s.o. Maa.) ins Nhd. übernommen, wie *rupfen, nutze* ,Nutzen'; bei *drucken*
und *zucken* kennt das Nhd. inhaltlich differenzierte Formen mit und ohne
Umlaut (nhd. *drucken : drücken, zucken : zücken*).

§ 69   mhd. /ü/

Mhd: Mhd. /ü/ ist der Umlaut von ahd. mhd. /u/ (s. § 41, Anm. 6; § 68), z.B. in
sünde (ahd. *suntia*), *würfel* (ahd. *wurfil*), *künic* (ahd. *kuning*), *küssen* (jan-
Verb). Verhindert wurde die Umlautung des /u/ vor Liqu. + Kons., vor allem
vor /ld/, /lt/ *(hulde, gedultic),* oft auch vor Nasal + Kons. *(dunken, wunne),* im

Obd. vor weiteren Konsonantenverbindungen (s. unten u. § 68). Neben gesetzmäßiges /ü/ tritt gelegentlich /ö/ als Analogiebildung: *gütinne* – *götinne*, *hübesch* – *höfesch* (zu *got, hof;* s. § 67, § 41, Anm. 5). Die Schreibform ⟨ü⟩ gibt es in den Hss. des ‚klass.‘ Mhd. nicht (§ 19); ⟨u⟩ steht für die Phoneme /u/ und /ü/. Ob ein Umlaut vorliegt, läßt sich nur von mundartlichen Eigenheiten aus ermitteln.

Maa: Umlautverhindernd wirken im Obd. die Verbindungen /gg, ck, pf, tz/ wie in *mugge, rucken, schupfen, nutzen* (§ 68, § 41, Anm. 6). – Wie /i/ > /e/, /u/ > /o/ wird auch, zunächst im Md., /ü/ > /ö/ gesenkt, meist in der Nachbarschaft von Nasalen oder Liquiden: *münech* ‚Mönch‘, *ich gewünne* (Konj. Prät.), *günnen, künnen, künec, mügen, mügelich, rücheln, stüre* ‚Stör‘, *fürdern* ‚fördern‘ (s. § 66, § 68). Ausgleich nach *wort* liegt bei *antwürte* > *antwort* vor. – Zur bair. Entwicklung /ü/ > /üe/ vgl. § 159,10 u. 15.

Anm. 1: Neben *künic, kunic* erscheint im 15. Jh. in Hss. nördlich des Mains *könig* (Besch 1967,104).

Nhd: In geschlossener Tonsilbe bleibt Kürze /ü/ im Nhd. erhalten (‚Sünde, Würfel, küssen, Bürde‘). In offener Silbe erfolgt Dehnung wie in *zügel, lüge, künec* ‚König‘ (mit Senkung), ebenso als Analogieausgleich aus den flektierten Formen bei *tür, mül* ‚Mühle‘, *kür*. Die md. Senkung /ü/ > /ö/ setzt sich im Nhd. durch, von wenigen Ausnahmen abgesehen (*büne* ‚Bühne‘). Entrundung von /ü/ > /i/ aus dem Obd. u. Omd. stammend, liegt vor z. B. in *küssen* ‚Kissen‘, *bülleʒ* ‚Pilz‘, *sprützen* ‚spritzen‘, *güpfel* ‚Gipfel‘ u. a. (§ 49).

B. Langvokale

mhd. /â/   **§ 70**

Mhd: Mhd. /â/ entspricht ahd. /â/, das im wesentlichen auf germ. /e¹/ (< idg. /ē/) zurückgeht, z. B. in *râten, slâfen, wir nâmen*. In wenigen Fällen ist es im Germ. auch hervorgegangen aus /a + nh/ > /âh/ (Nasalschwund mit Ersatzdehnung; § 36, § 266), z. B. in *dâhte* (< germ. **þanhto*) zu *denken, brâhte* zu *bringen*. Gelegentlich entstand in mhd. Zeit /â/ aus Kontraktion von *-ade-, -abe-* (*schadet* – *schât, haben* – *hân*), vgl. § 110, § 285c. Zur Umlautung des /â/ zu /æ/ s. § 71, § 41, Anm. 3. Zur Schreibung vgl. § 19; in md. Hss. finden sich oft die Längezeichen *i, e* : ⟨ai, ae⟩; vgl. § 165,6.

Anm. 1: *hân* = *haben* nach *gân, stân*, daneben auch schwachbetontes *han*. Kontraktion aus *-adet* kann Kürze und Länge zeigen: *bat* ‚badet‘, *schat* ‚schadet‘, *schâten* ‚schadeten‘, *lâten* ‚ladeten‘. Vgl. § 110 Anm. 1.

Anm. 2: Kürzung in *lâʒen* kommt von schwachbetonter Verwendung im Satz als Hilfsverb.

Maa: Landschaftlich, und zwar im Obd. (vgl. Kranzmayer 1956, § 1) und im Md., wird /â/ in der Nachbarschaft von Nasalen und Dentalen, auch Labialen und /h/ zu /ô/ gerundet: *âne* > *ône*, *mâne* > *mône* ‚Mond‘ (s. unten u. § 48). – Zu der vielfältigen Herkunft und Veränderung des bair. /â/ (vgl. § 159, 9, 11, 15, 18 u. 19). – Im Alem. gelten *wir kâmen* gegen bair. *wir kômen*, ferner *gân*, *stân* gegen bair. *gên*, *stên* (vgl. § 160,4 u. 6). – Schwäb. wird /â/ zu /au/ diphthongiert.

Nhd: Langvokal /â/ bleibt im Nhd. erhalten z.B. in *sât* ‚Saat‘, *drât* ‚Draht‘. Kürzung zu /a/, zunächst im Md., seltener im Obd., tritt vor Konsonantenhäufung ein, bes. vor /ht/ *(brâhte, dâhte, versmâhten)*, vor *-ter* o. *-mer (nâter, jâmer)*, vor /ft/ *(klâfter)*, vor /ch/ *(râche, schâch, nâchgebûr* ‚Nachbar‘); vgl. § 47. In einigen Fällen liegt ursprüngliche Doppelkonsonanz vor, die zur Kürzung wegen geschlossener Tonsilbe führt (ahd. *lâzzan* – mhd. *lâzen* – nhd. *lassen;* ahd. *râhha* – mhd. *râche* - nhd. *Rache*).

Die mhd. Rundung (§ 48) von /â/ > /ô/ setzt sich im Nhd. durch, gegebenenfalls mit Kürzung, z.B. *âmaht* ‚Ohnmacht‘, *âme* ‚Ohm‘ (Maß), *âne, mâne* ‚Mond‘, *mânôt* ‚Monat‘; nach /w/ in *wâ* ‚wo‘, *wâc* ‚Woge‘, *wâgen* ‚sie wogen‘, *arcwân, quât* ‚Kot‘; ferner in *brâdem* ‚Brodem‘, *mâhe* oder *mâge* ‚Mohn‘, *tâhe* ‚Ton des Töpfers‘, *tâhele* ‚Dohle‘, *nâter* (*nôter* > ‚Otter‘), *slât* ‚Schlot‘, *tâht* ‚Docht‘, *brâmber* ‚Brombeere‘ zu *brâme* ‚Dornstrauch‘ (s. Wienesen 1952).

Mhd. /âw/ wird im Nhd. zu /au/: *blâwer* ‚blauer‘, *grâwer*, unflekt. *blâ, grâ, klâwe* ‚Klaue‘, *pfâwe* ‚Pfau‘.

§ 71 mhd. /æ/

Mhd: Mhd. /æ/ [ä:] stellt den Umlaut von /â/ dar, wie in *swære* (ahd. *swâri*) ‚schwer‘, *ich næme* (ahd. *nâmi*), *sælic* (ahd. *sâlîg*), *sæjen* (ahd. *sâen*, jan-Verb). Für den Umlaut /æ/ steht in den frühesten und in den md. Hss. das Zeichen ⟨ê⟩, das spätere Zeichen ⟨æ⟩ kann in den Hss. auch Kürze bedeuten (vgl. § 19).

Maa: Im Obd. (außer einem Teil des Alem.) war langes /æ/ wie kurzes /ä/ ein überoffener Laut, im Md. aber wurde es mit /ë/ gereimt, also, wie auch die Kürze /ä/, gleich offenem /ë/ gesprochen (soweit es hier nicht mit /ê/ zusammengefallen war); vgl. Zwierzina 1900, 251, 280. – Im Bair. werden /æ/, /ä/ seit dem 13. Jh. zu /â/, /a/ (§ 159,9), gebietsweise wird /æ/ auch diphthongiert (§ 159,11).

Nhd: Mhd. /æ/ ist im Nhd. überwiegend lang geblieben, wird aber je nach etymologischer Einsicht früherer Jahrhunderte mit ⟨ä⟩ oder ⟨e⟩ (auch ⟨ee⟩, ⟨eh⟩) bezeichnet: *swære* ‚schwer‘, *hærîn* ‚hären‘, *genæme* ‚angenehm‘, *lære* ‚leer‘, *mære* ‚Märe‘, *bewæren* ‚bewähren‘, *schæmel* ‚Schemel‘, *bequæme* ‚bequem‘, *dræjen* ‚drehen‘, *wæjen* ‚wehen‘, *vælen* ‚fehlen‘, doch schon mhd. *vêlen*. Kürzungen z.B. vor /ht/ wie in *æhten* ‚ächten‘, *bræhte* ‚brächte‘ (Konj.), in unbetonter Silbe *truchsæze* ‚Truchseß‘ (§ 47,1). Zu *hæppe* > *heppe* ‚Hippe‘ vgl. Moser, V. 1916,475; Hinderling 1978; ders. 1982.

mhd. /ê/ § 72

Mhd: Mhd. ahd. /ê/ ist in frühahd. Zeit durch Monophthongierung aus germ. /ai/ entstanden, und zwar nur vor /r/, /w/, germ. /h/, im Auslaut und in unbetonter Silbe; in allen anderen Fällen blieb germ. /ai/ als ahd. mhd. /ei/ bestehen (vgl. § 38, § 78). Beispiele: êr ‚früher' (ahd. êr, got. air), êr ‚Erz' (ahd. êr, got. aiz), sêle ‚Seele' (ahd. sêula, got. saiwala), ich zêch ‚ich zieh' (ahd. zêh, got. gatáih), sê ‚siehe da' (ahd. sê, got. sai), abgeschwächt haben (ahd. habên). Aus der ahd. Phonemspaltung erklären sich mêre – meist, gêr – geisel ‚Geißel', wê (got. wai) – weinen, ebenso die Formen des Sg. Prät. Ind. der I. Ablautreihe zêch, gedêch, spê – beleip, neic, aber auch spei (s. § 245), ferner die aus der I. Ablautreihe abgeleiteten Kausativa wie rêren ‚fallen lassen' (zu rîsen ‚fallen') – neigen ‚senken' (zu nîgen ‚sich neigen'). Mhd. /ê/ findet sich außerdem in Lehnwörtern wie zêder (lat. cêdrus). In den Hss. wird die Länge selten bezeichnet (vgl. § 19).

Anm. 1: Außerdem ist /ai/ kontrahiert in wênec (‚bejammernswert', später ‚gering') zu weinen (beeinflußt durch wê) und in bêde (nach *bê = got. bai) neben beide.

Anm. 2: Kürzung von /ê/ infolge nachfolgender Doppelkonsonanz findet sich in hërre neben hêrre (aus ahd. hêr[i]ro), mërre neben mêrre (aus mêriro), ërre neben êrre (aus êriro). Über die Doppelformen vgl. Zwierzina 1901,19; Bohnenberger 1902,106. G gebraucht hêrre; H, GL hërre (dieses bes. schwäb. u. bair.); ndd. md. ist hêre. Schwachbetonung vor Namen wirkt wie bei vrouwe (§ 115, Anm. 1) verkürzend. Bair. und ostschwäb. heißt es hërre. hêrre, als ritterliches Modewort literarisch überall übernommen, kommt außerdem in den Kurzformen hêr, hër, ër vor (§ 58, Anm. 3).

Maa: Die Aussprache von /ê/ ist im Bair. Oschwäb. halboffen (wie /ë/), ansonsten geschlossen. Im Mfrk. kommt ⟨ei⟩ (mit i als Längezeichen) vor. Md. ⟨ê⟩ steht auch für Umlaut /æ/.

Nhd: Im Nhd. hat sich die Länge /ê/ gewöhnlich erhalten. Kürzungen finden sich vor /r/ + Kons. (lêrche, hêrsen ‚herrschen', hêrlich, hêrschaft, hêrre, ebenso in Komposita wie Gêrtrût, Gêrbert, Rüedegêr (neben Rüedeger); vgl. § 47,4. In der Konjugation der I. Ablautreihe erfolgt Formenausgleich zuungunsten der ê-Lautung: ich lêch ‚ich lieh', ich zêch ‚ich zieh'.

mhd. /î/ § 73

Mhd: Mhd. /î/ entspricht ahd. /î/. Es ist überwiegend aus germ. /î/ (< idg. /ī, ei/) wie in strîten, lîden, stîgen oder seltener aus germ. /inh/ > /îh/ (Nasalschwund mit Ersatzdehnung; vgl. § 36) wie in dîhen ‚gedeihen' (germ. *þinhan) hervorgegangen. In mhd. Zeit kann /î/ durch Kontraktion von -ige-, -ibe-, -ide- entstehen: er liget – er lît, er gibet – er gît, er quidet – er quît (vgl. § 107, § 109, § 285). In der Schreibung findet sich neben ⟨i⟩ auch ⟨y⟩, im 15. Jh. auch ⟨j⟩, die Länge ist in den Hss. selten bezeichnet (§ 19).

Maa: Während im klass. Mhd. noch /î/ gilt, setzt bereits im 12. Jh. im südöstl. Sprachraum (Kärnten, Südtirol) die Diphthongierung zu /ei/ ein, die fortschreitend bis zum 16. Jh. obd. u. md. Gebiete (mit Ausnahme des Alem., Rip., Ohess. u. Wthür.) erfaßt und somit zeitlich gestaffelt zu mundartlichen Differenzierungen führt. Im einzelnen s. § 42.

Nhd: Im Nhd. setzt sich die sog. nhd. Diphthongierung von /î/ > /ei/ *(îs > Eis)* durch, auch in Lehnwörtern wie *pîne* ‚Pein' (lat. *poena*), *prîs* ‚Preis' (afrz. *prix*). Das neue /ei/ unterscheidet sich von dem alten /ei/ (< germ. /ai/) zunächst durch offene Aussprache, Reime wie *scheiden : leiden* (mhd. *lîden*) gelten als unrein. Erst die Öffnung (§ 44) der alten /ei/ (zusammen mit /ou, öu/) seit dem 13. Jh. führt zum Zusammenfall beider Laute; sie werden ⟨ei⟩ oder ⟨ai⟩ geschrieben, gegebenenfalls zur Unterscheidung von Homonymen: *Waise* (mhd. *weise*) – *weise, Weise* (mhd. *wîse*), *Saite* (mhd. *seite*) – *Seite* (mhd. *sîte*). Verben der I. Ablautreihe können mit abgeleiteten Verben lautlich zusammenfallen: mhd. *lîden* > nhd. *leiden* – mhd. *leiden* ‚leiden lassen', mhd. *nîgen* > nhd. *neigen* – mhd. *neigen* ‚neigen lassen'.

Kürzung des /î/ vor /ht/ erfolgt selten (*dîchte* ‚dicht'), häufiger wird in dieser Stellung diphthongiert: *bîhte* ‚Beichte', *lîhte* ‚leicht', *sîhte* ‚seicht'; vgl. § 47. Bereits mhd. gekürzte Formen setzen sich nhd. durch, z. B. *vertîlegen, vertîl(j)en, vertilken, vertilgen* ‚vertilgen'; *quît, quit* (frz. *quitte*) ‚quitt', dagegen *vîant, vîent, vînt,* md. *vint* ‚Feind'.

> **Anm. 1:** Unterschiedlich verändern sich die Nebensilben mit mhd. /î/: Kürzung erfahren *-lîch, rîch* zu *-lich, -rich* in schwach betonter Stellung (§ 47, § 58), Diphthongierung erfolgt bei den Diminutiven auf *-lîn* ‚-lein' und den entlehnten Endungen *-îe* (*arzenîe* ‚Arznei'). Im Alem. bleibt die Diminutivendung *-î, -lî.* – Zu *in/în* vgl. § 64, Anm. 4, § 68, Anm. 4.

§ 74   mhd. /ô/

Mhd: Durch Phonemspaltung des germ. /au/ entsteht in ahd. Zeit (seit dem 8. Jh.) vor allen Dentalen /d, t, z, ʒ, s, n, r, l/ und vor germ. /h/ der Monophthong /ô/, der im Mhd. fortbesteht; in allen anderen Fällen bleibt es bei ahd. mhd. Diphthong /ou/ (vgl. § 39, § 79). Beispiele: *ôre* ‚Ohr' (ahd. *ôra,* got. *auso*), *rôt* (ahd. *rôt,* got. *rauþs*), *hôch* (ahd. *hôh,* got. *háuhs*), dagegen *ouge* (ahd. *ouga,* got. *augô*). Hieraus erklären sich auch die Unterschiede der Ablautreihen IIa und IIb (§ 246, § 30) im Sg. Prät.: *ich sôt, gôʒ, verlôs, zôch* gegen *ich bouc, krouch, schoup, trouf;* ebenso die Kausativa (mit Umlaut) *vrœren* (von *vriesen* ‚frieren') gegen *böugen* (von *biegen*).

Außerdem ist ahd. mhd. /ô/ aus germ. /ao/ < /aw/ im Auslaut entstanden: *frô* (< ahd. *frao*), *strô* (< ahd. *strao*), *rô* ‚roh' (ahd. *hrao*), auch *drô* (< ahd. *drôa, drouwa*). Wieder wechseln *vrô* mit *vröude, vröuwen, strô* mit *ströuwen.* Durch Analogie entstanden Doppelformen *drô – drouwe* ‚Drohung', *drôn – dröuwen, dröun* ‚drohen, dräuen'. Zur Nebensilbe *-ôt* vgl. § 59,1 u. 4.

In den Hss. steht neben ⟨o⟩ oft ⟨oi, oe⟩, bes. im Mfrk.; bair. auch ⟨eo⟩; vgl. § 19.

Anm. 1: Ist ursprünglich /auw/ in den Auslaut getreten, so ist die Kontraktion unterblieben; vgl. Kögel 1884a,524; daher *tou*, Gen. *touwes; blou*, Prät. von *bliuwen* ‚schlagen‘.

Anm. 2: Anderen Ursprungs ist das /ô/ in *sô* (got. *swa*; Ablaut) und in *dô;* dies ist die schwachbetonte Form zu seltenerem *duo*, temporal ‚da‘, dazu Ablaut *dâ(r)* lokal ‚dort‘. Über *dô, duo* im Reim s. Schröder, 1918,407.

Maa: Im Bair. wird um 1300 /ô/ zu /ou/ diphthongiert *(brôt > prout, grôʒ > grous)*, später zu /oa/ im Südbair.; in Niederösterr. zu /â/ (*rât* ‚rot‘); vgl. § 159, 11, 15, 18, 19 u. 21. – Im Omd. beginnt im 13. Jh. die totale Monophthongierung von /ou/ > /ô/ wie in *boum > bôm*, andererseits die Hebung von /ô/ > /û/ *(grôʒ > grûʒ);* vgl. § 166,3.

Nhd: Der Langvokal /ô/ ist im Nhd. überwiegend erhalten: *rot, Ohr, tot*. Kürzung kann vor /r, ch, st/ vorkommen: *lôrber, hôchzît, hôchvart* ‚Hoffart‘, *hôrchen* ‚horchen‘, *ôster* ‚im Osten‘, *ôsten* ‚von Osten‘, dagegen *môr, hôch, klôster*. Kürzung durch Analogieausgleich bei st. Verben der II. Reihe liegt vor bei z.B. *krôch* ‚kroch‘, *gôʒ* ‚goß‘, *genôʒ* ‚genoß‘, auch ‚Genosse‘, dagegen Ausgleich mit Länge /ô/ in *bôt, zôch* ‚zog‘; vgl. § 47. Bewahrt ist /ô/ in ‚Fronleichnam, fronen‘ zum mhd. *frône* ‚Herr‘ (ahd. *frôno*).

Anm. 3: Über *schôʒ, slôʒ* vgl. Zwierzina 1903,427; Schirokauer 1923,55.

mhd. /œ/   § 75

Mhd: Mhd. /œ/ [ö:] ist der Umlaut von mhd. /ô/, z.B. *rôt – rœte* ‚Röte‘ (ahd. *rôtî*), *rœten* ‚rot machen‘ (*jan*-Verb), *tôt – tœten* (*jan*-Verb), *hôch – hœher* (ahd. *hôhir*), *hœhest* (ahd. *hôhist*). Mhd. *ôheim* hat ein durch /ei/ umgelautetes *œheim* neben sich. Vgl. § 41, Anm. 5.

Die Schreibung ⟨œ⟩ wird im Md. vermieden.

Maa: Der Umlaut /œ/ scheint südbair. vor /n/ zu unterbleiben *(schône);* vgl. § 42. Anm. 5. – Im Obd. wird /œ/ gebietsweise diphthongiert, vgl. § 159,11. – Im Omd. wird /œ/ über /ê/ zu /î/, vgl. § 166,4.

Nhd: Im Nhd. wird die mhd. Länge /œ/ übernommen.

mhd. /û/   § 76

Mhd: Mhd. /û/ geht zurück auf ahd. germ. /û/ (< idg. /û/): *hûs, tûbe* ‚Taube‘, *fûl, sûgen*. Selten ist die Entstehung aus germ. /unh/ > /ûh/ (Nasalschwund mit Ersatzdehnung, vgl. § 36): mhd. *dûhte* zu *dunken, dünken;* vgl. § 266. Der spätahd. Umlaut des /û/ zu /iu/ erscheint bereits bei Notker (um 1000) in der Schreibung; s. § 41, § 77.

Im Md. werden Reime von /u/ und /û/ gemieden, was auf geschlossene Aussprache des /û/ schließen läßt. Zur Vielfalt der û-Zeichen in den Hss. vgl. § 19.

Maa: Im klass. Mhd. gilt noch der Langmonophthong /û/, doch setzt bereits in frühmhd. Zeit im südöstl. Bair. die sog. nhd. Diphthongierung zu /au/ ein (zusammen mit /î/ > /ei/, /iu/ > /eu/; vgl. § 42). Infolge der allmählich sich ausbreitenden Diphthongierung im hd. Sprachraum (mit Ausnahme des Alem., Rip., Ohess. u. Wthür.) kommt es zu mal. Differenzierungen in dieser Epoche. – Im Bair. kann /û/ zu /â/ werden; vgl. § 159,15. – Im Obd. wird /û/ vor Labialen nicht umgelautet: *rûmen* ,räumen', *sûmen* ,versäumen' (§ 41, Anm. 7).

Nhd: Im Nhd. setzt sich die sog. nhd. Diphthongierung durch: *hûs > Haus*. Dieses neu entstandene /au/ fällt mit dem alten /ou/ *(boum)* nach dessen Öffnung (vgl. § 44) zusammen. Nicht diphthongiert werden *nû, dû* (§ 42); zu *uf / ûf* vgl. § 68, Anm. 4. Bei *dûhte* ,deuchte' hat sich Nhd. durch Ausgleich die Lautung des Konj. Prät. mhd. *diuhte* (mit Diphthongierung zu /eu/) durchgesetzt.

§ 77   mhd. /iu/ [ü:]

Mhd: Im normalisierten Mhd. ist ⟨iu⟩ das Zeichen für den langen Monophthong [ü:], in dem in spätahd. Zeit Laute verschiedener Herkunft zusammengefallen sind:
1. der ahd. Diphthong /iu/ (< germ. /eu/): ahd. *biutu* > mhd. *ich biute* ,ich biete';
2. der Umlaut /iü/ dieses Diphthongs: ahd. *liuti* > *liüti* > mhd. *liute* ,Leute';
3. der Umlaut /iu/ [ü:] zu ahd. /û/ (< germ. /û/): ahd. *hûsir* > mhd. *hiuser* ,Häuser'.

Zu 1: Die Spaltung des germ. /eu/ führt im Ahd. zu den beiden Diphthongen /iu/ (vor /i, j, u, w/) und /eo/ (vor /a, e, o/; Brechung vgl. § 35, § 81). Während /eo/ sich über /io/ zu ahd. mhd. /ie/ weiterentwickelt, wird der Diphthong /iu/ im Spätahd. weithin zu langem Monophthong [ü:] (geschr. ⟨iu⟩). Hieraus erklärt sich der morphophonemische Wechsel z.B. von ahd. *biutu – biotemês*, mhd. *ich biute – wir bieten;* ahd. *liuhten* (jan-Verb) – *lioht*, mhd. *liuhten – lieht*, nhd. *leuchten – Licht*.

Zu 2: Der ahd. Diphthong /iu/ wird vor /i, î, j/ der Folgesilbe zu dem Diphthong /iü/ umgelautet, der aber in der Schreibung kein eigenes Zeichen hat (geschr. ⟨iu⟩); auch dieser Diphthong wird im Spätahd. zu langem Monophthong /û/ ⟨iu⟩. Näheres s. u. (Maa.) u. § 41, Anm. 8.

Zu 3: Der Umlaut des ahd. /û/ (germ. /û/) fällt mit den og. langen Monophthongen [ü:] zusammen und erscheint seit dem 10. Jh. in den Hss. mit deren Schreibung ⟨iu⟩: mhd. *sûr – siure* (ahd. *sûrî*) ,Säure'; *zûn – ziunen* ,umzäunen' (vgl. § 41, Anm. 7). Zur Schreibung vgl. § 19, für *iuw* § 68, Anm. 3.

Maa: Die Entwicklung des ahd. Diphthongs /iu/ zeigt landschaftl. Unterschiede: in großen Teilen des Md. und Alem. wird /iu/ wie auch sein Umlaut /iü/ zu langem Monophthong /iu/ [ü:]. Im Bair. und Schwäb. gilt diese Monophthongierung zu [ü] nur für den Umlaut /iü/, wogegen unumgelautetes /iu/ Diphthong bleibt (bis in die heutigen Maa. als /ui/ im Schwäb.: *fluige* ‚Fliege‘, *fuir* ‚Feuer‘; vgl. Bohnenberger 1953, 79, 103, 161f.; Maurer 1942,225; Penzl 1971,140). In einigen md. Maa. (Moselfrk., Hess., Nthür., z. T. Rheinfrk.) erscheint /iu/ seit dem 10. Jh. als Monophthong /û/ ⟨û, u, ui⟩ : *hûde* − *hiute,* bes. vor /w/: *trûwe* − *triuwe, brûwen* − *briuwen.* Im Md. scheint dem alten Diphthong /iu/ steigender, im Obd. fallender Ton eigen gewesen zu sein; deshalb ist er Md. teilweise mit /û/ zusammengefallen, im Obd. hingegen bewahrt.

Eine weitere mal. Differenzierung ergibt sich aus der ‚nhd.‘ Diphthongierung, die seit dem 12. Jh. bis ins 16. Jh. vom südöstl. Sprachraum ausgehend obd. u. md. Gebiete allmählich erfaßt (vgl. § 42) und den mhd. Monophthong /iu/ [ü:] über /öü/ zu /äu/ ⟨äu, eu⟩ verändert: *vriunt* > *Freund, hiuser* > *Häuser.*

Anm. 1: Aus dem Md. stammt der schon in mhd. Zeit beginnende Wandel von /iuw/ über /ûw/ zu /au/: *briuwen/brûwen* ‚brauen‘, *kiuwen/kûwen* ‚kauen‘, *entriuwen* ‚traun‘, *triuwen/trûwen* ‚trauen‘, *niuwe/nûwe* ‚nau = neu‘ in ON o. FN Naumburg (< *Nûwenburc*), Nauheim, Naumann (vgl. obd. Neuenburg, Neuheim, Neumann), vgl. § 165,8. − Zur Umlautverhinderung durch /w, r/ vgl. § 41, Anm. 8; Mertes 1929/30 u. 1930/31; Bruch 1953,136; Kühebacher 1964.

Nhd: Im Nhd. ist der mhd. Monophthong /iu/ [ü:] zu /äu, eu/ diphthongiert; es wird überwiegend die Schreibung ⟨eu⟩ verwendet, nur im etymologischen Zusammenhang mit /au/ (< mhd. /û/) wird ⟨äu⟩ geschrieben: *mûs* − *miuse* > *Maus* − *Mäuse, hûs* − *hiuser* > *Haus* − *Häuser, hût* − *hiute* > *Haut* − *Häute,* aber *hiute* > *heute, tiutsch* > *deutsch, triuwe* > *Treue.*

Der morphophonemische Wechsel von mhd. /iu/ − /ie/ im Präsens der II. Ablautreihe z.B. *ich biute* − *wir bieten* wird im Nhd. meist zugunsten des Plurallautes /i:/ ⟨ie⟩ ausgeglichen : *ich biete* − *wir bieten.* In einigen Fällen finden sich zu /eu/ diphthongierte Zwischenformen (bes. die 2. u. 3. Pers. Sg. Präs.): *er beut* < *er biutet, er kreucht* < *er kriuchet, er zeucht* < *er ziuhet, er fleucht* < *er fliuget* (zu *bieten, kriechen, ziehen, fliegen*), die heute als veraltet gelten.

Entrundung von /iu/ über /eu/ zu /ei/ kommt selten vor: mhd. *kriusel* > nhd. *Kreisel* (mit Angleichung an ‚Kreis‘), mhd. *spriuzen* > nhd. *spreizen,* mhd. *stiuʒ* > nhd. *Steiß* (über *Steuß*).

C. Diphthonge

Mhd: Germ. /ai/ setzt sich im Ahd. Mhd. als Diphthong /ei/ (auch /ei[1]/) fort, außer in den Positionen vor /r/, /w/, germ. /h/, wo es bereits im frühen Ahd. zu /ê/

monophthongiert wird (vgl. § 38, § 72). Die Beziehung von /ei/ − /ê/ zeigt sich
bes. im Sg. Prät. der I. Ablautreihe (§ 245): mhd. *ich greif* ‚ich griff' − *ich lêch*
‚ich lieh'. Die Schreibung des Diphthongs /ei/ ist im Mhd. zunächst ⟨ei⟩ (z. B.
keiser, leie, meie, seite ‚Saite', *weise* ‚Waise'), seit dem 12. Jh. landschaftlich,
bes. bair. ⟨ai⟩, sonst seit dem Ende des 13. Jhs. auch ⟨ey⟩ (§ 19).

Hinzu tritt der durch Kontraktion aus *-ege-, -age-* entstandene mhd. Diphthong /ei/ (auch /ei²/): mhd. *er leget − er leit* ‚er legt', *egedehse − eidehse*
‚Eidechse', *er klaget − er kleit* ‚er klagt' (vgl. § 107f., § 285).

Maa: Zu den og. Diphthongen /ei/ kommt seit dem 12. Jh. der durch die ‚nhd.'
Diphthongierung aus mhd. /î/ entstandene neue Diphthong /ei/ *(îs > Eis)*, der
vom bair. Südosten ausgehend allmählich den größten Teil des hd. Sprachraums erfaßt (vgl. § 42). − Im Md. (Othür., Obsächs., Mfrk., Rheinfrk. bis ins
Elsäss.) wird seit dem 13. Jh. weithin mhd. /ei/ > /ê/ monophthongiert *(bein >
bên);* vgl. § 162,1; § 166,3. − Im Bair. entwickelt sich /ei/ ⟨ai⟩ über /oi/ > /oa/
(um 1400 erreicht): mhd. *breit* > bair. *broat;* vgl. § 159,19; § 42, Anm. 5. −
Auch im Schwäb. wird /ei/ > /oi/, im westschwäb. zu /oa/; vgl. § 42, Anm. 5. −
Zu den bair. ‚gestürzten' Diphthongen /ei/, /ou/ statt mhd. /ie/, /uo/ vgl. § 159,20.

Die Lautwerte können landschaftlich untereinander verschieden sein und
entsprechend unreine und reine Reime abgeben (z. B. liegt Augenreim in
späterem /ei/ : /î/ vor); vgl. § 42.

Anm. 1: Unterschiede in der Schreibung zeigen sich um 1300 u. a. zwischen ⟨ei⟩ der
Manesseschen Hs. aus Zürich und ⟨ai⟩ der Weingartener Liederhs. aus Konstanz.

Nhd: Im Nhd. fällt der seit dem 13. Jh. zu /ai/ geöffnete alte Diphthong /ei/ (<
germ. /ai/) mit dem durch die ‚nhd.' Diphthongierung neu entstandenen /ei/ (<
mhd. /î/) zusammen; hinzu treten wenige ins Nhd. übernommene Kontraktions-
fälle (*Eidechse, Getreide, Maid,* EN *Meinhard, Reinhard* u. a.; § 107). In der
Schreibung wird ⟨ei⟩ bevorzugt (z. B. *mîn bein > mein Bein*), mit wenigen
Ausnahmen wie *Kaiser, Mai, Laie, Maische.* Zur Unterscheidung von Homophonen steht meist ⟨ei⟩ für den aus mhd. /î/ diphthongierten Laut und ⟨ai⟩ für
den alten Diphthong /ei/: *lîp* ‚Leib' − *leip* ‚Laib', *sîte* ‚Seite' − *seite* ‚Saite', *wîse*
‚Weise' − *weise* ‚Waise'.

Bei den Verben der Ablautreihe Ia werden Infinitiv und Präsens zu /ei/
diphthongiert (*grîfen* ‚greifen', *ich grîfe* ‚ich greife'), die Formen des Sg. Prät.
zumeist von mhd. /ei/ zu nhd. /i/ oder /i:/ ausgeglichen (*ich greif* ‚ich griff', *ich
schreip* ‚ich schrieb').

§ 79   mhd. /ou/

Mhd: Germ. /au/ kommt im Ahd. Mhd. als Diphthong /ou/ vor, außer vor
Dentalen und germ. /h/, wo es bereits im 8. Jh. zu /ô/ monophthongiert wird
(vgl. § 39, § 74). Die gemeinsame Herkunft von mhd. /ou/, /ô/ zeigt sich im Sg.
Prät. der II. Ablautreihe (§ 246): *ich bouc* ‚ich bog' − *ich bôt.* Die Schreibung

dieses Diphthongs, die in den mhd. Hss. mehrere Varianten kennt, kehrt im 13. Jh. im Obd., bes. im Bair., zu dem Zeichen ⟨au⟩ zurück und deutet damit eine wohl früher zu datierende Öffnung der Aussprache an. Statt ⟨ouw⟩ wird häufig ⟨ow⟩ geschrieben *(frouwe — frowe)*, doch ohne Veränderung des Lautwertes (§ 68, Anm. 3).

Maa: Zu dem og. Diphthong /ou/ tritt seit dem 12. Jh. der durch die ‚nhd.‘ Diphthongierung aus mhd. /û/ entstandene neue Diphthong /au/ *(hûs > Haus)*, der vom bair. Südosten ausgehend im Verlauf der mhd. u. frühnhd. Epoche den größten Teil des hd. Sprachraums erfaßt (vgl. § 42, § 76). — Im Md. (Mfrk., Rheinfrk., Othür., Obsächs., Ofrk.) wird seit dem 13. Jh. altes mhd. /ou/ (< germ. /au/) zu /ô/ monophthongiert *(boum > bôm);* vgl. § 162,1; § 166,3. — Im Mbair. tritt seit dem späten 13. Jh. ein aus /ou/, /û/ entstandenes /â/ auf; vgl. § 159,15. — Im Bair. erscheint seit dem 14. Jh. ein aus /ô/ diphthongiertes /ou/ in der Schreibung *(brôt > prout);* vgl. § 159,11. — Zu den nbair. ‚gestürzten‘ Diphthongen /ei/, /ou/ für mhd. /ie/, /uo/ vgl. § 159,20. — Im Obd. wird der Umlaut von /ou/ durch folgenden Labialkonsonanten verhindert *(toufen, gelouben)*, wo das Md. Umlaut kennt *(töufen, gelöuben);* vgl. § 41, Anm. 7.

Nhd: Im Nhd. fallen der alte Diphthong /ou/ (< germ. /au/) und der aus der ‚nhd.‘ Diphthongierung entstandene Diphthong /au/ (< mhd. /û/) zusammen im Zeichen ⟨au⟩: *ouge* ‚Auge‘, *vrouwe* ‚Frau‘, *mûs* ‚Maus‘, *rûch* ‚rauh‘ (aber *rouch* ‚Rauch‘). Der Diphthong /ou/ des Sg. Prät. der Ablautreihe IIa wird überwiegend zu nhd. /o:/ oder /o/ ausgeglichen: *ich bouc* ‚ich bog‘, *ich louc* ‚ich log‘; *ich krouch* ‚ich kroch‘, *ich rouch* ‚ich roch‘. Mal. Einfluß ist bei der Veränderung von *roum > Rahm, stroum > Strom, stroufen* (neben *strôfen*) > *abstreifen* anzunehmen. Die dem Obd. eigene Umlautverhinderung vor Labialkonsonanten setzt sich oft im Nhd. durch: *gelouben, erlouben, zoubern, toufen, koufen*, aber daneben mit Umlaut *troumen* ‚träumen‘, *zoumen* ‚zäumen‘, *touben* ‚betäuben‘; ebenso obd. /ou/ vor /gg/ *(gouggeln;* aber dagegen mit Umlaut im Nhd. *loug(g)nen* ‚leugnen‘) und vor /w/ *(ouwe* ‚Aue‘, *frouwe* ‚Frau‘; aber mit Doppelformen mhd. *gouwe/göuwe* bzw. *gou/göu* und im Nhd. ‚Gau‘/(All-)gäu); vgl. § 41, Anm. 7.

mhd. /öu/ § 80

Mhd: Mhd. /öu/ ist der Umlaut zu mhd. /ou/ (< germ. /au/), z.B. *ouge — öugelîn, loup — löuber* (< ahd. *loubir*); § 41, § 79. Der Umlaut ist durchweg nicht vor /w/ und im Obd. nicht vor Labialen und /gg/ durchgedrungen: *ouwe* ‚Aue‘, *frouwe;* obd. *houbet — md. höubet*, obd. *troumen — md. tröumen*, obd. *lougnen — md. löugnen;* vgl. § 41, Anm. 7.

Das Zeichen ⟨öu⟩ gibt es in den Hss. des ‚klass.‘ Mhd. nicht; der umgelautete Diphthong /öu/ wird im Bair. u. Md. oft ⟨eu, ev, ew⟩ geschrieben, sonst aber auch ⟨ou, oi, öi⟩ u. dgl. In den Handbüchern und Textausgaben wird er mit ⟨öu, eu, öi⟩ wiedergegeben; genauer wäre ⟨öü⟩. Statt ⟨öuw⟩ erscheint oft ⟨öw⟩ (§ 68, Anm. 3). Mißverständlich ist die Schreibung ⟨oi⟩, da sie im Mfrk. /ô/ bezeichnet (mit *i* als Längezeichen), sonst auch den Umlaut von /o/ oder /ô/. Das Zeichen ⟨oi⟩ für den Diphthong /öu/ findet sich in Entlehnungen aus dem Frz. neben ⟨oy⟩, z. B. in *vloite* ‚Flöte‘, *curtois/curtoys* ‚höfisch‘; § 156. Verbreitet ist mhd. *voit* ‚Vogt‘ aus lat. *vocatus* über ahd. *vogât,* mhd. *voget.*

Maa: Zum Umlaut /öu/ im Md. und der Umlauthinderung im Obd. s. o. und § 41, Anm. 7. – Zu dem alten Diphthong /öu/ tritt seit dem 12. Jh. der aus mhd. /iu/ [ü:] im Zuge der ‚nhd.‘ Diphthongierung entstandene Diphthong /eu, äu/, die in den Maa. aber auseinandergehalten werden; vgl. die Parallelfälle /ou, au/ (§ 79, § 76) und /ei, ai/ (§ 78, § 73).

Nhd: Im Nhd. fallen der umgelautete Diphthong /öu/ (< ahd. /ou/, germ. /au/) und der durch die ‚nhd.‘ Diphthongierung aus mhd. /iu/ [ü:] entstandene Diphthong /äu, eu/ zusammen, wobei die Zeichen ⟨eu, äu⟩ nach etymologischen Gesichtspunkten verteilt werden: *vröide* ‚Freude‘, *söugen* ‚säugen‘ (vgl. § 77). Analogieausgleich zeigen mhd. *er höust* – nhd. *er haust,* mhd. *er höut* – nhd. *er haut.* Zur unterschiedlichen Übernahme von /ou/ bzw. /öu/ (bair. alem. *toufen* – md. ofrk. *töufen*) vgl. § 41, Anm. 7, § 79. Entrundung von /öu/ zu /ei/ liegt vor in *slöufe* ‚Schleife‘, *eröugen* ‚ereignen‘; vgl. § 49.

§ 81 mhd. /ie/

Mhd: Im spätahd. u. mhd. Diphthong /ie/ (gesprochen [i + e], nicht wie im Nhd. als Langmonophthong [i:]), sind Laute verschiedener Herkunft zusammengefallen:

1. germ. /eu/ > ahd. /eo, io, ie/ > mhd. /ie/
2. germ. */aiw/ > */êw/ > ahd. /io, ie/ > mhd. /ie/
3. germ. /ê²/ > ahd. /ea, ia, ie/ > mhd. /ie/

1. Durch Spaltung des germ. /eu/ entstehen im Ahd. die beiden Diphthonge /iu/ (vor /i, j, u, w/; vgl. § 77) und /eo/ (vor /a, e, o/ in der Folgesilbe; vgl. Brechung § 35), woraus sich im Mhd. die morphophonemische Alternanz von langem Monophthong /iu/ [ü:] und Diphthong /ie/ ergibt: mhd. *bieten – ich biute – wir bieten.* Hiervon betroffen sind bes. die Präsensformen der II. Ablautreihe (*biegen, ziehen, liegen* ‚lügen‘, *triegen* ‚betrügen‘, *verliesen* ‚verlieren‘; s. § 246), aber auch etymologisch verwandte Wörter wie mhd. *liuhten* ‚leuchten‘ – *lieht* ‚Licht‘ oder Doppelformen durch Ausgleich wie *knie, kniu* – Gen. *kniewes, kniuwes* (vgl. § 35, Anm. 1). Vgl. Penzl 1971, 137–141; Penzl 1975,96f.

Anm. 1: Das Nebeneinander von mhd. *tievel* und *tiuvel* ist von dem Wechsel /ie/ – /iu/ (§ 35) zu trennen: der Tonsilbenvokal in ahd. *tiufal* (< got. *diabulus* < gr. *diábolos*) wird durch volksetymologische Angleichung an obd. *tiuf* erklärt; *tievel* entspricht der späteren Form des Adj. *tief.* Vgl. Lessiak 1933,197.

2. Das aus germ. */aiw/ > */êw/ über ahd. /io, ie/ entstandene mhd. /ie/ in den Wörtern *ie* ‚immer‘, *wie* findet sich in Zusammensetzungen wie *ieman* ‚jemand‘, *ieg(e)lîch, iezuo, iezunt;* vgl. § 43, Anm. 1.

3. Aus germ. /ê²/ entsteht im Ahd. durch Diphthongierung (§ 40) über /ea, ia/ letztlich /ie/, mhd. /ie/. Das nicht aus dem Idg. stammende /ê²/ weist unterschiedliche Herkunft auf: a) frühe Entlehnungen des Germ.: got. *hêr* – ahd. *hear, hiar, hier* – mhd. *hier;* mhd. *zier* ‚schön‘, *zieren, kien* ‚Pechfackel, Kien‘, *kienspan* (ae. *cên), schiere* ‚schnell‘, *Krieche* ‚die Griechen‘ (got. *Krēks),* evtl. *miete* ‚Lohn‘ (vgl. Knapp 1970). b) Verschmelzung der Reduplikationssilbe mit der Wurzel im Sg. Pl. Prät. der ehemals reduplizierenden Verben (mhd. Klasse VII a, s. § 253, § 30) und dissimilatorischer Schwund des dazwischenstehenden Konsonanten: (got. *haíhald*) > **healt* > as. *hêlt;* ahd. *healt, hialt* > mhd. *hielt* (vgl. dagegen Huisman 1982, 416). c) Lehnwörter mit urspr. Langvokal /ê/ wie mhd. *ziegel* (lat. *tēgula), spiegel* (lat. *spēculum), brief* (mlat. *brēve* < *brevis), fieber* (lat. *fēbris*) u. a. (vgl. Braune/Eggers 1987, § 35f.).

Maa: Im Md. tritt seit dem 12. Jh. die sog. ‚nhd.‘ oder ‚md.‘ Monophthongierung des Diphthongs /ie/ zum langen Monophthong /i:/ (oft nhd. ⟨ie⟩ geschrieben) ein, die sich vom Wmd. über das Rheinfrk., Teile des Süd- u. Ofrk. bis zum Omd. verbreitet (§ 43). – Im Bair., Ofrk. u. auch Alem. reimen /ie/ und /î/ im Auslaut und vor /r, n, ht, hs/ (*niht* – *lieht);* vgl. § 159, 10. – Im Mbair., Sbair. u. Ofrk. entwickelt sich aus /i/ vor Nasal, /r/ o. /h/ ein jüngerer Diphthong /ie/ *(dieng, dier, siechst);* vgl. § 159, 10. – Im Süd- u. Mbair. wird /ie/ zu /ea/ (mhd. *dienst* > mbair. *deanst);* vgl. § 159, 17. – Zu den nbair. ‚gestürzten‘ Diphthongen /ei/ u. /ou/ für mhd. /ie/ u. /uo/ vgl. § 159, 20. – Zu dem aus ahd. *eha, eho* entstandenen /ie/ *(sien* < *sehen)* bes. im Mfrk. vgl. § 165, Anm. 5. – Im Mfrk. u. in Teilen des Hess. bleibt (wie im Ndd.) altes /ê/: *lêf* – *liep.*

Nhd: Die seit dem 12. Jh. im Md. sich ausbreitende sog. ‚nhd.‘ Monophthongierung von mhd. /ie/ zu /i:/ setzt sich, meist unter Beibehaltung der Schreibung ⟨ie⟩, im Nhd. durch: *bieten, fliehen, stieʒ, ziegel* (§ 43). Die auf diese Weise entstandenen langen Monophthonge können vor Konsonantenhäufung (bes. /ht/, /r/ + Kons.) gekürzt werden: *lieht* ‚Licht‘, *viehte* ‚Fichte‘, *iergen* ‚irgend‘, *niergen, dierne, viertel, vierzehen; gienc, hienc, vienc.* Schon mhd. gelten *iemer* neben *immer,* ebenso *niemer* neben *nimmer* (vor *-er, -m*); vgl. § 47.

Analogie wirkt in *liegen* > nhd. *lügen* durch Einfluß von *lüge* < *luge* (§ 68); mhd. kommt bereits *liugen* vor. Nhd. *trügen* < mhd. *triegen* ist eine Reimwortbildung dazu, unter Anlehnung an *Trug.*

Der morphophonemische Wechsel von mhd. /iu/ [ü] – /ie/ wird im Nhd. zugunsten des /i:/ ⟨ie⟩ ausgeglichen: mhd. *ich biute* > nhd. *ich biete* (§ 77). Anlautendes *íe* ist seit dem 14. Jh. über *ié* zu *je* geworden, so auch in den Komposita *ieman, ieder, iezu* ‚jetzt‘, *ietweder* u. a. (§ 43, Anm. 1).

§ 82   mhd. /uo/

Mhd: Germ. /ô/ (< idg. /ā/, /ō/), frühahd. /ô/ wird über /oa, ua/ bis zum Ende des 9. Jhs. zu /uo/ diphthongiert (Ahd. Diphthongierung, § 40), das auch im Mhd. gilt: (got. *fôtus*) ahd. *fôʒ, fuaʒ, fuoʒ* > mhd. *fuoʒ;* (got. *sôkjan*) ahd. *sôhhen, suahhen, suohhen* > mhd. *suohhen* ,suchen'. Hierher zählen auch die Präteritalformen (außer Part. Prät.) der VI. Ablautreihe: *ich truoc, wir truogen.* Auch /ō/ in Lehnwörtern wird diphthongiert, z. B. mlat. *prōvenda* > ahd. *phruonta* > mhd. *pfruonde* ,Pfründe', daneben umgelautet *pfrüende,* ebenso *almuosenǽre* neben *almüesener.* Das spätahd. Zeichen ⟨uo⟩ wurde von Lachmann als Schreibnorm gewählt; in den Hss. kann ⟨ů⟩ oder ⟨v̊⟩ /uo/, aber auch nur /u/ bedeuten; vgl. § 19.

Maa: Im Bair. u. Ofrk., auch im Alem. gibt es im Auslaut, vor /r, n, ht, hs/ Reime auf /u/ oder /û/: *tuo : nû, fuorte : hurte, tuon : sun, versuoht : zuht, wuohs : fuhs;* vgl. § 159,10. – Bes. im Bair. entsteht ein jüngerer Diphthong /uo, ue/ *(sůn, gůnst);* vgl. ebd. – Im Mittel- u. Sbair. geht /uo/ im 13. Jh. in /ue/ über *(guet, buech),* im Mbair. auch /uo/ > /oa/ vor /n, m/; vgl. § 159,17. – Umlauthindernd wirken im Obd. Labiale und /ch/ *(uoben, suochen),* vgl. § 41, Anm. 7. – Im Mfrk. u. z. T. im Hess. bleibt germ. /ô/ (wie im Ndd.) erhalten: *gôd* statt *guot.* – Im Md. wird, ausgehend vom Wmd., /uo/ seit dem 11. Jh. zu /u:/ monophthongiert (,nhd.' o. md. Monophthongierung; § 43).

Anm. 1: *Uote* hat (niederrh.) falsches /uo/ statt /ô/ aus /au/; s. Hempel 1952,141.

Nhd: Mhd. /uo/ wird im Zuge der ,nhd.' o. md. Monophthongierung (§ 43) zunächst im Md. zu /u:/, das in die nhd. Schriftsprache eindringt: mhd. *bluome* > nhd. *Blume, ruowe* > *Ruhe, schuoh* > *Schuh, zuo* > *zu.* Kürzung tritt vor Konsonantenhäufung, vor /t/, -*er* ein: *stuont* ,stund' (veraltet), ,stand'; *muoter* ,Mutter', *vuoter* ,Futter', *Uolrich* ,Ulrich'; im Nebenton bei *muoz* ,muß'; vgl. § 47,6. Die obd. Umlautverhinderung des /uo/ vor Labialen o. /ch/ (§ 41, Anm. 7) hält sich nhd. nicht in *uoben* ,üben', doch in *suochen* ,suchen' und *ruochen* ,geruhen'.

§ 83   mhd. /üe/

Mhd: Der mhd. Diphthong /üe/ ist der Umlaut des Diphthongs /uo/ (§ 82) und kommt in spätahd. Zeit (10./11. Jh.) mit den Zeichen ⟨ue⟩ oder ⟨ui⟩ in der Schreibung vor. Mhd. /üe/ findet sich im Konj. Prät. der Ablautreihe VI, z. B. *ich trüege, wir trüegen,* ebenso in der 2. Sg. Ind. Prät. *du trüege* ,du trugst'; weiterhin in ehemaligen Verben auf -*jan: büeʒen, rüemen, blüejen.* Die Umlautung unterbleibt im Obd. vor Labialen oder /ch/: *uoben* (neben *üeben*), *suochen, fluochen, ruochen* (§ 41, Anm. 7).

Maa: Im Md. wird der Diphthong /üe/ bereits im 11. Jh. zu /ü:/ monophthongiert (§ 43). – Im Mbair., Nbair. u. Ofrk. wird /ü/ vor Nasal, /h, r/ zu /üe/; vgl.

§ 159,15. – Zur obd. Umlautverhinderung vor Labialen o. /ch/ s. o. – Entrundung des /üe/ über /ü:/ zu /i:/ findet sich im Omd. schon im 14. Jh: *müeder* > *Mieder;* vgl. § 166,4; § 49.

Nhd: Die md. Monophthongierung von /üe/ > /ü:/ setzt sich im Nhd. durch: *brüeder* ‚Brüder', *grüene* ‚grün', *küele* ‚kühl', *vüeren* ‚führen'; vgl. § 43. Kürzung des monophthongierten /ü:/ findet vor Konsonantenhäufung *(nüehtern)*, vor *-ter (müeter, vüetern)*, vor *-el (rüeʒel)* und vor ursprünglicher Doppelkonsonanz *(müeʒen, brüelen)* statt; vgl. § 47. Selten zeigt sich Entrundung von /üe/ > /i:/ *(müeder > Mieder);* vgl. § 49.

KAPITEL III

Konsonantismus

I. Veränderungen der Konsonanten und Konsonantengruppen

A. Veränderungen der Geräuschlaute vom Idg. bis zum Nhd. (Schema)

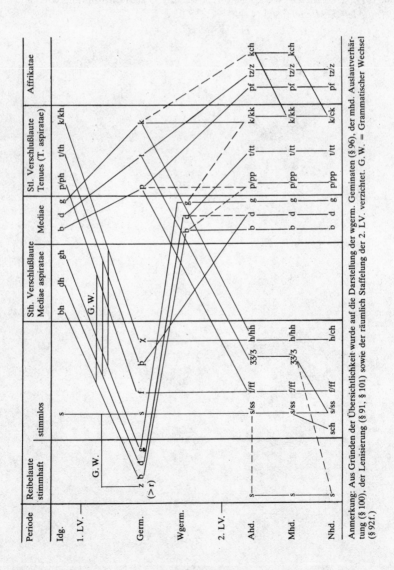

Anmerkung: Aus Gründen der Übersichtlichkeit wurde auf die Darstellung der wgerm. Gemination (§ 96), der mhd. Auslautverhärtung (§ 100), der Lenisierung (§ 91, § 101) sowie der räumlich Staffelung der 2. LV. verzichtet. G. W. = Grammatischer Wechsel (§ 92 f.)

B. Konsonantenveränderung aus idg., germ. und ahd. Zeit

1. Erste oder germanische Lautverschiebung (1. LV) § 85

Das Geräuschlautsystem des Idg. (genauer: der Kentum-Gruppe; § 1) wird, mit Ausnahme des einzigen idg. Spiranten /s/, im Germanischen in der Zeit zwischen dem 2. Jahrtausend und etwa 600 v. Ch. durch Veränderung der Artikulationsart der drei Verschlußlautreihen Tenues, Mediae und Mediae aspiratae (‚Reihenschritte‘) unter Beibehaltung der Artikulationsstelle (Labial, Dental, Guttural) umgestaltet (nach J. Grimm ‚erste o. germ. Lautverschiebung‘, neuerdings genauer ‚Konsonantenverschiebung‘ genannt). Ursache, genauer Zeitraum und relative Chronologie der Verschiebung sind umstritten.

	Tenues			Mediae aspiratae			Mediae			stl. Spir.
Idg.	/p/	/t/	/k/	/bh/	/dh/	/gh/	/b/	/d/	/g/	/s/
1. LV	[p, ph]	[t, th]	[k, kh]	[bh, ƀ]	[dh, đ]	[gh, g̑]	[b, ƀ]	[d, đ]	[g, g̑]	[z]
	stl. Spiranten			sth. Spiranten			Tenues			
Ur-	/f/	/þ/	/χ/	/ƀ/	/đ/	/g/	/p/	/t/	/k/	/s/
germ.	[f, ƀ]	[þ, đ]	[χ, g̑]							[s, z]
				(sth. Spir.) Mediae						
West-	/f/	/þ/	/χ/	[ƀ, b]	[đ, d]	[g, g]	/p/	/t/	/k/	/s/(/r/)
germ.	/ff/	/þþ/	/χχ/	/bb/	/dd/	/gg/	/pp/	/tt/	/kk/	/ss/
Vor-	”	”	”	[ƀ, b]	/d/	[g, g]	”	”	”	”
altfrk.				/bb/	/dd/	/gg/				
Vor-	”	”	”	/b/	/d/	/g/	”	”	”	”
altobd.				/bb/	/dd/	/gg/				

a) Die idg. stl. Verschlußlaut (Tenues) /p, t, k/ entwickeln zunächst aspirierte Allophone [ph, th, kh] (o. fallen mit idg. aspirierten Tenues /ph, th, kh/ zusammen) und werden dann im Germ. zu den stl. Spiranten /f, þ, χ/ verschoben (z. B. lat. *piscis* − ahd. *fisc;* lat. *tres* − got. *þreis;* lat. *cor* − got. *haírto*). Nicht erfaßt werden die idg. Tenues in den Phonemverbindungen /sp, st, sk/ (z. B. lat. *stella* − ahd. *stẹrno*), ebenso /t/ nach (zu /f, χ/ verschobenen) idg. /p, k/ (z. B. lat. *captus* − ahd. *haft;* lat. *noctis* − got. *nahts,* ahd. *naht;* vgl. § 94).

Die neuen germ. stl. Reibelaute (Spiranten) /f, þ, χ/ sowie der aus dem Idg. übernommene stl. Reibelaut /s/ bilden in stimmhafter Umgebung unter bestimmten idg.-urgerm. Betonungsverhältnissen (vgl. Vernersches Gesetz, § 92f.) stimmhafte Allophone [ƀ, đ, g, z], die nach der germ. Initialakzentuierung phonemisiert werden und mit den aus den idg. Mediae aspiratae entstandenen germ. sth. Reibelauten zusammenfallen; germ. /z/ wird zu wgerm. /r/ (Phonemspaltung mit partiellem Phonemzusammenfall).

b) Die idg. sth. behauchten Verschlußlaute (Mediae aspiratae) /bh, dh, gh/ entwickeln zunächst sth. Reibelautallophone [b̌, đ, g], die im Germ. phonemisiert werden. Die sth. Reibelaute tendieren im Wgerm. zu sth. Verschlußlauten /b, d, g/; diese sind durchweg für das Voraltobd. anzusetzen, wogegen das Voraltfrk. nur /d/ als Verschlußlaut, ansonsten Allophone [b, b̌] und [g, g] kennt. In der Gemination gelten immer sth. Verschlußlaute /bb, dd, gg/ (vgl. Wgerm. Gemination § 96).

c) Die idg. sth. Verschlußlaute (Mediae) /b, d, g/ verändern sich, wohl über die Zwischenstufe stimmloser Lenes [b̥, đ̥, g̊], im Germ. zu den stl. Verschlußlauten (Tenues) /p, t, k/ (z. B. lat. *gelidus* − got. *kalds,* ahd. *kalt;* lat. *edere* − ags. as. *ĕtan* ‚essen‘).

Nach der 1. LV. unterscheidet sich das germ. vom idg. Konsonantensystem zunächst durch ein Übergewicht der Spiranten (idg. /s/ − germ. /f, þ, χ, s/, /b̌, đ, g, z/) bei nur einer einzigen Verschlußlautreihe /p, t, k/. Die idg. Korrelationsmerkmale der drei Verschlußlautreihen, die Stimmbeteiligung (z. B. /p/ : /b/) und Aspiration (z. B. /b/ : /bh/), werden im Germ. ausgetauscht durch die Korrelationsmerkmale ‚Verschluß : Enge‘ (z. B. /p/ : /f, b/) unter Beibehaltung der Stimmbeteiligung (z. B. /f/ : /b̌/). Da aber teilweise im Wgerm. und konsequent im Voraltobd. die sth. Reibelaute /b̌, đ, g/ in sth. Verschlußlaute /b, d, g/ übergehen und zudem im Wgerm. (u. Nordgerm.) der sth. Reibelaut /z/ zu /r/ wird (Rhotazismus § 92, § 121), reduziert sich hier der Reibelautanteil auf die Reihe der stl. /f, þ, χ, s/ bei Vermehrung der Verschlußlaute um die Reihe der Medien /b, d, g/. In dem symmetrischen voraltobd. Geräuschlautsystem gilt neben dem Distinktionsmerkmal der Okklusion (Verschluß : Enge), mit dem sich die beiden Verschlußlautreihen von der Reibelautreihe abheben, nunmehr die Druckstärke (Fortis : Lenis) als Unterscheidungsmerkmal der beiden Verschlußlautreihen untereinander. Alle drei Reihen kennen außerdem die Opposition Simplex : Geminata, dies bes. seit der wgerm. Konsonantengemination (§ 96). Mit diesem Geräuschlautsystem des Wgerm., genauer des Voraltobd., ist die Ausgangsbasis für die zweite o. (alt-) hochdeutsche Lautverschiebung (2. LV.) gegeben.

Lit.: Erste o. germ. Lautverschiebung
Überblick: Lerchner 1971, 94−101; Schrodt 1976; Szulc 1987, 62−65.
Untersuchungen: Rask 1818; Grimm, J. 1893; von Raumer 1837; Grassmann 1863; Noreen 1894; Meyer, H. 1901; Franck 1913; Reichelt 1922 (Labiovelare); Güntert 1927; Hirt 1931; Schmitt, A. 1931; Prokosch 1939; Fourquet 1948; Pisani 1949; Lehmann 1953; Streitberg 1963; Galton 1954; Fourquet 1954; Moulton 1954; Hammerich 1955; Lehmann 1963; Brinkmann 1965; Galton 1965; Mitzka 1967; Weinstock 1968; Lane 1969 (Labiovel.); Bennet 1969 (Labiovel.); Krahe/Meid 1969, § 59; Lerchner 1971, 94−101; Moulton 1972; Penzl 1975, 46−55; Schrodt 1976, bes. 21−48; Sonderegger 1979,73f.; Ramat 1981, 31−37; Vennemann 1984; Lehmann 1985; Merlingen 1986; Vennemann 1987; Meid 1987b; Szulc 1987.

2. Zweite oder (alt-) hochdeutsche Lautverschiebung (2. LV.)

§ 86 a) Entstehung und Verbreitung

In der 2. LV. verändern sich etwa im 6./7. Jh. n. Ch. auf hochdt. Sprachgebiet vor allem die germ. stl. Verschlußlaute /p, t, k/ zu stl. Reibelauten /ff, ʒʒ, hh/

oder Affrikaten /pf, tz, kch/ (‚Tenuesverschiebung'; § 87f.), weniger durchgreifend die wgerm.-voraltobd. sth. Verschlußlaute /b, d, g/ zu stl. Verschlußlauten (‚Medienverschiebung'; § 89f.); aus der Reihe der germ. stl. Reibelaute wandeln sich im wesentlichen nur /þ/ > /d/ und /χ/ > /h, ch/ (‚Spirantenverschiebung'; § 91).

	stl. Spiranten			Mediae			Tenues			stl. Spir.
Wgerm.;										
Vor-	/f/	/þ/	/χ/	/b/	/d/	/g/	/p/	/t/	/k/	/s/
altobd.	/ff/	/þþ/	/χχ/	/bb/	/dd/	/gg/	/pp/	/tt/	/kk/	/ss/
2. LV.										

	Spiranten/Mediae			Tenues/Mediae			stl. Spir./Affrikatae			Spir.
Alt-	/f/	/d/	/h/	/b, p/	/t/	/g, k/	/ff, f/	/ȝȝ, ȝ/	/h, hh/	/s/
obd.	/ff/	/dd/	/ch/	/pp/	/tt/	/ck/	/pf/	/tz/	(/kch/)	/ss/

Die 2. LV., die zuerst um 600 im Alem. erscheint, findet sich im Alem. und Bair. am vollständigsten durchgeführt, dagegen im Fränkischen, Hessischen und Thüringischen in unterschiedlichem, nach Norden abnehmendem Ausmaß; nicht erfaßt wird der niederdt. Raum, der im wesentlichen das alte wgerm. Konsonantensystem bewahrt. Die räumliche Staffelung der 2. LV. bestimmt die Einteilung des dt. Sprachgebietes in Landschaftssprachen (vgl. § 4, §§ 157–170).

Umstritten sind in der Forschung Entstehungsraum und Ausbreitungsart (Monogenese o. Polygenese), der genaue Zeitansatz, Ursache und Reihenfolge der Vorgänge. Nach herrschender Auffassung liegt der Entstehungsort der 2. LV. im Süden, von wo sich die Erscheinung wellen- o. strahlenförmig mit nachlassender Wirkung nach Norden ausgebreitet hat. Im Langobardischen als einer Sprachmischung aus wgerm. Sprache auf ogerm.-gotischem Substrat sehen Betz (1953), Hammerich (1955) und Schirmunski (1962) den Ausgangspunkt. Für Bayern als Ursprungsraum sind Schwarz (1927a) und Brinkmann (1941); im Alemannischen suchen Steche (1939) und bes. Mitzka (1951a u. b; 1952; 1955b) die Entstehung der 2. LV.

Gegen diese Thesen zur Monogenese setzt Höfler (1957a u. b) im Sinne seiner ‚Entfaltungstheorie' parallele Entwicklungstendenzen bei den einzelnen germ. Stämmen an (dagegen: Schwarz 1957; Sonderegger 1959b; Marchand 1960; Cordes 1960). Ähnlich nehmen Prädisposition zur LV. bei den Elbgermanen Kauffmann, F. (1915), Prokosch (1917), Bremer (1927) u. Nordmeyer (1936) an, ebenso Fourquet (1954). Polygenese vermuten auch andere Forscher, wenngleich mit Präferenz bestimmter Räume: für Entstehung im Bair. u. Alem. sind Frings (1957) und Zabrocki (1965), im Obd. u. im Westfränk. Bruch (1955); für autochthone LV. im Mittelfrk., bes. Ripuarischen spricht sich Schützeichel (1961; 1964b) wie schon zuvor Lessiak (1933) aus; ebenso Bergmann, R. (1980). Lerchners (1971) Versuch, die Erscheinungen der 2. LV. in fränk. Schreibdialekten als Entlehnungen aus obd. Schreibdialekten zu erklären, widerspricht Simmler (1981) in seiner graphematisch-phonematischen Analyse alem., südrheinfrk. u. mfrk. Texte des 9. Jhs., die autochthone Entwicklung der drei Phonemsysteme erkennen ließen.

Die von Vennemann (1984) vorgeschlagene ‚Verzweigungs- oder Bifurkationstheorie', die die seit Grimm geltende Ansicht von zwei aufeinanderfolgenden Lautverschiebungen in Frage stellt, geht von einer urgerm. Verschiebung von Plosiven zu Frikativen aus, wonach im Germ. durch Verzweigung aus Plosiven im Hochgerm. (= Hochdt.) Affrikaten, im Niedergerm. (= Ndd. u. die anderen germ. Sprachen) Aspiraten entstehen (dazu: Moulton 1986, Draye 1986, Messing 1986, von Stechow 1986).

Lit.: Entstehung und Verbreitung der 2. LV.:
Überblick: Lerchner 1971, 24–31; Barrack 1976; Barrack 1978; Szulc 1987, 100–103; Braune/Eggers 1987, § 83, Anm. 1.
Monogenese: Schwarz 1927a; Karstien 1939,127; Steche 1939; Brinkmann 1941; Mitzka 1951a; Mitzka 1951b; Mitzka 1952; Betz 1953; Moser, Hugo 1954; Hammerich 1955; Mitzka 1955b; Schwarz 1957; Cordes 1960; Marchand 1960; Mitzka 1967; Bach, A. 1969; Lerchner 1971; Goossens 1978; Goossens 1979; Braune/Eggers 1987, § 78.

Polygenese: Kauffmann, F. 1915; Prokosch 1917; Bremer 1927; Lessiak 1933; Nordmeyer 1936; Fourquet 1954; Bruch 1955; Höfler 1955; 1956; 1957a u. b; Frings 1957; Schützeichel 1961; Schirmunski 1962; Kratz 1963; Schützeichel 1964a; Schützeichel 1964b; Zabrocki 1965 (3. LV.); Schirmunski 1966; Schützeichel 1976; Barrack 1976; Schützeichel 1979; Bergmann, R. 1980; Simmler 1981,740f.; Bergmann, R. 1983; Simmler 1985.
Entstehungszeit: Kauffmann, F. 1915,364; Schwarz 1927a; Steche 1937; Twaddell 1939; Steche 1939; Mitzka 1951b,68; Schützeichel 1961,277ff.; Penzl 1964; Bergmann, G. 1965,47; Sonderegger 1979,126ff.; Penzl 1984b; Braune/Eggers 1987, § 83, Anm. 1; Vennemann 1987.
Ursachen: Lerchner 1971; 32ff., 57–80, 98–101; Bennett 1972; Wolf, N.R. 1981,38f.; Braune/Eggers 1987, § 83, Anm. 1 (dort auch weitere Lit.).
Allgemein zur 2. LV.: Paul, H. 1874; Braune 1874a; Feist 1910; Feist 1912; Feist 1917; Prokosch 1922; Heinertz 1925; Schmitt, A. 1949; Kufner 1960; Sonderegger 1974, 155–167; Birkhan 1979; Goossens 1980; Wolf, N. R. 1983; Hansen 1987; Haubrichs 1987; Szulc 1987, 94–109.

b) Tenuesverschiebung

§ 87   α) Phonologische Aspekte

Die Verschiebung der stl. Verschlußlaute germ. /p, t, k/ führt je nach Quantität (Simplex o. Geminata) und bei Simplex je nach Stellung im Wort zu unterschiedlichen Ergebnissen, evtl. zu unterschiedlichen Vorgängen (s. u.). Als erste Zwischenstufe wird seit den Junggrammatikern die Behauchung (Aspiration) der Tenues angesehen (dagegen: Hammerich 1955). In bestimmten Fällen, so bes. in den Phonemverbindungen /sp, st; ft, ht, tr/ (z. B. mhd. *spil, stein; luft, naht, triuwe*), unterbleibt wegen benachbarter Spirans o. /r/ die Aspiration und demzufolge auch die Verschiebung; dies gilt auch für mhd. *-ter* (< -tr; z. B. mhd. *winter, lûter, eiter* neben *eiȝ* ‚Geschwür', *bitter*) und /sk/ (ahd. *sculd*), das erst im Mhd. zum Zischlaut /ʃ/ ⟨sch⟩ wird (§ 13, § 20, § 155; Lerchner 1971,151ff.).

Umstritten sind die nächsten ‚Reihenschritte'. Überwiegend wird angenommen, daß in allen Positionen aus den Aspiraten /ph, th, kh/ die Affrikaten /pf, tz, kch/ entstehen, die in ‚starker' Stellung, also im Anlaut, inlautend nach Konsonant oder als Geminata, fest werden, in ‚schwacher' postvokalischer

Stellung aber zu Doppelspiranten /ff, zz, hh/ weiterverschoben werden. Demnach ist aus der Aspirata (z. B. dem Labial /ph/) in einem dissimilatorischen Prozeß zunächst in allen Fällen (= spontaner Lautwandel) eine artikulatorisch homorgane Lautverbindung (z. B. des labialen Verschlußlautes /p/ + des labialen Reibelautes /f/) entstanden, die Affrikata (z. B. /pf/); hiernach kommt es zur Phonemspaltung der Affrikata, indem kontextbedingt (= kombinatorischer Lautwandel) in bestimmten Fällen die Affrikata (z. B. /pf/) erhalten bleibt, in anderen Fällen durch Assimilation (z. B. [p] an [f] > [ff]) ein Doppelspirant entsteht. Diesen Schritt von der Affrikata zur Spirans bezeugen die Veränderungen von /lpf/ > /lf/ (z. B. ahd. *hëlpfan* > *hëlfan*) und von /rpf/ > /rf/ (z. B. ahd. *dorpf* > *dorf*). Diese neuen Spiranten (z. B. /ff/, vereinfacht /f/) fallen zusammen mit bereits vorhandenen Spiranten (z. B. /ff, f/ < germ. /ff, f/ < idg. /p/), es kommt also zum Phonemzusammenfall und damit nicht zu einer Systemerweiterung. Die Affrikata erweitert das Phonemsystem nur, wenn man sie als monophonemischen Laut (z. B. /pf/) wertet und nicht biphonemisch (als zwei Phoneme; z. B. /p/ + /f/, die bereits im System vorhanden sind).

Beispiel:

germ. /p/ > ahd. /ph/ > /pf/ > /pf/ (anl., inl. nach Kons., als Gemin.)
> /ff, f/ (nach Vokal)

Nach anderer Auffassung (Fourquet 1948; ders. 1954; Penzl 1964, 40; Lerchner 1971, 142–146; Simmler 1981) bilden sich zunächst nur bei postvokalischem Simplex aspirierte Allophone [ph, th, kh], die unmittelbar, dh. ohne Zwischenstufe der Affrizierung, spirantisiert werden zu /ff, zz, hh/. In den übrigen Fällen (anlautend, inl. postkonsonantisch, als Geminata) werden dagegen aus aspirierten Allophonen Affrikaten /pf, tz, kch/.

Beispiel:

germ. /p/ > [p / ph] (anl., inl. nach Kons., Gemin.) / (nach Vokal) > [ph / F] > [ppf, pf] /ff/ > /pf/ /ff/

Lit.: Zur Phonologie der Tenuesverschiebung
Überblick: Lerchner 1971, 20–24, 136–146; Braune/Eggers 1987, § 84, § 87; Szulc 1987, 95–100. – *Untersuchungen:* Wilmanns 1897; Jacobson 1931; Steche 1939; Fourquet 1948; Mitzka 1951a; Moulton 1954; Fourquet 1954; Galton 1954; Hammerich 1955; Twaddell 1956; Brosnahan 1959; Kufner 1960; Schützeichel 1961; Lehmann 1963; Schweikle 1964; Penzl 1964; Vonficht 1964; Reiffenstein 1965; Vennemann 1968; Penzl 1971, 147–173; Lerchner 1971; Vennemann 1972b; Voyles 1972; Penzl 1975, 81ff.; Simmler 1976; Sonderegger 1979, 127–132; Simmler 1981; Leys 1982; Vennemann 1984 (dazu: Moulton 1986; Draye 1986; von Stechow 1986; Messing 1986); Simmler 1985; Szulc 1987; Hansen 1987.

§ 88 β) Ergebnisse der Tenuesverschiebung

Spiranten: Einfache germ. stl. Verschlußlaute /p, t, k/ werden nach Vokal zu geminierten stl. Spiranten (Fortes) /ff, ʒʒ, hh/, nach langem Vokal und im Auslaut vereinfacht zu /f, ʒ, h/. Diese Verschiebung umfaßt das gesamte hd. Gebiet (mit Ausnahme des mfrk. bewahrten /t/ in den Wörtern *dat, dit, it, wat, allet*) und bildet (zusammen mit der Verschiebung des /t/ zur Affrikata /tz/; s. u.) das phonologisch wichtigste Unterscheidungsmerkmal zwischen dem Ndd. und dem Hd.:

| mndd.: | *drëpen* | *rôpen* | *skip;* | *water* | *lâten* | *dat;* | *waken* | *ik* |
| mhd.: | *trëffen* | *ruofen* | *schif;* | *waʒʒer* | *lâʒen* | *daʒ;* | *wachen* | *ih* |

Diese Reibelaute sind bair. u. südalem., auch omd. lang, wmd. u. nordalem. aber schon wie in der nhd. Hochsprache kurz zu sprechen. Im Mhd. werden klar geschieden die einfachen von den geminierten Reibelauten /f/ − /ff/, /ʒ/ − /ʒʒ/, ebenso die in der 2. LV. entstandenen Reibelaute von den aus dem Germ. stammenden Reibelauten, also /f/ (< germ. p) − /v/ (< germ. /f/; z. B. mhd. *ruofen* − *uover* ‚Ufer‘, mndd. *rôpen* − *ôver;* § 131) und /ch/ (< germ. k) − /h/ (< germ. /χ/; z. B. mhd. *zeichen* − *zîhen* ‚zeihen‘, got. *taikn* − *gateihan;* § 138ff.). Letzteres /h/ (< germ. /χ/) hat sich auslautend und vor Konsonant als Spirans erhalten (mhd. *er zêch, naht*). Für /hh/ wird mhd. ⟨ch⟩ geschrieben, meist auch für /h/ im Auslaut (*er sah* o. *er sach*); Schreibung ⟨h⟩ bleibt dagegen bei Hauchlaut im Anlaut *(hôch)* und als Reibelaut bei /ht/ u. /hs/ *(naht, vuhs;* vgl. §§ 138–142).

Affrikaten: Germ. stl. Verschlußlaute /p, t, k/ werden als Geminaten o. im Anlaut o. inlautend nach Konsonanten /l, r, m, n/ zu den Affrikata /pf/, /tz, z/ [ts], /kch/ verschoben. Nur /t/ > /tz, z/ gilt im ganzen hd. Gebiet:

mndd. *tal, swart, sitten* − mhd. *zal, swarz, sitzen*

Dagegen hat die Affrikata /kch/ die geringste Ausbreitung erreicht; sie findet sich nur im Südobd. (Südalem., Südbair., auch Mbair.; § 159,1, § 160), während im nördl. Teil des Alem., Bair., im Ofrk. und im gesamten Md. /k/ erscheint (daraus wie aus den heutigen Maa. ist für den Großteil des Gebietes die Aussprache aspiriertes [kʼ] zu erschließen): südobd. *kchind, wërkch;* im übrigen Mhd. u. Mndd.: *kind, wërk.*

    Sehr unterschiedlich hat sich die Affrikata /pf/ ausgebreitet: Nur im Obd. (Alem., Bair., Ofrk.) und am Südrand des Omd. findet sich anlautendes /pf/ *(pfund)*, ansonsten (im Südrheinfrk., Md. wie im Mndd.) unverschobenes /p/ *(pund)*. Im Obd. einschließlich des Südrheinfrk. kommt /pf/ nach /m/ u. als Reflex der germ. Geminata /pp/ vor (z. B. *schimpfen, apfel*), wogegen im Md. u. Mndd. in diesen Stellungen keine Verschiebung stattfindet *(schimpen, appel)*. Am weitesten dringt /pf/ nach Norden vor in der Stellung nach /l/ o. /r/, so daß im ges. Obd. und Rheinfrk. Affrikata vorkommt (z. B. *hëlpfan, dorpf*, seit dem 9. Jh. *hëlfan, dorf*).

Wieweit zum verschiedenen Anteil des Fränkischen an der Lautverschiebung der ererbte Lautvorrat entscheidend mitgewirkt hat, bleibt zu fragen.
Denn nach Liquida tritt darüber hinaus als neu die Affrikata auf, die häufig in
-*dorph, -dorpf* bezeugt ist. Diese Affrikata läßt sich bis in mhd. Zeit vom Mfrk.
her in Hessen und Nordthüringen beobachten. Jener Raum läßt die Möglichkeit einer Kreuzung /rp/ : /rf/ zu, s. Bruch 1953a, 149; vgl. auch Kratz 1963, 66ff.

Anm. 1: Das Problem der ‚langen‘ Affrikaten, das Fourquet (1954) aufgeworfen hat,
bleibt hier beiseite (*pfund* < *pund*, aber *appfel* < *appel*). Es ist unsicher, ob es für das
Mhd. noch relevant ist. Bei den Affrikaten bleibt einerseits der Verschluß erhalten,
andererseits findet ein Übergang zu einer anderen Artikulationsstelle statt (von der *p-*
zur *f-* und von der *t-* zur *s*-Artikulation; Fourquet 1954,18).

Anm. 2: Keine Lautverschiebung zeigen die niederrheinischen ritterlichen Lehnwör-
ter *wâpen* neben *wâfen* (mhd. ohne Bedeutungsunterschied), *dörper* ‚Bauer‘ (> nhd.
Tölpel), hd. *dorfære* und *(ge)bûre, muote* ‚Begegnung‘, *muoten* neben *muoʒen* ‚im
Kampf begegnen‘, *baneken* ‚umhertummeln‘ und die Diminutivsilbe *-kîn* in *schapele-
kîn* (zu *schapel* ‚Kranz‘), *merlekîn* (zu *merle* ‚Amsel‘), *negelkîn* ‚Nelke‘, zu *nagel* usw.
(Vgl. § 9,1 u. § 65, Anm. 5.)

Anm. 3: Der Gebrauch von ⟨ph, pf⟩ in urkundlicher Tradition im Bereich der silbenanlautend unterbliebenen Verschiebung im Rhein- und Mfrk. wird auf kanzleisprach-
liche Überschichtung zurückgeführt: der Speyergau verwendet ⟨pf⟩ seit 1208, Speyer
⟨ph⟩ seit 1300, ⟨pf⟩ seit 1320, Worms seit 1321 bzw. 1330, Mainz seit 1331 bzw. 1482,
Friedberg seit 1342 bzw. 1475. ⟨p⟩ wird selten, kommt aber noch bis ins 15. Jh. hinein
vor. (Böhme 1893,72; Hoffmann, J. 1903,177). Die hess. Urkundenbücher bestätigen
dieses Bild. Es ist an einen schon früh anzusetzenden Anschluß der landschaftlichen
Umgangssprache über den *p*-Mundarten zu denken. Mitzka sucht im Ostflügel des
Wmd. schon der mhd. Sprachperiode auch eine Ausgangslandschaft des Nhd. (Mitzka 1959b).

c) Medienverschiebung

α) Phonologische Aspekte   § 89

Die wgerm. Medien /b, d, g/ bilden im Voraltobd. wohl zunächst stl. Lenis-
Allophone, die sich dann, nachdem durch die totale Verschiebung der germ.
Tenues /p, t, k/ im obd. System eine Tenues-Lücke entstanden ist, gleichsam im
Sog zu stl. Fortes-Allophonen verändern, die als Geminaten /pp, tt, kk/ oder als
Simplizien obd. /p, t, k/ erscheinen. Im Voraltfrk., im wesentlichen dem späte-
ren Md., ist hingegen nur der germ. sth. Reibelaut /đ/ zum sth. Verschlußlaut
/d/ geworden, bei den beiden anderen Lauten gibt es komplementär distribu-
ierte Allophone [b, b] und [g, g], also sth. Reibe- oder Verschlußlaute (§ 90f.).

Anm. 1: Demnach scheiden sich die Verschlußlaute /p, t, k/ und /b, d, g/ auf dem hd.
Gebiete nicht so sehr als stl. und sth. als vielmehr nach der Stärke als Fortes und
Lenes. Hd. /p/ und /k/ waren, soweit sie nicht zu /pf, kχ/ verschoben wurden, ahd.
behauchte Fortes; im Mhd. desgleichen im Anlaut (doch in einem Teile des Rip. und
Thür.-Obersächs. unbehaucht), im Inlaut aber reine (unbehauchte) Lenes. Die ahd.
langen Verschlußlaute (Geminaten) blieben im beharrsamen Gebiet (§ 96f.) teils als
lange Laute erhalten, auch nach ursprünglich langen Vokalen und Diphthongen (so

im Südobd. außer Kärnten), teils sind sie zu einfachen Fortes geworden (so im Mfrk. und z. T. im Schles.); vgl. binnendeutsche Konsonantenschwächung § 101.

<u>Lit.</u>: Zur Phonologie der Medienverschiebung
Fourquet 1948,85f., 101f.; Fourquet 1954; Moulton 1954,33; Frings 1955; Hammerich 1955; Kranzmayer 1956, § 27; Kufner 1960; Meinhold/Stock 1963; Zabrocki 1963,264; Reiffenstein 1965,70f.; Sonderegger 1965; Wiesinger 1968; Lerchner 1971,146ff.; Penzl 1971,42; van Raad/Voorwinden 1973,156f.; Sonderegger 1974,160ff.; Penzl 1975,84; Simmler 1976, 56−59; Sonderegger 1979, 132−136; Braune/Eggers 1987; § 88; Szulc 1987, 103−106.
Ältere Lit.: Scherer, W. 1876; Scherer, W. 1878; Paul, H. 1880b; Heusler 1888; Wilkens 1891; Schatz 1907; Lessiak 1908b; Lessiak 1910; Franck 1913; Behaghel 1928.

§ 90   β) Ergebnisse der Medienverschiebung

Simplicia: Die germ. sth. Reibelaute /b̃, đ, g/, die sich schon im Wgerm. nicht einheitlich weiterentwickeln (vgl. § 85b), zeigen auch nach der zweiten LV. je nach Artikulationsstelle (Dental, Labial, Guttural) und Sprachgebiet divergierende Veränderungen, woraus sich vor allem ein Gegensatz zwischen Fränk. u. Obd. ergibt.

a) Germ. /đ/, schon wgerm. einheitlich Verschlußlaut /d/, bleibt im Mfrk. und Rheinfrk. (abgesehen vom Südrheinfrk. und nach /r/) erhalten, wird aber im Obd. und Omd. zu /t/ verschoben (mfrk. *dohter* − obd. *tohter*). Im Westen rückt während der mhd. Sprachperiode dieses /t/ gegen das /d/ vor. Das /t/ ist stl. Fortis (doch unbehaucht im Gegensatz zur nhd. Bühnenaussprache).

b) Germ. /b̃/ spaltet sich bereits im Vorahd., indem es stellungsbedingt (im Anlaut, nach /m/, in der Gemination) zum Verschlußlaut /b/ wird, ansonsten Reibelaut /b̃/ bleibt. Diesen Zustand bewahrt allein das Mfrk., das für den Reibelaut /b̃/ inlautend in der Regel ⟨v⟩, im verhärteten Auslaut ⟨f⟩ schreibt (z.B. mndd. mfrk. *lof, loves; wërven, warf* − rheinfrk. obd. *lop, lobes; wërben, warp*). Im übrigen Mhd. (Rheinfrk., Omd., Obd.) erscheint Verschlußlaut /b/, der im Auslaut oft verhärtet wird (im normalisierten Mhd. immer; vgl. § 100). Im Bair., wo zunächst in allen Positionen /p/ steht (ahd. *përan, këpan*), wird in mhd. Zeit nur noch im Anlaut meist ⟨p⟩ geschrieben (§ 159,2).

c) Germ. /g/ bleibt im Md. (im Mfrk. u. Nordthür. bis heute) Reibelaut, außer nach /n/ und in der Gemination, wo es Verschlußlaut wird. Sonst aber gilt mhd. wohl allgemein Verschlußlaut /g/, der im Auslaut oft (im normalisierten Mhd. immer) zu /k/ ⟨c⟩ verhärtet wurde (z.B. mndd. mfrk. *dach, dages* [spr. g] − obd. *tac, tages*).

<u>Anm. 1</u>: Der Lautwert der Zeichen ⟨b⟩ und ⟨g⟩ im Mhd. ist nicht mit Sicherheit festzustellen. Im In- und Auslaut gilt in weitem Umfange spirantische Aussprache (§ 104). Ob und inwieweit darin der alte (germanische) Reibelaut erhalten blieb, ist umstritten. Wahrscheinlich aber stellt diese Lautung eine jüngere Entwicklung dar, wie u. a. die erhaltenen Restformen mit Verschlußlaut am Wortende (z.B. *ap, wek*) bezeugen. Für das Bair. steht die Neuentwicklung außer Zweifel.
    Da im heutigen Südbair., z. T. auch im Alem. noch [p] (unbehauchte Fortis) im Anlaut gesprochen wird, ist dies sicherlich auch in der mhd. Sprachperiode der Fall

gewesen; ja diese Aussprache erstreckte sich wohl weiter nach Norden und galt auch im Mittelbair. Sonst aber dürfte stl. Lenis (oder Halbfortis) auf dem obd. Gebiet im An- und Inlaut geherrscht haben. Im md. Raum steht das Mfrk. und Nordthür. mit Erhaltung der Reibelaute dem Ndd. nahe. Sonst herrschte wahrscheinlich nordrheinfrk. und omd. der stimmhafte Laut (wie später noch z.T. im Schles.), im übrigen oberfränk. Gebiet die stl. Lenis.

<u>Anm. 2:</u> Aus germ. /þ/ war ahd. im 9. Jh. /d/ hervorgegangen, gewiß ursprünglich sth., aber schon zu Notkers Zeiten ist /d/ dem /b/ und /g/ im Anlaut gleichgestellt (vgl. Braune/Eggers 1987, § 103). Im Mhd. ist es auf obd. Boden stl. Lenis, md. teils ebenso, teils stimmhafter Laut (wie /b/ und /g/).

Geminata: Die wgerm. geminierten Medien /bb, dd, gg/ (§ 96) sind nur im Ripuarischen (wie im Mndd.) stimmhaft geblieben, sonst wurden sie auf dem ganzen hd. Gebiet zu /pp, tt, kk/, d.i. zu unbehauchten langen Fortes verschoben. Als Schreibung des Dentals gilt allgemein ⟨tt⟩; neben ⟨pp, ck⟩ (meist obd., auch schles.) wird aber vielfach ⟨bb, gg⟩ (meist md.) geschrieben, um diese Laute von den regional unverschobenen /pp, ck/ (z.B. *appel, wecken*) zu scheiden, die behaucht oder mit Reibelaut verbunden waren. Beispiele: Mndd. Rip. *bedde, ribbe, brügge* – mhd. *bette, ribbe/rippe, brügge/brücke.*

<u>Anm. 3:</u> Nur auf einem kleinen Teil des Gebietes ist spätmhd. Zusammenfall mit den alten Geminaten eingetreten, wo alte /pp, ck/ unverschoben geblieben waren. In der nhd. Schriftsprache ist altes und neues /ck/ zusammengefallen, während altes /bb/ und altes /pp/ als /pp/ und /pf/ getrennt sind.

<u>Anm. 4:</u> Zu alem. /gg/ für wgerm. /kk/ vgl. § 134, Anm. 7.

d) Spirantenverschiebung und ahd. Konsonantenschwächung　　　§ 91

Die Reihe der germ. stl. Reibelaute /f, þ, χ, s/ verändert sich nicht geschlossen und z.T. später als die 2. LV.; ob dieser die Veränderungen zugerechnet werden dürfen, ist daher umstritten. Seit der Mitte des 8. Jhs. läßt sich eine Lenisierung dieser Reibelaute feststellen, wodurch sie sich von den aus germ. /p, t, k/ verschobenen stl. Fortis-Reibelauten /f, ʒ, h/ phonologisch distanzieren. Als Geminaten fallen germ. /ff/ und /χχ/ mit den in der Tenuesverschiebung entstandenen Doppelspiranten (aus germ. /p/ u. /k/) zusammen. Einen eigenen Weg geht germ. /þ/, das den durch germ. ahd. /s, ss/ und ahd. /ʒ, ʒʒ/ (< germ. /t/) überbesetzten dentalen Spirantenbereich meidet und sich zur Media ahd. /d/ verändert. Damit wird das wgerm. /d/ (< germ. /đ/), das mit seinen Reihennachbarn /b, g/ im Obd. zu /p, t, k/ fortisiert wurde, auf Dauer aus der medialen Position verdrängt (*dohter* > obd. nhd. *tochter*), wogegen obd. /p, k/ im Spätahd. wieder zu /b, g/ lenisiert werden (§ 90).

Der stl. labiale Reibelaut /f/ (< germ. /f/) wird inlautend, seltener anlautend und teilweise nach Sonorlauten lenisiert, was sich schon im Ahd. durch die Graphien ⟨v, u⟩ ausdrückt (ahd. *fater, hofes, wërfan* > spätahd. mhd. *vater, hoves, wërvan* ‚sich wenden‘). Nur im Auslaut und in seltener Gemination sind altes /f/ und das aus germ. /p/ verschobene /f, ff/ graphisch nicht geschieden *(hof, heffen : skif, offen);* vgl. Must 1967; § 131f.

Der stl. dentale Reibelaut /þ/ des Germ. wird zu /đ/ ⟨th, dh⟩ lenisiert, bevor er zum sth. Verschlußlaut /d/ wird (got. *þata* − ahd.-ofrk. *thaz* − ahd.-obd. *daz*). Er bleibt immer unterschieden von germ. /đ/ > /d/ > ahd. /t/.

Bei dem germ. stl. Reibelaut /s/ läßt sich die Lenisierung wegen der einheitlichen Schreibung ⟨s⟩ nicht belegen. Von dem aus germ. /t/ verschobenen stl. Reibelaut /ʒ/ unterscheidet er sich, wie teilweise vermutet wird, durch palatale, [ʃ]-ähnliche Aussprache.

Germ. /χ/ entwickelt sich im Anlaut und intervokalisch zum Hauchlaut /h/ (ahd. *hano, sëhan*), im Auslaut bleibt es velarer Reibelaut (ahd. *sah, brâhta*). Zum einzelnen vgl. §§ 138−141.

Die Spirantenlenisierung, die allen wgerm. Sprachen eigen ist, hat sich (im Unterschied zur 2. LV.) von Norden (Dänemark) nach Süden ausgebreitet, wohl seit dem 6. Jh. Die noch im Mhd. lenisierten Reibelaute werden im Nhd. wieder Fortes.

Lit.: Spirantenschwächung
Schwarz 1926,186; Steinhauser 1928,139ff.; Brinkmann 1931, 17, 144; Lessiak 1933,285f.; Brinkmann 1941,18; Fourquet 1954,19; Kranzmayer 1956, § 27a; Sonderegger 1959b,151; Sonderegger 1961,278; Reiffenstein 1965, 64, 70; Must 1967; Liberman 1967; Lerchner 1971,153ff.; Braune/Eggers 1987, § 102a; Szulc 1987, 106−109.

Lit.: germ. /þ/ − ahd. /d/:
Lessiak 1933, 113−131; Moulton 1954,33ff.; Valentin 1962; Lerchner 1971, 148−151; Braune/Eggers 1987, § 165ff.; Szulc 1987,107.

Lit.: ahd. /s/ − /ʒ/ (< germ. /t/):
Kauffmann, F. 1890,212; Wilmanns 1897, 138−142; Behaghel 1928,398f.; Lessiak 1933, 76−113; Karstien 1939,138f.; Joos 1952; Moulton 1954; Penzl 1971,71f.; Esau 1976; Braune/Eggers 1987, § 168ff.; Szulc 1987,108f.

3. Grammatischer Wechsel

§ 92 a) Vernersches Gesetz

Durch die germanische Lautverschiebung waren die idg. Tenues /p, t, k/ zu den stl. Reibelauten /f, þ, χ/ geworden. Damals herrschte im Germanischen noch die alte idg. Wortbetonung, nach welcher der Akzent bald auf der Kernsilbe, bald auf dem Flexiv stand (vgl. gr. *pús, podós, póda*). Die stl. Reibelaute wurden nun unter gewissen Betonungsbedingungen zu stimmhaften erweicht. So entsprechen sich lat. *frater* (gr. dor. *phrátōr*) und germ. **brôþar* > mhd. *bruoder*, aber lat. *pater* (gr. *patér*) = germ. *faðár* > mhd. *vater*.

Diese Erscheinung hat zuerst Karl Verner (1877) erklären können; sie läßt sich (nach den Formulierungen H. Pauls 1879c u. Helms 1928) wie folgt als ‚Vernersches Gesetz' fassen: „Die nach der germanischen Lautverschiebung vorhandenen vier stimmlosen Spiranten /f, χ, þ, s/ sind zu den entsprechenden stimmhaften Spiranten /ƀ, g, đ, z/ erweicht in stimmhafter Nachbarschaft, wenn der unmittelbar vorhergehende Vokal nicht nach der ursprünglichen indogermanischen Betonung den Hauptton trug."

/þ/ hat etwa den Lautwert wie /th/ in engl. *thing*, /đ/ wie in engl. *this*, /ƀ/ wie ein mit beiden Lippen gesprochenes [w], /χ/ wie [ch, g] entspricht demselben Laut mit stimmhafter Aussprache; /z/ ist sth. /s/.

Es handelt sich also um eine Lenisierung (vgl. § 102). Die Erweichung tritt aber nur in sth. Nachbarschaft ein, sie unterbleibt daher vor /t/ und /s/: *slahen — geslagen,* aber *wahsen — gewahsen.*

Im nord- und wgerm. Gebiet entwickelte sich /z/ (= sth. /s/) > /r/ (Rhotazismus). Neben diesem aus idg. /s/ entstandenen /r/ steht altes (idg.) /r/, das niemals mit /s/ wechselt.

Anm. 1: Die Erweichung des Spiranten in *Hannoveraner* gegenüber *Hannover*, die mit Hinweis auf den Akzentwechsel vielfach als Beispiel angeführt wird, kann nicht als Analogon gelten (Kuhn, Hans 1964, 13ff.).

b) Grammatischer Wechsel im Mhd.   § 93

Dem nach dem Vernerschen Gesetz geltenden Wechsel von germ. stl. u. sth. Reibelauten entsprechen infolge der lautlichen Entwicklung im Mhd. folgende Alternanzen:

germ.	χ—g	þ—đ	f—ƀ	s—z
mhd.	h—g	d—t	f/v—b	s—r

Man nennt die Alternanz, die in Wörtern oder Wortformen gleichen Stammes vorkommt (z. B. mhd. *swëher — swager, snîden — gesniten*), ,Grammatischen Wechsel'. Dieser Wechsel ist im Mhd. schon vielfach durch Ausgleich beseitigt, noch mehr aber im Nhd. Er zeigt sich bei wurzelverwandten Wörtern, bes. aber bei verschiedenen Stammzeiten der starken Verben. Da im Frühgerm. bei den Formen des Präs. und Sg. Prät. der Akzent auf der Wurzelsilbe und damit vor dem stl. Reibelaut lag, blieb dieser erhalten; im Pl. Prät. und im Part. Prät. wurde dagegen die Folgesilbe akzentuiert, wodurch der vorausliegende stl. Reibelaut zum sth. Reibelaut erweicht wurde (Vernersches Gesetz).

Beispiele für /h/ — /g/: *zíhe* ,ich zeihe', *zêch — zigen, gezigen,* dazu *zeigen; ziuhe, zôch — zugen, gezogen,* dazu *zuc, -ges, her-zoge, zügel; slahe — sluoc* (analog zum Pl.), *sluogen, geslagen,* dazu *slac, -ges; swëher* ,Schwiegervater' (DWA VI) — *swâger; zëhen — zweinzig* ,zwanzig'; Doppelformen in *swëlhen — swëlgen* ,verschlucken'; *vlêhen — vlêgen; vâhen — vangen; enpfâhen — enpfangen, entfangen.*

Anm. 1: Wo im Germ. dem /h/ ein /w/ unmittelbar folgte, also /chw/ mit /gw/ wechselte, trat im Ahd. nach der Regel Wechsel zwischen /h/ — /w/ (neben /h/ — /g/) ein: *lîhen* (got.

lei ƕ an spr. *lîchwan*, lat. *linquo*), *lêh* – ahd. Pl. *liwum*, Part. *farliwan* (daneben durch Ausgleich *farlihan*); mhd. *lîhen, gelihen* (daneben *geligen*, nur mfrk. Prät. *liuwen*). *sîhen* ‚durchseihen‘ hat ahd. Part. *bisiwan* und *bisigan*, mhd. nur *ge-, besigen.* In *sëhen* (germ. **sehwan*) wurde schon ahd. der Ausgleich durchgeführt, aber im Part. steht daneben noch *gisëwan;* mhd. lebt auf md. Gebiet der Pl. *sâgen.* Auch mhd. *dur* (aus ahd. *duru* mit /u/ für /w/?) neben *durch* erklärt sich vielleicht so (§ 160, Anm. 2).

Beispiele für /d/ – /t/: *snîde, sneit* (/t/ nach Auslautregel § 100) – *sniten, gesniten,* dazu *snîde* ‚die Schneide‘ – *snit, snite; mîde, meit* – *miten, gemiten; siude, sôt* – *suten, gesoten; lîden* – *leiten.*

<u>Anm. 2:</u> In *vinden* ist der Gramm. Wechsel durch die lautliche Entwicklung (*nt* < *nd* § 146) behoben worden, in *werden, laden, scheiden* u. a. ist er durch Ausgleich beseitigt.

Beispiele für /f/ – /b/: *dürfen* – *darben, verdërben; hof* – *hübel* ‚Hügel‘; *wëben* – *wëfel* ‚Einschlag beim Gewebe‘; *wolf* – *wülpe, wülpinne* ‚Wölfin‘ (/p/ < /bbj/).

<u>Anm. 3:</u> Mhd. Doppelformen: *heven* neben *heben* (aber stets *huop, huoben*), dazu *heve* – *hebe* ‚Hefe‘; *entseven* neben *entseben* ‚wahrnehmen‘; *wërven* neben *wërben; draven* – *draben; habere,* aber nhd. ‚Hafer‘; *sûver* – *sûber* (< lat. *sobrius*) ‚sauber‘; *swëvel* – *swëbel; vrävel* – *vräbel.* Doch hat z.T. der Wechsel wahrscheinlich eine andere Ursache (v. Bahder 1903, 258). Erst im späteren Ahd. ist *aber* aus dem noch daneben vorkommenden *aver* entstanden. *hübesch* ist urspr. mfrk. Nbf. zu *hövesch* (Schrader 1935; Wießner/Burger 1974, I, 211f.).

Beispiele für /s/ – /r/: *rîse* ‚falle nieder‘, *reis* – *rirn, gerirn* (daneben *risen, gerisen*), dazu *reise* – *rêren* ‚fallen lassen‘; *kiuse* ‚wähle‘, *kôs* – *kurn, gekorn,* dazu *kür* ‚Wahl‘, *(be)korn* ‚kosten, prüfen‘ – *kust* ‚Eigenschaft‘, *kosten; verliuse, verlôs* – *verlurn, verlorn* – *verlust; genise* ‚bleibe am Leben‘, *genas* – *genâren,* daneben *genâsen,* dazu *nar* st. Fem. ‚Nahrung‘, *nern* ‚nähren, erhalten‘ – *genist* ‚Erhaltung, Errettung‘; *wësen* ‚sein‘, *was* ‚war‘ – *wâren; lêren, lërnen* – *list; mêre* – *meist; dürre* – *durst. vriesen* zeigt nhd. Ausgleich zu ‚frieren‘; dazu Kausativ *vrœren.*

<u>Anm. 4:</u> Auf Grund von Ausgleich lauten die Part. *gelësen, genësen* (nur vereinzelt, meist im 12. Jh., noch *gelëren, genër(e)n*) und stets *gewësen;* auch *lâren* tritt frühzeitig hinter *lâsen* zurück. Im späten Mhd. macht der Ausgleich starke Fortschritte. Über *verlieren, verlôr* vgl. Schirokauer 1923, 6.

<u>Lit.:</u> Vernersches Gesetz, Grammatischer Wechsel
Forschungsüberblick: Rooth 1974. – Verner 1877; Paul, H. 1879c; Noreen 1880; Osthoff 1882a; von Bahder 1903; Schirokauer 1923; Braune/Helm 1928; Barber 1932; Fourquet 1948; Fourquet 1963; Kuhn, Hans 1964; Bennet 1968; Lerchner 1971, 103–108; Sonderegger 1974b, 167–171; Penzl 1975, 52ff.; Sonderegger 1979, 75ff.; Ramat 1981, 37–40, 183; Stanley 1985; Braune/Eggers 1987, § 100ff.; Szulc 1987, 66–69, 111f.

§ 94   4. Lautveränderung vor /t/ (Primärberührungseffekt)

Bereits im Idg. verlor ein sth. Verschlußlaut des Wortstammes vor einem stl. Verschlußlaut der Endung seinen Stimmton (Media + Tenuis > Tenuis + Tenuis; z. B. lat. *rego,* **reg-tus* > *rectus*). Vorgerm. **/kt/* und **/pt/* wurden dann durch die germ. Lautverschiebung, die nur den ersten Laut veränderte (§ 85a), zu germ. /ht/ und /ft/ (z. B. lat. *rectus* – got. *raíhts,* ags. as. ahd. *rëht*). Da die

Verbindungen /ht/ und /ft/ von der zweiten Lautverschiebung nicht berührt werden (§ 87), setzen sie sich im Ahd., Mhd. u. Nhd. fort. Es alternieren somit im Mhd. alle Gutturale /k, g, ch/ mit /h (ch)/ vor /t/, alle Labiale /p, b, pf, ff/ mit /f/ vor /t/.

> Beispiele: *würken* — Prät. *worhte*, Part. *geworht*, dazu *gewürhte* ‚Arbeit‘, *schuochwürhte* ‚Schuhmacher‘; *mac*, Pl. *mügen* — *du maht*, Prät. *mohte*, dazu *maht; tragen* — *traht; pflëgen* — *pfliht; wëgen* — *gewihte; suochen* — *suohte; heben* — *haft* Subst. u. Adj. ‚gefangen, fest‘, *heften; gëben* — *gift; klieben* ‚(sich) spalten‘ — *kluft;* analog im Lehnwort *schrîben* — *schrift; schepfen, schaffen* — *gescheft(e)*.

Ging im Idg. dem /t/ der Endung ein dentaler Verschlußlaut (/d, t/) voraus, so verschmolzen beide im Lat., Kelt. u. Germ. zu /ss/ (z. B. lat. *sedeo*, Part. *sedtos > *ob-sessus*). Entsprechend alternieren im Mhd. /ʒ/ (< germ. /t/), /tz/ mit /ss, s/.

> Beispiele: *weiʒ* — Prät. *wisse*, dazu *gewis, -sser; muoʒ* — Prät. *muose* (/s/ für /ss/ nach Länge des Vokals); *wetzen* — *was, -sses* ‚scharf‘; *gieʒen* — *güsse* ‚Anschwellen des Wassers‘.

Durch Angleichung an die regelmäßige Personalendung wurde /t/ in einigen Fällen wiederhergestellt; *ich weiʒ* — *du weist, ich muoʒ* — *du muost, wiste* neben *wisse, muoste* neben *muose;* ebenso *laden* — *last* (statt *lass). Vgl. § 269ff.

Diese Regeln gelten nur da, wo die betreffenden Konsonanten von alters her aneinander stießen, nicht für die Fälle, in denen sie erst durch die spätere Entwicklung aneinandergerückt wurden. Es heißt daher z. B. *neicte, leite* (für *leitte), *geloupte*, Prät. zu *neigen, leiten, gelouben*, weil hier früher vor dem /t/ noch ein Vokal stand.

> Anm. 1: Doch bilden die schwachen Verba mit /ck/ im Präs. das Prät. und Part. mit /ht/ neben /ct/: *dahte, gedaht* — *dacte, gedact* von *decken; strahte* — *stracte* von *strecken; strihte* — *stricte* von *stricken; druhte* — *dructe* von *drücken; marhte* — *marcte* von *merken*. Ahd. hieß es auch: *knufta, stafta* von *knüpfen, stepfen*, mhd. nur *knupfte, stapfte*. Die Formen mit Spirans sind die älteren: Verschiebungsprodukt der einfachen Tenuis, die im Prät., wo kein /j/ vorlag, vorahd. nicht geminiert worden war; die Verschlußlaute beruhen auf Ausgleich mit dem Präs. (vgl. § 96; Braune/Eggers 1987, § 362, Anm. 1; anders Fourquet 1954,9f., mit Blick auf parallele Erscheinungen im As. u. Ags.; vgl. auch § 262, § 266, Anm. 1). Erst spät ist der Übergang des /z/ in /s/ in *saste, kraste, swiste* usw. für *sazte, krazte, swizte*.

> Anm. 2: Zu mfrk. /ht/, /cht/, für /ft/ (*lucht* für *luft* usw.) vgl. § 165,4.

> Lit.: Primärberührungseffekt
> Fourquet 1954; Krahe/Meid 1969, I, § 88ff.; Braune/Eggers 1987, § 362, Anm. 1.

5. Geminationen

§ 95 a) Urgermanische Geminaten

Bereits aus idg. Zeit stammt der aus Dental /d, t/ + Dental /t/ entstandene
Doppelreibelaut /ss/ (Primärberührungseffekt; § 94). Allen germ. Sprachen
sind Geminaten eigen, die durch Zusammentritt gleicher Konsonanten bei der
Wortbildung, durch Assimilation oder als Personen- und Tiernamen entstehen
(vgl. Krahe/Meid 1969, § 111; Braune/Eggers 1987, § 95). Bei anderen Wörtern, bes. bei Verben, dient die Gemination zur Bezeichnung des Intensiven
und Iterativen, wobei Verschärfung zu stl. Doppelverschlußlaut hinzukommt.
Neben einfache Labiale germ. /p, b, f, ƀ/ tritt /pp/, neben einfache Dentale /t, d,
þ, đ/ Geminate /tt/, neben einfache Gutturale /k, g, h, ǥ/ Geminate /kk, ck/.
Diese germ. Geminaten werden durch die zweite LV. zu ahd. mhd. Affrikaten,
also /pp/ > /pf/, /tt/ > /tz/, /kk/ > südobd. /kch/ (sonst bleibt /ck/). Im Mhd. kommt
es somit nur noch bei Gutturalen zu einem Wechsel von Einfachlaut und Geminate /ck/, bei Labialen und Dentalen dagegen wechseln die Einfachlaute mit
den Affrikaten /pf/ bzw. /tz/ in stammverwandten Wörtern.

Beispiele: *schieben − schupfen; schoup* ‚Bündel‘, *schober − schopf; knouf − knopf;
roufen − rupfen; snûfen − snupfen* (zur Wortfamilie vgl. Weimann 1955,148ff.); *seife
− alem. seipfe* (vgl. Maurer 1942,218). − *snîden − snitzen; glat − glatz* ‚Kahlkopf‘;
knote − knotze ‚Knorre‘ (wgerm. /tt/ < urgerm. /dn/ in einigen Kasus des *n*-Stammes);
rî3en, dër ri3, Gen. *ri33es − ritzen, dër riz*, Gen. *ritzes; stô3en, dër stô3 − stutzen*
‚zurückscheuen‘, *dër stuz*, Gen. *stutzes* ‚Stoß‘; *nie3en* ‚benutzen, genießen‘ − *nutzen*
(< ahd. *nuzzôn*, Intensivbildung, falls nicht Ableitung von einem fem. *jô*-Stamm
nuzza; daneben *nützen* < ahd. *nuzzen), dër nuz*, Gen. *nutzes* (jedoch Gemination vor
/j/ beim Adj. *nütze*, ahd. *nuzzi;* vgl. unten). − *bachen* stV. ‚backen‘ − *backen; smach*
‚Geschmack‘, *smachen* swV. ‚schmecken‘ − *smac*, Gen. *smackes, smacken* swV.
(daneben *smecken); biegen − bücken; nîgen − nicken; smiegen − smücken* (urspr. ‚an
sich drücken‘); *ziehen − zücken, zucken* (mit Gramm. Wechsel); *zige − zickelîn.*

Dabei ist z. T. umstritten, ob die Gemination urgermanischen oder erst westgermanischen Ursprungs ist. Das gilt besonders von den folgenden mhd.
Fällen:

*triefen − tropfe; sliefen − slüpfen, slupf; knabe − knappe; raben − rappe; krëbe3 −
krappeln* (vgl. mndd. *krabbe); bache* ‚Schinken‘ − *(ars)backe* (‚Kinnbacke‘ ist unver-
wandt); *brëchen − brocke; stëchen, dër stëche* ‚Stab‘ − *stëcken* (dazu Kausativum
stecken), dër stëcke; rogge, rocke ‚Roggen‘ (neben ags. *ryge*, anord. *rugr); snëgel*
‚Schnecke‘ − *snëcke; wëgen* stV. ‚sich bewegen‘ − *wacken* ‚schwanken‘, *wackeln*
(Iterativum dazu); md. *drüge − trucken, trocken.*
    In einigen dieser Fälle ist Gemination durch folgendes /n/ zu erwägen (besonders
bei *n*-Stämmen), s. § 96γ.

Lit. urgerm. Gemination:
Martinet 1937; Kurylowicz 1957; Henzen 1965, 213, 216; Krahe/Meid 1969, § 111;
dies. 1967, III, § 12, § 184; Glaser 1987; Braune/Eggers 1987, § 95 (mit weiterer Lit.);
Szulc 1987,69f.

b) Westgermanische Gemination　　　　　　　　　　　　**§ 96**

Im Wgerm. haben vor allem /j/, seltener /r/, /w/, /l/ und /n/ (/m/) Verdoppelung des unmittelbar vorhergehenden Konsonanten (außer /r/) hervorgerufen. Der hd. o. obd. Sprachraum als Ursprungsherd der Gemination ist umstritten (vgl. Braune/Eggers 1987, § 96). Durch diese Gemination hebt sich das Wgerm. vom Ost- und Nordgerm. ab (§ 2).

α) Gemination vor /j/

Einfache Konsonanten (außer /r/), vor denen ein kurzer Vokal steht, werden im Wgerm. durch folgendes /j/ geminiert, d. h. gedehnt. Wegen der Häufigkeit des /j/ in germ. Ableitungssuffixen (bes. bei Verben auf *-jan* und bei Subst. auf *-ja/ -jô*) gibt es zahlreiche Fälle dieser Gemination (z. B. got. *bidjan*, altn. *bidja* – as. *biddian*, ahd. mhd. *bitten;* got. *satjan* – as. *settian*, ahd. mhd. *setzen;* got. *sibja* – as. *sibbia*, ahd. *sippa*, mhd. *sippe;* got. *halja* – as. *hellia*, ahd. *hella*, mhd. *helle*).

> Anm. 1: Zum Fehlen der Gemination bei /r/ nach kurzem Vokal vgl. *nerjen, nern* (ahd. *nerien*) ‚retten‘, *swern* (ahd. *swerien*) ‚schwören‘, *verje* und *verge* ‚Ferge‘, *scherje* und *scherge* ‚Scherge‘.

> Anm. 2: Ungeklärt ist die Gemination in *vëttach, vëtech* ‚Fittich‘ (zu *vëder*) und *etteslîch, etelîch*, die auf vorahd. /þþ/ beruht. Diese /tt/ fallen mit denen bei der wgerm. Gemination und durch Synkope entstandenen (§ 99) zusammen.

Da /j/ im Germ. in nahe verwandten Formen bald vorhanden, bald nicht vorhanden war, wechseln im Mhd. häufig einfache Konsonanten und Geminaten (z. B. mhd. *hane* – *henne;* *hëln* – *helle, hüllen; sal* – *geselle; trëten* (st.) – *tretten* (sw.)).

Dieser Wechsel von germ. /g/ – /gg/, /b/ – /bb/, /þ/ – /þþ/ erscheint nach der zweiten LV. im Mhd. als Wechsel von /g/ – /ck/, /b/ – /pp/, /d/ – /tt/ (z. B. *hac, hages* – *hecke; slac, slages* – *manslecke* ‚Mörder‘; *stoup, stoubes* – *stüppe* ‚Staub‘; *wëben* – *weppe* ‚Gewebe‘; *smit, smides* – *smitte* ‚Schmiede‘; zu /þþ/ > /tt/ s. Braune/Eggers 1987, § 167, Anm. 10).

Ebenso wechseln im Germ. einfache u. geminierte stl. Verschlußlaute /k/ – /kk/, /p/ – /pp/, /t/ – /tt/, woraus sich nach der zweiten LV. im Mhd. die Wechsel /ch/ – /ck/, /f, ff/ – /pf/, /ȝ, ȝȝ/ – /tz/ ergeben:

> Beispiele: *wachen* (got. *wakan*) – *wecken* (got. *wakjan*, wgerm. **wakkjan*), *dach* – *decken, bachen* ‚backen‘ – *becke* ‚Bäcker‘, *rëchen* ‚rächen‘, urspr. ‚vertreiben‘ – *recke* urspr. ‚der Vertriebene‘, *loch* – *lücke, sitzen* – *saȝ, gesëȝȝen, sëȝ* ‚Sitz‘, *sëȝȝel* ‚Sessel‘ – *setzen; ergëȝȝen* = *vergëȝȝen* – *ergetzen* eigentlich ‚vergessen machen‘; *naȝ* – *netzen, laȝ* – *letzen, haȝ* – *hetzen, mëȝȝen* – *metze, weiȝ* ‚ich weiß‘ – *witze* ‚Verstand‘, *heiȝ* – *hitze, grûȝ* – *grütze, schaffen* – *schepfen*. – Ebenso erklärt sich der Unterschied im Präsens und Präteritum von *decken* (**þakjan*) – *dahte* (ohne /j/ gebildet), *schrecken* – *schrahte, schricken* – *schrihte* usw. (§ 94, § 128, § 262b).

Durch Ausgleich sind Doppelformen entstanden, besonders im Präsens der st. und sw. *jan*-Verba (vgl. § 254, § 260ff.). Das *j*-Infix (vgl. lat. *cap-i-o, capis, capit*) hat in der 1. Sg. Gemination bewirkt, in der 2. 3. Sg. ist es nach der Lautregel vor der Gemination geschwunden: ahd. *heffu* ‚ich hebe', *hevis, hevit;* ebenso *zellu* ‚ich zähle', aber *zelis, zelit.* Durch Ausgleich ergeben sich die Inf. ahd. *hevan* neben *heffen,* mhd. *zeln* neben *zellen.*

Im allgemeinen treten im Mhd. die gemin. Formen gegen die einfachen zurück. So sind *quellen, sellen, zellen, wellen, dennen, mennen, wennen, bitten* Nebenformen von *queln* ‚quälen', *seln* ‚übergeben', *zeln* ‚zählen, erzählen', *weln* ‚wählen'. *denen, menen* ‚treiben', *wenen* ‚gewöhnen', *biten;* ziemlich gleich häufig sind *twellen* − *tweln* ‚aufhalten, zögern', *schütten* − *schüten.* Die Formen mit Gemination sind besonders dem Alem. eigen. − *heffen* ist schon ahd. ausgestorben, und neben mhd. *heven* findet sich schon *heben.*

Noch stärker treten die Unterschiede hervor, wenn die Geminata stimmlos wird. Ahd. *licku* ‚liege' − *ligis, lecku* ‚lege' − *legis,* daher mhd. *licken (liggen), lecken (leggen)* neben *ligen, legen;* ferner *beizen* − *beiʒen* (Kausativ zu *bîʒen); reizen* − *reiʒen* (zu *rîʒen); heizen* − *heiʒen* ‚heiß machen'; *büezen* − *büeʒen; grüezen* − *grüeʒen; sleipfen* − *sleifen* (Kausativ zu *slîfen* ‚gleiten'); *streipfen* − *streifen.*

Anm. 3: H und G reimen *biten,* Ulrich von Türheim nur *bitten,* vgl. Zwierzina 1903, 428, für H auch Gierach 1917, 509. Über *büezen, grüezen* (mit /z/ = [ts]) bei Ulrich von Zazikhoven s. Zwierzina 1903, 435. − Über *ritter* neben *rîter* s. § 65, Anm. 5.

Anm. 4: Bei Wörtern mit langem Kernvokal ist aber damit zu rechnen, daß nach langem Vokal die Doppelkonsonanz in der Regel vereinfacht wurde; es kann der Unterschied zwischen mhd. einfachem und Doppelkonsonanten auch darauf beruhen. So ist es wohl bei *weize* − *weiʒe* ‚Weizen', *wîze* − *wîʒe* ‚Strafe', *hæpe* ‚Hippe', *schuope* ‚Schuppe'.

β) Gemination vor /r/ und /l/

Im Wgerm. werden vor /r/ oder /l/ nur germ. /p, t, k/ geminiert, wobei vor den Sonanten häufig ein Sproßvokal (ahd. meist /a/) entsteht; z. B. got. *akrs* − as. ahd. *ackar,* mhd. *acker;* an. *vakr* − ahd. *wackar,* mhd. *wacker* ‚wachsam', dazu *wachen;* lat. *cuprum,* wgerm. **kuppra-* − ahd. *kupfar,* mhd. *kupfer;* mit unverschobenem /tt/: an. *otr* − ahd. *ottar,* mhd. *otter* neben *oter;* an. *eitr* − mhd. *eitter* neben *eiter; bitter* (aber *bîʒen, biʒ);* an. *epli* − ahd. *aphul,* md. *appel,* obd. *apfel;* lat. *facula* − mhd. *vackel;* an. *kitla* − mhd. *kitzeln.*

γ) Gemination vor /w/, /n/ und /m/

Vor germ. /w/ werden im Wgerm. nur Gutturale verdoppelt; z. B. got. *aqizi* (= **akwizi*) − ahd. *ackus,* mhd. *ackes* ‚Axt'; got. *naqaþs* − ahd. *nacchut,* mhd. *nacket.* − Durch Dehnung vor /n/ sucht F. Kauffmann 1887, 504, Geminaten wie mhd. *backe, brocke, stecke, rogge, tropfe, knappe, klette* zu erklären (vgl. Wilmanns 1897, § 142; Hammerich 1955, 190). − Für die von F. Kauffmann 1887 angenommene Gemination vor /m/ gibt es keine sicheren Belege.

Lit. wgerm. Gemination:
Paul, H. 1880b; Kauffmann, F. 1887; Sievers 1892; Wilmanns 1897; van Helten 1903; Zwierzina 1903; Gierach 1917; Baesecke 1918; Russer 1931; Bennet 1946; Hammerich 1955; Schweikle 1964; Franck/Schützeichel 1971; Lerchner 1971, 119−124; Simmler 1974; Penzl 1975, 76; Simmler 1976, 40−53; Murray 1986.

c) Althochdeutsche Geminationen §**97**

Durch die zweite o. hd. Lautverschiebung entstanden im Ahd. aus einfachen postvokalischen germ. /t, p, k/ doppelte stl. Reibelaute /ʒʒ, ff, hh/ (§ 88). Nach Kurzvokal blieb die Geminata bestehen, doch wurde sie nach Langmonophthong oder Diphthong schon im Ahd. vereinfacht. Außerdem wurden die wgerm. Geminaten /bb, dd, gg/ im Ahd. zu den Geminaten /pp, tt, kk/ verschoben (§ 90).

Geminaten entstanden im Ahd. auch nach Synkope durch Zusammenrükken zweier gleicher Konsonanten (z. B. *hêriro > hêrro* ‚Herr‘; *elilenti > ellenti, mhd. ellende* ‚Fremde‘), bes. im Praet. der auf /t/ ausgehenden sw. V. I (z. B. ahd. *leitita >* ahd. *leitta,* mhd. *leitte*).

Ferner ergaben sich im Ahd. Geminaten durch Assimilation, bes. bei den Sonorlauten /l, r, m, n/ (z. B. ahd. *stimna > stimma,* mhd. *stimme;* ahd. *nemnen > nennen* neben *nemmen* ‚nennen‘).

<u>Lit.</u> ahd. Gemination:
Braune/Eggers 1987, § 97ff.

6. Althochdeutsche Geminatenvereinfachung §**98**

Bereits im Ahd. wurden im Auslaut der Wörter und vor Konsonant Doppelkonsonanten vereinfacht (Braune/Eggers 1987, § 92f.); diese Erscheinung setzt sich auch im Mhd. fort:

stammes − stam; stockes − stoc; Prät. *ran − rinnen;* Prät. *traf − trëffen;* Prät. *brante,* Part. *gebrant − brennen;* Prät. *dacte,* Part. *gedact − decken; kan* ‚ich kann‘, *kanst −* Pl. *kunnen; ræt* ‚er rät‘ verkürzt aus *rætet; wirt* verkürzt aus *wirdet; vint* verkürzt aus *vindet* (§ 53 d).

Ebenso werden Geminaten nach langem Vokal und nach Konsonant vereinfacht: Prät. *viel, vielen − vallen;* Prät. Pl. *mâʒen − mëʒʒen;* Prät. Pl. *trâfen − trëffen; schuof(en) − schaffen; eime* für **eimme < ein(e)me, sîme* für *sîn(e)me, Reimâr* für **Reimmâr < Reinmâr* (§ 107); *leiten −* Prät. *leite (= *leit-te),* Part. *geleitet; heften −* Prät. *hafte (= *haft-te); rihten −* Prät. *rihte; senden −* Prät. *sante* oder *sande.*

C. Konsonantenveränderungen in mhd. Zeit

1. Mittelhochdeutsche Geminationen §**99**

Die Geminaten sind graphisch doppelte Konsonantenzeichen, phonetisch gedehnte Konsonanten. Über ihre Aussprache − ob doppelt oder lang, zweigipfelig oder eingipfelig − läßt sich für die historischen Sprachstufen nichts Sicheres aussagen. Man wird wohl die Sonor- und Reibelaute /mm, nn, rr, ll; ff, ss, ʒʒ/ länger als die entsprechenden Einzellaute, die Verschlußlaute /bb, dd, gg; pp, tt, kk/ vielleicht doppelt mit Exspirationspause artikuliert haben, etwa wie heute im Südalem., im Baltendeutschen (dort eine Folge der Mehrsprachigkeit) und im Jiddischen (wmd. Grundlage aus mhd. Zeit). Im Nhd. werden

Geminaten als einfache Konsonanten gesprochen; Doppelschreibung im Inlaut zeigt nur an, daß die Silbengrenze in den Konsonanten fällt und der vorausgehende Vokal kurz ist.

Die meisten mhd. u. nhd. Geminaten stammen aus dem Germ., Wgerm. und Ahd. (§ 95, § 96, § 97), doch entstehen auch in mhd. Zeit neue Doppelkonsonanten. So kommt es zu Geminationen, wenn die Dehnung der Kurzvokale in offener Tonsilbe unterbleibt, die Silbengrenze also in den Konsonanten gelegt wird, bes. vor /t/ oder /m/, vor allem bei folgendem *-er* o. *-el* (§ 45).

Beispiele: *biten* (zu *bitten* s. 96α; § 250, Anm. 1; § 254), *bëtelen, blat,* Pl. *bleter, botech, brët,* Pl. *brëter, bütel, buter, got,* Pl. *gote, gate, sat(er), schate, site, slite, snit,* Gen. *snites, schrit,* Gen. *schrites, spoten, stat,* Pl. *stete, trit,* Gen. *trites, vetere, wëter, witewe, si schriten, sniten, striten, gegliten, geriten, gesoten, wider, nëve, dëmeren, hamer, hamel, himel, kamere, komen, zesamene, sumer, vrum, doner, suln* usw.

Anm. 1: Spätmhd. tritt vor *-el, -er* zur Geminierung auch Fortisierung in *zabeln* > *zappeln, zedel* > *zetel, zettel; loger* > *locker.*

Anm. 2: Reime von ursprünglich einfachem /t/ auf /tt/ bieten schon manche Dichter aus der ersten Hälfte des 13. Jhs. (Zwierzina 1900,111).

Weiterhin bilden sich im Mhd. Geminaten durch Assimilation (vgl. § 105). Auch durch Synkope können Formen mit Doppelkonsonanz entstehen, z.T. schon im Ahd. (§ 97): mhd. *redete* > *rette, ladete* > *latte,* im Auslaut vereinfacht zu *geret/gereit* < *geredet, lât/lat* < *ladet* (vgl. § 53d, § 54a, § 110). Im Nhd. wird die Synkope wieder rückgängig gemacht, womit die Geminata wieder in zwei Einzellaute zerfällt.

Das Mhd. kennt Geminata nur im Inlaut, im Auslaut ist sie stets vereinfacht (wie im Ahd.; § 98). Im Nhd. wird die Gemination aus dem Inlaut auch auf den Auslaut übertragen. Dies entspringt dem allgemeinen Grundsatz der nhd. Schreibregelung, daß die Stammsilbe in allen Wortformen möglichst gleiche Gestalt zeigen soll; insoweit ist sie etymologisch bestimmt, nicht wie im Mhd. phonetisch.

§ 100   2. Stimmtonverlust im Auslaut (Auslautverhärtung)

Stimmhafter Verschlußlaut wird im Wortauslaut sowie im Silbenauslaut vor Fortis im ‚klass.' Mhd. stimmlos: *tac* – *tages; nîgen* ‚sich verneigen' – Prät. *neic, neigen* (Kausativ dazu) – Prät. *neicte; nît* – *nîdes, nîden* – Prät. *neit; stoup* – *stoubes, stieben* – Prät. *stoup; gelouben* – Prät. *geloupte; geloben* – Prät. *gelopte.* Dieser oft ‚Auslautverhärtung' genannte Stimmtonverlust ist in der Übergangszeit vom Ahd. zum Mhd. eingetreten. Im Nhd. gilt Auslautverhärtung nur in der normierten gesprochenen Sprache, in der Schrift werden in allen Formen ⟨b, d, g⟩ eingesetzt, vgl. mhd. *grap, kint, kluoc* – nhd. *Grab, Kind, klug.*

Anm. 1: Die Hss. sind in der Bezeichnung der Verhärtung nicht so folgerichtig. Seit dem Ende des 13. Jhs. wird die Angleichung an den Endkonsonanten der Kernsilbe meist durchgeführt, also *tag, neig, neigte.* Keine Abweichung von der Regel ist es dagegen, wenn ein mit einem Vokal anlautendes Pronomen an das Verb angelehnt und damit der Konsonant zur folgenden Silbe hinübergezogen wird, z. B. *neiger* statt *neic ër, gabeʒ* statt *gap ëʒ, gaben* statt *gap in.* Das Mbair. gibt schon im 12. Jh. die Verhärtung auf (hängt nicht mit der Apokopierung – 13. Jh., § 53a – zusammen), das Südbair. im 13., Tirol nach 1300, vgl. Kranzmayer 1956, § 27d1. – Vgl. § 159, Anm. 3. – Urkunden vgl. § 129, § 137, § 143ff. Frühmhd. *mid* ‚mit' (Michels 1921, § 176, Anm. 3, dazu vgl. unsern § 23,6) ist als unbetont wie mfrk. *did* § 165,1 zu erklären.

Anm. 2: Älter und darum weiter verbreitet ist die Verhärtung in den Lautgruppen /bh, dh, gh/: mhd. *Walther,* ndd. *Wolter,* frz. *Gautier;* mhd. *Gunther,* frz. *Gontier;* mhd. *Alphart, junker* usw. (vgl. Schröder, E. 1936,269).

Lit.: Auslautverhärtung
Michels 1921; Schröder, E. 1936; Kranzmayer 1956.

3. Binnendeutsche Konsonantenschwächung

§ 101

Die Aussprache der in der zweiten Lautverschiebung (2. LV.) entstandenen stl. Verschlußlaute /p, t, k/ (vgl. § 90) beruht auf einer Verstärkung des Atemdrucks (Fortisierung). Wie auf die 1. LV. (vgl. ‚Vernersches Gesetz' § 92) folgt auch auf die 2. LV. eine Schwächung (Lenisierung), die teilweise weit zurückreicht, im allgemeinen aber erst spätmhd. durchdringt. Ihr Wesen besteht darin, daß in der Aussprache die Fortes /p, t, k/ in verschiedenem Umfang in Halbfortes oder Lenes /b, d, g/ übergehen und die Behauchung (Aspiration) verlieren. Die Lenisierung umfaßt die binnendeutschen Mundarten (die Schriftsprache wird davon nicht berührt), und zwar das Md. und Obd. mit Ausnahme bestimmter Randgebiete: des Rip., des westl. Moselfrk., des Nordthür., des Schles., des Südobd. (Hochalem. u. Südbair., doch zeigen die nördl. Grenzgebiete teilweise Lenisierung).

Anm. 1: Im Anlaut sind heute die geschwächten Fortes mit den ursprünglichen Lenes zusammengefallen. Zwar bleiben /ph/, /kh/ vor Vokalen als Fortes erhalten, werden aber vor den Konsonanten /l, r, n, w/ zur stl. Lenis oder Halbfortis (z. B. mbair. [k'ind], aber [gnobf] Knopf). Ebenso werden die Fortisverbindungen /st, sp, ts, pf/ zu Lenes geschwächt. Die älteren unbehauchten Verschlußfortes werden auch vor Vokal zu Lenes, z. B. /t/ (< /d/), und fremde /p, t, k/, sofern sie als unbehauchte Fortes in die Sprache übernommen waren.
    Was den Inlaut betrifft, so gliedern sich die Maa. mit Lenisierung in zwei Gruppen:
a) Das Mittel- und Nordbair. unterläßt die Schwächung der Geminaten von Verschluß- und Reibelauten sowie der ursprünglich inlautenden Gruppen von Reibelaut + Verschlußlaut und umgekehrt: /st, sp, pf, ks (< chs), ft, cht, ts/ und /mp/ (< germ. /mb/). Es bleiben also ahd. /pp, tt, kk/ (< wgerm. /tt/ vor /r/, /bb, dd, gg, kk/) als Fortes, in der Regel als lange Konsonanten, erhalten, ebenso /ff, ss, ʒʒ, sch/, während einfaches /p, t, k/ leniert wird (außer in den genannten Gruppen). Da im ahd. Auslaut der Geminata einfache Fortis entspricht, tritt auch in alten Auslautformen die Schwächung ein; ebenso sind auslautende /st, pf, cht, tz/ geschwächt, doch nicht /chs/ und /mp/. Die Aspiration des /k/ (< germ. /k/) im Inlaut ist aufgegeben.
b) Das übrige Schwächungsgebiet kennt einen solchen Gegensatz von Fortis und

Lenis nicht mehr, die Schwächung ist allgemein: /pp, tt, kk, ss, ff/ wie /p, t, k/ sind mit den alten Lenes unter Halblenes oder Halbfortes zusammengefallen (sofern die Lenes nicht zu Reibelauten geworden sind). (Nörrenberg 1884, 393ff.; Lessiak 1910, 197 und Lessiak 1933, 13ff.; Pfalz 1952).

Anm. 2: Alle Maa., die an der hd. Konsonantenschwächung teilhaben, kennen nur stl. Verschlußlaute und (mit einigen mbair. Ausnahmen) auch nur stl. Reibelaute.

Anm. 3: Im Mittelfrk. beansprucht die (von Einheimischen nicht leicht erkannte) Schwächung sicherlich ein größeres Gebiet als bisher angenommen wurde: zu *pflügen* kennt z. B. die Wortgeographie in der Eifel *Blog, Blug* ,Pflug'.

§ 102   Die binnendeutsche Konsonantenschwächung ist ein Lenisierungsvorgang ähnlich wie der im Vernerschen Gesetz (§ 92) erfaßte oder wie die frühahd. Spirantenschwächung (§ 91; vgl. Braune/Eggers 1987, § 102a). Die schon in spätahd. Zeit einsetzende Abschwächung der stl. Verschlußlaute /p, t, k/, die auf Nachlassen des Lungendrucks bei der Artikulation beruht, ist in den Landschaften verschieden durchgeführt (Braune/Mitzka 1953, § 102b). Da auch die Lenes /b, d, g/ vielfach stimmlos geworden sind, kommt es zu lautlichem Zusammenfall, der sich in der schwankenden Schreibung ⟨p, b⟩, ⟨d, t⟩, ⟨g, k⟩ zeigt. Jene Gruppen fallen graphisch zusammen, weil das lat. Alphabet für stimmlose Lenes keine Zeichen hat.

Anm. 1: Schmeller, der Verfasser des ersten kritischen Mundartwörterbuchs (1827, 1. Teil, Sp. 183, 475) stellt eine Unsicherheit in der Festlegung des Lautunterschieds von /b/ und /p/, /d/ und /t/ fest. Daher werden diese Gruppen auch in heutigen Wörterbüchern unter /b/, /d/ zusammengefaßt. Bei dem Verhältnis von /g/ und /k/ bereiten die obd. Affrikata /kch/, die heute zurückgewichen ist, und /g/ > /k/ Schwierigkeiten.
    Nicht erkannt hat diesen Zusammenfall F. Kauffmann (1890) in seiner Geschichte der Schwäbischen Mundart. Auch der Verfasser der Grammatik der Nürnberger Mundart, Gebhardt (1907), irrt durchgehend; er trennt jene Gruppen nach schriftsprachlicher Form und etymologischer Herkunft (dazu Fischer, Hermann 1895, 60).
    Kommt ein Wort im Nhd. nicht vor oder kennt oder kannte man die Etymologie nicht, so zeigt sich die Hilflosigkeit im Bereich der Konsonantenschwächung. Bair. Kennwort ist mhd. *teng* ,links': Schmeller (1827, I, 1524) kennt die Etymologie nicht und schreibt daher „*denk,* besser *tenk,*" Unger/Khull (1903, 149) *tenk, denk;* Schöpf (1866, Neudruck 1968): *denk, dengk;* am Südrand werden /d/ und /t/ unterschieden, dort gilt nur *tenk,* vgl. Lexer, 1862, Sp. 57. Heute wissen wir, daß die Konsonantenschwächung nicht so weit reicht (Mitzka 1957b, 236).

§ 103   In der normalisierten Schreibung mhd. Texte sind solche Schwankungen seither zugunsten der etymologischen Norm getilgt worden. Allerdings hat die gleichlaufende Schreibertradition wenig Möglichkeit gelassen.

Anm. 1: Auch in der Reihe „Deutsche Texte des Mittelalters", die keine streng durchgeführte Normalisierung kennt, wird bei dem üblichen Abdruck einer guten Handschrift im Sinne des Normalmhd. nicht nur das Nebeneinander von ⟨u–v⟩, ⟨i–j⟩, ⟨cz–tz⟩ usw. im Sinne der Normalgrammatik getilgt, sondern auch jene (noch) nicht als Konsonantenschwächung erkannten Fälle. So wird in Bd. II Rudolf von Ems (= Hohenems in Vorarlberg), der nach einer alem. Hs. von Ende des 13. Jhs. von Junk (1905, XXXI) herausgegeben wurde, festgestellt: „Unsicherheit in der

Verwendung von Media und Tenuis zeigen die Gutturalen." Junk nennt *gint, gunegin, gam, gumbenie, gumpan* und setzt in den Text *kint, künegin, kam* usw., für *kelmen* das klass. *gelmen* ‚gellen‘, so auch für *dugende* das /t-/, für *tos, tranc, tahter* die /d-/, so auch für *fröte vröude*, für *balas* /p-/, für *prief* /b-/. Lachmann tauscht für seine Parzival-ausgabe das /p-/ der Haupths. D (St. Gallen; die NL B enthält) gegen /b/ aus, aber nicht im NL bei *Prünhilt*, vgl. § 129, Anm. 4. Hartmann unterscheidet /d/ und /t/ (Lachmann zu Iw. 7654). – Zur mhd. Reimgrammatik § 9,2.

Anm. 2: Die mbair. Konsonantenschwächung, die Kranzmayer (1956, § 34) von der binnendeutschen trennt, geht um 1300 von Wien aus. Man könnte jedoch erwägen, ob bei ihr statt der von Kranzmayer angenommenen Eigenentwicklung nicht eine an mundartliche Bedingungen gebundene, landschaftliche Einformung nördlicher Einflüsse vorliegt. Eine zugehörige Schwächung erkennt Kranzmayer 1956, § 34 c 10 in der mbair. Vokalisierung von /l/ > /i/, /r/ > /o/; vgl. § 159,5.

Anm. 3: Im Nhd. ist *dengeln* ‚die Sense durch Klopfen schärfen‘ gegen mhd. *tengeln* mit falschem nhd. /d-/ (und /e/ statt /ä/) zur Norm geworden, da es – ein typischer Irrtum – im 17. Jh. von ‚dehnen‘ = mhd. *den(n)en* hergeleitet wurde; das Wort gehört zu ahd. *tangol* ‚Hammer‘ (Mitzka 1957b, 231; Mitzka 1958, 151–155).

Lit.: Binnendeutsche Konsonantenschwächung
Schmeller 1827; Lexer 1862; Schöpf 1866; Nörrenberg 1884; Kauffmann, F. 1890; Fischer, Hermann 1895; Unger/Khull 1903; Junk (Hrsg.) 1905; Gebhardt 1907; Lessiak 1910; Schwarz 1926; Lessiak 1933; Pfalz 1952; Mitzka 1954; Kranzmayer 1956; Mitzka 1957c; Mitzka 1958; Schützeichel 1961; Simmler 1983; Braune/Eggers 1987, § 102a.

4. Spirantisierung der stimmhaften Verschlußlaute /b, d, g/   § 104

Wohl unabhängig von der binnendeutschen Konsonantenschwächung ging die Öffnung des Lenisverschlusses vor sich, die den Übergang der inlautenden Medien zu Reibelauten herbeiführte. Die Gebiete decken sich großenteils, aber nicht durchweg: /b/ > /w/ findet sich auf dem ganzen Schwächungsgebiet außer im Schwäb. (und einem Teil des südl. Oberrhein.), aber auch im Bair.; /g/ > /g/ [x] tritt annähernd auf dem gleichen Gebiet auf, doch vom Bair. nur im Nordbair. und auf einem Stück des östl. Mbair., während /d/ (aus germ. /þ/ sowie /đ/) > /d/ im wesentlichen auf rheinfrk. Maa. beschränkt bleibt. Vgl. Lessiak 1933,23.

Anm. 1: Durch Ausgleich ist der Reibelaut auch auf das Wortende übertragen worden, so daß hier /f/ und /ch/ für /b, g/ erscheinen. Nur wenige Restformen weisen heute noch auf den Verschlußlaut am Wortende hin. Über bair. /b/ > /w/ s. § 159,2.

5. Assimilationen   § 105

Es zeigen sich im Mhd. verschiedenartige partielle und vollständige Angleichungen, die meist nicht streng durchgeführt scheinen, weil sie zum Teil wieder durch Ausgleich beseitigt sind. Die wichtigsten hierher gehörenden Fälle sind folgende:

1. Ein /n/ wird vor einem Labial (/p, b, m/) zu /m/: *ummære* ‚unlieb, gleichgültig‘, *umprîs* ‚Unehre‘, *umbillîch, ambôȝ* (neben *anebôȝ*), *imbîȝ, embor* (= *in-*

bor ‚empor‘), *amme, imme, vomme* (aus *anme* für *an deme* usw.), *eime* aus
*eimme (§ 98) für *ein(e)me* (§ 54b) usw. Doch kommen in allen Fällen, wo die
Etymologie noch deutlich ist, auch Schreibungen mit /n/ vor (*unmære* usw.).

2. Über die totale Assimilation von /mb/ > /mm/ s. § 125, § 130. *nemnen* (zu
name) ergibt *nemmen* und *nennen* (§ 97). /ln/ > /ll/ in *elle* (aus *elne* neben *elen* <
frühmhd. *elene* < ahd. *elina*, got. *aleina*). /bn/ > /m/ in *lëmtic* (bair.) für
lëbendec.

3. Das /t/ der Partikel *ent- (ant-)* wird an den folgenden Verschlußlaut assimiliert. Dabei wird /tt, td/ > /t/; /tk, tg/ > /k/; /tb/ > /p/: *entrinnen* (aus *enttrinnen*),
entecken (aber daneben *endecken, entdecken*), *enkleiden (entkleiden), enkëlten
(engëlten, entgëlten), enkürten (engürten, entgürten), emprëchen (enbrëchen,
entbrëchen), /ntf/ > /mph/ (/pf/): *empfâhen* (auch *enpfâhen* geschrieben), *ampfanc* ‚Empfang‘, *empfinden, empfëlhen* (vgl. *bevëlhen*), *empfarn (entvarn),
empfüeren (entvüeren)* usw.

4. Eine partielle Assimilation, die sich im späteren Ahd. vollzogen hat, ist
die Lenisierung des /t/ nach Nasalen, vgl. ahd. *lantes* − mhd. *landes*, ahd. *untar*
− mhd. *under*, ahd. *hintar* − mhd. *hinder*. Daher die schwachen Präterita
rûmde ‚räumte‘, *diende, nande, sande* gegen *hôrte* usw.; daneben *rûmte* usw.
durch Angleichung (§ 257, Anm. 4). Eine alte Form oder Ferndissimilation
kann vorliegen in *vorgnanten* (Freiburg 1293; Corpus III,13) neben *vorgenanden* (Zürich 1293, Corpus III,15). Dazu kommt der Ausgleich des Gramm.
Wechsels (z.B. ahd. *findan, wir funtum* − mhd. *finden, wir funden;* § 93,
Anm. 2). Im Auslaut erscheint im Normalmhd. *-nt*, vgl. *kint- kindes* (§ 100).

Anm. 1: Zum Wandel von /hs/ > /s/, der auch eine Assimilation wie so viele lautkombi-
natorische Angleichungen darstellt, vgl. § 138, § 141.

Anm. 2: Dreifache Konsonanz kann durch Assimilation vereinfacht werden, vgl.
§ 112.

Anm. 3: Von einzelnen Wörtern, die das Ergebnis einer alten Assimilation zeigen,
sind hervorzuheben: *stërre* neben *stërne* (wenn nicht vielmehr *r*-Suffix neben *n*-Suffix
vorliegt); dagegen ist *vërne* neben *vërre* (ahd. *fërro*) erst mhd. und wohl aus *vërrene*
(ahd. *fërrana*) hervorgegangen (vgl. *von vërren = von vërne*), *guollîch* neben *guotlîch*
in der Bedeutung ‚herrlich‘, *zwillinc* neben *zwinelinc, îsen* für *îsern* (daneben *îser*,
rückgebildet aus dem Adj. *îserîn*, vgl. § 106), *deste* (= *dës diu*). Namentlich aber
gehören hierher Eigennamen wie *Liup(p)olt* (aus *Liut-bolt*), *Liukart* (aus *Liutgart*),
Uolrîch (aus *Uod[e]lrîch*) und viele andere. Über /tb/ > /p/ s. § 112. Erst spätmhd. ist
hôchvart > *hoffart*. Auch manche Angleichungen im Satzzusammenhang kommen
vor, öfters *gimmer = gib mir* (z.B. RL 8692; schon im 9. Jh. *gimer* in Pariser Gesprä-
chen, s. Huisman 1982,416).

Anm. 4: Folge alter Assimilation ist es auch, wenn /sch/ des Präs. schwacher Verben
im Prät. und Part. als /s/ erscheint (hier ist auch zu bedenken, daß /s/ bis zur Mitte des
13. Jhs. eine dem /sch/ ähnliche Aussprache hatte, § 151): *leschen − laste, gelast* (ahd.
lesken − las[k]ta), *mischen − miste, wischen − wiste, wünschen − wunste* (bes.
alem.). Vgl. auch alte Assimilation /s/ zu /r/ in *dirre* ‚dieser‘, § 219, Anm. 4.
     Schon ahd. ist /skt/ über /*stt/ zu /st/ geworden, aber auf dem Weg der Systematisie-
rung wurde /scht/ in weitem Umfange wieder hergestellt. Reime von /scht/ : /st/ bei

Zwierzina 1903,435; inwiefern sie Aussprache von alem. /st/ als [št] erweisen, ist umstritten.

Anm. 5: /ʒ/ wird an folgendes /s/ angeglichen: *beste, leste, grœste* < ahd. *beʒʒisto, leʒʒisto, gróʒisto, dest* (wohl nicht *dêst*, wie man meist ansetzte), *deist,* jünger *dast* neben *daʒ ist, lâst* neben *lâʒest, Presburc* < *Preʒʒesburc* (1042 *Brezesburg,* Reinbot 63: *Bresburc*); *eʒʒesch* (got. *atisk* ‚Saatfeld‘) > *esch,* **eʒʒis[k]ban, -tor* > *espan* ‚Vieh- weide‘, *ester* ‚Feldzaun‘.

Satzphonetische Assimilationen erinnern an Notkers Anlautgesetz (Braune/ Eggers 1987, § 103). Sandhi ist überall möglich, vgl. § 100, Anm. 1; § 116, Anm. 1.

Lit. Assimilation
Zwierzina 1903; Behaghel 1928, §§ 330−340; Schirmunski 1962, § 17ff.; Dieth 1968, 254−276, 305−324; Tschirch 1971, II, 18; Vennemann 1972a; Kohler 1977; von Essen 1979, 118ff.; Guentherodt 1983; Braune/Eggers 1987, § 99, § 103.

6. Dissimilationen   § 106

Die Dissimilation führt, im Gegensatz zur Assimilation, zur Differenzierung zweier ähnlicher oder gleicher Laute (Sprecherleichterung). Betroffen sind vor allem Sonorlaute; sie können im Laufe der Sprachgeschichte auch mehrmals verändert werden. Bei Lautveränderung spricht man von ‚partieller Dissimila- tion‘, bei Schwund eines der beiden gleichen Laute von ‚totaler Dissimilation‘.

Totale Dissimilation führt zum Schwund, namentlich bei /r/, /n/: *alrêst* neben *alrêrst, köder* − *körder, palier* ‚Polier‘ − *parlier, parler, vodern* − *vor- dern; eilant* − *einlant, îserîn* − *îsernîn* ‚eisern‘, *vernust* − *vernunst* (ofrk. omd. *vernuft* − *vernunft*), ebenso *sigenunft, -uft* (Reimbelege Schirokauer 1923,59).

Anm. 1: Insbesondere fällt /n/ vor Kons. in schwachbet. Silbe, wenn die Tonsilbe auf /n/ endet: *honec* − ahd. *hona(n)g, künec* − ahd. *kuning, pfennic* neben *pfenninc* (durch *schillinc, helbelinc* gestützt), *sen(e)de* für *senende* (dazu *senedære*), *sunne(n)- schîn, eni(n)kel* ‚Enkel‘ u. a.; vgl. ONN wie *Henneberg, Schœneberg,* aber *Schwarzen- berg* usw. − Doch auch sonst, in jüngerer Schicht, fällt /n/: *teidigen* neben *teidingen* ‚verhandeln‘, *liumet* neben *liument* ‚Leumund‘, alem. *dotzet* ‚Dutzend‘; im Part. Präs. nach *senede* auch *hëlede* (neben *hëlde*), *spilede, töude* statt *töuwende* (Wo); später *clagede, wahsede* u. a. Die meisten dieser Fälle sind allerdings eher als Konsonanzer- leichterung in schwachbetonter Silbe deutbar. Durch falsche Angleichung erscheint dann *eininc, maninc, wêninc* für *einec* usw., ferner *minnenclich, wünnenclich* u. a. Vgl. Schröder, E. 1893,124; Roethe 1919,797.

Anm. 2: /ch/ (altes wie aus /h/ im Auslaut) schwindet durch Dissimilation in *rîchlîch* − *rîlîch, lîchlachen* − *lîlachen* (vgl. aber ahd. *lînlahhan), wî[ch]nacht* (ebenso *grâ[f]- schaft* für *grâveschaft*); zwischen Kons. in *kir[ch]messe, -spil, -tac,* aber auch vor Kons. in *hô[ch]vart* (neben *hoffart,* § 105, Anm. 3) ‚Hoffart‘, *glî[ch]senære* ‚Gleisner‘.

Partielle Dissimilation findet sich bes. bei /l/ oder /r/, häufig bei Lehnwör- tern. Beispiele: mndl. *dorpere* ‚Bauer‘ > mhd. *dörpære, dörper* > *dörpel/törpel* (Dissimilation) > *Tölpel* (Assimilation seit 15. Jh.); lat. *mortarium* > mhd.

morter > *mortel* ‚Mörtel‘; /r/ + /n/ > /r/ + /l/ : lat. *organum* > ahd. *organa, orgela* > mhd. *orgene, orgele.* Vgl. § 121, § 124, § 126, Anm. 2.

Lit. Dissimilation
Schröder, E. 1893; Roethe 1919; Schirokauer 1923; Behaghel 1928, §§ 341–348; Akers 1931; Dieth 1968, 276ff., 324ff.; Guentherodt 1983.

§ 107   7. Kontraktionen

Die Medien /b, d, g/ und der Hauchlaut /h/ schwinden im Mhd. vielfach zwischen Vokalen, die dann kontrahiert werden. Die Vorgänge sind verschiedener Art und beginnen schon Mitte des 12. Jhs. (Zu den kontrahierten Verben s. §§ 283–288).

a) Kontraktion ahd. /igi/, mhd. /ige/ > /î/
           ahd. /egi/, mhd. /ege/ > /ei/

Diese beiden Kontraktionen sind im Mhd. allgemein verbreitet, seltener ist mhd. /age/ > /ei/ (vgl. § 108). Die Media /g/ wird palatalisiert zu /j/, das mit nachfolgendem ahd. /i/ zusammenfällt und schwindet.

Beispiele: *lît* (ahd. *ligit*), *lîst, pflît* (ahd. *pfligit*), *bîhte* (< *bigihte* zu *jëhen* ‚bekennen‘), *Sîvrit* (ahd. *Sigifrid*), *Brîde* (lat. *Brigida*);
  leit (ahd. *legit*), *leist, leite, geleit; seit* (< **segit), *seist, seite* (ahd. *segita*), *geseit; treit, treist; meide, meigde* (ahd. *megidi,* G. D. Sg. u. N. Pl. zu *maget*), *gein(e)* ‚gegen, Gegend‘, *eide* ‚Egge‘, *eidehse, eislîch* ‚schrecklich‘, *gejeide* ‚Jagd‘, *getreide* (Gleißner/Frings 1941, I, 91f.), *teidinc* ‚Verhandlung‘, *teidingen* neben *egede, egedehse, egeslîch, gejegede, getregede, tegedinc;* in Eigennamen *Mein-, Rein-* < *Megin-, Regin-,* z.B. *Meinhart, Reinmâr* usw.

Anm. 1: Neigung zur Systemerhaltung und andere Gründe führten daneben zu nichtkontrahierten Formen. Unter Einwirkung der übrigen Formen stehen *liget, ligest* neben *lît, lîst; leget, treget* neben *leit, treit* usw., *saget, sagete* gemäß ahd. *sagêt, sagêta* neben *seit, seite* (§ 108). Zu *meide* gesellt sich *mägede* (ahd. *magadi*), zu *gein* und *gegen* (ahd. *gegini*) auch *gägen* (ahd. *gagani*). Neben *Sîvrit* heißt es im NL stets *Sigemunt, Sigelint,* wohl weil diese Formen nicht der volkstümlichen Überlieferung entstammen. Über die Namen mit *Sige-* in den Urkunden des 13. Jhs. s. Gleißner/Frings 1941, I, 91.

Anm. 2: Andere Formen, wie *beweit* (für *beweget*) bei Herbort, sind nur vereinzelt zu belegen; über die Gründe s. Zwierzina 1900,370. – Zu beachten ist, daß Kontraktion nur vor ahd. /i/ eintritt, daher 2. Pl. Präs. der Regel entsprechend *liget, leget, traget, saget.* Doch konnte analog zu *meide* ein Nom. *meit* gebildet werden (aber nur auf beschränktem Gebiet, vgl. Zwierzina 1900,360); zu *lît* entstand so Inf. *lîn* (ebd. 401 Anm.), *ir lît* (ebd. 398), *lein* = *legen* usw. (*ir seit* und Imp. *seit* bei Wirnt [ebd. 356] zeigen wohl bair. Kontraktion über /g/; vgl. § 108).

Anm. 3: Über die Verbreitung der einzelnen Formen können hier nur allgemeine Andeutungen gemacht werden. Näheres bei Fischer, Hermann 1889; Zwierzina 1900,345 (Nachtrag 1901,414); über die Urkunden des 13. Jhs. s. Gleißner/Frings 1941, I, 84ff.

Über *lît* und *liget* s. Zwierzina 1900, 397 (und Gleißner/Frings 1941, I, 86). H. reimt nur *lît*, Wo *liget* (Zwierzina 1898, 470), G beide Formen. *pflît* ist bei omd. Dichtern üblich, sonst nur bei wenigen wmd. und els. (Zwierzina 1900, 405).

Bei der Verbreitung der *ei*-Formen scheiden Fischer, Hermann (1889) und Zwierzina (1900) drei Gruppen:

Die erste Gruppe, ausschließlich md. Dichter umfassend, reimt *leit, treit, meide*, auch *geine*, aber nicht *seit* (Zwierzina 1900, 347);

die zweite, vorwiegend alem., zu der aber auch süd- und rheinfrk. Dichter gehören, reimt neben *leit, treit* auch *seit*. Die Alemannen kennen dabei nur *treit, leit* usw. (während die Dichter der übrigen Gebiete, md. wie bair., auch die *g*-Formen reimen), aber neben *seit* steht *saget* (Zwierzina 1900, 358);

die dritte Gruppe ist zumeist bair.-österr. (zu ihr zählen aber auch omd. und einige ofrk. Dichter wie Wirnt) und reimt neben /ei/ < /ege/ auch /ei/ < /age/ (s. § 108).

Auf alem. Boden hat H die Reime von /ei/ < /egi/ in die Dichtung eingeführt. Wo hat *saget, treget, leget* (Zwierzina 1900, 355). Einige wmd. Dichter, aber auch Wirnt, reimen zwar *leit* und *geleit*, aber nicht *leite* (ebd. 357). *meide* (aber *maget*) reimen die Franken und wenige Alem., nicht H und G; alem. herrscht *maget, mägede* (ebd. 359), während bair. *meit* aus *maget* entstanden ist (s. u.); *geine* ist hauptsächlich fränk., *gägene* alem., *gegene* bair. (ebd. 359; etwas anders Gleißner/Frings 1941, I, 85). – Als literarische Reime werden *î*- und *ei*-Formen von anderen Dichtern übernommen, so *lît, geleit, leite* bei Wo (ebd. 355).

Anm. 4: /ei/ < /egi/ war auf einem großen Teil des Gebiets, wie noch die heutigen Maa. zeigen, von dem alten /ei/ verschieden (/ei/ gegen /ëi/). Alem. und md. wird es von vielen Dichtern, z. B. schwäbischen, trotz des bestehenden Unterschiedes in der Aussprache, mit altem /ei/ im Reim verbunden. Über die bair. Dichter s. § 108, Anm. 3.

b) Kontraktion mhd. /age/ vor /t, st/ > bair. /ei, ai/   **§ 108**

Beispiele: *seit* (ahd. *sagêt*), *seist, seite, geseit, treit* (= *traget*), *meit* (= *maget*), *kleit* (= *klaget*), *kleite, gekleit;* seltener sind solche Formen von *behagen, jagen, verdagen* ‚verschweigen‘, *verzagen* u. a. (Zwierzina 1900, 367). Auch in Fremdnamen begegnet diese Kontraktion: *Agatha > Aite.*

Anm. 1: Den *ei*-Formen zur Seite stehen überall die *age*-Formen. Neben *geseit* – *gesaget* werden von den Dichtern gewöhnlich nicht alle anderen *ei*-Formen verwendet, sondern bald diese, bald jene (Zwierzina 1900, 370). Durch Angleichung an *sagen* entsteht *(ge)freit* zu *(ge)vrâget* (ebd. 386). Vgl. auch Gleißner/Frings 1941, I, 84.

Anm. 2: Im Bair. geht *seit* auf *saget* zurück, im Gegensatz zum Alem., wo ahd. **segit* zugrunde liegt. Neben *treit, jeit* aus /-age-/ stehen mit anderer Aussprache *treit, jeit* aus /-egi/ (Zwierzina 1900, 396). Nicht wenige bair. Dichter kennen kein /ei/ < /age/ im Reim, binden aber /ei/ < /egi/ neben *leget, treget* (ebd. 358).

Anm. 3: Im Bair. ist altes /ei/ > /ai/, altes /î/ > /ei/ geworden (womit /î/ < /igi/ zusammenfiel). /ei/ < /age/ reimt stets auf altes /ei/, dagegen wurde /ei/ < /egi/ mit anderem Laut gesprochen. Es wird teils überhaupt nicht im Reim verwendet (NL, GL), teils nur in sich oder auf /î/, teils bald mit /î/, bald mit altem /ei/ gereimt (Zwierzina 1900, 396). Auch in späteren Hss., die /ei/ und /ai/ streng scheiden, wird der Diphthong aus /egi/ bald mit 〈ei〉, bald mit 〈ai〉 wiedergegeben, vgl. Gierach 1928, XXVIII.

Anm. 4: Weniger durchgreifend sind andere Kontraktionen: /age/ > /â/ in *tâlanc* < *tagelanc* ‚den Tag über‘, *magen > mân* ‚Kraft‘, neben *slage slâ* ‚Spur‘, (wenn es nicht auf **slahe* zurückgeht), *hërzehâl* (< *-hagel* ‚Herzensunglück‘): *tal* Willehalm von

Ulrich von dem Türlin, hg. von Singer 1893 (Neudruck 1968, 91, 3f.); /oge/ > /oi/ in
voit neben üblichem *voget* (Gleißner/Frings 1941, I, 90); österr. /ẽge/ > /ege/ > /ei/:
sẽgense vereinzelt *seinse* Krone 18402 (Diu crône von Heinrich von dem Türlîn, hg. v.
Scholl 1852), *pflẽgete* > *pfleite* (§ 249, Anm. 2).

Anm. 5: Md. geht die Vokalisierung des /g/ auf großen Gebieten viel weiter: *nagel* >
nail, nâl; zagel > *zail, zâl; sẽgen* (lat. *signum*) > *sein, sên; wẽgen* > *wein* usw. Über
mfrk. Formen vgl. Dornfeld 1912,178. Über /age/ > /ai/ im Md. Zwierzina 1925a,122.

Anm. 6: Nach dunklen Selbstlauten wird /g/ auch zu /u/: *claget* > *claut, jagete* > *jaute;*
aber auch *bouge* für *boge, claugen* für *clagen,* und dementsprechend *leigen* für *legen*
weist Zwierzina (1925a) für KvW nach.

§ 109   c) Kontraktion ahd. /ibi/, mhd. /ibe/ > /î/
           ahd. /idi/, mhd. /ide/ > /î/

Beispiele: *gît, gîst* zu *gẽben; quît (kît)* zu *quẽden* ‚sagen‘.

Anm. 1: Da /b/ im allgemeinen nicht palatalisiert wird, haben wir es hier wohl mit
urspr. satzunbetonten Formen zu tun. Über *gît,* das auch NL und Wo reimen, vgl.
Zwierzina 1900,400; daneben md. z.T. *git* (ebd. 402). Der EN *Vrîdanc* dürfte auf
*Fridu-dank beruhen (Schröder, E. 1920,171).

Anm. 2: Landschaftssprachlich beschränkt sind *reit, reite, gereit* zu *reden* (Zwierzina
1900, 366, 386), die ahd. *ẽr rediôt* usw. entsprechen, neben *rette, geret* (§ 99). Vereinzelt erscheinen *heit, heite = hebet, -te* (ebd. 114, 366), *begẽt = begẽbet* (ebd. 402)
usw.; später auch *gên* für *gẽben,* bes. alem. und omd. − Über mfrk. Formen vgl.
Dornfeld 1912,182.

§ 110   d) Kontraktion mhd. /abe/, /ade/ > /â/

Satzunbetont wurde *haben* allgemein > *hân* (alem. auch *han*). In Eigennamen:
Hâwart für *Hadewart.*

Anm. 1: Wie *reite* neben *rette* (§ 54a), so stehen (hauptsächlich alem.) *lât, lâte, gelât*
zu *laden, schât, bât* usw. zu *schaden, baden* neben *lat, latte* usw. (§ 285c). Reimbelege
für Länge des /â/ bei Zwierzina 1900,367, Anm. 2. − Daneben vereinzelt *scheit* für
schadet, gebeit für *gebadet* u. a.

Anm. 2: Im Bair. erscheint /b/ gelegentlich zu /u/ vokalisiert: *habech* > *hauch, krẽbeʒ*
> *kreuʒ* (§ 108, Anm. 6).

§ 111   e) *h*-Schwund mit Vokalkontraktion

Häufig ist /h/ zwischen Vokalen ausgefallen, worauf dann Kontraktion eintrat.
Im Obd. schwand es (auf noch nicht näher umgrenztem Gebiet) nach langem,
im Md. auch nach kurzem Vokal. Doch finden sich Formen mit erhaltenem /h/
daneben, und diese sind in der Regel die gewöhnlichen. Vgl. *nâ − nâhe, hô −
hôhe* (Adv.), *hân − hâhen* ‚hängen‘, *vân − vâhen* ‚fangen‘, *smæn − smæhen,
vlên − vlêhen, dîen − dîhen, zien − ziehen; slân − slahen.* Bei /ẽ/ findet sich die
Erscheinung besonders mfrk. und hess. (§ 165, Anm. 5): *geschên − geschẽhen,
sên − sẽhen.*

Anm. 1: Der Ausfall des /h/ scheint zwischen gleichen Vokalen früher eingetreten zu sein: *hô* (schon Notker, s. Behaghel 1920,342, anders Sievers 1920, 154 Anm.) < *hôho, vân < fâhan* sind weiter verbreitet als *versmân < firsmâhen; gâhen < gâhôn* ‚eilen' bleibt meist unkontrahiert.

Anm. 2: Schwund von ausl. /w/ und in /qu/ § 115f; von ausl. /r/ nach langem Vokal § 121f.; von zwischenvokalischen /b, d, g/ §§ 107−110; von /h/ §§ 139−142; /ch/ § 106, Anm. 2.

Lit.: Kontraktionen
Fischer, Hermann 1889; Zwierzina 1898; Zwierzina 1900; Dornfeld 1912; Behaghel 1920; Sievers 1920; Schröder, E. 1920; Zwierzina 1925a; Gierach 1928; Gleißner/ Frings 1941; Rein 1983b.

8. Konsonantenschwund bei Mehrfachkonsonanz   § 112

Von drei Konsonanten wird der mittlere gern aufgegeben, namentlich /t/, so schon im 12. Jh. *lussam* für *lustsam*, im 13. Jh. *geis(t)lich, anges(t)lich, truh(t)- sæʒe* ‚Truchseß', *mas(t)boum, gris(t)gram, deis-, deswâr* ‚das ist wahr'. Ebenso fällt /n/ in *hëlde* für *hëlnde* (Part. Präs.), /k/ in *mar(c)-grâve, Vol(c)mâr* usw. Oft begegnet die Erscheinung dann in obd. Denkmälern des 14. und 15. Jhs.: *achpær* für *ahtebære* ‚achtbar', *wil(t)pan* ‚Jagdbezirk', *wilpræt* für *wiltbræte, mas(t)poum* mit Assimilation /tb/ > /p/.

/r/ schwindet in *werlt > welt* (im Reim s. Schirokauer 1923,108). − Auffällig ist der Lautschwund in *tiutesch > tiutsch* und *tiusch* ‚deutsch'.

Beachte: lat. *sextarius > mhd. sehster* und *sester, schuohsûtære > schuohster > schuohter* und *schuoster.* − Vgl. § 132, Anm. 2, § 146.

9. Sproßkonsonanten   § 113

In *niener* ‚nirgend' entsteht als „Gleitlaut" zwischen /n/ und durch Synkope herangerücktem /r/ ein /d/: *niender,* bair. spätmhd. *kelder* ‚Keller', *mänder* ‚Männer', überhaupt entstehen bair. im 13./14. Jh. /b, d, g/ nach /l, n, r, ʒ, m/ (Kranzmayer 1956, § 27j).

Affrikata /z/ [ts] ist im Mhd. entstanden, wenn /n/ und /(i)ʒ, (a)ʒ/ zusammen- trafen, vgl. ahd. *muniʒa* mhd. *münze,* ahd. *ainaʒ mhd. einzic, einzel;* im Nhd. gilt dies für /l/ + /(i)ʒ/, vgl. mhd. *belliʒ,* ‚Pelz', *bülliʒ* ‚Pilz'. Vgl. § 150.

Nhd. Epithese (Auslautzuwachs; gehörter und dann realisierter Stimmab- satz) z. B. in nhd. *jemand, niemand* (§ 227), *selbst* zu mhd. Gen. *sëlbes* (§ 222, Anm. 1). − Weiteres § 149 (epithetisches /t/), § 147 (Gleitlaut /d-/); § 129 (Sproßkonsonant /b/).

Lit.: Sproßkonsonant
Behaghel 1924a; Kranzmayer 1956, § 27j; Key/Richardson 1972 (mit Forschungsbe- richt); Benware 1979.

II. Die einzelnen Konsonanten

§ 114   A. Mittelhochdeutsches Konsonantensystem (Schema)

	Labiale	Dentale	Gutturale	
Verschlußlaute				
Fortes	p/pp	t/tt	k/ck	
Lenes	b (bb)	d (dd)	g/gg	
Reibelaute				
Fortes	f/ff	ʒ/ʒʒ; s/ss/sch	ch/hh	
Lenes	v	s	h	
Affrikatae	pf	tz/z	(kch)	
Nasale	m/mm	n/nn	(ŋ)	
Liquide		l/ll		r/rr
Hauchlaut			h	
Halbvokale	w		j	

Im Mhd. erscheinen Geminaten nur zwischenvokalisch nach kurzem Vokal (mhd. *swimmen, bëllen, waʒʒer* u. a.); von den Fortes tritt in dieser Stellung neben /tt/ auch /t/ auf: im ,klass.' Mhd. besteht die Neigung zu /t/ *(biten)*, später zu /tt/ im Sinne eines Ausgleichs *(bitten, geritten)*.

Zum Konsonantensystem vgl. Fourquet 1954, 30; Fourquet 1963, 86f.; Penzl 1975, 101f.; Simmler 1976, 64.

B. Sonorlaute

1. Halbvokale

§ 115   mhd. /w/

Mhd: Das Zeichen ⟨w⟩ fehlte im lat. Alphabet; im Mhd. wird ⟨uu, uv, vv⟩ geschrieben. Der Wandel von ahd. /u̯/ zu bilabialem /w/ beginnt um 1100, die labiodentale Aussprache kommt im 13. Jh. auf. (Zu /v/ = [f] vgl. § 131). Md. wird ⟨v⟩ für nhd. /w/ verwendet. Zeichen für /wu/ sind ⟨w, ẘ, w̆, ẘ⟩, auch noch ⟨u-, v-⟩.

Nach /l/ und /r/ ist /w/ auslautend (vgl. ahd. /w/ > /o/ z. B. *sê(o), sêwes;* § 178) durch Ausgleich geschwunden in *gar*, aber *garwer; var* – *varwer* ,gefärbt'; *hor* – *horwes* ,Schmutz'; *mël* – *mëlwes* ,Mehl'; *smër* – *smërwes* ,Fett'; *smirwen* ,schmieren' – Prät. *smirte.*

> Anm. 1: Im Auslaut ist nachvokalisches /-w/ vor apokopiertem /-e/ vokalisiert worden und erscheint in der Schreibung nur in Sonderfällen; *vrouwe* wird im Satznebenton vor Namen verkürzt zu *vrou, vrô, vor, ver, vir;* vgl. *her < hërre,* § 23, Anm. 2.

§ 116   **Maa:** Der *w*-Laut des /qu/ fällt öfters aus, namentlich im Alem., vgl. *këln* ,sich quälen', *keln* ,quälen', *kâle* ,Qual', *këc* ,lebendig' (> nhd. ,keck'), *kât* Adj. ,böse', Subst. ,Kot', *kît* ‚sagt' neben *queln, quâle, quëc, quât, quît (< quidit);* Klappenbach 1945, III, 238, 253f. – Besonders bair., aber weiter verbreitet ist der Ausfall mit Verdumpfung des folgenden Vokals: *quë-, que-* > *kö-, qui* > *kü-, quî-* > *kiu-: köck, körder* ‚Lockspeise', *köste* ‚Büschel, Quast', *koln* ‚sich quälen', *köln* ‚quälen', *kücken* ‚lebendig machen', *kiut* neben *quëc, quërder, quëste, quëln, queln, quicken, quît.* Neben *kö-* steht aber auch *ko-.* In den Hss. wird /ö/ meist nur mit ⟨o⟩ bezeichnet, daher fällt es oft schwer, *kö-* und *ko-* Gebiete zu scheiden. Ahd. *quëna* erscheint als *köne* und häufiger als *kone;* ahd. *quëman* als *kömen,* aber sonst allgemein als *komen;* in der 3. Sg. steht *kümt* neben gewöhnlichem *kumt* (§ 248, Anm. 1). – Auch *quă-* wird bair. zu *kŏ-* verdumpft: *kot* ‚sprach', *kotember, kôle, kôt* ‚Kot' neben *quat, quatember, quâle, quât,* ebenso *kom, kômen* für *quam, quâmen.* /w/ erscheint noch heute in ‚bequem' mhd. *bequæme.* – ‚zwischen' ist urk. im 13. Jh. *zuschen* (Köln: *tuschen, tvischen*), vom Mfrk. bis Zweibrücken–Würzburg, noch südlicher unter *zwischen* eingestreut (Gleißner/Frings 1941, I, 65; Schützeichel 1954 und ders. 1961,290f.). Im 15. Jh. ist *zwischen* die bair., ofrk. und thür.-osächs. Form; im Alem. erscheint weitgehend /i/ > /ü/ gerundet und epithetisches /t/ (Besch 1967,130). – Zu *swëster* mfränk. *söster,* hess. *süster* (so noch heute bei Fulda), *(ver)despen* ‚begraben, verbergen' (ahd. *thwesben*) § 165, Anm. 3.

Anm. 1: /w/ > /m/ gelegentlich (im Satz-Sandhi) in *wan* > *man;* heute mundartlich festgeworden ist mhd. md. *mir* < *wir* (Klappenbach 1945, III, 227); bezeugt seit dem 13. Jh. bis ins Schles. des 14./15. (Schützeichel 1955b,206; vgl. § 213, Anm. 4).

Anm. 2: ‚Mittwoch' verliert urk. weithin sein /w/, so in *mittechen* 1286 Freiburg, südalem. *mittchun.* Dieser *w*-Schwund reicht mit einem Keil ins Südalem. vom Bair. her (Gleißner/Frings 1941,52). Durch Ausgleich ergibt sich *sêwe* ‚See' neben *sê;* weitere Beispiele § 178,2.

Anm. 3: Bair. ist /w/ durchaus bilabial, es wechselt nach Übergang zu /b/ mit diesem seit ca. 1100, wobei ⟨b⟩ für /w/ geschrieben sein kann: *beib* = *wîp,* vgl. § 159,2 und Kranzmayer 1956, § 25a4. – Zum umgekehrten Vorgang (bair. /w/ statt /b/) § 159,2; § 129.

Anm. 4: Anl. /wr/ ist mfrk. (ndd. ndl.) erhalten: *wrechen* = *rechen* ‚rächen'; § 165,2.

Anm. 5: Im Mfrk. schwindet /w/ bes. nach /l, r/ (z. B. *swalwe* > *swale;* § 165,2).

Nhd: Wo im Nhd. /au/ (mhd. /ou/, /û/) oder /eu, äu/ (mhd. /öu/, /iu/) vor /e/ erscheint, ist ein /w/ (d. i. /u̯/) ausgefallen; z. B. mhd. *ouwe* > nhd. *Au(e),* ebenso *frouwe, houwen, schouwen; vröuwen, ströuwen; iuwer, niuwe, riuwe, triuwe; bûwen, sû,* Pl. *siuwe* ‚Säue'. In wenigen Fällen ist /au/ aus /âw/ hervorgegangen: *brâwe* ‚Braue', *klâwe, pfâwe* ‚Pfau', *blâ,* Gen. *blâwes* ‚blau', *grâ,* Gen. *grâwes;* ‚Ruhe' ist mhd. *ruowe.* Zum Ausfall vgl. § 41, Anm. 7, § 68, Anm. 3, § 70, § 200, Anm. 1.

§ 117

Erhalten blieb /w/ im Nhd. im Inlaut nur in *êwec* (daneben *ê, êwe* ‚Ewigkeit, Gesetz, Ehe') und im Lehnwort *lewe* ‚Löwe' (daneben veraltet ‚Leu' < mhd. *löuwe,* ahd. *lewo;* vgl. Braune/Eggers 1987, § 114, Anm. 4; Bremer 1888,384ff.). – Vgl. § 41, Anm. 4.

Nach /l/ und /r/ ist /w/ inl. nhd. /b/ geworden, vgl. *milwe, swalwe, alwære* ‚albern', *ärweiʒ* ‚Erbse', *gël* – *gëlwes,* frühnhd. ‚gehl' – *gehl* ‚gelbes', wozu analog ‚gelb' gebildet wird, ebenso *val* – *valwes* ‚fahl, falb'; *garwe* ‚Schafgarbe', *gärwen* ‚gerben' (zu *gar, garwer:* urspr. ‚zurecht machen'), *mürwe, narwe, spar-*

wǽre ‚Sperber‘, *varwe*. Dieser Übergang wird Ende des 13. Jhs. im Schwäbischen sichtbar (Kauffmann, F. 1890, § 144,2). − Zu *Narbe* vgl. DWA IV, 31ff.

Anm. 1: Außerdem ist /w/ > /b/ geworden in *îwe* ‚Eibe‘, Prät. *hiewen* ‚hieben‘ und /v/ im frz. Lehnwort *âventiure* ‚Abenteuer‘.

Anm. 2: Zwischenvokalisches /w/ entspricht nhd. /h/ in ‚Ehe‘, ‚Ruhe‘, ‚froher‘. Schon mhd. dient gelegentlich /h/ als Hiatfüller für ausgefallenes /w/ (Objartel 1977,311).

Lit.: /w/
Bremer 1888; Kauffmann, F. 1890; Gleißner/Frings 1941; Klappenbach 1945, III, 227−262; Schützeichel 1954; ders. 1955b; Kranzmayer 1956; Schützeichel 1961; Besch 1967; Objartel 1977; Braune/Eggers 1987.

§ 118   mhd. /j/

Mhd: Das Zeichen ⟨j⟩, das im lat. Alphabet fehlt, entstand aus anlautendem ⟨i⟩ durch Verlängerung des Schaftes. In den Hss. erscheint für /j/ meist ⟨j, i, y, g, gi⟩, vgl. § 19. Mehrdeutig ist ⟨j⟩, das im 15. Jh. auch für /i, i:/ steht, ebenso ⟨g⟩, das außer dem Halbvokal /j/ auch den Verschlußlaut /g/ oder inl. ausl. den Reibelaut meinen kann. Wo heute /g/ als [j] gesprochen wird (z. B. mfrk.), wird es leicht mit hyperkorrektem ⟨g⟩ geschrieben. In Urkunden herrscht ein unübersehbares Durcheinander: vgl. 13. Jh. (bis 1290) (Gleißner/Frings 1941,148f.): 1288 *firjehen*, 1282 *veriehen*, 1287 *vergien;* 1379 mfrk. *gerlich* ‚jährlich‘ (Schützeichel 1954).

Anlautend schon ahd. wurde /ji/ > /gi/, z. B. mhd. *jëhen − ich gihe* ‚ich behaupte‘ (vgl. ‚Gicht‘ = angesprochene Krankheit), *jësen* ‚gähren‘ − *er giset, jëten* ‚jäten‘ − *er gitet*. Vor anderen Vokalen ist anl. /j/ erhalten bis ins Nhd., z. B. mhd. *jâmer, jagen, jûbel, jugent, jôlen, joch, jeger*.

Inlautend kann zwischenvokalisches /j/ schon im Mhd. fehlen, z. B. in *dræjen* ‚drehen‘, *sæjen* ‚säen‘, *müejen* ‚quälen‘; manchmal wird es durch ⟨g⟩ ersetzt, z. B. in *blüejen, blüen − blüegen*. Dieses ⟨g⟩ ist (bes. im Alem.) nach /ei, î/ beliebt: *eiger − eier, meige − meie, reige − reie* ‚der Reigen‘, *zweiger − zweier* (Gen. Pl. von *zwei*), *meiger − meier, drîger − drîer* (Gen. Pl. von *drî*), *vrîgen − vrîen* ‚frei machen‘. ⟨g⟩ für /j/ vor hellem Vokal ist wohl über lat.-westfrk. Schreibung herzuleiten (vgl. Braune/Eggers 1987, § 115, Anm. 2).

Nach /r, l/ und vorausgehendem Kurzvokal wird oft statt ⟨j⟩ ⟨g⟩ geschrieben, z. B. mhd. *verje, verge* ‚Fährmann‘; ferner nach Lehnwörtern.

Anm. 1: In *nerjen (nerien, nerigen, nergen), herjen, spürjen, erjen*, Dat. *herige* ‚dem Heere‘ wird schon mhd. das /j/ (/g/) durch Analogie verdrängt: *nern* ‚retten, nähren‘, *hern* ‚verheeren‘, *spürn* ‚eine Fährte verfolgen‘, *ern, erren* ‚pflügen‘ (zu got. *arjan*); für heutiges Vorkommen vgl. Mitzka 1958,155.

Anm. 2: In deutschen Wörtern war /j/ hinter Kons. nur nach /r/ mit vorhergehendem kurzem Vokal erhalten geblieben, sonst war es schon ahd. geschwunden (Braune/Eggers 1987, § 118). Nur in Lehnwörtern fand es sich nach anderen Kons.: *kevje, kevige* (lat. *cavea*) ‚Käfig‘; *metzje, metzige* (aus **maceum* für lat. *macellum* ‚Fleischbank‘), dazu *metziger* ‚Metzger‘; *Venedige* (lat. *Venetia*), *venje, venige* (lat. *venia*)

‚Kniefall zum Gebet' usw. Statt *lilge* ‚Lilie', *vigilge* ‚Vigilie', *Merge* ‚Maria' (ONN *Mergentheim, St. Märgen*), *Gilge* ‚Ägidius' (mit roman. /l/ statt /d/) u. a. hat das Nhd. die Grundformen neu übernommen.

Maa: Im Obd., namentlich Alem., finden sich *âmer* und *enêr* für *jâmar* und *jenêr*. Diese **§ 119** Doppelformen sind schon germanisch. Ob hier /i̯/ im Anlaut frühzeitig geschwunden oder von Haus aus nicht vorhanden war, ist strittig. Vgl. Braune/Eggers 1987, § 116, Anm. 4; Schatz 1927, § 293. – Für inlautendes /j/ findet sich vor allem im Ostfränkischen /w/, vgl. *krâwe, wîwe, mêwen, sêwen, blûwen, mûwen, frûwe* = *kræje* ‚Krähe', *wîje* ‚Weihe', *mæjen, sæjen, blüejen, müejen, vrüeje.*

Im Nordbair. ist spätmhd. anl. /j/ in /g/ übergegangen (z. B. *junc* > *gunc*), auch z. T. im Ofrk. u. Erzgebirgischen (v. Polenz 1956a,63; vgl. § 159,3). Zum alem. ⟨g⟩ statt ⟨j⟩ nach /ei, i/ s. § 118. Mfrk. steht /j/ für anl. Verschlußlaut /g/; § 165,3.

Nhd: Nhd. gilt anl. /g/ vor /i/ in ‚Gicht' mhd. *giht*, ‚Gischt' mhd. *gist*, auch in **§ 120** *jësen* ‚gären'. Erhalten ist /j/ in mhd. *jëten* ‚jäten' und in wenigen anderen Wörtern wie *Jammer, jagen, Jäger* usw.

Wie /w/ > /b/, so ist /j/ nach Kurzvokal + /r, l/ zu /g/ geworden; die Schriftsprache bewahrt es in *verje* ‚Ferge, Fährmann' (zu *varn*) und *scherje* ‚Scherge' (zu *schar*). Zwischenvokalisches /j/ wird im Nhd. oft durch den Hiatuslaut /h/ ersetzt (mhd. *dræjen* – nhd. *drehen, müejen* – *mühen, blüejen* – *blühen* u. a.).

Lit.: /j/
Schatz 1927; Gleißner/Frings 1941; Schützeichel 1954; von Polenz 1956a; Mitzka 1958; Braune/Eggers 1987, §§ 115–119.

2. Liquiden

mhd. /r/   **§ 121**

Mhd: Mhd. /r/ stammt z. T. aus dem Germ. u. Idg. (idg. **roudhos*, got. *rauþs*, ahd. mhd. *rôt*), z. T. aus germ. sth. /z/ (> wgerm. /r/; Rhotazismus § 92; z. B. got. *maiza* > ahd. *mêro*). Anlautendes /r/ ist durch alle Zeiten erhalten, im Auslaut kann es in einzelnen Fällen ausfallen.

Neben der wohl gemeingermanischen Zungenspitzenartikulation des *r*-Lautes (alveolar) wird für das Fränk. auch die des Gaumenzäpfchens (uvular) angenommen. Nach Ausweis der heutigen Mundarten wird es weithin vokalisiert: Die Vibrierung wird aufgegeben, und der vorhergehende Vokal kann gedehnt werden. Im Auslaut ist /r/ nach langem Vokal abgefallen. Wo es bei engem Anschluß an ein vokalisch anlautendes Wort zur folgenden Silbe hinübergezogen worden ist, hat sich /r/ aber erhalten:

dâ (ahd. *dâr*) – *dârinne, wâ* (ahd. *wâr* ‚wo') – *wârinne* ‚worin', *hie* (ahd. *hiar, hier*) – *hierunder, sâ* (ahd. *sâr* ‚alsbald') – *sârie* (durch *ie* verstärktes *sâ*). Hierher gehören auch die adverbialen Komparative *mê, ê* (ahd. *mêr, êr*) neben *mêre, dër êrre* ‚frühere' (§ 211).

Anm. 1: Adv. *mê, mêr, mêre* im Reim s. Schirokauer 1923,94.

Anm. 2: In ältere Zeit zurück reicht der Wechsel zwischen *zer-* und *ze-* als Präfix; vgl.

Braune/Eggers 1987, § 72, Anm. 2. − *-r-*Schwund im Nebenton erscheint auch in *ver-* vor /l/: *verliesen* > *vliesen* ‚verlieren‘, *verlust* > *vlust.*

Der alveolare *r*-Laut steht artikulatorisch dem /l/ nahe; es wird in Einzelwörtern leicht mit diesem getauscht. Mhd. gilt: *Kérka,* ndd. *Herke* − *Helche, smieren* − *smielen* ‚lächeln‘; ferner infolge von Dissimilation (§ 106) in der unbetonten Silbe von Lehnwörtern: *prior* − *priol, marmor* − *marmel* ‚Marmor‘, *marter* − *martel* ‚Passion, Pein‘, *mörter* − *mörtel, murmern* − *murmeln, turter* − *turtel* ‚Turteltaube‘, *Canterbury* − *Candelberc;* aber auch in der Tonsilbe: *môrber* − *mûlber* ‚Maulbeer‘, *bilgrîm* (lat. *peregrinus,* /l/ für /r/ schon romanisch, ausl. /m/ durch Anlehnung an Namen auf *-grîm*). Mhd. *dörper* ‚Bauer‘ (§ 9,1) wird > *dörpel / törpel* (Dissimilation) > *tölpel* (15. Jh.). Typisch alem. ist (bis heute) *kilche* gegenüber *kirche,* stimmt zur heutigen Nordgrenze des Südalem. wie anl. /ch, k/ (Gleißner/Frings 1941,51f.). Zur Metathese s. § 122.

Anm. 3: Dissimilation zeigen auch *trësol, trisol, trësor, trisor,* vollständig bis zum Schwund *trëse, trise,* zu frz. *trésor* ‚Schatz(kammer)‘.

Anm. 4: Durch Dissimilation ist /r/ beseitigt in *vordern, vodern* und in *vürdern, vudern* ‚fördern‘ (§ 69, § 106).

Anm. 5: In Synkope wird /rr/ vereinfacht: *berren* > *bern* ‚schlagen‘, *werren, wern* ‚wehren, schützen‘, zum Nhd. hin *vërre* ‚fern‘, *stërre* ‚Stern‘ (vgl. § 105, Anm. 3).

Anm. 6: Zu *dirre* ‚dieser‘ vgl. § 105, Anm. 4, § 219, Anm. 4; Braune/Eggers 1987, § 288, Anm. 1.

Anm. 7: Konsonanzerleichterung zeigt *wëlt* < *wërlt,* vor allem bair.; die Form fehlt aber im Reim bei Wa.

Anm. 8: /r/ ist angetreten in *ode,* nach Muster von *weder, aber;* in *dester* für *deste* ist es nicht durchgedrungen. Umgekehrt steht mhd. *abe* neben *aber* durch Einfluß von *ode* (§ 53a). − /r/ wird gelegentlich eingeschoben: *kerzer* neben *ketzer,* bair. (14. Jh.) *jermerleich, innercleich.*

§ 122 **Maa:** Metathese des /r/ (r-Umsprung) ist seit Veldeke beliebt: *ors* = *ros* ‚Roß‘. Die Metathese wird vom Ndd., später Mfrk. her bis weit in den Süden übernommen, dann wieder zurückgenommen. *born* (zu *brunne*) z. B. reicht im 11. Jh. vom Niederrhein über die Westeifel, Lothringen bis ins Unterelsaß. In der Mitte des 12. Jhs. wird die Form auch in das Nordthür. und Mittelrhfrk. übernommen, in der 2. Hälfte des 12. Jhs. in das Oberelsaß. Am weitesten reicht sie in der 1. Hälfte des 14. Jhs., und zwar bis nach Hessen, Südthüringen, Schwaben hinein (vgl. Küppersbusch 1931/32,55; Michels 1921; Siegel 1942,16; ders. 1957, 194, 203; Schützeichel 1960,117f.; Boesch 1946,184). − Zur Metathese im Bair. Alem. § 159,22.

Mhd. Beispiele: *birnen, bernen, burne, dirte, kirsten, bërsten* = *brinnen* ‚brennen‘, *brennen* ‚anzünden‘, *brunne, dritte, kristen* usw.; umgekehrt *vrohte, vruhten, gewroht* = *vorhte* ‚fürchtete‘, *vürhten, geworht* ‚gewirkt‘ (vgl. auch § 159,22). *vrouwe* erfährt Kürzung mit Metathese: *vor, ver* (§ 23, Anm. 2).

Anm. 1: Zur heutigen Verbreitung vgl. Küppersbusch 1931/32, dazu Kleiber 1957,196 (Ortenau): *r*-Metathese geht dort parallel mit /ss/ < /hs/; Wagner, K.

1927,39; Gleißner/Frings 1941,41: *Christ;* Mitzka, 1955a,39: *Kruste;* DSA 117–120: *dreschen.*

Ohne /r/ im Auslaut erscheinen im Md. die Pronominalformen *wî* ‚wir‘, *gî* ‚ihr‘, *mî* ‚mir‘, *dî* ‚dir‘, *de* oder *die* ‚der‘, *wê, wie, wi* ‚wer‘, die aber nicht in dem ganzen Gebiet des Md. und zum Teil neben *wir, ir* usw. vorkommen (§ 162,9; § 165,9; § 217). In der Grenzzone zwischen ndd. *hê* und hd. *ër* entsteht die Kontaminationsform *hër* (§ 214, Anm. 1). Vgl. DSA Karte 48: *er.* Zu alem. *kilche* statt *kirche* s. § 121, § 160, Anm. 3. – Mbair. /r/ > /o/ und /rt/ > /t/ (§ 159,5). – Bair.-alem. *-re* statt *-er* (§ 159,22). – Rheinfrk. seit dem 12. Jh. *r*-Schwund in /rht/ *(Berhthold > Bechtold;* § 164,3). – /rp/ *(dorp)* im Rip. (§ 165, Anm. 4) und Hess.-Thür. (§ 167).

Nhd: Ähnlich wie im Wgerm. (§ 96β) kann auch im Nhd. vor silbenauslauten-   § 123
dem /-r/ oder /-re/ ein Sproßvokal entstehen, und zwar nach mhd. /î, iu, û/ bzw. nhd. /ei, eu, au/: mhd. *vîre* – nhd. *Feier, gîr* – *Geier, lîr(e)* – *Leier, viur* – *Feuer, gehiur(e)* – *geheuer, schiure* – *Scheuer, tiur(e)* – *teuer, aventiure* – *Abenteuer; schûr* – *Schauer, mûr(e)* – *Mauer, trûr(e)* – *Trauer* (vgl. § 57).

Lit.: /r/
Schirokauer 1923; Gleißner/Frings 1941,51f.; Braune/Eggers 1987, § 72, § 120f., § 288, Anm. 1.

Lit.: Metathese
Michels 1921; Wagner, K. 1927; Küppersbusch 1931/32; Gleißner/Frings 1941,41; Siegel 1942; Boesch 1946; Mitzka 1955a; Siegel 1957; Kleiber 1957; Schützeichel 1960,117f.; Dieth 1968, 317, 428f.; Rein 1983a; Braune/Eggers 1987, § 120, Anm. 4.

mhd. /l/   § 124

Mhd.: Idg. germ. /l/ bleibt im Dt. erhalten (lat. *lux,* ahd. *lioht,* mhd. *lieht,* nhd. *Licht*). Sehr häufig kommt Geminata /ll/ vor, die vor allem durch die wgerm. Gemination (§ 96; z. B. *zellen, wille, geselle*) und durch jüngere Assimilation (z. B. *zwinelîn, zwinelinc > zwillinc; guotlîch* neben *guollîch;* § 105, Anm. 3) oder aus Synkope (ahd. *elilenti > ellende;* § 97) entstand. Im Mhd. kann /l/ aus /r/ oder /n/ durch Dissimilation hervorgehen (vgl. § 106, § 121; mhd. *dörper > dörpel* > nhd. *Tölpel,* § 126 Anm. 2; mhd. *samenen > samelen*). /l/ kann auch durch Dissimilation ersetzt werden (§ 126, Anm. 2; mhd. *klobelouch > knobelouch, pfellel > pfeller* [aus mlat. *palliolum* zu lat. *pallium,* mhd. *pfelle*]).

Die Geminata /ll/ wird mhd. im Auslaut (*voller* zu *vol*) und bei Synkope vereinfacht (z. B. *sellen* ‚verkaufen‘ > *seln, zellen* ‚zählen‘ > *zeln* (nhd. For-menausgleich nach ahd. *zelis, zelit,* Inf. *zellen*).

Maa.: Mbair. wird ausl. /l/ > /i/ um 1300 (§ 159,5). – Unverschobene Verbindung /lp/ im Rip., Hess. u. Thür. (§ 88, § 165, Anm. 4, § 167). – Mfrk. *as* ‚als‘ § 165, Anm. 3.

Nhd.: Mhd. /l/ wird im Nhd. weitestgehend übernommen. Die mhd. im Auslaut vereinfachten Geminaten (mhd. *vol, voller*) werden im Nhd. durch Ausgleich wieder geminiert.

3. Nasale

§ 125   mhd. /m/

Mhd.: Idg. germ. /m/ ist im Anlaut und Inlaut im Dt. weitgehend erhalten (lat. *mater*, ahd. mhd. *muoter;* got. *qiman*, ahd. *quëman*, mhd. *komen*). Im Auslaut ist /m/ schon im Ahd. zu /n/ geworden (ahd. *tuom > tuon, tagum > tagun*), außerdem vor /f/ *(fimf > finf, zumft > zunft)*. Im Auslaut unbetonter Silben ist /n/ für /m/ meist durchgedrungen: *bodem – boden, buosem – buosen, gadem – gaden* ‚Zimmer', *vadem – vaden,* aber nicht in *âtem – âten.* Durch Ausgleich ist das /m/ dann aber oft wieder hergestellt worden (besonders in alem. Texten, vgl. Zwierzina 1901,72 Anm.): *heim – hein, ôheim – ôhein, ruom – ruon, varm – varn* ‚Farn', *nam – nan* usw. Andererseits wird erst mhd. zu *turn* im Md. *turm* ‚Turm, Gefängnis' gebildet. – In der Pronominal- und Adjektivflexion bleibt *-em* aus *-eme* erhalten: *dem, wem, guotem,* aber *dem allen* (§ 231).

Geminata /mm/ stammt aus dem Germ. (z.B. *swimmen*) oder entstand durch die wgerm. Gemination (§ 96; mhd. *frummen*). Auch Assimilationen können zur Geminata führen, so bereits ahd. *stimna > stimma,* im Mhd. *lamp > lam(m)* ‚Lamm', *stumbes > stummes* zu *stump, stum* (§ 105,2; mit Vereinfachung im Auslaut § 98).

Maa.: Assimilation /mb/ > /mm/ bereits früh im Md. (§ 162,6), im Südbair. urkundl. seit 1300 (§ 159,7). – /m/ < /w/ md. *mir < wir* vgl. § 116, Anm. 1.

Nhd.: Die Assimilation /mb/ > /mm/ (s.o.; z.B. *zimber > Zimmer*) gilt für das Nhd. und dringt gegebenenfalls durch Ausgleich als Geminata in den Auslaut ein (z.B. mhd. *lamp, lam – nhd. Lamm*). Bei unterbliebener Dehnung der mhd. Kurzvokale in offener Tonsilbe wird u.a. /m/ geminiert (§ 45; § 99; z.B. mhd. *himel, hamer, sumer, jâmer*); nhd. ⟨mm⟩ dient zur Bezeichnung der Vokalkürze, wird aber wie einfaches /m/ gesprochen.

Lit.: /m/
Zwierzina 1901; Braune/Eggers 1987, § 123ff.

§ 126   mhd. /n/

Mhd.: Anlautend ist idg. germ. /n/ erhalten (lat. *nox, noctis*, ahd. *naht*, mhd. *naht*); inlautend und auslautend wird /n/ meist verändert oder schwindet. Bereits im Germ. fällt /n/ vor Reibelauten aus (Nasalschwund mit Ersatzdehnung § 36, z.B. mhd. *denken – dâhte*), ebenso im Mhd. (urkundl. alem. um 1200, verbreitet um 1300; z.B. *finf > fîf, uns > ûs;* ähnlich ndd.; vgl. Bohnenberger 1927/28; Maurer 1942; Boesch 1946; Bruch 1953,1165; Kleiber 1957,205).

Veränderungen und Schwund erfolgen durch Assimilation, Dissimilation und Synkope.

Anm. 1: Totale Dissimilation (§ 106) führt zu *n*-Schwund in *hane(n)vuoz, pfenni(n)c, küni(n)c, ei(n)lant, verteidi(n)gen, same(n)t* u.a.

Anm. 2: /n/ – /n/ wird durch Dissimilation zu /l/ gewandelt, vgl. *scherlinc* neben älterem *scherninc* ,Schierling', *samenen > samelen*, **Heteninge > Hegelinge*, Gen. **Hetenen > Hetelen*, danach Nom. *Hetele;* Pl. *vorhenen > vorhelen*, danach Sg. *vorhele* ,Forelle' neben *vorhen(e)*. Umgekehrt entsteht /n/ in *klobelouch > knobelouch, kliuwel > kniuwel* ,Knäuel', *orgene > orgel(e)* u. ä.

Anm. 3: Neben *sâ* ,alsbald' steht *sân* (vgl. ne. *soon*). H reimt nur *sâ*, Wo anfangs *sân*, später *sâ;* über ihr Verfahren und das anderer Dichter s. Zwierzina 1898,437, und ders. 1900, 8 Anm. Nebeneinander stehen *sunst* ,sonst' *sûs(t); sînt* ,seit' *sint sît*.

Anm. 4: In der Synkope kann /n/ getilgt werden (vgl. § 106, Anm. 1): *sene(n)de, spilde < spilnde, helde < helende, pfalze < pfallenze;* in der Stellung Verb-Pronomen (,Inversion') wie in heutigen Mundarten *höre wir* § 240, Anm. 2; *einlif > eilf* ,elf'.

Anm. 5: Assimilation liegt in *entvâhen > empfâhen, inbîʒ > imbîʒ, anebôz > ambôz* vor; § 105,1.

Anm. 6: Geminata /nn/ des Gerundiums kann auch vereinfacht vorkommen (z. B. *tragenne > tragene;* § 240, Anm. 9).

Ein mhd. velares Nasalphonem /ŋ/, für das es kein eigenes Zeichen gibt, wird aus dem Nhd. erschlossen. ⟨ng⟩ wird im Mhd. wohl [ŋ + g] ausgesprochen (*singen, sanc* als *[siŋgen, saŋk]*) und ist dann im Nhd. zu [ŋ] assimiliert worden (Penzl 1968a; Vennemann 1970; Vennemann 1974; Cercignani 1979,98; § 137, Anm. 2).

Maa.: Im Infinitiv schwindet ausl. /n/ bes. im Ofrk. (§ 161,3), im Thür. (§ 167), oft im Md. (§ 240, Anm. 8). – Beim Part. Prät. der st. Verben fällt im Moselfrk. das ausl. /n/ ab. – Im Spätbair. schwindet /-en/ nach den Nasalen /n, m, ng/, z. B. *gevangen > gevang* (§ 159,16). – Das Alem., bes. Schwäb. neigt zur Nasalierung der Stammsilbe bestimmter Wörter: *kiusche > kiunsch, meist > meinst, sehen > senhen.*

Nhd.: Im Nhd. ist /n/ statt mhd. /m/ seit dem 15. Jh. in einigen Wörtern durchgedrungen (vgl. § 125; z. B. *bodem > boden; besem > besen* u. a.). Als Geminata dient /nn/ der Kürzebezeichnung des vorausgehenden Vokals (§ 99), ohne jedoch geminiert gesprochen zu werden, z. B. mhd. *doner* – nhd. *Donner, kan* – *kann* (als Ausgleich zu mhd. *kennen*), *brante* – *brannte* (nach mhd. *brennen*) u. a. Die ahd. mhd. Geminatenvereinfachung (§ 98) wird hier im Nhd. durch Ausgleich rückgängig gemacht.

Anm. 7: /n/ ist fest geworden in *nu* ,nun', (aber ,in einem Nu'), ebenso in *alwære* ,albern', eigl. ,ganz wahr'. Aus den obliquen Kasus der mhd. schwachen Deklination ist /n/ in den Nom. gedrungen: *schate* ,Schatten'.

Lit.: /n/
Zwierzina 1898; ders. 1900; Bohnenberger 1927/28; Maurer 1942; Boesch 1946; Bruch 1953; Kleiber 1957; Penzl 1968a; Vennemann 1970; ders. 1974; Cercignani 1979; Braune/Eggers 1987, § 126ff.

C. Geräuschlaute (Verschluß- und Reibelaute)

1. Labiale

§ 127　　　　　　　　　　　mhd. /p/

Mhd./Maa.: Der stl. Verschlußlaut /p/ kommt im Mhd. selten vor, da germ. /p/ durch die zweite Lautverschiebung (§ 86ff.) auf dem gesamten hochdt. Gebiet zur Spirans /ff, f/ (§ 131) und auf Teilgebieten, bes. im Obd., zur Affrikata /pf/ (§ 88, § 128) wurde. /p/ ist also nur nördlich der *pund/pfund*-, der *appel/apfel*- und der *dorp/dorf*-Linien positionsbedingt (d. h. anl., als Geminata u. inl. nach Konsonant) erhalten (§ 4, § 88). In der Verbindung /sp/ ist das /p/ seit dem Idg. unverschoben.

Im Zuge der Medienverschiebung ist wgerm. Media /b/ im Altobd. in allen Stellungen zunächst zu /p/ geworden (z. B. ahd. *pёrc, kёpan*), doch bereits im 8. Jh. setzt sich allmählich wieder /b/ im Alem. durch, seit etwa 1050 auch im Bair. Außer am Südrand des Alem.-Bair. gerät /p/ in den Bereich der binnen- deutschen Konsonantenschwächung (§ 101). Lediglich die Geminata obd. /pp/ (< germ. /bb/), die mhd. neben /bb/ vorkommt (mhd. *ribbe/rippe, sibbe/sippe, stübbe/stüppe* ‚Staub‘), bleibt bis ins Nhd. erhalten. Im Auslaut erscheint die Media /b/ im Mhd. als /p/ (z. B. mhd. *lobes*, aber *lop;* Auslautverhärtung § 100).

Viele anl. /p/ finden sich mhd. nhd. in Lehnwörtern, die nach der zweiten Lautverschiebung aus dem Lateinischen, Romanischen, Mndfrk. oder Mndd. übernommen wurden, wobei die Schreibung auch /b/ kennt: *pâbes/bâbes* ‚Papst‘, *palme/balme, pilgerîn/bilgerîn, prüeven/brüeven, paradîs, palas, prîs, tempel; wâpen* (neben *wâfen*), *dörper; wimpel.* Die Formen mit /b/ können auf Konsonantenschwächung zurückgehen, die von etymologisierenden Textkriti- kern übersehen wurde; möglich ist auch roman. unaspiriertes /p/ (§ 102f.).

Nhd.: Im Nhd. ist /p/ infolge og. Entwicklung selten und geht überwiegend auf die Lautung von Lehnwörtern zurück; nur als /pp/ (*Rippe, Sippe* u. a.) stammt es aus dem Germ.

Lit.: /p/
Klappenbach 1945, II, 326–333; Braune/Eggers 1987, § 130f.

§ 128　　　　　　　　　　　mhd. /pf/

Mhd./Maa.: Die Lautverschiebung des germ. /p/ zur Affrikata /pf/, auch ⟨ph⟩ geschrieben, erfolgt je nach Position im Anlaut, nach Konsonant (germ. /lp, rp, mp/) und bei postvokalischer Geminata (wgerm. /pp/) in räumlicher Staffelung innerhalb des hochdt. Gebietes; diese Verschiebung bestimmt wesentlich die Abgrenzung der hochdt. Mundarten (§ 4, § 88).

Anm. 1: Mhd. /pf/ wird ⟨ph⟩ geschrieben, doch kann in wmd. Hss. ⟨ph⟩ auch für /p/ stehen; der Gebrauch des Schriftzeichens ⟨pf⟩ wird urkundl. u. literarisch im 13. Jh. immer häufiger gegenüber ⟨ph⟩.

Die Verschiebung des germ. /p/ zu /pf/ in allen Positionen (Anl., Inl. nach Kons., postvokal. Geminata) gilt im gesamten Obd., d. h. im Alem., Bair. und Ofrk.; die nördl. Grenze des Obd. ist die *appel/apfel*-Linie (§ 4). Das Südrheinfrk. hat im Ahd. noch unverschobenes anl. /p/ (ahd. *punt, plëgan*) und tritt erst später mit /pf-/ *(pfund, pflëgen)* zum Obd. über. Das Wmd. hat unverschobenes anl. /p/ *(pund)* und /pp/ *(appel)*, verschiebt jedoch /p/ nach /l, r/ (ahd. *dorpf, hëlpfan*). Im Omd. erscheint im Anlaut /f/ *(fund)*, am omd. Südrand /pf/ wohl unter ofrk. Einfluß; die Umgangssprache des Omd. (und des Ndd.) hat /pf/, das dort in den Maa. fehlte und fehlt, im Anlaut durch /f/ ersetzt. Omd. sind /lf, rf/ *(hëlfen, dorf)* durchgedrungen, doch fehlt wie im ges. Md. die Verschiebung von /pp/ *(appel)* und /mp/ *(schimpen)*. Vgl. § 163, § 164,1, § 166,1, § 167.

Bereits im Ahd. zeigt sich eine Tendenz zur Weiterverschiebung des /pf/ zur Spirans /f, ff/. In alem. Denkmälern findet sich /f, ff/ im Anlaut und für Geminata (ahd. *funt* statt *pfunt, sceffan* statt *scepfan*) im Ahd. häufig, im Mhd. nur noch selten. Dagegen setzt sich die Veränderung von /pf/ zu /f/ nach den Konsonanten /r, l/ in einigen Wörtern schon gemeinahd. (ahd. *wërfan, dorf, hëlfan*) im 9. Jh. durch, in anderen Wörtern stehen Affrikata /pf/ und Spirans /f/ bis ins Mhd. nebeneinander: *scharpf − scharf* (im Reim s. Schirokauer 1923,107), *harpfe − harfe, gëlpf − gëlf* ‚glänzend; Lärm‘, aber nur *karpfe* (wie im Nhd. *Karpfen*). Die Formen mit /f/ finden sich in Urkunden der mhd. Zeit bis in den wmd. Nordrand, sie gelten somit für das ganze hd. Gebiet mit Ausnahme des Ripuarischen.

Anm. 1: Zum mhd. Wechsel /pf/ − /f/ nach /r, l/ nimmt F. Kauffmann (1887,505ff.) alte Doppelformen von /pp/ und /p/ an; Schweikle (1964,253) sieht Erleichterung der Konsonantengruppe /rpf/ bzw. /lpf/ als Grund für /rf/, /lf/ (vgl. Braune/Eggers 1987, § 131, Anm. 5). Nach Mitzka (1953,147) nimmt außer dem Mfrk. auch das nördl. Rheinfrk. (bis zum südl. Zweibrücken) an der Verschiebung von -*dorp* nicht teil, wie Urk. u. ON belegen (dagegen Wirtz 1972).

Anm. 2: Das Nebeneinander von /pf/ − /ff/ in *opfern − offern* wird mit der Herkunft aus lat. *operari* > mhd. *offere* erklärt, aber vgl. mfrk. *droffe − tropfe*, md. *kaffen* − obd. *kapfen* ‚gaffen‘. Alem.-bair. *opfer* verdrängt allmählich sonstiges *offer*. Weiteres, so zu *scharpf, bischof*, s. Klappenbach 1945, II, 326, 331f., 342f.; Schützeichel 1956b,119f.

Anm. 3: Zur Mischung von Affrikaten und Aspiraten vgl. Vonficht 1964. − Mundartlicher Austausch liegt wohl vor in *krippe − kripfe*.

Lehnwörter, die vor der zweiten Lautverschiebung übernommen wurden, haben mhd. anl. /pf/ : *pfalz* (lat. *palatium*), *pfëffer* (lat. *piper*), *pfîl* (lat. *pilum*), *pfunt* (lat. *pondus*) u. a. Nebeneinander stehen *pforze, pforte*, md. *porze, porte* (lat. *porta*); *pfaht(e)*, md. *pacht* (lat. *pactum*).

Lit.: /pf/
Kauffmann, F. 1887; Klappenbach 1945, II, 326−356; Mitzka 1953; Schützeichel 1956b; Schweikle 1964; Vonficht 1964; Wirtz 1972; Braune/Eggers 1987, § 131.

§ 129   mhd. /b/

Mhd.: Germ. /b/, wgerm. ahd. /b/ ist auch im Mhd. /b/ (§ 90), das im Wort- und Silbenauslaut zu /p/ wird (Auslautverhärtung § 100; selten in Hss., z.B. nicht bei Hartmann von Aue). In Lehnwörtern steht /b/ vielfach im Wechsel mit /p/ (z.B. *bëch* − *pëch* < lat. *picem;* s. § 127). Spätmhd. entsteht nach /-m-/ ein Sproßkonsonant /b/, der aus ausl. Stimmabsatz stammt oder Gleitlaut zwischen /m/ + *(e)r* ist: *lamb* ,lahm‘, *sumber/sumer* ,Sommer‘, *kumt/kumbt* ,kommt‘ (§ 113). Zwischenvokalisch kann /b/ bei Kontraktion schwinden (§ 109f.). Als Geminata wird /bb/ obd. zu /pp/ (*rippe* neben *ribbe;* § 90, § 127).

> Anm. 1: Mhd. /b/ wechselt mit /pp/ in *knabe : knappe, rabe : rappe.* In den Hss. werden auch Schreibungen wie ⟨bp, pb⟩ verwendet.

> Anm. 2: Gramm. Wechsel zeigt *diep, diup, -bes* ,Dieb‘ − *diube, dûf* ,Diebstahl‘.

> Anm. 3: Assimilation zu /p/ zeigt sich vor stl. Laut: *gelopt* (Klappenbach 1945, 173 *gelobpt*), *gelept* neben /-b-/ (a.a.O., 172). Bis zum Schwund bair. *lemtig = lebendic,* noch mit /b/ *lembtigen, lembdigen* (a.a.O., 173).

Maa.: Wgerm. /b/ wird durch die 2. LV. im Bair. u. Alem. zu /p/, doch kehrt schon im Ahd. das Alem. zu /b/ zurück, wogegen im Bair. anl. /p/ noch im Spätma. erscheint *(paum),* sonst aber durch binnendt. Konsonantenschwächung zur stl. Lenis /b/ wird. Der Lautstand der Urk. bietet im 13. Jh. bis 1290 das folgende Bild: Anl. bair. /p-/ für /b-/ reicht bis in die Umgegend Nürnbergs, das /b-/ hat; sonst kommt /p-/ nur vereinzelt vor. Im Präfix gilt meist /b-/. Bair. anl. /w-/ findet sich oft, so in *gewurt* ,Geburt‘. Weiteres Klappenbach 1945, I, 155−216.

> Anm. 4: Der Name *Brünhild* wird von dem bair. NL-Dichter als *Prünhilt* wiedergegeben, doch behält er die md. Formen *Burgonden* (u. *Gêrnôt*) bei.

Dem alem.-bair.-ofrk. Wechsel zwischen /b/ − /f/ entsprechen nhd. /f/, /b/: *swëbel/swëfel, zwîbel/zwîfel* ,Zweifel‘, *hobel/hovel, zouber/zouver,* aber nur mhd. *haber(e)* ,Hafer‘ (Kranzmayer 1956, § 31d1; vgl. § 159,4).
   Das Mfrk. hat /b/ nur als Geminata und nach /m/, ansonsten erscheinen Reibelaute: im Inlaut sth. /v/, im Auslaut stl. /f/ (z.B. *loves* − *lof* ,Lob‘, *gëven* − *gaf* ,geben, gab‘ (§ 165,3). − Im Hess. wird ausl. /f/ zu /b/ (z.B. *brîb,* auch *brîp* ,Urkunde‘; § 164,2).
   Im Bair. erscheint seit Ende des 13. Jhs. /b/ für /w/ (*blaber* ,blauer‘, *bort* ,Wort‘, *zbischen* ,zwischen‘), seltener umgekehrt /w/ für /b/ (*gëwen, wischof* ,Bischof‘, *wibel* ,Bibel‘); vgl. § 159,2.

> Anm. 5: Eine besondere Entwicklung (aus Sandhi oder Unbetontheit, Ersatz einer ungewohnten Vorsilbe durch *be-*) erfährt das verbreitete *bit = mit,* dazu *bitalle, betalle, albetalle, albedelle* ,durchaus, gänzlich‘, weithin entlehnt (Veldeke hat *bit, betalle*); zum Mfrk. Schützeichel 1955b, 201. Vgl. § 23,6.

§ 130 Nhd.: Mhd. /mb/ wird schon früh im Md. (§ 162,6), verzögert im Bair. (§ 159,7) zu /mm, m/ assimiliert (*zimber, imbe* ,Bienenschwarm‘, *umbe* ,um‘, *wambe, ambet* ,Amt‘, *wambes* ,Wams‘, *kamp/kambes* ,Kamm‘, *tump/tumbes* ,dumm‘.
   Im Nhd. entsteht /b/ aus /w/ nach /l, r/: mhd. *alwære* > nhd. *albern, gerwen* > *gerben, mürwe* > *mürbe, swalwe* > *Schwalbe* u.a.

Lit.: /b/
Lessiak 1933, 27–55; Klappenbach 1945, I, 155–216; Schützeichel 1955b; Kranzmayer 1956, § 31.

mhd. /f/, /v/ **§ 131**

Mhd.: Im Mhd. der Frühzeit und der höfischen Dichtersprache sind /f/ und /v/, die im Nhd. denselben Laut bezeichnen *(Fisch, Vogel)*, verschieden gesprochen worden: /f/ bezeichnet stl., /v/ sth. (wohl labiodentalen) Reibelaut (Braune/ Eggers 1987, § 137, Anm. 1). Zum vieldeutigen Schriftbild § 20. Lautgeschichtlich sind zweierlei /f/ zu unterscheiden:

1. Ahd. /f/: Das bei der 2. Lautverschiebung aus germ. /p/ hervorgegangene /ff/ (nach kurzem Vokal) und /f/ (nach langem Vokal und im Auslaut) stellt stimmlose Fortis dar (wie in nhd. *hoffen*); z. B. *trëffen, trâfen* (ndd. *dræpen*); vgl. § 88; Klappenbach 1945, II, 333–356.

2. Germ. /f/ bewahrt im Auslaut und in den Verbindungen /ft, fs/ seine Stimmlosigkeit; im Anlaut und Inlaut zwischen Vokalen wird es aber oft ⟨v⟩ geschrieben und ist (schwach) stimmhaft, bis es im Laufe des 13. Jhs. in stimmlose Lenis [f] übergeht (§ 91). Vor /r, l, u, ü, iu, ou, üe/ ist aber die historische Schreibung ⟨f⟩ ebenso beliebt wie ⟨v⟩, und /f/ wird hier wie [v] gesprochen. Man schrieb also anlautend *funden* ‚gefunden', *für* neben *vunden, vür,* aber nur *vinde, vant, vor;* inlautend zwischen Vokalen *hoves, brieves,* aber auslautend *hof, brief; nëve,* aber *niftel* ‚Nichte'. Das germ. (got.) /f/ in *dürfen* dagegen wird stets so, nie durch ⟨v⟩ wiedergegeben; hier ist ⟨f⟩ Angleichung an *darf, dorfte.* Zum Grammatischen Wechsel /f, v/ – /b/ vgl. § 93.

Anm. 1: Die kritischen Ausgaben verfahren willkürlich: Lachmann: Wa *fröide,* Pz *vröude* (Hss. *froude*), Iw *vreude;* NL (Bartsch) 1,3 *freuden,* 12,3 *vröuden;* MF Reinmar 156,12 *vröiden,* 182,4 *vröide.* – Wo die Schreibung schwankt, steht in dieser Grammatik ⟨v⟩; Fremdwörter wie *fest* ‚Fest', *firmunge, fontâne* behalten ⟨f-⟩.

Anm. 2: Die sth. Aussprache des /v/ ist zu erschließen:
  1. aus der Änderung des ahd. Schreibgebrauches (⟨v⟩ für ⟨f⟩)
  2. aus den deutsch-romanischen und deutsch-slawischen Lautersatzverhältnissen und
  3. aus der Aussprache des alten /f/ in beharrsamen Maa. (z. B. *vaint* für ‚Feind' in der früheren bairischen Sprachinsel Gottschee in Slowenien). Vgl. lat. *cavea* (lat. /u̯/: rom. /v/) > ahd. *kevia* > mhd. *kevje* > nhd. *Käfig;* lat. *viola* > ahd. *vîola* > mhd. *vîol* > nhd. *Veil-chen;* tschech. *Vrbice* (ON) > nhd. *Fürwitz* usw. Ins Slaw. wird mhd. /v/ als /b/ entlehnt: *varwe* > tschech. *barva, vrîthof* > slow. *brîtof, grâve* > altpoln. *grabia,* tschech. *hrabě;* umgekehrt slow. *Bistrica* > nhd. *Feistritz* usw. Vgl. Lessiak 1903,120; Schwarz 1926,43ff.; Steinhauser 1928,139ff.; Lessiak 1933,55; Lessiak 1963 (Nachdruck), § 102.

Maa.: Urk. wird im 13. Jh. germ. /f-/ anl. mit ⟨v-⟩, daneben verschieden mit ⟨u-, f-, w-⟩ **§ 132** wiedergegeben. ⟨v⟩ findet sich seit dem 10. Jh. vor /i, ie, iu/, weniger vor /e, o/, selten vor /a/, vor Kons.; im Bair. und östl. Alem. ⟨f-⟩ vor /u/. Gewöhnlich gilt inl. ⟨rf, lf⟩. Zwischenvokalisches ⟨-v-⟩ herrscht vor, ⟨-ph-⟩ ist selten; vor allem md. ist ⟨-f-⟩ stärker bewahrt, auch hier ist ⟨-ph-⟩ selten. Ausl. gilt ⟨-f⟩, ebenso in ⟨ft, fs⟩, jedoch findet sich rheinfrk. ⟨-b⟩: *hob* ‚Hof' (dafür auch ⟨-p⟩). Nördlich des Mains gilt *entfangen*, sonst *enphangen*, vereinzelt *enpfangen*. Weiteres, so zu *hof, brief*, Klappenbach 1945, III, 185–226; zu mfrk. /f : v/ Krauß 1957,73. – Zur Reimgrammatik von /f : v/ vgl. § 9, Anm. 2.

Anm. 1: Mittelfränkisch *up* ‚auf', vgl. Schützeichel 1956b, 116 Anm.

Anm. 2: Schwund in unbetonter Stellung (auch Konsonanzerleichterung): *bischoftuom* > *bisch(e)tuom, bistum*.

Germ. /-f-/ wird stimmhaft gesprochen im Wmd., im Norden Thüringens und Obersachsens. – Zum Wechsel /pf/ – /f, ff/ vgl. § 128. – Zu omd. /f-/ für obd. /pf-/ vgl. § 128, § 166,1, § 163. – Wechsel von /f/ > /b/ im Hess. *(brîf* > *brîb)* § 164,2. – Bair. u. Alem. wechseln /b/ und /f/ vor *(e)l, (e)r* (z.B. *swëbel/swëfel*) § 129, § 159,4. – Im Mfrk. u. Ndd. wird /ft/ > /cht/: mhd. *niftel* > *nichtel* ‚Nichte', *luft* > *lucht, graft* > *gracht* ‚Graben', *after* > *achter;* § 165,4.

Lit.: /f/, /v/
Lessiak 1903; ders. 1933, 55–76; Schwarz 1926; Steinhauser 1928; Klappenbach 1945, II, 333–356, III, 185–226; Schützeichel 1956b; Krauß 1957; Lessiak 1963 (Nachdruck); Braune/Eggers 1987, § 132, § 137ff.

2. Gutturale

mhd. /k, c, ck/

Mhd.: Germ. /k/, das in der zweiten Lautverschiebung postvokalisch zum Reibelaut /hh, ch/ verschoben wurde, bleibt im Anlaut, im Inlaut nach Konsonant und in der Geminata weitgehend erhalten und wird nur im Südalem., Südostschwäb. und Südbair. zur Affrikata /kch/, oft geschrieben ⟨ch⟩ (z.B. *kalt* – südobd. *chalt, starc* – südobd. *starch, wecken* – südobd. *wekchen, wechen;* § 88).

⟨k⟩ und ⟨c⟩ bezeichnen den gleichen Laut, ⟨k⟩ pflegt im Silbenanlaut, ⟨c⟩ im Silbenauslaut gebraucht zu werden, also *kunst, dankes, senken*, aber *danc, sancte* ‚senkte'; demgemäß erscheint bei Verdoppelung *ck: blic-kes, blic; blicken, blicte*. Im Wortauslaut tritt /c/ (= /k/) der Aussprache gemäß (§ 100) für /g/ ein: *tages* – *tac*.

Anm. 1: In den Hss. wird ⟨c⟩ außerdem häufig vor /r/ und /l/, gelegentlich auch sonst geschrieben, vgl. *crank, clagen*. – Zur Schreibung ⟨c⟩ für /z/ vor /e/ und /i/ vgl. § 150.

Dem nhd. /ck/ entsprechen im Mhd., wenigstens im Obd., zwei verschiedene Laute:

1. wgerm. /gg/ > mhd. Wechsel /ck/ – /gg/, vgl. *brucke* – *brugge* ‚Brücke', *ecke* – *egge, mucke* – *mugge* ‚Mücke', *rucke* – *rugge* ‚Rücken', *snēcke* – *snēgge;* /gg/ ist alem. beliebt. Schriftbild ⟨k⟩ für /kk/ z.B. Iw 4313 *rüke, brüke*, vgl. Gleißner/Frings 1941,100; § 95ff.

2. wgerm. /kk/ > mhd. Wechsel /ck/ – /(c)ch/, vgl. *bucken* – *bucchen* ‚bükken', ebenso *schicken, gelücke*.

Anm. 2: Schon im Mhd. kann /k, c/ der Konsonantenschwächung unterliegen, was die Ausgaben als „falsch" tilgen (§ 101ff.).

Anm. 3: In *dekein* = *kein* aus *dech-ein* ist /ch/ in den Silbenanlaut getreten.

Anm. 4: Für die Fremdwörter *punct, tincte* gibt es auch mit Konsonanzerleichterung die Formen *punt, tinte.*

Anm. 5: Heute reicht verschobenes Anlaut-*k* so weit, wie *ge-* vor /h/ zu /g-/ wird, vgl. Koekkoek 1958,49.

Anm. 6: /k/ statt /ch/ in *rîke, wætlîke* in NL Hs. A hielten Lachmann und Müllenhoff für ndd., es sind aber Analogieformen des Schreibers, der /ch/ in ⟨k⟩ umsetzte: Corves 1909,276.

Anm. 7: Zur Schreibung ⟨gg⟩ für wgerm. /kk/ vgl. auch Kleiber 1965,211ff.

Das Zeichen ⟨x⟩ wird öfters nur in Fremdwörtern und fremden Namen, gelegentlich jedoch für /gs/ verwendet: *phinxten* 1284 Salzburg, *inxsigel* = *ingesigel* vgl. Gleißner/Frings 1941, 45, 75.

Maa.: Urkunden des 13. Jhs. zeigen anl. ⟨ch⟩ für /k/ im Bair., mit wenigen ⟨k⟩. Das *k*- **§ 134** Gebiet ist von ⟨ch, c⟩ durchsetzt: ⟨ch⟩ erscheint verstreut in der Ostschweiz und in Schwaben, von da bis zum oberen Main; ⟨c⟩ neben ⟨k⟩ am Rhein, im Süden des Ofrk. Vor /l/ gilt ⟨k⟩ im ganzen nur im Südalem., bei ‚Kloster' erscheinen auch nördlicher im *ch*-Gebiet einzelne ⟨c⟩. Vor /n/ ist ⟨k⟩ überall üblich. Zu den schwierigen Verhältnissen bei ‚Markt' vgl. Gleißner/Frings 1941,43. /lk/ ist /lch/ in der Schweiz, /rch/, /nch/ reichen weiter nach Norden. Trans. *henken*, intrans. *hangen* gelten im Südwesten, trans./intrans. *hangen* im Südosten. /-kk-/ ist im Südosten häufig ⟨kch⟩; in der Schweiz manchmal ⟨cch⟩. ⟨-gg-⟩ reicht vom Bodensee bis etwa Karlsruhe (1271 *agger*); Besonderheiten zu ‚Glocke' Gleißner/Frings 1941,58. Ausl. /rk/ ist ⟨rg⟩ in der Schweiz, im Elsaß und im schwäb. Nordrand. In ‚Markgraf' kann /k/ zu /g/ assimiliert sein, auch fehlen. Ausl. /kk/ ist alem.-bair. /ch/. Zum Nebeneinander von mhd. /lh, rh − lk, rk/ vgl. Michels 1921, § 171. Zur heutigen Verteilung von anl. /ch-, kch-/ DSA 17 *Kind;* Wagner, K. 1927, Tafel 4: anl. /ch/ in mhd. u. moderner Zeit (Mitzka 1957a,1623).

Anm. 1: Schon ahd. stehen nebeneinander *henken* und *hengen,* beide aus germ. **hangjan,* das erste mit expressiver Fortisierung.

Zur Verschiebung germ. /k/ > südbair. südalem. /kch/ s. § 159,1; § 160. − Zur Verschiebung wgerm. /g/ > bair. /k/ (ahd. *gëban* > bair. *këpan*) und zur späteren Lenisierung s. § 159,2.

Nhd.: Im Nhd. wird in zahlreichen Fällen ausgeglichen zu ⟨k, ck⟩ bzw. ⟨g, gg⟩, z.B. mhd. *blic, blickes* > nhd. *Blick; starc* > *stark; tac, tages* > *Tag.* Gelegentlich erscheint nhd. /g/ gegen mhd. /k/, z.B. mhd. *Krieche* − nhd. *Grieche; vlücke* − *flügge; rogge, rocke* − *Roggen* (vgl. Höing 1958); *sarc, sarkes* − *Sarg; wërc(h)* − *Werk, Werg; värhel, värkel* − *Ferkel* (§ 138ff.; DWA VII, 19−24).

Lit.: /k, c, ck/
Corves 1909; Michels 1921; Wagner, K. 1927; Gleißner/Frings 1941; Mitzka 1957a; Koekkoek 1958; Kleiber 1965.

§ 135 mhd. /qu/

Mhd.: Der Lautwert von /qu/ ist im Mhd. wie im Ahd. [kw] (ahd. *quëman*, mhd. *quëmen*); die Schreibung kennt in den Urkunden des 13. Jhs. anl. ⟨qu, qv, qw, quu⟩. Vgl. Gleißner/Frings 1941, 47.

Im Alem. fällt der *w*-Laut ⟨u⟩ des /qu/ oft aus, z. B. *quëc > këc* ‚keck‘; *quam > kam; quât > kât* ‚Kot‘. Im Bair. tritt Verdumpfung des Folgevokals hinzu: *quëc > köck; quëln > köln.* Zum Übergang /qu/ > /k/ z. B. *quëc, këc, koc* ‚lebendig‘, *quëden, koden, köden, këden* ‚sprechen‘ vgl. § 116.

Neues /qu/ entsteht im späten Md. aus /tw/: *twërh > quërch* ‚quer‘; *twarc > quarc* ‚Quark‘ u. a.; vgl. § 166,2, § 148.

Lit.: /qu/
Gleißner/Frings 1941, 47; Braune/Eggers 1987, § 144; Szulc 1987, 137f.

§ 136 mhd. /g/

Mhd.: Ahd. mhd. /g/ geht zurück auf germ. sth. Reibelaut /g/. Mhd. /g/ wird als Verschlußlaut gesprochen, auch in der Verbindung /ng/ (als n + g) und in der Geminata /gg/; /g/ ist jedoch im Md. Reibelaut im In- und Auslaut.

Im Auslaut wird /g/ im Mhd. zu /k/ ⟨c⟩ verhärtet (z. B. *tages, tac;* § 100). – Zwischen Vokalen kann /g/ schwinden (z. B. *liget > lît, leget > leit, traget >* bair. *treit;* § 107f.). – Zwischenvokalisches /j/ kann durch /g/ ersetzt werden (z. B. *blüejen – blüegen,* ahd. **erjôtag >* bair. *ergetac* ‚Dienstag‘; § 118). – Zum Wechsel von /g/ mit /k/ vgl. § 133f. – Die Geminata /gg/ wird im Obd. zu /ck/ (z. B. *brugge – brücke;* § 133,1). – Zum Wechsel /g/ – /ck/ § 96α. – Zu /rg, lg/ – /rk, lk/ – /rh, lh/ § 134, zu Reimen § 159,3 (Bohnenberger 1906, 393). – Zum Grammatischen Wechsel /h/ – /g/ § 93.

Anm. 1: /g/ ist zwischen /r/ und /n/ geschwunden im Adv. *morne* aus *morg(e)ne* neben *morgen = morgen(e); morne* nicht bei H, vgl. Gierach 1917, 512; Reimbelege bei Schirokauer 1923, 91; Nbff. *mornen, mornent, mornet.* Vgl. spätmhd. *dinstac < dingestac.*

Anm. 2: Bei einigen Fremdwörtern stehen Formen mit /g/ und /k/ nebeneinander: *gollier / kollier* ‚Koller‘, *ganêl(e) / kanêl(e)* ‚Zimt‘, *gulter, golter, gûter / culter, kolter, kûter* aus afrz. *coultre* ‚Steppdecke‘, *gerner, gärner / kärner* ‚Beinhaus‘ (lat. *carnarium*), *gugele / kugel, kogel* (lat. *cuculla*). Dieser Befund wird auf unaspiriertes /k/ zurückgeführt; hier kann aber wieder die binnendeutsche Konsonantenschwächung (§ 101) gewirkt haben. In *voget = lat. vocatus* wird volkslat. /g/ vorausgesetzt.

§ 137

Maa.: In Urkunden des 13. Jh. gilt anl. /g/ fast ausnahmslos, auch inl. nach Vokal, wenn es nicht geschwunden ist (vgl. Kontraktion § 107f.).

Im Ausl. nach Vokal ist das Bair. Kerngebiet für /-ch/, das an den oberen Main und ins Alem. ausgreift. Im Südwesten herrscht /-g/, vom oberen Rhein zum oberen Main /-c/; /-k/ ist verstreut im ganzen Süden.

Im Ausl. nach Konsonant gilt: /-rg/ unterscheidet sich von /ng/ (wo /g/ in /ŋ/ aufgeht), /-rg/ > /rch/ rheinabwärts, dafür /-rc/ südwestdeutsch. Süddt. /-nc/, /-nch/ werden von /ng/ überschichtet, das in Westbayern und in der Steiermark fehlt. ‚gegen‘ erscheint mit /g-/

überall, so in südalem. *gegin*, bair.-schwäb. *gagen; kegen* (zu *en(t)gegen*) begegnet selten. Die Formen *gen, gein* sind landschaftlich nicht zu trennen, *gein* fehlt alem., im ganzen auch schwäb. Weiteres, so zu einzelnen Wörtern wie *Georg, Burggraf, Markgraf,* Gleißner/Frings 1941,76.

Anm. 1: Aus dem Befund heutiger Mundart kann sich ergeben, daß /ch, gh, j/ aus /g/ am Rhein nach Süden getragen sind, vgl. Frings 1955,189; umgekehrte Richtung nimmt dagegen an K. Wagner 1960/61,51. Vgl. auch: Frings/Linke 1958,1ff. Die Karten *fliegen* des DSA (122–125) zeigen /-ch-/ in Teilen des Ofrk. (von da aus südschlesisch), /-h-/ in anderen, außerdem in Hessen (und ndd.).

Nhd.: Durch Ausgleich werden Auslautverhärtung u. Kontraktion rückgängig gemacht. – /g/ für /j/ bleibt anl. u. nach /r, l/ (*Gicht, Scherge;* § 118ff.). – Die Geminata /gg/ weicht überwiegend /ck/ (*Brücke, Rücken;* § 133f.).

Anm. 2: Während im Mhd. /ng/ noch [ŋg] gesprochen wird, ist im Nhd. Assimilation von /ng/ > [ŋ] eingetreten, nur daß sie hier in der Schrift unbezeichnet bleibt; nhd. *Engel* [‚eŋəl], nicht [‚eŋgəl], *Finger* [fiŋər], durch Übertragung auch nhd. *Ding* [diŋ], nicht [diŋk] für mhd. *dinc,* nhd. *jung* [juŋ] für mhd. *junc* (§ 126).

Lit.: /g/
Bohnenberger 1906; Gierach 1917; Schirokauer 1923; Lessiak 1933, 131–151; Gleißner/Frings 1941; Frings 1955; Frings/Linke 1958; Wagner, K. 1960/61,51f. (zu Frings 1955); Braune/Eggers 1987, § 147ff.

mhd. /ch/, /h/   **§ 138**

Das Zeichen ⟨ch⟩

Das Zeichen ⟨ch⟩ steht im Mhd. für verschiedene Laute und Laute verschiedener Herkunft. In erster Linie bezeichnet es den durch die zweite Lautverschiebung aus germ. /k/ nach Vokal entstandenen stl. velaren Reibelaut ahd. /hh, h, ch/, mhd. /ch/ (z.B. as. *maken* – mhd. *machen, ik* – *ich;* § 88). – In bair. u. alem. Hss. steht ⟨ch⟩ für die im Südobd. aus germ. /k/ verschobene velare Affrikata /kch/ [kx] (z.B. *chind, wërch, dechen,* auch *decchen;* § 88, § 133). – Weiterhin kann ⟨ch⟩ den aus germ. /χ/ im Auslaut (*sah, sach*) und in den Verbindungen /ht, cht/ (*naht, nacht*) und /hs, chs/ (*vuhs, vuchs*) entstandenen stl. velaren Reibelaut bezeichnen (§ 88, § 140). – Ferner wird im Südbair. für /k/ (< auslautend verhärtetem /g/) ⟨ch⟩ geschrieben (z.B. mhd. *tac* – südbair. *tach*) und als Affrikata [kx] gesprochen (§ 159, Anm. 3). – Im Mbair. fällt /h/ mit /ch/ zusammen (z.B. *geschëhen* > *geschëchen;* § 159,6). – Im Mfrk. findet sich ausl. /ch/ ⟨ch, hc⟩ für /g/ (z.B. *plach* zu *plëgen;* § 165,3 u. Anm. 3). – Im Mfrk. entsteht aus /ft/ > /cht/ (z.B. *luft* > *lucht, graft* > *gracht, after* > *achter;* § 165,4, § 132).

mhd. /ch/ (< germ. /k/)   **§ 139**

Mhd.: Der aus germ. /k/ verschobene stl. Reibelaut /ch/ ist im Alem. und Bair. durchgängig velarer *ach*-Laut [x] wie das nhd. Zeichen ⟨ch⟩ nach /a, o, u/; es ist also in *ich, bëch* ‚Pech' zu sprechen wie in *bûch* ‚Bauch', *loch,* in *beche* ‚Bäche', *vërch* ‚Leben' wie in *bach*. Doch ist das Alter dieser Aussprache strittig, da beharrsame alem.-bair. Mundarten – und so immer die md. – die *ach*- und *ich*-Laute [x] und [ç] unterscheiden (§ 20; § 159, Anm. 2 zur Schreibung; Russ 1978b; Braune/Eggers 1987, §§ 140–145). Mhd. /ch/ (< germ. /k/) wechselt mit /ck/ (< germ. /kk/ nach wgerm. Gemination, § 96) in verwandten Wörtern: *wachen* (got. *wakan*) – *wecken* (got. *wakjan*, wgerm. **wakkjan*), *dach* – *dekken*, *loch* – *lücke* u. a.

> Anm. 1: Satzphonetisch kann /ch/ schwinden zwischen syntaktischen /i/ : *ich in* > *i'n; i'iu, i'ir.* Vgl. § 23, Anm. 1.

> **Maa.:** /ch/ kann im Südalem. schwinden in *wel, swel* gegen sonstiges *welch, swelch* (§ 160, Anm. 2; Braune/Eggers 1987, § 292).

> Unverschobene, d. h. ndd. /k/ zeigt sich in ON des Thüringischen (*-kirkin, -beke;* § 167).

§ 140   mhd. /h, ch/ (< germ. /h/)

Mhd.: Germ. /h/ (/χ/) war wohl in allen Stellungen stl. gutturaler Reibelaut (heute noch im Südbair.). In allen germ. Sprachen hat /h/ die Neigung zum Hauchlaut oder zum Schwund (z. B. ahd. /hr-/, /hl-/: *hlûd* – mhd. *lût, hros* – mhd. *ros*). Im Ahd. ist unter Beibehaltung des Zeichens /h/ eine Phonemspaltung eingetreten, derzufolge stl. gutturaler Reibelaut im Wort- und Silbenauslaut sowie inlautend vor Konsonant in /ht, hs/ geblieben ist, dagegen im Wort- und Silbenanlaut Hauchlaut eintrat (Braune/Eggers 1987, § 150ff.). Diese Verteilung gilt auch für das Mhd.: Hauchlaut /h/ im Anlaut (z. B. *hôch, nâhe, sëhen*), gutturaler Reibelaut [x, ç], geschrieben ⟨h⟩ oder meist ⟨ch⟩, in den übrigen Positionen (Auslaut: *doh/doch, sah/sach;* Inlaut vor Kons.: *naht/nacht, vuhs/vuchs*). Im Mhd. ist /h/ niemals Dehnungszeichen wie im Nhd. (§ 142).

In den Verbindungen /ht/ und /hs/ *(naht, vuhs)* ist /h/ nur schwacher Reibelaut gewesen; spätmhd. geht /ht/ ziemlich allgemein in /cht/, /hs/ vornehmlich auf dem südöstl. Gebiet in /chs/ über und wird nhd. [ks] (*vuhs* > nhd. *Fuchs*, spr. [fuks]). In den Verbindungen /ht/ und /hs/ bleibt die Schreibung zunächst unverändert, z. B. *sëhen* – *siht*, aber seit dem 14. Jh. wird wie im Nhd. ⟨cht⟩ und ⟨chs⟩ geschrieben (im Bair. und z. T. im Alem. öfter noch ⟨ht⟩); über die Aussprache vgl. § 159,6. Sonst tritt im Silbenauslaut gewöhnlich ⟨ch⟩ ein, vgl. *sëhen* – Prät. *sach* – Pl. *sâhen, hôch* – *hôhes* – *hôch-zît, rûch* ‚rauh' – *rûhes, varch* ‚Ferkel' – *varhes, twërch* ‚schief' – *twërhes, schëlch* ‚scheel' – *schëlhes, bevëlhen* – Prät. *bevalch.* – Für /ht/ wird oft ⟨th⟩ geschrieben.

Zwischen Vokalen ist /h/ häufig ausgefallen (z. B. *vâhen* > *vân;* Kontraktion § 111).

> Anm. 1: Auch /h/ kann durch Anlehnung geschützt werden, so kann *saher* ‚sah er' auf *zaher* ‚Träne' reimen.

> Anm. 2: Wie als Adv. *hô* neben *hôhe*, auch *hôch*, so steht als Adj. *hô* neben gewöhnlichem *hôch;* ebenso als Adv. *nâ* neben *nâch* und *nâhe*, als Adj. *gâ* (md.) neben *gâch* ‚jähe'. *rû* ‚rauh' neben *rûch* findet sich bei Wa 76,16 (vgl. Schröder, E. 1902,90ff.; v.

Gutturale. Hauchlaut (§§ 140–142) 157

Kraus, Wa, S. 311). *lô, drû* neben *lôch* ‚Gebüsch‘ und *drûch* ‚Falle‘; *zê, vlô* (Prät.) neben *zêch, vlôch* sowie *nâ, hô* haben als literarische Reime Verbreitung gefunden. Über *hô* s. Schröder, E. 1918,378; Behaghel 1920,341; DSA 90 *hoch*.

Anm. 3: /h/ kann in unbetonter Silbe ausfallen, vgl. *eht* und *et* (enklitische Partikel ‚eben, nun‘); *ambet* neben seltenem *ambehte* ‚Amt‘; *niet* und *niut*, Nebenformen von *niht*, entstanden aus *niewet, niuwet*, älter *nieweht; hînet, hînte, hînt* < *hînaht* ‚heute nacht‘; *bívilde* ‚Begräbnis‘ neben *bevélhen* ‚übergeben, begraben‘, nhd. *befehlen.* – Zu *her, er* < *hêrre* § 23, Anm. 2.

Anm. 4: Der *ch*-Laut wird zu /k/, wenn er nachträglich in den Silbenanlaut tritt: *durch* – *dürkel* ‚durchlöchert‘, *varch* – *värkel* (neben *värhel*), *march* ‚Pferd‘ – *marhes* und *markes*, danach Nom. *marc, storch, storc; nechein-nekein* (§ 230); aber nur *märhe* ‚Mähre‘, *vorhe* ‚Föhre‘ *vurch* ‚Furche‘ u.a. Vgl. Paul, H. 1879d,559; anders Schröder, E. 1928,111.

Anm. 5: In Urkunden des 13. Jhs. fehlt anl. /h/ gelegentlich, so häufig im Anlaut des zweiten Kompositionsgliedes oder der Nachsilbe: *schulteiz, andertalb, siechûs = sichhûs*, in *-heim*, so auch in *œheim, -holt, -hilt* usw. –

Maa.: Ausl. /h/ nach Vokal ist gewöhnlich /ch/, *welch* gilt im Norden bis Worms, *swelch* über das nordöstl. Schwaben hinaus. *swelch* im Südosten, z.T. auch westlicher; im Südalem. erscheint *wel, swel.* – /h/ steht gelegentlich falsch, so etwa in *hamman* ‚Amtmann‘, *herbe*. § 141

Mfrk., hessisch, z.T. alem. gilt Assimilation von /hs/ zu /ss/: *wassen* ‚wachsen‘, *osse, ses* ‚sechs‘ (Wagner, K. 1925/26,30; vom Romanischen her: Frings 1961,393).

Anm. 1: /h, ch/ entwickelt sich gelegentlich, wohl aus Unsicherheit infolge des rückgängig gemachten Wandels von /hs/ > /s(s)/ vor stl. /s/: *wahs* neben *was* ‚scharf‘, bair. *wüechste* neben *wüeste*, md. *Mîhsen* neben *Mîsen;* vgl. nhd. *Weichsel* neben nd. *Wissel*, FN *Meixner* neben *Meißner*. Zur Übernahme von slaw. /š/ als /hs/ (mhd. *krähse* ‚Kraxe, Traggestell‘, *liuhse* ‚Leuchse, Wagenleiste‘; öfter in ONN) vgl. Lessiak 1933,80.

Nhd.: Das /h/ ist nhd. im Innern des Wortes im Silbenanlaut im allgemeinen verstummt und nur in der Schrift als Dehnungszeichen beibehalten: mhd. *sëhen* > nhd. *se(h)en*, mhd. *lohe* > nhd. *Lo(h)e; ruochen* ‚geruhen‘ ist an ‚ruhen‘ angeschlossen. § 142

Anm. 1: Auch nach /l/ und /r/ ist /h/ im Nhd. geschwunden, wobei es in der Schrift meist vorangestellt wird: *bevelhen* ‚befehlen‘, *salhe* ‚Salweide‘, *morhe* ‚Möhre‘, *vorhe* ‚Föhre‘. Im Auslaut ist es als /ch/ erhalten: ‚durch‘, ‚Elch‘, aber durch Ausgleich beseitigt in ‚scheel‘ = mhd. *schëlch, -hes*, ‚schielen‘ mhd. *schilhen*, ‚quer‘ mhd. *quërch (twërch), -hes* aber: ‚Zwerchfell‘. Dieser Schwund ist md. schon im 12. Jh. sichtbar. /h/ schwindet md. vor allem nach Kurzvokal: *slahen* > *slân, sëhen* > *sên*. Weiteres § 160, Anm. 2.

Anm. 2: In manchen Fällen ist im Nhd. nach dem Verstummen des /h/ Kontraktion eingetreten, die sich in der Regel auch schon im Mhd. neben der unkontrahierten Form findet, vgl. *gemahel* ‚Gemahl‘; *mähelen* ‚vermählen‘; *stahel* ‚Stahl‘; *trahen*, Pl. *trähene* ‚Träne‘; *zaher*, Pl. *zähere* ‚Zähre‘; *äher* ‚Ähre‘; *(ge)wähenen* ‚(er-)wähnen‘; *vêhede* ‚Fehde‘; *zëhen* ‚zehn‘; *bîhel* ‚Beil‘; *tâhe*, Gen. *-en* ‚Ton‘ des Töpfers.

Anm. 3: Im Nhd. ist /h/ als Dehnungszeichen vielen anderen Fällen eingefügt, wo es historisch nicht überliefert war, so in *Sohn, wahr* usw. (§ 19).

Anm. 4: Scheinbare Zerdehnung von /ê/ zu nhd. /-ehe-/ weisen auf: mhd. *gên* ‚gehen‘, *stên* ‚stehen‘, *ê* ‚Ehe‘, *êrîn* ‚ehern‘. Durch Angleichung an die thematische Konjugation oder an die übliche Form der ô-Fem. wurden *gên* > *gēen, ê* > *ēe*, wofür nach dem Muster von *sē(h)en* dann *gehen, Ehe* geschrieben wurde. An Stelle von /w/ und /j/ ist nhd. /h/ als nicht gesprochenes Schriftzeichen getreten in mhd. *êwe (= ê)* ‚Ehe‘, *ruowe* ‚Ruhe‘, *kræje* ‚Krähe‘, *bæjen* ‚bähen‘, *dræjen* ‚drehen‘, *glüejen* ‚glühen‘, *müejen* ‚mühen‘; vgl. §§ 115–120.

Anm. 5: Erhalten hat sich das Zeichen /h/ für gesprochenen Hauchlaut u. a. in *âhorn* ‚Ahorn‘, *ahâ* ‚aha‘, *ohô* ‚oho‘; für ‚Uhu‘ erscheint mhd. neben *ûve* auch *hûwe* mit anderer Nachahmung der Vogelstimme (Karg-Gasterstädt 1957,93).

Anm. 6: Im Nhd. erscheint gegen mhd. *bloch* ‚Block‘, gegen *lachen* ‚Laken‘ (ndd.), gegen *billîch* ‚billig‘ (als *-ig* aufgefaßt), gegen *manec, -ges* ‚mancher‘ (aus *manger*).

Lit.: /h/, /ch/ (§§ 138–142)
Paul, H. 1879d; Schröder, E. 1902; ders. 1918; Behaghel 1920; Wagner, K. 1925/26; Schröder, E. 1928; Lessiak 1933; Karg-Gasterstädt 1957; Frings 1961; Russ 1978b; Braune/Eggers 1987, §§ 140–145, §§ 150–154, § 173 (Schreibung), § 292.

3. Dentale

§ 143   mhd. /t, d/

Überblick

Mhd. /t/ und /d/ gelten vielfach nebeneinander oder wechseln in mhd. Zeit (Auslautverhärtung § 100, Binnendt. Konsonantenschwächung § 101ff., Assimilation § 105) oder zum Nhd. hin (s. u. § 149). Sie stammen über die zweite LV. von drei germ. Lauten ab: 1) Germ. /t/ bleibt unverschoben in den Verbindungen /ft/, /ht/ (§ 94), /st/, /tr/ und wenigen anderen Fällen (§ 87), zudem im Rip. u. Moselfrk. in *dat, dit, wat, it, allet* (§ 88). – 2) Germ. stl. Reibelaut /þ/ wird über /đ/ zu Verschlußlaut /d/ (got. *þaz* – ahd. mhd. *daz;* § 91). – 3) Germ. sth. Reibelaut /đ/ wird wgerm. zu Verschlußlaut /d/, der im Obd. und teilweise im Md. zu /t/ verschoben wird.

Anm. 1: Im 12. Jh. wird für /d/ < /þ/ wieder ⟨th⟩ geschrieben, das mfrk. vielleicht für Reibelaut steht. – Hartmann unterscheidet /d/ und /t/, vgl. Lachmann zu Iwein 7654.

§ 144   mhd. /d/

Mhd. /d/ stammt überwiegend aus germ. /þ/. Im Md. treten allerdings einige aus germ. /đ/ hervorgegangene /d/ hinzu, die hier oft nicht zu /t/ weiterverschoben wurden; beide /d/ fallen im Md. zusammen.

Im gesamten Mhd. kann /d/ (< germ. /þ/) mit /t/ alternieren, und zwar beim Grammatischen Wechsel (z. B. *lîden* – *wir liten;* § 93) und bei der Auslautverhärtung (z. B. *leides* – *leit;* § 100). – Außerdem kann /d/ bei Kontraktion schwinden (§ 109f.) oder in rheinfrk. Maa. spirantisiert werden (§ 104).

Anm. 1: Die im Md. verbreitete Velarisierung /nd/ > /ng/ zeigt sich z. T. auch alem.: *tûseng, tûsinc, tûsig = tûsent* ‚tausend‘, in Namen wie *Bündelin* = 1311 *Bündeling* (Kleiber 1957,191; Bertram 1935,6; Bruch 1953, Karte 57).

mhd. /t/, /tt/ **§ 145**

Altes germ. /t/ blieb im Ahd. Mhd. unverschoben erhalten in den Verbindungen /st/, /ft/, /ht/, /tr/ und wenigen anderen Fällen (§ 87).

Alle anderen mhd. /t/ (außer den /t/ der Auslautverhärtung) stammen von germ. /đ/, wgerm. /d/. Diese wohl unaspirierten stl. Verschlußlaute erscheinen vollständig verschoben nur im Obd., im Md. blieb meist /d/: im Rheinfrk. wechseln /d/ – /t/, im Mfrk. herrscht /d/, im Omd. überwiegt wohl wegen ofrk. Einfluß /t/, z. B. md. *dohter* – obd. *tochter, vader* – *vater, deil* – *teil.* Im gesamten Mhd. wird das /t/ inlautend nach Nasalen und z. T. nach Liquiden zu /d/ erweicht (§ 146).

Die wgerm. Geminata /dd/ wird zu /tt/ verschoben (z. B. germ. **miđja*, as. *middi* – mhd. *mitte;* aber *smitte* ‚Schmiede‘ stammt aus germ. /þþ/). Germ. /t/ wird wgerm. vor /r/ geminiert (*bitter,* aber *biʒ* ‚Biß‘), vgl. § 96β. Gemination wird nach Vokallänge schon ahd. vereinfacht: mhd. *leiten, breiten, liuten* ‚läuten‘, *diuten, hüeten.*

Mhd.: Zu den erwähnten Fällen der Wechselbeziehung von /d/ – /t/ (§ 144f.) **§ 146** tritt im Mhd. die partielle Assimilation oder Erweichung des inlautenden ahd. /t/ nach Nasal oder seltener Liquid (§ 105, § 257, Anm. 4); sie wurde im Nhd. meist wieder rückgängig gemacht:

Nach /n/ erscheint mhd. /d/ in *hinder, hinden* (aber nhd. ‚hindern‘), *under, unden, munder,* in den Ordnungszahlwörtern *sibende, niunde, zëhende;* im Prät. der sw. Verben *diende, nande, wânde* usw. begegnet auch mhd. /nt/. Entsprechendes gilt für /md/ (z. B. *ruomde*) und /ld/ (z. B. *halden, walden, valden, schëlden, dulden*), auch hier gibt es Formen mit /t/. /ld/ neben /lt/ erscheint in den flektierten Formen von *alt, wë(r)lt, schilt* (*alder* usw.), in *solde, wolde,* während die übrigen Präterita fast durchgängig nur /lt/ haben.

Erweichte /ld/, /rd/ haben sich dagegen im Nhd. festgesetzt in mhd. *gëlt, milte, schilt/schiltes, dulten, gedult, -ec; hërte* ‚Herde‘. Umgekehrt konnte /rt/ sich durchsetzen, wenn die Auslautverhärtung in den Inlaut drang, z. B. in *wërt, -des* ‚wert, Wert‘ (aber ‚Würde‘), *wert, -des* ‚Wert, Flußinsel‘ (aber ‚Werder‘).

Anm. 1: H trennt /ld/ und /lt/, aber reimt *solde* (neben seltenerem *solte*) und stets *dulden,* s. Gierach 1917,510. Über Rudolf v. Ems s. Zwierzina 1903,429; zu Reinbot 124 s. v. Kraus (Hg.).

Anm. 2: Vereinzelt findet sich /d/ für /t/ nach /r/. Nicht hierher gehört *vierde* ‚vierte‘ (ahd. *fiorda, fiortho*), wahrscheinlich auch nicht *arde,* Dat. von *art.* /-rd-/ – /-rt-/ ist Kennzeichen für nördliches Mfrk. gegen südliche Nachbarschaft, heute Rip. gegen Moselfrk., vgl. Schützeichel 1954; Bruch 1953, I, 115.

Schwund eines /t/ zur Reduzierung von dreifacher Konsonanz (z. B. *ërnestlîch* > *ërneslîch, lustsam* > *lussam, geistlich* > *geislich;* vgl. § 112, Wolff, L. 1921) kommt seit dem 12./13. Jh. vor. – Umgekehrt kann es durch Sproßkonsonant /t, d/ zur Häufung mehrerer Konsonanten kommen (z. B. *hoffenlich* > *hoffent-*

lich, eigenlîch > *eigentlîch;* vgl. § 113, § 149), dies seit dem 13. Jh. mit Übernahme im Nhd.

§ 147　Maa.: Im Bair. entsteht vor dem vokalisch anlautenden Präfix *er-* seit dem 12. Jh. ein
Gleitlaut /d-/ (auch ‚d-Vorschlag‘), im 14. Jh. auch vor *en(t)-, emp-*. Im Schwäb. u. Ofrk.
erscheint *der-* im 13. Jh., im Omd., Schlesischen u. Preußischen im 14. Jh. und ist in den
Maa. bis heute bewahrt (vgl. DSA 51 *derzählt* < *erzählt* neben *verzählt*). Der Gleitlaut
findet sich überwiegend nach vokalischem o. dentalem (/l, n, r, s, t/) Auslaut des vorausgehenden Wortes (z. B. *do derbeizte* NL A, *ist derstorben* NL A, *man derslagen;* ausführl.
Ahldén 1953).

> Anm. 1: Die Lautgruppen /dl, tl/, durch Ausfall von /e/ entstanden, werden in Maa.
> durch /gl, kl/ ersetzt: *einsidel* − bair. *ainsigl, îtel* − obsächs. *aikl.* In der schriftl.
> Überlieferung erscheinen solche Formen besonders bei Lehnwörtern und Eigenna-
> men: *videle* − *vigele, türtel* − *türkeltûbe*, anord. *Hiaðningar* − *Hegelinge* (anders
> Schröder, E. 1929,14; § 126, Anm. 2), *Vitalis* − *Vigel* (*Vigilisdorf* 12. Jh.). Umge-
> kehrt tritt dann für *sigel (sigillum)* auch *sidel* auf. Vgl. Schröder, H. 1929.

In *Gêrnôt* statt *Gêrnôʒ* liegt ndd. /-t/ vor (Heinrichs 1959,244).

§ 148　Nhd.: Mhd. /t/ gegen /d/ der nhd. Schriftsprache findet sich anlautend
　　　1. in *tâhele* ‚Dohle‘, *tâht* ‚Docht‘, *tolde, toter*, ‚Dotter‘, *tuft, tump, tunkel,
tûren (zu *tiure* ‚teuer‘) ‚kostbar scheinen, schmerzlich sein‘ = nhd. ‚(be-)-
dauern‘;
　　　2. unter ndd. Einfluß in *tam* ‚Damm‘, *Tene* ‚Däne‘, *trëne* ‚Drohne‘ (vgl. as.
drëno, drân), *tîch* ‚Deich‘ und ‚Teich‘;
　　　3. in Lehnwörtern mit nhd. /d/ in *tâme* ‚Damwild‘ (lat. *dama*), *tihten* (lat.
dictare), *topeln* ‚würfeln, doppeln‘ (frz. *doubler*), *totzen* ‚Dutzend‘, *trache* (daneben *tracke,* Reimbelege s. Schirokauer 1923,106; lat. *draco*), *tuom* ‚Dom‘
(lat. *domus*), *Tuonouwe* ‚Donau‘, *tûren* ‚dauern‘ (lat. *durare*). Erhalten hat
sich /t/ in *tanzen* (frz. *danser*).
　　　In *tiutsch* neben seltenerem *diut(e)sch* (zu *diet* ‚Volk‘), das sein /t/ gelehrtem
Einfluß von mlat. *theo-, teudiscus* verdankt, ist nach langem Schwanken zwischen *teutsch* und *deutsch* /d/ durchgedrungen; vgl. Kluge/Mitzka 1967,129. Zu
urk. *tiutschen / tiuschen* (Gleißner/Frings 1941,67); /tsch/ um Wien und Nürnberg. Zu fragen ist, ob dabei Konsonantenschwächung mitgewirkt hat
(§ 101ff.; vgl. Schulze, U. 1964, 301−321).
　　　Weniger häufig erscheint umgekehrt nhd. /t/ für mhd. /d/ im Anlaut: mhd.
dûsent und *tûsent* ‚tausend‘, *dâhe* und *tâhe* ‚Ton‘ des Töpfers, *dôn* und *tôn*
‚Ton‘ sowie *dœnen* (lat. *tonus*), *dörpel* ‚Tölpel‘, *dôsen, draben, drum,* Pl. *drü-
mer* ‚Trümmer‘. − Auch hier ist die Frage zu stellen, ob Konsonantenschwächung (§ 101ff.) im Spiel ist.
　　　Mhd. /tw/ (aus germ. /dw/ oder /þw/) erscheint im Nhd. als /zw/ oder /qu/ [kw],
wobei im großen ganzen /zw/ die obd. und wmd., /qu/ die omd. Entwicklung
darstellt (§ 166,2; Klappenbach 1945, III, 231−236); frühmhd. erscheint auch
/dw-/. Vgl. dazu die Beispiele *twingen* ‚zwingen‘, *getwërc* ‚Zwerg‘; *twalm*
‚Qualm‘, *twirl* ‚Quirl‘, *twarc* ‚Quark‘ (slaw.). Auch Doppelformen kommen

vor: *twërh/quër(ch)* ‚Zwerchfell' und ‚quer', *twengen* ‚zwängen' und ‚quengeln', *twähele* ‚Zwehle' und mal. ‚Quehle' = ‚Handtuch'. Zu *zwischen* vgl. § 116.

Lit.: /t/, /d/
Zwierzina 1903; Gierach 1917; Wolff, L. 1921; Schirokauer 1923; Schröder, E. 1929; Schröder, H. 1929; Lessiak 1933, 113–131; Bertram 1935; Gleißner/Frings 1941; Klappenbach 1945, III, 231–236; Ahldén 1953; Bruch 1953; Schützeichel 1954; Kleiber 1957; Heinrichs 1959; Schulze, U. 1964; Kluge/Mitzka 1967; Braune/Eggers 1987, § 155, § 161; § 162ff., § 165ff.

Sproßkonsonant /t/ (/d/)   § 149

Seit dem 13. Jh. wird öfters an den Wort- oder Silbenauslaut nach bestimmten Lauten (/n, r, s, ch, f/) ein epithetisches /t/ (/d/) angefügt, wobei Formen ohne Sproßkonsonant daneben stehen (vgl. § 113). Das Nhd. übernimmt die Formen mit Epithese.

1. nach /n/: *iergen* ‚irgend', *niergen, ieman* ‚jemand', *nieman, wîlen* ‚weiland' (im Nhd. veraltet), *vollen* ‚vollends', in den Lehnw. *dëchan* ‚Dechant' (lat. *decanus*), *totzen* ‚Dutzend' (frz. *douzaine*), ferner in *mâne* ‚Mond' durch Einfluß von *mânet* ‚Monat', *gewon* ‚gewohnt' durch Einfluß des Part.; dazu am ersten Kompositionsglied *sin(t)vluot, allen(t)halben, ellen(t)haft*; vielleicht unter Einfluß des Part. Präs. in *hoffenlîch, vlêhe(n)lîch, wësenlîch; wizzenlîch*; dazu *eigenlîch, ordenlîch.* – Die Vorsilben *en-* und *ent-* des Verbs sind nhd. unter *ent-* zusammengefallen, wie in *enbieten, enbilden, enbinden, en(t)fangen* > *empfangen*; vgl. *engegene* ‚entgegen', *enzwei* < *in zwei.* – /d/ ist eingeschoben in *minner* ‚minder', *quënel* ‚Quendel' (= Feldthymian), *spinnel* ‚Spindel'.

2. nach /r/: *niender(t), ander(t)halp;*

3. nach /s(z)/: *ackes* ‚Axt', *obez* ‚Obst', *sus* ‚sonst', *ieze* ‚jetzt'; in den Lehnw. *bâbes* ‚Papst', *palas* ‚Palast';

4. nach /ch (g)/: *habech* ‚Habicht', *dornach* ‚Dornicht', ahd. *-ahi* zu nhd. *-icht, bredige* ‚Predigt';

5. nach /f/: *huf* ‚Hüfte', *saf* ‚Saft', ndl. *werf* ‚Werft'; schon ahd. *-schaf* neben *-schaft.*

Der Wortausgang trägt keine Funktion, daher ist Dentalanwuchs möglich (Behaghel 1924a, 130).

Lit.: Sproßkonsonant
Behaghel 1924a; Key/Richardson 1972 (mit Forschungsbericht); Benware 1979.

mhd. /tz, z/   § 150

Germ. stl. Verschlußlaut /t/ wurde in der zweiten LV. im Anlaut, im Inlaut nach Konsonant und als postvokalische Geminata /tt/ zur Affrikata [ts] (Verschlußlaut + Reibelaut derselben Artikulationsstelle als ein Phonem) verschoben (§ 87f.); die Affrikata wird in den Hss. ⟨z⟩ geschrieben, in den Grammati-

ken u. z. T. in den textkritischen Editionen im An- und Auslaut ebenfalls ⟨z⟩
(z. B. *zal, diz* ‚dieses‘), zwischen Vokalen aber ⟨tz⟩ (z. B. *setzen*). Da die ahd.
u. mhd. Hss. auch für den aus germ. /t/ verschobenen stl. Reibelaut (§ 88)
dasselbe Zeichen ⟨z⟩ haben, wird dieser in Lehrbüchern und Textausgaben zur
Unterscheidung ⟨ʒʒ, ʒ⟩ geschrieben (z. B. *waʒʒer, grôʒ*). – In den Hss.
kommt den Zeichen ⟨z⟩ und ⟨ʒ⟩ nur eine graphische, keine lautliche Funktion
zu. Die Aussprache entspricht im allgemeinen der nhd., also mhd. ⟨z⟩ als [ts],
wenn im Nhd. ⟨z, tz⟩ steht, dagegen stl. scharfer *s*-Laut, wenn nhd. ⟨ss⟩ oder
⟨ß⟩ steht (vgl. § 20, § 151).

Lehnwörter mit anl. /t/, die vor der zweiten LV. übernommen wurden,
werden entsprechend verschoben zur Affrikata /tz, z/ (z. B. lat. *tēgula* > ahd.
ziagal, mhd. *ziegel*). Lat. ⟨c⟩ vor /e, i/ wird der spätlat. Aussprache gemäß als
Affrikata /tz/ gesprochen.

Affrikata /tz/ und Reibelaut /ʒ/ wechseln in verwandten Wörtern, wenn
wgerm. Geminata /tt/ bzw. einfaches /t/ vorlag: mhd. *sitzen – saʒ (*sittjan –
sat), witze – wiʒʒen (§ 153).

Wenn /l/ und /ʒ/, /n/ und /ʒ/ durch Ausfall des Zwischenvokals zusammentre-
ten, wandeln sie sich in /lz, nz/: ahd. *muniʒa* > mhd. *münze;* zu ahd. *ainaʒ*
gehört mhd. *einzec, einzel: belliʒ, bülleʒ* (< lat. *pellicium, bolētus*) > spätmhd.
belz, bülz ‚Pelz‘, ‚Pilz‘; mhd. *bineʒ* > *bünz* (vgl. *Pinzgau;* nhd. *Binse* hat ndd.
Lautung). Vgl. Hammerich 1932, 78. – § 113.

Zu /dw-, tw-/ nhd. /zw-/ wie in *zwingen* vgl. § 148, § 166, 2.

Lit.: /tz, z/
s. Lit. zur 2. LV.; Hammerich 1932; Braune/Eggers 1987, § 157ff.

§ 151

mhd. /s/, /ʒ, ʒʒ/

Mhd. /s/ ⟨s⟩ bezeichnet den alten idg. Reibelaut, mhd. /ʒ, ʒʒ/ ⟨z, sz⟩ den aus
der 2. LV. hervorgegangenen stl. Reibelaut.

Für das Mhd. sind /s, ʒ, ss, ʒʒ/ nach Joos (1952) vier Phoneme, die sich durch
Quantität kurz/lang sowie durch apikale und prädorsale Zungenstellung, jedoch nicht durch Sonoritätsopposition unterscheiden. Für Penzl (1968b) ist
dagegen die Druckstärke entscheidend, /s/ als Lenis gegenüber /ʒ/ als Fortis.

§ 152   mhd. /s/

Mhd.: /s/ wurde wohl wie im Nhd. je nach der Stellung stimmhaft oder
stimmlos gesprochen, hatte aber bis zur Mitte des 13. Jhs. eine andere, mehr
dem /sch/ ähnliche Aussprache. Er stand zwischen [s] und [ʃ]; wir bezeichnen
die Aussprache als [ṡ] (stl.) oder [ż] (sth.). [ż] galt im Anlaut vor Vokal und auf
süddeutschem Boden vor /l, m, n, w/; [ṡ] wurde in stl. Umgebung, in der
Verdoppelung und im Auslaut gesprochen. Seit der zweiten Hälfte des 13. Jhs.
wird der [ṡ]-Klang aufgegeben, und es tritt [s] oder [ʃ] ein (§ 20, § 155).

Anm. 1: Die [ż]-Aussprache wird bestätigt:
durch frz. und slaw. Lehnwörter und ONN: frz. *frange* – nhd. *Franse*, frz. ON *Orange* – mhd. *Orense* Wo; poln. *žak* ‚Fischernetz' < mhd. *sac*, tschech. *ruže* < mhd. *rôse*, slow. *žmach* ‚Geschmack' < mhd. *smach*, aber tschech. *šlechta* ‚Geschlecht' neben poln. *szlachta: Sebnitz* (in Sachsen) zu sorb. *žaba* ‚Frosch', *Seelau* (in Böhmen) = tschech. *Želiv* usw. – Fremdes stl. /s/ wurde daher im Silbenanlaut mit [ts] übernommen: *Suchodol* d. i. Trockental > *Zauchtel* (Mähren), frz. *dancer* > mhd. *tanzen*, mndl. *couse, colse* (< afrz. *chauce*) > mhd. *kolze* (Pl.) ‚Strumpfhosen' (Öhmann 1974,337; Behaghel 1928, § 379). Beharrsame Maa. bewahren die [ʃ]-Aussprache: Gottschee *žoarga* ‚Sorge', *žnur* ‚Schnur', *linžə* ‚Linse', aber *rešśer* ‚Rösser', *hauš* ‚Haus' (Tschinkel 1908,125; Schwarz 1926,16). Dem Mhd. entstammt die Schreibung ⟨s⟩ für [ʃ] im Madjarischen; auch beim Lesen des Lateins sprach man [ʃ].

Nhd.: /s/ erscheint heute im Anlaut vor Vokal, im Inlaut in allen Stellungen außer in der Gruppe /r/ + stl. *s*-Laut, im Auslaut außer nach /r/; nach /r/ tritt /sch/ auf (§ 155).

Stimmhaft wird /s/ im Nhd. gesprochen im Anlaut vor Vokal *(sagen)*, auch in den Endungen *-sal* und *-sam*, im Inlaut zwischen Vokalen *(lesen)* und zwischen /l, m, n, r/ und Vokal *(hülse, amsel, winseln, verse)*. Stimmlos klingt /s/ im Auslaut in allen Stellungen außer nach /r/ (§ 155), auch vor Ableitungssilben *(glas – glases, hals – halses, hiuslîche* ‚häuslich'); in den Lautgruppen /st, sp/, wenn sie nicht im Anlaut stehen *(hasten, lispeln, geist);* im Inlaut nach Konsonanten außer /l, m, n, r/ *(rætsel, kebse,* aber *halses,* s. o.).

mhd. /ʒ, ʒʒ/   § 153

Mhd.: /ʒ/ ⟨z, sz⟩ (aus germ. /t/) kommt als Geminata /ʒʒ/ ⟨zz⟩ nur inlautend nach Kurzvokal vor (mhd. *waʒʒer*), wird aber nach Langvokal oder im Auslaut vereinfacht zu /ʒ/ ⟨z⟩ (mhd. *lâʒen, fuoʒ*). Bei Kontraktion kann es schwinden (z. B. *lâʒen > lân;* § 287; *daʒ ist > deist;* Krasis § 23,3).

Geminata wird ausl. wieder vereinfacht (nhd. geschr. ⟨ß⟩), so z. B. *weiʒ* ich ‚weiß' – *wiʒʒen.* Wechsel von Affrikata /z/ und Spirans /ʒ/ bei den *jan*-Verben zeigt sich ahd., je nachdem ob /j/ folgte oder nicht: *heizu* ich ‚heize', aber 2. 3. Pers. *heiʒʒis, heiʒʒit.* Mhd. gelten nebeneinander *heizen – heiʒʒen, beizen* ‚beißen machen' – *beiʒen* in gleicher Bedeutung, ebenso *reizen – reiʒen, grüezen – grüeʒen* (vgl. *licken, liggen – ligen; lecken, leggen – legen; bitten – biten;* § 100ff.) Jedoch haben mhd. *sizzen, sezzen, nezzen* im Präs. nur Affrikata, die auch /tz/ geschrieben wird. Bei diesem Nebeneinander von Affrikata und Spirans denkt man an Formenausgleich innerhalb des Verbs, aber mfrk. kommt das nur bis zur Affrikata durchgeführte Stadium der Lautverschiebung in Frage (vgl. Bruch 1953,149).

Anm. 1: /ʒ/ – /z/ in *hirʒ – hirz* (‚Hirsch', aber FN Hirzel). Zur Erklärung Braune/ Eggers 1987, § 160, Anm. 5. – Über die Fälle, in denen /ʒ/ – /z/ = /t/ – /tt/ ist, vgl. § 95. – /s/ ist an Stelle von /ʒ/ getreten in *wîssage* ‚Prophet' für ahd. *wîzago* (ags. *wîtega*) in Anlehnung an *wîs* und *sagen;* dazu *wîssagen* ‚weissagen'. – Zu *saste < sazte* u. a. § 94, Anm. 1.

§ **154**   **Nhd.:** Mhd. /ʒ/ fiel seit dem Ende des 12. Jahrhunderts auf der Ebene der Graphie wie auf der der Artikulation mit mhd. /s/ zusammen (vgl. Haacke 1962,229f. alem.). Es wird im Nhd. dafür ⟨ss⟩ oder ⟨ß⟩ geschrieben, vgl. *haʒ, haʒʒes = Haß, Hasses; mëʒʒen = messen; strâʒe = Straße.* Im Auslaut erscheint dafür einfaches ⟨s⟩, wenn keine verwandten Formen daneben stehen, in denen es inlautend ⟨ss⟩ wird, vgl. *daʒ, waʒ, ëʒ, diʒ* (daneben *diz*), *alleʒ, guoteʒ, biʒ* (neben *bitz(e), biz; bis*), *ûʒ =* nhd. *das* (daneben in anderer Funktion *daß*), *was* usw. – Zur Urkundensprache vgl. Sparmann 1961,109: bes. alem.; auch Schulze, U. 1967.

> Anm. 1: In einigen Wörtern ist /ʒ/ nhd. in sth. /s/ [z] übergegangen: *âmeiʒe, kreiʒe* ‚Kreise‘, *lôʒe* ‚Lose‘, *mûʒen* ‚mausern‘ (aus lat. *mûtare*), *(ver)wîʒen* (‚verweisen‘, hat nichts mit *weisen* zu tun), *emeʒʒic, emʒec* ‚emsig‘, *simeʒ* ‚Gesimse‘, *bineʒ* ‚Binse‘, *bümeʒ* ‚Bimsstein‘. Geschrieben wird ⟨s⟩, aber mit stl. Laut gesprochen in *areweiʒ, ärweiʒ, ärwiʒ* ‚Erbse‘, *krëbeʒ* ‚Krebs‘; dazu *veiʒet* ‚feist‘ und mit epithetischem /t/ (§ 149) *obeʒ* ‚Obst‘.
>
> Lit.: /s/, /ʒ, ʒʒ/
> Braune 1874b,530; Lessiak 1903,137; Lessiak 1933, 76–113; Behaghel 1913,370; Schwarz 1926, § 122, Anm. 1; Steinhauser 1928,148; Joos 1952,224ff.; Bruch 1953; Sparmann 1961; Haacke 1962; Schulze, U. 1967; Penzl 1968b,345f.; Esau 1976,195ff.; Braune/Eggers 1987, § 160, § 168ff.

§ **155**   mhd. /sch/

Die Phonemverbindung /sk/ (gespr. s + k) wird seit der Mitte des 11. Jhs. zum stl. Zischlaut /sch/ [ʃ] monophonemisiert (z. B. ahd. *skôni* > mhd. *schœne, fisk* > *visch*). Da im lat. Alphabet ein Zeichen für diesen Zischlaut fehlt, finden sich im Mhd. unterschiedliche Schreibungen wie ⟨sk, sc, sg, sh, ss, hs, s⟩. Um 1050 erscheint ⟨sch⟩ z. B. im ON *Asscha*, 1088 *Ahsa*, 1130 *Assach* ‚Aschach‘. In der Schreibertradition bleibt ⟨sk, sc⟩ bis ins 14. Jh., wenn auch mit abnehmender Häufigkeit.

Zur Reimgrammatik: In Dichtungen der hochhöfischen Zeit sind klingende Reime mit /sch/ [ʃ] selten.

Offenbar wegen der landschaftlich verschieden weit gediehenen Entwicklung wird der Laut von den Klassikern, auch von Gottfried gemieden: nur Er 7125 *vische : tische,* nur Iw 6217 *vischen : verwischen,* keinmal Gr, AH, Wolfram; G nur 9031 *buschen : vertuschen.* Vgl. Hollander, 1947,82; vgl. § 9.

> Anm. 1: Aus /-sg-/ entsteht /-sch-/ in mhd. *Gêrmârschöu,* ahd. *Gêrmâresgewi,* vgl. Kranzmayer 1956, § 42 a 1.
>
> Anm. 2: Beiseite bleibe das Problem der Dehnung von /sch/ < /sk/, das Fourquet 1954 behandelt.

Stl. Zischlaut /sch/ [ʃ] entwickelte sich aus /s/ in den anlautenden Phonemverbindungen /st/ und /sp/, wobei die Schreibung ⟨s⟩ bleibt (z. B. *stellen, springen*), sowie /sl, sm, sn, sw/, wo seit dem 13. Jh. zunehmend die Graphie ⟨sch⟩ gesetzt wird, zunächst im Ostalem. und Bair. (Besch 1967,345): mhd. *slange* > nhd.

Schlange, desgl. *slâfen, sliezen, smal, smëlzen, smiegen, snëcke, snël, snuor, swërt, swëllen, swinden.* Im Silbenanlaut heißt es *kürs(e)nære* ‚Kürschner' (zu *kürsen* ‚Pelzrock', aus dem Slawischen).

Auch die Phonemverbindung /rs/ verändert sich zu /rsch/: Im Auslaut: *ars, bars* ‚Barsch'; im Inlaut: für roman. /rs/: *birsen* ‚pirschen' < afrz. *berser; burse* ‚Genossenschaft' (> ‚Bursche') < mlat. *bursa; kirse* (aus wgerm. **kirissa*), *zerknürsen* ‚zerquetschen', *zermürsen* (dazu ‚knirschen', ‚morsch') vgl. oben *kürsenære, hêrsen* ‚herrschen' (ahd. *hêrisôn*). /st/ gilt in *durst, gerste* usw. – Zu /rs/ in *hirse, vërsen* ‚Ferse', *verse* ‚Färse', *pfirsich* (< lat. *persicum*), *burse* ‚Börse' (vgl. Lessiak 1908b, 133; Lessiak 1933, 97; Schwarz 1926, 31).

Anm. 3: Außer vor /l, m, n, w/ ist /sch/ für altes /s/ im Nhd. nur vereinzelt; *jëst* ‚Gischt', *jësen* ‚gischen', *grosse* ‚Groschen', lat. *grossus, harnas* ‚Harnisch', afrz. *harnas;* schon mhd. auch *harnasch,* vgl. Schirokauer 1923, 63.

Anm. 4: Über die mundartliche Verteilung von [s] und [ʃ, ʒ] vgl. Schwarz 1926, 7; Lessiak 1933, 76.

Anm. 5: Von der Schreibung ⟨sch⟩ statt ⟨s⟩ vor /l, m, n, w/ werden das Ofrk. und Md. erst zu Anfang des 16. Jhs. berührt.

Konsonanzerleichterung ergibt /st/ neben /scht/ (schon ahd.) in *leste, laste* (Rückumlaut), *laste* neben *laschte* zu *leschen* (ist auch st. Verb IV.), Part. *verlast; miste* zu *mischen; wiste, wüste* zu *wischen; wunste* zu *wünschte;* dazu *bisch(e)tuom, bistuom.* Vgl. § 105, Anm. 4.

Auf urgerm. oder vorgerm. Wandel beruht mhd. *scharpf, scharf* – *sarpf, sarf; sal, sol, suln,* ‚soll, sollen' – seltener (wie heute z. T. ndd.) *schal, schol, schuln* wird auf den Satzakzent zurückgeführt, vgl. Braune/Eggers 1987, § 146, Anm. 4.

Urk. ist ⟨sh⟩ im Süden häufig wie in *shaffen,* auch ⟨s⟩ wie in *sillinge* 1273 Basel, beide bis nach Worms, Würzburg, Nürnberg, Regensburg und Österreich. Hierzu und zu /sch/ – /sk, sc/, so auch in einzelnen Wörtern wie *zwischen (/ss, schz, ch, tch, z/), sollen;* vgl. Gleißner/Frings 1941, 67.

Lit.: /sch/
Lessiak 1908b; Schirokauer 1923; Schwarz 1926; Mayer, A. 1929; Lessiak 1933; Gleißner/Frings 1941; Frings 1942; Hollander 1947; Joos 1952; Fourquet 1954; Kranzmayer 1956; Besch 1967; Braune/Eggers 1987, § 146.

D. Das mhd. Zeichen ⟨y⟩   § 156

Das Zeichen ⟨y⟩ kann für einen Vokal oder einen Konsonanten stehen. Es erscheint

1. für /i/ in Entlehnungen aus dem Frz., so in *Herzeloyde, Franzoys, curtoys,* neben ⟨oi⟩ wie Pz 506, 25: *Logrois,* 700, 3: *Logroys;* 1290 *Syboth* (Gleißner/ Frings 1941, 91), *paradys;*

2. für /j/: *yehen* (a. a. O., 149);

3. im Wechsel mit /i/ vor allem in unbetonter Stellung, wobei schriftbildliche Rücksichten im Spiel sind (⟨i⟩ ist bei drei oder vier Grundstrichen oft undeutlich, daher etwa *yn, ym*);

4. mfrk. fungiert es auch als Dehnungs-*i*: urk. *ayn* ‚ohne‘, *mayndagis* ‚montags‘, *breyf* ‚Brief‘ (Schützeichel 1960).

Zu ⟨ey⟩ seit Ende des 13. Jhs. = /ei/ § 78. – Vgl. § 65.

Lit.: ⟨y⟩
Gleißner/Frings 1941,91; Schützeichel 1960.

KAPITEL IV

Unterschiede der Landschaftssprachen

Es werden hier die wichtigeren landschaftlichen Lautunterschiede des hochdt. § 157
Sprachraums zusammengefaßt, z.T. ergänzt durch morphologische. Die genaue Eingrenzung der einzelnen Mundartgebiete findet sich §§ 4−6. In der
Regel werden zu jeder Sprachlandschaft zunächst die Besonderheiten des Konsonantismus, dann des Vokalismus, zuletzt Morphologisches aufgeführt.

Lit.: Deutsche Landschaftssprachen allgemein
Überblick: Mitzka 1952; Althaus/Henne/Wiegand (Hrsg.) 1980, III, Kap. VI.; Besch
et al. (Hrsg.) 1983 (Handbuch Dialektologie), darin bes. Wiesinger 807−900 u.
Debus 930−960.
Bibliographie: Wiesinger/Raffin 1982.
Atlanten: DSA (Deutscher Sprachatlas, hg. v. Wrede/Martin/Mitzka) 1927; DWA
(Deutscher Wortatlas, hg. v. Mitzka/Schmitt, L.E.) 1951c.
Untersuchungen: Michels 1921; Öhmann 1951/52; Öhmann 1956; Frings 1957a; Mitzka
1957a; Heinrichs 1961; Schirmunski 1962; Besch 1965; Kleiber 1965; Besch 1967;
Heinrichs 1967; Steger 1968; Ising 1968; Wiesinger 1970; Löffler, H. 1972; de Smet
1975; Wiesinger 1977.

A. Das Oberdeutsche § 158

Zum Oberdeutschen zählen wir das Bairische, das Alemannische, das Ostfränkische und das Süd(rhein)fränkische (§ 4f.).

1. Außer im östl. Teil des Ofrk. bleibt der diphthongische Charakter der
Zeichen /ie, uo, üe/ gewahrt (§ 43, § 81ff.).

2. Statt anlautendem /d/ (< germ. /đ/) erscheint /t/) (§ 90, § 143ff.).

3. Germ. /p/ ist in allen Stellungen verschoben (§ 88).

4. Das Diminutivsuffix ist mhd. *-lîn.*

Zum Obd. in mhd. Zeit vgl. § 9.

Weiteres s. Sachverzeichnis unter ‚Oberdeutsch'.

1. Das Bairische § 159

1. Im südlichen Teil des Bair. und Alem. ist /k/ im Anlaut, nach /n, r, l/ und in
der Verdoppelung zur Affrikata /kch/ [kx] verschoben (vgl. § 88). Gewöhnlich
wird dieser Laut mit ⟨ch⟩ wiedergegeben: *chint, chomen, chranch, starch,
schalch, decchen* oder *dechen.* Dabei ist zu beachten, daß nach /r/ und /l/ schon
im Ahd. Doppelformen bestanden: *birche* = ahd. *bircha* (/ch/ = [kx]) und
birihha (/hh/ = [xx]), mhd. *storc* (ne. *stork*) und *storch* (ahd. *storah*); daher
Reime wie *wërch : vërch,* Gen. *vërhes, marschalch : bevalch* von *bevëlhen.* Vgl.
§ 139. − Zum Sproßvokal § 57.

Anm. 1: Heute wird nur im Südbair. und Hochalem. [kx] (bzw. daraus hervorgegangenes [x]) gesprochen, während nördlich behauchter Starklaut [k'] anschließt. In mhd. Zeit hat [kx] sicher weiter nördlich gereicht als heute, wahrscheinlich noch das ganze Mittelbair. umfaßt. Vgl. Braune/Eggers 1987, § 144, Anm. 7.

Anm. 2: In der Schrift wenden manche bair. und alem. Schreiber neben ⟨ch⟩ auch ⟨k⟩ und selbst ausschließlich ⟨k⟩ an (für die Länge ⟨ck⟩ und ⟨kk⟩). Im In- und Auslaut wird im Spätmhd. auch ⟨kch⟩ gesetzt: *stekchen, volkch.* An ⟨ch⟩ halten am längsten die österreichischen Schreiber fest; bis ins 18. Jh. läßt sich bei ihnen die Neigung zu ⟨ch, kch⟩, auch ⟨kh⟩ verfolgen. Dagegen weisen die Alemannen schon im 11. und 12. Jh. häufig ⟨k⟩ neben ⟨ch⟩ auf, und vom 12. bis 15. Jh. ziehen sie es ihm ohne erkennbare Regel vor. Vgl. § 138f.

Anm. 3: Im Bair. ist auch ausl. /c/ < /g/ in der 2. Hälfte des 9. Jhs. zur Affrikata geworden (Braune/Eggers 1987, § 149, Anm. 5): *tach, wech,* später auch *takch* geschrieben. Im Südbair. gilt diese Aussprache noch heute, in der mhd. Sprachperiode war sie auch mbair. verbreitet.

2. Im Ahd. waren im Bair. und Alem. /b/ und /g/ zu /p/ und /k/ geworden, aber spätahd. ist ⟨b, g⟩ die gewöhnliche Schreibung. Im Südbair. wird heute noch im Anlaut die unbehauchte Fortis [p] gesprochen. Anl. ⟨p-⟩ bleibt bair. Merkmal im Schriftbild bis in die Neuzeit. Im Laufe des 11. Jhs. trat im In- und Auslaut (nach Vokal und /r, l/) Rückbildung zur Lenis ein. Um die Mitte des 12. Jhs. wurde das /b/ im Inlaut stimmhaft und ging in den Reibelaut /b/ über (vgl. Schwarz 1957,192). Um dieselbe Zeit war mhd. /w/ (= ṷ vgl. § 115) ebenfalls zu diesem Laut geworden, wie weithin md. Im Bair. wird seit Ende des 13. Jhs. häufig ⟨b⟩ für /w/ geschrieben: *blaber* ‚blauer‘, *graber* ‚grauer‘, selbst im Anlaut: *bort, gebaltig, zbischen,* seltener umgekehrt ⟨w⟩ für /b/: *gewen, offenware, geworn.* Bair. steht urk. öfters ⟨b-⟩ statt ⟨p-⟩ in einigen Kirchen- und Rechtswörtern: *bischof, bab(e)st, brief* ‚Urkunde‘, *bernar* (Münze, zu *Verona*), seit 1280 *wischof, wibel* ‚Bibel‘, *Wern* ‚Bern‘, *wrief, werner, wisz,* im 14. Jh. allmählich wieder ⟨p-⟩. Bei *be-,* das unbetont ist, hält sich ⟨w-⟩ von 1280 bis ins 16. Jh.: *wegraben.* Gewöhnlich wird gerade /be-/ gegen ⟨p-⟩ sonst in bair. Hss. mit ⟨b-⟩ wiedergegeben, so auch /bl-/ (vgl. Behaghel 1933,240; Schatz 1907, § 69; Lessiak 1903,124 u. Lessiak 1933,27; Schwarz 1926,57; Kranzmayer 1956, § 25a1; vgl. § 129, § 136f.).

3. Inl. /g/ (außer /ng/) ist im Gegensatz zu /b/ nur in einem Teil des Bair. zum Reibelaut geworden, nämlich nordbair. und z.T. ostmittelbair. (in Nd.-Österr.) zu postvelarem /ch/. In der Schrift kommt dieser Wandel freilich nicht zum Ausdruck. Sonst gilt obd. allgemein stl. Verschlußlaut /g/, nur das nördl. Niederalem. zeigt inl. Reibelaut wie das benachbarte Md. (vgl. Lessiak 1933,23,134). Näheres über ausl. /g/ im Alem. u. Bair., namentlich Reime von /rg, lg/ : /rk, lk/ und /rh, lh/ s. Bohnenberger 1906,393. Nordbair. ist spätmhd. anl. /j/ in /g/ übergegangen: *gunc* für *junc.* So auch z.T. ofrk., bis ins Erzgebirgische (v. Polenz 1956a,63). Vgl. § 136f.

Anm. 4: /-age-/ wird > /ei(ai)/ vor /t, st/ § 108.

4. Bair. und Alem. ist Wechsel zwischen /b/ und /f/ vor /(e)l, (e)r/ (§ 129) in *swëbel* — *swëvel, zwibel, hobel, zouber;* (Kranzmayer 1956, § 31 d 1).

5. Mbair. ausl. /l/ > /i/, /r/ > /o/ um 1300 (Kranzmayer 1956, § 49 c, 5/6, § 50 c, 3). /rt/ > /t/ (Reime *bart : hât*) auch in der Steiermark. /-ai-/ < /-al-/ in Altbayern seit 1300 (Kranzmayer 1956, § 20 h, 1). Vgl. § 103, Anm. 2.

6. Seit der 2. Hälfte des 13. Jhs. ist auf einem Teil des bair. Gebietes, hauptsächlich mbair., /h/ mit /ch/ (< ahd. /hh/) zusammengefallen, und es wird häufig ⟨ch⟩ geschrieben, z. B. *hôcher, geschëchen, verlîchen, vâchen* usw. — /h/ : /ch/ wird inlautend bei einigen obd. Dichtern (Schweiz: Walther v. Rheinau, Österr.: Teichner, Helbling) gebunden: *jâhen : sprâchen, ziehen : siechen.* /ch/ für /h/ s. Gleißner/Frings 1941, 118. Schwächung des /ch/ > /h/ ist mal. für Kärnten und Nd.-Österreich bezeugt. — Verbreiteter, aber anders geartet ist der Fall vor /t/, wo /ht/ und /cht/ Graphien für die gleiche Lautgruppe sind, vgl. *niht : bricht* WGast, *naht : gemacht* Amis usw. Ostbair. fehlt in alten Quellen manchmal /-ch-/ (Kranzmayer 1956, § 29 b, 1).

7. Südbair. /mb/ > /mm/ begegnet urk. seit 1300 (Kranzmayer 1956, § 14), dazu ‚Raben‘: *ramm.* Die Assimilation des /mb/ zu /mm/ (§ 130) hat das Md. (vgl. § 162, 6) schon sehr früh; im Bair. tritt sie zögernd ein (Lessiak 1933, 34; Kranzmayer 1956, § 36 b, 1; vgl. § 105, 2).

8. Im Bair. und Alem. ist mhd. /st/ nicht nur im Anlaut und nach /r/ (§ 155), sondern auch im Inlaut in [ʃt] übergegangen; aber die Schreibung ⟨scht⟩ (*ischt* für *ist*) bleibt selten. Heute: DSA 23 *fest;* [ʃ] reicht ins Südbair. hinein.

9. Im Bair. werden mhd. /ä, æ/ seit ca. 1275 zu /a, â/, was in der Schrift 1350−1450 durchgeführt wird (Löfstedt, I. 1944); im 13. Jh. neigt /a/ des klass. Mhd. dort zu bair. /o/, so auch die Länge (Kranzmayer 1956, 23).

10. Besonders bair. und ofrk., aber auch alem. sind Reime von /ie/ auf /î/ und /uo/ auf /û/, namentlich im Auslaut (*nu, du: tuo*), vor /r/ (*wir : tier, hurte : fuorte*), vor /n/ (*sun : tuon, hunt : stuont*), vor /ht/ und /hs/ (*niht : lieht, zuht : versuoht, fuhs : wuohs*). Mbair. südbair. ofrk.: /ü/ > /üe/ (Kranzmayer 1956, § 7 e−g, § 17 a 9). Aber *nu, du, wir* können Langvokal erhalten, was im Nhd. fest geworden ist. — Es haben sich hier jüngere Diphthonge /ie/, /uo/ entwickelt, deren Vorhandensein auch die Schreibungen *dier, wᶦrt, siech (sihe), sᶦchst, dᶦng, sᶙn, gᶙnst* (/uo/ > bair. /ue/, § 159, 17) usw. in späteren bair. Hss. bezeugen. Vor /h/ ist die Diphthongierung durch die stark postvelare Aussprache des Spiranten hervorgerufen (vgl. § 139).

11. Nicht nur /î, û, ü/ (vgl. § 42), sondern auch die anderen langen Vokale /â, æ, ê, ô, œ/ werden im Obd. gebietsweise zu Diphthongen. Wie weit diese Erscheinungen in die mhd. Periode zurückreichen und wie groß damals ihre Verbreitung war, ist nicht genügend geklärt; sicher sind einige von ihnen schon spätmhd. vorhanden. (Über die Diphthongierung von /ê, ô, œ/ im Schwäb. Maurer 1942, 232 ff.)

Wir heben hier nur noch die Diphthongierung von /ô/ > /ou/ hervor, die dem ganzen Bair. (außer Nd.-Österreich) eignet; vgl. mbair. Schreibungen (14. Jh.)

wie *prout, grous* für *brôt, grôʒ;* aber das Nord- und Mittelbair. scheidet sich vom Südbair., wo heute /oa/ (u. ä.) herrscht. – /â/ aus /î, û, iu/ erscheint mbair. seit 1300, nordbair. später; es wird dann durch /ai, au/ ersetzt (Kranzmayer 1956, § 13e1).

12. Im Bair. und Alem. wurde ursprünglich das /iu/ auch vor /b, p, f, m, g, k, ch/ durchgängig bewahrt (Braune 1877,557). In der mhd. Periode ist gewöhnlich /ie/ eingetreten (§ 35, Anm. 2), doch findet sich daneben noch in manchen Wörtern /iu/, vgl. *diup, liup, tiuf, stiuf-, vliuge, triugen, liuf* (Prät. von *loufen*) neben *diep, liep* usw. Auch bei einheitlichem /ie/ können die Reime getrennt sein, so wohl in der Vorauer Genesis.

13. Bair. /ei/ wird um 1200 /ai/, geschr. ⟨åi⟩ (Kranzmayer 1956, § 13b), /î/ zu /ei/. Bair. /ei/ in den Kirchenwörtern ‚Geist, heilig, Fleisch, rein‘ kommt seit ca. 1350 aus der Prager Kanzlei (Kranzmayer 1956, § 20m,1), zwei Jahrzehnte vorher galt /â/, geschr. ⟨å⟩.

14. Nur bair. sind die Reime /ë/ : /e/ (§ 64, Anm. 4). Bair. ist /ë/ mit /e/, dem alten Primärumlaut, zusammengefallen, wohl kurz vor 1200 konnte das Mbair. beide reimen (Kranzmayer 1956, § 3c,d). Bair. *zëhe* ‚Zehe‘ steht im Verhältnis des Ablauts zu *zêhe.* Bair. erscheint /i/ für /e/ vor /r/: *irmer, hirzog, kirze, wirn, wirme, -en.* Der Wandel reicht bis in spätahd. Zeit zurück, tritt aber in den Hss. erst im 14., 15. Jh. stärker hervor und erscheint nur selten im Reim (Moser, V. 1916,438). Ob auch /ë/ zu /i/ wird, ist fraglich, denn *smirz* für *smërze* kann auch auf ahd. *smërzin, -un* (G. D. Sg., N. A. Pl.) beruhen. Aus bair. *schirlinc* nhd. *Schierling.*

15. /ô/ wird um 1300 zu bair. /ou/ (Kranzmayer 1956, § 5c, § 5a), zu /â/ um 1300 in Niederösterr. (*rât* ‚rot‘, *âstern* ‚Ostern‘; a.a.O., § 11a,7). Bair. ⟨eo, oe⟩ sind nur Schriftbilder für /ô/ (a.a.O., 45, Anm. 2). – /â/ < /ou, û/ tritt mbair. seit 2. H. 13. Jh. auf (a.a.O. § 21a; Reime *gelouben : klûben*), südbair. vor /g, gg, ck/ (a.a.O. § 21d,3). – /â/ < /î, û, iu/ erscheint mbair. seit 1300, später nordbair., es wird dann durch /ai, au/ ersetzt. – /â/ < /æ, ä, ou, öu, ei, egi/ (a.a.O. § 13e,1, § 20e,3, § 20o, § 21a). – Mbair. nordbair.-ofrk. /ie, uo, üe/ < /i, u, ü/ vor Nasal, /h/, /r/ (a.a.O. § 7e–g, § 17a9).

Anm. 5: Seit dem 12. Jh. erscheint im Bair. *vunf* ‚fünf‘ zu *vinf;* ob in *vunfzehen* ‚fünfzehn‘ /u/ oder /ü/ zu lesen ist, bleibt fraglich (Kranzmayer 1956, § 26a).

16. Spätbair. schwindet *-en* nach den Nasalen /n, m, ng/: *dien* für *dienen,* Dat. Pl. *pluem* für *bluomen, gevang* für *gevangen;* bair. *Überling* für *Überlingen:* daher gehen die ON auf *-ingen* im bayr. Gebiet auf *-ing* aus: *Pasing, Ottakring.* Über bair. /-n/ Moser, V. 1908,356.

17. Im Mittel- und Südbair. geht /uo/ im 13. Jh. in /ue/ über: *guet, buech* für *guot, buoch,* auch der jüngere Diphthong (§ 159,10) *suen, zueht;* davor war bair. *uon* statt mhd. *un, uor* statt *ur, üer* statt *ür* zunächst mittelbairisch. Vor /n, m/ wird mittelbair. /uo/ > /oa/ und fällt mit /oa/ < mhd. /ei/ (bair. /ai/) zusammen. Daher rühren Schreibungen im 15. Jh. wie *tain* für *tuon, plaim* für *bluo-*

me. /ie/ (samt /üe/) entwickelt sich dementsprechend zu /ea/: mbair. *deanst* für mhd. *dienest.*

18. Mittel- und südbair. ist der Zusammenfall von /-ar-/ und /-or-/, der sich in Reimen wie *gewar : vor, art : wort, garten : borten, bedarf : dorf* und in Schreibungen wie *wart* für *wort, warden, verwarfen* zeigt. Der Lautwert war wohl offenes [ǫ]. Aber auch sonst war hier /a/ dem /o/ genähert (daher Reime wie *got : bat*), wenn auch beide Laute nur auf sehr beschränktem Gebiet zusammengefallen sind. Langes /â/ war wohl schon im 12. Jh. im Nord- und Mittelbair. zu offen gesprochenem /ô/ geworden (vgl. Reime wie *bâten : verschrôten*), aber der Zusammenfall von /â/ und /ô/ ist nur oberpfälz. (und ofrk.), auch ostmbair. eingetreten, während sonst die bair. Maa. sie im allgemeinen auseinanderhalten. Wegen Gleichheit der Qualität werden /a/ : /â/ (namentlich vor /n, ch, ht/) von vielen Baiern gereimt (in den Heldenepen, im Helmbrecht, in der Krone, von Neidhart u. a., nicht von Reinbot), ebenso von manchen Ostfranken (Wo, Wirnt u. a.); die Rheinfranken und Alemannen dagegen kennen solche Reime im allg. nicht (Zwierzina 1900, 12, 34; ders. 1901, 68; Langosch, 1933, § 203).

19. Mbair. und nordbair. Reime /î/ : /ei/ erscheinen seit ca. 1280 (Kranzmayer 1956, § 13e, 1). Südbair. werden im 13. Jh. mhd. /ô/ und /ei/ zu /oa/, wie Ortsnamen und ungeschickte Schreiber bezeugen (a. a. O. 17). Südbair. /ei/ < /egi/ ist weiter zu /â/ geworden, geschrieben seit 1300, daher tritt Reim /ei/ : /â/ auf (a. a. O. § 20o, 4). Südbair. /ô/ wird seit 1200 gelegentlich /oa/ geschrieben, seit 1220 entwickelt sich /ei/ > /oa/, weshalb um 1400 mhd. /ô/: mhd. /ei/ („rot', ,tot': ,breit') reimt (a. a. O. § 11b, 1).

20. Die nordbair. ,gestürzten' Diphthonge /ei/, /ou/ für mhd. /ie/, /uo/ gibt es seit ca. 1200 (Kranzmayer 1956, VI; 11; § 17, 1 A 1−3; Schwarz 1950, 6; Bruch 1956, 143; Trost 1957, 9ff.).

Anm. 6: In der Vorauer Hs. frühmhd. Dichtungen wurden vom Herausgeber ⟨v̂⟩ seltener ⟨ov⟩ in ⟨uo⟩ des klass. Mhd. umgesetzt. Sind sie aber, was nach den ⟨ov⟩ naheliegt, /ou/, so ist diese wichtige Hs. in Regensburg ca. 1190 zu beheimaten (Menhardt 1956, 401).

21. ,Kärntner Dehnung' wird durch falsche (,umgekehrte') Schreibungen um 1300 erkennbar: *ofen* ,offen', *offen* ,Ofen'. Zu dieser Vokaldehnung vor Reibelauten Kranzmayer 1956, § 34j, 3.

Anm. 7: Seit ca. 1300 können in Tirol /â/ und gedehntes /a/ urk. als /û/ erscheinen (Kranzmayer 1956, § 1n5).

22. Häufig begegnet bair.-alem. /-re/ statt /-er/ (für [ɽ]?) nach Liqu. und Nas., auch im Anlaut nach Vokal: *alre, dunreslac, unrewert, da restarp.*

23. Im Bair. treten die ursprünglichen Dualformen *ëȝ, ënk(er)* für den Plural ,ihr, euch, euer' auf (§ 213, Anm. 6).

24. Kennzeichnend für das Bair. sind *gên, stên* ,gehen, stehen' (§ 280f.)

25. Im Prät. von *hân* begegnet *hête, hiete* (§ 288, Anm. 4).

Weiteres s. Sachverzeichnis unter ,Bairisch', ,Oberdeutsch'.

Lit.: Bairisch
Überblick: Pfalz 1913; Mitzka 1957a; Mitzka 1968; Freudenberg 1980, 486–491; Wiesinger 1983, 836–842.
Forschungsbericht: Maußer 1918; Freudenberg 1968.
Atlanten: Klein, K. K./Schmitt, L. E./Kühebacher (Hrsg.) 1965 (Tirol); Gütter 1971 (Nordbair.).
Arealgrenzen/Binnengliederung: Haasbauer 1924; Kranzmayer 1944; Reiffenstein 1955; Frings 1957; Schwarz 1960; Freudenberg 1973; Freudenberg 1980; Wiesinger 1983.
Untersuchungen: Braune 1877; Zwierzina 1900; Zwierzina 1901; Lessiak 1903; Schatz 1903; Bohnenberger 1906; Schatz 1907; Moser, V. 1908; Lessiak 1911; Moser, V. 1916; Schatz 1925; Schwarz 1926; Steinhauser 1926; Lessiak 1933; Langosch 1933; Behaghel 1933; Gleißner/Frings 1941; Maurer 1942; Löfstedt, I. 1944; Kranzmayer 1948; Schwarz 1950; Kranzmayer 1954; Pfanner 1954; Kranzmayer 1956; von Polenz 1956a; Bruch 1956; Menhardt 1956; Trost 1957; Schwarz 1957; Kranzmayer 1960; Kranzmayer 1961; Wiesinger 1967; Wiesinger 1970; Hinderling 1980; Braune/Eggers 1987, § 144, § 149.

§ 160   2. Das Alemannische

Das Schwäbische weist als einzige alem. Teillandschaft ‚nhd.' Diphthongierung auf (§ 42); auch wird /â/ > /au/ und /ô/ > /ou/ (Kauffmann, F. 1890, § 60f., § 79f.; Bohnenberger 1892, 116ff.; ders. 1953; Maurer 1942; Maurer (Hrsg.) 1965). Zur Diphthongierung von /ê/, /æ/ im Schwäb. § 42; § 159,11. Im Nieder- und Hochalem. bleiben /î, iu, û/.

Im Hochalem. erscheint mhd. /k/ als Affrikata /kch, ch/ (§ 88, § 159,1; Boesch 1946; Hugo Moser 1953, ders. 1955b, 362–366; Bertsch 1957). Im Ahd. wird alem. u. bair. /b, g/ > /p, k/ (§ 90; § 159,2).

Gemeinsamkeiten des Alem. mit dem Bair. s. § 159,1–4, 6, 8, 10–12, 22.

1. Im Alem. fehlen anl. /j/ in *âmer, ener* ‚jener', § 119. /a/ kann vor /sch/ /ä/ sein: *äsche, wäschen, täsche;* andrerseits *erbeit = ar(e)beit* (§ 41, Anm. 12).

2. Alem. /â/ konnte wie anderwärts zu /ô/ gerundet werden, aber nicht wie anderwärts auch die Kürze /a/ zu /o/. Über die Entwicklung von /â/ in den alem.-schwäb. Maa. vgl. Bohnenberger 1895, 535; Maurer 1942, 225, 304; Wagner, K. 1960/61, 50.

3. Weithin sind die vollen Endungsvokale gewahrt (§ 59,4).

4. Alem. herrschen bei ‚kommen' die Formen *kam, kâmen* gegen bair. *kom, kômen* (§ 248, Anm. 1).

5. Zur Metathese von *-er* in *-re* vgl. § 159,22.

6. ‚gehen, stehen' haben im Alem. die Formen *gân, stân* (§ 280f.).

Anm. 1: Selten ist /a/ für /ë/; *har = hër* im Alem., vor allem Niederalem., ist Angleichung an *dar* ‚dahin'.

Anm. 2: Durch schon im Ahd. erfolgten Ausfall eines /h/ in unbetonter Silbe sind zu erklären die südalem. Formen *weler = welher, soler* (oder *seler* nach *weler*) = *solher* (ahd. *uuelêr, solêr* aus *uueli[h]êr, soli[h]êr*). Ob *dur = durch* aus ahd. *duru(h)* entstand oder gemäß § 93 zu erklären ist, steht dahin; es tritt bes. alem. auf (vgl. Gleißner/Frings 1941, 117; für die heutige Ma. Maurer 1942, 248). – Zu germ. /k/ nach

Liquida vgl. Besch 1965,254ff. (/k/ > /ch/, vgl. *werch;* hyperkorrektes /k/ in *stork;* Schwund vor /t/ in *dother* ‚Tochter‘).

Anm. 3: Südalem. *kilche* ‚Kirche‘ vgl. § 121. — Zu alem. *klîn* neben *klein* vgl. Hotzenköcherle 1963.

Anm. 4: *kunt* ‚kommt‘ 3. Sg., *kont* 3. Pl. urk. südalem. (Gleißner/Frings 1941,37).

Weiteres s. Sachverzeichnis unter ‚Alemannisch‘, ‚Oberdeutsch‘.

Lit.: Alemannisch
Überblick: Jutz 1931; Bohnenberger 1953; Kleiber 1980, 482—486; Wiesinger 1983, 829—836.
Forschungsbericht: Sonderegger 1962; Sonderegger 1968.
Atlanten: Beyer/Matzen (Hrsg.) 1969: ALA (Atlas Linguistique et Ethnographique de l'Alsace); Hotzenköcherle (Hrsg.) 1962a: SDS (Sprachatlas der deutschen Schweiz); Kleiber/Kunze/Löffler, H. 1979 (Histor. Südwestdt. Sprachatlas).
Arealgrenzen/Binnengliederung: Ochs 1921; Steiner 1924; Bohnenberger 1924; Kranzmayer 1927; Haag 1946; Hotzenköcherle 1961; Moulton 1963; Kleiber 1968; Ibrom 1973; Wiesinger 1983.
Untersuchungen: Braune 1877; Heusler 1888; Kauffmann, F. 1890; Bohnenberger 1892; Bohnenberger 1895; Gleißner/Frings 1941; Maurer 1942; Boesch 1946; Maurer 1952; Moser, Hugo 1953; Bohnenberger 1953; Moser, Hugo 1955b; Bertsch 1957; Moulton 1960; Müller, E. E. 1960; Sonderegger 1961; Wagner, K. 1960/61; Besch 1965; Sonderegger 1970b; McCormick 1977.

3. Das Ostfränkische und Südrheinfränkische   § 161

1. Das Ostfränkische zählt wie das Süd(rhein)fränkische in mhd. Zeit zum Obd., da /p/ in allen Stellungen verschoben ist (im Südrhfrk. anl. /p/ > /pf/ erst seit 1208; § 163, Anm. 2; § 88, Anm. 3; § 128; DSA 62 ‚pfund‘). Im grundlegenden Konsonantismus und auch im wesentlichen im Vokalismus stimmt das Ofrk. zum Niederalemannischen.

2. Im östl. Teil des Ofrk. sind /ie, üe, uo/ wie im Md. zu /i:, ü:, u:/ monophthongiert (§ 43).

3. Teilweise erscheint wie im Md. der Infinitiv ohne /-n/ (§ 126).

4. Beide Landschaften haben das Diminutivsuffix *-lîn* (Behaghel 1928, § 130; DSA 59 ‚-chen‘).

Weiteres s. Sachverzeichnis unter ‚Ostfränkisch‘, ‚Südrheinfränkisch‘.

Lit.: Ostfränkisch
Überblick: Mitzka 1957a; Straßner 1980, 479—482; Wiesinger 1983, 842—846.
Forschungsbericht: Bach, A. 1969; Wiesinger 1970, II, 277.
Abgrenzung/Binnengliederung: Ochs 1921; Schwarz 1967b; Straßner 1980.
Untersuchungen: Behaghel 1928; Maurer 1934; Pfanner 1954; Trost 1957; Schwarz 1960; Steger 1963; Steger 1968; Diegritz 1971; Straßner 1972.

B. Das Mitteldeutsche   § 162

1. Das Md. ist seit dem 12. Jh. durch die ‚md.‘ o. ‚nhd.‘ Monophthongierung von /ie, üe, uo/ > /i:, ü:, u:/ gekennzeichnet (wie auch der östl. Teil des Ofrk.,

§ 161,2; § 43; § 81ff.), die im Nhd. fortbesteht. Dazu tritt die Monophthongierung von /ei/ > /ê/ und von /ou/ > /ô/. Keine Monophthongierung von mhd. /ie, üe, uo/ zeigen heute die westl. Maa. des Ofrk. um Würzburg (vgl. DSA 124 *fliegen*, 96 *müde*, 12 *Bruder*), und keine Monophthongierung von /ei, ou/ kennen die Maa. in Westthüringen u. Osthessen (vgl. DSA 16 *heiß*, 103 *zwei*).

2. Kurzvokale wurden in offener Silbe gedehnt, Langvokale vor Doppelkonsonanten gekürzt (§ 45ff.).

3. Das Md. schreibt ⟨e⟩ für alle fünf *e*-Laute des Mhd., also auch für /æ/, vgl. § 19, §§ 61−64, § 71f.); der Umlaut von /â/ erscheint als ⟨ê⟩ statt ⟨æ⟩ (§ 72).

4. Die Bezeichnung des Umlauts fehlt häufig (§ 41), die der Langvokale geschieht oft durch das Zeichen ⟨i⟩ (ai, oi, ui = â, ô, û, § 19, § 165,6).

5. Von Weinhold (1883, § 2) wird als md. Kennzeichen außerdem noch geltend gemacht die Senkung /i/ > /e/, /u/ > /o/ (§ 50); diese reicht nicht bis ins Ofrk. (Bruch 1953, I, 216f.).

6. Im Md. wird sehr früh /mb/ > /mm/ assimiliert (§ 130): mhd. *umbe* > *umme*.

7. Unbetontes mhd. /e/ erscheint im Md. häufig als ⟨i⟩, z.B. *vir*- statt *ver*- (§ 59,3).

8. Nicht selten − besonders im Thüringischen − findet sich /-e/ für mhd. *-en*, vor allem beim Infinitiv (§ 240, Anm. 8).

9. Es gibt Pronomina mit Tilgung des /-r/ (§ 122), vgl. *wî = wir* (§ 213, Anm. 4), Nom. des Demonstrativ-Pronomens *dê, de, die* (§ 218, Anm. 1) für ,er' *hër, hê* (§ 214, Anm. 1).

10. Es findet sich die Form *ich gëbe* statt *gibe* (§ 242, Anm. 1), *si gëben* (3. P. Pl. Ind. Präs.) statt *si gëbent* (§ 240, Anm. 4), und für die 1. P. Sg. Ind. Präs. begegnet *-en* (*ich gëben*, § 240, Anm. 1).

11. Für ,gehen, stehen' herrschen die Formen *gên, stên* (§ 280f.).

Weiteres s. Sachverzeichnis unter ,Mitteldeutsch'.

§ 163   1. Das Westmitteldeutsche

Während das Ost- und das Süd(rhein)frk. /p/ in allen Stellungen verschoben haben (vgl. § 161) und darum zum Obd. gerechnet werden, blieben anl. /p/ und /pp/ im Wmd., /rp, lp/ gegen südliches /rf, lf/ im Rip. und in der mhd. Sprachperiode teilweise im Moselfrk. erhalten. Das Omd. hat anl. /f-/ (geschr. ⟨pf⟩ = mhd. ⟨ph⟩), an seinem Südrande vom Ofrk. her (mhd. noch nicht sichtbar) /pf/. (§ 4, § 88, § 127f.)

Anm. 1: Zum Ofrk. in der ahd. Sprachperiode vgl. Braune/Eggers 1987, § 6.

Anm. 2: Otfrid von Weißenburgs Süd(rhein)fränkisch weist im Anlaut /p/, aber für /pp/ Verschiebung auf: *plëgan*, doch *aphul* wie *limphan*. Seit dem 13. Jh. zeigen die südfrk. Kanzleien das Streben, für /p/ und /pp/ die Schreibung ⟨pf⟩ einzuführen. Urkunden des Speyergaus zeigen seit 1208 anl. ⟨pf⟩ neben ⟨p⟩, Worms im 13. Jh. ⟨ph⟩, selten ⟨pf⟩, häufig ⟨p⟩, inl. ⟨pp⟩ (was als /pf/ gewertet werden soll) (Hoffmann, J. 1903,177). Das Südfrk. vertritt die Straßburg-Molsheimer Hs. um 1187 (v. Bahder, 1885,388).

Zu den Bezeichnungen „hochfrk.", „oberfrk." vgl. Braune/Eggers 1987, § 6, Anm. 1.

Weiteres s. Sachverzeichnis unter ‚Westmitteldeutsch'.

Lit.: Westmitteldeutsch
Überblick: Wagner, K. 1964; Beckers 1980, 468–473.
Forschungsbericht: Lerchner 1971.
Untersuchungen: von Bahder 1885; Hoffmann, J. 1903; Frings 1922; Frings 1926; Schützeichel 1960; Schützeichel 1968; Wiesinger 1970; Schützeichel 1976; Klein, Th. 1982.

a) Das Rheinfränkische   § 164

1. Rheinfrk. /p-, -pp-, -mp-, -p, -d/ stehen gegen ofrk. /pf-, -pf-, -mpf-, -pf, t/ (§§ 86–90, § 161).

2. Hess. ist ausl. /b/ < /f/, z. B. *brîb, brîp* ‚Urkunde', danach flekt. *brîbe, grebe* ‚Bürgermeister' (zu *grâve*) (Mitzka 1953,157; §§ 129– 132).

3. Seit Ende des 12. Jhs. tritt *r*-Schwund in /-rht-/ auf: *Bërhtold > Bëchtold; gewurht > gewucht* (Michels 1921, § 195).

Weiteres s. Sachverzeichnis unter ‚Rheinfränkisch'.

Lit.: Rheinfränkisch
Überblick: Wiesinger 1983, 846–849.
Untersuchungen: Michels 1921; Christmann, E. 1926; Stroh 1931; Guélen 1938; Mitzka 1953; Schützeichel 1961; Wagner, K. 1964; Klein, Th. 1982.

Lit.: Hessisch
Überblick: Wiesinger 1983, 849–855.
Untersuchungen: Reis, H. 1908/09; Maurer 1930; Mitzka 1936; Mitzka 1946; Hall 1973; Wiesinger 1980c; Klein, Th. 1982.

b) Das Mittelfränkische   § 165

1. Hauptkennzeichen des Mfrk. sind unverschobene *dat, dit, wat, it, allet* (§ 88, § 143). Aber *bit* der frühmhd. Periode ist mfrk.-rheinfrk.; zu *bitz(e), biȝ* ‚bis' (aus *bi ze, bi aȝ,* Weinhold 1883, § 333); vgl. Frings/Schieb 1954,429; Haacke 1963a,268; Schützeichel 1964c,19ff.; ders. 1965,30ff.

dat, it, dit zeigen auch /-d/ aus unbetonter Stellung, daher nicht verschoben (Paul, H. 1879c,554; Baesecke 1918,84; Schützeichel 1974,29; 152. Vgl. § 100, Anm. 1, § 218, Anm. 1; Braune/Eggers 1987, § 160, Anm. 3).

2. Altes /w/ ist mfrk. im Anlaut vor /r/ erhalten: *wrase, wrëchen, wrîven* (= *rîben*), *wruegen (rüegen); wringen* ist in die nhd. Schriftsprache eingegangen. Dagegen ist im Inlaut /w/ nach Konsonanten frühzeitig geschwunden, bes. nach /l/ und /r/ auch thür.: *swale* für *swalwe.*

Anm. 1: Schon as. *swala* ‚Schwalbe', *smeras* Gen. zu ‚Schmer'. Eilhart reimt *mele : bevelen, swalen : sale;* Morungen *nahtegalen : swalen* (vgl. v. Kraus 1916,14). – Umgekehrt erscheint md. mit falschem Einsatz von /w/ zu *bar* auch *barwer* für *barer.*

3. Mfrk. ist anl. /j/ für /g/, das dort ausl. /ch/ ist (*plach* zu *plëgen*); /v/ für /b/, das ausl. /f/ wird *(hove : love, hof : lof)*. Es hat wie das Rheinfrk. /p/ im Anlaut, nach /m/ und in der Gemination *(punt, paffe, schimpen, appel* = obd. *pfunt, pfaffe, schimpfen, apfel)*.

4. Ein besonderes Kennzeichen des Mfrk. ist der Übergang von /ft/ > /ht, cht/, vgl. *achter* (= *after* ‚hinter‘), *hacht* (= haft), *gracht* (= *graft* ‚Graben‘), *kracht* (= *kraft), nichtel* (= mhd. *niftel* ‚Nichte‘), *stichten (= stiften), lucht* (= *luft)*.

Anm. 2: Dieser Lautwandel, der früher einmal bis nach Luxemburg und Lothringen reichte, ist auch dem westl. Ndd. eigen; in der nhd. Schriftsprache zeigen ihn (durch Entlehnung) *echt (êhaft)*, Nichte, Gerücht *(gerüefte)*, berüchtigt, ruch(t)bar, sachte ‚sanft‘, Schacht, beschwichtigen, sichten (engl. *sift*, zu *Sieb*) (Wagner, K. 1960/61,55; Frings 1961, 363—393; ders. 1962a, 469—471; Schützeichel 1955a,253ff.; ders. 1963; Wagner, K. 1964; Schützeichel 1965,40.

5. Vor /l/ wird /a/ > /o/: *holden* für *halten, manigfolt*, auf beschränkterem Gebiet auch vor /n/: *hont* für *hant*.

6. Besonders dem Mittelfränkischen, namentlich der späteren Zeit, eigen-tümlich ist die Gewohnheit, rein graphisches ⟨e⟩ oder ⟨i⟩ nach den verschiede-nen langen Vokalen zur Bezeichnung der Länge zu setzen: *haet, hait, heir, meir, noit, doet, doit* (mhd. *tuot), hûis* usw. (vgl. den ndd. Ortsnamen *Soest*, sprich *Sôst*). Mfrk. /a/ vor /ch/ gedehnt: *raich, geschaich* mit ⟨i⟩ als Längezei-chen. Vgl. auch die Ortsnamen *Troisdorf* (sprich *Trôsdorf), Roisdorf* (sprich *Rôsdorf), -broich* (sprich *brôch)*.

7. Rip. /u/ für /o/ vor /l/ + Kons. zeigen z.B. *hulz, huld, sulde, gehulpen*, schon ahd. *guld* (Braune/Ebbinghaus (Hrsg.) 1969,8; Braune/Eggers 1987, § 32; Schützeichel 1974,69). In der mhd. Sprachperiode reichen heutige rip. Kennzeichen wie /rp, lp/ in *dorp, helpen* in das Moselfrk. hinein, womit die Beheimatung mancher Denkmäler im Rip. um Köln fraglich geworden ist (Schützeichel 1954).

Anm. 3: Zu heute aussterbendem *bit* vgl. Schützeichel 1955b,201: *bit* ‚mit‘, *as* ‚als‘, *ind(e)* ‚und‘, die Typen *lêv* ‚lieb‘, *brôder* ‚Bruder‘ halten sich urk. auch im Süden des Mfrk., also im Moselfrk., bis in die Neuzeit, *of(f)* ‚oder‘ mit Varianten bis ins 14. Jh., *nâ* gegen *nâch, van* gegen *von* (Ablaut) (Franck 1910, § 9), *hê* gegen *ër* bis in die Neuzeit, ausl. /-ch/ gegen /-g/ (z.B. *berg)*, inl. /v/ gegen /b/ *(geven)*. Zu mfrk. *söster* — *swester* (Schwarz 1957,28; DSA 91). Dazu hess. *süster, despen, verdespen* ‚begraben, verbergen‘ (ahd. *thwesben)*. Über das Mfrk. nach Süden reicht *tuschen, zuschen* ‚zwischen‘ (Teuchert 1949,266). Mfrk. *satte* ‚setzte‘, *gesat* werden wie ndfrk. *ors, ritter* bis in die alem. Dichtersprache entlehnt.

Anm. 4: Die für das Rip. bezeugten /rp, lp/ sind in der mhd. Periode auch hess.-thür. möglich (Mitzka 1953,131; Cordes 1959,1, Karte, mit Belegen ausgebliebener Laut-verschiebung überhaupt).

Anm. 5: Nebeneinander stehen mfrk. hess. /ê/, thür. /ie/ < ahd. /ëha/. Mfrk. /ëhe/ > /ie, i/, später /ê/ (geschr. ⟨ei⟩): *sien = sëhen, geschien = geschëhen, cin = zëhen, sit = sëhet, sescein* ‚sechzehn‘ Anno 708, *sein, geschein*. Ahd. /eho/ > /ie/ in *flien ig* ‚flehe

ich' Arnsteiner Marienlied (Michels 1921, § 29, Anm. 2; Schützeichel 1954,104f.).
-*h*-Schwund zeigt z.T. das Ripuar. in *lieht : liet* (Michels 1921, § 202); ripuar.-hess.-ostthür. ist er in /-rht-/: *vorhten : porten; vorhte : worte*.

8. /iu/ ist moselfrk., aber auch hess., nordthür., meißnisch > /û/ geworden (der Umlaut davon lautet auch hier [y:], geschrieben ⟨iu⟩; § 19; § 77). Daher finden sich hier Reime wie *viur : sûr, gehiure : mûre* und Schreibungen wie *nûwe* für *niuwe* ‚neu‘, *Nûwenburc* ‚Naumburg‘, *nûwet* für *niuwet* ‚nicht‘, *vûr* für *viur* ‚Feuer‘; neuhess. *faur; Nauheim, naut* ‚nichts‘ (DSA 73). Das Nhd. hat diese Laute in *traun, brauen, kauen, Durchlaucht* (§ 77 u. Anm. 1) bewahrt.

9. Mfrk. wie thür. begegnen die Formen Dat. Sg. *mî, dî*, Nom. Pl. *wî, gî/î* (§ 213, Anm. 4).

Anm. 6: Bei mfrk., auch bei rheinfränk. und hess. Dichtern erscheinen seit dem 12. Jh. Reime von *ouw : iuw*, so *vrouwe : triuwe, schouwen : riuwen* u.a. Ob hier /iuw/ > /ouw/ geworden, ist nicht geklärt. – Neben mhd. *vrouwe* steht mndd. *vrûwe*; wieweit diese Form auch auf md. Boden galt, ist nicht festgestellt; wo es der Fall war, konnte *vrûwe : trûwe* einen reinen Reim bilden. – Zu md. Reimen /u/ : /ü/ vgl. § 41, Anm. 6.

Weiteres s. Sachverzeichnis unter ‚Mittelfrk.‘, ‚Ripuarisch‘, ‚Moselfrk.‘, ‚Fränkisch‘.

Lit.: Mittelfränkisch
Überblick: Wiesinger 1983, 855–859.
Atlanten: Bruch/Goossens 1963 (Luxemburgischer Sprachatlas).
Untersuchungen: Paul, H. 1879c; Weinhold 1883; Franck 1910; von Kraus 1916; Frings 1916a; Frings 1916b; Baesecke 1918; Michels 1921; Frings 1922; Frings 1926; Bach, A. 1930; Teuchert 1949; Bruch 1953; Mitzka 1953; Schützeichel 1954; Frings/Schieb 1954; Schützeichel 1955a u. b; Schwarz 1957; Cordes 1959; Wagner, K. 1960/61; Schützeichel 1961; Frings 1961; Frings 1962a; Haacke 1963a; Schützeichel 1963; Schützeichel 1964c; Wagner, K. 1964; Schützeichel 1965; Braune/Ebbinghaus (Hrsg.) 1969; Lerchner 1971; Schützeichel 1974; Kuhn, Hans 1976; Klein, Th. 1982; Braune/Eggers 1987.

Lit.: Ripuarisch
Nörrenberg 1884; Münch 1904; Heike 1964; Kruse 1976.

2. Das Ostmitteldeutsche §166

1. Das Omd. unterscheidet sich dadurch vom Wmd., daß es /d/, außer nach /l, n/, zu /t/ wandelt und /p/ zu /f/, geschr. ⟨ph, pf⟩, außer in /mp/, /pp/. Südthüringen stimmt aber mit /pf/ in diesen Fällen zum Ofrk. (Vgl. § 161.)

2. /tw/ ist omd. zu /qu/ geworden: *twahen > quahen* ‚waschen‘, *twähele > quehele > quêle* ‚Handtuch‘, *twingen > quingen, twerh > querch* ‚quer‘ (§ 148).

Anm. 1: /l/ wird omd. vielfach postvelar gesprochen; daher entwickelt sich öfters /u/ vor /l/, bes. nach /o/: *houlz* für *holz*.

3. Im Omd. beginnt im 13. Jh. /ei/ > /ê/, /ou/ > /ô/ zu werden: *bên, bôm* für *bein, boum*, andererseits sich /ê/ > /î/, /ô/ > /û/ zu erhöhen: *îrst, mîre* für *êrst*,

mêre; grûʒ, tût für *grôʒ, tôt.* Das Wmd. zeigt die genannten /ê/, /ô/ schon früher (§ 43).

4. Die Entrundung von /ü/ > /i/, /ö/ > /e/ ist omd. schon im 14. Jh. vorhanden. Dabei wird /ü/ wie /i/ zu /e/ gesenkt: *em* für *ümbe; /œ/* wird über /ê/ zu /î/, /üe/ über /ǖ/ zu /î/ (§ 49). In der Schreibung treten diese Erscheinungen nur selten zutage.

5. Für /o/ erscheint omd. /a/ (satzunbetont) in *ader, adir* für *oder,* seltener in *ab, dach, nach* für *ob, doch, noch* u. dgl.

Anm. 2: Zu omd. *hëlt, swëster, wërt* s. § 41, Anm. 4.

Anm. 3: Omd. ist /i/ > /e/ (nicht /ë/) gesenkt; Reime von thür. Dichtern belegt Zwierzina 1925b,56.

Anm. 4: Zum Umlaut von /û, uo, ou/ vor labialen Konsonanten vgl. § 41, Anm. 7 (Luther: ‚gläubet Ihr nicht, so bleibet Ihr nicht‘).

Anm. 5: Zu *ër, hê, hër* ‚er‘ vgl. § 165, Anm. 3, § 214, Anm. 1.

Weiteres s. Sachverzeichnis unter ‚Ostmitteldeutsch‘.

Lit.: Ostmitteldeutsch
Überblick: Putschke 1980, 474–478.
Untersuchungen: Zwierzina 1925b; s. einzelne Maa.

§ 167 a) Das Thüringische

Das Thüringische ist in der mhd. Sprachperiode im Norden, aber auch im Westen (um Erfurt) in manchen Merkmalen ndd., vgl. *-kirkin, -beke* in ON. Merseburg geht Mitte des 13. Jhs. zum Mhd. über. Heinrich von Morungen reimt *nat* ‚naß‘: *bat.* Auch der Deutschordensdichter Heinrich Hesler bietet in Laut und Wort derartiges (Helm/Ziesemer 1951,86). Mit dem Ripuar.-Hess. gemeinsam zeigt das Thür. in jenen Gegenden *-dorp, Helpede,* also /rp/, /lp/, und *dit* (vgl. Bischoff, K. 1957; Mitzka 1953,131). Seit Ende des 13. Jhs. ist *n*-loser Inf. thür. (aber auch ofrk.) Kennzeichen (vgl. DSA 11 *[mach]-en,* 64 *[bau]-en).*
Weiteres s. Sachverzeichnis unter ‚Thüringisch‘.

Lit.: Thüringisch
Überblick: Wiesinger 1983, 859–862.
Untersuchungen: Spangenberg 1962; Schäftlein 1962; Rosenkranz 1964; Putschke 1968; Rosenkranz 1968; Klein, Th. 1982.

§ 168 b) Das Obersächsische

Im Obersächsischen suchte die neuere Forschung vor allem die Ausgangslandschaft für die nhd. Schriftsprache, eine Auffassung, die nicht mehr unbestritten ist.
Weiteres s. Sachverzeichnis unter ‚Obersächsisch‘.

Lit.: Obersächsisch
Überblick: Wiesinger 1983, 862—869.
Untersuchungen: Frings 1932; Frings 1936; Große, R. 1955; Protze 1957; Bergmann, G. 1965; Bischoff, K. 1967; Seibicke 1967; Putschke 1968; Bellmann 1968; Becker/ Bergmann, G. 1969; Wiesinger 1974.

c) Das Schlesische   § 169

In Schlesien setzt das Omd. mit einem Vokabular 1340 ein, urk. um dieselbe Zeit. 1301 ist die in Wien verfaßte Kreuzfahrt des Landgrafen von Thüringen entstanden, später der Kreuziger des Johannes von Frankenstein, beide nur in einer Hs. überliefert, der Kreuziger ‚omd.' mit bair. Kennzeichen. Die Kreuzfahrt steht im Bann böhmischer Dichtung (Naumann 1923,81), von zwei österr. Schreibern geschrieben. /e/ > /a/ taucht erst im 15. Jh. auf.

Weiteres s. Sachverzeichnis unter ‚Schlesisch'.

Lit.: Schlesisch
Überblick: Wiesinger 1983,869.
Atlanten: Bellmann/Putschke/Veith 1967 (Schles. Sprachatlas).
Untersuchungen: Khull 1880; von Unwerth 1908; Gusinde 1911; von Unwerth 1911; Naumann 1923; Schwarz 1927b; Schwarz 1935; Jungandreas 1937; Schwarz 1962; Putschke 1968; Wiesinger 1974.

d) Das Hochpreußische   § 170

In Preußen (Ostpreußen) sprach und schrieb der Deutsche Orden md. Das aus Schlesien-Lausitz im 14. Jh. eingewanderte Md., das ‚Hochpreußische', hat keine Wechselbeziehung zur md. Ordens- oder Stadtsprache; es ist nach Sprachproben erst im 19. Jh. bekannt geworden. Danzig und Elbing schrieben auch ndd.

Weiteres s. Sachverzeichnis unter ‚Hochpreußisch'.

Lit.: Hochpreußisch (Ostpreußisch)
Überblick: Wiesinger 1983,872.
Untersuchungen: Ziesemer 1924; Kuck 1927; Barth, H. 1938; Mitzka 1959a; Kuck/ Wiesinger 1965; Russ 1967; Putschke 1968; Tessmann 1969; Riemann 1971; Wiesinger 1971.

Teil II

FORMENLEHRE

bearbeitet von
Peter Wiehl

KAPITEL I

Allgemeines

1. Zur Methode der Darstellung   § 171

Seit Ferdinand de Saussure, z. T. auch unter dem Einfluß von W. von Humboldt, hat sich nicht nur in der Betrachtungsweise der Laute (Phonologie, § 24f.), sondern auch in der der anderen grammatischen Bereiche ein Wandel vollzogen. Neben den Einzelerscheinungen in ihrer historisch-genetischen Entwicklung richtet man das Augenmerk auf das jeweils geltende sprachliche System und untersucht, soweit das Vorgehen historisch ist, in Querschnitten die Formen des Systems und ihre Veränderungen: neben eine ältere historische ist die synchronische und die diachronische Methode getreten.

In der Formenlehre behält die vorliegende Grammatik die junggrammatische Grundposition bei. Sie stellt die einzelnen mhd. morphologischen Erscheinungen in den Fluß der sprachgeschichtlichen Entwicklung, wobei der Blick zunächst nach rückwärts, auf die Genese, aber immer wieder auch nach vorwärts, zum Nhd. hin, gerichtet ist.

Wie ganz anders eine rein synchron angelegte Formenlehre des ‚klassischen‘ Mhd. aussähe, zeigen die exemplarisch angefügten Klassifizierungsmodelle der Substantiv- (§§ 191–195), Adjektiv- (§ 201f.) und Verb-Flexion (§§ 289–296). Sie zeigen aber auch, daß eine weitergehende Verquickung der beiden grammatischen Darstellungstypen – schon aus didaktischen Erwägungen heraus – nicht ratsam erscheint, vielmehr eine eigenständige, rein synchronische Strukturgrammatik ergänzend zu schreiben wäre.

Lit. Darstellung der Flexion:
Stopp/Moser, Hugo 1967 (Subst.); Wolf, N. R. 1971 (Verb); Bergmann, R./Pauly 1985; Grosse, S. 1985b; Weinhold/Ehrismann, G./Moser, Hugo 1986.

2. Flexionsarten   § 172

Die Formenlehre (Morphologie) handelt von den Wortarten und bes. von der wortartspezifischen Flexion, d. h. der Wortformveränderung zur Angabe der syntaktischen Beziehungen (Konjugation, Deklination, Komparation). Hierbei interessieren besonders die Möglichkeiten und Kriterien der Klassifizierung, die sich im Dt. aus bestimmten Suffixen oder aus der Abwandlung des Wortstammes ergeben.

Die Konjugation ist die Formveränderung der Verben in Hinblick auf Person, Numerus, Tempus, Modus und Genus verbi (im Dt. synthetisch nur als Aktiv vorhanden). Grundlegend für das dt. Konjugationssystem ist die formale Unterscheidung von zwei Hauptklassen, von J. Grimm als ‚starke‘ und ‚schwache‘ Verben bezeichnet. Die starken Verben, im Mhd. noch klar erkennbar in

sieben Klassen (Ablautreihen) untergliedert, bilden ihr Präteritum ‚aus eigener
Kraft' durch die Veränderung ihres Wurzelvokals (z. B. mhd. *hëlfen/hilfe* –
half – *hulfen* – *geholfen;* Ablaut § 28ff.); diese Einteilung ist im Nhd.
durch unterschiedliche Ausgleichsvorgänge zerstört worden. Die schwachen Verben
hingegen bedürfen zur Kennzeichnung ihrer präteritalen Formen eines Hilfs-
mittels, des Dentalsuffixes *-te/-t* (z. B. mhd. *leben* – *lebe-te* – *gelebe-t*). Die sw.
Verben, sprachgeschichtlich jünger und aus st. Verben, Substantiven oder Adjektiven abgeleitet, lassen sich durch unterschiedliche Ableitungssuffixe, die
im Ahd. noch erkennbar sind (/j, ô, ê/ z. B. Prät. *ner-i-ta, salb-ô-ta, hab-ê-ta*), in
drei Klassen fassen; im Mhd. sind infolge der Endsilbenabschwächung die
Kennvokale zu /e/ vereinheitlicht oder geschwunden (mhd. *ner(e)te, salbete,*
habete), eine Klassifizierung daher problematisch (vgl. § 265). Neben den st.
und sw. Verben gibt es sog. ‚unregelmäßige' oder ‚besondere' Verben (Mischung st. u. sw. Konjugation, Präterito-Präsentien, Wurzelverben, Kontrahierte Verben u. a.; §§ 267–288).

Unter Deklination faßt man die Flexionsweisen von Substantiv, Pronomen,
Adjektiv, Numerale und Artikel; ihr Formenwechsel kann aufgrund ihrer
Funktion im Satz (Kasus), ihrer Zahl (Numerus) und ihres Geschlechts (Genus) erfolgen. Im Dt. wie in den anderen germ. Sprachen gibt es eine nominale
(substantivische) und eine pronominale Flexionsart. Die nominale Flexion findet sich bei den Substantiven, die wiederum wegen unterschiedlicher stammbil-
dender Suffixe (s. u.) in starke (vokalische) und schwache (konsonantische)
Deklination untergliedert wird. Rein pronominale Flexion, d. h. mit charakteristischen pronominalen Flexionsmorphemen, liegt bei den meisten Pronomina
vor. Die Adjektive, die ursprünglich rein nominal (stark und schwach) flektierten, haben in ihrer starken Flexion pronominale Formen. Die Zahlwörter weisen eine Mischung substantivischer und adjektivischer Flexion auf.

§ 173   3. Stammbildung

Ein flektierbares Wort in seiner einfachsten Form (d. h. ohne Präfigierung,
Derivations- oder Kompositionselemente) besteht in der Regel aus drei Teilen:
einem formalen und semantischen Kern, der sog. Wurzel, einem stammbildenden Suffix, das zusammen mit der Wurzel den Wortstamm bildet, und einer
Flexionsendung (z. B. [*wir*] *bind–e–n*).

Die Wurzel erfaßt die Grundbedeutung eines Wortes und ist in formaler und
semantischer Hinsicht die Basis der etymologischen Verwandtschaft von Wörtern verschiedener Kategorien (Substantiv, Adjektiv, Verb, Adverb; z. B.
Bind-e, bind-ig, bind-en, ver-bind-lich) und verschiedener Differenzierungs-
möglichkeiten (wurzelintern durch Vokalalternanzen wie Ablaut, Wechsel,
Umlaut, z. B. *Binde, Band, Bund; Bändel, Bündel;* wurzelextern durch Affi-
gierung, bes. Präfigierung und Derivation, sowie durch Komposition, z. B.
Verband, Ausbund; Bündnis, bündig; Ehebund, Farbband usw.).

Das stammbildende Suffix kann ein Vokal (sog. Thema-, Binde- o. Kennvo-
kal), ein Konsonant oder eine Lautgruppe sein. Das stammbildende Suffix
ordnet im Idg. und Germ. die flektierbaren Wörter bestimmten Deklinations-
bzw. Konjugationsklassen zu; dies ist im Ahd. kaum noch, im Mhd. Nhd. nicht
mehr möglich (s. u.). Das stammbildende Suffix fehlt seit frühester Zeit bei
wenigen sog. athematischen Wörtern, so daß hier die Flexionsendung unmittelbar an die Wurzel angefügt ist (sog. Wurzelnomina § 179,2; § 185,2; Wurzelverben §§ 278–282).

Die Flexionsendung ist ein Suffix, das das betreffende Wort in den syntaktischen Zusammenhang einbindet, indem es im Bereich der Deklination Aussagen zu Kasus, Numerus und Genus, bei der Konjugation zu Person, Numerus,
Tempus und Modus macht.

Die grammatischen Funktionen des stammbildenden Suffixes und der Flexionsendung sind im Mhd. als Folge der germ. Initialakzentuierung und der
daraus sich ergebenden Endsilbenabschwächung zerstört oder zumindest stark
eingeschränkt. Die ersatzweise Einführung neuer Funktionsträger wie des Artikels beim Substantiv oder des Personalpronomens beim Verb führt dann zu
einem tiefgreifenden Systemwandel im Deutschen, zum Übergang vom synthetischen zum analytischen Sprachbau.

KAPITEL II

Deklination der Substantive

§ 174   I. Allgemeines

Im Neuhochdeutschen pflegt man drei Deklinationen der Substantive zu unterscheiden: stark, schwach und gemischt. Diese herkömmliche Einteilung beruht auf den Flexionsendungen: Substantive, die nhd. den Ausgang *-en* in allen Formen außer dem Nom. Sg. aufweisen, bezeichnet man als schwach, diejenigen, welche diesen Ausgang nur im Plural haben, als gemischt, alle übrigen als stark.

Ursprünglich (idg.) unterscheiden sich die Deklinationen nicht so sehr durch die Endungen als vielmehr durch den Stammauslaut (= stammbildendes Suffix, Themavokal). Im Lateinischen erkennen wir deutlich *hort-u-s* (älter *hort-o-s*, vgl. gr. *chórt-o-s*), *mens-a-ø*, *host-i-s*, *fruct-u-s* als idg. *o-*, *â-*, *i-* und *u*-Stämme (germ. *a-*, *ô-*, *i-*, *u*-Stämme). Diese ursprüngliche Verbindung von Wurzel (z. B. *hort-*) + stammbildendem Suffix *(-u-)* + Flexiv *(-s)* wird in den germ. Sprachen infolge der Endsilbenabschwächung allmählich reduziert zu Wurzel + Flexiv, wobei letzteres aus abgeschwächtem stammbildendem Suffix + Rest von alten Flexiven entstanden ist. Man bezeichnet die Deklination mit (ursprünglich) vokalischem Stammauslaut (Themavokal) als vokalische Deklination. Endet dagegen der Stamm auf einen Konsonanten wie in *pater (patr-is)*, *nomen (nomin-is)*, *genus (gener-is* aus *genes-is)*, so spricht man von konsonantischer Deklination; sie ist im Nhd. an dem Flexiv *-en* der obliquen Kasus des Sg. und im ganzen Pl. erkennbar (z. B. ‚Mensch – des Menschen‘). Von der ursprünglich athematischen Deklination (Wurzelnomen), die weder ein vokalisches noch ein konsonantisches stammbildendes Suffix kannte, sind im Ahd. Mhd. nur noch Reste erhalten (§ 179,2; § 185,2 *naht*; Braune/Eggers 1987, §§ 238–243).

Im germanischen Deklinationssystem gibt es zunächst noch Substantive mit vokalischem Stammauslaut: *a-*, *ô-*, *i-*, *u*-Stämme mit Unterarten, deren Stammauslaut durch Halbvokale modifiziert ist, *ja-*, *wa-* und *jô-*, *wô*-Stämme, dazu Substantive mit konsonantischem Stammauslaut: *-iz-/-az-*, *nd-*, *r-*, *n*-Stämme; ganz selten athematische Substantive.

<u>Anm. 1:</u> Die Benennungen für das Idg. sind *o-*, *ā-*, *jo-*, *jā-*, *i-*, *u*-Stämme, ferner *-es-/-os-*, *nt-*, *ter-*, *n*-Stämme; idg. /o/ wurde > germ. /a/, idg. /ā/ > germ. /ô/.

Im Gotischen Wulfilas läßt sich das germ. Deklinationssystem noch gut erkennen. Es bewahrt z. T. die ursprüngliche Formbildung in der Flexion, die durch die Dreiheit Wurzel-Stammsuffix-Flexionsendung bestimmt ist. Welcher Klasse ein Wort angehört, läßt sich z. B. in der vokalischen Deklination unmittelbar an den Formen des Dat. Akk. Pl. ablesen *(dag-a-m, dag-a-ns; haírd-ja-m, haírd-ja-ns; gib-ô-m, gib-ô-s; anst-i-m, anst-i-*

ns; sun-u-m, sun-u-ns). Teilweise ist die Zugehörigkeit aber auch im Gotischen schon durch den Schwund der stammauslautenden Vokale (lat. *hostis,* got. *gasts),* durch andere lautgesetzliche Veränderungen (Nom. Pl. *a*-Dekl. got. *dagôs* < idg. **dhogh-o-es)* oder durch Analogieeinwirkungen verdunkelt (Gen. Pl. *a*-Dekl. got. *dagê* an Stelle der zu erwartenden Form **dagô).*

Das Althochdeutsche hat die alten Endsilben aufgegeben oder doch so weit verkürzt, daß der Themavokal selten erhalten geblieben ist. In der *a*-Dekl. erscheint er z. B. nur im Akk. Pl. *(tag-a),* in der *ô*-Dekl. lautgesetzlich nur im Dat. Pl. *(geb-ôm;* die Form des Gen. Pl. *geb-ôno* ist nicht autochthon, sie wurde aus dem Gen. Pl. der fem. *n*-Stämme übernommen).

Im Mittelhochdeutschen sind in den vokalischen Klassen die Themavokale §175 infolge des Endsilbenverfalls zu /e/ abgeschwächt oder ganz geschwunden; eine Klassenzuordnung der einzelnen Wörter ist auf dieser Basis nicht mehr möglich. Die Wörter, die ihrer Herkunft nach zu den konsonantischen Klassen gehören, lassen sich größtenteils noch an der Form ihres stammbildenden Suffixes erkennen *(va-ter; vriu-nt),* z. T. allerdings nur in obliquen Kasus (vgl. *lamp* – Pl. *lemb-er; zunge* – Pl. *zung-en).* Die /-n/ und /-r/ der Stammsuffixe werden aber, nachdem /n/ im Nom. Sg., /r/ im ganzen Sg. verlorengegangen ist, in den Kasus, in denen sie bewahrt sind, als Flexionsendung aufgefaßt. An die Stelle der alten Dreiheit Wurzel-Stammsuffix-Flexionsendung ist die Zweiheit Stamm (Kernsilbe)-Flexionszeichen getreten.

Mit dem Verlust der Themavokale lösen sich die Grenzen zwischen den alten Klassen weithin auf. Die alten *u*-Stämme gehen in die *i*-Dekl. über. Die nicht umlautfähigen mask. *i*-Stämme und die *a*-Stämme zeigen keine Flexionsunterschiede mehr; die Gruppe der umlautfähigen nimmt andererseits infolge der Ausdehnung des Umlauts (§ 41) zu. Alte *a*-Stämme mit umlautbarem Vokal beginnen den Umlaut im Pl. anzunehmen und sich dadurch den umlautfähigen *i*-Stämmen anzupassen.

Der Übergang vom idg. Flexionssystem, das sich nach Stammsuffixen gliedert, zur nhd. Ordnung aus starker, schwacher und gemischter Deklination ist im Mhd. weit vorangeschritten. Die Unterschiede zwischen sog. starker und schwacher Deklination und zwischen den Genera bestimmen im Mhd. das Bild; eine gemischte, im Sinne der Einteilung des nhd. Deklinationssystems, gibt es noch nicht. Innerhalb dieser beiden Hauptgruppen zeichnen sich dann unter den verschiedenen Genera noch Unterarten ab, deren lautliche Besonderheiten z. T. noch Spuren der alten Deklinationsklasse tragen. Sie reichen aber nicht aus, um die historischen Klassen eindeutig zu unterscheiden (Stopp/Moser, Hugo 1967).

Nicht nur die Klasseneinteilung, auch die Kasuskennzeichnung wird durch den Endsilbenverfall beeinträchtigt. Verschiedene Kasusformen innerhalb der einzelnen Klassen fallen lautlich zusammen (so im Sg. Nom. u. Akk., im Pl. vielfach Nom., Gen., Akk.). Die Funktion der alten Endungen, den Kasus zu bezeichnen, haben der Artikel, seit dem Ahd. in der Regel Begleitwort des

Substantivs, sowie Pronomina, Zahlwörter, Adjektive mit ihren Flexiven übernommen.

Lit. Flexionssystem des Deutschen
Bojunga 1890; Kluge 1926; Jørgensen 1953; Ljungerud 1955; Neumann, W. 1961; Dal 1962; Bech, G. 1963a; Spitz 1967; Stopp/Moser, Hugo 1967; Hermodsson 1968; von Kienle 1969; Suchsland 1969; Rettig 1972; Stopp 1974; Bettelhäuser 1976; Kern/Zutt 1977; Werner 1977; Blosen 1982; van der Elst 1984.

Diesem ‚Unwichtigwerden der Kasuskategorie überhaupt' steht die zunehmende ‚Profilierung der Numeruskategorie' (Hotzenköcherle 1962b, 327ff.) als eine für die neuere dt. Sprachgeschichte charakteristische Tendenz gegenüber, die sich schon im Mhd. sichtbar ausgebildet und im Nhd. systematisch weiterentwickelt hat. Der Umlaut, ursprünglich Klassenzeichen der *ja-/jô-*, der *i-* und der *iz-/az-*Stämme, wird zunehmend zu einem Bildungsmittel des Plurals. Auch das Pluralmorphem *-er (< -ir)* bewirkt Umlaut bei umlautfähigem Stammvokal (*land — länder*), kann aber auch bei anderen Neutra angefügt werden (mhd. *daz kint — diu kint*, nhd. *die Kind-er*).

Lit. Pluralbildung:
Gürtler 1912; Moser, V. 1929; Woronow 1962; Moser, Hugo 1962; Hotzenköcherle 1962b; Moser, Hugo 1964; Werner 1968; Stopp 1974; Augst 1975a.

Das Genus wechseln einige Substantive beim Übergang vom Mhd. zum Nhd. (vgl. § 177, Anm. 5, § 180, Anm. 6, § 183, Anm. 10); im Mhd. gibt es bereits landschaftssprachliche Unterschiede (z. B. *der/diu bach, luft, mâne* ‚Mond', *sunne, touf [diu toufe]* u. a.).

Abschwächung und Schwund (als Apokope o. Synkope) im Endsilbenbereich (vgl. §§ 51—54, § 59) führen somit zu zunehmender Vereinheitlichung der Kasusformen und zur Vermischung und Reduktion der Flexionsklassen im Mhd. Dies beeinflußt auch die Darstellung der Substantivdeklination: eine Klassifizierung nach den stammbildenden Suffixen, in der ahd. Grammatik noch möglich (vgl. Braune/Eggers 1987, §§ 192f—237), ist in der mhd. Grammatik nicht mehr durchzuführen. Innerhalb der starken und schwachen Deklinationen wird daher nach Genera geordnet, wobei in Untergruppen auf die alten Deklinationsklassen Bezug genommen wird, wo sich diese noch rudimentär erkennen lassen. Als weitere Klassifizierungsmöglichkeit wird eine synchronische Gliederung angefügt (§§ 191—195).

II. Starke Deklination

§ 176 ### A. Allgemeines

Zur starken Deklination zählen im Mhd. die germ. vokalischen *a-, ô-, i-, u-* und *ja-, wa-, jô-, wô-*Stämme sowie nach Übertritt die konsonantischen *-iz-/-az-*, *nd-* und *r*-Stämme. Über ihre Kasuskennzeichnung durch Flexionsendungen und über die morphologische Funktion des Umlauts ist allgemein folgendes festzuhalten:

a) Der Nom. Sg., der keine Flexionsendung hat, kann auf Konsonant, auf *-e* oder auf den Stammvokal enden. Auf Konsonant gehen in der Regel die Wörter der alten *a-* und *i-*Stämme, der *iz-/az-*, *r-* und *nd-*Stämme, z.T. der *ô-*Stämme (z.B. *nâdel*) und die Wurzelnomina aus. Auf *-e* enden die *ja-* und *jô-*Stämme und die Mehrzahl der Wörter mit *ô-*Stamm. Bei den *wa-* und *wô-*Stämmen fehlt im Nom. Sg. der stammauslautende Konsonant /w/, der in den obliquen Kasus überwiegend noch vorkommt *(sê-sêwes, knie-knie(we)s, brâ-brâwe)*.

Die Formen des Nom. und Akk. Sg. stimmen immer überein (außer in der schwachen Deklination bei Mask. u. Fem.).

Anm. 1: Abweichend wird nur eine Reihe von sonst stark flektierenden Personenna-men behandelt. Die zusammengesetzten, zweigliedrigen mask. Namen wie *Sîfrît* ha-ben eine pronominale Akk.-Endung angenommen; sie findet sich schon im Ahd. (*-an;* mhd. *-en;* vgl. *Sîvrid-en*); vgl. § 190.

b) Der Gen. Sg. stellt das im Mhd. wichtigste Klassencharakteristikum dar. Die starken Maskulina und Neutra enden auf *-(e)s* (Ausnahmen sind bei *r-*Stämmen und Wurzelnomina möglich), die starken Feminina auf *-e* (Endungs-losigkeit möglich bei Wurzelnomina und bei *i-*Stämmen), die Wörter der schwachen Deklination sind dagegen immer an der Endung *-(e)n* zu erkennen.

Bei den starken Mask. und Neutra steht im Gen. Sg. das Flexionsmorphem *-es* bei Wörtern, deren Nom. Sg. auf Konsonant ausgeht, das Morphem *-s* bei denjenigen, die im Nom. Sg. auf *-e* enden (z.B. *tac, tages* − *hirte, hirtes*). Nach /r, l/ tritt bei *-es* Synkope ein (z.B. *engel, engels; winter, winters;* vgl. § 177).

Bei einer Reihe von Fem. der *i-*Dekl. kann im Gen. Dat. Sg. Umlaut des Stammvokals vorkommen (ahd. *krefti* − mhd. *krefte*), doch setzen sich im Mhd. daneben jüngere, umlaut- und endungslose Formen durch (Gen. Dat. Sg. *kraft, geburt* neben *gebürte;* § 184).

Anm. 2: Z.T. sind die obliquen Kasus später in den Nom. gedrungen: mhd. *bluot* − nhd. ‚Blüte‘, mhd. *eich* − nhd. ‚Eiche‘, mhd. *geschiht* − nhd. ‚Geschichte‘. Verein-zelt sind auf diesem Wege aus zwei Kasusformen eines Wortes im Nhd. mehrere Wörter entstanden: *Fahrt* − *Fährte; Stadt, Statt* − *Stätte*.

Lit. Genetiv
Lindgren 1954.

c) Der Dat. Sg. der starken Dekl. stimmt im Mhd. teils mit der Form des Nom. Sg. überein, teils besitzt er ein Endungs-*e*, das aber auch apokopiert werden kann (die schwache Dekl. hat hier immer *-en* o. *-n*).

Anm. 3: Die ahd. noch beim starken Mask. und Neutr. vorhandene Form eines Instrumentals Sg. ist im Mhd. geschwunden. (Pronominale Reste vgl. § 218 u. Anm. 5,6; § 220, Anm. 5; § 223, Anm. 3; § 232, Anm. 1; Substantivadverb § 209h).

d) Der Nom. und Akk. Plural stimmen in allen Deklinationen überein. Häufig entsprechen diese Pluralformen auch den Singularformen des Nom. u. Akk. (bei den neutralen *a-, ja-, wa*-Stämmen, den maskulinen *ja*-Stämmen, den femininen *ô-* und *jô*-Stämmen sowie den Wurzelnomina). Die neutralen ursprünglichen *iz-/az*-Stämme haben als Pluralmorphem ahd. *-ir*, mhd. *-er* (mhd. *lamp, lember;* vgl. § 180, Anm. 2), das zudem Umlaut bewirken kann. Dieses Morphem *-er* wird bereits im Mhd. als Pluralzeichen auf andere Stämme übertragen (z.B. älteres *diu kint* neben neuem *diu kinder;* § 180). Der Umlaut als Pluralzeichen findet sich weiterhin bei den alten *i*-Stämmen (z.B. *gast, geste; kraft, krefte*).

e) Der Gen. Plural endet in der st. Dekl. überwiegend auf *-e*, selten auf Konsonant (z.B. *winter, venster* der *a*-Stämme). Weist der Gen. Pl. die Endung *-(e)n* auf, so liegt ein schwaches Substantiv oder aber ein starkes Fem. der *ô-, jô*-Deklination vor.

f) Der Dativ Plural aller Substantive endet (bis heute) auf *-(e)n*. Eine Ausnahme bilden nur ältere Formen des Wurzelnomens *man*, bei dem sich z.T. Endungslosigkeit erhalten hat (§ 179).

§ 177   B. Maskulina

Hierher gehören alte *a-, i-, u-, ja-, wa*-Stämme, einige konsonantische Stämme (*r-, nt*-Stämme) sowie das Wurzelnomen *man*. Die *ja*-Stämme sind an der Nom.-Endung /-e/ und, soweit möglich, an durchgehendem Umlaut (§ 41) und Konsonantendehnung (§ 96) zu erkennen, die *wa*-Stämme an dem /w/ in den obliquen Kasus. Das Endungs-*e* kann apokopiert werden (§ 53).

Lateinische Beispiele für die Klassen sind: *a*-Klasse (idg. *o*-Kl.) *hortus* < *hortos ‚Garten‘, *i*-Kl. *hostis* ‚Feind‘, *u*-Kl. *fructus* ‚Ertrag, Früchte‘.

Im Ahd. gingen die Kasus des Pl. bei den *a*-Stämmen auf *-a, -o, -um, -a,* bei den *i*-Stämmen auf *-i, -(i)o, -im, -i* aus. Durch die Abschwächung der Laute ist die Verschiedenheit getilgt; ihre Nachwirkung aber zeigt sich in der Stammsilbe, wo die Endungen der *i*-Deklination Umlaut bewirkt haben.

Anm. 1: Alte *i*-Stämme, deren Wurzelvokal nicht umlautfähig ist, fallen natürlich mit den *a*-Stämmen zusammen, z.B. *schrit − schrite, brief − brieve, geziuc* ‚Gerät, Zeuge‘ − *geziuge*.

Anm. 2: Manche alte *a*-Stämme haben dann analog zu den *i*-Stämmen den Umlaut im Pl. angenommen; daher auch das Schwanken in *stabe − stäbe* (§ 41), *gedanke − gedenke* (von *gedanc* ‚Gedanke‘), *halme − helme, sarke − serke* (von *sarc* ‚Sarg‘), *schalke − schelke, nagele − nägele, satele − sätele, snabele − snäbele, wagene − wägene.* − Andere Wörter, die im Nhd. den Umlaut angenommen haben, erscheinen im Mhd. noch überwiegend oder ausschließlich ohne Umlaut: *hove* (vgl. nhd. *-hofen* in Eigennamen), *koche, vrosche, wolve, boume, troume, koufe, vademe* ‚Fäden‘, *vogele, arzâte.*

Anm. 3: Manche mehrsilbige Wörter haben den Umlaut unter dem Einfluß der Ableitungssilbe durch alle Kasus hindurch, vgl. *esel, engel, zügel.*

a-Stämme

	mhd.	*ahd.*	mhd.	mhd.	mhd.
Sg. N. A.	tac	*tag*	winter	nagel	dien(e)st
G.	tages	*tages*	winters	nagel(e)s	dienstes
D.	tage	*tage*	winter	nagel(e)	dienste
I.		*tagu*			
Pl. N. A.	tage	*taga(-â)*	winter	nagel(e)	dienste
G.	tage	*tago*	winter	nagel(e)	dienste
D.	tagen	*tagum*	wintern	nagel(e)n	diensten

ja-Stämme   *wa*-Stämme

	mhd.	*ahd.*	mhd.	*ahd.*
Sg. N. A.	hirte	*hirti*	sê	*sê(o)*
G.	hirtes	*hirtes*	sêwes	*sêwes*
D.	hirte	*hirt(i)e*	sêwe	*sêwe*
I.		*hirt(i)u*		
Pl. N. A.	hirte	*hirta (-â) (-e)*	sêwe	*sêwa(-â)*
G.	hirte	*hirt(i)o*	sêwe	*sêwo*
D.	hirten	*hirtum (-un); -im, -in*	sêwen	*sêwum(-un)*

Ebenso werden die kurzsilbigen
u-Stämme flektiert, z. B. *fride* usw.

i-Stämme   *er*-Stämme

	mhd.	*ahd.*	mhd.	*ahd.*
Sg. N. A.	gast	*gast*	vater	*fater*
G.	gastes	*gastes*	vater, vater(e)s	*fater, -teres*
D.	gaste	*gaste*	vater(e)	*fater, -tere*
I.		*gast(i)u*		
Pl. N. A.	geste	*gesti*	vater(e), veter(e)	*fater(-a) (-â)*
G.	geste	*gest(i)o*	vater(e), veter(e)	*fatero*
D.	gesten	*gestim(-in)*	vater(e)n, veter(e)n	*faterum(-un)*

Wurzelnomina

	mhd.	*ahd.*
Sg. N. A.	man	*man*
G.	man, mannes	*man, mannes*
D.	man, manne	*man, manne*
Pl. N. A.	man (manne)	*man*
G.	manne, man	*manno*
D.	mannen, man	*mannum (-un)*

Anm. 4: Die neutrale Pluralendung -er (§ 180) kommt beim Mask. im allg. noch nicht vor (aber *geister* bei Kelin, s. u.); es heißt also *geiste, gote* (daneben *göte*), *lîbe* ‚Leiber‘, *würme* (die Form *göter*, zuerst vereinzelt im 12., etwas zahlreicher im 13. Jh. belegt, dürfte unter dem Einfluß von *abgöter* gebildet sein; *abgot* ist altes Neutr.). Bei den Mask., namentlich bei den ehem. *i*-Stämmen mit dem Umlaut im Plural, wurde von der Numerusbezeichnung her der *er*-Plural nicht gefördert (anders bei den Neutra, § 180); die Form *geister* etwa erscheint noch spärlich im 15. Jh. (Luther hat *geiste* und *geister*), vgl. Besch 1967, 271ff. (obd. mit Apokope auch *geist*); aber schon Kelin reimt *geister : meister* (Objartel 1977,273).

Anm. 5: Abweichend vom Nhd. sind Mask.: *flôȝ, gemach* (auch Neutr.), *liut* (Volk, auch Neutr.), *lop* (auch Neutr.), *schrôt, segel, ziuc, -ges; braht* (Lärm = nhd. *Pracht*), *last* (md. Fem.), *list* (md. Fem.), *luft* (md. Fem.), *vurt* (md. Fem.), *angel, angest, art, banc, distel, lust, mandel, gewalt, hîrât* (alle daneben auch Fem.), *gîsel* (auch Neutr.), *humbel* ‚Hummel‘, *oter* ‚Fischotter‘, *zêder, trahen* ‚Träne‘, *zaher* ‚Zähre‘, *asch* ‚Esche‘, *grât* ‚Gräte‘, *loc* ‚Locke‘, *tuc* ‚Tücke‘, *wâc* ‚Woge‘, *pîn* (neben *pîne* Fem., vgl. über das Wort Zwierzina 1901,37), *touf* (neben *toufe* Fem.), *bineȝ* ‚Binse‘, *hornuȝ* ‚Hornisse‘, *borst* (auch Neutr., daneben *borste* Fem.). Nur Mask. ist *vluor* ‚Flur‘.

Die einsilbigen Wörter auf /l/ und /r/ mit kurzem Wurzelvokal stoßen das /e/ der Endung gewöhnlich aus; ebenso die mehrsilbigen auf *-el, -er, -em, -en*, wenn die Wurzelsilbe lang ist: *winter – winters*, häufig aber auch, wenn sie kurz ist: *nagel – nagel(e)s* (§ 53 b); oft auch zweisilbige Substantive anderer Art.

Zweisilbige Wörter anderer Art verlieren in dreisilbigen Flexionsformen gewöhnlich das unbetonte /e/ der Mittelsilbe: *dienest – dienstes, market – marktes, abbet – aptes* (§ 54 b).

Anm. 6: Dat. Sg. ohne /-e/ kommen auch von anderen Wörtern schon um 1200 nicht selten im Reim vor, zunächst bair. nach langer Silbe oder /t/, später anderwärts; nicht bei H und G, bei Wa nur *Laterân* 34,16 sicher (dagegen unsicher *wân* 65,33; vgl. v. Kraus 1935, Wa, 269); öfters bei Wo (Martin, E., LXXVIII); für KvW s. Haupt zu Engelh 2493; gern bei Fremdwörtern: *dem bâbest* und in adv. Fügungen: *ze vuoȝ*. Später findet sich auch Abfall des /-e/ im N. A. Pl. Im G. D. Sg., im N. G. A. Pl. kann /e/ in Wörtern der Lautgestalt *âbents, vischærs; garzûn, Heinrîch; guldîn* (Pl.) fehlen. Über Gen. ohne *-es* vgl. § 53, Anm. 3b; § 179, Anm. 1.

§ 178 Wie im Lat. neben *murus* auch *nuntius* und *servus*, mit *-i̯o-*, bzw. *-u̯o-* abgeleitet, stehen, so treten zu ahd. *tag* (*a*-Stamm) auch *hirti* (*ja*-Stamm) und *sêo* (*wa*-Stamm). Wie in *tag* ist das stammauslautende /-a/ geschwunden und /j/ als /i/, /w/ als /o/ übriggeblieben. Beide werden mhd. zu /-e/, das nach den bekannten Regeln schwindet (§ 53).

1. Die Flexion des Typus mhd. *hirte* unterscheidet sich von derjenigen der *a*-Stämme nur durch das /-e/ im Nom. und Akk. Sg. Es gehören zu dieser Flexion:

a) alte *ja*-Stämme: *hirse* (nhd. Fem.), *hirte, kæse, rücke* ‚Rücken‘, *wecke, weize* ‚Weizen‘, *ende* (gewöhnlich Neutr.) und die zahlreichen Nomina auf *-ære* = nhd. *-er*, vgl. *lêrære, schrîbære, wahtære;*

b) kurzsilbige *u*-Stämme: *mëte* ‚Met‘, ahd. *mëtu* (gr. *méthy*), *site, fride, sige*, woneben *sic* üblicher ist; vereinzelt *sune* neben *sun* ‚Sohn‘ (mit Umlaut im Plural analog zu den *i*-Stämmen; *süne*);

c) ein kurzsilbiger *i*-Stamm: *wine* ‚Freund‘, ahd. *wini.*

Anm. 1: *hirse, hirte, rücke, weize, site, fride, schate* werden zuweilen auch schwach flektiert; *site* ist md. Fem. (wie nhd.).

Anm. 2: Neben -*ære* steht -*ere*, gewöhnlich (mit Abwerfung des /e/) -*er* (vgl. § 56), so daß in Formen wie *lêrer, ritter* keine Verschiedenheit mehr von der *a*-Dekl. besteht.

Anm. 3: *sune* kommt nur im nördl. Md. vor (Ro, Alex, Eilh). Schon ahd. geht *sun* (obd. immer, frk. zumeist) nach der *i*-Dekl.; in obd. Texten ist *sune* von den Hrsg. zu Unrecht eingesetzt worden (vgl. Braune 1884,548).

Anm. 4: Die langsilbigen *u*-Stämme hatten ihr /u/ schon vorahd. eingebüßt und waren meist in die *i*-Dekl. übergetreten. Ist ihr Stammvokal nicht umlautfähig, folgen sie jetzt den *a*-Stämmen: *schilt* (got. *skildus*), *wirt, wider* ‚Widder‘ wie *tac*, aber *buoc* (gr. *pĕchys*) ‚Gelenk‘ wie *gast.*

2. Die Deklination des Typus *sê* unterscheidet sich von derjenigen der *a*-Stämme durch das /w/ der obliquen Kasus; ihr gehören die alten *wa*-Stämme an: *sê* (spätmd. auch Fem.), *klê, lê* ‚Hügel‘, *rê* ‚Leichnam, Bahre‘, auch Neutr., *snê, bû* ‚Bau‘, auch Neutr. Das /-e/ im Nom. bewahrt nur *schate, schatewes* und *schates* (nach *hirte*). Durch Ausgleich schwindet das /w/ (§ 116, Anm. 2): *sêwe* > *sê;* Dat. Sg. *sê* im Reime bei H, Wo, G, Wa u. a.

Die alten **konsonantischen** Stämme, die im Wgerm. im Sg. und im N. A.   **§ 179** Pl. endungslos waren, sind zumeist in die Deklination der alten *a*- oder *i*-Stämme übergetreten (abgesehen von den *n*-Stämmen), doch haben sich einige Reste erhalten, die nur im Gen. und Dat. Pl. eine Endung haben.
1. Verwandtschaftsnamen auf -*er:* von *vater* und *bruoder* lautet der Gen. und Dat. Sg. unverändert *vater, bruoder*, doch kommt für den Gen. Sg. auch *vater(e)s, bruoders* vor; Pl. meist mit Umlaut *veter, brüeder.*

Anm. 1: Gegenüber lat. *patr-is* muß die ganze Endung im mhd. Gen. *vater* geschwunden sein, wie in *gast* gegenüber *hostis; vaters, bruoders* sind Neubildungen, *faters* schon ahd., *bruoders* erst mhd. – Der Pl. (ahd. *fatera, bruoder;* erst spätahd. *bruodera*) nimmt erst mhd. den Umlaut an.

Anm. 2: Nach solchem Muster sind gelegentlich auch andere Wörter auf -*er* im Gen. ohne /s/: spätbair. *maister, chaiser, richter, schepfer*, auch *charcher* ‚Kerker‘.

2. Von den Wurzelnomina weist nur noch *man* häufig die alte endungslose Flexion neben der neuen Flexion nach der *a*-Dekl. auf. Die anderen, früher konsonantisch flektierenden Wörter wie *zand, zan* ‚Zahn‘, *fuoȝ* ‚Fuß‘ und *genôȝ* ‚Genosse‘ sind in die *i*- oder *a*-Dekl. übergetreten.

Sg. N. A.	man		Pl. man	– (manne)
G.	man –	mannes	manne	– man
D.	man –	manne	mannen	– man

Zur Verbreitung dieser Formen im Reim Schirokauer 1923,109.

Anm. 3: Die pronominale Zusammensetzung *ieman, nieman* wird regelmäßig flektiert: *iemannes, iemanne,* abgeschwächt *iemens, iemen.* Der Akk. lautet zuweilen *iemanne* (v. Kraus 1894,192 zu IX. S. Paulus, Vs. 36) oder *iemannen.*

Anm. 4: Neben der Pluralform *man/manne* erscheint vereinzelt im 14., selten im 15. Jh. die Form *männer* mit dem neutralen Pluralformans (§ 180); bei Luther herrscht sie im Gegensatz zu obd. Texten vor (Besch 1967,273).

Anm. 5: Aus der ursprünglichen Flexion *zan, zand-* sind schon ahd. Doppelformen hervorgegangen: mhd. *zan,* Pl. *zene* und *zant, zende* (dieses hauptsächlich bair., Reimbelege Schirokauer 1923,105).

Anm. 6: Auch *fuoʒ* als Maß kann nach Zahlwörtern endungslos bleiben: *siben fuoʒ* neben gewöhnlicherem *siben vüeʒe,* s. Benecke/Müller, W./Zarncke 1854, III, 445; es handelt sich aber wohl nicht um alten Pl., sondern um eine Neubildung. Doch bewahrt als Rest alter kons. Flexion das Wort gelegentlich umlautlosen Dat. Pl.: *ze, gein vuoʒen* (danach vereinzelt Nom. Akk. Pl. *vuoʒe*); der Pl. *vüeʒe* ist jedoch durchaus das Übliche.

Anm. 7: *genôʒ* kann im Nom. Akk. Pl., zuweilen auch im Dat. Sg. ohne Endung bleiben, aber nur, wenn es ,gleich' bedeutet, z. B. *ir genôʒ* ,ihresgleichen', *dër engel genôʒ.*

3. Von den Partizipialstämmen auf *-nt* (= substantivierte Partizipia Präsentis), die im Mhd. nach der *a*-Dekl. flektieren, besitzt nur noch *vriunt* ,Freund' alten, endungslosen Nom. Akk. Pl. *vriunt* neben der (schon ahd.) Neubildung *vriunde.* Die anderen erhaltenen Wörter dieser vormaligen Deklinationsklasse zeigen keine Besonderheiten mehr: *vîent* ,Feind', *heilant, wîgant* ,Kämpfer', *vâlant* ,Teufel'.

Lit. starke Maskulina:
Braune 1884; von Kraus 1894; Zwierzina 1901; Schirokauer 1923; Besch 1967; Objartel 1977.

§ 180   C. Neutra

Im Neutrum ist die *a-, ja-* und *wa-*Deklination vertreten; mit den *ja-*Stämmen mit Umlaut (§ 41) und Konsonantendehnung (z. B. *künne* ,Geschlecht' aus **kunja;* § 96) sind die geringen Reste der *i-* und *u-*Klasse zusammengefallen. Die regelmäßige Flexion unterscheidet sich von der des Mask. nur im Nom. und Akk. Pl. Bei einigen Wörtern (jedoch weniger als im Nhd.) wird im Pl. der Stamm durch *-er* (ahd. *-ir*) erweitert, das in der Wurzelsilbe Umlaut hervorruft.

Ein lateinisches Beispiel für die *a*-Klasse (idg. *o*-Kl.) ist *verbum* ,Wort', für die *iz/az-*Stämme *genus-generis* ,Geschlecht'. Ausfall des Endungs-*e* erfolgt wie bei dem Mask.: *spil, spils; waʒʒer, waʒʒers; wëter, wëteres* oder *wëters; ambet, amptes* (§ 53b; § 54b), so auch bei den *ja-*Stämmen *ber* ,Beere', *her* ,Heer' und dem *i-*Stamm *mer* ,Meer', doch bewahren die ersteren in obliquen Kasus frühmhd. z. T. noch das /j/: D. Sg. *herige* (§ 118, Anm. 2).

a-Stämme

	mhd.	*ahd.*	mhd.	mhd.
Sg. N. A.	wort	*wort*	venster	lëger (‚Lager‘)
G.	wortes	*wortes*	vensters	lëger(e)s
D.	worte	*worte*	venster	lëger(e)
I.		*wortu*		
Pl. N. A.	wort	*wort*	venster	lëger
G.	worte	*worto*	venster	lëger(e)
D.	worten	*wortum*	venstern	lëger(e)n

ja-Stämme *wa*-Stämme

	mhd.	*ahd.*	mhd.	*ahd.*
Sg. N. A.	künne	*kunni*	knie	*kneo (knio)*
G.	künnes	*kunnes*	knie(we)s	*knëwes*
D.	künne	*kunn(i)e*	knie(we)	*knëwe*
I.		*kunn(i)u*		
Pl. N. A.	künne	*kunni*	knie	*kneo (knio)*
G.	künne	*kunn(i)o*	knie(we)	*knëwo*
D.	künnen	*kunnim (-in, -um, -un)*	knie(we)n	*knëwum (-un)*

iz/az-Stämme

	mhd.	*ahd.*
Sg. N. A.	lamp	*lamb*
G.	lambes	*lambes*
D.	lambe	*lambe*
I.		*lambu*
Pl. N. A.	lember	*lembir*
G.	lember(e)	*lembiro*
D.	lember(e)n	*lembirum*

Anm. 1: Wie *künne* gehen viele Wörter, die in der nhd. Schriftsprache das /e/ des N. A. Sg. abgeworfen haben: *antlitze* ‚Antlitz‘, *bette, bilde, ellende* ‚Aufenthalt in der Fremde, Elend‘, *hirne, kinne, kleinæte* ‚Kleinod‘, *kriuze, netze, rîche, stücke, vihe* ‚Vieh‘ (alter *u*-Stamm, ahd. *fihu*), daneben schon *vich* (Schirokauer 1923,58), *wiltbræte* ‚Wildbret‘, *gebeine, gelücke, gemüete, gerihte, gesihte, geslähte, gespræche, gesteine, gestirne, gevidere* und andere Sammelwörter. Dazu kommen die Wörter auf *-nisse, -nusse* (auch Fem.). *göuwe, gouwe* ‚Gau‘ (s. § 41, Anm. 7) hat schon mhd. *göu, geu, gou* neben sich, ebensolche Nebenformen zeigt *höuwe* ‚Heu‘.

Wie *knie* gehen *blî, wê, strô, spriu, tou; mël* ‚Mehl‘ *(-wes), smër* ‚Schmer‘, *hor* ‚Kot‘. Neben *knie* heißt es auch *kniu* (§ 35, Anm. 1); durch Ausgleich wird auch hier das /w/ beseitigt: *knies, knien. spriu* (auch Fem.) hat im Pl. *spriu* und *spriuwer*.

Im 15. Jh. beginnt bei *mël* die *w*-lose Bildung vor allem im Ostalem. und Md. (Besch 1967,286).

Das *-er* des Pl. starker Neutra ist von Haus aus keine Flexionsendung, sondern vielmehr, wie § 176 bemerkt, der alte Stammauslaut der *-iz/-az*-Stämme. Wie im Lat. zu *genus* der Pl. *genera* (für **genes-a*) heißt, so lautet, nachdem die Endsilben lautgesetzlich geschwunden sind, zu *kalb* der Pl. *kelber*. Bei den ursprünglichen *-iz/-az*-Stämmen wurde dann *-er* als Pluralzeichen empfunden und auch auf andere Wörter übertragen. Diese Übertragung wurde begünstigt von der (durch die Apokope, § 53, noch vergrößerten) morphologischen Schwäche der neutralen *a*-Deklination hinsichtlich der Bezeichnung der Kasus und des Numerus; so steht etwa spätmhd. für N. A. Pl. neben *buoch* auch *buoche* und im 15. Jh. überwiegend *er*-Plural obd. mit, md. ohne Umlautbezeichnung; (Besch 1967,257ff.).

Anm. 2: Regelmäßig bilden den Pl. mit *-er: blat, ei, huon, kalp, lamp, rint, rîs, rat, tal,* also *bleter, ei(g)er, hüener, kelber, lember, rinder, rîser, reder, teler* (doch zuweilen auch *blat, rint, rîs, rat, tal*), dazu das jetzt untergegangene *hol* ‚Höhle'; zu *loup* erscheint auch *louber*. – Die übrigen Wörter, die im Nhd. den Pl. auf *-er* bilden, haben im Mhd. noch überwiegend oder ausschließlich die ältere Bildung ohne *-er,* also *diu kint, diu kleit* usw., daneben allerdings auch schon *diu kinder, diu kleider.* Sehr selten bilden Wörter der *ja*-Klasse den Pl. auf *-er* (Gürtler 1912,492 u. 1913,67). Auch im Sg. erscheint *-er* in *äher* (obd.), *eher* (md.) ‚Ähre' (ahd. *ahir*) und in *treber* und *trester,* die bald als Pl., bald als Sg. (Fem.) aufgefaßt werden; *werder* steht neben *wert* ‚Insel', ist aber mhd. schon mask.

Anm. 3: Im Alem. findet sich zu den Diminutiven auf /î/ (= *-în*) der Nom. Akk. Pl. auf /iu/: *kindeliu.* Sonst bleiben die Wörter auf *-lîn* im Pl. oft endungslos: *den vogelîn* Pz 119,10; aber Wa stets *vogellîne, -en.*

Anm. 4: Im Md. wird der Nom. Akk. Pl. beim Typus *wort* in Anlehnung an das Mask. schon frühzeitig wie im Nhd. auf /-e/ gebildet (‚Worte' wird dabei für die zusammenhängende Rede, ‚Wörter' für Vokabeln gebraucht; der Bedeutungsunterschied hat sich jedoch nicht voll durchgesetzt).

Anm. 5: Der Dat. Sg. von *hûs* lautet neben *hûse* häufig *hûs* (alter Lokativ). Die Ländernamen auf *-lant* bleiben im Dat. Sg. gewöhnlich ohne Endung. Im übrigen gilt für den Abfall des /e/ das gleiche wie für die Maskulina (§ 176f., § 53).

Anm. 6: Abweichend vom Nhd. sind starke Neutra: *bloch* ‚Block', *eiter, gou, honec, getwërc* ‚Zwerg' md. Mask.; teils als Neutr., teils als Mask. erscheinen *bast, lôn, mort, ort, pfat, sanc, tâht* ‚Docht', *tranc, zwîc, apgot, adel, jâmer, wuocher, zouber;* ferner sind Neutra *armbrust, ber* (auch Fem.), *mære* (md. Fem.), *armüete* ‚Armut', *heimüete* ‚Heimat', *rippe* (alle auch Fem.), *jaget* (md. Fem.), *milze, wette* (md. Fem.), *tenne* (auch Mask. und Fem.), zuweilen *ecke* und *zît* (gewöhnlich Fem.); *äher* ‚Ähre', *wolken* ‚Wolke', md. auch *wolke* Fem., *wâfen* ‚Waffe, Schwert'. Auch *mensche,* gewöhnlich sw. Mask., wird daneben als st. Neutr. gebraucht, häufig für weibliche Personen (zunächst ohne pejorativen Sinn).

Lit. starke Neutra:
Gürtler 1912/13; Schirokauer 1923; Besch 1967.

D. Feminina §181

Man unterscheidet alte *ô-* und *i-*Stämme (§ 174, § 176). Die *jô-*Deklination ist im Mhd. nur noch an dem vor ehemaligem /j/ eingetretenen Umlaut (§ 41) und an der Konsonantengemination (§ 96) zu erkennen, die durch alle Kasus hindurchgehen. Keine flexivischen Besonderheiten zeigen auch die *wô-*Stämme, deren /-w-/ zum Teil erhalten ist (§ 183, Anm. 5). Die *u-*Stämme und die konsonantischen Stämme (außer den *n-*Stämmen) sind schon ahd. bis auf geringe Reste in die *i-*Deklination übergetreten. Das /e/ wird nach den allgemeinen Regeln ausgestoßen (§ 53f.).

Lateinische Beispiele sind: *ô-*Klasse (idg. ā-Kl.) *mensa* < **mensā, i-*Kl. *sitis* ‚Durst'.

ô-Stämme

	mhd.	*ahd.*	mhd.	mhd.
Sg. N.	gëbe	*gëba*	nâdel	vëder(e)
G.	gëbe	*gëba*	nâdel	vëder(e)
D.	gëbe	*gëbu*	nâdel	vëder(e)
A.	gëbe	*gëba*	nâdel	vëder(e)
Pl. N. A.	gëbe	*gëbâ*	nâdel	vëder(e)
G.	gëben	*gëbôno*	nâdeln	vëder(e)n
D.	gëben	*gëbôm (-ôn)*	nâdeln	vëder(e)n

jô-Stämme | i-Stämme

	mhd.	*ahd.*	mhd.	*ahd.*
Sg. N.	sünde	*sunt(i)a*	kraft	*kraft*
G.	sünde	*sunt(i)a*	krefte, kraft	*krefti*
D.	sünde	*sunt(i)u*	krefte, kraft	*krefti*
A.	sünde	*sunt(i)a*	kraft	*kraft*
Pl. N. A.	sünde	*sunt(i)â*	krefte	*krefti*
G.	sünden	*sunt(e)ôno*	krefte	*kreft(i)o*
D.	sünden	*sunt(e)ôm (-ôn)*	kreften	*kreftim (-in)*

Wurzelnomina

	mhd.	*ahd.*
Sg. N.	naht	*naht*
G.	naht, nähte, nahte	*naht*
D.	naht, nähte, nahte	*naht*
A.	naht	*naht*
Pl. N. A.	naht, nähte, nahte	*naht*
G.	nahte, nähte	*nahto*
D.	nahten, nähten	*nahtum (-un)*

§ 182 In die *ô*-Deklination gehören: *bëte* ‚Bitte‘, *buoʒe, êre, gëbe* und *gâbe* ‚Gabe‘, *genâde, hëlfe* ‚Hilfe‘, *île, klage, krône, lêre, miete* ‚Lohn‘, *mîle, muoʒe, pflëge, râche* ‚Rache‘, *reise, riuwe* ‚Schmerz, Reue‘, *sage* ‚Bericht‘, *sache, schande, schuole, sêle, sorge, spîse, sprâche, stunde, suone* ‚Sühne‘, *toufe* (auch *dër touf, a*-Stamm), *triuwe* ‚Treue‘, *troufe, varwe, vëhte* ‚Kampf‘, *volge, vrâge, wâge, warte* ‚Wacht‘, *weide, wîle, wîse.*

Dazu treten drei andere Gruppen:

a) alte *jô*-Stämme mit Umlaut und ggf. Gemination des auslautenden Konsonanten des Stammes: *helle* ‚Hölle‘, *minne, rippe* (auch Neutr.), *wünne* neben *wunne* ‚Wonne‘, *sünde, rede* (vgl. Braune/Eggers 1987, § 96, § 209f.).

b) alte *î(n)*-Stämme: *grœʒe, güete, hœhe, hulde, liebe, schœne* und ähnliche Ableitungen aus Adjektiven (§ 183, Anm. 3);

c) die Bildungen, die ahd. auf *-ida* ausgehen, wie *gebærde, gemeinde, sælde* ‚Glück‘, *vröude.*

Anm. 1: Nach der Doppelform des Adj. *gër – gir* ‚begehrend‘ (§ 199, Anm. 1) steht neben *gir* (ahd. *girî*) ‚Verlangen‘ auch *gër*, neben *girde* auch *gërde* (Reimbelege Schirokauer 1923,52).

§ 183 Schon im Mhd. sind die Feminina nach der *ô*-Deklination mit den schwachen vielfach vermischt worden. Im Nhd. sind beide zusammengefallen, so daß beide jetzt den Hauptteil der „gemischten“ Deklination bilden, d. h. im Sg. stark, im Pl. schwach flektieren: Sg. *-(e)*, Pl. *-(e)n*. Am reinsten erhält sich im Mhd. die *ô*-Deklination bei Abstrakta wie *vröude, êre, bëte, volge*, selbst bei Adjektivabstrakta, die ursprünglich zur *î(n)*-Klasse gehören wie *güete, schœne* (Anm. 3), während die meisten ursprünglich starken Konkreta auch schwach flektiert werden, z. B. *brücke, ërde, strâʒe.*

Anm. 1: Im Nhd. ist in vielen Wörtern das auslautende /e/ abgeworfen. Hierher gehören: *ahte* ‚Acht‘, *âhte* oder *æhte* ‚gerichtliche Verfolgung‘, *bane, huote, koste, marke* ‚Grenze‘, *pîne, quâle, schame, schouwe* ‚Schau‘, *schulde, stirne, trahte, vorhte* ‚Furcht‘, *mâʒe* jetzt Neutr. ‚Maß‘ und *âventiure* ‚Abenteuer‘, *mûre, lîre* ‚Leier‘, *schiure* ‚Scheuer‘, *stiure, trûre* oder *triure* ‚Trauer‘, *vîre* ‚Feier(tag)‘; die movierten Fem. auf *-inne* wie *küneginne*, daneben *künegîn*, die Abstrakta auf *-unge* wie *manunge, ordenunge* und auf *-nisse* wie *erkantnisse* (die zwischen Fem. und Neutr. schwanken).

Anm. 2: Die Wörter auf *-en* (= ahd. *-ina*) mußten ganz endungslos werden. Infolgedessen ist im Nhd. in einigen das *-en* als Endung der schwachen Dekl. aufgefaßt und demnach ein Sg. auf /-e/ gebildet, vgl. *büten* ‚Gefäß‘, *lügen(e)* (doch daneben auch schon mhd. *lüge* = ahd. *lugî*), *vërsen* ‚Ferse‘, *keten(e)* (< lat. *catena*), *küchen* (< lat. *coquina*), *küten* ‚Quitte‘ (< ahd. *kutinna* < volkslat. *codonea* < *cydônium*), *metten* (< lat. *matutina*) ‚Frühmesse, Mette‘.

Anm. 3: Die von Adjektiven abgeleiteten Eigenschaftsbezeichnungen wie *güete, schœne, menege* von *manec* ‚viel‘, gehörten früher in die schwache *î(n)*-Dekl. Sie lauten im Ahd. *scônî* usw., seltener daneben *scônîn*. Aus der ersteren Form entsteht mhd. *schœne* (alem. noch *schœni*), von der letzteren haben sich nur noch einige Reste erhalten, wie *menegîn* (vgl. Haupt zu Er 1699) neben *menege, vinsterîn* ‚Finsternis‘ neben *vinster(e).*

Anm. 4: Wenn Abstrakta wie *êre, minne* personifiziert werden, werden sie oft schwach flektiert. Der Pl. dieser Abstrakta ist im Mhd. viel häufiger als im Nhd., so daß Formen wie *der êren* meist eher Pl.- als sw. Sg.-Formen darstellen.

Anm. 5: Einige alte *wô*-Stämme haben Nebenformen, in denen das inlautende /w/ (zunächst vor /u, o/ der Endung) geschwunden ist: *brâwe* ‚Braue‘ und *brâ*, Pl. *brâ*, auch schwach *brâwen* und *brân; klâwe* ‚Klaue‘ und *klâ*, Pl. *klâ*, auch schwach *klâwen* und *klân; êwe* (nur noch selten) und *ê* (‚Gesetz, Ehe‘, s. § 142, Anm. 4); *diuwe* und *diu* ‚Dienerin‘; *drouwe* ‚Drohung‘, *dröuwe, dröu, drô* (häufigste Form).

Anm. 6: Zuweilen wird der G. Pl. auf *-e* statt auf *-en* gebildet, namentlich von *âventiure, krône, mîle, raste* ‚Rast‘ (wenn es zur Bezeichnung eines Wegemaßes gebraucht wird), *rotte, strâle* ‚Pfeil‘, nhd. der ‚Strahl‘, *ünde* ‚Woge‘ (Lachmann zu Iw 554). – Als allgemeine Artangabe dienen in Verbindung mit Zahlbezeichnungen und Adjektiven die Gen. *leie* (nhd. ‚-lei‘), *slahte, hande*, vgl. *zweier slahte sanc, zweier hande schaden, aller hande* usw.; vgl. § 370.

Anm. 7: Die Nom. Sg. auf /-e/ sind eigentlich Akkusativformen, die in den Nom. eingedrungen sind. Der Nom. der langsilbigen und mehrsilbigen Fem. hatte schon vorahd. seine ursprüngliche Endung (/-u/; vgl. die Pron. *siu, diu*) eingebüßt, dann aber wurde der alte Nom. allgemein durch die Akkusativform (/-a/) verdrängt. Reste endungsloser Nominative im Mhd. sind die Formen *künegîn, fürstîn* neben *küneginne, fürstinne*, die aber für alle Fälle des Sg. gebraucht werden.

Außerdem hat sich noch von einigen Wörtern die zugleich für den Akk. verwendete Nominativform in bestimmten Gebrauchsweisen erhalten: *buoʒ* in *ës wirdet buoʒ, ich tuon buoʒ eines dinges* ‚es wird Abhilfe, ich schaffe Abhilfe wogegen‘, sonst *buoʒe; halp* in *einhalp* ‚auf der einen Seite‘ *ander(t)halp, oberhalp* u. dgl., sonst *halbe; sît* in *einsît* ‚auf der einen Seite‘, *jensît* u. dgl., sonst *sîte; stunt* in *einstunt, drîstunt* ‚einmal, dreimal‘ usw., sonst *stunde; wîs* in *ander wîs* ‚auf andere Weise‘, *manege wîs* usw., sonst *wîse*. Über die weiblichen Eigennamen vgl. § 190. – Von ahd. *hërta* ‚Herde‘ belegen die mhd. Wbb. nur die Form *hërt* mit abgefallenem /e/.

Anm. 8: Von *sîte, stunde, wîse* kommen auch D. Sg. mit abgeworfener Endung in adverbialer Verwendung vor: *ze einer sît, ze bêder sît* ‚auf beiden Seiten‘, *ze stunt, an dër stunt, an dër sëlben stunt, in kurzer stunt* usw., *dër sëlben wîs* ‚auf dieselbe Weise‘, *ze solher wîs* usw.

Anm. 9: Im Alem. erscheinen N. A. Pl. auf /-a/ und G. D. Pl. auf *-on* (§ 59,4).

Anm. 10: Nach der fem. *ô*-Deklination flektieren auch die heutigen Maskulina *witze, gürtel* (auch Mask.), *scheitel* (auch sw.); *vrävel(e), gehôrsame* (Bildungen wie *güete*); *rame* ‚Rahmen‘; die heutigen Neutra *mâʒe, gewiʒʒen, âventiure, baniere, reviere*.

Anm. 11: Für *sêle* bietet sich bei Entstehung der sog. Mischdeklination folgendes Bild: alte st. Dekl. in bair. und ofrk. Hss. (z. T. mit Apokope), N. A. Pl. auf *-en* im Ost- und Südalem., teilweise im Bair., mehrheitlich im Omd. (Besch 1967,275f.).

Nach der *i*-Deklination gehen im Mhd. viele Feminina, deren nhd. Flexion – historisch betrachtet – als eine Art gemischte Deklination (aus *ô*-Deklination und schwacher Deklination) gelten kann, systematisch aber gewöhnlich als ‚schwach‘ bezeichnet wird. Kennzeichen fast aller *i*-Stämme ist, daß sie auf /-t/ enden. **§ 184**

Eine Besonderheit der mhd. fem. *i*-Stämme ist die schon in § 176 b besprochene Doppelung der Formen im G. Dat. Sg.: *krefte – kraft* (während die Sg.

der Mask. schon ganz der *a*-Deklination angeglichen ist). Daß sich mhd. neben den alten zweisilbigen Formen Kurzformen ohne Umlaut einbürgern, ist vielleicht auf einen Formenausgleich mit den fem. *ô*-Stämmen zurückzuführen, die eine einheitliche Singularform haben. Der Umlaut bezeichnet also bei den fem. *i*-Stämmen zunächst nicht eindeutig den Plural.

Anm. 1: Zu den *i*-Stämmen gehören *arbeit, art* (auch Mask., G. D. *arte* ohne Umlaut), *geburt, gluot, last, list, pfliht, sât, schrift, tât, vart, vluot, vrist, gewalt, wërlt* ‚Welt‘, *zît, jugent, tugent,* dazu die Gruppe der Wörter auf *-heit, -keit* und *-schaft,* vgl. *kristenheit, unreinecheit, eigenschaft;* mit anderen Endkonsonanten als /-t/ *burc, geiʒ.* Es heißt also im G. D. Sg. und N. A. Pl. *arbeite, gebürte, eigenschefte* usw.

In anderen Fällen haben sich im Nhd. im Sg. Formen mit /-e/ und auch mit Umlaut gebildet, die also mit den alten Gen. und Dat. übereinstimmen, aber wohl als Neubildungen aus dem Pl. zu betrachten sind, vgl. *ant,* G. *ente* (auch Mask.) ‚Ente‘, *huft* (früher *huf*) ‚Hüfte‘, *hurt* ‚Hürde‘, *geschiht* ‚Geschichte‘, *stuot* ‚Stute‘; außerdem mit anderem Endkonsonanten als /-t/ *druos* ‚Drüse‘, *eich* ‚Eiche‘, *lîch* ‚Gestalt, Körper, Leiche‘, *sûl* ‚Säule‘, *vurch* (G. *vurhe*) ‚Furche‘, *arweiʒ* ‚Erbse‘. Einige Wörter haben sich dadurch in mehrere gespalten: *stat,* G. *stete* ‚Statt/Stadt‘ und ‚Stätte‘ (§ 25c); *vart,* G. *verte* ‚Fahrt‘ und ‚Fährte‘, *maget* (bair. auch *mait* § 108), G. *maget, mägede* oder *meide* (§ 108) ‚Magd‘ und ‚Maid‘. – Ähnlichen Wandel haben auch der *ô*-Stamm *aspe* und das Mask. *asch* unter dem Einfluß der Adj. *espîn, eschîn* durchgemacht: nhd. ‚Espe‘, ‚Esche‘.

Anm. 2: Die längeren Formen mit Umlaut im Gen. und Dat. Sg. treten allmählich hinter den kürzeren umlautlosen zurück. Über den Gebrauch bei H und Wo vgl. Zwierzina 1898, 486; v. Kraus zu Reinbot 3267. – Durchgehenden Umlaut haben die kurzsilbigen *tür* und *kür* ‚Wahl‘, ahd. *kuri.*

Anm. 3: Zu *kuo* ‚Kuh‘ lautet der Pl. *küe(j)e,* zu *sû* ‚Sau‘ *siuwe.* G. D. Sg. lauten gewöhnlich *kuo, sû;* über den Grund s. Behaghel 1924b, 128.

Anm. 4: Zuweilen erscheinen Formen wie *wërlde, tugende* im N. A. Sg., vgl. Roethe zu Reinmar v Zw 14.

Anm. 5: Abweichend vom Nhd. sind Fem. *schôʒ* (doch auch Mask.), *gift* (vgl. ‚Mitgift‘), *verlust, verziht.*

§ 185 Die alten *u*-Stämme (lat. *fructus*), das Wurzelnomen *naht* und die konsonantischen Stämme auf *-er* sind in die *i*-Deklination übergetreten.

1. Ein Rest der *u*-Deklination zeigt sich im Dat. Pl. *handen,* woneben aber schon *henden,* und im Gen. Pl. *hande,* der aber nur in den Verbindungen *maneger hande* ‚vielerlei‘, *aller hande* ‚allerhand‘ üblich ist, wonach es auch *einer hande* heißt (§ 370; nach Huisman 1982, 417 kein *u*-Stamm).

Anm. 1: Ein unumgelauteter D. Sg. von *hant* erscheint in Formeln wie *hant von hande, von hande ze hande.* – Nhd. Reste der ursprünglichen *u*-Deklination von *hant* sind im Nhd. ‚allerhand, abhanden, vorhanden‘ (‚zuhanden‘).

2. Das ehemalige Wurzelnomen *naht* mit urspr. konsonantischer Flexion geht in die *i*-Dekl. über. Durch das Nebeneinander zweier fakultativer Sg.-Formen *(kraft/krefte)* der *i*-Dekl. treten neben den unveränderten Kasus *naht* (außer Gen. Dat. Pl.) nicht nur im Plural, sondern auch im Gen. Dat. Sg. umgelautete Formen (vgl. Tabelle).

Anm. 2: Seltenere Reste der konsonantischen Deklination sind *brust, naht* als N. A.
Pl. statt *brüste, nähte* und *brusten* als D. Pl., ebenso *nahten*, vgl. nhd. *Weihnachten* aus
zen wîhen nahten; nahte erscheint auch als G. D. Sg. und N. G. A. Pl. Der alte Gen.
nahtes, durch Angleichung an *tages* entstanden *(tages unde nahtes)*, wird wie nhd.
nachts nur als Zeitbestimmung gebraucht und dann mit der mask. Form des Artikels
verbunden.

3. Die fem. Verwandtschaftsnamen auf *-er muoter, tohter, swester* sind im Sg.
meist unflektiert, im Plural stehen bei *muoter* u. *tohter* umgelautete neben
nichtumgelauteten Formen (wie bei Mask. *vater, bruoder* § 179).

Anm. 3: Der Pl. von *muoter, tohter* lautet ahd. *muoter, tohter*, spätahd. (nach der
ô-Dekl.) *tohterâ;* der Umlaut in Analogie zur *i*-Deklination tritt erst mhd. ein.

Lit. starke Feminina:
Zwierzina 1898; Schirokauer 1923; Behaghel 1924b; Besch 1967.

III. Schwache Deklination

A. Allgemeines   § 186

Die Grundlage der schwachen Deklination bilden die alten abgeleiteten
n-Stämme, vgl. lat. *homo − hominis, ratio − rationis, nomen − nominis*. Dazu
kommen einige *jan*- und *jôn*-Stämme mit Konsonantendehnung (§ 96) und
durchgehendem Umlaut des Stammvokals (§ 41).

	Mask.			**Neutr.**	
	mhd.	*ahd.*	mhd.	mhd.	*ahd.*
Sg. N.	bote	*boto*	ar	hërze	*hërza*
G. D.	boten	*boten, -in*	arn	hërzen	*hërzen, -in*
A.	boten	*boten, -un*	arn	hërze	*hërza*
Pl. N. A.	boten	*boton, -un*	arn	hërzen	*hërzun (-on)*
G.	boten	*botôno*	arn	hërzen	*hërzôno*
D.	boten	*botôm, -ôn*	arn	hërzen	*hërzôm, -ôn*

	Fem.	
	mhd.	*ahd.*
Sg. N.	zunge	*zunga*
G. D.	zungen	*zungûn*
A.	zungen	*zungûn*
Pl. N. A.	zungen	*zungûn*
G.	zungen	*zungôno*
D.	zungen	*zungôm, -ôn*

Ursprünglich ging der N. Sg. allgemein auf /-n/ aus, vgl. gr. *hĕgemṓn, -ónos; poimḗn, -énos;* dieses /-n/ ist frühzeitig geschwunden: ahd. *namo* ‚Name'. Im Gen. (lat. *nōmin-is*) mußte die Endung (vgl. *hostis — gast*) fallen: ahd. *dës namin,* mhd. *namen.* In *name, -en* erscheint nun das stammhafte /n/ als Kasusendung.

Durch die lautliche Abschwächung ist jede Spur der ursprünglichen Flexionsendung getilgt. Für alle drei Geschlechter gilt im Nom. Sg., für das Neutr. auch im Akk. Sg., /-e/ als Ausgang, in den übrigen Kasus des Sg. und Pl. -en, abgesehen von der üblichen Ausstoßung des /e/ (§ 52ff.).

§ 187   B. Maskulina

Beim Maskulinum weichen die neuhochdeutschen Verhältnisse hauptsächlich in folgenden Punkten ab: Das /-e/ des Nom. Sg. ist im Nhd. in vielen Wörtern abgefallen, vgl. mhd. *fürste, hërre, mensche, tôre* usw. Infolgedessen sind viele stark geworden, manche nur im Sg., so *Schmerz,* eine Form der Mischdeklination, die im Mhd. noch nicht vorkommt. Bei anderen Substantiven ist im Nhd. der Übertritt in die starke Flexion dadurch erfolgt, daß das /n/ aus den obliquen Kasus in den Nom. eingedrungen ist und der Gen. zum Teil auf /-s/ gebildet wird. Andere sind Feminina geworden. So ist die Zahl der sw. Mask. im Nhd. sehr eingeschränkt, und es gehören dazu nur noch Bezeichnungen für Menschen und Tiere, während im Mhd. daneben insbesondere eine Reihe von Bezeichnungen für Naturerscheinungen (*knolle, stern(e), trûbe, garte, rogge* usw.) und Sachgegenstände (*brunne, rieme, sparre, scherbe, karte* usw.) zu ihnen zählen.

> Anm. 1: Im Mhd. sind schwach *aberëlle* ‚April', *ar,* auch die Zusammensetzung *adelar, adeler* (dies aber auch schon stark), *briutegome* ‚Bräutigam', *grîse* substantiviertes Adj., nhd. ‚Greis', *hane, herzoge, junchërre, kîme, lenze, lîch(n)ame* ‚Leichnam', *gemahele, mâne* ‚Mond', *meie, merze, pfâwe* ‚Pfau', *pfülwe* ‚Pfühl' (auch st. Neutr.), *rîfe* ‚Reif', *salme* ‚Psalm', *schelme, smërze, star, stërne, swane, balsame, bëseme* ‚Besen', *haber(e)* oder *haver(e), këver(e), gevater(e), veter(e).* — Umgekehrt sind abweichend vom Nhd. stark *helt,* Gen. *heldes* und die Stammbezeichnung *Swâp,* Gen. *Swâbes.* — Stark auch im Pl. sind *dorn, mast, sê,* auch *sêwe.*
>
> Anm. 2: Konsonantendehnung (§ 96) und ggf. Umlaut des Stammvokals (§ 41) haben die alten *jan*-Stämme, vgl. *bürge, erbe, geselle, recke, schütze, wille,* ferner die Bildungen *verge, scherge,* in denen sich noch das alte *j*-Infix nach Kurzvokal + /r/ in dem homorganen stimmhaften Verschlußlaut /g/ erhalten hat; vgl. § 118.
>
> Anm. 3: Wörter, bei denen nhd. das /n/ in den Nom. eingedrungen ist, sind *balke, balle, boge, brâte, brunne, dûme, galge, garte, grabe, goume* oder *guome, hâke, hopfe, huoste, karre, karpfe, kaste, klobe, knoche, knolle, knorre, knode* oder *knote, kolbe, krage, krâpfe, kuoche, lade, mage, mâhe,* gewöhnlicher *mâge* ‚Mohn', *nache, pfoste, pfrieme, rache, rase, rei(g)e, rieme* ‚Lederriemen, Ruder', *rocke* ‚Roggen', ‚Spinnrocken', *schade* (vgl. nhd. noch ‚es ist schade'), *schëme, schërbe, schinke, schupfe* ‚Schuppen', *slite* ‚Schlitten', *snupfe, sparre, spor* ‚Sporn', *stëcke, stolle, tropfe, vlade, vlëcke, wase, zapfe.* — Von urspr. starken Substantiven haben dieselbe Entwicklung gehabt *rücke, schate; weize; bolz, leist* ‚Leisten', *nac* ‚Nacken' (noch in ‚Schaber-

nack'), *nuz* ‚Nutzen' (dagegen noch ‚Eigennutz, zu Nutz und Frommen'), *vels.* –
Andererseits gibt es einige Maskulina auf *-en*, die im Nhd. zu schwachen auf /-e/ oder
/ø/ geworden sind: *heiden* ‚Heide, Ungläubiger', *kristen* ‚Christ', *raben* (schon mhd.
auch *rabe*). Zum Teil tritt das /-n/ heute wieder zurück, vgl. *Glaube(n), Name(n)* usw.
(Ljungerud 1955).
    Genitive auf *-ens* von sw. Maskulinen wie im Nhd. gibt es im Mhd. nicht; es heißt
also *name – namen, geloube – gelouben* usw.

Anm. 4: Manche Maskulina werden schon im Mhd. teils stark, teils schwach flektiert:
brun (selten, Pl. *brünne*) – *brunne/burne/born, buochstap – buochstabe, gebûr –
gebûre* ‚Bauer', *nâchgebûr – nâchgebûre* ‚Nachbar', *grîf – grîfe, helm – helme, hirʒ
– hirʒe, kërn – kërne, leim – leime* ‚Lehm', *mânôt – mânde* ‚Monat', *storch –
storche, strûʒ – strûʒe, vlëc – vlëcke* ‚Fleck', seit 13. Jh. ‚Flecken' u. a.; *gêr – gêre* in
der Bedeutung ‚Rockschoß, Zipfel' ist regelmäßig schwach.

Anm. 5: Zwischen Mask. und Fem. schwanken *âmeiʒe, bluome, rëbe, rôse, seite,
slange, stûche* ‚Ärmel, Muff', *sunne, trûbe*. Noch ganz oder fast ausschließlich sind
Mask.: *backe, borte, blintslîche, brëme* ‚Bremse', *höuschrëcke, karre, kol(e)* (auch st.
Neutr.), *made, metze* ‚Metze' (als Maß), *niere, ratze, schërbe, snëcke, snëpfe, vane,
wade, weise* ‚Waise', *wîwe/wîe/wîge* ‚der Weih, die Weihe'.

Anm. 6: Abfall des /-e/ in *ar, star, bër, spor* ‚Sporn', *kol* ‚Kohle'; Wörter wie *der
gevangen* ‚Gefangener' bleiben ganz endungslos (vgl. § 53b, § 198, Anm. 3). Neben
pfâwe erscheint *pfâ*. Auch nach /n, m/ kann /-e/ fallen: *kran(e)* ‚Kranich', *han(e),
swan(e), van(e), nam(e), lîcham(e)* (§ 58, Anm. 1); bes. bei bair. Dichtern auch
nam(e)n, lîcham(e)n, van(e)n usw.

Anm. 7: Ein großer Teil der sw. flektierten Maskulina besteht aus Nomina agentis,
die durch das *o*-Suffix aus starken und schwachen Verben gebildet wurden: ahd. *gëbo,
herizogo* usw.; mhd. *gëbe* (neben *gëber* ‚Geber'), *herzoge* (zu *ziehen*), *slange* (zu
slingen ‚winden') usw. Die umfangreiche Gruppe ist im Nhd. kleiner geworden, da
das Suffix mit der Abschwächung zu /-e/ unproduktiv geworden ist und seine Bildungen ferner durch die Nomina agentis auf ahd. *-âri*, mhd. *-ære/-er(e)* (*ja*-Dekl.; nhd.
-er) zunehmend verdrängt werden.

Lit. schwache Maskulina
Ljungerud 1955.

C. Neutra   § 188

Von Neutra werden nur folgende vier schwach flektiert, die Körperteile bezeichnen: *hërze, ôre, ouge, wange,* ferner das Pluraletantum *diu hîwen* ‚die
Ehegatten, Mann und Frau'.

Anm. 1: Zuweilen werden diese Wörter im N. A. Pl. auch nach der *ja*-Deklination
(ohne /n/) flektiert, namentlich *hërze*.

Anm. 2: Eine Mischklasse mit starker Dekl. im Sg., schwacher im Pl. (vgl. nhd. *Bett,
Hemd*) gibt es im Mhd. auch hier noch nicht. Auch im 15. Jh. überwiegt bei *ouge* im
Sg. offenbar noch die schwache Dekl., wenngleich z. T. im Dat. starke Formen einzu-
dringen beginnen (Besch 1967, 282f.).

Anm. 3: Durch die häufige Verwendung im Plural beeinflußt ist *wange* im Nhd. Fem.

§ 189   D. Feminina

Über den Zusammenfall der schwachen Feminina mit den ô-Stämmen im Nhd.
vgl. § 183. Wie von ursprünglich starken Femininen Formen nach der schwachen Deklination gebildet werden, so umgekehrt, wenngleich seltener, von
ursprünglich schwachen Femininen Formen nach der starken.

> Anm. 1: Fast durchgehend schwach flektiert werden: *âmeiȝe, amme, asche, bîe* ‚Bie-
> ne‘, daneben *bine, bîne* und st. *bin, bîn* (schon ahd. *bîa* und st. Mask. oder Neutr.
> *bini*), *bir* ‚Birne‘ (das /n/ des Nhd. ist aus den übrigen Kasus in den N. Sg. gedrungen),
> *bluome, galle, gaȝȝe, gîge, glocke, harpfe, hose, kapëlle, katze, kërze, kirche, muome,*
> *lunge, porte, rôse, schîbe, spinne, sunne, stube, swalwe, tasche, tûbe, vrouwe, witewe,*
> *woche, zunge.* − Ausfall des /-e/ nach § 53b: *kël, iuwel* ‚Eule‘, *neȝȝel, videl(e).* − *krâe*
> ‚Krähe‘ hat die Nbf. *krâ* (auch st.), ferner *kræje, kræe* und ofrk. *krâwe:* Pl. *krân,* auch
> *krâen, kræ(je)n,* ofrk. *krâwen.*

> Anm. 2: Es erscheinen z. T. Formen mit vollen Endvokalen *(un, on),* bes. im Alem.
> (§ 59, 4).

> Anm. 3: Der Vokativ lautet auch im Pl. *vrouwe* (ohne Zusatz), doch *ir vrouwen* oder
> *guoten vrouwen* (Lachmann zu Iw 3384).

> Anm. 4: Das Mfrk. hat im Akk. den Ausgang /-e/, der sich auch im Mask. neben *-en*
> findet.

> Anm. 5: Einige der oben genannten Substantive sind alte *jôn*-Stämme, deren Flexion
> schon ahd. ganz mit derjenigen der *-ôn*-Stämme übereinstimmt und die ggf. am
> Umlaut des Stammvokals und der Gemination noch zu erkennen sind: *mücke, märhe*
> ‚Pferd‘.

§ 190   IV. Deklination der Personennamen

Die Personennamen werden stark oder schwach flektiert. Die schwache Deklination weicht nicht von der der übrigen Substantive ab. Sie ist auch bei männli-
chen Namen häufig, wo das Nhd. nur starke Flexion kennt, z. B. in *Otte,*
Fruote, Wate, Etzel(e), Hagene, Hetele, George. Die weiblichen auf /-e/ werden
sämtlich schwach flektiert, also *Hilde, -en; Uote, -en* usw.

Die starken Maskulina weichen dadurch ab, daß sie den Akk. Sg. wie die
Adjektive (§ 196) auf *-en* bilden: *Gêrnôt − Gêrnôten, Sîfrit − Sîfriden.* Statt
-en findet sich öfters /-e/, umgekehrt im Dat. statt /-e/ öfters *-en.* Seltener bleiben der Dat. und Akk. ohne Endung. Der Pl. kommt fast nur bei Geschlechts-
und Stammesbezeichnungen vor. Die auf *-unc* und *-inc* sind stark, auch im Pl.:
Nibelunc, -ges − Pl. *Nibelunge, Dürinc − Düringe.*

Die starken Feminina gehen nach der ô-Deklination, weichen aber dadurch
von dieser ab, daß sie die alte Nominativform ohne Flexionsendung (§ 183,
Anm. 7), die sonst durch die Akkusativform verdrängt ist, beibehalten haben,
also N. *Kriemhilt −* G. D. A. *Kriemhilde.* Hierher gehören die Namen auf
-gunt, -hilt, -lint, -rûn, -trût, nach deren Vorbild sich auch die auf *-burc, -heit,*

-rât u. a. richten. Zuweilen kommen schwache Formen auf *-en* oder Formen ohne Flexionsendung vor.

V. Synchronische Gliederung   § 191

Eine nicht historisch orientierte, beschreibende Klassifizierung der mhd. Substantivflexion wird von einer Segmentierung der Wortform in den synchronisch verstandenen ‚Stamm' und die synchronisch verstandene ‚Flexionsendung' ausgehen; z. B. G. Sg. *tag-es, hirt-es.*

A. Die Flexionsendungen   § 192

1. Es ergibt sich, daß – beispielsweise – das Endungsschema von *stil* mit dem von *hirte* identisch ist. Während von der historischen Grammatik die maskulinen ‚*a*-Stämme' *tac* und *stil* von den maskulinen ‚*ja*-Stämmen' des Typs *hirte* geschieden werden (s. o., § 177f.), muß die synchronische Morphologie zunächst einmal trennen zwischen dem Typ *tac* einerseits und dem Typ *stil, hirte* andererseits.

2. Da die Verteilung der Flexionsendungen des Typs G. Sg. *-es/-s* einer bestimmten Regel folgt, kann man weiter die Flexionsendungen mit und ohne /e/ zu einem ‚Flexiv' zusammenfassen und die *e*-lose Form sowie die Form mit /e/ als Varianten eines solchen Flexivs ansehen; z. B. G. Sg. Flexiv *-(e)s:* Varianten *-es* und *-s*, N. G. A. Pl. Flexiv *-(e):* Varianten *-e* und Null.

Die Verteilungsregel lautet für den Normalfall (vgl. § 53f., § 177f.):

a) Die *e*-lose Variante (asyllabische Variante) ist obligatorisch

– wenn der Stamm auf /-e/ endet: G. Sg. *hirte-s;*

– wenn der Stamm einsilbig und kurz ist und auf /-l/ oder /-r/ endet: G. Sg. *stil-s, sper-s;*

– wenn der Stamm mehrsilbig und in der Tonsilbe lang ist und auf *-el, -er, -em, -en* endet: G. Sg. *engel-s, vischer-s, buosem-s.*

b) Beide Varianten sind möglich

– wenn der Stamm mehrsilbig und in der Tonsilbe kurz ist und auf *-el, -er, -em, -en* endet: G. Sg. *nagel-(e)s, jeger-(e)s, vadem-(e)s, wagen-(e)s;*

– wenn der Stamm auf Langvokal endet: G. D. Pl. *brâ-(e)n.*

c) Die *e*-Variante (syllabische Variante) ist obligatorisch in den übrigen Fällen: G. Sg. *tag-es* – usw.

Anm. 1: Es ist das Verdienst G. Bechs (1963a), eine solche Verteilungsregel erstmals für die Flexionsendungen des neuhochdeutschen Substantivs formuliert und die bisher knappste Klassifizierung der nhd. Substantivflexion gegeben zu haben. Zu den verschiedenen Klassifizierungen der nhd. Substantivflexion vgl. Hermodsson (1968); die dort vorgeschlagene Einteilung bedeutet gegenüber derjenigen G. Bechs kaum einen Fortschritt. Vgl. auch die Gliederung Jørgensens in seiner Tysk Grammatik I 1–3, 1953. – Die hier skizzierte synchronische Darstellung der mhd. Substantivfle-

xion ist eine Anwendung von G. Bechs Verfahren auf die Verhältnisse des normalisierten Mhd., wie sie zuerst ausführlicher vorgenommen wurde von Stopp/Moser,
Hugo 1967.

Lit. Morphologie der Substantive:
Jørgensen 1953; Bech, G. 1963a; Stopp/Moser, Hugo 1967; Hermodsson 1968; Blosen
1982.

Hotzenköcherle (1962b) betont zu Recht die Tendenz zur Differenzierung der Numerus-
bildung. Werner (1968), der diese Beobachtung bestätigt, weist darauf hin, daß die *-a, -e*
des Ahd. im Mhd. als *-e, -un/-ūn* als *-en* erscheinen. Die Ø-Plurale *naht, man* werden
durch *nehte, manne* ersetzt. Stopp (1974) beschreibt strukturale Veränderungen im Bereich der Substantivflexion und gewinnt ihnen interessante Seiten ab. (Vgl. § 175 mit
Lit.)

3. Eine Flexionsklasse (‚Deklination‘) zeigt die typische und einmalige Kon-
stellation der Flexive. Die einzelnen Flexivvarianten bilden flexionelle Unter-
klassen.

Man kann J. Grimms Benennungen ‚stark‘ und ‚schwach‘ beibehalten und
damit einen sofort erkennbaren Bezug zu den urgermanischen Klassen der
vokalischen und konsonantischen *(n-)*Stämme des Substantivs herstellen. In
synchronischer Sicht ist eine solche Zweiteilung dadurch gerechtfertigt, daß sie
auf einem für alle Genera geltenden Kriterium beruht: G. Sg. und N. Pl. der
‚schwachen‘ Substantive werden immer mit dem Flexiv *-(e)n*, die gleichen
Kasus der ‚starken‘ Substantive nie mit diesem Flexiv gebildet.

§ 193   B. Die Stammform

Der Auslaut des synchronisch verstandenen Stamms zeigt in der Verbindung
mit der Endung Ø die bekannten Variationen:
− inl. Lenis − ausl. Fortis; *tag-es − tac;*
− inl. Hauchlaut − ausl. Frikativa; *schuoh-es − schuoch;*
− inl. Geminata − ausl. Simplex; *ball-es − bal;*
− inl. /-w-/ − ausl. Ø; *sêw-es − sê.*

Weiter muß der Wechsel des Stamms im Typ *dienest-Ø − dienst-es, -e, -en*
erwähnt werden: Zweisilbige Substantive, die nicht auf Liquida oder Nasal
enden, behalten in der Flexion ihre Zweisilbigkeit bei, indem sie in Verbindung mit einer syllabischen Flexionsendung den Stamm um /-e-/ verkürzen.

Bei den Typen *gabel-Ø/gabele-Ø* (st. Fem. 3. Kl.), *haber-Ø/habere-Ø* (sw.
Mask.) und *videl-Ø/videle-Ø* (s. u., § 194) schließlich liegen fakultative Doppelformen des Stamms (entsprechend § 192,2b) vor: G. Pl. *gabel-n/gabele-n, ha-
ber-n/habere-n, videl-n/videle-n.*

C. Übersicht   § 194

Starke Deklinationen

Es sind drei Klassen zu unterscheiden. Die beiden ersten Klassen enthalten Substantive aller Genera; Maskulina und Neutra haben für diese beiden Klassen ein einziges gemeinsames Singularschema, Maskulina und Feminina haben für jede dieser zwei Klassen ein gemeinsames Pluralschema. Die dritte Klasse enthält nur Feminina.

In der folgenden Tabelle bezeichnet * Umlaut des Tonvokals, (*) soweit dieser umlautfähig ist.

Erste starke Deklination

Maskulina

Sg. N. A.	tag-, dienest-, sêw-; stil-, engel-, hirte-; nagel-	Ø
G.		(e)s
D.		(e)
Pl. N. G. A.		(e)
D.		(e)n

Neutra

Sg. N. A.	wort-, kniew-; spil-, venster-, künne-; weter-	Ø
G.		(e)s
D.		(e)
Pl. N. A.		Ø
G.		(e)
D.		(e)n

Feminina

Sg. N. A.	zît-; tür-, krône-	Ø
G. D.		(e), Ø
Pl. N. G. A.		(e)
D.		(e)n

Zweite starke Deklination

Maskulina

Sg. N. A.	gast-; apfel-; zaher-	Ø
G.		(e)s
D.		(e)
Pl. N. G. A.		(e)*
D.		(e)n*

Neutra

Sg. N. A.	lamb-, blat-, rind-, lid-; tal-	Ø
G.		(e)s
D.		(e)
Pl. N. A.		er(*)−Ø
G.		er(*)−(e)
D.		er(*)−(e)n

Feminina

Sg. N. A.	kraft-	Ø
G. D.		(e)*, Ø
Pl. N. G. A.		(e)*
D.		(e)n*

Dritte starke Deklination

Feminina

Sg. N. G. D. A.	künegîn-; gebe-, zal-, nâdel-, gabel(e)-; brâ-	Ø
Pl. N. A.		Ø
G. D.		(e)n

§ 195   Schwache Deklination

Es handelt sich um eine einzige Klasse, in der alle drei Genera vertreten sind. Zwischen der Flexion von Maskulina und Feminina besteht kein Unterschied. Der Plural ist für Maskulina, Feminina und Neutra derselbe.

Maskulina und Feminina

Sg. N.	Mask.: van-; ar-, bote-; haber(e)-; pfâ-	Ø
	Fem.: bir-, zunge-, videl(e)-; krâ-	
G. D. A.		(e)n
Pl. N. G. D. A.		(e)n

Neutra

Sg. N. A.	herze-	Ø
G. D.		(e)n
Pl. N. G. D. A.		(e)n

KAPITEL III

Deklination der Adjektive

§ 196   I. Deklination

Jedes Adjektiv kann stark und schwach flektiert werden. Im allg. stehen wie im Nhd. die schwachen Formen nach dem bestimmten Artikel, dem Dem.-Pron. und dem Pl. des Pers.-Pron., die starken nach dem unbestimmten Artikel und dem Poss.-Pron. Zu Einzelheiten der Verwendung s. §§ 390–393 (vgl. Fischer, F. 1955).

Im 15. Jh. wird nach dem unbest. Artikel im Bair., Ofrk. und Omd. die starke, im Alem., Mfrk. und Ndfrk. die schwache Flexion gebraucht (Besch 1967,291).
   Die Apokope (§ 52ff.), die das Obd. im 14./15. Jh. zunehmend erfaßt, wirkt sich in der Adj.-Flexion nicht so stark wie in der Subst.-Flexion (§ 175f.) aus. Vier Formen waren von der Apokope bedroht: Nom. Akk. Sg. Fem. und Nom. Akk. Pl. Die Funktion des /-e/, Genus und Numerus zu charakterisieren, wirkte dem Endsilbenverfall im Obd. entgegen. Wo das /-e/ schon geschwunden war, wird es bald wieder hergestellt (Lindgren 1953,222).

Die schwache Deklination stimmt ganz überein mit der des Substantivs und unterscheidet sich vom Nhd. nur dadurch, daß auch der Akk. Sg. Fem. auf -en ausgeht (also *die guoten vrouwen* Akk. ,die gute Frau').

Die starke Deklination dagegen weicht wie im Nhd. von der substantivischen erheblich ab, weil sich eine Anzahl von Formen nach der schon im Idg. andersartigen pronominalen Deklination gerichtet hat: vgl. die Flexion des einfachen Demonstrativums (bestimmten Artikels) § 217. Im übrigen gehen die Adjektive nach der *a-* oder *ja*-Deklination, im Fem. nach der *ô*-Deklination. Als Musterbeispiele dienen *blint* und *übel:*

Starke Deklination

	Mask.	Neutr.	Fem.
Sg. N.	blint–blinder	blint–blindeȝ	blint–blindiu
G.		blindes	blinder(e)
D.		blindem(e)	blinder(e)
A.	blinden	blint–blindeȝ	blinde
Pl. N. A.	blinde	blindiu	blinde
G.		blinder(e)	
D.		blinden	

Ahd.

Sg. N.	*blint–blintêr*	*blint–blinta3*	*blint–blint(i)u*
G.		*blintes*	*blintera*
D.		*blintemu, -emo*	*blinteru, -ero*
A.	*blintan*	*blint–blinta3*	*blinta*
Instr.		*blintu, -o*	
Pl. N.	*blinte (blint)*	*blint(i)u (blint)*	*blinto (blint)*
G.		*blintero*	
D.		*blintêm, -ên*	
A.	*blinte*	*blint(i)u*	*blinto*

Sg. N.	übel–übeler	übel–übel(e)3	übel–übeliu
G.		übel(e)s	übelre, übeler
D.		übelme, übel(e)m	übelre, übeler
A.	übel(e)n	übel–übel(e)3	übel(e)
Pl. N. A.	übel(e)	übeliu	übel(e)
G.		übelre, übeler	
D.		übel(e)n	

Der Nom. Sg. zeigt Doppelformen; die eine entspricht der *a-(ô-)*Deklination § 197 des Substantivs: *blint–blint–blint* wie *tac, wort, buo3;* die andere gleicht dem Pronomen: *blinder, -e3, -iu* wie *der, da3, diu.* So ergibt sich ein Nebeneinander von substantivischer und pronominaler Deklination. Gewöhnlich bezeichnet man die Formen *blint, wâr, michel* usw. als endungslos (oder, ungenau, als unflektiert); sie haben ihre Flexionsendung erst durch die lautliche Entwicklung eingebüßt.

Diese endungslose (substantivische) Form wird mhd. attributiv und prädikativ gebraucht; in prädikativer Verwendung steht sie auch für den Nom. Pl.: *die tage sint lanc,* und als nachgestelltes Attribut kann sie für alle Kasus gebraucht werden: *von dirre maget guot.* Näheres über ihre Verwendung s. § 391ff.

Die volleren Formen des Dat. Sg. *blindeme, blindere* finden sich in der Über- § 198 gangszeit vom Ahd. zum Mhd., später hauptsächlich nur im Md., auch mit Ausstoßung des Mittelvokals (vgl. z. B. *grô3me* bei Herbort; § 54b, § 177). Wie *übel* flektieren die Adjektive auf *-el, -er, -en* und die einsilbigen auf /l/ und /r/ mit kurzer Wurzelsilbe *(hol, bar);* Ausfall des /-e/ nach § 53. Die Formen mit Ausstoßung des /e/ nach /l, r, n/ sind die lautgerecht entwickelten, die anderen sind nach dem Vorbild der übrigen Adjektive neugebildet; *michelme* und *michelre* sind hauptsächlich im Md. üblich.

Anm. 1: Im Md. geht der N. Sg. Fem. und der N. A. Pl. Neutr. wie im Nhd. auf /-e/ aus (weil schon ahd. /-iu/ im Fränk. zu /-u/ geworden war und dieses lautgerecht zu /-e/ geschwächt wurde). – Besonderheiten in der Flexion zeigt das Mfrk. Das Moselfrk.,

z. T. auch das Hess., bildet den st. Dat. (Mask. Neutr.) auf *-en* neben *-em(e)*, den Gen. Dat. (Fem.) und G. Pl. auf *-er* in der sw. Dekl.: *in der grô3er engeste*. Noch weiter geht das Rip. in der Annäherung an das Ndfrk. Außer diesen Formen zeigt es den st. Nom. Mask. auf */-e/* (weil das Pron. *die, de* statt *der* lautet), im Nom. Akk. Neutr. fehlt die Form auf *-e3*, nur *allet, andert, selft* kommen im subst. Gebrauch vor: Nom. Mask. Fem. *gôde*, Nom. Neutr. *gôd;* D. Mask. Neutr. *gôden* neben *gôdem(e);* stark G. D. Sg. Fem., G. Pl. *gôder(e)*, A. Sg. Fem. *gôde*, Nom. A. Pl. *gôde* neben *gôden*. (Vgl. Dornfeld 1912, 203; Frings/Linke 1963, 114ff.; Frings 1971, 160ff.)

Anm. 2: Die *iu*-Formen (Nom. Sg. Fem. und Nom. Akk. Pl. Neutr.) haben in manchen Denkmälern (alem., fränk.) regelmäßig Umlaut, also *gänziu, völliu, grœ3iu* usw. Besonders verbreitet ist *älliu* (md. *elle*), nicht ganz so *ändriu*. Aus der Schreibung ergibt sich, daß der Umlaut des /a/ in diesem Fall obd. offen gewesen ist (§ 19), aber schon im Ahd. steht fränk. *ellu* gegen obd. *alliu*. Von diesen Fällen her erklärt sich wohl auch die Nebenform *mänige* zu *manige*.

Anm. 3: Die Adj., bes. die Part. auf *-en*, lassen die Flexionssilbe *-en* schwinden: *den gevangen man, mit ûfgebunden helmen* (§ 53b).
Besondere Formen von *ander* im G. D. Sg. Fem. und G. Pl.: *anderre* neben *ander*.

§ 199

Die *ja-/jô*-Stämme unterscheiden sich nur dadurch von den übrigen, daß die endungslose Form ein /-e/ (aus ahd. /-i/) aufweist, daß alle Formen den Umlaut aufweisen, wenn der Wurzelvokal umlautfähig ist (§ 41), und daß z. T. Konsonantendehnung (§ 96) auftritt.

Anm. 1: Hierher gehören *drœte* ‚schnell‘, *gœbe* ‚gebbar, angenehm‘, *hœle* ‚glatt, schlüpfrig‘, *lœre* ‚leer‘, *mœre* ‚berühmt‘, *gemœ3e, genœme, seltsœne* ‚seltsam‘, *smœhe* ‚verächtlich‘, *spœhe* ‚klug‘, *spœte, stœte, gevœre* ‚nachstellend‘, *trœge, wœge* ‚geneigt‘, *wœhe* ‚kunstvoll‘, *zœhe, gezœme* ‚geziemend‘; die Ableitungen auf *-bœre* (= nhd. *-bar*), vgl. *lobebœre; biderbe* ‚tüchtig, bieder‘, *edel(e), enge, ellende*, ahd. *ellenti* ‚in fremdem Lande befindlich‘, *genge* ‚verbreitet, bereit‘, *senfte, strenge, vremede, vrävel(e)* ‚kühn‘; *blœde, bœse, brœde* ‚schwach‘, *hœne* ‚hönisch, hochfahrend‘, *œde, snœde; gehiure* ‚lieblich‘, *kiusche, niuwe, getriuwe, tiure, viuhte; dünne, dürre, lücke* ‚lügnerisch‘, *nütze, vlücke; küele, küene, müede, diemüete* ‚demütig‘, *trüebe, wüeste; grimme, irre, linde, milte, mitte* ‚in der Mitte‘, *ringe* ‚leicht‘, *stille, wilde; blîde* ‚fröhlich‘, *lîse; kleine, veige* ‚dem Tode verfallen‘, *veile; ziere* ‚prächtig‘; ferner alle Part. Präs. *(gëbende)*. Manche Wörter haben Doppelformen: *dicke − dic, gœhe* (meist attr.) − *gâch* (prädik.), *gir − gër, grîse − grîs, grüene − gruon* (selten), *hêre − hêr* (v. Kraus 1898, 129; Schirokauer 1923, 94), *herte − hart* (hauptsächlich md.), *künde* (selten) − *kunt, lenge* (selten) − *lanc, lîhte − lîht, gemeine − gemein* (md.), *reine − rein* (md.), *bereite − bereit, resche − rasch, rîche − rîch* (Zwierzina 1901, 93), *scherpfe* (seltener) − *scharpf, schœne − schôn, süe3e − suo3, swœre − swâr, veste − vast* (seltener), *gevüege* ‚der Schicklichkeit gemäß‘ − *gevuoc* (selten), *wesse − was* ‚scharf‘, *wîse − wîs* u. a. Während *wœre* eine seltene Nebenform zu *wâr* ist, lauten die Komposita regelmäßig *gewœre* ‚wahrhaft‘, *alwœre* ‚albern‘, *urwœre* ‚treulos‘. Auch statt *-bœre* findet sich zuweilen *-bâr*.

Anm. 2: Im Nhd. ist das /-e/ meist abgefallen, vgl. ‚leer, spät, eng, kühn, klein‘ usw.; aber ‚träge, böse, öde, schnöde, müde, trübe, irre, leise‘.

Anm. 3: Im Urgerm. gab es auch zahlreiche *i*- und *u*-Stämme. Aber schon im Got. Wulfilas werden von diesen alle Formen nach Art der *ja*-Stämme gebildet bis auf den Nom. Sg. (Akk. Sg. Neutr.). Im Mhd. ist meist auch dieser (d. h. also die sogenannte endungslose Form) der gleichen Analogie gefolgt, so daß ein völliger Zusammenfall der drei Klassen eingetreten ist. Viele Adjektive auf /-e/ sind alte *i-* oder *u*-Stämme. Die oben angeführten Nebenformen ohne /-e/ sind dann Reste der *i-* oder *u*-Deklination; *hart* = got. *hardus, swâr* ‚(schwer) würdevoll' = got. *swêrs* (urgerm. **swêriz*).

Die wenigen *wa-/wô-*Stämme sind dadurch gekennzeichnet, daß sie außer in den endungslosen Formen das /w/ bewahren: *blâ* ‚blau' − *blâwer, gël* ‚gelb' − *gëlwer*. **§ 200**

Anm. 1: Diese Wörter sollten in der endungslosen Form auf /e/ ausgehen, haben aber nach langem Vokal den Auslaut schon im 9. Jh. verloren: *blâ, grâ, lâ,* nach kurzem Vokal durch Verschmelzung: *vrô, rô;* sonst wurde nach /l/ und /r/ im 12. Jh. das /-e/ aufgegeben: ahd. *gëlo* − mhd. *gël, kal* ‚kahl', *sal* ‚schmutzig', *val* ‚falb' und ‚fahl', *gar, mar* neben *mürwe* ‚mürbe', *var* ‚farbig'; nur *zëse* ‚rechts' bewahrt sein /-e/, neben regelrechtem *zëswer* auch *zësmer* und selten *zëser.* Durch Ausgleich ist das /w/ geschwunden in *rôer, vrôer,* ahd. *frô* − *frawêr* später *frôêr* (§ 54, § 117).

Lit. Adjektive:
von Kraus 1898; Zwierzina 1901; Dornfeld 1912; Schirokauer 1923; Ranheimsaeter 1945; Lindgren 1953; Fischer, F. 1955; Frings/Linke 1963; Besch 1967; Frings 1971; Heidermanns 1986.

II. Synchronische Gliederung   **§ 201**

Für den synchronischen Befund ergeben sich zwei Deklinationsklassen mit den bekannten Varianten der Stammform in Verbindung mit der Endung -Ø (s. § 193):
− ohne Veränderung der synchronisch verstandenen Stammform; *wâr-es − wâr, hol-s − hol, spæte-s − spæte;*
− inl. Lenis − ausl. Fortis; *blind-es − blint;*
− inl. Hauchlaut − ausl. Frikativa; *gâh-es − gâch;*
− inl. Geminata − ausl. Simplex; *all-es − al;*
− inl. /-w/ − ausl. -Ø; *blâw-es − blâ.*
   Bei den Flexionsendungen entspricht die Verteilung der Varianten mit und ohne /-e/ (/-e-/) derjenigen beim Substantiv (vgl. § 192):
   a) Die *e*-lose Variante ist obligatorisch
− wenn der Stamm auf /-e/ endet: G. Sg. *spæte-s;*
− wenn der Stamm einsilbig und kurz ist und auf /l/ oder /r/ endet: *hol-s, bar-s;*
− wenn der Stamm mehrsilbig und in der Tonsilbe lang ist und auf *-el, -er, -en* endet: *lützel-s* ‚klein', *bitter-s, gevangen-n* (Dat. Pl.).
   b) Beide Varianten treten auf
− wenn der Stamm mehrsilbig und in der Tonsilbe kurz ist und auf *-el, -er, -en* endet: *übel-(e)s, nider-(e)s, genësen-(e)n* (Dat. Pl.).
   c) Abgesehen von Sonderfällen (vgl. § 198) steht sonst die *e*-Variante.

§ 202   Übersicht

Erste (starke) Deklination			Zweite (schwache) Deklination		
Mask. Neutr.	Fem.		Mask. Neutr.	Fem.	

	Mask.	Neutr.	Fem.			Mask.	Neutr.	Fem.
Sg. N.	-Ø, -er	-Ø, -(e)ʒ	-Ø, -iu	Sg. N.			-(e)	
G.		-(e)s	-er(e)	G.			-(e)n	
D.	-em(e), -(e)me		-er(e), -(e)re	D.			-(e)n	
A.	-(e)n	-Ø, -(e)ʒ	-(e)	A.		-(e)n	-(e)	-(e)n
Pl. N. A.	-(e)	-iu	-(e)	Pl. N. A.			-(e)n	
G.	-er(e), -(e)re			G.			-(e)n	
D.	-(e)n			D.			-(e)n	

Anm. 1: Bergmann, R./Pauly (1985) gliedern die Adjektivflexion statt in starke und schwache in pronominale und nominale Deklination. Dagegen ist einzuwenden, daß die Flexive der starken Deklination historisch gesehen nicht durchweg als pronominal gelten können, sondern weithin mit denen der vokalischen Substantivdeklination übereinstimmen (vgl. Krahe/Meid 1969, II, 75ff.). In synchronischer Sicht stimmen sie zwar zur pronominalen Deklination, doch auch z. T. zur substantivischen. Viel spricht dafür, die herkömmlichen Bezeichnungen stark—schwach wie bei der Substantivdeklination beizubehalten (vgl. § 192,3).

Lit. Adjektiv − Gliederung:
Krahe/Meid 1969, II; Bergmann, R./Pauly 1985.

§ 203   **III. Komparation**

Der Komparativ der Adjektive wird durch Anhängen von *-er*, der Superlativ durch Anhängen von *-est* gebildet: *kreftic − kreftiger − kreftigest*, flektiert *dër krefticste*.

Im Ahd. bestehen zwei Bildungsweisen: *-iro, -isto* und *-ôro, -ôsto*. Der Gebrauch schwankt, jedoch erscheint das *i*-haltige Suffix, wie es nahe liegt, bei den *ja*-Stämmen, das *ô*-haltige bei den mehrsilbigen Adjektiven, die darum im Mhd. meist keinen Umlaut haben. Auch das Mhd. verfährt im übrigen nicht einheitlich, doch haben die meisten einsilbigen Adjektive die umgelauteten Formen entweder ausschließlich oder neben den nicht umgelauteten, vgl. *grôʒ − græʒer, alt − alter* und *elter, arc − arger* und *erger, arm − armer* und *ermer, lanc − langer* und *lenger, smal − smaler* und *smeler, junc − junger* und *jünger*. Umlaut im Positiv wird im Komparativ und Superlativ weitergeführt.

Anm. 1: Die Bildungsweise der Steigerung des Adjektivs wie die des Adj.-Adv. (§ 205) gehört streng genommen in die Wortbildungslehre.

Anm. 2: Zuweilen kommen noch Superlative auf *-ist* und *-ôst* vor: *oberist − oberôst* (§ 59,3).

Anm. 3: Das /e/ des Sup. wird häufig ausgestoßen, namentlich in den flektierten Formen, nicht bloß der allgemeinen Regel nach (§ 53f.) in *smelste, underste, mittelste* u. dgl., sondern gewöhnlich auch nach /r/ und langer Silbe *(hêrste, tiurste)* und sonst vielfach; mit Assimilation *græste* neben *græʒeste, beste, leste* neben *beʒʒeste, leʒʒeste* (§ 105, Anm. 5).

Anm. 4: Auch im Komp., der in der Regel *-ere* (ahd. *-iro, -ira*) zu *-er* verkürzt, fällt /-e-/ nach /r, l, n/, wobei dann das sonst abgeworfene auslautende /-e/ erhalten bleibt, vgl. *lûterre, tiurre* neben *tiurer, minre* neben *minner* (§ 121).

Anm. 5: Im Ahd. wurden Komp. und Sup. schwach flektiert; die endungslose (st.) Form des Neuʈr. tritt nur als Adv. auf. Über den ahd. und frühmhd. Gebrauch vgl. R. Wagner 1910.

Anm. 6: In heutiger Mundart ist *-ôr* im Bair., *-ir* im Alem. verallgemeinert (Kranzmayer 1956, § 50 g 3).

Im Mhd. flektieren Komp. und Sup. stark und schwach nach den gleichen Regeln wie der Positiv. Nur hat der Nom. Sg. des Komp. (abgesehen von den in Anm. 4 genannten Fällen) die scheinbar endungslose Form *-er,* die eigentlich der sw. Nom. mit abgeworfenem /-e/ ist: *lenger* für *lengere.* Man sagt also: *er ist lenger,* aber auch *der, die, daʒ lenger.* Auch zum Sup. wird eine endungslose Form gebildet: *der lengest,* aber nur selten gebraucht. Der Sup. zeigt gelegentlich schwache Flexion in Fällen, wo üblicherweise starke Adjektivformen stehen (z.B. NL 1184,1: *des küneges næhsten mâge*).

Im Nhd. wurde im attributiven Gebrauch das auslautende /-e/ des Komp. wieder hergestellt; als Prädikativum bleibt dagegen die verkürzte Form, so daß nun eine endungslose Form neben der flektierten entsteht. Dagegen ist im Sup. die endungslose Form wieder verschwunden; eine Restform ist ‚allerliebst'.

Einige Adjektiva bilden den Komp. und Sup. aus einem anderen Stamm als den Positiv (‚suppletive Bildungsweise'):   **§ 204**

guot	beʒʒer	beʒʒest, beste
übel	wirser	wirsest, wir(se)ste
lützel ‚klein'	minner, minre	minnest, min(ne)ste
michel ‚groß'	mêre	meiste

Neben *mêre* (ahd. *mêro*) steht mit nochmaliger Anfügung des Komp.-Suffixes *mêrer* oder *mêrre* (ahd. *mêriro, -ôro;* § 72, Anm. 2).

Anm. 1: Der adjektivische Positiv fehlt in folgenden Fällen, wobei *êr* ein Komp.-Adv. ist (§ 72, Anm. 2, § 121) und die übrigen Präpositionen als Ausgangspunkte haben:

(êr > ê)	êrer	êrest, êrste	(vor)	vorder	vorderste
	êrre, êrre			nider	niderste
(in)	inner	innerste		under	underste
(obe)	ober	oberste		after	–
(ûʒ)	ûʒer	ûʒerste		hinder	hinderste

Daneben erscheint auch (selten) *öber, iuʒer, vörder, öberst* usw.; zu *nider* in der Bedeutung „niedrig" lautet der Komp. *niderre. leʒʒeste, leste* ‚letzte' ist Sup. zu *laʒ,* entspricht aber dem Positiv nicht mehr in der Bedeutung.

Lit. Komparation:
Wagner, R. 1910; Kranzmayer 1956.

Kapitel IV

Adverbien

§ 205   I. Adjektivadverbien

Die Bildung von Adjektivadverbien erfolgt auf verschiedene Weise.
1. Meist wird das Adverb aus dem Adjektiv durch Anhängen eines /-e/
gebildet, vgl. *lanc − lange, hôch − hôhe*. Dabei können die Adjektive der *ja*-
Klasse kein /e/ mehr annehmen: *kleine − kleine*.
Bei den umgelauteten zweisilbigen *ja*-Adjektiven unterscheidet sich die Adverbialform durch das Fehlen des Umlauts, vgl. Adj. *enge −* Adv. *ange, herte
− harte, senfte − sanfte, veste − vaste, dræte* ‚schnell‘ *− drâte, spæte − spâte,
swære − swâre, træge − trâge, schœne − schône, süeȝe − suoȝe* und *vrüeje −
vruo;* die mehrsilbigen behalten dagegen den Umlaut: *edele − edele*.

> Anm. 1: Diese Unterscheidung rührt daher, daß im Ahd. das Adv. durch die Endung
> /-o/ gebildet wird, auch bei den *ja*-Stämmen: *lang − lango, engi − ango, festi − fasto,
> edili − edilo* (frühmhd. finden sich gelegentlich noch Reste des /-o/, s. Weinhold 1883,
> § 318). Daher fehlt mhd. der Umlaut bei den Adv. der zweisilbigen Adj. auf /-e/;
> jedoch heißt es zumeist *stæte*, nur bair. *stâte*. − Schon im Spätmhd. setzt die Aufgabe
> der Adv.-Endung /-e/ ein, jedoch nicht bei den *ja*-Adj., bei denen das Endungs-*e*
> schon zum Adj. gehört. Spätmhd. wird auch schon der lautliche Gegensatz zwischen
> den umgelauteten Adj. dieser Klasse und den entsprechenden nicht umgelauteten
> Adv. aufgehoben. Er bleibt nur dort erhalten, wo er zur Bedeutungsdifferenzierung
> verwendet worden ist, vgl. nhd. ‚fest − fast‘; ‚schön − schon‘.

§ 206   2. Daneben steht die Bildungsweise auf *-lîche/-liche*. In Analogie zu
Adv. von Adjektiven auf *-lîch, -lich* entwickelt sich im Mhd. das Adv.-Suffix
-lîche/-liche, das sich vornehmlich mit Adj. auf *-isch, -ec (hövesch − höveschlîche; sælec − sæleclîche)*, aber auch mit einigen anderen verbindet *(ganz −
ganzlîche, süeȝe − suoȝlîche)*.
Aus einem ursprünglich modalen Dat. Pl. entwickelt sich die Nebenform
des Adv.-Suffixes *-lîchen (-lichen); jæmerlîchen*.

> Anm. 1: Formen wie *emȝige* zu *emȝec* bleiben selten.

> Anm. 2: Die Formen auf *-lîche* herrschen z.B. bei Rudolf von Ems, Herbort, Österr
> Reimchr, Reinbot, im Wig, sie überwiegen auch stark bei Wo und G die längere Form
> *-lîchen*. Für H ist charakteristisch, daß er auch auf *-lichen* mit kurzem /i/ reimt, einmal
> im Gr und häufiger im Iw. Die Form *-lîche*, die im Er üblich ist, im Gr gelegentlich
> auftritt, wird im Iw und AH vermieden. *-liche* erscheint bei ihm nicht (Zwierzina
> 1901,89). Kürze *(-lichen; -liche)* kommt dann sporadisch bei KvW, bei Konr. v.
> Stoffeln und einigen anderen vor (Zwierzina 1901,191).

In Analogie zu Adverbbildungen wie *sælec − sæleclîche* können dann auch
Formen entstehen, in denen die Adj.-Endung *-ec* zum Adv.-Suffix gezogen

wird, so daß -eclîche als einheitliches Mittel zur Bildung von Adverbien ge-braucht wird: *snel — snelleclîche, milte — milteclîche, arm — ärmeclîche.*

3. Andere Adj.-Adverbien sind aus **erstarrten Kasus** entstanden. Es **§ 207** erscheinen:

a) der Akk. Sg. Neutr. in *gar* (aus dem neutr. Adj. ahd. *garo;* daneben veraltet die Form *garwe,* die auf ahd. *garawo* zurückgeht, ein Adv. auf /-o/ zu ahd. *garawêr*); in *nâch* neben *nâhe, lanc* neben *lange,* in den zugleich substanti-visch verwendeten *vil, lützel, wênec, genuoc,* in *al* und *alle, alleȝ* ‚in jeder Beziehung‘ u. a. m.

b) der Gen. Sg. Neutr. in *alles* (zu *al*) ‚ganz und gar‘ (heute *als,* z. B. hess.), *nalles* ‚keineswegs‘; beides ist im Aussterben. Häufig sind *gâhes* ‚schnell‘, *gelî-ches, eines* ‚einmal, einst‘, *michels* ‚um vieles‘, *slëhtes* ‚schlechthin‘, *stætes* ‚stets‘ usw.

c) *-en* in *nâhen, wîten, unlangen* ‚nicht lange‘, *vollen* neben *nâhe, wîte, unlange, volle,* md. *vol* u. a. m. Die Formen auf *-en* stellen urspr. sw. Akk. Sg. Mask. oder Fem. und vereinzelt auch sw. Gen. Sg. oder st. Dat. Pl. dar (vgl. Braune/Eggers 1987, § 269).

4. Dazu kommen Adj.-Adverbien, die aus **präpositionalen Verbin- §208 dungen** entstanden sind: *bî langen, belangen* ‚endlich‘, *enëben* ‚daneben‘, *entwërh* neben *twërhes* und *entwërhes* ‚quer‘, *überal* ‚durchaus‘, *überlût* ‚ver-nehmlich‘, *bî unlangen* ‚nicht lange‘, *zewâre* usw. (vgl. § 211, Anm. 2).

5. Aus **einem anderen Stamm** (suppletiv) wird das regelmäßige Adv. zu *guot* gebildet: *wol* (mit einer Nebenform *wal;* § 60) < ahd. *wola.*

Anm. 1: Daneben kommt zögernd *guote* auf, zuerst bei G; s. Bechstein zu G 5236.

Lit. Adjektivadverbien:
Weinhold 1883; Zwierzina 1901; Nordin 1945; Paraschkewoff 1967; Braune/Eggers 1987, § 267.

II. Substantivadverbien   **§ 209**

Auch Substantivadverbien sind häufig. Sie sind als erstarrte Kasus aus Substan-tiven entstanden:

1. Akkusativ

a) der Richtung: *heim.*
b) der räumlichen Erstreckung: *alle wëge* ‚überall‘, *welchen ende* ‚wohin‘, *den wëc* ‚fort‘, *ander halp* ‚auf der anderen Seite, anderwärts‘.
c) der zeitlichen Erstreckung: *alle wîle, alle stunt, die lenge, ie* ‚immer‘, ‚zu irgendeiner beliebigen Zeit‘; *iemêr,* nhd. ‚immer‘ (§ 47,6; § 81) bezieht sich

ursprünglich auf die Zukunft und wird auch mhd. nur gelegentlich in Hinsicht auf die Vergangenheit gebraucht.

d) der Beziehung: *ein teil, niht, sô manege wîs, die mâʒe* usw.

2. Genitiv

e) der Beziehung: *hôhes lûtes* ‚laut‘, *dankes* ‚freiwillig‘; *alzuges (alzoges)* ‚durchaus‘.

f) des Raumes: *des endes* ‚in der Richtung‘, *gerihtes* ‚geradewegs‘.

g) der Zeit: *des tages, nahtes* (vgl. § 185, Anm. 2), *morgens, âbendes, sumeres, jâres*.

3. Dativ

h) Instrumentaler Dat.: *mâʒen* ‚mit Maß‘, *unmâʒen, triuwen* ‚fürwahr‘.

i) Lokativischer Dat.: *manegen enden, allen(t)halben* ‚auf allen Seiten‘, *ander(t)halben, mînen(t)halben*.

k) Zeitlicher Dat.: *nähten(t)* ‚in vergangener Nacht, gestern abend‘, *wîlen* ‚vormals‘ usw.

4. Präpositionale Verbindungen

l) Dazu kommen Substantivadverbien, die aus präpositionalen Verbindungen hervorgegangen sind: *enmitten, enwëc* ‚fort‘, *bezîte* ‚beizeiten‘, *zehant* ‚sogleich‘, *âne/sunder wanc* ‚ununterbrochen‘, *ze mâʒe* usw.

§ 210   ## III. Steigerungsadverbien

Zur Steigerung eines adjekt. Ausdrucks werden im Mhd. auch zahlreiche Adverbien eingesetzt. Am häufigsten begegnen in dieser Funktion *vil, harte* und *sêre* (urspr. ‚schmerzlich‘), auch *alzuges* ‚durchaus‘ (§ 209 e), *gar, begarwe, genuoc* ‚hinreichend, reichlich, viel‘, *michel, mitalle* (*bitalle*: aus *mit* und *alle*; § 129, Anm. 5) ‚durchaus, vollständig‘, *rëhte, sô, alsô, vërre* ‚weit, viel, sehr‘, *vol, volle, wol, wole* (urspr. echtes Steigerungsadv., im Nhd. dagegen das beliebteste Mittel zum Ausdruck der Unsicherheit!). Vereinzelt fungieren auch *hërzelîche, inneclîche* als Steigerungsadv.

Manche Adv. sind als erste Kompositionsglieder mit dem Adj., zu dem sie gehören, verbunden: *al-, aller-, wunder-* (vgl. § 211, Anm. 2).

Lit. Steigerungsadverbien:
Kip 1900; Fritz, L. 1934.

IV. Steigerung der Adjektivadverbien   § 211

Komp. und Sup. des Adv. stimmen mit der starken endungslosen Form des Akk. Sg. Neutr. des gesteigerten Adj. überein: *langer – langest, hôher – hôhest, schône – schôner – schônest.* Da ahd. die Steigerungsform des Adj.-Adv. mit dem Suffix *-ôr,* nie mit *-ir* gebildet wurde, hat die entsprechende mhd. Form keinen Umlaut. Demgegenüber kommen im Ahd. beim Adj.-Adv. sowohl Superlative auf *-ôst* als auch auf *-ist* vor, jedoch überwiegen die ersteren bei weitem; das Mhd. hat darum hier nur sehr selten Umlaut.

Vereinzelt kommen auch Superlative mit einem Endungs-*e* vor: *beste, êrste, meiste, minste, wirste* neben *êr(e)st, meist, minnest, wirsest.* Zu *bezzer, wirser, êrre, mêrre, minre* lauten die Adverbialformen *baz; wirs* (ohne Steigerungssuffix); *ê,* selten *êr, êre; mê, mêr* neben *mêre; min* neben *minner, minre.*

> Anm. 1: Nach Analogie von *baz* lautet zuweilen auch der Sup. *bast,* auch ein adj. Komp. *bazzer* findet sich.

> Anm. 2: *aller êrest(e)* wird zu *alrêrst(e), alrêst(e)* zusammengezogen. Neben *êrest, êrste* stehen gleichbedeutend *des êrsten, am êrsten, von êrste(n), zêrest,* auch *ze êrste, zem êrsten.* Ebenso *ze jungest, ze vorderst, ze lest* (Krömer 1914,488), daneben seltener *ze jungeste* usw. Die Präp. hat in ihnen durch die Adverbalisierung ihre Funktion eingebüßt, so daß sich die Bedeutung solcher Verbindungen nicht mehr von derjenigen entsprechender nichtpräpositional gebildeter Sup.-Adv. unterscheidet (Krömer 1914,488f.). Mit Ausnahme von erstarrten Formen *(zuerst, zuletzt)* ist im Nhd. die Bildung mit *am* fest geworden.

> Anm. 3: Alte Komp. sind auch *sît* ,später', daneben *sînt, sint* (Franck 1902,168) und, nochmals gesteigert, *sîder* (selten, meist *sider;* über die Verbreitung der Formen Zwierzina 1901,96; Schirokauer 1923,89), und *halt* ,mehr, freilich', got. *haldis.*

Lit. Steigerung Adjektivadverbien:
Zwierzina 1901; Franck 1902; Krömer 1914; Schirokauer 1923.

Kapitel V

Pronomina

I. Allgemeines

Die mhd. Pronomina gliedern sich ihrer Flexion und der ursprünglichen Wortart nach in drei Hauptklassen:

1. ungeschlechtige Pronomina (Personalpron. der 1. und 2. Pers.), die eine von den übrigen Nomina gänzlich abweichende Flexion haben;

2. geschlechtige Pronomina, deren Flexion zwar mit der der Substantive verwandt ist, die aber in den meisten Fällen abweichende, namentlich vollere Endungen zeigen;

3. Pronominaladjektive, d. h. Adjektive, die sich erst später der pronominalen Art genähert haben und im allgemeinen nicht anders als gewöhnliche Adjektive flektiert werden;

4. dazu kommen einige Pronominalsubstantive.

Zur Übernahme pronominaler Flexionsendungen in die starke Adj.-Deklination, s. § 196f.

Ihrer inhaltlichen Leistung nach sind zu unterscheiden:

1. die Personalpron. *ich, du (dû), ër, siu (sî, si, sie), ëʒ*, die stellvertretend für eine Person oder Sache stehen (§ 213ff.); hierunter fallen die Reflexivpronomina *sîn, im(e), sich, ir(e), in;*

2. die eine Zugehörigkeit anzeigenden Possessivpron. *mîn, dîn, sîn, unser, iuwer (ir*; § 216);

3. die auf eine Person oder Sache hinweisenden Demonstrativpron. *dër, diu, daʒ, jener, selp, ander, diser, disiu, diʒ* (§§ 217–222);

4. die nach einer Person oder Sache fragenden Interrogativpron. *wër, waʒ, wëder, welich* (§ 223);

5. die die Zugehörigkeit einer verbalen Aussage zu einem Subst. ausdrükkenden Relativpron. *dër, diu, daʒ, swër, swëder, swelch* (§ 224);

6. die eine unbestimmte Größe bezeichnenden Indefinitpron. *sum, ein, iht, man* sowie Komposita mit den verallgemeinernden Präfixen *ete(s)-, dëch-, ie-, ge-* (§§ 225–233).

II. Personalpronomina

A. Pronomina der 1. und 2. Person   § 213

	1. Person		2. Person	
	mhd.	ahd.	mhd.	ahd.
Sg. N.	ich	*ih*	du, dû	*du, dû*
G.	mîn (md. mînes, später mîner)	*mîn*	dîn (md. dînes, später dîner)	*dîn*
D.	mir	*mir*	dir	*dir*
A.	mich	*mih*	dich	*dih*
Pl. N.	wir	*wir*	ir	*ir*
G.	unser	*unsêr*	iuwer (iur)	*iuwêr*
D.	uns	*uns*	iu (hess. iuch)	*iu*
A.	(unsich) uns	*unsih*	iuch; iuwich	*iuwih*

Anm. 1: Die Pronomina unterliegen infolge ihrer Schwachbetontheit verschiedenen Lautschwächungen. *ich* wird (selten) enklitisch zu *ech*, *ir* zu *er* (es reimt *sît er : rîter*). In der Enklise (§ 23,2) verschmilzt *du* gern mit dem Verb: *bistu*, wird geschwächt > *biste* und fällt vor Vokal: *bist übel* Iw 483. *iuwer* wird schwachbetont im Satz *iur*. Umgekehrt können die Pron. durch Nachdruck Dehnung erfahren (und kann die gedehnte Form verallgemeinert werden): *dû* steht ziemlich allgemein neben dem unbetonten *du*. Im Md. kommen neben den allgemeineren kurzen Formen auch *îch*, *îr*, seltener *mîch* und *dîch* vor (durch den DSA 4 u. 25 wird Länge für *îch*, *mîch*, *dîch* moselfrk., hess., schles. bezeugt). – Hess., thür., schles. erscheint auch *iche* (ahd. *ihha*). – Über bair. *mier*, *dier*, *wier*, *ier*, *duo* s. § 159,10. – Vgl. Sparmann 1961.

Anm. 2: Mit einigen vorangehenden Pron. usw. kann Krasis (§ 23,3) eintreten: *deich* = *daz ich*, *diech* = *die ich*, *wiech*, *dier* = *die ër* usw. Mit folgendem *ne*, *in*, *si*, *ës*, *ëȝ*, *ir*, *iu* usw. kann es zur Kontraktion kommen: *ichn* (*ichne* und *ich in*), *ichs* (*ich si* und *ich ës*), *ichȝ*, aber auch *in* (*i'n*), *iȝ*, *i'u*, *i'uch* (mundartlich beschränkt); *dune*, *dun*, *dus*, *duȝ*; *mirn*, *dichn*, *dirs*, *irȝ*, *ir(r)* usw. (§ 214, Anm. 7; § 23 u. Anm. 1).

Anm. 3: Durch *sëlbes*, *eines* verstärkte *mîn*, *dîn* (*mîn sëlbes nôt*, *dîn eines clage*) sind md. zu *mînes* usw. geworden (auch ahd. bei Otfrid), seltener sonst: z. B. *waȝ woldis du mînis* Ro 4419. Neben *mîn* usw. tritt später *mîner* (zuerst md.), das im Nhd. (‚meiner') herrschend wird.

Anm. 4: In md. Maa. kommen statt *mir*, *dir*, *wir*, *ir* die Formen *mî*, *dî*, *wî*, *î* oder *gî* vor (§ 122). – *wir* wird in Anlehnung an ein vorausgehendes Verb zu *mir*: spätbair. *müg mir*, schles. *gê mir* (§ 116, Anm. 1).

Anm. 5: Die alte Akkusativform *unsich* findet sich nur noch selten, sie ist fast ganz durch die Dativform *uns* verdrängt. Seit dem 12. Jh. wird auch *iu* für *iuch* und umgekehrt *iuch* für *iu* gebraucht, zuerst im Md. (Zelissen 1969,149f.). Dat. *iuch* (hess.), Akk. *iu* ist im Reime belegt (Schirokauer 1923,70). Mhd. *üns*, in den Urkunden vor allem alem., wird durch den DSA 39 für Hessen und Schlesien, *us*, *üs* fürs Alem. bezeugt.

Anm. 6: Seit dem Ende des 13. Jhs., zuerst ca. 1280 bei dem Österreicher Enikel, erscheint für die 2. Pl. ein bair. Nom. *ëʒ*, ein Dat. Akk. *ënc*, dazu ein Possessivform *ënker*. Es sind alte Dualformen, die im 12. Jh. Pluralbedeutung angenommen haben. Diese Formen waren im klass. Mhd. gemieden worden. Sie sind mit Pluralbedeutung heute bair. Kennzeichen (außer im Süden in vorgelagerten Sprachinseln); vgl. Mitzka 1957a,1670; Kranzmayer 1954,249. Sonst leben sie, ebenfalls mit Pluralbedeutung, noch in ndd. Form im Ruhrgebiet (vgl. DSA 21 *euch* Akk.).

Anm. 7: Über das Fehlen des Subjekt-Pron. § 399. − Für die Anrede an eine höher stehende Person ist mhd. *ir* üblich, in poetischer Sprache steht daneben aber auch *du* (Ehrismann, G. 1901; Bernhardt 1901,368ff.).

Lit. Pronomina der 1. und 2. Person:
Ehrismann, G. 1901; Bernhardt 1901; Kranzmayer 1954; Mitzka 1957a; Sparmann 1961; Zelissen 1969.

§ 214

B. Pronomina der 3. Person

Im Gegensatz zu dem Pron. der 1. und 2. Pers. ist das Pron. der 3. Pers. geschlechtig:

		Mask.		Neutr.	
		mhd.	*ahd.*	mhd.	*ahd.*
Sg.	N.	ër (md. her, hê)	*ër*	ëʒ (mfrk. it)	*iʒ*
	G.	ës (sîn)	*(sîn)*	ës (sîn)	*ës*
	D.	ime, im	*imo*	ime, im	*imo*
	A.	in (inen)	*inan, in*	ëʒ (mfrk. it)	*iʒ*
Pl.	N.A.	sie, sî, si	*sie*	siu, sie, sî, si	*siu*
	G.	ire, ir	*iro*	ire, ir	*iro*
	D.	in	*im*	in	*im*

		Fem.	
		mhd.	*ahd.*
Sg.	N.	siu, si, sî, sie	*siu, si*
	G.	ire, ir	*ira*
	D.	ire, ir	*iru*
	A.	sie, sî, si, siu	*sia (sie)*
Pl.	N.A.	sie, sî, si	*sio*
	G.	ire, ir	*iro*
	D.	in	*im*

Die Deklination dieses Pron. setzt sich aus den drei verschiedenen Stämmen *ë-*, *i-* und *si-* zusammen, die aus zwei Wurzeln entstanden sind: idg. *ei-/i-* und *s-*. Über seine Verwendung s. § 399ff.

Anm. 1: Md. Nebenformen für *ër* sind *hër, hê (hie, hei)*. Mfrk. ist *hê (hei, hie);* im moselfrk. und hess. Grenzbereich zwischen *ër* und *he* ist die Kontaminationsform *hër* verbreitet, aber auch omd. findet sie sich neben *ër* und *he* (§ 165, Anm. 3). Über die Grenzen von *he* und *ër* s. Rönnebeck 1926/27,170. – Urkunden: Sparmann 1961,31.

Anm. 2: Zur alten Ordnung beim N. A. Sg. Fem. und beim N. A. Pl. (‚sie‘) vgl. Dem.-Pron. § 217ff. Der N. Sg. Fem. lautet wohl zunächst der Pronominalflexion gemäß (vgl. *diu* § 217) *siu*, der Akk. dazu *sie;* durch Ausgleich werden dann beide Formen für beide Kasus verwendet. Im Pl. ist *sie* ursprünglich Mask. Fem., *siu* Neutr. Daneben steht schwachbetont im Satz *si*, das in betonter Stellung *sî* wurde; die Verwendung dieser Formen ist bei den einzelnen Dichtern sehr unterschiedlich (vgl. v. Kraus 1894, zu VIII 9). H gebraucht im Reim nur *sî*, Wo nur *sie*, Rudolf von Ems im Akk. Sg. *sî*, im Pl. Mask. Fem. *sie* usw. (Zwierzina 1900,40, Anm. 2; Schirokauer 1923,73). – Urkunden: Sparmann 1961,33; vgl. auch Krahe/Meid 1969, II, 56.

Anm. 3: Neben *ëȝ* begegnet frühmhd. noch *iȝ;* mfrk. ist *it* (§ 165,1), Gen. *is*. Auch sonst findet sich md. *iȝ*. In alem. und westbair. Urk. steht *ës* neben *ëȝ*, östlich und nordöstlich davon herrscht *iȝ*. Alem. heißt der Gen. *ëȝ*. – Urkunden: Sparmann 1961,35f., Karte 1.

Anm. 4: Der Gen. Mask. *ës* wird frühzeitig, zuerst im Mask., durch das ursprünglich reflexive *sîn* verdrängt. Das neutr. *ës* hält sich besser, namentlich wenn es sich auf einen Satz oder unausgesprochenen Gedanken bezieht, doch auch hier tritt *sîn* ein. – *ës* ist nhd. nur in einzelnen Wendungen erhalten, so in ‚ich bin es zufrieden, leid, satt, überdrüssig, werde es gewahr, es ist mir leid‘. Seitdem *ëȝ* und *ës* nhd. nicht mehr unterschieden werden, wird der Gen. in diesen Wendungen als Akk. empfunden. Zum Gen. *ëȝ* vgl. auch Anm. 3.

Anm. 5: Die Dat. *ime, ire* sind hauptsächlich in den älteren und md. Denkmälern üblich. Schon das NL sagt in der Regel *im*. Neben md. *em(e), er(e)* usw. gibt es *om(e), um(e)* usw., wohl als *öm, üm* zu lesen. Els. ist *eime* (ungeklärt, Gierach 1917,506) für *im*. Alem. auch *iro, ira, -u*.

Anm. 6: Im Akk. Sg. findet sich neben *in* selten auch älteres *inen*. Im Dat. Pl. kommt *inen* für *in* im 13. Jh. im Alem. auf. – Urkunden: Sparmann 1961,33.

Anm. 7: Auch dieses Pron. wird enklitisch (§ 23,2) dem Verbum angehängt: *bater (: vater), dûhteȝ, hetes, heten (= in)*. *si* erscheint geschwächt als *se* und verliert den Vokal: *mohtens*. Aber auch sonst tritt Enklise oder Krasis (§ 23,3) ein: *alser, danner, wandeȝ, obes; daȝ ër > deir, daȝ ëȝ > deiȝ* (aber *dër, daȝ* stehen oft auch für *daȝ ër, daȝ ëȝ*, daher nicht *dêr, daȝȝ* zu schreiben), *ërst, eist* für *ër, ëȝ ist*, usw. – *ne* wird gern angehängt (§ 23,5): *ërne, ërn, sine, sin, ëȝn, irn* usw. *ëȝ, ës, im, in, si* verlieren oft ihren Vokal: *dieȝ, duȝ, iuȝ, ërȝ, irȝ, imȝ, ichȝ, sichȝ, wilȝ, lie'ȝ, rietȝ; dus, dërs, ims, mans, solts; ërm, sim, kunderme; sin, iun, wandern, ichn, süln; dôs, mirs, daȝȝ iu, tëtes, sints* usw. (§ 23, § 53e).

Lit. Pronomina der 3. Person:
von Kraus 1894; Zwierzina 1900; Rönnebeck 1922; Schirokauer 1923; Sparmann 1961.

C. Reflexivpronomina   § 215

Die Reflexivformen der 1. und 2. Pers. stimmen vollständig mit den entsprechenden des Personalpronomens *ich, du, wir, ir* überein. Außer *sîn* und *sich* sind auch die Formen der 3. Pers. mit denen des Personalpron. identisch.

Das Reflexivpron. der 3. Pers. stimmt in seiner Flexion mit dem Personalpron. der 1. und 2. Pers. überein; die vom Personalpron. der 3. Pers. übernom-
menen Formen sind kursiv gedruckt:

		Mask.	Neutr.	Fem.
Sg.	N.	–	–	–
	G.	*sîn*	*sîn*	*ir*
	D.	*im(e)*	*im(e)*	*ir(e)*
	A.	sich	sich	sich
Pl.	N.	–	–	–
	G.		*ir(e)*	
	D.		*in*	
	A.		sich	

Das Reflexivpron. ist im Sg. geschlechtig, im Pl. ungeschlechtig. Gemäß seiner
Verwendung kann es keine Nom.-Form haben. Im Got. (Gen. *seina*, Dat. *sis*,
Akk. *sik*) stehen die Formen wie in idg. Sprachen (z. B. lat. *sui*, *sibi*, *se*) noch
für alle Numeri und Genera. Von den ungeschlechtigen Formen des alten
Stammes si- sind im Mhd. nur Gen. Sg. Mask. Neutr. sowie Akk. Sg. und Pl.
aller Genera übriggeblieben, in den anderen Fällen ist die reflexive Funktion
auf entsprechende Formen des Personalpron. übergegangen.

Anm. 1: *sîn* bezieht sich gemäß der obigen Tabelle nicht auf Feminina, dafür erscheint *ir*.

Anm. 2: *sîn* wird md. > *sînes*, *sîneʒ*, vgl. *mîn*, *dîn* § 213, Anm. 3.

Anm. 3: Im späteren Mhd. wird die Form des Akk. Sg. *sich* auch auf den Dat.
angewandt, besonders nach *ze*, zuerst in rip. und moselfrk. Quellen. Im 15. Jh. ist
dieser Übergang schon zu beobachten (Besch 1967, 295f.). Seit dem Ende des 16. Jhs.
wird dieser Gebrauch verallgemeinert und von dort in die nhd. Schriftsprache übernommen. – Mundartlich begegnet die Verwendung des alten Dat. noch heute: ‚er hat
ihm (= sich) weh getan‘, ‚sie hat ihr (= sich) geschnitten‘ usw.

Lit. Reflexivpronomen:
Besch 1967.

§ 216   III. Possessivpronomina

Als Possessivpron. werden im Mhd. *mîn, dîn, sîn, unser, iuwer* gebraucht. Sie
sind aus den Gen.-Formen des Personalpron. 1. 2. Pers. Sg. und Pl. und für die
3. Pers. Sg. Mask. und Neutr. aus dem Gen. des Reflexivpron. gebildet.

Als Pronominaladj. werden sie wie im Got. und Ahd. stark flektiert, mhd.
im Unterschied zum Nhd. auch nach dem bestimmten Artikel (*der sîner snel-
heite mohte er sagen danc* NL 1978). Im N. Sg. aller Genera und im Akk. Sg.

Neutr. steht aber die endungslose Form, die lautlich dem Gen. Sg. *mîn, dîn* des Personal- und *sîn* des Reflexivpron. entspricht.

Bei der 3. Person übernimmt im Sg. Fem. und im Plural aller Genera die Gen.-Form des Personalpron. *ir* die Funktion, ein Zugehörigkeitsverhältnis anzuzeigen. Sie steht bis ins 14. Jh. gewöhnlich unflektiert für alle Kasus.

Anm. 1: Nach bestimmtem Artikel kann das Possessivpron. stark und schwach flektiert werden, vgl. § 408. – Zur Gleichheit von Formen mit dem Personalpron. vgl. § 364.

Anm. 2: Der Dat. Mask. Neutr. des Poss. lautet *mînem* und (seltener) *mîme* usw. < frühmhd. *mîneme*, Fem. *mîner* und *mînre*. Schwach betont erscheint im Satz auch *mîns, mîm, mîn*, sogar *mîs, mîr = mîner* (§ 53e). Zu *unser* und *iuwer* werden im Md. zuweilen die übrigen Formen aus den Stämmen *uns-, iuw-* gebildet, also *unses, unsem, unse* usw.; mundartliche Formen sind *ünser* und (mit /s/ > /d/) *under, unner* (vgl. DSA 39 *unserm*). *mîn gelîche*, Akk. *dînen gelîchen*, Pl. *sîne gelîchen* = nhd. ‚meinesgleichen' usw. (erstarrter Gen.).

Anm. 3: Bei *ir* finden sich schon im Fränk. des 12. Jhs. erste Beispiele einer Verwendung von stark flektierten Formen, wodurch der Genitiv zum adj. Possessivpron. wird. (Ansätze bereits im Leidener Williram A, 11. Jh., z.B. Dat. Pl. *hiron* 84,10.) Vereinzelt erscheinen schon frühzeitig Formen wie *ires, irem* (vgl. *erme herren* Ro 145; *iren lîp* NL Hs. A 1533,4). Eine regelmäßige Flexion als starkes Pronominaladj. zeigt *ir* zuerst im Md.

Anm. 4: Im Bair. erscheint neben der alten Dualform des Personalpron. *ëʒ, ënc* auch ein Possessivpron. *ënker*, das aber, wie *ëʒ, ënc*, Pluralbedeutung hat (§ 213, Anm. 6). Vgl. das etymologisch verwandte got. *igqar* (Huisman 1982,417).

Lit. Possessivpronomen:
Frings 1971.

IV. Demonstrativpronomina. Artikel

A. Einfaches Demonstrativpronomen. Artikel   § 217

		Mask.		Neutr.		Fem.	
		mhd.	ahd.	mhd.	ahd.	mhd.	ahd.
Sg. N.		dër (md. dê, die, dî)	dër	daʒ (mfrk. dat)	daʒ	diu (md. die)	diu
	G.	dës (md. dis)	dës	dës	dës	dër(e)	dëra
	D.	dëm(e)	dëmo	dëm(e)	dëmo	dër(e)	dëru
	A.	dën	dën	daʒ (mfrk. dat)	daʒ	die	dia
	I.	–	diu	(diu, md. die)	diu	–	–
Pl. N.A.	die	dê, dia	diu (md. die)	diu	die	dio
	G.			dër(e)	dëro		
	D.			dën (alem. dien)	dêm, dên		

Als bestimmter Artikel dient im Mhd. das ursprüngliche Demonstrativpronomen *dër, diu, daȝ,* das mhd. außerdem auch demonstrativ und relativisch verwendet wird (vgl. § 224,1). Wie in anderen Sprachen nahm die deiktische Funktion des Pronomens auch im Germ. mit häufigem Gebrauch ab, und es entwickelte sich allmählich zu einem Begleitwort des Substantivs, dem Artikel.

Anm. 1: Heinrichs (1954) nimmt mit J. Grimm an, daß nicht der Endsilbenverfall diese Entwicklung eingeleitet habe, sondern daß vielmehr durch die Entstehung des bestimmten Artikels im Germ. die Flexionsendungen partiell überflüssig wurden. Die Entstehung des best. Artikels hängt nach J. Grimm, Hirt und Heinrichs eng mit der zeitlich vorausgehenden Ausbildung des sw. Adj. im Germ. zusammen (Heinrichs 1954,73ff.). – Bei der Reduzierung der Flexionsmorpheme dürfte eine Wechselwirkung zwischen einem durch die Kernsilbenbetonung bewirkten Lautwandel und dem Aufkommen eines flektierten Begleitworts des Substantivs anzunehmen sein.

Als unbestimmter Artikel fungiert das ursprüngliche Zahlwort *ein.* Es wird wie ein starkes Adj. flektiert *(ein- einer, einiu, eineȝ)* und kann (wie z.T. noch in heutigen Maa., jedoch im Unterschied zur nhd. Schriftsprache) auch im Plural stehen *(zeinen stunden;* zur Flexion § 229, Anm. 1, § 423,5).

Lit. Artikel:
Gräf 1905; Schirokauer 1941; Heinrichs 1954; Hodler 1954; Hartmann, D. 1967; Rauch 1983.

Lit. unbestimmter Artikel *ein:*
von Kraus 1930; McClean 1934; McClean 1953; Spitzer 1956; Pretzel 1973.

§ 218 Das ursprünglich einfache Demonstrativpronomen *der, diu, daȝ* hat auch im Mhd. vielfach noch deiktische Kraft bewahrt, wenn die ursprüngliche Funktion auch weitgehend von anderen Demonstrativen, namentlich dem aus ihm und der Partikel *se* zusammengesetzten Pron., übernommen worden ist (§ 219). So kann der Artikel im Mhd. noch an manchen Stellen fehlen, an denen er im Nhd. gesetzt wird, z.B. manchmal vor Abstrakten *(ist zwîvel herzen nâchgebûr* Pz 1,1), nach Präpositionen *(über mer, über sê, von himile),* in der Apposition nach einem Personalpron. *(si sælec wîp* MF 164,10) und bei adverbialen Gen., die sich im Nhd. z.T. in erstarrter Form erhalten haben *(sumeres, morgen(e)s – âbendes, nahtes – tages).* Vgl. § 420f.

Anm. 1: Für den N. Sg. Mask. erscheinen im Md. die Nebenformen *dê (de), die, di;* für *daȝ* erscheint mfrk. unverschobenes *dat* (§ 165,1), rip. auch *dit,* im Gen. *dis,* dieses auch sonst md.

Anm. 2: Für die Form *diu* tritt zuweilen schon *die* ein, namentlich im Md. Selten ist *dei* (in Anlehnung an *wei*?) neben *diu* im N. A. Pl.

Anm. 3: Eine alem. Nebenform für *dën* im D. Pl. ist *dien.*

Anm. 4: Die volleren Formen *dëme, dëre* erscheinen in älterer Zeit und md. hauptsächlich im subst. Gebrauch, betontes *dëme* auch obd. (im Reim z.B. Iw 5207). Alem. finden sich auch die Formen *dëmo, dëro.*

Anm. 5: Außerhalb der attributiven Verwendung sind neutrale Dative *dëm(e)* selten; dafür tritt vielfach der im Mhd. relikthaft erhaltene Instrumental *diu* ein (vgl. *wiu* § 223, Anm. 3).

Anm. 6: Viele Formen kommen auch abgeschwächt vor: *deʒ* neben *daʒ*, *de* und *d* (vor Vokal) für *die*, *diu*; *de* für *daʒ* in *deich*, *deis(t)*, *deiswâr*, *deswâr*, *deiʒ*, *dr* vor Vokal für *dër*. Aber mit Verlust des Konsonanten erscheinen auch *em*, *en*, *er*, *es*, *eʒ* oder *m(e)*, *n*, *r*, *s*, *ʒ* in Anlehnung an ein anderes Wort *(sandern = des andern, manʒ = man daʒ)*, bes. an Präp. (Benecke/Müller, W./Zarncke 1854, I, 312; vgl. § 23).

Von dem Demonstrativpron. findet sich im Mhd. noch ein neutr. Instr. *diu* (md. dafür auch *die*, spätbair. *deu*). Er wird mhd. aber fast nur noch nach Präp. gesetzt *(after diu, von diu, ze diu;* vgl. § 387), daneben in *diu gelîche* ‚desgleichen‘ und nach *dës:* ahd. *dës diu* erscheint mhd. abgeschwächt als *des de* (oder ist von germ. *þê* auszugehen?), *deste* und in Analogie zum Komparativ auch mit jungem /r/ als *dester* (§ 121, Anm. 8). − Zur Verbreitung in Urk. s. Sparmann 1961, Karte 4. − Ein Zusammenhang von kanzleisprachlich *desto* (seit dem 15. Jh.) mit ahd. *testo* (Notker) ist unwahrscheinlich (vgl. frühnhd. *dero*, *füro*).

Anm. 7: Der Gen. Neutr. *dës* nimmt auch die kausale Bedeutung ‚deswegen‘ und, als adv. Gen. aufgefaßt, die zeitliche ‚seitdem‘ an (vgl. § 366). Vgl. auch das Korrelat *wës* ‚weshalb‘ § 223, Anm. 5.

Anm. 8: *dessen*, *deren* bürgern sich als Erweiterungen zu *des*, *der* erst frühnhd. ein (vgl. auch ‚dessentwegen‘, ‚derenthalben‘ usw.). Reste der älteren Form sind nhd. erhalten in ‚desto‘ (s. o.), ‚deshalb‘, ‚deswegen‘, ‚deswillen‘, auch in Formreden, vgl. ‚Wes Brot ich ess’, des Lied ich sing‘; ‚Wes das Herz voll ist, des gehet der Mund über‘.

Anm. 9: Aus dem einfachen Demonstrativpron. N. A. Sg. Neutr. leitet sich auch die Konjunktion *daʒ* ab, die in deiktischer Funktion als Hinweis auf einen folgenden Subjekt- oder Objektsatz gebraucht wird.

B. Zusammengesetztes Demonstrativpronomen § 219

	Mask. mhd.	Mask. ahd.	Neutr. mhd.	Neutr. ahd.	Fem. mhd.	Fem. ahd.
Sg. N.	dirre, diser, dise	*dësêr*	ditze, diz, diʒ	*diz*	disiu	*dësiu*
G.	dises, disse, disses	*dësse(s)*	dises, disse, disses	*dësses*	dirre, diser(e)	*dësera*
D.	disem(e), disme	*dësemo*	disem(e), disme	*dësemo*	dirre, diser(e)	*dëseru*
A.	disen	*dësan*	ditze, diz, diʒ	*diz*	dise	*dësa*
I.	−	−	−	*dës(i)u*	−	−
Pl. N. A.	dise	*dëse*	disiu	*dësiu*	dise	*dëso*
G.			dirre, diser(e)	*dësero*		
D.			disen	*dësêm, -ên*		

Dieses Pron. besitzt eine spezifisch demonstrative Funktion. Es ist ursprünglich durch Anhängen der deiktischen Partikel *se* an den im einfachen Demonstrativum *der, diu, da3* enthaltenen Stamm (idg. **te-/to-* > germ. **þe-/þa-*) entstanden, das mit der zunehmenden Verwendung als Artikel und als Relativum (s. § 217f., § 224) allmählich einen Teil seiner deiktischen Kraft verlor. Zunächst wurde das Pron. innerhalb des Wortes dekliniert (,Binnenflexion'; vgl. etwa lat. Formen wie *Romanorumque*). Ein Rest dieser Flexionsweise ist noch in dem − mhd. allerdings selten gebrauchten − N. Sg. Mask. *di-se* (ahd. *dë-se*) und im G. Sg. Mask. *dis-se* (ahd. *dës-se*) erhalten. Diese Deklinationsformen, in denen sich die Flexion deutlich von derjenigen des st. Adj. unterscheidet, werden aber schon früh der gewohnten Endflexion angeglichen (vgl. *diser*). Eine Zwischenstufe der Entwicklung stellen die Formen mit zweifacher Deklinationsendung dar, von denen ein Rest im mhd. G. Sg. Mask. Neutr. *disse-s* (ahd. *dës-se-s*) erhalten ist. Alle anderen mhd. Formen zeigen schon reine Endflexion (*di-se-m(e)* < ahd. *dë-se-mo* usw.), in der *dis-* als Stamm des Pronomens empfunden wird, obgleich das /-s-/, historisch gesehen, auf die alte Partikel *-se* zurückgeht.

Anm. 1: Im Gegensatz zum Ahd. lautet der Stammvokal im Mhd. meistens /i/ (im Ahd. nur bei *diz* und *disiu*). Der Übergang von /ë/ zu /i/ beginnt bei Formen wie *disiu*, in denen der Wechsel (§ 32) lautgesetzlich durch folgendes /i/ bewirkt worden ist. In Analogie zu ihnen wurde dann /i/ als Stammvokal auch auf die übrigen Formen übertragen. Allerdings finden sich auch im Mhd., namentlich im Md., für alle Kasus außer N. A. Sg. Neutr. *(ditze, diz, di3)* Formen mit /ë/ *(dëser* usw.), die mal. bis ins Nhd. nachzuweisen sind.

Anm. 2: Die Form *diz, ditze, di3* des N. A. Sg. Neutr. (ahd. *diz* mit Affrikata!) weicht von dem Flexionsschema, das sonst dem der starken Adj. entspricht, ab (Braune/ Eggers 1987, § 288, Anm. 3b; Wilmanns 1897, III, 205, 3; von Grienberger 1907, 66). − Die Herkunft dieser Formen ist unklar (es müßte außer für das Ahd. auch im Anord. wegen *þetta* /tt/ < /tj/ angesetzt werden). Nach Schirokauer (1923, 80) ist *ditz(e)* bair., *di3* alem., ofrk., hess. Unverschobenes *dit* gilt nicht nur mfrk. und z.T. rheinfrk. (§ 165, 1), sondern z.T. auch omd. Im Thür. erscheint auch *ditte*, ebenso im Mndl. − Zur Verbreitung in Urk. s. Sparmann 1961, Karte 6. − Die mhd. Form lebt in nhd. ,dies' weiter, das vor allem alleinstehend gebraucht wird, während nhd. ,dieses' in Angleichung an die übrigen Formen des Pron. und die st. Adj.-Flexion entstanden ist.

Anm. 3: Die sprachgeschichtlich regelmäßige Form des G. Sg. Mask. Neutr. mit der Geminate /ss/ *(dës-se)* tritt im Mhd. schon zurück, sie ist aber noch geläufig (besonders im Md.). Gelegentlich dringt /ss/ sogar in andere Formen ein. Auch die verkürzte Form *dis* kommt vor. Über *disses* bei H s. Gierach 1917, 525. Zu dem Gen. *diz* und dem Akk. *dizen* in Urk. s. Sparmann 1961, 65, 69.

Anm. 4: Im Gen. Dat. Fem. und Pl. aller Genera kommt neben *diser(e)* die Form *dirre* vor, die nach Assimilation des /s/ zu /r/ (ahd. vgl. *dësera − dërera;* § 105, Anm. 4) und folgender Synkope (vgl. ahd. *dërera − dërra*, mhd. *dirre*) entstanden ist. Von dort aus wird *dirre* auf den Nom. Sg. Mask. übertragen und hier mhd. häufiger gebraucht als *diser* und die Nebenform *dise*.

Anm. 5: Im Gen. Sg. Fem. kommt auch die Nebenform *dirse* vor, s. Sparmann 1961, Karte 7, 8.

Anm. 6: Der Dat. Sg. Neutr. tritt, obwohl kein Instrumental vorhanden ist, der an die Stelle des Dat. getreten wäre (vgl. oben), nur beschränkt auf (vgl. Behaghel 1923, I, 274); jedoch findet sich noch im älteren Nhd. ‚in, mit, nach, von, vor diesem'.

Lit. Zusammengesetztes Demonstrativpronomen: Wilmanns 1897; von Grienberger 1907; Gierach 1917; Schirokauer 1923; Sparmann 1961; Braune/Eggers 1987, § 288; Klingenschmidt 1987.

C. Andere einfache Demonstrativa

1. *ander*   § 220

ander wird mhd. nicht nur als Ordinalzahl (‚der zweite'; § 235), sondern wie im Nhd. auch adversativ *(der eine – der ander)* und demonstrativ gebraucht (‚der andere von zweien'). Das Pronominaladjektiv wird ursprünglich stark, schon spätahd. und mhd. daneben auch schwach flektiert.

Anm. 1: Fränk. und alem. findet sich gelegentlich statt *andriu* die umgelautete Form *ändriu* (§ 41, Anm. 2,2); ähnlich vereinzelt schon ahd.: *endriu* (Braune/Eggers 1987, § 248, Anm. 6).

Anm. 2: *e*-Synkope erscheint in *ander(e)s, and(e)riu, and(e)rer, and(e)ren* usw.; (§ 53f.).

Anm. 3: *anders* ist ursprünglich adv. Genitiv (Gen. des Bezuges, der Erstreckung: ‚in Hinblick auf ein anderes') und nimmt davon ausgehend die Bedeutung ‚im übrigen, sofort' an.

Anm. 4: In der adv. Verbindung *anderhalp* (‚auf der anderen Seite'; vgl. *ander wîs, ander stunt, ander sît*) ist schon mhd. epithetisches /t/ eingefügt: *anderthalp* (§ 149, § 113). Vgl. im Rip. das Neutr. *andert* (selten).

Anm. 5: Der Instrumental statt des Dat. Sg. Neutr. (vgl. § 217 *diu*) findet sich gelegentlich auch hier *(von andriu)*.

2. *jener, jeniu, jeneʒ*   § 221

Dieses Pronominaladj. wird wie das Pron. *der, diu, daʒ* flektiert (§ 217); von jeher kommen weder endungslose noch schwache Formen vor. Es weist im Gegensatz zu *der, diu, daʒ* und dem zusammengesetzten Demonstrativpron. (§ 219) auf das Entferntere hin.

Anm. 1: Den Stammvokal bildet ein Umlaut-*e* (§ 41).

Anm. 2: Im Alem. erscheinen Nebenformen ohne anlautendes /j/ *(ener, eniu, eneʒ;* § 119), els., moselfrk. und rip. solche mit anlautender Media *(giner, geiner;* Weinhold 1883, § 488; Lessiak 1910,215). Md. wird *jener* auch mit dem best. Artikel konstruiert, z. B. *der jener* Herbort 6461, *die jene zwêne* Herbort 13582. Aus solchen Verbindungen entsteht nhd. ‚derjene' und nach analoger Weiterbildung zu Adj. auf -*ig* ‚derjenige'. Vgl. auch ‚derselbe' § 222. Im Bair. ist das Pron. *jener* heute nicht gebräuchlich; es tritt im übrigen in der Gegenwartssprache allgemein zurück.

Anm. 3: Die nhd. Präposition ‚jenseits' ist durch Kontraktion aus dem adv. gebrauchten Akk. *jene sîte* ‚auf jener Seite' hervorgegangen.

Lit. jener:
Weinhold 1883; Lessiak 1910.

§ 222   3. Das Identitätspronomen *sëlp*

sëlp hat die *jener* entgegengesetzte demonstrative Funktion, auf das Gemeinte
zurückzuverweisen. Das Pron. wird als Subst. und Adj. gebraucht und stark
und schwach flektiert (*sëlp, sëlber* usw. neben *sëlbe*). Im Nom. überwiegt aber
die schwache Form: *got sëlbe; sëlbe ander, sëlbdritte* usw. bedeuten ‚zu zweit',
‚zu dritt' (wörtlich ‚selbst als zweiter, dritter'). Nach dem Gen. des Personalpron. wird *sëlp* stark flektiert: *mînes sëlbes lîp* ‚mein eigenes Leben'; Fem. *mîn
sëlber herze*. In *dër sëlbe* (= lat. *is*), *dirre sëlbe, jener sëlbe* (= lat. *idem*) wird es
immer schwach dekliniert. Zur Verwendung in Urk. s. Sparmann 1961,105ff.

Anm. 1: Nhd. *selbst* ist aus dem adv. Gen. *sëlbes* hervorgegangen, an den im späteren
Mhd. /t/ angetreten ist (§ 113). Seit dem 13. Jh. schon erstarrt *sëlbes* zunehmend im
Md., *sëlber* im Obd.; beide Formen können dann auf alle anderen Kasus übertragen
werden: *dich sëlbes, in sëlber*. Im heutigen Deutsch ist ‚selber' gegenüber ‚selbst'
zurückgetreten.

Anm. 2: Die schwache Flexionsform, die nach dem bestimmten Artikel steht, verbindet sich im Nhd. mit diesem zu *derselbe, dieselbe, dasselbe*.

§ 223   V. Interrogativpronomina

	Mask. Fem.		Neutr.	
	mhd.	ahd.	mhd.	ahd.
Sg. N.	wër (md. wê, wie, we, wi)	*(h)wër*	waȝ (mfrk. wat)	*(h)waȝ*
G.	wës	*(h)wës*	wës	*(h)wës*
D.	wëm(e)	*(h)wëmu, wëmo*	wëm(e)	*(h)wëmu, wëmo*
A.	wën	*(h)wënan, wën*	waȝ (mfrk. wat)	*(h)waȝ*
I.			wiu (spätbair. weu, wê)	*(h)wiu*

Das Interrogativpronomen wird wie das Pron. *dër, diu, daȝ* (§ 217) flektiert,
nur mit dem Unterschied, daß ein Plural fehlt und die gleichen Formen für
Mask. und Fem. gelten (vgl. demgegenüber die Femininformen lat. *quae*, got.
hwô). Von ihnen unterscheidet sich das Neutr. nur im Nom. Akk.

Das Interrogativpronomen weist wie das einfache Demonstrativpron. einen
Instrumental auf, der allerdings wie bei diesem fast nur noch in Verbindung mit
Präp. vorkommt: *ze wiu* oder *zwiu* ‚weshalb, warum', *after* ‚nach', *an, mit, von
wiu*.

Anm. 1: Über die Anwendung von *waʒ* s. § 368; § 448,3; über die von *wiu* § 387. – Der Genitiv Neutr. *wës* hat die Bedeutung ‚weshalb‘ (§ 366; vgl. das Korrelat *dës* ‚deshalb‘ § 218, Anm. 7). – Zum Gebrauch von *swër, swaʒ* ‚wer, was auch immer‘ als verallgemeinerndes Relativpronomen § 224,3; § 412. – Zu *ete(s)wër* ‚irgend jemand‘, *eteswaʒ* ‚irgend etwas‘ vgl. § 229c; § 232b; § 415.

Zum Stamm des Interrogativpronomens gehören auch die Pronominaladjektive *wëder* ‚welcher von beiden?‘, *wëderʒ* ‚was von beiden?‘, *welîch* (*we* + *lîch*, lat. *quālis;* andere Formen: *welich, welch;* md. *wielîch, wilch*) ‚wie beschaffen, welcher‘. *welîch* steht in Korrelation zum Indefinitpron. *solîch* (§ 225). Adverbial gebraucht werden die Fragepron. *wâ(r)* ‚wo‘, *war* ‚wohin‘, *wannen* ‚woher‘, *wie* ‚wie‘, *wande* ‚weshalb‘ u. a.

Anm. 2: Neben *wër* stehen md. *wê (we), wie, wi* (§ 122); vgl. *ër* § 214, Anm. 1. Das Mfrk. hat unverschobene Formen: N. A. Neutr. *wat* (vgl. *it, dat, dit*). – Spätbair. erscheint neben *weu* (< *wiu*) auch *wê* (zu *weu* vgl. *deu* § 218).

Anm. 3: Der Dat. Neutr. *wëm* ist selten. Er wird nicht mit Präpositionen verbunden; dafür tritt der Instrumental *wiu* ein (*in, nâch, umbe, von wiu;* vgl. § 218, Anm. 5 *diu*), später *waʒ* (*in, mit, von waʒ* usw.) als casus indefinitus, der indeklinabel behandelt wird (Behaghel 1923, I, 271f.). Nhd. wird der Dat. Neutr. nicht mehr gebraucht; hier steht alltagssprachlich oft noch die Form ‚was‘ (‚mit, von was‘).

Anm. 4: Die Zusammensetzung *swër, swaʒ* (zur Form s. § 224, 3), *ete(s)wer, ete(s)-waʒ* (§ 229d, § 232b), *neiʒwër = ne weiʒ wër* ‚ich weiß nicht wer, irgendeiner‘ werden wie das einfache Demonstrativpron. flektiert (§ 217).

Anm. 5: Der Gen. *wës* ist im Nhd. unter dem Einfluß des Demonstrativums zu ‚wessen‘ geworden. Vereinzelt begegnet die mhd. Lautform aber noch: in den zusammengesetzten Fragepron. ‚weshalb‘, ‚weswegen‘, in der Bezeichnung ‚Wesfall‘ für Genitiv, in der Formrede, vgl. ‚Wes Brot ich ess’, des Lied ich sing‘, ‚Wes das Herz voll ist, des gehet der Mund über‘, ‚Ich weiß, wes Geistes Kind er ist‘, außerdem in dichterischer Sprache.

Anm. 6: *wëder* hat im Nhd. seine interrogative Funktion verloren und stattdessen die Rolle einer Konjunktion übernommen: ‚weder‘ (-‚noch‘); ‚entweder‘ (-‚oder‘).

VI. Relativpronomina   § 224

1. Als Relativum wird im Mhd. meistens das Demonstrativpron. *dër, diu, daʒ* (§ 217) gebraucht. Es erhält diese Funktion nur durch die Stellung im Satz. Ursprünglich, in parataktischem Satzbau, waren die Relativsätze Hauptsätze, die durch das Demonstrativpron. eingeleitet wurden. Das Relativpron. wird im Mhd. oft durch die Partikeln *dar, dâ, der* verstärkt: *dër dâ, dër dar* usw. (Im 17./18. Jh. wird die Verwendung der Partikeln dann seltener.)

2. Relativsätze können ferner gebildet werden aus Demonstrativsätzen mit Hilfe von Adverbien wie *dâ* ‚wo‘, *dannen* ‚woher‘, *dar* ‚wohin‘, *darinne* ‚worin‘, *darumbe* ‚worum‘, *dô* ‚damals‘, *sô, alsô, als(e)* ‚wie‘, *sam, alsam* ‚wie‘, *dô* ‚als‘, *dannen* ‚wenn‘ und ebenso mit der Konjunktion *unde* (s. § 450f.).

3. Schließlich hat das Mhd. verallgemeinernde Relativa: *swër, swaʒ* ‚wer, was auch immer‘, *swëder* ‚wer auch immer von beiden‘, *swelch* ‚was auch immer, alles was‘. Sie sind dadurch entstanden, daß die ahd. Verbindungen *sô hwër (sô), sô hwëdar (sô), sô hwelîch (sô)* bereits spätahd. verschmolzen wurden. Das Spätmhd. gibt dann auch das anlautende /s-/ auf.

> Anm. 1: Über das Relativpron. der 1. und 2. Person s. § 404; vermeintliche Auslassung des Relativpron. § 452.

> Anm. 2: Im Nhd. bleibt *wer* verallgemeinerndes Relativpron., während *welcher* frühnhd. neben seiner Funktion als Fragepronomen gewöhnliches Relativpronomen war und in Wettbewerb mit dem Relativpronomen *der* trat (zur mhd. Form vgl. § 223).

§ 225 VII. Indefinitpronomina

Die Gruppe der Indefinitpronomina bedürfte einer genaueren Untersuchung der Abgrenzung von den Adjektiven und ihrer Flexion. So ist zu fragen, ob nicht auch ‚viel‘ und ‚wenig(er)‘ zu der Gruppe zu rechnen sind. Anders als die Adjektive neigen sie zur Substantivierung und verlangen – z.T. noch im Nhd. – den Gebrauch des Genitivs wie etwa *vil*.

Unter den unbestimmten Pronomina des Mhd. befindet sich nur eines, das schon als Indefinitum aus dem Germanischen bekannt ist: mhd. *sum* (got. *sums*, engl. *some*). Es kommt nur selten vor und wird noch im Mhd. aufgegeben.

Zu ihm gesellen sich das urspr. Zahlwort *ein* und das urspr. Subst. *man*, die im Ahd. Indefinita geworden sind. Das mhd. Pron. *manec* ist urspr. Quantitätsbezeichnung (‚viel‘; vgl. engl. *many*).

Alle anderen unbestimmten Pron. sind Zusammensetzungen. Als Grundwörter dienen *ein, man,* die Fragepron. *wër, wëder, welch,* das ursprüngliche Subst. *wiht* ‚Ding‘, das Adj. *gelîch* ‚gleich‘ und das Suffix *-lîch (-lich;* urspr. Subst. ‚Gestalt‘). Zusammengesetzt sind sie fast immer mit den verallgemeinernden Präfixen *dech-, ete- (etes-), ie-, ge-.*

Von den Indefinita sind nur *man* (nur im Nom. Sg.) und die Zusammensetzungen *ieman, nieman* (§ 179, Anm. 3), ferner *iht* ‚etwas‘, *niht* ‚nichts‘ Pronominalsubstantive. Sie flektieren wie die substantivischen Grundwörter *man* und *wiht*.

Manche der Pronominaladjektive haben im Unterschied zu den Adjektiven keine schwachen Formen; Nom. Sg. aller Genera, Akk. Sg. Neutr. sind meist endungslos. Hierher gehören *sum, ein, dehein, kein*.

Die Komposita mit *-lîch (-lich)* werden wie die Kurzformen *welch* und *solch* und wie *-gelîch* ebenfalls wie starke Adj. flektiert, desgleichen diejenigen mit *-wër* und *-wëder,* die der Deklination der Grundwörter folgen (§ 223).

Anm. 1: Substantivische Indefinita werden im Mhd. häufig mit einem genitivus partitivus konstruiert, wo im Nhd. ein Attribut o.ä. steht, s. § 368.

Lit. Indefinitpronomina:
Paul, H. 1879d; Behaghel 1917; Gerring 1927; Gleißner/Frings 1941; Sparmann 1961; Besch 1967; Danielsen 1968; Kolb 1983; Marcq 1986.

1. ‚jeder'   § 226

Mit folgenden Indefinitpron. können alle Mitglieder einer Gruppe singularisch benannt werden:

a) *gelîch*, konstruiert mit dem Gen. Pl.; vgl. *manne gelîch, mennegelîch, manneglîch*, mit Ausfall des *-ege- mannelîch, menlich* ‚jedermann', *vrouwen gelîch* ‚alle Frauen', *(aller) jærgelîch* ‚jedes Jahr, jährlich' usw.; aus ahd. *tago gelîch* wird mhd. *tegelîch*, nhd. ‚täglich'.

Anm. 1: Zu *(aller)mannelîch, mannegelîch* nhd. ‚männiglich' s. Sparmann 1961,82.

b) *gelîch* mit *ie-* als Präfix: *iegelîch, ieclîch, iegeslîch*, nhd. ‚jeglich', als Kontamination mit *eteslîch* auch *iete(s)lîch*, später *ietlîch* und *ieslich* (Sparmann 1961,88) ‚jeder beliebige, jeder' (wörtlich ‚immer jeder').

c) *welch* mit *ie-* als Präfix: *iewelch*.

d) *wëder* mit *ie-* oder *ge-* als Präfix: *iewëder, gewëder;* mit beiden Präfixen: *iegewëder*.

Anm. 2: Frühnhd. wird das intervokalische /-w-/ in *iewëder* aufgegeben > *ieder*, später *jeder*. Nhd. *jeder* wird wie eine st. Adj.-Form des Nom. Sg. Mask. empfunden und entsprechend flektiert (Kolb 1983).

e) *dewëder* (aus *dechwëder* ‚einer von beiden') mit *ie-* als Präfix: *iedewëder, ietwëder* ‚jeder von beiden', dann verallgemeinert zu ‚jeder'; nhd. ‚jedweder'.

2. ‚man'   § 227

Das alte Subst. wird (schon im Hildebrandslied) als Pron. gebraucht (vgl. lat. *homo* > frz. *on*). Es kann im Unterschied zu den oben genannten Formen den einzelnen ebenso wie die Gesamtheit vertreten.

Mit *ie-* verbindet es sich zu *ieman* ‚jemand', als Negation dazu entsteht *nieman* ‚niemand'.

Anm. 1: Der Gen. *iemannes* und der Dat. *iemanne* erscheinen auch abgeschwächt als *iemens, iemen*. Der Akk. lautet zuweilen *iemanne* (vgl. v. Kraus 1894,192, zu IX S. Paulus, Vs. 36) oder *iemannen*.

Anm. 2: Die nhd. Formen zeigen Auslautzuwachs (§ 113, § 149). Sie bleiben bis ins 18. Jh. im Nom. Dat. Akk. endungslos (Gen. ‚jemands'), dann gleicht sich die Flexion der Pron. der starken Adj.-Deklination an.

§ 228 3. ‚mancher‘

Mehrere Mitglieder einer Gruppe werden im Mhd. durch die Indefinita *manec, etelîch* (bes. im Pl. ‚manche‘), *sumelîch (sümelîch)* ‚irgendeiner, mancher‘ gekennzeichnet. Das Simplex *sum,* mhd. selten, steht fast nur im Pl. und bedeutet dann ‚einige‘ (Behaghel 1917,161f.).

Anm. 1: Neben *etelîch* kommen auch *eteslîch* und *ette(s)lîch* vor. Mhd. wird dieses Pron. substantivisch und adjektivisch gebraucht, seit dem 15. Jh. aber fast nur noch substantivisch, besonders im Neutr. Der Plural bleibt adjektivisch wie substantivisch in Gebrauch. Zu *et(e)lîch* in Urk. s. Sparmann 1961,88. – Zur Bedeutung ‚irgendeiner‘ s. § 229d. ‚jeder‘ § 226b.

Lit. mancher:
Behaghel 1917; Sparmann 1961.

§ 229 4. ‚irgendeiner‘

Ein einzelner aus einer Gruppe kann mhd. durch folgende Indefinita benannt werden:

a) *sum, ein* (das auch die Bedeutung ‚ein gewisser‘ hat; „auszeichnendes *ein*“ s. § 423).

Anm. 1: *ein* ist wie nhd. Numerale (§ 234), Indefinitpron. und Artikel (§ 217). Substantivisch gebraucht, lautet der Nom. Sg. in der Regel *einer, einiu, eineʒ,* doch mit abhängigem Gen. auch unflekt.: *der werden ein.* In adj. Verwendung aber heißt der Nom. Sg. *ein: ein vrouwe* (nhd. ‚eine‘!). Auch im Akk. Sg. Fem. begegnet *ein* für *eine.* Als unbest. Pron. oder Art. hat es sonst starke Form: *eines dinges,* kann im Unterschied zum Nhd. auch im Pl. gebraucht werden (§ 423,5); als Numerale flektiert es nach dem best. Art. schwach: *die einen hant.* Auch in der Bedeutung ‚allein‘ flektiert es schwach: *eine,* aber nach dem Gen. des Personalpron. stark: *mîn eines hant.*
Der Dat. Mask. Neutr. frühmhd. *eineme* ergibt *einem* oder (seltener) *eime* wie *michelem* und *michelme,* ebenso *einer* und *einre;* satzunbetont auch *eins, eim, ein* (§ 53e, § 54b, § 105,1). – Nhd. ‚eins‘ ist altes *eineʒ.* Der Gen. Neutr. wird adv. gebraucht: *eines* ‚einmal, einst‘ (Gerring 1927; Sparmann 1961,78).

b) *ein* mit dem Präfix *dech-: dechein, dehein, dekein,* aus dem sich mhd. *kein* ‚irgendeiner‘ entwickelt. In dieser Bedeutung wird *kein* bis ins 16. Jh. gebraucht, nach Komparativen bis ins 18. Jh. (zu *kein* ‚keiner‘ s. § 230). Md. Formen sind *dichein, dihein.*

c) *wër* mit dem Präfix *etes-: etewër, eteswër.* Das mask. Pron. verschwindet im 15. Jh. (zu *etewaʒ* s. § 232b).

d) *-lîch, -lich* mit dem Präfix *etes-: etelîch, eteslîch, etzlîch;* später mit *ie* und Einmischung von *iegelîch* > *iete(s)lîch,* dann > *ietlîch* und *ieslîch* ‚jeder‘ (Sparmann 1961,88). – Zur Bedeutung ‚mancher‘ s. § 228.

e) *wëder* mit dem Präfix *dech-: dechwëder, dewëder,* ‚irgendeiner von beiden‘; dieses kann wieder mit *ein* verbunden werden zu *eindewëder, eintwëder, entwëder* (schon mhd. auch als Konjunktion gebräuchlich: *endewëder – oder*).

f) *man* mit dem Präfix *ie-*: *ieman* ‚jemand' (§ 227).

g) *welch* wird nur selten substantivisch als Indefinitpron. gebraucht.

h) *ein* mit dem Präfix *sih-* (Variante *soh-*): *sihein, sohein, sichein, sochein.* Diese Pron. kommen nur gelegentlich vor, sie häufen sich aber (z.B. in der Iwein-Hs. A).

Lit. irgendeiner:
Gerring 1927; Sparmann 1961.

5. ‚keiner' § 230

Gegenwörter mit der Bedeutung ‚keiner' entstehen

a) durch Verneinung von pron. Bezeichnungen für ‚irgendeiner, einer von beiden, man': *nechein, nekein, nehein,* auch umgestellt zu *enhein, enkein* (rip. *engein*); *newëder, enwëder* ‚keiner von beiden'; *nieman,* nhd. ‚niemand';

b) durch Bedeutungsänderung: *dehein* kann mhd. neben ‚irgendeiner' auch ‚keiner' bedeuten. Ursprünglich steht *dehein* nur in Verbindung mit der Negationspartikel *ne* für ‚kein' (*sine tuont dir dehein leit* ‚keinerlei Leid'); später kann die Negation auch fehlen und *dehein* allein schon negative Bedeutung haben (*deheiner slahte leit* ‚keinerlei Leid').

Anm. 1: *nehein* ist Kompositum von *ein* mit **neh-* (lat. *nec, neque*); daneben kommt *nechein* vor (/hh/ neben /h/ schon ahd.), das sich zu *nekein* entwickelt (analog *dehein*). Daraus entsteht *kein* durch Loslösung von *ne-* (Paul, H. 1879d,559; Sparmann 1961,80).

Lit. keiner:
Paul, H. 1879d; Sparmann 1961; Marcq 1986.

6. ‚alles' § 231

Summarisch zusammengefaßt werden die Mitglieder oder Teile einer Menge indefinit durch das Pronominaladjektiv *al.* Es flektiert wie ein st. Adj., kann aber vor Artikel und Pron. in allen Kasus endungslos bleiben: *al der êren.*

Anm. 1: Auf Dissimilation beruht *dem allen* für *dem allem,* ebenso *im allen* (Er 4870). Zu Nom. Sg. Fem. und Pl. Neutr. obd. *älliu* (s. § 41, Anm. 2, 2, § 198, Anm. 2). Nom. Akk. Sg. Neutr. mfrk. *allet* (§ 165,1). – Vgl. Sparmann 1961,102.

7. ‚etwas' § 232

a) Als Indefinitpron. für eine kleinere unbestimmte Menge von Dingen wird im Mhd. meistens *iht* gebraucht. Nebenformen sind *ieht, icht, iet, ît, et. iht* geht auf ein Kompositum aus dem neutr. Subst. ahd. *wiht* ‚Wesen, Ding; etwas' und dem Präfix *io- (eo-)* zurück (ahd. *iowiht*). *iht* bedeutet also urspr. ‚irgendein Wesen', dann auch ‚irgend etwas Beliebiges'.

Anm. 1: Zu *iht* gibt es einen adverbial gebrauchten Akk. *iht* ‚irgendwie' (s. § 418d). Es begegnen auch die flektierten Formen Gen. *ihtes,* Dat. *ihte,* Instr. *ichtiu* (§ 218, Anm. 5, § 223, Anm. 3).

b) Neben *iht* wird im Mhd. schon die Zusammensetzung aus dem Pron. *waʒ*
und dem Präfix *ete-* für ‚etwas‘ verwendet: *etewaʒ, etwaʒ*. Es verdrängt *iht*,
während die mask. Bildung *eteẅer* (§ 229c) im 15. Jh. aufgegeben wird.

§ 233   8. ‚nichts‘

Das Gegenwort mit der Bedeutung ‚nichts‘ entsteht aus der Verbindung von
wiht ‚etwas‘ mit der Negationspartikel *ni* oder dem unbestimmten Adv. *nie*
‚nie, durchaus nicht‘ zu *niwiht, niewiht, nieweht, niuweht* (ahd. *neowiht, nio-
wiht*), kontrahiert zu *niuwet, niwet,* md. *nûwet;* es erscheint dann auch einsilbig
als *nieht, nîcht, nicht, niuht, nût, nît, nit*. Auch die umgestellte Form *enwiht*
kommt vor. Die Bedeutung entwickelt sich von ‚nicht ein Wesen‘ zu ‚nichts‘.
Mhd. *niwiht* kann, als Substantiv gebraucht, auch flektiert werden. Der adverbial gebrauchte Akk. Sg. erstarrt zu der Negationspartikel *niht* ‚nicht‘. Aus
dem Gen. Sg. *nihtes, nihts* entsteht in substantivischem Gebrauch nhd. ‚nichts‘
über die geläufige Verbindung *nihtes niht* ‚nichts von nichts‘ als Zwischenstufe.
Dieses *nichts* steht bis ins 16. Jh. in Wettbewerb mit *nicht,* bis die Differenzierung zwischen *nichts* als Pronominalsubst. und *nicht* als Negationspartikel vollzogen ist.

Anm. 1: Das alte Substantiv ist heute noch in der Wendung ‚zunichte machen‘ und in
‚mitnichten‘ zu erkennen.

Anm. 2: Die mhd. Formen scheiden sich mal., ihr jeweiliges Verbreitungsgebiet ist
noch nicht genügend umgrenzt. In den Urk. des 13. Jhs. tritt *niet* (das auch in der
Dichtung allgemein wegen des bequemen Reims beliebt ist) am Niederrhein und
Mittelrhein auf; *nit* häufig im Schwäb. und in der Schweiz (Gleißner/Frings 1941,141;
Sparmann 1961,86). – Im 15. Jh. gilt *nicht* ausschließlich im Omd., z.T. auch im
Bair. und stark im Ofrk. (Besch 1967,202).

Lit. nichts:
Gleißner/Frings 1941; Sparmann 1961; Besch 1967.

KAPITEL VI

Zahlwörter

I. Kardinalzahlen $ 234

Bei den Zahlwörtern finden sich manche Eigenheiten, die zum Teil darauf beruhen, daß sie zwischen substantivischer und adjektivischer Deklination schwanken. Seit alter Zeit zeigen sich Ausgleichserscheinungen zwischen den einzelnen Zahlen.

Das Zahlwort *ein* wird substantivisch *(einer, -iu, -eȝ)* und adjektivisch *(ein)* flektiert (§ 229, Anm. 1).

Die Flexion der Kardinalzahlen 2 und 3 zeigt folgende Übersicht:

	Mask.	Fem.	Neutr.
N. A.	zwêne	zwô (zwuo, zwâ)	zwei
G.		zwei(g)er	
D.		zwein, zweien	
N. A.	drî, drîe		driu
G.		drî(g)er	
D.		drin, drî(e)n	

vier, finf (fünf), sehs, siben, ahte, niun, zëhen, einlif (eilf), zwelf werden teils endungslos gebraucht, teils adjektivisch dekliniert: Mask. Fem. *viere*, Neutr. *vieriu* usw. *zweinzic (-zec), drîȝic* (in dem silbenanl. germ. /t/ wie inl. behandelt ist, anders als in *drîzehen* ‚13‘, vgl. § 59,5) usw. bleiben unverändert.

hundert und *tûsent* sind neutr. Substantive. Weiteres § 398. Zur Verbindung von Einer und Zehner durch *und*, das gelegentlich fehlen kann, vgl. Hildebrandt 1937,10,29.

Zu den Zahlzeichen vgl. § 17.

Anm. 1: Über die Verbreitung von *zwô, zwuo, zwâ* s. Schirokauer, 1923,66. – Im Md. sind für alle Genera verbreitet die Formen *zwei* und *zwe* (Objartel 1977,257); *bêde* neben *beide* ist schon ahd. (§ 72, Anm. 1). – Die Form *drî* geht auf ahd. Mask. *drî, drîe* auf ahd. Fem. *drîo* zurück; im Mhd. ist Ausgleich eingetreten. *drîn* steht durch Ausgleich neben *drin*; H reimt *drin*, Wo *drîn*, G beide Formen. Weiteres bei Zwierzina 1901,76. Über *drî* und *drîe* s. Schirokauer, 1923,67.

Anm. 2: Da ahd. die Zahlen nach der *i*-Deklination gehen, erscheint *sehs* (nach *sehse* < ahd. *sehsi*) neben *sëhs*, *zehen* neben *zëhen* (§ 64, Anm. 1b) und flektiert Umlaut in *ähte (ähtiu), niune, zehene* (neben *ahte, ahtiu* usw.).

Anm. 3: Zum Zehnersuffix: *-zic, -zec,* seltener *-zoc* z.B. in *sibenzic,* bair. *subenzich, ahtzic, ahzic* (md. *ehtzich, eihzig*). Ahd. *-zo* setzt sich mhd. gelegentlich fort: *suwinz, sibincz.* Einfaches ‚100‘ ist mhd. *hundert,* bis 12. Jh. *zehenzec,* bis 13. *zehanzicvalt,* bis

Ende 13. Jh. vielfaches ‚100' noch *hunt* (zu idg. **ḱṃtóm*), z. B. *drithalphunt* Ulm 1275 (Rosenfeld 1956/57,193). Neben *tûsent* steht noch *tûsunt* (§ 59,2); weitere Formen bei Lexer und Schirokauer 1923,85. Vereinzeltes *zachzig* ‚80' (in Tirol und Fridebrand, osthess.-thür.) mit vorangestelltem **hunt* setzt sich bis in heutige hd. ndd. Mundarten fort (Rosenfeld 1956/57,194). *-hundert* drang aus der höfischen Sprache vor und ersetzt frühmhd. *zehenzic*. Bezirksnamen mit *-huntari* (s. v. Polenz 1961,147). − *zweinzic* hat *zwenzig* neben sich (nicht /ë/; Hildebrandt 1937,50).

Anm. 4: In der Subtraktion steht, vor allem bair., doch nicht in höfischer Dichtung, Subtrahendus vor Minuendus: *an zwen drizic* Hugo v. Trimberg 1911, mit Komparativ *zweier min drizec* Thomasin 11717. Die Zahlverbindung bei Division wird nur mit *halp* gebildet: *ander(t)halp* 1½, *drittehalp* 2½ (= der zweite/dritte halb). (Hildebrandt 1937, 48, 143; Haacke 1959,274).

Lit. Kardinalzahlen:
Zwierzina 1901; Meyer, R. 1918/19; Schirokauer 1923; Hildebrandt 1937; Rosenfeld 1956/57; Rosenfeld 1957; Haacke 1959; Szemerényi 1960; Frings 1962b; Objartel 1977; Braune/Eggers 1987, §§ 270−276; Eichner 1987 (ahd.).

§ 235   II. Ordnungszahlen

Die Ordnungszahlen *êrste, dritte* (md. auch *dirte, derde*, s. § 122), *vierte* usw. flektieren wie die Superlative. *ander* (*zweite* erst seit dem 16. Jh.) ist ahd. nur stark, bewahrt im Mhd. noch starke Form an Stelle schwacher, flektiert aber in der Regel stark und schwach.

Anm. 1: Zu den Ordinalzahlen vgl. Braune/Eggers 1987, § 277f. In Analogie zu *êrste, sechste* können landschaftlich auch *vünfste, sübenste, achteste* usw. auftreten. Sonst gelten *achtode, achtede, achte*, mit /n/, das analog zu ‚7', ‚9', ‚10' auftritt, auch *achtunde, -onde, -ende* (Rosenfeld 1956/57,179).

Lit. Ordinalzahlen:
Rosenfeld 1956/57; Braune/Eggers 1987, § 272f.

§ 236   III. Multiplikationszahlen. Zahladverbien

Die Multiplikationszahlen sind: *eines (einstunt), dristunt* (§ 183, Anm. 7), *vierstunt* usw., *tûsenstunt* ‚einmal, zweimal' usw., *anderstunt, dritte stunt*, ebenso *ander weide* ‚Ausfahrt, Fahrt', *dritte weide, ander warbe* ‚Kreis, Versammlung', *dritte warp, drîwerbe, drîwerp, anderes*, vereinzelt *des dritten* ‚zum zweiten, dritten Male' usw., mfrk. *sevenwarf*, seit dem 13. Jh. *drîzicmâl, ze dem dritten mâle*. − Zu *warp*: Braune/Eggers 1987, § 281, Anm. 3, schon bei Tatian.
Zahladverbien werden mit Gen. gebildet: *eines(t)*, md. *zwîs, drîs* usw., gewöhnlich *zwir(e), zwiro (*zwis-var)*, vgl. Weinhold 1883, § 339.

Lit. Multiplikationszahlen, Zahladverbien:
Weinhold 1883, § 339; Braune/Eggers 1987, § 279ff.

KAPITEL VII

Konjugation der Verben

I. Allgemeines § 237

Im Altdt. ist der ursprüngliche Formenreichtum des Verbs schon sehr zusammengeschmolzen; im Nhd. geht die Vereinfachung durch Ausgleich noch weiter. Andererseits steht neben den ererbten synthetischen Formen (Verbalstamm + Flexionsendung; § 173) eine Fülle von analytischen und periphrastischen Bildungen (mit Hilfsverben). Die Zahl der grammatischen Kategorien, die im Idg./Urgerm. groß war, wurde verringert. Umgekehrt war die Zahl der Klassen im Idg. klein: sie wurde im Germ. vermehrt, im Mhd. Nhd. in den Suffixen verkleinert, im Vokalwechsel (Ablaut, § 28ff., und Umlaut, § 41) sehr vergrößert.

Im Mhd. gibt es kein Medium und kein synthetisch gebildetes Passiv mehr, nur zwei synthetische Tempora, Präsens und Präteritum, wobei beide zwei Modi aufweisen, Indikativ und Konjunktiv (Optativ). Vom Präsens wird als 3. Modus ein Imperativ gebildet. Ihre Leistungen (syntaktische Funktionen) behandelt die Satzlehre §§ 316–322.

Das Präteritum ist obd. seit etwa 1300 dem Perfekt gewichen (Lindgren 1957,52; vgl. DSA 79,80 *kamen: sind gekommen*).

Das Präteritum dient meist auch zur Bezeichnung des Plusquamperfekts; dieses kann aber auch eigens durch das Präfix *ge-* gekennzeichnet werden: *ër gesaʒ* ‚er hatte (war) gesessen‘ oder entsprechend dem Nhd. durch Umschreibung mit *hân* oder *sîn* + Part. Prät.: *ër hâte/was gesëʒʒen*. Vgl. § 308c; § 312. – Die Form *ge* + Präteritum kann auch die einfache Vergangenheit bezeichnen, vgl. *ër gesaʒ* ‚er saß‘.

Das Futur wird vielfach durch das Präsens wiedergegeben, wie seit ältester Zeit bis heute. Daneben gibt es umschriebene Formen:

1. mit *sol*, seltener mit *wil* und *muoʒ* + Infinitiv: *ich sol / wil / muoʒ sprëchen;*
2. mit *wërden* + Part. Präs. oder später mit *wërden* + Infinitiv: *ich wirde sprëchende/sprëchen.* – Vgl. § 306, § 314.

Anm. 1: Die Umschreibung des Futurs durch *wërden* + Inf. setzt sich erst frühnhd. durch. Sie hat sich aus der Fügung *wërden* + Part. Präs. (welche ursprünglich den Eintritt in eine Handlung oder einen Zustand ausdrückte) entwickelt, wohl in Angleichung an andere Bildungen mit dem Infinitiv (s. o.): *ich wirde sprëchende > ich wirde sprëchen.* Analog ist die Bildung des Konditionalis zu verstehen: *ich würde sprëchen* (Kleiner 1925; Saltveit 1962).

Inwieweit das Tempussystem des germ. und dt. Verbs nicht nur Zeitstufen, sondern auch (als idg. Erbe) ‚Aspekte‘ zum Ausdruck bringt, ist ein noch nicht völlig geklärtes Problem; vgl. den Forschungsüberblick § 303.

Das Passiv wird durch Umschreibung mit *wërden* oder *sîn* + Part. Prät. gebildet:

1. mit *wërden* beim Präs. und Prät.: *ich wirde/wart gesëhen;*
2. mit *sîn* beim Perf. und Plusqu.: *ich bin/was gesëhen.*

Weiteres vgl. §§ 323–327.

Durch Nominalsuffixe werden schließlich einige Verbalnomina gebildet (Verbum infinitum, im Gegensatz zum konjugierten Verbum finitum):

1. der Infinitiv des Präsens, neben den sich das Gerundium stellt (Gen. und Dat. des flektierten Infinitivs), also ein Verbalsubstantiv;
2. zwei Verbaladjektive, nämlich die Partizipien des Präsens und des Präteritums.

§ 238 Man teilt die Verben nach dem Vorschlag J. Grimms in zwei Hauptklassen, in starke und schwache ein (§ 172). Maßgebend für diese Einteilung ist die Bildung des Präteritums. Mit dieser Bezeichnungsweise soll ausgedrückt werden, daß die ‚starken‘ Verben die Kraft haben, den Prät.-Stamm gewissermaßen von sich aus zu bilden, nämlich durch eine Veränderung des Wurzelvokals, den Ablaut (§ 28ff.), während die ‚schwachen‘ dazu eines äußeren Zusatzes bedürfen, eines Dentalsuffixes (mhd. gewöhnlich *-te*). Der Gegensatz beider Klassen zeigt sich aber auch in der Bildung des Part. Prät.: das starke wird auf *-en*, das schwache auf *-(e)t* gebildet (§ 257). Mischfälle liegen vor bei den Präteritopräsentien (§ 269) und beim sog. Rückumlaut der schwachen Verben der Klasse I b (§ 262). – Während die Infinitivendungen der Verben im Ahd. verschieden waren (starke *-an*, schwache *-en* < *jan, -ôn, -ēn*), weisen sie im Mhd. die gleiche Endung *-en* auf.

Lit. Verben Allgemeines:
Bech, F. 1901; Moser, V. 1909; Michels 1922; Kleiner 1925; Maurer 1926a; Lindgren 1957; Marache 1960; Saltveit 1962; Werner 1965; Förster, U. 1966; Besch 1967; Lawson 1968; Bentzinger/Bock/Langner 1969; Erben 1970; Wolf, N. R. 1971; Lawson 1976; Graser 1977; Stopp 1978; Lawson 1983; Schrodt 1983; Braune/Eggers 1987, § 203ff.

II. Starke Verben

A. Formenbildung

§ 239   1. Überblick

Kennzeichnend für die Formenbildung der starken Verben ist der aus dem Idg. stammende Ablaut, der regelmäßige Wechsel der Wurzelvokale (§ 28ff.). Er bestimmt auch im Mhd. die Tempusbildung des starken Verbs und dient hier noch (im Unterschied zum Nhd.) der übersichtlichen Einteilung in Verbklassen (Ablautreihen), wie unten (§§ 244–253) dargelegt wird.

Außer durch den Ablaut kann es infolge jüngerer Lautveränderungen im Mhd. zu zusätzlichen Alternanzen der Wurzelvokale des starken Verbs kommen: germ. Wechsel o. Brechung (§§ 31–35) oder ahd.-frühmhd. Umlaut (§ 41) führen zu den unten (§ 241f.) aufgezeigten Erscheinungen.

Die Nebensilben sind im Mhd. gegenüber dem Ahd. abgeschwächt oder haben ihre Vokale ganz verloren (Apokope, Synkope; vgl. §§ 51–56, § 58f.). Über das Präfix *ge-* als Kennzeichen des Part. Prät. s. § 243; zu den Flexionsendungen vgl. § 240 und die folgende Übersicht mit dem Paradigma *nëmen*.

Präsens

	Indikativ		Konjunktiv	
	mhd.	*ahd.*	mhd.	*ahd.*
Sg. 1.	nim-e	*nim-u*	nëm-e	*nëm-e*
2.	nim-e-st	*nim-i-s(t)*	nëm-e-st	*nëm-ê-s(t)*
3.	nim-e-t	*nim-i-t*	nëm-e	*nëm-e*
Pl. 1.	nëm-e-n	*nëm-ê-m, -ê-n(-amês)*	nëm-e-n	*nëm-ê-m*
2.	nëm-e-t	*nëm-e-t*	nëm-e-t	*nëm-ê-t*
3.	nëm-e-nt	*nëm-a-nt*	nëm-e-n	*nëm-ê-n*

	Imperativ		Infinitiv	
Sg. 2.	nim	*nim*	nëm-e-n	*nëm-a-n*
Pl. 1.	nëm-e-n	*nëm-ê-m*	Gerundium	
2.	nëm-e-t	*nëm-e-t*		
			Gen. nëm-enne-s	*nëm-anne-s*
			Dat. nëm-enne	*nëm-anne*

Partizip des Präsens

mhd.	*ahd.*
nëm-e-nd-e	*nëm-a-nt-i*

Präteritum

	Indikativ		Konjunktiv	
	mhd.	*ahd.*	mhd.	*ahd.*
Sg. 1.	nam	*nam*	næm-e	*nâm-i*
2.	næm-e	*nâm-i*	næm-e-st	*nâm-î-s(t)*
3.	nam	*nam*	næm-e	*nâm-i*
Pl. 1.	nâm-e-n	*nâm-u-m*	næm-e-n	*nâm-î-m, -î-n(-îmes)*
2.	nâm-e-t	*nâm-u-t*	næm-e-t	*nâm-î-t*
3.	nâm-e-n	*nâm-u-n*	næm-e-n	*nâm-î-n*

Partizip des Präteritums

mhd.	*ahd.*
ge-nom-e-n	*gi-nom-a-n*

§ 240   2. Flexionsendungen

Die Flexionsendungen unterliegen, wie der Vergleich mit den ahd. Formen in
der Tabelle (§ 239) deutlich macht, der Nebensilbenabschwächung voller Vokale zu /e/. Vielfach schwindet auch dieses /e/, bes. nach /l/ und /r/ bei vorausgehendem kurzen Tonvokal oder zwischen /h/ und /t/ (vgl. Synkope, Apokope
§ 53). Es heißt also z. B. *ich var, du verst, er vert, wir varn* usw. (statt *ich vare,
du verest, er veret, wir varen*). Häufig ist Synkope vor /t/, namentlich in der 3.
Sg. Präs.: *er siht* neben *er sihet, er wirt* − *er wirdet, er gilt* − *er giltet, er vint* − *er
vindet, er ræt* − *er rætet* (§ 53 c u. d).

Weitgehend zusammengefallen sind im Mhd. die Flexive des Ind. u. Konj.
Präsens (ausgenommen die 3. Pers. Sg. u. Pl.) sowie des Ind. u. Konj. Prät.
(ausgenommen Sg.). Homophonie, also Gleichlautung in Wurzel und Endung,
herrscht zwischen Ind. und Konj. in der 1.2. Pl. Präs. aller starken Verben, in
der 1.2. Pers. Sg. Präs. bei denjenigen Verben, die keinen Umlaut oder Wechsel kennen (z. B. *ich grîfe, du grîfest; ich grabe*, aber Ind. *du grebest*, Konj. *du
grabest*). Der Konj. Prät. hat schon im Mhd. Präs.-Bedeutung (§ 320ff.).

Anm. 1: Die 1. Sg. kann im Md. (bes. mfrk.) und Westalem. auch auf -en ausgehen
(in Anlehnung an die sw. Verben der II., III. Kl., vgl. § 256, Anm. 3); in der 2. Sg.
erscheint neben /-st/ noch /-s/, besonders im Md., vgl. *ich vinden, du vindes*.

Anm. 2: In der 1. Pl. kann das /n/ abgeworfen werden, wenn das Pron. *wir* nachgesetzt
wird: *lâʒe wir, gâhe wir* NL 1617; *nëme wir, nâme wir;* auch mit Silbenschwund: *nëm
wir* (Sandhi bei Inversion).

Anm. 3: Die 2. Pl. Ind. Präs. wird hauptsächlich im Alem., auch im Südrheinfrk., wie
die 3. Pl. auf -ent gebildet. Diese Endung wird später auch in den Konj. und Imp. und
in das Prät. übertragen, z. T. auch in die 1. Pl. − Über den Reimgebrauch bei H
s. Gierach 1917,521, bei Rudolf von Ems Schröder, E. 1904,198. Näheres über die
heutigen Verhältnisse bei Maurer 1942,223.

Anm. 4: Umgekehrt wird im späteren Mhd. die 3. Pl. Ind. Präs. wie im Nhd. auch auf
-en gebildet. Im Md. erscheint diese Endung schon sehr früh; sie ist auch im Ofrk. und
Bair. im 15. Jh. vorhanden; während im Ostalem. und Bair. noch die ‚klassisch‘-mhd.
Regelung nachwirkt, bildet sich im Alem. und ein Stück rheinabwärts der Dentalplu-
ral aus (Besch 1967,312).

Anm. 5: Die 2. Sg. Imp. nimmt zuweilen schon ein /-e/ an nach dem Muster der
schwachen Verben, also *nime, gibe, trîbe* usw. Umgekehrt fehlt bei den st. *jan*-Verben
gelegentlich das /-e/, namentlich steht oft *bit* für *bite*. Auch der Befund des 15. Jhs.
bestätigt die Unsicherheit (Besch 1967,306f.).

Anm. 6: In der 1. und 3. Sg. Ind. Prät. wird zuweilen in Angleichung an die schwachen Verben ein /-e/ angehängt, z. B. *fande, warde, schuofe*. Diese Erscheinung ist im
Frühnhd. häufig; ein Rest davon ist in dem Nebeneinander von nhd. ‚wurde‘ und
‚ward‘ bewahrt.

Anm. 7: Die 2. Sg. Ind. Prät. nimmt zuweilen nach dem Vorbild des Konj. und des
Präs. die Endung -es, -est an, namentlich im Md.: *du næmest*, dann ohne Umlaut *du
nâmest*.

Anm. 8: Das /n/ des Infinitivs schwindet oft im Md., namentlich im Thür. und obd. im Ofrk., hier und da auch sonst im Obd. (Ehrismann, G. 1897,297; für die heutigen Maa. Martin, B. 1959,61ff.).

Anm. 9: Das Gerundium der st. wie der sw. Verben kommt auch mit geschwächter Endung (/n/ statt /nn/) vor: *tragene, klagene* usw. (im Reim des NL s. Saule 1925,17), *bieten, rîten; sagenes, turnierens* (vgl. Lachmann zu Iw 25, 219, 2798, 3043, 7438), auch *stërbes* (Lachmann zu NL 918). Daneben erscheinen in Anlehnung an das Part. Präs. Formen mit /nd/ *(nëmende)*, die in der späteren Zeit überhand nehmen. – Im 15. Jh. ist das Gerundium im Bair. und in den mfrk.-ndfrk. Hss. aufgegeben (Besch 1967,314).

Anm. 10: Es gibt auch die Form des Part. Präs. auf *-unde* (§ 9,2; § 59,4). Über die Ausstoßung des /n/ in *hëlde, hëlede* statt *hëlende* usw. vgl. § 126, Anm. 4.

Anm. 11: Im Imp. Sg. kann zur Verstärkung /-â/ angefügt werden (z. B. *hilfâ, dringâ;* Benecke/Müller, W./Zarncke 1854, I, 1f.).

3. Umlaut des Wurzelvokals §§ 241

Umlaut, dh. Palatalisierung velarer Vokale vor /i, î, j/ der Folgesilbe (§ 41), betrifft nur die Formen, die einen umlautfähigen Wurzelvokal haben und zugleich im Ahd. (s. Tabelle § 239) eine *i*-haltige Endung aufweisen: Umlaut findet sich somit im gesamten Konj. Prät. und in der 2. Pers. Sg. Ind. Prät. der Klassen II–VI sowie in der 2.3. Sg. Präs. Ind. der Klasse VI und z.T. VII (dazu Ausnahmen in anderen Klassen).

Es heißt also in der 2. Sg. Ind. Prät. und im Konj. Prät. z.B. *du sünge* ,du sangst', *ich sünge* ,ich sänge' usw.; *du gæbe, ich gæbe; du füere, ich füere; du güʒʒe* ,du gossest', *ich güʒʒe.* In der 2.3. Sg. Ind. Präs. vgl. *du verst, er vert* zu *varn* (VI); *du rætest, er rætet/ræt* (VII); *du stœʒest, er stœʒet* (VII); *du siufest, er siufet* von *sûfen* (Ausnahme Klasse II).

Anm. 1: Der Umlaut unterbleibt zuweilen, auch abgesehen von den Fällen, wo er durch die folgenden Konsonanten verhindert wird, in der 2. und 3. Sg. Ind. Präs. bei den ursprünglich reduplizierenden Verben (VII. Kl.), vgl. *ër slâfet, stôʒet* neben *slæfet, stœʒet.* Über das Fehlen des Umlauts von /u/ im Konj. Prät. vgl. § 41, Anm. 6.

Anm. 2: Umgekehrt findet sich wohl in Analogie zum Konj. Prät. zuweilen der Umlaut im Pl. Ind. Prät., so z. B. in den ältesten Parzivalhss., also *wæren, wæret,* auch *bræhten, tæten* (vgl. den Pl. Präs. der Präteritopräsentia § 269, Anm. 1).

4. Wechsel/Brechung des Wurzelvokals §§ 242

Die Alternanzen /i/ – /ë/ sowie /iu/ – /ie/ ergeben sich aus den Folgevokalen (§ 31ff., § 35), die im Ahd. (vgl. Tabelle § 239) noch vorliegen, im Mhd. aber abgeschwächt sind. Vor den hohen Folgesilbenvokalen /u/ und /i/ (Sg. Präs. Ind. des Ahd.) stehen die hohen Wurzelvokale /i/ bzw. /iu/, dagegen vor den mittleren und tiefen Folgesilbenvokalen /ë, a, o, ê/ die entsprechenden mittleren Wurzelvokale /ë/ bzw. /ie/ (Pl. Ind. Präs., Imp. Pl., Konj. Präs., Inf., Part. Präs., Gerundium).

Starke Verben mit dem Infinitiv-Wurzelvokal /ë/ oder /ie/ (z. B. *nëmen, gëben, hëlfen; bieten, giezen*) wechseln also im Sg. Ind. Präs. und im Sg. Imp. zu
/i/ bzw. /iu/ (z. B. *ich nime, du nimest, er nimet, nim; ich giuze* usw.)

	Ind. Präs.		Imperativ	
	mhd.	ahd.	mhd.	ahd.
Sg. 1.	giuʒ-e	*giuʒ-u*		
2.	giuʒ-e-st	*giuʒ-i-s(t)*	giuʒ	*giuʒ*
3.	giuʒ-e-t	*giuʒ-i-t*		
Pl. 1.	gieʒ-e-n	*gioʒ-ê-m, -ê-n(-amês)*	gieʒ-e-n	*gioz-ê-m, -ê-n(-amês)*
2.	gieʒ-e-t	*gioʒ-e-t*	gieʒ-e-t	*gioʒ-e-t*
3.	gieʒ-e-nt	*gioʒ-a-nt*		

Der Wechsel zwischen /ë/ und /i/ ist kennzeichnend für die st. Verben der
Klassen III b (z. B. *hëlfen;* nicht für III a: *binden, finden* usw.), IV (z. B. *nëmen*)
und V (z. B. *gëben*), derjenige zwischen /ie/ und /iu/ für die Klasse II (z. B.
gieʒen, s. oben). (Joesten 1931; dazu Teuchert 1931/32, 117).

Im Nhd. steht das /e/ des Infinitivs in allen Formen des Präs. außer der 2. 3.
Sg. (vgl. ‚helfe, hilfst, hilft‘) und des Imp. außer der 2. Sg. (‚hilf‘); /ie/ erscheint
dagegen in allen Formen des Präs. und Imp. Zu mhd. *giuʒet* vgl. aber frühnhd.
geußt, zu mhd. *giuʒ* frühnhd. *geuß* und die Weihnachtsliedstrophe ‚Heut
schleußt er wieder auf die Tür‘. In der älteren deutschen Dichtersprache haben
sich noch Formen wie *kreucht, fleugt, fleucht* für *kriecht, fliegt, flieht* erhalten.

Anm. 1: /ë/ und /ie/ dringen im Md. früh in die 1. Sg. ein (wie nhd.): *ich sëhe* statt *ich
sihe, ich biete* statt *ich biute.* Ja dieser Wechsel wird md. auch ganz aufgegeben: *wigen,
zimen* für *wëgen, zëmen,* aber auch *du zëmst, er zëmt* für *zimest, -et* u. a. – Bei *zëmen*
ist aus *zimet* im Nhd. ein swV. ‚ziemen‘ entstanden. – Im 15. Jh. scheint obd. /i/, md.
und in den nördlich angrenzenden Gebieten /e/ zu gelten (Besch 1967, 305).

§ 243   5. Präfix des Partizips Präteritum

Das Partizip Präteritum wird bei der starken wie bei der schwachen Konjugation mit dem Präfix *ge-* gebildet, falls das Verb nicht schon mit einer vortonigen
und untrennbaren Vorsilbe verbunden ist. Ursprünglich bezeichnete das Präfix
ge- den Abschluß eines Vorgangs; es ist allmählich, aber schon vor der ahd.
Sprachperiode, beim Partizip üblich geworden. Noch ohne *ge-* erscheinen mhd.
funden, komen, troffen, worden, ferner *brâht,* oft auch *lâʒen,* zuweilen *gëben,
nomen,* weil die meisten dieser Verba perfektiver Art sind. – Das Part. von
heben lautet *erhaben* (§ 252, Anm. 1), das von *leschen* heißt *erloschen.* – Zu
Sonderfällen vgl. Marache 1960, 28ff.

Anm. 1: Das /e/ von *ge-* fällt vor Vokal: *gëʒʒen* (nhd. ‚gegessen‘ mit nochmaliger
Vorsetzung von *ge-*), *garn* neben *gearn* (zu *erren*) ‚gepflügt‘; auch vor gewissen Kons.:
gwunnen, gnomen; mit Assimilation *gangen.* Vgl. § 55; s. dort auch Weiteres über
vreischen, vrëʒʒen, vlorn.

Anm. 2: Auch *lîden* in der Bedeutung ‚zu Ende gehen' bildet das Part. ohne *ge*-
(Schröder, E. 1923b,193; Alex 5108). *heiʒen* und *jëhen* können (nach Muster von
lâʒen) ohne *ge*- erscheinen, wenn sie als Hilfsverben auftreten (z. B. G 16341). Über
sonstiges vereinzeltes Vorkommen von Part. ohne *ge*- v. Kraus 1894, zu Nr. X 29. In
späten obd. Texten fehlt oft das *ge*- nur scheinbar, da das /g/ nach Ausstoßung des /e/
dem folgenden Konsonanten assimiliert ist. – Während im 15. Jh. das Obd. und
Omd. die alten Verhältnisse bewahren, scheint der Norden und Nordwesten die
Sonderregelung bei den perfektiven Verben zuerst aufzugeben (Besch 1967,323). –
Über das Part. Prät. in der Form des Inf. s. § 335c.

Anm. 3: In beschränktem Maße sind auch *er*-, *ver*- so farblos geworden, daß sie nur
zur Perfektivierung dienen können; so heißt es stets nicht nur (s. oben) *erhaben*,
erloschen, während *gehaben* erst um 1400 aufkommt, sondern es erscheint auch *ver-*
stoln neben *gestoln*.

Anm. 4: Einige alte Part., welche im Nhd. durch Neubildungen auf Grund einer
Analogie verdrängt wurden, leben heute als Adjektive fort: ‚verstohlen – gestohlen,
erhaben – gehoben, bescheiden – beschieden, gediegen – gediehen' usw.

Lit. Endungen. Umlaut und Wechsel:
von Kraus 1894; Ehrismann, G. 1897; Schröder, E. 1904; Gierach 1917; Schröder, E.
1923b; Saule 1925; Joesten 1931; Teuchert 1931/32; Valk 1936/37; Maurer 1942; Martin, B. 1959; Marache 1960; Besch 1967; Shields 1984.

B. Tempusbildung der Ablautreihen   § 244

Die Bildungsweise der Zeitstufen des Präsens und Präteritums bei mhd. starken Verben ist gekennzeichnet durch vier ablautende Formen:

1. Infinitiv o. 1. Sg. Ind. Präs.: der hier angegebene Wurzelvokal gilt (abgesehen von den in § 241f. genannten Lautveränderungen des Wechsels und des
Umlauts) für alle übrigen Formen des Präsens.

2. 1. Sg. Ind. Prät.: dieser Form entspricht nur die 3. Sg. Ind. Prät.

3. 1. Pl. Ind. Prät.: nach dieser Form richten sich der ganze Pl. Prät. und –
bei umlautfähigem Wurzelvokal umlautend – die 2. Sg. Ind. Prät. und der
ganze Konj. Prät.

4. Part. Prät.

Über die Kennzeichnung der anderen Zeiten (Futur, Perfekt, Plusquamperfekt) und des Passivs s. § 237.

Entsprechend den Ablautreihen (§ 28ff.) unterscheidet man im Mhd. sieben
Klassen der starken Verben:

Klasse I   § 245

Die Verben der ersten Ablautreihe (§ 30) gliedern sich nach dem Tonvokal des
Sg. Ind. Prät. in zwei Gruppen:

a) solche mit /ei/,
b) solche mit /ê/ (vor germ. /h/, vor /w/ und im Auslaut, vgl. § 38, § 72).

I a	mhd.	grîfen, grîfe	greif	griffen	gegriffen
	ahd.	*grîfan, grîfu*	*greif*	*griffum*	*gigriffan*
I b	mhd.	dîhen, dîhe	dêch	digen	gedigen
	ahd.	*dîhan, dîhu*	*dêh*	*digum*	*gidigan*

Beispiele der Gruppe I a: *bîten* ‚warten‘, *bîȝen, blîchen, glîȝen* ‚glänzen‘, *grîfen, grînen* ‚winseln, knurren‘, *klîben* ‚kleben‘, *belîben, nîgen* ‚sich neigen‘, *pfîfen, rîben, rîten, rîȝen* ‚reißen‘, *schîben* ‚rollen‘, *schînen, schîȝen, schrîben, schrîten, sîgen* ‚sinken‘, *slîchen, slîfen* ‚gleiten‘, *slîȝen* ‚zerreißen‘, *smîȝen, strîchen, strîten, swîchen* ‚entweichen‘, *swîgen, swînen* ‚schwinden‘, *trîben, vlîȝen* ‚befleißigen‘, *wîchen, verwîȝen* ‚vorwerfen‘.

Gramm. Wechsel (§ 93) haben die Verben *lîde − leit − liten − geliten* (Part. *liten* s. § 243, Anm. 2), ferner *brîden* ‚flechten, weben‘, *mîden, nîden, rîden* ‚drehen‘, *snîden; rîse* ‚ich steige, falle‘ − *reis − rirn − gerirn,* daneben aber *risen − gerisen.*

Beispiele der Gruppe I b mit Gramm. Wechsel: *dîhen* ‚gedeihen‘ (s. o.), ferner *rîhen* ‚heften, aufstecken‘, *sîhen, zîhen* ‚zeihen‘.

Doppelformen haben *schrî(g)en* und *spî(w)en: schrei* und *schrê* (ahd. *screi*), *spê* und *spei* (ahd. *spêo, spê*); *spê* und *schrei* sind lautgesetzlich, *spei* und *schrê* Angleichungen. Genaueres über den Gebrauch von *schrei* und *schrê* bei Zwierzina 1901, 30; Schirokauer 1923, 11; *schrei* herrscht besonders im Fränk. − Auch zu *lêch, gedêch* tritt gelegentlich *leich, gedeich* (Krone 3554).

Anm. 1: Von *lîhen* lautet das Part. neben *gelihen* auch *geligen, geliuwen* (*luwin* Eilh VII, 15), *geluhen.* Im Konj. Prät. kommt *liuwe* neben *lihe* vor (§ 93, Anm. 1). Gleißner/Frings 1941, 120: alem. *verluhen, -ch-, verlugen, verluen, verluwen.*

Anm. 2: Von *schrîen* und *spîwen* lautet der Pl. Prät. *schrirn* bzw. *spiuwen, spûwen,* auf Grund gegenseitiger Beeinflussung auch *schriuwen, schrûwen* bzw. *spirn,* das Part. *geschrirn, geschriuwen, geschrûwen, gespiuwen, gespûwen, gespirn* (vgl. Braune/Eggers 1987, § 330, Anm. 3). Beide Verben werden auch schwach konjungiert. Neben *spîwen* erscheint *spûwen* oder *spiuwen.* Von *snî(w)en* ‚schneien‘ sind mhd. keine starken Formen (außer Imp. *snî* Wa) belegt, müssen aber obd. vorhanden gewesen sein, wo sie noch mal. leben.

Anm. 3: Der Ausgleich des Grammatischen Wechsels geht landschaftlich sehr verschieden vor sich: Herbort hat *lîden* ausgeglichen, aber *snîden* nicht (Schröder 1918, 95). − *swîgen* und *swîchen* beeinflussen sich gegenseitig, so daß von beiden Verben Formen mit /ch/ und /g/ vorkommen (im Reim, z. B. Krone, s. Zwierzina 1928); hier liegt kein Grammatischer Wechsel vor.

Anm. 4: *nîden* wird mhd. meist stark flektiert: *neit − niten − geniten,* selten schwach: *nîdete* und *nîte* (Lanz 1424), *genîdet,* während ahd. nur das sw. Verb *nîdôn* belegt ist.

Lit. Klasse I:
Zwierzina 1901; Schröder, E. 1918; Schirokauer 1923; Zwierzina 1928; Gleißner/Frings 1941; Braune/Eggers 1987, § 329ff.

§ 246 Klasse II

Unter den Verben der zweiten Ablautreihe (§ 30) unterscheiden wir wieder nach dem Tonvokal des Sg. Ind. Prät. ebenfalls zwei Gruppen:

a) solche mit /ou/,
b) solche mit /ô/ (vor /t, d, ȝ, s/ und germ. /h/, vgl. § 39, § 74).

IIa	mhd.	biegen, biuge	bouc	bugen	gebogen
	ahd.	biogan, biugu	boug	bugum	gibogan
		(obd. biugan)			

IIb	mhd.	bieten, biute	bôt	buten	geboten
	ahd.	biotan, biutu	bôt	butum	gibotan

Zur Gruppe IIa gehören *klieben* ‚spalten‘, *liegen* ‚lügen‘ (§ 81,1), *riechen* ‚rauchen, duften‘, *kriechen* (germ. /k/!), *schieben, sliefen* ‚schlüpfen‘, *smiegen, stieben, triefen, triegen* ‚betrügen‘ (§ 81,1) *vliegen.*

Zur Gruppe IIb zählen: *die3en* ‚rauschen‘, *verdrie3en, gie3en, nie3en* ‚genießen‘, *rie3en* ‚weinen‘, *schie3en, slie3en, sprie3en, vlie3en* (mal. auch *vliu3en*).

Gramm. Wechsel (§ 93) haben *sieden (siude – sôt – suten – gesoten); kiesen (kiuse – kôs – kurn – gekorn), verliesen* (über alem. *verlieren, verlôr* s. Schirokauer 1923,6), *niesen, vriesen* ‚frieren‘, *ziehen (ziuhe – zôch – zugen – gezogen).*

<u>Anm. 1:</u> Die Verben mit inl. /w/ behalten /iu/ durch alle Formen des Präs. hindurch (§ 35): *bliuwen* ‚schlagen‘ *(bliuwe – blou – blûwen – geblûwen), briuwen* ‚brauen‘, *kiuwen* ‚kauen‘, *riuwen* ‚schmerzen‘. Das Part. hat auch *iuw,* der Pl. Prät. *iuw* und *ouw.* Braune/Eggers 1987, § 113, Anm. 2; Kögel 1884b, 540f.

<u>Anm. 2:</u> Drei Verben haben im Präs. /û/: *lûchen* ‚schließen‘, *sûfen, sûgen* (Prät. *souc – sugen,* Part. *gesogen*); vom sw. Verb *tûchen* ist noch das Part. Prät. *betochen* belegt.

<u>Lit.</u> Klasse II:
Kögel 1884b; Schirokauer 1923; Braune/Eggers 1987, § 332ff.

Klasse III   **§ 247**

Hierher gehören Verben mit Nasal + Kons. oder Liquid + Kons. nach dem Wurzelvokal (§ 30). Wieder gibt es zwei Gruppen:

a) Wenn dem Wurzelvokal ein Nasal + Kons. folgt, lautet er im Präs. durchgehend /i/, im Part. Prät. /u/;

b) wenn ihm ein Liquid + Kons. folgt, tritt im Präs. Wechsel zwischen /i/ und /ë/ ein (§ 32f.), und im Part. Prät. lautet der Wurzelvokal /o/:

IIIa	mhd.	binden, binde	bant	bunden	gebunden
	ahd.	bintan, bintu	bant	buntum	gibuntan

IIIb	mhd.	hëlfen, hilfe	half	hulfen	geholfen
	ahd.	hëlfan, hilfu	half	hulfum	giholfan

Zur Gruppe IIIa gehören: *brimmen* ‚brummen‘, *glimmen, grimmen* ‚wüten‘, *klimmen, krimmen* ‚mit den Klauen packen‘, *limmen* ‚brüllen‘, *swimmen, dimpfen* ‚dampfen‘, *klimpfen* ‚fest zusammenziehen‘, *krimpfen* ‚krampfhaft zusammenziehen‘, *rimpfen* ‚rümpfen‘, *rinnen, sinnen, spinnen, entrinnen, gewinnen, binden, dinsen* ‚schleppen‘, *dringen, hinken, klingen, gelingen, ringen, schinden, schrinden* ‚sich spalten‘, *singen, sinken, slinden* ‚schlingen = schlucken‘, *slingen, springen, stinken, swinden, swingen, trinken, twingen, vinden* (zum Part. *vunden* ohne ge- s. § 243), *winden;* über *beginnen* und *bringen* s. § 267f.

Zu Gruppe IIIb gehören: *kërren* ‚schreien‘, *schërren* ‚scharren‘, *wërren* ‚wirren, stören‘ (seltene Nebenform Part. Prät. *verwarren,* s. § 60, Anm. 3), *bërgen, verdërben* (intr.), *stërben*, *wërben* (bair. auch *wërven*, ursprünglich mit Gramm. Wechsel), *wërden* (Pl. Prät. in älteren Texten noch mit Gramm. Wechsel *wurten*), *wërfen*, *bëllen*, *gëllen*, *hëllen* ‚hallen‘, *quëllen*, *schëllen*, *swëllen*, *wëllen* ‚rollen‘, *bëlgen* ‚aufschwellen, refl. zürnen‘, *gëlten*, *hëlfen*, *mëlken*, *schëlten*, *smëlzen* ‚schmelzen‘, *swëlhen* und *swëlgen* ‚verschlucken‘, *tëlben* ‚graben‘, *bevëlhen*, *emphëlhen*.

Lit. Klasse III:
Braune/Eggers 1987, §§ 335–338.

§ 248   Klasse IV

Diese Verben haben meist einfachen Nasal oder Liquid nach oder vor dem Wurzelvokal (§ 30):

IV	mhd.	nëmen, nime	nam	nâmen	genomen
	ahd.	*nëman, nimu*	*nam*	*nâmum*	*ginoman*

Hierher gehören: *zëmen* ‚ziemen‘ (Part. auch *gezëmen*), *bërn* ‚tragen‘, *schërn*, *swërn* ‚eitern, schmerzen‘, *hëln*, *quëln* ‚Qual erleiden‘, *stëln*, ferner *brëchen*, *rëchen* ‚rächen‘, *sprëchen*, *trëchen* ‚schieben, scharren‘, *schrëcken* (Neubildung des 11. Jhs. zum swV. *schricken*, vgl. Braune/Eggers 1987, § 341, Anm. 2), *trëffen* (Part. *troffen*), *dreschen*, *leschen* (§ 41, Anm. 4, § 64, Anm. 1 b), *brësten* ‚brechen‘, *vlëhten*, aber auch *stëchen*, *vëhten*, *dëhsen* ‚Flachs schwingen‘. – Md. werden *vëhten* und *vlëhten* gewöhnlich wie Verben der III. Klasse flektiert (Pl. Prät. *vuhten, vluhten, vohten, vlohten;* zu *vëhten* s. Schirokauer 1923, 11). – Der Vokal des Part. Prät. stammt vielleicht aus der Reduktionsstufe (§ 28).

Anm. 1: Zu dieser Gruppe gehört auch *komen*, *kömen* = ahd. *quëman* (§ 116). Flexion: 1. Sg. Ind. Präs. *ich kume;* 2. 3. Sg. auch mit Umlaut *kümes(t), küm(e)t;* Pl. *wir komen*, auch *kumen* (umgekehrt dringt /o/ auch in den Sg.); Prät. regelmäßig *quam, quâmen*, namentlich im Md., daneben *kom, kômen* (bair., auch ofrk.) und *kam, kâmen* (alem.); H reimt *kam* (meidet es im Iw), ebenso G, Wo *kom.* (Vgl. Kchr 52; Zwierzina 1898, 500; ders. 1900, 87; Schirokauer 1923, 13; Gleißner/Frings 1941, 35.) Das Part. Prät. *komen* wird ohne *ge-* gebildet (§ 243).

Im 13. Jh. gilt urk. der Inf. *komen* im Südwesten, von da an bis Wien *chomen*, am Oberrhein von Straßburg bis zum Main und Würzburg *kumen*, ebenso in Köln. Der Wurzelvokal ist in der 1. Sg. Präs. überall /u/, desgleichen im allgemeinen in der 3. Sg., und in der 1. 3. Pl. – /o/ herrscht im Süden bis zur Donau, nördlich /u/, um Freiburg und Nürnberg /o/; Prät. 1. Sg. bair. /o/, westlich davon /a/. – Im 15. Jh. schreibt das obd. Gebiet /k/, das md. /qu/ (Besch 1967, 117). – Weiteres Gleißner/ Frings 1941, 35; Klappenbach 1945, II, 2, 238. Vgl. Literaturüberschichtung oben § 9, zu /n/ statt /m/ § 125, § 286.

Lit. Klasse IV:
Zwierzina 1898; Zwierzina 1900; Schirokauer 1923; Gleißner/Frings 1941; Klappenbach 1945; Besch 1967; Braune/Eggers 1987, § 339ff.

§ 249   Klasse V

Es zählen hierher Verben mit einfachem Konsonanten (außer Liquid o. Nasal) oder erst infolge der zweiten Lautverschiebung (§ 88) geminiertem Konsonanten nach dem Wurzelvokal (§ 30).

V	mhd.	gëben, gibe	gap	gâben	gegëben
	ahd.	gëban, gibu	gab	gâbum	gigëban

Hierher gehören: *pflëgen, wëgen* ‚wägen, bewegen, wiegen' (auf *wëgen* gehen nhd. *bewegen* und *wägen* zurück: im Frühnhd. ist aus der 2. 3. Sg. *wiegst, wiegt* das Verb *wiegen* neu gebildet worden), *jëhen* ‚behaupten', *geschëhen, sëhen, jëten* ‚jäten', *knëten, trëten, wëten* ‚binden', *wëben, ëʒʒen* (Part. *gëʒʒen*), *vrëʒʒen* (got. *fra-itan*, Part. *vrëʒʒen*), *vergëʒʒen, mëʒʒen.*

Gramm. Wechsel: *jësen* ‚gären', *lësen, genësen, wësen* ‚sein'; der Pl. Prät. lautet deshalb *jâren, lâren* (daneben *lâsen*), *genâren* (daneben *genâsen*), *wâren,* das Part. Prät. aber schon *gelësen* usw. durch Ausgleich (nur vereinzelt findet sich noch in älteren Texten *gelëren, genërn*).

Dazu kommt *quëden* ‚sprechen', das vor allem bair. nach Ausfall des /w/ und Verdumpfung des folgenden Vokals *köden, koden* (§ 116) lautet, wovon aber fast nur noch die 3. Sg. zusammengezogen in der Formel *daʒ quît (kuit, kît)* ‚das heißt' vorkommt.

Näheres über den Grammatischen Wechsel bei /h/ und /s/ s. § 93; über die Zusammenziehung von *ige, ibe, ide* > /î/ (er *lît, gît* für *liget, gibet* usw.) § 107, § 109, § 285, über die Kontraktion von *ihe* > /ie/, *ëhe* > /ê/ (*sihe* > *sie, sëhen* > *sên, sien* usw.) § 111; über anl. *ji* > *gi (ich gihe, gise, gite)* § 118; über Ausfall des /-e-/ in *siht, giht* usw. § 53c.

Anm. 1: Im Md. hat sich im Pl. Prät. von *sëhen* und *geschëhen* der Grammatische Wechsel noch erhalten: *sâgen, geschâgen* (§ 93). Über seltenes *sehhen* s. Schröder, E. 1939,303. Von *geschëhen* kommt im Mfrk. auch ein schwaches Prät. und Part. vor: *geschiede, geschiet* (Nörrenberg 1884,416), später auch von *jëhen : giede, gegüt.* Von *jëhen* lautet im Md. zuweilen das Part. *gejigen.* Vgl. Gleißner/Frings 1941 auch zu *sëhen* S. 118, *geschëhen* S. 121, *jëhen* S. 122.

Anm. 2: Neben *gepflëgen* erscheint md. das Part. *gepflogen;* österr. (bair.) wird das Verb auch schwach flektiert: *pflegen, pflegete* oder *pfleite, gepfleget* oder *gepfleit* (Zwierzina 1900,390; Schirokauer 1923,10). – Zu *wëgen* finden sich auch die Prät. *wuoc, wuogen,* die sich den Formen der VI. Abl.-Reihe anschließen, und *weich* (Karlmeinet 447,49) entsprechend dem Prät. der I. Abl.-Reihe.

Anm. 3: Zu *ëʒʒen, vrëʒʒen* lautet der Sg. Ind. Prät. *âʒ, vrâʒ,* ganz entsprechend lat. *ēdi.* Doch findet sich daneben auch nach dem Muster der übrigen Verben /a/, namentlich bei fränk. Dichtern und bei alem., deren Heimat der fränk. Grenze naheliegt (Zwierzina 1900,12).

Bei einer Anzahl st. Verben ist das Präsens mit einer *j*-Ableitung gebildet (zur Bildungsweise vgl. lat. *capio,* s. *heven* § 252). In der V. Abl.-Reihe lautet bei den alten *j*-Präsentien der Wurzelvokal im Unterschied zu den übrigen Verben dieser Reihe /i/: *bitten, sitzen, ligen.*   **§ 250**

Anm. 1: *bitten, biten* (got. *bidjan*) wird im Präs. mhd. wie die alten sw. *jan*-Verben flektiert (§ 256): Imp. *bite* (gegenüber der Form *gip* bei anderen Verben der st. V. Abl.-Reihe). In der 2. 3. Sg. ist das alte /j/ so früh ausgefallen, daß hier die wgerm. Gemination nicht mehr eingetreten ist (§ 96). Der dadurch bedingte Wechsel zwischen Präsensformen mit und ohne Doppelkonsonanz ist aber im Mhd. ausgeglichen worden, so daß *bitten* und *biten, bitte* und *bite, bitest* und *bittest* nebeneinanderstehen. – Die Formen des Prät. werden wie die der anderen st. Verben der V. Reihe gebildet: *bat – bâten – gebëten.*

Anm. 2: *sitzen* (anord. *sitja*). Schon im Ahd. ist die Affrikata /tz/ in die 2. 3. Sg. übertragen worden, so daß mhd. z.B. die 2. Sg. *sitzest* statt **siʒʒest* usw. heißt,

desgleichen der Imp. *sitze* (obgleich auch der Imp. ursprünglich keine Konsonantengemination hat). – Die Formen des Prät. lauten regelmäßig *saʒ* – *sâʒen* – *gesёʒʒen*.

Anm. 3: *ligen* (selten *licken;* anord. *liggja*). Im Sg. steht *lige, ligest* usw. neben *licke,
lickest;* der Imp. lautet *lige.* – Die Formen des Prät. werden wie bei den übrigen
Verben der V. Abl.-Reihe gebildet: *lac* – *lâgen* – *gelëgen.*

Anm. 4: Zu den übrigen Verben mit *j*-Präsens (VI. Abl.-Reihe *heben, entseben,
schepfen, swern;* VII. Reihe *er(re)n)* s. § 252ff.

Lit. Klasse V:
Nörrenberg 1884; Zwierzina 1900; Schirokauer 1923; Schröder, E. 1939; Gleißner/
Frings 1941; Braune/Eggers 1987, § 342ff.

§ 251   Klasse VI

Das Paradigma lautet (§ 30):

VI	mhd.	graben, grabe	gruop	gruoben	gegraben
	ahd.	graban, grabu	gruob	gruobum	gigraban

Die 2. 3. Pers. Sg. Präs. hat Umlaut: *grebest, grebet,* ebenso der Konj. Prät.:
grüebe usw. (verursacht durch ahd. *i*-haltige Flexive). Zum Schwund des /e/
nach /r, l/ vgl. § 53b, § 240; Beispiel: *varn, ich var, du verst, ër vert* usw.

Hierher gehören: *laden* ,eine Last laden' (dagegen schwach *laden, ladete* ,zu Gast laden'), *maln* ,mahlen', *nagen, schaffen* (§ 252, Anm. 3), *spanen* ,verlocken', *tragen, varn,
wahsen, waschen, waten.*
   Mit Grammatischem Wechsel (§ 93) erscheint *slahen* ,schlagen' (*slahe, slehst* – *sluoc*
– *sluogen* – *geslagen;* in Angleichung an *vâhen, vân* seit dem 13. Jh. auch *slâhen, slân;*
md. *slân,* s. § 111, das mfrk. wie *gân, gên* flektiert), *twahen* ,waschen'.

Anm. 1: Das Verb *backen* flektiert ursprünglich *backe – buoch – gebachen.* Das
Präs. lautet aber in Analogie zu dem Prät. und Part. Prät. auch *bachen.* Der umgekehrte Vorgang, daß /ck/ aus dem Präs. zunächst in das Prät. und dann auch in das
Part. Prät. eindringt, ist erst nhd. zu beobachten. Im 15. Jh. steht obd. *gebachen* md.
gebacken gegenüber (Besch 1967,115). Mundartlich (so alem.) erscheinen z.T. heute
noch Formen mit /ch/. – Bei *backen* liegt eine alte *n*-Ableitung vor.

Anm. 2: Auf ein Verb mit einem *n*-Infix, welches urspr. nur dem Präs. eignete, geht
mhd. *stân, stên – stuont – stuonden – gestanden* zurück. Prät.-Formen ohne /-n-/
kommen im Mhd. aber nur noch vereinzelt vor: *stuot.* Das verlorene Präs. *standen
(ahd. *stantan*) ist durch *stân, stên* ersetzt (vgl. § 281).

§ 252   Die Verben mit einem ehemaligen *j*-Präsens (§ 254) haben statt des /a/ Umlaut im Präsensvokal: *heven, entseben* ,wahrnehmen', *schepfen* ,schaffen',
swern ,schwören'; dazu *gewähenen* ,erwähnen'.

Anm. 1: *heven, heben – huop – erhaben* (vgl. lat. *capio*). Bei der Form *heben* ist das
/b/ aus dem Prät. übernommen (§ 93). Im Ahd. lautet das Verb mit Gramm. Wechsel
zwischen /f/ und /b/ (§ 93) *heffen* (Konsonantendehnung durch das urspr. folgende /j/)
– *huob* (analogische Angleichung an die Pl.-Formen) – *huobum – irhaban.* Im Mhd.
ist das /b/ wie beim Inf. vom Prät. in das Präs. gedrungen (§ 96α). Das Part. Prät.

lautet im Mhd. mit *er- erhaben* (vgl. § 243, Anm. 3 u. 4). Vereinzelt wird das Verb auch schwach flektiert: *hevete, hebete, gehebt.*

Anm. 2: *entseben,* zuweilen noch *entseven – entsuop – entsuoben – entsaben.* Die entsprechende erschlossene ahd. Form des Inf. lautet **intseffen* (belegt sind hier nur Prät.-Formen; s. Braune/Eggers 1987, § 347; vgl. ndl. *beseffen;* Huisman 1982,417). Zu den mhd. Formen vgl. *heven, heben* (s. oben). Wie dieses hat das Verb mhd. neben den st. auch sw. Formen: *entsebete – entsebet.*

Anm. 3: *schepfen – schuof – schuofen – geschaffen* (ahd. *scepfen – scuof – scuofum – giscaffan;* vgl. got. *ga-skapjan –* Prät. *ga-skōp).* Zum Prät. *scuof* ist ein neuer Infinitiv durch Übernahme des präteritalen /f (ff)/ in das Präs. gebildet worden: mhd. *schaffen* ‚erschaffen *(creare)*‘ *– schuof – schuofen – geschaffen.* Das sw. Verb *schepfen* ‚schöpfen *(haurire)*‘ *– schepfete – geschepft* ist wahrscheinlich nicht unmittelbar verwandt, sondern gehört zu wgerm. **skap,* mhd. *schaf* Neutr. ‚Gefäß (für Flüssigkeiten)‘. Schließlich gibt es mhd. ein sw. Verb *schaffen,* das in der Bedeutung mit dem st. Verb *schaffen* (s. o.) übereinstimmt und auf ahd. *scaffôn – scaffôta* zurückgeht (zu ahd. *scaf* Mask. ‚Beschaffenheit, Weise‘).

Anm. 4: *swern – swuor – swuoren – gesworn.* Die nach den Ablautverhältnissen zu erwartende Form *geswarn* des Part. Prät. wird nur im Bair. gebraucht, sonst ist sie unter dem Einfluß der Formen der IV. Ablaut-Reihe (und auf Grund der Stellung des /a/ nach /w/?) zu *gesworn* verändert. Neben *swern* (mit einfachem *r*-Kons.; in der wgerm. Konsonantengemination wurde nur /r/ nicht durch folgendes /j/ verdoppelt, § 96, Anm. 1) kommt auch die Form *swerigen* vor.

Anm. 5: Mhd. *gewähenen – gewuoc – gewagen* ‚erwähnen‘ ist eine alte *-n +* *j*-Bildung mit jüngerem Umlaut und Grammatischem Wechsel zwischen /h/ und /g/ (vgl. § 93).

Lit. Klasse VI:
Besch 1967; Braune/Eggers 1987, § 345ff.

Klasse VII   § 253

Es handelt sich um ursprünglich reduplizierende Verben (so noch im Gotischen, vgl. Braune/Ebbinghaus 1973, §§ 178–182).

Lit. Reduplizierende Verben:
Karstien 1921; Bech, G. 1969; Höfler 1970; Braune/Ebbinghaus 1973, §§ 178–182; Fulk 1987.

Im Ahd. gliederten sie sich in zwei Gruppen: VII a mit den Wurzelvokalen /a, â, ei/ und dem Prät.-Vokal /ia/; VII b mit den Wurzelvokalen /ou, ô, uo/ und dem Prät.-Vokal /io/ (Braune/Eggers 1987, §§ 348–354). Im Mhd. haben beide Gruppen im Sg. und Pl. Prät./ie/ (vgl. § 30) und sind damit zusammengefallen.

VII a	mhd.	halten, halte	hielt	hielten	gehalten
	ahd.	*haltan, haltu*	*hialt*	*hialtum*	*gihaltan*
VII b	mhd.	loufen, loufe	lief	liefen	geloufen
	ahd.	*(h)loufan, (h)loufu*	*(h)liof*	*(h)liofum*	*giloufan*

Hierher gehören noch: *bannen* (Prät. *bien*), *halsen* ‚umhalsen‘, *salzen, schalten* ‚stoßen‘, *spalten, spannen, valten, vallen, walken* ‚schlagen‘, *wallen* (von Flüssigkeiten, dagegen ist *wallen* ‚pilgern‘ schwach), *walten, walgen* ‚sich wälzen‘; *bâgen* ‚zanken‘, *blâsen, brâten, lâʒen* (§ 287), *râten, slâfen, verwâʒen* ‚verfluchen‘ (am häufigsten im Part. Prät. gebraucht, das Prät. nur in der Wiener Genesis); *heiʒen, meiʒen* ‚schneiden‘, *scheiden, sweifen; schrôten* ‚schneiden‘, *loufen, houwen* (Prät. *hiu* und *hie, hiuwen* und *hiewen*, daneben schwach *houte*, Part. *gehout*); *stôʒen; ruofen, wuofen* ‚wehklagen‘; mit Grammatischem Wechsel (§ 93): *hâhen (hân)* − *hienc* oder *hie* − *hiengen* − *gehangen* (*gehân*; § 284; über die Verbgruppe *hâhan* − *hangên* − *hengen* − *henken* s. Rißleben, 1931); *vâhen (vân)* − *vienc* oder *vie* − *viengen* − *gevangen* (*gevân*) (§ 81, § 36, § 284 u. Anm. 1); im Rip. wird *vân, hân* wie *gân, gên* flektiert (§ 280); *erjen, erren, ern* ‚pflügen‘ (§ 118, Anm. 1; § 254) − *ier* − *garn* (auch schwach: *erte, gert*); *gân* − *gienc* oder *gie* − *giengen* − *gegangen* (§ 280).

Im 15. Jh. erscheint im Obd. z. T. die Form *enphanhen*, während *enphangen* (Präs.) im Mfrk. und Ndfrk. auftritt (Besch 1967,302ff.).

Anm. 1: Zur Vermischung zwischen st. und sw. Flexion bei *bûwen, blæjen, dræjen, (h)eischen* vgl. § 268, Anm. 3 u. 4.

Anm. 2: Von *loufen* lautet der Pl. Prät. auch *luffen*, das Part. *geloffen*. Zur Verbreitung im heut. Alem. s. Maurer 1942,295.

Lit. Klasse VII:
Rißleben 1931; Maurer 1942; Besch 1967; Braune/Eggers 1987, §§ 348−354.

§ 254   Präsens mit *j*-Ableitung (*j*-Präsentien)

Bei einer Anzahl starker Verben ist das Präsens mit einer *j*-Ableitung gebildet. Das /j/ ist im Mhd. geschwunden, hat aber Wirkungen auf den Stammvokal und teilweise auch auf den auslautenden Konsonanten hinterlassen. Vgl. lat. *capio* (gegenüber *lego*): got. *hafja*, ahd. *heffu* ‚hebe‘ mit Umlaut (§ 41) und Konsonantengemination (§ 96), die mhd. durch Ausgleich beseitigt ist. Hierher gehören, wie dargelegt wurde (§ 250, § 252f.), aus Klasse V *biten* (*bitten*, got. *bidjan*), *sitzen* (anord. *sitja*), *ligen (licken)* (anord. *liggja*); aus VI *heven* (got. *hafjan*), *entseben* ‚wahrnehmen‘, *schepfen* (got. *ga-skapjan*), *swern (swerigen)* (anord. *sverja*); aus VII *er(re)n* (*got. arjan*). Die Flexion ist wie die eines schwachen Präs. nach der ersten Klasse, also Imp. *bite* usw.

Alte *n*-Ableitung liegt vor in *backen* (zu den Formen im einzelnen § 251, Anm. 1), *nj*-Bildung in *gewähenen* (Prät. *gewuoc*, im Präs. schwach flektiert; § 252, Anm. 5).

Anm. 1: Ursprünglich hatten noch mehr Verba die Erweiterung mit /j/. So stehen neben *ruofen* und *wuofen* ‚schreien‘ (§ 253) die Präsentien *rüefen* (ahd. *hruofen*) und *wüefen* (ahd. *wuofen*, as. *wôpian*), zu denen aber, nach Analogie der sw. *jan*-Verben, schwache Präterita gebildet wurden. − Zur Präsensbildung mit /n/ vgl. Braune/Eggers 1987, § 327, Anm. 1.
Im Zuge des Ausgleichs treten Erscheinungen des Grammatischen Wechsels zurück. Dagegen bleiben etwa die *j*-Präsentien ohne Funktion bewahrt (§ 250, Anm. 1 u. 4).

III. Schwache Verben

A. Allgemeines   § 255

Die schwachen Verben sind meist sekundär gebildet, d. h. aus starken Verben, Adjektiven oder Substantiven abgeleitet. Daneben besteht eine kleinere Gruppe von primären Verben, die sich der schwachen Flexion angeschlossen haben. Man unterscheidet, den germ. Bildungssuffixen entsprechend, im Ahd. *-jan-, -ôn-* und *-ên-*Verben (I., II., III. Klasse; got. außerdem eine IV. Klasse auf *-nan*). Die *-jan-*Verben sind zum größten Teil Wörter des Bewirkens oder Verursachens: von starken Verben abgeleitete Kausativa (z. B. *sinken — senken, sitzen — setzen (< *sat-jan), varn — vüeren*) und denominative Faktitiva (z. B. *vol — vüllen, warm — wermen, hac — hegen* ‚umzäunen‘); daneben steht eine Gruppe von Intensiva (z. B. *biegen — bücken*). Die Klasse der *-ôn-*Verben enthält hauptsächlich Denominativa mit faktitiver Bedeutung in verschiedenen Schattierungen (z. B. *lop — loben < lobôn, offen — offenen;* instrumental: *salbe — salben < salbôn*); daneben wieder eine Gruppe von Intensiva, oft mit expressiver Konsonantendehnung (§ 95) (z. B. *beiten < beitôn* ‚harren‘ neben *bîten* stV. ‚warten‘, *tropfen < tropfôn* (iterativ) neben *triefen* stV.). Die *-ên-*Verben sind in ihrer Mehrzahl Denominativa mit ingressiver Bedeutung (vgl. etwa ahd. *altên* ‚altern‘, *(ir)fûlên* ‚faul werden‘, *tagên* ‚Tag werden‘; d. i. mhd. *alten, vûlen, tagen*). Schwache Verben werden bis in die Gegenwart immer neu gebildet, allerdings nicht mehr innerhalb der morphologisch bestimmten Ableitungstypen, sondern analogisch zu bestehenden Bedeutungsgruppen (Henzen 1965, 211ff.).

Infolge der Endsilbenabschwächung unterscheiden sich die schwachen Verbklassen, von landschaftlichen Restformen abgesehen (§ 59,4), im Mhd. nicht mehr (Inf. immer *-(e)n*). Deshalb ist hier eine Einordnung nach den historischen Klassen nicht mehr möglich. Nur die alten *-jan-* Verben sind großenteils noch an Umlaut (§ 41) und Konsonantengemination (§ 96 α) zu erkennen. Näheres § 259ff. Zu Resten der *-ôn-* und *-ên-*Konjugation § 256, Anm. 3, § 257, Anm. 1.

Die schwachen Verben hatten wie das Substantiv ursprünglich Wurzel + stammbildendes Suffix (*-ja-, -ê-, -ô-*) + Flexiv. Teilweise ergaben sich Zuordnungen zwischen stammbildenen Suffixen und Flexiven (vgl. *ja -ø, ê-m, ô-m*), woraus neue Flexive entstanden. Die Flexionsklassen wurden abgebaut.

Lit. Schwache Verben Allgemeines:
Henzen 1965; Hiersche 1968; Krämer 1976.

B. Präsens   § 256

Die Präsensflexion stimmt im Mhd. für alle drei alten Klassen überein. Die Endungen sind die gleichen wie beim starken Verb, und es gilt alles, was dort darüber bemerkt ist (§§ 239—243), auch hier.

Nur zwei Unterschiede sind zu beobachten:

1. Die 2. Sg. Imp. geht bei den schwachen Verben auf /-e/ aus; sie lautet also *lege, lobe, sage* gegenüber der starken Form *gip;* allerdings fehlt das /-e/ auch bei den schwachen Verben nach /l/ und /r/ (§ 53b), vgl. *ner* ‚rette‘, *hol* usw.

2. Der Wurzelvokal bleibt durch alle Formen des Präsens hindurch unverändert, während bei den st. Verben in der 1.–3. Sg. Ind. Wechsel zwischen /i/ und /e/, /iu/ und /ie/, in der 2. 3. Sg. *i*-Umlaut eintreten kann; vgl. sw. *denen* – *dene, denest, denet,* jedoch st. *nëmen* – *nime, nimest, nimet; giezen* – *giuze, giuzest, giuzet; varn* – *var, verst, vert* (§ 241f.).

Anm. 1: Das /j/ der ahd. I. Klasse auf *-jan* hat sich erhalten zwischen Vokalen, vgl. *dræjen, mæjen, næjen, sæjen, wæjen, blüejen, müejen;* daneben stehen aber schon die Formen *dræn, mæn, blüen* usw.; in der 3. Sg. kommen nebeneinander vor *dræjet* und *dræt, blüejet* und *blüet* usw. (§ 118). Im Ofrk. und Md. begegnet auch /w/ anstatt /j/: *mêwen, blûwen* usw. (s. § 119). Nach /r/ ist /j/ mhd. noch z.T. erhalten geblieben oder zu /g/ gewandelt in: *nerijen, nerigen, nergen* ‚nähren‘ und *werigen, wergen.* /j (g)/ wird im Mhd. aber auch hier zunehmend durch Analogieeinwirkung verdrängt (§ 118, Anm. 1).

Anm. 2: Über die Erhaltung des /ô/ in den Endungen als /o/ oder /u/ vgl. § 59,4.

Anm. 3: Im Ahd. endet die 1. Sg. Ind. in der II. und III. Klasse auf *-ôn* und *-ên.* Daher kommen im Westalem. und im Md. (bes. Mfrk.) noch Formen auf *-en* vor (*ich loben, sagen* < ahd. *lobôn, sagên*). Das /n/ wird aber auch auf Verben der I. Klasse und auf starke Verben übertragen (*ich gëben*).

Anm. 4: Im Alem. finden sich von den Verben der ahd. II. und III. Klasse Konjunktive des Präsens auf *-eje-, -ege, -ei,* z.B. *machege, macheje, besorgege, minnegest, dienegest, bëtei, ahtei, manei, volgei* (Laistner 1880,555).

Anm. 5: Neben den gewöhnlichen Präs.-Formen *queln* ‚quälen‘, *zeln, denen, vrümen* ‚bewirken‘, *legen, hügen* ‚denken‘ usw. veralten allmählich die Formen *quellen, zellen, dennen, vrümmen, lecken, hücken* usw. (§ 96α).

Anm. 6: Das Part. Präs. geht auf *-ende* aus. Über die Endung *-unde* s. § 9,2; § 59,4; über fehlendes /e/ in *sende, weinde* § 53, /n/ in *spilde, klagede* usw. § 106, Anm. 1.

Lit. Präsens:
Laistner 1880.

§ 257   C. Präteritum

Die Personalendungen des Prät. sind im Mhd. wie schon im Ahd. in allen drei Klassen gleich. Nach der Endsilbenabschwächung lautet der Konjunktiv mhd. wie der Indikativ zu *hœren* ‚hören‘:

	mhd.	*ahd.*	
	Indikativ Konjunktiv	*Indikativ*	*Konjunktiv*
Sg. 1.	hôr-t-e	*hôr-t-a*	*hôr-t-i*
2.	hôr-t-e-st	*hôr-t-ôs(t)*	*hôr-t-îs(t)*
3.	hôr-t-e	*hôr-t-a*	*hôr-t-i*
Pl. 1.	hôr-t-en	*hôr-t-um*	*hôr-t-îm*
2.	hôr-t-et	*hôr-t-ut*	*hôr-t-ît*
3.	hôr-t-en	*hôr-t-un*	*hôr-t-în*

Die Flexive des schwachen Präteritums sind im Indikativ und Konjunktiv die gleichen. Die Flexive der 1. und 2. Pers. Sg. und Pl. Prät. stimmen mit denen des Präsens der starken und schwachen Verben überein.
Im Partizip Prät. steht *gehœret* neben *gehôrt* („Rückumlaut"; § 262, Anm. 2). Mit Bindevokal /-e-/ flektieren im Prät. u. Part. Prät. die sw. Verben der urspr. Klassen II u. III sowie die kurzsilbigen sw. Verben der Klasse I, z. B. *den-e-te, geden-e-t* ‚dehnte, gedehnt‘, doch später auch ohne Bindevokal *den-te* (§ 261).

Anm. 1: Im Alem. finden sich noch die vollen Vokale des Ahd., 2. Sg. Ind. *hôrtost*, Pl. *hôrton, hôrtot,* daneben *hôrtust, hôrtun, hôrtut;* Konj. *hôrti, hôrtist,* Pl. *hôrtin, hôrtit* (§ 59,4).

Anm. 2: In der 1. und 3. Sg. Ind. wird das /e/ nicht selten abgeworfen (analog dem starken Prät.; vgl. dagegen § 240, Anm. 6).

Anm. 3: Angleichung an die 2. Sg. der st. Verben zeigt *dæhte* für *dâhtest, bræhte* für *brâhtest* (vgl. Martin zu Pz 524,15).

Anm. 4: *-te* ist zu *-de* lenisiert nach /n, m/: *diende, rûmde,* seltener nach /nn, nd/ *(brande, sande);* manchmal nach /r, l/ (häufig nur in *solde, wolde;* § 105,4).

Anm. 5: Im Unterschied zum starken Präteritum zeigt das schwache im Konj. keinen Umlaut. Ausnahmen § 262, Anm. 4; § 266f.; § 269.

Das auffälligste Merkmal der sw. Verben ist die Bildung des Prät. mit Hilfe des Dentalsuffixes *-(e)te,* das auf eine Neubildung des Germ. zurückgeht.   **§ 258**

Im allgemeinen nimmt man an, daß das Suffix aus Präteritalformen des Verbs ‚tun‘ (idg. Wurzel *$dh\bar{e}$-/$dh\bar{o}$-)* auf dem Weg über Umschreibungen entstanden ist (man kann entfernt Formen des heutigen Englisch *do you come? he didn't come* und der deutschen Alltagssprache ‚Tust du mir helfen?‘ vergleichen), daß das sw. Prät. also ein Kompositum mit enklitischem *-dôn* darstelle. Diese Ansicht vertreten u. a. Bopp 1816, 118, 151; J. Grimm 1893 I, 957ff.; Kluge 1884, 152ff.; Loewe 1894, 365ff.; Sverdrup 1929, 5ff.
Andererseits entwickeln Rogge 1927,321ff., und von ihm ausgehend G. Bech (1963b) die Theorie von einer analogischen Neubildung unter Einfluß der Prät.-Formen des Verbs ‚tun‘. – Wisniewski (1963) sucht die alte *dôn*-Theorie durch Zusatzhypothesen zu untermauern, die mhd. Präterita wie *muose, wisse, gunde, kunde* durch ‚Primärberührungseffekt‘ zu erklären gestatten.

Andere Forscher gehen im Hinblick auf das Got. von der Annahme aus, daß die mhd. regelmäßige Form *-te* über ahd. *-ta,* germ. *-đa* auf idg. /t/ zurückgehen müßte. Sie lehnen deshalb einen Zusammenhang mit der Wurzel *dhē-/dhō-* ganz ab und ziehen zur Erklärung idg. Dentalpartizipien, verschiedene Medialformen u. a. heran. Vgl. z. B. Begemann 1873; Collitz 1912; Brugmann 1914; Hammerich 1922.

Lit. Präteritum
Bopp 1816; Begemann 1873; Kluge 1884; Grimm, J. 1893; Loewe 1894; Collitz 1912; Brugmann 1914; Hammerich 1922; Rogge 1927; Sverdrup 1929; Must 1951; Bech, G. 1963b; Wisniewski 1963; Hiersche 1968.

§ 259   D. Flexionsklassen

Während im Ahd. noch drei Klassen schwacher Verben zu unterscheiden sind – Kl. I *(-ien),* *-en* (ehem. *-jan*)-Verben, Kl. II *-ôn,* Kl. III *-ên*-Verben – kommen diese Unterschiede im Mhd. nur noch wenig zur Geltung (§ 255):

Ahd. Kl. I a	mhd.	nerjen, nern	ner(e)te	gener(e)t	gener(e)ter
	ahd.	*nerien*	*nerita*	*ginerit*	*gineritêr*
Ahd. Kl. I b	mhd.	brennen	brante	gebrennet	gebranter
	ahd.	*brennen*	*branta*	*gibrennit*	*gibrantêr*
Ahd. Kl. I c	mhd.	teilen	teilte	geteilet	geteilter
	ahd.	*teilen*	*teilta*	*giteilit*	*giteilitêr*
Ahd. Kl. II	mhd.	loben	lobete	gelobet	gelopter
	ahd.	*lobôn*	*lobôta*	*gilobôt*	*gilobôtêr*
Ahd. Kl. III	mhd.	lëben	lëbete	gelëbet	gelëpter
	ahd.	*lëbên*	*lëbêta*	*gilëbêt*	*gilëbêtêr*

§ 260   1. Ahd. Klasse I (ehemalige *-jan*-Verben)

Die ahd. Kl. I a umfaßt ursprünglich kurzsilbige Verben (§ 261), Kl. I b lang- und mehrsilbige mit Wurzelvokalwechsel zwischen Präs. und Prät. (sog. Rückumlaut; § 262), Kl. I c lang- und mehrsilbige mit gleichbleibendem Wurzelvokal (§ 263).

§ 261   Klasse I a: Als kurzsilbig gelten die Verben, die ursprünglich vor dem *-ja-* einfachen Kons. nach kurzem Vokal hatten.
Durch Einwirkung des /j/ (§ 96) ist der Präs.-Stamm vielfach lang geworden: *zellen, dennen, knüssen* ,zerstoßen', neben *zeln, denen, knüsen.* Über die Stämme auf /ck, tz, pf/ (germ. /k, t, p/) und /t/ (germ. /d/) s. § 262b.
Die kurzsilbigen Verben haben den Bindevokal /e/ < /i/ im allgemeinen bewahrt; die umlautfähigen Stämme zeigen den Umlaut, wie im Präs., so auch im Prät. und Part. Prät.

Beispiele: *denen – denete – gedenet,* ebenso *lemen, vrümen, legen, hügen* ,denken', *entsweben* ,einschläfern' usw. Nach /r/ und /l/ ist nachträglich das /e/ ausgefallen (§ 53b):

nern – *nerte;* nach /s/: *knüsen* – *knüste;* ebenso nach /w/: *vröuwen* – *vröute* (ahd. *frewita*), *ströuwen* – *ströute,* später auch in *dente* neben *denete, legte* neben *legete* usw.

Anm. 1: Von *legen* erscheinen häufig kontrahierte Formen: wie in der 2., 3. Sg. Präs. *leist, leit,* so im Prät. *leite* und Part. *geleit* (§ 107; § 108, Anm. 2; § 285). H gebraucht nur *leit, leite, geleit* (Zwierzina 1898,471). Im westl. Md. (mfrk., rheinfrk., hess.) findet sich daneben *lahte* (Konj. *lehte*), *gelaht* (Zwierzina 1900,349 u. 358).

Doppelformen zeigen die Verba auf /l/:

zeln ‚zählen' – *zelte* und *zalte* (schon ahd. *zelita* und *zalta*) – *gezelt* und *gezalt,* ebenso *quelte, selte, twelte* neben *qualte, salte, twalte* (über H's Gebrauch s. Zwierzina 1898,479, über *tweln* Zwierzina 1901,40). Das Prät. zu *weln* lautet meist *welte,* selten *walte.*

Klasse Ib: a) Kennzeichen ist ein Wechsel im Wurzelvokal, der sog. ‚Rückum-   § 262
laut': Da nach langer Silbe schon frühahd. das /i/ im Prät. ausgefallen war, konnte hier kein Umlaut erfolgen (got. *brannjan* – *brannida;* ahd. *brennen* – *branta*), während nach kurzer Silbe auch im Prät. der Umlaut erscheint (got. *nasjan* – *nasida;* ahd. *nerien* – *nerita*).

Auch im Part. Prät. ist bei den sog. lang- und mehrsilbigen *jan*-Verben das /i/ in der flektierten Form geschwunden, daher heißt es ahd. *gibrennit,* aber *gibrantêr.* Später ist die unflektierte Form des Part. der flektierten angeglichen worden, und mhd. steht *gebrant* neben *gebrennet.*
    In der Verwendung der beiden unflekt. Formen des Part. Prät. unterscheiden sich die einzelnen Dichter. Über H s. Lachmann zu Iw 7967, über H und Wo s. Zwierzina 1898, 473, 482, 485, zu Reinbot 3414 s. Kraus (Hg.), weiteres bei Schirokauer 1923,21.

Anm. 1: Die irreführende Bezeichnung ‚Rückumlaut' geht auf J. Grimm zurück, der fälschlich angenommen hatte, daß die Verben den Umlaut, der im Präs. vorhanden ist, im Prät. rückgängig gemacht hätten. Mangels einer besseren hat man die Bezeichnung bis heute beibehalten.

Beispiele schwacher Verben mit ‚Rückumlaut': *vellen* – *valte* – *gevellet* oder *gevalt, wenden* – *wante* (über *wande* § 257, Anm. 4) – *gewendet* oder *gewant,* ebenso *stellen, nennen, kennen, trennen, merren* ‚hindern', *blenden (blante), lenden* ‚landen', *pfenden, senden, hengen (hancte), trenken, vesten (vaste)* usw. – *wænen* – *wânde* – *gewænet* oder *gewânt, væln* ‚verfehlen' *(vâlte), bewæren (bewârte), hæren (hôrte), læsen (lôste), træsten (trôste), füeren (fuorte), rüemen (ruomde), grüeʒen (gruoʒte), füllen (fulte), küssen (kuste), dürsten (durste)* usw. – Die *w*-Stämme verlieren ihr /w/ (§ 117): *gärwen* (‚berei- ten', nhd. gerben) – *garte* (ahd. *garota*), *värwen* (*varte,* durch Ausgleich meist *värwete*), *sälwen (salte).* – Mehrsilbige: *antwürten* – *antwurte, löug(e)nen* – *lougente.*

Anm. 2: Eine Art lautlich nicht berechtigten ‚Rückumlauts' erscheint in *lûhte* von *liuhten* (mit umgelautetem /iu/, § 41; vgl. nhd. Durchlaucht). Auch *dûte* (Er 8801) zu *diuten, trûte* zu *triuten, stûrte* (Rhfrk.) zu *stiuren* kommt vor. Als eine Art ‚Rückum- laut' haben wir es wahrscheinlich auch aufzufassen, wenn im Md. und Südbair. zu *kêren* und *lêren* das Prät. *kârte, lârte,* das Part. *gekârt, gelârt* gebildet wird (vgl. *bewêren* md. = *bewæren* – *bewârte*); § 9,2. Vgl. auch die Doppelformen § 264, Anm. 4.

Anm. 3: Im Nhd. ist der ‚Rückumlaut' durch Ausgleich beseitigt, nur die Verben auf /nn/ und /nd/ haben ihn noch: *kennen, nennen, rennen, brennen; senden, wenden* (doch bei /nd/ schon Doppelformen: *sandte* – *sendete, wandte* – *wendete*).

b) Zu den langsilbigen Verben sind im Mhd. auch die Verben auf /ck, tz, pf/ zu rechnen, die kurzen Vokal vor germ. /k, t, p/ hatten *(recken < *rak-jan, setzen < *sat-jan)*. Sie sind mit den von Haus aus langsilbigen Verben auf germ. /kk, tt, pp/ *(zücken*, Stamm **tukk-, schetzen*, Stamm **skatt-)* schon ahd. zusammengefallen. Ihr Prät. wird ohne Umlaut gebildet; die auf /ck/ zeigen dabei vor /t/ den einfachen Konsonanten: älteres /ht/ neben jüngerem /ct/ (§ 94, Anm. 1), sonst ist die Geminate auch im Prät. herrschend geworden. Auch die ursprünglich kurzsilbigen auf /tt/ (germ. /đ/) schließen sich an.

Beispiele: *decken − dahte* und *dacte* (ahd. *dahta* und *dacta) − gedecket* und *gedaht, gedact,* ebenso *recken, smecken, strecken, wecken;* mit /kk/: *stecken, drücken, rücken, zücken (zuhte* und *zucte), schrecken (schrahte, -cte)*. Desgleichen erscheint /h/ nach Kons. für /k/: *merken − marhte* und *marcte,* ebenso *sterken* u. a.
    Für /pf/ erschien im Prät. ahd. /f/; mhd. zu *schepfen* noch vereinzelt *schafte* (neben *schapfte,* meist *schepfte),* sonst zu *knüpfen − knupfte* (ahd. *knufta),* zu *stepfen* (meist dafür *stapfen) − stapfte* (ahd. *stafta).*
    Zu *setzen* wurde *sazte* gebildet (daraus *saste) − gesetzt* oder *gesazt* und daneben *satte − gesat* (§ 165, Anm. 3; Zwierzina 1901,43); inwieweit *satzte* oder *sazte* gesprochen wurde, ist strittig; *ergetzen − ergazte, letzen (lazte, letzete), hetzen (hazte, hetzete).*
    Mit germ. /tt/: *schetzen − schazte, schetzte,* aber mfrk. *schatte, geschat* (vgl. auch rip. *sturte* zu *stürzen).*
    Die Verba auf germ. /đ/ zeigen im Inf. teils /tt/, so in *retten,* teils Schwanken, vgl. *schüten* und *schütten, tret(t)en* u. a. Ahd. haben sie im Prät. Doppelformen, z. B. *ratta* und *retita,* mhd. dagegen meist *ratte, schutte, tratte,* Part. *gerettet* und *gerat.*

Anm. 4: Im Md. nehmen die Präterita mit synkopiertem Vokal im Konj. Umlaut an, also *brante − brente, stalte − stelte,* selbst *bedrahte* ‚betrachtete' − *bedrehte*. Hier wirkt die Analogie der von Anfang an ohne Zwischenvokal gebildeten Präterita (§ 266f.).
    Zuweilen, namentlich im Md., kommen von den Langsilbigen der Gruppe I b auch Präterita mit /e/ und Umlaut vor, z. B. *gerwete* neben *garte, merkete* neben *marhte, vermærete* neben *vermârte* usw. Von den Verben, die das /j/ im Präs. noch bewahrt haben, sind die umgelauteten Formen ganz üblich, auch jene, in denen wie bei den Verben I a ein /e/ zwischen Wurzel und Präteritalendung steht. So findet sich *sâte* neben *sæte* und *sæjete* (zu *sæjen), muote* neben *müete* und *müejete* (zu *müejen).* Die mit den Ableitungssilben -er- und -el- gebildeten Wörter haben gewöhnlich keinen Vokalwechsel zwischen Präs. und Prät.: *vüetern − vüeterte.*
    Über *blæjen, dræjen, bûwen* s. § 268, Anm. 3.

§ 263   Klasse I c: Hier sind lang- oder mehrsilbige alte -*jan*-Verben vereinigt, die nicht den als ‚Rückumlaut' bezeichneten Vokalwechsel aufweisen, weil der Stamm nicht umlautfähig ist:
    kêren − kêrte − gekêrt (vgl. jedoch § 262, Anm. 2); ferner: *teilen (teilte), wîhen (wîhte), leiten (leite* für **leitte), rihten (rihte), hîwen* ‚heiraten' (Prät. mit w-Ausfall: *hîte), neigen, gelouben* (vor /t/ wird die Media stimmlos, s. § 100; daher lautet das Prät.: *neicte, geloupte)* usw.
    Hinzu kommen auch wieder Verben auf /ck, tz, pf/, die im Germ. kurzen Vokal vor /k, t, p/ hatten (vgl. § 262b): *blicken, schicken, schricken* (Prät.:

schrihte, -cte; das Verb steht als Intransitivum neben trans. *schrecken – schrahte, -cte*); *ritzen (rizte), schnitzen* usw.

2. Ahd. Klassen II und III (*-ôn-, -ên*-Verben)   § 264

Die Verben der ahd. II. und III. Klasse fallen im Mhd. durch die Abschwächung von *-ôn* und *-ên* > *-en* vollständig zusammen: *loben – lobete – gelobet* ganz wie *lëben – lëbete – gelëbet.* Nach /r, l/ fällt das /e/ aus (§ 53b): *spiln, spilte, gespilt* wie *doln, dolte, gedolt* (ahd. *spilôn, dolên*), ebenso zwischen /t/ – /t/: ahd. *ahtôta* > mhd. *ahte,* ahd. *wartêta* > mhd. *wartete* und *warte.*

Beispiele für *-ôn: danken, dienen, klagen, laden* ‚einladen‘, *machen, minnen, sam(e)nen, rîchsen* ‚herrschen‘, *schrecken* (intr.);
für *-ên: dagen* (Zwierzina 1901,40), *darben, haben, hangen, klëben, lërnen, rîfen, sagen, sorgen, volgen, vrâgen, fûlen, ziln* usw.
    Zu unterscheiden sind *wërn* ‚währen‘ (ahd. *wërên,* zu *wësan*) und *wërn* ‚gewähren‘ (ahd. *wërên,* dazu frz. *garant*) von *wern* ‚wehren‘, ahd. *werien,* und *wërren* (st. V. Kl. IIIb) ‚wirren, stören‘ (dazu frz. *guerre*).

Anm. 1: Ein eigentlich nicht berechtigter ‚Rückumlaut‘ erscheint in *ante* neben *endete, ente* von *enden* (ahd. *ent(i)ôn*).

Anm. 2: Nicht selten kommen von Verben der zweiten Klasse noch Partizipien auf *-ôt* oder *-ot* im Reim vor, z.B. *verwandelôt : nôt, gewarnôt : tôt, gesegenot : got,* seltener Präterita auf *-ôte, -ote, -ôt,* z.B. *schouwôte : nôte, marterôt : tôt.* Manche alem. Hss. schreiben noch ziemlich regelmäßig *-ot(e)* oder *-ut(e)* (§ 59,4).

Anm. 3: Die Verben *haben* (ahd. *habên*) und *sagen* (ahd. *sagên*) bilden auch Formen nach Art der I. Klasse (vgl. mndd. *hebben, seggen*). Den ahd. Formen *segis, segit, segita, gisegit* entsprechen die mhd. *seist, seit, seite, geseit* (§ 107f.); sie sind obd. neben *sagest* usw. (> bair. *seist* s. § 108) sehr verbreitet, sind aber dem Md. größtenteils fremd. Seltener sind *hebet* (3. Sg. Präs. Ind.), *hebete, gehebet,* die zuweilen zu *heit, heite* zusammengezogen werden (§ 109, Anm. 2); vgl. Klappenbach 1945, I, 187; literarische Überschichtung vgl. § 9. Durch Analogie (selten) auch 3. Sg. *cleget,* das Part. Prät. *gecleget, gefreget* (Gleißner/Frings 1941,87).

Anm. 4: Auch zu *machen* (< ahd. *mahhôn*) erscheinen Prät. und Part. in einer Gestalt, als ob sie ohne Zwischenvokal gebildet wären; *mahte, gemaht* neben *mach(e)te, gemachet* (Zwierzina 1901,232).
    Zu *ahten* lautet das Prät. in der Regel *ahte,* das Part. Prät. meist *g(e)ahtet* (flekt. *g(e)ahter*), seltener *g(e)aht;* ebenso *trahten – trahte.* Das Prät. von *bëten* ist in der Regel *bëtte,* das von *warten* häufig *warte.*
    trûwen, auch *triuwen* (ahd. *trûwên, triuwên*) ‚trauen‘ hat die Formen *trûwete, triuwete, trûte, triute* (Lachmann zu Iw 415) – *getrûwet, getriuwet,* selten *getrûwen,* unter dem Einfluß der § 262, Anm. 2 genannten Verben und von *bûwen* (§ 253, Anm. 1).

Anm. 5: Von Bedeutung sind auch Kontraktionen über /h/ und /b, d, g/ vgl. *vlêhen* > *vlên, klaget* > *kleit, redet* > *reit, schadet* > *schât, haben* > *hân* u. dgl. (§§ 107–111, §§ 283–288).

§ 265

3. Einteilung der mhd. schwachen Verben

Es ergeben sich zwei mhd. Gruppen:
A. Verben mit /e/ vor dem Präteritalsuffix: die der ahd. II. und III. Klasse und die kurzsilbigen der ahd. I. Klasse (§ 264; § 261).
B. Verben ohne Bindevokal und gegebenenfalls mit Rückumlaut: die langsilbigen der ahd. I. Klasse (§ 262f.).

Die Scheidung der Gruppen A und B ist aber nicht streng aufrechterhalten, weil auch in Verben, die zu Gruppe A gehören, das /e/ vielfach weggefallen ist, regelmäßig in den kurzsilbigen nach /r/ und /l/ (*nerte, spilte, dolte* = ahd. *nerita, spilôta, dolêta*); nach /n, r, l/ in mehrsilbigen (*sëgente, vorderte, wandelte;* § 53f.); nach /t/: *bëtte, ahte, warte;* später auch sonst vielfach: *wonte, trûrte, machte, zeicte* usw. neben *wonete, trûrete, machete, zeigete* usw. Durch Analogiebildungen werden die ursprünglichen Verhältnisse noch ungeregelter.

Anm. 1: Im Nhd. wird das Prät. auf *-te*, das Part. auf *-t* gebildet; *-ete/-et* haben nur die Verben auf Kons. + Nas.: *rechnete* (mhd. *rechente*), *atmete*, und die auf dentalen Verschlußlaut: *badete, richtete, leitete* (mhd. *rihte, leite*).

Anm. 2: Für das Präfix *ge-* des Part. Prät. gilt das gleiche wie bei den st. Verben (§ 243). Vor Vokal wird das /e/ z.T. unterdrückt: *gêret, gîlet* neben *geêret, geîlet*. Abweichend vom heutigen Gebrauch haben auch die Fremdwörter mit unbetonter erster Silbe *ge-*: *geleischieret, gezimieret*.

§ 266

Manche Verben der mhd. Gruppe B haben das Partizip und danach das Präteritum von vorneherein ohne Zwischenvokal gebildet, was noch an gewissen Veränderungen zu merken ist, die in den synkopierten Formen nicht eintreten, außerdem daran, daß der Konj. Prät. Umlaut hat. Hierher gehören: *denken – dâhte* (2. Sg. *dæhte* neben *dâhtest*), Konj. *dæhte – gedâht; dünken (dunken) – dûhte, diuhte – gedûht; würken* (woneben *wirken*) *– worhte – geworht* (selten *warhte – gewarht*); *vürhten – vorhte – gevorht*.

Zur Erklärung der Lauterscheinungen s. § 94 (germ. Spirans vor /t/; zu den mit dem germ. Präteritalsuffix verbundenen Problemen (idg. *-dh-* oder *-t-*) vgl. die Hinweise § 258); § 36 (Nasalschwund vor germ. /h/); § 34 (Brechung /u/ > /o/); § 262 (sog. ,Rückumlaut'). Vgl. schon got. *þâhta, þûhta, waúrhta (= worhta)*.

Anm. 1: Daneben erscheinen schon Neubildungen wie *dunkte, gedünket, wurkte, gewürket, gefürhtet*. Neben *fürhten* kommt auch *vörhten* vor und umgekehrt neben *vorhte* auch *furhte*, dann auch ein starkes Part.: *ungevorhten, (un)ervorhten*.

Anm. 2: Hierher gehörten ursprünglich noch mehr Verben, bei denen sich dies gar nicht oder nicht mehr so deutlich erkennen läßt, so *suochen (suohte)* und *ruochen* ,sich kümmern'. Ob auch *zalte, dahte, satte* usw. zu *zeln, decken, setzen* (§ 261f.) mit diesen Formen auf eine Stufe zu stellen sind, ist zweifelhaft; vgl. § 94, Anm. 1.

Überblickt man das Ergebnis der Entwicklung im verbalen Bereich, so zeigt sich, daß z.T. Funktionsloses erhalten geblieben ist, so der Umlaut im Sg. Präs., während er im Konj. Prät. morphologisch benutzt wurde, und der /i/–/e/- und /u/–/o/-Wechsel (Augst 1977, 163; ders. 1975b, 249).

Lit. Flexionsklassen:
Zwierzina 1898; Zwierzina 1900; Zwierzina 1901; Schirokauer 1923; Gleißner/Frings 1941; Klappenbach 1945; Besch 1967; Augst 1975b; Augst 1977; Kortlandt 1986.

IV. Besondere Verben

A. Mischung starker und schwacher Konjugation   § 267

Von *bringen* und *beginnen* wird das Präs. regelmäßig stark flektiert, aber ein Prät. und von *bringen* auch ein Part. Prät. nach Art der sw. Konjugation gebildet:

1. Zu *bringen* (stV. Kl. III a) gibt es zwar im Prät. noch vereinzelt die st. Formen *branc – brungen* (Pl. Prät. u. Part.), in der Regel aber steht in der 1. 3. Sg. Prät. Ind. *brâhte*. In der 2. Sg. Prät. Ind. erscheint neben seltenem sw. *brâhtest* meist die durch die st. Konjugation beeinflußte Form *bræhte* (ahd. *brâhti*). Die 1. 3. Sg. Konj. lautet ebenfalls *bræhte*. Auch das Part. Prät. *brâht* ist – ohne *ge*-Präfix – schwach gebildet. – Die Präteritalform *brâhte* ist eine ursprüngliche Bildung ohne Zwischenvokal (§ 266; vgl. schon got. *brâhta*).

Anm. 1: Im Md., Ndd. und Südbair. (Kranzmayer 1950,104) gibt es ein sw. Verb *brengen*, das wie viele sw. Verben als Neubildung zum Prät. entstanden ist (germ. **brangjan*). Das md. *brengen*-Gebiet hebt sich noch im 15. Jh. vom obd. *bringen*-Gebiet ab (Besch 1967,95).

2. Zu *beginnen* (stV. Kl. III a) wird der Sg. des Prät. Ind. stark *(began)* und § 268 schwach *(begunde)* gebildet, während der Pl. Ind. und der Konj. immer schwach sind; hier ist an Einwirkung des Präterito-Präsens *gan* ‚gönne' (§ 272,4) zu denken. Part. Prät. *begunnen;* daneben gibt es im Md. auch die schwache Form *begunst, begonst.*

Anm. 1: Genaueres über den Gebrauch von *begunde* und *began* bringen Zwierzina 1898,465; ders. 1901,29; Schirokauer 1923,17. Dort auch Näheres zu den landschaftssprachlichen Nebenformen *begonde, begonst.*

Anm. 2: Hierher gehört ursprünglich auch das Verb *brûchen*, das sich aber ganz der regelmäßigen sw. Konjugation angepaßt hat. Das Präs. war von Haus aus stark, das Prät. *brûhte* ist wie *brâhte* gebildet (Osthoff 1882b,295).

Anm. 3: Auch die ehemals reduplizierenden Verben *bûwen, blæjen, dræjen* sind ganz in die sw. Klasse übergegangen, nur haben sie noch neben dem schwachen ein altes starkes Part. Prät. bewahrt: *gebûwet – erbûwen* (seltener *gebûwen*); *geblât – geblân; gedrât – gedrân.* – Das Prät. von *bûwen* lautet *bûwete, bûte,* daneben aber auch *biute* (so z. B. bei H; über die Verwendung im Reim s. Haupt zu Engelh 5222 u. Lachmann zu Iw 415). *biute* ist wohl eine Neubildung vom Präs. *biuwen* in Analogie zu *trûwen, triuwen – trûwete, triuwete, trûte, triute* (§ 264, Anm. 4).

Anm. 4: Urspr. schwach ist *eischen* (ahd. *eiskôn*) ‚fragen'. Daneben *heischen* (wie schon ahd. mit /h-/ in Anlehnung an *heizen*) und das Kompositum *vreischen* ‚erfahren'; beide bilden aber auch ein starkes Prät.: *iesch, vriesch.*

Anm. 5: Die sw. Verben *erkunnen* ‚kennen lernen', *verkunnen* ‚nicht kennen' haben neben dem sw. auch ein st. Part. *er-, verkunnen* (Lachmann zu NL 2241,4).

Lit. Mischkonjugation:
Osthoff 1882b; Zwierzina 1898; Zwierzina 1901; Schirokauer 1923; Kranzmayer 1950; Besch 1967.

B. Präterito-Präsentien

§ 269   1. Allgemeines

Präterito-Präsentien (Perfekto-Präsentien) haben die Form des Präteritums, aber die Bedeutung des Präsens. Es sind starke Verben, deren Präteritalform Präsensbedeutung angenommen hat und deren urspr. Präsens verloren gegangen ist.

Die Präsensflexion ist die eines gewöhnlichen starken Prät. In den Pl. Präs. Ind. ist Umlaut eingedrungen.

Anm. 1: Brenner (1895,84) erklärt diesen Umlaut aus der Einwirkung der nachgestellten Pronomina *wir, ir, si* und Fiedler (1928,188) als Angleichung an die ‚rückumlautenden' Verben (*dürfen – dorfte* wie *vürhten – vorhte*). Vgl. dazu Sčur 1961, 206–219.

Gegen die schon von Weinhold (1883, § 409ff.) vertretene Ansicht, alte Konjunktivformen seien hier in den Indikativ übertragen worden, scheint zu sprechen, daß dann gerade der häufiger gebrauchte Modus durch den selteneren umgeformt worden sein müßte. Aber Osthoff (1890,212f.) hat schon darauf hingewiesen, daß die Indikativformen im Pl. den Vokal des Konj. dennoch leicht annehmen konnten, weil beide Modi in den Präsensformen der meisten Verben im Pl. den gleichen Wurzelvokal haben. Ähnlich auch McLintock 1961/62,271ff.

Anm. 2: Zu vergleichen ist lat. *nōvī* ‚ich kenne', eigentlich ‚ich habe kennengelernt'. Gr. *oida* (< *ṷoida*) und aind. *vēda* ‚ich weiß' entsprechen genau got. *wait,* ahd. mhd. *weiʒ* (eigentlich ‚ich habe gesehen', vgl. lat. *vīdī*).

Daß die Prät.-Präs. ihrer Form nach Prät. sind, erkennt man

a) an dem Ablaut zwischen Sg. und Pl.: *weiʒ – wiʒʒen* wie *reit – riten, darf – durfen* wie *warf – wurfen;*

b) der Endungslosigkeit der 1. 3. Sg.: *ich/ër darf* wie *ich/ër warf* (gegen Präs. *ich wirfe, ër wirfet*).

c) Ferner endet die 2. Sg. auf /-t/: *du darft;* in diesem /t/ bewahren diese Verben allein die bei den stV. im Wgerm. sonst aufgegebene alte Bildung der 2. Sg. des idg. Perf. (gr. *oistha;* vgl. got. *namt* ‚du nahmst').

Anm. 3: Von manchen Forschern (z.B. von Mossé 1956) wird im Hinblick auf die Erhaltung der idg. Perfektformen in dieser Gruppe von Verben die Bezeichnung ‚Perfektopräsentia' vorgezogen. Andererseits gilt: innerhalb des Mhd. gibt es kein synthetisches Perfekt, und nur mit Bezug auf das Prät. bleibt man innerhalb des beschriebenen Sprachstandes.

Lit. Terminus Präterito-Präsentien:
Mossé 1956; Stutterheim 1961; Gutenbrunner 1960; Soetemann 1967.

Aus der Ablautstufe des Pl. bilden die Prät.-Präs. einen Infinitiv und ein Part. Präs. und vor allem auch ein neues schwaches Prät. (ohne Zwischenvokal), dessen Konjunktiv z.T. Umlaut aufweist. Bei den Hauptverben *weiʒ, gan, bedarf* erscheinen auch Partizipien Prät., die teils stark, teils schwach gebildet sind. Hinzu kommen einige adjektivisch verwendete alte (z.T. wohl schon vorgerm.) Partizipien, die nicht mehr Bestandteil der Verbalflexion sind: *gewiʒʒen* ,bekannt, verständig' (noch älter: *gewis*), *eigen, kunt, durft* ,nötig', *schult.*

Nach den Ablautverhältnissen im Präs., d.h. den Formen des germ. Prät., lassen sich die Prät.-Präs. den ersten sechs Klassen der st. Verben zuordnen. Diejenigen der IV. und V. Ablautreihe haben allerdings im Pl. abweichend von den st. Verben nicht das dehnstufige /â/ (germ. /ê¹/), sondern analog zu der Schwundstufe der III. ein /u/ (*suln, mugen* gegenüber *stâlen, pflâgen*).

Lit. Präterito-Präsentien:
Weinhold 1883, § 409ff.; Osthoff 1890; Brenner 1895; Fiedler 1928; Ščur 1961; McLintock 1961/62; Woods 1981 (As.); Lühr 1987 (Ahd.).

2. Bemerkungen zur Form
(Vgl. Tabelle)

I. Ablautreihe   § 270

1. *wiʒʒen:* Die (mehr obd. gebräuchlichen) Prät.-Formen *wisse, wësse* sind älter als die häufigeren *wiste, wëste,* die in Analogie zum Prät. der sw. Verben neu gebildet sind (§ 94, § 153). Auch die Form 2. Sg. *weist* ist eine Analogiebildung; germ. ist /-ss/ vorauszusetzen (schon got. *waist* < *waiss nach dem Muster von *namt*). Die (vor allem omd.) Nebenform *wuste,* die im 15. Jh. auftaucht (im Hess. *woste*) und sich im Nhd. durchsetzt, ist wohl unter dem Einfluß des anlautenden /w/ entstanden, ebenso md. *gewust* neben *gewist* im Part. Prät. Im Bair. kommt häufig *gewest* vor. – Die Form *gewiʒʒen* des Part. Prät. kommt fast nur adjektivisch vor.

2. Zum Pl. *eigen* ,wir haben' vgl. got. *aih* ,ich habe'. Im Mhd. begegnen außer dem Pl. noch Konj.-Formen (*eige* usw.) und ein altes Part. *eigen,* das zum Adj. geworden ist. – Der Vokalismus ist anomal (in Pl. und Part. Prät. wäre Schwundstufe zu erwarten); es liegt wohl früher Ausgleich mit dem Sg. vor (vgl. schon got. *áigum*).

II. Ablautreihe   § 271

3. *tugen, tügen:* Die 2. Sg. ist nicht nachzuweisen. Im Mhd. wird *touc* meistens unpersönlich konstruiert. Die Umbildung zu dem regelmäßigen sw. Verb *tougen* beginnt schon im 12. Jh., und im 17. Jh. hat sich die regelmäßige sw. Konjugation durchgesetzt. Die Prät.-Form *tohte* zeigt Brechung /u/ > /o/ (§ 34) und ein aus /gt/ hervorgegangenes /ht/ (s. germ. Spirantenregelung § 94).

Abl. Reihe	Präsens				Präteritum			Nhd. (§ 276)
	Ind. 1. 3. Sg.	2. Sg.	1. 3. Pl. = Inf.	Konj. 1. 3. Sg.	Ind. 1. 3. Sg.	Konj. 1. 3. Sg.	Part.	
I	1. weiʒ	weist	wiʒʒen	wiʒʒe		wisse, wĕsse (wesse) wiste, wĕste (weste)	gewist gewest	‚weiß'
II	2.		eigen	eige			eigen	(‚habe')
	3. touc		tugen, tügen	tuge, tüge	tohte	töhte		‚tauge'
III	4. gan (< gi-an) (v)erban (wie gan)	ganst	gunnen, günnen	gunne (günne)	gunde (gonde)	günde, gunde	gegunnen gegunnet	‚gönne' ‚miß-gönne'
	5. kan	kanst	kunnen, künnen	kunne, künne	kunde (konde)	künde, kunde		‚kann'
	6. darf bedarf (wie darf)	darft	durfen, dürfen	durfe, dürfe	dorfte	dörfte	bedorft	} ‚brauche' ‚bedarf'
	7. tar	tarst	turren, türren	turre, türre	torste	törste		(‚wage')
IV	8. sol (sal)	solt	suln, süln	sul, sül	solde, solte	sölde, solte		‚soll'
V	9. mac	maht	mugen, mügen magen, megen	muge, müge	mahte, mohte	mähte, möhte		‚vermag' ‚kann'
VI	10. muoʒ	muost	müeʒen	müeʒe	muose, muoste	müese, müeste		‚muß'

III. Ablautreihe

4. *gunnen, günnen: gan* ist durch Verschmelzung von ahd. *an* mit dem Präfix *gi-* entstanden, *gunnen* dementsprechend aus *gi + unnen*. Das ahd. Simplex *an*, *unnun*, Prät. *onda* ist durch das Kompositum verdrängt worden. Im Part. Prät. ist auch die Form *gegunst* bezeugt. Vgl. noch mhd. das präfixlose Abstraktum *anst* Fem. ‚Wohlwollen‘, neben *gunst*.

Zum Schwanken zwischen *gunnen* und *günnen* s. o. (§ 269); obd. ist außerdem die Umlauthinderung zu berücksichtigen (§ 69). Durch sie erklärt sich auch die Form *gunde* im Konj. Prät. H, G und Wo haben im Reim nur *gunde*. Die Form *gonde* (und danach *begonde*) ist, soweit nicht landschaftssprachlich /o/ für /u/ vorliegt, Angleichung an *mohte, tohte, solte, dorfte, torste* (Schröder, E. 1901, 243). Zur Senkung in nhd. *gönnen* s. § 69.

erbunnen und *verbunnen* ‚beneiden, mißgönnen‘ werden wie *gunnen* konjugiert.

5. *kunnen, künnen:* Zum Wechsel zwischen umgelauteten und nicht umgelauteten Formen s. o. *gunnen*. Die 2. Sg. Präs. *kanst* müßte theoretisch **kant* lauten (wie im Got.), ist aber den Formen *weist, darfst* usw. angeglichen worden. Im Spätmhd. entwickelt sich *können* aus *künnen* (vgl. § 50, § 69).

6. *durften, dürfen:* Das Prät. zeigt Brechung /u/ > /o/ (§ 34; *dorfte* < ahd. *dorfta*); das /o/ wurde in Analogie dazu in den Plural und Konj. Prät. übernommen *(dorften, dörften)*. Im 15. Jh. wird *darft* (2. Sg. Präs. Ind.) durch angeglichenes *darfst* verdrängt; Prät. *dorfte* hält sich bis ins 18. Jh., bis es vollständig von *durfte* abgelöst wird. – Ein Part. Prät. wird nur von *bedurfen, bedürfen* gebildet. Dieses geht wie *durfen, dürfen;* Part. Prät. *bedorft.*

7. *turren, türren:* Das /s/ in der 2. Sg. *tarst* ist nicht, wie in *kanst*, durch Analogie sekundär eingefügt, sondern ist der germ. Wurzelauslaut (vgl. got. *ga-dars* ‚ich wage‘, Pl. *ga-daúrsum [= ga-dorsum]*). Den Formen mit /-rr-/ liegt germ. /-rz-/ zugrunde (nach Verners Gesetz § 92f.; § 121 Rhotazismus /z/ > wgerm. /r/).

IV. Ablautreihe

8. *suln, süln:* Nebenformen zu *sal, sol* sind *schal, schol (schol* ist besonders im Bair. gebräuchlich); das /sch/ geht auf ahd. /sk/ zurück (ahd. *skal*, Pl. *skulun;* § 155). Im 10. Jh. beginnt schon der *k*-Schwund, der z. T. gleichzeitig zur Verdunkelung von /a/ > /o/ führt. Man führt die Lauterleichterung auf schwachbetonte Stellung im Satz zurück (Fourquet 1962, 61ff.).

In Urk. erscheint *sal* als 1. 3. Sg. mfrk. und im Rheinfrk. bis nach Mainz und Worms, sonst gilt *sol* (neben *schol*) ohne räumliche Differenzierung. ⟨sh-⟩ und ⟨sc-⟩ sind selten.

Die Form der 1. Pl. lautet südlich des Mains *suln*, vom Niederrhein bis Worms *soln*. In Teilen des Südalem. finden sich Formen ohne /l/: *sun, son, sün*, auch *sunt, sont*. Die Pluralformen sind schwundstufig gebildet (wie theoretisch in der IV. Reihe statt der Dehnstufe auch bei den st. Verben zu erwarten). Altes /u/ ist durch Brechung (§ 34) in /o/ übergegangen: *skulta > skolta > solte/ solde*. Dieses /o/ wurde dann analog in den Pl. und Konj. übernommen. Noch im 15. Jh. ist die Form der 2. Sg. *solt* fest (Besch 1967,301).

§ 274 V. Ablautreihe

9. *mugen, mügen:* Die Zuordnung von *mugen* zur V. Abl.-Reihe ist problematisch, denn die Pluralform zeigt nicht die zu erwartende Dehnstufe (vgl. *gâben*); die got. u. frühahd. Form lautet *magum*. In Analogie zu den Verben der III. und IV. Reihe entstehen daneben schon im Ahd. Bildungen mit dunklem Wurzelvokal, die im Mhd. dominieren (*mugen, mügen;* im Md. auch *mogen, mögen*). Die Form 2. Sg. *maht* ist durch das germ. Spirantengesetz zu erklären (§ 94). Genaueres über den Gebrauch der Formen findet sich bei v. Kraus 1898,150; Schirokauer 1923,25. – Über spätalem. *mün* für *mügen* s. § 286. – Die ältere Form Sg. Prät. *mahte* bleibt im Mhd. noch bis ins 14. Jh. neben *mohte*, einer Neubildung nach dem Pl. *mugen*, erhalten.

Im 15. Jh. begegnet neben *du maht* in vielen Hss. auch schon *du mahst* (Besch 1967,301f.).

§ 275 VI. Ablautreihe

10. *müeʒen:* Die 2. Sg. *muost* ist Analogiebildung (vgl. *weist, ganst*). Die ältere Form des Prät. lautet *muose* (§ 94), sie geht auf vorahd. **môssa* zurück. *muoste* entsteht analog zum Prät. der übrigen sw. Verben und verdrängt *muose* im 13. Jh. Konj. Prät. mit Umlaut: *müese* usw. – Über die Verwendung des Prät. bei H s. Gierach 1917,519.

Lit. Formen der Präterito-Präsentien:
von Kraus 1898; Schröder, E. 1901; Gierach 1917; Schirokauer 1923; Fourquet 1962.

§ 276   3. Inhaltliche Unterschiede beim Gebrauch als Modalverben

kunnen, künnen wird urspr. gebraucht, um die Abhängigkeit einer Handlung von den geistigen Möglichkeiten einer Person im Sinne von ‚wissen, verstehen‘ zu bezeichnen. Im Mhd. reicht die Verwendung des Modalverbs aber auch schon in den Bereich hinein, der im Ahd. noch ganz von *mag* besetzt war; es wird schon mhd. in der Bedeutung ‚können, vermögen‘ gebraucht.

durfen, dürfen bezeichnet urspr. die Notwendigkeit oder das Erfordernis: ‚müssen, brauchen, bedürfen‘. Im Mhd. zeichnet sich der Übergang zur Anwendung auf die Möglichkeit oder Erlaubnis eines Handelns im Sinne von

‚können, dürfen' ab. Das Verb verdrängt seit dem 17. Jh. *turren, türren* ‚wagen, sich getrauen', das ausdrückt, daß die Möglichkeit einer Handlung allein von den Bedingungen des Subjekts abhängt.

suln, süln gibt von den ältesten dt. Quellen an bis heute die Notwendigkeit oder das Erfordernis einer Handlung an, nur wird damit ursprünglich nicht die Abhängigkeit von einem personalen Subjekt, sondern von Normen bezeichnet: ‚schuldig sein, müssen'. Häufig liegen dabei schon im Mhd. die Bedingungen des Handelns im personalen Subjekt. Außerdem dient auch *suln, süln* gelegentlich zur Umschreibung des Futurs (§ 315) und des Imperativs (§ 317).

mugen, mügen bezeichnet von Haus aus fast immer das physische Vermögen ‚können, imstande sein' und behält diese Funktion bis ins Frühnhd. hinein. Die nhd. übliche Bedeutung (zuerst im 16. Jh.) wird aus dem Gebrauch des Verbs in negativen elliptischen Sätzen erklärt: ‚etwas nicht (essen) mögen', daher nicht mögen ‚einen Widerwillen gegen etwas haben' und, ins Positive gewendet, ‚mögen, gern haben' und (als Konj. Prät. ‚möchte') ‚wünschen'.

müeჳen hat mit *durfen/dürfen* in seiner semantischen Entwicklung den Platz getauscht, insofern als es urpsr. ‚können, dürfen' bedeutete und heute die Notwendigkeit einer Handlung angibt. Das Mhd. kennt beide Verwendungsweisen. *müeჳen* kann außerdem zur Umschreibung des Futurs und zum Ausdruck des Wunsches gebraucht werden (§ 315, § 320f.).

Vgl. Klarén 1913; Bech, G. 1951, 28. – Zum Übergang der morphologisch charakterisierten Gruppe von Präterito-Präsentien in das auch syntaktisch und semantisch genauer bestimmte System der Modalverben durch Ausscheidung von *weiჳ, gan, touc* und Neuaufnahme von *wil* vgl. Hammerich 1960.

Anm. 1: Die breite Bedeutungsskala von *müeჳen* (‚können, dürfen, mögen [Konj.]; sollen; müssen') wird verständlich, wenn man von einer germ. Grundbedeutung ‚in der Lage sein zu etwas' ausgeht: im Hinblick auf die Gunst der Umstände entwickelt sich die Bedeutung ‚Gelegenheit haben, können, dürfen', hinsichtlich des Zwanges der Situation die des Sollens und Müssens. Zur alten Grundbedeutung vgl. got. *ga-môtan* ‚Raum haben' und mhd. *muoჳe* Fem. ‚freie Zeit'.

Lit. Semantik der Präterito-Präsentien:
Klarén 1913; Bech, G. 1951; Hammerich 1960.

C. *wellen* ‚wollen'   § 277

Beruhen die Unregelmäßigkeiten der Formenbildung bei den Präterito-Präsentien auf einer Verschiebung des Tempus, so bei *wellen* auf einer des Modus. Seit alters wird der Ind. Präs. dieses Verbs durch Optativformen gebildet, weil die Wunschform in der Rede vorherrschte (vgl. 1. Sg. Präs. Ind. im Got. *wiljau* ‚ich will'). Zu dem neuen Ind. ist dann wieder ein Konj. gebildet worden, ebenso ein sw. Prät.

Im Md. kommen unter dem Einfluß des Prät. Formen mit /o/ statt /e/ vor: Pl. Präs. Ind. *wollen, wollet, wollen(t)*, Konj. *wolle* usw., Inf. *wollen*. Seit dem 14. Jh. dringen sie auch in obd. Quellen ein. – Auch hier kann wie bei ahd. *wëcha*

	Präsens Indikativ		Konjunktiv	
	mhd.	*ahd.*	*mhd.*	*ahd.*
Sg. 1.	wil(e)	*willu*	welle	*welle*
2.	wil(e), wilt	*wili*	wellest	*wellês(t)*
3.	wil(e)	*wili*	welle	*welle*
Pl. 1.	wellen (weln)	*wellemês, -en*	wellen	*wellêm*
2.	wellet (welt)	*wellet*	wellet	*wellêt*
3.	wellen(t), (welnt)	*wellent, wellant*	wellen	*wellên*

	mhd.	*ahd.*		*spätmhd.*
Inf.	wellen	*wellen*	Part. Prät.	gewellet,
Part. Präs.	wellende	*wellenti*		gewellt;
Prät. Ind.	wolte, wolde	*wolta*		gewöllet, gewölt
Konj.	wolte, wolde; wölte, wölde	*wolti, woltî*		

> *wocha* Einfluß des /w/ wirksam gewesen sein (vgl. auch *gesworn* statt *ge-swarn*, § 252, Anm. 4).

Anm. 1: Nur im Sg. Präs. Ind. hat sich der alte Opt.-Stamm *wël- erhalten, die anderen Formen des Präs. gehen auf ein sw. Verb *wal-jan zurück, von dem auch mhd. *wel(l)en, weln* ‚wählen‘ herzuleiten ist.

Anm. 2: Daß wir es bei diesem Verb nicht mit einem Prät.-Präs. zu tun haben, zeigt der Präs.-Vokal /i/: *ich wil* wie *ich stil* ‚stehle‘, nicht /a/ wie in *stal;* daß es ein alter Opt. und kein Ind. ist, lehrt noch die 3. Sg. *er wil* (ohne /t/ gegenüber *er stilt*). Vgl. lat. *velīs :* ahd. *wili* > frühmhd. *wile* > mhd. *wil; wilt* entstand durch Angleichung an die 2. Sg. der Prät.-Präs. – Die Form *du wilt* ist im 15. Jh. noch fest (Besch 1967,301).

Anm. 3: Zu *wolde* neben *wolte* vgl. § 105,4; § 257, Anm. 4.

Anm. 4: Im Spätalem. wird Pl. Präs. *wellen(t)* > *went* kontrahiert (§ 286). Im Alem. wird oft die 2. Sg. *wilt* > *wit*. Über alem. *wen* § 286.

Anm. 5: Im Mfrk. gilt neben *wil* 1. Sg. *wille,* 3. Sg. *willet, wilt;* 1. Sg. Ind. Prät. *wild ih* (Prosa-Lancelot). Über *ir welt* neben *ir wellet* im Pl. Schirokauer 1923,31.

Anm. 6: *wellen, wollen* hat im Mhd. mit wenigen Ausnahmen dieselbe Bedeutung wie heute. Als Subjekt erscheint jedoch immer eine Person oder zumindest Personifikation. Das Verb dient auch zur Futurumschreibung (§ 237, § 315). Vgl. G. Bech 1951.

Anm. 7: Das Part. Prät. erscheint erst spät: *gewellet, gewelt; gewöllet, gewölt.*

Lit. *wellen:*
Schirokauer 1923; Bech, G. 1951; Schieb 1957; Besch 1967.

D. Wurzelverben   § 278

Die Wurzelverben haben eine einsilbige Präsensform und enden in der 1. Sg. Präs. Ind. auf /-n/. Von den anderen Verben unterscheiden sie sich historisch dadurch, daß die Flexionsendung unmittelbar an die Wurzel tritt. Sie haben also ebenso wie die Wurzelnomina keinen Themavokal, d.h. kein stammbildendes Suffix (§ 173). So steht idg. neben der thematischen Verbalflexion (z.B. gr. *phér-o-men, phér-e-te* ‚wir tragen, ihr tragt‘, aind. *bhár-a-ti* ‚er trägt‘, ahd. *bir-i-t* ‚er trägt‘) eine athematische (z.B. 3. Sg. Ind. Präs. von ‚sein‘: gr. *es-tí*, aind. *ás-ti*, got. ahd. mhd. *is-t*).

Das Endungs-*n* in der 1. Sg. Präs. Ind. geht auf das idg. Primärsuffix *-mi* (vgl. gr. εἰμί *[eimí < esmí]* ‚bin‘, aind. *ás-mi* ‚bin‘) zurück, das sich resthaft in mhd. *bin, tuon, gân, stân* erhalten hat; im Ahd. haben die älteren Formen ebenso wie die schwachen Verben der II. und III. Klasse noch /-m/: *bim, tôm/ tuam, gâm, stâm; lobôm, lëbêm* (vgl. § 255). Nhd. zeigt es sich nur noch in ‚bin‘.

Anm. 1: Auch landschaftlich ist es bewahrt in der 1. Sg. Präs. Ind. der II. und III. ahd. Klasse der sw. Verben auf *-ôn* und *-ên;* vgl. mhd. *ich loben* < ahd. *lobôm;* § 256, Anm. 3.

Anm. 2: Dies alles sind die Reste einer einst großen Gruppe von *mi*-Verben; die regelmäßigen Verbalklassen entsprechen demgegenüber den gr. Verben auf /-ō/; vgl. gr. *phér-ō*, lat. *fer-ō*, ahd. *bir-u* ‚ich trage‘.

1. *tuon*   § 279

Zu dem Verb *tuon* wird ein Prät. *tëte* (ahd. *tëta*) gebildet, bei dem die Silbe *te-* nicht Wurzel, sondern ursprünglich Reduplikationssilbe ist (vgl. Anm. 2).

Präsens

	Indikativ	Konjunktiv
Sg. 1.	tuon (tuo)	tuo (alem. tüeje)
2.	tuost (mfrk. deist)	tuost (tüejest)
3.	tuot (mfrk. deit)	tuo (tüeje)
Pl. 1.	tuon (alem. tuont)	tuon (tüejen)
2.	tuot (alem. tuont)	tuot (tüejet)
3.	tuont	tuon (tüejen)

Inf. tuon
Imp. 2. Sg. tuo, 1. Pl. tuon, 2. Pl. tuot
Part. tuonde

Präteritum

		Indikativ	Konjunktiv
Sg.	1.	tẹt(e), tet(e)	tæte (tẹte)
	2.	tæte	tætest
	3.	tẹt(e), tet(e)	tæte
Pl.	1.	tâten (tæten, tẹten)	tæten
	2.	tâtet	tætet
	3.	tâten	tæten

Part. getân (mfrk. gedôn)

Anm. 1: Über *ich tuo* (Angleichung an die Flexion der st. und sw. Verben) neben *tuon* bei H s. v. Kraus 1898, 155. − Mfrk. *deist, deit* analog zu *geist, steit* (§ 280f.). − Der alem. Konj. *tüeje, tüege* ist analog zu den sw. *-ôn*-Verben (§ 256, Anm. 4) entstanden (Kögel 1884b, 509). Alem., aber enger begrenzt, ist auch die 1. Pl. Ind. *tugen* (Gleißner/Frings 1941, 152f.).

Anm. 2: Im Prät. *tẹte* ist die Silbe *tẹ-* Reduplikationssilbe, während Stamm und Endung zu *-te-* geschwächt sind; es ist der letzte Rest einer Perfektreduplikation im Deutschen (vgl. gr. *téthē-ka*).

Die Form *tete* mit geschlossenem /e/ (§ 41, Anm. 4) findet sich bei G (neben *tẹte*), KvW, Reinbot, Hugo von Trimberg u. a. Die einsilbige Form in der 1. 3. Sg. Prät. Ind. erscheint auch bei Dichtern, die sonst das /e/ nicht abwerfen, z. B. bei Rudolf von Ems. Pl. *tẹten* ist Neubildung nach dem Sg.; über *tæten* s. § 241, Anm. 2. Genaueres bei Zwierzina 1900, 101, 255, 286; Schirokauer 1923, 37. Zu *tete* aus *tẹtich* § 41, Anm. 4.

Anm. 3: Die Form der 3. Pl. Präs. *tuont* dringt im Alem. auch in die 1. und 2. Pl. ein: *wir tuont, ir tuont;* vgl. die Parallele zu den st. und sw. Verben § 240, Anm. 3.

Lit. *tuon:*
Kögel 1884b; von Kraus 1898; Zwierzina 1900; Schirokauer 1923; Gleißner/Frings 1941.

§ 280

2. *gân/gên*

Die Flexionsformen von *gân/gên* ‚gehen‘ setzen sich aus zwei verschiedenen Stämmen zusammen. Sie werden von dem Stamm des ahd. st. Verbs *gangan* − *gieng* − *giengum* − *gigangan* (VII. Reihe, vgl. § 253) und dem des Wurzelpräsens *gân/gên* gebildet. Im Präs. Ind. sind ahd. noch die Formen beider Stämme in Gebrauch, z. T. auch im Präs. Konj. Im Mhd. werden mit Ausnahme des Imp. und der alem. Konj.-Formen *gange* usw. (s. Tabelle) im Präs. nur noch die Verben *gân, gên* verwendet, im Prät. dagegen stehen die Formen *gienc, giengen, (ge)gangen* (Ausnahme: die gelegentlich gebrauchte Neubildung *gegân* für das Part. Prät.). Zur Neubildung *gie* < *gienc* vgl. Anm. 3.

Im Alem. und Rheinfrk. herrschen (wie im Ndd.) die von *gân* gebildeten Formen vor, im Bair. und großenteils auch im Md. (außer im Rheinfrk.) diejenigen von *gên;* jedoch kommen in der höf. Dichtersprache beide nebeneinander vor (vgl. Anm. 1; § 9,2).

Außerdem zeichnet sich eine Neigung zu modaler Differenzierung ab: im Konj. kommen die Formen von *gên* weitaus häufiger vor als die von *gân*.

Präsens

Indikativ		Konjunktiv	
			alem.
Sg. 1.	gân (gâ) gên (gê)	gê (gâ)	(gange)
2.	gâst gêst (mfrk. geist)	gêst (gâst)	(gangest)
3.	gât gêt (mfrk. geit)	gê (gâ)	(gange)
Pl. 1.	gân gên	gên (gân)	(gangen)
2.	gât gêt	gêt (gât)	(ganget)
3.	gânt gênt	gên (gân)	(gangen)

Inf. gân, gên

Imp. 2. Sg. ganc, genc, ginc, gienc (gâ, gê); 2. Pl. gât, gêt

Part. gânde, gênde

Präteritum

	Indikativ	Konjunktiv
Sg. 1. 3.	gienc, gie	gienge
2.	gienge	giengest
Pl. 1. 3.	giengen	giengen
2.	gienget	gienget

Part. (ge)gangen, gegân

Anm. 1: Das Alem. kennt im Inf. und Präs. Ind. nur Formen mit /â/, das Bair. nur solche mit /ê/, aber wegen der Reimbequemlichkeit verwenden bair. Dichter auch häufig Formen mit /â/, selten umgekehrt alem. Dichter Formen mit /ê/, (Bohnenberger 1897,209; über ahd. *gân, gên, gangan* Bohnenberger 1935,235). Vermutlich kam /â/ ursprünglich der 1. Sg., 1. 3. Pl., dem Inf. und Part. Präs. zu, /ê/ der 2. 3. Sg., 2. Pl. und dem Konj. Im Fränk. ist mhd. dieser Wechsel z. T. noch erhalten, aber der Süden hat schon zu /ê/ bzw. /â/ ausgeglichen. – H reimt im Ind. *gân, stân* (nur in der 1. Sg. auch *stê, stên*), im Konj. *gê, stê,* (v. Kraus 1898,152); Wo sprach *gên, stên* (Zwierzina 1898,467; ferner Schirokauer 1923,37). Über die heutigen alem. Formen Maurer 1942,310; eine Gesamtübersicht über die heutigen Maa. bei Martin, B. 1959,70f. – Im 15. Jh. herrscht *gên* bair. und ofrk. und bedingt omd. (Besch 1967,343).

Anm. 2: Mfrk. rheinfrk. *geist, geit,* ebenso *steist, steit* sind durch Übertritt in die thematische Flexion entstanden. Unter ihrem Einfluß ist nicht nur *deist, deit* (§ 279, Anm. 1), sondern auch *sleit (slahet), veit (vâhet), heit (hâhet)* usw. geschaffen worden (§ 283ff.); auch wurden Pl.-Formen *gein, geit, geint,* ebenso *stein* usw. gebildet. /ei/ für /ê/ begegnet vor allem rip. (bes. vor /r/: *eirste*).

Anm. 3: *gie* ist Neubildung für *gienc* zu *gân, gienc* (md. auch *ginc*) bleibt md. die gewöhnliche Form, *gie* überwiegt im Obd., erscheint jedoch auch md. (nicht mfrk.).

H reimt beide Formen (aber im Iw *gie* zurückhaltend; Zwierzina 1896b,240; ders.
1901,47), Wo nur *gienc,* Wa nur *gie* (weiteres s. Schirokauer 1923,32). Einige obd.
Texte verwenden *gie* (ebenso *lie, vie*) vor kons., *gienc* vor vok.
anlautendem Wort,
wie Collitz (1917,207) für die Genes. erweist. In den von McCobb (1936) untersuch-
ten Texten betragen die Kurzformen im Bair. 82,9%, im Alem. 61,9%, im Md.
43,1%; seit dem 14. Jh. deutet sich ihr Rückgang an.

Anm. 4: Über das Part. *gegân* neben *gegangen* vgl. Benecke zu Iw 3694, der auch das
seltenere *gestân* nachweist. − Die Part.-Formen *gangen* (z.B. G 2378), *gân* sind nicht
von Haus aus ohne *ge-* gebildet (wie *komen,* § 243), sondern haben die Vorsilbe auf
lautlichem Wege (durch Ausfall des /e/ zwischen gleichen Kons.) verloren.

Anm. 5: Im 15. Jh. herrscht *gên* im Bair. und im Raum Nürnberg-Bamberg-Würz-
burg, urk. im Schles. und gemischt mit *gân* zwischen Erfurt und Dessau; Luther hat
entsprechend in den Frühschriften *â*-Formen, später *ê*-Formen (Besch 1967,83f.).

Lit. *gân/gên:*
Zwierzina 1896b; Bohnenberger 1897; von Kraus 1898; Zwierzina 1898; Collitz 1917;
Schirokauer 1923; Bohnenberger 1935; McCobb 1936; Maurer 1942; Martin, B. 1959;
Besch 1967.

§ 281   *3. stân/stên*

Wie bei *gân/gên* (§ 280) begegnen auch bei *stân/stên* Formen aus zwei verschiedenen Stämmen. Sie werden gebildet vom Stamm des ahd. Verbs *stantan* −
stuo(n)t − *stuo(n)tum* − *gistantan* (vgl. § 251, Anm. 2), bei dem das /n/ ursprünglich auf das Präs. beschränkt war, und von dem Wurzelpräsens *stân,* das
im Ahd. im Präs. Ind. und seltener auch im Konj. verwendet wird. Im Mhd.
erscheinen von *stantan* ähnlich wie von *gangan* Formen des Imp. und des Prät.,
dazu im Alem. der Konj. Präs.; neben Part. Prät. *gestanden* findet sich gelegentlich auch *gestân.*

Präsens

	Indikativ		Konjunktiv	
				alem.
Sg. 1.	stân (stâ)	stên (stê)	stê (stâ)	(stande)
2.	stâst	stêst (mfrk. steist)	stêst (stâst)	(standest)
3.	stât	stêt (mfrk. steit)	stê (stâ)	(stande)
Pl. 1.	stân	stên	stên (stân)	(standen)
2.	stât	stêt	stêt (stât)	(standet)
3.	stânt	stênt	stên (stân)	(standen)

Inf. stân, stên
Imp. 2. Sg. stant, stâ, stê; 2. Pl. stât, stêt
Part. stânde, stênde
Prät. stuont (selten stuot), Konj. stüende
Part. Prät. gestanden (zuweilen gestân)

Geographisch verteilen sich die Formen *stân* und *stên* wie *gân* und *gên* (§ 280, bes. Anm. 1).

Anm. 1: Über den Gebrauch von *stân* und *stên*, über die Formen *steist, steit,* über das Part. *gestân* s. § 280, Anm. 1, 2, 4.

Anm. 2: Die alte Prät.-Form *stuot* erscheint gelegentlich in Reimen des 12. Jhs., sehr selten später (v. Bahder 1884,259; Bech, F. 1885,265; dagegen Wagner, K. 1921,130). Neben *stuont* md. auch *stunt.* – Die analogische Neubildung nhd. *stand* verdrängt im Lauf des 18. Jhs. die ältere Form; im Konj. dagegen hält sich *stünde* neben *stände* bis zum Ende des 19. Jhs.

Lit. *stân/stên:*
von Bahder 1884; Bech, F. 1885; Wagner, K. 1921.

4. Verbum substantivum sîn   § 282

Die Flexionsformen von *sîn* ‚sein‘ werden aus drei verschiedenen Wurzeln gebildet:

1. *ist* geht auf idg. **es-* (hochstufig; vgl. lat. *es-t*) zurück. Die mit /s-/ anlautenden Formen (3. Pl. Präs. und der ganze Konj.) stammen aus der idg. Schwundstufe dieser Wurzel (idg. **s-;* vgl. lat. *s-um, s-umus, s-unt*).

2. Die Formen, die mit /b-/ beginnen (1. 2. Sg.; 1. 2. Pl. Präs.; 2. Imp.), leiten sich aus idg. **bhū-/bheu-* (vgl. lat. *fui, futurus*) her, das sich mit Resten der Wurzel **es-* (sie trägt die Flexion) verbunden hat.

3. Alle übrigen Formen (Inf., Imp., Part.-Prät.) werden durch das st. Verb mhd. *wësen* (V. Klasse; idg. **ṷes-*) gebildet.

Präsens

	Indikativ	Konjunktiv		
Sg. 1.	bin (< bim)	sî	(alem. sîge, sîe)	wëse
2.	bist	sîst	(sîgest, sîest)	wësest
3.	ist (md. is)	sî	(sîge, sîe)	wëse
Pl. 1.	birn, sîn (md. sint)	sîn	(sîgen, sîen)	wësen
2.	birt (bint), sît (sint)	sît	(sîget, sîet)	wëset
3.	sint (md. sîn)	sîn	(sîgen, sîen)	wësen

Inf. sîn, wësen   Part. Präs. sînde, wësende
Imp. 2. Sg. wis, bis
    2. Pl. sît, wëset

Präteritum

Ind. was, Pl. wâren; Konj. wære
Part. gewësen, daneben, bes. ofrk. und omd., gewëst und im Alem., zuweilen auch im Md., gesîn

Anm. 1: Die aus dem Ahd. überkommenen Formen *birn, birt* werden im 13. Jh. allmählich ungebräuchlich. Am längsten bleiben sie im Bair. erhalten (vgl. Haupt zu Er 4051). Im Alem. kommen gelegentlich Nebenformen ohne /r/ vor *(bin, bint)*. Der Ind. *wise* ist nicht üblich (Belege sehr selten); der Konj. *wëse* tritt hinter *sî* zurück. Die Form der 2. Sg. Imp. *bis* (eine Neubildung im Anschluß an die 2. Sg. Präs. Ind.) findet sich neben *wis* schon im 13. Jh. im Obd. und Md. allgemein; dies gilt auch für das 15. Jh. Der erste Beleg für *sei* stammt aus dem Jahr 1477 (Besch 1967,310).

Anm. 2: Alem. lautet die 2. Pl. *sint* statt *sît* (§ 240, Anm. 3). Md. gehen die 1. und 3. Pl. *sîn – sint* vielfach ineinander über; vereinzelt findet sich md. auch *sinden* (ahd. *sintun; -un* übertragen von den Prät.-Präs.). Im Prät. kommen neben *wære, wâren* satzunbetont *wær, wârn* vor (§ 23).

Anm. 3: Im Part. Prät. gilt *gewësen* fast allgemein, *gesîn* fehlt dem Bair. H reimt kein *gesîn*, Ulrich von Zatzikhoven vorwiegend *gesîn*, Rudolf von Ems und KvW gebrauchen beide Formen gleichmäßig, doch Rudolf von Ems in der Weltchronik nur mehr *gewësen* (Zwierzina 1903,434; Schirokauer 1923,28); die heutige Verteilung von *gesîn, gewesen, gewest* s. Martin, B. 1959,66ff.; im Alem. s. Bohnenberger 1953,90f.; Maurer 1942,247; Langosch 1933, § 200. – Im 15. Jh. ergeben sich drei Landschaften: alem. *gesîn/gesein*, bair., teilw. ostalem., ofrk., ostfälisch *gewesen*, md., teilw. ofrk., ndfrk. *gewest* (Besch 1967,324; Stopp 1977).

Anm. 4: Noch im 15. Jh. ist /r/ im allg. nicht an Stelle von /s/ in den Sg. des Prät. *(was)* eingedrungen (Besch 1967,133).

Lit. Verbum subst. *sîn:*
Zwierzina 1903; Schirokauer 1923; Langosch 1933; Maurer 1942; Bohnenberger 1953; Martin, B. 1959; Besch 1967; Sparmann 1968; Stopp 1977.

§ 283   E. Kontrahierte Verben

Im 11. Jh. setzt die Ausbildung von Formen ein, die für das Mhd. charakteristisch werden: die Kontraktion von Verben (vgl. §§ 107–111; Sachverzeichnis). Das Vorbild für diese Entwicklung mögen die Wurzelverben abgegeben haben. Sie ähneln den kontrahierten Verben in der Lautgestalt, und in der Präsensflexion stimmen z.B. *hân < haben* und *lân < lâʒen* vollständig mit *gân* und *stân* überein (doch sind beide synchron weithin zusammengehörigen Gruppen historisch genau auseinanderzuhalten). Kontrahierte Formen finden sich vor allem im Ind., Inf. und Part. Präsens, im Konj. Präs. und Prät. hingegen herrschen unkontrahierte vor.

§ 284   1. Kontraktionen bei /h/

Im Obd. schwindet das inlautende /h/ gewöhnlich nur nach langem Vokal, im Md. auch nach kurzem und überhaupt weit häufiger (§ 111).

Beispiele: *hâhen > hân* (§ 253), *vâhen > vân* (§ 251), *smâhen > smân, smæhen > smæn, vlêhen > vlên, gedîhen > gedîen, zîhen > zî(e)n, ziehen > zien, slahen > slân (slehet > slêt)* (§ 251), *sëhen > sên (sihe > sie), geschëhen > geschên* usw.

Anm. 1: *vân* für *vâhen* bei H erklärt v. Kraus 1898,161, als Analogiebildung zu *gân;* ebenso sind die Prät. *hie, vie*, die Part. *gehân, gevân* für *hienc, gehangen* usw. Analogiebildungen nach *gân, gie, gegân* (§ 280). Über den Gebrauch der Formen von *vâhen* s. Zwierzina 1901,47, über *hie, vie* Schirokauer 1923,32; über die Häufigkeit von *gie* § 280, Anm. 3.

Anm. 2: Zu *slân* § 251. – Über *sien, geschien* für *sëhen* usw. § 165, Anm. 5; zu *sleit* für *slahet* usw. § 280, Anm. 2.

Lit. Kontraktionen bei /h/:
von Kraus 1898; Zwierzina 1901; Schirokauer 1923.

2. Kontraktionen bei inlautenden Medien §285

a) Bei Verben mit *-ige, -ibe-, -ide; -ege-, -ebe-, -ede-* werden diese Lautgruppen im Stamm zu /î/ bzw. /ei/ kontrahiert (§ 107ff.), und zwar in der 2. 3. Sg. Präs. Prät. Ind. und bei schwachen Verben auch im Prät. und Part. Prät., also in den Formen, wo ahd. auf /b, d, g/ ein /i/ folgte.

Beispiele: *ligen: lîst, lît, pflëgen: pflît, gëben: gîst, gît, quëden: quît, tragen: treist, treit, legen: leist, leit, leite, geleit. sagen* und *haben* (ahd. *sagên, habên* III. Kl.) haben Nebenformen nach der I. Kl.: ahd. *segis, segit, segita, gisegit* (§ 264, Anm. 3) = mhd. *seist, seit, seite, geseit* (dem Md. sind diese Formen zumeist fremd), vereinzelt *heit(e)* für *hebet(e); beschränkt ist der Gebrauch von *reit, reite, gereit* zu *reden* (ahd. *rediôn*).

Anm. 1: Näheres über *-ige-, -ege-* § 107; über die danebenstehenden Vollformen *liget, saget* usw. § 107, Anm. 1, über Analogiebildungen wie *ir lît* usw. § 107, Anm. 2, über die Verbreitung der kontr. Formen § 107, Anm. 3. Über *-ibi-, -ide-, -ebe-, -ede* § 109.

b) Bei den Verben mit *-age-* im Stamm wird im Bair. *-aget- > -eit* zusammengezogen (§ 108); auch die 2. Sg. und Pl. zeigen *-eist, -eit.*

Beispiele: *klagen: kleist, kleit, kleite, gekleit*, ebenso *sagen* (ahd. *sagêt, sagêta*), seltener *jagen, dagen, behagen* usw., analog auch *vrâget > vreit* usw. (§ 108, Anm. 1).

c) Bei den Verben auf *-ade-* (§ 110) wird diese Lautgruppe im Alem., aber nur auf beschränktem Gebiet, zu /â/ kontrahiert.

Beispiele: *laden: lât, lâte, gelât*, ebenso *baden, schaden*, daneben häufiger *lat, late* oder *latte, gelat; bat, schat* usw. (§ 53d).

3. Andere Kontraktionen §286

Seit der zweiten Hälfte des 13. Jhs. erscheinen im Alem. Kontraktionen wie *went* für *wellent, sün, sünt* für *sülen, sülent, mün* für *mügen, wen* für *wellen, gën* für *gëben, nën* für *nëmen, genon* für *genomen, kon* für *komen* und ähnliche Formen.

Anm. 1: Über die Verbreitung von *sun, son* Gleißner/Frings 1941,72, von *gën* 76.

lân, hân §287

Kontrahierte Formen (infolge von Schwachbetontheit im Satz, s. § 23, Anm. 3) neben den vollen zeigen die Verben *lâzen* und *haben.*

1. Von *lâzen* kommen folgende kontrahierte Formen vor:

		Präs. Ind.		Konj. (selten)
Sg.	1.	lân (selten lâ)		lâ
	2.	lâst, læst		lâst
	3.	lât, læt		lâ
Pl.	1.	lân		lân
	2.	lât		lât
	3.	lânt		lân
Imp. 2.	Sg.	lâ	Inf.	lân
	2. Pl.	lât	Part. Prät.	(ge)lân

Zu der Kurzform *lân* wurde ein entsprechendes Prät. *lie* gebildet (wie *gie* zu *gân*), das neben *lieȝ* verwendet wird. Analoge Bildungen sind *hie, vie* zu *hân, vân* (= *hâhen, vâhen*); § 284.

Anm. 1: *du læȝest, lâȝest* mußte nach den Lautregeln zu *læst, lâst* werden (§ 23); auch hierin kann der Ausgangspunkt für *lât, lân* gesucht werden. Über *lâȝen* und *lân* bei H im Reim v. Kraus 1898,156, im Versinnern Gierach 1913,279. Im Prät. reimt H *lie* und *lieȝ* (dies in steigendem Maße), Wo *lieȝ* (nur ein *lie*, wie auch kein *gie, vie, hie*; s. Zwierzina 1898,486). Über *lieȝ/lie* auch Schirokauer 1923,32.

Lit. *lân:*
von Kraus 1898; Zwierzina 1898; Gierach 1913; Schirokauer 1923.

§ 288   2. Von *haben* werden die vollen Formen häufiger in der Bedeutung ‚halten‘ gebraucht, die verkürzten mehr in der Verwendung als Hilfsverb. Die vollen Formen werden auch im Konj. Präs. des Hilfsverbs gebraucht.

Präsens

		Indikativ	Konjunktiv
Sg.	1.	hân	habe (hâ)
	2.	hâst	habest (hâst)
	3.	hât	habe (hâ)
Pl.	1.	hân	haben (hân)
	2.	hât	habet (hât)
	3.	hânt	haben (hân)

Inf.: hân

Präteritum

Indikativ

Sg.	1.3.	hâte, hæte, hêt(e), hët(e), het(e), hiet(e), hat(t)e
	2.	hâtest, hætest, hêtest usw.;
		daneben: hæte, hête, hiete usw.

Konjunktiv

Sg. 1. 3.   hæte, hëte, hete, hiete, auch hette
Part. Prät.   (selten) gehabet, gehapt, gehebet, md. auch gehat, gehât

<u>Anm. 1</u>: Nach dem Befund der Reime sind bei manchen alem. und fränk. Dichtern, darunter H, im Ind. Präs. auch Nebenformen mit Kürze *(han, hast)* anzusetzen (Zwierzina 1900, 363[2]). Selten erscheint *ër heit* (aus ahd. *hebit*, vgl. § 264, Anm. 3). Jüngere alem. Texte bieten auch *hein, heint, hent.*

<u>Anm. 2</u>: Im Konj. Präs. sind die unkontrahierten Formen die üblichen, selten erscheinen im Pl. *hân, hât, hân,* ganz vereinzelt im Sg. *hâ.* In jüngeren alem. Texten sind die Formen *heije, heigest* usw. üblich (aus *hebege,* § 256, Anm. 4).

<u>Anm. 3</u>: Die Mannigfaltigkeit in der Form des Prät. erklärt sich zum Teil daraus, daß schon im Ahd. *hebita* neben *habêta* stand (§ 264, Anm. 3). So ist *hâte* in schwach betonter Stellung aus ahd. *habêta* entstanden, der Ind. *hæte* zeigt Umlaut, wie er auch sonst im Prät. erscheint (§ 241, Anm. 2); *hête* ist wohl aus ahd. *hebita* hervorgegangen.

Auf vorahd. **habda* (Braune/Eggers 1987, § 368, Anm. 2) beruht md. *hatte* (mfrk. *hadde*), während sich *heite* aus *hebete* ergab (§ 109). *hëte* ist nach *tëte* entstanden so wie Pl. *hâten* nach *tâten,* bildet aber auch einen Pl. *hëten;* daneben steht *hete* wie *tete; hiet(e)* nach Analogie der VII. st. Klasse. Die Kurzformen *hât, hêt, hët* gehen wohl auf schwachbetonte Stellung zurück.

<u>Anm. 4</u>: Die umgelauteten Formen *hæte, hætest* usw. im Ind. Prät. finden sich bei fränk. und alem. Dichtern (durchaus bei G), nicht bei bair. Die Formen *hêt(e), hiet(e)* usw. sind dagegen bair. Selten (schwäb.) ist *heite.* Die Form *hatte* (Konj. *hette*) findet sich einerseits in md., andererseits in jüngeren alem. Texten. Von den einsilbigen Formen *hët, hêt, hiet* gilt dasselbe wie von *tët* (§ 279, Anm. 2). Genaueres gibt Zwierzina 1898, 491; ders. 1900, 101 u. 294; ferner Schirokauer 1923, 37; zu H vgl. auch Gierach 1917, 520.

<u>Anm. 5</u>: Zu *haben* auch de Boor 1976a und ders. 1976b.

<u>Lit.</u> *hân:*
Zwierzina 1898; Zwierzina 1900; Gierach 1917; Schirokauer 1923; de Boor 1976a, 1976b; Braune/Eggers 1987, § 368.

V. Synchronische Gliederung   § 289

Bei einer Gliederung in synchroner Sicht wird man zweckmäßigerweise wie bisher von der Opposition Präs.:Prät. ausgehen. Es ergeben sich drei Typen von Verben:

  1) solche mit Vokalwechsel im Prät.,
  2) solche mit Dentalelement im Prät.,
  3) solche, die beides aufweisen.

1. Übersicht   § 290

Man vergleiche die folgende Matrix (vgl. dazu N. R. Wolf 1971; Weinhold/ Ehrismann, G./Moser, Hugo 1986, § 153ff.):

Präs.-Stufe	Prät.-Stufe	Vokal-wechsel	Dental-zusatz	Gruppe	Be-zeichnung
I a °rîten, rîte b °dîhen, dîhe II a °biegen, biuge b °bieten, biute III a °binden, binde b °hëlfen, hilfe IV a °nëmen, nime b °stëln, stil VI °graben, grabe VII a °halten, halte b °loufen, loufe	reit dêch bouc bôt bant half nam stal gap gruop hielt lief	+[1]		1a	Erste starke Konjugation
stân / stên, stân / stên slân, slân gân / gên, gân / gên lân, lân vân, vân (sîn), bin	stuo(n)t sluoc gie (gienc) lie (liez) vie (vienc) (was)	+[1]		1b	Zweite starke Konjugation
°lëben, lëbe °nern, ner	lëbete nerte		□	2	Schwache Konjugation
°brennen, brenne °hœren, hœre °denken, denke	brante hôrte dâhte	+[2]	□	3a	Erste gemischte Konjugation

beginnen, beginne
bringen, bringe
  (I) wiჳჳen, weiჳ
 	
  (II) tugen, touc
  (III) gunnen, gan
  (III) kunnen, kan
  (III) durfen, darf
  (III) turren, tar
  (IV) suln, sol
  (V) mugen, mac
  (VI) müeჳen, muoჳ
	begunde
	brâhte
	wiste/wëste//
	wisse (□)/
	wësse (□)
	tohte
	gunde
	kunde
	dorfte
	torste
	solde
	mohte
	muoste //
	muose (□)
		+[1]	□	3b	Zweite
					gemischte
					Konjugation

wellen, wil tuon, tuon (tuo) hân, hân	wolde tëte hæte/hiete// hâte (+)	+	□	3c	Dritte gemischte Konjugation

+ Vokalwechsel, +[1] ‚Ablaut', +[2] ‚Rückumlaut', (+) ohne Vokalwechsel, □ Dentalzu-satz, (□) Dentalzusatz nicht sichtbar (vgl. § 270, § 275), ° Die so bezeichneten Verben stehen für Gruppen von Verben (vgl. §§ 245–266).

Anm. 1: Die Gruppe ,Besondere Verben' der herkömmlichen Grammatiken (§§ 267–288) verschwindet auf diese Weise. Die sog. Präteritopräsentien (§§ 269–276), deren Benennung auf einer historischen Sehweise beruht, die aber auch vom synchronen Standpunkt aus beibehalten werden kann (die Perspektive der Gegenwart wird durch die Form des starken Präteritums ausgedrückt), gehören in der Gruppe 3 zur Zweiten gemischten Konjugation (3 b).

Für die Gliederung in der obigen Matrix ergibt sich die folgende Begründung; dabei sind immer die Gesetzmäßigkeiten der Synkope und Apokope des unbetonten /e/ (§ 52ff., § 240) zu beachten.

1) Als starke Verben bezeichnen wir weiterhin die Verben der umfangrei- **§ 291**
chen Gruppe 1, nämlich solche mit Vokalwechsel zur Kennzeichnung der Opposition Präs.: Prät., in historischer Sicht mit Ablaut (§§ 244–254).
Wir unterscheiden:
Gruppe 1a mit 1. Sg. Präs. auf *-e* und Inf. auf *-(e)n*.
    = Erste starke Konjugation,
Gruppe 1b mit 1. Sg. Präs. und Inf. auf *-n*
    = Zweite starke Konjugation

Anm. 1: Das Verb *sîn* (Gruppe 1b) nimmt eine Sonderstellung ein, da es mehrere Stämme aufweist (vgl. § 282).

2) Die 2. Gruppe bilden die ebenfalls zahlreichen sog. schwachen Verben, **§ 292**
bei welchen die Kennzeichnung der Opposition Präs.:Prät. ausschließlich mit Dentalzusatz erfolgt.
Gemäß den Regularitäten der Synkope von *-e-* (vgl. § 52ff., § 240) ergeben sich zwei Varianten:

– Verben mit Prät. auf *-ete;*
– Verben mit Prät. auf *-te.*

3) Bei einer kleineren 3. Gruppe wird die Opposition durch beides, durch **§ 293**
Vokalwechsel und durch einen Dentalzusatz, vorgenommen. Es ergeben sich zwei Untergruppen:
Bei der Ersten gemischten Konjugation (Gruppe 3a) beruht der Vokalwechsel auf der Opposition umgelauteter – nichtumgelauteter Stammvokal, dem sog. Rückumlaut (vgl. § 262).
Die Zweite gemischte Konjugation (Gruppe 3b) hat als Vokalwechsel den Ablaut (vgl. §§ 267–276).

Anm. 1: Bei *hân* kann der Vokalwechsel fehlen; wo er vorkommt, geht er auf ahd. Formen, z.T. auf ahd. Umlaute, zurück (vgl. § 288).

Zur Dritten gemischten Deklination gehören *wellen* (§ 277), *tuon* (§ 279) und *hân* (§ 288); bei den letzteren stimmen das Flexiv der 1. Sg. Präs. mit dem der Gruppe 1b überein *(-n)*.

§ 294   2. Bemerkungen

Das Partizip des Prät. wird neben dem Präfix *ge-* (Ausnahmen s. § 243) in der Gruppe 1 mit *-(e)n* gebildet (außer bei den Verben der Gruppe 1b, bei denen *ge* + Infinitiv erscheint), und in den Gruppen 2 und 3 mit *-(e)t* gekennzeichnet; dabei stimmt bei Gruppe 1a der Stammvokal z.T. mit dem des Pl. des Prät. (starke Klassen I, III), teils mit dem der Präsensstufe überein (Kl. V, VI, VII), teils weist es einen eigenen Vokal auf (Kl. II, IV).

Im folgenden wurden die verschiedenen Flexionsendungen z.T. zu Flexiven zusammengefaßt (vgl. § 192,2) aufgeführt, ohne daß die Alternanten des Stammvokals mitberücksichtigt würden; s. zu diesen § 241f.

§ 295   a) Präsens

Im Präsens stimmen die Flexive der Verben aller drei Gruppen überein, abgesehen vom Ind. der Gruppen 1b, 3b und 3c (Zweite starke und Zweite und Dritte gemischte Konjugation) sowie vom Konj. der Gruppen 1b und 3c, wobei nach den Gesetzlichkeiten von Apokope und Synkope (§ 52ff., § 240) *-e* unterdrückt werden kann:

Ind. Sg. 1. -(e)   Pl. 1. -(e)n   Konj. Sg. 1. -(e)   Pl. 1. (e)n
         2. -(e)st   2. -(e)t   2. -(e)st   2. -(e)t
         3. -(e)t   3. -(e)nt   3. -(e)   3. -(e)n

Bei den Präteritopräsentien und bei *wellen* der Gruppe 3c ist das Schema der Flexive des Präs. (vgl. §§ 269–277) das des starken Prät., wobei in der 2. Sg. Präs. *-t* (*-st* statt *-t* nach /n/ und /r/) erscheint und der Konjunktiv keine Besonderheiten zeigt:

Ind. Sg. 1. -Ø   Pl. 1. -(e)n
         2. -t (-st)   2. -(e)t
         3. -Ø   3. -(e)n

Bei den Gruppen 1b (Zweite starke Konjugation) und *tuon* und *hân* von 3c (Dritte gemischte Konjugation) stimmen die Flexive des Präsens (vgl. § 279, § 288) überein:

Ind. Sg. 1. -n   Pl. 1. -n   Konj. Sg. 1. -Ø   Pl. 1. -n
         2. -st   2. -t   2. -st   2. -t
         3. -t   3. -nt   3. -Ø   3. -n

Die 2. Sg. des Imperativs ist bei den Verben der 1. Gruppe – abgesehen von den historisch bedingten Ausnahmen der sog. *j*-Präsentien (vgl. § 250, § 252, § 254) – endungslos (vgl. *nim* -Ø, *gâ*-Ø), bei denen der 2. und der 3. (soweit er dort vorkommt) endet sie auf *-(e)*, vgl. *lëb-e*, aber (nach § 52ff.) *ner-Ø*, *hol-Ø*; *welle* (vgl. aber § 240, Anm. 4).

<u>Anm. 1</u>: Bei *wellen* tritt analog zu den anderen Gruppen in der 3. Pl. zum Teil /-t/ an, vgl. *wellen(t)*, *welnt*.

b) Präteritum § 296

Im Präteritum sind die Flexive außer in der 2. Sg. der Gruppe 1a (Erste starke Konjugation) in allen Gruppen gleich:

Gruppe 1

Ind. Sg.	1.3.	-Ø	gap-Ø	kôs-Ø
	2.	-(e)(*)	gæb-e	kür-Ø
Pl.	1.3.	-(e)n	gâb-en	kur-n
	2.	-(e)t	gâb-et	kur-t

		Gruppe 2		Gruppe 3
Ind. Sg.	1.3.	-Ø	lëbete-Ø nerte-Ø	dorfte-Ø
	2.	-(e)st	lëbete-st nerte-st	dorfte-st
Pl.	1.3.	-(e)n	lëbete-n nerte-n	dorfte-n
	2.	-(e)t	lëbete-t nerte-t	dorfte-t

In der 2. Sg. der Gruppe 1a erscheint das Flexiv *-e* mit Umlaut des umlautbaren Stammvokals des Plurals (vgl. § 240). Dies gilt auch für den Konj. Prät.:

Sg.	1.3.	-(e)(*)	Pl. 1.3.	-(e)n(*)
	2.	-(e)st(*)	2.	-(e)t(*)

Teil III

SYNTAX

neu bearbeitet von
Siegfried Grosse

Vorbemerkung

Ingeborg Schröbler kennzeichnet im Vorwort zur ersten Fassung der mittelhochdeutschen Syntax (S. XVIII f.) einige grundlegende Probleme, welche die
Ausgangslage mit sich bringt. Die vorliegende Auflage bemüht sich, die Verbindung zum Neuhochdeutschen enger zu knüpfen. Denn der akademische
Unterricht erschließt heute die älteren Sprachstufen oft von der Gegenwart aus
und weniger, wie es in früheren Generationen der Fall war, mit Verweisen auf
das Indogermanische, Germanische, Gotische und Althochdeutsche. Deshalb
sei als vergleichende und kontrastierende Ergänzung zugleich auf eine Auswahl von Grammatiken der deutschen Gegenwartssprache hingewiesen.

§ 300

Lit.: Grammatiken zur Synchronie
Brinkmann 1971; Glinz et al. 1971; Erben 1972; Eichler/Bünting 1978; Heidolph et al.
1981; Wisniewski 1982; Fleischer et al. 1983; Drosdowski 1984; Eisenberg 1986;
Griesbach 1986; Helbig/Buscha 1986; Engel 1988.

Untersuchungen zur Syntax mittelhochdeutscher Texte beruhen auf einer
schwierigeren Ausgangsposition, als wir sie bei schriftlichen Zeugnissen der
Gegenwartssprache gewöhnt sind. Die historische Sprachstufe des Mittelhochdeutschen ist nur schriftlich zu fassen. Uns fehlen die Erfahrungen des mündli-
chen Sprechens und der aktive Sprachgebrauch. So scheidet von vornherein die
Kontrollmöglichkeit des zwar schwer definierbaren, aber für die Beurteilung
von Ausdrucksvarianten wichtigen Sprachgefühls aus.

Die überlieferten Texte zeigen die Schwankungsbreite individuell und landschaftlich bedingter Schreib- und Lesarten. Manches Manuskript ist in sich
nicht einheitlich, da es von mehreren Schreibern angefertigt worden ist. Höchst
selten gibt es Fassungen letzter Hand, die der Autor korrigiert haben könnte;
ja zwischen der Entstehung des Textes und der uns erhaltenen Niederschrift
liegen in der Regel einige Jahrzehnte, im Fall von Hartmanns Erec sind es
sogar mehr als dreihundert Jahre.

Es hat für das Mittelalter keine mit den heutigen Verhältnissen vergleichbare, von Schulen oder Regelwerken verbreitete Schriftnorm gegeben. Das gilt
auch für die Interpunktion. Initialen am Anfang eines Sinnabschnitts oder
Reimpunkte am Ende eines Verses geben noch keinen Anhalt für den Umfang
des Satzes. In den gedruckten Editionen glätten die Herausgeber oft den Text
und interpungieren gern nach den heute gültigen Regeln, um das Lesever-
ständnis zu erleichtern. Mit dieser Vorentscheidung wird der mittelhochdeutsche Sprachduktus bereits in einer Interpretationsmöglichkeit präsentiert.

Oft folgen die Texte in ihrem sprachlichen Verlauf außersyntaktischen Bedingungen. Die gebundene Rede ist die beliebte und übliche literarische Form,
nicht nur in der Lyrik und Epik, sondern wir finden sie auch in Dramen,
Predigten, Chroniken, Rätseln, Rezepten und Lehrdichtungen. Es wäre inter-
essant, einmal zu untersuchen, inwieweit sich die verschiedenen Textsorten

durch den bevorzugten Gebrauch bestimmter syntaktischer Mittel charakterisieren und voneinander abgrenzen lassen. – Die Texte des Minnesangs und der politischen Lieder und Sprüche haben neben der Metrik die Eigengesetzlichkeit der Melodie zu beachten. Andere Texte zeigen Bindungen, die sich aus ihrer Affinität zur lateinischen Vorlage ergeben: Urkunden, geistliche Spiele, biographische Darstellungen, wissenschaftliche (theologische, juristische und medizinische) Texte (mit deutschen und lateinischen Einsprengseln und Zitaten, Paraphrasen, Nachahmung von partizipialen und absoluten Konstruktionen, geschachtelte komplexe Sätze, Abkürzungen, Lehnwendungen etc.). – Alle diese genannten außersyntaktischen Bindungen beeinflussen den Sprachverlauf, der deshalb mit der neuhochdeutschen Prosa nicht vergleichbar ist.

Die zitierten Beispiele stammen aus der Zeit zwischen 1050 und 1350, doch der größte Teil ist den Werken der bekannteren, im akademischen Unterricht häufig behandelten Autoren entnommen.

Lit.: Textsortenvielfalt
Braune 1909, 31–38; Burdach 1913; Havers 1931; Eis 1967; Hempel 1967, 109–149; Werner 1970, 109–130; Eis 1971; Keil/Assion 1974; Lutz 1974, 432–447; Schulze U. 1975; Burger 1977, 1–24; Schenker 1977, 141–148; Honemann 1979; Scholz 1980; Kettmann/Schildt 1981; Hoffmann W. 1983, 101–113; Keil et al. 1984; Merker/ Stammler 1984, Band L–O 314–35; Schröder W. 1984, 682–693; Feldbusch 1985; Ruh 1985; Trimborn 1985; Honemann/Palmer 1986; Schieb 1986, 37–48; Wegera 1986. Vgl. auch die Sprachgeschichten.

§ 301   Auch die 23. Auflage dieses Buches bringt noch kein Kapitel über die Wortstellung, das in einer Syntax nicht fehlen sollte. Es hätte die Verhältnisse in den verschiedenen Textsorten und -formen darzustellen und beim Vergleich von poetischen Texten und Prosa zu zeigen, wie die Varianten und Freiheiten einzuschätzen sind, welche die gebundene Rede der Dichtung oder der Sachtext bei der Orientierung an einer fremdsprachigen Vorlage gestatten. Für eine solche Darstellung, die der Zukunft vorbehalten bleiben muß, kann man sich noch nicht auf die breite Basis differenzierter Einzeluntersuchungen stützen.

Weiterführende Hinweise und Anregungen möge die folgende aktualisierte Literaturauswahl vermitteln:

Lit.: Wortstellung
Behaghel 1909, 110–142; Pieritz 1912; Hammarström 1923; Schwentner 1923–1967, s. Bibliographie; Maurer 1924, 141–184; Maurer 1926b, 195–196; Maurer 1926a; Heusler 1932, § 502–521; Kuhn 1933, 1–109; Fourquet 1938; Preusler 1940, 18–26; Adolf 1944, 71–79; Horacek 1952, 270–299; Rotter 1956; Benes 1962, 6–19; Antal 1964, 31–42; Dal 1966, § 125–131; Paul H./Mitzka 1966, § 182–195; Seymour 1968; Engel 1970, 45–61; Küpper 1971; Smith 1971; Fleischmann 1973; Lawson 1973, 63–76; Fourquet 1974, 314–322; Vennemann 1974b, 265–314; Kohrt 1979, 1–31; Näf 1979; Sonderegger 1979, 279–285; Ebert 1980, 357–398; Altmann 1981; Hoberg 1981; Nyholm 1981, 52–64; Scaglione 1981; Bentzinger 1982, 148–159; Seefranz– Montag 1983; Olszok 1983, 89–169; Weuster 1983, 7–88; Lenerz 1985b, 103–132; Haider/Prinzhorn 1986; Betten 1987, 121–136; Schmidt U. 1987.

KAPITEL I

Verbum

I. Allgemeines

Im Unterschied zu den vorhergehenden Auflagen beginnt diese Fassung der § 302
mhd. Syntax mit dem Verb, und nicht mit dem Kasussystem und den Charakteristika der substantivischen Deklination; denn vom Verb aus erschließt sich dem Studierenden das Verständnis des fremden historischen Textes am schnellsten. Das konjugierbare Verb ist mit seiner Fähigkeit, Person, Numerus, Tempus, Modus, Genus und Aktionsart auszudrücken, der wichtigste Valenzträger, d.h. es eröffnet Leerstellen um sich herum, deren Füllung an Regeln gebunden ist und deshalb wesentlich den syntaktischen Bauplan des Satzes bestimmt.

Lit.: Verb, Valenz
Fourquet 1950, 74−98; Renicke 1966, 84−105; Fourquet 1969, 53−65; Horlitz 1976, 302−309; Heringer et al. 1980, 167−266; Greule 1982b; Maxwell H. 1982; Greule 1983, 81−98; Admoni 1984, 420−430; Ebert 1986, 27−80.

II. Tempus

A. Vorbemerkung

Daß durch Verbalformen verschiedene Zeitstufen bezeichnet werden können, § 303
erscheint demjenigen, der Deutsch als Muttersprache spricht, vielleicht als das auffälligste Charakteristikum des Verbums, welches die Vorstellung vom Verbum stärker bestimmt als die Möglichkeit der Unterscheidung der grammatischen Personen, der Modi, der Genera verbi. Verstärkt wird diese Vorstellung durch die Bekanntschaft mit dem reichentwickelten Tempussystem des Lateinischen. Jedoch ist das Bedürfnis, die Zeitstufe beim Verbum zum Ausdruck zu bringen, nicht so allgemein, wie es nach unseren nächsten sprachlichen Erfahrungen erscheint. Die reiche Differenzierung der Zeitstufen hat sich in einem Teil der idg. Sprachen wohl erst allmählich unter Verdrängung oder Umbildung anderer Kategorien entwickelt.

Der Formenreichtum des idg. Verbalsystems, im Griechischen noch erhalten, ist im Germanischen stark zurückgegangen und auf zwei Tempora reduziert worden: auf Präsens und Präteritum, die mit sogenannten einfachen Formen wiedergegeben werden. Für die verlorengegangenen Tempora ist allmählich ein Ersatz in Gestalt von Umschreibungen entstanden: Perfekt, Plusquam-

288 Syntax: Verbum

perfekt, Futur I und II und Passiv werden als zusammengesetzte Formen gebildet, wobei das Hilfsverb konjugiert und mit infiniten Formen eines Verbs kombiniert wird.

Lit.: Tempus allgemein
Koschmieder 1929; Jespersen 1931, Teil 3; Hermann 1943, 583–649; Kurylowicz 1965, 242–247; Fourquet 1969, 53–65; Wunderlich D. 1970; Rohrer 1977; Rohrer 1978; Bäuerle 1979; Valentin 1979, 425–441; Menzel 1980, 12–20; Steube 1980; Bartsch W. 1981; Guchmann/Semeljuk 1981; Vater 1983, 201–214; Zemb 1983, 250–258; Schopf 1984; Rauh 1984, 1–25 und 1985, 1–38; Comrie 1985; Erhart 1985; Weinrich 1985.

B. Einfache Formen

1. Präsens

Präsensformen können im Mhd. bezeichnen:

§ 304 a) die zeitliche Gegenwart:

nû riht ich ez ûf nâch vollem werde Wa 19,34; *nû hœre ichs aber wünneclîch als ê* WA 114,25; *nû seht ir waz der pfaffen werc und waz ir lêre sî* WA 34,27; die Grenze gegenüber b) kann fließend sein: *ir tragent die liehten helme* WA 125,2.

In Verbindung mit einer Verbalform der Vergangenheit kann das Präsens die ‚durchstehende Zeit‘ („es war so und ist jetzt noch so") bezeichnen (Hempel 1967,118):

daz er der êren krône dô truoc und noch sîn name treit („damals trug und ... noch jetzt trägt") Iw 11; *swâ lît und welhsch gerihte lac* („geherrscht hat und noch herrscht") Pz 4,28.

b) keine bestimmte Zeitstufe (atemporales Präsens):

got gît ze künege swen er wil Wa 12,30; *wer sleht den lewen? wer sleht den risen? ... daz tuot iener der sich selber twinget ... der schîn nimt drâte ûf unt abe* Wa 81,7–14; *minne diu hât einen site* Wa 57,23; *ezn spricht niemannes munt wan als in sîn herze lêret* Iw 194f.; in der Einführung von Zitaten verstorbener Autoritäten: *Kyôt in selbe nennet sus* Pz 416,20; *hie saget vns ytis* Herbort 14938 (daneben die Vergangenheitsform: *Dares hat alsus gescriben* Herbort 1617).

§ 305 c) die Vergangenheit:

Nur ganz vereinzelt ist in der mhd. Literatur ein ‚Praesens historicum‘ bezeugt, das, im Wechsel mit dem epischen Präteritum, vergangenes Geschehen vergegenwärtigt (Hempel 1966, 422 schlägt hierfür den Terminus ‚szenisches Präteritum‘ vor):

do was im kvndikeite zit. er sihet, wo ein rone lit, dar vnder tet er einen wanc RF 307–309; relativ häufig in den Grieshaberschen Predigten (13. Jh.): *also swuor der kneht sinem herren ... uñ machet sich ûf. uñ nimt zů im zehen kemeliu ... uñ do er dez also war nam, so gât dort her ain schŏniu iunchfrowe diu hiez ... diu waz ... uñ trůch*

I S. 132 (106a.b); *also gât der kneht zu der schônon iunchfrowon ... uñ bat si ... zehant do er si dez gebat. so nimt (si) ier schaf ... uñ sprach ze im ... uñ nimt ier schaf uñ schephet ... uñ git den kembelin ze trinchende. do der kneht dc sach. do vraget er si* I S. 133 (106b).

Anm. 1: In der Epik gibt es auch ein Präsens mit Gegenwartsbedeutung, das in einem innerhalb der Erzählung vergangenen, im Präteritum berichteten Geschehen steht, aber nicht mit dem ‚Praesens historicum' gleichzusetzen ist. Dieses Präsens (Behaghel 1923, II, 267: „Präsens des Verweilens", besser: Hempel 1966b, 425: „Autor-Präsens") ist durch einen bestimmten Erzählstil bedingt, es dient der Aufhebung der „Erzähldistance". „Der Erzähler unterbricht für einen Augenblick den Lauf der Geschehnisse, hebt die handelnden Personen und die Situation, in der sie sich gerade befinden [auf welche nicht selten durch *nû* oder *hie* verwiesen wird], aus der Vergangenheitssphäre heraus und versetzt sie in seine Gegenwart" (G. Bauer 1967, 155); oder dieses Präsens erscheint in Verbindung mit einer Anrede des Erzählers an die Hörer oder an die Gestalten der Erzählung. „Der Autor tritt mit seiner Subjektivität hervor" (Hempel 1966b, 422). Strikt abgelehnt wird der Terminus ‚Praesens historicum' von W. Bartsch 1981, 97f. Zur Klassifikation in ‚erzählte' und ‚besprochene' Welt vgl. Weinrich 1985, 28−54. Von einer Dreiteilung in ‚Sprechzeit', ‚Betrachtzeit' und ‚Aktzeit' spricht Bäuerle 1979, 46. Verhältnismäßig reichlich gebraucht Wo dieses Präsens, zurückhaltender Ha, noch weniger G; es ist nicht vorhanden in Kchr, Alex, RL, HE, Graf Rudolf, nicht bei Veld, Herbort (vgl. Herchenbach 1911, 102ff.): *wart er ie edel unde rîch, dem ist er nû vil ungelîch* Iw 3357f.; *diu küngîn des noch niht enweiz* Pz 800, 19; *nu herre Morolt der ist tot* G 7196; *der herre Wâlwein und Erec die sint nu ledic unde vrî* Lanz 7665; *Môrolf ging wider in den walt, Salmâns gedenke wurden manigvalt. nû stât er ûf dem wîten plân und ist in grôzen sorgen der edele kunig Salmân* SM 399; − *nu seht wâ Kardefablêt selbe ûfem acker stêt* Pz 381, 12; *daz wende, tugenthafter grâl, Condwîrâmûrs diu lieht gemâl: hie stêt iur beider dienstman in den grœsten nôt* Pz 740, 19−22.

Anm. 2: Im abhängigen Satz, nach *nu hœret* und ähnl., kann der Konj. Präs. ein Geschehen bezeichnen, welches vom Gesichtspunkt des Erzählers aus in der Vergangenheit liegt (wie die umgebenden Vorgänge auch), welches er aber seinen Hörern in ihre Gegenwart transponiert (vgl. Anm. 1); verglichen mit dem bereits Erzählten und somit vom Gesichtspunkt der Erzählung und der handelnden Personen aus liegt es jedoch in der Zukunft: *swaz âventiure gesprochen sint, diene darf hie niemen mezzen zuo, irn hœrt alrêrst waz er nu tuo, war er kêre und war er var* (nhd. „tun wird" oder „tut" oder „tat") Pz 333, 16−19 (vgl. § 469); *Helmbrehtes swester Gotelint der nunnen ein genæmez rint gap si ... dô G. gap dise kuo, nû hœret waz diu muoter tuo, diu gap sô vil ...* Helmbr 117−125; *nû sprechet, wie lange sî der knabe dem vater bî* Helmbr 1091f. (vgl. § 470).

Im selbständigen Satz kann der Ind. Präs. ein Geschehen bezeichnen, dem gegenüber ebenfalls diese dreifache Betrachtungsweise möglich ist: *an dem ervert nu Parzivâl diu verholnen mære umbe den grâl* Pz 452, 29−30; *des solde doch werden rât. si wirt es* (Enite für das verlorene Pferd) *wol ergetzet, wan man irz ersetzet ... mit einem als ich iu wil sagen ... diz gâben ir die vrouwen* Er 7273−7281. Vgl. auch Herchenbach 1911, 69 und § 306α.

Die uneigentliche Verwendung des Präsens ist für die Bezeichnung von Vergangenem stark beschränkt.

Lit.: Präsens allgemein und präterital
Grimm J. 1893, IV, 140−143; Wilmanns 1897, III, 184ff.; Herchenbach 1911; Paul H. 1916, IV, § 371; Behaghel 1923, II, 266−270; Koschmieder 1929, 72−77; Pfister 1940,

134–139; Paetzold 1952, 25–30; Stanzel 1959, 1–12; Hempel 1966b, 422–429; Bauer
G. 1967, 138–160; Ludwig 1972, 61ff.

§ 306 d) Präsensformen bezeichnen zukünftiges Geschehen:

Eine besondere morphologische Kennzeichnung des Futurs besitzt das Deutsche ebensowenig wie die anderen germanischen Sprachen. Die Präsensformen
dienen vom Ahd. bis zum Nhd. auch zur Bezeichnung von Zukünftigem. Das
Bedürfnis, die zukünftige Handlung deutlich von der gegenwärtigen zu scheiden, ist also weniger stark ausgeprägt als in anderen Sprachen. Doch macht
sich seit ahd. Zeit der Wunsch nach einer Bezeichnung des Futurs bemerkbar,
indem miteinander konkurrierende und einander ablösende periphrastische
Bildungen von futurischer Bedeutungsnuance auftreten.

Zu den mhd. Umschreibungen und ihren Bedeutungsunterschieden vgl. § 314f. Umschreibungen des Futurs mithilfe von Modalverben betonen mehr oder weniger den
voluntativen Charakter des Verbalvorganges; das Praesens pro futuro hat diese Bedeutung nicht. Exakt ist der Bedeutungsunterschied nicht zu ermitteln, wenn beide Formen
im gleichen Text erscheinen.

α) Der Indikativ Praesentis:

> *ich sage dir ze waren. herre iz tôt lipolt* Ro 92; *der werbit dir ... umbe daz megetin* Ro
> 99; *ist ab daz ichs niene gebiute, sô verliuse ich mîne sælde an ime und verfluochent
> mich die liute* MF 177,29f.; *ich behüete wol daz, daz ich im kome sô nâhen* NL 1206,1;
> *wê wie den vergât des himeleschen keisers solt* Wa 13,8; *und ... saget mit der manne
> muot: sô lêre ich iuch der wîbe site* Wa 43,28.

Anm. 3: Der perfektive Charakter des Verbums *werden* schließt die reine Gegenwartsbedeutung seiner Präsensformen aus: *iwer leben wirt bî Etzeln sô rehte lobelîch*
(„wird werden") NL 1239,2; *si truoc in ir lîbe der aller ritter bluome wirt, ob in sterben
hie verbirt* Pz 109,11. Vgl. § 315, Anm. 4.

Neben dem Ind. Präs. können Adverbien den futurischen Sinn verdeutlichen:

> *die nu vil lîhte mîn enbernt, die windent noch ir hende* („werden winden") MF 193,39;
> *dar nâch sô sihe ich schiere den stein unde den brunnen* Iw 936; *alsô tuon ich iu morgen*
> Iw 4260; *iwer minne lêrt noch ritters hant* Pz 372,11.

Die Präsensformen der Präfixkomposita mit *ge-* scheinen die futurische Bedeutung des Verbalvorgangs eher zu bezeichnen als die entsprechenden Simplicia.
In diesen Fällen wäre ihr Gebrauch nicht semantisch, sondern syntaktisch bedingt (vgl. § 308c). Metrische Rücksichten sollten nicht überschätzt werden.
Auch zu diesen Komposita können Adverbia oder adverbiale Bestimmungen
hinzutreten, die den futurischen Sinn verdeutlichen:

> *ich weiz wol waz Kriemhilt mit disem scatze getuot* NL 1272,4; *swenne iuwer sun
> gewahset, der træstet iu den muot* NL 1087,3; *sweder nû tôt gelît von des anderen hant*
> Iw 6960; *sô kleine, swenne ichz iu gesage, ir spottet mîn* Wa 66,2; *ir ... negeset uweris
> herren riche nimmer mere* Ro 340; *dô liez der chaiser Hainrich ain sünlîn, hiez Fride
> rich. grôz êre hernâch an im gelît* Kchr I. Forts. 281.

β) Der Konjunktiv Praesentis:

Er kann im abhängigen Satz eine futurische Bedeutungsnuance haben, so in
daz-Sätzen nach Verben des Sagens und Meinens im übergeordneten Satz:

> hât aber er gelobt ... daz er niemer mê gesinge liet („daß er nie wieder singen werde")
> MF 177,23; sô wæn ich wol daz in gewer sîner herzenlîchen ger des güete in rehter güete
> wert (atempor. Präs.), swes iemen rehtes an in gert (dgl.) („so glaube ich wohl, daß
> [Gott] ihm das Verlangen seines Herzens gewähren werde") Gerhard 1031. Hier
> handelt es sich, wie unter α, um Praesens pro futuro, der Konjunktiv ist durch den
> Charakter dieser Sätze als indirekte Rede bedingt.

Dagegen handelt es sich in den unter § 470 angeführten Fällen von Konj. Präs.
in Konjunktionalsätzen (bei besonderen Voraussetzungen für die Gestalt des
übergeordneten Satzes) um einen Konjunktiv von prospektiver Bedeutung,
dem der perfektive Charakter der betreffenden Verben etwas von einem Futurum exactum verleiht:

> so si unser beider friunde dort gegrüezen, sô kêren dan („wenn sie die, die uns beiden
> lieb sind, dort begrüßt haben werden, dann sollen sie zurückkehren") MF 181,
> 37—38.
> Vgl. ferner: ir ... lât in ûz iuwer huote niht, unz diu sêle ûz sînem lîbe gê („gehen
> wird") Berthold I, 138, 3—4 (§ 459,5); alse es (ez Hss.?) danne zit si so bin ich unde
> Isot da bi („wenn es dann Zeit sein wird, so werden ich und I. zugegen sein") G
> 9751—52 (ebd.).

Lit.: Präsens futurisch
Grimm J. 1893, IV, 176ff.; Herchenbach 1911, 69ff.; Paul H. 1916, IV, §§ 371—373;
Wackernagel 1920, I, 236; Behaghel 1923, II, 250—256; Behaghel 1923, II, 257f.
(Konj. Präs.); Lasch 1923, 325—335; Saltveit 1962; Hempel 1966, 422—429; Ludwig
1971, 34—41; Singendonk-Heublein 1980, 113—126; Matzel/Ulvestad 1982, 282—328;
Heringer 1983, 110—126; Grewendorf 1984, 224—242.

2. Das Präteritum

Das Präteritum kann im Mhd. jeden in der Vergangenheit liegenden Vorgang **§ 307**
bezeichnen. Es scheint das Bedürfnis nach einer Staffelung des Vergangenen
nicht in dem Maße vorhanden gewesen zu sein wie auf jüngeren Sprachstufen.
Deshalb ist bei der Übertragung mhd. Texte ins Nhd. zu beachten, daß das
Präteritum temporal differenziert wiedergegeben wird. Neben dem Präteritum
erscheinen die unter §§ 310—312 behandelten umschriebenen Formen des Perfekts und Plusquamperfekts.

Die Bedeutung des mhd. Präteritums:

a) Das Präteritum bezeichnet die Vergangenheit eines Geschehens, das ‚objek- **§ 308**
tiv' betrachtet wird, also nicht unter dem Gesichtspunkt einer Beziehung auf
die Gegenwart oder einer subjektiven Stellungnahme. Es ist insbesondere das
Tempus des Erzählens (episches Präteritum):

bi deme westeren mere, saz ein kuninc der heiz rôther. inder stat zu bare. da lebete er zv
ware. mit vil grozen erin. ime dietin andere heren ... die waren ime al vnder tan. er was
der aller heriste man ... Ro 1–10.

b) Das Präteritum kann sich der perfektischen Bedeutung nähern, indem es die
Vergangenheit eines Geschehens auf die Gegenwart bezieht (etwa im resultati-
ven Sinne), oder indem das vergangene Geschehen subjektiv betrachtet wird
(vgl. Hempel 1966,406); s. § 311.

> *ichn kom nie her durch iuwer leit* („ich bin nicht hierher gekommen, um euch Leid
> anzutun") Iw 6116; *swaz ich fröiden ie dâ her gepflac* („besessen habe"), *der bin ich*
> *eine hie beliben* Wa 42,9 (Hempel 1966,413, macht darauf aufmerksam, daß Sätze mit
> *nie* und mit *ie*, anders als heute, allgemein das Präteritum aufweisen, auch in präsenti-
> scher Umgebung, vgl.: Wa 49,35; 40,29; 110,24); *ich liez ein lant dâ ich krône truoc*
> („ich habe ein Land aufgegeben ...") Pz 441,6.

Diese perfektische Variante des Präteritums findet sich insbesondere bei Verben mit perfektiver Bedeutung.

Innerhalb eines Satzgefüges oder einer Periode kann auf ein (umschriebe-
nes) Perfekt im ersten Glied ein syntaktisch gleichwertiges Präteritum im zweiten Glied folgen:

> *ôwê frowe unde wîp, wer hât benomn mir dînen lîp? erwarp mit rîterschaft mîn hant dîn*
> *werde minn, krôn und ein lant?* Pz 302,7–10; *die gebruoder hânt dir vil getân: zwei*
> *lant nam dir Lähelîn* Pz 141,6–7 (vgl. Behaghel 1923, II, 284f.).

Man mag diesen Übergang zum Präteritum aus der Abneigung gegen ‚Übercharakterisierung' verstehen: die perfektische Nuance des Vergangenen wird nur bei der ersten
verbalen Aussage bezeichnet, bei der zweiten genügt die undifferenzierte Bezeichnung
des Vergangenen.

c) Das Präteritum kann für das umschriebene Plusquamperfekt stehen, um die
Vorvergangenheit zu bezeichnen:

> *daz Philippus den zins galt ... dannen uber manegen tach, daz was tem sune ungemach*
> („daß Ph. den Zins bezahlt hatte ..., darüber war der Sohn ungehalten") Alex V 479;
> *den brunnen ich dar under sach und swes mir der waltman jach* („ich sah den Brunnen
> und was mir der Waldmensch gesagt hatte") Iw 622; *... unz in daz lant vuor der künec*
> *Artûs, alser swuor* („... wie er geschworen hatte") Iw 2448; häufig in Temporalsät-
> zen: *swie ich dar kom gegangen, ichn wart niht wirs enpfangen danne ouch des âbents*
> *do ich dâ reit* („obwohl ich zu Fuß kam, wurde ich nicht schlechter empfangen als am
> Abend, als ich geritten war") Iw 787. Dasselbe Zeitverhältnis kann auch der Konj.
> Prät. im abhängigen Satz bezeichnen: *er chot ze wiu er iahe daz sin wib sin suester*
> *ware* („er sagte, weshalb jener gesagt hätte, daß seine Frau seine Schwester sei") Gen
> 2213.

Bei Komposita mit *ge-* scheint diese Möglichkeit der plusquamperfektischen
Auffassung des Präteritums aus heutiger Sicht besonders häufig gegeben, so
daß fraglich ist, ob in diesen Fällen das Präfix überhaupt semantischen Wert
besitzt, ob es nicht die Funktion der Tempusbezeichnung hat (vgl. Behaghel

1923, II, 122f.; Rompelmann 1953,77). Hier erwächst aus der Bezeichnung einer Aktionsart eine Tempusbezeichnung. Dieser Ansatz ist nicht weitergeführt worden (vgl. § 305 α):

> *do die grozze menie gerumde deme koninge do sprac ein spileman* Ro 3054; *als der künic Gunther die rede vol gesprach, Hagene der küene den guoten Rüedegêren sach* NL 1181,3; *dô wir mit vreuden gâzen und dâ nâch gesâzen, und ich im hâte geseit daz ich nâch âventiure reit, des wundert in* Iw 369.

d) Die temporale Bedeutung des Indikativs Praeteriti kann stark reduziert sein in Sätzen, die eine allgemeine Erfahrung ausdrücken und sich der Sentenz nähern. Dieses gnomische Präteritum ist im Mhd. nicht häufig. (Zur gnomischen Bedeutung von *sol* und *wil* mit Infinitiv s. § 315d, Anm. 3, zum atemporalen gnomischen Präsens s. § 304 b.)

> *wol im der ie nâch stæten fröiden ranc* Wa 13,25; *swer ie ze himel prîs gewan, dem war der werlde spot niht* WGast 7592; *sîn triwe hât sô kurzen zagel, daz si den dritten biz niht galt, fuor si mit bremen in den walt* Pz 2,21−22.

Anm. 1: Verblaßt ist die temporale Bedeutung auch in dem formelhaften *gesach in got* mit folgendem Relativsatz („ins Auge gefaßt hat Gott den, der ...“ = „gnädig ist Gott dem ...“): *gesach in got der si geoppherot hat* Diemer 61,12 (Vorauer Bücher Mosis); *gesach in got, der ez begat* Hochz 6; *gesach in got, der ir vil reinen lîbes hât gewalt* Nifen VIII 3,4 (Liederdichter I, S. 91).

Über den Konjunktiv Praeteriti s. § 322; über den Konjunktiv Praeteriti im abhängigen Satz §§ 455 und 468ff.; über futurische Bedeutung des Konjunktivs Praeteriti in gewissen Formen abhängiger Sätze s. § 309.

e) Das Präteritum bezeichnet ein präteritales Futur.　　　　§ 309

Im abhängigen Satz, wenn der übergeordnete Satz präterital ist, kann der Konjunktiv Praeteriti (eines perfektiven Verbums) futurische Bedeutung haben, z. B. im Sinne des prophetischen Futurs:

> *sprach, der altêre wurte uile mahtich ..., daz aue der iungere wurte der hêrere* („er sagte, der ältere würde sehr mächtig werden, daß aber der jüngere der angesehenere werden würde“) Gen 5348−51; *Jacob ... pat (got) ... daz er ime zeigte welich rât wurte siner giburte, ub ieht unter in ware des ime gizame [lies: jezeme], an deme irgienge, des er gihiezze Abrahame [daz uon sineme samen noch der chome], der die werlt alle irloste fon helle* („Jacob ... bat (Gott) ..., daß er ihm zeigen möge, welche Art Versorgung seiner Nachkommenschaft zuteil werden würde, ob etwa unter ihnen einer sei [oder: sein werde], der ihm [d. i. Gott] anstehe, an dem in Erfüllung gehen würde, was er Abraham verheißen hätte [daß von seinem Samen der kommen werde], der die ganze Welt erlösen würde von der Hölle“) Gen 5402−5411; *er weste wol daz Keiî in niemer gelieze vrî vor spotte* („daß K. ihn nicht verschonen würde“) Iw 1532.

Über den Gebrauch des Indikativs Perfecti im Sinne eines Futurum exactum als stilistische Erscheinung s. § 311 α.

Lit.: Präteritum
Grimm J. 1893, IV, 146ff.; Paul H. 1916, IV, § 374; Behaghel 1923, II, 282−290;

Rompelmann 1953, 65–83; Gamillscheg 1970, 301–305; Meid 1971; Suida 1971,
118–136; Ludwig 1972, 67–74; Latzel 1977; Rauh 1982, 22–55 und 1983, 33–53;
Schöndorf 1983, 171–181.

C. Zusammengesetzte Formen

1. Das umschriebene Perfekt und Plusquamperfekt

§ 310 a) Allgemeines

Das umschriebene Perfekt besteht aus der Verbindung der Präsensformen von
haben oder *sîn* mit dem Part. Prät., das umschriebene Plusquamperfekt aus der
Verbindung der Präteritalformen von *haben* oder *sîn* mit dem Part. Prät. Das
Partizip wird nicht flektiert.

Im Ahd. dagegen war bei transitiven Verben Kongruenz zwischen dem Partizip und dem
Objekt möglich, bei intransitiven Kongruenz zwischen dem Partizip und dem Subjekt: *sie
eigun mir ginomanan liabon druhtin minan* Otfrids Evangelienbuch (hsg. von O. Erdmann 1965) 5, 7, 29; *tho argangana warun ahtu taga* Tatian (hsg. von E. Sievers 1892)
7,1. – Zur Beurteilung der Entwicklung der umschriebenen Formen aus Zustands-
bezeichnungen zu Zeitstufenbezeichnungen vgl. Behaghel 1923, II, 298f.; Spitzer
1929, 86ff.

Für die Umschreibung durch *haben* oder durch *sîn* ist die Nuance der Aktionsart von Bedeutung. Eindeutig die Voraussetzungen zu definieren, unter denen
einerseits die Umschreibung durch *haben* erfolgt, andererseits die durch *sîn*, ist
kaum möglich. Für die einzelnen Verben sei auf die Wörterbücher verwiesen,
für den Versuch einer Abgrenzung auf Behaghel 1923, II, 271–282. Sehr allgemein und nur annäherungsweise läßt sich sagen, daß bei Verben mit Objekts-
Akkusativ und Objekts-Genitiv und bei Verben mit dativischer Ergänzung die
Umschreibung mit *haben* erfolgt, bei Intransitiva, die eine Ortsveränderung
(Bewegung) bezeichnen (wie *loufen, rîten*) oder eine Zustandsveränderung
(wie *sterben*) die Umschreibung mit *sîn*, bei Intransitiva von ,imperfektiver'
Bedeutung (wie *slâfen*) überwiegend die Umschreibung mit *haben* (vgl. § 328).
    Wenn das gleiche Verbum sowohl mit *haben* als auch mit *sîn* verbunden
werden kann, so zeigt sich darin zunächst die Verschiedenheit der Aktionsart,
in späterer Zeit kann dies auch auf einer Unsicherheit des Sprachgefühls beruhen: *nu hân ich selten hie gesezzen bî decheinem man* Pz 438,20; *ez was ein
küneginne gesezzen über sê* NL 326,1; *he meinte he hete in der hobescheit
gelegin* (D, 15. Jh; *er dacht das er wer gelegin des nachtes bey seiner frundinne*
B, 15. Jh.) Eilh 7488.

§ 311 b) Die Bedeutung des sog. umschriebenen Perfekts:

α) Die Umschreibung hat keine Vergangenheitsbedeutung. Sie kann eine Zu-
kunftsaussage sein im Sinne eines Futurum exactum, da das Präsens (hier von
haben und *sîn*) futurische Bedeutung haben kann, vgl. § 306.

is rother dar under, den have wir schire wnden („wenn R. darunter ist, den werden wir bald gefunden haben") Ro 3914; *vind ich an Liupolt höveschen trôst, so ist mir mîn muot entswollen* Wa 32,16; *er muoz iu widere iuwer süne gesunde gebn, ode er nimt ouch mir daz lebn: und sweder der sol geschehn, daz hât man schiere gesehn* Iw 4988.

Dagegen beurteilt Hempel 1966,408, Entsprechendes im Nhd. nicht als ‚Syntaktikum', sondern als ‚Stilistikum', „und zwar von litotischer Art, indem eine Aussage durch ihr konträres Gegenteil vertreten wird [d. h.: Futurum exactum durch Perfectum], durchweg in ironischer oder emphatischer Absicht".

Schwanken kann man zwischen futurischer Bedeutung, einer zeitfreien verbalen Aussage oder einer perfektischen Bedeutung in z. B. folgenden Fällen: *swer sich von zwîvel kêret, der hât den geist bewart* Wa 77,31; *swer dirre wünne volget, hât jene dort verlorn* Wa 124,33.

β) Das Reguläre ist die perfektische Bedeutung, wie sie in § 308b umschrieben ist:

‚wie stêtz iu umben grâl? habt ir geprüevet noch sîn art?' ... *er sprach: ‚dâ hân ich freude vil verlorn'* Pz 440,30–441,4; *alle fürsten lebent nû mit êren, wan der hœhste ist geswachet. daz hât der pfaffen wal gemachet* Wa 25,22; *nû wer ist hie der iuwer ger?* ... *iuch hât rehte gotes haz dâ her gesendet beide* Iw 6104.

Vereinzelt bezeichnet das Perfekt die ‚durchstehende Zeit' (vgl. § 304a): *ich hân erkant von kinde die edelen küneginne hêr* („ich kenne seit ihrer Kindheit ...") NL 1147,4.

c) Das umschriebene Plusquamperfekt bezeichnet die Vorvergangenheit: § 312

er (got) hiez in (Abraham) *daz er tate, also in sin wib gebeten hete* („Gott befahl A., daß er täte, wie seine Frau ihn gebeten hatte [oder: hätte]") Gen 1802–3; *do der helt Rôlant uf ainer hohe daz rechte eruant, daz si sich in uieriu heten getailet ...* [sprach er] RL 3961–63; *nû widervuor im allez daz daz im sîn vriundîn ... vordes hâte gesagt* Iw 1302–1304; *dô sî ditz hâten vernomen, dô sprach der rîter mittem leun* Iw 6108 (vgl. Behaghel 1923, II, 298–302).

Lit.: Perfekt – Plusquamperfekt
Grimm J. 1893, IV, 157f.; Paul H. 1916, IV, § 359; Behaghel 1923, II, 291–296; Hempel 1966, 399–421; Gamillscheg 1970, 153–172; Wunderlich D. 1970, 141–162; Suida 1971, 118–136; Ludwig 1972,75ff.; Kuhn 1973, 184–206; Latzel 1977; Markus 1977, 48–85; Bäuerle 1979, 77–90; Born 1985, 37–52; Betten 1987, 105ff. und 115–119.

d) Zum Infinitiv Perfekt   § 313

Der Infinitiv Perfekt erscheint überwiegend in Verbindung mit den präteritalen Formen der Modalverben *mac, sol, muoz, kan, darf, wil.* Diese Verbindung bringt einen irrealen Vorgang der Vergangenheit zum Ausdruck.

ich vant si an der zinne eine ... dâ mehte ichs ir minne wol mit fuoge hân gepfant („da hätte ich sie ... berauben können") MF 140,1; *der kunde se baz gelobet hân* („der hätte sie besser loben können") Pz 404,30; *ir soltet dar sîn geriten* („ihr hättet dahin reiten sollen") Iw 4516; *unde hetent ir geswigen, die rede die ir habent getân die wold ich gesprochen hân* („die würde ich gesprochen haben") Iw 7436.

Ein solcher Infinitiv Perfekt entwickelt sich erst seit der Mitte des 12. Jh.s im Mhd.; älter ist der Gebrauch des Infinitivs Präsens in der gleichen Funktion, und dieser findet sich neben dem Infinitiv Perfekt bis in die klassische Zeit hinein:

> *daz mahte lihte gescehen* („das hätte ... geschehen können") Gen 2219; *hetet ir guote sinne, ir soldet ez pillîche lân* (B, *soldet ez billich habn gelan* D) („ihr hättet es ... unterlassen sollen") NL 1787,4. – Vgl. Braune 1909, 31–38.

In Verbindung mit dem Indikativ Praeteriti oder Praesentis der genannten Modalverben erscheint *haben* oder *sîn* mit dem Part. Prät. für das nhd. Sprachgefühl befremdend. Auch hierbei wird die irreale Bedeutung erkennbar:

> *si wolden Volkêren ze tôde erslagen hân* („sie hatten Volker erschlagen wollen = sie hätten Volker gerne erschlagen.") NL 1893,3; *dô der künic Sigemunt wolde sîn geriten, dô begunden Kriemhilt ire mâge biten* („der König wäre gerne fortgeritten ...") NL 1077,1; – *hân ich ... daz getân, sô sol ich den lîp von rehte verlorn hân* Kchr 15465; *in welle got behüeten, du muost in sciere vloren hân* NL 14,4.

Wenn das Modalverb im Präteritum steht, könnte man die Verbindung von *haben* oder *sîn* mit dem Part. Prät. als Infinitiv Perfekt auffassen, der aus einer Art von Attraktion durch das Vergangenheitstempus des Modalverbums zu verstehen wäre. Dagegen ist in den Fällen mit präsentischem Modalverb der prädikative Charakter des Partizips Prät. noch zu empfinden, die Verbindung des Partizips mit *haben* oder *sîn* ist noch nicht völlig und ausschließlich zur synthetischen Form des Infinitivs Perfekt geworden.

Lit.: Infinitiv Perfekt
Grimm J. 1893, IV, 170ff.; Wilmanns 1897, III, 168–171; Paul H. 1916, IV, § 329; Behaghel 1923, II, 296ff.; Kuhn 1939, 122–148; Deeg 1948.

2. Das umschriebene Futur

§ 314   a) Allgemeines

Die Futurumschreibungen des Mhd. erwachsen aus Bezeichnungen für Nuancen der Modalität (sollen, müssen, wollen) und der inchoativen Aktionsart. Die Modalitäten, die durch *sol, wil, muoz* mit Infinitiv bezeichnet werden, setzen den Verbalvorgang in Beziehung zu dem Willen des Sprechenden und verleihen ihm zugleich den Charakter des Zukünftigen. Wie stark die modale Bedeutungskomponente in diesen periphrastischen Bildungen noch ist und wie stark die temporale, ist in jedem einzelnen Fall zu bedenken. Innerhalb des selben Textes können in kürzestem Abstand überwiegend modale und überwiegend temporale Bedeutung wechseln. Die rein temporale Bedeutung ist verhältnismäßig selten und spät; eine stetige Entwicklung innerhalb des Mhd. von der modalen zur temporalen Bedeutung zeichnet sich nicht ab.

Anm. 1: Die nahe Beziehung zwischen Tempus futurum und Modalität zeigt sich, allerdings kaum im nur schriftlich überlieferten und nicht durch die Kenntnis der gesprochenen Sprache kontrollierbaren Mhd., auch darin, daß Formen, welche für die Bezeichnung des Zukünftigen usuell geworden sind (aus welchen Vorstufen auch immer), sekundär modale Färbung annehmen bzw. wieder annehmen können. So kann im Nhd. das Präsens von „werden" in Verbindung mit dem Infinitiv (α) die Probabilität bezeichnen: „du wirst von der Reise ermüdet sein" (d. h.: „du bist vermutlich ermüdet"); (β) imperativische Bedeutung haben: „du wirst den Apfel schießen von dem Kopf des Knaben" Schiller, Tell 1895 (zum Mhd. vgl. § 317, Anm. 1). (γ) gnomische Färbung haben: „vergebens werden ungebundne Geister nach der Vollendung reiner Höhe streben" Goethe, WA I. Abt. 13,1, S. 84. Im Mhd. ist ein Umschlagen anerkannter Futurformen ins Modale, also ein Abbau des rein zeitlichen Futurs, kaum zu beobachten und kaum zu erwarten, weil der Aufbau eines rein zeitlichen Futurs noch nicht vollendet ist.

b) *sol* mit Infinitiv   § 315

Im folgenden werden nur solche Beispiele angeführt, in denen die futurische Komponente verhältnismäßig stark ist oder in denen sie in kurzem Abstand mit stark modaler Bedeutung wechselt:

(Aneinanderreihung prophetischer Futura:) *vone Iuda newirt niemer ginomin daz chunichliche sceptrum noh uon sinen huffen gibristet chûnere herzogin, unze der wirt giborn der al die werlte scol nêrin* (W, genert V) („... der retten wird ..."). ... *der bintet der esilinnen sûn* ... Gen 5504–5512 (vgl. § 306, Anm. 3); *swaz der küneginne liebes geschih, des sol ich ir wol gunnen* („bin ich verpflichtet ihr z. g." oder „werde ich ...") NL 1204,3; *,sone wil ich niht verdagen diu mære diu ich bringe sol* (*wil* Ih) *ich iu willeclîchen sagen'* („werde ich"). ... *,ir sult si lâzen hœren'* („ihr sollt") NL 1191,4; 1192,3; *ich sol* (*ich will* b, *so wil ich* Ih) *iu sagen mêr waz iu mîn lieber herre her enboten hât* („ich werde" oder „ich will") NL 1198,2; *ir sult ir willekomen sîn* („werdet") NL 1452,4; *mir sol des strîtes vür komen* (Fut.) *mîn her Gâwein: des ist zwîvel dehein, alsô schiere so er des gert* (Fut.), *ern werdes vür mich gewert. entriuwen ez sol* („soll" oder „wird") *anders varn;* ... *wan ich sol* (Fut.) *in disen drin tagen des endes varn,* ... *und dâ nâch sol* (Fut.) *ich schouwen die schœnen juncvrouwen;* ... *so gesihe ich* (Fut.), *swenne ich scheide dan, den vil ungetânen man ...; dar nâch sô sihe* (Fut.) *ich schiere den stein unde den brunnen* Iw 914–937; *ein gelübede unde ein sicherheit wart wilent under iu getan, die sol man ouch noch stæte lan* („die soll man einhalten" > „die wird man e.") G 6366; *hêrre, waz si flüeche lîden sol* (Fut.) Wa 73,5; *got sol uns helfe erzeigen* (Fut.) Wa 77,1.

Anm. 1: Es wird hier nicht erörtert, ob eine Differenzierung im Gebrauch von *sol, wil, muoz* + Infinitiv in Hinsicht auf die grammatische Person zu beobachten ist, wie dies in gewissen Perioden des Englischen der Fall ist.

Anm. 2: *sol* mit dem Infinitiv kann vereinzelt gnomische Bedeutung haben: *der bœse niemer sol verstân wie sich der frume muoz begân* („... wird niemals verstehen ..." oder „versteht niemals") Freid 90,15 (S. 58); *der lewe niemer sol verzagen, ob in die hasen wellent jagen* Freid 136,13 (S. 87); *swelch herre nu der untugende pfliget daz er sô hôhe den pfenninc wiget, den sol man selten frœlich vinde* Renner 19005–07. (Vgl. § 314). Daß aber die gnomische Bedeutung von *sol* mit dem Infinitiv sich im Mhd. erst aus der futurischen entwickelt habe, darf man bezweifeln.

c) *muoz* mit Infinitiv

muoz mit dem Infinitiv bewahrt die modale Färbung noch stärker als *sol* mit Infinitiv und hat nur selten rein futurische Bedeutung:

> *gewinne ich nâch der langen vremde schœnen gruoz, wie sêre ich daz mit dienste iemer mê besorgen muoz* MF 212,28; *des muoz (müese* C) *ich zer werlde immer schande hân* NL 1248,3; *want uns dâ sehen müezen vil minneclîchiu wîp* NL 506,3; *mir muoz der iemer lieber sîn der mir ist guot* Wa 26,11; *dû muost doch iemer deste tiurre sîn* Wa 91,30; *der ie ân anegenge was und muoz ân ende sîn* („war und sein wird") Wa 36,37.

d) *wil* mit Infinitiv

wil mit dem Infinitiv hat überwiegend voluntative Bedeutung; es kann aber auch eine stark futurische Bedeutungskomponente aufweisen, und beides kann unmittelbar nebeneinander stehen:

> *,ich wil weinen von dir hân'* („ich werde [wohl] ...") *sprach daz aller beste wîp ...* [der Mann antwortet:] *swie du wilt* (volunt.) *sô wil ich* (volunt.) *sîn* MF 6,26.30; *dû wilt von ir grôzen scaden gewinnen* („du wirst erlangen") Kchr 12320; *ir welt iuch alle vliesen* („ihr werdet euch zugrunde richten"), *welt (sult* B d) *ir die recken bestân* NL 1031,4; *gelîcher wîse als got erschain dem herren Moyse do er in der ainôde waz ... also wil er dir och erschinen. swenne du ûz der werlte gâst in die ainôde* Grieshabersche Predigten I S. 8 (6a).

Anm. 3: Gelegentlich verleiht *wil* mit Infinitiv der verbalen Aussage den Charakter des gnomisch Verallgemeinernden: *swer ie gepflac ze singen tageliet mir, der wil wider morgen beswæren mînen muot* („wer je mir ein Tagelied sang, der macht mich traurig [pflegt mich tr. z. m.] gegen Morgen") Wa 90,11; *der valsche der enwil dehein wîp biten zu vil, wan dâ erz vindet bereit* („der wird nicht bitten" = „der pflegt nicht zu bitten", vgl. § 314, Anm. 1 (γ) WGast 1468. (Vgl. Behaghel 1923, II, 256–260, Sieberer 1925, Wolff 1973, 52–69).

Über *sol, muoz, wil* mit dem Infinitiv Perfekt s. § 313. Über *sol, muoz, wil* mit Partizip Präs. und dem Infinitiv *sîn* s. § 329,1.

e) Umschreibungen mit *werden*

Die finiten Formen von *werden* in Verbindung mit dem Part. Präs. bezeichnen zunächst den Beginn einer Handlung oder eines Zustandes, also die inchoative oder ingressive Aktionsart (vgl. § 329,2). Da aber die Präsensformen von *werden* die reine Gegenwart als den ausdehnungslosen Punkt zwischen Vergangenheit und Zukunft nicht zu bezeichnen vermögen (vgl. § 306, Anm. 3), geht ihre Verbindung mit dem Part. Präs. von der inchoativen Bedeutung in die temporale des zukünftigen Geschehens über:

> *jâ wirt ir dienende vil manic wætlîcher man* NL 1210,4; *er wirt mich gerne sehende und wirde ich ime verjehende* G 3987f.; *er wirt uns komende balde ze hûse von dem walde* (*komen* a e) KvW, Troj Kr 13533; sehr häufig in den Grieshaberschen Predigten (13. Jh.) als Übersetzung des lat. Futurs: *modicum et iam non videbitis me. et iterum modicum et videbitis me ... ier werdent mich ain clain zît niht sehende. uñ dar nach so*

werdent ier mich ain clain zît aber sehende I S. 12f. (9b); *quia plorabitis et flebitis vos.*
mundus autem gaudebit … swenne ir dc nu werdent sehende. dc mich die iuden
werdent vahende. uñ mich ze der marter werdent fŭrende. uñ mich an dem cruce
werdent tŏtende. so werdent ier vil sêre wainende. aber diu welte uñ mine vigende die
werdent sich frŏwende I S. 13 (10a).

Das Präsens von *werden* in Verbindung mit dem Infinitiv zur Bezeichnung des
Futurs ist im Mhd. noch sehr selten:

swaz wir zwei klagen solten, daz wirt er eine klagen Wolfd A 390,1 (Ambras. Hs.); *sô*
wirt er sprechen (B, *sprechende* H) Flore 4656 (beide Hss. 15. Jh.); *sô wirt zehant ir*
einer mit iu justieren ûf dem plân KvW, Parten 13612.

Anm. 4: Die Infinitiv-Formen (des Hauptverbums) in Verbindung mit den finiten
Formen von *werden* setzen sich von der 2. Hälfte des 14. Jh.s an durch. Sie scheinen
aus Vermischung der Formen des Part. Präs. und zunächst des flektierten Infinitivs
entstanden zu sein (was z.B. im 13. Jh. im Alem. belegt ist). Ob auch eine ursprüngliche Konstruktion von *werden* mit echtem Infinitiv für das Deutsche anzunehmen sei,
ist fraglich.

Über das Präteritum von *werden* in Verbindung mit dem Infinitiv s. § 329,
Anm. 3.

Lit.: Futur
Weinhold 1883, 465ff.; Grimm J. 1893, IV, 176–189; Aron 1914; Paul H. 1916, IV,
§ 372–373; Lerch 1919; Behaghel 1923, II, 260–263; Kleiner 1925; Dal 1954, 491ff.;
Saltveit 1962; ders. 1970, 278–289; Ludwig 1972, 64–67; Masarik 1980, 29–45; Singendonk-Heublein 1980, 195–220; Matzel/Ulvestad 1982, 282–328; Walther C. 1982,
597–601; Valentin 1984, 185–195; Lühr 1987, 262–289; Ulvestad 1987, 226–236.

III. Modus

A. Vorbemerkung

Eine befriedigende Definition des Begriffs Modus ist noch nicht gegeben wor-   **§ 316**
den. Annäherungsweise läßt sich sagen: Der Modus bezeichnet den Grad von
Gültigkeit oder Gegebenheit, welchen der Verbalvorgang in der Vorstellung
des Sprechenden besitzt oder besitzen soll, also die mittelbare Stellungnahme
des Sprechenden. Danach müßte es eine große Zahl von Modi geben. Das
Mhd. verfügt über Imperativ, Indikativ und Konjunktiv. Aber der Modus-
Synkretismus ist weit fortgeschritten. Auch wo er nicht eingetreten ist, wird die
Bezeichnung der Modalität allein durch das Verbum finitum vielfach als unzu-
reichend empfunden: an seine Stelle treten Umschreibungen durch die Modalverben *wil, muoz, sol, mac, kan, darf,* wodurch eine vielfältige semantische
Differenzierung der Aussagen entsteht. Anderseits ist im Laufe der Entwick-
lung des Deutschen allgemein ein Zurückweichen des Konjunktivs vor dem
Indikativ zu bemerken, auch wo die Möglichkeit zur formalen Unterscheidung

noch vorhanden ist. Modalpartikeln, welche für gewisse modale Ausdrucksweisen obligatorisch wären, gibt es im Mhd. nicht.

Zum Versuch einer neuen Modusklassifikation aus synchronischer Sicht vgl.
Wichter 1978, 180–188.

Lit.: Modus allgemein
Calbert/Vater 1975; Wunderli 1976, 239–272; Valentin 1979, 425–441; Guchmann/
Semeljuk 1981; Jäntti 1981, 42–51; Schrodt 1983, 18–44; Wildenhahn 1983,
387–398; Zemb 1983, 250–258; Valentin 1984, 185–195; Erhart 1985; Lühr 1987,
262–289.

B. Imperativ

§ 317 Das Imperativ-System des Mhd. besteht aus der 2. Pers. Sg. und Pl. und aus
der 1. Pers Pl. Die Pluralformen fallen zusammen mit denen des Konjunktivs
Präs. Die Funktion der 3. Pers. des Imperativs erfüllt der Konj. Präs.:

> *si lone ir lieben unde ir friunden wol* („sie soll lohnen") MF 190,10 (Ce); *er tuo dur*
> *einer willen so* Wa 93,11 (s);

selten ist dies der Fall bei der 2. Pers.:

> *dar an gedenke, brœdiu Welt, und wizzest daz, daz er dâ sînen anden richet* („du sollt
> wissen") Ulrich von Singenberg 30,36–37 (SMS S. 51–52).

Über das Fehlen des Imperativs bei den Verba praeteritopraesentia bzw. die seltenen
Fälle ihres Imperativs vgl. Weinhold 1883, § 412, 413, 418.

Mit der 2. Pers. des Imperativs konkurrieren Umschreibungen durch die 2.
Pers. Präs. Ind. von „sollen", seltener solche durch andere Modalverben: *nu*
sult ir slâfen vaste, und ruowet hînt Pz 35, 10; *dû solt mir volgen und erwint*
Helmbr 298; konkurrierend mit der 1. Pers. Pl. steht die Umschreibung durch
die 1. Pers. Pl. Präs. Ind. von „sollen": *wir sulen disen tôten man begraben* Pz
253,8. Die Umschreibung mit „sollen" tritt auch auf in Konkurrenz mit der 3.
Pers. des Konjunktivs Präs.: *mit witzen sol erz allez wegen, und lâze got der*
sælden pflegen Wa 105,9f. In dem Wechsel zwischen periphrastischer und synthetischer Form innerhalb des selben Satzes macht sich das Streben nach syntaktischer Dissimilation bemerkbar. Der stärkere Ausdruck für die imperativische Modalität in Gestalt der periphrastischen Form geht voran.

Anm. 1: Im Nhd., wie im Griech. und Lat., gibt es Verbalformen (synthetischer oder
periphrastischer Art), die, gleichgültig welchen Ursprungs, im Laufe der Sprachentwicklung zu regulären Futurbezeichnungen geworden sind und sekundär auch imperativische Bedeutung gewinnen können (s. § 314, Anm. 1). Im Mhd. umschreibt die
Verbindung von *sol* mit dem Infinitiv sowohl den Imperativ als auch das Futur.
Jedoch ist ihre imperativische Bedeutung nicht sekundär aus der futurischen entstanden, und ferner ist die Verbindung von „sollen" mit dem Infinitiv nicht die konkurrenzlos usuelle Bezeichnung für das Tempus futurum im Mhd. (vgl. § 315).

Über Fehlen oder Vorhandensein des pronominalen Subjekts bei der 2. Pers. Sg.
und Pl. und der 1. Pers. Pl. des Imperativs s. § 399. – Über den Pluralis inclusi-

vus s. § 429. – Über den Imperativ in abhängigen Sätzen an Stelle eines zu erwartenden Konjunktivs s. § 487. – Über Imperativ-Satz an Stelle eines untergeordneten Satzes (*lât mich an eime stabe gân ..., sô bin ich doch ... der werden ein* Wa 66, 33–37) s. § 443.

Lit.: Imperativ
Grimm J. 1893, IV, 81–90; Wilmanns 1897, III, 220–225; Paul H. 1916, III, § 14 und 1916, IV, § 375; Wackernagel 1920, I, 210–217; Hirt 1921, III, 139–144; Behaghel 1923, II, 246–249; Wichter 1978, 125–143; Haftka 1984, 89–163; Domhäuser 1985.

C. Indikativ und Konjunktiv

Außerhalb des Imperativs gibt es im Mhd. (wie im Germanischen) eine Zweiheit von Modi. Die Formenlehre unterscheidet, sofern nicht Synkretismus der Formen eingetreten ist, einen Indikativ Praesentis und einen Indikativ Praeteriti, einen Konjunktiv Praesentis und einen Konjunktiv Praeteriti. Jedoch bringt nicht jede Verbalform, an der formal Tempus und Modus bezeichnet sind, diese beiden Kategorien in ihrer Bedeutung gleichmäßig stark zum Ausdruck. Die Bedeutung eines sprachlichen ‚Zeichens‘, in diesem Falle der Morpheme des Tempus und der Modalität, muß nicht konstant bleiben; sie kann reduziert sein, manchmal bis zum ‚Nullwert‘. Wenn das Verbum im Indikativ steht, so hat das Tempus meist einen selbständigen Wert; steht das Verbum im Konjunktiv, so überwiegt im allgemeinen die Modusaussage, und die zeitliche Bedeutung kann weitgehend aufgehoben sein. Dies gilt insbesondere für den Konj. Prät. (vgl. §§ 320 und 322). Oder die Beziehung auf die Zeit ist zwar vorhanden, aber es tritt eine Verschiebung der Bedeutung ein, indem etwa der Konj. Präs. oder der Konj. Prät. in gewissen abhängigen Sätzen futurische Bedeutung gewinnen können (vgl. § 306β und § 309). Über die Reduktion der modalen Bedeutung bis zur modalen Indifferenz vgl. § 319 zum Indikativ.

§ 318

Im folgenden werden Bedeutung und Gebrauch des Indikativs und des Konjunktivs im selbständigen Satz behandelt, der Konjunktiv im abhängigen Satz nur insoweit, wie sein Gebrauch unbeeinflußt ist vom Abhängigkeitsgrad des Satzes (s. § 321, Anm. 2). Über den Modus im abhängigen Satz s. § 468ff.

Lit.: Indikativ und Konjunktiv
Grimm J. 1893, IV, 72f.; Paul H. 1916, IV, §§ 375–377; Flämig 1962; Bech G. 1963, 39–53. Vgl. die Lit. zu Indikativ bzw. Konjunktiv.

1. Der Indikativ

Der Indikativ dient

§ 319

a) dem objektiven Ausdruck des verbalen Vorgangs, im Unterschied zur Bezeichnung des Gewollten oder Möglichen oder Irrealen: Beispiele für den Ind. Präs. in diesem Sinne s. § 304; für den Ind. Prät. s. § 308; für den Indikativ des umschriebenen Perfekts s. § 311; für den Indikativ des umschriebenen Plusquamperfekts s. § 312.

Im Kontext kann der indikativische Verbalausdruck als Bezeichnung der Realität in Opposition stehen zu einem konjunktivischen Verbalausdruck von potentialer Bedeutung: *des stât in trûren übel und stüende in fröide wol* Wa 42,38; *swaz si sagen, ich bin dir holt, und nim dîn glesîn vingerlîn für einer küneginne golt* Wa 50, 11–12.

b) dem Ausdruck der modalen Indifferenz: Er wird gebraucht, „wo man eine der modalen Färbung entbehrende Aussage will" (Wackernagel 1920, I, 224f.) oder eine solche, in der die Modalität stark reduziert ist. Die Grenze zwischen a) und b) ist unscharf, und die Beurteilung einzelner Stellen kann schwanken. Beispiele für modale Indifferenz des Ind. Präs. s. § 304b; des Ind. Prät. s. § 308d und § 486 (Moduswechsel).

Anm. 1: Vereinzelt könnte der Indikativ auch irreale Bedeutung haben, z. B.: *enheten sîn zunge niht verworht, sone gwan der hof nie tiurern helt* Iw 2568f. Es dürfte sich hier aber um eine Inkongruenz zwischen dem Modus des Bedingungssatzes und dem des bedingten Satzes handeln, die im konditionalen Satzgefüge auch in anderer Form auftritt: s. § 477,5. Im Nhd. ist eine derartige Modusinkongruenz noch stärker eingeschränkt als im Mhd.: „Wenn seine Zunge ihn nicht verdorben hätte, dann hätte der Hof keinen besseren Helden besessen".
Der Ind. Prät. (bzw. Perf. oder Plusqu.) steht auch in Verbindung mit dem Adverb *vil nâch, nâch: ich was vil nâch ze nidere tôt, nû bin ich aber ze hôhe siech* Wa 47, 2–3 („ich war beinahe tot durch zu niedere Minne; jetzt bin ich krank durch zu hohe"); *dîn zart hât mich vil nâch betrogen* Wa 101,7 („fast hat mich deine Zärtlichkeit betrogen"); *des was vil nâch erstorben des künic Guntheres man* NL 1612,4 („davon kam Hagen fast zu Tode"); *schiere saher sî sitzen, und was von sînen witzen vil nâch komen als ê* Iw 5193–95 („er sah sie sitzen, und [schon] hatte er beinahe den Verstand verloren wie vormals"). Wenn im Nhd. neben *beinahe, fast* der Konj. (Plusqu.) steht, so ist eine Verschiebung der Auffassung eingetreten; der Ind. Prät. der mhd. Fügungen hat keine potentiale oder irreale Bedeutung.

Lit.: Indikativ
Grimm J. 1893, IV, 73f.; Wilmanns 1897, III, 217ff. und 265ff.; Behaghel 1923, II, 216ff. und 290; Wichter 1978, 107–124.

2. Der Konjunktiv

§ 320 Der Konjunktiv Praesentis und der Konjunktiv Praeteriti sind nicht Bezeichnungen für genau die gleiche Art der Modalität, was mit dem verschiedenen Grad der Reduktion ihres temporalen Wertes in Verbindung steht (vgl. § 318). Es lassen sich zwar im Mhd. zwei Bedeutungstypen des Konjunktivs unterscheiden, der voluntative Konjunktiv und der potentiale. Aber der voluntative Charakter selbständiger Sätze mit dem Konj. Präs. ist ein anderer als der von Wunschsätzen mit dem Konj. Prät. Ebenso besteht in abhängigen Sätzen ein Unterschied zwischen dem potentialen Charakter des Konjunktivs Präs. und demjenigen des Konjunktivs Praeteriti. „Der sog. Konjunktiv Praeteriti bezeichnet eine größere Entfernung von der Wirklichkeit als die Präsensform" (Dal 1966, 137f.). Anderseits ist dieser Bedeutungsunterschied zwischen Konj. Präs. und Konj. Prät. in manchen abhängigen Sätzen aufgehoben, insofern als sich das Tempus des abhängigen konjunktivischen Satzes nach dem des übergeordneten Satzes richtet (§ 468).

a) Der Konjunktiv Praesentis mit voluntativer Bedeutung im selbständigen **§ 321**
Satz:

Dieser Konjunktiv kann Wunsch, Befehl oder Verheißung je nach der Verschiedenheit der grammatischen Person bedeuten:

> *heil sist du keiser here, minne uñ ere si dir irboten uon ... gote* RL 711–714; *zuo flieze im aller sælden fluz, niht wildes mîde sînen schuz* Wa 18, 25–26; *got welle daz ichz niht gelebe und sende mir hînaht den tôt* Iw 4490–91; *wâ nû hungerigiu tier, beide wolf unde ber, lewe, iuwer einez kom her und ezze uns beide* Er 5833–36; *si lone ir lieben unde ir friunden wol* MF 190,10 (Ce); *daz sî dîn morgengâbe* („das soll sein") NL 1927,3; *daz si getan* RF 1374; *daz sî* („das soll geschehen" = „ja") Iw 3619. Eine temporale Bedeutung neben der modalen ist diesen Konjunktiven nicht eigen, es sei denn die mit diesem besonderen modalen Sinn stets verbundene Beziehung auf das Zukünftige.

Über den Konjunktiv des Befehls in der Funktion der 3. Pers. des Imperativs, selten der 2. Pers., s. § 317.

Zur „Erhöhung des optativen Ausdrucks" (J. Grimm 1893, IV, 80) kann an die Stelle des einfachen Konjunktivs Präs. die Verbindung des Konjunktivs Präs. von *ich muoz* mit dem Infinitiv des Verbums treten:

> *der heilige engel mûze din geuerte sin vnde geleite dich here widere gesunt* („möge dein Begleiter sein") RL 1535f.; *got müez iuch bewarn unde gebe iu sælde und êre* Iw 5530–31; *mit sælden müeze ich hiute ûf stên* Wa 24,18.

<u>Anm. 1:</u> Neben den unabhängigen konjunktivischen Wunschsätzen können unabhängige konjunktivische (präsentische) *daz*-Sätze zur Bezeichnung des Wunsches erscheinen: vgl. § 448.

<u>Anm. 2:</u> Der Konj. Präs. als Ausdruck des Wunsches steht auch in abhängigen Sätzen, ohne daß er durch die Unterordnung des Satzes bedingt ist: *do enpfienc er mich also schône also ime got iemer lône* („in so schöner Weise, wie sie ihm Gott belohnen möge") Iw 295–296 (A); *daz liebe süeze vogelin, daz iemer süeze müeze sin, daz kallete uz der blüete* G 581f.

<u>Lit.:</u> Konjunktiv Präsens
Grimm J. 1893, IV, 74–81; Behaghel 1923, II, 219–233; Flämig 1962, 43–62; Dal 1966, 138–147; Fourquet 1973, 61–73; Magnusson 1976; Boon 1978, 324–344; Schrodt 1983; Öhlschläger 1984.

b) Der Konjunktiv Praeteriti im selbständigen Satz: **§ 322**

α) in Wunschsätzen. Während der voluntative Konj. Präs. gebraucht wird, wenn die Realisierung eines Wunsches oder Befehls nach Ansicht des Sprechenden möglich ist (s. § 320), so gehört der durch den Konj. Prät. bezeichnete Wunsch entweder nach der Ansicht des Sprechenden in den Bereich der Irrealität, oder er ist mit keinerlei Meinungsäußerung über die Möglichkeit der Verwirklichung verbunden, wodurch er ebenfalls einen irrealen Akzent erhält:

> *gedæhten wir dâ nâch daz wir unser arbeit niht verlüren* (Zusammenhang: wir denken nicht daran) Wa 10,2 (BC); *wesse ich war si wolten strîchen* (Zusammenhang: aber ich

weiß es nicht) Wa 70,10; *wære ich doch mit dir erslagen* Wh 60,24; *owê, gesæhe ichs under kranze* Wa 75,8; *möhte ich verslâfen des winters zît* („könnte ich verschlafen") Wa 39,6; hierher auch das formelhafte *wolde got* mit asyndetisch folgendem zweiten Wunschsatz: *wolde got ..., hêt ih ... dise kemenâten ... heim ze Kriechlande* Alex S 6119−24; *wolte got, wære ich der sigenünfte wert* Wa 125,4 (C).

Der voluntative Charakter kann stärker betont werden durch die Verbindung des Konjunktivs Prät. eines Modalverbs mit einem Infinitiv: *hie solten si zesamene komen, mîn lîp, mîn herze* („ach, kämen sie zueinander") Wa 98, 12−13; *ouwî wan solde sî nû pflegn gebærde nâch ir güete* („o, daß sie doch handelte, wie es ihrer Güte anstünde") Iw 1660−61.

Vorangehen kann dem Konj. Prät. im wünschenden Satz *wan* (< *wanne* < *wand* [< ahd. *hwanta*] + *ne* „warum nicht?"), dem ein nhd. „o, daß doch!" entspricht:

ôwê, wan het ich iwer kunst Pz 8,25; *wan woltens an die heidenschaft* Wa 12,28; *wolde got wan wære ich tôt* Wig 4918.

β) in selbständigen Fragesätzen als Potentialis:

wâ wære der? („wo könnte ein solcher sein?") Iw 1806; *wer wær der sich sô grôz arbeit iemer genæme durch iuch an* („wer könnte der sein, welcher ...?") Iw 1918; *wâ næmet ir die spîse ... daz ir sô manigem recken noch hînte müeset hân?* NL 1689,2; *‚ich wil ... in daz ellende gên.'* Dô sprach der künec Etzel: *‚wer hülfe danne mir?'* („wer wäre dann in der Lage mir zu helfen?") NL 2158,4; − Umschreibungen durch den Konj. Prät. eines Modalverbums: *wie kunde daz ergân, daz ich dich minnen solde?* NL 285,1; *nû ist ez aber ze spâte. war möht ich nû gerîten?* Iw 6157;

γ) in Aussagesätzen:

minne diu hât einen site: daz si den vermîden wolde! daz gezæme ir baz („das würde ihr besser anstehen") Wa 57,25; *im wære alze senfte ein eichîn wit umb sînen kragen* Wa 85,13; *jâ gæbe ich iu die spîse ze vierzehen tagen* („ich könnte euch geben") NL 1690,2.

Die Verbindung *mir (uns) wære nôt* bezeichnet zwar die Tatsache, daß etwas für jem. notwendig ist, zugleich aber die Unsicherheit über die Erreichbarkeit des Notwendigen, weil diese gewissermaßen an eine nicht ausgesprochene Voraussetzung geknüpft ist, wodurch die Aussage den Charakter der Höflichkeit und Bescheidenheit gewinnt: *mit zwîvel er zuo im sprach: ‚herre, mir wære herberge nôt'* Er 302; *uns wære wirtes nôt, der uns noch hînte gæbe durch sîne tugende sîn brôt* NL 1637,4; *ez wær uns allen einer hande sælden nôt, daz man rehter fröide ... pflæge als ê* Wa 97,34−35. Analog ließe sich der Konj. Prät. in der Wendung *ich weste gerne* (z.B. NL 1752,1) als Ausdruck der Potentialität auffassen, weil die Aussage mit einer unausgesprochenen Bedingung verknüpft ist (sc.: wenn es möglich ist). Der Konj. läßt sich aber auch voluntativ verstehen: „ich möchte wissen".

Lit.: Konjunktiv Präteritum
Wilmanns 1897, III, 227ff.; Behaghel 1923, II, 234−246; Dal 1966, 147−150; Jäger 1971, 251−261; Fourquet 1973, 61−73; Kaufmann G. 1975; Boon 1978, 324−344; Wichter 1978, 15−106, bes. 82−95.

IV. Genus Verbi

A. Periphrastische Bildungen zur Bezeichnung des Passivs

Die Verbindung der finiten Formen und der Infinitive von *sîn* und *werden* mit **§ 323**
dem Partizip Praeteriti dient der Bezeichnung der passivischen Diathese.
(Griech. διάθεσις entspricht dem lat. *genus verbi* als Terminus technicus.)
Dabei differenziert das Mhd. (wie das Ahd.) in stärkerem Maße als das Nhd.,
indem es das verbale Geschehen bald als Zustand, bald als Vorgang auffaßt:
die Verbindung von *sîn* mit dem Part. Prät. bezeichnet vornehmlich, nicht
ausschließlich, das Zustandspassivum, die Verbindung von *werden* mit dem
Part. Prät. das Vorgangspassivum. Die temporale Differenzierung tritt besonders in der Vergangenheit, verglichen mit dem Nhd. und dem Lat., hinter
dieser Unterscheidung zurück.

Die folgenden Ausführungen beruhen nicht auf einer systematischen Sammlung der mhd. Belege, so daß hier möglicherweise nicht alle Nuancen der
passivischen Diathese erfaßt worden sind.

Ein sogenanntes Part. Futuri oder Passivi, das wohl aus dem aktiven Part.
Präs. entstanden ist, kann attributiv gebraucht werden und entspricht etwa
dem lateinischen Gerundivum: *der ze lobende man*. Es ist im Mhd. kaum
belegt und erscheint nach 1600 in der Kanzleisprache (vgl. H. Paul 1916, IV,
§ 343).

B. Arten des Passivs

1. Das Zustandspassiv, bezeichnet durch *sîn* + Part. Prät.:

Eine scharfe Grenze zwischen der Verbindung von Kopula mit adjektivischem **§ 324**
Partizip einerseits und der periphrastischen Verbalform anderseits läßt sich
nicht ziehen. Behaghel (1923, II, 199) lehnt die Zuordnung der „zahlreichen
Verbindungen von *wesan* mit dem Part. Prät. in adjektivischer Verwendung,
die der Schilderung des Ergebnisses dienen", zu den periphrastischen Passivbe-
zeichnungen ab.

Ind. Präs.: *dû bist beslozzen in mînem herzen: verlorn ist daz slüzzelîn* MF 3, 3–5; *er
ist vil wol getiuret, den du wilt, frouwe, haben liep* MF 11,6; *wie ist sie umbe daz hûbet
so verbrovt?* RF 908 (S); *si ist rehte zuo gekêret* („sie [die Minne] ist [im vorliegenden
Fall] an die richtige Adresse gerichtet") Iw 1590; *Ierusalêm, nû weine: wie dîn vergezzen ist* („wie du vergessen bist") Wa 78,15. In bezug auf die Zeitstufenbedeutung sind
die angeführten Beispiele präsentisch oder atemporal, nicht perfektisch. Die betr.
Verben sind ihrer Aktionsart nach resultativ(-perfektiv) [vgl. § 328].
    Konj. Präs. (im selbständigen Satz): *diu gruntfeste si gescaffet* („das Fundament
soll erschaffen sein": Gott sieht das Geschehen des zweiten Schöpfungstages, noch
während er es gebietet, bereits als Zustand) Gen 115; *daz si von mir verbannen und
aller cristenheite sî* („möge sie verbannt sein") KvW, Welt Lohn 240. Über die Reduktion der temporalen Bedeutung dieser Konjunktive vgl. § 321.
    Ind. Prät.: *ein loch was drin gehauwen* („war hineingehauen" [in den zugefrorenen
Teich]) RF 730 (S); *vil harte irscaffen was der sot* („ausgeschöpft war der Brunnen")

RF 955 (S); *sus was mîn her Iwein zwischen den porten zwein beslozzen unde gevangen* („war eingeschlossen") Iw 1127–1129; *ein bette* ..., *daz was berihtet alsô wol* („war ausgestattet") Iw 1213; *der (rucke) was* ... *bestecket und behangen mit würmen und mit slangen* KvW, Welt Lohn 218–220; – *von dem hûse* ... *dâ er inne was beslagen* („in dem er umschlossen war") Iw 1136. Die Zeitstufenbedeutung in den angeführten Beispielen ist präterital.

Konj. Prät. (im abhängigen Satz): *swie im sîne sinne von der kraft der minne vil sêre wæren überladen, doch dâht er* ... („obwohl sie überlastet waren ...") Iw 1521; *ez sehent wol al die hinne sint:* ... *unz daz beslozzen wær ditz hûs, sone möht niht lebendes drûz komen* („nichts Lebendes wäre in der Lage herauszukommen, solange dieses Haus verschlossen ist") Iw 1280. Die Zeitstufenbezeichnung ist durch das Verhältnis des abhängigen Satzes zum übergeordneten Satz bedingt.

Infinitiv: *nu solt tu sin uerfluochot* („du sollst verflucht sein") Gen 809; *nu muoz ich von ir gescheiden sîn* („nun bin ich gezwungenermaßen von ihr getrennt") MF 32,19; *ir sult der rede sîn erlân* („ihr sollt [hiermit] von dem Versprechen freigegeben sein") Iw 4322.

2. Das Vorgangspassiv bezeichnet durch *werden* + Part. Prät.:

§ 325

Ind. Präs. (im selbständigen Satz): *die liute werdents inne, und wirt zerfüeret dur nît* („es wird aus Mißgunst zerstört") MF 12,17; *dem wirt ze jungest gegeben der engel gemeine* („dem wird gegeben werden") MF 29,2; *swer mir ein stucke versaget, ez wirt ze Citel geclagit* („es wird Klage geführt werden") RF 716 (S); *Reinhart, der uil hat gelogin, der wirt noh hute betrogin* („wird ... betrogen werden") RF 824 (S); im abhängigen Satz: *si erwelte hie nû einen wirt deiswâr von dem sî niemer wirt geswachet noch guneret* Iw 1588f.; *wirt daz herze geserget, so ist daz leben getrübet* („wenn das Herz verletzt wird [Vorgang], dann ist dem Leben getrübt [Zustand]") Gen 301f.; *wert ir erfundn* [D, *funden* die übrigen Hss.] *an rehter ê, iu mac zer helle werden wê, diu nôt sol schiere ein ende hân, und wert von bandn aldâ verlân* („wenn ihr angetroffen [befunden] werdet im Zustand der rechten Ehe, dann wird – gesetzt [selbst], ihr leidet Pein in der Hölle – diese Not alsbald ein Ende nehmen, und ihr werdet dort aus Fesseln freigelassen werden") Pz 468, 5–8; *swer an ir dienste funden wirt, daz in diu fröude gar verbirt* KvW, Welt Lohn 267f. Die Zeitstufenbedeutung ist entweder ausgesprochen futurisch, oder der Verbalform ist jener futurische Nebensinn eigen, der mit den Präsensformen von *werden* verbunden ist (vgl. § 306, Anm. 3 und § 315e), oder die verbale Aussage ist präsentisch-atemporal.

Konj. Präs. (im abhängigen Satz): *swie wol ez werde gebûzet, den siut man da chiuset* („wie gut das Tuch auch ausgebessert werden mag, man sieht die Naht") Gen 868; *pezzer ist daz er sterbe unt sin sculde so gerochen werde, denn er werde untotlich* („und sein Vergehen so bestraft wird") Gen 994. Die Zeitstufenbedeutung ist stark reduziert, doch bleibt die futurische Nuance insofern, als der Vorgang noch bevorsteht.

Ind. Prät. (im selbständigen und im abhängigen Satz): *skiere ward er uerchouffet* Gen 3625; *dâ buozte manger sînen durst und wart dâ wol ergetzet; swie dicke ich mînen napf dar bôt, ern wart mir nie genetzet* MF 23, 17–20; *Isengrin* ... *der wart schire vf gezogen* RF 985 (P); *ir einer wart erslagen* Iw 1037; *daz bette wart des niht erlân* („das Bett wurde davon nicht verschont") Iw 1296; *ez wart* [Vorgang] *nie minneclicher wîp beschouwet ûf der erde; ouch was* [Zustand] *nâch vollem werde ir lîp gecleidet schône* KvW, Welt Lohn 90–94; – *do der chor ward errumet, got nam ze sinen engelen rat* Gen 79; *daz der selbe palast von ir lîbe erliuhtet wart* KvW, Welt Lohn 83. Die Zeitstufenbedeutung ist vornehmlich die in § 308a erörterte, daneben treten die in § 308b und c erwähnten Nuancen auf.

Konj. Prät. (im abhängigen Satz): *er wolt fone wibe werden geborn ... daz der Adames ual ... uertiligot wurde an deme gotes tôde* („damit Adams Fall ausgetilgt würde") Gen 1047; *unz er so uile chinde dar in ne gewunne, daz ter chor wurd erfullet* („daß der Chor ausgefüllt würde") Gen 543; *sî wolten daz gewis hân, und wurde diu porte ûf getân, daz si in drinne vunden* („wenn die Pforte aufgetan [werden] würde") Iw 1264; *swer den andern habe erslagen, und wurder zuo ime getragen ... er begunde bluoten anderstunt* („wenn er getragen würde") Iw 1358. In keinem dieser Beispiele bezeichnet der Konj. Prät. eine Zeitstufe der Vergangenheit: der betreffende Vorgang steht noch bevor bzw. ist als rein potentiell gedacht. Das gleiche gilt für den Konj. Prät. im Hauptsatz: *sît sich verwandelt hât diu zît ... sô wurde erværet mir der lîp, tæte ich selbe niht alsô* („so würde ich schmerzlich ergriffen werden, wenn ich nicht ...") MF 19,9; *wan daz wurde alswâ baz bewant* („denn das [Honig und Balsam] würde anderswo besser angewendet werden") Iw 1584.

Anm. 1: *Man sagt von sîner vrümekheit, ezn wurde rîter nie verseit swes er in ie gebæte (daz ny ritter wart verseit* a [14. Jh.]) Iw 4561–63 wäre in Übereinstimmung mit den vorstehenden Beispielen zu verstehen als: „man sagt ..., es würde einem Ritter nie versagt werden, worum er bäte" (oder: „bitten würde") – im Gegensatz zu Behaghel 1923, II, 204, der es präterital auffaßt, und im Gegensatz zu der Auffassung der Hs. a. Vgl. auch: *wand er sâ wol weste, ern beschirmte sînen brunnen, er wurd im an gewunnen* („er würde ihm abgewonnen werden") Iw 2546; *nû saz der künec Artûs unde ... sîn massenîe gar, die gerne wolden nemen war wie da wurde gestriten* („wie da gekämpft werden würde") Iw 6899. (Die präteritale Bedeutung wäre durch die Verbindung des Konjunktivs Prät. von *sîn* mit dem Part. Prät. bezeichnet worden, s. § 326).

Anm. 2: Die dreiteiligen Perfecta und Plusquamperfecta Passivi des Typus nhd. *ich bin/war gerufen worden* sind vor Wolfram nicht sicher bezeugt und auch im 13. Jh. nur vereinzelt: *nu wasez ouch über des jâres zil, daz Gahmuret geprîset vil was worden* (*wart* Gg) *dâ ze Zazamanc* Pz 57, 29–58,1 (Belege bei Behaghel 1923, II, 202f.; vgl. auch Hans Kuhn 1939,132 und Weigand 1849,132). Ebenfalls vereinzelt erscheinen im 13. Jh. dreigliedrige Perfecta und Plusquamperfecta innerhalb des *sîn*-Gefüges des Passivs: *in senender nôt bin ich begraben gewesen lange stunde* KvW, Troj Kr 16948f.; *und het mich sô sêre sîn selbes vart niht gewert, ich wære gewesen unernert: wan ich was wâfens blôz* Krone 22746–49 (vgl. W. Schröder 1955,47).

3. Unvollständigkeit des Systems

Die Differenzierung des passivischen Geschehens als Vorgang und als Zustand   **§ 326**
ist nicht konsequent durchgeführt. Anscheinend werden die Umschreibungen
mit *werden* durchaus als Vorgangsbezeichnungen gebraucht; die Umschreibungen
mit *sîn* dagegen können neben der Zustandsbezeichnung (§ 324) in gewissen
Fällen auch der Vorgangsbezeichnung dienen, womit eine Veränderung
der temporalen Bedeutung verbunden ist: perfektivisch statt präsentisch, plus-
quamperfektisch statt präterital.

Um Vorgangsbezeichnungen handelt es sich in diesen Fällen (vgl. Behaghel
1923, II, 208):

mir ist noch vil selten gescenket bezzer wîn („noch nie ist mir besserer Wein kredenzt worden") NL 2116,3; *dâ ze Mœringen si wâren über komen, dâ dem Elsen vergen was der lîp genomen* („wo dem Fährmann Elses das Leben genommen worden war") NL 1591,2; *... da ir müestet sîn erstorben ... wær iu von dannen niht geholfen von kunic Ruodolfen* („wenn euch nicht fortgeholfen worden wäre") Österr Reimchr 31592–95.

In anderen Fällen kann man schwanken, ob durch die Umschreibung mit *sîn*
der erreichte Zustand oder der zu ihm führende Vorgang bezeichnet werden
soll. Mit der Entscheidung für das eine oder andere vollzieht man eine Aufspaltung der verbalen Aussage, die dieser möglicherweise nicht gemäß ist, obwohl
die in §§ 324/25 aufgeführten Zeugnisse auch dazu zu berechtigen scheinen:

> *ouwê wie bistû mir benomen? ichn weiz war umbe oder wie* („ach, wieso bist du mir
> entrissen?" oder „entrissen worden") Iw 1460; *wie ist uns dirre man benomen?* Iw
> 1282; *uns ist in alten mæren wunders vil geseit* („ist berichtet" oder: „wird berichtet")
> NL 1,1; *nu ir sît sô küene, als mir ist geseit* („... wie mir berichtet ist" oder: „berichtet
> worden ist") NL 110,1; [aber: *mir wart gesaget mære in mînes vater lant* („mir wurde
> berichtet" [Vorgang] NL 107,1); – *do clagte sere er Isengrin, daz im were daz wip sin
> gehonet* („daß ihm seine Frau entehrt wäre" oder „entehrt worden wäre") RF 1848
> (P); *wes was iu gedâht? wær iwer gedanc volbrâht, sone hetent ir niht wol gevarn*
> („wenn euer Einfall ausgeführt worden wäre, so wäre es euch nicht gut gegangen"
> oder: „wenn e.E. ausgeführt wäre ..."?) Iw 1494; – *durch daz wil ich mich flîzen,
> swaz si gebiutet, daz daz allez sî getan* („daß das alles getan sei" oder „getan werde")
> MF 6,8; – *ê sich verwandelôt diu zît, sô muoz im doch gelônet sîn* („bevor die
> Jahreszeit sich ändert, soll ihm gelohnt sein" oder: „werden") MF 6,8; *durch ir
> unmâzen schœne muoz ez gewâget sîn* NL 330,15 (II); *sine kunde in dirre werlde niht
> baz verwendet sîn* NL 2161,2.

Die Möglichkeiten, passivische Bedeutung auszudrücken, haben sich aus dem
Althochdeutschen entwickelt. Zu einem geschlossenen System neben dem Aktiv sind sie nicht geworden.

Lit.: Zustands- und Vorgangspassiv
Gabelentz 1861, 449–546; Grimm J. 1893, IV, 9–20, 56–71; Paul H. 1916, III, § 32
und 1916, IV, §§ 369–370; Wackernagel 1920, I, 119–149; Behaghel 1923, II,
198–215; Lussky 1924, 342–369; Lohmann 1948, 280–298; Schröder W. 1955, 1–76;
Rupp 1956, 265–286; Schröder W. 1957, 1–105; Weisgerber 1962, 25–59; Schmidt
K.H. 1963, 1–12; Brinker 1971a; ders. 1971b, 162–188; Erben 1972, §§ 120/21 und
§ 146; Helbig/Heinrich 1972; Helbig/Kemptner 1973; Schoenthal 1976; Höhle 1978,
35–76; Stein 1979, 34–72; Pape-Müller 1980, 29–44 und 72–85; Vernay 1980; Milan
1985.

4. Zum unpersönlichen Passiv

§ 327 Das unpersönliche Passiv versucht, den Bezug der Verbalform auf ein bestimmtes Subjekt, der im allgemeinen für das Deutsche obligatorisch ist, aufzuheben und den Vorgang rein als solchen darzustellen. Die Ausschaltung eines
„Täter-Subjekts" ist zwar Merkmal aller passivischen Fügungen, nicht jedoch
die Ausschaltung eines formalen Subjekts überhaupt. Anderseits bleibt die
Lösung des Verbalausdrucks vom Subjektsbezug nicht auf die passivischen
Fügungen beschränkt, sondern sie ist Merkmal aller unpersönlichen Konstruktionen.

Unpersönliche passivische Konstruktionen können im Mhd. sowohl Vorgang wie Zustand bezeichnen:

besunder wart gegangen in eine kemenâten Gr 516; *dô wart niht mê gesezzen* Iw 2282; *des wirt noch gelachet* Wa 40,4; mit präpositionaler Ergänzung, die auf den Agens hinweist: *vor der küngîn wart vernomn daz ein gast dâ solte komn* Pz 61,29; *dô wart ouch schier vor im vernomn, Artûs erbeizte vorem gezelt* Pz 727,226f.; *des wart sich von in angenomen* Lanz 5396; mit *ez* als formalem Subjekt: *ez enwart nie geste mêre baz gepflegen* NL 689,3; − *dâ ir müestet sîn erstorben ... wær iu von dannen niht geholfen von kunic Ruodolfen* Österr Reimchr 31592−95 (vgl. § 326); *Reinharte was da gelagot* RF 1697 (S); *wes was iu gedâht* Iw 1493; *iu si groze genigen und aber des rehtes unverzigen, des ich an iuch ze redene han* G 749f.; *ein ieslîch wîp enpfienge haz von ir dienstbietære, op dir ungelônet wære* Pz 767,28; *noch was in ungebüezet* GL 486,2.
Über unpersönliche Konstruktionen anderer Art s. § 337,4.

Lit.: Unpersönliches Passiv
Grimm J. 1893, IV, 252; Behaghel 1923, IV, 211ff.; Pape-Müller 1980, 93−120.

V. Aktionsart

A. Differenzierung des verbalen Ausdrucks

Die ältere sprachwissenschaftliche Forschung hat keine klare Unterscheidung der Begriffe Aktionsart und Aspekt vollzogen. **§ 328**

Daß es sich hierbei um zwei von einander zu unterscheidende Kategorien handelt, wurde zuerst durch Sigurd Agrell für das Polnische ausgesprochen (in den Jahren 1908 und 1918), ohne daß dies sonderliche Beachtung erfuhr. Erst gegen Ende der 20er Jahre und seit den 30er Jahren ist, z.T. unabhängig von Agrell, durch die gleichzeitigen Forschungen von Jacobsohn, Koschmieder und Hermann die Verschiedenheit von Aktionsart und Aspekt dargelegt worden. Jedoch ist eine völlige Übereinstimmung über die Beziehungen und Übergänge, die zwischen den Kategorien bestehen können, und infolgedessen auch über die Terminologie in der gegenwärtigen Forschung noch nicht erreicht (vgl. Koschmieder 1928, 280−285).

Unter Aktionsarten versteht man Ausdrucksformen für objektiv gegebene Varianten des Handlungsverlaufs, weitgehend unabhängig von der Auffassung des sprechenden Subjekts. So unterscheidet man unter anderen eine ingressive (inchoative), iterative, kausativ-faktitive, resultative (z.T. mit dem umfassenderen Terminus ‚perfektiv' bezeichnete) und eine durative (z.T. als ‚imperfektiv' bezeichnete) Aktionsart, je nachdem, ob an dem Verbalvorgang das Moment des Einsetzens, der stetigen Wiederholung (die zur Intensivierung führen kann), des Bewirkens oder Veranlassens, des Vollendens oder Erreichens hervorgehoben wird, oder das der ununterbrochenen Dauer. Die Aktionsarten werden als lexikalische Bedeutungsgruppen bezeichnet. Man könnte alle Verben einer Sprache in Gruppen einteilen unter dem Gesichtspunkt, in welcher Art und Weise der Ablauf des betreffenden Vorgangs gedacht ist. Viele Verben in vielen Sprachen bedürfen einer näheren adverbialen Bestimmung oder

verbaler Umschreibung, damit zum Ausdruck komme, wie die Tätigkeit vor
sich geht. Es kann aber die Art des Vorgangs auch durch Präfigierung oder
durch stammbildende Formantien bezeichnet werden, wodurch die Vorgänge
in Klassen eingeteilt werden wie die Gegenstände durch die nominalstamm-
bildenden Formantien (vgl. Porzig 1927,152; Rundgren 1966, 133–143). Vgl.
die verschiedenen Klassen der schwachen Verben im Got. und Ahd., die bis ins
Ahd. hinein unterschiedliche, einigermaßen erkennbare Nuancen von Aktion
bezeichnen, wenn auch eine enger umrissene Bedeutung nur bei gewissen
Gruppen wahrzunehmen ist (vgl. Henzen 1965, 211–214).

Während die Aktionsarten „die Handlung in der Art und Weise ihres Vor-
sichgehens charakterisieren" (vgl. Koschmieder 1928,283), ist der Aspekt der
Gesichtspunkt, unter dem der Verbalvorgang angeschaut wird von seiten des
Sprechenden (bzw. seiner Sprachgemeinschaft), z.B. entweder als Verlauf
(streckenhaft, ohne den Gedanken an eine Begrenzung, ‚kursiv') oder als Er-
eignis (‚komplexiv').

Die Termini ‚komplexiv' und ‚kursiv' wurden zuerst gebraucht von Hermann 1927,207;
er sprach allerdings noch von komplexiver und kursiver ‚Aktionsart'. Etwa gleichwertig
mit den Termini komplexiv und kursiv wurden auch noch die der slavischen Grammatik
entlehnten Termini ‚perfektiv' und ‚imperfektiv' gebraucht, die auch zur Charakterisierung der Aktionsarten verwendet werden und die besser dieser vorbehalten blieben. So
spricht Koschmieder (1928, 280–285) von ‚perfektivem' und ‚imperfektivem' ‚Aspekt'
(im Gegensatz zu den Aktionsarten); Jacobsohn (1933,292) spricht von ‚perfektivem'
und ‚durativem' ‚Aspekt' (im Gegensatz zu den Aktionsarten).

Einige Forscher haben den Gegensatz zwischen dem ‚objektiven' Charakter
der Aktionsarten und dem ‚subjektiven' Charakter der Aspekte betont. Das ist
berechtigt, wenn damit gemeint ist, daß der Unterschied, welcher durch verschiedene Aktionsarten bezeichnet wird, auf Tatsachen beruht, die außerhalb
des Sprechenden bestehen, während der Unterschied zwischen dem kursiven
(imperfektiven) Aspekt und dem komplexiven (perfektiven) durch die Auffassung des Sprechenden gegeben ist. Hier besteht die Möglichkeit, daß der einzelne Sprecher gelegentlich den Aspekt entweder durch syntaktische Mittel
oder auch in der Wortbildung ausdrückt.

Lit.: Aktionsarten – Aspekt allgemein
Streitberg 1891, 70–177; Delbrück 1893, II, 1–15; Paul H. 1916, IV, §§ 316 und 323;
Hartmann P. 1917, 1–47; Pollak H.W. 1920, 353–425; Behaghel 1923, II, 93–113;
Jacobssohn 1926, 369–395; Hermann 1927, 207–228; Porzig 1927, 152–167; Koschmieder 1928, 280–304; ders. 1929a; ders. 1929b, 78–105; Jacobsohn 1933,
292–318; Koschmieder 1935, 280–300; Hollmann 1937; Hermann 1943, 583–649;
Schlachter 1959; Mirambel 1960, 71–88; Marache 1960; Renicke 1961, 86–99; Schrö-
der W. 1961, 31–39; Hilty 1965, 269–301; Kurylowicz 1965, 242–247; Renicke 1966,
19–25; Pollak W. 1970, 40–47, 155–163; Andersson S.G. 1972; Klein H.G. 1974;
Krämer 1974, 212–225; ders. 1976, 409–428; Wunderli 1976, 81–106; Markus 1977,
87–115; Rohrer 1977; ders. 1978; Lloyd 1979; Singendonk-Heublein 1980, 281–330;
Bartsch W. 1981; Steinitz 1981; McCray 1982, 15–21; Ballmer 1986, 105–109.

B. Periphrastische Bildungen
Ansätze und Wiederauflösung

Das Mhd. verfügt nicht über grammatische Formkategorien, in denen ein **§ 329**
Aspektsystem zum Ausdruck kommt. Ausgeprägt und in weiterer Entfaltung
begriffen ist das System der Tempora. Zur Bezeichnung der Aktionsart stehen
verschiedene Mittel zur Verfügung; ein System zur Bezeichnung der Aktionsarten hat sich jedoch nicht herausgebildet.

Die Bezeichnung der Aktionsart durch Mittel der Wortbildung wird im
folgenden nicht berücksichtigt (vgl. § 328 und Henzen 1965, 141ff.).

1. Die Verbindung von *sîn (wesen)* mit dem Partizip Präsens

Das Präsens von *sîn* in Verbindung mit dem Partizip kann den andauernden
(durativen) Charakter des Verbalvorgangs besonders hervorheben; damit kann
eine gewisse Reduktion oder Neutralisierung des temporalen Gehalts und zugleich eine Intensivierung der verbalen Aussage verbunden sein:

> *wan er mir minen œheim sluoc ... umbe daz ist er mich allez streichende, listende unde*
> *smeichende* G 13960–64; *der mîn dâ vârend ist, daz ich mich dem entsage* MF 210,20;
> *mit tem der leu varend ist* Iw 7927.

Das Präteritum von *sîn (wesen)* in Verbindung mit dem Partizip Präsens:

> *mit klage ir helfende manic vrouwe was* NL 1067,2; *des ich ie wænende was ... von*
> *dem wane bin ich komen* G 8263–71: auch hier verbindet sich mit der Bezeichnung
> des nicht-momentanen Charakters, welcher dem Verbalvorgang in der Vergangenheit
> eigen war, eine Intensivierung der verbalen Aussage.

Die Verbindung von *muoz, wil, sol* mit *sîn* und dem Part. Präs., zugleich aber
mit einem auf die Dauer hinweisenden Adverb, betont den durativen Charakter eines vom Willen des Sprechenden abhängigen zukünftigen Geschehens
(vgl. § 314):

> *si muoz der mîner minne iemer darbende sîn* MF 9,35; *daz wil ich immer diende umbe*
> *Kriemhilde sîn* NL 540,4; *ich engeruowe niemer mê und wil iemer varnde sîn* Gr 1803.

Anm. 1: Zuweilen erfolgt die Umschreibung durch *sîn* mit Part. Präs. auch, wenn das
Verbum nur ein momentanes Geschehen bezeichnen kann: *daz er und sîn pfärdelîn*
muosen vallende ûf die bluomen sîn („auf die Blumen stürzen mußten") Pz 154,30; *ob*
der doner zaller vrist slüege, swennez bleczend ist („wenn es blitzt") WGast 13244.

Anm. 2: Die Verbindung von *sîn* mit dem Infinitiv kann ähnliche Bedeutung haben
wie die mit dem Part. Präs.: *du bist dich berümen* Or 563 (H); *dar zuo ist mir unkunt,*
wie vil der ritter sî erslagen, die mit dem künege wâren jagen Lanz 6748. Hier dürfte die
in § 315, Anm. 4 erwähnte Vermischung der Formen des Partizips Präs. mit denen
des Infinitivs vorliegen.

Lit.: Aktionsarten periphrastisch 1
Weinhold 1883, 465f.; Grimm J. 1893, IV, 125–129; Aron 1914; Behaghel 1923, II,
380ff.; Mossé 1938.

2. Die Verbindung von *werden* mit dem Partizip Präsens

Das Präteritum von *werden* in Verbindung mit dem Partizip ist zunächst Ausdruck für den inchoativen Charakter eines Geschehens, das sich in der Vergangenheit abgespielt hat:

> *Pinte schire vliende wart* RF 101; *doz nahtende wart* G 14613.

Mit der inchoativen Bedeutung kann sich aber die der Fortdauer des begonnenen Geschehens verbinden:

> *sie wurden spilnde umbe guot* („sie fingen an zu spielen und saßen beim Spiel") MF 27,22; *unz sî mich brâhte ûf die vart daz ich ir nâch jehnde wart* Iw 2985f.; *ein got der ie gewesende wart ein man nâch menneschlîcher art* („der in die menschliche Existenzform eintrat und in ihr [für die Dauer von Christi Erdenleben] verblieb") Wa, 5,31.

Die Verbindung der Präsensformen von *werden* mit dem Part. Präs. nähert sich der futurischen Bedeutung:

> *und werdent mir dan alle ... gebende die schulde* G 14125–27; vgl. § 315 e.

Anm. 3: Statt des Partizips Präs. kann in Verbindung mit dem Präteritum von *werden* auch der Infinitiv erscheinen: *so diz liuht nahtis ward slafin* („als die Leute nachts zu schlafen begannen") Anno 36,1; oder: „schliefen") oder: *dô wart ouch her Wolfhart klagen* Virg. 921,9; *daz selbe (schiffelîne) daz in ê dar truoc, daz wart in dragen aber sît* KvW, Schwanenr 1289 (Hs. 14. Jh.). Die Bedeutung der Umschreibung ist inchoativ oder auch bloße Bezeichnung eines Zustands der Vergangenheit. Der Gebrauch wird nach dem 13. Jh. häufiger. Über diesen Infinitiv und sein Verhältnis zum Part. Präs. vgl. die Literatur in § 315. Konstruktionen des Typus *wâ er im ze vindenne wart* Er 5574 sind hiervon zu scheiden; vgl. § 335, Anm. 1.

Lit.: Aktionsarten periphrastisch 2
Paul H. 1916, IV, § 320; Behaghel 1923, II, 262.

3. Die Verbindung der finiten Formen von *beginnen* mit dem Infinitiv (bzw. dem Gerundium)

Sie bezeichnet den inchoativ-ingressiven Charakter eines Verbalvorgangs; ein Verbum von imperfektiver Bedeutung kann durch diese Umschreibung ingressive Bedeutung erhalten: *Pinte schrei vnde begonde sich missehaben* RF 135. Mit *beginnen* umschrieben werden aber auch Verben, deren Bedeutung momentan-perfektiv ist: *vber die vallen begond er springen* RF 334; *beginnit man ime ze gebene rôten wîn oder blût, des gewinnet iz freislîchen mût* Alex S 4379; hier kann der Sinn der Umschreibung nicht ingressiv sein. Es kann sich um eine Art ‚enumerativer Redeweise' handeln, d. h. um die Zerlegung einer Handlung in mehrere nach einander aufgezählte Stadien („setzt man an und gibt ihm" > „setzt man an ihm zu geben" für: „gibt man ihm"); es kann die Umschreibung aber auch als Intensivierung der verbalen Aussage aufgefaßt werden (RF 334). Dies könnte auch zutreffen für Fälle wie den folgenden: *Genelun gestunt in almittin, die fürsten begonde er bitten* RL 1195.

Die Umschreibung mit *beginnen,* sofern sie nicht inchoativ-ingressive Bedeutung hat, ersetzt also nicht immer das Verbum finitum. Die analytische Ausdrucksweise kann sich in der Bedeutung der synthetischen annähern. Es bleiben oft feine Bedeutungsnuancen bestehen, deren Wert im einzelnen mitbedingt ist durch die Aktionsart des umschriebenen Verbums.

Lit.: Aktionsarten periphrastisch 3
Grimm J. 1893, IV, 95; Havers 1927, 229, 238ff.

4. *tuon* mit dem Infinitiv in kausativ-faktitiver Bedeutung

diu mich frœlich singen tuot Winterstetten XVIII 2,9 (Liederdichter I, S. 531).

Die Verbindung kann auch die verbale Aussage intensivieren, sie steht dann statt des einfachen Verbums finitum:

werlich die lieb sich meren tuot („nimmt zu") Hugo von Montfort S. 32,86; *eins tue nit vergessen* Hugo von Montfort S. 37,61; so ist wohl auch aufzufassen: *daz si uns tuon bewarn* Wa 6,2. Kausativ oder als verstärkende Umschreibung des Verbums finitum läßt sich auffassen: *des tâtens manegen heiden von sîner sêle scheiden* Stricker, Karl 5599f.

Die Umschreibung des Verbums finitum mit *tuon* tritt deutlicher um 1300 hervor, von der 2. Hälfte des 14. Jh.s an ist sie in Süddeutschland reich ausgebildet.

Lit.: Aktionsarten periphrastisch 4
Grimm J. 1893, IV, 95; Weiss 1956.

Die unter 1) bis 4) angeführten Möglichkeiten, die Aktionsart zu bezeichnen, sind nicht zu einem stabilen System geworden. Die gleiche Umschreibung kann verschiedene Nuancen der Aktion bezeichnen; es kann ein Übergang von der Bezeichnung der Aktionsart zur Zeitstufe erfolgen; es kann die Bezeichnung der Aktionsart zur bloßen Umschreibung des Verbums finitum verblassen. Alles dies zeigt, daß der Kategorie Aktionsart in der mhd. Syntax keine hervorragende Bedeutung zukommt.

Noch weniger gilt dies für die Kategorie des Aspekts (vgl. §§ 328 und 329). In der scheinbaren Konkurrenz gewisser formaler Möglichkeiten der verbalen Aussage ist eine Berücksichtigung von Aspektunterschieden denkbar, namentlich angesichts des Nebeneinanders von umschriebenem Perfekt und Präteritum (vgl. § 308b). Doch der exakte Nachweis ist schwer zu führen.

Lit.: Aktionsarten periphrastische 5
Kuhn 1973, 184–206; Relleke 1974, 1–46; Closs-Traugott 1975, 285–290; Alberts 1977.

VI. Infinite Formen

A. Partizip

1. Partizip Präsens

§ 330 Das Partizip Präsens hat aktive Bedeutung. Wenn es attributiv auf ein Substantiv bezogen ist, so ist im allgemeinen das Substantiv dem Sinne nach Subjekt der Handlung, die durch das Partizip bezeichnet wird: *diu klagende vrouwe* NL 1282,1. Das Verhältnis zwischen attributivem Partizip und Substantiv kann weniger eindeutig sein, indem z. B. Beziehungen verschiedener Art zwischen Verbum und Nominalbegriff ausgedrückt werden, für die eine jüngere Sprachstufe bzw. andere Sprachen jeweils gesonderte Ausdrucksformen umschreibender Art gefunden haben. In einigen der folgenden Fälle ließe sich das Partizip gerundiv oder als Gerundium ‚übersetzen‘; die beigefügten nhd. Entsprechungen stellen aber nur eine Möglichkeit der Wiedergabe dar. Manche Partizipien werden bevorzugt in mehrdeutigen Verbindungen gebraucht, andere vereinzelt:

> *diu klagenden leit diuch hân von ir* („Leid, um das zu klagen ist", „das Klagen mit sich bringt") MF 125,11; *klagende arbeit* Wh 278,28; *ir klagendiu stæte* („Beständigkeit im Trauern") Pz 242,6; *klagende triwe* Pz 159,24; *in twanc diu minnende nôt* („die [zwangvolle] Not des Liebens") Iw 7790; *der minnend unsin* („der Wahnsinn des Liebens") MF 117,33; *in sterbender nôt* („in der Not des Sterbens") Barlaam 9202; *schamende arbeit* („Mühsal, bei der man Scham empfindet") Wh 315,14; *ein lebender tac* („ein Tag des Lebens", „an dem ich lebe") MF 180,31; *ditz ansehende leit* RF 1199; *ane sehendes leides hân ich vil* MF 33,5; ferner: *der ist an gebender kunst verschraget* Wa 80,12; *etslîcher sterne komende tage* („die Tage des Kommens einiger Sterne") Pz 490,2; *der hôhen sterne komendiu zît* („die Zeit des Kommens der hohen Sterne") Pz 493,25; *swer gotes minne wil bejagen, der muoz ein jagendez herze tragen, daz niht verzagen künne ûf der jagenden weide* („auf der Weide, auf der gejagt wird") Ps.-Gottfried von Straßb, Marienpreis 1,1−4.

> <u>Anm. 1:</u> Eine Partizipalkonstruktion, die vielleicht lateinischem Vorbild verpflichtet ist, findet sich nicht selten im WGast: *ein man mac niht zeigen baz sîn giescheit ..., dan klagent daz man in niht gît* („... als indem er klagt ...") WGast 14349−51; *swelich lant ist in eines herren hant der dâ niht verenden kan vürhtent einn ieglîchen man, und getar gerihten niht, daz lant ist mit eim bœsewiht verirrt* 1731−1737.

Über das Part. Präs. in Verbindung mit den Verben *sîn (wesen)* und *werden* § 315 und § 329, 1 und 2.

<u>Lit.:</u> Partizip Präsens
Grimm J. 1893, IV, 64−68, 125−131; Wilmanns 1897, III, 104ff.; Paul H. 1916, IV, § 319; Wackernagel 1920, I, 286; Behaghel 1923, II, 372−396, bes. 374ff.; Weber H. 1971; Fleischer 1982, 281 und 288.

2. Partizip Präteritum

Die Partizipia Praeteriti der starken wie der schwachen Verben sind ihrer **§ 331**
Bildung nach Verbaladjektive und ursprünglich ohne direkte Beziehung auf
Tempus und Genus verbi. Im Mhd. und Nhd. können einzelne wiederum zu
Adjektiven werden oder sich dem Adjektiv stark annähern.

Es ist charakteristisch für das Part. Prät. des Mhd., daß es das Genus verbi
nicht in allen Fällen eindeutig zu bezeichnen braucht.

Aktivischen Sinn haben gewisse Partizipien, welche auf der Grenze zum
adjektivischen Bereich stehen oder in diesen übergetreten sind, darunter bevorzugt solche, die durch *un-* negiert sind. Sie gehören zu Verben, welche
entweder ausschließlich absolut gebraucht werden oder absolut gebraucht werden können, ferner zu Verben, welche den Genitiv nach sich haben, und zu
reflexiven Verben, kaum zu Verben, welche ausschließlich transitiv gebraucht
werden; deren Part. Prät. ist passivisch.

Beispiele: *gewizzen* („verständig") Iw 7298 (dagegen das Part. Prät. zu *weiz* mit
Dental-Suffix §§ 269f.; *ungewizzen* („unverständig") Er 5844; *ungeslauffen* („nicht
schlafend, schlaflos") Osw v W 33, II, 2; *vergezzen* („der vergessen hat", „vergeßlich")
Wa 77,32 (dagegen: *Ierusalêm, nû weine: wie dîn vergezzen ist* Wa 78,15); *genozzen*
(„Vorteil, keinen Schaden von etw. habend") Pz 290,9; *unversunnen* („einsichtslos")
MF 145,22; *vermezzen* („sich hoch einschätzend") G 5938; *wol geriten* („gut berit-
ten") Pz 792,21; *ich sprichez ungerüemet wol* („mich nicht rühmend") Winsbeckin
22,3.

Besondere syntaktische Verbindungen, in denen das Part. Prät. erscheinen
kann:

a) Den finiten Formen von *komen* kann (prädikativ) zugesellt sein das Part.
Prät. von Verben der Bewegung wie: *gân, rîten, loufen, slîchen, varn, vliezzen,
dringen, strîchen, jagen, rüeren, gewalopieren:*

dô chom Alexander selbe geriten Alex V 1225; *dô quâmen elefande ... gegangen* Alex
S 4998f.; *nû kom her Iwein ... gewalopieret* Iw 2551−53; *Tristan ... kam her gerüeret*
G 16048f.

b) Neben den finiten Formen von *lâzen* kann ein mit *un-* negiertes Part. Prät.
stehen:

sî wil mir ungelônet lân MF 208,3; *ich wil ir ... ungefluochet lân* MF 205,8; *lât ...
unvernomn* („laßt nicht bekannt werden") Pz 667,25.

c) Das Part. Prät. kann mit den finiten Formen von *tuon* prädikativ verbunden
sein:

wer tuot senden man von sorge erlôst? Konrad von Landegge 12,31 (SMS, S. 227); *der
ougen schîn den kumber mîn ... mit einem blicke tuot verselt* („ihrer Augen Glanz
macht meinen Kummer mit einem Blick zum verkauften", d. h.: zu etwas, was nicht
mehr da ist) MF 76,21f.; *der uns mit sælden tet bewart* Gerhard 2612; *ich tuon zehant
nach iu gesant* G 10881.

d) Das Part. Prät. kann mit den Modalverben *wil, sol, touc* verbunden sein:

> *waz wolde ich dar gesezzen* („was für einen Zweck hätte [oder hatte] es für mich, mich
> dorthin zu setzen") Wa 115,29; *waz wold ich swerts um dich gegurt* („weshalb wollte
> ich dich mit dem Schwert umgürten", „habe ich dich umgürten lassen") Wh 67,10;
> *waz solde ouch daz hie geredet oder vil dan abe geseget* AHa 29,2; *waz sol diu rede
> beschœnet* („was ist es notwendig, die Sache zu beschönigen") Wa 106,6; *waz sol
> lenger hie gelegen* Herbort 4141; *waz töhtez iu gelenget* G 9244 (vgl. aber: *swaz ich
> bringen möhte und mir ze tuone töhte* „was mir zu tun angestanden hätte" Er 9505).

e) Das Part. Prät. kann bezogen sein auf Wendungen wie: „es ist gut, besser,
das beste, lieb, leicht, schwer, schädlich, nützlich" und ähnl.:

> *ez ist in sere guot gelesen* („es ist für sie zu lesen sehr gut") G 172 (vgl. aber: *daz was
> ouch in ze helne guot* „das ihm zu verhehlen war gut" Gr 766); *daz ist û bezzer getân*
> („das zu tun ist für euch besser") Alex S 6334; *uns ist noch hiute liep vernomen, süeze
> und iemer niuwe ir inneclichiu triuwe* („erfreulich zu vernehmen") G 218–220; *diz
> schœne kindelîn daz wære schedelich verlorn* („das zugrunde gehen zu lassen wäre
> schade") Gr 686f. (vgl. aber: *deist müelich ze verberne* G 17819).

Es scheint, daß die unter a) bis e) aufgeführten Verbindungen in mehr oder
weniger deutlicher Weise der Bezeichnung verschiedener Aktionsarten dienen.
Auf eine nähere Analyse muß hier verzichtet werden.

In einzelnen Fällen kann ein Part. Prät. die Funktion des Subjekts haben
(vgl. Behaghel 1923, II, 419ff.):

> *oben über unt unden durch gevarn daz ist ze hôch unt ouch ze nidere* („oben darüber
> hinaus und unten durchfahren das ist zu hoch und zu niedrig") Reinmar von Zw 96,1–2;
> *geroufet unde geweinet von in vieren dâ vil geschach* („Haareraufen und Weinen wurde
> von ihnen ... da geübt") Mai 146,10; *baz dann gevierteilet ... ist mir vil lîht aldâ beschert*
> („mehr als Gevierteiltwerden begegnet mir da sehr wahrscheinlich") UvL, Frauend
> 48,21; (Apposition zum Subjekt:) *diu zwei, gedræt unde genæt, diun vollebrahten nie baz
> ein lebende bilde danne daz* („die beiden, das Formen [durch die Minne] und das Nähen
> [durch die Hersteller der Garderobe], die brachten nie in vollkommenerer Weise ein
> lebendes Bild zustande als dieses" G 10954–56; *ez ist geminnet, der sich durch die minne
> ellenden muoz* („Lieben ist es, wenn einer um der Liebe willen in die Fremde gehen
> muß") MF 218,17.

Die Partizipia Praeteriti eindeutig intransitiver Verben empfindet der moderne Leser
als aktivisch, die Partizipia eindeutig transitiver Verben als passivisch. In anderen Fällen
hat er den Eindruck der Ambivalenz. Die nhd. Übersetzung der angeführten Beispiele
bedient sich des Infinitivs für die Wiedergabe der Partizipien, weil der nhd. Infinitiv des
Typus ‚lieben' in bezug auf das Genus verbi ebenfalls noch indifferent sein kann (vgl.
§ 332). Eine Annäherung der Bedeutung des Partizips an diejenige des Verbalabstraktums und damit syntaktische Verwandtschaft dieser Konstruktionen mit Infinitiv-Konstruktionen liegt offensichtlich vor, wie immer sie zu erklären ist. Die jüngere deutsche
Sprache hat diese Partizipialkonstruktionen zum größten Teil zu gunsten von Infinitiv-
Konstruktionen aufgegeben; auch innerhalb des Mhd. tragen sie mehr sporadischen
Charakter.

Anm. 1: Daß ein Teil der mhd. Partizipia Praeteriti in diesen Fügungen auf Umdeu-
tung von perfektivierten Infinitiven beruhen kann, hält I. Dal auf Grund des reiche-
ren mndl. Materials (sowie auf Grund von as. und ae. Parallelen) für wahrscheinlich

(vgl. Dal 1954, 489–497, sowie 1956, 130–142). Über das Umgekehrte, Infinitivkonstruktionen, welche möglicherweise aus Mißdeutung partizipialer Formen entstanden sind, vgl. § 335c.

3. Absolute Partizipialkonstruktionen

Solche Konstruktionen gibt es im Mhd. kaum. Um absoluten Gebrauch eines Kasus (vgl. § 359), dem ein Part. Prät. (in der Verbindung mit einem Adverb) zugeordnet ist, handelt es sich in Fällen wie den folgenden: *Genelun legite an sich einin roch harte zirlich uone gûtem cyclade, mit golde uile wahe gesmelzet dar under diu tier al besunder* RL 1568–73; *ir ros stunden bereit, kouerturen vf geleit dar vber pellil* Herbort 8719–21; *ir gürtl man hôher koste jach, edel steine drûf verwieret, daz er noch bêdiu zieret ir hüffel unde ir sîten* Wh 249, 7–11 (vgl. Behaghel 1923, II, 426–433).

Über das Part. Prät., soweit es in das Tempussystem einbezogen ist, vgl. §§ 310–313; in Verbindung mit *werden* oder *sîn* zur Bezeichnung des Passivs vgl. §§ 323–326.

Lit.: Partizip Präteritum
Grimm J. 1893, IV, 69ff., 125–131 und 1252; Wilmanns 1897, III, 101–113; Paul H. 1916, IV, §§ 322–328; Behaghel 1923, II, 372–433; Dal 1954, 489–497; dies. 1956, 130–142. Vgl. die Lit. zum Passiv und den periphrastischen Bildungen.

B. Infinitiv

1. Bedeutung des Infinitivs

a) Der Infinitiv als Nomen.

Der deutsche wie der germanische Infinitiv ist streng genommen keine Verbalform, sondern ein Nomen (und zwar ein Nomen actionis), das von der gleichen Wurzel gebildet ist wie das entsprechende Verbum finitum. Dieser Herkunft entsprechend fehlen ihm morphologisch und bedeutungsmäßig die Kategorien des Genus verbi und des Tempus (wie auch die der Modalität, der Person und des Numerus), und nur allmählich und unvollkommen werden im Deutschen die beiden ersteren vom Verbum finitum auf den Infinitiv übertragen im Zusammenhang mit dem Aufkommen der umschriebenen Verbalformen.

§ 332

Das Verhältnis des Infinitivs zum Genus verbi: Der Infinitiv des Typus mhd. *sagen* wird im allgemeinen von dem modernen Betrachter als aktivisch (und präsentisch) empfunden. Es gibt jedoch Fälle, in denen er dem nhd. Sprachgefühl als passivisch erscheint. Hier hat sich in der jüngeren Sprachform ein Bedürfnis nach Differenzierung entwickelt, welches im Mhd. oftmals noch nicht empfunden wird:

der minneclîchen meide triuten wol gezam („stand Geliebtwerden an") NL 3,1; *sît Akers niht wil erwinden, sô ist bezzer schern dan schinden* („besser Geschoren- als Gehäutetwerden") Freid 155,20. Wenn der Infinitiv Subjekt ist, wird deutlich, wie sein alter nominaler Charakter und die sekundäre Substantivierung in einander übergehen. Wenn der Infinitiv bezogen ist auf Verben der sinnlichen Wahrnehmung, kann auch das Nhd. auf die umschreibende Bezeichnung des Passivs verzichten: *dô ... vrouwe Ênîte vernam sô grôze tugent zellen von Êrecke ir gesellen* („erzählen hörte") Er 2828; *von küener recken strîten muget ir nu wunder hæren sagen* NL 1,4; *wer gesach ie hirz zewürken so* („wer sah je einen Hirsch so zerlegen" = „zerlegt werden") G 2795.

Über die durch Verbindung des Partizips Praeteriti mit den Infinitiven *werden* oder *sîn* umschriebenen Infinitive passivi s. § 323.

Das Verhältnis des Infinitivs zum Tempus: Ebenso wenig wie die Bezeichnung des Genus verbi ist mit dem deutschen Infinitiv zunächst die Beziehung auf eine bestimmte Zeitstufe verbunden. Über „präteritale" Bedeutung des einfachen Infinitvs s. § 313; über das Aufkommen und den Gebrauch des Infinitivs Perfekt s. ebd.

b) Der Infinitiv mit verbalem Charakter kommt vor allem in der verbalen Rektion zum Ausdruck:

> *jâ rieten si ir ze minnen den künic* NL 1250,3; *daz müezet ir ir wider gebn* Iw 7669.

2. Das sog. Gerundium

§ 333 Neben dem Infinitiv stehen Formen ungewissen Ursprungs, welche einen Dativ und einen Genitiv des Verbalabstraktums bieten. Über die Formen s. § 240, Anm. 9. Man bezeichnet sie als flektierte Formen des Infinitivs (so Behaghel 1923, II, 304f.) oder als Gerundium. Auch diese flektierten Infinitive entbehren einer morphologischen Kennzeichnung des Genus verbi.

§ 334 Sekundäre Substantivierung des Infinitivs: In eigentümlichem Gegensatz zu der Entwicklung des Infinitivs aus einem Nomen actionis steht die Erscheinung, daß er selbst wieder zum Substantiv werden und die Natur eines Verbalabstraktums annehmen kann. Die Grenzen zwischen verbalem und substantivischem Infinitiv bleiben fließend, vgl.:

> *uns ist erloubet trûren und fröide gar benomen* Wa 124,27; *klagen unde weinen mir immer zæme baz* NL 1245,2 (vgl. auch § 337,5).

Schließlich entstehen halbkonkrete Substantive, die nicht mehr als Verbalabstrakta empfunden werden, was aber im Mhd. nicht häufig ist: *ezzen* („aufgetragene Speise") Mü-Za I, 759b; *trinken* („Trank") Mü-Za III, 92b.

Zur Typologie des Übergangs von verbaler in nominale Aussage aus synchronischer Sicht vgl. Ullmer-Ehrich 1979, 73–185.

Der substantivierte Infinitiv kann die gleichen Ergänzungen zu sich nehmen wie ein Substantiv: den unbestimmten Artikel, adjektivische Pronomina, adjektivische Attribute:

> *ein mæzlich stîgen wirret niht; von unmæzlîchem stîgen swindelt lîhte* Reinmar von Zw 96, 4–5; *ez enhalf ouch niht ir widerstreben* Er 6349; *iu enkunde ditze vlîzen ze ende niemen gesagen* NL 575,4.

Die Verbindung mit dem bestimmten Artikel ist seltener und scheint am ehesten bei den nicht mehr als Verbalabstrakta empfundenen Infinitiven zu begegnen: *daz trinken* Pz 726,2.

Es kann aber der substantivierte Infinitiv auch die Rektion des Verbums beibehalten, selbst wenn er mit einem adjektivischen Attribut verbunden ist:

> *dâ wart vil michel grüezen die lieben geste getân (den lieben gesten* Db) NL 786,4; *güetlîch (guotlichen* Aab) *umbevâhen daz was dâ vil bereit von Sîfrides armen daz minneclîche kint* („liebevolles Umarmen des lieblichen Mädchens [mhd. Akk.: „das liebliche Mädchen"] von seiten Siegfrieds erfolgte da") NL 616,2−3.

Der substantivierte Infinitiv kann mit Präpositionen wie *durch* und *âne* verbunden sein. Dies ist nicht zu häufig:

> *dô ich dar kom durch clagen* Iw 4294; *daz ist durch vrâgen getân* Iw 6265; mit Beibehaltung der verbalen Rektion des Infinitivs: *dâ vlôch man unde wîp durch behalten den lîp* Iw 7735−36.

Lit.: Infinitiv: Bedeutung
Weinhold 1883, 384−397; Grimm J. 1893, IV, 56−63, 90−124, 259f.; Wilmanns 1897, III, 12f., 113−131, 163−171; Paul H. 1916, IV, §§ 329−358; Behaghel 1923, II, 303−372; Bech G. 1955; Kienle 1969, 297; Kloocke 1974; Ebert 1976; Fleischer 1982, 208ff.

3. Infinitiv- und Gerundial-Konstruktionen

a) Der Infinitiv kann als Ergänzung zu Modal- und Vollverben treten. Verzeichnisse von häufig und seltener vorkommenden Verbindungen bei J. Grimm 1893, IV, 93−110 sowie Behaghel 1923, II, 309ff. Nach Modalverben überwiegt der Infinitiv ohne *ze*, nach *touc* und *gan* findet sich *ze* mit dem flektierten Infinitiv konstruiert, auch nach *weiz*. Abhängig von Vollverben kann der bloße Infinitiv gebraucht sein oder der Infinitiv mit *ze*, in Verbindung mit *ze* der Dativ des flektierten Infinitivs oder der unflektierte Infinitiv. Der Gebrauch von *ze* ist im Mhd. weit seltener als im Nhd. Der Infinitiv ohne *ze* kann u. a. stehen nach *beginnen, varn, îlen, (ge)ruochen, bitten, vürhten, helfen, pflegen, wænen, getrûwen, loben* („geloben"). Einige dieser Verben werden gelegentlich auch mit *ze* und dem flektierten Infinitiv verbunden. Systematisiert ist die Unterscheidung zwischen dem bloßen Infinitiv und dem (flektierten oder unflektierten) Infinitiv mit *ze* nicht. Auf etwaige unterschiedliche Voraussetzungen oder Bedeutungsnuancen kann hier nicht eingegangen werden; vgl. § 337,5.

§ 335

Anm. 1: An Besonderheiten seien hervorgehoben:
Die Verbindung von *geschehen* mit *ze* und flektiertem Infinitiv: Dabei kann *geschehen* sowohl unpersönlich wie persönlich konstruiert sein: *dô diu maget rehte ersach daz ir ze sterbenne niht geschach* („nicht beschieden war") AH 1281−82; *bî der lantstrâze diu in* (Dat. Plur.) *ze rîten geschach* Iw 3367 (B); *die arbeit diu im ze lîdenne geschach* AH 293; *er hât ez wol begunnen daz er ze lobenne sol geschehen* („so daß er Anerkennung erfahren muß") Er 1292. Im WGast findet sich die unpersönliche Kon-

struktion z. T. in der Bedeutung „es ist einem beschieden“, z. T. gleichwertig mit dem Verbum finitum: *dem niht ze geben geschiht* („der nicht gibt“) WGast 1301. – Vgl. auch § 337,4; ferner: Kishitani 1965, 126ff.; 162ff.

Die Verbindung von *werden*, persönlich konstruiert, mit *ze* und flektiertem Infinitiv: *daz ez niemen kunde gesagen wâ er im ze vindenne wart* Er 5574. – Vgl. § 329, Anm. 3.

Infinitiv-Konstruktionen verschiedenen Charakters treten ferner als Ergänzung zu der Verbindung von Verbum substantivum und Prädikatsnomen (Adjektiv oder Substantiv) und zu Verbindungen sehr verschiedener Art von Verbum und Nomen (Behaghel 1923, II, 331: „Infinitiv bei vollständigen Verbalbegriffen“); dabei ist der Gebrauch von *ze* häufiger als der des bloßen Infinitivs, der bloße Infinitiv aber altertümlicher: Beispiele s. bei Behaghel 1923, II, 331–355. Hier sei nur hervorgehoben der finale Infinitiv, der ohne und mit *ze* gebraucht wird:

> *nû hâte vrouwe Melde ... gesant ... einen garzûn besehen waz Êrecke wære geschehen* Er 2518; *den ir got hete gesant ze læsen si und ir lant* Gr 2242; *ez wære, ze heln daz mein, versendet ûf den sê* Gr 738 (A); *arzte gewan her Gâwein ..., ze heilenne ir wunden* Iw 7775 (vgl. Wackernagel 1920, I, 262; Behaghel 1923, II, 346f.).

umbe in Verbindung mit *ze* und Infinitiv erscheint vereinzelt in deutschen Urkunden in der 2. Hälfte des 13. Jh.s:

> *jnde des is en ... dag gesproggen ze brunwilre ... umbe dit en bit deme anderme ze endene (ut ibi unum cum alio terminetur)* Corpus I, S. 33, 46–34,1 [1251, Neuss]; ... *der cristen ... die sich da hin erbieten wellent umbe ir missetat zu vertilgenne* Corpus I, S. 137, 17–18 [nach 1265, August, Freiburg i. Br.]; ... *so sol ime der rat ander drie tage ... geben ... Umbe Unser hulde ze erwerbende* Corpus III, S. 27, 38–40 [1293, König Adolf von Nassau]; *man schol auch nieman twingen umme dehain amment zeenphahen wider seinen willen* Corpus III, S. 187, 15–16 [1294, Amberg].

b) Accusativus cum infinitivo

„Mhd. wird es schon mühe und vorsicht kosten, echte und unzweideutige acc. mit dem inf. nachzuweisen“ (J. Grimm 1893, IV, 118). Das will sagen: es finden sich im Mhd. fast nur Konstruktionen, in denen der Akk. als Objekt des übergeordneten Verbums empfunden werden kann und der Infinitiv gewissermaßen die Funktion eines zweiten Objekts hat (wie teilweise noch im Nhd., z. B. nach: *sehen, hören, heißen, lassen*), so nach: *sehen, kiesen, hœren, bitten:*

> *eines tages vruo sach man dort rîten zuo den grâven Âliern* Iw 3703–5; *man kôs ... ir zeichen schînen verre* GL 777,3; *des hôrtent ir mich ouch nû jehen* Iw 800; *bit si balde mit in gân* Neidh 38,36; nach *frumen, tuon* (die mit doppeltem Akk. verbunden werden können, vgl. § 352): *er frumte dâ mit wunden vil manegen vallen in daz pluot* NL 1971,4; *sîn eines manheit diu tetes unstetelîchen an einen vurt entwîchen* Iw 3730–32.

Dagegen sind sehr selten und relativ spät Fälle, in denen der Akk. nicht als Objekt des übergeordneten Verbums, sondern nur als ‚Subjekt‘ der Infinitiv-Konstruktion empfunden werden kann: *er wænt bî dem gewæfen dîn dich mînen bruoder Ecken sîn* Ecke 211,5;

ich hôrte in wol den êrsten sîn der den künegen riet die wer Bit 5164. Anderes dürfte unter lateinischem Einfluß stehen.

Wie ein Versuch in Richtung auf einen ACI futuri zu könnte die folgende ungewöhnliche Konstruktion wirken: *daz ir vil langez scheiden* (Akk.) *saget in wol ir muot ûf grôzen schaden ze komene* (*komen* Ad) („ihnen [den Damen] sagte ihr Herz, daß ihr [der Helden] Weggehen auf lange Zeit zu großem Schaden gereichen werde") NL 1521, 3—4.

Infinitiv mit Akkusativobjekt, nicht ACI, liegt vor in folgendem Fall: *ir gast* (Akk.) *si sich küssen bat* („ihren Gast forderte sie auf, sie zu küssen") Pz 23,30.

c) Ein Infinitiv kann an Stelle eines Partizips Praeteriti in Nachbarschaft eines zweiten, abhängigen Infinitivs stehen:

und hæte im heizen (*geheizen* F) *machen . . . ein wunneclichez huselin* („hatte befohlen ihm zu verfertigen") G 16337; *umbe waz hastu daz schif lazen gan* G 6797; *ich hân des hœren jehen* GL 637,3; *ditz ist ein wârez mære, ir habt ez ofte hœren sagen* Rab Schl 98,4.

Die Konstruktion ist im 13. Jh. vereinzelt. Der erste Infinitiv steht an Stelle eines zu erwartenden Partizips Prät., vgl.: *von wilden getwergen hân ich gehœret sagen* NL 335,5 (II). Zur Erklärung dieser — im Nhd. weiter verbreiteten — „Scheininfinitive" vgl.: J. Grimm 1893, IV, 168f.; Wilmanns 1897, III, 161f.; Behaghel 1923, II, 367f.; Dal 1952, 79—88; dies. 1954, 491ff.; dies. 1956, 130—142; Erben 1972, § 137 (‚Ersatz-Infinitiv'). Die Erklärung aus der irrtümlichen Auffassung partizipialer Formen (Dal) ist möglich; vgl. § 331, Anm. 1 über Partizipia Prät. mit dem syntaktischen Wert von Infinitiven. Doch ist auch die Möglichkeit mechanischer Angleichung an den folgenden Infinitiv zu erwägen.

Über den Infinitiv in der Funktion des Subjekts s. § 337; über den Infinitiv Perfecti s. § 313; über den Infinitiv in Futurumschreibungen s. §§ 314/15; über den Infinitiv in Umschreibungen zur Bezeichnung der Aktionsart s. § 329.

Lit.: Infinitivkonstruktionen
Monsterberg-Mückenau 1885; Grimm J. 1893, IV, 90—124, bes. 113—119; Wackernagel 1920, I, 263ff.; Behaghel 1923, II, 325—329; Eggers 1973, 39—45; Kloocke 1974; Ebert 1976; Gelhaus 1977; Höhle 1978, 77—92 und 167—195; Kohrt 1979, 1—31; Boon 1980, 227—245; Fries 1983; Olszok 1983, 128—145; Marx-Moyse 1985, 37—67; Ebert 1986, 138—156; Keinästö 1986. Vgl. auch die Lit. im vorigen Paragraphen.

KAPITEL II

Subjekt und Prädikat

I. Subjekt

A. Sonderstellung des Subjekts im Kasussystem

§ 336 Das Subjekt füllt die erste Leerstelle, welche die Valenz des finiten Verbs eröffnet. Da es in der Regel im Numerus und in der Person mit dem Verb übereinstimmt (zu Ausnahmen vgl. §§ 340–342), kommt ihm im Unterschied zu den anderen verbvalenten Ergänzungen eine besondere Stellung zu. Diese kongruente Beziehung zwischen Subjekt und Prädikat hat in der älteren Grammatikforschung die Auffassung vom zweigeteilten Bau des Satzes begründet. In der Valenzgrammatik wird der Subjektsnominativ als verbale Ergänzung nicht anders gesehen als die anderen Kasus.

B. Füllung der Subjektposition

1. Nicht-Bezeichnung eines pronominalen Subjekts

Der Subjektsbezug des Verbums finitum ist ein wesentliches Merkmal des idg. Sprachbaus. Dies gilt auch für das Deutsche. Zugleich ist es Eigenart der finiten Verbalformen in idg. Sprachen, daß sie für sich allein einen Satz bilden können, dessen Subjekt sie in allgemeiner Art als erste, zweite oder dritte Person angeben (vgl. Porzig 1942,363). Diese Fähigkeit des Verbums finitum erscheint auf jüngeren Sprachstufen stark reduziert. Jedoch ist die Ersparung des pronominalen Subjekts und die Bezeichnung der Person allein durch das Verbum finitum auch im Mhd. noch möglich: Einzelheiten s. § 399.

2. Zum Subjektskasus

Der Subjektskasus ist, soweit das Subjekt den Kasus zum Ausdruck bringen kann, der Nominativ. Über den Genitiv partitiven Charakters als Subjektskasus s. § 362.

Lit.: Subjektbegriff
Keenan 1976, 303–333; Boon 1981, 271–283; Johansen 1982, 213–244; Reis 1982, 171–212.

3. Das Scheinsubjekt *ez*

§ 337 Sätze mit dem Scheinsubjekt *ez* an der Spitze, die außerdem ein nominales Subjekt aufweisen, sind nicht unpersönlich im Sinne von § 337,4. In ihnen hebt

die Verbindung von *ez* mit dem Verbum finitum den Verbalbegriff stärker
heraus, als es die gewöhnliche Verbindung eines bestimmten Subjekts mit
einem Verbum finitum tut. Das Ahd. konnte diese Hervorhebung des Verbalbegriffs durch die ungedeckte Spitzenstellung des Verbums finitum erreichen;
das ist im Mhd. nicht mehr üblich. Über ganz vereinzelte Belege aus dem 13.
Jh. (St. Georgener Prediger) und über die Zunahme dieser Stellung im Fnhd.
(auch im Volkslied) vgl. Behaghel 1923, IV, 37ff.

Anm. 1: Die Terminologie ist nicht einheitlich. Wilmanns unterscheidet: „*es* als
Scheinsubjekt" (1897, III, 463–470), worunter *ez* in Verbindung mit den Verba
impersonalia sowie mit unpersönlichen Fügungen anderer Art, auch dem unpersönlichen Passiv, verstanden ist, und „das syntaktische *es*" (ebd. S. 470ff.), worunter *ez* an
der Spitze von Sätzen, die außerdem ein nominales Subjekt aufweisen, verstanden ist.
Brugmann unterscheidet zwei Typen des „Scheinsubjekts *es*": „das *es* der Impersona-
lien" und „das syntaktische *es*", worunter er das gleiche versteht wie Wilmanns (Brugmann 1917,3).

4. Unpersönliche Konstruktionen

Die unpersönliche Verbalkonstruktion bezeichnet einen Vorgang durch ein
Verbum finitum, ohne daß dieses auf ein bestimmtes Subjekt als den Urheber
des Vorgangs bezogen wird. Das Subjekt bleibt entweder auch formal unbezeichnet, oder es erscheint das unpersönliche *ez*. Träger derartiger Konstruktionen sind entweder die Verba impersonalia oder Verben, die gewöhnlich
persönlich, gelegentlich aber auch unpersönlich konstruiert werden, oder Verbindungen des Verbums substantivum (oder des Verbums *werden*) mit gewissen Substantiven, Adjektiven oder Partizipialadjektiven.

Die Verba impersonalia bilden kein Passivum (d.h., die Kategorie des Genus verbi ist nicht auf sie anwendbar). Soweit sie keine kasuellen oder sonsti-
gen Ergänzungen zu sich nehmen, werden sie mit dem unpersönlichen *ez* verbunden. Verba impersonalia, denen der Dat. oder Akk. eines Personalpronomens (oder eines Nomens) obligatorisch oder okkasionell vorausgeht, entbehren dieses *ez*.

Anm. 2: Dieses *ez* kann auch fehlen, wenn die Spitzenstellung des Verbums durch ein
Adverb gedeckt ist, während die pronominale oder nominale Ergänzung dem Verbum nachfolgt: *dô luste disen starken man daz er ...* Pz 73,26.
Zusammenstellungen der häufigsten Impersonalia des Deutschen nach Bedeutungsgruppen finden sich bei J. Grimm 1893, IV, 228–249 und bei Behaghel 1923, II,
127–139.

Die Verba impersonalia bezeichnen vornehmlich: Naturvorgänge (Witte-
rungs-, Tages- und Jahreszeiten-Impersonalia, welche stets absolut gebraucht
werden), seelische und geistige Empfindungen und Vorgänge, körperliche
Empfindungen, schicksalhafte Ereignisse:

ez regent Wa 20,35; *iz wolchenote* Gen 1446; *ez tagte* Iw 2076; *ez sumeret* GL 260,3;
mir grüset Helmbr 1577; *mir grôwet* RF 81 (P); *in beträget* MF 208,39; *mich ...*

verdrôz Iw 470; *sîns sterbens mich baz luste* Wh 203,27; *mich gnüeget* Iw 4792; *nu belanget in* G 18604; *mich dunkit* Ro 1076; *mich anet* G 9355; *mir anet* Herbort 9592; *mir trovmite* Ro 3845; *in dürstet* Wa 6,32; *uns* ... *vriuset* GL 1190,3; *in* (Dat. Plur.) ... *gelanc* Iw 3076; *aller sælden mir gebrast* Pz 688,24; *daz ir ze sterbenne niht geschach* AH 1281f. (zu *geschehen* vgl. § 335, Anm. 1).

Anm. 3: Über die Konkurrenz zwischen Dativ und Akkusativ der Person bei einigen der angeführten Verben vgl. § 351; über die Konkurrenz zwischen unpersönlichen und persönlichen Konstruktionen s. ebda.; ferner: J. Grimm 1893, IV, 229 u. 250.

Anm. 4: Beispiele für Verben, die neben persönlicher Konstruktion gelegentlich unpersönliche Konstruktion aufweisen: *also iz zů deme abande seig* Gen 2057; *dâ sluoc er an daz ez erhal und daz ez in die burc erschal* Iw 301f.; *eins tages gedêhez an die stat daz si der junge künec bat* Pz 345,27. Vgl. Behaghel 1923, II, 123–126.

Anm. 5: Beispiele für impersonale Wendungen, die aus der Verbindung des Verbums substantivum oder des Verbums *werden* mit gewissen Substantiven bestehen (vgl. J. Grimm 1893, IV, 241–250; Behaghel 1923, III, 444–450): *in* (Dat. Pl.) *was der reise nôt* NL 1289,5 (II); *ez wær uns allen einer hande sælden nôt* Wa 97,34f.; *im was an mich zorn* Iw 702; *ob mirs durft wâre* Alex S 4246; *do wart im des riten* („Fieber") *bvz* (i. e. *buoz*) RF 1492. Darüber daß in Verbindungen dieser Art die Grenze zwischen Substantiv und Adjektiv schwinden kann, s. § 395.
Impersonale Wendungen, die aus der Verbindung des Verbums substantivum oder des Verbums *werden* mit einem Adjektiv bestehen: *dô tete sî als ir wære gâch* Iw 3612; *daz dir* ... *der werke iht werde sô gâch* Gr 1455; *des was im doch vil ungedâht* Lanz 1310. Über die Konstruktion des unpersönlichen Passivs s. § 327.

5. Zum Infinitiv und Part. Prät. in der Funktion des Subjekts

Beispiele: *tanzen, singen zergât mit sorgen gar* Wa 124,22; *sol liegen witze sîn, sô pflegent si tugendelôser witze* Wa 28,27; *ein ander küssen dâ geschach* Pz 672,15; *bî hunden und bî katzen was bîzen ie und kratzen* Freid 138,15f.; *daz uns ist vehten mit untugent müelîch an alter und an jugent* („daß uns Kämpfen gegen die Sünde beschwerlich ist") WGast 7641f.

Aus dem sowohl verbalen wie nominalen Charakter des Infinitivs (vgl. §§ 332–335) folgt, daß für das Mhd. in gewissen Fällen eine Unterscheidung zwischen unpersönlicher Konstruktion mit abhängigem Infinitiv und persönlicher Konstruktion mit dem Infinitiv als Subjekt unangemessen ist:

sant Paulus sprichet, bezzer sî gehîen danne brinnen. si mugen sprechen, bezzer sî toben danne winnen Heinr von Melk, Prl 175f.; *sît Akers niht wil erwinden, sô ist bezzer schern dan schinden* („besser Geschoren-als Gehäutet-werden") Freid 155,19f. (s. § 335) *wie zæme uns mit iu strîten* NL 124,1.

Dagegen hat der mit *ze* verbundene Infinitiv verbalen Charakter, und die Konstruktion ist, in den hier in Frage kommenden Fällen, unpersönlich:

im zæme niht ze dagene NL 2107,1; *sô ist iu alreste von schulden ze sorgen geschehen* NL 1205,4 (A, *sorgen geschehen* B). (Dazu Wilmanns 1897, III, 123: „man darf wohl annehmen, daß schon im Mhd. überall wo der Inf. mit *zu* dem bloßen Infinitiv den Rang streitig macht, in diesem substantivische Auffassung wirksam ist.")

Zum Partizip Praeteriti in der Funktion des Subjekts s. § 331.

<u>Lit.</u>: Unpersönliches Subjekt, Scheinsubjekt
Brugmann 1917; Wackernagel 1920, I, 114ff.; Behaghel 1923, I, 316−320 und 1923,
II, 120−139; Brugmann 1925, 17−41; Havers 1928,75ff.; Ammann 1929, 1−25; Havránek 1965, 134−140; Renicke 1966, 105−113 und 161−169; Heringer 1967, 13−34;
Seefranz-Montag 1983; Lenerz 1985a, 99−136; Schmidt U. 1987.

II. Prädikat

A. Klassifikation der Prädikate im Mhd.:

1. Bloßes Verbum finitum bzw. Verbindung der finiten Formen eines Modal- § 338
verbs mit dem Infinitiv eines Vollverbs;

2. Verbum substantivum in Verbindung mit prädikativem Nomen (Substantiv,
Adjektiv); Beispiele für 1. und 2. anzuführen, erübrigt sich.

<u>Anm. 1</u>: Die Verbindung des Verbums substantivum mit einem prädikativen Pronomen ist beschränkt auf das neutrale *ez.* Dieses steht in Vorwegnahme eines prädikativ
gebrauchten Personennamens oder einer Personenbezeichnung: *ich pin iz Ioseph* Gen
4847 (vgl. § 402), auch in Vorwegnahme eines prädikativen Relativsatzes: *ich pinz der
hât gewarnet ... (ich bin* Jbh) NL 1748,2.

3. Verbum substantivum in Verbindung mit Adverb:

   dem ist iemer wol Wa 96,13; *in was wol und niht ze wê* Pz 203,11; *daz ist wol daz man
   daz tuo* Freid 95,11; *er ist benamen hinne* Iw 1276; *jâ was iz noch unnâhen* NL 631,4;

4. Verbum substantivum in Verbindung mit präpositionalen Fügungen:

   nu sulen sie mit genadin wesen Ro 1228; *die gein ein andr in hazze sint* Pz 726,26; *wir
   sîn an der rehten ger* Wa 16,34; *die drîe künege wâren ... von vil hôhem ellen* NL 8,1;
   (vgl. J. Grimm 1893, IV, 813f.);

5. *werden* in Verbindung mit prädikativem Nomen (Subst. oder Adj.) oder mit
Adverb oder mit präpositionaler Fügung:

   du wirst ein scœne wîp NL 16,3; *sît der schilt von êrste wart mîn dach* Pz 812,17; *Arnîve
   wart diu geile* Pz 652,26; *daz ich gesunt worden bin* AH 1485; *im wart von rehter liebe
   nie weder wol noch wê* Wa 14,1; *des wart in unmuote der lewe* Iw 3950; *daz wart ime ·
   sint ze leide* Alex S 4646; *ir honec ist worden* zeiner gallen Wa 25,18;

6. andere Verben als *sîn* und *werden* in Verbindung mit prädikativem Substantiv:

   ich heize ein rîtr Iw 530; *diu ê hiez magt, diu was nû wîp* Pz 45,24; *... daz si da herren
   beliben* G 432; *ich wil ovch immer magit gan* Ro 2223; *der swîge und dunke* (N, *si* fast
   alle anderen Hss.) *ein wîse man* Freid 80,11.

Obwohl die im vorstehenden aufgeführten Verben, isoliert betrachtet, semantisch gänzlich von einander verschieden sind, kommen sie (und einige andere) in Verbindung mit prädikativen Substantiven in ihrer Bedeutung einander darin nahe, daß sie eine Art des Seins bezeichnen und daß sie, wenn auch mit einer gewissen Verschiebung des Sinnes, mit dem Verbum substantivum austauschbar wären. Das gleiche gilt für die unter 7) aufzuführenden Verbindungen dieser und einiger anderer Verben mit prädikativem Adjektiv.

Ein prädikatives Substantiv kann auch auf einen Objektsakkusativ bezogen sein; es erscheint dann entweder in der Form des Akkusativs oder als kasuell indifferent:

> *den rôten ritter er in hiez* Pz 170,6; *disen tac, den ich wol heizen mac die gallen in dem jâre* Iw 7547; *den man dâ hiez der rittr rôt* Pz 206,16 (D); *sîn tohter er dô frouwe (frouwen* Gdgg*) hiez* Pz 397,6. Vgl. § 352;

7. andere Verben als *sîn* und *werden* in Verbindung mit (flektiertem oder flexionslosem) prädikativem Adjektiv oder Partizip Praeteriti:

> *er hæizzet vnwandeliger vnt starcher vnt chrefftiger* Aneg 5, 43–44; *breit unde ganz beleip sîn glanz* Wa 4,16f.; *sus scœne (schone* d*) ich wil belîben* NL 15,3; *si giengen alle barfuoz* Pz 446,21; *welt ir dar blôzer gân* NL 2249,1; *ouch gienc der walt wildes vol* Iw 3272; *er dunket mich niht wîse* Wa 22,28; *unz er lac tôt an rîterschaft* Pz 5,28; *si lâgn ê beide sêre wunt* Iw 5957; *ob ez hie bereitez læge ...* Pz 485,18; *der ûf den lîp gevangen lît* Iw 1750; *mînes herzen tiefiu wunde diu muoz iemer offen stên* Wa 74,15; *dâ stüende ouch niemer ritters becher lære* Wa 20,15; *... wie daz rîche stê verwarren* Wa 34,18; *umb allez sîn geslehte stuont dâ geschriben* Pz 455,16; *nû saz diu burcmûre ... vol ritter unde vrouwen* Gr 2112–13; *dô uns der künec kom sô bleich* Pz 480,3; *si kom müediu zin* Pz 807,9; *der alsô spâte und alsô müeder (also mute* A*) kunt geriten* Iw 5806f.

Der syntaktische Charakter der im vorstehenden als prädikative Adjektive bezeichneten adjektivischen Glieder ist unterschiedlich beurteilt worden; entsprechend ist die Terminologie verschieden. Da in gewissen Fällen (vgl. Pz 485,18; 807,9; Iw 5806) diese Glieder auch appositiv auf des Subjekt bezogen werden könnten, haben einzelne Forscher ihre Zwischenstellung zwischen Prädikat und Attribut betont: Behaghel 1923, III, 477 bezeichnet sie als „halbprädikative Adjektiva" (und entsprechend redet er von „halbprädikativen Substantiva"); Paul-Mitzka 1966, §§ 203–204 sprechen von „prädikativem Attribut", im Anschluß an Paul 1916, III, §§ 46–48; als „Prädikat bei anderen Verben" (sc. anderen als *sein* und *werden*) bezeichnet I. Dal 1966,64 diese Glieder (vgl. Kaufmann 1967, 420–430). Über Flexion und Flexionslosigkeit dieser adjektivischen Glieder vgl. § 393.

Ein prädikatives Adjektiv kann auch auf einen Objektsakkusativ bezogen sein und erscheint dann entweder in der Form des Akkusativs oder als kasuell indifferent:

> *man sol in holden hân* NL 101,3; *di getaten ... manigen toten unt sîêh* RL 6711 (zur Nicht-Bezeichnung des zweiten Akkusativs vgl. § 431 über das Vermeiden von grammatischer Übercharakterisierung); *jâ frumte er der Hiunen vil manegen helt tôt* NL 1969,2; *ich erkenne si sô küene* NL 1593,1; *do huoben si ouz der molte den heren lichnamen glanz also gesunt unde also ganz als der gæist spilte in den liden* Sante Servatien Leben (Wiener Servatius) 2254–56 [hsg. von Friedrich Wilhelm in: Sanct Servatius oder Wie das erste Reis in deutscher Zunge geimpft wurde, München 1910, S. 151–269]; weitere Beispiele s. §§ 352 und 393.

8. Verbindung des Verbums substantivum oder des Verbums *werden* (gelegentlich auch des Verbums *schîn en*) mit dem prädikativen Genitiv eines Substantivs:

> *diu welt ist ûzen schœne, wîz grüen unde rôt, und innân swarzer varwe* Wa 124, 37–38; *er was gein mir des willen ie* Pz 303,18; *sus ist diu werlt gar ungelîcher sinne* Reinmar von Zw 65,7; *des wart vil maniger slahte sîn gedinge* AH 169f.; *wîz und swarzer varwe er schein* Pz 57,18. – Vgl. § 364.

9. Nominales Prädikat. Der reine Nominalsatz von der Form: ‚nominales Subjekt – nominales Prädikat' (Fourquet 1950,77) ist kein Typ mittelhochdeutscher Satzbildung, und auch Einzelfälle sind ganz selten und zumeist an besondere stilistische Voraussetzungen gebunden.

> Ein Beispiel, in emphatischer Äußerung: *schach unde mat zcît, formen, stat!* Granum sinapis III,7 (ed. K. Ruh, in: Festschrift J. Quint, 1964, S. 183ff.) [Anfang des 14. Jh.s]. Auch in Verbindung mit pronominalem Subjekt erscheint nominales Prädikat nur ganz vereinzelt, auf gnomische, sprichwortartige Aussagen beschränkt: *er schalc, in welhem leben er sî, der dankes triege* Wa 28,21 (C); *er sælic man, si sælic wîp, der herze ein ander sint mit triuwen bî* Wa 95,37; adjektivisches Prädikat (in Verbindung mit nominalem Subjekt), ohne daß die Aussage einen besonderen Ausdruckswert besäße oder gnomischen Charakter trüge: *die wambe in nider sunken, ir hüffe hôch unde mager* Pz 184,13; *dâ bî hiengen ir zetal reide löcke goltvar, ir ougen lûter unde klâr* Wig (Pfei) 27, 12–14. Über andere Formen zweigliedriger Sätze ohne Verbum finitum s. § 492 D.

Lit.: Prädikat
Meillet 1906–08, 1–26; Paul H. 1916, III, §§ 35–38; Bally 1922, 1–6; Behaghel 1923, III, 480–492; Brugmann 1925, 59–69; Benigny 1929, 124–144; Fourquet 1950, 74–88; Adler 1967, 309–320; Schieb 1981, 39–234.

B. Zur Gestalt des Prädikativs

1. Das prädikative Adjektiv kann sich unflektiert auf ein Subjekt oder Objekt §339 beziehen. Diese unflektierte Form, die aus historischer Sicht für den Nom. Sg. Mask. und für den Nom./Akk. Neutr. berechtigt ist, erfüllt nicht die Bedingungen der Kongruenz, eben weil die Flexionsmorpheme fehlen, die eine grammatikalische Übereinstimmung mit dem Subjekt oder Objekt erkennen lassen könnten. Es handelt sich dabei jedoch wohl weniger um den Verstoß einer Inkongruenz, als um eine Art Indifferenz (vgl. E. Kaufmann 1967, 420–430).

Fälle von eigentlicher Inkongruenz des Genus oder des Numerus oder des Kasus sind sehr selten. Historisch gesehen würde hierher gehören die Verallgemeinerung des Nom. Sg. Mask. *voller* in der Weise, daß diese Form auch auf ein Substantiv bezogen wird, das nicht Nom. Sg. Mask. ist:

> *swâ die bœsen rieten, dâ was mir ie ze hove niht liep; ir tât [rât?] ist voller sûchen* Frauenl, Spr 55,6. Der Gebrauch ist im Mhd. erst vereinzelt (vgl. Weinhold 1883, 572f.), später wird er gewöhnlich.

der minnist bezogen auf Nom. Sg. Fem.:

> *dîn drô ist uns* ... *der minnist* (mit abweichenden Lesarten) Kchr 10921; *daz min fröide ist der minnist* MF 7,17. Die Wendung ist formelhaft und evtl. ist *der* ursprünglich nicht Nominativ (vgl. v. Kraus 1935,13 und Anm. 10). Über Flexion und Flexionslosigkeit des prädikativen Adjektivs s. § 393.

2. Substantivierung eines prädikativen Adjektivs oder Partizips und Neutralisierung des substantivischen Charakters eines Prädikatsnomens: Ein prädikatives Adjektiv kann durch die schwache Form der Flexion und die Verbindung mit dem bestimmten Artikel (selten mit dem unbestimmten) substantiviert werden, ohne daß eine merkliche Bedeutungsdifferenz gegenüber dem adjektivischen Gebrauch (flexionslos oder stark flektiert) festzustellen ist:

> *Etzel was der küene* (A, *was sô küene* fast alle anderen Hss.) NL 2021,1; *wis vor mir gar diu vrîe swaz ich hazzes ie gewan* („sei frei von aller feindlichen Gesinnung meinerseits, die ich je hegte") Wh 92,26; *Arnîve wart diu geile* Pz 652,26; *des dunct ir mich der tumbe* Pz 530,10; *wenne wurdent ir ein stumbe* Iw 2259. Sehr häufig in dieser Weise substantiviert erscheint das Part. Prät. *verlorn: wir werin anderis die virlorne* Ro 845; *des was er der verlorne* Iw 5630; *sô sît ir der verlorne* Pz 467,8. – Weinhold 1883, § 522; Behaghel 1923, III, 474.

Substantive, die in den Bereich des Prädikats treten, können hinsichtlich ihrer Wortart neutralisiert werden oder sich dem Adjektiv nähern (vgl. § 395).

3. Ein prädikatives Substantiv in Verbindung mit dem Infinitiv *sîn* kann statt im Nom. im Akk. erscheinen, wenn das Verbum, von welchem die Infinitiv-Konstruktion abhängt, mit einem Akk. verbunden ist:

> *lât mich den schuldigen sîn* (B, *der schuldige* C, Idh) NL 1131,4; *la mich sîn dinen dienstman* (Ggg, *dîn dienstman* andere Hss.) Pz 715,29; *er lâze de naht einin tac sîn* (AB, *ein* dl) Iw 2136; *und lâze mich ir toren sîn* (B, *tôre* ACE) MF 157,39. Die Kongruenz zwischen dem Prädikatsnomen und dem Akkusativ der Infinitivkonstruktion ist als Kasus-Attraktion zu verstehen: vgl. § 431.

C. Subjekt-Prädikat-Inkongruenzen

§ 340 Zwischen Subjekt und Prädikat besteht die grammatische Beziehung der Kongruenz: das Subjekt (Substantiv oder Pronomen) stimmt in Person und Numerus mit der Gestalt des Verbums finitum überein (in der ersten, zweiten oder dritten Person). Die Kongruenz drückt die Identität von Subjekt und Prädikat aus. In diesem Sinne ist sie im Mhd. das Reguläre; deshalb werden dafür keine Beispiele gegeben. Es gibt aber im Mhd. wie in anderen Sprachen, in denen die Kongruenz eine ähnliche Bedeutung hat, nicht wenige Fälle von Inkongruenzerscheinungen, wenn etwa die Beziehung nicht nach grammatischen, sondern nach semantischen Gesichtspunkten erfolgt (constructio ad sensum). Dafür werden im folgenden Beispiele angeführt. Dabei geht es zunächst nur um die Subjekt-Prädikat-Beziehungen (vgl. Gärtner 1969, 28–61). Im Kapitel IV:

Wortarten, B. Grammatische Kategorien (§§ 425–431) werden die anderen Inkongruenzerscheinungen behandelt (Genus, Numerus, pronominale Wiederaufnahme eines Substantivs, verbunabhängige Kongruenz).

1. Inkongruenz beim Numerus

a) Zwischen Prädikatsverbum und Subjekt:

Das Prädikatsverbum steht im Pl., das Subjekt im Sg., wenn das Subjekt **§ 341** kollektive Bedeutung hat oder durch attributive Zusätze als eine Vielheit bezeichnet ist, obwohl es formal ein Sg. ist:

> *daz inre volc gemeine gar gâhten an die zinnen* Wh 227,18; *daz al der tavelrunder schar sînes diens nemen* (*neme* dg) *war* Pz 650, 3–4; – *vil manic degen guot schamten sich vil sêre, die alten zuo den jungen* GL 953, 2–3; *swaz helde nu dar under müesen* (*muese* Bd) *ligen tôt* NL 124,2; *lât rîten, swer dâ geste sîn* (*die da* Ggg) Pz 101,5.

Auch das Scheinsubjekt *ez* wird mit dem Pl. des Prädikatsverbums verbunden, wenn das nachfolgende nominale Subjekt im Pl. steht (s. § 402) oder wenn es dem Sinne nach eine Mehrheit ist:

> *ez wâren* (Ab, *was* BDad) *bî ir* (*irn* A) *viure under wîlen tiure vleisch mitten* (Ab, *daz flêisch zuo den* BDad) *vischen* Iw 6215–6217.

Das Prädikatsverbum steht im Sg., das Subjekt im Pl.:

> [Mask.:] *dô stoup* (*stuben* Db) *ûz dem helme sam von brenden grôz die viwerrôten vanken von des heldes hant* NL 186, 2–3; *iu sendet diz kint liute, die iu willic sint, mîns bruoder tohter und ir man* Gr 1115–17; *ich fürhte, daz mir wecke die Lemberslindes secke vil schaden und unêre* Helmbr 1583–85; [Fem.:] *daz pherit begienc ze vlîze ir hende vil wîze* Er 354f.; [Neutr.:] *selten frœlîchiu werc was dâ gefrümt* Pz 227,14f.; *dâ inne was sîniu buoch* Pz 459,21f.; *dô verjach ir ougen dem herzen sân* Pz 28,30–29,1; *balde wart dô Gahmurete rîchiu kleider dar getragen* Pz 22,30–23,1.

<u>Anm. 1</u>: Das Material ist nicht systematisch gesammelt; aber es fällt auf, daß relativ häufig das Subjekt, auf welches ein Prädikatsverbum im Sg. bezogen ist, ein Neutrum Pl. ist, selten ein Maskulinum oder ein Femininum.

Das Prädikatsverbum steht im Sg., das Subjekt ist ein Genitiv Pl. von partitiver Bedeutungsnuance:

> *mir kom in allen zîten sô rehte lieber geste nie* NL 784,4, vgl. § 362.

Der genitivische Charakter des Subjekts ist nur dann eindeutig, wenn es mit dem Artikel oder mit einem flektierten adjektivischen Attribut verbunden ist. In den folgenden Fällen kann das Subjekt entweder als Nom. Pl. oder als partitiver Gen. Pl. verstanden werden:

> *im kom von Gruonlanden helde zen handen* (*komen* d, *hie was* Ggg) Pz 48,29; *dar an stuont her unde dar tiwer steine gein ein ander* Pz 757,2; *vil teppch übr al den palas lac, dar ûf geworfen was touwic rôsen hende dicke* Wh 144, 1–3.

Das Prädikatsverbum steht im Sg., das Subjekt ist ein substantivisches Zahlwort, das mit einem Substantiv (im Gen.) verbunden ist, oder es ist ein Substantiv, mit dem ein Zahlwort in der Form eines adjektivischen Attributs verbunden ist:

> *bî im gie mîner jâre hin vieriu* UvL, Frauend 35, 4–5; *dô lebt ir noch dar inne sehs hundert küener man* NL 2124,3; – *driu grôziu fiwer gemachet was* Pz 808,12; *dort kom geschûftet her drî ritter* Pz 120,24; *nu kom* (*chomn* K, *chomen* mopt) *manlîch und unverzagt Gyburge bruoder alle zehn* Wh 372, 6–7.

Das Prädikatsverbum im Sg. ist auf ein nachfolgendes Doppelsubjekt bezogen:

> *in hiez mit kleidern zieren Sigmunt und Sigelint* NL 25,2; *um si begunde sorgen wîp unde man* NL 67,2; *von treten hât die selben nôt al mîne wisen und diu sât* Wh 178,6; *wem ist nu bekant ... liute unde lant* NL 1147, 1–2.

Das Prädikatsverbum steht im Singular, das Subjekt ist ein Relativsatz mit pluralischem Relativpronomen:

> *des steines pfligt* (*phlegent* G) *iemer sider die got derzuo benande* („den Stein hüten forthin seitdem diejenigen, die Gott dazu benannt hat") Pz 471,26.

b) Inkongruenz des Numerus zwischen Kopula und Prädikatsnomen einerseits und dem Subjekt anderseits:

§ 342
> *jenz wâren kostenlîchiu werc* Pz 230,14; *diz heizzent heidenisse kûchen* Von guoter spise Nr. 5a.

2. Inkongruenz der Person

Nicht häufig sind verschiedene pronominale Subjekte auf das gleiche Prädikatsverbum bezogen. Die Entscheidung darüber, welcher Person das Verbum finitum folgt, dürfte von der Situation abhängen:

> *dirre kus sol ein insigel sin daz ich iuwer unde ir min beliben stæte unz an den tot* G 18355–57; *du noch ez* (sc.: dein Pferd) *ze wirte nie kômt, der iwer gerner pflæge* Pz 485, 16–17.

Lit.: Subjekt-Prädikat: Inkongruenz
Grimm J. 1893, IV, 284–293; Paul H. 1916, III, §§ 170–181; Stoelke 1916; Behaghel 1923, III, 3–27, 45f.; Löfstedt E. 1928, I, 1–60; Dal 1969, 9–18; Findreng 1976.

KAPITEL III

Kasus

I. Vorbemerkungen

A. Syntaktische und semantische Funktion

Für das Verständnis der einzelnen Kasus wie des Verhältnisses, in dem inner- § 343
halb eines sprachlichen Systems die Einzelkasus zueinander stehen, ist die
Unterscheidung zwischen syntaktischer und semantischer Funktion eines Kasus förderlich. Rein syntaktische Funktion hat z. B. der Akkusativ in Verbindung mit transitiven Verben oder der Objektsgenitiv nach Verben wie mhd.
(be)gern, vergezzen, pflegen (vgl. § 361): der Akkusativ bzw. Genitiv bezeichnet hier nichts anderes als die Beziehung des Nomens zum betr. Verbum, die
„Rektion" des Verbums. Dem gegenüber stehen spezifische, z. T. scheinbar
reich differenzierte Bedeutungen der Einzelkasus, die durch Termini wie partitiver Genitiv, Genitiv der Zugehörigkeit, der Eigenschaft, Akkusativ der
räumlichen Beziehung, der Zeit und dgl. traditionellerweise charakterisiert
werden.

Die Frage, ob historische Sprachbetrachtung in der Lage sei, eine Grund-
oder Gesamtbedeutung für einen Kasus zu ermitteln, hat die ältere Forschung,
wenn auch im einzelnen nuanciert, im allgemeinen verneint. So erklärt Delbrück (1907,225 und 1893, I, 333), es gebe gewisse „Gebrauchstypen", aber
keinen „Grundbegriff"; Hirt, eine Grundbedeutung sei „wenigstens zum Teil"
bei den lokalen Kasus, Lokativ, Ablativ, Instrumental, zu ermitteln, nicht für
die anderen; „wir zweifeln heute, ob die idg. Kasus jemals eine einheitliche
Bedeutung gehabt haben (Hirt 1921, III, 17). Wilmanns resigniert hinsichtlich
der Möglichkeit, die ursprüngliche Bedeutung eines Kasus zu erkennen (1897,
III, 454ff.)

Die strukturalistische Sprachwissenschaft, die ein sprachliches System synchronisch, d. h. ohne den Blick auf seine historischen Voraussetzungen, betrachtet, sieht die Gesamtbedeutungen grammatischer Formen, so auch der
Kasus, als eine Art Substanzen an, aus denen die Sonderbedeutungen als Akzi-
dentien hervorgehen (Jakobson 1974,77f.) und die Erkenntnis der Gesamtbedeutungen gilt als eine Grundlage für die Erfassung des betr. sprachlichen
Systems. Zur Kasusbedeutung äußert sich Hjelmslev (1935,85): „Un cas, com-
me une forme linguistique en général, ne signifie pas plusieurs choses différen-
tes; il signifie une seule chose, il porte une seule notion abstraite, dont on peut
déduire les emplois concrets". Für R. Jakobson (1974,88) ist die Gesamtbedeutung eines Kasus von seiner Umgebung unabhängig, „während seine einzelnen Sonderbedeutungen durch ... verschiedenartige, formelle und reelle Be-

deutungen der umgebenden Worte bestimmt werden – es sind also sozusagen die kombinatorischen Varianten der Gesamtbedeutung. Es wäre eine unberechtigte Vereinfachung ..., die Untersuchung der Kasusbedeutungen auf die Feststellung einer Reihe von Sonderbedeutungen eines Kasus und seiner Gesamtbedeutung als ihres gemeinsamen Nenners zu beschränken. Die Sonderbedeutungen, die syntaktisch oder phraseologisch bedingt sind, bilden keine mechanische Anhäufung, sondern es gibt eine gesetzmäßige Hierarchie der Sonderbedeutungen ..."

Die folgende Darstellung will nicht die verschiedenen Sonderbedeutungen eines mhd. Kasus auf eine Grund- oder Gesamtbedeutung zurückführen, aber sie möchte durch Formulierung und Anordnung zeigen, daß eine Anzahl der traditionellerweise angesetzten ‚Sonderbedeutungen' Varianten einer umfassenderen Bedeutung sind, die einerseits durch den Kontext und anderseits durch den Bedeutungsgehalt des in dem betreffenden Kasus erscheinenden Nomens bedingt sind, und daß diese Sonderbedeutungen eine gewisse Hierarchie bilden.

Diese ‚Sonderbedeutungen' zeichnen sich als eine Art von Gebrauchstypen innerhalb der mhd. Überlieferung ab, aber die Grenzen zwischen ihnen sind nicht gleichmäßig fest (daher die abweichenden Auffassungen über die Bedeutung einzelner Textstellen). Einige von ihnen finden sich zwar deutlich getrennt nebeneinander, andere dagegen in einer Art von Verknüpfung miteinander. Eine Darstellung der mhd. Syntax muß dieses Fluktuieren sichtbar machen, und zwar in allen Bereichen, nicht nur innerhalb des Kasussystems.

Lit.: Kasus: Deutung der Funktion
Paul H. 1916, III, § 277; De Groot 1939, 107–127; Fillmore 1968, 1–88; Helbig 1973a; Kurylowicz 1973, 131–151; Jakobson 1974, 77–124; Heger/Petöfi 1977; Fillmore 1978, 15–43; Groot de 1978, 167–174; Ross 1979, 26–32; Schützeichel 1979b, 573–589; Eisenberg 1980, 63–67; Heringer et al. 1980, 192–208; Pleines 1981; Maxwell H. 1982; Czepluch 1984.

Kasus diachronisch
Paul H. 1916, III, §§ 190–193; Rohde 1971; Kern/Zutt 1977; Ebert 1978, 50–53 und 65ff.; Sonderegger 1979, 241–255 und 262–276; Greule 1982a; ders. 1982b, bes. 19–29; Elst van der 1984, 313–331.

Kasus in anderen Sprachen
Delbrück 1893, I, 172–181; Grimm J. 1893, IV, 588f.; Brugmann 1906, II, 2, 464–483; Delbrück 1907; Havers 1911; Behaghel 1923, I, 476ff.; Heusler 1932, §§ 365–384; Sørensen 1949, 123–133; Cortez 1975; Kossuth 1980.

B. Valenzgrammatik und Kasustheorie

§ 344 Der Satz wird in der deutschen Sprache von einer Aussage getragen, die in der Regel ein Verbum finitum ist. Es ist als einziges Element des Satzes nicht abhängig, sondern es regiert die anderen Elemente und bestimmt so mit seiner syntaktischen Valenz den Satzbauplan, d. h. die Quantität und die semantische und syntaktische Qualität der Leerstellen, die in seinem Vor- und Nachfeld gefüllt werden müssen und können, um die Information für den Hörer und Leser nachvollziehbar zu strukturieren. Damit kann vom Verb als dem Mittelpunkt das Verständnis der Wortzeichenkette Satz erschlossen werden.

Man unterscheidet bei der verbalen Valenz die obligatorischen Ergänzungsbestimmungen, die dem Verb folgen müssen, wenn nicht der Satz ungrammatisch werden soll, die fakultativen Ergänzungsbestimmungen, die nicht unbedingt gesetzt werden müssen und deren Fehlen die Grammatikalität des Satzes nicht beeinträchtigt, und die freien Angaben, die nicht valenzbedingt sind, sondern als adverbale Erläuterungen hinzugefügt werden können (vgl. Erben 1972, §§ 456ff.) Die Abgrenzung zwischen obligatorischen und fakultativen Ergänzungsbestimmungen ist nicht immer exakt möglich, sondern oft eine Frage der Interpretation.

Als syntaktische Gegenseite zur Verbvalenz kann man das Kasussystem bezeichnen. Die Kasus zeigen die syntaktischen Beziehungen in bestimmten Konstruktionen an: als obligatorische oder fakultative Ergänzungsbestimmung des Verbs (Subjekt, Objekt, Prädikativ, Adverbial) und als Bezeichnung von Abhängigkeitsverhältnissen in Wortgruppen (Attribut, Präpositionalverbindungen). Im Zusammenhang mit der Verbvalenz ist es nicht möglich, die Form des Kasus zu wählen.

Es ist nicht ohne weiteres möglich, die an der deutschen Gegenwartssprache gewonnenen Erkenntnisse der Valenzgrammatik auf das Mhd. zu übertragen, da sich seither die Rektionsverhältnisse der Verben und damit auch die Bedingungen der syntaktischen und semantischen Verbvalenz in vielen Fällen verändert haben:

> *den lebte beiden der lip so reine* Ulr. v. Th. Wh 253d; *ich han ir vil manic jar gelebt und si mir selden einen tac* MF 172,12; *nu hoeret, wie uns daz buoch las* RAB 447;

Lit.: Kasus und Valenz
Vgl. Lit. zu Kasus (vorige Seite) und Verbvalenz (Kap. I).

II. Nominativ

A. Nominativ als Verbalergänzung

Der Nominativ ist der Subjektskasus soweit das Subjekt den Kasus ausdrücken kann. Über die Sonderstellung des Subjekts im Kasussystem, die Füllung der Subjektposition und die Verbindung von Subjekt und Prädikat s. Kap. II: Subjekt und Prädikat (§§ 336—342).

§ 345

B. Der isolierte Nominativ (Nominativ als casus pendens)

§ 346 Der Nominativ ist normalerweise der Kasus des Subjekts; er kann ferner der Kasus des Prädikatsnomens sein: beide Funktionen werden in §§ 336–339 erörtert. Hier sei auf einen weniger häufigen Gebrauch hingewiesen, der nicht nur eine syntaktische, sondern zugleich eine stilistische Erscheinung ist: den außerhalb der Konstruktion stehenden Nominativ.

Ein nominales Satzglied in nominativischer Form (bloßes Substantiv, Substantiv mit Artikel, mit Attribut, mit nominaler Apposition u. a.) steht isoliert einem Satz voran, d. h., ohne daß es in die Konstruktion einbezogen ist. Im Satze selbst wird es durch ein Pronomen, seltener durch ein anderes Nomen oder durch einen adverbialen Ausdruck, wieder aufgenommen und syntaktisch determiniert. Die Erscheinung wird in § 403 unter dem Gesichtspunkt des Pronomens behandelt und abgehoben von der Vorausstellung eines Substantivs im syntaktisch geforderten Kasus, welches durch ein Pronomen im gleichen Kasus aufgenommen wird.

Es handelt sich beim isolierten Nominativ um eine Herausstellung nach links, wobei der Begriff mit unterschiedlichem Gewicht herausgehoben wird (vgl. Mohrmann 1933, 22). Die emphatische Verwendung kann sich dem Usuellen nähern. Diese Herausstellung des Nominativs erscheint besonders häufig in den Prosatexten der mhd. Predigtliteratur:

> *der herre des landes, ir froude duht in niht ze guot* NL 643, 4 (A); *diu nuz diu an dem boume stât, waz weters sî* (Akk.) *ane gât, daz nimt diu schal über sich* Ha, Bü 451; *der meister Jêometras, solt ez geworht hân des hant* ... Pz 589, 14; *ein fuhspelz sô guoter, den brâht er sîner muoter* Helmbr 1067; *Rômære helde die vil chuonen, die ir vanen gruonen wurden alle bluotvar* Kchr 7082; *daz erbe uch uwer uorden an brachten* ("das Erbe, das eure Vorfahren euch übermachten") *unt mit ir herscilte eruachten, welt ir da uon entrinnen, sone sault ouch ir niemer mere gwinnin lehen* RL 325–329; *beide sabel vnde kelen ein graue der heiz erevin dar mite zireter die riter sin* Ro 153–155; *faret entsament beide dar vch got gewise, daz svnnen paradise daz ir da immer entsamment sit* Herbort 814; *muot unde guot swer zuo den zwein geræten tuot bescheidenheit und höfschen sin* ... G 4967–4969; – Infinitiv in der Funktion des casus pendens: *lange swîgen des hât ich gedâht* Wa 72, 31.

Lit.: Nominativ
Vgl. Lit. zum Subjektbegriff (Kap. II).

C. Nominativ als Vokativ

§ 347 Der Vokativ steht außerhalb des syntaktischen Gefüges. Im Mhd., wie im Ahd. ist der Vokativ formal mit dem Nominativ identisch. Jedoch kann der vokativisch gebrauchte Nominativ (in den folgenden mhd. Textbeispielen als V. bezeichnet) durch gewisse Begleiterscheinungen ausgezeichnet sein, die durch den Charakter des Vokativs bedingt sind. Diese Erscheinungen sind keineswegs durchgehend innerhalb des Mhd., sie wirken auf den historisch eingestellten Betrachter eher wie Relikte; ob die Zeitgenossen sie als archaisch oder archaisierend empfanden, läßt sich nicht ermitteln.

1. Der Vokativ kann mit der schwachen Form des attributiven Adjektivs verbunden sein (was mit der Annahme einer determinierenden Bedeutung der schwach flektierten Formen des germ. Adjektivs in Verbindung gebracht wird. Vgl. § 390). Dies gilt besonders für den Plural: *goten knechte* (H, *gûte chnehte* M) Ro 4059; *vil liben wîp* RF 65. Im Singular überwiegt die starke Form des Adjektivs (besonders die flexionslose).

Beispiele für die schwache Form im Sg.: ⟨*w*⟩*are got ih lobin dih* (S, *warer got* V) Ezzo III (6), 1; *nu loben dich, trehtin werde, die himile* Arnold, Siebenz 860; *liebe vater* Herbort 18411; für die flexionslose Form im Sg.: *guot man* Gr 3067; *küneginne rîch* NL 1791,1. Vgl. Weinhold 1883, 574f.; 565; 569. Hier § 391.

2. In einer Kette von Anreden kann der Vokativ auf ein einziges Nomen oder auf einige aus der Kette bezogen sein, so daß Vokativ und Nominativ nebeneinander stehen:

herre (V.), *her bischof* (V.), *dise lantbarune unde der hof, ir sult daz alle wizzen wol* G 15473; *ey vater* (V.) *unt die bruoder mîn* Wh 224,10; *swester sun* (V.) *unt der hêrre mîn* Pz 798,10; *winter* (V.) *und diu frouwe mîn, waz leides habe ich iu getân?* Stadegge I, 1,1 (Liederdichter I, S. 414). Die Erscheinung hat Parallelen in anderen idg. Sprachen, vgl. Brugmann 1906, II, 2, 649f.; E. Löfstedt 1928, I, 74–78; Svennung 1950,178ff.

Anm. 1: Vielleicht erscheint deshalb in einer Kette von Anreden, in der substantivierte oder attributive Adjektive auftreten, die schwache Form des Adjektivs nur bei einem Glied: *ich bitvch alle geliche, armen vnde riche* Ro 812; *ir werden man, ir reiniu wîp* Wa 81,16 (falls man den Wechsel zwischen der starken und der schwachen Form nicht einfach aus dem Bestreben nach ‚syntaktischer Dissimilation' erklären will).

3. Vokativ und Artikel. Im allgemeinen fehlt dem Vokativ der Artikel. Doch ist das Nomen in vokativischer Funktion auch mit dem Artikel belegt:

die zehen süne mîn, ir sult haben die vierden schar Wh 345,2; *rîtest du nu hinnen, der aller liebste man?* MF 4,35; *zeige uns überz wazzer, daz aller wîseste* (B, *du aller wisistez* D) *wîp* NL 1543,4.

Ob diesen mit dem Artikel verbundenen Anreden eine andere Nuance eigen ist als dem artikellosen Vokativ, etwa die der größeren Distanz zwischen Sprechendem und Angesprochenem, läßt sich vom Nhd. aus kaum entscheiden.

Auch der unbestimmte Artikel kann mit einem Nomen in vokativischer Funktion verbunden sein:

genâde, ein küneginne (CE, *gnad kunigynne* F) Wa 118,29; *von Rôme ain vogt, von Pülle ain kúnig, lât iuch erbarmen* (B, *vogt* und *kúnec* ohne Artikel ACwZ) Wa 28,1; *sint gote wilkomen ... ein junger swertdegen* Wolfd D VII, 62,1.

Der Sinn dieses *ein* ist nicht mehr mit Sicherheit zu erfassen (und die Lesarten-Varianten zeigen, daß schon die Schreiber ein Befremden empfunden haben). Vielleicht hatte es eine stark spezifizierende Bedeutung, für deren Wiedergabe das Nhd. keine Möglichkeit mehr besitzt. W. Braune – ausgehend allerdings von der Annahme, daß *ein* ‚hervorhebende Bedeutung' haben könne – schlug vor (1886,527) am besten nhd. „du" für dieses *ein* einzusetzen: *lache, ein rôsevarwer munt* („du rosiger Mund") Kraft von Toggenburc 1,17 (SMS, S. 75); *sinc, ein guldîn huon (das guldein hûn* c, *sing an* d) Neidh 40,1. Vgl. § 423.

Die Apposition zur unmittelbaren Anrede kann sowohl mit dem bestimmten wie mit dem unbestimmten Artikel verbunden sein:

> *ich wil dich warnen, Hagene, daz Aldrîânes kint* NL 1539,2; *sît willekomen, her Sîvrit, ein künic ûz Môrlanden* GL 1589,3.

Lit.: Vokativ
Weinhold 1883,567f. und 574f.; Delbrück 1893, I, 394−400, 426−430; Grimm J.
1893, IV, 420 und 483−487; Wilmanns 1897, III, 457−463, 747; Brugmann 1906, II,2, 646−651; Behaghel 1923, I, 72−75, 175−179; Löfstedt E. 1928, I, 69−82; Gonda 1956/57, 89−104; Svennung 1958, 174−195, 308−321 und 327ff.; Welte 1980, 1−34.

III. Akkusativ

A. Adverbaler Akkusativ

1. Der Akkusativ ohne semantische Funktion

§ 348 Der Akkusativ steht hauptsächlich als Objekt transitiver Verben. Eine ausführliche Auswahl solcher Verben findet sich bei J. Grimm 1893, IV, 594−620 und bei Behaghel 1923, I, 675−684.

> Anm. 1: Bei nicht wenigen Verben ist die Verbindung mit dem Akkusativ nicht die einzig mögliche; Konkurrenz mit dem Dativ, Genitiv oder mit präpositionalen Verbindungen besteht, womit sich Nuancen der Bedeutung und auch chronologische Unterschiede verbinden können (vgl. §§ 361 u. 382); Grimm 1893, IV, 620: „es ist aber keine fahrlässigkeit sondern glückliche gabe der älteren sprache, daß sie zu dem einen oder dem anderen casus greifen darf, je nachdem ...". Beispiele: *helfen* mit Dat. oder Akk. der Person, *flêhen* mit Akk. und Dat. der Person, *heln* mit Akk. und Dat. der Person (dazu mit Gen. oder Akk. der Sache), *frumen* mit Dat. und Akk. der Person. − J. Grimm 1893, IV, 614−620; Behaghel 1923, I, 692ff.
> Bis zum Nhd. hin kann sich eine andere als die im Mhd. vorherrschende Verbindung durchgesetzt haben. Es können auch Verben, die im Mhd. in der Lage sind, einen Objektsakkusativ zu sich zu nehmen, im Nhd. nur absolut gebraucht werden oder in Verbindung mit präpositionalen Fügungen, vgl. mhd. *klagen, weinen, zürnen, sûmen, dienen.*

§ 349 Der Akkusativ kann bezogen sein auf die unfeste Zusammensetzung eines intransitiven Verbums mit einer adverbialen Partikel:

> *blicken man Prünhilde sach an vroun Kriemhilde* NL 799,2; *dô er sich ûf gerihte und sich selben ane blihte* Iw 3506; *gêt ir alten hût mit sumerlaten an* Wa 73,22; *wen gevellet ouch me hazzes an* G 8403; *ir komet mich an mit alse unnützen mæren* G 5386; *diu werlt mich lachet triegend an* MF 210,11. − Behaghel 1923, I, 725f.; Wiessner 1901,367ff. u. 1902,1ff.; Henzen 1965,89f.

Der Akkusativ des Verbalinhalts wiederholt und objektiviert den Inhalt des   **§ 350**
Verbums (,tautologischer Akkusativ'). Er intensiviert den Verbalvorgang. Zumeist ist er mit intransitiven Verben verbunden, doch kann er auch zu einem
transitiven Verbum treten.

Das Subst. im Akkusativ kann (α) von dem gleichen Stamm gebildet sein wie das Verbum: *einis abindis ginc her einin ganc* Anno XLVI,6; *sô swachen strît ich nie gestreit* Pz
685,10; *den scuz scôz mit ellen daz Sigemuntes kint* NL 460,2; *si liegent alle mit im sîne
lüge* ..., *si triegent mit im sîne trüge* Wa 33, 17–18; *der geist vur sine vart* Herb 4992; bei
transitivem Verbum: *Parzivâl vant hôhen vunt* Pz 748,4; das Subst. im Akkusativ kann
(β) von einem sinnverwandten Stamm gebildet sein: *daz wild und daz gewürme die
strîtent starke stürme* Wa 9,1. – J. Grimm 1893, IV, 645.

Anm. 1: Der Akk. kann die Bedeutung eines intransitiven Verbums spezifizieren in
Verbindungen wie diesen: *sîn venje vallen* („niederfallen zur Verehrung im Gebet,
beten"), *gerihte sitzen* („niedersitzen zum Gericht, Gerichtssitzung abhalten").

Der Akkusativ der Person kann in Verbindung mit unpersönlich konstruierten   **§ 351**
Verben stehen wie: *mich hungert, dürstet, friuset, anet, be-, ge-langet, dunket,
wundert, betrâget, verdriuzet, bevilt, genüeget, wiget ringe.* Über Konkurrenz
des Dativs der Person mit dem Akk. vgl. § 381: *mich* und *mir anet, mich* und
mir gêt nôt. Teilweise konkurrieren auch unpersönliche und persönliche Konstruktionen (wobei Bedeutungs-Differenzierungen vorliegen können): ... *dâ se
bêde sêre vrôs* Pz 282,3 gegen: *sie brante und vroz in vil kurzen stunden* En
10046 (G). – J. Grimm 1893, IV, 251f.; Behaghel 1923, I, 692–698 und 1923,
II, 127–139.

Doppelter Akkusativ beim Verbum. Dabei kann es sich handeln um Juxta-   **§ 352**
position
von persönlichem und sachlichem Objekt:

doch hal er die maget daz Iw 1422; *mîn muoter sult ir daz verdagn* Pz 634,28; *sô lêre ich
iuch der wîbe site* Wa 43,28;

eines persönlichen Objekts mit einem Akkusativ des Verbalinhalts (was selten
ist):

ûffe sîn houbit er in slûch durh den stêlînen hût einen sô freislîchen slach Alex S
1883–85;

eines sachlichen Objekts und einer Personalbezeichnung, bezogen auf die Verbindung eines transitiven Verbums mit einer adverbialen Partikel:

(er) bôt sî (Akk. Sg. Fem.) *die herberge an* Iw 5943; [passivisch mit doppeltem Nominativ: *von der hûsvrouwen wart geboten an getriuwelîcher dienest daz Etzelen wîp* NL
1325,2]; *zehant kam trost und truog in* (Akk. Sg. Mask.) *an ir minne und einen lieben
wan* („alsbald kam Zuversicht und brachte ihm ihre Liebe und eine liebliche Hoffnung") G 898f.; *(ein ... grafschaft) die brâhte in* (Akk. Sg. Mask.) *sîn vater an* Wig
3672. – Behaghel 1923, I, 725f.; Wilmanns 1897, III, 522–530;

eines persönlichen Objekts und eines auf dieses bezogenen prädikativen Nomens (Substantivs oder Adjektivs):

Verbindung mit prädikativem Substantiv: *den rôten ritter er in hiez* Pz 170,6; in
gewissen Fällen kann man das prädikative Subst. als kasuell indifferent empfinden:
machete den helt iungin koninc zo karlungin Ro 4881; *daz ich iuch ...
beide ritter
mache* G 12740; *elliu werlt wafen di muzen mich maget lazen* RL 3298; – mit prädikativem Adjektiv oder Partizip: *daz er den lewen wunden sach* Iw 5415; *ich weiz in sô
übermüeten* NL 1771,3. Daneben erscheint das prädikative Adjektiv (oder Partizip)
unflektiert, d. h. kasuell indifferent: *jâ frumte er ... vil manegen helt tôt* NL 1969,2; *si
wænent daz ich in schuof erslagen* Pz 26,30. Vgl. §§ 338/39 und 393.

Anm. 1: Bei einigen Verben können statt des zweiten, prädikativen Akkusativs auch
die Präpositionen *ze* mit Dat. oder *für* mit Akk. stehen, so bei *machen* (Ro 4881; NL
1755,3: *ze*), *haben*, *hân* in der Bedeutung „halten für, behandeln als" (NL 1725,3; Iw
536: *für*), *erkennen* (NL 1593,1; Pz 738,15: *für*). Leichte Bedeutungsnuancen können
mit der Verschiedenheit der Konstruktion verbunden sein.

2. Der Akkusativ mit scheinbar semantischer Funktion

§ 353 Allgemeines: Es gibt einen adverbialen Akkusativ, welcher Erstreckung im
Raum oder Erstreckung in der Zeit oder Modalität zu bezeichnen scheint.
Diese Verschiedenheit der Bedeutungsnuancen des Kasus ist bedingt durch die
unterschiedlichen Bedeutungskategorien, denen die Substantive angehören,
die in den Akkusativ treten, sowie durch die Bedeutung der Verben, zu denen
diese Akkusative als nähere Bestimmungen des Verbalvorgangs hinzutreten.
Die Mehrzahl der betreffenden Verben ist intransitiv, doch kann ein solcher
semantischer Akkusativ auch neben einem Objektsakkusativ erscheinen (vgl.
Jakobson 1974,88ff.).

§ 354 Der Akkusativ von Substantiven, die in bestimmten Zusammenhängen räumliche Gegebenheiten bezeichnen, kann Erstreckung im Raum bedeuten, wenn
er als nähere Bestimmung zu einem Verbum der Bewegung hinzutritt:

walt unde steine lief er Kchr 1708; *der fuor wazzer unde wege* Pz 826,23; *mit marwen
vüezen ... streich er walt unde bruoch* Gr 2768; *die trâten manigen stîc* NL 1797,1; *daz
phärt gienc einen smalen wec* Pz 514,25; neben einem Objektsakkusativ: *ob ich ein
michel her nâch ir vüeren solde erde unde mer* („über Land und Meer") GL 593,2.

Einzelne solcher Akkusative können adverbiale Funktion gewinnen, während
der Ausdruck selbst übertragene Bedeutung annehmen kann, so: *alle wege*
„überall" > „in jeder Hinsicht": *umbe sîn hulde ... diente si im alle wege* AH
309; *alser in sît alle wege mit sîme dienest êrte* Iw 3878; *dius alle zit und alle wege
hæt in ir lere* G 1201.
Das Substantiv, das in den Akkusativ tritt, kann einen abgemessenen Teil
des Raumes bezeichnen; dann wird der Akkusativ zu einer Maßangabe: *ein
pogestal si uon im saz* („eine Bogenschußweite entfernt von ihm setzte sie sich
nieder") Gen 1817; *die enbræhten mich von Vranken niemer einen fuoz* MF
218,20. – Behaghel 1923, I, 719ff.

§ 355 Der Akkusativ von Substantiven, denen eine Beziehung auf die Zeit eigen ist,
kann Erstreckung in der Zeit bezeichnen:

ich hœre alle morgen weinen unde klagen . . . *daz Etzelen wîp* NL 1730,2; *nu dâht ouch alle zîte daz Guntheres wîp* NL 724,1; *des er bedürfen wolte und ein jar* („ein Jahr lang") *haben solte* G 418; *nu was diu hohgezit geleit, benennet und besprochen die blüenden vier wochen* G 538.

Adverbiale Funktion gewonnen haben die Akkusative *alle stunde* („jederzeit"), *alle wîle, die wîle, ein stunt, drî stunt, drîzec* etc. *stunt* u. a.

Akkusative von Substantiven, die Quantität oder Modalität bezeichnen, können zu feststehenden adverbialen Ausdrücken von modaler Bedeutung werden: *ein teil* („etwas", „gar sehr"), *meisteil* („größten Teils"); *manegen wîs* (‚auf manche Weise'), *alle(n) wîs, decheinen, keinen wîs*. § 356

Ein Akkusativ dieser Art (des neutralen substantivischen Pronomens indefinitum ahd. *niwiht* und *neowiht* „nichts") ist ihrem Ursprung nach die Negationspartikel *ni(e)ht* = „in keiner Weise" (vgl. §§ 436/37). Das gleiche gilt für *iht* „in irgendeiner Weise", „irgendwie" (vgl. § 418). Auf jüngerer Sprachstufe können nochmals nominale Akkusative, die Quantitätsbezeichnungen sind, verstärkend zu *niht* hinzutreten: *nun vürhte ich dine stange unde dich niht eine halbe bone* G 15991, ebenso *niht ein ei, ein hâr, ein bast* (stN) (vgl. § 436).

In diesem Zusammenhang sind auch zu nennen die Akkusative neutr. des substantivischen Pronomens interrogativum *wer*, des substantivischen Pronomens indefinitum *etewer* und des Pronominaladjektivs *al: waz* „in wiefern?", „wie?"; *etewaz* „in einer Weise"; *allez* „ganz und gar":

waz fürht ich iurs mannes zorn? Pz 132,16; *waz möhte liehter sîn der tac* („wie könnte der Tag strahlender sein?") Pz 243,11; *Jacob sprach dû etwaz frolichere* Gen 3132; *ich dient im aber eteswaz* Wa 106,10; *dort muost er allez hangen die naht unz an den tac* NL 639,2.

Lit.: Akkusativ allgemein und adverbal
Delbrück 1893, I, 187f. und 360–393; Grimm J. 1893, IV, 594–645, 755–758; Wilmanns 1897, III, 474–537, 689f.; Brugmann 1906, II,2, 615–641; Paul H. 1916, III, §§ 201–213; Hirt 1921, III, 47–51; Behaghel 1923, I, 674–692, 722f.; Jakobson 1974, 84–90; Boon 1980, 227–245.

B. Akkusativ nach Präposition

Folgende Präpositionen können z. B. mit dem Akkusativ verbunden sein: § 357

after (A. vereinzelt, gewöhnlich mit D., vereinzelt auch mit G. und I.); – *an* (daneben mit D., vereinzelt mit I.); – *âne* (daneben, selten, mit G.); – *bî* (A. selten, gewöhnlich mit D., auch mit I., selten mit G.); – *biz* (mit A. in Verbindung mit pronominalem *daz*; vor Substantiven nur in Verbindung mit anderen Präpositionen, insbes. *an, ûf* mit A.; sonst vor Adverbien); – *durh;* – *eneben, neben* (daneben mit D., auch mit G.); – *vür;* – *gegen* (A. selten, gewöhnlich mit D.); – *hinder* (daneben mit D., seltener mit G.); – *in* (daneben mit D.); – *ob* (A. seltener, gewöhnlich mit D., vereinzelt mit G.); – *sunder* (seltener mit G.); – *über* (daneben auch mit D.); – *ûf* (daneben mit D.) – *umbe* (daneben, selten, mit I.); – *under* (daneben mit D., I., G.); – [*unze, unz* (vor Substantiven nur in Verbindung mit anderen Präpositionen, insbes. *an, in,* darauf folgt fast durchweg der A.; sonst vor Adverbien)]; – *ûzen* (daneben mit D.); – *wider* (daneben mit D., selten mit I., G.?); – *ze* (A. selten, sonst D., auch I.).

Lit.: Akkusativ nach Präposition
Weinhold 1883, 331–335; Grimm J. 1893, IV, 766–804; Wilmanns 1897, III, 689–700; Paul H. 1916, IV, §§ 279–290; Behaghel 1923, II, 36–41. Vgl. auch Lit. zu Präposition im Kapitel Wortarten.

C. Akkusativ nach Interjektion

§ 358 Ein Akkusativ der Person steht in Verbindung mit *wol* (neben dem Genitiv der Sache): *wol mich der stunde* Wa 110,13. Daneben erscheint *wol* auch mit dem Dativ verbunden, wobei nach Vorbild von *wê* die Konstruktion auf das Oppositum übertragen wird: *wol dir, meie* Wa 51,29. Umgekehrter Austausch der Konstruktion liegt vor, wenn zu *wê* statt des Dativs der Person der Akkusativ tritt: *so we mich ... daz ich den lip gewan* NL 2136,1 (A, *mir* B und andere Hss.). Vgl. §§ 378, 385 und 435, Behaghel 1923, I, 726f.

Lit.: Akkusativ nach Interjektion
Vgl. Lit. zu Interjektion im Kapitel Wortarten.

D. Ansätze zu einem absoluten Akkusativ

§ 359 Selten ist der absolute Gebrauch des Akkusativs ansatzweise zu finden. Er wird dann durch einen präpositionalen Ausdruck ergänzt: *uil dicke si nidir uilin in phellilinem gwande, die palmen in den handen* RL 678; *daz si in dem mere viel ze tal, umb ir kel ein swæren stein* Wh 109,25; *manege schœne maget sach er bî den zîten, daz im sô wol behaget: klein hundelîn in schôze* Wolfd D VII, 73; so ist wohl auch aufzufassen: *pfaffenfürsten hânt niht rehte, infl ûf houbet, krump ûf stabe, dienstman, münze, zölle* Marner XIV, 4, 10–12 („geistliche Fürsten, die Inful auf dem Haupt, die Krümmung am Stab, verfügen nicht zu Recht über Dienstmannen, Münzrecht, Zölle"); *dâ opferten si vil werde scilt unt swert in den handen* Kchr 112–113.

J. Grimm 1893, IV, 646 faßt Entsprechendes als Akkusativ „von ausgelaßnem verbum abhängig" auf, fügt aber hinzu: „oder ist das absoluter casus?" – Behaghel 1923, I, 727. Über absoluten Gebrauch eines Kasus in Verbindung mit Partizip Praeteriti s. § 331,3.

Lit.: Absoluter Akkusativ
Grimm J. 1893, IV, 889–893, 904; Paul H. 1916, III, §§ 216–218; Behaghel 1923, I, 727f.

IV. Genitiv

Im Mhd. ist der Genitiv in bezug auf Verben und Verbalausdrücke sehr viel **§ 360**
häufiger als heute. Als Rektionskasus des Verbs ist der Genitiv rückläufig, er
ist in vielen Fällen vom Akkusativ verdrängt worden. Doch dies bedeutet nicht
eine Abnahme des Genitivs in der Gegenwartssprache überhaupt, wie oft betont wird. Als attributiver Kasus, besonders in der Verbindung mit auf -ung
gebildeten Verbalabstrakta („die Unterzeichnung des Vertrages") erscheint er
sehr oft. Viele neugebildete Präpositionen („entsprechend, ungeachtet, dank,
kraft, mittels" etc.) regieren den Genitiv.

Der Genitiv kann im Mhd. bezogen sein auf Substantive, substantivische
Pronomina und Numeralia, auf Adjektive, auf Verben und auf Interjektionen;
er steht ferner in Verbindung mit gewissen Präpositionen. Nur an ganz wenigen
Stellen scheint ein absoluter Genitiv vorzuliegen.

<u>Lit.:</u> Genitiv allgemein
Delbrück 1893, I, 185ff. und 307−360; Rausch 1897; Wilmanns 1897, II, 619f., 629
und 1897, III, 537−611; Brugmann 1906, II,2, 565−615; Paul H. 1916, III,
§§ 219−252; Hirt 1921, III, 52−66; Behaghel 1923, I, 478−608; Winter 1967, 21−35;
Wackernagel 1969, 1346−1373; Kolvenbach 1973, 123−134; Jakobson 1974, 91−97;
Pfeffer/Lorentz 1979, 53−70; Vaverkova 1983, 114−121.

A. Adverbaler Genitiv

1. Der Genitiv als Objektskasus: Für die Mehrzahl der unten aufgeführten **§ 361**
Verben ist die Verbindung mit Genitivobjekt nicht die einzig mögliche; es
besteht Konkurrenz von seiten des Akkusativs oder präpositionaler Verbindungen oder einer Infinitivkonstruktion, wobei z. T. Nuancen in der Bedeutung des Verbums zu bemerken sind. Auch kann im Laufe der mhd. Zeit eine
Verschiebung zugunsten der präpositionalen Verbindung eintreten. Bei allen
angeführten Beispielen ist die Verbindung mit dem Genitiv reich belegt, wenn
auch andere Möglichkeiten daneben stehen.

Der Genitiv steht als Objektskasus bei: *(be)gern* (begehren, verlangen), *muoten* (begehren), *(ge)ruochen* (sich um etw. kümmern, begehren), *geniezen* (den Erfolg von etw.
verspüren), *ergetzen* (vergessen machen, entschädigen), *beginnen, entgelten* (Nachteil
von etw. haben), *vergezzen, bîten* (warten auf), *warten* (achtgeben, schauen auf), *hüeten*
(bewachen), *walten* (Gewalt haben über), *pflegen* (mit etw. zu schaffen haben), *gehügen*
(gedenken an), *(ge)dingen* (erwarten, hoffen auf), *vâren* (nachstellen, streben nach),
volgen, darben (entbehren), *(be)dürfen* (bedürfen, nötig haben), *enbern, jehen* (behaupten, bekennen), *swern* (schwören), *zîhen*; bei reflexiven Verben wie *sich bewegen* (auf
etw. bestehen; auf etw. verzichten); *sich gelouben* (sich einer Sache entschlagen); *sich
genieten* (sich mit etw. abgeben); *sich vlîzen* (Eifer auf etw. verwenden); *sich verstân; sich
underwinden* (sich befassen mit); bei unpersönlichen Verben wie *mich be-, verdriuzet*
(mir ist lästig), *mich betrâget* (mich verdrießt), *mich bevilt* (mir ist zu viel, mich verdrießt), *mir gebristet, mir gebricht, mich gelüstet* (bei einigen dieser unpersönlichen Konstruktionen mag ein partitiver Sinn des Genitivs mitempfunden werden).

Lit.: Genitiv adverbal 1
Grimm J. 1893, IV, 655ff. und 683; Wilmanns 1897, III, 550–570; Rausch 1897, 56ff.;
Behaghel 1923, I, 564–606.

§ 362   2. Der partitive Genitiv als Objekt transitiver Verben und der partitive Genitiv
als Subjekt: Der partitive Objektsgenitiv bei transitiven Verben bringt zum
Ausdruck, daß der Substantivbegriff nicht in seinem vollen Umfang gemeint
ist:

> im positiven Satz: *her hette dir vze sime lande der thurin wigande gesendit* Ro 1798; *er
> az daz brôt und tranc dâ zuo eines wazzers daz er vant* Iw 3311; *Iwânet ûf in dô brach
> der liehten bluomen zeime dach* Pz 159,14; *jâ sah er ligen umbe sich der liute sam der
> steine* Klage 1633; im negierten Satz: *alsô grôzer krefte nie mêr recke gewan* NL 99,4;
> *wand ich sô lieber geste selten her gewunnen hân* NL 1688,4.

Der partitive Subjektsgenitiv ist ein Gen. Pl., soweit es sich nicht um ein
Substantiv von kollektiver Bedeutung handelt; das Prädikatsverb aber erscheint im Singular:

> *möht under den bluomen allen mîner vrouwen gevallen der bluomen ze einem schappel*
> Krone 21147; *dar zuo ist mir geschehen* Bit 7377; *an disen aht frouwen was röcke
> grüener denn ein gras* Pz 234,4; – *do reis im uz einer swalwen nest des mistes in die
> ougen* Grieshabersche Predigten I, 128; im negierten Satz: *mir kom … so rehte lieber
> geste nie* NL 784,4.

Über die Inkongruenz des Numerus von Subjekt und Prädikat vgl. § 341.

Lit.: Genitiv adverbal 2
Delbrück 1893, I, 315ff., 332, 341f.; Grimm J. 1893, IV, 646–682; Streitberg 1905,
401–404; Hirt 1921, III, 59f.

§ 363   3. In der Verbindung von *niemen* (Nom. oder Akk.) mit der exzipierenden
Partikel *wan* oder mit *danne* (vgl. § 396) kann ein folgendes Personalpronomen
im Gen. erscheinen statt im Nom. oder Akk.:

> *ob niemen lebete wan sîn unde dîn* („als er und du") NL 816,2; *den scaz den weiz nu
> niemen wan got* (!) *unde mîn* („als Gott und ich") NL 2371,3; *er hât hie niemen denne
> mîn* Pz 260,4; *ob ir zen Hiunen hêtet niemen danne mîn, getriuwer mîner mâge und
> ouch der mîner man* (hier schließen sich dem Kasus des Pronomens auch die folgen-
> den Substantive an) NL 1256,2.

Auch nach komparativischem Adjektiv in Verbindung mit *danne* und nach
ander danne kann im nicht negativen Satz das Personalpronomen im Genitiv
erscheinen:

> *im ist lieber dann mîn ein slaf* („ihm ist Schlaf lieber als ich") Moriz v Cr 1278; *est ein
> ander danne mîn* Ulr v Winterst XI, 2,8 (Liederdichter I, S. 523).

Es scheint, als ob dieser Genitiv nur auftritt, wenn das Personalpronomen im Sg.
steht; vgl.: *nun ist hie niemen denne wir* Pz 615,1. (Vgl. Wilmanns 1897, III, 540).

§ 364   Der Genitiv kann in Verbindung mit dem Verbum substantivum oder mit
werden bezeichnen:

das Verhältnis der Zugehörigkeit:

sît si des gotes hûses sint Gr 1132; *daz er des tôdes müese wesen* Wh 72,16; *der van ist Hôrandes* GL 1370,1; — *diu sorge diust mîn eines niht* MF 181,21; *want ir dei himilriche sint* Paternoster 220; *dû bist mîn, ich bin dîn* MF 3,1; *er was ir und si was sîn: ich grîfe ouch billich an daz mîn* Wh 100,7;

Wie lange *mîn, dîn, sîn* noch als Genitive empfunden worden sind, vermag das moderne Sprachgefühl nicht zu beurteilen; Behaghel 1923, I, 351; 356 faßt sie auf als (prädikative) Nominative des Pronomens possessivum (vgl. § 407).

ein partitives Verhältnis:

ich muoz wesen ... dîns gesindes („ich muß [einer] von deinem Gefolge sein") Wh 60,27; *er wânde, er wære der vînde* („er glaubte, jener wäre [einer] von den Feinden") GL 886,3;

die Beschaffenheit:

wis hôhes muotes Wa 91,17; *diu welt ist ... innân swarzer varwe* Wa 124,37; *dû bist mir ze ungnædiges muotes* Iw 5644; *daz vingerlîn ... daz ist ... der craft unde der tugent ... daz ez niemen sterben lât* Flore 7028; — *des wart vil maneger slahte sîn gedinge* AH 169f.

Lit.: Genitiv adverbal 3
Behaghel 1923, I, 578—586.

4. Der Genitiv der Relation: Ein Nomen, seltener ein Pronomen, im Genitiv **§ 365** bezeichnet den Bereich, innerhalb dessen, oder die Hinsicht, in welcher eine verbale Aussage gilt. In einer allgemeinen Weise läßt sich dieser Genitiv im Nhd. umschreiben mit ‚in bezug auf ...'. Er kann aber, je nach der Bedeutung des Nomens und der Bedeutung des verbalen Ausdrucks, auch spezifische Bedeutungsnuancen annehmen; s. § 366.

Beispiele für die allgemeine Bedeutung: *daz ... im prîses niemen glîchen mac* („daß niemand ihm gleichkommen kann an Ruhm") Pz 608,29; *got sol iuch bewarn der reise an allen êren* NL 1154, 2—3; *waz sal der selen werden?* Ro 4422; *was sal ... werden der armen vrowen Dydon?* En 1362—63 (G); *(si) wurden des ze râte* („sie kamen überein in bezug darauf") NL 999,3.
Wenn die verbale Aussage aus der Verbindung von Verbum substantivum und Prädikatsnomen besteht, läßt sich nicht entscheiden, ob der Genitiv der Relation auf die verbale Aussage als ganze oder auf das Nomen bezogen ist. Beispiele, in denen das Prädikatsnomen ein Substantiv ist, seien hier verzeichnet, während die Verbindung des Genitivs der Relation mit prädikativem Adjektiv in § 373 aufgeführt ist:
er was ... der jâre ein kint, der witze ein man Gr 1179—80; *... daz er gebürte ein herre was* G 10133; *der alles dinges was ein helt* KvW, Troj Kr 6882.

Der Genitiv mit spezifischem, durch die Bedeutung des Substantivs oder des **§ 366** Kontexts bedingtem semantischem Wert:
Der Genitiv von Substantiven mit zeitlicher Bedeutung kann zur Adverbialbestimmung der Zeit werden:

nahtes, des nahtes, eines nahtes, der nehte Iw 978. 5810. 6577; G 14243. 5504; *des tages, eines tages* Iw 3703; Pz 118,24; Wa 11,20; *des âbents* Iw 787; *des morgens* Iw 784; *des sumers* Wa 95,20; *der wîle* Iw 656; *des selben mâles* Pz 778,24 (vgl. Behaghel 1923, I, 590f.; Wackernagel 1912/13, 252ff.).

Seltener wird der Genitiv eines Substantivs mit räumlicher Bedeutung zur Adverbialbestimmung des Ortes:

a) in der Nachbarschaft von Ortsadverbien und zugleich von Verben der Bewegung: *swar ich landes kêre* MF 52,31; *wannen komest dû der lande* SM 400,5; – b) bei Verben der Bewegung steht der Genitiv *des endes* zur Bezeichnung des Zieles: *des endes varn* Iw 600, *kêren* 5799, *wîsen* 5803, *sih heben* Pz 69,5, *jagen* 329,28; vereinzelt wird der Weg, auf dem man geht, durch den Gen. bezeichnet: *er gie des weges hin* Altes Pass 363,54.

Lit.: Genitiv adverbal 4
Brugmann 1906, II,2, 575f. und 609; Behaghel 1923, I, 587f.

5. Unter dem semantischen Typ ‚Bedingung' im weitesten Sinne für den Verbalvorgang lassen sich Genitive zusammenfassen, die je nach dem Kontext Ursache, Mittel, Modalität bezeichnen können. Dabei können die kausale und die instrumentale Bedeutungsnuance, die instrumentale und die modale ineinander übergehen.

In der Nachbarschaft von Verben, die eine Gemütsbewegung bezeichnen, wie die Gegenwerte von nhd. „sich freuen", „lachen", „klagen über", auch „danken", „loben für" kann der Genitiv eine kausale Bedeutungsnuance gewinnen:

(si) vreuten sich ir jugent Iw 6527; *der rede si lachten* Pz 90,7; *sô jâmer iuch des koufes* Pz 448,14; *ich gnâde dir ... unsers ... gastes* Iw 2666.
Weitgehend unabhängig geworden von dem semantischen Wert des Verbums ist die kausale Bedeutung der neutralen Genitive *des* und *wes*: „deshalb", „weshalb": *des habent die wârheit sîne lantliute* Iw 12; *daz si im ir minne nie gebôt, des lager nâch ir minne tôt* Pz 16,10; *wes wende ich sîn gebot?* Pz 119,13 (vgl. Behaghel, 1923, I, 594–599). Jedoch kann *des* in Verbindung mit einem verbalen Ausdruck, der eine Zeitangabe bezeichnet, von der allgemeinen Bedeutung des Genitivs der Relation ausgehend, auch ein zeitliches Verhältnis bezeichnen: „in bezug darauf" gewinnt die spezifische Bedeutung „seitdem", „seither": *ez troumte, des ist manic jâr, ... dem künge* Wa 23,11; *des ist vil manec tac deich hort der Nibelunge niene gepflac* NL 1742,1.

Zum Übergang von der kausalen zur instrumentalen Bedeutung:

do er mit ire gespilte, des spiles („von dem Spiel") *des si gespilte, Lia wart suanger des gûten Ysachar* Gen 2714; *diss vil hôhen gruozes lît maneger ungesunt* NL 298,2; *des scuzzes beide strûchten* NL 457,3; *des einen slags daz ors lac tôt* Wh 430,6.

Relativ selten ist ein Genitiv, in dem sich die Bedeutungen des Mittels und der Art und Weise verbinden, die modale Komponente aber stärker ist:

er sprach scarfere worte Gen 937; *si begunden eines mundes jehen* G 3476; *die burc er in nôtsturmes an gewan* Kchr 16639; *si suochte sturmes Clâmidê* Pz 205,26; *si füerent roubes eine magt* („durch Raub, räuberischerweise") Pz 122,20; *swer wîp gerne nôtes nimet* („durch Gewalt", „gewaltsam") Lanz 7380; *si sprungen unde liefen balder, dan si kæmen fluges* KvW, Troj Kr 3901.

In diesem Zusammenhang ist auch die Verbindung eines Substantivs im Genitiv mit einem Verb des gleichen Stammes zu nennen, die der Intensivierung des Verbalbegriffs dient, der sog. ‚tautologische Genitiv der Verstärkung' (auch als ‚verbale etymologische Figur' bezeichnet, vgl. Stech 1967, 134ff.) *ir . . . sult der bete in . . . piten* NL 532, 4; *sî sluoc mir ûz dem zeswen knie des slages die knieschîben* Üb Weib 736.

Einzelne modale Genitive gewinnen die Funktion und Bedeutung von Adverbien: *mînes, dînes* (usw.) *dankes* „gemäß meiner Absicht", „mit meinem Willen", „freiwillig", *undankes* „unfreiwillig", *heiles* „unter glücklichen Umständen", „zum Glück" *unheiles* „zum Unglück": *sî heten heiles gesehn den rîter* Iw 5078; *ir habet Rôlanten unhailes gesehen* RL 7066.

Es gibt ferner adverbiale Genitive von Pronominaladjektiven oder Adjektiven in modaler Bedeutung, so: *alles* „ganz und gar", *ander(e)s, gâhes, slehtes, strackes, stætes*. Solchen Vorbildern kann eine einmalige Bildung verpflichtet sein wie *unlutes loufen* „ohne Laut zu geben" (vom Jagdhund) G 17253.

Über adverbiale Genitive, die auf Komparative von Adjektiven oder Adverbien bezogen sind wie: *michels, maneges, ihtes, nihtes*, vgl. § 375.

Lit.: Genitiv adverbal 5
Behaghel 1923, 601–607.

B. Genitiv bei Substantiv, Pronomen oder Numerale

Ein Substantiv im Genitiv kann auf einen substantivierten Infinitiv bezogen **§ 367** sein oder auf ein Substantiv-Abstraktum, das den Charakter eines Nomen actionis (einer Tätigkeitsbeschreibung) hat oder das einem solchen wegen seiner engen Beziehung zu einem Verbum nahesteht. Das genitivische Substantiv steht in diesem Falle zu dem Verbalbegriff, der durch den substantivierten Infinitiv bzw. durch das Abstraktum bezeichnet wird, im Verhältnis eines Subjekts oder eines Objekts zum Verbum finitum (genitivus subiectivus oder genitivus obiectivus):

subjektiver Genitiv: *sînes neven sterben* Wh 45, 30; *der siben sterne gâhen* Wh 2, 3; *swer minnen wankes schamet sich* Pz 90, 28; *der heiden val* Wh 405, 2; objektiver Genitiv: *gidingi des erbis* Summa Theologiae 190 (19, 3) (Maurer I, S. 313); *Ereckes enpfâhen* („der Empfang, der E. zuteil wurde") Pz 401, 9; *durch die vorhte des man* („vor") Iw 2874; *durch ir sunes liebe* („aus Liebe zu . . .") NL 40, 3; *durch Isote minne, sines herzen küniginne* G 19265; *in strîtes ger* Pz 120, 23; *ieslîcher . . . in sîns bruoder helfe was geriten* („zur Hilfeleistung für seinen Bruder . . .") Wh 238, 29. – Vgl. Behaghel 1923, I, 498–508.

Auf Substantive, substantivisch gebrauchte Adjektive, Pronomina, Numeralia **§ 368** kann ein Genitiv von partitiver Bedeutung bezogen sein:

auf Substantive oder substantivierte Adjektive bezogen: *niwit mêr er behîlt . . . wene erden siben vôze lanc* Alex S 7276; *ein teil ir im dar nâher dranc* Pz 242, 24; *der man vil der êren giht* Wa 15, 2 (AM); *ich hân sô breit der erden* Wh 184, 18; *es ist iu gar ze vil* Pz 346, 24;

auf substantivische Pronomina bezogen: [Interrogativa:] *wer herren zuo dem tage quam* UvL, Frauend 65,3; *waz ist dâ sô wünneclîches under* Wa 46,17; dabei kann eine Bedeutungsverschiebung einsetzen, indem die Frage nach einem Teil eines Ganzen zur Frage nach der Beschaffenheit wird: *si sprâchen ... waz boten er mohte sîn* („was für ein Bote") Alex S 3111; *waz râtes möht ich dir nu tuon?* Pz 475,20; [Relativa:] *dazs alle lobes von wiben sagent ... deist allez hie wider ein niht* G 8287; [Indefinita:] *kom ieman armer liute her* G 2991; *op si iht swerte fuorten* Pz 739,11; *daz in allen landen niht schœners mohte sîn* NL 2,2; *ezn lebt niht wîbes alse guot* MF 105,23; *daz niht mannes sîniu leit so schône kan getragen* MF 163,9.

Die genitivische Konstruktion in Verbindung mit *niht* bleibt auch erhalten, wenn *niht* zur Negationspartikel geworden ist: *in scheid ir von ein ander niht* („ich trenne sie nicht von einander") Wa 84,5; *mîn vrouwe enbîzet iuwer niht* („meine Herrin beißt euch nicht") Iw 2269; *ir solt mîn ezzen niht* Pz 131,24; *dô si dîn bî ir niht sach* Pz 92,29; *sô brich ich mîner triwe niht* Pz 535,14; ebenso in Verbindung mit *niene* (aus *niht ne*) = nhd. „nicht": *doch wir sin mit den augen niene sehen ...* („obwohl wir ihn nicht mit Augen sehen ...") Arnold, Siebenz 10.

Eine partitive Auffassung dieser Genitive (im Sinne von § 362), soweit sie ein lebendes Wesen im Singular bezeichnen, hätte etwas Gewaltsames; der Gebrauch des Genitivs scheint vielmehr mechanisch geworden zu sein, d.h.: in diesen Konstruktionen besitzt der Genitiv keinen semantischen Wert mehr.

Ein Genitiv kann auf substantivische Numeralia bezogen sein: *er was der zwelue einer* RL 225; *zwelf wol geborner kinde* Pz 18,26.

Anm. 1: Eigenartig sind folgende Fügungen: *er erfrüre, wærn sîn eines drî* Pz 449,5; *ob mîn tûsent wæren ... Wh 66,3; *iane dörften mich dîn zwelve mit strîte nimmer bestân* NL 118,4: auf ein subst. Zahlwort ist der Genitiv des Personalpronomens der 1. oder 2. oder 3. Pers. Sg. bezogen. Im Nhd. würde sinnentsprechend eine Konstruktion stehen, die sich des Zahladverbs bediente: „er würde erfrieren, auch wenn er (dreimal =) dreifach wäre"; „auch wenn ich (tausendmal =) tausendfach wäre ..."; entsprechend wohl auch: „du (mal zwölf =) verzwölffacht".
Normalerweise steht im partitiven Genitiv ein Terminus, der eine Gesamtheit, eine Vielheit, eine Ganzheit (oder ähnl.) bezeichnet; diese wird in der betr. Konstruktion unter dem Gesichtspunkt der Teilung, der Auswahl (oder dgl.) gesehen. In den oben genannten Beispielen aber steht im Genitiv ein unteilbarer Begriff, der Singular des Personalpronomens. Man könnte erwägen, ob diese pronominalen Genitive die Bedeutung von Qualitätsbezeichnungen haben: „von meiner, deiner, seiner Art". Aber dies ist nicht genau der Sinn mindestens der Wolfram-Stellen. Zum Genitiv der Beschaffenheit, der im Mhd. nicht sehr verbreitet ist, vgl. § 370.

§ 369 Der adnominale Genitiv kann Zugehörigkeit verschiedener Art bezeichnen:

ir bruoder houbet NL 2366,3; *zer kemenâten tür* Pz 588,25; *Terramêres suon* Wh 97,12; *der riesen spileman* Ro 2162; insbesondere kann er ein Besitzverhältnis bezeichnen (genitivus possessivus): *Gelfrâtes lant* NL 1531,3; *mîner tohter tocke* Wh 33,24. – Behaghel 1923, I, 511–516.
Über den Genitiv der Zugehörigkeit in Verbindung mit dem Verbum substantivum s. § 364.

§ 370 Der adnominale Genitiv kann die Beschaffenheit bezeichnen (genitivus qualitatis):

ein klôsen niwes bûwes Pz 435,7; *boten guotes willen* GL 271,2; *ez wær uns allen einer hande sælden nôt* Wa 97,35; *maneger slachte wnder* Ro 227; *ein samîtes mantellîn* Iw 6485.

Vgl. § 368, Anm. 1. Behaghel 1923, I, 516−520. Über den Genitiv der Beschaffenheit in Verbindung mit dem Verbum substantivum s. § 364.

Der definierende Genitiv (genitivus definitivus oder explicativus) legt den Inhalt des übergeordneten Substantivs aus oder gibt auch seinen Geltungsbereich an: **§ 371**

> *mîn herze muoz die jâmers suht ân freude erzenîe tragen* („die Krankheit, die im Unglück besteht, ... die Arzenei, die in Freude bestehen würde") Wh 60, 22.23; *die brunnen ... uz den die gabe vliezent der worte unde der sinne* G 4869; *der tugende goz* („das Metallgußwerk, welches [allegorice] *die tugende* bezeichnet") G 16943; *er was ein bluome der jugent, der werltvreude ein spiegelglas, stæter triuwe ein adamas, ein ganziu krône der zuht* AH 60−63; *sît wart er genant vâlant aller künege* GL 168,2.

Ein Sonderfall ist der Genitiv der Identität: das übergeordnete Substantiv wird durch ein annähernd synonymes Substantiv im Genitiv erklärt (vgl. den lat. genitivus inhaerentiae):

> *mit liebe stæter minne* Pr Wernher, Maria 181,23 (S. 133); *der karakter â b c muoser hân gelernet ê* Pz 453,15; *dar dô geleit was des kampfes strîten* Reinfr 8111.

Der Gebrauch dieses Genitivs im Mhd. ist begrenzt. − Vgl. Delbrück 1893, I, 346f.; Behaghel 1923, I, 489, 520−524.

Der adnominale Genitiv von steigernder Bedeutung (sog. genitivus hebraicus). Zu einem Substantiv kann sein eigener Genitiv im Pl. oder Sg. hinzutreten, um den höchsten Grad oder Rang desjenigen auszudrücken, was durch das Substantiv bezeichnet wird: **§ 372**

> *owi, aller note not* Warnung 553; *alles læides læit* Warnung 574; *maget aller megede* KvW, Go Schm 255.

Dieser Genitiv ist im Mhd. nicht häufig und könnte auf den Einfluß der lat. Bibel und Liturgie zurückzuführen sein (so Behaghel 1923, I, 525), vgl. *canticum canticorum; vanitas vanitatum; in saecula saeculorum.* Jedoch findet sich Entsprechendes auch im An. sowie in einer Anzahl anderer idg. Sprachen (z.B. im Litauischen, Griech., Altindischen, Avestischen), in keiner, wie es scheint, allzu häufig; in besonderer Ausprägung erscheint die Figur im Hebräischen. Es scheint danach, daß der steigernde Genitiv eine Möglichkeit ist, die sich in verschiedenen Sprachen auch unabhängig herausbilden kann. − J. Grimm 1893, IV, 726; Delbrück 1893, I, 337f.; Brugmann 1906, II,2, 599 und Štech 1967, 134−152.

Lit.: Genitiv und Nomen / Pronomen
Grimm J. 1893, IV, 717−729; Paul H. 1916, III, §§ 220−242; Behaghel 1923, I, 484−541.

C. Genitiv beim Adjektiv

Die Verbindung eines Adjektivs mit einem Substantiv im Genitiv bezeichnet eine Relation zwischen beiden. Sie wird in erster Linie durch die Bedeutung des Adjektivs bestimmt, in zweiter Linie durch die des Substantivs, nicht durch verschiedene Bedeutungsnuancen des Genitivs. Man hat den adnominalen Ge-   **§ 373** nitiv in den idg. Sprachen, insofern er in dieser Weise Ausdruck der ‚Beziehung' ist, als ‚Pertinentiv' bezeichnet. (Vgl. Heinz 1955,5; zitiert nach Štech 1967,147). Häufig läßt sich des Verhältnis im Nhd. mit ‚in bezug auf' umschreiben, abgesehen davon, daß bei einzelnen Adjektiven der Genitiv durch eine präpositionale Verbindung (mit ‚an', ‚von', ‚mit') ersetzt ist, was schon im Mhd. beginnt.

Beispiele: *offen was her sinir worte* Anno 35,2; *si was des goldis milde* Ro 3045; *swie tumb ich sî der tage, ich sî doch wol sô sinne grîs* UvL, Frauend 47,6; *Lia wart suanger des gûten Ysachar* Gen 2715; *daz velt lac der tôten vol* Bit 10794; *er machete in des schildes bar* Er 860; *er lief nu nacket beider der sinne unde der kleider* Iw 3359; – *dô sprach diu vrouden arme* NL 1077,4 (A); *ein kint daz, wîsheit unversunnen, sînen schaten ersach in einem brunnen* MF 145,22.

Anm. 1: Sofern das Adjektiv wie in der Mehrzahl der Belege prädikativ gebraucht ist, läßt sich nicht sagen, ob der Genitiv der Relation auf das Adjektiv allein oder ob er auf das Prädikat als Ganzes bezogen ist; vgl. § 365.

Anm. 2: Konkurrierende Konstruktionen sind in einzelnen Fällen möglich: Präposition statt des Genitivs begegnet z. B. nach *wîs (an)*, *bar (von)*, *ledec (von, vor)*, *vrî (von, vor)*.

§ 374 In Verbindung mit Adjektiven von besonderer Bedeutung kann der Genitiv okkasionell einen spezifischen semantischen Wert gewinnen.

Bei Adjektiven, die Ausdehnung in Raum oder Zeit bezeichnen, kann ein Genitiv diese Ausdehnung spezifizieren und damit ihr Maß angeben:

der was wol rosseloufes wît Iw 6987; *in stach der künec ... hinderz ors, wol spers lanc* Pz 79,28; *... daz si der fürsten brâten snîden græzer baz dan ê doch dicker eines tumen* („um einen Daumen breiter") Wa 17,16 (C); *und wærer langer drîer slege* („wäre der Tag um die Zeit von drei Schwertschlägen länger gewesen") Iw 7406; *drîer jâr alt* Wig 3763.

Der Genitiv bei Adjektiven, die eine Gemütsbewegung bezeichnen, wie *geil, gemeit, vrô, gram, riuwec,* scheint eine kausale Bedeutungsnuance wiederzugeben:

... ern wære al ir vröuden geil („froh über" oder „durch") Pz 110,6; *bin ... ir leides gram, ir liebes frô* MF 207,34; *(si) mohten ... sînes tôdes riwic sîn* Wh 412,9. Auch der Genitiv in Verbindung mit *rôt* läßt sich so auffassen: *dâ wart er vröuden rôt* („vor Freude") NL 770,1; in anderem Zusammenhang dagegen kann man eine instrumentale Bedeutungsnuance empfinden: *er sah in bluotes rôten* („rot von Blut") NL 1006,1.

§ 375 Die Genitive einiger neutraler substantivischer Adjektive und Pronomina wie *michel(e)s, maneges, ihtes, nihtes* sind zu Adverbien geworden:

wie dû dâ mite verliesest michels mêre Wa 19,19; *so wære er maneges bezzer tot* G 1006; *habt ir mich ihtes deste wirs* Pz 369,14; *ich ... bin doch hiure nihtes wîser danne vert* MF 157,2.

§ 376 Ganz vereinzelt erscheint der Genitiv in Verbindung mit komparativischem Adjektiv als Komparationskasus:

aller tiere grimmer vnd ræzir („grimmiger und wilder als alle Tiere") Martina 91,95; *aller tiere was er tovber* Martina 177,103, beides innerhalb einer stark rhetorischen Partie, vielleicht von fremdsprachigem Vorbild bestimmt. Vgl. § 396. (Behaghel 1923, I, 560).

Lit.: Genitiv und Adjektiv
Delbrück 1893, I, 352–356; Grimm J. 1893, IV, 729–735; Brugmann 1906, II,2, 607f.; Paul H. 1916, III, §§ 243/44; Behaghel 1923, I, 541–560.

D. Genitiv nach Präposition

Der Genitiv ist nach einer Präposition verhältnismäßig selten. Wenn Präposi-   **§ 377**
tionen mit dem Genitiv verbunden sind, so ist dies nie ihre einzige und mit wenigen Ausnahmen nicht die vorherrschende Rektion; das Reguläre ist die Verbindung mit Dativ oder Akkusativ. Überwiegend handelt es sich bei den mit dem Dativ oder Akkusativ konkurrierenden Genitiven um neutrales *des* oder um die Genitive der Personalpronomina, während Substantive im Dativ oder Akkusativ erscheinen.

Folgende Präpositionen können mit dem Genitiv verbunden sein: *after* (normalerweise mit D., vereinzelt mit A. und I.) – *âne* (normalerweise mit A.) – *bî* (sehr selten mit G., normalerweise mit D., seltener mit A. und I.) – *ê/êr* (neben D.) – *eneben, neben* (daneben mit D. und A.) und *beneben* (daneben mit D.?) – *vor(e)* (daneben mit D.) – *gegen?* (normalerweise mit D., selten mit A.) – *hinder* (normalerweise mit D. oder A.) – *innen* (daneben mit D., seltener mit I.) – *binnen* (daneben mit D.) – *inner* (neben D.) – *ob* (fast immer mit D., selten A.) – *sît* (daneben mit D., vereinzelt mit I.) – *sunder* (überwiegend mit A.) – *under* (überwiegend mit D., A. und I.) – *wider?* (NL 2293,3 [b]; GL 47,4, sonst mit D. oder A., selten mit I.) – *(en)zwischen* (daneben mit D. und A.) – ferner noch: *innerhalp* (daneben mit D.) – *ûzerhalp* – *oberhalp* (daneben mit D.) – *niderhalp*.

Lit.: Genitiv nach Präposition
Weinhold 1883, 331–335; Grimm J. 1893, IV, 766–804; Wilmanns 1897, III, 705f.; Behaghel 1923, II, 43–48. Vgl. auch Lit. zur Präposition im Kapitel Wortarten; außerdem sei auf die Wörterbücher verwiesen.

E. Genitiv nach Interjektion

Wie zum Adjektiv und zum Verbum kann zu einer Interjektion ein Substantiv   **§ 378**
im Genitiv treten. Es bezeichnet das Ziel des Gefühlsausbruches (Genitiv der Relation): „ach (in bezug auf) über ...!":

owi miner stangin Ro 1686; *owê, sun, des troumes! owê, sun, des boumes! owê des raben! owê der krân!* Helmbr 629–631; *wol dich des hôhen teiles* Pz 781,13; *ach mînes slâfes* Gerhard 4712.

Lit.: Genitiv nach Interjektion
Grimm J. 1893, IV, 763f.; Paul H. 1916, III, § 245; Behaghel 1923, I, 607. Vgl. auch Lit. zur Interjektion im Kapitel Wortarten.

F. Ansätze zu einem absoluten Genitiv

§ 379 Ein absoluter Kasus ist auf kein anderes Satzelement bezogen und syntaktisch unabhängig; nur inhaltlich steht er zu dem Rest des Satzes in Beziehung (vgl. J. Grimm 1893, IV, 887). Doch gibt es Fälle, die eine Zwischenstellung einnehmen und in denen der Grad der Unabhängigkeit nicht leicht zu bestimmen ist. Im Mhd. begegnet ein absoluter Gebrauch des Genitivs nur ganz vereinzelt:

> *durch den scatz der unseres unwizzenes in den sechen lâch* ... Gen 4564—65; *und alles des, des si geleit von senelicher arbeit, son wiste si niht, waz ir war* („und bei all dem [trotz all dem], was sie erlitt durch Liebesnot, wußte sie nicht, was ihr diese Bedrängnis brachte") G 975; *und al des spiles, des er getete,* ... *so smacte ie der veige slac* („und bei [während] all seinem Spiel strömte immer die tödliche Verwundung einen Geruch aus") G 7833 (beide Male mit Attraktion des Relativpronomens, vgl. § 454); *sus muoz ich ane vater sin, zweier vetere, die ich gewunnen han* („so muß ich vaterlos sein, während [obwohl] zwei Väter sind, die ich bekommen habe") G 4371; ... *der grôzen ungenâden* ... *die ir unverschulter dinge dem edelen Bernære tuot* Alph T 242.

Lit.: Absoluter Genitiv
Grimm J. 1893, IV, 887, 896, 901 und 906ff.; Paul H. 1916, III, §§ 249—252; Piirainen 1969, 448—470.

V. Dativ

A. Semantische Werte des Dativs

§ 380 Der Dativ bezeichnet vorzugsweise Personen oder lebende Wesen, denen ein verbales Geschehen zugewendet ist.

Lit.: Dativ: Deutung der Funktion
Delbrück 1893, I, 184f. und 277—306; Wilmanns 1897, III, 611—663; Wiessner 1901, 367—556 und 1902, 1—68; Brugmann 1906, II, 2, 547—565; Delbrück 1907, 187—204; Havers 1911, 285—293; Paul H. 1916, III, §§ 253/54; Hirt 1921, III, 66ff.; Behaghel 1923, I, 608ff.; Löfstedt E. 1928, I, 175—237; Löfstedt B. 1963, 64—83; Jakobson 1974, 97—109; Gippert 1981, 31—62; Wegener 1985.

B. Adverbaler Dativ

§ 381 Bezeichnend für den adverbalen Dativ ist die weniger enge Verbindung mit dem Verbum, verglichen mit der Beziehung zwischen Objektsakkusativ und Verbum. Man hat deshalb den Dativ als Kasus des „indirekten Objekts" oder des „Nebenobjekts" bezeichnet (vgl. Jakobson 1974, 104f.). Eine Unterscheidung zwischen dem Dativ als notwendiger Ergänzung eines Verbums oder eines verbalen Ausdrucks und dem Dativ als freier Ergänzung ist nicht immer möglich:

1. Der Dativ in engerer Beziehung zu Verben:

Der Dativ der Person steht in Verbindung mit unpersönlichen Verben wie: *mir eiset, grûwet, anet, versmâhet,* ferner in Verbindungen wie einem *ist nôt, gêt nôt* (dies auch mit dem Akk. der Person), *ist leit, ist durft, ist zorn.* Über Konkurrenz des Akkusativs der Person mit dem Dativ bei unpersönlichen Konstruktionen vgl. § 351.

Beispiele anderer Verben, die mit dem Dativ der Person verbunden erscheinen, entweder ausschließlich oder im Wechsel mit anderen Konstruktionen, wobei sich zuweilen Bedeutungsvarianten ergeben können (vgl. hierzu die Wörterbücher):

> *rihten, genâden, vluochen, geswîchen, lieben* („wert sein"), *leiden* („unangenehm, verhaßt sein"), *ruofen, haren* („rufen"), *vernemen* („Gehör schenken"), *antworten, folgen, untertân sîn.*

Bei transitiven Verben kann der Dativ der Person dem Objektsakkusativ (oder dem partitiven Objektsgenitiv, vgl. § 362 gegenüberstehen, so bei *geben, nemen, bieten, bringen, râten, loben* („einem etw. geloben"), *lieben* („einem etw. angenehm machen"). Erspart ist der Objektsakkusativ in festgewordenen Verbindungen wie: *dem rosse hengen, dem rosse enthalten* (sc. den Zaum oder den Zügel: „das Roß laufen lassen", „das Roß anhalten"), *einer frouwe binden* (sc. den Kopfschmuck). (Wilmanns 1897, III, 626ff., 646; Behaghel 1923, I, 692–698.)

2. Der Dativ als freiere Ergänzung eines Verbums: **§ 382**

> *... daz si erme herren umbe die maget voren* („für ihren Herrn") Ro 145; *unsern herren got bater in beiden umbe hulde* („für sie beide") Gr 2289; *nû men dû mir oder hab den phluoc, sô men ich dir* Helmbr 247f.; bezogen auf die Verbindung von Verbum substantivum und prädikativem Nomen: *do was diu din wambe ein chrippe deme lambe* Melker Marienl 7,3 (vgl. Behaghel 1923, I, 627ff.).

Der Dativ des Personalpronomens der 1. und 2. Person kann in Fügungen stehen, in denen er syntaktisch entbehrlich ist. Er betont die Teilnahme des Sprechenden an der Aussage und besonders an einer Aufforderung, wenn es sich um das Pronomen der 1. Person handelt, oder er fordert die Teilnahme des Angesprochenen heraus, wenn es sich um das Pron. der 2. Person handelt. Fügungen dieser Art scheinen der mehr volkstümlichen Redeweise anzugehören, in der klassischen mhd. Literatur erscheinen sie nicht oder kaum:

> *dô kam sî unde brâhte ... diz brievelin. ‚daz bring mir dem herren dîn'* Heinzelein, Minnelehre 1308; *habet ir mir den hungrigen zezzen geben?* Berthold I, 103,2; *frâget mir einen jüden* Berthold I, 401,38; *dîn schônez wîp ... die minnet dir ein heiden: kunig, daz lâz dir wesen leit* SM 385 (Wilmanns 1897, III, 619f.; Behaghel 1923, I, 629f.).

Im älteren Mhd. kann ein pronominaler Dativ als Reflexivkasus gebraucht werden:

unz er ime gnûch geweinote ... Gen 4627; *so stunt imi uf der vili guote man* Anno 36,1; *ich stuont mir nehtint spâte* MF 8,1; *do gehit ime so werde der himel zuo der erde* Melker Marienl 7,1; *ze gerichte er im nu stat* RL 9070.

In jüngerer Zeit und besonders gegen Ausgang des Mhd. tritt pleonastischer Gebrauch des reflexiven *sich* auf:

do sprach sich Gernot NL 1483,1 (D, letztes Drittel 14. Jh.s); ‚*ich wil zu Land ausreiten'* sprach sich *Meister Hildebrand* Jü Hildebrandslied 1,2 (Erk-Böhme, Deutscher Liederhort I, 1893, S. 68); *der eine was sich her Vâsolt* Ecke 2,4; *ûf spranc sich Wîcrammes sun* Virg 381,1 (Weinhold 1883,468; Behaghel 1923, I, 632f.; Havers 1931, 36; 218).

<u>Anm. 1</u>: Auf ein Substantiv, das die Auffassung als freiere dativische Ergänzung eines Verbums gestattet, können die Possessivpronomina *ir* oder *sîn* folgen, die attributiv zu einem folgenden Nomen gehören, sich aber auf den vorangehenden adverbalen Dativ beziehen:

so sal men einir kuninginne ir botin minnin Ro 2027−28; *minne, diu der werlde ir fröide mêret* MF 145,9; *nu sihe ih rôt von pluote Hagenen sîn gewant* NL 2055,3; *des werdent schœner (schonre DV, schonen C) vrouwen ir ougen rôt, ... swan si ir werden ... man dâ weiz in mortlîcher nôt* Reinmar v Zw 106,5 (S. 464); *da ergienc der orse schelmetac, dar nâch den (den von* Ggg, *von* Dg) *gîren ir bejac* („da wurden die Rosse zu Kadavern, danach [wurde] den Geiern ihre Beute") Pz 387,26.
Diesen Fügungen ist eigen, 1) daß (mit Ausnahme von Pz 387,26) der adverbale Dativ sich formal nicht von einem Genitiv unterscheidet, 2) daß unmittelbar auf den adverbalen Dativ die Verbindung eines Pronomens possessivum mit einem anderen Nomen folgt. Daraus kann sich zweierlei ergeben: 1) Unsicherheit über den Charakter dieses Kasus, ob Dativ oder Genitiv, 2) eine veränderte Auffassung seiner Beziehung: der adverbale Kasus kann auf das folgende mit dem Pronomen possessivum verbundene Nomen bezogen werden, vgl.: *er was ir fuore ein strenger hagel, noch scherpfer dan der bîn ir (der pîn der* g) *zagel* („Keie war für ihr Verhalten ein scharfer Hagel, noch schärfer als der Stachel der Biene", keinesfalls: „als ihr Stachel für die Biene") Pz 297, 11−12; *Gahmuretes herze ouch ... getwenget was von der minnen ir* (G, *was* und *ir* fehlt I) *hitze* („war bedrängt von der Hitze der Minne") Tit Str. 90, 1−2. Derartig eindeutige Beispiele für die Verschiebung der Beziehung sind innerhalb des Mhd. ganz vereinzelt. Hier liegen die Anfänge des seit dem Fnhd. weiter verbreiteten Typus des adnominalen Genitiv-Dativs Fem. von possessiver Bedeutung neben einem Possessivpronomen, vgl.: *auf der Fortuna ihrem Schiff ist Er zu segeln im Begriff* Wallensteins Lager 421; daneben tritt dann auch der (eindeutige) adnominale Dativ Mask. neben Possessivpronomen: *nu fliehent die junger, vnd erwüscht Malchus dem blinden Marcello sin mantel, vnd entrünt er* Donaueschinger Passionsspiel [15. Jh.] 2132a (hg. von E. Hartl 1942; weitere Beispiele dafür bei Behaghel 1923, I, 639.

<u>Lit.</u>: Dativ adverbal
Grimm J. 1893, IV, 340, 351, 684−706; Rausch 1897, 25−32; Paul H. 1916, III, §§ 253−264; Behaghel 1923, I, 610−640; Löfstedt E. 1928, I, 173ff.; Körner 1962, 33−45.

C. Dativ beim Adjektiv

§ 383　Adjektive, auf die ein Dativ bezogen werden könnte, haben fast ausschließlich prädikative Funktion, kaum attributive. Der Dativ ist der prädikativen Aussage als ganzer zugeordnet. Beispiele derartiger Adjektive: *liep, wert, holt, nütze, kund, niuwe, verre.*

Ganz vereinzelt erscheint der Dativ in Verbindung mit komparativischem Adjektiv als Komparationskasus: *waz ist suozzir ode erlichir dem smache unsires trohtines?* („was ist süßer ... als der Duft unseres Herrn?") Millst Phys 21,1f. Trotz germanischer Parallelen könnte hier lateinischer Einfluß vorliegen. – Über den Genitiv als Komparationskasus vgl. § 376.

Lit.: Dativ beim Adjektiv
Grimm J. 1893, IV, 746–755; Wilmanns 1897, III, 647–650; Paul H. 1916, III, §§ 265/66; Behaghel 1923, I, 646–655.

D. Dativ nach Präposition

Folgende Präpositionen können z. B. mit dem Dativ verbunden sein: § 384
ab; – *after* (vereinzelt auch mit A., I., G.); – *an* (daneben mit A., selten mit I.); – *bî* (selten mit A., I., G.); – *ê/êr* (daneben mit G.); – *eneben, neben* (daneben mit A. und G.); – *von* (daneben mit I.); – *vor* (daneben mit G.); – *gegen* (selten mit A.); – *hinder* (daneben mit A., seltener mit G.); – *in* (daneben mit A.); – *innen* (daneben mit G., selten mit I.); – *binnen* (daneben mit G.); – *inner* (daneben mit G.); – *mit* (daneben mit I.); – *nâh;* – *ob* (selten mit A., vereinzelt mit G.); – *sament;* – *sider;* – *sît* (daneben mit G., vereinzelt mit I.); – *sunder* (daneben mit A. und G.); – *über* (normalerweise mit A.); – *ûf* daneben mit A.); – *under* (daneben mit A., I., G.); – *ûz;* – *ûzer;* – *wider* (daneben mit A., selten mit I., vereinzelt mit G.?); – *ze* (daneben mit I., zuweilen mit A.); – *zuo* (daneben mit I.); – *en(zwischen)* (daneben mit A., selten mit G.).

Lit.: Dativ nach Präposition
Weinhold 1883, 331–335; Grimm J. 1893, IV, 766–804; Wilmanns 1897, III, 700–704; Paul H. 1916, IV, §§ 279–290; Behaghel 1923, II, 34ff. Vgl. auch Lit. zu Präposition im Kapitel Wortarten und die Wörterbücher.

E. Dativ nach Interjektion

Der Dativ der Person steht in Verbindung mit *wê, ach, leider, phi, wol;* bei *wol*   § 385
und *phi* steht auch der Akkusativ der Person (vgl. § 358). Zum Genitiv der Sache in Verbindung mit Interjektionen vgl. §§ 378 und 435.

Lit.: Dativ nach Interjektion
Grimm J. 1893, IV, 763f.; Paul H. 1916, III, § 266; Behaghel 1923, I, 663. Vgl. auch Lit. zu Interjektion im Kapitel Wortarten.

VI. Instrumental

A. Bestand an instrumentalen Formen

§ 386 Der Instrumental ist bis zum Mhd. hin bis auf wenige Reste untergegangen (vgl. § 218, Anm. 5, § 223, Anm. 3 und § 232). Erhalten haben sich die instrumentalen Formen des Neutr. Sg. der Pronomina *daz, waz, swaz: diu* (bair. *deu*, md. im 12. Jh. *dû*, später *die, di*), *wiu (weu, wê), swiu (sweu)*, des Pronominal-Adjektivs *al: alle* (älter: *elliu*), der von Hause aus substantivischen Indefinitpronomina *iht* („etwas") und *niht* („nichts"): *ihtiu (ihteu), ihte* und *nihtiu (nihteu), nihte*. (Formal fallen in *ihte* und *nihte* Instr. und Dat. zusammen.)

Überwiegend treten diese Instrumentale in Verbindung mit Präpositionen auf. Nur noch selten ist die Beziehung auf adjektivisches (prädikatives) oder adverbiales *gelîch(e)* oder auf Komparative. Nicht durch Präpositionen gestütztes adverbales *diu, wiu, swiu* findet sich nicht.

B. Syntaktische Verbindungen

§ 387 Instrumental in Verbindung mit Präpositionen:

Die Mannigfaltigkeit dieser Präpositionen spiegelt noch etwas wider von der semantischen Vielfalt des Instrumentals, jedoch lassen sich diese vom Mhd. aus nicht mehr deutlich erfassen. Keine der aufzuführenden Präpositionen wird im Mhd. allein mit dem Instrumental verbunden; über die Konkurrenz mit Gen., Dat., Akk. vgl. §§ 357, 377 und 384:

> *after (diu),* an *(diu, ihtiu, nihte),* bi *(diu,* auch als *bediu, nihte),* von *(diu, wiu, alle, ihtiu, nihtiu),* in *(diu, wiu, elliu, ihtiu),* inner *(diu),* mit *(diu, wiu, alle, ihtiu, nihtiu,* die Verbindung mit *al* auch als *metalle, betalle* [vgl. Schützeichel 1955, 201–236], „gänzlich, ganz und gar"),* nâh *(diu, wiu),* umbe *(diu, wiu),* under *(diu),* ze *(diu, wiu, ihtiu, nihte);* ferner *êr (diu),* sît *(diu);* auch *durch (nihtiu),* für *(nihtiu),* ûz *(nihtiu).*

Der Instrumental *diu* bezogen auf adjektivisches (prädikatives) oder adverbiales *gelîch(e):*

> *daz was dív vil geleich als ob* ... Aneg 19,30; *dô gebârter rehte al diu* (A, *der* J, *di* Dd, *der* l, *dem* Bbcfprz) *gelîch als* ... Iw 753 nach Iw[7] (Bd. 2, S. 36); *in sint di sîten und der lîp gestalt vil wol diu* (AE, *die* D, *dem gelîche* B) *gelîch* Iw 6269; *der* ... *niemer die gelîche tuot* Wa 70,21 (U); daneben, reicher bezeugt, findet sich die Verbindung von *gelîch* mit dem Dativ.

Instrumental in Verbindung mit Komparativ:

Nicht selten ist die Verbindung eines adjektivischen oder adverbialen Komparativs mit *deste* (< ahd. *thes thiu*): *ich wil iemer deste tiurre sîn* Wa 43,13 (BC) (vgl. § 396). Aber der Instrumental in *deste* wurde schwerlich noch empfunden. Bloßer Instrumental neben Komparativ (auch in den Formen *du, die, dê, di*) scheint selten: *si newirdet umbe daz du dunkelere niet* („[die Sonne] wird davon nicht um so dunkler") Arnsteiner Marienleich 9 (vgl. Weinhold 1883,532; Behaghel 1917,228ff.; 1923, I, 246ff.).

Lit.: Instrumental
Weinhold 1867,381f.; ders. 1883, 485, 532, 540, 546ff. und 564; Delbrück 1893, I, 184, 231−274; Grimm J. 1893, IV, 706−715; Wilmanns 1897, III, 663ff.; Brugmann 1906, II,2, 518−547; Delbrück 1907, 152−185, 233ff.; Paul H. 1916, III, § 253; Hirt 1921, III, 30−36; Behaghel 1923, I, 663−674; Wolfrum 1960, 226−241; Karg-Gasterstädt 1968, I, 974−991; Luraghi 1986, 48−66.

KAPITEL IV

Wortarten

I. Declinabilia

A. Form und Gebrauch

§ 388 Aufgrund von morphologischen und syntaktischen Kriterien lassen sich die Wortarten in flektierbare und unflektierbare einteilen. Zu den flektierbaren Wortarten gehören die konjugierbaren Verben (Wörter mit Tempusformen) und die deklinierbaren Substantive, Adjektive und Pronomina (Wörter mit Kasusformen).

Substantive sind deklinierbare Wörter, die einen Artikel oder ein Pronomen vor sich oder ein Relativ- und Demonstrativpronomen nach sich haben können. Adjektive sind deklinierbare Wörter ohne Artikel, mit obligatorischer Genuskongruenz in attributiver Stellung und mit Formen der Graduierung (Steigerungsformen). Pronomina sind deklinierbare, aber nicht komparierbare Wörter.

Zu den unflektierbaren Wörtern gehören die Adverbien, Präpositionen (mit Kasusrektion), die Konjunktionen, Interjektionen und Partikeln.

In der Wortbildung ist ein Wechsel von einer Wortart in die andere möglich, z. B. vom Adjektiv zum Substantiv und umgekehrt, vom Partizip zum Adjektiv, vom Verb zum Substantiv etc.

Lit.: Wortarten: Klassifikation
Plant 1969, 25−56; Bergenholtz/Schaeder 1977; Boretzky 1977, 72−77; Helbig 1977; Harweg 1979a, 88−116; Engel 1982, 64−86; Heger 1985.

1. Substantiv

§ 389 Das Substantiv wird in den Kapiteln über die Kasus (§§ 343−387), das Subjekt (§§ 336−337) und die grammatischen Kategorien (§§ 425−431) behandelt.

2. Adjektiv

§ 390 a) Starke und schwache Flexionsformen

Differenzierung des Formenbestandes:
Man nimmt im allgemeinen an, daß die schwachen Formen der germanischen Adjektivflexion zunächst eine determinierende Bedeutung gehabt haben: „das schwache Adjektivum ist die Bestimmtheitsform" (Delbrück 1909,196). Dagegen werden die Formen der starken (idg.) Adjektivflexion in gleicher Weise

auf Substantive bezogen, die im unbestimmten und im bestimmten Sinne gebraucht sind. Mit der Entfaltung der schwachen Adjektivflexion wurde der (ursprüngliche) Gebrauch der stark flektierten Formen allmählich auf die Bezeichnung unbestimmter Größen eingeschränkt. Diese Differenzierung zeichnet sich bereits im Gotischen deutlich ab. Sie wurde betont durch die Ausbildung des Artikels in den germ. Einzeldialekten: zu einem Substantiv, das als bestimmter Begriff charakterisiert werden sollte, trat die schwache Form des Adjektivs in Verbindung mit dem Artikel, zu einem Substantiv, das als unbestimmter Begriff charakterisiert werden sollte, die starke Form des Adjektivs ohne Artikel. Auf die Vorgänge in den Einzeldialekten und auf ihre Chronologie kann hier nicht näher eingegangen werden.

Im Mhd. hat sich aus diesen Voraussetzungen die Tendenz zu einer formalen Regulierung entwickelt, in dem Sinne, daß die schwache Form des Adjektivs gebraucht wird, wenn dem Adjektiv der Artikel oder ein Pronomen mit charakteristischer Kasusendung vorausgeht, die starke Form des Adjektivs, wenn dies nicht der Fall ist. Dieser Gebrauch zeichnet sich ab, ist jedoch ebensowenig konsequent, wie der Begriff einer charakteristischen Kasusendung eindeutig ist.

b) Attributives Adjektiv   § 391

α) Dem vorausgestellten Adjektiv und Substantiv gehen Artikel, Pronomen oder ein anderes Wort mit charakteristischer Kasusendung nicht voran. In der Regel wird das stark flektierte Adjektiv gebraucht:

> ‚waz mære hâstû vernomen?‘ ‚guotiu mære‘ Iw 2207; ob im von guotem wîbe ie dehein guot geschach … Iw 3350; der ist sô grimmes muotes NL 1547,1. Im Nom. Sg. ist die endungslose Form nicht selten:
> er was recht richtere RL 702; … daz guot und weltlich (BC, weltliche A) êre … zesamene … komen Wa 8,20; gelegentlich findet sich die flexionslose Form auch neben anderen Kasus des Substantivs: heidensch orden man dort siht Pz 13,28 (vgl. Weinhold 1883,564f.; Behaghel 1923, I, 179–184).

Über die Verbindung des Vokativs mit attributivischem Adjektiv vgl. § 347,1; im Pl. überwiegt die schwache Form des Adjektivs, im Sg. die starke, meist endungslose Form.

β) Bei der Verbindung von Substantiv und nachgestelltem Adjektiv kann dem Substantiv der bestimmte oder der unbestimmte Artikel vorangehen oder ein Pronomen, oder das Substantiv kann unartikuliert sein. Gewöhnlich ist das nachgestellte Adjektiv endungslos in allen Kasus; seltener sind flektierte Formen:

> der winter kalt Wa 114,30; durch des küneges liebe und di küneginne guot („aus Zuneigung zu dem K. und um der edlen Königin willen") NL 1386,4 (BCDJh); von einem adamante hart Alex S 6389; nâch der schœnen Lîâzen, der meide sælden rîche Pz 179,27; – der man listiger Gen 1606; ein wolken so trüebez MF 134,4; der knappe

guoter Pz 138,7; *von heleden lobebæren* NL 1,2 (vgl. Weinhold 1883, 569; Behaghel 1923, I, 205f.).

γ) Verbindung von Pronomen bzw. Artikel mit Adjektiv und Substantiv:

In der Verbindung bestimmter Artikel – Adjektiv – Substantiv ist das schwach flektierte Adjektiv das Reguläre. Jedoch erscheinen stark flektierte Formen nicht selten:

> *der listiger man* Ro 2193; *des ganzes apfels halben teil* Pz 278,15 (D); *ûz dem betouwe-tem* (*betouweten* MWNORS) *grase* G [Marold] 561; flexionslos: *der bluotec sweiz* Pz 387,24 (vgl. Weinhold 1883,582ff.; Behaghel 1923, I, 184–188).

In der Verbindung *dirre* (bzw. *jener*) – Adjektiv – Substantiv ist gleichfalls das schwach flektierte Adjektiv das Reguläre. Es erscheinen aber auch starke Formen:

> *disiu richiu* (A, *reiche* E, *reichen* G) *kint* Gr [1] 103; *dirre vrintlicher* (ADEd, *friuntli-che* BHb) *strît* Iw 7592 (vgl. Weinhold 1883,577; Behaghel 1923, I, 188ff.).

In der Verbindung Pronomen possessivum – Adjektiv – Substantiv erscheint das Adjektiv stark und schwach flektiert:

> stark: *dîn süeziu güete und dîn minneclîcher zorn* Wo, Lied 6 (S. 7, 35–36); *ir bestiu vreude* Gr 507; *nâch ir vil starkem leide* NL 2353,4; *von sînem michilme* (Hs. 4, *micheln* 2. 3a) *grimme* Kchr 5660; *an sîme rôtem* (*roten* Abd, *rotē* DI) *helme* NL 191,4; *mit siner ellenthafter hant* Ro 4336; *verkoufe dîne kurze* (*kurzen* H) *tage* Gr [1] 1624; *ungemüete hete pfliht sîner ungeteilter* (CDa) *spil* Klage 1611; schwach: *sîner lieben swester* (Gen. Sg.) Gr 299; *sîn grôziu triuwe sînes stæten muotes* Iw 3210–11; *mîniu werden kint* (Akk.) Pz 177,23; *nu muoz ich ie mîn alten nôt … niuwen* MF 187,31; *ein kus … von ir rôten munde* Wa 112,8; *ich hân nâch ir mîn hœhste* (*hohest* G, *hohsten* g, *hohstez* dgg) *leit* Pz 98,6; *… daz … Riwalîn … müese sîn ir meiste* (FBNO, *meister* andere Hss. und Ranke) *trôst, ir beste leben* G [Marold] 1081; flexionslos: *mir ist sô wol bekant iuwer grôz unschulde* NL 860,3 (vgl. Weinhold 1883,576; Behaghel 1923, I, 190–196).

In der Verbindung unbestimmter Artikel – Adjektiv – Substantiv erscheint das Adjektiv im Nom. in der Regel stark flektiert, ebenso im Akk. Fem.; im Gen. und im Dat. treten sowohl starke als auch schwache Formen auf:

> *ein lieber tac* Pz 7,14; *ein langez mære* Pz 3,27; *ûf eine liehte heide* Pz 516,22; *in einem schœnem* (B, *schœnen* die übrigen Hss.) *brunnen* NL 1533,3; *mit eime geruowtem* (*-eten* lmtp) *here* Wh 53,23; *in einer kurzer* (AB, *kurzen* DIbdhC) *stunt* NL 933,2; *eines angestlîchen slâfes* Pz 103,26; *zeiner stolzen witewen* NL 1143,4 (vgl. Weinhold 1883,578; Behaghel 1923, I, 197–200); – im Nom. Mask. und Fem. und im Nom. und Akk. Neutr. ist das Adjektiv nicht selten flexionslos: *ein gŭt knecht* RL 2259; *ein übel hôhzît* NL 2119,4; *ein edel herze* KvW, Silv 24 (vgl. Weinhold 1883,566f.).

In der Verbindung von Personalpronomen, Adjektiv und Substantiv erscheint das Adjektiv sowohl stark als auch schwach flektiert. Je nach Kasus, Numerus und der Person des Pronomens kann entweder die starke oder die schwache Form bevorzugt gebraucht werden (so die schwache Form neben dem Nominativ des Pronomens der 2. Pers. Pl., entsprechend der § 347,1 vermerkten Tendenz zum Gebrauch des schwachen Adjektivs in Verbindung mit dem Vokativ Pl.); aber eine ‚Regelung' läßt sich aus dem Material kaum ablesen.

Starkes Adj.: *er süezer man vil guoter* Pz 374,22; *ich armez wîp* Pz 616,27; *mîn tumbes mannes munt* MF 96,9; *mîn armer Kriemhilde nôt* NL 1056,4; *wol dir süezem kinde* G 3162; *uns wegemüede (wegmueden* Ibh*) geste* (Akk.) NL 746,2; schwaches Adj.: *ich arme tore* Ro 4425; *mir armen wibe* Ro 1207; *man heizet herbergen uns ellenden geste* GL 259,3 *ir tiuren uolcdegene* (Vokativ) RL 4079; *ir guoten recken* NL 310,1; *ir reinen* (Aw^x, *rainú* BC) *wip, ir werden man (man* fehlt BC) Wa 66,21 (vgl. 347,1); flexionslos: *si sælic wip, si zürnet wider mich* Wa 71,1 (vgl. Weinhold 1883,575; Behaghel 1923, I, 206–209).

δ) Mehrere adjektivische Attribute können gleiche oder verschiedene Flexion aufweisen. Es finden sich mehrere Möglichkeiten von unterschiedlicher Häufigkeit des Gebrauchs:

§ 392

mehrere voranstehende Adjektive haben die gleiche Flexion: *ir beste und ir grœste magenkraft* AH 98–99 (dies ist die am häufigsten vertretene Möglichkeit);

es wechseln bei mehreren voranstehenden Adjektiven unflektierte und flektierte starke Form: *junc (iunge* G, *iunger* gg) *süezer man* (Vokativ) Pz 47,6; *ûf einem touwec gruenem* (D, *grüenen* andere Hss.) *gras* Pz 775,13;

es wechseln schwache und starke Form: *einer werden süezer (werden suozen* dg, *stolzen werden* G) *minne* (Gen.) Pz 44,28; *si truogen vremdiu (fromden* G) *wilden (wilt* gg, *wilde* dg) *mâl* Pz 519,9;

mehrere nachgestellte Adjektive können flexionslos oder flektiert sein: *der treit ûf sîme houbte einen helm glanz, lûter unde herte, starc unde ganz* NL 1841, 1–2; *mit steynen grozen unde cleynen* En 8413–14 (G);

die Adjektive umschließen das Substantiv: *über den grüenen anger breit* Pz 536,16; *von rôtem golde guot* NL 1795,2; *barmherzic (barmherzige* k) *muoter ûz erkorn* (Vokativ) Wa 7,22 (vgl. Weinhold 1883,570f.; Behaghel 1923, I, 210–214).

Anm. 1: Wenn das Pronominaladj. *al* einem anderen attributiven Adj. unmittelbar vorausgeht, weisen beide entweder die gleiche Flexion auf: *uz allem irdiskem chunne* RL 5654, oder es folgt auf das eindeutig flektierte Pronominaladj. das schwach flektierte Adj.: *allez romische riche* RL 3108; *der elliu lebenden* (D, *lebendú* C) *wunder nert* Wa 22,17. Ähnlich ist der Gebrauch von *manec: mangiu schœniu meit* NL 417,2 (A); *sô manegem (manigen* A) *süezen munde* Iw 5360; daneben unflektiert: *sô manec guot ritter* Iw 42 und *manec schœner list* Wa 105,4 (vgl. Behaghel 1923, I, 200f.).

Anm. 2: In den Verbindungen *al* plus bestimmter Artikel plus Substantiv und *al* plus Pronomen possessivum plus Substantiv kann *al* in allen Kasus unflektiert erscheinen: *in al den* (Dg, *allen den* g) *landen* Pz 556,10; *al* (AB, *alle* Dbd) *iuwer arbeit* (Nom.) Iw 6010; *al sine sinne* (Akk.) G 940, daneben flektiert: *allen den tac* Iw 269; *buten im alle die êre* Iw 5442; *in allen den landen* AH 37; *aller dîner missetât* Gr 13 (vgl. Weinhold 1883,563). – Wie im Ahd. (vgl. Th. Frings 1945, 404–419; Ahd. Wörterbuch, Bd. I, 173ff.) ist es auch im Mhd. nicht immer möglich, eine klare Grenze zwischen unflektiertem appositiv-attributivem und adverbialem *al* zu ziehen: *zvene vnde sibincih kuninge biderve unde vromige die waren im al vnder tan* („die waren ihm alle untertan" oder „ganz und gar untertan") Ro 9; andere Fälle fordern appositive Auffassung: *ir gruoz, ir rede betrahter gar, ir suft, ir segen, al ir gebar daz marcter al besunder* G 799, wieder andere adverbiale: *der heidn und der getoufte wârn mir strîtes al gelîch* Pz 495,29. (Vgl. auch Behaghel 1923, I, 393–398.)

360 Syntax: Wortarten

Lit.: Adjektiv attributiv
Osthoff 1876; Weinhold 1883, 555–584; Delbrück 1893, I, 426–432; Grimm J. 1893,
IV, 460–586, bes. 482–491; Wilmanns 1897, III, 733–763; Brugmann 1906, II,2,
652–667; Jellinek 1908, 581–584; Delbrück 1909, 187–199; Lehnerdt 1910; Paul H.
1916, II, §§ 119–125; Behaghel 1923, I, 1–20, 149–158, 169–268; Leijstroem 1950;
Heinrichs 1954; Hodler 1954, 73ff.; Kuhn 1955, 97–104; Krause 1968, 172–186;
Kienle 1969, 209–227; Motsch 1971; Weber H. 1971; Giuffrida 1972; Birkhan 1974,
1–24; Törnqvist 1974, 313–331; Lutz 1975a; Moser Hugo 1976, 282ff.; Ramat 1981,
75–80; Bickes 1984.

§ 393 c) Prädikatives Adjektiv

Das prädikative Adjektiv ist überwiegend endungslos:

er ist der wunne so sat Gen 485; *so birn wir also gemeit* Gen 1101; *ouch was sîn tugent vil breit* AH 40,

doch kommen flektierte Formen nicht selten vor, besonders im Nom. Sg.
Mask.:

nîdes was er uoller Gen 1248; *sîn jâmer wart sô vester* Gr 837; *daz nie kein tac so langer wart* G 3869; – *alsam ez vollez balsmen sî* Wa 54,14; *hæilic wis dv frowe Maria. volliv genaden dv bist* Aneg 30,47; *vnde waern die phenninge ze den ziten als gvte, daz man zwene hallar gab vmbe ain phenninch* Corpus III, S. 362,20) [1295, schwäbisch]; selten ist schwache Flexion: *ich was sô volle scheltens* Wa 29,2 (C).

Auch in prädikativer Verbindung mit anderen Verben als *wesen* und *werden* erscheint das Adjektiv im Nominativ sowohl flektiert wie unflektiert, doch scheinen die flektierten Formen hier eine stärkere Stellung zu haben:

der nu vil sêre wunder (wnd Cd) lît NL 257,4; *die dâ wunde (wnt Ih) lâgen* NL 308,1; *(er)wær dâ tôter gesehn* Iw 6358; – *die lâzen ligen tôt* (Imp.) NL 150,2; *daz ich … durch ir willen lige tôt* (: *nôt*) Iw 4235; *liget tôt* (:*nôt*) (Imp.) Iw 6616; *sî lâgn … sêre wunt* (:*gesunt*) Iw 5957;

I. Dal (1966,63f.) äußert sich über den syntaktischen Charakter dieser adjektivischen Glieder und die unterschiedliche Beurteilung, die sie durch die Forschung erfahren haben, vgl. auch § 338; Behaghel 1923, III, 475ff. bezeichnet die Erscheinung als „halbprädikatives Adjektiv", Paul-Mitzka 1966, §§ 203–204 als „prädikatives Attribut".

Auf einen Objektsakkusativ bezogen, erscheint das prädikative Adjektiv flektiert (mit der entsprechenden Akkusativendung), aber auch flexionslos:

dô er gesunden sînen leun von dem strîte brâhte Iw 6868; *den man in allen landen so lieben und so werden hat* G 19202–3; *daz er al bereite (bereit Gdgg) vant spîse warm, spîse kalt* Pz 238, 14–15; *swa er ir gebeine blôzez fünde* Wa 22,13; *der wistez warez alse den tot* G 17747; aber: *ich erkenne si sô küene* NL 1593,1; *der hât iuch an den witzen kranc* Pz 463,3; *der künec … nam in die hant daz becke … und schuof ez vol des* (Aac, *vollez* BDEbd) *brunnen* Iw 2531 (J. Grimm 1893, IV, 491–496 u. 577; Weinhold 1883,571f.; Behaghel 1923, I, 217–225; Paul 1916, III, § 70).

Lit.: Adjektiv prädikativ
Weinhold 1883,571ff.; Grimm J. 1893, IV, 491–496; Behaghel 1923, I, 217–225;
Motsch 1971, 14–59; Droescher 1974, 279–285; Mumm 1974; Braumüller 1977; Starke 1977, 190–203; Rüttenauer 1978; Pretzel 1979, 330–334.

d) Adjektiv und Derivation

α) Substantivierung von Adjektiven   **§ 394**

Es kann im Mhd. fast jedes Adjektiv substantiviert werden. Einzelne Substantivierungen sind stehend geworden. Substantivisch gebraucht werden (z.T. seit vor-mhd. Zeit) die flexionslosen Formen des Nom. und Akk. Sg. Neutr. einzelner Adjektive wie: *reht, leit, guot;* diese haben die adjektivische Flexion aufgegeben und erscheinen auch morphologisch als Substantive (Neutr., *a*). Das gleiche gilt für Maskulina wie: *gesunt* (‚Gesundheit‘), *zart* (‚Zärtlichkeit‘; ‚Liebling‘, ‚Geliebter‘), *trût* (Mask., *a*).

Als substantivische Indeclinabilia können die flexionslosen Formen anderer Adjektive gebraucht werden. Bei einigen ist der substantivische Gebrauch relativ häufig, so bei *wênec, lützel, genuoc,* bei anderen okkasionell, so bei *breit, lanc, grôz:*

> *sîns schildes was vil wênic ganz* Pz 121,25; *ir* (scil. *der schilde) bleip in lützel vor der hant* Pz 537,19; *in dühte er hete wâfens gnuoc* Iw 5021; *ich hân sô breit der erden* Wh 184,18; *swaz man heizet unprîs, daz entruoger nie decheinen wîs halbes vingers lanc noch spanne* Pz 678,27.

Als substantivisches Indeclinabile erscheint auch *vil* (wie ahd. as. *filu,* got. *filu;* daneben wird mhd. *vil,* wie got. ahd. *filu,* adverbial gebraucht). Ob es sich dabei um die Substantivierung eines längst untergegangenen Adjektivs handelt oder ob der substantivische Gebrauch der älteste des Wortes im Germanischen ist, läßt sich nicht entscheiden (vgl. Delbrück 1893, I, 448f.; Behaghel 1923, I, 3f.; 9). Das indeklinable *vil* wird mit dem partitiven Genitiv verbunden: *mit manger fröide und liebes vil* MF 40,9; *der man vil der êren giht* Wa 15,2 (AM). Es nähert sich aber dem Adj. insofern, als appositiv zu ihm, wenn es in der Funktion eines Dativs steht, ein Substantiv im Dativ treten kann, wodurch *vil* attributiven Charakter gewinnt: *zuo vil liuten* Wa 46,12; *daz si vil liuten sol iemer sîn gemeine* Wa 116,15 (vgl. Behaghel 1923, I, 532). Erst ganz vereinzelt erscheinen im Mhd. flektierte Formen von *vil.*

Beim substantivischen Gebrauch des flektierten Adjektivs ist kein Bedeutungsunterschied zwischen der schwachen und der starken Form festzustellen. Jedoch treten beide Formen nicht gleichmäßig häufig unter den gleichen Voraussetzungen auf. Die schwache Form wird bevorzugt (s. § 390). Aber eine Regelung, die ohne Ausnahme gültig wäre, ist nicht erkennbar.

Beispiele für die Verbindung des bestimmten Artikels mit der schwachen Form des (substantivierten) Adjektivs gibt es in Fülle:

> *der bœse* Iw 2499; *diu vil süeze* AH 461; *Jôbe ..., dem edeln und dem rîchen* AH 129; *die biderben* (Nom. Pl. Mask.) AH 413.

In einigen Fällen steht nach dem bestimmten Artikel die starke Form des Adjektivs teilweise als Reimwort (vgl. auch J. Grimm 1893, IV, 540a und c; Weinhold 1883,582; Wilmanns 1897, III, 753):

> *Constantînus der gûter* (Hs. 1) *der sprah duo zuo der muoter* Kchr 7638; *sus sprach er zuo der guoter* (:*muoter*) AH 971 (A); *duo sprach aver ettelîcher: ‚sam mir got der*

richer ...‘ (Hs. 4) Kchr 4436; *sprach der sturmgîter* (:*rîter*) Lanz 1781–82; *so die wegemude tuont* NL 485,4 (A); *ez heten die ellende wider morgen guot getân* NL 2135,1 (AB); *als ob* ... *zesamne wærn getwungen die alte* (varr.: *alten*) *mit den jungen* Wh 391,22.

Nach dem unbestimmten Artikel steht im Nom. Sg. Mask. und Fem., im Nom. und Akk. Sg. Neutr. die starke Form:

sô ist ein tumbiu sô gewon daz ir ein tumber volget mite Wa 96, 27–28; *si beide ein sûrez muosten lîden* Bruder Wernher 1,10; *nu merket ein anderz* Renner 20870.

Einige Adjektive, die fast schon feste Substantive sind, können auch in der schwachen Form erscheinen:

ein tumbe („ein Tor") Alex S 2923; *du bist ain zage* („ein Feigling") *uil bose* RL 4048; *ein stumme* Iw 2259.

Auch artikellos kann die schwache Form auftreten:

swâ blinde (*blinder* B) *gât dem andern vor* Freid 55,9, ferner in Verbindung mit dem Personalpronomen: *des swôr er* (W, *got der* V) *gûte Abrahame* („das hat er, der Gütige, Abr. geschworen") Gen 6048; *ich arme* (*armer* GJabcdlrz) (Mask.) Iw 3299; *ich arme* (*armiu* B) *verlorne* (Fem.) Iw 4139; *durch mich armen* (Fem.) Iw 4091.

Zum substantivierten Adjektiv in vokativischer Funktion vgl. § 347, Anm. 1. Substantiviert werden auch Komparativ und Superlativ:

der bæste ist dir der beste und der beste der bæste Iw 144–145; *ere, aller liehte beste* (Nom.) G 17068; *aller liute beste* (Vokativ Pl.) Iw 6119 (vgl. Behaghel 1923, I, 16f.; 253ff.; hier: § 397).

Lit.: Derivation Adjektiv → Substantiv
Grimm J. 1893, IV, 256f., 524 und 571f.; Wilmanns 1897, III, 751ff.; Brugmann 1906, II,2, 652–666; Paul H. 1916, III, §§ 88–92; Behaghel 1923, I, 1–20; Brinkmann 1963, 3–25; Henzen 1965,246f.; Stein 1970,146ff.; Fleischer 1975, 148–154; Birkhan 1985, 149–170.

§ 395 β) Adjektivierung von Substantiven
Abstracta und andere Substantive wie Bezeichnungen für lebende Wesen, wenn sie prädikative Funktion haben, können in bezug auf den Charakter ihrer Wortart neutralisiert erscheinen oder in den adjektivischen Bereich übertreten, z.B. (soweit sich ein Ursprung festlegen läßt): *durft, vrum(e), schade, nôt, zorn, ande, ernst, vîent, maget*. Der adjektivische Charakter kann durch das Hinzutreten von Adverbien oder durch okkasionelle Steigerung verstärkt werden:

sô durft enwart mir râtes nie KvW, Troj Kr 17864; *mir wart nie sô nôt dîner helfe* Pz 372,28; *sît wurdens im sô vîent* NL 1704,4; *im wart unmâzen zorn* Alph T 397,3; – *wand im nie orses dürfter wart* Wh 42,23; *swa im sin nu aller durftest si* RL 7246; *der was den Kriechen scheder danne ieman* KvW, Troj Kr 34198f.; *dône kunde im Kriemhilt nimmer vînder gewesen* NL 1139,4; *der ir aller vîendest ist* Myst I 350,37; *dem lande helfe noch nie næter wart* MF 89,23; *done kunde Gîselhêre nimmer zorner gesîn*

NL 2044,4 (AC); *do was in ande und ange ... in was do zuo zein ander vil anger und vil ander, dan in da vor ie würde* („da empfanden sie Schmerz und Bedrängnis ... Viel bedrängender und viel schmerzlicher war ihr Verlangen zu einander, als es zuvor je gewesen war") G 17837–17843.

Lit.: Derivation Substantiv → Adjektiv
Grimm J. 1893, IV, 255; Paul H. 1916, III, §§ 93/94; Behaghel 1923, I, 3 und 234; Brinkmann 1949, 3–25, bes. 12; Henzen 1965,247; Stein 1970,146ff.; Fleischer 1975, 250–289; Birkhan 1985, 149–170.

e) Steigerung

α) Zum Komparativ   § 396
Der Komparativ hat vergleichende Bedeutung. Hervorhebende, nicht vergleichende Bedeutung ist ganz vereinzelt:

der dern andern ziuhet hin und her in daz hor ein lange vrist und læt in dâ ez tiefer ist („recht tief", „sehr tief") W Gast 1652.

Über den Komparativ von Substantiven s. § 395.

Als nähere Bestimmungen können zu einem Komparativ hinzutreten: *deste* (< ahd. [Gen.] *thes* + [Instr.] *thiu*), nhd. „desto", „um so". Der semantische Wert dieses zur Partikel erstarrten *deste* ist nicht eindeutig zu bestimmen: es kann eine kausale Nuance darin enthalten sein als ein Nachklang des ursprünglich kausalen Genitivs *des:* „aus diesem Grunde um so"; an anderen Stellen kann eine modale Nuance empfunden werden: „in dem Maße ...". Doch kann der semantische Wert auch stark reduziert sein und die Partikel wie ein formales Mittel zur stärkeren Betonung des Komparativs wirken. (Vgl. Behaghel 1917,288ff.; Behaghel 1923, I, 246f.; 669f.; vgl. auch § 387.)

ob dus danne niht erwirbest, dû muost doch iemer deste tiurre sîn Wa 91,29; *dô sî her Iwein ab ersach ... dô minnet er sî deste mê* Iw 1605; *sît aber strît von iu geschach, ir erkennt ein ander deste baz* Pz 760,5;

Zu adverbialen Genitiven wie: *michels, maneges, nihtes,* vgl. § 375; andere Adverbien sind: *vil, noch, verre, ein lützel.*

Die Einführung des verglichenen Gegenstandes kann durch Komparationskasus oder Pronomen possessivum oder durch Partikel bzw. Konjunktion erfolgen. Ein Komparationskasus ist im Mhd. ganz selten: zum Dativ in dieser Funktion s. § 383, zum Genitiv § 376.

Eigenartig ist die Verbindung von Pronomen possessivum und Komparativ:

im was sîn sterchôrre chomen („derjenige, der stärker war als er") Vor Sündenkl 847; *daz scul wir ... unser tumpern leren* Arnold, Siebenz 110; *si sprâchen, daz sîn wîser dâ niender wære* Kchr 1767; *... wurd er von sînem hœhern ouch gesêret ...* („wenn er seinerseits von dem, der höher ist als er, verletzt würde ...") Wa 30,31; *... daz er fur sînen argoren vellet* Alex V 1406 (vgl. J. Grimm 1893, IV, 735).

Das Reguläre ist die Einführung des verglichenen Gegenstandes durch *danne:* *wîzer danne snê* NL 508,4 (A). Über *danne* als Einleitung von Komparativsätzen s. § 465,7.

Nach *niht* in Verbindung mit einem Komparativ wird die exzipierende Partikel *wan (niwan)* „außer", „ausgenommen" annähernd gleichwertig mit *danne* im positiven Satz gebraucht:

> *der ist zů der hellen geborn vnde enhet niht me verlorn wan beide sele vnde lip* („nicht mehr als") AH 733−35 (A); *si fuorten doch niht mêre niwan tûsent man* NL 197,1.

Anm. 1: Entsprechend werden Vergleiche mit *ander* behandelt: im positiven Satz wird der verglichene Gegenstand durch *danne* eingeführt, im negativen Satz durch *wan (niwan):*
er ist anders denne wir gevar Pz 22,8; *dem rîchen künege anders niht enzam wan danken güetlîche* NL 245, 2−3; *mir wære niht anders guot wan von ir herzen daz bluot* AH 451f.; *den konde anders niemen niwan frümekeite jehen* („denen konnte niemand etwas anderes als Tapferkeit bestätigen") NL 1478,4.
Dieser Überkreuzung von *danne* und *wan* bei der Einführung des verglichenen Gegenstandes entspricht es, daß neben *wan* auch *danne* als Einführung des exzipierten Gegenstandes in einem negativen Satz, der keinen komparativischen Begriff enthält, erscheinen kann, doch ist *danne* seltener:
sît diu selbe schulde niemens ist wan (*wane* A, *denne* abd.) *mîn* Iw 4218f.; *swie ich nieman liep si dan dir* AH 423 (A); *sô engelôbeten niemans sage danne ir selbes ôgen* AH 1392−93 (A); *nun ist hie niemen denne wir* Pz 615,1; *ob ir zen Hiunen hêtet niemen danne mîn* NL 1256,2 (vgl. § 363). Schließlich kann *danne* auch im positiven Satz den exzipierten Gegenstand einführen: *in allen wazzern suochet den grunt ein ei denne in des mers besunder, dâ swimmet ez obe, daz ist ein wunder* („in allen Gewässern sinkt ein Ei auf den Grund, ausgenommen allein in dem des Meeres, da schwimmt es oben") Renner 19804−6. Beispiele für *wan* als Einführung eines exzipierten Gliedes in negativen wie in positiven Sätzen in der Bedeutung „ausgenommen", „außer": *ize ne wiste niemannis liph wan die uerchmage* Ro 2692f.; *mit uns ne ginc nieman wan wir einigen zwei* Alex S 6092f.; *im enkunde niht gevolgen wan Kriemhilde man* NL 962,2; *und jahens al gemeine wan der truhsæze* G 11247f.; *wem mag ich si gelichen ... wan den Syrenen eine* G 8085−87.

§ 397 β) Zum Superlativ

Der Superlativ bezeichnet im Mhd. meistens den höchsten Grad einer Eigenschaft. Beispiele für eindeutig elative (heraushebende) Bedeutung finden sich kaum.

Er kann adjektivisch, substantivisch und in begrenztem Maße auch adverbial gebraucht werden:

> *sumelich sine heriste chnehte* (Nom.) Hochz 162 (14,4); *mîn bester trôst* MF 86,20 (A); *ir beste und ir græste magenkraft* AH 98−99; *daz der unter îu si der tîurist* Gen 5095; *der bæste ist dir der beste und der beste der bæste* Iw 144−145; *sîne mâge wârn die hœhsten ie* Wh 3,29; *du bist mir aller liebest* (BC, *ez ist aller liebest* EU) *daz ich meine* Wa 42,28; *die meist hât verhouwen des küenen Sîvrides hant* NL 239,4 (A); *so er meist mac* Iw 2776 (A); *alrerst* (CE, *alrest* B) *lebe ich mir werde* Wa 14,38.
> Zum substantivischen Gebrauch vgl. § 394; zum Superlativ von Substantiven vgl. § 395.

Über die Verbindung von Adjektiven mit bestimmten Kasus vgl. §§ 373/74 (Genitiv); § 383 (Dativ); § 387 (Instrumental).

<u>Lit.</u>: Steigerung
Grimm J. 1893, III, 564−585 und 1893, IV, 272f. und 518ff.; Wagner R. 1910; Paul H. 1916, III, § 81 und 1916, IV, § 559; Behaghel 1923, I, 240−268; Jensen 1934, 108−130; Baldauf 1938; Lehmann 1972, 323−331; Knapp 1979,78f.; Ramat 1981,80f.; Voyles 1983, 184−187.

f) Numerale   § 398

Die gleichen Kardinalzahlen können einerseits als Adjektive behandelt und mit dem gezählten Gegenstand attributiv verbunden werden, anderseits als Substantive, die den gezählten Gegenstand im Gen. partitivus bei sich haben:

> *dre tage vnde drie nacht* Ro 444; *guoter videlære drî* Pz 19,12; *man bringet der gesunden fünf hundert oder baz unt der verchwunden* ... *wol ahzec rôte* (*roter* DIbh) *bâre* NL 239, 1−3; *ir beider recken ahzec* NL 1475,2.

Ein Teil der Zahlwörter war ursprünglich substantivisch, andere adjektivisch wie substantivisch. Der Ausgleich erfolgt in Richtung auf den adjektivischen Gebrauch zu; doch erscheinen die ehemals substantivischen Zahlwörter, wenn sie appositiv zu Substantiven treten, zumeist flexionslos: *von drîzec sînen mannen* (*siner manne* DIbh) NL 190,2; *in vier unt zweinzec tagen* NL 1159,2.

<u>Lit.</u>: Numerale
Grimm J. 1893, IV, 506f. und 741−745; Brugmann 1906, II,2, 659f.; Behaghel 1923, I, 407ff. und 427−432; Kienle 1969, 227ff.; Harweg 1973, 312−327; Askedal 1974, 9−40; de Boor 1974, 118−139; Kolb 1983, 48−76; Fehlisch 1986, 83−122; Müller M. 1986, 33−56; Vater 1986, 13−32.

3. Pronomen

a) Zum Personalpronomen

α) Personalpronomen und Verbum finitum − Nichtbezeichnung eines prono-   § 399
minalen Subjekts

Die Nominative der Personalpronomina stützen im Mhd. normalerweise als Subjekte die finiten Verbalformen. Es gibt jedoch bis in das klassische Mhd. hinein nicht wenige Beispiele der Nichtbezeichnung eines pronominalen Subjekts (vgl. auch §§ 336/37). Hierin setzt sich ein in älterer Zeit weit mehr verbreiteter Zustand fort. Ob ein mhd. Autor das Personalpronomen erspart, wo es usuellerweise erscheint, oder ob er es, wie beim Imperativ, gebraucht, wo es nicht üblich ist, ist eine stilistische Entscheidung, die aber von der sprachhistorischen Situation des einzelnen nicht völlig unabhängig ist.

Imperativischer Satz: In der 2. Pers. Sg. und Pl. des Imperativs ist das Fehlen des Pronomens das Reguläre, sein Hinzutreten (postpositiv) das Besondere:

> *nu gloub du iz mir* Gen 2193; *tû du daz ich sage dir* Gen 2266; *nu uolge du minir lere* RL 532; *habt ir* (P, *ir fehlt* A) *neheine sorgen* RL 836; *hêr keiser, sît ir* (A, *ir sit, sint* BC) *willekomen* Wa 11,30.

Die 1. Pers. Pl. des Imperativs erscheint sowohl ohne pronominales Subjekt
wie mit Subjekt:

> nu binden ûf die helme NL 1601,4; *nu rûme ouch wir den tan* NL 946,1.

Fehlen kann das Pronomen auch neben der 3. Pers. Präs. Konj., wenn diese
die Funktion der 3. Pers. des Imperativs hat:

> *nu sî alsô* MF 158,10; *ob si dan hât sinnes mêre, sô hab die zuht und die lêre, erzeig
> niht, waz si sinnes hât* WGast 842f.

Ersparung eines Pronomens, wenn zwei verbale Aussagen das gleiche Subjekt
haben:

in parataktischen Fügungen, die asyndetisch oder durch *und* aneinandergereiht sind:

> *er stûnt, bette* Gen 1933; *ich bin ouch ein recke und solde krône tragen* NL 109,1;

im Satzgefüge in demjenigen Satz, der nachfolgt, sei es der abhängige Satz, sei
es der übergeordnete:

> *er chot wolti sizzin nordin* („er sagte, er wolle im Norden sitzen") Summa Theologiae
> 49 (5,4) (Maurer I, S. 310); *wir sprachen fride brahten, neheines ubiles gedahten* („wir
> sagten, wir brächten Friede, wir dächten an nichts Böses") Gen 4414–15; *,wer sint
> dise?' Joseph sprach waren sine sûne* (*iz waren* V) Gen 5318–19; *dâ wânde ich stæte
> fünde* MF 213,4; *wistich nu, waz getæte, waz rates hie zuo hæte* G 15503f.; – *dô si in
> die burch chomen, daz lîut zû in namen, sageten in ze mare ...* Gen 3252f.

Auch bei Wechsel des Subjekts – in parataktisch aneinandergereihten Sätzen,
im Satzgefüge, in der Periode – kann ein pronominales Subjekt unbezeichnet
bleiben. Manchmal ist es aus einem vorangehenden substantivischen Pronomen oder einem Nomen im Kasus obliquus oder aus einem Pronomen possessivum zu erschließen:

> *deme sin gewizzede daz saget, daz* (*daz er* G) *gotes hulde niene habet* („dem sein
> Bewußtsein das sagt, daß er Gottes Huld nicht besitzt") Ava, JG 9,7; *noch sloz noch
> slüzzel was dar an und wil iu sagen umbe waz* G 16995; *belîbe ich âne man bî iu zwei
> jâr oder driu, sô ist mîn herre lîhte tôt, und komen* („und wir kommen") *in sô grôze nôt*
> AH 750; *dar vuorte sin bî der hant und sâzen zuo ein ander* („und sie setzten sich") Iw
> 6493; – *herze, deist mir immer leit unde büeze ez swa ich sol* Ha, Bü 1169; *jâ was ez ie
> dîn site unde hâst mir dâ mite gemachet manige swære* Gr 2350; *dô man in zuo rîten
> sach und sînen gevangen man* (*ûn er* Bbd) *eneben ime vuorte dan* Iw 3788–90; *swie
> grôz und swie swære mîner sünden last wære, des hât nû got vergezzen und hân alsus
> besezzen disen gewalt von gote* („und ich habe so in Besitz genommen") Gr 3927–31;
> *sit daz ir enzit ze troste uns allen komen sit und iuch got wider gesendet hat, so sol sin
> alles werden rat und mugen vil harte wol genesen* („und wir können gar wohl gerettet
> werden") G 1605; *daz duhte die gelieben guot und wurden* („und sie wurden") *in ir
> herzen vro* G 17695; härter sind die folgenden Fälle: *den got, den wir beten an, den
> heiden chunt hast getan, der gibet dir die gnade* („der Gott, den wir anbeten, den du
> den Heiden verkündet hast, der gibt dir ...") J Judith 34, 3–4; *ein bote wart gewun-
> nen dar und besande alsô balde ir herren dâ ze walde* („ein Bote dorthin wurde
> beschafft, und sie [die Königin] benachrichtigte ... ihren Gemahl") Gr 2516–18: *ir*

(= einer Frau) *ruom und ir lôsheit vüegent ir manne grôzez leit unde ir selben arcwân,
wan ir getrouwet wirs ir man, und vüeget ir vriunden grôzen haz, den in ir man treit*
(„denn ihr Ehemann traut ihr weniger, und sie zieht ihren Freunden große Feindselig-
keiten zu, die ihr Mann ihnen entgegenbringt") WGast 281–286.

Anm. 1: Auch das zwischengeschaltete *wæn(e)* „meine ich" kann das Pronomen
entbehren: *durch den scatz ... so wane [= waene] man uns armen hîe in nôt wil tûn*
(„um des Schatzes willen ..., so meine ich, will man ...") Gen 4566; *des węne (C,
wene ich B) mîn leben niht lange stê* MF 34,27; *des wæn (wæn ich D) mîn leben sciere
in disen sorgen zergê* NL 2113,4; mit Pronomen: *dar an lît, wæn ich, grœzer kraft* Iw
5279. Zur Konstruktion dieses *wæn* vgl. § 446.

Anm. 2: In diesen Zusammenhang gehört auch die häufige asyndetische Anreihung
von *heizet, hiez* ohne pronominales Subjekt: *darnach ist ein tîer heizit panthera* („ferner gibt es ein Tier, es heißt P.") J Phys (Wilhelm) 5,32 (= Maurer I, S. 178, c. II
(1)); *sine boten chomen ouch dar zeiner stete, heizet Cedar* („zu einer Stelle, sie heißt
C.") J Judith 8,8; *sîn pflæge ein künec hiez Anfortas* Pz 389,2; umfangreiches Verzeichnis mhd. Belege bei Karg 1929,74ff.; der gleiche Typ ist: *wer was ein man lac
vorme Grâl?* Pz 501,20; *si ze Wiene kômen in die stat. mit zühten si ze hûse bat ein
vrouwe saz dar inne* („eine Dame lud sie in ihr Haus, sie residierte dort") Klage
2755–57. Vgl. auch Held 1903, 60 u. 99.
Über das Verhältnis der *hiez*-Konstruktion zur Konstruktion ἀπὸ κοινοῦ grundsätzlich F. Karg 1930 sowie § 493 und die dort angeführte Literatur.

β) Wechsel im Bezug des Pronomens der 3. Person (sowie des Pronomens   **§ 400**
relativum)

Das Pronomen der 3. Person (in allen Kasus) kann innerhalb desselben Satzes
in mehrfachem Wechsel auf verschiedene Personen bezogen werden; der
Wechsel des Bezugs kann auch über einen Satz hinausgreifen auf einen größeren Zusammenhang. Im Nhd. würde ‚dieser' – ‚jener' stehen oder das Nomen
an Stelle des Pronomens erscheinen; diese Freiheit des Bezugs ist außerordent-
lich häufig:

dû negetorst er (der Teufel) *den man* (Adam) *an chomen, forht daz er* (A.) *in* (T.)
negerûchte fernemen, ob er (T.) *im* (A.) *ieth geriete, daz er* (A.) *is nie netate; ob er* (T.)
iz an in (A.) *hate erhaben, er* (A.) *hiez in* (T.) *sinen wech scaben* Gen 636–641; *nû
was der leu sô starke wunt daz er* (Iwein) *michel arbeit ûf dem uege mit ime* (L.) *leit. dô
er* (L.) *niht mêre mohte gân, dô muoser* (I.) *von dem rosse stân ... daz legter* (I.) *allez
under in* (L.) *in sînen schilt und huop in* (L.) *hin ...* Iw 5564–5572; *und dô er*
(Heinrich) *si* (das Mädchen) *vol brâhte hin als er* (H.) *gedâhte dâ er* (H.) *sînen meister
vant, dô wart ime* (dem Arzt) *dâ zehant ... gesaget, er* (H.) *hete brâht eine maget die er*
(A.) *in* (H.) *gewinnen hiez. dar zuo er* (H.) *in* (A.) *si sehen liez. daz dûhte in* (A.)
ungelouplich. er (A.) *sprach ...* AH 1055–64.

Anm. 1: Die gleiche Freiheit des Bezugs ist auch beim Gebrauch des Pronomens
relativum möglich: *got hazze iemer sînen lîp, der âne danc deheinen man, der selbe wol
gesprechen kan, ze schœnem wîbe ziehe, der sî sô sêre vliehe* (vgl. § 470) („verwünscht
sei der, der ohne sich bewußt zu sein, was er tut, einen Mann, welcher selbst gar wohl
zu reden imstande ist, zu einer schönen Frau führt, welcher sie (wenn dieser sie) so
sehr scheut") Iw 2262–66; *swer guot von disen beiden (houbetsünde und schande) hât,
swerz an im weiz unt sichs verstât, der sol in zeinem tôren baz erkennen* („wenn einer

Besitz von diesen beiden empfangen hat, so soll, wer [d. h.: jeder andere, der] das weiß und wahrnimmt, einsehen, daß jener ein Tor ist") Wa 22, 21−23.

§ 401 γ) Deiktische Bedeutung des Pronomens der 3. Person
Das Pronomen der 3. Person kann eine deiktische Bedeutungsnuance annehmen (nhd. „der" oder „derjenige"). Dies ist der Fall, wenn auf das Pronomen ein Relativsatz bezogen ist:

> *er was ir noch vil vremde, dem si wart sider undertân* NL 46,4; *er sî sîn selbes bote . . .,*
> *swer vür des andern schulde bite* AH 26; *gedæhte man ir ze guote niht, von den der*
> *werlde guot geschiht* G 1 (vgl. G. [Marold]),

oder wenn ein Relativsatz auf die Verbindung von Pronomen und prädikativem Nomen bezogen ist (d. h. auf einen aus Pronomen und Nomen bestehenden Satz ohne Kopula):

> *er gouch, swer für diu zwei ein anderz kiese* („der Narr, der an Stelle dieser beiden
> etwas anderes wählen kann") Wa 22,31; *er* (C, *ein* A, *der* Z) *schalc . . ., der dankes*
> *triege* Wa 28,21; *er sælec man, der iuwer lêre hât* („glücklich der Mann, den ihr
> belehrt") Wa 46,34 (vgl. J. Grimm 1893, IV, 443 sowie § 339).

Lit.: Personalpronomen allgemein
Grimm J. 1893, IV, 203−220 und 293; Held 1903; Paul H. 1916, III, §§ 14−25 und 107−110; Behaghel 1923, III, 439ff. und 497−517; Schulze W. 1924, 92−109; Karg 1929, 1−80; Meritt 1938; Eggenberger 1961,321; Sparmann 1961, 1−116; Lockwood 1968, 53−56; Clyne 1971, 83−89; Braumüller 1977; Fehlisch 1986, 83−122; Thun 1986, 15−118.

§ 402 δ) Zum Pronomen *ez*
ez steht als formales Subjekt bei unpersönlichen Verben und Ausdrücken:

> *suenne iz wolchenote* Gen 1446; *ez regent bêdenthalben mîn* Wa 20,35; *ez gezôch ir*
> *alsô* Iw 5446; mit nachfolgendem explikativem *daz*-Satz: *iz ist pezzer daz ainer rester-*
> *be* Kchr 8728 (daneben: *bezzer ist, daz wir . . . ersterben*) Kchr 4947. (Vgl. J. Grimm
> 1893, IV, 227f.; Wilmanns 1897, III, 463−470; Brugmann 1917, 9ff.; Behaghel 1923,
> I, 316f.; und § 337.)

Anm. 1: Das unpersönliche Passiv wird zumeist ohne *ez* konstruiert: *besunder wart*
gegangen Gr 516; daneben: *ez enwart nie geste mêre baz gepflegen* NL 689,3. Vgl.
§ 327.

ez steht als Subjekt an der Spitze von Sätzen, die außerdem ein nominales Subjekt, im Singular oder im Plural, aufweisen, welches dem Verbum folgt:

> *iz quam in nie in cheim lant so manic bate wol getan* Ro 159f.; *iz enwart nie niehein*
> *keiser so here geboren* RL 1592 (P); *ez was ein küneginne gesezzen über sê* NL 326,1;
> *ez lâgen thûsint unt aver thûsint* Alex V 939 (vgl. J. Grimm 1893, IV, 223ff. u. 273f.;
> Wilmanns 1897, III, 470−474; Brugmann 1917,34ff.; Behaghel 1923, I, 319f.; III,
> 470f.; und § 337).

ez steht als Objekt in einer festen Verbalverbindung ohne Bezug auf ein vorausgegangenes Substantiv. Die Bedeutung ergibt sich annähernd aus der jeweiligen Situation:

ez einem enblanden „einem etwas zu einem Anliegen oder zu einer Mühe machen": *got eine mac iu helfen hin ober imz enblanden wil* („Gott allein kann euch forthelfen, wenn er sich damit befassen will") Iw 6342−43; *ez einem erbieten: nu sol ein ieslîch sælec wîp* ... *erbietenz guoten liuten wol* („nun soll eine jede gute Frau den zur Gesellschaft Gehörigen das Gebührende erweisen") Pz 660, 23−25; *got muesse es ze rehte scheiden* („den Streitfall so entscheiden, wie es recht ist") Wa 16,31 (BC); die Verbindung eines transitiven Verbums mit *ez* kann der Bedeutung eines intransitiven nahekommen: *Jsaac unde sin wib mûsen iz rumen* („mußten weichen" [ohne ein neutrales Bezugswort im vorangehenden Text]) Gen 2188 (J. Grimm 1893, IV, 333−338; Wilmanns 1897, III, 507f.; Brugmann 1917,31; Behaghel 1923, III, 320ff.).

ez steht in prädikativer Funktion vor einem unmittelbar folgenden ebenfalls prädikativ gebrauchten Personennamen oder einer Personenbezeichnung; Subjekt des Satzes ist ein nicht-neutrales Personalpronomen (vgl. J. Grimm 1893, IV, 222f.; Behaghel 1923, I, 314; Adelberg 1960):

> *ich pin iz Joseph* („ich bin J.") Gen 4847; *ich en bín íz niht christ. Ich en bin iz niht helyas* ... *ich bínz eîn rvffende stímme* Ava, Joh 18, 2−4; *daz erz Grêgôrjus wære* Gr 3489; *hêr Otte, ich binz der sun* Wa 26,30.
>
> *ez* steht prädikativ auch in Vorwegnahme eines prädikativen Relativsatzes: *ich pinz (ich bin Ibh) der hât gewarnet die edelen fürsten rîch* NL 1748,2.

ε) Antizipiertes Nomen und Personal- (oder Demonstrativ-)Pronomen − antizipierendes Nomen und Personalpronomen − Nominativus pendens und Pronomen **§ 403**

Durch das Pronomen der 3. Person (oder durch das Pronomen demonstrativum) kann ein Nomen wiederaufgenommen werden, welches nach links ausgeworfen ist und „außerhalb des Satzes" steht (Grimm 1893, IV, 349, Anm. 1), nicht außerhalb der Konstruktion. Es besteht Kongruenz zwischen Nomen und Pronomen, überwiegend sind beide syntaktisch geforderte Nominative, seltener handelt es sich um andere Kasus:

> *der unsinnige man stechen zvene* ... *er gewan* Diemer 74,9 (Vorauer Bücher Mosis); *helde di iungen daz burgetor si errungen* RL 340; *unser vater Adâm, die kunst er von gote nam* Pz 518,1; *der tûrlîche wîgant under sîn here er dô spranc* Alex S 4521; *die ungewarneten man si kamen alle ir vinde an* G 5468; *helede uz erkorne, man sach si ie da uorne* RL 1117 (P); *sînen swertgenôzen den gap dô vil sîn hant* NL 39,3. Die Erscheinung ist in allen mhd. Texten häufig.

Das Pronomen der 3. Person kann ein im selben Satze folgendes Nomen vorausnehmen. Es besteht Kongruenz zwischen Pronomen und Nomen:

> *wie manigen zaher si gaben zedem selben male dínív chivsche ovgen* Ava, LJ 156, 6−7; *wie jâmerlich ez stât, daz hêre lant vil reine* Wa 78,11; *vil volkes* ... *bôt in werden gruoz, Gâwâne und dem rîter rôt* Pz 305,10.

Die eine wie die andere Konstruktion dient in zahlreichen Fällen der emphatischen Wirkung; manchmal ist die emphatische Bedeutung verblaßt. Dieser usuelle Gebrauch gilt auch für die folgende Konstruktion.

Von der Vorwegnahme eines Nomens und seiner Wiederaufnahme durch ein Pronomen im gleichen Kasus, welcher der syntaktisch geforderte ist, unterscheidet sich der ‚isolierte Nominativ' (§ 346) dadurch, daß er außerhalb der Konstruktion steht (Nominativus pendens): die Aufmerksamkeit wird zunächst auf ein nominales Satzglied im Nominativ gelenkt, welches vor dem Satze steht, ohne daß die Beziehung, in die es zu anderen Satzelementen treten soll, angegeben ist; erst später wird die syntaktische Beziehung ausgedrückt, indem der im Nominativ voranstehende Begriff durch ein Pronomen im syntaktisch geforderten Kasus, welcher nicht der Nominativ ist, wieder aufgenommen wird. Das aufnehmende Pronomen kann ein Personal- oder ein Demonstrativpronomen sein oder auch ein Pronomen possessivum, wenn der Nominativus pendens für einen syntaktisch erforderlichen Genitiv steht:

> *Grâmoflanz unt Gawân, von in diu koste wart getân* Pz 775,28; *der junge wirt der lande, der degen Hartmuot, diu rede was im ande* GL 992,1; *Obîe unt Meljanz, ir zweier minne was sô ganz* Pz 365,12; *die Hiunen durch ir haz der garte* („rüstete") *sich zwei tûsent* NL 1934,1; *diu cleinen waltvogelin, ... bluomen, gras, loup unde bluot und swaz dem ougen sanfte tuot ... des was diu sumerouwe vol* G 549–554; *bistu dez gewiz, daz here, daz hi gesamenit iz, daz du an (= ân) furchtin macht dich verlazen an sine craft?* Werner v Elmendorf 211–214 (ZfdA 4, 1844, S. 290); *diu sælige Floræte waz vröude ir herze hæte ... des erkenne ich mich* G 5251–52; – der vorangestellte Nominativ ist casus pendens in bezug auf den Hauptsatz, nicht in bezug auf den zwischengeschalteten abhängigen Satz: *rüemære unde lügenære, swâ die sîn, den verbiute ich mînen sanc* Wa 41,25; *guotiu wîp, hânt diu sin, deste werder ich in bin* Pz 827,25.

Lit.: Personalpronomen unpersönlich
Grimm J. 1866, 333–338; Paul H. 1920,285; Behaghel 1923, I, 308–327, 1923, III, 452 und 1923, IV, 256; Havers 1926, 207–257; ders. 1928, 94–127; Zäch 1931; Mohrmann 1933, 20–40; Lenerz 1985a, 99–136; Pütz 1986; Schmidt U. 1987. Vgl. auch die Lit. zum unpersönlichen Subjekt.

§ 404   ζ) Das Personalpronomen in der Funktion des Relativpronomens
Das Pronomen der 1. und der 2. Person kann im Satzzusammenhang relative Funktion gewinnen; es kann in dieser Situation gestützt werden durch die Partikel *der/dir, dar/da* (vgl. § 410).

> *nû gêt zv̂ ir iuncvrŏwen, ir dâ nie mit girde gekusten* („die ihr niemals mit Begehren geküßt habt"). *nû singet ir schônisten, ir der* (= Artikel) *welte mit flîze nie gesungent* („die ihr nie für die Welt gesungen habt") Trudp HL 11, 5–6; *nû waz wirt unsir armin wir dâ gekussit unde gehalset habin unde gesungin unde wir d[es] magitûmes nvwit inhabin?* („die wir geküßt und umarmt haben ... und die wir die Jungfräulichkeit nicht mehr besitzen") Trudp HL 11, 19.20; *lebentigez brot du der chome von himele* Diemer 380,8 (Gebete einer Frau); *ir der furhtet (qui timetis) den herren, lobet in* Windberger Ps XXI 27 [Vulg. v. 24] (S. 82); *hôre dû, vrouwe, mînen ruof, dich dâ got zuo diu geschuof ...* Vor Sündenkl 77–78 (vgl. Hodler 1954,28f.; hier: § 450).

§ 405   η) Pronominales Subjekt neben *jâ* oder *nein*
Nach Fragesätzen, die mit *jâ* oder *nein* beantwortet werden, ohne daß eine

verbale Aussage hinzutritt, werden *jâ* und *nein* durch das Personalpronomen der 1. oder der 3. Person ergänzt:

> *‚heizt ir Lûnete?' si sprach: ‚herre, jâ ich'* Iw 4211; *geclagetes aber ir herren iht ...?*
> *nein si niht* G 1736; *ein klôsenære, ob erz vertrüege? ich wæne, er nein* Wa 62,10 (vgl.
> Behaghel 1923, III, 454).

b) Zum Reflexivpronomen   § 406

Das Reflexivpronomen *sich* tritt als personales Objekt zu einem abhängigen Infinitiv, wenn die Person, die dadurch bezeichnet wird, identisch ist mit dem Subjekt des übergeordneten Verbums (im Nhd. steht in diesem Fall das Personalpronomen; nur wenn der Infinitiv abhängig ist von *lassen* oder *heißen*, steht auch im Nhd. das Reflexivpronomen):

> *ir gast* (Akk.) *si* (Nom.) *sich küssen bat* („ihren Gast forderte sie auf, sie zu küssen")
> Pz 23,30; *er bat sich wisen zuo zir grabe* („er bat, ihn zu ihrem Grab zu weisen")
> G 18648; *Uote bat dô drâte die boten für sich gên* (*die boten zuo zir gên* C) („forderte
> die Boten auf, vor sie zu treten") NL 772,1; *Repanse de schoy si hiez, die sich der grâl
> tragen liez* („von der der Gral sich tragen ließ") Pz 235,26.
> Über pleonastischen Gebrauch des Reflexivpronomens s. § 382.

Lit.: Reflexivpronomen
Grimm J. 1893, IV, 317–330 und 348; Paul H. 1916, III, §§ 111–120; Behaghel 1923, I, 295–307; Lockwood 1968, 67–71; Leys 1973a, 152–157; ders. 1973b, 223–242; Haider 1985, 221–252.

c) Zum Possessivpronomen   § 407

Über Entstehung der Possessivpronomina, Abgrenzung gegen die Personalpronomina, Flexion bzw. Flexionslosigkeit vgl. § 216; über die Unsicherheit der Abgrenzung zwischen dem Genitiv des Personalpronomens und dem Pronomen possessivum vgl. § 364.

α) Attributiver und substantivischer Gebrauch

Das Possessivpronomen wird in der Regel attributiv gebraucht, doch ist Substantivierung nicht selten:

> *ich grîfe ouch billîch an daz mîn* („das Meine") Wh 100,8; *swâ man ... mich unt die
> mîne* (*die mînen* DIbdh) *sehe ...* NL 1156,1; *mîn vater und der dîne* Pz 750,17; *nû
> geruochet iuwern prîs an iu beiden mêren, den iuwern an den êren und den ir anme
> guote* Iw 6059; *ir zunge sunge und ... lieze manegem man daz sîn* Wa 10,27.

β) Zur Bedeutung

In Verbindung mit Verbalabstrakta wie *haz, vorhte, helfe, liebe* kann das Possessivpronomen sowohl den Ausgangspunkt dieser Empfindungen bezeichnen als auch deren Ziel (vgl. § 360):

> *nu senftet iwern haz* („eure Feindseligkeit", d.h.: die F., die ihr empfindet) Pz 342,26;
> *er* (der Nibelungenhort) *wurde doch zerteilet ûf den mînen haz* („... um Feindseligkeit

gegen mich zu wecken") NL 1273,2; *mîn vorhte ... wart gesenftet* (d.h.: die Furcht, die ich empfand) Iw 704; ... *so ist dîn vorhte uber siu chomen* („Furcht vor dir") J. Judith 55,3; *iu wær mîn helfe gereit* (d.h.: Hilfe, die ich leisten kann) Iw 5714; *mîn helfe lît erslagene* („die Hilfe für mich") NL 2290,2; *durh mîne liebe* („aus Zuneigung zu mir") NL 520,1; dann auch in Verbindung mit einer Personalbezeichnung: *er muoz sîn iemer sîn mîn diep* („Dieb an mir") Wa 112,1 (vgl. J. Grimm 1893, IV, 340; Behaghel 1923, I, 354ff.).

Wie der Bezug des Personalpronomens der 3. Person und der des Relativprono-mens wechseln kann (s. § 400), so auch der des Possessivpronomens: *Arnîve, ir tohter unde ir kint* („ihre Tochter und deren Kinder") Pz 670,23; *Ginovêr in ir pflege enpfienc Itonjê und ir âmis* („und deren Geliebten") Pz 731,2–3.

Anm. 1: Über den Wechsel zwischen *sîn* und *des* bei Wolfram vgl. Grimm 1893, IV, 341ff.

§ 408 γ) Possessivpronomen und Artikel

Die Verbindung des bestimmten Artikels mit dem Possessivpronomen ist nicht selten. Wenn beide unmittelbar aufeinander folgen, kann das Possessivprono-men sowohl stark wie schwach flektiert sein:

> *daz dîn vil götelîch gebot* Wa 24,32; *der mîner minne* MF 9,35; *diu siniu keiserlichen bein* G 710; *des sînen willen* NL 2039,4; *die iuwern scœnen tohter* NL 2188,4.

Häufig wird das Pronomen, meist in der flexionslosen Form, nachgestellt:

> *den stûl min* Gen 51; daneben: *die mâge mîne* GL 610,4; in der Anrede: *swester sun unt der hêrre mîn* Pz 798,10 (vgl. § 347).

Auch *ein* wird appositiv mit dem Possessivpronomen verbunden:

> *ein dîn fürste* Pz 128,8; *ein mîn wange* Wa 8,8; *einen sînen mâc* NL 2016,2.

Die Bedeutung dieses *ein* kann verschiedene Nuancen haben: bald die des unbestimmten Artikels, bald die des Zahlworts (vgl. J. Grimm 1893, IV, 480f.; Weinhold 1883, 573f.; Behaghel 1923, I, 120; 358f.; hier § 423).

Anm. 1: Es gibt auch die Verbindung von Pronomen indefinitum und Possessivprono-men und die von *ander* und Possessivpronomen: *sumelich sine heriste chnehte* Hochz 162; *andere sini werch* Anno 3,2 (vgl. § 419).

Anm. 2: In einer Reihe, in der die wiederholte Setzung des Possessivpronomens zu erwarten wäre, kann statt der Wiederaufnahme dieses Pronomens der bestimmte Artikel stehen: *unser riuwe und diu klage* AH 501; *ir hâr und diu cleider* Iw 1311. Hier ist die Abneigung gegen Übercharakterisierung wirksam (vgl. Gierach 1947,305). Über pleonastisches possessives *ir* (oder *sîn*) in Nachbarschaft eines zunächst adver-balen Dativs (oder eines formal mit dem Dativ identischen Genitivs) s. § 382, Anm. 1.

Lit.: Possessivpronomen
Grimm J. 1893, IV, 338–348 und 480ff.; Paul H. 1916, III, § 106; Behaghel 1923, I, 348–360.

d) Zum Demonstrativpronomen   **§ 409**

Eine strenge Differenzierung der Bedeutungen der drei Demonstrativpronomina *der, dirre, jener* läßt sich nicht nachweisen.

α) *dër:*

er teilet sin gůt ... ie deme unde deme („diesem und jenem") Hochz 641; *wer der Volkêr wære* („dieser V.") NL 1477,1; *der man ze den* („diesen" oder „jenen") *zîten pflac* Iw 52; *der wirt ... und des* („sein") *wîp* Pz 34,9.

Über die Aufnahme eines vor den Satz gestellten Nomens oder eines Nominativus pendens durch das Demonstrativpronomen s. § 403. – Über *des* „deshalb" s. § 366. – Über *der* in der Funktion des Artikels s. § 422; in nicht wenigen Fällen bleibt die Grenze zwischen Demonstrativum und Artikel zweifelhaft. – Über *der* in der Funktion des Relativums s. § 410. – Über substantivisches *der, diu, daz* für demonstratives Bezugswort und Relativum zugleich s. § 453.

Anm. 1: Da *dër* sowohl als Demonstrativpronomen wie als Artikel wie als Relativpronomen fungiert und da ferner *der (dir)* als Partikel zu dem Pronomen *dër* hinzutreten kann (vgl. § 410), ist Wiederholung gleichklingender Formen nicht ungewöhnlich: *wer was der der her chom uor dir?* Gen 2381f.; *si bat den der der porten pflac* Pz 627,5.

β) Häufig ist die Gegenüberstellung von *dirre* und *der:*

dirre ist trûric, der ist frô Wa 110,28; *ez rief dirre und rief der* Iw 4625, auch von *jener* und *dirre: er sol die fürsten sunder bitn, beidiu jene unde dise* Wh 233,15; *wer sleht den lewen? wer sleht den risen? wer überwindet jenen unt disen?* Wa 81,8.

γ) Seit dem 12. Jh. erscheint vereinzelt die Verbindung des bestimmten Artikels mit *jener: der jene* (daraus nhd. „derjenige"):

... daz die jene gesâgen, di der schiffe pflâgen, ... eine hêrlîche mûren Alex S 6847.

Lit.: Demonstrativpronomen
Grimm J. 1893, IV, 440–448; Paul H. 1916, III, §§ 121 und 123; Behaghel 1923, I, 280–295; Lockwood 1968, 72–76; de Boor 1976, 1–31; Vater 1979, 96–99; Koller 1984, 31–40.

e) Zum Relativpronomen   **§ 410**

Das Mhd. besitzt, wie das Ahd., kein eigenes Relativpronomen. Die Funktion des Relativpronomens erfüllt vornehmlich das Demonstrativpronomen *der, diu, daz*. Dieses erscheint, wenn es relative Bedeutung hat, nicht selten gefolgt und gestützt von der Partikel *der, dir,* auch *dar, da* (< ahd. adv. *thâr, thar*), die in dem gegebenen Zusammenhang keine örtliche Bedeutung mehr hat:

got tu gescuofe al daz ter ist („alles, was ist") Ezzo IV (7) (S); *daz ime al daz ware under tân daz ter* (welches) *ime scolte dienen* Gen 3695; *dir armin ... die dir selide niht hattin* („der Armen, welche ...") Anno 36, 3–4; *in den bůchen. die der heizzent cantica canticorum* J Phys (Wilhelm) 7,44 (= Maurer I, S. 182, c. II (15)); *salic die der barmherze sint* Paternoster 123; *ich minnet ... den tac vür allez daz der ist* Iw 7392; – *dâ* in der gleichen Funktion: *daz ich dâ wil* MF 218,25; Belege aus Iw siehe: Wörterbuch zum Iw[3], S. 28; *ich enbinz niht der dâ triegen kan* Pz 476,24; *(diu vrouwe) diu dâ Helenâ was genant* WGast 823 (auch WGast 1184; 1455 und öfter).

Über das Personalpronomen der 2. und der 1. Person in der Funktion des Relativums s. § 404.

Relativische Funktion (und verallgemeinernde Bedeutung) haben ferner die Pronomina *swer/swaz, swelch, sweder* (vgl. § 412):

swer an rehte güete wendet sîn gemüete, dem volget sælde und êre („wer auch immer seinen Sinn wendet [jeder, der seinen Sinn wendet]..., dem folgt") Iw 1−3; *men seit er si sin selbes botte vnd erlôse sich do mitte swer vber des andern schulde bitte* AH 26−28 (A); *der ist frô, swenn ez ze tanze gât, swes herze ûf êre stât; wê im, des sîn geselle unêre hât* („der ist, wenn es zum Tanz geht, heiter, dessen Herz auf Ehre bedacht ist; weh dem, von dem seine Freundin Schande hat") Wa 103, 3−5; *swem mîns dienstes nôt geschiht und swer guoter des gert, dern wirt es niemer entwert* („wem auch immer mein Dienst notwendig ist und wer immer ... danach verlangt, dem wird er nicht versagt") Iw 6002−4; *swaz ir habt der lebenden, die seht ir bî iu stên* NL 2318,2; − *swelhe dar gerîtent, die habent den tôt an der hant* NL 1540,4; *swelhem wîbe volget kiusche mite, der lobes kemphe wil ich sîn* Pz 115, 2−3; − *sweder nû tôt gelît von des anderen hant, und im dâ nâch wirt erkant wen er hât erslagen, daz wirt sîn êwigez clagen* („welcher von beiden auch durch des andern Hand fällt, und dem andern wird danach bewußt, wen er erschlagen hat, so wird das seine ewige Klage sein") Iw 6960−64; *swederm er under den zwein græzern unwillen truoc, dem dienter gerne genuoc* („welchem von den beiden auch er größere Abneigung entgegenbrachte, dem diente er sehr gerne") Iw 4866−68.

Zu den verallgemeinernden relativen Pronomina vgl. §§ 412, 450, 453, Anm. 1 und 455.

Anm. 1: *welch* ist als Relativpronomen in der nhd. Bedeutung im Mhd. noch nicht vorhanden. Es erscheint in dieser Verwendung im Hochdeutschen zuerst im späteren 15. Jh. Fraglich ist, ob es sich aus dem verallgemeinernden relativen mhd. *swelch* entwickelt hat oder aus dem Interrogativum mhd. *welch* (vgl. § 411). Es scheint so (Beyschlag 1938, 173−187), als ob die neue Verwendung zuerst in Gebieten auftrete, in denen die *s*-Formen des verallgemeinernden Pronomens untergegangen sind, also Formengleichheit für dieses und das fragende *welch* entstanden war.

Über andere Möglichkeiten der Einleitung von Relativsätzen vgl. §§ 450/51.

Lit.: Relativpronomen
Weinhold 1883,541f.; Grimm J. 1893, IV, 459, 541; Curme 1912/13, 112−125; Paul H. 1916, IV, §§ 405−410; Behaghel 1923, I, 286, 374−378 und 1923, III, 713−719; Harweg 1984, 45−62; Koller 1984, 31−40.

f) Zum Interrogativpronomen

§ 411 α) Die Pronomina interrogativa *wer, welch, weder*
wer/waz wird wie nhd. *wer/was* nur substantivisch gebraucht. Ein partitiver Genitiv kann darauf bezogen sein (vgl. § 368). Der Genitiv des Neutrums kann sich als Adverb von kausaler Bedeutung („weshalb?") absondern (vgl. § 366,5), desgleichen der Akkusativ des Neutrums als Adverb von modaler Bedeutung („inwiefern?" „was?") (vgl. § 356).

wer/waz leitet unabhängige (direkte) und abhängige (indirekte) Fragesätze ein.

Beispiele: *eins tages frâgt in Parzivâl: ,wer was ein man lac vorme grâl?'* Pz 501,20: *,tuot ûf*. *wem? wer sît ir?* Pz 433,1; *wes sint dise bürge?* NL 383,4; *âventiure? waz ist daz?* Iw 527; *waz sint diu leit der schœnen Kriemhilde?* NL 1018, 1–2.
Über *wer/waz* als Einleitung abhängiger Fragesätze s. § 456.

Anm. 1: Indefinite Bedeutung von *wer, waz, welch* findet sich im Mhd. nicht mehr, während sie im Ahd. in beschränktem Umfang vorhanden war (vgl. Sievers 1872,486f.; Behaghel 1923, I, 366ff.; 378f.; Erben 1950,217ff.), vgl. aber: *gedenket daz och die man waz* (A, *etteswas* BC) *kunnen* Wa 48,36.

welch hat qualitative und auswählende Bedeutung: „wie beschaffen" und „welcher" (unter anderen); die Grenzen zwischen beiden Bedeutungen sind nicht scharf. Es wird adjektivisch (attributiv und prädikativ) und substantivisch gebraucht. Es leitet unabhängige (direkte) und abhängige (indirekte) Fragesätze ein.

Beispiele: *welch wîp versait dem einen vaden?* Wa 44,9 (BC); *welhen Îwein meinet ir?* Iw 4179; *umbe welhe sculde habt ir dem priester widerseit?* NL 1577,4.
Über *welch* als Einleitung abhängiger Fragesätze s. § 456.

Anm. 2: *welch* in Ausrufen ist seltener: *owî, welch mort dâ gefrumet wart* Kchr 5223; *welch was froun Ginovêren klage an Ithêres endetage* Pz 337,13. Zur Frage einer relativen Funktion von *welch* vgl. § 410, Anm. 1.

weder „wer von beiden", „welcher von beiden" wird substantivisch und adjektivisch (attributiv) gebraucht. Es leitet (seltener) unabhängige (direkte) Fragesätze ein und (häufiger) abhängige (indirekte) Fragesätze.

Beispiel: *wederz ist der knabe der künc sol sîn übr iwer lant* („welcher von den beiden ist der Knabe, der König sein soll?") Pz 803, 2–3.
Über *weder* als Einleitung abhängiger Fragesätze s. § 456. – Über *weder* als disjunktive Fragepartikel s. § 456. – Über *weder* als disjunktive Partikel in Korrespondenz zu *oder* außerhalb von Fragesätzen s. § 456, Anm. 2.

β) *swer/swaz, swelch, sweder*   § 412
Diese Pronomina haben verallgemeinernde Bedeutung und relative Funktion:
swer/swaz = „wer/was auch immer", „jeder der", „alles was"; *swelch* = „welcher auch immer", „jeder der"; *sweder* = „welcher von beiden auch immer", „der von zweien, welcher".

Sie sind entstanden aus der Verbindung der Pronomina *wer, welch, weder* mit *sô-sô*. Schon im 9. Jh. wurde das zweite *sô* oft weggelassen, das erste schloß sich mit dem Pronomen zusammen: mhd. *swer* < ahd. *sô wer [sô]*; mhd. *swelch* < ahd. *sô welih [sô]*; mhd. *sweder* < ahd. *sô wedar [sô]* (vgl. Braune-Eggers 1987, §§ 292/93).

swer/swaz wird wie *wer/waz* nur substantivisch gebraucht, *swelch* adjektivisch (attributiv) und substantivisch, *sweder* substantivisch. Alle drei leiten relativische Sätze ein; Beispiele s. §§ 410, 450, 453, Anm. 1 und 455.

Lit.: Interrogativpronomen
Grimm J. 1893, IV, 448–452; Paul H. 1916, III, §§ 127/28; Behaghel 1923, I, 361–380; Erben 1950, 193–220; Lockwood 1968,77f.

g) Zum Indefinitpronomen

§ 413 α) Allgemeines

Das Mhd. besitzt, wie das Ahd., eine Vielheit von Pronomina, welche den indefiniten Charakter einer Person oder Sache bezeichnen. Die sprachliche Entwicklung vom Ahd. zum Mhd. hat bei den Indefinitpronomina zu beträchtlichen Änderungen in der Wortbildung, im Wortgebrauch und in der Funktion geführt. Die Frage, welche Wörter überhaupt, im Ahd. wie im Mhd., den Indefinitpronomina zuzurechnen seien, wird in der Literatur nicht gleichartig beantwortet. Etymologie und Bildungsweise sind nicht in allen Fällen geklärt. Auch innerhalb der mhd. Epoche selbst ist das Zurückweichen bestimmter Bildungen oder Bedeutungen und das Vordringen anderer zu beobachten, abgesehen von den landschaftlichen Varietäten. Für die Syntax ist von besonderem Interesse einerseits die Differenzierung der verschiedenen Bedeutungen, andererseits die Berührungen und Überschneidungen der Funktionen einzelner Pronomina, ferner die Fälle von Funktionsübertragung von einem Wort auf ein anderes.

Die mhd. Pronomina indefinita sind teils pronominalen, teils nominalen Ursprungs. Einige sind Simplicia, häufiger sind Zusammensetzungen. Die folgende Zusammenstellung, die auch die Pronominaladjektive indefiniter Bedeutung einbezieht, ist nach der Bildungsweise angeordnet. Es werden unter den einzelnen Lemmata die usuellen Bedeutungen angegeben.

Um der Raumersparnis willen werden Textzitate in den §§ 414–418 nur ausnahmsweise angeführt.

§ 414 β) *sum, sumelich*

Das Pronominaladjektiv *sum* ist im Mhd. selten belegt, und zwar offenbar nur noch im Plural. Es wird verdrängt durch *sumelich*. Seine Bedeutung entspricht etwa dem nhd. „einige“. Es wird adjektivisch und substantivisch gebraucht und tritt auch appositiv zu einem Substantiv hinzu, welches eine Vielheit bezeichnet, aus der *sum* einen Teil heraushebt:

> *daz die Troiæri sum intrunnin* („daß einige Tr. entkamen“) Anno 22,5; *nû râte ich mînen vriunden sumen* („einigen meiner Freunde“) Er 7634 (vgl. Weinhold 1893,544; Behaghel 1923, I, 404ff.; Kolditz 1952,225ff.).

sumelich hat die gleiche Bedeutung und Funktion wie *sum*. Es wird adjektivisch-attributiv und substantivisch gebraucht. Es tritt auch appositiv zu einem Pronomen oder Nomen hinzu, welches eine Vielheit oder Ganzheit bezeichnet, aus der *sumelich* einen Teil heraushebt:

> *daz müzzen wir sumelichez uberheuen* („einiges davon müssen wir übergehen“) Gen 3417; *wie leit in sümelîchen was* („einigen von ihnen“) NL 1623,4; Wa 51,2; Alex S 6852f. Die Wiederholung *sumelich – sumelich* entspricht einem nhd. „der eine – der andere“ (vgl. J. Grimm 1841,579f.; Behaghel 1923, I, 406f.).

γ) Zusammensetzungen mit *wer/waz, welch, weder*   **§ 415**
Die Simplicia *wer/waz* und *welch* haben im Mhd. keine indefinite Bedeutung
mehr (vgl. § 411, Anm. 1), ebensowenig hat *weder* indefinite Bedeutung. Dagegen stellen Zusammensetzungen mit *wer/waz, welch, weder* einen nicht geringen Teil der Indefinita.

Zusammensetzungen mit *wer/waz: ete(s)wer/ete(s)waz; neizwaz:*

ete(s)wer, ete(s)waz „irgendeiner, irgend jemand", „irgend etwas", wird im
allg. auf eine als real vorgestellte Einzelgröße bezogen, deren bestimmte Bezeichnung der gegebene Zusammenhang nicht gestattet oder von deren bestimmter Bezeichnung in diesem Zusammenhang abgesehen wird: Iw 1826; Pz
577,9; G 761; Wa 62,15; G 1067.

Über adverbiale Funktion des Akkusativs *et(e)waz* vgl. § 356 u. Weinhold 1883,549f.;
Behaghel 1923, I, 383f.; Henzen 1965,64.

In diesem Zusammenhang ist zu erwähnen *neiz waz, neizwaz* (Zusammenrückung aus
[ich] ne weiz waz), sofern diese Verbindung als formal unabhängige Einschaltung erscheint: *er tet neiz waz werche* (Gen. Pl.: „er tat — ich weiß nicht was an Verrichtungen",
„irgendetwas an V.", „irgendwelche V.") Gen 3785. Die Zahl der Belege ist geringer, als
es nach den Handbüchern scheint; bei einem Teil der dort angeführten Stellen handelt es
sich um Konjekturen der Herausgeber. Neben den Fügungen mit Ersparung des pronominalen Subjekts *ich* gibt es andere, die das Subj. bewahren, wie: *eines eimirs ich* (Hs.:
ist) enweiz wer da uergaz RF 734 (S); *ich müeste mich wol immer schamen, solde ich
vürhten ich wayss nit was* Er 7990 (A).

Der Übergang von einer syntaktischen Fügung zum festen Kompositum oder gar zu
einer Wortform, die nur noch historische Betrachtung als Kompositum erkennen kann,
läßt sich mehrfach im Mhd. beobachten (vgl. z.B. *[ez/er] newære > nur* § 447, Anm. 1).
Es ist ein allmählicher Übergang; scharfe Grenzen gibt es nicht (vgl. Henzen 1965,
38—44). *neizwaz/neizwer* sind aus der Schriftsprache verschwunden, bevor es zum eindeutigen Kompositum mit der Funktion eines Pronomens indefinitum geworden ist. Dagegen ist im Schweizerdeutschen *neiss-wer* lebendig, ebenso *neiss-welch;* beide haben die
Funktion von Pronomina indefinita. (Vgl. Weinhold 1883,551; Behaghel 1923, I, 391f.).

Eine Zusammensetzung mit *welch* ist das nicht häufige *iewelih, iwel(i)h, iwel,*
„jeglicher", das substantivisch und adjektivisch gebraucht wird, auch in Verbindung mit *ein:*

ir iwelich haviti sin lant Anno 8,8; *zeinem îewelichen tage werche* Gen 4823; Anno 3,9;
AHa 194,4 (vgl. J. Grimm 1893, III, 56; Weinhold 1883,553; Erben 1950,210).

Zusammensetzungen mit *-weder: deweder, geweder, ietweder, ieweder (ieder),*
eintweder, neweder:
deweder hat 1) die Bedeutung „einer von beiden" in Sätzen, deren Inhalt
hypothetisch oder in sonstiger Weise nicht-wirklich ist:

ich bin noch baz ein armwîp danne ir deweder (BDa, *ieweder* A, *ytweder* blr, *ettweder*
z, *einer* c, *keyner* p) Iw⁷ 7318 (Bd. 2, S. 200); *den lîp durch mich hie sül verliesen; ê
daz deweder ie wort zem andern gespræche* („hätte sprechen können"), *man giht
iewederr stæche den andern durch des schildes rant* Pz 703,30; *ist unser dweder ein
Anschevîn, daz sol ich von arde sîn* Pz 746, 11—12;

es hat 2) die Bedeutung „keiner von beiden"; dabei braucht der Satz keine Art
von Verneinung zu enthalten, es kann aber auch eine Verneinung hinzutreten:

> *ein dinc ich iu wol sage, daz ir deweder was ein zage* („eines versichere ich euch, daß
> keiner von ihnen beiden ein Feigling war") Iw 1046; *wan nune wirt ir dewederes rât*
> („denn nun gibt es für keines von ihnen beiden Abhilfe") Iw 3010 (vgl. § 437,4).

Der Akk. Neutr. kann als disjunktive Partikel gebraucht werden in Gegenüberstellung mit *noch* (s. § 439; vgl. Weinhold 1883,551f.; Behaghel 1923, I,
382).

geweder, „jeder von beiden", ist im Mhd. ganz vereinzelt (vgl. Weinhold
1883,552; Behaghel 1923, I, 389f.).

ietweder, „jeder von beiden", substantivisch und adjektivisch, wird gelegentlich auch auf mehr als zwei bezogen (vgl. Weinhold 1883, 552; Behaghel
1923, I, 389f.).

ieweder, „jeder von zweien", substantivisch und adjektivisch: Alex S 4408;
NL 187,2; später: *ieder*, auf mehr als zwei bezogen (vgl. Behaghel 1923, I,
388f.; Henzen 1965,39).

eintweder, „einer von beiden": Pz 79,16; 714,7. Der Akk. Neutr. wird als
disjunktive Partikel gebraucht in Gegenüberstellung mit *oder*, nhd.: „entweder − oder": AHa 153,8 (vgl. Behaghel 1923, I, 381).

neweder, enweder, „keiner von beiden": *daz ir newederem werde mere* Recht
173. Der Akk. Neutr. wird als disjunktive Partikel gebraucht in Gegenüberstellung mit *noch;* in der gleichen Funktion kann *weder − noch* stehen (vgl. Weinhold 1883,552 u. hier § 439).

§ 416 δ) Bildungen auf *-lîch*
Hier sind zu nennen:

ieg(e)lîch/ie(ge)slîch, „jeglicher, jeder", substantivisch und adjektivisch gebraucht:

> Alex S 3897; Iw 624; *ir ieglicher* A, *iglich* D, *ieselicher* B (*ietweder* Ih) („jeder von
> ihnen") NL 1374,2; *jegeslîcher* Wa 20,12; ... *wies iegeslîchen rât wol mügen erkennen*
> („... wie sie jeglichen Ratschlag erkennen können") Wa 83,29 (vgl. Weinhold
> 1883,548f.; Behaghel 1923, I, 390f.).

et(e)slîch, et(e)lîch, substantivisch und adjektivisch gebraucht, bezeichnet eine
eingeschränkte Mehrheit, nhd. „mancheiner", „einige(s)":

> *etslîcher was ein rubîn* Pz 85,4; *an ir eteslîchem* Wa 30,23; *ganzer tage drî und eteslîche*
> *naht* MF 126,20 (C); *etelîche* (*ettesliche* C, *etlichen* Ih) *tôten si liezen dar enlant* NL
> 312,3 (vgl. Weinhold 1883,548; Behaghel 1923, I, 385f.; zu *etes-* vgl. Henzen
> 1965,94).

Über *sumelîch* s. § 414.

Anm. 1: Mit dem vorangestellten Genitiv Pl. von Substantiven kann (im Mhd. wie im
Ahd.) das Adj. *gelîh* (eigentlich: „in der Gestalt zusammentreffend" [Henzen

1965,80]) oder -*lîh* verbunden sein; dies bedeutet so viel wie: „jeder von den durch das Substantiv Bezeichneten", „jeglicher":

... *des wûcheres* ... *da mannegelich abe wurde untotlich* („von dem Obst, wodurch jeder Mensch unsterblich geworden wäre") Gen 1037; *duo vuor mannichlich heim* J Judith 73,11; *männeglîch (mannegelich* G, *menneclich* gg) *nu niht verbirt, sine füern* ... *ze B.* („jeder unterläßt es nun nicht [d.i.: keiner unterläßt es], ... nach B. zu ziehen") Pz 393,24; *in lande gelîch* („in jeglichem Lande") Alex S 2676; mit vorange-stelltem *aller: aller manedglich ein turnei* („jeden Monat ein Turnier") Pz 97,8 (D); *an cehinzig tusint messin sulint ir han deil allir tagelich* (S, *aller tegelich* P) („an jedem von allen Tagen") RF 705 (vgl. Weinhold 1883,294; Henzen 1965,203; Braune-Mitzka, 1968, § 300; – abweichende Ableitung: Behaghel 1923, I, 387f.).

ε) *ein* und die Indefinita auf *-ein*   § 417

ein fungiert als Zahlwort, Indefinitum und unbestimmter Artikel; nicht immer sind die Grenzen scharf. Als Indefinitum wird es substantivisch und adjekti-visch gebraucht:

ich diende eim der heizet got Pz 447,25; NL 1652,1; Wa 42,7; *er swîget unz an einen tac* („bis zu einem gewissen Tag") Wa 100,30; vgl. § 423, ebd. auch über den pluralischen Gebrauch von *ein* (vgl. Behaghel, 1923, I, 416–419; Kolditz 1952,225ff.).

dehein – *kein.* Mhd. *dehein* und *kein* kann positive wie auch negative Bedeu-tung haben (ahd. *dehein* hat nur positive Bedeutung: „irgendein").

Mhd. *dehein/kein* = nhd. „irgendein" kann in hypothetischen Sätzen stehen; in einem Nebensatz, der von einem verneinten Hauptsatz oder einem Frage-satz abhängig ist:

kummit ir imer indecheine not suva ir uirnemet die leiche dri da sulder min gewis sin Ro 175; *wær er mir keine wile bi, er lieze sine untugent durch mich* („wenn er eine Zeit mit mir leben würde") G 11628; Iw 813; *daz ne saget uns nehein pûch ... daz deheiner sô rîche wâre ... sô ... Alexander* („das berichtet uns keine Quelle ..., daß irgendeiner so mächtig gewesen sei ... wie Alexander") Alex V 38; ,*gesaher dînen liehten schîn bî friunden ie ze keiner stunt* („irgendwann einmal") ...?' *si sprach: ,desn ist niht ge-schehn'* Pz 712, 18–21.

Mhd. *dehein/kein* = nhd. „kein": Belege für diese Bedeutung, ohne daß eine andere Negation in dem Satze vorhanden ist, gibt es seit dem 12. Jh.:

er hiete dir vz sinem lande die tivren wigande gesant daz dich dekain man mit here torste bestan Ro 1799 (E); *man sol deheiniu wâfen tragen in den sal* NL 1745,2; Wa 8,35.

Wenn *dehein* in einem negierten Satz steht, kann die Unterscheidung zwischen positiver und negativer Bedeutung des Pronomens hinfällig (oder unmöglich) werden, da im Mhd. mehr als ein negativer Ausdruck innerhalb eines Satzes stehen kann, ohne daß der Satz seinen negativen Sinn einbüßte (vgl. § 438). Die Übersetzung in das Nhd. darf in solchen Fällen nur jeweils einen negativen Ausdruck gebrauchen, um den Sinn des Satzes nicht zu verkehren:

ezn gereit nie mit schilte dehein rîter als volkomen (B, *ezn gereit mit schilde ne hein rîter* A) („niemals ritt [irgend]ein so vollkommener Ritter mit seinem Schild daher") Iw 1458–1459; *iren vindet nu* (nimer G, *niht mer* g) *decheinen wîs decheine geinrede an mir* („ihr werdet jetzt in keiner Weise irgendeine Zurücknahme dessen, was ich gesagt habe, von mir erlangen") Pz 255, 28–29; *deheinen tac (neheinen morgen G) daz nimmer liez der rîcheste von Azagouc ..., der huop sich immer dannewart* („niemals unterließ das irgendeinen Tag der Herrscher von A. ..." oder: „keinen Tag unterließ das jemals ...") Pz 41, 10–14 (vgl. Gerring 1927, 61ff.; 139ff.).

nehein, enhein, enchein (enkein): nhd. „kein". Es kann sowohl mit einer anderen Verneinung im Satz gebraucht werden als auch ohne sie:

der ire gelich was neheiniu („von denen war keine ihr vergleichbar") Gen 1950; *sît got enheine sünde lât ...* Wa 6,10 (C); – *dane was manne nehainer* RL 8918.

Selten hat *enhein/enkein* die Bedeutung „irgendeiner":

giwuge hers eincheinim manne, her zibræch in zi stukkelini („wenn er es irgendeinem Manne sagte, werde er ihn zu Stücken zerbrechen") Anno 46,8.

Im folgenden Beispiel überschneiden sich die Formen und Bedeutungen:

... daz er der buoche mere gelernete in so kurzer zit dan ie kein kint e oder sit („... so daß er in so kurzer Zeit mehr Bücher lernte als je ein Kind vorher oder nachher") G 2090–92 (Ranke; Varianten nach G [Marold] zu v. 2090: *danne dehein* ME; *danne kein* HS; *dan enkein'* B; *dan ie dechein* F; *dan e dech.* W; *dan ie deh.* wP; *dan ey geyn* N; *dan ye kein* O; *denne ye* Re) (vgl. Weinhold 1883, 543f.; Behaghel 1923, I, 425; Gerring 1927, 150ff.).

sichein findet sich nur in westmitteldeutschen Denkmälern (wie Ro, Alex, AHa, Ath u Proph, Gr Rudolf). Es stimmt im Gebrauch mit *dehein* in der Bedeutung „irgendein" überein.

lebit der boden sichenir Ro 587; *iz ne was nie reht, daz siheinime kneht oder siheineme bote dihein hêre missebote* Alex S 6323–26 (vgl. Weinhold 1883, 543; Behaghel 1923, I, 426f.; Gerring 1927, 154f.).

Weitere Beispiele für indefinites *der* im relativen Satzgefüge s. § 455.

§ 418 ζ) Die Pronominalsubstantive *man, ieman, nieman, iht, niht*

Das Pronomen *man* (aus dem Subst. *man* hervorgegangen, vgl. § 427) wird nur im Nom. gebraucht als unbestimmtes persönliches Subjekt, nhd. „man", „einer". Die Zwischenstellung zwischen Nomen und Pronomen zeigt sich darin, daß es durch *er* aufgenommen wird:

des obezes mohte man ezzen swie vil oder swâ er wolde Er 8739.

ieman, „irgendjemand", ist, verglichen mit *man,* von erhöhtem Unbestimmtheitsgrad und meist – aus der Sicht des psychologischen Subjekts – auf eine hypothetische Größe bezogen. So steht es im Fragesatz (Wa 104,22), im Bedingungssatz (Iw 5746), im Relativsatz, der sich auf einen Superlativ bezieht (Iw 6388). Es kann aber auch auf eine als real empfundene Größe bezogen werden (Iw 1973). Ein anderes Substantiv wird durch den Gen. auf *ieman* bezogen:

hân ich getriuwer iemen NL 147,3.

Im abhängigen Satz kann *ieman* negative Bedeutung haben, nhd. „niemand",
ohne daß der abhängige oder der übergeordnete Satz eine formale Negation
enthält (NL 1051,2; vgl. § 441; Weinhold 1883,545; Behaghel 1923, I, 399f.).
nieman, nhd. „niemand": Über die Bildung vgl. § 436; über die Verbindung
mit der Verneinung *ne* und über das Fehlen dieser Verneinung vgl. § 437.
Ein anderes Substantiv wird durch den Gen. auf *nieman* bezogen:

> *ich habe niemen mâge* NL 1085,3.

Wenn *ander* auf *nieman* bezogen ist, kann es ebenfalls im Gen. stehen oder
appositiv konstruiert sein, flektiert oder flexionslos:

> *ern mohte die schulde ûf nieman anders* (AGb, *andern* Bd, *anders niman* a, *ander*
> *niman* D) *gesagen* Iw 3223.

iht, nhd. „irgendetwas", „etwas" (die verschiedenen Formen bei Weinhold
1883,546; es erscheinen alle Kasus des Singulars; über Dat./Instr. s. §§ 386/87),
wird substantivisch gebraucht: *tuont sî dir iht?* Iw 491; mit partitivem Gen. Sg.
und Pl.: *iht liebes* Wa 95,34; *iht swerte* Pz 739,11. Der Akk. kann adverbiale
Funktion haben: „in irgendeiner Weise, irgend": *wirt mîn lôn iht guot* Wa
56,19 (vgl. § 356), desgleichen, seltener, der Gen., der verstärkend zu *iht*
hinzutreten kann: *ihtes iht* G 2808; Er 5810 (vgl. § 375). Im allgemeinen wird
iht, im Gegensatz zu *etewaz*, auf einen nicht als real betrachteten Sachverhalt
bezogen, doch gibt es im einzelnen verschiedene Nuancen.
    Im abhängigen Satz kann (substantivisches und adverbiales) *iht* negative
Bedeutung haben, nhd. „nichts", ohne daß der abhängige oder der übergeordnete Satz eine formale Negation enthalten müßte: *daz dû mir iht sô sêre beswæ-*
rest mînen muot Wa 88,29; vgl. § 441; Weinhold 1883, 545−548; Behaghel
1923, I, 400f.)
    niht, nhd. „nichts" (die verschiedenen Formen bei Weinhold, a. a. O. es
erscheinen alle Kasus des Singulars; über Dat./Instr. s. §§ 386/87).
    Es wird substantivisch gebraucht: *nieht mag dir widerstan* Gen 440, auch mit
unbestimmtem Artikel (Iw 4413 AD), mit partitivem Gen.: *ûf erde niht sô*
guotes was Pz 53,3 (vgl. § 368). Es kann verstärkt werden durch den adverbialen Gen. *nihtes: ez enwont ûf erde nihtes niht* Pz 523,16; es kann der einzige
negative Ausdruck in einem Satze sein, und es können andere Negationen
neben *niht* in dem Satze stehen, *ne (en), nieman, nie, niemêr: daz iu nieman*
niht entuot („daß euch niemand etwas tun wird") AH 1331; vgl. zur Addition
von Negationen § 438.
    Der Akk. (der Modalität) kann adverbiale Funktion haben und so zur Nega-
tionspartikel werden, nhd. „nicht": darüber s. §§ 436/37 (vgl. Weinhold
1883,546f.).

Lit.: Indefinitpronomen
Weinhold 1883, 542−553; Grimm J. 1893, III, 84−87 und 1893, IV, 452−459; Paul H.
1916, III, §§ 128−132; Behaghel 1923, I, 381−427; Gerring 1927; Erben 1950,

193−221; Kolditz 1952, 225−268; Danielsen 1968, 92−117; Lockwood 1968, 78−85; Vater 1979, 99−106.

§ 419   h) Häufung von Pronomina

Hier sind die verschiedenen Kombinationen zweier Pronomina, auch die Verbindung des bestimmten oder des unbestimmten Artikels mit einem Pronomen, nochmals zusammengestellt. Es besteht entweder Kongruenz der beiden Pronomina (bzw. zwischen Artikel und Pronomen) in bezug auf Kasus, Numerus und Genus, oder eines der Pronomina ist flexionslos:

Bestimmter Artikel + Pron. poss. + Subst.: *der mîner minne* MF 9,35 (§ 408); bestimmter Artikel + Subst. + Pron. poss.: *die mâge mîne* GL 610,4 (§ 408); unbestimmter Artikel + Pron. poss. + Subst.: *einen sînen mâc* NL 2016,2 (§ 408); Pron. indef. *sumelîch* + Pron. poss. + Subst.: *sumelich sine heriste chnehte* Hochz 162 (§ 408, Anm. 1);
Pron. poss. + Subst. + Pron. indef. *sum: mînen vriunden sumen* Er 7634 (§ 414); bestimmter Artikel + Subst. + Pron. indef. *sum: die Troiæri sum* Anno 22,5 (§ 414); Pron. pers. + Pron. indef. *sumelich: wie leit in sümelîchen was* NL 1623,4 (§ 414); Pron. demon. + Pron. indef. *sumelich: daz mûzzen wir sumelichez uberheuen* Gen 3417 (§ 414);
unbestimmter Artikel + Pron. indef. *iewelih* + Subst.: *einem iwelem menscen* („einem jeglichen Menschen") AHa 128,3 (§ 415);
bestimmter Artikel + Pron. demon. *jener: daz die jene gesâgen, di ...* Alex S 6847 (§ 409).

Anm. 1: Von anderer Art ist das Nebeneinander von Pron. demon. *(der)* und Pron. relat. *(der)* (und event. bestimmtem Artikel): *der den der swane brâhte* Pz 824,29; vgl. § 409, Anm. 1.

Anm. 2: Selten folgt auf das Pron. indef. *dehein* („irgendein"; „kein" − vgl. oben § 417) das Pron. demon. *der* (+ Subst.); es ist Bezugswort für einen folgenden Relativsatz: *jach daz im nie mêre dehein der* (Bad, *der* fehlt in ADbc) *gast wære komen von dem er hæte vernomen, daz er âventiure suochte* Iw 375; *sîne rou dehein* (*ne hein* A) *daz guot daz sî an in hete geleit* Iw 3728−29. Vgl. Weinhold 1883,581.

Über das Nebeneinander von *ein* und *der* bei einem Substantiv vgl. § 424.

4. Artikel

§ 420   a) Unsicherheit im Gebrauch

Der Gebrauch des bestimmten und des unbestimmten Artikels nimmt im Laufe der Entwicklung der deutschen Sprache stetig zu, während der artikellose Gebrauch des Substantivs zurückweicht. Man kann oft nicht sehen, in welchem Umfang der Begriff verstanden werden soll, der durch das artikulierte oder das artikellose Substantiv bezeichnet wird, welches sein Bestimmtheitsgrad ist.

Zu dieser Unsicherheit trägt bei, daß (wie auch bei anderen syntaktischen Erscheinungen) konkurrierende Bezeichnungsmöglichkeiten von gleichzeitigen Autoren stilistisch unterschiedlich gebraucht werden (vgl. § 421). Auch fragt es sich, ob in jedem Falle die Setzung oder Nichtsetzung des Artikels einen speziellen semantischen Wert hat, ob sie nicht in gewissen Fällen formalen Charakter [gewonnen] hat, so bei der Unterscheidung von Vokativ und Nominativ (vgl. § 347). Die Erfassung der Nuancen ist auch deshalb schwierig, weil das Nhd. zwar über die gleichen formalen Ausdrucksmittel wie das Mhd. verfügt (artikellosen Gebrauch des Substantivs, bestimmten Artikel, unbestimmten Artikel), aber das Bezeichnungssystem z. T. leicht, z. T. beträchtlich verschoben ist, verglichen mit dem des Mhd.

Lit.: Artikel allgemein
Braune 1886, 518−527; Grimm J. 1893, IV, 381−440, bes. 404−419; Zimmert 1901, 321−366; Paul H. 1916, III, §§ 143−163; Wackernagel 1920, II, 125ff.; Behaghel 1923, I, 31−138; Kraus 1930, 1−22; McClean 1934, 336−339; Heinrichs 1954; Hodler 1954; Spitzer 1956, 285−315; Mustanoja 1958; Ebert 1978,43ff.; Harweg 1979, 291−297; Müller M. 1986, 33−56.

b) Artikelloser Gebrauch des Substantivs   § 421

Aus den verschiedenen Möglichkeiten des artikellosen Gebrauchs des Substantivs seien die folgenden hervorgehoben:

α) Der Artikel kann fehlen vor einem Substantiv im Sg., wenn dieses eine unbestimmte Vielzahl seiner Gattung bezeichnet:

man hôhgemâc, an friunden kranc, daz ist ein swacher habedanc … mâc hilfet wol, friunt verre baz Wa 79, 17−24 (nhd.: entweder unbest. Art. + Subst. im Sg. oder artikelloses Subst. im Pl.); *swaz munt von schœne hât gesagt, des hât si volleclîchen teil* Pz 402,22; *naht gît senfte, wê tuot tac* („die Nacht verleiht Freude, Schmerz bringt der Tag") Otto v. Bottenlouben XIII, 2,7 (Liederdichter I, S. 315); *dâ stüende ouch niemer ritters becher lære* Wa 20,15; *ez gewan nie küniges tohter rîcheite mêr … * NL 1276,2; *bezzer wære mîner frowen senfter gruoz* („besser wäre für die Dame zarte Huldigung") Wa 111,30 (vgl. Wapnewski 1966,13).

Aber auch der bestimmte Artikel kann in Verbindung sowohl mit dem Sg. wie mit dem Pl. eines Substantivs dem betr. Begriff generalisierende Bedeutung verleihen: vgl. § 427. Der Unterschied dürfte der sein, daß der bestimmte Artikel die Gattung im strengen Sinne in allen ihren Vertretern bezeichnet, während der artikellose Gebrauch des Substantivs zwar die repräsentative Bedeutung des Begriffs bezeichnet, jedoch nicht in dem umfassenden Sinne wie der bestimmte Artikel − aber die Grenzen sind fließend.

β) In Verbindung mit Präpositionen können Substantive, die Unica bezeichnen, artikellos gebraucht werden (einzelne sowohl ohne als auch mit Artikel); außerhalb der präpositionalen Verbindung oder außerhalb paariger Formeln erscheinen sie mit dem bestimmten Artikel verbunden:

dô gotes sun hie in erde gie Wa 11,18; *swaz dîn ouge ûf erden siht … * Pz 502,13, aber auch: *den wunsch ûf der erden hâstu volleclîche* Pz 254,26; *iu unde gote von himele klage ich unser nôt* NL 1952,3; *ze himel er … sach* G 2588; *hinnen fuor der sun* (BCA, *sint do f.d.s.* Z, *dannan fuor er hin* E) *ze* (BC, *zer* AE, *zur* Z) *helle* Wa 15,27;

ebenso andere Substantive, wenn sie nicht in einem speziellen, sondern in einem allgemeineren Sinne verstanden sind:

ich bin wol ze fiure komen Wa 19,35; *ich wil ze hereberge varn* Wa 101,22; *wer sol daz
gesinde wîsen über lant* NL 1594,1; *got gît ze künege swen er wil* Wa 12,30, aber: *daz si
den jungen wolden ze eime herren hân* NL 42,3 (der Blick ist auf die spezielle Situation
gerichtet, die Bedeutung fast: „zu ihrem Herrn"; vgl. § 423).

γ) Formelhafte Verbindungen zweier Substantive durch *und*. Dabei kann es
sich um Unica handeln oder um andere Substantive, die in der formelhaften
Verbindung generelle Bedeutung haben:

dâ von himel und erde wart mit grôzen fröiden enzündet Wa 36,34; *daz ich habe von
rehte liute unde lant* NL 109,3; *dô sâzen scœne frouwen naht unde tac* NL 65,1; *man
und wîp im wâren holt* Pz 311,29.

δ) Artikellos stehen auch der adnominale Genitiv der Beschaffenheit und der
prädikative Genitiv der Beschaffenheit (sofern auf den letzteren nicht ein abhängiger Satz bezogen ist): vgl. §§ 364 u. 370.

ε) Wohl als stilistisch archaisch zu werten ist das Fehlen des Artikels in den
folgenden Fällen:

vor einem Substantiv, das durch einen nachfolgenden Genitiv näher bestimmt
wird:

dô was tôt (der tot D) des vergen Gelpfrâte komen mit gewærem mære NL 1596,1;
Sigûne las anvanc der mære Tit Str. 144,1; insbesondere wenn das Substantiv antizi-
piert und emphatisch an den Anfang des Satzes oder Verses gestellt wird: *gewalt des
grimmen Hagenen dûhte si ze starc* NL 1281,1; *zuht (diu zuht Ih, die tzuckch ...
tettenn* a) *des jungen heldes diu (diu* fehlt A) *tet Albrîche wê* NL 497,4; auf der Grenze
zum Nom. pendens (vgl. § 346): *hort der Nibelunge, war habet ir den getân?* NL
1741,2;

vor einem Substantiv im Genitiv, das einen nachfolgenden substantivischen
Superlativ näher bestimmt:

sun, diene manne bœstem daz dir manne beste lône („diene der Männer schlimmstem,
daß dir der Männer bester lohne") Wa 26,29 (in Nachahmung der Stileigentümlich-
keit des Sprichworts, falls nicht wirklich ein Sprichwort zitiert wird); vgl. Wackernagel 1920, II, 148.

vor einem Substantiv, das durch einen nachfolgenden Relativsatz näher bestimmt wird:

... ê daz er von im selben zôch harnasch daz er ê hêt an Wh 81,25 (während im allg.
ein Substantiv, auf das ein Relativsatz bezogen wird, mit dem bestimmten Artikel
verbunden ist, vgl. § 422α; über den selteneren Gebrauch, daß ein Substantiv, auf
welches ein Relativpronomen bezogen ist, mit *ein* verbunden ist, vgl. § 423β).

Über das Fehlen des Artikels bei einem Prädikatsnomen s. ebd.

Lit.: Artikelloser Gebrauch
Paul H. 1916, III, §§ 149–157.

c) Bestimmter Artikel   **§ 422**

α) Artikel und Abstractum: Das Verhältnis zwischen Artikel und Abstractum
ist nicht eindeutig. Es wird mitbestimmt durch den Grad der Individualisie-
rung, die in einem bestimmten Kontext einem Abstractum zuerkannt werden
soll, auch durch den Grad der Konkretisierung, die das Abstractum etwa erfährt. Im einzelnen sind die Verhältnisse noch nicht genügend geklärt (vgl.
Behaghel 1923, I, 68−72).

Abstracta erscheinen artikellos, mit bestimmtem und mit unbestimmtem
Artikel.

Die Verbindung mit dem bestimmten Artikel ist häufig, aber nicht so weitgehend durchgeführt, wie es nach Behaghel (1923, I, 69f.) scheint. Wie weit
feinste Bedeutungsnuancen vorliegen zwischen dem artikulierten und dem artikellosen Abstractum, wie weit gelegentlich auch metrische Rücksichten mit-
sprechen, ist mitunter nicht zu entscheiden. Ein Beispiel stehe für viele:

> *‚ja muget ir michel gerner sin in vremede ein richiu künigin dan in der künde arm unde*
> *swach: in vremedem lande ere unde gemach und schame in vater riche, diu smeckent*
> *ungeliche'* ... [Isolde:] *‚ich næme [e]* ... *eine mæzliche sache mit liebe und mit gemache*
> *dan ungemach und arbeit bi micheler richeit'* ... [Tristan:] *‚swa man aber gehaben kan*
> *die richeit bi gemache, die sæligen zwo sache die loufent baz gemeine'* G 11593−11609.

Wenn Abstracta personifiziert sind oder sich der Personifikation nähern, wird
(im Nominativ) der artikellose Gebrauch bevorzugt:

> *ich vant die stüele leider lære stân, dâ wîsheit, adel und alter gewaltig sâzen ê* Wa
> 102,18; ebenso: Wa 102,27; 8,24−25; 57,23. Im Gen. und Dat. steht aus Gründen
> der syntaktischen Deutlichkeit eher der bestimmte Artikel: *die gip der milte beide* Wa
> 17,2 (BC).

Mit dem unbestimmten Artikel kann das Abstractum verbunden sein, wenn
eine spezielle Erscheinungsform des Begriffs bezeichnet werden soll; von einer
solchen aus kann sich der Übergang zum Konkretum anbahnen:

> *da nach er in ane warf einen slâf uile starch* Gen 587f.; *ez tet diu hûsvrouwe durch einen*
> *grôzen nît* NL 838,2; *ez wære ein unmanheit* (eine Tat unmännlicher Haltung) *obe ich*
> *dô daz verbære* Iw 632; *mich ne dunchet nieht gůt daz so eine si der man, wir sculen im*
> *eine hilfe tůn* (Vulgata: *adiutorium*, sc.: Eva) Gen 586.

Ein Substantiv, das durch einen Relativsatz näher bestimmt wird, ist im allg.
mit dem bestimmten Artikel verbunden:

> *der valke, den du ziuhest, daz ist ein edel man* NL 14,3.

In diesem Zusammenhang ist auch auf die gelegentliche Verbindung von *dehein* + *der* +
Relativsatz zu verweisen, vgl. § 419, Anm. 2. Über den Bezug eines Relativsatzes auf ein
mit *ein* verbundenes Substantiv s. § 423.

Über vereinzelten artikellosen Gebrauch eines Substantivs, auf das ein Relativsatz
bezogen ist, vgl. § 421.

β) Besonderheiten der Stellung des bestimmten Artikels: Vereinzelt wird der Artikel dem Substantiv nachgestellt in Verbindungen wie diesen:

Substantiv + Artikel + adjektivisch-attributive Ergänzung des Substantivs:

> *dar zuo gît iu mîn herre ... gewalt den aller hœhsten, den Helche ie gewan* NL 1237, 1–3; *dô sah er here daz grôze daz ûf dem velde lac* NL 181,1 (mit abweichenden Laa.); *mete den vil guoten* NL 1187,3 = GL 1305,3; [man mag dies auch als artikellosen Gebrauch des Substantivs auffassen: der Artikel steht bei dem appositiven Adjektiv];

Substantiv + Artikel + attributives Substantiv im Genitiv:

> *golt daz Kriemhilde reichte man der für* NL 1277,2; *sun den Sigemundes ich hie gesehen hân* NL 216,2; *wine der Gotelinde kom ze hove gegân* NL 2135,2; *in lant daz Herwîges wurfen si den brant* GL 674,1.

Diese Nachstellung des Artikels ist ungewöhnlich und stilistisch bedingt.

Anm. 1: Die Verbindung eines Substantivs, dem der bestimmte Artikel zugeordnet ist, mit einem attributiven Genitiv kann auch die folgende Gestalt annehmen: *daz ist der Rûmoldes rât* NL 1469,4; *daz Herwîges trût* GL 1395,2; *die Willalms mâge* Wh 11,3; auch dies findet sich vornehmlich im NL, GL, bei Wolfram.

Über das Verhältnis des bestimmten (und des unbestimmten) Artikels zum Vokativ s. § 347; – über die appositive Verbindung des bestimmten Artikels mit dem Pronomen possessivum s. §§ 408 u. 419; – über die Verbindung bestimmter Artikel + Substantiv + Pronomen indefinitum *sum* s. §§ 414 u. 419; – über die Verbindung mit dem Pronomen demonstrativum *jener* s. §§ 409 u. 419; – über das Nebeneinander von Pronomen indefinitum *dehein* und *der* s. § 419, Anm. 2; – über den bestimmten Artikel an Stelle des Pronomens possessivum s. § 408; – über den Einfluß des vorangehenden bestimmten (oder unbestimmten) Artikels auf die Flexion des Adjektivs s. §§ 390/91; – über *der* in demonstrativer Bedeutung s. § 409. Über die generalisierende Bedeutung, die der bestimmte Artikel einem Substantiv im Singular verleihen kann, ist § 427 (unter Numerus) gehandelt.

Lit.: Bestimmter Artikel
Grimm J. 1893, IV, 367f.; Paul H. 1916, III, § 144; Behaghel 1923, I, 39–44; Harweg 1973, 312–327; Weber H. 1978, 215–235; Ullmer-Ehrich 1983, 197–219.

§ 423 d) Unbestimmter Artikel

Das mhd. *ein,* sofern es nicht Zahlwort ist, kann oft mit dem nhd. unbestimmten Artikel nicht voll sinnentsprechend gleichgesetzt werden, weil *ein* in Verbindung mit dem Substantiv etwas Bestimmtes bezeichnen kann im Gegensatz zu der allgemeinen Bedeutung des artikellosen Substantivs; weil keine scharfe Grenze zwischen dem attributiven indefiniten Pronomen *ein* und dem sog. unbestimmten Artikel besteht. Über die Verbindung von *ein* mit Abstracta s. § 422. Im folgenden seien auffällige Verwendungen von *ein* vermerkt:

α) Bei Bezeichnungen für einen Stoff, eine Substanz oder Ähnliches steht *ein,* wenn nicht die Gesamtheit des naturgegebenen Umfangs gemeint ist, sondern ein spezifisches Quantum davon oder eine besondere Erscheinungsform; die Verbindung mit *ein* individualisiert also in einer gewissen Weise:

> *dâ legen uns an ein gras* NL 1623,3; *ein wazzer iesch der junge man* Pz 228,1; *dô was ein snê gevallen* GL 1196,4; *der ist nû ein gift gevallen, ir honec ist worden zeiner gallen* Wa 25,18 (aber: *sîn hôchvart muose vallen, sîn honec wart ze gallen* AH 152); *swære alsam ein blî* („wie ein Stück B.") Wa 76,3 (aber: *zin anderhalp ame glase geleichet* Pz 1,20).

β) Personenbezeichnungen in Verbindung mit *ein:*
Prädikatsnomina, die Personenbezeichnungen sind, werden sehr häufig mit *ein* verbunden, daneben aber auch artikellos gebraucht:

> *Kain was ein accherman* Gen 1218; *ir sît ein künegîn;* ... *ich* [Hagen] *wil selbe kamerære sîn* NL 1746, 3–4; *du gihst er sî ein koufman* Pz 358,13; *vater ist, der e herro was* Paternoster Str. 4,7; *Dancwart der was marscalch* NL 11,1; *ich wurde ê münch ze Toberlû* Wa 76,21.

Von einer Systematisierung des Gebrauchs läßt sich schwerlich sprechen (vgl. Paul-Mitzka 1966, § 225b). Man kann vielleicht sagen, daß das persönliche Prädikatsnomen mit dem ‚unbestimmten' Artikel verbunden wird, wenn es eine bestimmte Person (in einer bestimmten Situation) bezeichnen soll, das artikellose Substantiv dagegen gebraucht wird, wenn derartige Beschränkungen und Beziehungen nicht gegeben sind, d. h. wenn der Begriff generell gemeint ist. Die Grenze zwischen dem Bestimmten und dem Generellen ist nicht immer scharf, und so stellen sich auch konkurrierende Ausdrucksmöglichkeiten ein (ganz abgesehen von eventuellen chronologischen Differenzierungen).

Besonders im NL steht *ein* bei Personenbezeichnungen, die als Apposition zu den Namen von Personen treten, welche sowohl den Gestalten der Dichtung wie dem Hörer und Leser bekannt sind:

> (Siegfried zu Gunther:) *gîstu mir dîne swester* ..., *die scœnen Kriemhilde, ein küneginne hêr* ... NL 333,3; *‚daz tuon ich', sprach Gunther, ein* (AB, *der* C) *ritter küen unde balt* NL 391,4; auch bei der Apposition zum Vokativ, vgl. § 347,3.

Auch in anderem syntaktischen Zusammenhang kann *ein* mit Bezeichnungen für Personen verbunden sein, deren eindeutige Bestimmtheit durch den Kontext vorausgesetzt wird:

> *im sleich ein hôhgeborniu küneginne nâch* Wa 19,12; *der fürst Liupolt ûz Oesterîch gap dâ sîn tohter minneclîch von Sahsen einem fürsten wert* UvL, Frauend 11,7.

Über die Verbindung von Präposition + *ein* + Personenbezeichnung s. § 421.
Über den Vokativ in Verbindung mit *ein* s. § 347.

γ) Auch Sachbezeichnungen können mit *ein* verbunden sein, während der Kontext den betr. Gegenstand als bekannt voraussetzt:

> *dannen gie dô Sîfrit zer porten ûf den sant* ..., *da er ein* (*daz* C, *sin* DIh) *schiffel vant* NL 482, 1–2 (d.i. das von S. und den drei anderen Helden zur Fahrt nach dem Isenstein benutzte, zuvor schon mehrfach erwähnte Schiff: ,das' oder ,sein' oder ,ihr' Schiff).

Auf ein solches mit *ein* verbundenes Substantiv kann auch ein Relativsatz
bezogen sein:

> *Alexander begunde dô streichen ein ros, daz nie nichein man begunde weichen* (*er
> begundiz streichen, daz nieman geweichen ne mohte* S 368) Alex V 315–316 (zuvor ist
> ausführlich über das Tier und sein Verhalten zu A. berichtet worden); *daz ungeverte
> im undervienc eine slâ, die er hete erkorn* („die Unwegsamkeit [Subj.] entzog ihm die
> Spur, die er wahrgenommen hatte") Pz 442,28. – Vgl. § 421 β.

δ) Der pluralische Gebrauch von *ein* in Verbindung mit Substantiv:

> *so sint einu* (V) *liute dabi, haizent Arimaspi* Himml Jerusalem 14,12 (Maurer II,
> S. 147); *daz was in einen zîten dô vrou Helche erstarp* NL 1143,1; *zeinen sunewenden
> der grôze mort geschach* NL 2086,1; *unz in zeinen stunden slâfende vunden drîe
> vrouwen* Iw 3361; *von einen gnâden ich iu sage* Gr 3753.

Dieses pluralische *ein* scheint eine Spezifizierung im Bereich des Indefiniten zu
bedeuten: „ferner gibt es da in der Nähe gewisse Leute, die heißen A.".

W. Braune (1886, 518) hat zuerst auf verschiedene Typen der auffälligen Verwendung
von *ein* hingewiesen und von einer ‚demonstrativen' und ‚hervorhebenden' Bedeutung
gesprochen, welche mhd. *ein* haben könne, die im Nhd. zum mindesten durch den
bestimmten Artikel wiederzugeben sei, in den meisten Fällen am angemessensten durch
‚jener', während in einigen weniger ausgeprägten Fällen mit dem nhd. unbestimmten
Artikel als Äquivalent auszukommen sei.
Nicht übersehen werden sollte aber auch, worauf v. Kraus (1930, 13–16) verwiesen
hat, daß der Gebrauch von *ein* an Stellen, die den bestimmten Artikel erwarten ließen,
u. U. stilistisch bedingt sein kann: Kraus spricht vom ‚heldenepischen *ein*' im NL als dem
Ausdruck einer bestimmten Haltung, die der Erzähler gegenüber seinen Geschöpfen und
gegenüber seinem Publikum einnimmt.

Über *ein* als Pronomen indefinitum s. § 417; – über die appositive Verbindung von *ein*
mit dem Pronomen possessivum s. §§ 408 u. 419; – über die Verbindung von *ein* mit dem
Pronomen indefinitum *iewelih* (+ Substantiv) s. §§ 415 u. 419; – über den Einfluß des
vorangehenden unbestimmten (oder bestimmten) Artikels auf die Flexion des Adjektivs
s. §§ 390/91.

Lit.: Unbestimmter Artikel
Braune 1886, 518–527; Braune 1887,393ff.; Grimm J. 1893, IV, 410f. und 417f.; Paul
H. 1916, III, §§ 145–147; Behaghel 1923, I, 45–49 und 407–419; Kraus 1930, 1–22;
Spitzer 1956, 285–315. Vgl. auch die Lit. zum folgenden Abschnitt.

§ **424** e) Das Nebeneinander von *ein* und *der*

ein und *der* können gemeinsam vor einem Substantiv stehen. Stets geht *ein*
voran. Die Verbindung von *ein* und *der* steht entweder vor einem Substantiv,
auf das ein nachfolgender Relativsatz bezogen ist, oder vor einem substantivierten Superlativ oder vor der Verbindung eines Substantivs mit attributivem
Superlativ; zumeist ist auch auf den superlativischen Ausdruck ein Relativsatz
bezogen:

a) *er truoc in sîme sinne ein minneclîche meit, und ouch in ein* (*ein* fehlt Ih) *diu* (*diu* fehlt Dbd) *frouwe, die er noh nie gesach* NL 132,3; *sî nam an im war einer der wunden diu* ... *an im was wol erkant* Iw 3379; *er dahte und dahte als ein* (*ein* fehlt in einer Anzahl von Hss.) *der man, dem ez ze cleinem liebe ertaget* G 15228; b) *jâ vlôs ich ein den besten, den ie vrouwe gewan* NL 1233,4; *diu was ein diu schœniste maget von der uns ie wart gesaget* Er 310; *an ein daz schœneste gras daz diu werlt ie gewan dâ vuorte si mich an* Iw 334; *sî muose tôten sehn ein den liebesten man, den wîp ze liebe ie gewan* Iw 1315; – *er hiez werben eine die besten von den rîchen* GL 8,3.

In den unter a) angeführten Fällen hat *ein* indefiniten Charakter: „einer", „ein gewisser". Gegen den Bezug eines Relativsatzes auf *ein* mit einem Indefinitum verbundenes Subst. besteht eine gewisse Abneigung (trotz den in § 423 angeführten Fällen); das appositiv zu *ein* hinzutretende *der* läßt sich als Stütze für den Relativsatz verstehen (so wie es in derselben Funktion zu *dehein* treten kann: vgl. § 419, Anm. 2). Auf eine Erklärung der unter b) angeführten Fälle muß verzichtet werden.

Die Verbindung von *ein* und *der* ist im Mhd. nicht zu häufig; das Entsprechende begegnet auch im Ae., Me., Ne., Mndd.

Lit.: Artikelwechsel
Weinhold 1883,580f.; Grimm J. 1893, IV, 382, 417; Behaghel 1923, I, 137f.; Kraus 1930,4f.; McClean 1934, 336–339; Mustanoja 1958; Hartmann D. 1967; Keller 1978,303f.; Vater 1979, 57–92.

B. Grammatische Kategorien

Die flektierbaren Wörter der deutschen Sprache (Konjugation und Deklina-   § 425
tion) haben Morpheme, mit deren Hilfe sie die syntaktischen Beziehungen knüpfen, die das einzelne Wortzeichen in die Reihenfolge eines sinntragenden Satzes bringen. Nach ihren unterschiedlichen, aufeinander abgestimmten Funktionen, die sie im Satz erfüllen, kann man die Wörter in Klassen und Arten einteilen. Die Wortklasse Verb ist durch die Kategorien Tempus, Modus, Genus verbi, Person und Numerus gekennzeichnet (Personalmorpheme), das Substantiv durch Genus, Numerus, Kasus (Kasusmorpheme) und das Adjektiv durch Genus, Numerus, Kasus und die Graduierung (Kasus- und Steigerungsmorpheme). Vgl. Erben 1972, §§ 86–95; s. §§ 388–435. Dazu tritt als weiteres Kennzeichen jeweils die der Wortart eigene Kombinationsmöglichkeit mit anderen Wortarten: das Verb mit Personalpronomina und Hilfsverben; das Substantiv mit Adjektiven, adjektivischen und relativen Pronomina; das Adjektiv mit Substantiven und Gradbezeichnungen. Diese grammatische und semantische Verbindung der Wörter erschließt den Sinn des Satzes, wenn die Kongruenz der Beziehungen gewahrt wird: also etwa die kongruenten Entsprechungen in Numerus, Genus und Kasus zwischen Substantiv und dem ihm zugeordneten Attribut, in Person und Numerus zwischen Subjekt und Prädikat oder die Übereinstimmung in bezug auf Genus und Numerus zwischen einem Pronomen und einem Substantiv, wenn eines das andere substituiert, und zwar auch ohne Rücksicht auf die Satzgrenze. Im Mhd. wird die Kongruenz in den meisten Fällen beachtet; diese werden deshalb nicht eigens genannt. Aber es

gibt auch zahlreiche Belege von Inkongruenzen. Die mangelnde Übereinstimmung zwischen Subjekt und Prädikat ist in § 340 dargestellt. Hier werden im
folgenden die Inkongruenzerscheinungen von Numerus, Genus und verbunab-
hängigen Kasus behandelt:

1. Inkongruenz des Genus

§ 426   Das natürliche Geschlecht eines Substantivs statt des grammatischen kann
maßgebend sein für das Genus eines Pronomens, durch welches das Substantiv
aufgenommen wird:

> *daz munt von wîbe nie gelas ... diu schœnr und bezzer wære* Pz 224, 12–14; *sîn wîp,*
> *von der ich wart geborn* Pz 750,24; *des burcgrâven tohterlîn diu sprach* Pz 372,15f.

> Anm. 1: Auch ein attributives Adjektiv kann sich nach dem natürlichen Geschlecht des
> Substantivs richten: *ein offenú suezú wirtes wîp kan sölhe minne geben* Wo, Lied [S.]
> 6,9.

Die neutrale Form eines Pronomens oder eines Adjektivs wird oft gebraucht,
wenn diese auf ein nicht-neutrales Substantiv bezogen sind.

In der Regel stehen Pronomina oder Adjektive im Pl. Neutr., wenn sie
zusammenfassend auf mehrere Substantive verschiedenen Geschlechts bezogen sind:

> *guot spîse und dar nâch senfter slâf diu wâren im bereit* Iw 4818f.; *beidiu sîn leben und*
> *sîn tôt* Pz 112,14. Es kann aber auch der Pl. Mask. in solchen Fällen gebraucht
> werden: *liut unde lant ... die sint mir frömde* Wa 124, 7–8.

Der Pl. Neutr. kann auch auf zwei Substantive gleichen, nicht-neutralen Geschlechts bezogen werden:

> *diu liebe stêt der schœne bî ...: nû jehet, waz danne bezzer sî, hânt disu beide rehten*
> *muot* Wa 92, 25–28 (C).

Mehrere Substantive, unabhängig von Geschlecht und Numerus, können durch
ein neutrales Pronomen im Singular zusammenfassend aufgenommen werden:

> *er vuorte daz wîp unde den man und volget ime dewederz* Iw 2987f.; *Artûs und diu*
> *künegin, ir ietwederz ... sich ûf ir aller willen vleiz* Iw 59–61.

Ein neutrales Pronomen kann als Subjekt auf ein nicht-neutrales Prädikatsnomen oder prädikativ auf ein nicht-neutrales Subjekt bezogen sein:

> *ditz was des hûses herre* Iw 285; *daz was von Tronege Hagene* NL 9,1; *daz (der Bad)*
> *sehste was Kâlogrêant* Iw 92; zugleich mit Inkongruenz des Numerus: *diz heizzent*
> *heidenisse kûchen* Von guoter spise Nr. 5a; – *der iu mære bringet, daz bin ich* Wa
> 56,15; *den ich dâ meine, daz sît ir* Iw 7421.

Auch das Neutr. des Pronominaladjektivs *al* kann als Subjekt, in Nachbarschaft des
Scheinsubjekts *ez*, auf ein nicht-neutrales Prädikatsnomen bezogen sein: *ez enmugen niht*
allez künege sîn („nicht alle können Könige sein") Wh 158,18; *ez heizent allez (alle* C)
degene („alle [oder: „sie alle"] heißen Ritter") NL 1821,4.

Lit.: Inkongruenz: Genus
Grimm J. 1893, IV, 266–272; Paul H. 1916, III, §§ 165/66; Behaghel 1923, III,
33–41; Nilsson 1979, 79–88; Köpcke 1982, 5–43.

2. Numerus

a) Singular und Plural des Nomens

Im allgemeinen bezeichnet für unser Sprachgefühl der Singular ein Einzelnes,   **§ 427**
der Plural ein Mehrfaches dessen, was der Singular bezeichnet. Dies ist jedoch
nicht immer der Fall. Einige Besonderheiten seien hier herausgehoben.

α) Der generalisierende und der repräsentative Singular. Der Singular eines
Nomens, in Verbindung mit dem bestimmten Artikel, kann eine Vielheit in
umfassenderem Sinne bezeichnen als der Plural, nämlich die Gattung:

> *swie eine daz mennisc gestat da ez daz reht begat* ... („wie allein auch der Mensch
> stehen mag, wo er das Recht erfüllt ...") Recht 486; *daz tuot er (got) also diche so er
> wil, unz ez also ergat daz der man* („der Mensch") *niweht hat* Recht 94; *von diu sol der
> man unde daz wip sin als ein lip* Recht 358; *so hat der meister und der chneht bede samt
> ein reht* Recht 96; *ditze bůch redenot unde zellet* ... *uon tieren unde uon fogilen, aller
> erist uon dem lewen* (= der Gattung Löwe) J Phys (Wilhelm) 5, 1–2 (= Maurer I,
> S. 174, c. I (1)); *der vogel in den lüften, der visch in dem wâge, die wurme in der
> erden* ... *daz dienet allez gote* Berthold I, 374, 13–16; *ez hât der tumbe rîche nû ir
> drîer stuol* Wa 102,25.

Gleichfalls verallgemeinernd und nicht immer deutlich zu trennen von Fällen
wie den eben genannten ist der „repräsentative Singular", ebenfalls in Verbindung mit dem bestimmten Artikel; er bezeichnet nicht das Individuum und
nicht die Gesamtheit der Vertreter einer Gattung, sondern eine unbestimmte
Vielheit von Repräsentanten derselben:

> *mich hât der ber und ouch der hirz erschrecket dicker denne der man* („mich haben
> Bären und Hirsche [oder: Bär und Hirsch] häufiger erschreckt als Menschen [oder: als
> der Mensch]") Pz 457, 26–27.
> Zur generalisierenden Bedeutung des Artikels und zum artikellosen Substantiv in
> genereller Bedeutung vgl. §§ 421/22.

β) Der Plural von Abstracta kann (unter anderem) intensivierende oder eine   **§ 428**
nahezu konkrete Bedeutung haben (vgl. Henzen 1965, Sachregister s. Ab-
straktbildungen; Kolb 1969, 21–36):

> *dîne triuwe die sint ze grôz an disen dingen* AH 574; *vor vorhten bleichent mir diu
> wangen rôt* Wa 123,12; *mit sælden müeze ich hiute ûf stên* Wa 24,18.
> Die einschlägigen Wörterbücher nennen zahlreiche Belege für den Plural von
> *sælde, triuwe, zuht* und *hulde,* darunter viele präpositionale Verbindungen, die sich
> zum Teil dem formelhaften Gebrauch nähern.

> Anm. 1: Zum Plural von Zeitbegriffen. Der Plural von *ê* kann als Verstärkung des
> Begriffs der Dauer gedeutet werden: *von ewen zuo den ewen* Ezzo 1,11 (V) (aller-
> dings ist das Vorbild von lat. *per omnia saecula saeculorum* u. ähnl. nicht zu überse-

hen). Häufig ist der Plural von *zît: an, bî, ze disen zîten,* auch in Verbindung mit dem Plural von *ein: daz was in einen (in den* Ih, *daz geschah in den* C) *zîten, dô vrou Helche erstarp unt daz der künic Etzel umb ein ander vrouwen warp* NL 1143,1; ... *ich drûffe* (auf den Reliquienbehälter) *swuor zeinen zîten do ich hie für si fuor* Pz 460,4. Der Sinn dieser Plurale ist nicht leicht zu erfassen; der Kontext der beiden letztgenannten Stellen scheint die Bedeutung „in jenem gewissen Zeitabschnitt" zu fordern (vgl. § 423). Idg. Parallelen zur pluralischen Bezeichnung von Zeitabschnitten siehe bei Delbrück 1893, I, 163f.; zum Deutschen: Wilmanns 1897, III, 721ff.

Lit.: Inkongruenz: Numerus des Nomens
Delbrück 1893, I, 146−172; Grimm J. 1893, IV, 284−293; Wilmanns 1897, III, 710−725; Paul H. 1916, III, §§ 167−181; Wackernagel 1920, I, 91ff.; Behaghel 1923, I, 453−476 und 1923, III, 3−32; Havers 1926, 39−62; Löfstedt E. 1928, I, 11ff. und 24ff.; Lingl 1934; Nilsson 1979, 79−88; Fries, U. 1981, 19−27.

§ 429   b) Auswechslung von Singular und Plural in der Verbindung von Personalpronomen und Verbum finitum

Singular und Plural beim Verbum finitum (in Verbindung mit dem Personalpronomen) können, entgegen den natürlichen Gegebenheiten, ausgewechselt werden, was eher eine stilistische als syntaktische Erscheinung ist.

Die Anrede in der 2. Pers. Pl. statt in der 2. Pers. Sg. aus Gründen der Höflichkeit und der Wechsel zwischen der 2. Pers. Pl. und der 2. Pers. Sg. gegenüber der gleichen Persönlichkeit als Ausdruck der Nuancierung des Empfindens sind so bekannt, daß Belege dafür sich erübrigen. Vgl. Beiträge von G. Ehrismann 1901−1904.

Die 1. Pers. Pl. statt der 1. Pers. Sg. als Autorenplural kann z.B. in der Predigt gebraucht werden: *nû spreche wir ouch die läien ane* Heinr v Melk, Prl 367; *nû welle wir iuch manen* ebda. 379; *nû sul wir si biten alle daz in diu rede icht ubel givalle, wan ich die wârhäit hân gesprochen* ebd. 643−645.

Hier sei auch der Plural des Einverständnisses (pluralis inclusivus) erwähnt, obwohl er im Mhd. sehr selten ist und obwohl für diese Erscheinung die Vertauschung der Person charakteristischer ist als diejenige des Numerus: der Gebrauch der 1. Pers. Pl. statt der 2. Pers. Sg. und der Gebrauch der 1. Pers. Pl. statt der 2. Pers. Pl. Der Sprechende schließt sich selbst in eine Aussage, eine Frage, eine Aufforderung aus Rücksicht auf den Angesprochenen scheinbar mit ein, obwohl die Situation ein „du" oder „ihr", kein „wir" erfordert. Diese Auswechslung dient der Verminderung der Distanz, eine der Milderung eines Befehls.

1. Pers. Pl. statt der 2. Pers. Sg.: *zuo ir vater er (Êrec) sprach: ‚wir sulns die juncvrouwen erlân'* (das meint: ihr, der Hausherr, sollt der J. den gebotenen Dienst erlassen) Er 343−344; 1. Pers. Pl. statt der 2. Pers. Pl.: *der künec zuo den rittern sprach: ‚nû suln wir in ze lône emphâhen vil schône wir suln mit rehte einem man derz sô wol gedienen kan aller êren gunnen'* (das meint: ihr Ritter sollt ihm zur Belohnung einen gebührenden Empfang bereiten − es ist die höfische Fassung eines königlichen Gebotes) Er 1286−90.

Lit.: Inkongruenz: Pronomen − Verb
Grimm J. 1866,224f.; Ehrismann G. 1901, 117−149, 1902, 119−159, 1903, 210−248 und 1903/4, 126−222; Wackernagel 1920, I, 42ff.; Behaghel 1923, I, 461f.; Reinhardt 1947, 231f.; Göbel K.D. 1975, 15−36.

§ 430   c) Inkongruenz bei pronominaler Wiederaufnahme

Inkongruenz des Numerus zwischen einem Substantiv und dem Pronomen, welches das Substantiv aufnimmt (z.T. verbunden mit Inkongruenz des Genus):

Personalpronomen: *unser herre Krist bat amme kriuze ... umb daz volc ..., daz in* (Dat. Pl.) *sîn vater vergæb* WGast 11634–37; Possessivpronomen: *daz volc fuor al gelîche ... an ir gemach* Pz 774,26f.; Demonstrativpronomen: *swaz ich freuden hête, diu ligit* (A, *di sint* B) *von iu erslagen* NL 2332,3; *ross unde kleider daz stoup in von der hant* NL 41,2; Relativpronomen: *si heten dâ ir friunde zwelf küener man, daz starke risen wâren* (*die starc als risen wâren* C) NL 94, 1–2; *mit werder diet, von den ich mich hiute schiet* Pz 754, 1–2; *ane ander ingesinde sin, die sich ouch gevlizzen hæten* G 658f.; *sît ich bin gebunden mit den banden daz die senden heizent minnebant* Neifen II,4, 1–2 (Liederdichter I, S. 84).

3. Kasus. Verbunabhängige Kongruenzen

Die Kongruenz des Kasus zwischen Substantiv und Attribut (Apposition) wird   § 431
eingeschränkt, wenn in der Verbindung eines Eigennamens mit einer Apposition nur das zweite Glied eine eindeutige Flexionsendung aufweist, während das erste unflektiert ist:

in des künec Artûses lande Iw 4513; *des künec Guntheres lîp* NL 396,4; *des künec Guntheres man* NL 1563,4.

Auch wenn mehrere adjektivische Attribute aneinandergereiht werden, asyndetisch oder durch *und* verbunden, ist es möglich, wenn auch nicht häufig, daß die Flexionsendung nur mit einem von ihnen verbunden ist:

valsch geselleclîcher muot Pz 2,17; *daz was ein stolz werder man* Pz 102,1.

Von zwei prädikativen Adjektiven, die auf einen Objektsakkusativ bezogen sind, kann das eine flektiert, das andere flexionslos sein:

di getaten ... manigen toten unt siêh RL 6710f.; *arme unde riche hæten in liep unde werden* G 511f. (vgl. § 338,7).

In den vorstehenden Beispielen tritt innerhalb einer bestimmten Wortgruppe grammatische Dissimilation ein: denn nur ein Glied erscheint mit eindeutiger Kasusendung, das andere in kasuell indifferenter Form.

Als eine Art falscher Kasus-Kongruenz kann man die Attraktion zwischen einem Relativpronomen und dem Beziehungswort des Relativsatzes im übergeordneten Satz betrachten. Im allgemeinen erscheint im Mhd. das Relativpronomen in dem Kasus, der durch die syntaktischen Verhältnisse innerhalb des Relativsatzes bedingt ist. Im Falle der Attraktion jedoch gleicht sich entweder (a) der Kasus des Relativpronomens an den Kasus des Beziehungswortes im übergeordneten Satz an, oder (b) der Kasus des Beziehungswortes im übergeordneten Satz gleicht sich demjenigen des Relativpronomens an:

(a) *daz er ... alles des verpflac des im ze schaden mohte komen* Iw 5337–39 (statt: *daz im ze schaden m. k.*); (b) *den schilt* (*der schilt* allein d) *den er vür bôt, der wart schiere zeslagen* Iw 6722–6723 (statt: *der schilt den er vür bôt*). Vgl. § 454.

Lit.: Kasuskongruenz (verbunabhängig)
Grimm J. 1893, IV, 482ff.; Wilmanns 1897, III, 447–453; Paul H. 1916, III,

§§ 182–184 und 1916, IV, § 522; Behaghel 1923, I, 158–163 und 1923, III, 41–45;
Brugmann 1925, 148ff. und 167–174; Ljungerud 1956, 75–84; Raabe 1979, 66–71
und 117–153; Gippert 1981, 31–62; Engel 1982, 156–159; Bergenholtz 1985, 21–44.

II. Indeclinabilia

A. Partikeln

§ 432 Die Partikeln sind Wörter, die weder konjugiert, dekliniert noch kompariert
werden können. Sie haben keine morphologischen Merkmale. Aber sie können aufgrund ihrer syntaktischen Funktionen wie folgt gegliedert werden: Präpositionen, Konjunktionen, Interjektionen und Adverbien.

Nur diese Gruppen kommen in den überlieferten Texten vor. Die uns aus
der gesprochenen Sprache der Gegenwart geläufigen Assertionsmorpheme
(„hm, ja, äh, ne"), die im Dialog der Rückversicherung des Verständnisses
dienen und auch zu den Partikeln gehören, erscheinen in der gebundenen Rede
nicht. Die semantische Graduierung einzelner Wörter, mit der der Sprechende
oder Schreibende persönlich Stellung nimmt (z. B. „ziemlich oft, überhaupt
nicht schlimm, überaus zufrieden") ist, abgesehen von der Verstärkung *vil* (im
Sinne von nhd. „sehr") noch nicht üblich.

Lit.: Partikel
Saltveit 1973, 173–195; Altmann 1976; Weydt 1979; Helbig/Kötz 1985; Hentschel
1986.

B. Präpositionen

§ 433 Die Präpositionen sind aus Ortsadverbien entstanden. In der Verbindung mit
einem Verb haben sie zunächst das Raumverhältnis, das bereits in der Kasusrektion zum Ausdruck kam, hervorgehoben und verdeutlicht. Daraus ergaben
sich zwei Entwicklungsmöglichkeiten: Wenn sich das Adverb enger mit dem
Verb verbunden hat, ist eine feste oder trennbare Verbalzusammensetzung
entstanden; war die Affinität zum Substantiv größer, so ist daraus die Präposition geworden (vgl. Paul 1916, IV, §§ 278–314). Im Laufe der Sprachgeschichte hat die Anzahl der Präpositionen vom Althochdeutschen bis zur Gegenwart
laufend zugenommen. Neue Präpositionen sind aus Substantiven („dank,
kraft"), Partizipien („betreffend, eingedenk"), Adjektiven („südlich, gleich")
und aus der Verbindung von Präposition und Adverb („gegenüber") entstanden. Das Präpositionalobjekt hat in vielen Fällen als analytisches Gefüge die
unmittelbare Kasusreaktion des Verbs abgelöst und neue Ausdrucksmöglichkeiten erschlossen.

Die Rektion der Präpositionen wird in Kapitel III (Kasus) behandelt (vgl.
§§ 357, 377, 384, 386–387). Dabei fällt auf, daß sie – im Unterschied zur
heutigen Schriftsprache, doch ähnlich wie in der gesprochenen – nicht norma-

tiv festliegt. So kann z. B. mhd. *neben* außer mit Dativ und Akkusativ (auf die Frage wo? und wohin?) auch mit dem Genitiv verbunden werden. Diese Rektionsschwankungen können landschaftlich bedingt sein. So haben z. B. in bairischen Texten *gegen* und *wider* auch den Genitiv nach sich, oder *bi* regiert in md. Texten auf die Frage wohin? den Akkusativ, wie das auch im Obersächsischen noch heute der Fall ist.

Die Präpositionen können auch im Mhd. mit dem folgenden Artikel oder Wort verschliffen werden: z. B. *ze, zuo = zem, zer, zen, zuon, zallen, zende.*

Lit.: Präposition
Lockwood 1968, 174–197; Schildt 1970; Saltveit 1973, 173–195; Marcq 1976, 113–127; Marcq 1978, 257–269; Eroms 1981; Lerot 1982, 261–291; Desportes 1985. Vgl. auch die Lit. zu den Kasus nach Präpositionen (Kap. III).

C. Konjunktionen

Konjunktionen verbinden Wörter, Wortgruppen, Satzteile, Gliedsätze und   § 434
Sätze miteinander, und zwar neben- oder untergeordnet. Vermutlich sind sie aus relativen Adverbien entstanden, die zunächst mit einem deiktischen Verweis nach links einen zweiten Satz an einen vorausgehenden ersten parataktisch angebunden haben (z. B. *da* und *do*), so daß auf diese Weise die Hypotaxe (Subordination, Unterordnung) aus der Parataxe (Koordination, Bei- oder Nebenordnung) hervorgegangen ist. Die Verknüpfung von Haupt- und Gliedsatz erfolgt nicht allein mit Hilfe von Konjunktionen (syndetisch). Sie ist auch auf andere Weise möglich: durch Relativpronomina und -adverbien; Interrogativpronomina und -adverbien oder asyndetisch (ohne Bindewort) mit dem Kennzeichen der Inversion (vgl. Behaghel 1923, III, 48–355; Paul 1916, IV, §§ 422–470).

Die Konjunktionen gruppiert man nach semantischen Gesichtspunkten der Neben- oder Unterordnung. Parataktische Konjunktionen (§§ 443/44): kopulative (anreihende): *unde, ouch;* disjunktive (ausschließende): *oder, noch, beidiu ... und;* adversative (entgegensetzende): *aber, doch, iedoch.* Hypotaktische Konjunktionen: temporale (§ 459), konditionale (§ 460), konzessive (§ 461), kausale (§ 462), finale (§ 463), konsekutive (§ 464), modale (§ 465). Die mit der Konjunktion *daz* eingeleiteten Nebensätze können semantisch – von einzelnen Fügungen abgesehen – nicht näher bestimmt werden, da die Konjunktion ausschließlich syntaktische Funktion hat. Man bezeichnet diese Sätze auch als Kasussätze, denn sie können die Stelle eines Subjekts oder eines Objekts einnehmen.

Der Bedeutungsumfang einzelner Konjunktionen ist im Mhd. weniger präzise und deshalb weiter als im Nhd. (z. B. *sit* – „nachdem; da, weil; da, doch, obgleich, während").

Lit.: Konjunktion
Vgl. die Lit. zur Einleitung komplexer Sätze (Kap. VI).

D. Interjektionen

§ 435 Interjektionen sind Einzellaute, Lautkombinationen, Schallnachahmungen und formelhaft gebrauchte Wörter, die morphologisch nicht verändert werden und Emotionen ausdrücken. Sie sollen in der direkten Rede des Dialogs beim Partner und in erzählenden Texten beim Leser Reflexvorgänge auslösen: *a, o, ah, ach, ei, ha, hola; tandaradei; wafen, we, ouwe* etc.

Sie können im Mhd. wie heute in der gesprochenen Sprache isoliert im Satz stehen, also ohne syntaktische Verbindung zum Kontext: *Ouwe war sint verswunden alliu miniu jar!* Wa 124,1. Dann haben sie den Wert eines eingliedrigen Satzes (vgl. Behaghel 1923, III, 435ff.) Man kann diese Fügungen auch als Ellipsen auffassen: *iemer mere ouwe!* Wa 124,17 (vgl. § 492). Oft beginnt die direkte Rede mit einer Interjektion, die sowohl ein semantisches Signal ist, als auch die metrische Funktion hat, eine Senkung oder Hebung im Vers zu füllen: *„a herre"*, sprachens *under in* G 5816; *„ouwe ich vervluochtez wip"* Gr 2668.

Die Interjektion kann auch syntaktisch in den Kontext eingebunden sein. Es finden sich Verbindungen mit dem Vokativ: *owe miniu gar verlornen jar* MF 128,21; mit dem Genitiv: *owe des scheidens daz er tet* MF 131,1; mit dem Dativ: *owe mir armen wibe* Gr 498 (vgl. §§ 347, 378, 385).

Die Interjektion kann die Funktion eines übergeordneten elliptischen Satzes haben, an den ein abhängiger Satz angeschlossen ist: *we, waz red ich?* MF 139,11; *owe unde heia hei, daz ich dinen vatr ie gesach* Pz 496,22.

Lit.: Interjektion
Burger 1980, 53–69; Ehlich 1986.

KAPITEL V

Negation

I. Ausdrucksmittel

Die Verneinungspartikel *ne (en, in, -n, n-)* tritt unmittelbar vor das Verbum. § 436
Sie kann, ihrer Tonschwäche wegen, sich proklitisch mit dem Verbum verbinden oder enklitisch mit dem vorhergehenden Wort:

> *des inwere negein zuivel* Ro 3270; *nu enwelle got* Iw 4782 (Bc); *du nist nimenne gût*
> („die ist für niemand gut") RL 3362; − *son kan ich nein, son kan ich jâ* Wa 42,6;
> *hêrre, in* (d. i.: *ih en*) *mac* Wa 82,12 (aber: *ich ne mach sie nicht gesochen* Ro 2004).

Die Hss. wechseln zwischen Zusammenschreibung der Partikel mit dem folgenden Verbum, Zusammenschreibung mit dem voraufgehenden Wort und getrennter Schreibung.
Auch innerhalb einer Hs. besteht in dieser Hinsicht kaum eine absolute Konsequenz.
Die kritischen Ausgaben ändern nicht selten gegen die Überlieferung, sowohl auf Zusammenschreibung oder Trennung als auch auf die Gestalt der Partikel, indem sie z. B.
aus metrischen Gründen den Vokal tilgen, vgl.: *mirn kome mîn holder geselle, in hân der
sumerwünne niet* MF 3,23: v. Kraus, gegen: *mir enkome:* AC.
Auch fügen Herausgeber die Partikel *en* hinzu, wenn die Hs. nur die Negation *niht*
aufweist, vgl.: *nû endûhte iuch dar an niht genuoc* Er 3407: Wolff, gegen: *dûhte:* A, und
so an vielen anderen Stellen dieser Ausgabe. (Näheres hierzu erläutert Wolff in der
Einleitung, S. XIII f., seiner Erecausgabe). Für Einzelheiten muß auf die Ausgaben und
ihre Apparate verwiesen werden.

An die Stelle der einfachen Verneinung *ne* oder zusätzlich zu ihr können adverbiale Ausdrücke treten, welche durch Verschmelzung der einfachen Negationspartikel mit einem Komplementwort entstanden sind, so *niht, nieht* (< ahd.
niwiht, bzw. *neowiht*, Komposition der einfachen Negation mit dem nominalen
[Akk.] *wiht* [ahd. Neutr.], bzw. mit dem verallgemeinernden substantivischen
Pronomen indefinitum *eowiht*) − (vgl. Schatz 1927, §§ 356, 428; Braune-Eggers 1975, § 299); mit besonderer, durch die Bedeutung des ursprünglichen
Komplementwortes bestimmter semantischer Nuance, indem die Negation auf
Zeit oder Raum spezialisiert wird: *nie* (< ahd. *neo, nio*, Komposition der
einfachen Negation mit *ĕo* „immer" − vgl. Braune-Eggers 1975, § 243, Anm. 6);
niene; niemer; niener; niender(t), J. Grimm 1893, III, 221; *niergen(t)*.
Hier sei auch verwiesen (vgl. § 418) auf die Pronomina *nieman* (< ahd. *neoman, nioman*, welches eine Verschmelzung der einfachen Negation mit dem
substantivischen, verallgemeinernden Pronomen indefinitum *eoman, ioman*
darstellt); *dehein-kein* (vgl. § 417); *nehein* (vgl. § 417); *deweder; neweder* (vgl.
§ 415).
Die Negation kann verstärkt werden durch den Akk. eines Substantivs,
welches etwas sehr Geringwertiges bezeichnet, wie: *ein bast, ein ber* (Beere),
ein blat, eine bône, ein brôt, ein ei, ein hâr, ein strô:

si ne vorhtent niht ein bast uns („ganz und gar nicht") Alex S 6994; *daz hulfe niht ein blat* Wa 103,36; *nun vürhte ich dine stange unde dich niht eine halbe bone* G 15991; *und vrumet uns ... niht ein brôt* AH 1082; *daz half in allez niht ein ei* KvW, Troj Kr 9699.

Wenn bildliche Ausdrücke dieser Art an die Stelle einer usuellen Negation treten, so ist dies eher eine stilistische als eine syntaktische Erscheinung: *daz ist gar ein wint* Wa 56,17; *ich sag iu ein bast* Iw 6273.

Das gilt auch für folgendes: *lützel* und *wênec*, substantivisch und adverbial gebraucht, können stehen, wo der Zusammenhang die Bedeutungen ‚nichts‘ oder ‚nicht‘ fordert, ferner *lützel ieman* für ‚niemand‘; *kleine* (adv.) für ‚nicht‘; *selten* für ‚niemals‘:

> er hât uns nu vil lange lützel dienste getân NL 724,4; was ir dô ze der stunt lützel dar umbe kunt, dô sî der vart begunde, wâ sî in vunde Iw 7944; doch fröwet sich lützel ieman, er enwizze wes Wa 66,4; ir habet mirs noch vil wênic her ze lande brâht NL 1743,2; Irinc sîner sterke dô vil wênec genôz NL 2061,4; daz ich ûf diz brœde leben ahte harte kleine AH 697; swie selten wîp mannes bite („obgleich eine Frau nie um einen Mann werben soll") Iw 2330.

Tatsächlich hat Siegfried nichts an Diensten geleistet; war Lunete nicht bekannt, wo sie Iwein finden würde; freut sich niemand ohne Grund; hat Hagen nichts von dem Schatze gebracht etc. Aber dem Wortlaut nach wird die Geltung der Aussage nur auf ein kleines Maß beschränkt, während aus dem Kontext hervorgeht, daß auf der Verneinung ein starker Ton liegt. Diese zunächst untertreibenden Bezeichnungen wurden in mhd. Zeit nicht mehr in allen Fällen figürlich, als Litotes, empfunden, sondern den usuellen Verneinungen gleichgestellt; denn in Sätzen, in denen sie auftreten, kann gleichzeitig die Partikel *ne* vor dem Verbum erscheinen: *son weiz doch lützel iemen wiez undr uns zwein ist getân* MF 10,6. Für den heutigen Leser ist es auch hier nicht immer möglich, den genauen stilistischen Wert der Aussage zu erfassen.

Anm. 1: An Stelle der usuellen Verneinung des Verbums finitum kann das Part. Prät. mit dem Privativpräfix *un-*, verbunden mit den finiten Formen von „haben" oder „sein", stehen: *dennoch hetens unvernomn wen si jageten* („da wußten sie noch nicht ...") Wh 123,18; *der lantgrâve ist unerslagn hie von manger hende* („wird nicht erschlagen werden (= bleibt verschont)") Pz 412, 14–15; *die mir hânt gedînet, den hân ich ungelônet ... ich hân mînen zehenden ungegeben* Upsalaer Sündenklage (Waag XIII) 56; 61. – Vgl. Wackernagel 1920, II, 284–293.

II. Gebrauchsformen

§ 437 1. *ne – ni(e)ht*

Das neutrale substantivische Pronomen indefinitum *niht* (s. § 418) ist seit spät-ahd. Zeit zur Negationspartikel geworden, ursprünglich aufzufassen als ein Akkusativ der Modalität (adverbialer Akkusativ): „in keiner Weise" (s. § 356), welcher verstärkend zu dem einfachen *ne* hinzutreten konnte. Seit dem 12. Jh. wird die Verneinung durch *ne* allein auf bestimmte Typen des verbalen Ausdrucks eingeschränkt, während die Verbindung von *niht* mit *ne* das Reguläre wird. Die ursprüngliche Verstärkung *niht* wird für sich allein zunehmend zum Ausdruck der Verneinung, während die lautschwache eigentliche Negation verschwindet. Diese Entwicklung verläuft nicht geradlinig. Genaues statistisches Material über den Gebrauch bei einzelnen Autoren steht nicht zur Verfügung.

2. Einfaches *ne*, ohne Verstärkung durch *niht*, kann in der klassischen mhd. Literatur als Negation insbesondere in folgenden Fällen genügen:

in Verbindung mit Modalverben, besonders, wenn auf ein solches Verbum ein abhängiger Infinitiv nicht bezogen ist, seltener, wenn dies der Fall ist; ferner in Verbindung mit *lâzen;* mit *tuon:*

> *hêrre, in mac* Wa 82,12; *ern mohte noch ensolde* Iw 5096; *daz gescach vil tougen: jane torstes über lût* NL 224,3; *done torst ich vrâgen vürbaz* Iw 3020; *wirn kunnen leider baz* Iw 7684; *nune (nu en* DNa*) welle got* NL 2105,1; Iw 4782 (formelhaft); *der gerne biderbe wære, wan daz in sîn herze enlât* Iw 201; ,*vor leiden stirbet ouch min libez wip'* ... ,*si entvt'* RF 583 (P);

in Verbindung mit *wizzen* und mit *ruochen:*

> *ichn weiz obe ich schœne bin* Wa 86,11; *sine weiz von iu* ... *mêre wan daz irz der rîter mittem lewen sît* Iw 8013—15; *vil stolzen helde, enruochet* MF 21,1; *sô enruoche ich wes ein bœser giht* Wa 63,13.

3. *ne — nieman; ne — nie*

In Sätzen, welche das substantivische Pronomen *nieman* oder das adverbiale *nie* aufweisen, kann *ne* als Verneinung zu dem Verbum finitum hinzutreten oder es kann fehlen. Die Stellung von *nieman* oder *nie* im Satz, vor oder nach dem Verbum finitum, scheint dabei nicht ohne Bedeutung zu sein: Wenn (α) das verneinende Pronomen oder Adverb dem Verbum finitum vorangeht, ist *ne* bei gewissen Autoren entbehrlich; wenn (β) das Verbum finitum dem verneinenden Pronomen oder Adverb vorangeht, ist seine Verneinung durch *ne* um der Deutlichkeit willen erwünscht. Das erstere trifft z. B. für Hartmann, NL, Gottfried zu, das zweite gilt für Hartmann in großem Umfang, während im NL und bei Gottfried *nioman* oder *nie* häufig auch dann allein die Verneinung bezeichnen, wenn sie dem Verbum finitum nachfolgen. Die Entwicklung verläuft auch hier in Richtung auf die gänzliche Entbehrlichkeit von *ne* zu.

> Beispiele: (α) *daz lant daz dâ niemen (yemand* E*) ist erkant* Gr 1418; *niemen was ir gram* NL 3,2; *daz ... nieman ... also behendeclichen rite* G 700—2; *daz ich nie schœner kint gesach* Iw 316; *daz im nie mêre dehein der gast wære komen* Iw 374—375; *nie keiser wart so rîche* NL 49,3; *swem nie von liebe leit geschach, dem geschach ouch liep von liebe nie* G 204f.; — (β) *ezne gebôt nie wirt mêre sîme gaste grœzer êre* Iw 355; *ezn betwanc mîn gemüete unde bekumbert mînen lîp nie sô sêre magt noch wîp und entuot ouch lîhte nimer mê* Iw 344—347; — jedoch: *mînen gedanken wart nie baz* Gr 1593; *doch möhte iu daz wunder niemen wol gesagen* NL 229,2; *ir goldes gerte niemen* NL 316,3; *und gerate ich niemer doch dar an* G 93.

4. *dehein/dekein; nehein/enhein; deweder*

Das Pronomen indefinitum *dehein/kein*, in der Bedeutung „keiner" kann stehen, ohne daß eine andere Negation in dem Satze vorhanden ist, aber auch in Verbindung mit einer anderen Negation *(ne, niht, niemer)*, vgl. § 417. Das gleiche gilt für *nehein/enhein*, vgl. ebd. Das Pronomen indefinitum *deweder* in der Bedeutung „keiner von beiden" kann in einem Satze stehen, der zugleich durch *ne* verneint ist (oder durch *niht* oder *nie*), aber auch ohne daß eine solche Verneinung hinzutritt (vgl. § 415).

Lit.: Negation: Formen und Gebrauch
Zingerle 1862, 414—477; Grimm J. 1893, III, 708—725 und 728—734; Paul H. 1916, IV, §§ 506—519; Behaghel 1923, II, 65—92; Hübner 1930; Mensing 1936, 343—380; Stickel 1970; Coombs 1976, 74—116; Zutt 1976, 373—391; Lehmann 1978, 94—109; Harweg 1979b, 279—303; Jacobs 1982, 25—46; Kürschner 1983.

III. Häufung von Negationen

A. Sätze mit mehr als einem negativen Ausdruck

§ 438 Die in § 437 aufgeführten usuellen Verbindungen der Negation *ne* mit einem Adverb oder Pronomen von negativer Bedeutung sind, historisch gesehen, als Verdoppelungen der Negation zu betrachten (vgl. Delbrück 1893, I, 36ff.). Wie weit das mhd. Sprachgefühl sie noch als solche empfand, läßt sich nicht sagen. Darüber hinaus können in einem Satze zugleich in negativer Bedeutung stehen: mehrere Adverbien oder ein Pronomen und ein Adverb (oder mehrere), während *ne* hinzutreten oder fehlen kann:

> *daz die recken hêr ir nimmer niht versageten* (*niht* fehlt a) („ihr niemals etwas versagen würden") NL 1258,3; *waz ob er hie heime iu niemer mêre niht gewirret* („vielleicht wird er euch nie mehr stören") Wa 29,21; *swelch hêrre nieman niht versaget* („niemand etwas abschlägt") Wa 80,11; *daz iu nieman niht entuot* (*da ev niement nicht tut* D) AH 1331; *ichn gehôrt bî mînen tagen nie selhes niht gesagen* Iw 547f.; *daz umbe ir reise und umbe ir vart nie nieman nihtes inne wart* G 9499—9500. Über das gemeinsame Vorkommen des Pronomens *dehein* mit *nie, niemer, niht* in einem Satze (zugleich mit *ne* oder ohne *ne*) s. § 417.

Hier äußert sich das Bedürfnis, die Verneinung an möglichst vielen Satzteilen zum Ausdruck zu bringen. Bei G 9499—9500 wirkt die dreifache Verneinung wie ein Spiel mit den vorhandenen Möglichkeiten. In keinem Falle heben diese Verneinungen einander gegenseitig auf; der Sinn des Satzes bleibt negativ.

Über die verneinende Konjunktion *noh* in Verbindung mit anderen Verneinungen s. § 439.

Lit.: Doppelnegation
Grimm J. 1893, III, 727; Paul H. 1916, IV, §§ 509—511; Jespersen 1917,65ff.; Wackernagel 1920, II, 299—306; Behaghel 1923, II, 81ff.; Jacobs 1982,196f. und 223ff.

B. Anreihung, Korresponsion, Disjunktion negierter Glieder

Durch die Konjunktion *noch* kann einem nicht-negierten Satz ein negiertes **§ 439** Glied angereiht werden, nhd. „und nicht":

> *daz ich . . . ge miner rede als ebene mite, daz ich ir an iegelichem trite rume unde reine ir straze noch an ir straze enlaze dekeiner slahte stoubelin* („und nicht auf ihrem Wege irgendeine Art von Ṣtäubchen lasse") G 4909–4919; *dû bist der minne ein anevanc, noch niemer mêr ein abeganc* Ps.-Gottfried von Straßb, Marienpreis 75f.

Durch *noch* kann einem Glied eines negierten Satzes (Subjekt, Prädikat, Prädikatsnomen, Objekt) ein weiteres Glied angereiht und damit in die negative Aussage einbezogen werden: nhd. wiederzugeben durch bloßes „und" oder durch „und nicht":

> *daz in niht enschadete die ünde noch diu fluot* NL 1378,2; *ouch gap nie deheiner . . . sô manigen rîchen mantel . . . noch sô guoter kleider* NL 1369,3; *ein bosch der bran, dâ nie niht an besenget noch (und* k²*) verbrennet wart* Wa 4,16; *daz sin gehorte noch gesach* („nicht hörte und nicht sah") G 1390.

Korresponsion negierter Glieder wird bezeichnet durch *noch-noch* oder *(de)-weder-noch* = nhd. „weder-noch". Die aufeinander bezogenen Glieder können im disjunktiven oder im adjunktiven Verhältnis zueinander stehen:

noch-noch:

> disjunktiv: *diu minne ist weder man noch wîp, si hât noch sêle noch den lîp* Wa 81, 31–32; *ern sach noch trost noch zwivel an, dazn liez ouch in noch dar noch dan* G 881–882; – adjunktiv: *sit wart min herze niemer me noch vri noch vröudehaft als e* G 987–88;

weder-noch:

> disjunktiv: *im wart von rehter liebe nie weder wol noch wê* Wa 14,1 (C); *diu minne ist weder man noch wîp* Wa 81,31; *ern erkante dannoch diz noch daz, weder ir minne noch ir haz* G 879f.; *dô er deheine vreise sach weder in der burc noch dervor* Iw 6184f.; – adjunktiv: *liezen si mich âne nôt, so het ich weder haz noch nît* Wa 64,4f.;

deweder-noch:

> *daz in der tage zuo ir vart deweder* (B, *weder* andere Hss.) *gebrast noch über wart* Iw 6880.

Das disjunktive Verhältnis kann auch durch bloßes *noch* bezeichnet werden = nhd. „weder-noch":

> *dem sint die engel noch die frowen holt* Wa 13,9; *daz er vordes noch sît deheine schœner nie gewan* („weder früher noch später") Iw 36f.; *sît moht ers im selben noch ander nieman gegeben* („danach konnte er weder sich selbst noch jemand anderem davon zukommen lassen") NL 1137,8 (II).

IV. Auswechselbarkeit positiver und negativer Ausdrucksweise

A. Im selbständigen Satz

§ 440 Eindeutige Beispiele für den Gebrauch von *iht, iemer, ieman* in der Funktion von *niht, niemer, nieman* in selbständigen Sätzen gibt es kaum; meist ist positive Auffassung der betreffenden Fälle die wahrscheinlichere, zum mindesten ist sie möglich:

> *‚nû sage mir: tuont sî dir iht?' ‚sî lobtenz, tæt ich in niht'* Iw 491–492: hier spricht eben der Gebrauch der unterschiedlichen Formen in der antithetischen Fügung dafür, daß *iht* positiven Sinn hat; „sage mir: tun sie dir etwas? – Sie wären froh, wenn ich ihnen nichts tun würde". Entsprechend läßt sich *daz ich ie wânde daz iht wære, was daz iht?* Wa 124,3 auffassen als: „dasjenige, von dem ich immer gemeint habe, daß es etwas sei, war das etwas?" Dagegen liegt es nahe, *‚ouwê', sprach er, ‚sun mîn, sol ich dich immer* (K, *immer mer* mn, *iemer mer* l, *nimmer mer* op) *gesehen?'* Wh 421, 2–3 (Ausruf des Vaters, als er das ledige Pferd seines Sohnes erblickt) zu verstehen als: „werde ich dich niemals mehr erblicken?", aber auszuschließen ist „jemals wieder" nicht. Zwiefache Auffassung ist auch möglich gegenüber *ieman: wil ab iemen wesen frô, daz wir iemer in den sorgen niht enleben?* Wa 42, 31–32, je nachdem, ob der *daz*-Satz final oder konsekutiv verstanden wird: „will (oder wird) wieder irgendjemand froh sein, so daß wir nicht weiter in Betrübnis leben", oder: „will denn niemand froh sein, damit wir nicht immer weiter in Betrübnis leben".

Lit.: Negation: Auswechselbarkeit im selbständigen Satz
Dittmar 1874, 183–318; Grimm J. 1893, III, 726–750; Wilmanns 1897, III, 278–287; Delbrück 1910; Neckel 1913, 1–23; Jespersen 1917; Wackernagel 1920, II, 248–312; Behaghel 1923, II, 65–92 und 1923, III, 218–224 sowie 337ff.; Altmann 1976; Pensel 1981, 285–326.

B. Im abhängigen Satz

§ 441 In mit *daz* eingeleiteten Final- und Objektsätzen, auch in konjunktionslosen, von *wænen* abhängigen Sätzen, in denen keine Negation enthalten ist, können *iht, ieman, ie, iender* zum Ausdruck der Verneinung werden (vgl. Jespersen 1917,19ff.). Systematisch abzugrenzen gegen den Gebrauch von *niht, nieman, nie, niender* ist ihre Verwendung nicht. Der Modus der abhängigen Sätze ist vorzugsweise der Konjunktiv:

> *(si) heiz in sich allen dechen, daz er iener bar wâre* („damit er nirgends bloß wäre") Gen 2275; *dar umbe hât er sich genant, daz er sîner arebeit ... ane lon icht* (Bᵃ, *niht one lan* A) *belibe* („nicht") AH 21; *daz mîne vîande hie bî mir bestên, des wil ich haben pürgen, daz si mîniu lant iht rûmen âne hulde* („damit sie meine Länder nicht unerlaubt verlassen") NL 251, 2–4; *den gebôt si ... daz se immer ritters wurden lût* („daß sie nie das Wort Ritter erwähnten") Pz 117,23; *nû sihe ich gerne daz mich iuwer minne iht unminne* („daß eure Liebe mich nicht hasse") AH 800–801; *maneger frâget waz ich klage unde giht des einen daz ez iht von herzen gê* („daß es nicht von Herzen komme") Wa 13, 33–34; *wie sicher ich es bin, der truhsæze daz er in ie getorste bestan* („daß der Truchseß ihn nie anzugreifen wagte") G 9351; – *er wanet ime mege iuweht sin widere* („er meint, ihm könne nichts widerstehen") Gen 44; *ich wæne man dâ*

iemen âne weinen vant („niemand") NL 1051,2; *swer mîne varwe wolde spehn, diu wæne ich ie erbliche von slage odr von stiche* („von der glaube ich, sie sei nie erblichen") Pz 299, 23.

In *daz*-Sätzen, die von Verben mit prohibitiver Bedeutung abhängen oder von Verben (oder verbalen Ausdrücken), mit denen in anderer Weise eine verneinende Vorstellung verbunden ist (vermeiden, leugnen, verhindern u. a. m.), kann, für nhd. Sprachgefühl pleonastisch, eine eindeutige Negation erscheinen:

jâ verbôt ich iu an den lîp daz ir niht ensoldet sprechen („ich verbot euch bei Gefahr des Lebens, daß ihr sprächet") Er 3239−40 (A); *,ich hete wol behüetet', sprach diu küneginne, ,daz, daz ich niht (iht* Ih, fehlt A) *vermeldet hete sînen lîp'* („ich hätte das wohl verhütet, daß ich ihn verraten hätte") NL 1111,4−1112,1; *ouwî wie kûme er daz verlie, dô er sî vür sich gên sach, daz er niht wider sî sprach (ne sprah* A) („ach, mit Not unterließ er es, zu ihr zu sprechen, als er sie vor sich hin gehen sah") Iw 1700−1702; *daz wil ich widerrâten ..., daz ir mich mit besemen gestrâfet nimmer mêr* („davon will ich abraten, daß ihr mich jemals mit Ruten züchtigt") GL 1279, 1−2.

Die Negation kann unter den genannten Voraussetzungen aber auch fehlen:

NL (A) 1111,4−1112,1 (s. o.); *ich behüete wol daz, daz ich im kome sô nâhen* (jedoch *ich kan daz wol bewarn daz ich im so nahen nimmer sol gevarn* D) NL 1206, 1−2.

<u>Anm. 1:</u> Der adverbiale Akk. *iht* kann die Bedeutung „in irgendeiner Weise" haben: vgl. §§ 356 u. 418. In Fällen wie den folgenden aber handelt es sich (entsprechend dem oben Ausgeführten) darum, daß *iht* in einem *daz*-Satz, der einem Satz von prohibitiver Bedeutung untergeordnet ist, die Funktion von *niht* hat; das bedeutet, daß eine Übertragung ins Nhd. es unübersetzt lassen muß: *daz man gotes gâbe iht koufe oder verkoufe, daz wart uns verboten bî der toufe* („daß man Gottes Gabe kaufe oder verkaufe, das wurde uns verboten ..." [nicht: „daß man ... irgendwie kaufe oder verkaufe ..."]) Wa 33, 5−6; *daz tugendelôser hêrren werde iht mêre, daz solt dû, hêrre got, bewarn* („daß üble Herren sich vermehren, das sollst du, Herr, verhüten") Wa 23, 24−25; NL (Ih) 1111,4−1112,1.

In abhängigen, konjunktionslosen konjunktivischen Sätzen (Objektsätzen, Subjektsätzen, näheren Bestimmungen eines nominalen Ausdrucks im übergeordneten Satz) erscheint die Negation *ne,* wenn der übergeordnete Satz formal negiert ist, obwohl der abhängige Satz eine positive Aussage enthält (vgl. Dittmar 1874,262ff.).

sô vergie in selten daz ern getæte ie etewaz dâ von er wart ze schalle („da ging das nie an ihm vorüber [= da unterblieb das nie von seiner Seite], daß er etwas tat, wodurch er berühmt wurde") Gr 1981−83; *der ... vischære niht enliez ern (er* C) *tæte als in sîn herre hiez* („unterließ es nicht zu tun") Gr 1107−1108; *daz niemen vrumen des verdrôz ern spræche sîn êre* („daß keinem Tüchtigen das zu viel wurde, daß er sein Lob sprach") Gr 2172−73; *ouch enwart dâ niht vergezzen wirn heten alles des die kraft daz man dâ heizet wirtschaft* („auch wurde da nicht versäumt, daß wir von all dem die Fülle hatten") Iw 364−366; *des ist zwîvel dehein, alsô schiere so er des [strîtes] gert, ern werdes vür mich (her wirtes vor mih* A) *gewert* („daran besteht kein Zweifel, daß, sobald er nach dem Kampfe verlangt, dieser ihm eher als mir gewährt wird") Iw 916−918; *der mir ... die gnâde niemer widerseit ern beschirme mich* („der mir die

Gunst nicht versagt, daß er mich beschirmt = mich zu beschirmen") Iw 5653–55; *desn ist dehein (nehein* A) *mîn gast erlân erne müese sî bestân* („keiner meiner Gäste ist davon freigestellt, daß er mit ihnen kämpfen muß") Iw 6599–6600; *Parzivâl des niht vergaz ern holte sînes bruoder swert* („unterließ es nicht, seines Bruders Schwert zu holen") Pz 754, 22–23. – Der übergeordnete Satz ist nicht formal negiert, er ist ein (abhängiges) hypothetisches Satzgefüge: *dô gedâht ich ..., ez wære ein unmanheit, obe ich dô daz verbære ichn versuochte waz daz wære* („da überlegte ich mir ..., es würde Mangel an Mut sein, wenn ich darauf verzichten würde, zu erproben, was damit sei") Iw 630–634.

Seltener steht gleichwertig mit konjunktionslosen negierten Sätzen der eben angeführten Art ein indikativischer *daz*-Satz ohne Negation: *dô dûhte von im vollen grôz daz er durch sîn houbet blôz ... niht vermeit daz er schône in reit* („da erschien es in hohem Maße vortrefflich von ihm, daß er es nicht, um seines unbedeckten Hauptes willen, unterlassen hatte, daß er hineinritt [= hineinzureiten]", d. h.: er war hineingeritten) Er 2714–17; *... künege die daz niht versmâhent daz si ir krôn von iu enpfâhent* Wh 345, 10.

Wenn dagegen der Inhalt des abhängigen *daz*-Satzes negiert werden soll, steht eine Negation: *(si) enhât daz niht verlorn durch hôchvart noch durch trâkheit daz sî niht selbe nâch iu reit* („daß sie nicht selbst nach euch ausgeritten ist, das hat sie nicht aus Hochmut und nicht aus Trägheit unterlassen" [vielmehr hat Krankheit sie verhindert]) Iw 6038–40.

Im Ganzen ist zu dem Gebrauch der Negation im abhängigen Satz, der dem nhd. Sprachgefühl pleonastisch erscheint, das gleiche zu bemerken wie § 438 zu dem Vorkommen mehrfacher Negation im einfachen Satz: daß sich, entgegen der Logik, auch hier das Bedürfnis geltend macht, „die negative Stimmung" über das ganze Satzgefüge zu verbreiten (vgl. Wackernagel 1920, II, 299). Über parallele Erscheinungen in anderen Sprachen vgl. Wackernagel 1920, II, 306ff.; Dittmar 1874; s. Lit. § 440.

Über die Negation in exzipierenden Bedingungssätzen (des Typus: *mînes herzen tiefiu wunde diu muoz iemer offen stên, si enküsse mich mit friundes munde* [„... wenn sie mich nicht küßt ..."] Wa 74, 14f.) und über das Fehlen der Negation in solchen Sätzen (Typus: *niemen kan erwenden daz, ez tuo ein edeliu frouwe* [„niemand kann das abwenden, wenn es nicht eine edle Dame tut"] MF 12, 29–30) s. § 447.

Über *danne* an Stelle von *wan* als Einführung exzipierter Glieder in negativen und positiven Sätzen s. § 396, Anm. 1.

Lit.: Negation: Auswechselbarkeit im abhängigen Satz
Dittmar 1874, 183–318; Stickel 1970, 142–148; Harweg 1979b, 279–303; Kürschner 1983, 250–265.

KAPITEL VI

Komplexe Sätze

I. Überlegungen zum Satzbegriff

A. Der einfache Satz

Die vorliegende Syntax beruht, wie Seidelmann zu Recht festgestellt hat (1985, § **442**
225–228), auf der Grundlage der Versdichtungen, die zwischen 1150 und 1350
entstanden sind und im wesentlichen den Vorlesungs-, Seminar- und Lektüre-
kanon der germanistischen Mediävistik bestimmen. Das heißt: die Prosalitera-
tur des Hochmittelalters (Predigten, Chroniken, Sach- und Kanzleitexte) bleibt
noch immer unberücksichtigt, da die bisher vorliegenden Einzeluntersuchungen nicht die Auswertung für eine gestraffte Darstellung erlauben. Damit behält diese Grammatik ihren gezielten, seit Beginn gewahrten und bewährten
Wirkungskreis, doch sie ist nur von partieller Reichweite; denn ihr fehlen die
Erkenntnisse aufgrund von Texten der metrisch ungebundenen Rede, die –
soweit sie nicht den Bindungen an fremdsprachliche Vorlagen folgen – für die
Analyse des einfachen und des zusammengesetzten Satzes eine reichhaltigere
Beschreibungsmöglichkeit bieten als die Versdichtungen.

Der Umfang des mhd. Satzes ist nicht immer eindeutig zu begrenzen. In den
Handschriften gibt es keine regelgerichtete Interpunktion als Lese- und Ver-
ständnishilfe. Die Zeichensetzung in den Editionen stammt von den Herausge-
bern. Auch wenn sie verantwortungsbewußt vor dem Hintergrund umfangrei-
cher Textkenntnis und -vergleiche angewandt wird, so gibt es doch zahlreiche
Zweifelsfälle, in denen die Markierung des Satzendes eine Frage der Interpretation ist. Das gilt vor allem bei der Entscheidung, ob es sich um einen einfachen oder um einen mit einem Relativsatz erweiterten zusammengesetzten
Satz handelt. Denn wenn sich in einem Relativsatz das finite Verb aus Gründen
der Metrik, des Reims oder weil es noch nicht üblich war, nicht in der Endstellung befindet, dann wirkt das Relativpronomen wie ein Demonstrativum am
Beginn eines neuen Hauptsatzes. Somit ist die Entscheidung, ob es sich um
einen zusammengesetzten Satz oder um zwei einfache Sätze handelt, offen.

Lit.: Einfacher Satz
Ries 1931; Boost 1964; Lindgren 1973, 199–208; Engel 1982, 163–260; Seidelmann
1985; Betten 1987, 4ff.; vgl. auch die Grammatiken.

B. Parataktische und hypotaktische Verknüpfung

Das Verhältnis, in dem die Sinngehalte zweier Sätze zu einander stehen, kann § **443**
sprachlich in verschiedenem Grade verwirklicht sein. Extremfälle sind diese: es

wird überhaupt nicht durch grammatisch-syntaktische Mittel bezeichnet, und: es wird eindeutig zum Ausdruck gebracht (z. B. durch eine Konjunktion, die nur eine Art der Beziehung zwischen zwei Sätzen bezeichnet, wie nhd. *weil, obgleich*). Dazwischen liegen vielfache Möglichkeiten der Annäherung der sprachlichen Fügung an den gemeinten Zusammenhang. Im Laufe der deutschen Sprachgeschichte werden die Mittel, die dem eindeutigen Ausdruck dienen, zunehmend entwickelt, und das Nhd. ist nach dieser Richtung hin weiter fortgeschritten als das Mhd. Doch kann auch im Mhd. ein Autor aus stilistischen Gründen von einer bereits usuell gewordenen Möglichkeit zu eindeutiger Fügung bewußt absehen. Dies darzustellen gehört in eine Behandlung der Stilistik, nicht der Syntax; doch seien, da es sich um einen Grenzbereich handelt, eklektisch einige Beispiele angeführt, an denen der Stilunterschied zwischen der überlieferten asyndetisch parataktischen Fügung und einer syntaktisch möglichen hypotaktischen Fügung deutlich wird:

Aussagesatz steht neben Aussagesatz: der jeweils zweite Satz könnte als Objekt oder Subjekt des ersten Satzes die Form eines *daz*-Satzes haben (bzw. im Falle von Pz 551,3 die § 441 behandelte Form): *dô sâhen Blœdelînes man, ir herre lac erslagen* NL 1929,1; *ich weiz wol, ir ist vil gewesen* G 131; *dar nâch vil schiere was unlanc, ir caplân eine messe sanc* UvL, Frauend 117, 1–2; *diu juncfrouwe niht vermeit, mit guoten zühten sie sneit ... Pz* 551,3. – Imperativischer Satz steht neben Aussagesatz: *wis du mir unter tan, nieht mag dir wider stan* Gen 439f.; *lât mich an eime stabe gân ..., sô bin ich doch, swie nider ich sî, der werden ein* Wa 66, 33–37; *doch lât in sîn mîn lantman, ... ich wolt im doch sicherlîche helfen* Wh 300, 13–16. Im ersten Beispiel ist in der Form des imperativischen Satzes die Bedingung oder Voraussetzung für den Inhalt des Aussagesatzes ausgesprochen; im 2. und 3. Beispiel steht der *lât*-Satz in einem potentiell-konzessiven Verhältnis zum Aussagesatz („wenn ich gleich ginge ..., so bin ich doch ..."; „doch wenn er auch mein Landsasse wäre [nicht mein Sohn], ... so würde ich ihm doch helfen"). – Fragesatz steht neben Aussage- oder Aufforderungssatz: *wie enpfie et iuch mîn swester ...? sam sult ir enpfâhen daz Sîfrides wîp* NL 783,2f.; *wie zieret golt den edelen stein? alsô tuont wâriu wort den lîp* Winsb 52,5f. Das Verhältnis des Fragesatzes zum Aussagesatz entspricht hier dem eines modalen Konjunktionalsatzes zum übergeordneten Satz. – Einer der beiden Sätze ist konjunktivisch: *si lâze in iemer ungewert, ez tiuret doch wol sînen lîp* („soll [oder: mag] sie ihm Gewährung versagen für alle Zeit (s. §§ 320–322), es veredelt ihn dennoch") Wa 93,9f.; *nu sî swie starc si welle, ine lân der reise niht* („soll [oder: mag] sie so stark sein, wie sie will: ich unterlasse die Fahrt nicht") NL 330,13 (II). Hier sind die beiden Satzinhalte antithetisch, wodurch der konjunktivische Satz eine konzessive Nuance gewinnt. – Aus der potentialen Bedeutung des Konjunktivs Praeteriti sind die (nicht häufigen) Fügungen des Typus *ez wære ... oder ... oder ez ... wære oder ... zu* verstehen: *ez wære man oder wîp, den gebôt si allen an den lîp* („es mochten Männer oder Frauen sein, denen befahl sie ...") Pz 117,21. Auch wenn das konjunktivische Verbum dem Prädikatsnomen nachfolgt, dürften diese Sätze nicht als „abhängige" Sätze zu betrachten sein, da nicht zu ersehen ist, wovon sie abhängig wären: *si hiezen balde springen da man ir gewæfen vant. ez (ob ez Db) der helm wære oder* (statt *oder*: *uñ ouch Ih) des schildes rant, von ir ingesinde wart ez in dar getragen* („sie hießen alsbald dahin eilen, wo ihre Waffen waren. Es mochte Helm oder Schild sein, von ihrem Gesinde wurde es herbeigebracht") NL 2168, 1–3; *dô rieten sîne vriunde, ez liep oder leit sîner muoter wære, daz er die schœne meit in sînen willen bræhte* („da rieten seine Freunde – es mochte seiner Mutter lieb oder leid sein –, daß er ...") GL 1025, 1–3.

Aus den letztgenannten Beispielen geht hervor, daß die Grenze zwischen abhängigem und selbständigem Satz (,Hauptsatz' und ,Nebensatz') – auch noch im Mhd. – nicht überall fest ist (vgl. Kuhn 1933,50ff.).

Die folgende Darstellung ordnet die abhängigen Sätze nach der Form ihrer Anknüpfung an den übergeordneten Satz, also nach der sprachlichen Beschaffenheit des Satzgelenks (vgl. Heusler 1932, § 462) und zeigt auf, welche inhaltlichen Relationen zwischen abhängigem und übergeordnetem Satz eine bestimmte Form bezeichnen kann. Innerhalb der Darstellung der Konjunktionalsätze (§§ 459–461) ist allerdings das formale Ordnungsprinzip insofern aufgegeben, als die Anordnung nach dem Inhalt dieser Sätze erfolgt und angegeben wird, durch welche verschiedenen Konjunktionen das temporale, das konditionale etc. Verhältnis bezeichnet wird. Sowohl die Betrachtung von der Form wie vom Inhalt her zeigt zwischen formalen Kategorien und inhaltlichen keine völlige Kongruenz.   § 444

Lit.: Verhältnis von Parataxe zu Hypotaxe
Paul H. 1916, IV, §§ 378–397; Behaghel 1923, III, 543–570; Nehring 1930, 118–160; Kuhn 1933, 1–109; Borinski 1934; Slotty 1936, 133–146; Hartung 1964; Wunder 1965; Brinkmann 1971, 607–703; Harweg 1971, 16–46; Fleischmann 1973; Helbig/ Kemptner 1976; Ebert 1978,19ff. und 32ff.; Putzer 1979; Kettmann/Schildt 1981; Engel 1982, 238–260; Voyles 1983, 20–83; Ebert 1986, 168–177; Betten 1987, 85–89.

II. Abhängige Sätze

A. Einleitung abhängiger Sätze

1. Abhängige Sätze in Form selbständiger Sätze
(uneingeleitet, asyndetisch)

a) Sätze mit der Wortstellung direkter Fragesätze (Anfangsstellung des Verbums)   § 445

Der betreffende Satz hat die Funktion eines Bedingungssatzes im konditionalen Satzgefüge. Der Modus ist der Ind. Präs. oder der Konj. Präs. oder der Konj. Prät. (zur Bedeutung der Modi im konditionalen Satzgefüge s. §§ 476–478):

[Ind. Präs.:] *gîstu mir dîne swester, sô wil ich ez tuon* NL 333,2; *wiltû daz ich dichs erlâze, sô rît dîne strâze* Er 92f.; *von diu darf ich ez maze clagen, muoz ich daz laster mit iu tragen* G 12473; – [Konj. Präs.:] *sî dîn erbermde manecvalt, sô hilf ouch mir . . .* Er 5831–32; *werde unser zweier kindelîn . . . einem man gelîch, deiswâr der wirt ellens rîch* Pz 55, 28–30; *vrâge iuch wîb oder man, wer trüege die rîchsten hant, . . . irn mugt sis niht bescheiden baz* Pz 777, 2–6; – [Konj. Prät.] *wæret ir nû wîse, ir holtet iuwer spîse* Er 5850–51. – Behaghel 1923, III, 636. 669. 781. .

Das Verhältnis zwischen abhängigem und übergeordnetem Satz ist adversativ oder konzessiv:

adversativ: *gewan ich ze minnen ie guoten wân, nu hân ich von ir weder trôst noch gedingen* („wenn ich je von der Minne Gutes erhofft habe, jetzt habe ich von ihr weder Trost noch habe ich Hoffnung") MF 80, 1–2; – konzessiv (betont durch [*ouch*] *doch*); [Ind. Präs:] *wirt mir dîn meister nimmer holt, dîns amts du doch geniezen solt* („wenn mir auch der, der dich bezwungen hat, nie wohlgesinnt werden wird …") Pz 206,27f.; *er ist doch âne schande, lît er in minnen bande* („wenn er auch in der Fessel der Minne liegt") Pz 532,23f.; – [Konj. Präs.:] *sî ouh ih iemer ze allen êren verkorn, nû was ih doh ze Rôme ain rîche man* („wenn ich auch für immer alles Ansehens verlustig sein mag, so war ich doch …") Kchr 3824f.; – [Konj. Prät.:] *wær niemen sîns geleites wer, er solt iedoch durch si genesen* („wenn auch niemand Bürge für sein Geleit wäre, er sollte doch um ihretwillen verschont bleiben") Pz 413,8f.; *möhten hôher sîn nu dîne gote, sô wolt ich doch ze sîme gebote unz an den tôt belîben …* („wenn auch deine Götter höher wären [als Jesus], so wollte ich doch bis zum Tode dem [Markgrafen] gehorsam bleiben …") Wh 220, 1–3. – O. Mensing 1936, 343–380 (s. § 461), Behaghel 1923, III, 649. 790f.

Anm. 1: Sätzen des Typus und Inhalts a) kann *und* vorangehen: *und lât mir got sô wol geschehen …, ich sage iu, herre, waz ich tuo* Er 4885–87; *und ist ir lîp sô schœne, sô mir ist geseit, den mînen besten vriunden sol ez nimmer werden leit* NL 1149, 3–4; *ich weiz wol, und bistû niht ein zage, so gesihestû wol in kurzer vrist …* Iw 562f.; *die andern tugende sint enwiht, und ist dâ bî diu stæte niht* WGast 1819f.; *und ruoche got unser sêlen phlegen, die enscheident sich benamen niht* Er 5839–40; *si were der sanister gegeuin. dan du si hast gewinnin. inde stundiz an meinin willin* („sie wäre dir früher [?] gegeben worden …, wenn es bei mir gestanden hätte") Ro 2918–20; *ich erkande in wol, und sæhe ich in (chande in wol sech G)* Gr 3896.

Auch Sätzen des Typus und Inhalts b) kann *und* vorangehen: *doch hân ich mir ein liep erkorn dem ich ze dienste, und wære ez al der welte zorn, muoz sîn geborn* („… eine Liebe, deren Dienst ich mein Leben bestimmt habe, wenn es auch den Unwillen der ganzen Welt hervorriefe") MF 159, 25–27; *swie niugerne ich anders sî, und sæz ich iemer dâ bî, ichn begüzze in nimer mêre* („… wenn ich auch für alle Zeit daneben säße, ich würde ihn niemals mehr begießen") Iw 769–771; *und hætes al diu werlt gesworn, ern wirdet niemer din man* („wenn es auch die ganze Welt beschworen hätte …") G 9296f.; *einem bœsen man der … nimmer gelernen mac, und lebt er unz an den suontac* WGast 3169–72.

Diese Fügungen sind streng genommen nicht abhängige Sätze „ohne besondere Einleitung". Bedeutung und Funktion dieses *und* sind schwer zu fassen. Man kann sich fragen, ob es hier überhaupt einen semantischen Wert besitze, ob es nicht allein die syntaktische Funktion habe, das Einsetzen des abhängigen Satzes stärker zu markieren; es wäre dann nicht als die koordinierende Partikel zu betrachten, sondern in Zusammenhang zu bringen mit der subordinierenden Konjunktion, über die § 465, Anm. 1 gehandelt ist. Kraus (1900,185f.) sieht in Sätzen dieser Art eine besondere, additive Bedeutungsnuance (vgl. Behaghel 1923, III, 310ff.).

Anm. 2: Den Sätzen konzessiven Inhalts kann *al* oder *alein(e)* voranstehen: *al* (vgl. Schieb 1952,272: Die ältesten Belege für diese Funktion von *al* im Deutschen „gehen kaum über 1150 zurück"): Konjunktiv und Indikativ wechseln: *al sie in de hof ungelegen si sin doch so wichgare kumen* („liegt ihnen der Hof auch fern, so sind sie doch kampfgerüstet gekommen") Ro 675f.; *al ne mugit is nit gelouben, in lûhten di ougen* („könnt ihr es auch nicht glauben …") Alex S 6407f.; *all was hij vuter stadt verdreuen, hij was daer gheystelike vader bleuen* Veldeke, Serv I, 2567; *al (Dd, unde g) sül si niht*

gekrœnet sîn, si hât doch werdekeit bekant Pz 89,14f.; *al si ich niht ein künigin, ich wil ouch an der suone sin* G 10531f.;
alein(e) (vgl. Schieb, 1952,275): *her was mir ie genedich vnde got. allen have mir nv virtriven der helit got* („er war mir immer gnädig und gütig, hat mich der Held nun auch vertrieben") Ro 2237f.; *daz was ein fröide für die swere, alleine wil sis gelouben niet daz si mîn ouge gerne siet* MF 45, 34−36; *alein sî* (Dd, *ist* Ggg) *mir ir hazzen leit, ez ist iedoch ir wîpheit* Pz 114, 21−22; − *alein(e)* in Verbindung mit *und* (vgl. oben Anm. 1): *al eine und sin si lange tot, ir süezer name der lebet iedoch* („sind sie auch lange tot, ...") G 222f. Häufiger als das Verbum nimmt nach *alein(e)* das Subjekt die Zweitstellung ein; in diesen Fällen geht die dem Konzessivsatz vorangestellte Partikel in eine Konjunktion über: *swenne wir irsterben, al ein wir nit ne werden begraben in neheinem grabe, einen trôst habe wir doh ..., daz uns bedecke der himel* („wenn wir sterben, wiewohl wir nicht begraben werden, haben wir doch einen Trost ...") Alex S 4838−42.

Die hier in Anm. 2 angeführten Fälle können noch weniger als die in Anm. 1 verzeichneten als Beispiele abhängiger Sätze „ohne besondere Einleitung" gelten. *al* und *alein(e)* betonen die konzessive Bedeutung der Sätze, denen sie vorangestellt sind; *al* steht auf der Grenze zwischen Partikel und konjunktionaler Einleitung eines untergeordneten Satzes; *alein(e)* kann eindeutige Konjunktion sein; vgl. § 461, 3.

Lit.: Nebensätze in Form von Hauptsätzen
Mensing 1891,60ff.; Grimm J. 1893, IV, 1302−1309; Behaghel 1923, III, 61−64 und 646ff.; Schieb 1952, 268−285; Helbig/Kemptner 1976; Gärtner 1981, 152−163.

b) Besondere Formen konjunktivischer Sätze

Konjunktivische Sätze, abhängig von Verben des Sagens, Meinens, Denkens **§ 446** und von Verben heischender Bedeutung, bezeichnen eine indirekte Aussage (zur Zeitfolge vgl. § 468):

er sprach im wâre anderes ze mûte („er sagte, er sei anders gesonnen") Gen 90; *sî sprâchen, ez wær âne ir haz und in geviele dehein baz* Iw 2393f.; *ouch trûwe ich wol, si sî mir holt* Pz 607,5; *du seist uns ie genote, du wellest Isote* G 9925−26; *ich wæn ez tagen welle* („ich glaube, daß es Tag werden will") NL 2122,2 [aber: *ich wæn sî rehte tâten* (:*raten*) („ich bin der Meinung: sie taten recht") Iw 2400].
wæn (= *ich wæn(e)*) kann in den Satz eingeschaltet sein, der davon abhängig ist: *er sprach zer küneginne: wir suln in unser lant. wir wæn unmære geste bî dem Rîne sîn* (*ich wänn wir* a) („ich meine, daß wir unbeliebte Gäste ... sind") NL 1073,3; *weiz ab iemen war die sprenzelære sîn verswunden? der wæn in dem lande ninder einer sî beliben* („von denen, meine ich, sei nirgend einer im Lande verblieben") Neidh [a] 85,39. Vgl. zu *wæn* § 399 Anm. 1.

Der Konjunktiv Praeteriti kann eine besondere modale, voluntative Bedeutung haben:

man gebôt dem herzogen Adelgêre, alse liep im wære lîp unt êre, er chôme sciere ze Lâteran, der chaiser wolte mit im rede hân („er solle schnell kommen, der Kaiser wolle mit ihm reden") Kchr 6820; *(er) sagete sînen degenen, si wæren des gewar, daz in ummuote wæren die Guntheres man* („sie möchten [oder sollten] beachten, daß ...") NL 1876,2; *im rieten sîne mâge, er wurbe umb ein wîp* („er solle werben") GL 169,1.

Der Konjunktiv (Prät.) kann eine futurische Nuance haben:

si sprachen, lut unde lant, swaz er dar ubere geriete, daz were allez stete („... was immer er in bezug darauf empfehlen würde, das sollte [= würde] alles gewiß sein [d. h.: ausgeführt werden]") RL 440–42.

Vgl. § 485.

§ 447 Durch *ne* negierte konjunktivische Sätze von exzipierender Bedeutung:

Diese Sätze geben die Bedingung an, unter der eine Ausnahme von dem eintreten könnte, was im Obersatz ausgesagt ist. Diese Aussage ist formal negiert oder dem Inhalt nach negativ, z. B. eine rhetorische Frage, seltener formal positiv. Im Nhd. entsprechen diesen exzipierenden Sätzen Fügungen wie: „es sei denn daß ...", „wofern nicht ...", „wenn nicht ...".

Es steht der Konj. Präs. im exzipierenden Satz, wenn der Obersatz präsentisch ist, der Konj. Prät. im exzipierenden Satz, wenn der Obersatz präterital ist. Der exzipierende Satz ist dem Obersatz nachgestellt oder geht ihm voraus:

... daz niemer sêle wirt gesunt ..., sin habe von grunde heiles funt Wa 6, 14–16 (C); *... daz mich enmac getrœsten niemen, sie entuoz* Wa 120,21; *so enwirde ichs anders niht erlôst, ezn kome als ich mirz hân gedâht* Wa 72, 2–3; *si sælic wîp enspreche (sie spreche* E) *,sinc', niemer mê gesinge ich liet* MF 164,10; *diun ner dich, du bist ungenesen* („es sei denn, daß sie dich heilt, so wirst du nicht geheilt werden") G 6953; *dô riefens alle ..., ern tæte sînen lewen hin, mit im enwæhte niemen da* („... niemand werde mit ihm kämpfen, es sei denn, daß er seinen Löwen wegtäte") Iw 5297–99; *wer wær der sich sô grôz arbeit iemer genæme durch iuch an, erne wære iuwer man (ern wær danne* Da, *er wær danne* Ebd) („wer würde so große Mühsal um euertwillen auf sich nehmen [= keiner würde ...], es sei denn, daß er euer Ehemann wäre?") Iw 1918–20; *– den (lîp) wil ich verliesen, sine werde (sy* d, *dann sy* b, *werde danne* D) *mîn wîp* NL 329,4; *mînes herzen tiefiu wunde diu muoz iemer offen stên, si enküsse mich mit friundes munde* Wa 74,14f.; *ern beschirme iuch eine, ir sît tôt* Iw 1173.

Die Negation *ne* kann im exzipierenden Satz fehlen, ohne daß für ihre Funktion ein Ersatz eintritt, wenn der übergeordnete Satz negiert ist:

niemen kan erwenden daz, ez tuo ein edeliu frouwe („es sei denn, daß es eine edle Dame tue") MF 12, 29–30; *man pflege (ADIbdh, enpflæge* B) *baz der jegere, ich (ADIdh, ich en* Ba) *wil niht jagetgeselle sîn* NL 965,4; *ich singe niht, ez welle tagen (AC, ich ensinge niht. es enwelle tage* F) („ich singe nicht, es sei denn, daß es Tag werden will") Wa 58,29; *nieman kan hie frôide vinden, si zergê* Wa 42,11.

Der exzipierende Satz kann das Adv. *danne* enthalten. Dieses wird zunächst temporale Bedeutung gehabt haben, möglicherweise weniger in der allgemeinen Bedeutung „zu jenem Zeitpunkt" (vgl. Holmberg 1967, 37) als im Sinne einer Verstärkung der futurischen bzw. konditionalen Nuance des Verbalvorgangs – so wie im Ahd. die Verbindung von *thanne* mit dem Ind. Präs. (im selbständigen Aussage- oder Fragesatz) das Tempus futurum bezeichnen kann (vgl. Schröbler 1950, 240ff.). *Danne* gewinnt allmählich die Funktion eines zusätzlichen formalen Charakteristikums dieses Satztypus, und nach dem Schwinden von *ne* im späteren Mittelalter bleibt es das einzige:

wir sîn vil ungescheiden, ez entuo (en fehlt Ibdh) *dan der tôt* („... es sei denn, daß d. Tod uns scheide") NL 1284,3; *ich eine enwendez danne, von wibe noch von manne son wirdestu niemer gesunt* G 6939—41; *ezn hulfe niemannes list,* ... *daz er vüere durch in weder her ode hin, ern tæte im danne sicherheit daz er* ... („niemandes Klugheit könnte dazu verhelfen, ... daß (der Ritter) um des Betreffenden willen hierhin oder dorthin zöge, es sei denn, daß der Betreffende ihm sein Wort gäbe, daß er ...") Iw 7877—82. In jüngeren Hss. von Werken des 13. Jh.'s erscheint *danne* nicht selten zusätzlich an Stellen, wo es in älteren Hss. nicht steht: vgl. die angeführten Lesarten.

danne allein kann das formale Kennzeichen des exzipierenden Satzes sein:

vgl. die Laa. zu Iw 1920 (Ebd); NL 1284,3 (Ibhd); ferner: *des sint ir iemer vngenesen got welle dan der arzat wesen* („deshalb werdet ihr nie geheilt werden, es sei denn, Gott wolle der Arzt sein") AH 203f. (A); *ir went mirs denne wern so bin ich zů sinre arzenie gůt* („es sei denn, ihr wollt es mir verwehren, so tauge ich zur Arznei für ihn") AH 560f. (A); – vgl. auch: *ich lass dich nicht, du segnest mich denn* Luther, 1. Mose 32,26 (Luthers Werke, Krit. Gesamtausgabe. Die deutsche Bibel. 8. Band, Weimar 1954, S. 136).

Anm. 1: Eine Partikel von sowohl exzipierender wie einschränkender Bedeutung hat sich aus dem Gebrauch des Verbums substantivum entweder in exzipierenden Sätzen von der Form *[ez/er] enwære, newære* entwickelt (unter Ersparung des pronominalen Subjekts) oder aus den konjunktionslosen konditionalen Satz des Typus „wäre nicht ..." (= „wenn nicht wäre") (vgl. § 445). In späteren Hss. erscheint diese Partikel in den Formen *niwer, niur, neur, nüwer* u.a., woraus nhd. „nur" entstanden ist. Gleichen Ursprungs ist die im Mhd. sehr seltene, fast nur auf das Mfrk. beschränkte (sonst niederdeutsche) Partikel *mêr* = „außer", die mit dem Komparativ *mêr* nichts zu tun hat: ... *mit neheime anderen gude mer mit sines selves blude* Lamprecht, Tobias 8,3. – Behaghel 1923, III, 208ff.; Holmberg 1967,53ff. Die grammatische und semantische Isolierung, in die bereits die noch unkontrahierte Verbalform gelangen konnte, d.h. eben die Erstarrung zur Partikel, zeigt sich darin, daß sie auf einen Plural bezogen werden kann: *ein iwelich ding diu e noch havit di emi Got van erist virgab, ne were die zuei gescephte, di her gescuph die bezziste, die virkerten sich in diu doleheit* („... ausgenommen [oder: nur] die beiden Geschöpfe, die er als die vornehmsten erschuf, die verkehrten ihr Wesen zur Vermessenheit") Anno III, 13—16; dagegen ist zwischen syntaktischer Fügung und Partikel keine Grenze zu ziehen in dem folgenden gut anderthalb Jahrhunderte jüngeren Beispiel: *ûz iwerm dienst in nimmer nôt vertrîben mac, niwær der tôt* UvL, Frauend 407, 5—6.

Über konjunktionslose konjunktivische Sätze des Typus: *der* ... *vischære niht enliez ern tæte* ... Gr 1107—8 vgl. § 441.

Lit.: Nebensätze in Form von Hauptsätzen mit Konjunktiv
Dittmar 1874, 183—318; Grimm J. 1893, III, 244, 726; Schulze B. 1895, 327—339; Wilmanns 1897, III, 284—287; Behaghel 1923, III, 232ff., 639f. und 783f.; Flämig 1962, 63—66; Holmberg 1967, 35—45; Schieb 1972, 167—230.

2. Selbständige Sätze in Form abhängiger Sätze

daz-Sätze, die sich auf keinen übergeordneten Satz beziehen, sind Ausdruck **§ 448** des Wunsches oder der Aufforderung, wenn das Verbum im Konjunktiv Präsens steht (vgl. § 466):

do sprach der herre Dietherich. du hast einin stedigen mot. daz der got geve got („möge Gott dir Gutes geben") Ro 1248; *ir helde, daz iuch got bewar* Pz 389,14; *daz dû vervluochet sîst* Er 5916; *ich bin Iwein der arme. daz ez got erbarme daz ich ie wart geborn* („möge es Gott erbarmen") Iw 4213–15; – *wir wellen komen gerne ... und sehen unser swester: daz ir des âne zwîfel sît* („wollt dessen gewiß sein") NL 1483,4.

Mit indikativischem Verb bezeichnet diese Satzform (ebenso wie im Nhd.) einen Ausruf:

daz dû niht eine wîle mohtest bîten („daß du nicht etwas warten konntest!") Wa 83,11; *ir sâhet doch sölch wunder grôz: daz iuch vrâgens dô verdrôz* Pz 255, 5–6; *daz mir daz solte geschehn daz ich muos ansehn schaden unde schande* Iw 3985.

Mit *ob* eingeleitete Fragesätze können die Funktion direkter Fragesätze haben; der Modus ist der Konjunktiv (vgl. § 467):

op sîn wirt iht mit im var? er und sîne rîter gar („Fuhr sein Gastgeber nicht mit ihm? – Er und alle seine Ritter") Pz 23, 11–12; *op daz ir reht iht wære? ez was ir reht* („War das ihr Recht? – Es war ihr Recht") Pz 400,28; *ob ieman spreche, der nû lebe, daz er gesæhe ie grœzer gebe ...?* Man sach den jungen fürsten geben, als er niht lenger wolte leben („Kann einer der jetzt Lebenden sagen, er habe je größere Geschenke gesehen? – Der junge Fürst schenkte, als ob er nicht länger am Leben bleiben wolle") Wa 25,26; *ob dirre knabe ein ammen süge? nein, er souc ein wildez tier* KvW, Troj Kr 6026–27.

Das gleiche gilt für Sätze, die mit dem Fragepronomen *wer* oder dem Frageadverb *wie* eingeleitet sind:

wer der dritte scharhêrre sî? der rîche Buov von Cumarzî ... („[Ihr fragt,] wer der Führer der dritten Schar sei? [= wer ist der Führer d. dr. Sch.?] – Der mächtige B.") Wh 328,17f.; *wes si dô bêde pflâgen? ûf springens mit den swerten* Pz 537, 14–15; *waz der helt dô tæte?* („was tat der Held da?" – es folgt die Mitteilung, was er tat) Pz 703,8; *wie er gezimieret sî?* („wie war seine ritterliche Ausrüstung beschaffen?" – es folgt deren Beschreibung) Pz 36,22 (vgl. J. Grimm 1893, IV, 76f.).

Über Sätze von der Form eines Relativsatzes, die keinem anderen Satz untergeordnet sind und deren Inhalt ein Wunsch bildet, s. § 455.

Lit.: Hauptsätze in Form von Nebensätzen
Weuster 1983, 23–63, bes. 23–32.

3. Abhängige Sätze mit besonderer Einleitung

§ 449 Vorbemerkung: Nach der Form der Anknüpfung des untergeordneten Satzes an den übergeordneten (vgl. § 444) pflegt man zu unterscheiden: Relativsätze, eingeleitet durch relative Pronomina, relative Adverbien oder relative Partikeln; abhängige Fragesätze, eingeleitet durch Fragepronomina oder Frageadverbien; Konjunktionalsätze. Diese Unterscheidung wird in der folgenden Darstellung beibehalten, weil sie gewissen Grundverhältnissen entspricht. Wegen der historischen Entwicklung können die Grenzen zwischen diesen formalen Kategorien nicht starr eingehalten werden. So ist z. B. ein sehr großer Teil der sogenannten Konjunktionen des Deutschen aus Adverbien entstanden, nicht wenige fungieren im Mhd. sowohl als Adverbien als auch als Konjunktionen.

Behaghel 1923, III, 48−356 behandelt sämtliche im Deutschen vorkommenden nichtpronominalen Verknüpfungswörter unter der Überschrift ‚Konjunktionen‘, gegebenenfalls den adverbialen und den konjunktionalen Gebrauch. H. Paul 1916, IV, §§ 422−470, ordnet die Konjunktionen nach ihrem historischen Ursprung.

Wenn die folgende Darstellung Überschneidungen oder, an den Maßstäben der Logik gemessen, Unstimmigkeiten aufweist, so haben diese ihren Grund in den Verhältnissen der mhd. Sprache selbst (s. § 458).

Lit.: Einleitung von Nebensätzen allgemein
Hartung 1970; Böttcher/Sitta 1972, 17−21.

a) Relativsätze

α) Die Einleitung der Relativsätze

Relativsätze können eingeleitet werden durch Pronomina, durch relative Adverbien, durch Partikeln.   **§ 450**

Unter den Möglichkeiten der pronominalen Einleitung stehen *der, diu, daz* an erster Stelle (vgl. § 410). In der Funktion des Relativums kann auch das Personalpronomen der 1. und der 2. Person erscheinen: vgl. § 404. Als Relativa fungieren ferner die verallgemeinernden Pronomina *swer/swaz, swelch, sweder:* vgl. § 410 Anm. 1. Über das Aufgeben der relativischen Einleitung eines durch *und* an einen Relativsatz angeschlossenen zweiten abhängigen Satzes vgl. § 496.

Relative Adverbien, welche Relativsätze einleiten, sind: *dâ* „[dort, dorthin−]wo“, *dar* „[dorthin−]wohin“, *dannen* „[von]woher“, ferner die verallgemeinernden (aus der Verbindung von *so* mit den Frage-Adverbien *wâ, war, wannen* entstandenen) Adverbien *swâ* „wo [immer]“, „überall wo“, *swar* „wohin [immer]“, *swannen* „woher [immer]“:

> *dâ ich ie mit vorhten bat, dâ wil ich nû gebieten* Wa 32,8; *in eine gruft, dar selten kom des windes luft* Pz 459,5f.; *si sprach gerne uûre, sua ire ieht gûtes gescâhe* („sie würde gern [dahin] gehen, wo immer ihr etwas Gutes begegnen würde“) Gen 2040; *swar er vert in sîner wünne, dân ist niemen alt* Wa 51,19; *von swannen (von* fehlt A, *swanne* D) *si dar kômen, der wirt in willen truoc* NL 805,3.

Gelegentlich bezeichnen die relativen Adverbien mit lokaler Bedeutung ein nicht rein lokales Verhältnis:

> *swâ der hêrre gar vertuot, daz ist niht hêrlîcher muot* Pz 171,9.

Hier kommt das logische Verhältnis zwischen dem Relativsatz und dem übergeordneten Satz einer Bedingung nahe.

Relative Adverbien an Stelle von relativen Pronomina erscheinen insbesondere (jedoch nicht ausnahmslos) dann, wenn vor das Relativpronomen eine

Präposition zu treten hätte. In solchen Fällen wird das präpositionale Verhältnis entweder (a) allein durch das Adverb bezeichnet, welches den Relativsatz
einleitet, oder (b) die Präposition tritt als starktoniges Adverb nach hinten,
während ein relatives Adverb den Satz einleitet:

> *santin si den edelin Cesarem, dannin noch hiude kuninge heizzint keisere* („sie sandten
> ... Caesar, nach dem noch heute Könige Kaiser heißen") Anno 18,5; *sît ir daz, dar ich*
> *trage unverkornen haz, sô tuot mir iwer werdekeit beidiu liep unde leit* („wenn ihr das
> seid, demgegenüber ich Feindschaft empfinde ...") Pz 609, 27–30; *iwer herze in sîner*
> *hende ligt, dar* (Ggg) *iwer herze hazzes pfligt* („euer Herz [= Leben] liegt in dessen
> Hand, demgegenüber euer Herz Haß empfindet") Pz 693, 23–24;
>   *man huop in von der bâre, dâ er ûfe lac* („auf der er lag") NL 1050,2; *er vorht daz*
> *er vergæze Gyburge nôt dâ se inne was* („in der sie sich befand") Wh 132,21; *ez ensîn*
> *niht kleiniu mære dar umbe er her geriten ist* („derentwegen er hergeritten ist") NL
> 103,4.

Anm. 1: Von den ‚relativen Adverbien' wird *swâ* in der Literatur z. T. als Konjunktion angesehen: vgl. Behaghel 1923, III, 298. Erben 1972, § 362 zählt die nhd. mit „wo-
(-her, -hin)" eingeleiteten Lokalsätze unter die Konjunktionalsätze. H. Paul 1916, IV,
§ 423: „Die Grenze, die man zwischen relativen Adverbien und Konjunktionen zu
ziehen pflegt, ist eine mehr oder weniger willkürliche. Die lokalen Adverbien pflegt
man nicht zu den Konjunktionen zu rechnen, dagegen gewöhnlich die temporalen
und die vergleichenden. Doch haben die ursprünglich lokalen in andere Gebiete
hinübergegriffen, so daß sie dann doch als Konjunktionen gefaßt zu werden pflegen."
Diese Unsicherheit der Abgrenzung ist durch die Verhältnisse in der Sprache selbst
bedingt; der Übergang von einer Kategorie der Subordination zur anderen wiederholt
sich in den verschiedenen Sprachepochen und findet eine Parallele in den Verschiebungen von Funktion und Bedeutung innerhalb des Bereichs der als ‚Konjunktionen'
usuell gewordenen Wörter.
Zu dieser Problematik vgl. §§ 449, 451, 458 sowie 459–467 zu einzelnen Konjunktionen. Über parallele Erscheinungen innerhalb der Entwicklung der lateinischen Sprache und der romanischen Sprachen vgl. Herman 1963, 66–73.

§ 451 Als relative Partikeln erscheinen *so* und *und*.

so in der Funktion des Relativums ist im Mhd. noch sehr selten:

> *daz uns müeze werden alles des gebetes ein teil so* (Paris, Bibl. Nat. fonds allem. 32, 14.
> Jh. [= C]; andere Hss.: *des, daz*) *hiute wirt gesprochen* Reinmar von Zw 11, 2–3; *ich*
> *hete ir doch vil lihte ein teil geseit der vil grossen liebe so* (C, *die* A) *min herze an si hat*
> („von der großen Zuneigung, die mein Herz [oder: wie sie mein Herz] ihr gegenüber
> empfindet") Rudolf von Rotenburg VII 2, 1–2 (Liederdichter I, S. 384); *wîplich*
> *güete iuch lieplich lône mit dem besten sô si gît* Der Kanzler IX 2, 9–10 (Liederdichter
> I, S. 200); *der besten vrühte(n) ist er vol, sô ie ûf erde(n) vunden wart* Boner 4,7 (vgl.
> Zwierzina 1901,354).

Über *so* als modale Konjunktion s. § 465,1. Über die Annäherung der modalen Konjunktion *als(o)* an die Funktion einer relativen Partikel s. § 465,2.

Der Gebrauch von *und* als Relativpartikel ist, wie der von *so*, beschränkt. Er
ist älter als der von *so* und entwickelt sich innerhalb des Mhd. aus der ebenfalls
beschränkten Funktion von *und* als unterordnende Konjunktion von modal-

vergleichender Bedeutung (= nhd. „wie"). Vgl. § 465,3. Eine scharfe Grenze zwischen der modalen Konjunktion und der relativen Partikel besteht nicht (vgl. Kraus 1900, 149−186, bes. 170ff.; Schröbler 1966, 136−149). Die folgenden Stellen zeigen den Übergang von der modalen zur relativen Bedeutung:

sô gewinnet Baierlant hinnen vur niemer mêre die tugent unt die êre unt (Hs. 1, 12. Jh.; 5, 14. Jh.; *alse* Hs. 4, 13. Jh.; 6, 15. Jh.; *der* Hs. 2, 14. Jh.) *iz bî mir gewon was* („die Macht und das Ansehen, wie es sie zu meiner Zeit gewohnt war" oder „die es ... gewohnt war") Kchr 7011−14; *ergetzet si der leide und (die* DIabh) *ir ir habet getân* („wie ihr sie ihr angetan habt" oder „die ihr ...") NL 1208,3; *ich mane iuch der genâden und (als* Ih) *ir mir habt gesworn, do ir mir zuo Etzeln rietet, ritter ûz erkorn, daz ir mir woldet dienen an unser eines tôt* NL 2149, 1−3; *er hiez die erde allez daz* (die erschaffenen Tiere) *neren mit dem wôchere unde si bare* („mit den Erzeugnissen, wie sie sie hervorbringen sollte" oder „die sie ...") Gen 164f.; *er bat in daz er in gelabite mit diu und er da habite* („mit dem, wie er es hatte" oder „mit dem, was er hatte") Gen 2315f.; *daz lobe ich an der frouwen mîn, dar zuo manger slahte güete zuo der schœne und* (BC) *sie hat* („neben der Schönheit, wie sie sie hat" oder „die sie hat") Rubin XV A 1, 3−5 (Liederdichter I, S. 350); *nû sît mir willekomen ze dem und ich nû haben mac* („zu dem, wie ich es nun haben kann" oder „was ich nun haben kann") Er 305f.

Als relative Partikel darf man *und* auffassen an Stellen wie diesen:

in elliu diu und er tete, so hête er gûte site. got gab im fransspût in elliu diu und er bestûnt („in allem, was er tat, hatte er vortreffliches Verhalten. Gott gab ihm Gelingen in allem, was er angriff") Gen 3687−90; *lât mich zuo zin rîten mit den und* (C, *mit den die* die anderen Hss.) *ich sie hân* NL 886,2; *daz was allez gar ein niht dâ wider und* (*und* fehlt in der Ambraser Hs., in den anderen Hss. vorhanden) *nu hie geschiht* („demgegenüber, was nun hier geschieht") Klage 2183f.; *dâ bî und ich geseit hân mac wol ein iegelîch man verstên* (sic!) („daraus, was ich gesagt habe") WGast 4829f.

und wird auf die adverbialen Akkusative *die wîle, alle wîle, al (alle) die wîle* bezogen (vgl. § 355). Eine scharfe Abgrenzung zwischen den Bedeutungen „so lange, wie" und „die Zeit, die" ist auch hier nicht angemessen:

die wile unde stat Jerusalem, so nescol din lop niemer zegen J Judith 71,8 (1739f.); *daz ich iu stæte triuwe leiste âne riuwe al die wîle unde ich lebe* Er 4556; *wir wellen dichs ergetzen die wîle unt* (*die wîle daz* IQh, *die wîle* ABbd) *wir geleben* NL 1049,3; *die wile und er daz leben hat, so sol er mit den lebenden leben* G 1872f.

Eine Änderung der Funktion und Bedeutung von *und* nach der relativen Partikel zu liegt im Falle seiner Verbindung mit *die wîle* um so näher, als *die wîle* auch Bezugswort für einen mit *diu* eingeleiteten Relativsatz sein kann: *durh daz sult ir ûh bewarn die wîle, di ir hie sît* Alex S 7294f. Es kann aber auch dem adverbialen Akkusativ *die wîle* Konjunktionscharakter verleihen, wobei sein eigener semantischer Wert zu Null wird. Über eine solche Funktion von *und* in Verbindung mir anderen adverbialen Ausdrücken s. § 465,3, Anm. 1.

Die gleiche Funktion wie *und* kann gegenüber dem adverbialen Akk. *die wîle* die Konjunktion *daz* übernehmen, vgl. die (oben angeführten) Lesarten zu NL 1049,3, ferner: *daz ich den hort iht zeige die wîle daz si leben* („... so lange sie leben werden"), *deheiner mîner herren* (AB, *die wîle deheiner lebe* C, *die wîle uñ ich leben deheinem minem herren* K) NL 2368, 3−4 (vgl. § 466,4). Aber obligatorisch ist weder das eine noch das andere: *die wîle* allein kann die Einleitung eines abhängigen Satzes bilden, was ebenfalls aus den genannten Lesarten hervorgeht; vgl. § 459,12.

§ 452 Den Relativsatz ohne Einleitung gibt es als Typ innerhalb des Mhd. nicht mehr (anders Behaghel 1923, III, 742−745). Vereinzelte Fälle, die sich so auffassen lassen, können als leicht anakoluthisch empfunden werden:

> *wir müezen morne an iu gesehn den iamir* (A, *daz iamers* B, *swaz iamers* Eab, *swaz laides* d) *unz an dise vrist an manegem hie geschehen ist* („das jammervolle Geschick, welches bisher vielen widerfahren ist") Iw 6346−48; *dechein sûl stuont dar unde diu sich gelîchen kunde der grôzen sûl dâ* (Dd, *die da* gg) *zwischen stuont* („der starken Säule, welche dazwischen stand") Pz 589, 27−29.

> Anm. 1: Zuweilen wird an einen Relativsatz ein zweiter durch kopulatives *und* angeknüpft, ohne daß das Relativum wiederholt wird, obwohl der zweite Relativsatz einen andern Kasus des Pronomens erfordern würde: *nu jâmert mich vil manger senelîchen klage, die si hât von mir vernomen unde ir nie ze herzen kunde komen* („und die ihr nie ins Herz zu gelangen vermochte") MF 128, 18−20; *nâch siten der si pflâgen unt* (*uñ die* Ih) *man durch reht begie* NL 644,1; *der ir dâ singent unde iu hât daz herze gar enzündet, diu ist iu lieber vil danne ich* Ulrich von Winterstetten XI 2,4 (Liederdichter I, S. 523).
> Über den Satztyp: *lebentigez brot du der chome von himele* Diemer 380,8, in dem das Personalpronomen in der Funktion des Relativpronomens erscheint, s. § 404.

β) Das Verhältnis zwischen dem Bezugswort im übergeordneten Satz und dem Pronomen relativum

§ 453 Im allgemeinen erscheint sowohl das Bezugswort im übergeordneten Satz als auch das Pronomen relativum in der Gestalt, die jedem innerhalb seines eigenen Satzes zukommt. Doch gibt es Ausnahmen:

Das Pronomen *der diu daz,* substantivisch und ohne Wiederholung gebraucht, kann Bezugswort und Relativum zugleich bezeichnen:

> *ich bin* (Ibh, *pin iz* B) *der hât gewarnet die edelen fürsten rîch* („ich bin der, der … gewarnt hat") NL 1748,2; *daz ich singe owê von der ich iemer dienen sol* („von der, der ich immer …") MF 140,14; *er gienc als der bvchsen treit* („wie einer, der Büchsen trägt") RF 1824 (P); *ezn wart mir niht bescheiden von dem ich die rede habe* („es wurde mir nicht berichtet von dem, von welchem ich die Erzählung habe") Iw 8162f.; *sô wolte ouch ich vil gerne fröide hân von der mir mîn herze nie gelouc* („von der, von welcher mein Herz mir nie gelogen hat") Wa 99, 14−15; *dô schuof der künic Gunther zuo zim den er wolde hân* NL 932,4 (II).

Auch wenn die Konstruktion des übergeordneten Satzes einen anderen Kasus des Pronomens erfordert als diejenige des Relativsatzes, kann das Pron. *der diu daz* nur einfach gesetzt erscheinen. Es steht dann entweder (α) in dem Kasus, den der Relativsatz fordert, oder (β) in demjenigen, den der übergeordnete Satz fordert:

> *herro, di dir dinint, ist daz richi* („derer, die dir dienen, ist das Reich") De Sancta Trinitate (Summa Theologiae) 32,1 (Maurer I, S. 316); *du zîhst in daz doch nie*

geschach („du beschuldigst ihn dessen, was nicht der Fall ist") Pz 352,20; *daz ich mich underwunden hân dem alle liute sprechent wol* („daß ich mich dessen angenommen habe, von dem alle Leute Gutes sagen") Wa 119,29; *des prîset man mich mêre dan deme* (H, *den* E, *den dem* A) *sîn vater wunder lie* („als den, dem sein Vater ... hinterließ") Gr [1] 1547 (= Gr 1719); *dâ er sitzen vant des was diu burc* („wo er den residieren fand, dem die Burg gehörte") Pz 162,14; *unz ich getuon des er mich bat* („das, worum er mich bat") Wa 119,33; *nie dienest wart sô guot sô den ein vriunt vriunde nâch dem tôde tuot* NL 2264, 1–2; in Verbindung mit Präposition: *dô sprach an dem was tumpheit schîn* (*wart er* Dd) *für Artûsen brâht, an dem got wunsches het erdâht* („so wurde vor A. gebracht der, an dem Gott Vollkommenheit verwirklicht hatte") Pz 148, 29–30;

der bewîst in des er suochte („der wies ihn zu dem, was er suchte") Iw 988; *dû himelvrowe gewaltic ... des himels unt der erde unt swes* (*undes swes* D) *dîn kint dar inne begriffen hât* Reinmar von Zw 21, 2–3; *ôwê des dâ nâch geschiht* („weh über das, was danach geschehen wird") Pz 514,10.

Hier von Auslassung pronominaler Formen zu sprechen, würde zu sehr von den Verhältnissen einer jüngeren Sprachstufe ausgehen. Die Doppelbezeichnung des Pronomens in diesen Konstruktionen, insbesondere die pronominale Stütze des Relativsatzes im übergeordneten Satz, ist (noch) nicht obligatorisch. Man versteht aber, daß die Doppelbezeichnung gefördert wurde, weil man die Inkongruenz zwischen den unterschiedlichen Kasus, die der übergeordnete und der abhängige Satz erfordern, als störend empfand.

<u>Anm. 1:</u> Was im Vorstehenden über das Pron. *der diu daz* gesagt worden ist, gilt auch für *swer: so tuot er swes daz herze gert* („das, wonach das Herz verlangt") Wa 44,8 (BC); *sô wirt Willalm mîn suon ergetzet swaz* (*des* l) *im wirret* („entschädigt für das, was ihn quält") Wh 152,24; *daz ich muos volgen swes er wil* („dem folgen was er ...") Wa 114,8; *nu sît willekomen swem* (A, *swer* BC, *dem swer* D, *der* Ih) *iuch gerne siht* („dem, der euch gern sieht") NL 1739,1.

Attraktion: Das Bezugswort im übergeordneten Satz und das Pronomen relativum im abhängigen Satz können einander im Kasus beeinflussen, derart daß entweder der Kasus des Relativums sich nach dem Kasus des Bezugswortes richtet (von diesem „attrahiert" wird) unter Nichtachtung der Rektion des Verbums im abhängigen Satz oder der Kasus des Bezugswortes sich demjenigen des Relativums anpaßt unter Nichtachtung der Rektion des Verbums im übergeordneten Satz:

§ 454

des spiles des si gespilte, Lia wart suanger („von dem Spiel, das sie spielte ...") Gen 2714; *des siges, des er dâ nam, wêrez ein wole bedâht man, er ne wurdes niemer ze frô* („über den Sieg, den er da errang, ... wäre er nicht zu glücklich geworden") Alex V 1001–3; *aller mîner êren der muoz ich abe stân, triuwen unde zühte der* (*die* Ih) *got an mir gebôt* („auf alle meine Ehre muß ich verzichten, auf Treue, Zucht, die Gott in mich gelegt hat") NL 2153,3; *daz er ... alles des verpflac des im ze schaden mohte komen* („daß [der Truchseß] auf alles das verzichten mußte, was [Iwein] zu Schaden gereichen konnte") Iw 5338f.; *daz uns müeze werden alles des gebetes ein teil, des* (*daz* T, *so* C) *hiute wirt gesprochen, sô wît diu cristenheit begriffen hât* („ein Teil von allen den Gebeten, die heute gesprochen werden") Reinmar von Zw 11, 2–3;

dê gote dê ich da dienen sol den enhelfent si mir niht sô loben („den Gott, dem ich dienen soll, den zu loben helfen sie mir nicht so ...") MF 181,25f.; *den boten, den wir hie gesehen, wol ne wil er is niht bejehen, daz is selbe Alexander* („der Bote, den wir hier erblicken, obwohl er es nicht eingestehen will, das ist A. selbst") Alex S

3154−56; *den schaz den in ir vater lie, der wart mit ir geteilet* Gr 635f.; *den besten zobel den man vant daz was der megde gewant* AH 1025f. (A); *den lôn den si dâ nâmen, des helfe uns got* AH 1519f.; *den schilt (der schilt* d allein) *den er vür bôt, der wart schiere zeslagen* („der Schild, den er vorhielt") Iw 6722−23; *den grimmen schaden manicvalt, den wir von in genomen hân, der wirt mit râche widertân* KvW, Troj Kr 13348−50.

In den im vorigen Absatz angeführten Beispielen wird die syntaktisch korrekte Kasusform meist durch demonstrative Aufnahme des Bezugswortes nachträglich hergestellt.

Die Erscheinung der Attraktion ist nicht auf das Verhältnis von Bezugswort und Pronomen relativum und nicht auf den Kasusgebrauch beschränkt. Über Attraktion des Modus s. §§ 468−72. Auf jüngerer Sprachstufe wächst die Neigung zur Logisierung, zum Regulären, und so haben jüngere Hss. mittelhochdeutscher Texte nicht selten Attraktionen beseitigt.

Über den Modus im Relativsatz s. § 473. Über syntaktische Dissimilation s. § 496.

§ 455 γ) Zu Funktion und Bedeutung der Relativsätze

Die obigen Relativsätze haben die Funktion von Satzteilen des übergeordneten Satzes: Subjekt, Objekt, Attribut, Prädikatsnomen, präpositionale Ergänzung.

Daneben gibt es Sätze, die der Form nach mit Relativsätzen identisch sind, deren Funktion derjenigen des Bedingungssatzes im konditionalen Satzgefüge entspricht. Sie haben kein Bezugswort im übergeordneten Satz; sie können dem übergeordneten Satz vorangehen oder ihm folgen. Die Möglichkeiten der Kombination von Modus und Tempus in diesen Sätzen mit Modus und Tempus des übergeordneten Satzes sind nicht verschieden von denen, die in konditionalen Satzgefügen auftreten, deren Bedingungssatz durch Konjunktion eingeleitet oder konjunktionslos ist (§§ 476−478).

Dem Konj. Prät. im Relativsatz entspricht der Konj. Prät. im übergeordneten Satz:
owê der mich dâ welen hieze, ... wie rehte schiere ich danne kür („ach, forderte mich einer da zu wählen auf, ... wie schnell würde ich da meine Wahl treffen") Wa 46, 27−29; *der als manec lamp gebunden für in trüege, ob ers eins tages erslüege, sô wær sîn strît harte snel* („trüge jemand ebensoviele Lämmer gefesselt vor ihn, wenn er die an einem Tag erschlüge, dann ...") Wh 384, 26−29; vgl. § 477,1;

dem Konj. Plusqu. im Relativsatz entspricht der Konj. Plusqu. im übergeordneten Satz: *der Etzeln hete kunt getân von êrste diu rehten mære, sô het er die starken swære harte lîhteclîch erwant* („hätte einer Etzel von Anfang an kund getan ..., dann hätte Etzel ...") Klage 284−287; vgl. § 477,2;

dem Ind. Präs. im Relativsatz entspricht die Ind. Präs. im übergeordneten Satz: *ez mac niht heizen minne, der lange wirbet umbe ein wîp* („Minne kann nicht sein, wenn einer lange um eine Frau wirbt") MF 12,14; *ez ist geminnet, der sich dur die minne ellenden muoz* MF 218,17; *dâ sint diu müeden ors vil vrô, der wirfet undrs ein trucken strô* („... wenn einer trockenes Stroh zwischen sie wirft") Wh 393, 11−12; *sit in daz von arte kumet ..., diu sich es danne enthaben kan, da lit vil lobes und eren an* („da das aus ihrer Anlage kommt ..., so verdient es viel Lob und Anerkennung, wenn eine sich davon zu enthalten vermag") G 17967−70; *sî sprach ‚welt ir iht ezzen?' er sprach ‚gerne, der mirz gît'* („gern, wenn einer mir etwas gibt") Iw 1218−19; *swer*

mir ein stucke versaget, ez wirt ze Citel geclagit („wer immer mir ein Stück verweigert [> wenn einer] ..." RF 715–16 (S); *und ist im* (i. e. dem schlechten Mann) *gar ein herzeleit sweme dehein êre geschiht* („es ist dem Schlechten ein Herzeleid, wem auch immer [> wenn irgendjemand] irgendeine Ehre widerfährt") Iw 2488f.; *swer* (BC, *der* E) *mir anders tuot, daz ist mir leit* („wenn jemand mir gegenüber anders verfährt ...") Wa 41,23; *ich enhân daz niht für lîhtiu dinc, swer in den kranken messinc verwurket edeln rubîn* Pz 3,15f.; vgl. § 477,3;
     dem Ind. Prät. im Relativsatz entspricht der Ind. Prät. im übergeordneten Satz: *(er) sluog und vienc so manegen man, daz ez von grozen sælden was, der dannen kam oder da genas* („... wenn einer von da entkam") G 1132–34; vgl. § 477,5;
     dem Konj. Prät. im Relativsatz entspricht der Ind. Prät. im übergeordneten Satz: *der vze allen landen die turin wigande zo ein ander hieze gan so ne wart nie nichein man der din gegnoz mochte sin* („ließe einer aus allen Ländern die ... Helden zusammen-kommen ...") Ro 2205–9; vgl. § 477,5.

Nicht häufig hat ein selbständiger Satz die Form eines Relativsatzes und die Bedeutung eines Wunsches:

der mir gæbe sînen rât! konde ich ie deheinen, der ist mir benomen („gäbe mir jemand seinen Rat! habe ich je Rat gewußt, jetzt weiß ich keinen mehr") MF 194,34; *der mich nu gên Garten wîste ... wan ich ... der wege niht enkan* („wiese mir einer nun den Weg nach Garda ...!") Wolfd D VII, 227,1. Vgl. § 448.

Lit.: Einleitung von Relativsätzen
Grimm J. 1866, 312–348; ders. 1893, IV, 546f.; Neckel 1900; Wackernagel 1920, I, 49ff.; Behaghel 1923, III, 755–776; Heusler 1932, §§ 483–489; Engelen 1969, 53–62; Motsch 1971, 65–76; Schieb 1978, 5–31; Helbig 1980, 86–96; Gärtner 1981, 152–163; Kurzova 1981; Harweg 1984, 45–62; Ebert 1986, 157–167.

b) Indirekte Fragesätze

α) Einleitung durch die Pronomina *wer/waz, welch, weder:*   **§ 456**

wer/waz: er bat ime sagen ..., wer dei wîb iouch die chint waren Gen 3119f.; *diu mir kunt tet wer ich was* Pz 252,28f.; *ir sult besehen wes uns hie gebreste oder wen wir hân verlorn* NL 1618, 2–3; *sine wessen wem ze klagene diu ir vil grœzlîchen sêr* NL 2088,4; *maneger frâget waz ich klage* Wa 13,33; *nû sagen wir ouch dâ bî von wiu diu rede erhaben sî* Er 440.
     Zu adverbialer Geltung kann sich *wes* absondern in der Bedeutung „aus welchem Grunde": *und hân vil rehte vernomen, wes mich dîn vrouwe ûzjaget* Stricker, Verser-zählungen I, Nr. VIII, 284f.
     welch: nv sage mer vrowe ... ob iz an dinin willin solde stan wilich vnder in allen der beste gevalle Ro 2199; *von den wil ih û sagen, wiliche sterke si haben* Alex S 4329; *friesche daz mîns herzen trût, welch ritters leben wære, daz wurde mir vil swære* Pz 117, 24–26.
     weder: „welcher von beiden": *nune weste mîn her Îwein von wederm sî* (die Stim-me) *wære von den zwein, von wurme ode von tiere* Iw 3831–33; *daz nieman wizzen kunde, wederez süezer wære ..., sin harpfen oder sin singen* G 3630–33; *swâ ein diep den andern hilt, da enweiz ich weder mê stilt* Freid 46,23f.
     Abgesondert zur disjunktiven Fragepartikel hat sich die endungslose Form des Nom./Akk. Neutr. in Fällen wie diesen (in denen das Nhd. ‚ob' gebraucht: *(er ...) zwifelte vaste dar an weder es besser getan möhte sin oder verlan* AH 1004–6 (A); *weder ez do not ald übermuot geschüefe, des enweiz ich niht* G 342–3; – mit Auslas-

sung der zweiten (sonst durch *ald* bzw. *oder* eingeführten Möglichkeit): *si jehent, ze sus getanem spil da gehœre ouch ander spise zuo. dan weiz ich rehte, weder ez tuo* („ob es dazu gehöre [oder nicht]") G 16912–14.

Den Übergang vom Pronomen zur Partikel zeigen Fälle wie die folgenden: *weder wider mich sîn muot wære übel ode guot, desn weste ich niht die wârheit* („welches von beiden, übel oder gut, seine Gesinnung gegen mich sei, wußte ich nicht" > „ob seine Gesinnung gegen mich gut oder übel sei ... ") Iw 475–77; *nu erteilet mir ..., swâ zwêne vehtent umbe den lîp, weder* (AE, *wederre* Bd, *welher* Dc, *ab der* a) *tiurre sî der da gesiget ode der dâ sigelôs geliget* („... welcher von beiden trefflicher sei, der Sieger oder der Besiegte" > „ob trefflicher der Sieger oder der Besiegte sei") Iw 1955–58.

<u>Anm. 1:</u> Auch als Einleitung direkter Fragesätze erscheint *weder* als disjunktive Partikel in Korrespondenz zu *ald* oder *oder* (wo das Nhd. keine Partikel gebraucht): *er sprach: ,kint, weder hestv dich dis willen selber bedaht oder bistv vf die rede braht von bette ... ?'* („bist du von dir selbst zu diesem Entschluß gekommen oder bist du dazu gebracht worden ... ?") AH 1064–67 (A); *weder rittest gerner eine guldîn katzen alder einen wunderlîchen Gêrhart Atzen?* Wa 82,17f. (C).

<u>Anm. 2:</u> Auch außerhalb von (indirekten oder direkten) Fragesätzen kann *weder* als disjunktive Partikel in Korrespondenz zu *oder* erscheinen: *ezn hulfe niemannes list ... daz er vüere durch in weder her ode hin* („niemandes Klugheit könnte dazu verhelfen, daß [der Ritter] um seinetwillen entweder hierhin oder dorthin zöge") Iw 7877–80; *mirst niht bekant daz weder wazzer oder* (*noch* Ggg) *lant inre drîzec mîln erbûwen sî* („daß Wasser oder Land innerhalb 30 Meilen bewohnt sei") Pz 225, 19–21.

Über Korrespondenz von *weder* zu *noch* in negativen Sätzen s. § 439.

§ 457   β) Frageadverbien

Einleitung durch die Frageadverbien *wâ* „wo", *war* „wohin", *wannen* „woher", *wanne (wenne, wan(n), wen(n))* „wann", *wie* „wie", ferner durch Frageadverbien in Verbindung mit nachgestelltem Präpositionaladverb:

er wesse wole wa er was Gen 758; *wie güetlîche vrâgen diu marcgrâvinne pflac, war in gesendet hête der künic* NL 1168, 2–3; *(sî) vrâget in, wannen* (D) *er kœme geriten* Pz 250,2; *ine weiz wenn ich dich mêr gesehe* („ich weiß nicht, wann ich dich wieder sehen werde") Pz 332,15; *Gunther ... vrâgte sîne man, wie in diu rede geviele* NL 1457, 3–4; – *diu liute nam des wunder, wâ von daz gescach* NL 834,1; *nû hœrent ..., wâ mit er mich nû zoget* Wa 104, 12–14; *und sagen iu diu mære war nach* (ABbd, *war umme* D) *wir her geriten hân* NL 1229,4.

Wie die angeführten Beispiele zeigen, sind ,indirekte Fragesätze' nicht nur von Verben des Fragens (oder allgemeiner: des Wissen-Wollens) abhängig, sondern auch von Verben, die die Bedeutung des Aussagens oder Mitteilens, der sinnlichen oder geistigen Wahrnehmung oder Erfahrung haben. Dazu gehören auch Verben wie *dunken* und *troumen*. Insbesondere kann *wie* nach Verben dieser 2. Gruppe fast gleichwertig mit *daz* stehen:

ich wil dir sagen, Michahel, wie min holde Lucifer hat erhaben sich wider mir Gen 58; *do sprach er wie er sâhe ... drî zêinen melewes folle* („da sagte er, wie er gesehen habe ... drei Körbe voll Mehl") Gen 3932–35; *er las daz selbe mære, wie ein herre wære ...* AH 30; *dô wart sîn herze des ermant wie er sîn êre und sîn lant hete verlorn* („da ward sein Herz dessen eingedenk, daß er ...") Iw 3933–35; *dô bedûhte mich zehant wie mir dienten elliu lant* Wa 94,29f.; *mir ist getrovmet ..., wie ich in einem roten bellitz solte*

sein RF 69 (P); in gewissen feststehenden Verbindungen auch *wâ: nu hœrt . . . wa (daz* IKh) *er mir lougent niht aller mîner leide* NL 1792, 1–2; *nû seht wâ dort her reit ein rîter* Iw 694 (vgl. Okken 1967,237f.).
Über den Modus in indirekten Fragesätzen s. § 474.

Lit.: Einleitung indirekter Fragesätze
Behaghel 1923, III, 430f.; Zaefferer 1984.

c) Konjunktionale Nebensätze

Vorbemerkungen   **§ 458**
Eine ausführliche Darstellung des Systems der Konjunktionen und der Veränderungen, die dieses System während der mhd. Epoche erfahren hat, ist hier nicht möglich. Im folgenden wird eine Skizze gegeben und auf einige Besonderheiten näher eingegangen.

Die meisten der von Konjunktionen eingeleiteten abhängigen Sätze sind ihrem Inhalt nach nähere Bestimmungen des durch den übergeordneten Satz bezeichneten Geschehens: sie geben Zeit, verschiedene Formen der Bedingung, Grund, Zweck, Folge, Art und Weise dieses Geschehens an. Man unterscheidet danach Temporal-, Konditional- und Konzessivsätze, Kausal-, Final-, Modal-Konsekutiv-Sätze, Modalsätze. Über die Unsicherheit der Abgrenzung zwischen relativen Adverbien und Konjunktionen vgl. § 450, Anm. 1. Hier werden *dâ* und *swâ* ebenso wie *dar, swar, dannen, swannen* als relative Adverbien von lokaler Bedeutung und die von ihnen eingeleiteten abhängigen Sätze als Relativsätze betrachtet. Deshalb erscheinen in der obigen Aufzählung keine von Konjunktionen eingeleiteten ‚Lokalsätze‘. Eine besondere Stellung nehmen die mit *daz* eingeleiteten Sätze ein, insofern als diese Konjunktion (von gewissen Fügungen abgesehen) semantischen Wert nicht besitzt, sondern allein syntaktische Funktion hat. Das gleiche gilt für *ob* als Einleitung von Fragesätzen.

Die Grenzen zwischen den formalen Kategorien (vgl. §§ 449 u. 450, Anm. 1) sind ebensowenig gleichmäßig starr wie zwischen den inhaltlichen. Nur wenige der angeführten inhaltlichen Kategorien verfügen über grammatische Strukturen, die ihnen allein eigen sind oder eigens für sie geprägt wären. Nicht selten tritt ein, was man „Übertragung der Aussageform" nennen darf: der Gebrauch einer bestimmten Satzform zur Bezeichnung einer anderen Art der Aussage als derjenigen, für welche diese Satzform zu der betreffenden Zeit als die usuelle gelten darf. Hier bestehen keine festen Grenzen zwischen Syntax und Stilistik (vgl. § 443).

Übertragung der Aussageform findet sich nicht nur bei Sätzen, die von Konjunktionen eingeleitet sind. Im folgenden sei auf Beispiele verschiedener Formen abhängiger Sätze verwiesen, die derartige Übertragungen erfahren können. § 445: Sätze adversativen Inhalts, deren Form identisch ist mit derjenigen konjunktionsloser Konditionalsätze. § 450: Relativsätze, die mit *swâ* oder *dâ* eingeleitet sind und keine rein lokale Beziehung bezeichnen. § 457: indirekte Fragesätze, die mit *wâ* eingeleitet sind und nicht-örtliche

Verhältnisse bezeichnen. § 460,1: mit *ob* eingeleitete Sätze in der Funktion von *daz*-Sätzen. § 465, 1: Modalsätze, die mit *so* eingeleitet sind und der konzessiven Bedeutung nahekommen.

Lit.: Einleitung von Konjunktionalsätzen
Tobler 1877/78, 358–388; Paul H. 1916, IV, §§ 422–470; Behaghel 1923, III, 48–53; Züllig 1951; Brinkmann 1957/58, 129–141; Handschuh 1964; Hartung 1970, 116–208; Böttcher/Sitta 1972; Rieck 1977; Wolf N.R. 1978, 16–48; Putzer 1979; Ramat 1981, 128–132; Betten 1987, 85–89.

§ 459   α) Einleitung temporaler Sätze

Als Einleitung temporaler Sätze fungieren:

1. *dô* = nhd. „als", auch „indem", okkasionell auch nhd. „nachdem" entsprechend, wird nur mit dem Prät. verbunden. Vermischung des temporalen *dô* mit dem lokalen Adverb *dâ, dâr* trat im 14. Jh. ein. Derart ergibt sich der parallele unterschiedslose Gebrauch von *dô* und *dar* im Fnhd. (vgl. V. Moser 1929, § 75, Anm. 6):

> *dô in der rise komen sach, daz was sîn spot* Iw 4991; *dô* (als Ih) *diu marcgrâvinne die boteschaft vernam, ein teil was ir leide* NL 1161,1; *dô si der meister ane sach, in sînem herzen er des jach* AH 1197; – in Korrespondenz mit adverbialem *dô: dô ir ietweder gnuoc mit dem swerte gesluoc, dô bekumbert in alsus der getühtige* Gr 2139; *dô disiu rede was getân, dô sprach aber der guote man* Pz 457,1 (vgl. Behaghel 1923, III, 105–109).
> Der Übergang von der zeitlichen zur kausalen Bedeutung (= nhd. „da") zeichnet sich im Mhd. noch kaum ab: *dô si niht solde genesen, dô erbarmete in ir nôt* AH 1214.

2. *swanne, swenne* = nhd. „wann immer", „[dann] wenn", in Verbindung mit einer Verbalform, die Vergangenheit, Zukunft oder zeitloses Geschehen bezeichnet:

> *ob den rippen ligent zuo sculteren, da die arme ana weruent, suenne si sich rûerent* Gen 340; *swenne aber si mîn ouge an siht, seht sô tagt ez in dem herzen mîn* MF 130,37; *swenn ir uns komet, ir werdent hôh enpfangen* Wa 28,13;

In temporal-konditionaler Bedeutung kann die konditionale Nuance schwächer oder stärker hervortreten, völlig schwindet die temporale Nuance kaum jemals (anders Behaghel 1923, III, 343).

> *swenn ez diu vuoge lie geschehen, so gruozte sin* G 1086; *enbieten ime da bi: swennez an sinem willen si ..., daz er sine boten her ... sende* G 7122; *swenn ir bejaget ir ungunst, sô müezet ir gunêret sîn* Pz 172,26; *wenn der abpt die würfel tragt, die brüder spilen all hin nach* Osw von W 112, 32–33; *bedenck ain jede müter das, wenn si ir kind in solcher mass* („derartig") *säch vor ir steen ..., wie ser betrübt wer ir gedanckh* Osw von W 114, 72–76.

Vereinzelt wird *swenne* durch die Konjunktion *daz* (vgl. § 466,4) gestützt:

> *ir sult gedenken des mir swuor iuwer hant, swenne daz* (daz fehlt B) *vrou Prünhilt kæme in ditze lant, ir gæbt mir iuwer swester* NL 608, 1–3.

Nicht häufig erscheint *swenne,* wo das logische Verhältnis des abhängigen Satzes zum übergeordneten Satz ein konzessives ist:

> *sowanne ich der vunuer virdage dise zvene nemach ich nimmir virclagen* („wenn ich [= wenn ich schon] über die Fünf schweige, über diese Zwei kann meine Klage nicht verstummen") Ro 484f.; mit Konjunktiv: *und swenne* („wenn auch") *got allen sündern vînt sî und alle sünder hazze, und swie* („und obgleich") *got alle sünder verfluochet, sô verfluochet er zwelf sünder sunderlichen vor allen sündern* Berthold II, 215, 23.

3. *sô* = nhd. „als", „sowie", „[dann] wenn":

> *sô sî wider ûf gesach ...*, *sone sparten ir hende daz hâr noch daz gebende* Iw 1327; *saget mîner swester, sô* (*alz* Ih) *si daz habe vernomen ...*, *daz si mit vlîze enpfâhe die triutinne mîn* NL 540, 1–3; *sô* (*do* DIbh) *si gedâht an Helchen, daz tet ir innéclîche wê* NL 1161, 4; *daz wir in dem tôde sweben so wir aller beste wænen leben* AH 96;

in temporal-konditionaler Bedeutung:

> *dû kundest al der werlte fröide mêren, sô duz ze guoten dingen woltes kêren* Wa 83, 8; *sich nider an mînen fuoz, sô dû baz enmügest* Wa 50, 34; ein völliges Erlöschen der temporalen Bedeutungsnuance findet sich nicht (vgl. Behaghel 1923, III, 287f.).
>
> Über *so* als Einleitung modaler Sätze s. § 465, 1, ebd. über die korrelative Verbindung *so ie* + Komparativ – *so ie* + Komparativ; über *so* als Einleitung von Relativsätzen s. § 451.

4. *also, alse, als* (aus der Verbindung von *so* mit verstärkendem *al* entstanden): Eine Berührung mit der modalen Bedeutung von *so* ist teilweise noch zu empfinden = nhd. „ganz wie", „so wie" > (temporalem) „sowie", auch „als" (über die allmähliche Entwicklung von *also, als* zur temporalen Konjunktion s. Behaghel 1923, III, 67):

> *al so du sin gizzest, ze stete durstirbest* („sowie du davon essen wirst, wirst du auf der Stelle sterben") Gen 569; *also der eine inne was der ander vor den turin was* Ro 1907; *daz sol sîn getân, als wir nu komen widere* („das soll geschehen, sowie wir zurückkommen werden") NL 1135, 4; *als er die stat ersach, zen marnæren er dô sprach* („sowie", „als") Gr 1847; *alse es danne zit si, so bin ich unde Isot da bi* („sowie dann die Zeit dafür gekommen ist, so werden ich und I. anwesend sein") G 9751–52.
>
> Über *als* als Einleitung modaler Sätze s. § 465, 2; über *als* als Einleitung konditionaler Sätze s. § 460, 3.

5. *unz (daz)* = nhd. „(solange) bis"; „solange (wie)":

> *si ... liezzen in ... sitzen, unze si inbizzen* Gen 3603; *dem* (dem Pfade) *volgte ich eine wîle ...*, *unz* (ADc, *unz daz* Bad) *ich eine burc ersach* Iw 279; *unze du behaltest min gebot so bist du untotlich* („solange [wie] du mein Gebot hältst ...") Gen 442; – *beit unz iuwer jugent zergê* (vgl. §§ 306, β; 470; 475) WA 23, 38; *ir ... lât in ûz iuwer huote niht, unz diu sêle ûz sînem lîbe gê* Berthold I 138, 3–4 (vgl. Behaghel 1923, III, 323f.).

6. *biz (daz)* = nhd. „(solange) bis", „solange wie":

> *und trute si sus unde so, biz si ze jungeste do zir selber kam* G 1448; (die Herberge) *wirt ... iuwer sâ zehant ... biz dirre jârmarket wert* Gerhard 1427; *ich wil bî dir bestân, biz daz ich nû geleben mac* Barlaam 144, 27 (vgl. Behaghel 1923, III, 89f.).

7. *bidaz, bedaz* = nhd. „während dessen daß", „indessen":

> *bidaz er daz gebet nider lie, diu scone Rebecca zûgie* Gen 1947; *bedaz (e daz* AIabh) *der videlære die rede volsprach, Rüedegêrn den edeln man vor dem hûse sach* NL 2174,1.

8. Die Verbindungen *innen des, under des* in der Funktion temporaler Konjunktionen:

> *innen des* = nhd. „indessen", „während", auch in Verbindung mit temporalem *dô: innen des diu frouwe slief, der munt ir von einander lief (in des do* Gg, *innen des do* gg) Pz 130,7; *reht indes dô (indes* D, *innen* d, *Innen [Inne* g] *des* Ggg) *ez tagte, was sîn ors gewâpent* Pz 703,10 (vgl. Behaghel 1923, III, 193).
>
> *under des* = nhd. „während": *der wîse man Aristotiles disiu wort sprach, under des er scheiden muoste von disem lîbe* Renner 24382 (vgl. Behaghel 1923, III, 322).

9. *ê* oder, gestützt durch die Konjunktion *daz, ê daz* = nhd. „bevor", „ehe" (vgl. § 466,4):

> *wir enmugen niht geruowen ê iz beginne tagen* NL 1623,2; *ê die herren gesæzen (gesazen* BDNbd, *saszen* a), *des was harte lanc* NL 1899,1; *dô twelter vierzehen naht ... ê daz er schiede von dan* Iw 5621–24; *ê Parzival der wîgant sich des orses underwant, mangez er der gadem erlief* Pz 247, 1–3; – von der temporalen zur übertragenen Bedeutung übergehend im Sinne des Vorzugs beim Vergleich: *diu lât er, ê er disiu zwei verliese* („ehe er [= lieber als daß er] verlieren würde") Wa 22,27; *ê daz (daz* fehlt A) *wir immer sîn gemüet mit disem golde, wir soldenz in den Rîn ... heizen senken* NL 1134,1.
>
> Verhältnismäßig selten ist *ê danne* anstelle von einfachem *ê: ê danne ich lange lebt alsô, den krebz wolt ich ê ezzen rô* („ehe ich" = „lieber als daß ich") Wa 76,8; – *ê danne daz: ein mensche ..., der ... als edel was als Adam und als vollekomen, ê danne daz er die sünde begie* („bevor er") Berthold I, 291,37 (vgl. Behaghel 1923, III, 166–169).

Zum Modus in den mit *ê (daz)* eingeleiteten Sätzen s. § 475; ebd. weitere Beispiele.

10. *sît* oder, gestützt durch die Konjunktion *daz, sît daz* = nhd. „seitdem", „nachdem". Auch *do* kann als konjunktionale Stütze zu *sît* hinzutreten (NL 43,5). *sît* fungiert außerdem als Konjunktion von kausaler Bedeutung (s. § 462); manchmal ist eine scharfe Abgrenzung beider Bedeutungen nicht möglich.

> In temporaler Bedeutung: *sît ich her wart verkouft, sô hân ich smæhlîch arbeit gedolt* Wh 193,14; *sît daz (daz* fehlt e) *diu minneclîche minne alsô verdarp, sît (do* e) *sanc ouch ich ein teil unminneclîche* Wa 48, 14–15; *sît daz (daz* fehlt AIh) *wir von in scieden, hât in iemen iht getân?* NL 749,1; *des selben hân ich mich her wol behuot, sît ich ir gap beidiu herze unde lîp* MF 114,15; *doch solt dû gedenken wol obe ich ie getræte fuoz von mîner stæte, sît dû mich dir dienen bæte* Wa 60,12 (vgl. Behaghel 1923, III, 248f.).

11. *nu(n) daz* oder *nun* kann die Bedeutung von nhd. „als [nun]", „wie nun", „nachdem nun" haben:

nû daz disiu rîchiu kint sus beidenthalp verweiset sint, der juncherre sich underwant sîner swester Gr 273; *nu daz diu schœne, guote sine geschepfede so rich ... besach, ir herze tougenliche sprach* G 10004; *nu Heimrîch und sîniu kint von der künegîn enphangen sint, ir sweher zuo zir saz dernidr* Wh 251,3; *nu Rual unde siniu kint belehent unde gerbet sint ..., Tristan ergab liut unde lant gote* G 5845; − der kausalen Bedeutung sich nähernd: *nv er sv̀ alse schœne sach, wider sich selber er do sprach* AH 1241 (A) (vgl. Behaghel 1923, III, 231f.).

Über *nu* als Einleitung eindeutig kausaler Sätze s. § 462,2.

12. Der adverbiale Akkusativ *die wîle* als Einleitung eines Temporalsatzes = nhd. „so lange [wie]", „während":

al de wile Rother den kuninc bat. Asprian der riese trat inde erden biz an daz bein Ro 934f.; *die wîle ich weiz drî hove sô lobelîcher manne, sô ist mîn wîn gelesen* Wa 34, 34−35; *jâ hân ich des gesworn, daz ich den hort iht zeige die wîle deheiner lebe der mînen edelen herren* ... NL 2368, 3−4 (II) (vgl. § 469) − gestützt durch *daz:* ... *daz ich den hort iht zeige die wîle daz si leben, deheiner mîner herren* ... NL 2368, 3−4 (AB); *die schilte ..., die ir ietweder vür bôt, die wîle daz die werten* ... („solange die standhielten") Iw 1025.

Über *die wîle* als Einleitung kausaler Sätze s. § 462,5; zu den Verbindungen *die wîle und, die wîle daz* vgl. §§ 451 u. 466,4.

13. Vorwiegend dem Ausdruck anderer Verhältnisse als dem des temporalen dienen *swie* und subordinierendes *und*, doch können sie vereinzelt temporale Bedeutung gewinnen.

swie, temporal[-konditional] = nhd. „sowie", „[dann] wenn":

swie daz geschiht, sô bin ich tôt KvW, Troj Kr 17134; *swie mir daz houbet wenket sô tiure als ums umb ein cleinez hâr, daz swert gesliffen ... wirt durch mich gevellet* („sowie [oder: wenn] mein Haupt sich so knapp wie um Haaresbreite bewegt, wird das ... Schwert durch mich zum Herabfallen gebracht") KvW, Troj Kr 5590 (vgl. Behaghel 1923, III, 301f.).

und = nhd. „wie", „sowie", „als":

unt diz Alexander vernam, niwiht er ne beite Alex V 297 (*dô der hêre diz vernam* S 358, *do A. das vernam* B); *den marcrâven dûhte grôz ir kraft, und er si reht ersach* Wh 58,12f.; *und das ersach sein muter werd, in seim ellend was si behend* Osw von W 114,68. Vgl. § 465,3.

14. Über vereinzeltes *da mite und* als Einleitung eines temporalen Satzes = nhd. „sowie", „indem" s. § 465,3, Anm. 1.

<u>Lit.:</u> Einleitung von Temporalsätzen
Behaghel 1923, III, 620 und 776; Schieb 1959, 1−77; dies. 1970, 61−77; Beugel 1971, 189−206; Schöndorf 1972, 109−125 und 1973, 153−175; Ulvestad 1973, 226−237; Winstrup 1973.

§ 460 β) Einleitung konditionaler Sätze

Als Einleitung konditionaler Sätze fungieren:

1. *ob* rein bedingend = nhd. „wenn":

> *dem sîn wir holt, ob erz mit triuwen tuot* Wa 44,4; *ob du mir niht die werlt erleiden wil, sô rât unde hilf* MF 138,3; *ob si lache, daz sî mir ein gruoz* MF 132,6; *waz töhte ob ich mich selben trüge?* („was nützte es, wenn ich mich selbst betröge?") Iw 7573.

Leicht tritt ein Übergang von konditionaler zu konzessiver Bedeutung ein, oder es kann mindestens ein konzessiver Sinn empfunden werden:

> *ob* (konz.) *ez ander niemen wære wan Hagene der degen, der kan mit übermüete der hôhverte pflegen, daz ich des sêre fürhte, ez müg uns werden leit, ob* (kond.) *wir werben wellen die vil hêrlîchen meit* („wenn es sich auch nur um H. handelte, der kann so hochfahrend sein, daß ich sehr fürchte, es könne uns leid werden, wenn wir werben wollen um ...") NL 54, 1–4. Der konzessive Sinn des mit *ob* eingeleiteten Satzes kann durch Hinzutreten von *joch* oder *ouch* betont werden (vgl. nhd. „wenn auch"): *sist mir liep und wert als ê, obez ir etelîchem (auch ir etelichem* E) *tæte in den ougen wê* MF 169,2. (Weitere Beispiele s. § 461,5). Oder es kann das adversative Verhältnis, in dem beide Sätze zu einander stehen, und damit die konzessive Nuance des Konditionalsatzes durch *doch* im übergeordneten Satz betont werden: *ich bestüende in doch durch âventiur, ob sîn âtem gæbe fiur* Pz 137, 17–18.

Übertragung der Aussageform: Die Form des Konditionalsatzes dient dazu, ein anderes als ein konditionales Verhältnis zu bezeichnen. Die gleiche Art der Übertragung findet sich im Nhd. bei Sätzen, die mit „wenn" eingeleitet sind. Konkurrierende Konstruktion wäre im Mhd., wie im Nhd., ein mit *daz* eingeleiteter (Objekt- oder Subjekt-) Satz:

> *obe ich dir vor allen wîben guotes gan, sol ich des engelten ... wider dich? stê daz dîner güete sêliclîchen an, sô lâz iemer in den ungenâden mich* („wenn [= daß] ich dir Gutes gönne vor allen Frauen, läßt du mich das büßen?") MF 137, 27–30; *obe ich von hôher minne ie trôst enphienge, und op der minnen süeze ie sælden kraft an mir begienge, wart mir ie gruoz von minneclîchem wîbe, daz ist nu gar verwildet mînem seneden klagenden lîbe* („wenn [=daß] ich je Trost empfangen habe von hoher Minne, und wenn [= daß] die Süßigkeit der Minne je Fülle des Glücks in mir bewirkte, wenn [= daß] mir je Gruß ... zuteil ward: das ist mir Schmerzerfülltem, Klagendem nun fremd" oder: „fremd geworden") Tit Str. 3; *op mîn hant mit gâbe oder in sturme ie hôhen prîs getæte, daz mac niht mîn junger art verderben* Tit Str. 4, 2–3.

Anm. 1: Über *ob* als Einleitung abhängiger Fragesätze s. § 467; Erörterung über das Verhältnis zwischen hypothetischem und fragendem *ob* bei Behaghel 1923, III, 233–237. Eine Unterscheidung zwischen beiden wird hinfällig gegenüber dem formelhaften *waz ob* ...?, das oft einem nhd. „vielleicht (daß)", „was nun, wenn ...", „wie, wenn nun ..." oder „ob ... wohl ...?" nahekommt: *waz ob mir mîn sanc daz lîhte noch erwirbet ... daz man mir erbunne mîner swêre* MF 139,16; *waz obe si gêt an disem tanze?* Wa 75,5.
Über mit *ob* eingeleitete Sätze in der Funktion direkter Fragesätze s. § 448.

2. *et, ot (< eckert)* ist als Einleitung konditionaler Sätze in ganz beschränktem Gebrauch.

Als Adverb in der Bedeutung von nhd. „bloß", „nur" (oftmals auch nur mit der Funktion, einen Begriff besonders zu betonen, wie nhd. „nun", „eben") ist es häufig. In den folgenden Fällen jedoch ist die konjunktionale Funktion des Adverbs (nhd. „wenn nur") nicht zu verkennen:

> *nieht ist des ich mich scame et* (WK, *ob* V) *du gnadich pist ime* Gen 4829; *Jacob sprach, des nehein durft ware, et ime diu gnade gescahe daz er hête sine hulde, ime ware daz aller gnaden ubergulde* („Jacob sagte, das sei nicht nötig; wenn ihm nur die Gnade widerführe, daß er seine [= Esaus] Huld erhielte, so wäre das für ihn die höchste aller Gnaden") Gen 3169−72 (vgl. Behaghel 1923, III, 163f.).

3. *als(o)* als Einleitung von Sätzen eindeutig konditionalen Inhalts (nhd. „wenn") ist spät:

> *also morne ein gros hochgezit solte sin* ..., *die nehste und die höhste bereitunge were das ich mit aller andaht húte den werden Got enpfinge in dem heilgen sacramente* Tauler, Pred 123,26 (weitere Belege vgl. Züllig 1951).

Über *so* in temporal-konditionaler Bedeutung s. § 459,3.

4. Über *und* vor abhängigen Sätzen konditionalen Inhalts mit der Wortstellung direkter Fragesätze s. § 445, Anm. 1; über *swenne* und *sô* in temporal-konditionaler Bedeutung s. § 459,2 u. 3; über *swie* in temporaler Bedeutung mit leicht konditionaler Nuance s. § 459,13; über Sätze, die mit den relativen Adverbien *swâ* und *dâ* eingeleitet sind, deren Verhältnis zu dem übergeordneten Satz sich dem konditionalen nähert, s. § 450.

<u>Anm. 2:</u> Vereinzelt erscheint *oder* in einer Stellung, die zu der Auffassung Anlaß gegeben hat, es fungiere als Einleitung eines exzipierenden Bedingungssatzes (gleichwertig mit den in § 447 behandelten Fügungen des Typus: *diun ner dich, du bist ungenesen* G 6953): *oder ez wære gar ein nîdære, sô truoc im dâ nieman haz* Er 1270; *oder ich verliuse daz leben, ich wil die morgengâbe geben* Lanz 1125; *oder uns hânt diu buoch gelogen, sô wart dâ diu schœnest hôhgezît* Lanz 7770 (vgl. H. Paul 1901,248f., Behaghel 1923, III, 241, 785; Paul-Mitzka 1966, § 350). Zwar kann man den Sinn dieser Fügungen im Nhd. wiedergeben mit: „niemand brachte ihm da Feindschaft entgegen, es sei denn, es wäre ein neidischer Mensch", „dort wurde das schönste Fest gefeiert, wenn uns die Bücher nicht die Unwahrheit gesagt haben", aber das besagt nicht, daß *oder* hier die konjunktionale Einleitung eines abhängigen exzipierenden Satzes sei. Die angeführten Fälle dürften nicht zu trennen sein von den folgenden, in denen der mit *oder* eingeleitete Satz einem vorangehenden Hauptsatz folgt: *und möht ich umben tôt mîn lebn* ... *gegebn, des wurd ich schiere gewert, od ichn vunde mezzer noch swert* („könnte ich mein Leben gegen den Tod eintauschen ..., das sollte mir alsbald zuteil werden − oder ich fände keine Waffe" [das will sagen: „es sei denn, daß ich keine W. fände"] Iw 1895−98; *daz gunêret iu den sin, lânt ir bœsiu wort dar in, oder ir sint tôren* („das schändet eure Einsicht, wenn ihr böse Worte hinein laßt [in eure Ohren] − oder ihr seid Toren") Wa 87, 29−31. Hier ist *oder* die koordinierende Konjunktion, die dem konditionalen Satzgefüge eine Alternative in Gestalt eines zweiten Satzes anfügt. Die Voranstellung des *oder*-Satzes dürfte eine als nicht usuelle syntaktische oder stilistische Variante der Fügungen mit nachgestelltem *oder*-Satz

anzusehen sein, zu der nhd. Sprachempfinden keinen unmittelbaren Zugang mehr
hat. Aber auch die nachgestellten *oder*-Sätze sind als syntaktische Fügungen zu betrachten, die – aus Gründen des Stils – das logische Verhältnis, in dem die Inhalte
der beiden Sätze zu einander stehen, nicht in der usuellen Weise wiedergeben (vgl.
§ 443). Zu den konditionalen Konjunktionen dürfte *oder* nicht zu zählen sein.

Lit.: Einleitung von Konditionalsätzen
Paul H. 1916, IV, §§ 462–467; Behaghel 1923, III, 636–646 und 777–787; Settekorn/
Teubert 1972, 49–67; Schieb 1974; Hermodsson 1978; Weuster 1983, 56–63.

§ 461 γ) Einleitung konzessiver Sätze

Als Einleitung konzessiver Sätze fungieren:

1. *doch* = nhd. „obgleich", „wiewohl", zunächst mit dem Konjunktiv gebraucht, vereinzelt, später etwas zunehmend, auch mit dem Indikativ. Als
Einleitung konzessiver Sätze weicht *doch* innerhalb der mhd. Zeit zurück vor
swie; so findet es sich bei Hartmann nur im Erec, den Liedern, dem Büchlein,
bei Wolfram und Gottfried „ein paarmal", im NL gar nicht, seit dem späteren
13. Jh. kommt es aus dem Gebrauch (vgl. Behaghel 1923, III, 161f., 648).

> *doch iz dir, herre, wære leit, er saite dir die warheit* („obwohl es dir unerfreulich war")
> J Judith 54,9; *doh* (*swi er doch* 2; *doch wie er* 3) *er wære ain kindelîn, si muosen alle
> under im sîn* („obwohl er ein kleines Kind war ...") Kchr 7626–27; *doch ich sî ain
> suntære, joch riht ich gerne* („obwohl ich ein Sünder bin") Kchr 14695; *doch er guot
> ellen trüege, Êrec in von dem rosse schiet* Er 821; *doch ich ein leie wære, der wâren
> buoche mære kund ich lesen* Pz 462,11; – *doh si mih in gelêrt hât, si newaiz selbe wiez
> umbe in stât* Kchr 2463–64; *wir wâren gar al ein, doch ez an drîen stücken schein* Pz
> 752,10; *doch jener die besten würfe warf ..., dô half disen ...* Er 942.

2. *swie* (später auch *wie*) = nhd. „wiewohl", „wenn auch", „obgleich" ist die im
Mhd. häufigste Einleitung konzessiver Sätze (vgl. Behaghel 1923, III, 792). Es
wird verbunden mit dem Konj. Prät. und dem Ind. Prät., ferner mit dem Konj.
Präs.

Der Konj. Prät. steht ungeachtet der Tatsache, daß den Inhalt des Konzessivsatzes ein Faktum bildet:

> *swie ir genomen wære* (was a) *der Nibelunge golt, alle die si gesâhen, die machte si ir
> holt noch mit dem kleinem guote* („obwohl ihr genommen worden war ...") NL 1323,
> 1–3; *ir habet mirs noch vil wênic her ze lande brâht, swier mîn eigen wære und ich sîn
> wîlen pflac* NL 1743,3 (vgl. § 486) *swie er mich selben bræhte* (*braht* Aab) *in angestlî-
> che nôt, idoch sô wil ich rechen des küenen Tronegæres tôt* NL 2375, 3–4; *daz die ringe
> von den knien zestuben, swie si wæren îserîn* („obwohl sie aus Eisen waren") Pz
> 263,29; *wie es ein* („ein und derselbe") *glôbe were, so wirt er doch ungelich von den
> zwein verstanden* Tauler, Pred 366,17.

Gleichwertig mit dem Konj. Prät. wird der Ind. Prät. gebraucht, ohne daß eine
Differenzierung der Bedeutung vorläge:

> *swie et ez mîn swester sô güetlîche erbôt, ich fürhte daz wir müezen von ir schulden
> ligen tôt* NL 1827, 3–4; *swie ich dar kom* (*kæme* b) *gegangen, ichn wart niht wirs
> enpfangen danne ouch ... do ich dâ reit* Iw 785–87; *swie dâ stuonden bluomen unde
> gras ..., der knappe den furt dar an vermeit* Pz 129,9.

Der Konj. Präs. steht in Sätzen, die ebenfalls als Aussage einer Tatsache zu verstehen sind; doch gestattet der Kontext an einzelnen Stellen, auch eine potentielle (ev. futurisch-prospektive) Nuance:

> *ein ander man ez lieze: nû volg ab ich, swie ich es niht genieze* („ich aber fahre damit fort, obwohl ich keinen Vorteil davon habe" oder: „haben dürfte") Wa 71,32; *swie ez doch deheiniu tuo, dâ hœret grœzer wîsheit zuo dazs umbe den wurben* ... („obwohl keine das tut [sc.: als Frau um einen Mann wirbt], so gehört mehr Einsicht dazu [sc.: es zu tun, als es nicht zu tun]" oder: „obwohl keine das tun dürfte") Iw 3813f.; *swie mir der bet doch sî ze vil* ..., *iedoch sô tuon ichz ûf den wân* ... („wiewohl die Bitte für mich zu groß sein mag ..., so bitte ich dennoch ...") Wig [Pfei] 75,9; *er was min mac, swie arm ich si* G 10533.

Über *swie* als Einleitung modaler Sätze s. § 465,5; über gelegentlichen Gebrauch von *swie* als Einleitung temporaler Sätze s. § 459,13. (Vgl. Behaghel 1923, III, 298–302).

3. *aleine(e)* = nhd. „obwohl", „obgleich" mit Konjunktiv, daneben auch mit Indikativ:

> *swenne wir irsterben, al ein wir nit ne werden begraben* ..., *einen trôst habe wir doh* ... Alex S 4838–4841; *allein der kunic sehe die zeichin sie nemachten in nicht irwechin* („obwohl der König die Wunder sah, konnten sie ihn nicht erweichen") Kchr 5607–08 (Hs. 4, 13. Jh.); *alein er wêre niht rîch des guotes, doch was er rîch sinniges muotes* Renner 1189–90; *alein er sî des guotes blôz, doch ist er von gebürte frî* Renner 1408; *allein mir von der alten und der nûwen e erlobt si almûsen ze nemende* ... *noch denne fúrchte ich mich also sere die almûsen ze nemende* Tauler, Pred 261,24; [*allein mir twenglich herzenleit ist geschehen, dennoch danke ich got inniglich* Ackermann c. 9,23.]

Über *alein(e)* und *al* vor Sätzen konzessiven Inhalts mit Zweitstellung des Verbums (Inversion) s. § 445, Anm. 2; Literatur ebd.

4. *ane* (= *āne* oder *ăne?*) = nhd. „wenn gleich" (vgl. Schieb 1952,280ff.):

> *ane on so in maht du nimer riche werden, ane besezes du den himel inde die erden* („ohne ihn kannst du niemals reich werden, wenn du auch den Himmel und die Erde besäßest") Lilie 22,22 [mfrk., Hs. aus dem 13. Jh.]; *ich wenen he wilt dinen willen haven; ane is he cranc, du maht on doch da mide laven* („ich meine, er [Christus] will deinen [guten] Willen haben: wenn er auch schwach ist, so kannst du ihn [Christus] doch damit erquicken") Lilie 23,10. Behaghel (1923, III, 71) deutet *âne* als ‚ohne', außer'; Schieb sieht es als Kontraktion von *al* (vgl. hier § 445, Anm. 2) und *ne*. Es ist nicht vor 1200 nachzuweisen und ist auf das Rheinfränkische, Niederrheinische und Limburgische beschränkt. In der ‚Lilie' sowohl mit Ind. als auch mit Konj., je nachdem, ob der Satz ein Faktum enthält oder hypothetisch ist.

5. *ob* = nhd. „wenn auch", „wenn gleich":

> *der hêrre sprach, daz er sîn niht entwesen wolte, ob er dar umbe sterben solte* („wenn er auch deshalb sterben müßte") Kchr 1282; *ob si mir ein leit getuot, sô bin ich doch ûf anders niht geborn wan daz ich des trôstes lebe wie ich ir gediene* MF 172,19; *ob minne*

unde haz nie mê besâzen ein vaz, doch wonte in disem vazze minne bî hazze („wenn auch Liebe und Feindschaft bis dahin niemals von einem und demselben Behältnis Besitz ergriffen haben, so weilte doch in diesem Behältnis Liebe neben Feindschaft") Iw 7021; *ob ez halt frou Kamille wære . . ., ez wurde iedoch versuocht an sie* („und wenn es gleich Frau K. wäre . . ., der Kampf würde doch gegen sie gewagt") Pz 504,25; *obe wol die krancke nature herwieder ist, do lit nút an, so der wille . . . bereit ist* Tauler, Pred 36,33. – Vgl. §§ 460,1 u. 479.

6. Spät und wohl nicht häufig ist *noch denne daz* als Einleitung konzessiver Sätze = nhd. „obwohl", „wenn auch" (vgl. nhd. aufkommendes „trotzdem" als Einleitung konzessiver Sätze):

noch denne das alle pine und alles daz liden . . . uf sú viele, sú enachtetent es nút Tauler, Pred 109,9; *man sol sú . . . mit nuwen kleidere kleiden . . . und die alte kleidere hin werfen nochtan daz si gůt sint* Tauler, Pred 432,13 (vgl. Züllig 1951,64; hier: § 466,4).

7. Modales *also, als* kann, wie nhd. „wie", okkasionell Sätze konzessiven Inhalts einleiten:

also lip er deme uater was, got ne lîz ez umbe daz, er hîz ime oppheren daz kint („wie lieb er [auch] dem Vater war, Gott unterließ es nicht . . .") Diemer 19,6 (Vorauer Bücher Mosis); *unde tet gar tœrlîche, als wîse er dâ was* („handelte gar töricht, wie weise er [auch] war") Berthold I, 174,11. Das gleiche gilt für *so*, vgl. § 465,1.

Über *swenne* als Einleitung von konzessiven Sätzen s. § 459,2. Über *und* vor konjunktionslosen Sätzen konzessiven Inhalts mit Inversion des Verbums s. § 445, Anm. 1. Über *sît* vgl. § 462,1.

Lit.: Einleitung von Konzessivsätzen
Mensing 1891; Paul H. 1916, IV, §§ 468/69, 486; Behaghel 1923, III, 646–652 und 787–794.

§ 462   δ) Einleitung kausaler Sätze

Als Einleitung kausaler Sätze fungieren:

1. *sît* oder, gestützt durch die Konjunktion *daz, sît daz* = nhd. „da", „weil" (vgl. § 466,4):

sît dich got sô gêret hât (er gap dir triuwe und hôhen rât), des lâ uns geniezen Gr 525–27; *sît ir michs niht welt erlân, so vernemet ez* Iw 244; *sît nieman dich gerihten mac . . ., nû slâf* Wa 101,24; *ich gib dir strît, sît du des gers* Wh 413,17; *sît daz nieman âne fröide touc, sô wolte ouch ich vil gerne fröide hân* Wa 99,13; *sit daz man der nu niht enhat, so gebet uns eteslichen rat* G 4793; *sô siht man an mir fröide . . ., sît daz an dir lît mînes herzen hôhgemüete* MF 124,16.

Gelegentlich kann der mit *sît* eingeleitete Satz im Gegensatz zu dem übergeordneten Satz stehen, wodurch er eine konzessive Nuance gewinnt:

zwiu lieze du in minnen, sît er dîn eigen ist? („wie ließest du ihn deine Minne genießen, da er doch [> obgleich er] dein Eigenmann ist?") NL 841,2.

Über *sît (daz)* als Einleitung temporaler Sätze und über das Ineinanderübergehen von temporaler und kausaler Bedeutung s. § 459,10.

2. *nû* = nhd. „da nun":

nu iz aber uch (sit ez iuch aber d) *duncket gut, so bin ich iz, vrowe, vil gemeit* En 912
(G); *nu (sit daz* I) *ir sît sô küene, ... sone ruoche ich, ist ez iemen liep oder leit: ich wil
an iu ertwingen swaz ir muget hân* NL 110,1; *nu (sit* Ih) *wir der hereverte ledic worden
sîn, sô wil ich jagen rîten* NL 911,1; *nu er dunke sich sô küene, sô traget in* („bringt
ihnen") *ir gewant* NL 447,3 (vgl. § 480).

Über *nu* als Einleitung von Temporalsätzen vgl. § 459,11.

3. *wand(e), want(e), wan(e)* (ahd. *hwanta, hwanda*) leitet Sätze von kausaler
Bedeutung ein, die zu dem Satz, dessen Inhalt sie begründen, in parataktischem oder in hypotaktischem Verhältnis stehen. (Zu den Varianten der syntaktischen Bedeutung von *wand(e)* samt ihren historischen Voraussetzungen
vgl. Walther 1954.) Eine klare Abgrenzung zwischen der beiordnenden und
der unterordnenden Funktion der Konjunktion (die im Deutschen ursprünglich beiordnend ist) auf Grund der Wortstellung in dem mit *wand(e)* eingeleiteten Satz ist im Mhd. nicht immer möglich und sinnvoll wegen der Unsicherheit
der Wortstellung in Hauptsätzen wie in Nebensätzen. Für *wand(e)* in parataki-
scher Funktion = nhd. „denn" seien hier nur wenige Beispiele angeführt:

als ich dine stimme uernam, michel forthe mich ane chom, want ich was nacchet Gen
770; *ich ... suochte sîne hulde, wan er was merre danne ich* Iw 733; *hêr bâbest, ich mac
wol genesen, wan ich wil iu gehôrsam wesen* Wa 11,7. Etwa seit dem Beginn des 15.
Jh.s beginnt die Ablösung dieses *wan* durch *denn* (vgl. Görner 1956, 286–306 und
Huldi 1957).

In hypotaktischer Funktion entspricht *wand(e)* neuhochdeutschem „weil",
„da", und zwar als Einleitung von Nachsätzen:

er sprach ... er machete inen mare, wande er sin same ware („er [Gott] sagte, ... er
werde ihn [das Kind] berühmt machen, weil es sein [Abrahams] Same wäre") Gen
1806; *der hiez der ungenante, wande in niemen dâ bekante* Pz 383,26.

Wenn der mit *wand(e)* eingeleitete Satz auf ein Satzgefüge bezogen ist, kann er
die Stellung zwischen dem übergeordneten und dem untergeordneten Satz
einnehmen:

ich vurchte, wandez also stet, daz wirz betrogen bliben („ich fürchte, daß wir, weil es
sich so verhält, betrogen werden") En 10874–75 (BM); *bitet, helde, unsern trehtîn,
wand er durch uns leit den tôt, daz er uns helfe in dirre nôt* Stricker, Karl 6345.

Wenn der mit *wand(e)* eingeleitete Satz der Stellung nach Vordersatz ist, erscheint im Nachsatz sehr häufig ein adverbiales Bezugswort, das den Vordersatz aufnimmt, insbesondere *so*, aber auch *nu, dô*. Diese Adverbien sind in
dieser Stellung so gut wie ohne semantischen Wert, sie haben die syntaktische
Funktion, das Einsetzen des Nachsatzes zu markieren:

wandich den trost von dir han, so wil ich di rede understan AHa 3,5; *wandez an in was
verlân, sô (do was* A) *wart ez wol verendet* Iw 7718–19; *want tu daz hast gemachot, nu
solt tu sin uerfluochot* Gen 808; *hêrre, want dûz wol maht getuon, nû wis mir hiute*

umbe got frum Kchr 13779–80; *wand sî mir dô tâten michel unreht ...*, *dô* (ADd, *des* B) *wart mîn leit vil manecvalt* Iw 4136–38 (zu *wand(e)* in begründender Bedeutung vgl. auch Behaghel 1923, III, 332ff.).

4. In beschränktem Umfang erscheinen Präpositionen in Verbindung mit *daz* als Einleitung abhängiger Sätze von kausaler Bedeutung.

durch daz = nhd. „um des willen daß", „deshalb weil":

> *(si) sprechent, welher tage si sî, dur daz ich ir sô lange bin gewesen mit triuwen bî* MF 167,18; *durch daz er videlen konde, was er der spileman genant* NL 1477,4; *durch daz sin dicke sâhen ê, si wânden ez wær Clâmidê* Pz 181,17; (vgl. Walther 1954,113f.).

fur daz (mit gleicher nhd. Bedeutung):

> *von wie getâner ordenunge sold er ze einem hêrren werden gehabt, fur daz er der werlt hât widersagt, der vor des ein armmensch was* („auf Grund welcher Satzung sollte derjenige, der zuvor ein armseliger Mensch war, darum als ein Herr gelten, weil er der Welt abgesagt hat?") Heinr von Melk, Er 232;

umbe daz (mit gleicher nhd. Bedeutung):

> *umbe das du dis ein nút enwoltest wellen bekennen, so rûft er an dem crúze ...* Tauler, Pred 197,3.

Über *daz* in diesen Verbindungen s. § 466,2.

5. In sehr beschränktem Umfang und spät erscheint *(al) die wîle (daz)*, welches temporale (vgl. § 459,12) und kausale Sätze (= nhd. „weil") einleiten kann:

> *sô wil ich als mære daz übel tuon alse daz guote und wil niht guotes tuon, die wîle ez mich niht hilfet* Berthold I, 4,33; *was er ein tôr und unverriht, daz hiez der kunic hin gân, die wîl er sô manigen man im ze helfe brâht* Österr Reimchr 6769; *den einvaltigen lúten ist vil bas zû helfende und zû ratende, diewile sú gebresten bekennent* Tauler, Pred 49,27; *alle die wile daz unser houbet ist ufgevarn, so ist das zimmeliche rede daz die gelieder nochvarent irme houbte* Tauler, Pred 85,7.

Über *daz* in dieser Verbindung vgl. § 466,4. Über *daz* als Einleitung explikativer Sätze von kausaler Bedeutungsnuance vgl. § 466,2. Zu *dô* vgl. § 459,1. Zum Modus im Kausalsatz vgl. § 480.

Lit.: Einleitung von Kausalsätzen
Behaghel 1923, III, 620 und 776; Arndt E. 1960, 388–415; Hermodsson 1978; Pasch 1982, 41–243 sowie die in diesem Paragraphen genannten Titel.

§ 463 ε) Einleitung finaler Sätze

Als Einleitung finaler Sätze fungieren:
Präpositionen in Verbindung mit *daz* (s. § 466,2): *durch daz* = nhd. „damit", *ûf daz* = nhd. „auf daß", „damit":

> *nu muoz ich fröide nœten mich dur daz* (*dur* fehlt E) *ich bî der werlde sî* MF 164,38; *die heten sich der ruowe mit arebeit bewegen, durch daz si den gesten trôsten wol den*

muot NL 1364,3; *die soltu nu kern zu gotes dineste* ... *uf daz du mugest gewissen was du dar mit habes gewunnen* Schönb, Pred I 14,34.

Einfaches *daz* = nhd. „damit":
mit einem Bezugswort von finaler Bedeutung im übergeordneten Satz (in Gestalt einer adverbialen oder präpositionalen Verbindung), zu welchem der *daz*-Satz die Erläuterung darstellt:

> *dar umbe hât er sich genant, daz er sîner arbeit* ... *iht âne lôn belîbe* AH 18; *mîn lebn ich dar ûf zierte, daz mir genâde tæte ein wîp* Pz 458, 10–11; *die got dar zuo geschaffen hât, daz si guot bilde geben* Renner 182f.; *daz wart umbe daz getân, daz Darius selbe sêge* Alex S 3101–2;

ohne einen Hinweis auf den finalen Sinn des *daz*-Satzes im übergeordneten Satz:

> *fure die (zungen) ilte er machen einen chinnebachen, zane zuei geuerte* ..., *daz si daz ezzen prechen* (Konj. Präs.) *und daz diu zunge spreche* (Konj. Präs.) Gen 249–54; *der ubel atem fûr in die nateren, daz er dar inne sich ferhale* (Konj. Prät.) Gen 632; *die erzenîe kunden den bôt man rîchen solt,* ... *daz si die helde nerten* NL 255,3.

Der Modus in ‚Absichtssätzen‘ ist nach Behaghel 1923, III, 652 bis zum Ausgang der mhd. Zeit regelmäßig der Konjunktiv.

<u>Lit.</u>: Einleitung von Finalsätzen
Paul H. 1916, IV, §§ 445–448; Behaghel 1923, III, 652–655.

ζ) Einleitung modal-konsekutiver Sätze   § 464

Als Einleitung von Sätzen modal-konsekutiver Bedeutung fungiert *daz*.
Für eine genaue Abgrenzung des Typus des Konsekutivsatzes gegen den des Modalsatzes sind die Voraussetzungen nicht gegeben. In vielen Fällen können *daz*-Sätze ebensogut die Modalität des im übergeordneten Satz ausgedrückten Vorgangs bezeichnen wie seine Folge: „in der Weise, daß ..." oder „so daß (= mit der Folge, daß ...) ...".

> *dô sluoc der herre Sîfrit daz al daz velt erdôz* NL 186,1; *dar gie er tougenlîche* ..., *alle die dâ wâren, daz in dâ niemen ensach* NL 432, 3–4; *dô seic si zuo der erden, daz si niht ensprach* NL 1009,1.

Häufig steht der mit *daz* eingeleitete Satz in Korrelation zu einem Adverb oder Pronomen von modal-deiktischer Bedeutung im übergeordneten Satz wie *also, so, solh*:

> *si striten alsô sêre daz al diu burc erscal* NL 492,1; ... *sô stuont sô minneclîche daz Sigelinde kint, daz in durch herzen liebe trûte manec frouwe sint* NL 135, 3–4; *dem gap der videlære einen solhen slac, daz im vor Etzelen füezen daz houbet schiere gelac* NL 1999, 3–4.

Wenn *(al)so* an das Ende des übergeordneten Satzes tritt, unmittelbar vor *daz*, kann die Satzgrenze unsicher werden: es bahnt sich der Übergang des deiktischen Adverbs in den abhängigen Satz an (der in nhd. „so daß" vorliegt), ohne daß man sagen dürfte, dieser Übergang sei in Beispielen wie den folgenden bereits vollzogen:

> *alse der mâne vil verre über lant liuhtet des nahtes wol lieht unde breit sô daz sîn schîn al die welt umbevêt, alse ist* ... („wie der Mond ... hell und glänzend leuchtet in der Weise, daß ...") MF 122, 4−7; *wir biten* ... *dich, daz dû uns sîst genædiclich sô daz dîn bete erklinge vor der barmunge urspringe* („daß du uns gnädig seist in der Weise, daß deine Fürbitte ertöne ...") Wa 7,35.

Zwischen Modal- und Konsekutivsatz stehen auch die folgenden Fügungen, in denen der *daz*-Satz den (potentiellen) Konjunktiv aufweist und ebenfalls auf ein deiktisches Adverb des übergeordneten Satzes bezogen ist:

> *dar zuo was er ze rîche, daz er iht næme solt* („dazu war er zu mächtig, daß er hätte ... annehmen können") NL 259,1; *daz ich iu beiden den tot oder iht herzeleides tuo, da sit ir mir ze liep zuo* („daß ich euch beiden den Tod ... antun könnte, dazu seid ihr mir zu lieb") G 16588−90.

Vgl. § 465,6 über modales *daz* und § 466, ferner: G. Müller und Th. Frings 1959,51.

Sonst ist der Modus in den modal-konsekutiven Sätzen der Indikativ (vgl. Behaghel 1923, III, 621f.), falls nicht die formale Eigenart des übergeordneten Satzes den Konjunktiv begünstigt: vgl. §§ 469−472.

<u>Lit.:</u> Einleitung von Konsekutivsätzen
Paul H. 1916, IV, § 443; Eggers 1971, 85−96; Kneip 1978.

§ 465 η) Einleitung modaler Sätze

Als Einleitung modaler Sätze, welche die Art und Weise des im übergeordneten Satze ausgedrückten Geschehens näher bestimmen, fungieren:

1. *so:* (in einem allgemeinen Sinne vergleichend) = nhd. „wie", „dementsprechend wie", „so wie":

> ... *unz si des nahtes slâfen gie zir vater vüezen, dâ si lac, und ouch ir muoter, sô si phlac* AH 472; *jâ huoten si ir êren, sô noch die liute tuont* NL 486,2; *daz begunde dem recken sîne brust bêde erstrecken, sô (sam g) die senwen tuot daz armbrust* Pz 36,1; *(ich)* ... *wil iu gerne bewarn den lîp sô ich beste kan* Iw 1775; − in Korrespondenz mit adverbialem *so* oder *also* im übergeordneten Satz oder mit attributivem *solh: nie sô manegen gîsel man brâht in ditze lant sô von sînen schulden nu kumet an den Rîn* NL 238, 2−3; *nu wil ich sehen gerne, op man den dînen lîp habe ze solhen êren sô man den mînen tuot* NL 826,3.

Es gibt Fügungen, in denen die Beziehung zwischen dem übergeordneten und dem mit *so* eingeleiteten Satz sehr lose erscheint: *den hiez er suerigen, so in got mûse nerigen, daz er der liute* ... *niemmer wib negewnne* ... („den ließ er schwören, so [wahr] wie Gott sich seiner erbarmen möchte, daß er aus diesen Leuten ... niemals eine Frau werben werde ...") Gen 1907−11.

Übertragung der Aussageform liegt vor, wenn das Verhältnis des mit *so* eingeleiteten Satzes zu dem übergeordneten Satz dem konzessiven nahekommt:

und mac sich der künec iemer schamen, hât er iuch mêre in rîters namen, sô liep im triuwe und êre ist („der K. wird sich in alle Zukunft schämen können, wenn er euch weiterhin als Ritter hält, wie lieb ihm [= wie lieb ihm auch] Tr. und E. sind") Iw 3187–89; *wiest gewunnen mîn hêrre in sîme harnas, sô wol gewâpent sô er was?* („wie ist mein Herr in seinem Panzer überwunden worden, so wohl gewaffnet wie er war [obwohl er ... war]?") Pz 105, 8–10; *so manec wert leben so liebe vrumet, so vil so tugende von ir kumet, owe daz allez, daz der lebet, nach herzeliebe niene strebet* („wie viel edle Lebensführung die Liebe [auch] bewirkt, wie viel an innerem Wert durch sie [auch] kommt – ach, daß alles, was lebt, nicht nach ihr strebt") G 191–194; das gleiche gilt für *als(o)*, vgl. §§ 461,7 u. 465,2.

In der korrelativen Verbindung *so ie* + Komparativ – *so ie* + Komparativ = nhd. „in welchem Maße mehr – in solchem Maße mehr", „je – desto", mit Endstellung des Verbums finitum in beiden Sätzen:

sô ich ie mêre zühte hân, sô ich ie minre werdekeit bejage („in welchem Maße ich mehr [= je mehr ich] höfische Sitte habe, in solchem Maße [= desto] weniger Hochschätzung erwerbe ich") Wa 91, 3–4; *nu ist aber einer jehe ze vil ...: der senede muot so der ie me mit seneden mæren umbe ge, so siner swære ie mere si* („nun geht aber eine Aussage zu weit ...: je mehr ein von Liebessehnsucht erfülltes Gemüt sich mit Geschichten von sehnsüchtiger Liebe beschäftige, desto mehr an Kummer gäbe es für ein solches") G 101–105; *der paum hât auch die art, sô er ie hœher wirt, sô er sich ie vester praitt* („je höher er wird, desto stärker breitet er sich aus") Konrad von Megenberg 337, 24–25 (vgl. Behaghel 1923, III, 289; H. Neumann 1963, 316–326).

Vergleichendes *so* kann negierte Sätze einleiten. Das Geschehen des übergeordneten Satzes wird durch derartige Sätze in einer negativen Weise charakterisiert. Die Fügungen sind nicht häufig und relativ früh:

daz treip salle neun manode uolle, so nie nehein tach churzer noch langer gelach, sine wante wenegez wib daz si begeben mûse den lîp („so erging es ihr alle neun Monate lang, in der Weise daß nicht [= ohne daß je] ein Tag, weder ein kurzer noch ein langer, eintrat, daß sie armes Weib nicht gemeint hätte, sie müsse sterben") Gen 1069; *da aribeiti Cesar ... mer dann ein ihar so her die meinstreinge man niconde nie biduingan* („in der Weise, daß er nicht [= ohne daß er] ... bezwingen konnte") Anno XVIII, 9–12; *di kuninge fâhten under in unz ane den dritten tac, sô nieman dâ ne gesach blôdis mannis gebêre* („in der Weise daß niemand [= ohne daß jemand] die Haltung eines Zagen bemerkte") Alex S 4603.

Seltener noch ist positiven mit *so* eingeleiteten Sätzen diese Zwischenstellung zwischen modalem und konsekutivem Charakter eigen: *nu hast tu also getan, so der flûch uber dich mûz gan* („nun hast du dementsprechend getan, wie der Fluch über dich ergehen soll [= so getan, daß der Fluch ...]") Gen 953 (vgl. Behaghel 1923, III, 283f.).

Über *so* als relative Partikel (in der Funktion des Pronomens relativum) s. § 450; über *so* als Einleitung von Temporalsätzen s. § 459,3.

2. *als(o)* (aus der Verbindung von *so* mit verstärkendem *al* entstanden) = nhd. „[so] wie", im engeren Sinne vergleichend-gleichsetzend oder allgemein die Modalität eines Geschehens bezeichnend, oft in Korrespondenz mit adverbialem *als(o)*, *so* im übergeordneten Satz:

alse der mân(e) vil verre über lant liuhtet ..., *alse ist mit güete umbevangen diu schône*
MF 122, 4−7; *alsô diu sunne schînet durch ganz geworhtez glas, alsô gebar diu reine*
Krist Wa 4, 10−12; *als ir der heilig engel pflæge* ..., *als pflig ouch mîn* Wa 24, 24−31;
... *ê ich sô lasterlîche* ... *flühe* ..., *als ir hie habt getân* NL 2343,3; *künc Constantîn*
der gap sô vil, als ich ez iu bescheiden wil Wa 25,12; *nû was der leu ûz komen, als ir ê*
habent vernomen Iw 7728; *erzeict im sîne minne als er* ... *aller beste mohte* Iw 3874f.;
nv sage mer ... *vffe die truwe din alse du cristin wollis sin* („sage mir ... auf deine Ehre
[so wahr], wie du Christin bist") Ro 2194−96.

Zuweilen können mit diesem *als* eingeleitete Modalsätze attributiven Relativsätzen sehr nahe kommen, d. h. die Funktion von *als* kann sich derjenigen einer
relativen Partikel nähern:

in dürstet sêre nâch der lêre als er von Rôme was gewon („nach der Lehre, wie er sie ...
gewohnt war" > „die er") Wa 6,34; *ouch kan erz mir wol undersagen mit selher vuoge*
als er ie pflac („mit solch höfischem Anstand, wie er ihn immer besaß" > „den er
immer ...") Iw 863; *diu mir her nâch die nôt klaget, als ir durch mich habt gedolt* („die
Not, wie ihr sie um meinetwillen erduldet habt" > „die ihr") Wh 231, 10−11.

Vgl. hierzu § 450 über den Gebrauch von *so* als relative Partikel, ferner
§§ 465,6 über *und* als modal-vergleichende Konjunktion und 451 als relative
Partikel.

als = nhd. „wie wenn", „als ob" kann einen Vergleich einleiten, der den
Charakter eines irrealen Bedingungssatzes hat. Der Modus in solchen Sätzen
ist der Konjunktiv:

her infinc sie ... *in allen den gebere alser sie nie gesege* („ganz in der Haltung, als ob er
sie nie gesehen hätte") Ro 2088−90; *ir houbet ist sô wünnenrîch, als ez mîn himel*
welle sîn Wa 54, 27−28; *sus hielt er als er sliefe* Pz 283, 23. Daneben gibt es die
Einleitung mit *als ob: ors, als ob ez lember wæren, vil maneger dan gefüeret hât* („wie
wenn es Lämmer wären") Wa 25,37f.; *die twanc si mir sô sêre, als ob ich wære ein kint*
NL 651,6 (II). (Vgl. Behaghel 1923, III, 267ff.)

Über *als(o)* als Einleitung temporaler Sätze vgl. § 459,4; über den späten Gebrauch
von *also* als Einleitung von Sätzen konditionalen Inhalts s. § 460,3; okkasionell kann *also*
(ebenso wie *so*, vgl. § 465,1) Sätze einleiten, deren Verhältnis zu dem übergeordneten
Satz dem konzessiven nahekommt: vgl. § 461,7.

3. *und* (subordinierend) modal-vergleichend = nhd. „wie", ist nur in beschränktem Gebrauch:

korrespondierend mit *dar nâch, also, so, solh: nu la du ⟨den⟩ zorn din uber mich*
uerworhten niht gan dar nah unde ich daz garnet han („dementsprechend, wie ich das
verdient habe") Vor Sündenkl 438−40; *der man ist nâch dem sinne mîn dar nâch vnd*
(Bfk, *als* JC, *also* g, *so* l) *er gesellet sich* („der Mann ist meiner Ansicht nach dementsprechend, wie er sich Gesellschaft sucht") Winsb 23, 3−4; *wer hât nâch iu gesant, daz*
ir getorstet rîten her in ditze lant zuo alsô starken leiden unt ich von iu hân? („zu so
großem Leid, wie ich es von euch erfahren habe") NL 1787,3 (C); *mit die rehten straze*
und gank die holzwege hin, als liebe und ich dir bin („so lieb wie ich dir bin") Ulrich,
Trist 1392−94.

Aus der modal-vergleichenden Konjunktion hat sich innerhalb des Mhd. die relative
Partikel *und* entwickelt. Beispiele, die sich sowohl modal als auch relativ auffassen

lassen, siehe § 451. Auch Stellen, an denen *und* in Korrespondenz zu deiktischem *der* steht, sind unterschiedlich beurteilt worden, doch ist hier die modale Bedeutung wahrscheinlicher als die relative; wenn man *und* hier als Relativpartikel auffassen wollte, müßte man annehmen, daß es überdies ein präpositionales Verhältnis bezeichne:

> *daz wir ze jungist sculn erstan mit dem bilede unde wir hiute hie scinich gan* („daß wir am jüngsten Tage auferstehen sollen mit der äußeren Erscheinung, wie wir heute hier sichtbar einhergehen" [wahrscheinlich als: „mit welcher"] Recht 20,2; *doch sô wil ich dienen ir mit den triuwen unde ich meine daz* („trotzdem will ich ihr dienen mit der aufrichtigen Gesinnung, wie ich das im Sinne trage") MF 173, 9−10.

Vereinzelt können mit *und* eingeleitete Sätze der Bezeichnung eines temporalen Verhältnisses nahekommen: vgl. § 459,13.

Anm. 1: Manchmal kann subordinierendes *und* durch Hinzutreten zu einem adverbialen Ausdruck diesem Konjunktionscharakter verleihen: *Tristan da mite und ers ersach, vorhtliche er wider sich selben sprach* („Tr., sowie (oder: indem) er sie erblickte ...") G 2653f.; *dâ wider und in lange daz herze was getrüebet, sô wart nû freude gübet* („während ihre Herzen langezeit betrübt waren, herrschte nun Freude") Er 9661−63; vgl. auch § 451 *(die wîle und)* und Schröbler 1966, S. 144, ferner die Erwägungen über *und* vor konjunktionslosen Konditional- und Konzessiv-Sätzen s. § 445, Anm. 1. Dies wäre eine Funktion, wie sie in größerem Umfang die Konjunktion *daz* erfüllen kann: s. § 466,4.
Literatur zu modalem und relativem *und* s. § 455.

4. *sam*, verstärkt *alsam*, einen Vergleichssatz einleitend:

mit Indikativ = nhd. „in gleicher Weise wie", „[ganz so] wie":

> *mich entzündet ir vil liehter ougen schîn same* (A, *als(e)* BC) *daz fiur den dürren zunder tuot* MF 126,25; *doch tete sî sam diu wîp tuont* Iw 1866;

mit Konjunktiv, wenn *sam* einen Vergleich einleitet, der den Charakter eines irrealen Bedingungssatzes hat, = nhd. „als ob", „wie wenn":

> *man sach die ringe rîsen sam sî wæren von strô* Iw 5381; *ez smecket ..., alsam ez* (*als es* C, *reht als ez* N) *alles balsame sî* Wa 54,14 (A); *sô die bluomen ûz dem grase dringent* (*dringen* BE) *same* (ABCE, *also* N) *si lachen* (BCE, *lachent* AN) *gegen der ... sunnen* Wa 45, 37−38. Die Lesarten zeigen, daß der Gebrauch von *(al)sam* nicht scharf gegen den von *(al)so* abgegrenzt ist.

5. *swie*, vergleichend = nhd. „wie auch immer", „ganz so wie", „wie":

> *swie si sint sô wil ich sîn* Wa 48,7; *nû tuo mir swie dû wellest* Wa 55,6; *die suln iu hie dienen ..., swi ir gebietet* NL 1266,3; *er vuor swie in diu varen tete* Iw 8038; *er beleip die naht swier mohte* Pz 129,14.

6. Über *daz* als Einleitung von Sätzen, die sowohl die Modalität eines im übergeordneten Satze ausgedrückten Geschehens bezeichnen können wie seine Folge, vgl. § 464.

Modale Bedeutung ohne Konkurrenz mit konsekutiver Bedeutung haben *daz*-Sätze wie die folgenden:

> *(der wirt) liez sî* [die Gefangenen] *ûz den banden sâ und behabte den gast bî im dâ unz an den sibenden tac, daz man ir dô vil schône pflac und sî vil rîche cleite* („der Burgherr

ließ die Gefangenen frei und nahm den Gast bei sich auf bis zum siebenten Tag –
derart daß man sich ihrer da in vortrefflicher Weise annahm ...") Iw 6843–47; *ich gân
vierzehen naht, daz mir hunger noch müede benimt wol mîne maht* („in der Weise daß
mir weder ...") Ecke 34, 11–12.

Vgl. zu *daz* § 466.

7. *danne* (= nhd. „als") als Einleitung von Komparativsätzen (vgl. Erben 1972,
§§ 370 u. 372):

Der mit *danne* eingeleitete Satz bezieht sich auf einen prädikativen oder
attributiven oder adverbialen Komparativ im übergeordneten Satz oder auf
den Inhalt des ganzen Satzes oder Satzgefüges, in dem ein komparativischer
Ausdruck enthalten ist:

> *diu krône ist elter danne der künec Philippes sî* Wa 18,29; *irn habt ... keinen bezzern
> vriunt dan er ist* Iw 8060–61; *diu liebe stêt der schœne bî baz danne gesteine dem golde
> tuot* Wa 92,26; *der zweier zuht ist grœzer dâ dan ich wizze* (*weiß, waiz* Varr.) *iender
> anderswâ* Freid 153,27–154,1.

danne kann die Funktion von *danne daz* haben, wenn ein mit *daz* eingeleiteter
Satz vorausgeht = nhd. „als daß":

> *iz ist pezzer daz ainer resterbe, denne diu werlt elliu vur werde* Kchr 8728–29; *noch
> bezzer ist daz man ir hüete dan iegelîcher sînen willen spræche* MF 50, 23–24 (B); *mir
> ist lieber daz si mich verber, und alsô daz si mir doch genædic sî, danne si mich und
> jenen und disen gewer* MF 179, 30–32 (b); – dagegen: *veltstrîts sol uns doch baz
> gezemen, dan daz se uns ûz der mûre nemen* („Kampf im offenen Feld steht uns doch
> besser an, als daß sie uns auf der Mauer gefangennehmen") Pz 356, 11–12.

Zum Modus in den mit *danne* eingeleiteten Sätzen s. § 483.

Lit.: Einleitung von Modalsätzen
Paul H. 1916, IV, §§ 429/30 und 435; Behaghel 1923, III, 623–633; Eggers 1972,
159–182; Wunderlich D. 1973, 629–672; Knapp 1979, 73–81.

§ 466 ϑ) Einleitung von *daz*-Sätzen

Die in §§ 459–465 behandelten Konjunktionen, gleichgültig, welches ihre Ursprünge sind, haben sowohl syntaktische als auch semantische Funktion. Die
Konjunktion *daz* unterscheidet sich von ihnen dadurch, daß ihre Funktion so
gut wie rein syntaktisch ist: sie ist Zeichen für die Unterordnung des von ihr
eingeleiteten Satzes; ihr Bedeutungswert wird durch den Kontext bestimmt.
Nur als Einleitung gewisser finaler und modal-konsekutiver Sätze kann *daz*
einen selbständigen semantischen Wert haben (vgl. §§ 463–465,6).

Die Konjunktion *daz* hat sich in ahd. Zeit aus dem Neutrum des Pronomens demonstrativum entwickelt, dort, wo dieses am Ende eines Satzes stand und auf den Inhalt des
folgenden Satzes hinwies; durch Verschiebung der Satzgrenze wurde das Pronomen zur
Konjunktion.

> *joch gizalta in sar thaz:* *thiu salida untar in was* Otfried 2.2.8;
> *gizellet in ouh filu fram,* *theih selbo hera in worolt quam* ebd. 5,16,25.

„Vom Ahd. aus gesehen, ist im ersten Satzgefüge *thaz* eindeutig Demonstr.-Pronomen, da die Zäsur hinter *thaz* liegt; im zweiten Satzgefüge dagegen eindeutig Konjunktion, da die Zäsur vor *thaz* liegt." (Vgl. Müller/Frings 1959,12f.)

1. Diesem Ursprung entsprechend leitet *daz* im Mhd. Objektsätze und Subjektsätze in großer Zahl ein:

Objektsätze: *iu sol verbieten got, und allen mînen vriunden, daz si deheinen spot an mir armer üeben* NL 1218,2; *nu lâzet doch gescehen . . ., daz ir den boten ruochet sehen* NL 1220,4; *dô der künec Artûs ersach dazz niemen an die suone sprach . . .* Iw 6930; vgl. ferner die mit *daz* eingeleiteten indirekten Aufforderungssätze und Aussagesätze: (vgl. § 485); – Subjektsätze: *mir ist beide liep und herzeclîchen leit daz er mich ie gesach* MF 187,12; *waz half in daz er künec was?* NL 1982,4.

Neben diesem Satztyp steht ein zweiter (vgl. Müller/Frings 1959,19), in dem der übergeordnete Satz einen pronominalen Hinweis auf den konjunktionalen *daz*-Satz enthält in Gestalt des Neutrums des Demonstrativpronomens *daz* (welches somit, historisch betrachtet, aufs neue in den Hauptsatz eintritt) oder in Gestalt des Neutrums des Personalpronomens, *ez:*

‚ich hete wol behüetet', sprach diu küneginne, ‚daz (Akk.-Obj.), *daz ich niht vermeldet hete sînen lîp* NL 1111,4–1112,1; *ich weiz wol, ob daz* (Subj.) *wol ergat, daz mich min bruoder leben lat und er mich niht ersterbet, daz er mich aber enterbet* („ich weiß gar wohl, daß, wenn das geschieht, daß mein Bruder mich am Leben läßt und mich nicht tötet, er mich jedoch enterben wird") G 1477–80; *mîn herre iz uns verbôt, daz wir iht gâbe næmen* NL 1489,3; *iz ist pezzer daz ainer resterbe* Kchr 8728.

Daß der konjunktionale *daz*-Satz dem übergeordneten Satz folgt, entspricht seiner Entstehung (vgl. Müller/Frings 1959,29). Er kann aber (wie bereits im Ahd.) dem übergeordneten Satz auch vorangehen:

daz ez Sîfrit wære, daz wart dô Gunther bekant NL 663,4.

2. Außer als Objekt- und Subjektsätze fungieren *daz*-Sätze als erläuternde (explikative) Bestimmungen einzelner Glieder des übergeordneten Satzes oder des gesamten Satzes:

daz-Satz als nähere Bestimmung eines Satzgliedes:

dô lebt ir noch dar inne sehs hundert küener man, daz nie künec deheiner bezzer degene gewan (nhd. etwa: „wie sie besser nie ein König fand") NL 2124,4; *so hæter doch . . . ein sunderlichez wunder, . . . sine swester da: ein maget, daz da noch anderswa schœner wip nie wart gesehen* G 634; *mir hat ein man den lip genomen daz nie schoner man en wart* Herbort 18395f.; *âne sorge ich nie beleip sît des tages daz ich sach die hant von der diu schrift geschach* („seit dem Tage, an welchem . . .") Pz 645,5.

Neben den zweigliedrigen Konjunktionen *unz daz, biz daz, durch daz, fur daz, umbe daz, ûf daz* (s. §§ 459,5/6 u. 462/63) geht der (seit ahd. Zeit belegte) Typus: Präposition + Pronomen demonstrativum *daz* + Konjunktion *daz* her (was nicht besagt, daß jede einzelne der angeführten zweigliedrigen Konjunktionen auf eine dreigliedrige Vorstufe zurückginge), vgl.:

> *wil si fremden mir dur daz dazs ein lützel ist mit valscher diet behuot?* MF 143, 16–17;
> *si engetet ez nie wan umbe daz daz si mich noch wil versuochen baz* MF 161, 29–30
> (A).

Der semantische Wert der zweigliedrigen wie der dreigliedrigen Ausdrücke wird durch die betreffende Präposition bestimmt; der *daz*-Satz in den dreigliedrigen Ausdrücken ist explikative Bestimmung der präpositionalen Verbindung.

daz-Satz als Erläuterung des ganzen übergeordneten Satzes (die Abgrenzung gegenüber der Satzgliedbestimmung ist nicht scharf):

> *unz ir bœse mære kam und der grœzist ungemach ..., daz ir bruoder wære tôt*
> („... nämlich, daß ihr Bruder ...") Gr 825–29; *ich bin tump daz ich sô grôzen
> kumber klage* MF 171,25; *aller sælden mir gebrast, daz mîner gunêrten hant dirre strît
> ie wart bekant* Pz 688,25; *welt ir daz ze liebe tuon iwer friundîn ..., daz ir sus
> valschlîchen list von ir vater kunnet sagn ..., so ist se ein übel magt, daz si den site an iu
> niht klagt* Pz 609,8.

Derartige explikative Sätze können (wie einige der vorangehenden Beispiele zeigen) durch den Kontext eine kausale Bedeutungsnuance gewinnen, ohne daß die Konjunktion *daz* selbst kausale Bedeutung erlangte, vgl.:

> *diu maget wart rîches muotes daz ers gevolgete gerne* AH 1017; *dô truog er ime herzen
> lieb âne leit, daz er sehen solde der scœnen Uoten kint* NL 291,3; *ich mac wol iemer sîn
> unvrô, daz ich iu sus gedanket hân* Iw 7747; *Cunnewâr daz êrste weinen huop, daz
> Parzivâl den degen balt Cundrîe ... sus beschalt* Pz 319,13.

Anm. 1: Als explikativ dürften auch solche *daz*-Sätze zu verstehen sein, die auf eine Interjektion bezogen sind: *‚owê daz iuch mîn ouge siht", sprach diu ... magt* Pz 255,2; *owê, hovelîchez singen, daz dich ungevüege dœne solten ie ze hove verdringen* Wa 64, 31–34.

3. Die rein syntaktische Funktion von *daz* offenbart sich am deutlichsten, wenn in Fügungen, die eine Reihung gleichwertiger konjunktionaler Sätze aufweisen, statt einer Wiederholung der Konjunktion *daz* erscheint: der semantische Charakter ist durch die Einleitung des ersten Konjunktionalsatzes auch für den zweiten festgelegt, sofern nur der syntaktische Charakter, d. h. die Unterordnung, des zweiten deutlich wird; letzteres geschieht durch *daz:*

> *daz was in einen zîten dô vrou Helche erstarp unt daz* (daz fehlt AIh) *der künic Etzel
> umb ein ander vrouwen warp* NL 1143, 1–2; *dô gote wart da gedienet unt daz man dâ
> gesanc, mit ungefüegem leide vil des volkes ranc* NL 1064,1 (C); *von Adâmes künne
> huop sich riwe und wünne, sît er uns sippe lougent niht, den ieslîch engel ob im siht, unt
> daz diu sippe ist sünden wagen* („... da derjenige die Verwandtschaft mit uns nicht
> verleugnet, der über allen Engeln steht [Christus], und da die Verwandtschaft [mit
> Adam] Gefährt der Sünde ist") Pz 465, 1–5; *sîn wîp die küneginne bat ich durch sippe
> minne, wand mich der künec von kinde zôch und daz mîn triwe ie gein ir vlôch, daz si
> mir hulfe* Pz 528, 17–21; *zehant alsô er dar bequam, und daz der biderbe daz vernam
> ... UvL, Frauend 493,2. – Auch an einen Konditional- oder Konzessivsatz ohne

einleitende Konjunktion (s. § 445) kann einmal ein Parallelsatz mit *daz* angeschlossen werden: *si gab im des ir triuwe ...: getrüege si immer krône und daz si gewünne lant, daz man in verrer kunde niht vertríben ...* („wenn sie jemals Krone tragen würde und wenn sie Land gewinnen würde, daß man ihn dann nicht weiter würde vertreiben können ...") GL 399, 1–3; *were alle die werlt an in gekart und daz er keiser were, er were mir unmere* Herbort 12588–90 (doch scheint dies im allgemeinen erst eine spätere Möglichkeit zu sein, vgl. Behaghel 1923, III, 148).

4. Schließlich kann *daz,* weil es ohne semantischen Wert ist, als konjunktionale Stütze zu Adverbien oder adverbialen Ausdrücken hinzutreten, welche konjunktionale Funktion übernommen haben: vgl. *sît (daz),* temporal und kausal, § 459,10; § 462,1; *nu (daz)* § 459,11; *ê (daz)* § 459,9; *noch denne (daz)* § 461,6; *die wîle (daz),* temporal und kausal, § 459,12; § 462,5; *swenne (daz)* § 459,2. Auch zu dem Frage-Adverb *wie* als Einleitung eines abhängigen (indirekten Frage-) Satzes (vgl. § 457) tritt vereinzelt die Konjunktion *daz* hinzu:

> *diu frouwe enwesse rehte, wie daz (daz* fehlt Gg) *si ir den list erdæhte* Pz 126,16f.; *durch iwer zuht nu rât mir wie daz (daz* fehlt d) *i'uwern hulden næhe mich* Pz 330, 8–9.

Die Chronologie dieser Vorgänge ist noch nicht auf Grund des gesamten Materials untersucht. Die Verbindung von *daz* mit einem Adverb muß nicht am Anfang der Entwicklung zur Konjunktion stehen. Aus der vorstehenden Darstellung der Konjunktionen (ab § 459) scheint vielmehr hervorzugehen, daß der unmittelbare Übergang vom Adverb zur Konjunktion *daz* als Stütze das Gewöhnlichere ist, und offensichtlich tritt *daz* erst spät hinzu. Andererseits scheint die jüngere Sprache die Konjunktion *daz* aus Verbindungen dieser Art wieder auszustoßen, nachdem gewissermaßen die Adverbien mit Konjunktionscharakter gesättigt sind. J. Walther 1954,24 und 121f. verweist darauf, daß stützendes *daz* zu Konjunktionen, namentlich solchen, die aus Adverbien entstanden sind, vorzugsweise dann hinzutritt, wenn der Konjunktionalsatz dem übergeordneten Satz vorangeht.

<u>Anm. 1:</u> Über eine vergleichbare, aber selten belegte Funktion der subordinierenden Konjunktion *und* s. § 465, Anm. 1 u. § 451.

<u>Anm. 2:</u> Hier sei noch auf das Zusammentreffen der exzipierenden Partikel *wan* mit *daz*-Sätzen verwiesen. Bedeutungsmäßig entspricht diesem *wan daz* ein nhd. „nur daß", „wenn nicht [wäre, daß]":
daz tæt ich wunderlíchen gerne wan deich fürhte dîne lâge („das täte ich überaus gern, nur daß ich deinen Hinterhalt fürchte") Wa 101,19; *wan daz dâ niht steines lac, sô wær ez ir suonestac* Wa 95, 6–7; *er hete geweinet benamen, wan daz er sich muose* (E, *muese* B) *schamen* („er hätte geweint, wenn er sich nicht hätte schämen müssen") Iw 2967–68; *(si) wære ... in dem leide erstorben, wan daz si der trost labete* G 1185–87; *gegen den vinstern tagen hân ich nôt, wan daz ich mich rihte nâch der heide* („nur daß ich mich nach der Wiese richte") Wa 42, 19–20; *(der Löwe) wolt sich stechen durch den bûch, wan daz im der herre Iwein dannoch lebende vor schein* Iw 3954–56. Vereinzelt kann *wan* allein in der Funktion von *wan daz* erscheinen: *ich ... enaht niht ûf mîn lebn und wære sunder zwîvel tôt, wan* (Ad, *wan daz* BDab) *der hagel und diu nôt in kurzer wîle gelac* („... nur daß der Hagel und die Bedrängnis binnen kurzem aufhörte" = „wenn nicht ... aufgehört hätte") Iw 669–671.

<u>Lit.:</u> Einleitung von *daz*-Sätzen
Grimm J. 1893, IV, 1297–1300; Paul H. 1916, IV, §§ 438–448; Behaghel 1923, III,

128–152 und 328–332; Müller/Frings 1959; Holmberg 1967, 61–78; Schieb 1972, 167–230; Weuster 1983, 49–53.

§ 467 ι) „ob" als Einleitung abhängiger Fragesätze

Neben konditionalen und konzessiven Sätzen (§§ 460,1 u. 461,5) leitet *ob* Sätze ein, die abhängig sind von verbalen Ausdrücken, welche Wissen-Wollen, Nachforschen, Zweifeln, Ungewiß-Sein und ähnl. bezeichnen. In dieser Funktion besitzt *ob*, der Konjunktion *daz* vergleichbar, nicht so sehr semantischen als syntaktischen Wert:

> *und vrâget in mære, ob im iht kunt wære umb in* Iw 5938; *ine weiz, ob er daz tæte durh sînen hôhen muot* NL 680,2; *si versuohtez an dem künige, ob daz möhte geschehen* NL 726,1; Ein verbaler Ausdruck der oben genannten Bedeutung kann elliptisch ausgespart bleiben: *sô wil ich selbe gân zuo mîner lieben muoter, ob ich erwerben kan daz uns ir ... mægede helfen* NL 345, 1–3; *dô plikt er harte schiere ze berge gegen der zinne, ob er indert sæhe ... sîns herzen triutinne* GL 1440, 3–4.

Der Modus in diesen Sätzen ist vorzugsweise der Konjunktiv. Das Verb kann auch mit dem Indikativ eines Modalverbs umschrieben werden.

Lit.: „ob" als Einleitung abhängiger Fragesätze
Paul H. 1916, IV, § 400; Behaghel 1923, III, 237; Zaefferer 1984.

B. Der Modus im abhängigen Satz

1. Vorbemerkungen

§ 468 Im folgenden werden bevorzugte und, vom Gesichtspunkt des Nhd. aus, auffallende Gebrauchsweisen des Modus im abhängigen Satz beschrieben. Von ,Regeln' zu sprechen, wäre nicht angemessen. Denn über die Wahl des Modus kann, innerhalb gegebener Grenzen, das subjektive Empfinden eines Autors entscheiden, so daß in formal gleichartigen Sätzen als Ausdruck leichter Bedeutungs-Differenzierung das eine Mal der Indikativ, das andere Mal der Konjunktiv erscheint. Auch Attraktion oder Assimilation des Modus im Mhd. sind viel häufiger als auf jüngerer Sprachstufe: ein abhängiger Satz, für den der Indikativ zu erwarten wäre, weist den Konjunktiv auf in Angleichung oder Annäherung an einen Konjunktiv oder einen Imperativ oder an die durch ein Modalverb bezeichnete Modalität des übergeordneten Satzes (vgl. § 454).

Da der Indikativ als die modus-indifferente Erscheinungsform des Verbums finitum zum mindesten fungieren kann (s. § 319b), wird im folgenden vom Gebrauch des Konjunktivs ausgegangen. Da ferner der Gebrauch des Konjunktivs in mehr als einer Kategorie abhängiger Sätze mit bestimmten syntaktisch-formalen Eigenarten des übergeordneten Satzes in Verbindung steht, empfiehlt es sich, zunächst auf diese einzugehen und erst danach auf Besonderheiten des Modusgebrauchs in einzelnen Formen abhängiger Sätze.

Im Einzelfall können mehrere Voraussetzungen für den Gebrauch des Konjunktivs zusammentreffen. Was für das Sprachgefühl des Autors das bestimmende Moment war, läßt sich oft nicht mehr erfassen, und so können die Auffassungen über die besondere modale Nuance des verbalen Ausdrucks an einer bestimmten Textstelle von einander abweichen, ohne daß dies im folgenden stets angemerkt würde.

Über das Verhältnis zwischen modaler und temporaler Aussage bei konjunktivischen Verbalformen, über Reduktion oder Verschiebung der temporalen Bedeutung vgl. § 335. Für das Verhältnis der konjunktivischen abhängigen Sätze zum übergeordneten Satz gilt eine bestimmte Zeitfolge: ist der übergeordnete Satz präsentisch (oder imperativisch), so steht im abhängigen konjunktivischen Satz der Konj. Präs.; ist der übergeordnete Satz präterital, dann steht im abhängigen Satz der Konj. Prät., falls nicht ein zeitlicher Unterschied zwischen den Aussagen der beiden Sätze bezeichnet werden soll. Wenn im übergeordneten Satz das umschriebene Perfekt steht, weist der abhängige Satz im allg. den Konj. Präs. auf (vgl. Behaghel 1923, III, 675−681; über Zeitfolge u. Reliefgebung im abhängigen Satz vgl. Weinrich 1985, 91−108 u. 143ff.).

Lit.: Modus im Nebensatz
Grimm J. 1893, IV, 1292f.; Paul H. 1916, IV, §§ 471−488; Behaghel 1923, III, 571−694; Erben 1967, 129−139; Rothe 1967; Wunderli 1970; Furrer 1971; Jäger 1971; Gelhaus 1974, 1−127; Härd 1981; Schrodt 1983, 64−110.

2. Einflüsse des übergeordneten Satzes auf den Konjunktivgebrauch im abhängigen Satz

a) Der übergeordnete Satz ist negiert (oder dem Sinne nach negativ). Weil der   **§ 469**
Inhalt des abhängigen Satzes mit dem verbunden ist, was im übergeordneten Satz als nicht-seiend oder nicht-geschehend bezeichnet ist, steht im abhängigen Satz der Konjunktiv als Ausdruck der Nichtwirklichkeit (Irrealität oder Potentialität) des Satzinhaltes. Wenn von einem solchen konjunktivischen Satz nochmals ein Satz abhängig ist, ist auch dieser konjunktivisch:

hic ne weiz sie neirgen ... die mir so wol geualle daz ir sie lobit alle („ich weiß nirgends diejenige, die mir so gut gefiele, daß ihr sie alle loben könntet") Ro 42−44; *unse lant stêt umbewart. waz ob manz brinnit unde heret, sô nist dâ nieman, der iz were* („der es verteidigen könnte") Alex S 4098; *in sach vil lützel iemen der im wære gehaz* NL 129,4; *ich weiz wol, ir ist vil gewesen, die von Tristande hant gelesen; und ist ir doch niht vil gewesen, die von im rehte haben gelesen* G 131−134; − *wie möht aber daz nû sîn, sît man valscher minne mit sô süezen worten gert, daz ein wîp niht wizzen mac, wer si meine* Wa 14, 24−27; *daz si niht versinnent sich waz liebe sî, des haben undanc* Wa 49,34; *nune weste mîn her Iwein von wederm sî* [die Stimme] *wære* Iw 3831−32; *dise namen die beswærent mich. ine kan niht wizzen, wie in si* („ich bin nicht im Stande zu verstehen, wie es sich mit ihnen verhält") G 10105; − *bî mir ich selten schouwe daz mir âbents oder fruo sölch âventiure slîche zuo* („bei mir [zu Hause] erlebe ich das niemals, daß ... solche A. auf mich zukommt") Pz 554, 4−6; *ez ist im selten* („niemals") *ê geschehen daz man in fünde in unsiten* Wh 190, 26−27; *ez was ie ungewonheit, daz den grâl ze keinen zîten iemen möhte erstrîten* („es war niemals üblich, daß jemand irgendwann den G. durch Kampf gewinnen konnte") Pz 798, 24−26; − *der* übergeordnete Satz ist seinerseits konjunktivisch und abhängig von einem negierten (oder dem Sinne nach negativen) Satz: *nu schulen wir doch behûten* ..., *daz er des obezes iht gechore, danne in der tot uerbere* („wir sollen verhüten, daß er von dem Obst kostet, wodurch der Tod ihn übergehen könnte") Milst Gen u Ex 19, 22–23; *ich rede ez umbe daz niht, daz mir got die sælde habe gegeben, das ich mit ir geredete oder nâhe bî sî gelegen* MF 15, 5–6.

Der Indikativ in Sätzen, welche negierten Sätzen untergeordnet sind, ist selten:

irn gesâht nie âmeizen, diu bezzers gelenkes pflac, dan si was dâ der gürtel lac Pz 410,3; *swâ ein diep den andern hilt, da enweiz ich weder mê stilt* Freid 46, 23–24; *und wer sî beide wâren, dazn was dâ nieman erkant* („niemand wußte, wer die beiden in Wirklichkeit waren" [die Leser wissen es]) Iw 7514–15. Behaghel 1923, III, 662 (über Relativsätze, die negierten Sätzen untergeordnet sind): „Bei Walther findet sich überhaupt kein Indikativ im Relativsatz, bei Hartmann ... einer auf 19 Konjunktive; bei Eckart ... 6 Indikative auf 79 Konjunktive. Bei Luther überwiegt der Konjunktiv noch weitaus."

Über konjunktionslose konjunktivische Sätze mit der Negation *ne*, die abhängig sind von einem formal verneinten Satz (Typus: *der ... vischære niht enliez ern tæte ...* Gr 1107–1108) s. § 441.

Der Konjunktiv in den negierten konjunktionslosen Sätzen von exzipierender Bedeutung, die Teil eines konditionalen Satzgefüges mit meist negiertem Obersatz sind (vgl. § 447), ist nicht durch die Negation des Obersatzes bedingt; denn die gleiche Form des exzipierenden Satzes erscheint auch, wenn der Obersatz positiv ist: vgl.: *so enwirde ihs anders niht erlôst, ezn kome als ich mirz hân gedâht* Wa 72, 2–3 und: *mînes herzen tiefiu wunde diu muoz iemer offen stên, si enküsse mich mit friundes munde* Wa 74, 14f.

§ 470 b) Der Modus des übergeordneten Satzes ist der Imperativ oder der (voluntative) Konjunktiv (bzw. die voluntative Modalität wird durch die Verbindung des Verbums mit einem entsprechenden Modalverbum bezeichnet). Die Modalität des abhängigen Satzes kann verschiedene Nuancen haben:

Voluntativ-optativische, indem sich die Modalität des übergeordneten Satzes auch bedeutungsmäßig in dem abhängigen Satz fortsetzt:

nv tůn wir ouch einen man ..., der aller unserer getate nach uns gebiete („laßt uns einen Menschen schaffen ..., der gebieten soll") Gen 175–178; *nû îlt mir ûz wellen zwelfe mir ze gesellen, die mir dar zuo frume sîn* Kchr 4923; *nu lât den knappen wider komn, von dem diu botschaft sî vernomn* Pz 652, 15–16; *wir suln den kochen râten, ... daz si sich niht versûmen* Wa 17, 11–13.

Der voluntativ-optativische Charakter des übergeordneten Satzes kann in dem abhängigen Satz infolge von Attraktion formal eine Weiterführung finden, obwohl der Inhalt des abhängigen Satzes ein ‚factum' ist, nicht ein ‚faciendum':

lât si des geniezen, daz si iuwer swester sî (*ist* a) („laßt ihr zugute kommen, daß sie eure Schwester ist") NL 997,1; *phlic mîn wol dur dîner muoter êre, als ir der heilig engel pflæge unt dîn, dô du in der krippen læge* (Ind.) („wie der hl. Engel sich ihrer angenommen hat und deiner, als du in der Krippe lagst") Wa 24,24; *daz daz goth wolde daz ver den kuninc gesehen [= gesæhen] des dise boten weren [= wæren]* („wollte Gott, daß wir den König sähen, dem diese Boten gehören") Ro 285–287 (mit Attraktion des Modus und Tempus im Relativsatz durch den atemporalen Konj. Prät. *gese-*

hen); *ein lip also gebære, der so getugendet wære, der solte guot und ere han* („eine ...
Person, die so vortreffliche Eigenschaften besitzt, die sollte ... haben") G 10027–29.

Die Modalität des abhängigen Satzes kann prospektiv-futurisch sein:

> *so si unser beider friunde dort gegrüezen, sô kêren dan* („wenn sie die, die uns beiden
> lieb sind, dort begrüßt haben werden, dann sollen sie zurückkehren") MF 181,
> 37–38; *sît hie unz ich mîn reht genem* Pz 88,29; *verholne von mir kêre, unz sich erhebe*
> *hôch der tac* Pz 646, 26–27; *beit unz iuwer jugent zergê* Wa 23,38; *ir müezet alle rîten,*
> *unz ez werde tac* NL 1622,1; *swenne ich sî verdorben unde ich lige erstorben ... sô heiz*
> *mir snîden ûf den lîp* KvW, Herzm 295 (vgl. §§ 306 u. 475).

Im Bedingungssatz eines konditionalen Satzgefüges kann der Konj. Präs. stehen, während im Hauptsatz der Imperativ oder der voluntative Konj. Präs.
steht oder eine entsprechende Umschreibung durch ein Modalverb:

> *stê daz dîner güete sêliclîchen an, sô lâz iemer in den ungenâden mich* MF 137, 29–30;
> *gedenket iuwer triuwe ... gesende* (*gesendet* Da) *iuch got von hinnen* NL 2190,1; *sî dir*
> *nû ... kunt umb selhe wâge iht, daz verswîc mich niht* Iw 538–40; *sî iwer deheime*
> *geschehen baz, ob er nû welle, er sage daz* Iw 801–2; *des eides sis du ledich, ob dir ne*
> *uolge diu magit* Gen 1923–24; *habe* (*hat* varr.) *si wol ze iu getan, des sult ir si geniezen*
> *lan* G 1621–22. Die Bedeutung des Konditionalsatzes in den angeführten Beispielen
> entspricht etwa derjenigen eines nhd. mit „falls" eingeleiteten Satzes oder der Um-
> schreibung des verbalen Ausdrucks durch „sollte": „denkt an euer gegebenes Wort,
> falls euch Gott von hier weggehen läßt" oder: „sollte euch Gott von hier weggehen
> lassen".

Dagegen steht im Konditionalsatz der Ind. Präs., wenn zu der Möglichkeit der
Realisierung seines Inhalts keine Stellung genommen wird:

> *herre, vürhtents dînen zorn, so gebiut in vride* („wenn sie deinen Zorn fürchten ...")
> Iw 514–15; *ist hiut sîn helflîcher tac, sô helfe er, ob er helfen mac* („wenn heute der
> Tag ist, an dem er hilft ...") Pz 451, 21–22.

Vgl. § 477 über den Modus im Bedingungssatz des konditionalen Satzgefüges.

c) Der übergeordnete Satz ist ein indirekter Aussagesatz: § 471

> *dû beualech got deme manne ... daz er sin ouge cherte uon eineme pôme noch des*
> *inbizze des da ufe wûhse* („befahl, daß er ... und daß er nicht essen solle von dem, was
> darauf wüchse" oder: „wuchs") Gen 558; *hêrre, der künec Gramoflanz iuch bitet daz*
> *ir machet ganz gelübde, diu dâ sî getân zwischen im unt Gâwân* Pz 717,7; *mit grôzem*
> *vlîze er in des bat, daz er des war næme, swenne er wider kæme, daz er in lieze wider in*
> Gr 2086–89; *und bat daz ich des geruochte, swenn ich den wec dâ wider rite, daz ich in*
> *danne niht vermite* Iw 378–380.

d) Der übergeordnete Satz hat den Konjunktiv (und zwar aus anderen Grün-   § 472
den als in §§ 469–471). In einem hypothetischen Satzgefüge kann z.B. ein
Konditionalsatz im Konjunktiv vorkommen, von dem ein ebenfalls konjunktivischer Nebensatz abhängt. Diese beiden konjunktivischen Nebensätze sind
einem vorausgehenden oder nachfolgenden Hauptsatz untergeordnet. In
einem solchen Fall wird der zweite Nebensatz in die potentiale Sphäre des ihm
übergeordneten Konditionalsatzes erhoben.

iz duht (Ind. oder Konj.) *in sunte, die er frî funte, ub er die ze scalche tate* – (der Umlaut von ā wird in der Hs. nicht bezeichnet *[= taete]*) – („es erschien ihm als Sünde, wenn er diejenigen zu Knechten machen würde [oder: es wäre ihm als S. erschienen, wenn er ... gemacht hätte], die er frei vorfand") Gen 5212–14; ... *ob mir alsô gelinge daz mir der sige belîbe, sô nim ich si ze wîbe* Er 513–15; *obe ich rehte râten künne waz diu minne sî, sô sprechet denne jâ* („falls ich richtig erschließen kann, was Minne ist ...") Wa 69, 8–9; *friesche daz mîns herzen trût, welch ritters leben wære, daz wurde mir vil swære* („wenn mein Liebling erführe, welches das Leben eines Ritters ist ...") Pz 117, 24–26.

Lit.: Moduseinflüsse des übergeordneten Satzes
Paul H. 1916, IV, §§ 473–476; Behaghel 1923, III, 588ff.; Larsen 1983, 134–161.

3. Der Modus in einzelnen Typen abhängiger Sätze

§ 473   a) Der Modus im Relativsatz

Der Indikativ ist im Mhd. wie im Nhd. der Normalmodus im Relativsatz (Flämig 1962,93). Beispiele dafür s. §§ 450–454. Im folgenden seien die Bedingungen aufgezeigt, unter denen im Mhd. der Konjunktiv auftreten kann.

Soweit die in §§ 469–472 dargestellten Voraussetzungen gegeben sind, welche den Konjunktiv im abhängigen Satz begünstigen, werden Beispiele für den Relativsatz nicht nochmals angeführt. Über den Konjunktiv in Relativsätzen, welche eine konditionale Funktion im Satzgefüge haben, s. § 455.

α) Der Konj. verleiht der verbalen Aussage des Relativsatzes voluntativen oder potentialen Charakter:

[Konj. Präs.:] *daz* [mein Land] *muoz ich besorgen mit eim manne der ez wer* („dem muß ich einen Mann besorgen, der es verteidigen kann") Iw 2314–15; *du erkiusest dir in dem walde einen boum der dir gevalle* („der dir gefallen kann") MF 37,10; *wir mozin ... einin kiel hauin die maniger hande wondir trage* („der ... tragen kann" oder: „soll") Ro 3059–60; *wâ brich ich den kranz, des mîn dürkel freude werde ganz?* („durch den meine durchlöcherte Freude wiederhergestellt werden kann" oder: „soll") Pz 601, 15–16; *wir heizen boten rîten zuo zuns in daz lant ... die hie niemen sîn bekant* („die niemand hier bekannt sein sollen") NL 874, 3–4;
[Konj. Prät.:] *sîn muot stuont niuwan dar dâ er âventiure vunde* („... war nur dahin gerichtet, wo er Aventiure würde finden können") Er 5291–92; *si suohte ... schate, der ir zuo zir state schirm unde helfe bære, da küele und eine wære* („... Schatten, der ihr ... Schutz und Hilfe bringen könnte, wo Kühle und Einsamkeit wäre") G 18141–44; *sô ist sî [minne] einer swachen art, daz si ... sô swache stat suochet, diu ir von rehte wære smæhe* („so ist Minne niederen Charakters, wenn sie ... eine so niedere Stätte aufsucht, die ihr ihrem Wesen nach verächtlich sein sollte") Iw 1571–76.

Der potentiale Konjunktiv kann auch in einem Relativsatz erscheinen, der infolge einer gewissen Überkreuzung der Konstruktionen die Funktion eines Konsekutivsatzes hat:

nu wer mage sin so herte den Adamis geuerte in sinem herzzen niht bewege? („wer kann so hart sein, den [= daß ihn] Adams Geschick nicht zu bewegen vermöchte") Milst Gen u Ex 19, 29–30.

β) Wenn der verallgemeinernde Relativsatz im Konjunktiv steht oder von einem imperativischen (vgl. § 470) oder einem konjunktivischen Satz abhängt, hat seine Aussage zugleich eine verallgemeinernde und potentiale Bedeutung. Steht der verallgemeinernde Relativsatz im Indikativ, dann hat die verbale Aussage nicht den Akzent der Potentialität.

Der Konj. (Präs.) im verallgemeinernden Relativsatz:

swaz si sagen, ich bin dir holt („was auch immer sie sagen mögen ...") Wa 50,11; *swaz gewisheit iu gevalle, die saget ir mir* („welche Art von Sicherheit euch belieben möge, die tut mir kund") G 10688−89; *er gouch, swer für diu zwei ein anderz kiese* („Tor, der statt dieser beiden ein anderes wählen wollte") Wa 22,31 (dagegen zu Anfang des gleichen Spruchs dreimal *swer* mit Ind. Präs.: 22,18. 21. 22); *swen ir kumbers nu gezem [:schem], der tuot ez âne mînen rât* („wem etwa ihr Leid gefallen kann, der tut das ohne meine Empfehlung") Pz 710,16; − *swer sant mir var von hûs, der var ouch mit mir hein* Wa 30,26; *lat den truhsæzen clagen und sagen, swaz er welle sagen* G 9749−50; *swaz mortlich und schande sî, dâ lâzet abe* Frauenl, Spr 94,7; *swâ rîcher man gewaltic sî, dâ sol ouch gnâde wesen bî* Freid 40, 13−14; − *men seit er si sin selbes botte vnd irlœse sich do mitte swer vber des andern schulde bitte* AH 26−28 (A) (hier ist der verallgemeinernde Relativsatz in die Sphäre der indirekten Aussage des übergeordneten Satzes einbezogen und zeigt deshalb den Konj. wie dieser).

Der Ind. (Präs.) im verallgemeinernden Relativsatz:

suer des einen gechort, der tot in ferbiret Gen 519−20; *swer er ist, er hât gelogen* Gr 2583; *swer von wâfen wirt wunt, der wirdet schiere gesunt* Iw 1551−52; *swer aber so hohes lones gert, da er sin niht verdienet hat, ... deist ein missetat* G 9838−40; *swaz mir diu werlt ze leide tuot, daz belîbet ungeklaget* MF 152, 10−11; *swelher sich daz nimet an ..., dern tar niemer dâ hin dem brunnen komen ze wer* Iw 1850−53; *suvannen dise herren kumen sint daz ist ein wunderlichiz lant* Ro 281−82; vgl. § 410.

γ) In seltenen Fällen ist der Konjunktiv im Relativsatz als Ausdruck der urteilenden Stellungnahme des Sprechenden zu verstehen, z.B. in dem Sinne, daß der Sprecher sich von der im Relativsatz enthaltenen Aussage distanziert (‚obliquer Relativsatz' vgl. Kühner-Stegmann 1962,199f.):

daz der got [sc. Apollo] were, daz ist anders niht mere, wen daz der tufel sathanas ... vz eime bilde sprach ...; des hetten sie in vur einen got („was, ihrer Meinung nach, der Gott war [= was der Gott sein sollte], das ist weiter nichts anderes, als daß der Teufel Satanas ... aus einer Bildsäule sprach ...") Herbort 3497−3506; so ist wohl auch aufzufassen: *ich han ... nach dir gesant helet got daz tû mir uverbes umbe daz megetin, die da so wndrin schone si* („... die, nach deiner Aussage, so wunderschön ist [= die so wunderschön sein soll]") Ro 108−111.

Lit.: Modus in Relativsätzen
Paul H. 1916, IV, § 487; Behaghel 1923, III, 618ff.; Flämig 1962, 89−94; Kürschner 1983, 253−262.

b) Der Modus im indirekten Fragesatz   § 474

In den durch Fragepronomina oder -adverbien eingeleiteten indirekten Sätzen (vgl. §§ 456/57) steht sowohl der Konjunktiv als auch der Indikativ. Soweit diese Sätze abhängig sind von Verben mit der Bedeutung des Wissen-Wollens, ist der Konjunktiv bevorzugt:

> *Gunther ... vrâgte sîne man, wie in diu rede geviele* NL 1457, 3–4; *si ... vrâget in, wannen er kœme geriten* Pz 250,2 (D); *dô frâgter si der mære, wer dâ ritter wære* („wer an Rittern da sei") Pz 65, 23–24; *ich wil ... der mære vrâgen, waz si haben getân* NL 2239, 1–2; *waz diz si, des wundert mich* („das möchte ich gern wissen") G 10419; – aber auch: *er frâgete di von dem lande, wâ si des jâres wâren [zwâren]* Alex S 4821–22.

Soweit indirekte Fragesätze abhängig sind von Verben des Sagens oder Mitteilens, der sinnlichen oder geistigen Wahrnehmung, des Erkennens oder Erfahrens u. ähnl., steht der Konjunktiv oder der Indikativ. Der Indikativ steht, wenn der faktische Charakter des Inhaltes des abhängigen Satzes hervorgehoben werden soll:

> *er [Gott] wesse wole wa er [Adam] was* Gen 758; *bistuz, Sigûne, diu mir kunt tet wer ich was* („die mir mitteilte, wer ich bin" – mit Attraktion des Tempus) Pz 252, 28–29; *nu hœrt ... wa (daz IKh) er mir lougent niht aller mîner leide* NL 1792, 1–2; *hœret wunder, wie mir ist geschehen* Wa 72,37; *und hân vil rehte vernomen, wes mich dîn vrouwe ûzjaget ze allen zîten, ê ez taget* Stricker, Verserzählungen I, Nr. VIII, 284–286.

Es kann aber auch der Konjunktiv stehen, obwohl aus dem Kontext hervorgeht, daß Zweifel oder Distanzierung gegenüber dem Inhalt des indirekten Fragesatzes nicht angedeutet werden sollen; hier zeigt sich (wie bei den *daz*-Sätzen, die von Verba dicendi abhängig sind, vgl. § 485) die Tendenz, den Konjunktiv (Prät.) zum formalen Kriterium für die Abhängigkeit des Satzes zu machen:

> *do sprach er wîe er sâhe, do er insuebe[t] wâre, ... drî zêinen melewes folle, unt in der oberisten ware allere brote gebare* („da sagte er, wie [= daß] er erblickt habe, als er eingeschlafen gewesen sei, ... drei Körbe voll Mehl, und in dem obersten sei gewesen alle Art von Brot") Gen 3932–37; *er las daz selbe mære, wie ein herre wære ...* AH 30.

Anderseits kann der Konjunktiv auch eine Distanzierung vom Inhalt des Satzes bezeichnen:

> *ez lesent die heidenischen meister wunder unde wunder, wie manic tûsent mîle ze dem himelrîche gê unz an den himel ... gloubet mir, sie enwizzent nihtes niht dar umbe* („es lehren die heidnischen Meister ..., wie viele Tausend Meilen angeblich bis zum Himmel führen ...") Berthold I, 179, 17–22; so ist vielleicht auch aufzufassen: *er seit uns danne, wie daz rîche stê verwarren* („... wie sich seiner Meinung nach das Reich in Verwirrung befinde ...") Wa 34,18.

Über den Modus in den mit *ob* eingeleiteten abhängigen Fragesätzen s. § 467.

<u>Lit.:</u> Modus in indirekten Fragesätzen
Grimm J. 1893, IV, 1293; Paul H. 1916, IV, § 485; Behaghel 1923, III, 577–582 und 595–601; Flämig 1962, 85–89.

c) Der Modus im Konjunktionalsatz

α) Der Modus im temporalen Satz   § 475

Der Modus im Temporalsatz ist regulärerweise der Indikativ: vgl. § 459.
Der Konjunktiv (Präs.) kann stehen in Sätzen, die mit *unz* oder *swenne* oder
so eingeleitet sind. In diesen Fällen hat der Temporalsatz eine futurisch-prospektive Bedeutungsnuance. Dies ist besonders dann der Fall, wenn der Modus
des übergeordneten Satzes der Imperativ ist oder der (voluntative) Konj.
Präs., bzw. wenn die voluntative Modalität des übergeordneten Satzes durch
ein entsprechendes Modalverb bezeichnet ist: Beispiele dafür s. § 470. Es kann
aber ein Temporalsatz diese futurische Nuance auch tragen, wenn der übergeordnete Satz ein indikativischer Aussagesatz ist: vgl. Berthold I 138, 3–4, hier
§ 459, 5.

Auch in einem mit *alse* (= nhd. temporal „sowie", „wenn") eingeleiteten
Satz kann der Konj. Präs. mit dieser besonderen Bedeutungsnuance stehen
(vgl.: G 9751–52, hier § 459,4).

Nach *ê* und *ê daz* scheint der Konjunktiv, wenn man den Blick auf die
Gesamtheit der mhd. Überlieferung richtet, häufiger zu sein als der Indikativ.
Es zeichnet sich aber auch ein Zurückweichen des Konjunktivs vor dem Indikativ ab und ein Schwanken des Sprachgefühls. Nach negiertem übergeordnetem Satz steht zumeist der Konjunktiv, der Indikativ sehr selten:

Konj. Prät.: *die wîle was ouch Sîfrit ..., ê iz iemen erfunde, in daz schif gegân* NL
431,1; *... daz ez diu wunde wesse vor, ê der ander frost kœm (chom G, quam g) her
nâch* Pz 493,2; *vil grôz der welte rîcheit schein, ê dirre gotinne dekein ie gewünne
lebenden lîp* Barlaam 259, 11–13; *dô twelter vierzehen naht ..., ê daz er schiede von
dan* Iw 5621–24; *der helt doch niene tranc ê daz (daz fehlt A) der künic getrunke* NL
978, 3–4; – Konj. Präs.: *sich encît umbe, ê dich dîn jungiste stunde begrîffe* Heinr v
Melk, Er 640; *iu sol hie iuwer reht geschehn, ê iu diu porte werde enspart* Iw 6247; *e
daz mir iht an dir geschehe, daz ich reht ungerne sehe, ich laze e gerne disen haz* G
10297; *wir enmugen niht geruowen ê iz beginne tagen* NL 1623,2; – Ind. Prät. (oder
Perf.): *er sach in einer kemenâten, ê si nâch in zuo getâten, den aller schœnsten alten
man* Pz 240, 24–27; *der marcrâve ninder flôch, ê daz er von im selben zôch harnasch
daz er ê hêt an* Pz 460, 23–25; *ich prâhtz in nôt ..., ê daz mich got ame lîbe hât geletzet*
Pz 239,26. Vgl. § 459,9.

Lit.: Modus in Temporalsätzen
Neumann I. 1972; Weinrich 1985. Vgl. auch die Lit. zur Einleitung von Temporalsätzen.

β) Der Modus im konditionalen Satzgefüge   § 476

Das konditionale (oder hypothetische) Satzgefüge besteht aus einem Satz, dessen Inhalt eine ‚Bedingung' enthält, und aus einem Satz, der aussagt, was
durch das Eintreten der ‚Bedingung' bewirkt wird, bewirkt werden kann oder
hätte bewirkt werden können, oder was aus der Bedingung zu folgern ist oder
gefolgert werden kann. Da der Bedingungssatz gewissermaßen die ‚Voraussetzung' enthält, der aussagende ‚Hauptsatz' die ‚Folgerung', wird in Analogie zu

dem hypothetischen Urteil in der Logik der Bedingungssatz auch als ‚Vordersatz‘, der Hauptsatz als ‚Nachsatz‘ bezeichnet (vgl. Behaghel 1923, III, 786; Paul-Mitzka 1966, § 360). Diese Termini beziehen sich also nicht auf die Stellung der Sätze im Satzgefüge. Die folgende Darstellung bedient sich ihrer als Kurzbezeichnungen für die beiden Teile des konditionalen Satzgefüges, gleichgültig, ob der Bedingungssatz dem aussagenden Hauptsatz vorangeht oder folgt.

Die Beziehung zwischen Bedingung und Bedingtem, Voraussetzung und Folge kann zum Ausdruck gebracht werden, (1) ohne daß eine Andeutung darüber erfolgt, welches die Möglichkeit der Realisierung der Bedingung sei: *sleht er mich, sô bin ich tôt* Er 8046.

Es kann aber auch (2) der Inhalt des Bedingungssatzes durch formale Mittel als eine Möglichkeit bezeichnet werden, über die noch nicht entschieden ist (potentialer Bedingungssatz) oder über die nicht mehr entschieden werden kann, weil die Entscheidung bereits getroffen ist (irrealer Bedingungssatz).

Die verschiedenen Nuancen der Beziehung zwischen Bedingung und Verwirklichung werden durch die Wahl des Modus, bzw. durch die Wahl von Modus und Tempus mehr oder minder eindeutig zum Ausdruck gebracht. Modus und Tempus des ‚Vordersatzes‘ (= des Konditionalsatzes) sind in der Regel bestimmend für Modus und Tempus des ‚Nachsatzes‘, aber oft ist dies auch nicht der Fall (s. u.).

Über die Formen der Einleitung konditionaler Sätze ist oben gehandelt worden: Sätze ohne konjunktionale Einleitung (bzw. eingeleitet durch *und*) mit der Wortstellung direkter Fragesätze (indikativisch und konjunktivisch): § 445; negierte Sätze ohne besondere Einleitung, von exzipierender Bedeutung (konjunktivisch): § 447; Konditional-Sätze: § 460; mit Pronomen relativum (*der* oder *swer*) eingeleitete Sätze (indikativisch oder konjunktivisch) in der Funktion von Bedingungssätzen im konditionalen Satzgefüge: § 455.

Ein konditionales Satzgefüge kann syntaktisch selbständig sein, oder es kann seinerseits ein abhängiger Satz sein.

§ 477　Typen der Kombination von Modus und Tempus im ‚Vordersatz‘ und im ‚Nachsatz‘ des selbständigen konditionalen Satzgefüges:

Im folgenden werden unter 1) bis 4) usuelle Kombinationen aufgeführt, unter 5) weniger usuelle Kombinationen und unter 6) Kombinationen von Modus und Tempus im nicht selbständigen Satzgefüge.

1. Dem Konj. Prät. im Konditionalsatz (‚Vordersatz‘) entspricht ein Konj. Prät. im ‚Nachsatz‘:

Der Konditionalsatz ist der Bedeutung nach ‚irreal‘: es wird etwas als Annahme gesetzt, während sich aus dem Kontext ergibt, daß in Wirklichkeit das Gegenteil des Gesetzten der Fall ist, und daß seine Realisierung unmöglich ist.

ob ich ein ritter wære, ich kæme in etwenne bî ([Worte Kriemhilts:] „wenn ich ein Ritter wäre, ich käme ... zu ihnen") NL 1416,4; *ob unser tûsent wæren* [es sind aber nur noch wenige], *wir lægen alle tôt, ... ê wir dir einen man gæben hie ze gîsel* NL 2105, 2−4.

Der Konditionalsatz in den nachstehenden Fällen ist der Bedeutung nach ‚potential‘: es wird etwas als Annahme gesetzt, über dessen Verwirklichung laut Kontext noch nicht entschieden ist.

> *ob si in bræhte hinnen* . . ., *er wurde doch zerteilet ûf den mînen haz* („wenn Kriemhilt den Schatz wegbrächte . . ., würde er verteilt werden, um Feindschaft gegen mich zu wecken") NL 1273, 1−2; *ich erkande in wol, und sæhe ich in* („ich würde ihn erkennen, wenn ich ihn sähe [oder: sehen würde]") Gr 3896; *waz töhte, ob ich mich selben trüge* („was würde es nützen, wenn ich mich selbst betrügen würde?") Iw 7573; *swer des vergêze, der tête mir leide* Renner 1188.

Der Konj. Prät. im Konditionalsatz in Verbindung mit dem Konj. Prät. im Nachsatz bezeichnet also sowohl den ‚Irrealis‘ als auch den ‚Potentialis‘, d. h.: eine Differenzierung im Bereich des Hypothetischen, wie sie durch diese Termini charakterisiert wird, ist im Mhd. nicht durchgeführt. Das Mhd. ist in dieser Hinsicht dem Altlateinischen vergleichbar, nicht dem klassischen Latein (vgl. Kühner-Stegmann 1962, 399ff.).

> Im folgenden ein Beispiel dafür, daß auch der Kontext eine Differenzierung nicht gestattet: *‚ir tier vil ungewizzen, ... wæret ir nû wîse, ir holtet iuwer spîse ...‘* („ihr unvernünftigen Tiere, wenn ihr einsichtig wäret, würdet ihr eure Nahrung holen" [sc.: mich fressen]). *Daz laden si niht vervie daz dehein tier ez vernæme oder dar kæme. Ob aber deheinez dar kæme und ob ez rehte vernæme ir trûrige gebâre, sô weiz ich wol ... ez müeste ir die swære ... helfen weinen* („wenn aber eins gekommen wäre [oder: kommen würde] ..., so weiß ich wohl, es hätte ihr helfen müssen [oder: es müßte ihr helfen] ...") Er 5844−66.

Die Differenzierung beginnt mit der Bezeichnung des Irrealis der Vergangenheit in Fällen wie den im folgenden [unter 2)] anzuführenden:

2. Dem Konj. Plusqu. im ‚Konditionalsatz‘ (‚Vordersatz‘) entspricht der Konj. Plusqu. im ‚Nachsatz‘:

> *ich* (sc.: Hartmann) *hete im geholfen vür wâr, und wære ich im gewesen bî* Gr 3310−11; *unde wærez gewesen guot vür wint oder vür regen, ir enwæret dâ inne niht gelegen* Gr 3716−18.

Älter ist vielleicht die Verbindung des Konj. Prät. im Vordersatz mit dem Konj. Plusqu. im Nachsatz:

> *si were der sanister (samfter?) gegeuin* . . ., *inde* (mfrk. *inde* = ‚und‘) *stundiz an minin willin* („sie wäre dir ... gegeben worden ..., wenn es in meiner Entscheidung gestanden hätte") Ro 2918−20.

3. Dem Ind. Präs. im Konditionalsatz (‚Vordersatz‘) entspricht der Ind. Präs. im ‚Nachsatz‘:

> *nemet ir mir ouch disen unte geskihit ime ieht unter wegen, sone lustet mich mere leben* Gen 4794−96; *sleht er mich, sô bin ich tôt* Er 8046; *ich weiz wol, und bistû niht ein*

zage, so gesihestû wol in kurzer vrist ... Iw 562–63; herre, gat her an! und kumet min her Tristan, die wile ir an dem lande sit, uns begat ein übel zit G 13331–34.

Hier gibt das konditionale Satzgefüge das Verhältnis von Voraussetzung und Folge an, ohne daß über die Möglichkeit der Realisierung der Voraussetzung etwas ausgesagt würde.

Statt des Ind. Präs. im Nachsatz kann zuweilen auch der Imperativ stehen (oder der voluntative Konj. Präs.):

vürhtents dînen zorn, so gebiut in vride Iw 514–515 (vgl. § 470).

4. Dem Konj. Präs. im Konditionalsatz (‚Vordersatz') entspricht der Ind. Präs. im ‚Nachsatz':

und ruoche got unser sêlen pflegen, die enscheident sich benamen niht Er 5839–40; *werde unser zweier kindelîn anme antlütze einem man gelîch, deiswâr der wirt ellens rîch* Pz 55, 28–30; *vrâge iuch wîp oder man, wer trüege die rîchsten hant ...* , *irn mugt sis niht bescheiden baz: ez was Feirefîz* Pz 777, 2–7; − *ob mir alsô gelinge daz mir der sige belîbe, sô nim ich si ze wîbe* Er 513–15; *ob in müge (mag D) errîten, ich wil gerne mit im strîten* Pz 139, 7–8; *op der helfe an iu ger, iwerr helfe habt ir êre* („sollte der [Ritter] Hilfe von euch begehren, so ehrt es euch, wenn ihr sie erweist") Pz 642, 16–17.

Statt des Ind. Präs. im Nachsatz kann zuweilen auch der Imperativ stehen:

sî dir nû ... kunt umb selhe wâge iht, daz verswîc mich niht Iw 538–40 (vgl. § 470).

Entsprechend ist die Korrespondenz eines Konjunktivs Perfecti im Konditionalsatz mit dem Indikativ Präsentis im ‚Nachsatz zu beurteilen:

hab iemen hie von mir vernomn, dâ wandel nâch gehœre, ... so ergib ich mich ... in dînen rât („sollte jemand hier von meiner Seite etwas zu hören bekommen haben, worauf Genugtuung gehört, ... so gebe ich mich deinem Rat anheim") Wh 159, 24–29.

Anm. 1: Eine ungewöhnliche Kombination ist die folgende: dem Konj. Präs. im Konditionalsatz (= ‚Vordersatz') entspricht ein Konj. Prät. im ‚Nachsatz': *ob ez dir wol gevalle (geviele bl), ... sô wold (wil Ih) ich gerne senden nâch den vriwenden dîn* NL 1407, 1–2. Die Hss. Ih stellen den oben behandelten Typ: Konj. Präs. − Ind. Präs. her, die Hss. bl den unter 1b behandelten Typ: Konj. Prät. − Konj. Prät.

5. Beispiele für einige weniger usuelle Kombinationen von Modus und Tempus im ‚Vorder'- und ‚Nachsatz' des selbständigen konditionalen Satzgefüges: Im Konditionalsatz (‚Vordersatz') steht der Ind. Präs., im ‚Nachsatz' der Konj. Prät.:

ube mir got ... gerœchet senten ze mœte daz ich chunne reden ..., so wurde diu zala minnechlich Gen 3–7; *verlæt mich immer jâmers kraft, sô tæt ich gerne rîterschaft* Pz 96, 27–28; *und ist ez niuwan ein man an dem si ze gewinne stât, des möhte werden guot rât* Er 8031–33.

Im Konditionalsatz steht der Konj. Prät., im ‚Nachsatz' der Ind. Prät.:

enheten sîn zunge niht verworht, sone gewan der hof nie tiurern helt Iw 2568−69: vgl.
§ 319, Anm. 1.

Der Wechsel des Modus wirkt wie ein Aufgeben der ursprünglich beabsichtigten Konstruktion.

Im Konditionalsatz steht der Konj. Prät. oder Plusqu., im ‚Nachsatz' der Ind.
Präs. Der Gegensatz der Modalität von Vorder- und Nachsatz bildet hier (anders als in den vorherigen Beispielen) den Sinn der Aussage; der Konditionalsatz erhält dadurch eine konzessive Nuance:

wær mir aller wîbe haz bereit, mich müet doch froun Jeschûten leit („wenn mir auch
alle Frauen [deshalb] feindlich gesinnt wären, mich bekümmert doch Frau J.s
Schmerz") Pz 137, 29−30; *ob mir alle krône wærn bereit, ich hân nâch ir mîn hœhste
leit* Pz 98,5; *und hætes al diu werlt gesworn, ern wirdet niemer din man* G 9296−97;
vgl. § 445, Anm. 1, § 460,1 u. § 479.

Andere Kombinationen treten vorzugsweise dann auf, wenn die Form des
Konditionalsatzes dazu gebraucht wird, ein anderes als ein konditionales Verhältnis zu bezeichnen, also bei ‚Übertragung der Aussageform'. So kann im
‚Vorder-' und ‚Nachsatz' der Ind. Prät. stehen:

ob si ê ie getruogen deheiniu rîchen kleit, der wart zuo zir verte vil manegez nu bereit
(„wenn sie je reiche Kleider besaßen, die wurden nun für ihre Reise zugerüstet") NL
1269, 1−2; *geleit ie ritter nôt durch ein sus wênec frouwelîn, dâ solt ich durch iuch inne
sîn* („wenn jemals ein R. Bedrängnis erlitten hat durch ein so kleines Fräulein, in die
mußte ich durch euch geraten") Pz 368, 28−30. Hier sind in der Form des konditionalen Satzgefüges zwei Aussagen vereint, zwischen denen das Verhältnis von ‚Voraussetzung' und ‚Folgerung' oder ‚Bedingung' und ‚Bedingtem' nicht besteht: „sie verfügten über reiche Kleider; die wurden für die Reise zugerüstet"; „kaum jemals hat ein
Ritter solche Bedrängnis erlitten ...; ich mußte durch euch in eine solche geraten."

Der als Konditionalsatz geformte ‚Vordersatz' kann auch die Funktion eines *daz*-Satzes
haben:

*hêrre, ob ich iu leide sprach, von den schulden daz geschach, daz ich versuochen
wolde, ob ich iu minne solde bieten* ... („daß ich Feindseliges gegen euch gesprochen
habe, das geschah aus dem Grunde, daß ich..." oder auch: „wenn ich gesprochen
habe, so geschah es ...") Pz 614, 1−5.

Anm. 1: Die Tendenz zum uneigentlichen Gebrauch des konditionalen Satzgefüges
setzt sich im Nhd. fort: Die beiden zuletzt angeführten Beispielgruppen erlauben die
Übersetzung mit nhd. „wenn"; vgl. § 460,1.

6. Das konditionale Satzgefüge als abhängiger Satz: **§ 478**
Ein konditionales Satzgefüge kann abhängig sein von einem Satz, dessen Prädikat ein Verbum dicendi oder sentiendi ist. Dann nimmt der ‚Nachsatz'
(= Hauptsatz) des konditionalen Satzgefüges die Form eines *daz*-Satzes an,
oder er ist abhängig, ohne eine besondere Einleitung zu haben. Bevorzugt ist
die Stellung des Konditionalsatzes vor dem *daz*-Satz. Im allgemeinen ist das

Tempus des Verbums dicendi im übergeordneten Satz bestimmend für das Tempus des konditionalen Gefüges, und der Modus des konditionalen Gefüges ist der Konjunktiv (soweit die Formen eindeutig sind); doch gibt es auch Beispiele für die Loslösung von Tempus und Modus des abhängigen konditionalen Gefüges:

> *do wisse unser trehtin ... ube si iz mit der chrefte uoltâten, daz sal die werlt zestorten* („da wußte unser H., daß sie die ganze Welt zerstören würden, wenn sie es mit dieser Tatkraft vollendeten") Gen 1554–57; *sî lobte mînes willen vil, gæbe ich ir ditz jâr ein zil, ob ir man inder kæme, daz sî den wider næme* („sie äußerte sich anerkennend über meine Absicht [und sagte], falls ich ihr dieses Jahr lang eine Frist geben würde, daß sie, wenn ihr Mann irgend kommen sollte, ihn wieder nehmen würde") Gerhard 3323–26; *... daz ich des sêre fürhte, ez müg uns werden leit, ob wir werben wellen die vil hêrlichen meit* NL 54, 3–4; – mit Loslösung: *iu hiez [her] H. sagen, des er dinget, ob ir des niht entuot, daz ir in mit sînen recken sehet ze M.* („euch ließ Herr H. sagen, daß ihr ihn mit seinen Helden in M. sehen werdet, wenn ihr das nicht tut, worauf er hofft") GL 771, 1–3. (Zur Voranstellung des Relativsatzes vgl. § 488 b und c).

Lit.: Modus in Konditionalsätzen
Låftman 1931, 284–309, bes. 304ff.; Flämig 1962, 7–19; Kaufmann G. 1975; Wichter 1978, 70ff.; Schrodt 1983, 140–198. Vgl. auch die Lit. zur Einleitung von Konditionalsätzen.

§ 479   γ) Der Modus im konzessiven Satz

Das konzessive Verhältnis ist eine Sonderform des konditionalen. Im Mhd., wie in anderen Sprachen, wird daher der Konzessivsatz teilweise durch die gleichen formalen Mittel gekennzeichnet wie der Konditionalsatz: Einleitung durch die Konjunktion *ob* (§§ 460,1; 461,5 u. 477,5) oder Inversion ohne besondere Einleitung (§ 445). Um den konzessiven Sinn zu verdeutlichen, können Adverbien hinzutreten: *ouch, halt* zum Vordersatz, *doch* zum Nachsatz, oder es kann dem Vordersatz eine konzessive Partikel vorangehen: *al, alein(e)* (§ 445, Anm. 2). Daneben gibt es die in § 461 aufgeführten besonderen konjunktionalen Einleitungen konzessiver Sätze.

Auch im Modusgebrauch stimmen Sätze von konzessiver Bedeutung mit den konditionalen Sätzen weitgehend überein.

1. Sätze von konzessiver Bedeutung, die mit *ob* eingeleitet sind:
Die Typen der Kombination von Modus und Tempus entsprechen denjenigen im konditionalen Satzgefüge (Beispiele s. § 461,5). In § 476f. ist auf die Verbindung des Konj. Prät. oder Plusqu. im ‚Vordersatz‘ mit dem Ind. Präs. im ‚Nachsatz‘ eines konditionalen Satzgefüges hingewiesen worden, z. B. .:

> *ob mir alle krône wærn bereit, ich hân nâch ir mîn hœhste leit* Pz 98,5f.;

hier gibt der Gegensatz der Modalitäten dem Verhältnis des Vordersatzes zum Nachsatz eine konzessive Nuance (weitere Beispiele in § 460,1).

2. Sätze von konzessiver Bedeutung ohne besondere Einleitung weisen dieselben Modusmöglichkeiten auf wie die entsprechenden Konditionalsätze (§ 445). Auch die Kombinationsmöglichkeiten von Tempus und Modus zwischen ‚Vordersatz' und ‚Nachsatz' entsprechen weitgehend den Möglichkeiten des konditionalen Satzgefüges, wie sie in § 477 dargelegt sind. Doch treten andere Möglichkeiten hinzu, z. B. Konj. Präs. im konzessiven Satz in Verbindung mit Ind. Prät. im ‚Nachsatz':

> *sî ouh ih iemer ze allen êren verkorn, nû was ih doh ze Rôme ain rîche man* („wenn ich auch für immer alles Ansehens verlustig sein mag, so war ich doch in Rom ein mächtiger Mann") Kchr 3824f.

Über den Modus in Sätzen von konzessiver Bedeutung, die mit *doch, swie, alein(e)* eingeleitet sind, vgl. § 461, 1−3.

Lit.: Modus in Konzessivsätzen
Flämig 1962, 157−163; Hermodsson 1973, 298−305; Wichter 1978,55f. Vgl. auch die Lit. zur Einleitung von Konzessivsätzen.

δ) Der Modus im kausalen Satz   § 480

Der Modus ist in Kausalsätzen regulärer Weise der Indikativ (Beispiele § 462). Wo der Konjunktiv auftritt, dürfte er nicht durch die einleitende Konjunktion bedingt sein, sondern durch die besondere Modalität des übergeordneten Satzes, die durch Imperativ, Konjunktiv oder mit einem Modalverb bezeichnet ist (vgl. § 470). Im folgenden werden nur Beispiele für den Konjunktiv aufgeführt:

> *sît er dâ gerne sî, sô sî ouch dâ* Wa 70,37; *sit aber noch nieman komen si, der ez billicher süle han, so helfe iu got, so lazenz stan* G 4656−58; *sît ez dir aber sî geseit, sô tuoz durch dîne sælekeit und gedenke niht ... KvW, Engelh 6043−45; − nu du gotis gnâde sist ginennit* (G, *bist genant* S), *nu gnâde mir* Litanei 458−59; *nu er dunke* (*dunket* A) *sich sô küene, sô traget in ir gewant* NL 447,3; *− ich muoz von rehten schulden hôh tragen daz herze und alle die sinne, sît mich der aller beste man verholne in sîme herzen minne* MF 38, 5−6 (zur Problematik dieses Konjunktivs Kraus 1939,92 und 1940,374).

Ausdruck der urteilenden Stellungnahme des Sprechenden ist der Konjunktiv im Kausalsatz in dem folgenden Beispiel: *nu sô gevüege dîn lieber herre sî, ich wil gên im nimmer des willen werden vrî, ich gelône im ...* („da dein l. Herr so kunstfertig ist, wie du sagst, so will ich ihm gegenüber nie die Absicht aufgeben, ihm zu lohnen ...") GL 407, 1−3; hier handelt es sich um einen der nicht sehr häufigen Fälle eines ‚obliquen' abhängigen Satzes; vgl. § 473γ sowie Behaghel 1923, III, 620 u. 716.

Lit.: Modus in Kausalsätzen
Vgl. Lit. zur Einleitung von Kausalsätzen.

ε) Der Modus im finalen Satz   § 481

Der Modus im Finalsatz ist der Konjunktiv, sofern die Möglichkeit einer for-

malen Differenzierung zwischen Indikativ und Konjunktiv gegeben ist: vgl.
§ 463.

<u>Lit.</u>: Modus in Finalsätzen
Flämig 1962, 147–156. Vgl. auch Lit. zur Einleitung von Finalsätzen.

§ 482 ζ) Der Modus im modal-konsekutiven Satz

Vgl. § 464.

<u>Lit.</u>: Modus in Konsekutivsätzen
Flämig 1962, 106–110. Vgl. auch Lit. zur Einleitung von Konsekutivsätzen.

§ 483 η) Der Modus im modalen Satz

Im allgemeinen ist der Modus im modalen Satz der Indikativ: s. § 465. Der
Konjunktiv erscheint, wenn *als* oder *sam* einen Vergleichssatz einleiten, der
den Charakter eines irrealen Bedingungssatzes hat: s. § 465,4.

Aufmerksamkeit verdient der Modus in den mit *danne* eingeleiteten Vergleichssätzen (s. § 465,7):

1. Der übergeordnete Satz enthält einen prädikativen oder adverbialen, seltener einen attributiven Komparativ, der Vergleichssatz bezieht sich auf diesen
bzw. auf die Verbindung von Komparativ und verbalem Ausdruck. Im Vergleichssatz steht sowohl der Konjunktiv (Präs. oder Prät.) als auch der Indikativ.

Man hat eine ‚Regel‘ formuliert, wonach der Konjunktiv im *danne*-Satz stehe, wenn der
übergeordnete Satz positiv ist, der Indikativ, wenn der übergeordnete Satz formal oder
dem Inhalt nach negiert ist, doch hat man zugleich ‚die Auflösung der Regel‘ im Mhd.
konstatieren müssen (vgl. Behaghel 1923, III, 625f.):

Konj.: *diu krône ist elter danne der künec Ph. sî* Wa 18,29; *und ist ouch danne da bi vil
richer, danne ir vater si* G 10513–14; *ouch behagete ir der gast baz danne ie man getæte*
Gr 1958–59; *der wirt wart ... baz gemuot dann er dâ vore wære (was* a) NL 685,2;
Ind.: *dem ir den vater het erslagen, dern vlizze sich des niht mêre wie er iu alle iuwer
êre benæme, dann sî dâ tuot* Iw 850–53; *irn habt ... keinen bezzern vriunt dan er ist* Iw
8060–61; *wærer ir aller kint gewesen, sin leit enwære in allen nie naher gegangen,
danne ez gie* G 7382–84; – [aber auch:] *diu liebe stêt der schœne bî baz danne gesteine
dem golde tuot* Wa 92,26; *scule wir in der eren gunnin, so wirdit iz bœser denne iz ê was*
RL 499; *êrete man unde wîb baz dan er dar vore tete* [*e* kann in der Hs. auch für den
Umlaut von *ā* stehen] Alex S 7258–59.

2. In § 465,7 sind Beispiele angeführt für den Typus: *iz ist pezzer daz ainer
resterbe, denne diu werlt elliu vur werde* („es ist besser, daß einer stirbt, als daß
die ganze Welt zugrunde geht“) Kchr 8728–29. Der Konjunktiv in diesen mit
danne = danne daz eingeleiteten Sätzen dürfte in Analogie zu dem Konjunktiv
in dem voraufgehenden *daz*-Satz stehen. Dieser voraufgehende Konjunktiv
seinerseits ist bedingt durch die Beziehung des *daz*-Satzes auf den unpersönli-

chen Ausdruck, der den übergeordneten Satz bildet *(ez ist bezzer, mir ist lieber);* (vgl. § 484).

Lit.: Modus in Modalsätzen
Flämig 1962, 95−105; Jäger 1971, 221−236; Wichter 1978, 72−75; Kürschner 1983, 250−253. Vgl. auch Lit. zur Einleitung von Modalsätzen.

ϑ) Der Modus in *daz*-Sätzen   **§ 484**

Auf den Modus in *daz*-Sätzen wird Bezug genommen in: §§ 469−472 (syntaktisch-formale Eigenarten des übergeordneten Satzes, welche den Gebrauch des Konjunktivs im abhängigen Satz begünstigen); §§ 463 u. 481 (Modus im Finalsatz); §§ 464 u. 482 (Modus im modal-konsekutiven Satz); § 465,6 (*daz* als Einleitung modaler Sätze); § 466 (die Konjunktion *daz*).

1. Subjektsätze (vgl. auch § 466):

Gewisse *daz*-Sätze fungieren als Subjektsätze zu übergeordneten Sätzen, welche die Gestalt eines unpersönlichen Verbalausdrucks haben, wie: *(ez) ist bezzer, ez ist guot, mir ist lieber, ez ist unnôt, (ez) ist site, ist gewonlich* (vgl. § 402). In dieser Art von *daz*-Sätzen steht der Konjunktiv als Ausdruck der Potentialität (Eventualität) eines Geschehens:

> *iz ist pezzer daz ainer resterbe, denne diu werlt elliu vur werde* Kchr 8728−29; *durch daz ist guot ... daz er mit allem ruoche dem libe unmuoze suoche* G 87−90; *mir ist liebere daz ich ersterbe den ich mich iuwer beider darbe* Gen 2455−56; *mir ist lieber daz si mich verber (ich ir enper* Es*) ..., dan si mich und jenen und disen gewer* MF 179, 30−32; *ez ist unnôt daz iemen mîner verte vrâge* MF 218,7. Weniger leicht nachzuempfinden ist für nhd. Sprachgefühl der Gebrauch des Konjunktivs nach Ausdrükken, welche die Bedeutung von nhd. „es ist meine Gepflogenheit, daß ...“, „es ist üblich, daß ...“ haben: *ez ist mîn site daz man mich iemer bî den tiursten vinde* Wa 35,8; *ouch ist daz gewonlich daz man dem sündigen man ... nâch riuwen sünde vergebe* Iw 8104−07.

2. Objektsätze: **§ 485**

Indirekte Aufforderungs- und Aussagesätze, die mit ‚daz‘ eingeleitet sind, haben die Funktion von Objekten des übergeordneten Satzes (Akkusativ- und auch Genitivobjekt) und sind als solche bezogen auf Verben mit der Bedeutung des Sagens, Mitteilens, Denkens, Meinens (verba dicendi et sentiendi) oder auf Verben von auffordernder Bedeutung (wie *bitten, heizen, gebieten, bevelhen*). Sie werden entweder eingeleitet durch die Konjunktion *daz*, oder sie sind ohne besondere Einleitung; in letzterem Falle wird ihre Abhängigkeit stets durch den Konjunktiv bezeichnet; darüber s. § 446. Im folgenden werden nur die mit *daz* eingeleiteten Sätze erörtert. Nicht angeführt werden Beispiele, für welche zugleich eine der in §§ 469−472 behandelten Voraussetzungen für den bevorzugten Gebrauch des Konjunktivs gegeben ist. Gelegentlich wird *wie* stilistisch annähernd gleichwertig mit *daz* gebraucht: vgl. § 457.

Nach Verben von auffordernder Bedeutung steht der Konjunktiv:

> *ih pitte dich ... daz disen list niemer mêre nefraiske nehain ... man* („daß nie erfahren möge") Kchr 5753; *dû begund er* (Jacob) *in* (Josef) *bitten, ... sos er sturbe daz er in da nieht pewlhe* („daß er ihn dort nicht begraben möge") Gen 5289; *er* (der Engel) *hiez in daz er urage uerbare* („befahl ihm, daß er die Frage unterlassen solle") Gen 3076; *diu vrouwe gebôt ir ... daz si in allenthalben niht bestriche* Iw 3439—43.

Nach Verba dicendi et sentiendi im oben erörterten Sinne steht sowohl der Konjunktiv als auch der Indikativ. Der Konjunktiv wird bevorzugt, wenn der übergeordnete Satz (indikativisch-)präterital ist. In solchen Sätzen braucht der Konjunktiv Praeteriti keine Einschränkung der objektiven Gültigkeit der Aussage zu bezeichnen, er kann vielmehr das formale Kennzeichen der indirekten Aussage sein; dies ist nicht konsequent durchgeführt, aber die Tendenz zu einer solchen Funktion kündigt sich an. Es kann aber im abhängigen Satz auch der Indikativ stehen, wenn der Inhalt ausdrücklich als ein Faktum bezeichnet werden soll. Die Bedeutung des Verbums im übergeordneten Satz kann den Modus beeinflussen, insofern als nach einem Verbum ausgesprochen subjektivischen Charakters, wie *wænen,* der abhängige Satz bevorzugt im Konjunktiv erscheint; dagegen gilt nicht unbedingt das Umgekehrte, daß nach Verben, die eine Äußerung objektiven Charakters bezeichnen, der Indikativ stehen müsse (vgl. Behaghel 1923, III, 383—394; Dal 1966, 144, 149).

Der Konj. Prät. steht nach Ind. Prät. im übergeordneten Satz, wenn es sich laut Kontext um eine objektiv gültige vom Sprecher oder Erzähler nicht in Frage gestellte Aussage handelt:

> *er sagete den hirten ... daz da geborn ware der werlt hailare* Ava, LJ 14, 5—6; *dô tet er in bekant daz erz Grêgôrjus wære* Gr 3488—89; *dar an stuont geschriben sô ... diuz gebære daz diu sîn base wære* Gr 733—36; *wol wess er daz ez tæte daz Sigelinde kint* NL 209,3;

Er steht ferner, wenn aus dem Kontext nicht hervorgeht, ob die Aussage auch objektiv gültig ist:

> *Laban sprach daz da nieht site ware daz man die iungeren ê gabe* Gen 2606—7;

Er steht weiter nach Ind. Präs. im übergeordneten Satz, wenn laut Kontext der Sprecher sich von der Aussage distanziert (während außerdem ein zeitlicher Unterschied zwischen übergeordnetem und abhängigem Satz zum Ausdruck gebracht werden soll [vgl. § 468]):

> *man saget in manegen landen wît, daz Keie ... wære ein ribbalt: des sagent in mîniu mære blôz* („man sagt ..., daß K. ... ein Grobian gewesen sei; davon spreche ich ihn frei") Pz 296, 16—19; *ouch sagent genuoge mære, daz ez des trankes wære, von dem Tristan unde Isot gevielen in ir herzenot. nein des trankes was nime* G 12651—55.

Der Konj. Präs. kann stehen, sowohl wenn die Aussage, laut Kontext, durch den Sprecher nicht in Frage gestellt werden soll:

doch ist mir für wâr gesagt, daz ein helt unverzagt won in der heidenschaft ... *der ist ze bruoder mir benant* Pz 746, 13–19,

als auch wenn der Sprecher sich expressis verbis von einer Aussage distanziert:

iu hât etewer gesaget daz ich sî ein ungeboren man ... *swer er ist, er hât gelogen* Gr 2576–77. 2583.

Der Konjunktiv kann ferner eine futurische Nuance gewinnen, und zwar sowohl der Konj. Präs. (nach einem Ind. Präs. im übergeordneten Satz) als auch der Konj. Prät. (nach einem Ind. Prät. im übergeordneten Satz):

ja sprichet der psalmiste von dir ... *daz dine fuozze noch din bein niht neserige der stein* („nicht verletzen solle (> werde)" [prophetisches Futur]) Ava, LJ 47, 5–6; *ich swuor ir einen eit, daz ich ir getæte nimmer mêre leit* („nie mehr antun würde") NL 1131, 1–2; *er weste wol daz Keiî in niemer gelieze vrî* Iw 1531–32.

Der Indikativ kann im abhängigen Satz stehen, wenn der Inhalt als ein Faktum bezeichnet werden soll:

Ind. Präs. nach Ind. Präs. im übergeordneten Satz: *ich sage iu, frouwe, daz ich pin mîner basen bruoder suon* Pz 406, 14–15; nach Ind. Prät. im übergeordneten Satz: *Gâwân des gedâhte* ... *daz dicke den grôzen strûz væhet ein vil kranker ar* Pz 406,28–407,1. Zu der Divergenz der Tempora im übergeordneten und im abhängigen Satz vgl. § 468.

Lit.: Modus in *daz*-Sätzen
Behaghel 1923, III, 577–597 und 611ff.; Flämig 1962, 80–85; Dal 1966, 144ff.; Wichter 1978,77ff. und 81ff.; Schrodt 1983, 198–311. Vgl. auch Lit. zur Einleitung von *daz*-Sätzen.

d) Wechsel des Modus

α) Konjunktiv und Indikativ   **§ 486**
Nicht sehr häufig ist die Erscheinung, daß ein Konjunktionalsatz im Konjunktiv beginnt und im Indikativ fortgesetzt wird:

ir habet mirs noch vil wênic her ze lande brâht, swier mîn eigen wære und ich sîn wîlen pflac („obwohl er mein Eigentum war und ich einstmals über ihn verfügte") NL 1743, 2–3.

Auch wenn die Konjunktion wiederholt wird, kann ein Wechsel des Modus eintreten:

dô er vernam diu mære daz diu vrouwe wære schœne junc und âne man, und daz ir (A, *Das ir* E) *daz urliuge dar an und diu ungenâde geschach daz sî den herzogen versprach,* ... *dô hæte er sî gerne gesehen* („als er die Kunde vernahm, daß die Dame schön, jung und unverheiratet sei, und daß der Krieg und das Unglück ihr dadurch zugestoßen sei, daß sie den Herzog ausgeschlagen hatte, ... da hätte er sie gerne gesehen") Gr [1] 1723–1731 (= Gr 1895–1903).

Auch im indirekten Fragesatz kann Moduswechsel vorkommen. Im folgenden Beispiel variiert zwar die Einleitung der beiden Sätze *(waz, wie),* aber das Frageadverb würde keinen anderen Modus bedingen als das Fragepronomen:

man möhte michel wunder von Sîvride sagen, waz êren an im wüehse (*wûhs* A, *wuchs*
D) *und wie sccene was sîn lîp* NL 22, 2–3.

Eine Bedeutungsdifferenzierung kann, wie der Zusammenhang zeigt, durch
diesen Moduswechsel nicht beabsichtigt sein. Man kann ihn so auffassen, daß
die verbale Aussage in die modal-indifferente Form übergeht, nachdem im
ersten Satz die Modalität gekennzeichnet ist. Unter anderem Gesichtspunkt
läßt sich der Moduswechsel als eine Dissimilationserscheinung betrachten. Auf
jeden Fall hat dieser Wechsel etwas Irreguläres – ebenso wie sein Gegenteil,
die Modus-Attraktion (s. §§ 468–471). Doch ist sein Vorkommen im gesamten
Mhd. weit seltener als das der Modus-Attraktion.

Nicht häufig weisen von zwei syntaktisch gleichwertigen aneinander gereih-
ten Konjunktionalsätzen der erste den Indikativ und der zweite den Konjunktiv auf:

mîn geloube stüend (*stuont* Kt) *entwerch, ob ich geloubte daz der* (*er* lmpt) *starp und in
dem tôde leben erwarp und daz* (lmnopt, *doch* K) *sîn eines wæren* (*waren* Kopt) *drî*
(„mein Glaube stünde quer, wenn ich glaubte, daß er [Christus] gestorben sei und aus
dem Tode auferstanden sei und daß er dreimal einer gewesen sei") Wh 108, 4–7; *ir
tuot von disem gote erkant, daz in Jupiter gebant und wurfe in in die helle* („ihr tut
kund über diesen Gott, daß J. ihn gefesselt habe und ihn in die Hölle geworfen habe")
Barlaam 249, 23–25.

Vgl. auch § 496.

Lit.: Wechsel von Konjunktiv und Indikativ
Behaghel 1923, III, 674f.; Heusler 1932, § 423. Vgl. auch Lit. zu Konjunktiv und
Indikativ im Kap. I Verbum.

§ 487 β) Konjunktiv und Imperativ

Der Imperativ steht normalerweise nur in selbständigen Sätzen. Sehr vereinzelt
findet er sich in abhängigen Sätzen an Stelle eines zu erwartenden voluntativen
Konjunktivs, vornehmlich in Gestalt des formelhaften, im Reime stehenden
waz du tuo („was du tun sollst"). Im übergeordneten Satz steht zumeist ein
Verbum des Sagens: *ih sage dir …, waz du tuo* Kchr 4678; G 3366; KvW,
Engelh 4232; *… wie du tuo* RL 456; *vernim …, waz du tuo* Ha, Bü 737.

Lit.: Wechsel von Konjunktiv und Imperativ
Weinhold 1883, 377–381; Grimm J. 1884, 338–342; Paul H. 1916, IV, § 375; Wak-
kernagel 1920, I. 216f. Vgl. auch Lit. zu Konjunktiv und Imperativ im Kap. I Verbum.

C. Der Aufbau komplexer Sätze

1. Verbindung des übergeordneten Satzes mit einem untergeordneten Satz:

§ 488 a) Ein Konjunktionalsatz oder ein konjunktionsloser abhängiger Satz wird in
den übergeordneten Satz eingeschaltet:

nu heiz disen stain, ob du wellest got sin, werden ze brote Ava LJ 480−81; *nu gich, wellestu genesen, sicherheit* Pz 538, 20−21; (Beispiele für die Voran- oder Nachstellung konjunktional eingeleiteter oder konjunktionsloser Konditionalsätze s. §§ 445 u. 460.

Die Einschaltung kann zur Wiederaufnahme eines Gliedes aus dem ersten Teil des übergeordneten Satzes im zweiten Teil führen:

und ouch diu erbe mîn, erwirbest duz mit sterke, diu sulen dir undertænec sîn („und auch meine Erbländer, wenn du das mit deiner Kraft erreichst, die sollen dir untertan sein") NL 113, 3−4.

b) Ein Relativsatz wird in den übergeordneten Satz so eingeschaltet, daß er vor dem Satzglied steht, das er ergänzt:

als er gesach daz pilde, dô siht er tougen dan, die sageten ander mære, zwêne sîner man NL 908, 1−2; *des dînen guoten willen gibe ich dir ze lône, die ich tragen solte, mîner muoter Gêrlinde krône* GL 1310, 3−4.

c) Ein Relativsatz (in der Funktion des Subjekts, des Objekts, des Attributs) wird dem übergeordneten Satz vorangestellt:

dar nâch ie ranc mîn herze, wie wol ich daz verendet hân NL 538,4; *an dem uns unser mâge erworben habent hulde, Hetele der rîche vergæbe uns nimmer unser schulde* GL 434, 3−4; *dô er geweinde genuoc, ... daz er dâ vor im hâte, daz barc er ... in ein mûrloch* Gr 2455−59.

d) Der übergeordnete Satz wird in den abhängigen Satz eingeschaltet: der Hauptteil des abhängigen Satzes geht voraus, es folgt der übergeordnete Satz, darauf erweiternde Glieder oder sonstige Fortführungen des abhängigen Satzes:

ist iemen baz enpfangen, daz ist mir unbekant, dan die helede mære in Sigemundes lant NL 707, 1−2; *tæte ez anders iemen, sô zurnte ich alsô sêre, dan Ludewîc der vater mîn, ich næme im beide sînen lîp unde êre* GL 964, 3−4; *trüegen mîne soume golt, sô wæret ir mir alle holt, samît, pfelle und ander wât* Wh 140, 1−3; − *swer alsô minnen kan, der habe undanc, und dâ bî guoten dienest übersiht* Wa 96, 22−23; *swer mit tugenden hûses phliget, der nimt an werdekeit niht abe, und alsô mit der mâze wiget, daz im gevolgen mac sîn habe* („wer in Tüchtigkeit Haus hält und so mit *mâze* abwägt, daß sein Besitz ihm folgen kann [= daß es im rechten Verhältnis zu seinem Besitz steht], der nimmt an Ansehen nicht ab") Winsb 50, 1−4.

2. Verbindung eines übergeordneten Satzes mit mehr als einem untergeordneten Satz:

a) Vorangehen mögen einige Beispiele dafür, daß die untergeordneten Sätze　**§ 489** nach dem Grad ihrer Abhängigkeit aufeinander folgen:

do gedâhte diu guote ... wen si nemen möhte der baz ir muote töhte danne den selben man (und geviel vil gar dar an) den ir got hete gesant ze læsen si und ir lant Gr 2235−42; *si gedâhte daz si vür wâr zuo der helle wære geborn und got hæte verkorn ir*

herzenlîchez riuwen daz si begienc mit triuwen umbe ir erren missetât, als man iu ê
gesaget hât, sît er des tiuvels râte nû aber verhenget hâte daz si an der sünden grunt was
gevallen anderstunt („sie dachte, daß sie ... für die Hölle bestimmt sei und daß Gott
ihre von Herzen kommende Reue verschmäht habe, die sie ... um ihrer früheren
Missetat willen geübt hatte, wie man euch berichtet hat, da er [Gott] nun wiederum
dem Rate des Teufels nachgegangen hatte, so daß sie zum zweiten Mal in den Ab-
grund der Sünde gestürzt war") Gr 2488–98; *diz ist des ich ie bat, daz mich got bræhte*
ûf die stat daz mir sô wol geschæhe daz ich mit vreuden sæhe mîne liebe muoter Gr
2609–13; *nu helfe dir des hant, dem aller kumber ist bekant, ob dir sô wol gelinge, daz*
dich ein slâ dar bringe, aldâ du Munsalvæsche sihst, dâ du mir dîner freuden gihst Pz
442, 9–14.

b) Der untergeordnete Satz niederen Grades steht vor dem untergeordneten
Satz höheren Grades, der Hauptsatz folgt entweder den beiden untergeordneten Sätzen nach oder er geht beiden voran:

wa man in verhouwen solde, do er daz an mir ervant, wie moht ich des getrouwen daz
er im trüege haz? („als er von mir in Erfahrung brachte, wo man ihn treffen müsse,
wie konnte ich vermuten, daß er ihn haßte?") NL 1111, 3–4; *des ich aller sêrest ger, sô*
ich des bite, sô gît siz einem tôren ê Wa 117, 20–21; – *war tet dîn vater sînen sin, do er*
in ... ûf dem gemeinen sê vant, daz er in dem apte liez und in im selben niene hiez
dienen („wo hatte dein Vater seinen Verstand, daß er ihn dem Abt überließ und ihn
nicht sich selbst dienen ließ, als er ihn ... auf dem Meere fand, das allen gehört?") Gr
1352–57; *nû hilf mir, herre Krist, der mîn dâ vârend ist, daz ich mich dem entsage*
(„... daß ich dem absage, der mir nachstellt") MF 210, 19–21; *iu hiez [her] Hartmuot*
sagen, des er dinget, ob ir des niht entuot, daz ir in mit sînen recken sehet ze M. („euch
ließ H. H. sagen, daß ihr ihn mit seinen Helden in M. sehen werdet, wenn ihr das
nicht tut, was er erhofft") GL 771, 1–3.

Diese Verse sind hier angeführt wegen der Voranstellung des dem Konditionalsatz untergeordneten Relativsatzes. Sie sind zugleich ein Beispiel für die Abhängigkeit eines konditionalen Satzgefüges von einem Verbum dicendi. Darüber vgl. § 477. Dort ist darauf
hingewiesen, daß im abhängigen konditionalen Satzgefüge die Tendenz besteht, den
Konditionalsatz dem *daz*-Satz vorangehen zu lassen.

In allen diesen Fällen wäre die umgekehrte Anordnung der untergeordneten
Sätze möglich; der Unterschied aber wäre der, daß der jetzt voranstehende
Satz etwas von dem emphatischen, affekt-erfüllten Charakter einbüßte, den
ihm die Voranstellung zusätzlich zu seinem Inhalt verleiht.

c) In anderen Fällen ist ein vorangestellter Relativsatz Subjekt eines folgenden
daz-Satzes und wird in diesem durch ein Personalpronomen aufgenommen:

mir geuellet uile ûbele, der des morgenes in den wingarten gét, daz er uor uesper uz uert
(„... daß, wer des Morgens in den Weinberg geht, vor dem Abend weggeht") RL
976–78; *mîn gedinge ist, der ich bin holt mit rehten triuwen, dazs ouch mir daz selbe sî*
(„meine Hoffnung ist, daß sie, der ich aufrichtig zugetan bin, mir ebenso sein möge")
Wa 14, 14–15; *durch daz ist guot, swer herzeclage und senede not ze herzen trage, daz*
er mit allem ruoche dem libe unmuoze suoche G 87–90.

d) Selten ist der Fall, daß ein Hauptsatz zwischen zwei untergeordneten Sätzen
steht, deren einer vom andern abhängig ist:

swer wíp oder kínt lát, hús oder eigen, daz wil ich iu bescaiden, wi in got lonen wil („wie Gott den belohnen wird, der Weib oder Kind aufgibt, das will ich euch kundtun") RL 184–187; *des ir dâ habet muot, ich râte an rehten triuwen, daz ir des niht entuot, daz ir die mortræchen iht lâzet für den sal* („ich rate aufrichtig, daß ihr das nicht tut, was ihr beabsichtigt, daß ihr die Rächer nicht vor den Saal laßt") NL 2099, 1–3.

Anm. 1: Über einen Hauptsatz als κοινόν zwischen zwei syntaktisch gleichwertigen *daz*-Sätzen (GL 236, 2–3); über einen Relativsatz zwischen zwei Hauptsätzen, auf deren jeden er als Objekt bezogen ist (GL 291, 1–3); über einen Konjunktionalsatz als κοινόν zwischen zwei Satzgefügen (NL 2368, 2–4: BA): s. § 493; das sind Fügungen, die sich dem Anakoluth nähern.

3. Bindung und Freiheit in Satzperioden

§ 490

Die Freiheit der Stellung der abhängigen Sätze zueinander und zum übergeordneten Satz in der mhd. Dichtung erscheint, vom Nhd. her gesehen, beträchtlich. Der moderne Leser hat den Eindruck einer Beweglichkeit und Schmiegsamkeit, die in dieser Weise auf jüngerer Sprachstufe nicht mehr vorhanden ist. Sie ist, wie andere Freiheiten (vgl. § 454 zur Attraktion), der wachsenden Neigung zur Logisierung des Ausdrucks gewichen.

Der Anfänger in der Lektüre mhd. Texte sei besonders darauf hingewiesen, daß ein abhängiger Satz niederen Grades vor einem solchen höheren Grades stehen kann. Dagegen ist das Abbrechen eines abhängigen Satzes und die Einschaltung eines zweiten abhängigen Satzes selten; derartige Sätze werden aneinander gereiht, nicht ineinander geschoben, und die logische Priorität des einen vor dem andern ist nicht unbedingt maßgebend für ihre Folge. Neben dieser Freiheit der Staffelung besteht die umfassendere Ordnung, daß die untergeordneten Sätze nach dem Grade ihrer Abhängigkeit aufeinander folgen. Dies gilt vor allem für reicher abgestufte Perioden. Dort kann zwar ein Satz niederer Stufe vor einem solchen höherer Stufe stehen, meistens aber sind die Glieder entsprechend ihrer Abhängigkeit angeordnet. Beides, die Aufeinanderfolge nach dem Grade der Abhängigkeit und die Freiheit der Staffelung innerhalb der Grenzen gewisser Formen, sind usuell. Daneben kann der einzelne Autor Augenblicksstellungen schaffen (‚okkasionelle' Fügungen), die dem Willen entsprechen, einen Satzinhalt besonders hervorzuheben.

Vielleicht rührt der besondere Reiz der Satzfügungen der klassischen mhd. Dichtung daher, daß die Grenze zwischen dem Usuellen und dem Okkasionellen nicht scharf ist.

Lit.: Satzverknüpfung, Perioden
Paul H. 1916, IV, § 491–505; Behaghel 1923, III, 543–570 und 1923, IV, 259–290; Paul-Mitzka 1966, § 376f.; Hartung 1970, 79–115; Ebert 1980, 357–398; Borter 1982; Betten 1987, 137–152.

KAPITEL VII

Besonderheiten der Satzfügung

§ 491 Die Erscheinungen, die im folgenden beschrieben werden, sind, wie manches schon in früheren Kapiteln, nicht allein Syntactica, sondern zugleich Stilistica.

I. Sparsamkeit des Ausdrucks. Ellipsen

§ 492 Bei den meisten der hier aufzuführenden Konstruktionen nutzt ein Autor die Möglichkeit, welche der Sprachgebrauch seiner Zeit ihm bot, um ein bestimmtes syntaktisches Glied nicht zu bezeichnen, das er auch hätte bezeichnen können. Indessen ist der Grad, in welchem die einzelnen Konstruktionen usuell sind, verschieden, und dieses Verhältnis, die ‚Opposition' zu der ‚nicht-ersparenden' Ausdrucksweise, bestimmt ihren stilistischen Wert. Die historischen Voraussetzungen für die verschiedenen ‚ersparenden' Konstruktionen sind nicht immer deutlich zu erkennen. In der neueren Sprachwissenschaft besteht eine starke Zurückhaltung gegenüber einer Neigung der älteren Forschung, derartige Erscheinungen (die sich in vielen idg. Sprachen finden) summarisch als Ellipsen zu verstehen; man ist bestrebt, die Erscheinungen und die Terminologie zu differenzieren (vgl. Bally 1922, 1–6; E. Löfstedt 1928, II, 234ff.). Die folgenden Belege zeigen verschiedenartige Möglichkeiten des sparsamen Ausdrucks.

A. Nicht-Bezeichnung eines pronominalen Subjekts:

s. §§ 336,1 u. 399.

B. Nicht-Bezeichnung eines Pronomens im Kasus obliquus:

(Rother) nam ein guldin vingerin vnde gaf der koningin („und gab es der K.") Ro 3869–70; *uon susgetanen heleden mohten si niht entrinnen und niht ubirwinden* („. . . und sie nicht überwinden") Milst Gen u Ex 137,37–138,1; *nû râtih dir und mane* Alex S 3846; *dein fremdikait mir pringet pein und betrüebet ser* Osw von W 56, 3–4.

C. Nicht-Bezeichnung eines Infinitivs:

1. des Verbums substantivum nach *lâzen* in gewissen festen Verbindungen wie *leit, liep, gâch wesen:*

lâz dir mîn laster leit (wesen leit g) Pz 159,2; *si bat . . . den künec . . . daz er im lieze (lieze sin* d) *ir laster leit* Pz 526, 26–28; *la dir leit mine klage* Herbort 11675; *nv Hector ist eruallen, daz lazzet vch liep allen* Herbort 10707–8; *nu lâ dir von mir niht (niht sein* mop, *niht wesen* t) *sô gâch* Wh 122,2. Die Lesarten-Varianten zeigen, daß die Nicht-Bezeichnung des Infinitivs nicht obligatorisch ist und wohl zurückweicht;

2. des Verbums substantivum oder eines anderen Verbs nach einem Modalverb oder nach *lâzen*, wenn eine finite Form des betr. Verbs (im gleichen Satz oder innerhalb des Satzgefüges) vorangegangen ist (vgl. Delbrück 1910, 362–365).

> *daz ist mîn site und ist mîn rât, als ez mit triuwen sol* MF 206, 22–23; *der gerne biderbe wære, wan daz in sîn herze enlât* Iw 200–201; *sô was si es ie nâch der mîn herze ranc unde iemer muoz* MF 114, 1–2 (B);

3. eines Verbums der Bewegung (*gân, varen, rîten* etc.) nach einem Modalverb, neben dem eine Richtungsangabe in Gestalt eines Adverbs oder eines präpositionalen Ausdrucks steht:

> *ich muoz endelîchen dar* MF 218,11; *des muose der hêrre für die tür* Wa 17,21; *seht, dô muose ich von ir* Iw 392; *done mohte der gast vür noch wider* Iw 1126; *wir sulen ûz disen pînen* Wh 324,2; *iezuo wolt er benamen dan* G 836; – auch nach einem anderen als einem Modalverb: *in was ze hove erloubet* NL 744,4.

D. Nicht-Bezeichnung des Verbums finitum:

Über die ganz wenigen Fälle eines reinen Nominalsatzes s. § 338,9.

Auch andere Formen zweigliedriger Sätze ohne Verbum finitum sind nicht häufig; wie der reine Nominalsatz tragen auch sie vornehmlich emphatischen oder sentenzartigen Charakter:

> *hie slac, dâ stich* Iw 3734; *wanu mine uil lieben man ...? wanu liebe gesellen, wanu frunt unt mage?* RL 3182–85; *wâ nû ritter unde frouwen?* Wa 25,2; *wer vroer wen der kristen man* Die Heidin (hg. von Erich Henschel und Ulrich Pretzel, Leipzig 1957, Altdeutsche Quellen Heft 4) 1298; *alsus vert diu mennischeit, hiute freude, morgen leit* Pz 103,24; *sô hôher berg, sô tiefer tal; sô hôher êr, sô tiefer val* Boner 39,37f.

Etwas anderes ist es, wenn das Verbum finitum unausgesprochen bleibt, nachdem der betr. Verbalbegriff bereits einmal ausgesprochen ist:

> *doch fröwet sich lützel ieman, er enwizze wes* Wa 66,4; *si tâtenz dâ, wizzet daz, sô nie drî ritter baz* („wie nie drei Ritter besser taten") Er 2672–73; *wider die kund er gebâren sô daz ze hove nieman baz* Lanz 5408–9.

Für sich stehen die emphatischen Beteuerungsformeln wie: *sam mir got, so mir got* [sc.: *helfe*], *sam mir mîn lîp, mîn houbet, mîn bart*, [sc.: „wert ist" oder ähnl.]. Hier dürfte, historisch gesehen, Ellipse vorliegen; im Mhd. aber sind die betr. Ausdrücke usuell (geworden), und ob sie als elliptisch empfunden wurden, vermag das moderne Sprachgefühl nicht zu entscheiden (vgl. E. Löfstedt 1928, II, 237f.).

E. *wan, niuwan*:

Nicht ganz verständlich in Hinsicht auf ihre Voraussetzungen sind die verkürzenden Konstruktionen mit exzipierendem *wan, niuwan*. Zu einem Aussagesatz, dem der Konj. Prät. oder Plusqu. irrealen Charakter verleiht, tritt *wan (niuwan)* in Verbindung mit einem Substantiv im Nominativ in der Bedeutung: „wenn nicht ... (gewesen) wäre":

> *jô bræche ich rôsen wunder, wan der dorn* („eine Fülle von Rosen würde ich brechen, wenn nicht die Dornen wären") Wa 102,35; *wan diu tarnkappe, si wæren tôt dâ bestân* NL 457,4; *der selben jehe der stüende ich bi, wan ein dinc, daz mir widerstat* („dieser Äußerung würde ich zustimmen, wenn nicht Eines wäre, das ...") G 107; *wenne derselbe alder degen die krichen weren gar erlegen* Herbort 1359−60; (weitere Belege aus Herbort in der Anm. zu v. 1359); − *ich datiz gerne ... wane die kamerere die meldin mich* Ro 2105−6; *gerne slief ich iemer dâ, wan ein unsæligiu krâ diu begonde schrîen* Wa 94, 38−39; − *niwan (wan* Ggg) *der künec von Ascalûn und Môrholt von Yrlant, durch die snüere in wære gerant* („wenn nicht der König von A. und M. gewesen wären, so wäre man ihnen durch die Umzäunung gerannt") Pz 82, 10−12.

Demgegenüber steht die Verbindung von *wan* mit einem gewissen Typ von *daz*-Sätzen; s. § 466, Anm. 2. Der moderne Leser könnte, vielleicht auf Grund einer falschen Assoziation, geneigt sein, auch diese Fügungen als syntaktische Verkürzungen zu empfinden, besonders soweit Inkongruenz des Modus zwischen dem *daz*-Satz und dem übergeordneten Satz vorliegt. Ob die Zeitgenossen ähnlich empfanden, entzieht sich unserer Urteilsmöglichkeit.

F. Nicht-Bezeichnung eines nominalen Objekts:

Dieser Fall kann eintreten, wenn der Objektsbegriff sich aus der Situation in einem bestimmten Milieu als selbstverständlich ergibt. Dies geschieht vorzugsweise im Bereich von Sondersprachen, der Sprache bestimmter sozialer Gruppen u. ähnl. (z.B. bäuerliche Sprache, Turnier-Terminologie); von dort aus kann ein Kurzausdruck in die Allgemeinsprache gelangen. Ein transitives Verb kann dadurch zum intransitiven werden und eine prägnante Bedeutung erhalten, die von derjenigen des transitiven Verbs verschieden ist:

> mhd. *rüeren* trans. = ‚in Bewegung setzen', ‚antreiben', ‚berühren' u.a.: *heiz in rüeren diu bein* Iw 2141; *daz ors mit sporn er ruorte* Wh 23,30; mit Auslassung des Objekts bei unveränderter Bedeutung des Verbs: *mit sporn si vaste ruorten, die die juncfrouwen fuorten* („heftig trieben mit den Sporen [die Pferde] an diejenigen, die die J. wegführten") Pz 125, 9−10; intransitiv = ‚rasch reiten': *sus kam er her gerüeret* („kam eilends herangeritten"), *als den der tiuvel vüeret* G 6851−52; auch ‚zu Fuß rasch herankommen': *Tristan ... kam her gerüeret mit dem swerte* G 16047−49; − mhd. *rennen* trans. = ‚laufen machen', ‚jagen', ‚treiben': *„waz hilfet daz man trægen esel mit snellem marke rennet?* MF 20, 7−8; ohne Objekt: ‚reiten', ‚eilen': *an der selben stunde kam Marke ... gerant ze dem gevelle* („ritt daher", „kam angesprengt") G 3450−53; − die gleiche Entwicklung bei *sprengen:* trans. *(daz ors) =* ‚das Roß springen lassen, galoppieren', dann auch ohne Bezeichnung des Objekts Pferd; außerhalb der reiterlichen Sondersprache werden die Objekte bezeichnet.

<u>Lit.:</u> Ökonomie, Ellipsen
Grimm J. 1893, IV, 131−138, 173ff., 260−265 und 774; Paul H. 1916, IV, §§ 520−537; Behaghel 1923, III, 480−493 und 504−509; Löfstedt E. 1928, II, 233−274; Meyer/Rieser 1985.

Ökonomie, Ellipsen in anderen Sprachen
Behaghel 1923, III, 480−493; Löfstedt E. 1928, II, 233ff.; Swaen 1930, 275−286;

Havers 1931, 126ff. und 164f.; Heusler 1932, §§ 522–529; Kühner/Stegmann 1962, 549–555.

II. Konstruktion ἀπὸ κοινοῦ

Ein Satzglied ist zwei aneinanderstoßenden (fast immer) koordinierten Sätzen **§ 493** gemeinsam (gr. κοινός ‚gemeinschaftlich, gemeinsam‘). Dieses Glied steht an der Berührungsstelle der beiden Sätze und wäre grammatisch-syntaktisch doppelt zu beziehen, sowohl auf den vorangehenden Satz wie auf den folgenden, sofern man an beide Sätze die Forderung nach syntaktischer Vollständigkeit und logisch adäquater Fügung stellen wollte. Das κοινόν ist in der Mehrzahl der Fälle ein Substantiv in der Funktion des Subjekts oder eines Akkusativ-Objekts; wo es sich um einen präpositionalen Ausdruck handelt, ist vielfach eine andere syntaktische Auffassung wenigstens erwägenswert; letzteres gilt auch für Stellen, für welche die Möglichkeit eines verbalen κοινόν in Betracht gezogen worden ist.

> *duo kom von himele* | *der gotes engel* | *erscein im dô, er sprach ze sancto Gregorio* Kchr 6038–40; *dâ von wart in kunt* | *der wille sînes kindes* | *was (ez was* AIbh) *im harte leit, daz er . . .* NL 50, 2–4; *dône liez och niht verderben* | *der knappe* | *zal den frouwen warp* Pz 650, 28–29; *daz selbe gelt hin wider bôt* | *Rennwart der unverzagete* | *ze fuoz snellîchen* (*er snellich* p) *jagete* Wh 444, 22–24; *dô spranc von dem gesidele* | *her Hagene* | *alsô sprach* GL 538,2; – *unt truogen für die tür* | *siben tûsent tôten* | *wurfen* (*die wurfen* D, *und wurfen* a) *si derfür* NL 2013, 1–3; *Gâwân an den zîten sach in der siule rîten* | *ein rîter und ein frouwen* | *moht er dâ beidiu schouwen* Pz 592, 21–24 (Leitzmann 1926,96 setzt Kolon nach *rîten*: „da sah G. in der Säule etwas [jemand] reiten", und meint, dadurch „zwei geschlossene Sätze" zu gewinnen) *hart misseliche far wart er ee er fünde* | *kein wort* | *er kunde gesprechen* Moriz von Cr 530–33; *mit sîner blœder krefte het er ûf gezogen* | *manic starke strâle* | *schôz er ûz dem bogen* GL 92, 1–2; – *er liez en wâge iewedern tôt der sêle und des lîbes* | *durch minne eines wîbes* | *er dicke herzenôt gewan* Wh 3, 4–7.

Statistische Zusammenstellung bei Karg 1929,24; sämtliche Wolframstellen, die in Frage kommen, sind bei Gärtner 1969, 121–259 verzeichnet. Auch für einen ganzen Satz (Hauptsatz oder abhängigen Satz) ist eine solche doppelte Beziehung möglich, und in einem weiteren Sinne mögen auch Fügungen dieser Art als Konstruktionen ἀπὸ κοινοῦ gelten: *jâ hân ich des gesworn, daz ich den hort iht zeige* | *die wîle daz si leben, deheiner mîner herren* | *sô sol ich in niemene geben* (B, *so enwirt er nieman gegeben* A) NL 2368, 2–4; *daz ich iuch niht ensahe* | *des ist nu lange zeit* | *daz wir ensambt warn vnde sassen . . .* GL 236, 2–3; *si giengen ûz den schiffen und truogen ûf den sant* | *swes man bedorfte* | *veile man dâ vant und was iemen gerte* GL 291, 1–3. – Vgl. Karg 1925,19, abweichend 1929,39f.; Behaghel 1923, IV, 287–290.

Das κοινόν kann im zweiten Satz einen andern syntaktischen Wert haben als im ersten Satz, wenn die Form doppelte Auffassung gestattet (Kasusdivergenz):

> *Terramêr het verlân der jungen hôh gemuoten diet, ich meine daz er in underschiet* | *sunderrîcheit sunderlant* | *sînen zehen sünen was benant* Wh 30, 2–6; *heiz Hôranden*

bringen: dem ist wol erkant | *alle site Hagenen* (Subj./Akk.-Obj.) | *hât er wol gesehen* GL 214, 2–3; ... *gienc er dâ er vant gezweiet mit ir muote* | *von Hegelingelant Kûdrun* (Akk.-Obj./Subj.) | *enphienc in mit anderen vrouwen* GL 654, 1–3.

Innerhalb der Gesamtheit der mhd. Überlieferung spielt die Konstruktion ἀπὸ κοινοῦ nur eine geringe Rolle. F. Karg 1929, 72f., der einen beträchtlichen Teil der mhd. Literatur untersucht hat, zählt etwa 270 Fälle. Leitzmann 1926, 90ff. hat Kargs Liste, soweit sie sich auf Wolfram bezieht, auf 4 Fälle reduziert. Sievers 1926, 99ff. faßt 32 Stellen bei Wolfram als ἀπὸ κοινοῦ. K. Gärtners eingehende Untersuchung (1969, 121–259) stellt 31 Belege bei Wolfram fest. Die Divergenzen zeigen, daß ein Teil der betr. Textstellen von verschiedenen Gesichtspunkten aus beurteilt werden kann. Interpretationsspielräume, die in der unterschiedlichen Interpunktion der Ausgaben zum Ausdruck kommen, durch die Interpunktion aber auch verdeckt werden können, sind charakteristisch für das Wesen dieser Konstruktion: hier macht sich ein syntaktisches Denken bemerkbar, für das ‚kristallîne' Klarheit in der Bezeichnung der logischen und der grammatischen Beziehungen keine Forderung ersten Ranges ist.

Die Konstruktion tritt im Mhd. auf in der 1. Hälfte des 12. Jh.s; sie schwindet im Laufe des 15. Jh.s aus der Literatur (vgl. Karg 1929, 50, 61). Sie findet sich u. a. im NL und im GL, sie ist am deutlichsten ausgeprägt bei Wolfram. Sie fehlt gänzlich in MF, bei Walther, Hartmann (außer Iw 3950–51), Gottfried, Konrad von Würzburg. Ein bestimmter Stilwille kann sich ihrer gelegentlich zu verschiedenartiger Wirkung bedienen, ein anderer sie zurückweisen; an einzelnen Stellen mag bloße Flüchtigkeit vorliegen. Aufschlußreich sind in dieser Hinsicht die Hss.-Varianten mehrfach überlieferter Texte.

Die frühere Forschung hat sich bemüht, die Genesis der Erscheinung zu klären. Daß ein Zusammenhang besteht zwischen Konstruktionen wie Kchr 6036–40; GL 538,2 (s. o.) und asyndetisch-parataktischen Fügungen mit Nicht-Bezeichnung des pronominalen Subjekts im zweiten Glied (Typus: *tho arbolgan uuard sin herro, salta inan uuizzinarin* – *et iratus dominus eius tradidit eum tortoribus* Tatian 99,5) liegt nahe (vgl. Behaghel 1923, III, 536). Aber diese Herleitung wäre nur für einen Teil der mhd. ἀπὸ κοινοῦ-Konstruktionen in Anspruch zu nehmen. Für andere dürfte eine historische Erklärung schwer möglich sein.

Die Unterschiede zwischen der Konstruktion ἀπὸ κοινοῦ und der (von ihm so genannten) *hiez*-Konstruktion hat F. Karg herausgestellt.

Lit.: Konstruktion ἀπὸ κοινοῦ
Grimm J. 1893, IV, 1285; Paul H. 1916, IV, § 406; Behaghel 1923, III, 533–536; Karg 1925, 1–63; Leitzmann 1926, 90–99; Sievers 1926, 99–111; Karg 1929, 1–80; Meritt 1939; Minis 1952, 285–295; Gärtner 1969, 121–259; Horacek 1971, 5–18; Boon 1982, 223–238; Schröder W. 1985, 263–273.

III. Anakoluth und verwandte Erscheinungen

Als Anakoluthe bezeichnet man Satzfügungen, in denen eine begonnene Kon-   § 494
struktion nicht in der zu erwartenden Weise weitergeführt wird, sondern un-
vermerkt in eine andere Konstruktion übergeht. Ein Umbiegen der Konstruktion, Konstruktionsmischung, „aus-der-Konstruktion-fallen", was als Charakteristikum der gesprochenen Sprache häufig begegnet. Das braucht nicht nur
ein Zeichen mangelnder Sprachplanung zu sein (oratio ἀνακόλουθος [„nicht
sich anpassende Konstruktion"], vgl. Kühner-Stegmann 1962, II, 584ff.). Das
Anakoluth kann bewußt als stilistisches Mittel gebraucht werden, um eine
Aussage eindrucksvoller hervorzuheben, als es die grammatisch-korrekte Konstruktion vermöchte.

Von den manigfaltigen Möglichkeiten seien hier einige häufiger vorkommende Formen angeführt.

1. Die Störung der Konstruktion geht aus von einem zwischengeschalteten
abhängigen Satz (oder tritt auf, wenn ein Satzglied durch umfangreiche nähere
Bestimmungen erweitert ist); dann fügt sich der nachfolgende Teil des abge-
brochenen Satzes nicht glatt an den vorausgehenden. Dabei besteht die Neigung, daß, was als abhängiger Satz begonnen hat, nach der Unterbrechung in
einer Gestalt fortgeführt wird, die sich dem selbständigen Satz nähert oder zum
selbständigen Satz wird:

> *nû chundet uns daz buoch sus, daz der priester, der hêrre Eusêbîus, di wîl er jungelinch
> was,*| *in den swarzen buochen er las* Kchr 13215–18; *ir wizzet wol daz ein man der ir
> iewederz nie gewan, reht liep noch grôzez herzeleit,*| *dem ist der munt niht sô gereit …*
> Gr 789–92; … *biz daz si wurden überladen mit gewalte und mit unrehte, unz daz di
> guoten knehte, die dannoch waren genesen,*| *die muosen undertænic wesen* G 6276–80;
> *doch was si selbe harnaschvar, daz diu maget Carpîte vor Laurent in dem strîte noch
> Camille von Volcân –*| *ir newederiu hetez sô guot getân* Wh 229, 26–30.

Es kann auch die Wiederaufnahme eines unterbrochenen abhängigen Satzes
eine andere Einleitung aufweisen:

> *nû seht ir wol, wie die geistlîchen liute, die orden habent in klœstern,*| *daz die niemer
> getürrent gereden in sumelîchen orden wan als man in erloubet* Berthold I 159, 13–15.

2. Aufgabe einer begonnenen Konstruktion zugunsten einer anderen ist auch
der Übergang aus abhängiger in direkte Rede. Das kann innerhalb desselben
Satzes geschehen:

> *in bat der wirt nâher gên und sitzen „zuo mir dâ her an …"* (mit Varianten) Pz 230,
> 26–27; *dâ nâch klagte si im sider des küneges laster unde ir nôt, ir man der wære
> belegen tôt „von eime der ân geleite vert …"* Wh 115, 16–19;

häufiger innerhalb derselben Periode:

> *und vrâgte si der mære, ob ir daz liep wære daz die boten für si giengen, „die wir dâ vor*
> *enpfiengen" Klage 3577–80; [he sprach,] ez wêre ein gût lant „eir ez sus wart vorbrant.*
> *hie wûchs wol korn unde wîn …" Eilh 5529–31; der helt si vrâgen begann umbe ir site*
> *und umb ir pflege, „daz ir sô verre von dem wege sitzt in dirre wilde" Pz 438, 22–25;*

oder die direkte Rede schließt parataktisch an die Periode an, deren Glied die
indirekte Rede ist:

> *(Obîe) enbôt im solhiu mære, dâ füere ein valschære, „des habe ist rîche unde guot" Pz*
> *362, 23–25; dô sprach diu küneginne, daz kunde nimmer wesen daz ir deheiner lebte*
> *von des fiwers nôt, „ich wil des baz getrouwen daz si alle ligen tôt" NL 2126, 2–3.*

Selten ist der Übergang von direkter in indirekte Rede:

> *zehant solt du sprechen …: „ich bin von Kunstenopel ein edel künegîn", und dich habe*
> *vertriben dîn bruoder Hugdietrîch, der wolt dich geben einem man, der sî dir niht gelîch*
> *… Wolfd B I Str. 33. 34.*

3. Eine andere Art unregelmäßiger Satzfügung ist diese: an die Spitze eines
Satzgefüges tritt ein pronominales oder nominales Glied, das, logisch betrachtet, in den nachgestellten abhängigen Satz gehören würde, in dem es zuweilen
auch nochmals auftritt (sog. Prolepsis). Die Spitzenstellung dieses Gliedes bewirkt Inversion von Subjekt und Prädikat des übergeordneten Satzes und eine
eigenartige Verschränkung von übergeordnetem und abhängigem Satz. Nach-
bildung lateinischer Vorbilder wäre in gewissen Fällen denkbar:

> *di lisit man daz si wilin wærin al des wunterlichin Alexandris man* („die, liest man,
> waren einstmals …" oder „man liest, daß diese einstmals waren …") Anno 21,3;
> *disen esel gebot unser herre got sinen jungeren daz sie ime brechten* Schönb, Pred I 17,
> 16–17; *diene* (sc.: *mîn wîp) weiz ich war ich tuo* („wohin ich die tun soll, weiß ich
> nicht") Iw 2837; *mentel tief und wît sach man daz si truogen* GL 333, 2–3.

Anm. 1: Über den Nominativ (eines Substantivs) als Casus pendens im einfachen Satz
s. § 346 u. § 403; über Antizipation eines Nomens und seine Wiederaufnahme durch
ein Pronomen im einfachen Satz s. ebenfalls § 403.

Im abhängigen Fragesatz steht zuweilen ein formal nicht vorbereiteter Infinitiv, wo die finite Form eines Modalverbs in Verbindung mit dem Infinitiv zu
erwarten wäre. Dies scheint beschränkt auf den Fall, daß im übergeordneten
Satz negiert das Verbum *wizzen* steht (vgl. Heusler 1932, § 536):

> *daz begund im starke swâren, unde enweste wie gebâren* Iw 2251–52; *si enwesten war*
> *entrinnen* GL 878,3; – statt des Infinitivs steht auch *ze* mit Gerundium: *sine wessen*
> *wem ze klagene diu ir vil græzlîchen sêr* NL 2088,4.

Lit.: Anakoluth
Paul H. 1916, IV, § 539; Behaghel 1923, III, 707–711; Heusler 1932, § 538; Schröder
W. 1973, 70–92; Andersson/Kvam 1984, 19–44.

IV. Parenthese

Die Parenthese ist eine Äußerung (ein selbständiger Satz, eine Wortgruppe,   **§ 495**
ein Ausruf), die in einen Satzzusammenhang eingeschoben wird, aber mit
diesem syntaktisch nicht verbunden ist. Sie reflektiert oder kommentiert den
Inhalt der unterbrochenen Information. Dadurch entsteht bei der linearen
Struktur der Sprache der Eindruck einer simultanen zweiten Äußerung.

Die Parenthese scheint bei Wolfram häufig vorzukommen. Helm 1924,
110–140 zählt im Pz 92 Beispiele, im Wh 51, bei Gottfried in der ersten Hälfte
des Tristan 6, in den letzten 10000 Versen keinen Fall (vgl. Behaghel 1923,
537–540). Die Interpunktion in den Ausgaben beruht auf der Textinterpreta-
tion der Autoren, die mithilfe von Gedankenstrichen oder Klammern die par-
enthetischen Einschaltungen kennzeichnen, wobei man ihnen nicht immer zu-
zustimmen braucht, wie etwa im folgenden Beispiel: *si waren aller sache gesellic
und gemeine, si waren selten eine, si wonden zallen ziten einander bi siten (daz
gezam vil wol in beiden), si waren ungescheiden ze tische und ouch anderswa.*
Gr. 286–293. Man könnte den Klammerzusatz auch als eigenen Satz deuten,
dessen formelhafte Wendung als Reimfüllsel eingeschoben ist. Eindeutiger ist,
auch ohne Hartmanns Interpunktionshinweis, folgende Parenthese: *er phlac ir
so (ich sage iu wie), daz er si nihts entwerte swes si an in gerte von kleidern und
von gemache.* Gr 282–285.

Ein parenthetisch eingeschalteter Satz ist häufig syntaktisch in sich abgeschlossen und ohne formale Verknüpfung mit dem ihn umgebenden Satzgefüge
(oder einfachen Satz); die Konstruktion des umgebenden Satzes wird durch die
Einschaltung nicht gestört. Parenthesen können überall dort eingeschaltet werden, wo eine Pause möglich ist, dafür gibt es in der freien Prosa und in der
gesprochenen Sprache sehr viel mehr Gelegenheiten als in der gebundenen
Rede:

> *da mitte wart das gerochen, ‖ das saget uns Virgilius, des gehalf die vrowe Venus, ‖
> das Paris Elenam nam* En 164–167 (G); *mîne kefsen, die du sæhe ê, ‖ (diu ist noch
> grüener denne der klê) ‖ hiez ich wurken ûz dem steine* Pz 498, 9–11; *ez geschach mir, ‖
> daz ist wâr, ‖ (es sint nû wol zehen jâr) daz ich nâch âventiure reit* Iw 259–261; *einen
> schaden clage ich ‖ (des enwunder niemen), ‖ daz der wâfenriemen alsô rehte lützel ist*
> Iw 318–321; *swer nû sulchin hunger ein jâr solde lîden ‖ (ich kan des nicht vorswîgen), ‖
> he muste wesin hungers tôd* Eilh 4562–65; – *sie bundin in mit bandin, die hende zû
> rucke ‖ (daz was sîn ungelucke), ‖ recht als eime dîbe* Eilh 3952–55.

Lit.: Parenthese
Behaghel 1923, III, 537–540; Helm 1924, 110–140; Grosse S. 1985b, 1186–1191;
Grosse S. 1987, 809–818.

V. Syntaktische Dissimilation

Innerhalb einer und derselben Periode kann die gleiche syntaktische Funktion   **§ 496**
formal verschiedenen Ausdruck finden:

So wechseln konjunktionslose Formen abhängiger Sätze und solche mit Konjunktion: die eine wie die andere Form ist regulär (vgl. §§ 445/46, § 460 u. § 466):

> *ob im von guotem wîbe ie dehein guot geschach,* ... *gesluoc er viur ûz helme ie, ob er mit manheit begie deheinen* ... *prîs, wart er ie hövesch unde wîs,* ... *dem ist er nû vil ungelîch* Iw 3350−58; *obe ich von hôher minne ie trôst enphienge, und op der minne süeze ie sælden kraft an mir begienge, wart mir ie gruoz von minneclîchem wîbe, daz ist nu gar verwildet mînem* ... *lîbe* Tit Str. 3; (vgl. § 460,1) − *Gâwânen des bedûhte,* ... *ez wære der ander Parzivâl, unt daz er Gahmuretes mâl hete* Pz 400, 13−17; *dô sagete man ir umben grâl, daz ûf erde niht sô rîches was, unt des pflæge ein künec hiez Anfortas* Pz 519, 10−12; − es wechseln Infinitiv-Konstruktion und Konjunktional-satz: *Meljanzen er si læsen bat, oder daz si erwurben im den grâl* („er forderte sie auf, M. zu befreien oder daß sie ihm ... erwürben") Pz 388, 28−29.

Auf einen Satz, den eine Konjunktion von speziellem semantischem Wert einleitet, kann ein Satz folgen, der mit der Konjunktion *daz* eingeleitet ist, die nur syntaktische Funktion hat: Beispiele s. § 466,3.

In allen hier aufgeführten Beispielen ist das Bestreben wirksam, Überbezeichnung zu meiden: für das Verständnis genügt die einmalige Setzung der bedeutungshaltigen Konjunktion. Ein bestimmter Stilwille kann sich derartiger allgemeiner, in der Sprache vorhandener Tendenzen bedienen: der Konstruktionswechsel wird so zum Mittel der architektonischen Gliederung der Periode (vgl. oben Iw, Tit).

Wie das Verlassen einer begonnenen Konstruktion, also anakoluthisch, könnte folgendes erscheinen: Auf einen Relativsatz folgt, meist durch *und* angereiht, ein syntaktisch gleichwertiger Satz, der aber statt des Relativpronomens das Personalpronomen der 3. Pers. aufweist, wodurch die relative Struktur aufgegeben wird, während der Charakter des abhängigen Satzes durch die Wortstellung gewahrt bleibt:

> ... *umbe den einen, der noch lebet unde er in den arbeiten strebet* („... hinsichtlich des einen, der noch am Leben ist, und der sich in Mühsal anstrengt") Ava, JG 35,6; *duo wurden gote gehôrsam alle di dâ wâren unt si diu grôzen zaichen sâhen* Kchr 2872−74; ... *den ê dâ hete betwungen diu Sîfrides hant unt in ze gîsel brâhte* („den vormals S.s Hand bezwungen hatte, und den [sie] als Geisel eingebracht hatte") NL 878, 3−4; *des steines pfligt iemer sider die got derzuo benande unt in sîn engel sande* („den Stein hüten seither diejenigen, die Gott dafür bezeichnet hat, und denen er seinen Engel gesandt hat") Pz 471, 26−27; ... *sin welle genâde* ... *begân, diu sich dâ sündet ane mir, und ich ir vil gedienet hân* („... es sei denn, daß die mir gnädig sein will, die sich gegen mich versündigt und der ich viel gedient habe") MF 38,30; ... *daz* ... *Lazarus genas, der drie nahte begrabin was undi du in hieze ufsten* („... der 3 Nächte begraben war und den du auferstehen hießest") Rheinauer Paulus 2, 4−5 (Maurer II, S. 52/53) (vgl. J. Grimm 1893, IV, 459 f.; Behaghel 1923, III, 557−561).

Man gewinnt angesichts dieser Konstruktionen den Eindruck, daß eine Abneigung gegen die Wiederholung des Pronomens relativum besteht, auch bei abweichendem Kasus (also gegen Fügungen wie: *der* ... *unde* **der, di* ... *unde* **di, die* ... *unde* * *den, dem* ... *unde* **der, diu* ... *unde* **der (ich), der* ... *unde* **den (du)* etc.). Es wäre also auch dieser Wechsel als eine Form syntaktischer Dissimilation zu verstehen.

Über Wechsel des Modus in syntaktisch gleichwertigen abhängigen Sätzen vgl. § 486.

Im einfachen Satz wie in der parataktischen Satzverbindung wird bei Aneinanderreihung mehrerer verbaler Ausdrücke eine bestimmte modale Nuance, zu deren Bezeichnung der Konjunktiv oder der Imperativ allein nicht ausreichen, folgendermaßen ausgedrückt: im ersten Glied durch die Verbindung des Infinitivs mit einem entsprechenden Modalverb, im zweiten Glied durch Konjunktiv oder Imperativ des Verbums. Dies ist ein Zurückgleiten in eine einfachere Bezeichnungsart, nachdem der Sinn gesichert ist; auch dies läßt sich als Dissimilation ansehen:

> *du soldes gothis schonin an der uil amer* (= *armer*) *diete vnde liezis sie vz der note* („du solltest gegenüber den elenden Leuten auf Gott Rücksicht nehmen und (du) solltest sie freilassen") Ro 1201–3; *der tôt möhte* (*mohte* A) *an mir wol hie büezen swaz er ie getete, unde gewerte* (AB) [Konj. Prät.] *mich einer bete* („der Tod könnte wohl gutmachen ... und (er) könnte mir gewähren ...") Iw 1462–64; *iuch solt iur wirt erbarmet hân ... und het gevrâget sîner nôt* („euch hätte erbarmen sollen ... und ihr hättet fragen sollen ...") Pz 255, 17–19; *ir sult hine gân und wecket ... die Sîfrides man* NL 1014, 1–2; vgl. dazu auch §§ 317 u. 320.

Abkürzungen von Termini

Zwischen Großschreibung für substantivischen und Kleinschreibung für adjektivischen Gebrauch wird im Abkürzungsverzeichnis nicht unterschieden. So ist „mhd." zu lesen als „mittelhochdeutsch", hingegen „Mhd." als „das Mittelhochdeutsche". Aufgeführt ist die jeweils häufiger vorkommende Form. Abgekürzt werden nur unmittelbare Ableitungen, nicht jedoch Ableitungen, die Modifikationen zum Ausdruck bringen. Die Abkürzung „subst." ist also immer als „substantivisch" zu lesen, nicht aber als „substantivierend" oder „substantiviert".

A.	Anmerkung (im Register)	Dim.	Diminutiv
A./Akk.	Akkusativ	Diphth.	Diphthong(ierung)
a. a. O.	am angegebenen Ort	dir.	direkt
abh.	abhängig	Diss.	Dissertation
Abl.	Ablaut	Diss(im).	Dissimilation
A. c. I.	accusativus cum infinitivo	dt.	deutsch
Adj.	Adjektiv	ebd.	ebenda
Adv.	Adverb	ed.	editor
ae.	altenglisch	els.	elsässisch
Affr.	Affrikata	EN	Eigenname
afrz.	altfranzösisch	Endg.	Endung
ags.	angelsächsisch	Ends.	Endsilbenlautung
ahd.	althochdeutsch	engl.	englisch
aisl.	altisländisch	Entl.	Entlehnung
Akz.	Akzent	Entrdg.	Entrundung
alem.	alemannisch	erg.	ergänzen
anl.	anlautend	et al.	et alii
Anm.	Anmerkung (im Text)	Fem.	Femininum
an.	altnordisch	FN	Familienname
Apok.	Apokope	fnhd.	frühneuhochdeutsch
Art.	Artikel	frk.	fränkisch
as.	altsächsisch	frz.	französisch
Ass.	Assimilation	FS.	Festschrift
Attr.	Attribut	Fut.	Futurum
Aufl.	Auflage	G./Gen.	Genitiv
Ausl.	Auslaut	Gem.	Gemination
bair.	bairisch	germ.	germanisch
bearb.	bearbeitet	geschl.	geschlossen
Bd(e).	Band/Bände	ggf.	gegebenenfalls
best.	bestimmt	got.	gotisch
Brechg.	Brechung	gr.	griechisch
D./Dat.	Dativ	gramm.	grammatisch
Dehng.	Dehnung	GW	grammatischer Wechsel
Dekl.	Deklination	Habil.	Habilitationsschrift
demon.	demonstrativ	hd.	hochdeutsch
ders.	derselbe	hess.	hessisch
dies.	dieselbe	hg. v.	herausgegeben von

Hrsg.	Herausgeber	ndl.	niederländisch
Hs(s).	Handschrift(en)	ne.	neuenglisch
hsl.	handschriftlich	Neutr.	Neutrum
I./Instr.	Instrumental	nhd.	neuhochdeutsch
idg.	indogermanisch	Num.	Numerale
Imp.	Imperativ	o. A.	ohne Autor
Ind.	Indikativ	obd.	oberdeutsch
indef.	indefinit	Obj.	Objekt
indir.	indirekt	Öffng.	Öffnung
Inf.	Infinitiv	off.	offen
inl.	inlautend	ofrk.	ostfränkisch
interr.	interrogativ	ogerm.	ostgermanisch
intrans.	intransitiv	omd.	ostmitteldeutsch
Jb.	Jahrbuch	ON	Ortsname
jem.	jemand(en/em)	o. O.	ohne Ort
Jg.	Jahrgang	Opp.	Opposition, Gegenbeispiel
Kl.	Klasse	Opt.	Optativ
klass.	klassisch	österr.	österreichisch
Komp.	Komparativ	Part.	Partizip
kondit.	konditional	Perf.	Perfekt
Konj.	Konjunktiv	periphr.	periphrastisch
Kons.	Konsonant(ismus)	Pers.	Person/Personal-
konsek.	konsekutiv	pfälz.	pfälzisch
Kontr.	Kontraktion	Pl.	Plural
konzess.	konzessiv	Plusqu.	Plusquamperfekt
koordin.	koordinierend	poss.	possessiv
Kürzg.	Kürzung	präd.	prädikativ
La(a)	Lesart(en)	Präf.	Präfix
lat.	lateinisch	Präp.	Präposition
Lfg.	Lieferung	Präs.	Präsens
Liqu.	Liquida	Prät.	Präteritum
Lit.	(weiterführende) Literatur	Prokl.	Proklise
LV	Lautverschiebung	Pron.	Pronomen
M. A.	Magisterarbeit	Rdg.	Rundung
Masch.	Maschinenschrift	refl.	reflexiv
Mask.	Maskulinum	relat.	relativ(isch)
Ma(a).	Mundart(en)	rhfrk.	rheinfränkisch
mal.	mundartlich	rip.	ripuarisch
mbair.	mittelbairisch	sächs.	sächsisch
md.	mitteldeutsch	sc.	scilicet, nämlich
mfrk.	mittelfränkisch	schles.	schlesisch
mhd.	mittelhochdeutsch	schwäb.	schwäbisch
mlat.	mittellateinisch	selbst.	selbständig
mndd.	mittelniederdeutsch	sem.	semantisch
mndl.	mittelniederländisch	Senkg.	Senkung
Monophth.	Monophthong(ierung)	Sg.	Singular
N./Nom.	Nominativ	slaw.	slawisch
Nas.	Nasal	Slg.	Sammlung
Nbf.	Nebenform	sog.	sogenannt
ndd.	niederdeutsch	st.	stark
ndrh.	niederrheinisch	stF(em).	starkes Femininum
ndfrk.	niederfränkisch	sth.	stimmhaft

stl.	stimmlos	trans.	transitiv
stM(ask).	starkes Maskulinum	Uml.	Umlaut
stN(eutr).	starkes Neutrum	unpers.	unpersönlich
stV.	starkes Verbum	unr.	unregelmäßig
Subj.	Subjekt	urgerm.	urgermanisch
subordin.	subordinierend	urk.	urkundlich
Subst.	Substantivum	urspr.	ursprünglich
Suff.	Suffix	Vok.	Vokal(ismus)
Sup.	Superlativ	vs.	versus
sw.	schwach	Wb(b).	Wörterbuch (-bücher)
swF(em).	schwaches Femininum	wgerm.	westgermanisch
swM(ask).	schwaches Maskulinum	wmd.	westmitteldeutsch
swN(eutr).	schwaches Neutrum	>	wird zu
swV.	schwaches Verb	<	entstand aus
Synk.	Synkope	[...]	a) Laut phonetisch
synt.	syntaktisch		b) Kommentar des Hrsg.
temp.	temporal	/.../	Laut phonematisch
thür.	thüringisch	⟨...⟩	Graph(em)

Abgekürzt zitierte Textausgaben

Ackermann	Der Ackermann aus Böhmen. Textausgabe von Arthur Hübner. 3. Aufl. Leipzig 1965 (Altdeutsche Quellen. Heft 1).
AH	Hartmann von Aue: Der arme Heinrich. Hg. von Hermann Paul. 13. Aufl., besorgt von Ludwig Wolff. Tübingen 1966 (ATB Nr. 3)[1].
AH (Gierach)	Der arme Heinrich von Hartmann von Aue. Überlieferung und Herstellung. Hg. von Erich Gierach. 2. Aufl. Heidelberg 1925.
AHa	Des armen Hartmann „Rede vom Glauben". Hg. von Friedrich Maurer. In: Maurer II S. 567−628.
Alex S	Straßburger Alexander. In: Lamprechts Alexander nach den drei Texten ... hg. und erklärt von Karl Kinzel. Halle 1884.
Alex V	Vorauer Alexander. In: Lamprechts Alexander nach den drei Texten ... hg. und erklärt von Karl Kinzel. Halle 1884; sowie in: Maurer II S. 536−566.
Alph T	Alpharts Tod. Hg. von Ernst Martin. Berlin 1866 (Deutsches Heldenbuch 2. Teil) [Neudruck: Zürich 1967].
Altes Pass	Das alte Passional. Hg. von Karl August Hahn. Frankfurt a. M. 1845.
Aneg	Das Anegenge. Textkritische Studien. Diplomatischer Abdruck. Kritische Ausgabe. Anmerkungen zum Text. Von Dietrich Neuschäfer. München 1966 (Medium Aevum. Bd. 8).
Anno	Das Annolied. Hg. von Friedrich Maurer. In: Maurer II S. 3−45.
Arnold, Siebenz	Priester Arnolds Gedicht von der Siebenzahl ... [Hg.] von Hermann Polzer-van Kol. Bern 1913 (Sprache und Dichtung. Heft 13).
Arnsteiner Marienleich	Arnsteiner Marienleich. Hg. von Friedrich Maurer. In: Maurer I S. 433−452.
ATB	Altdeutsche Textbibliothek. Begründet von Hermann Paul, fortgeführt von Georg Baesecke, hg. von Hugo Kuhn. Tübingen 1882ff.
Ath u Proph	Athis und Prophilias. In: Mhd. Übungsbuch. Hg. von Carl von Kraus. 2., vermehrte und geänderte Aufl. Heidelberg 1926.
Ava	Die Dichtungen der Frau Ava. [Joh = Johannes; LJ = Das Leben Jesu; Ant = Der Antichrist; JG = Das jüngste Gericht] Hg. von Friedrich Maurer. In: Maurer II S. 369−513.
Barlaam	Barlaam und Josaphat von Rudolf von Ems. Hg. von Franz Pfeiffer. Leipzig 1843 [Neudruck: Berlin 1965].
Berthold I; II	Berthold von Regensburg: Vollständige Ausgabe seiner Predigten ... von Franz Pfeiffer. 1. Bd. 1862; 2. Bd. (hg. von J. Strobl) 1880; Wien [Neudruck: Berlin 1965].

---

[1] Lesarten zum Armen Heinrich sind aus AH (Gierach) entnommen.

Bit Biterolf und Dietleib. Hg. von Oskar Jänicke. Berlin 1866 (Deutsches Heldenbuch 1. Teil) [Neudruck: Berlin und Zürich 1963].

Boner Ulrich Boner: Der Edelstein. Hg. von Franz Pfeiffer. Leipzig 1844.

Bruder Wernher Die Sprüche des Bruder Wernher I; II. In: Anton E. Schönbach: Beiträge zur Erklärung altdeutscher Dichtwerke. 3. und 4. Stück. Wien 1904 (Kaiserl. Akademie d. Wiss. in Wien, Phil.-hist. Kl., Sitzungsber. Bd. 148: 7; 150: 1).

Corpus I; II; III; IV Corpus der Altdeutschen Originalurkunden bis zum Jahre 1300. Bd. I hg. von Friedrich Wilhelm, 1932; Bd. II begründet von Friedrich Wilhelm, fortgeführt von Richard Newald, 1943; Bd. III ... hg. von Helmut de Boor und Diether Haacke, 1957; Bd. IV ... hg. von Helmut de Boor und Diether Haacke, 1963; Lahr.

Die kleinen Denkmäler der Vorauer Hs. Die kleinen Denkmäler der Vorauer Handschrift. Hg. von Erich Henschel und Ulrich Pretzel mit einem Beitrag von Wolfgang Bachofer. Tübingen 1963.

Diemer Deutsche Gedichte des XI. und XII. Jahrhunderts ... Hg. von Joseph Diemer. Wien 1849 [Nachdruck: Darmstadt 1968].

DTM Deutsche Texte des Mittelalters. Hg. von der Preußischen Akademie der Wissenschaften. Berlin 1904ff.

Ecke Ecken Liet. Hg. von Julius Zupitza. Berlin 1870 (Deutsches Heldenbuch 5. Teil) [Neudruck: Zürich 1968].

Eilh Eilhart von Oberge. Hg. von Franz Lichtenstein. Straßburg 1877.

En Henric van Veldeken: Eneide. I Einleitung. Text. Hg. von Gabriele Schieb und Theodor Frings. Berlin 1964 (DTM Bd. LVIII); II Untersuchungen von Gabriele Schieb unter Mitwirkung von Theodor Frings. Berlin 1965 (DTM Bd. LIX).

Er Hartmann von Aue: Erec. Hg. von Albert Leitzmann. 3. Aufl., besorgt von Ludwig Wolff. Tübingen 1967 (ATB Nr. 39).

[Erec] Erec. Eine Erzählung von Hartmann von Aue. Hg. von Moriz Haupt. 2. Aufl. Leipzig 1871.

Ezzo Ezzos Cantilena de Miraculis Christi. Hg. von Friedrich Maurer. In: Maurer I S. 269−303.

Flore Konrad Fleck: Flore und Blanscheflur. Hg. von Emil Sommer. Leipzig 1846 (Bibl. d. ges. dt. National-Literatur. Bd. 12).

Frauenl, Spr Heinrichs von Meissen des Frauenlobes Leiche, Sprüche, Streitgedichte und Lieder, erläutert und hg. von Ludwig Ettmüller. Quedlinburg und Leipzig 1843 (Bibl. d. ges. dt. National-Literatur. Bd. 16) [Neudruck: Amsterdam 1966] (neu bearb. von K. Stackmann, 1981).

Freid Freidank. [Hg.] von Wilhelm Grimm. ^{2}1860 Göttingen.

G Gottfried von Straßburg: Tristan und Isold. Hg. von Friedrich Ranke. Text. 11. ... Aufl. Dublin und Zürich 1967[1] [sowie: Gottfried von Strassburgs Tristan. Hg. von Reinhold Bechstein. 2 Teile. 3. Aufl. Leipzig 1890].

---

[1] Soweit Lesarten zu Gottfried angeführt werden, sind sie dem Apparat von Marolds Ausgabe oder Rankes Abhandlung entnommen.

G [Marold]   Gottfried von Straßburg: Tristan. Hg. von Karl Marold. 1. Teil: Text. Leipzig 1912 (Teutonia. Heft 6).

G [Ranke,   Friedrich Ranke: Die Überlieferung von Gottfrieds Tristan. In: ZfdA
Überlieferung] 55, 1917, S. 157ff., 381ff.

Gedichte   Carl von Kraus: Deutsche Gedichte des 12. Jahrhunderts. Halle 1894.

Gen   Die altdeutsche Genesis nach der Wiener Handschrift. Hg. von Viktor Dollmayr. Halle 1932 (ATB Nr. 31).

Gerhard   Rudolf von Ems: Der guote Gêrhart. Hg. von John A. Asher. Tübingen 1962 (ATB Nr. 56).

GL   Kudrun. Hg. von Barand Symons. 4. Aufl. von Bruno Boesch. Tübingen 1964 (ATB Nr. 5).

Gr   Hartmann von Aue: Gregorius. Hg. von Hermann Paul. 11. Aufl., besorgt von Ludwig Wolff. Tübingen 1966 (ATB Nr. 2)[1].

Gr [1]   Gregorius von Hartmann von Aue. Hg. von Hermann Paul. Halle 1873.

Grieshabersche Deutsche Predigten des XIII. Jahrhunderts ... Hg. von Franz Karl
Predigten   Grieshaber. I. und II. Abth. Stuttgart 1844 und 1846.

Gr Rudolf   Graf Rudolf. Hg. von Peter Ganz. Berlin 1964 (Philologische Studien und Quellen. Heft 19).

H   Hartmann von Aue; Textausgaben s. AH, AH (Gierach), AHa, Er, [Erec], Gr, Gr [1], Ha. Bü, Iw, Iw[7], Iw [Henrici].

Ha, Bü   Hartmann von Aue: [1.] Büchlein. In: Hartmann von Aue: Der arme Heinrich und die Büchlein. Hg. von Moriz Haupt. 2. Aufl., besorgt von Ernst Martin. Leipzig 1881 [sowie: Hartmann von Aue: Die Klage ... aus dem Ambraser Heldenbuch. Hg. von Herta Zutt. Berlin 1968].

HE   Herzog Ernst. Hg. von Karl Bartsch. Wien 1869 [Neudruck: Hildesheim 1969].

Heinr v Melk, Der sogenannte Heinrich von Melk, nach Richard Heinzels Ausgabe
Er   von 1867 neu hg. von Richard Kienast. Heidelberg 1946 (Editiones Heidelbergenses 1): S. 30−57: Erinnerung an den Tod.

Heinr v Melk, Der sogenannte Heinrich von Melk, nach Richard Heinzels Ausgabe
Prl   von 1867 neu hg. von Richard Kienast. Heidelberg 1946 (Editiones Heidelbergenses 1): S. 9−29: Das Priesterleben.

Heinzelein,   Heinzelein von Konstanz: Der Minne Lehre. In: Heinzelein von Kon-
Minnelehre   stanz. Hg. von Franz Pfeiffer. Leipzig 1852.

Heldenbuch   Das Heldenbuch Kaspars von der Roen ... Aus der Dresdener Ur-
Kaspars v d   schrift hg. von Friedrich Heinrich von der Hagen und Alois Primisser.
Roen   In: Der Helden Buch in der Ursprache. 1. und 2. Theil. Berlin 1820 und 1825.

Helmbr   Helmbrecht von Wernher dem Gartenære. Hg. von Friedrich Panzer. 7. Aufl., besorgt von Kurt Ruh. Tübingen 1965 (ATB Nr. 11); 8., neubearb. Aufl. 1968.

---

[1] Soweit Lesarten zum Gregorius angeführt werden, sind sie dem Apparat von Gr [1] entnommen.

Herbort	Herbort's von Fritslâr liet von Troye. Hg. von Ge. Karl Frommann. Quedlinburg und Leipzig 1837 (Bibl. d. ges. dt. National-Literatur. Bd. 5) [Neudruck: Amsterdam 1966].
Himmelreich	Vom Himmelreich. Hg. von Friedrich Maurer. In: Maurer I S. 365–395.
Hochz	Die Hochzeit. Hg. von Friedrich Maurer. In: Maurer II S. 180–223.
Hugo von Montfort	Hugo von Montfort. Hg. von Karl Bartsch. Tübingen 1879 (Bibl. d. Literar. Vereins in Stuttgart. Bd. 143).
Iw	Iwein. Eine Erzählung von Hartmann von Aue. Mit Anmerkungen von Georg Friedrich Benecke und Karl Lachmann. 6. Ausg. ... Nachdruck der 5., von Ludwig Wolff durchgesehenen Ausg. Berlin 1964.
Iw[7]	Iwein. Eine Erzählung von Hartmann von Aue. Hg. von Georg Friedrich Benecke und Karl Lachmann, neu bearbeitet von Ludwig Wolff. 7. Ausg. Bd. 1: Text; Bd. 2: Handschriftenübersicht, Anmerkungen und Lesarten. Berlin 1968.
Iw [Henrici]	Iwein. Hg. von Emil Henrici. 2 Bde. Halle 1891–1893 (Germanistische Handbibliothek. Bd. VIII, 1–2).
J Judith	Die jüngere Judith. Hg. von Friedrich Maurer. In: Maurer II S. 225–259.
J Phys	Der jüngere Physiologus. In: Denkmäler deutscher Prosa des 11. und 12. Jahrhunderts. Hg. von Friedrich Wilhelm. Teil A, Nr. III, S. 5ff. [Neudruck: München 1960] sowie in: Maurer I S. 174ff. im Apparat.
J Tit	Albrechts von Scharfenberg Jüngerer Titurel ... Hg. von Werner Wolf. Bd. I. Berlin 1955 (DTM Bd. XLV).
Kehr	Die Kaiserchronik eines Regensburger Geistlichen. Hg. von Edward Schröder. Hannover 1892 (Monumenta Germaniae Historica: Deutsche Chroniken, Ersten Bandes erste Abtheilung) [Neudruck: Berlin und Zürich 1964].
Klage	Diu Klage. Mit Lesarten sämtlicher Handschriften hg. von Karl Bartsch. Leipzig 1875 [Neudruck: Darmstadt 1964].
Konrad von Megenberg	Konrad von Megenberg: Das Buch der Natur. Hg. von Franz Pfeiffer. Stuttgart 1861 [Neudruck: Hildesheim 1962].
Krone	Heinrich von dem Türlin: Diu Crône. Hg. von Heinr. Fr. Scholl. Stuttgart 1852 (Bibl. d. Literar. Vereins in Stuttgart. Bd. 27) [Neudruck: Amsterdam 1966].
KvW, Engelh	Konrad von Würzburg: Engelhard. Hg. von Paul Gereke. 2., neubearb. Aufl. von Ingo Reiffenstein. Tübingen 1963 (ATB Nr. 17).
KvW, Engelh [Haupt]	Engelhard. Eine Erzählung von Konrad von Würzburg. Mit Anmerkungen von Moriz Haupt. 2. Aufl., besorgt von Eugen Joseph. Leipzig 1890.
KvW, Go Schm	Die goldene Schmiede des Konrad von Würzburg. Hg. von Edward Schröder. Göttingen 1926; 2., unveränderte Aufl. Göttingen 1969
KvW, Herzm	Konrad von Würzburg: Das Herzmaere. In: Kleinere Dichtungen Konrads von Würzburg. Hg. von Edward Schröder ... Bd. I. 3. Aufl. Berlin 1959.

KvW, Parten	Konrads von Würzburg Partenopier und Meliur ... Hg. von Karl Bartsch. Wien 1871.
KvW, Schwanr	Konrad von Würzburg: Der Schwanritter. In: Kleinere Dichtungen Konrads von Würzburg. Hg. von Edward Schröder ... Bd. II. 3. Aufl. Berlin 1959.
KvW, Silv	Konrad von Würzburg: Die Legenden I [Silvester]. Hg. von Paul Gereke. Halle 1925 (ATB Nr. 19).
KvW, Troj Kr	Der trojanische Krieg Konrads von Würzburg ... Hg. durch Adelbert von Keller. Mit Anmerkungen zu Konrads Trojanerkrieg von Karl Bartsch. 2 Bde. Stuttgart 1858 und 1877 (Bibl. d. Literar. Vereins in Stuttgart. Bd. 44 und 133) [Neudruck: Amsterdam 1965].
KvW, Welt Lohn	Konrad von Würzburg: Der Welt Lohn. In: Kleinere Dichtungen Konrads von Würzburg. Hg. von Edward Schröder ... Bd. I. 3. Aufl. Berlin 1959.
Lamprecht, Tobias	Die Werke des Pfaffen Lamprecht: Tobias. Hg. von Friedrich Maurer. In: Maurer II S. 522−535.
Lanz	Ulrich von Zatzikhoven: Lanzelet. Hg. von Karl August Hahn. Frankfurt a. M. 1845 [Neudruck: Berlin 1965].
Liederdichter	Deutsche Liederdichter des 13. Jahrhunderts. Hg. von Carl von Kraus. Bd. I: Text; Bd. II: Kommentar, besorgt von Hugo Kuhn. Tübingen 1952; 1958.
Lilie	Die Lilie, eine mittelfränkische Dichtung in Reimprosa ... Hg. von Paul Wüst. Berlin 1909 (DTM Bd. XV).
Litanei	Die Litanei. In: Mhd. Übungsbuch. Hg. von Carl von Kraus. 2., vermehrte und geänderte Aufl. Heidelberg 1926, S. 28−62.
Mai	Mai und Beaflor. Hg. von Wilhelm Vollmer. Leipzig 1848 (Dichtungen des deutschen Mittelalters).
Marner	Der Marner. Hg. von Philipp Strauch. Straßburg 1876 [Neudruck: Berlin 1965].
Martina	Hugo von Langenstein: Martina. Hg. von Adelbert von Keller. Stuttgart 1856 (Bibl. d. Literar. Vereins in Stuttgart. Bd. 38).
Maurer I; II; III	Die religiösen Dichtungen des 11. und 12. Jahrhunderts. Nach ihren Formen besprochen und hg. von Friedrich Maurer. Tübingen 1964ff.
Melker Marienl	Das Melker Marienlied. Hg. von Friedrich Maurer. In: Maurer I S. 357−363.
MF	Des Minnesangs Frühling. Nach Karl Lachmann, Moriz Haupt und Friedrich Vogt neu bearbeitet von Carl von Kraus. 31. Aufl. Leipzig 1954; 36. Aufl. neu gestaltet v. Hugo Moser und H. Tervooren, 1977; Bd. II Erläuterungen.
Millst Phys	Der Millstätter Reimphysiologus. Hg. von Friedrich Maurer. In: Maurer I S. 169−245.
Milst Gen u Ex	Genesis und Exodus nach der Milstäter Handschrift. Hg. von Joseph Diemer. Bd. I: Einleitung und Text. Wien 1862.

Moriz v Cr	Moriz von Craûn. Unter Mitwirkung von Karl Stackmann und Wolfgang Bachofer im Verein mit Erich Henschel und Richard Kienast hg. von Ulrich Pretzel. 3., durchgesehene Aufl. Tübingen 1966 (ATB Nr. 45).
MSD	Denkmäler deutscher Poesie und Prosa aus dem VIII. bis XII. Jahrhundert. Hg. von Karl Müllenhoff und Wilhelm Scherer. 3. Ausg. von Elias Steinmeyer. 2 Bde. Berlin 1892.
MSH	Minnesinger. Deutsche Liederdichter des 12., 13. und 14. Jahrhunderts, gesammelt von Friedrich Heinrich von der Hagen. 3 Bde. Leipzig 1838 [Neudruck: Aalen 1962–1963].
Myst I	Deutsche Mystiker des 14. Jahrhunderts. Hg. von Franz Pfeiffer. Bd. I. Leipzig 1845.
Neidh	[a] Neidharts Lieder. Hg. von Moriz Haupt. 2. Aufl., neu bearbeitet von Edmund Wießner. Leipzig 1923; [b] Die Lieder Neidharts. Hg. von Edmund Wießner. 2. Aufl., revidiert von Hanns Fischer. Tübingen 1963 (ATB Nr. 44).
NL	Der Nibelunge Nôt. Mit den Abweichungen von Der Nibelunge Liet, den Lesarten sämtlicher Hss. und einem Wörterbuch hg. von Karl Bartsch. 1. Theil: Text; 2. Theil 1. Hälfte: Lesarten; 2. Theil 2. Hälfte: Wörterbuch. Leipzig 1870; 1876; 1880 [Neudruck: Hildesheim 1966][1].
Or	Orendel. Hg. von Hans Steinger. Halle 1935 (ATB Nr. 36).
Österr Reimchr	Ottokars Österreichische Reimchronik. Nach den Abschriften Friedrich Lichtensteins hg. von Joseph Seemüller. 2 Bde. Hannover 1890 und 1893 (Monumenta Germaniae Historica: Deutsche Chroniken, Bd. V, 1–2).
Osw v W	Die Lieder Oswalds von Wolkenstein. Unter Mitwirkung von Walter Weiß und Notburga Wolf hg. von Karl Kurt Klein. Musikanhang von Walter Salmen. Tübingen 1962 (ABT Nr. 55).
Paternoster	Auslegung des Vaterunsers. Paternoster. Hg. von Friedrich Maurer. In: Maurer I S. 327–343.
Ps. Gottfried v Straßb, Marienpreis	Der Gottfried von Straßburg zugeschriebene Marienpreis und Lobgesang auf Christus. Untersuchungen und Text von Ludwig Wolff. Jena 1924 (Jenaer Germanistische Forschungen 4).
Pr Wernher, Maria	Priester Wernhers Maria. Bruchstücke und Umarbeitungen. Hg. von Carl Wesle. Halle 1927; 2. Aufl., besorgt durch Hans Fromm. Tübingen 1969 (ATB Nr. 26).

---

[1] Die Ziffer (II) hinter einer Versangabe aus dem NL bedeutet, daß die betreffende Lesart oder die ganze Stelle sich nur in der von Bartsch als „Zweite Bearbeitung" bezeichneten Überlieferung findet (Hss.: CEFGRa), die Bartsch im ersten Apparat unter dem Text wiedergibt. Soweit diese „Zweite Bearbeitung" Zusatzstrophen gegenüber der „Ersten Bearbeitung" aufweist, zählt Bartsch im Apparat deren Verse zu denen der voraufgehenden Strophe (der „Ersten Bearbeitung") hinzu, z.B.: NL 335, 5–8 (II) und NL 335, 9–12 (II) ist die Bezeichnung für die beiden in der „Zweiten Bearbeitung" zwischen den Versen 335,4 und 336,1 der „Ersten Bearbeitung" stehenden Strophen.

Pz	Wolfram von Eschenbach: Parzival. In: Wolfram von Eschenbach [hg.] von Karl Lachmann. 6. Ausg. Berlin 1926 [sowie in: Parzival und Titurel. Hg. und erklärt von Ernst Martin. 2 Bde. Halle 1900 und 1903].
Rab Schl	Die Rabenschlacht. Hg. von Ernst Martin. Berlin 1866 (Deutsches Heldenbuch 2. Teil) [Neudruck: Zürich 1967].
Recht	Vom Rechte. Hg. von Friedrich Maurer. In: Maurer II S. 156–177.
Reinbot	Reinbot von Durne: Der Heilige Georg. Nach sämtlichen Hss. hg. von Carl von Kraus. Heidelberg 1907 (Germanische Bibliothek. Abt. 3 Bd. 1).
Reinfr	Reinfried von Braunschweig. Hg. von Karl Bartsch. Tübingen 1871 (Bibl. d. Literar. Vereins in Stuttgart. Bd. 109).
Reinmar v Zw	Die Gedichte Reinmars von Zweter. Hg. von Gustav Roethe. Leipzig 1887.
Renner	Hugo von Trimberg: Der Renner. Hg. von Gustav Ehrismann. 4 Bde. Tübingen 1908; 1909; 1911 (Bibl. d. Literar. Vereins in Stuttgart. Bd. 247; 248; 252; 256).
RF	Das mittelhochdeutsche Gedicht vom Fuchs Reinhart nach den Casseler Bruchstücken und der Heidelberger Hs. Cod. pal. germ. 341. Hg. von Georg Baesecke. 2. Aufl., besorgt von Ingeborg Schröbler. Halle 1952 (ATB Nr. 7).
RL	Das Rolandslied des Pfaffen Konrad. Hg. von Carl Wesle. 2. Aufl., besorgt von Peter Wapnewski. Tübingen 1967 (ATB Nr. 69).
Ro	König Rother. Hg. von Theodor Frings und Joachim Kuhnt. Bonn und Leipzig 1922 (Rhein. Beiträge und Hülfsbücher. Bd. 3).
Schönb, Pred	Altdeutsche Predigten. Hg. von Anton E. Schönbach. 3 Bde. Graz 1886; 1888; 1891 [Neudruck: Darmstadt 1964].
SM	Salman und Morolf. Hg. von Friedrich Vogt. Halle 1880 [Neudruck des Textes und Apparates ohne Vogts Vorwort, Einleitung und Anmerkungen und ohne Herausgebernamen: Salman und Morolf. Ein mhd. Spielmannsgedicht. Halle 1954 (Altdeutsche Texte für den akademischen Unterricht. Bd. 1)].
SMS	Die Schweizer Minnesänger ... Hg. von Karl Bartsch. Frauenfeld 1886 [Neudruck: Darmstadt 1964].
Stricker, Karl	Stricker: Karl der Große. Hg. von Karl Bartsch. Quedlinburg und Leipzig 1857 (Bibl. d. ges. dt. National-Literatur. Bd. 35).
Stricker, Vers-erzählungen I; II	Der Stricker, Verserzählungen I. Hg. von Hanns Fischer. 2., neubearb. Aufl. Tübingen 1967 (ATB Nr. 53); Verserzählungen II. Mit einem Anhang: Der Weinschwelg. Hg. von Hanns Fischer. Tübingen 1967 (ATB Nr. 68).
Summa Theol	De sancta trinitate. Die sogenannte Summa Theologiae. Hg. von Friedrich Maurer. In: Maurer I S. 309–316.
Tauler, Pred	Die Predigten Taulers ... Hg. von Ferdinand Vetter. Berlin 1910 (DTM Bd. XI).

Tit	Wolfram von Eschenbach: Titurel. In: Wolfram von Eschenbach [hg.] von Karl Lachmann. 6. Ausg. Berlin 1926 [sowie in: Parzival und Titurel. Hg. und erklärt von Ernst Martin. 2 Bde. Halle 1900 und 1903].
Trudp HL	Das St. Trudperter Hohe Lied. Kritische Ausgabe ... von Hermann Menhardt. 2 Bde. Halle 1934 (Rhein. Beiträge und Hülfsbücher. Bd. 21 und 22).
Üb Weib	Von dem übeln wîbe. Hg. von Karl Helm. Tübingen 1955; 2., neubearbeitete Aufl. Hg. von Ernst E. Ebbinghaus. Tübingen 1968 (ATB Nr. 46).
Ulrich, Trist	Tristan und Isolde. Fortsetzung Ulrichs von Turheim. In: Gottfrieds von Strassburgs Werke ... Hg. durch Friedrich Heinrich von der Hagen. 1. Bd. Breslau 1823.
UvL, Frauend	Ulrich von Liechtenstein: Frauendienst. Hg. von Reinhold Bechstein. 1. und 2. Theil. Leipzig 1888.
Veldeke, Serv	Sint Servaes Legende ... naar het Leidse handschrift uitgegeven door Gustaaf Amandus van Es met medewerking van Gerard Isaac Lieftinck en F. A. Mirande. Antwerpen 1950.
Virg	Virginal. Hg. von Julius Zupitza. Berlin 1870 (Deutsches Heldenbuch 5. Teil) [Neudruck: Zürich 1968].
Von guoter spise	Daz bûch von gûter spise. Aus der Würzburger Hs. neu hg. von Hans Hajek. Berlin 1958 (Texte des späten Mittelalters. Heft 8).
Vor Sündenkl	Vorauer Sündenklage. In: Die kleinen Denkmäler der Vorauer Hs. [s.o.] S. 124–175.
Wa	Die Gedichte Walthers von der Vogelweide ... Hg. von Karl Lachmann. 13. ... Ausgabe ... von Hugo Kuhn. Berlin 1965.
Waag	Kleinere deutsche Gedichte des XI. und XII. Jahrhunderts. Hg. von Albert Waag. 2., umgearbeitete Aufl. Halle 1916 (ATB Nr. 10).
Warnung	Die Warnung. Eine Reimpredigt aus dem 13. Jahrhundert. Hg. von Leopold Weber. München [1912].
WGast	Thomasin von Zirclaria: Der Wälsche Gast ... Hg. von Heinrich Rückert. Quedlinburg und Leipzig 1852 [Neudruck: Berlin 1965].
Wh	Wolfram von Eschenbach: Willehalm. In: Wolfram von Eschenbach [hg.] von Karl Lachmann. 6. Ausg. Berlin 1926.
Wig	Wirnt von Gravenberc: Wigalois der Ritter mit dem Rade. Hg. von Johannes Marie Neele Kapteyn. 1. Bd.: Text. Bonn 1926.
Windberger Ps	Deutsche Interlinearversionen der Psalmen aus einer Windberger Hs. zu München (XII. Jahrhundert) ... Hg. von Eberhard Gottlieb Graff. Quedlinburg und Leipzig 1839.
Winsb	Winsbecke. In: Winsbeckische Gedichte nebst Tirol und Fridebrant. Hg. von Albert Leitzmann. 3., neubearbeitete Aufl. von Ingo Reiffenstein. Tübingen 1962 (ATB Nr. 9).
Winsbeckin	Winsbeckin [in der gleichen Ausgabe wie Winsb, S. 46–66].
Wo	Wolfram von Eschenbach; Textausgaben s. Pz, Tit, Wh, Wo. Lied.

Wo, Lied   Wolfram von Eschenbach: Lieder. In: Wolfram von Eschenbach [hg.] von Karl Lachmann. 6. Ausg. Berlin 1926.

Wolfd A; B;   Ortnit und die Wolfdietriche ... Hg. von Arthur Amelung und Oskar
C; D   Jänicke. 1. und 2. Bd. Berlin 1871 und 1873 (Deutsches Heldenbuch 3. und 4. Teil) [Neudruck: Zürich 1968].

Abgekürzt zitierte Zeitschriften

AfdA	Anzeiger für deutsches Altertum und deutsche Literatur. Berlin 1876, Wiesbaden seit 1946.
ABäG	Amsterdamer Beiträge zur älteren Germanistik. Amsterdam, seit 1972.
ALLCB	Association for the Literary and Linguistic Computing Bulletin. London, seit 1973.
Archiv	Archiv für das Studium der neueren Sprachen und Literaturen. Berlin, New York, seit 1846.
BES	Beiträge zur Erforschung der deutschen Sprache. Leipzig, seit 1981.
BNF	Beiträge zur Namensforschung. Heidelberg, seit 1949/50 [neue Folge ab 1966].
CHum	Computers and the Humanities. New York, seit 1966/67.
DaF	Deutsch als Fremdsprache. Leipzig, seit 1964.
DS	Deutsche Sprache. Zeitschrift für Theorie, Praxis, Dokumentation. München 1973, Berlin seit 1974.
DU (BRD)	Der Deutschunterricht. Beiträge zu seiner Praxis und wissenschaftlichen Grundlegung. Stuttgart, seit 1948/49.
DU (DDR)	Deutschunterricht. Berlin, seit 1948.
DVjs	Deutsche Vierteljahresschrift für Literaturwissenschaft und Geistesgeschichte. Stuttgart, seit 1923.
EG	Études Germaniques. Revue trimestrielle de la Société des Études Germaniques. Paris, seit 1946.
Euph	Euphorion. Zeitschrift für Literaturgeschichte. Heidelberg, seit 1894.
Folia	Folia linguistica. Den Haag, seit 1967.
Germ	Germania. Zeitschrift für deutsche Altertumskunde. Wien, 1856–1892.
GermLing	Germanistische Linguistik. Berichte aus dem Forschungsinstitut für deutsche Sprache. Deutscher Sprachatlas. Marburg/Lahn, seit 1969.
GLL	German Life and Letters. A Quarterly Review. Oxford, seit 1936.
GRM	Germanisch-Romanische Monatsschrift. Heidelberg, seit 1909.
IncLing	Incontri linguistici (Univ. di Trieste). Pisa, seit 1974.
IF	Indogermanische Forschungen. Berlin, New York, seit 1892.
JEGP	Journal of English and Germanic Philology. Urbana/Illinois, seit 1901.
JIES	The Journal of Indo-European Studies. Washington/D. C., seit 1973.
KBgL	Kopenhagener Beiträge zur germanistischen Linguistik. Kopenhagen, seit 1972.

KN	Kwartalmik neofilologiczuy. Warszawa, seit 1967.
Krat	Kratylos. Kritisches Berichts- und Rezensionsorgan für indogermanische und allgemeine Sprachwissenschaft. Wiesbaden, seit 1956.
Lang	Language. Journal of the Linguistic Society of America. Baltimore, seit 1925.
LB	Leuvense Bijdragen. Tijdschrift voor germaanse filologie. Leuven, seit 1896.
Ling	Linguistics. An International Review. Den Haag, seit 1963.
LingBer	Linguistische Berichte. Forschung, Information, Diskussion. Braunschweig 1969–1975, Wiesbaden seit 1976.
Litbl	Literaturblatt für germanische und romanische Philologie. Leipzig, 1880–1944.
LuD	Linguistik und Didaktik. München 1970–1980.
MLN	Modern Language Notes. Baltimore, seit 1886.
MLQ	Modern Language Quarterly. Washington, seit 1940.
MLR	Modern Language Review. London, seit 1905/06.
Monatshefte	Monatshefte für den Deutschunterricht, deutsche Sprache und Literatur. Maidson/Wis. seit 1945; davor: Monatshefte für deutsche Sprache und Pädagogik, seit 1906.
Mu	Muttersprache. Zeitschrift zur Pflege und Erforschung der deutschen Sprache (begründet als „Zeitschrift des allgemeinen deutschen Sprachvereins"). Berlin 1886, seit 1966 Mannheim.
NdJb	Niederdeutsches Jahrbuch. Jahrbuch des Vereins für niederdeutsche Sprachforschung. Neumünster, seit 1875.
NdW	Niederdeutsches Wort. Beiträge zur niederdeutschen Philologie. Münster, seit 1960.
Neoph	Neophilologus. An International Journal devoted to the Study of Modern and Medieval Language and Literature. Groningen, seit 1915.
NeuphilMitt	Neuphilologische Mitteilungen. Helsinki, seit 1899.
NM	Niederdeutsche Mitteilungen. Lund, seit 1945.
NOWELE	North-Western European Language Evolution. Odense, seit 1983.
NTS	Norsk Tidsskrift for Sprogvidenskap. Oslo, 1928–1977 [seit 1978 fortgeführt als „Nordic Journal of Linguistics"].
PBB	Paul und Braunes Beiträge zur Geschichte der deutschen Sprache und Literatur. Halle/Saale, 1874–1954.
PBB (H)	Paul und Braunes Beiträge zur Geschichte der deutschen Sprache und Literatur. Halle/Saale, 1955–1980 [dann fortgeführt als BES].
PBB (T)	Paul und Braunes Beiträge zur Geschichte der deutschen Sprache und Literatur. Tübingen, seit 1955.
PMLA	Publications of the Modern Language Association of America. New York, seit 1884/85.

RhVjbl	Rheinische Vierteljahresblätter. Bonn, seit 1931.
SGG	Studia germanica Gandensia. Gent, seit 1960.
Sprachwiss	Sprachwissenschaft. Heidelberg, seit 1976.
StN	Studia neophilologica. A Journal of Germanic and Romanic Philology. Stockholm, seit 1928.
TCLP	Travaux du cercle linguistique de Prague. Prag, seit 1925 [seit 1966 fortgeführt als TLP].
Teuth	Teuthonista. Zeitschrift für deutsche Dialektforschung und Sprachgeschichte. Halle/Saale, 1924/25−1935 [dann fortgeführt als ZfM].
TheorLing	Theoretical Linguistics. Berlin, seit 1974.
WZFSU	Wissenschaftliche Zeitschrift der Friedrich-Schiller-Universität Jena. Jena, seit 1951.
WZPHP	Wissenschaftliche Zeitschrift der Pädagogischen Hochschule Potsdam. Gesellschafts- und sprachwissenschaftliche Reihe. Potsdam, seit 1945.
WZHUB	Wissenschaftliche Zeitschrift der Humboldt-Universität zu Berlin. Gesellschafts- und sprachwissenschaftliche Reihe. Berlin, seit 1979.
WW	Wirkendes Wort. Deutsche Sprache in Forschung und Lehre. Düsseldorf, seit 1950.
ZDL	Zeitschrift für Dialektologie und Linguistik. Wiesbaden, seit 1968 [in der Nachfolge von Teuth und ZfM].
ZfdA	Zeitschrift für deutsches Altertum und deutsche Literatur. Berlin 1841, Wiesbaden seit 1946.
ZfD	Zeitschrift für Deutschkunde. Berlin und Leipzig, 1920−1943.
ZfdM	Zeitschrift für (hoch)deutsche Mundarten. Heidelberg 1900−1905, Berlin 1906−1924, dann fortgeführt als „Teuthonista".
ZfdPh	Zeitschrift für deutsche Philologie. Berlin, seit 1968.
ZfdSpr	Zeitschrift für deutsche Sprache. Berlin, 1964−1971.
ZfdW	Zeitschrift für deutsche Wortforschung. Straßburg, 1901−1914, dann Berlin, 1960−1964 [danach fortgeführt als ZfdSpr].
ZfG	Zeitschrift für Germanistik. Leipzig, seit 1980.
ZfM	Zeitschrift für Mundartforschung. Halle/Saale, 1924−1944, dann Wiesbaden, 1952−1967 [ab 1968 fortgeführt als ZDL].
ZGL	Zeitschrift für germanistische Linguistik. Berlin, New York, seit 1973.
ZPSK	Zeitschrift für Phonetik, Sprachwissenschaft und Kommunikationsforschung. Berlin, London, New York, seit 1947.
ZVS	Zeitschrift für vergleichende Sprachforschung (auf dem Gebiet der indogermanischen Sprachen). Göttingen, seit 1852.

Literaturverzeichnis

Abraham, W. (Hrsg.) 1983: On the Formal Syntax of the Westgermania. Papers from the Third Groningen Grammar Talks. Amsterdam.

Adelberg, E. 1960: Die Sätze des Typus: *Ih bin ez Joseph* im Mittelhochdeutschen. Berlin (Deutsche Akademie der Wissenschaften zu Berlin. Veröffentlichung der sprachwissenschaftlichen Kommission 4).

Adelung, J. C. 1781: Deutsche Satzlehre. Zum Gebrauche der Schulen in den Königlich Preußischen Landen. Berlin, Neudruck Hildesheim 1977.

Adler, D. 1967: Zweigliedrige verblose Sätze in der Lyrik. In: WW 17, 309−320.

Admoni, W. 1984: Valenzgerichtete Erforschung der Geschichte des deutschen Satzbaus. In: ZfdPh 103, 420−430.

Adolf, H. 1944: Intonation and Word Order in German Narrative Style. In: JEGP 43, 71−79.

Agricola, E./Fleischer, W./Protze, H. (Hrsg.) 1969: Die deutsche Sprache. Kleine Enzyklopädie in zwei Bänden. Bd. 1 1969, Bd. 2 1970. Leipzig.

Ahldén, F. 1953: *der=er-*, Geschichte und Geographie. Göteborg.

Akers, W. G. 1931: Die konsonantische Ferndissimilation und -assimilation im Deutschen. Bruchsal.

Alberts, W. 1977: Einfache Verbformen und verbale Gefüge in zwei Augsburger Chroniken des 15. Jahrhunderts. Göttingen (Palaestra 264).

Alm, E. 1936: Der Ausgleich des Ablauts im starken Präteritum der ostmitteldeutschen Schriftdialekte. Uppsala.

Althaus, H./Henne, P./Wiegand, H. E. (Hrsg.) 1980: Lexikon der Germanistischen Linguistik. 2., vollst. neu bearb. u. erw. Aufl. Tübingen.

Altmann, H. 1976: Die Gradpartikeln im Deutschen. Untersuchungen zu ihrer Syntax, Semantik und Pragmatik. Tübingen (Linguistische Arbeiten 33).

Altmann, H. 1981: Formen der „Herausstellung" im Deutschen. Rechtsversetzung, Linksversetzung, freies Thema und verwandte Konstruktionen. Tübingen (Linguistische Arbeiten 106).

Ammann, H. 1929: Zum deutschen Impersonale. In: FS. E. Husserl, o. A. Halle/Saale, 1−25 (Ergänzungsband zum Jahrbuch für Philosophie und phänomenologische Forschung 1929).

Anderson, R. R./Goebel, U. 1976: Wortindex und Reimregister zum sogenannten Heinrich von Melk. Amsterdam.

Andersson, S. G. 1972: Aktionalität im Deutschen. Eine Untersuchung unter Vergleich mit dem russischen Aspektsystem. Uppsala, Stockholm (Acta Universitatis Upsaliensis, Studia Germanistica 10).

Andersson, S. G./Kvam, S. 1984: Satzverschränkung im heutigen Deutsch. Tübingen (Studien zur deutschen Grammatik 24).

Antal, L. 1964: Word Order and Syntactic Position. In: Linguistics 8, 31−42.

Antilla, R. 1977: Analogy. Den Haag.

Antonsen, E. H. 1961: Germanic umlaut anew. In: Lang 37, 215−230.

Antonsen, E. H. 1964: Zum Umlaut im Deutschen. In: PBB (T) 86, 177−196.

Antonsen, E. H. 1969: Zur Umlautfeindlichkeit des Oberdeutschen. In: ZDL 36, 201−207.

Arcamone, M. G. 1987: Der *i*-Umlaut im Langobardischen nach dem Zeugnis des Italienischen. In: Althochdeutsch. In Verb. mit H. Kolb et al. hg. v. R. Bergmann et al. Bd.

1: Grammatik. Heidelberg (Germanische Bibliothek, Neuere Forschungen, Reihe 3), 86–92.

Arndt, E. 1960: Das Aufkommen des begründenden *weil*. In: PBB (H) 81, 388–415.

Arndt, E. 1971: Deutsche Verslehre. Ein Abriß. Berlin (Ost).

Arndt, F./Arndt, E. 1981: Kommunikation und Sprache in ihrer geschichtlichen Entwicklung bis zum Neuhochdeutschen. (Wiss. Konferenz vom 26.–27. Sept. 1980 an der Univ. Oulu). In: ZfG 2, 227–231.

Arndt, K. F. L. 1815: Glossar zu dem Urtexte des Liedes der Nibelungen und der Klage. Zunächst zum Gebrauche für Schulen bearbeitet. Nebst einem kurzen Abriß einer altdeutschen Grammatik. Lüneburg.

Aron, A. W. 1914: Die „progressiven" Formen im Mittelhochdeutschen und Frühneuhochdeutschen. Frankfurt (New York University, Ottendorfer Memorial Series 10).

Asher, J. A. 1975: A Short Descriptive Grammar of Middle-High-German. With Texts and Vocabulary. 2. Aufl. London.

Askedal, J. O. 1974: Zum mittelhochdeutschen korrelativen Bindewort *beidiu/beide* ... *unde*. In: NTS 28, 9–40.

Assion, P. 1973: Altdeutsche Fachliteratur. Berlin (Grundlagen der Germanistik 13).

Augst, G. 1971: Über den Umlaut bei der Steigerung. In: WW 21, 424–431.

Augst, G. 1975a: Zum Pluralsystem. In: G. Augst: Untersuchungen zum Morpheminventar der deutschen Gegenwartssprache. Tübingen (Forschungsberichte des Instituts für deutsche Sprache 25), 5–72.

Augst, G. 1975b: Wie stark sind die starken Verben? In: G. Augst: Untersuchungen zum Morpheminventar der deutschen Gegenwartssprache. Tübingen (Forschungsberichte des Instituts für deutsche Sprache 25), 231–281.

Augst, G. 1977: Sprachnorm und Sprachwandel. Vier Projekte zu diachroner Sprachbetrachtung. Wiesbaden.

Bach, A. 1930: Die nassauische Sprachlandschaft. Bonn (Rheinisches Archiv 15).

Bach, A. 1969: Deutsche Mundartforschung. Ihre Wege, Ergebnisse und Aufgaben. Mit 58 Karten im Text. 3. Aufl. Heidelberg.

Bach, A. 1970: Geschichte der deutschen Sprache. 9. Aufl. Heidelberg.

Bach, E./King, R. D. 1970: Umlaut in modern German. In: Glossa 4. A Journal of Linguistics (Burnaby/B. C.), 3–21.

Bach, H. 1934: Laut- und Formenlehre der Sprache Luthers. Kopenhagen.

Bach, H. 1937: Die thüringisch-sächsische Kanzleisprache bis 1325. Bd. 1: Vokalismus 1937; Bd. 2: Druckschwache Silben, Konsonantismus, Formenlehre 1943. Kopenhagen.

Bachofer, W. 1982: Geschichte und Aufgaben der mittelhochdeutschen Lexikographie. In: Gedenkreden auf U. Pretzel (1898–1981). Hamburg, 25–38.

Bachofer, W./von Hahn, W./Möhn, D. (Hrsg.) 1984: Rückläufiges Wörterbuch der Mittelhochdeutschen Sprache. Auf der Grundlage von Matthias Lexers Mittelhochdeutschem Handwörterbuch u. Taschenwörterbuch bearb. u. hg. Stuttgart.

Baesecke, G. 1918: Einführung in das Althochdeutsche. München.

Baesecke, G. 1968: Kleine metrische Schriften nebst ausgewählten Stücken seines Briefwechsels mit Andreas Heusler, hg. u. mit einem Nachwort versehen v. Werner Schröder. München (Studien u. Quellen zur Versgeschichte II).

Bäuerle, R. 1979: Temporale Deixis, temporale Frage. Zum propositionalen Gehalt deklarativer und interrogativer Sätze. Tübingen (Ergebnisse und Methoden moderner Sprachwissenschaft 5).

Bäuml, F. H./Fallone, E.-M. 1976: A concordance to the Nibelungenlied. With a structural pattern index, frequency ranking list, and reverse index. Leeds.

Bäuml, F. H. 1987: Mittelalter. In: Geschichte der deutschen Literatur 1: Vom Mittelalter bis zum Barock, hg. v. E. Bahr. Tübingen, 1–244.

von Bahder, K. 1884: Zum König Rother. In: Germ 29, 257–300.

von Bahder, K. 1885: Lamprechts Alexanderlied und seine Heimat. In: Germ 30, 385–396.

von Bahder, K. 1890: Grundlagen des neuhochdeutschen Lautsystems. Straßburg.

von Bahder, K. 1903: Zur hochdeutschen Lautlehre (hd. *f* = wgerm. *b*). In: IF 14, 258–265.

von Bahder, K. 1929: Neuhochdeutsch *e* als Fugenvokal in Zusammensetzungen. In: PBB 53, 1–31.

Baldauf, E. 1938: Die Syntax des Komparativs im Gotischen, Althochdeutschen und Altsächsischen. München (Diss.).

Ballmer, Th. 1986: Deutsche Verben. Eine sprachanalytische Untersuchung des deutschen Verbwortschatzes. Tübingen (Ergebnisse und Methoden moderner Sprachwissenschaft 19).

Bally, Ch. 1922: Copule zéro et faits connexes. In: Bulletin de la Société de Linguistique de Paris XXIII, 480–492.

Bammesberger, A. 1986: Der Aufbau des germanischen Verbalsystems. Heidelberg (Untersuchungen zur vergleichenden Grammatik der germanischen Sprachen 1).

Barber, Ch. C. 1932: Die vorgeschichtliche Betonung der germanischen Substantiva und Adjektiva. Heidelberg.

Barrack, Ch. M. 1976: Lexical diffusion and the High German consonant shift. In: Lingua 40, 151–175.

Barrack, Ch. M. 1978: The High German consonant shift: monogenetic or polygenetic? In: Lingua 44, 1–48.

Barth, E. 1971: Fachsprache. Eine Bibliographie. Marburg (GermLing 3), 209–363.

Barth, H. 1938: Zur Danziger niederdeutschen Kanzleisprache (mit Karte). Danzig.

Bartsch, K. 1862: Der Dichter der Erlösung. In: Germ 7, 1–43.

Bartsch, K. (Hrsg.) 1880: Der Nibelunge Nôt. Bd. II, 2: Wörterbuch. Leipzig.

Bartsch, R./Vennemann, Th. 1982: Grundzüge der Sprachtheorie. Tübingen.

Bartsch, W. 1981: Tempus, Modus, Aspekt. Die systembildenden Ausdruckskategorien beim deutschen Verbalkomplex. Frankfurt/Main (Schule und Forschung: Neusprachliche Abteilung).

Baudusch, R. 1980: Zu den sprachwissenschaftlichen Grundlagen der Zeichensetzung. In: Theoretische Probleme der deutschen Orthographie, hg. v. D. Nerius u. J. Scharnhorst. Berlin (Sprache und Gesellschaft 16), 193–230.

Bauer, C. et al. (Hrsg.) 1954: Forschungen zur oberrheinischen Landesgeschichte. Bd. 1, Freiburg/Breisgau.

Bauer, Gerd 1967: Historisches Präsens und Vergegenwärtigung des epischen Geschehens. Ein erzähltechnischer Kunstgriff Chaucers. In: Anglia 85, 138–160.

Bauer, Gerhard 1986: Einführung in die diachrone Sprachwissenschaft. Ein Lehr-, Studien- und Übungsbuch für Germanisten. Unter Mitarb. v. B. D. Haage. Göppingen (Göppinger Arbeiten zur Germanistik 459).

Bauer, H. 1827–33: Vollständige Grammatik der neuhochdeutschen Sprache. 5 Bde. Berlin, Neudruck 1967.

Bayer, A. 1934: Der Reim von Stammsilbe auf Endsilbe im Frühmittelhochdeutschen und seine Bedeutung für die sprachliche und literarische Chronologie. Diss. Tübingen.

Bayer, H. J. 1962: Untersuchungen zum Sprachstil weltlicher Epen des deutschen Früh- und Hochmittelalters. Berlin (Philologische Studien und Quellen 10).

Bech, F./Diemer, J. 1863: Zu Genesis und Exodus. In: Germ 8, 466–489.

Bech, F. 1885: Zu Lamprechts Alexander. In: Germ 30, 257–284.

Bech, F. 1901: Beispiele von der Abschleifung des deutschen Participium Präsentis und von seinem Ersatz durch den Infinitiv. In: ZfdW 1, 81–109.

Bech, G. 1951: Grundzüge der semantischen Entwicklungsgeschichte der hochdeutschen Modalverba. Kopenhagen.

Bech, G. 1955: Studien über das deutsche Verbum infinitum. Bd. I 1955, Bd. II 1957. Kopenhagen (Det Kongelige Danske Videnskabernes Selskab, Historisk-filol. Meddelelser bind 35 nr. 2, bind 36 nr. 6).

Bech, G. 1963a: Zur Morphologie der deutschen Substantive. In: Lingua 12, 177–189.

Bech, G. 1963b: Die Entstehung des schwachen Präteritums. Kopenhagen.

Bech, G. 1963c: Über den Gebrauch des Präsens Konjunktiv im Deutschen. In: Lingua 12, 39–53.

Bech, G. 1969: Das germanische reduplizierte Präteritum. Kopenhagen (Det Kongelige Danske Videnskabernes Selskab, Historisk-filos. Meddelelser 44.1).

Becker, H./Bergmann, G. 1969: Sächsische Mundartenkunde. Neu bearb. u. hg. v. G. Bergmann. Halle/Saale.

Beckers, H. 1975: Neue Wege struktureller Semantikforschung auf dem Gebiet der älteren germanischen Sprachen. In: Gedenkschrift für J. Trier, hg. v. H. Beckers u. H. Schwarz. Köln, Wien, 172–210.

Beckers, H. 1980: Westmitteldeutsch. In: Lexikon der Germanistischen Linguistik, hg. v. H. P. Althaus, H. Henne, H. E. Wiegand. 2. Aufl. Tübingen, Bd. 2, 336–341.

Beckers, H. 1982: Zum Wandel der Erscheinungsformen der deutschen Schreib- und Literatursprache Norddeutschlands im ausgehenden Hoch- und beginnenden Spätmittelalter (rund 1170 bis rund 1350). In: NdW 22, 1–39.

Begemann, W. 1873: Das schwache Präteritum der germanischen Sprachen. Berlin.

Behaghel, O. 1886: Zur Frage nach einer mittelhochdeutschen Schriftsprache. Basel.

Behaghel, O. 1889: Mhd. *iu* und *û*. In: Germ 34, 247–251.

Behaghel, O. 1896: Schriftsprache und Mundart (Akademische Rede). Gießen.

Behaghel, O. 1909: Beziehungen zwischen Umfang und Reihenfolge von Satzgliedern. In: IF 25, 110–142.

Behaghel, O. 1913: Frz. *ž* = deutsch *s*. In: PBB 38, 370f.

Behaghel, O. 1917: Zu mhd. *sum*. In: PBB 42, 161f.

Behaghel, O. 1920: Die altdeutschen adverbien von *hôch*. In: PBB 44, 341–345.

Behaghel, O. 1923: Deutsche Syntax. Eine geschichtliche Darstellung. Bd. I 1923, Bd. II 1924, Bd. III 1928, Bd. IV. 1932. Heidelberg.

Behaghel, O. 1924a: Zum anwachsenden *t (d)*. In: PBB 48, 130.

Behaghel, O. 1924b: Zur Formenbildung vocalisch auslautender oder anlautender Stämme. In: PBB 48, 128–130.

Behaghel, O. 1928: Geschichte der deutschen Sprache. 5. Aufl. Berlin, Leipzig.

Behaghel, O. 1933: Der Stand des germanischen *b* im Anlaut des Bairischen und die mittelhochdeutsche Schriftsprache. In: PBB 57, 240–284.

Behaghel, O. 1968: Die deutsche Sprache. Mit Hinweisen und Anmerkungen v. F. Maurer. 14. unveränderte Aufl. Halle/Saale.

Bellmann, G./Putschke, W./Veith, W. 1967: Schlesischer Sprachatlas. Laut- und Formenatlas. Marburg.

Bellmann, G. 1968: Sprache in Obersachsen. In: Sachsen, hg. v. S. Asche. Troisdorf, 64–77.

Benecke, G. F./Müller, W./Zarncke, F. 1854: Mittelhochdeutsches Wörterbuch. Mit Benutzung des Nachlasses von Georg Friedrich Benecke, ausgearbeitet von Wilhelm Müller und Friedrich Zarncke. Bd. I: 1854; Bd. II.1: 1863; Bd. II.2: 1866; Bd. III: 1861; Leipzig, Nachdruck 1966.

Benecke, G. F. 1928: Wörterbuch zum Iwein des Hartmann von Aue. 4. Aufl. besorgt von C. Borschling. Leipzig.

Beneš, E. 1962: Die Verbstellung im Deutschen von der Mitteilungsperspektive her betrachtet. In: o. A.: Philologica Pragensia 5. Prag (Ceskoslovenska akademie ved), 6–19.

Benigny, J. 1929: Zum indogermanischen Nominalsatz. In: IF 47, 124–244.

Bennett, W. H. 1946: The Cause of the West Germanic Consonant Lengthening. In: Lang 22, 14–18.

Bennett, W. H. 1968: The operation and relative chronology of Verner's Law. In: Lang 44, 219–223.

Bennett, W. H. 1969: Pre-Germanic /p/ for Indo-European /kʷ/. In: Lang 45, 243–247.

Bennett, W. H. 1972: Prosodic Features in Proto-Germanic. In: Toward a Grammar of Proto-Germanic, hg. v. F. van Coetsem u. H. L. Kufner, Tübingen, 99–116.

Bennewitz-Behr, I. et al. (Hrsg.) 1984: Verskonkordanz zur Neidhart-Handschrift C (mgf. 779). 2 Bde. Göppingen.

Bentzinger, R. 1966: Zur Periodisierung der deutschen Sprachgeschichte. In: Sprachpflege 15, 133–135.

Bentzinger, R./Bock, R./Langner, H. 1969: Frühneuhochdeutsch. Formenlehre. Das Verb. In: Geschichte der deutschen Sprache. Mit Texten und Übersetzungshilfen. Verfaßt von einem Autorenkollektiv unter Leitung von W. Schmidt. Berlin (Ost), 310–328.

Bentzinger, R. 1982: Zur Periodisierung der deutschen Sprachgeschichte nach syntaktischen Gesichtspunkten. In: Zur Periodisierung der deutschen Sprachgeschichte. Prinzipien, Probleme, Aufgaben, hg. v. J. Schildt. Berlin, 148–159.

Benware, W. A. 1979: Zur Dentalepithese im Deutschen. In: PBB (T) 101, 329–346.

Bergenholtz, H./Schaeder, B. 1977: Die Wortarten des Deutschen. Versuch einer syntaktisch orientierten Klassifikation. Stuttgart.

Bergenholtz, H. 1985: Kasuskongruenz der Apposition. In: PBB (T) 107, 21–44.

Bergmann, G. 1965: Das Vorerzgebirgische. Mundart und Umgangssprache im Industriegebiet um Karl-Marx-Stadt – Zwickau. Halle/Saale (Sächsische Akademie der Wissenschaften zu Leipzig. Historische Kommission. Mitteldeutsche Studien 27).

Bergmann, R. 1980: Methodische Probleme der Lautverschiebungsdiskussion. In: Sprachwiss 5, 1–14.

Bergmann, R. 1983: Froumund von Tegernsee und die Sprachschichten in Köln. Zur Diskussion der 2. Lautverschiebung. In: ZDL 50, 1–21.

Bergmann, R./Pauly, P. 1985: Alt- und Mittelhochdeutsch. Arbeitsbuch zur Grammatik der älteren deutschen Sprachstufen und zur deutschen Sprachgeschichte. 3., neubearb. Aufl. Göttingen.

Bernhardt, E. 1901: Über du und ir bei Wolfram von Eschenbach, Hartmann von Aue, Gottfried von Straßburg und über tu und vos in den entsprechenden altfranzösischen Gedichten. In: ZfdPh 33, 368–390.

Bertau, K. 1972: Deutsche Literatur im europäischen Mittelalter. Bd. I: 800–1197; 1972. Bd. II: 1195–1220; 1973. München.

Bertram, O. 1935: Der Wandel nd zu ng am Oberrhein. In: ZfM 11, 6–12.

Bertsch, E. 1957: Studien zur Sprache oberdeutscher Dichterhandschriften des 13. Jahrhunderts. Diss. (Masch.) Tübingen.

Besch, W. 1961: Schriftzeichen und Laut. Möglichkeiten der Lautwertbestimmung an deutschen Handschriften des späten Mittelalters. In: ZfdPh 80, 287–302.

Besch, W. 1965: Zur Erschließung früheren Sprachstandes aus schriftlichen Quellen. In: Vorarbeiten und Studien zur Vertiefung der südwestdeutschen Sprachgeschichte, hg. v. F. Maurer. Stuttgart, 104–130.

Besch, W. 1967: Sprachlandschaften und Sprachausgleich im 15. Jahrhundert. München.

Besch, W. et al. (Hrsg.) 1983: Dialektologie. Ein Handbuch zur deutschen und allgemeinen Dialektforschung. 2 Bde. Berlin, New York.

Besch, W./Reichmann, O./Sonderegger, St. (Hrsg.) 1984: Sprachgeschichte. Ein Handbuch zur Geschichte der deutschen Sprache und ihrer Erforschung. Erster Halbband 1984. Zweiter Halbband 1985. Berlin, New York.

Best, K. H. 1973: Probleme der Analogieforschung. München.

Bettelhäuser, H.-J. 1976: Studien zur Substantivflexion der deutschen Gegenwartssprache. Heidelberg (Monographien zur Sprachwissenschaft 2).

Betten, A. 1980: Zu Satzbau und Satzkomplexität im mittelhochdeutschen Prosa-Lancelot. Überlegungen zur Beschreibung der Syntax mittelhochdeutscher Prosa. In: Sprachwiss 5, 15–42.

Betten, A. 1984: Veränderungen in Bestand und Funktion strukturverknüpfender Elemente vom Mittelhochdeutschen zum Frühneuhochdeutschen am Beispiel der „Tristrant"-Fragmente Eilharts von Oberg (12./13. Jahrhundert) und der Prosaauflösung (15. Jahrhundert). In: Studia linguistica et philologica. FS. K. Matzel, hg. v. W. E. Eroms, B. Gajek, H. Kolb. Heidelberg, 305–316.

Betten, A. 1987: Grundzüge der Prosasyntax. Stilprägende Entwicklungen vom Althochdeutschen zum Neuhochdeutschen. Tübingen (Reihe germanistische Linguistik 82).

Betz, W. 1953: Das gegenwärtige Bild des Althochdeutschen. In: DU 5, H. 6, 94–108.

Beugel, G. 1971: Zum temporalen als. In: Studien zur Syntax des heutigen Deutsch. FS. P. Grebe, hg. v. Hugo Moser et al., Düsseldorf (Sprache der Gegenwart 6), 189–206.

Beyer, E./Matzen, R. (Hrsg.) 1969: Atlas Linguistique et Ethnographique de l'Alsace (ALA). Bd. I: L'Homme. Paris.

Beyschlag, S. 1938: Zur Entstehung des bestimmten Relativpronomens welcher. In: ZfdA 75, 173–187.

Bickes, G. 1984: Das Adjektiv im Deutschen. Untersuchungen zur Syntax und Semantik einer Wortart. Frankfurt/Main.

Biener, C. 1939: Untergegangene althochdeutsche Wörter. In: PBB 63, 119–122; PBB 67 (1944) 56–64.

Birkhan, H. 1974: Das germanische starke Adjektiv. In: Strukturen und Interpretationen. Studien zur deutschen Philologie, FS. B. Horacek, hg. v. A. Ebenbauer et al. Wien, Stuttgart, 1–24.

Birkhan, H. 1979: Das ‚Zipfsche Gesetz‘, das schwache Präteritum und die germanische Lautverschiebung. Wien (Österreichische Akademie der Wissenschaften).

Birkhan, H. 1985: Etymologie des Deutschen. Bern, Frankfurt/Main, New York.

Bischoff, B. 1954: Übersicht über die nichtdiplomatischen Geheimschriften des Mittelalters. Graz, Köln.

Bischoff, B. 1957: Paläographie. In: Deutsche Philologie im Aufriß, hg. v. W. Stammler. 2. Aufl. Bd. 1. Berlin, 379–452.

Bischoff, B. 1979: Paläographie des römischen Altertums und des abendländischen Mittelalters. Berlin.

Bischoff, K. 1943: Zur Sprache des Sachsenspiegels von Eike von Repgow. In: ZfM 19, 1–80. [auch separat Halle/S. 1944].

Bischoff, K. 1957: Zur Geschichte des Niederdeutschen südlich der ik/ich-Linie zwischen Harz und Saale. Berlin.

Bischoff, K. 1962: Über die Grundlagen der mittelniederdeutschen Schriftsprache. In: NdJb 85, 9–31.

Bischoff, K. 1967: Sprache und Geschichte an der mittleren Elbe und der unteren Saale. Köln, Graz.

Bischoff, K. 1981: Über gesprochenes Mittelniederdeutsch. Mainz, Wiesbaden.

Bischoff, K. 1983: Mittelniederdeutsch. In: Handbuch zur niederdeutschen Sprach- und Literaturwissenschaft, hg. v. G. Cordes u. D. Möhn. Berlin, 98–118.

Bloomfield, L. 1933: Language. New York.

Blosen, H. 1982: Vereinfachte Darstellung der mhd. Substantivflexion. (Sandbjerg-Vortrag, Mai 1982). In: Augias 6, 5–26.

Bock, R./Langner, H. 1984: Zur Darstellung der Ablautreihen im Frühneuhochdeutschen unter Berücksichtigung phonologischer Aspekte. In: WZPHP 28, 287–296.

Böhme, O. 1893: Zur Kenntnis des Oberfränkischen im 13., 14. und 15. Jahrhundert. Diss. Leipzig.

Boesch, B. 1946: Untersuchungen zur alemannischen Urkundensprache des 13. Jahrhunderts. Laut- u. Formenlehre. Bern.

Boesch, B. (Hrsg.) 1957: Deutsche Urkunden des 13. Jahrhunderts. Bern (Althochdeutsche Übungstexte 15).

Boesch, B. 1968: Die deutsche Urkundensprache. Probleme ihrer Erforschung im deutschen Südwesten. In: RhVjbl 32, 1–28.

Böttcher, K./Geerdts, H. J. (Hrsg.) 1981: Kurze Geschichte der deutschen Literatur. Von einem Autorenkollektiv. Leitung u. Gesamtbearbeitung: K. Böttcher u. H. J. Geerdts. Mitarbeit: R. Henkenkamp. Berlin (Ost).

Boettcher, W./Sitta, H. 1972: Deutsche Grammatik III. Zusammengesetzte Sätze und äquivalente Strukturen. Frankfurt/Main (Studienbücher zur Linguistik und Literaturwissenschaft 4).

Boggs, R. A. 1979: Hartmann von Aue. Lemmatisierte Konkordanz zum Gesamtwerk. 2 Bde. Nendeln, Liechtenstein.

Bohnenberger, K. 1892: Rezension zu: Friedrich Kauffmann, Geschichte der schwäbischen mundart im mittelalter und in der neuzeit, mit textproben und einer geschichte der schriftsprache in Schwaben. Straßburg 1890. In: ZfdPh 24, 116–120.

Bohnenberger, K. 1895: Mhd. *ä* im Schwäbisch-Alemannischen. In: PBB 20, 535–553.

Bohnenberger, K. 1897: Über *gât/gêt* im Bairischen. In: PBB 22, 209–216.

Bohnenberger, K. 1902: *Hērre* und *plân*. In: ZfdW 3, 106–113.

Bohnenberger, K. 1906: Auslautend *g* im Oberdeutschen. In: PBB 31, 393–429.

Bohnenberger, K. 1924: Zur Gliederung des Alemannischen. In: ZfdM 19, 87–90.

Bohnenberger, K. 1927/28: Über *n* vor Reibelaut im Alemannischen mit einem Anhange über *nk*. In: Teuth 4, 13–31.

Bohnenberger, K. 1935: Zu *gân/gên/gangan*. In: PBB 59, 235–243.

Bohnenberger, K. 1953: Die alemannische Mundart. Umgrenzung, Innengliederung, Kennzeichnung. Tübingen.

Bojunga, K. 1890: Die Entwicklung der nhd. Substantivflexion ihrem inneren Zusammenhange nach in Umrissen dargestellt. Leipzig.

Boon, P. 1978: Obliquitätskonjunktiv oder Konjunktiv der indirekten Rede? Zur Verwendung des Konjunktivs der indirekten Rede im Frühneuhochdeutschen. In: IF 83, 324–344.

Boon, P. 1980: Die Verwendung der „accusativus cum infinitivo"-Konstruktion in anderen Sprachen bzw. Sprachstufen als das Frühneuhochdeutsche, verglichen mit dem Gebrauch dieser Fügung durch Johann Eberlin von Günzburg. Untersuchungen nach dem Wesen des „accusativus cum infinitivo" in den indogermanischen Sprachen. In: IF 85, 27–45.

Boon, P. 1981: „Isoliert emphatischer" oder „proleptischer" Nominativ? In: IF 86, 271–283.

Boon, P. 1982: Die Apokoinoukonstruktion im Frühneuhochdeutschen. In: IF 87, 223–238.

de Boor, H. 1973: Die deutsche Literatur im späten Mittelalter. Zerfall und Neubeginn. 1250–1350. 4. Aufl. München (Geschichte der deutschen Literatur von den Anfängen bis zur Gegenwart, begründet v. H. de Boor und R. Newald. Bd. 3,1).

de Boor, H. 1974: *Elliu, alliu, alle* in den deutschen Urkunden des 13. Jahrhunderts. In: Kritische Bewahrung. FS. W. Schröder, hg. v. E.-J. Schmidt, Berlin, 118–139.

de Boor, H. 1975: Actum et Datum. Eine Untersuchung zur Formelsprache der deutschen Urkunden im 13. Jahrhundert. München.

de Boor, H. 1976a: Die Flexionsformen von *haben* in den deutschen Urkunden des 13. Jahrhunderts. In: Sprachwiss 1, 119–143.

de Boor, H. 1976b: Das Pronomen *dieser* in den deutschen Urkunden des 13. Jahrhunderts. In: PBB (T) 98, 1–31.

de Boor, H./Kolb, H. 1979: Die deutsche Literatur von Karl dem Großen bis zum Beginn der höfischen Dichtung. 770–1190. 9. Aufl. bearb. v. H. Kolb. München (Geschichte der deutschen Literatur von den Anfängen bis zur Gegenwart, begründet v. H. de Boor u. R. Newald. Bd. 1).

de Boor, H./Hennig, U. 1979: Die höfische Literatur. Vorbereitung, Blüte, Ausklang. 1170–1250. 10. Aufl. bearb. v. U. Hennig. München (Geschichte der deutschen Literatur von den Anfängen bis zur Gegenwart, begründet v. H. de Boor u. R. Newald. Bd. 2).

de Boor, H./Wisniewski, R. 1984: Mittelhochdeutsche Grammatik. 9., um eine Satzlehre erw. Aufl. Berlin, New York.

Boost, K. 1964: Neue Untersuchungen zum Wesen und zur Struktur des deutschen Satzes. 5. Aufl. Berlin.

Bopp, F. 1816: Über das Konjugationssystem der Sanskritsprache. Frankfurt/M.

Bopp, F. 1845: A Comparative Grammar of the Sanscrit, Zend, Greek, Latin, Lithaunian, Gothic, German and Slavonian Languages. Bd. I 1845, Bd. II 1850, Bd. III 1853. London, Neudruck Hildesheim 1984.

Boretzky, N. 1975: Laryngaltheorie und innere Rekonstruktion. In: IF 80, 47–61.

Boretzky, N. 1977: Einführung in die historische Linguistik. Reinbek b. Hamburg.

Borinski, L. 1934: Der Stil König Alfreds. Eine Studie zur Psychologie der Rede. Leipzig.

Born, R. 1980: Disintegration and reintegration – The history of the verbal ablaut from Proto-Germanic to modern German. In: LB 69, 385–444.

Born, R. 1985: Periphrastische Tempora und Ausgleich der Ablautalternanzen im Deutschen, Englischen und Niederländischen. In: LB 74, 37–52.

Borter, A. 1982: Syntaktische Klammerbildung in Notkers Psalter. Berlin, New York (Das Althochdeutsch von St. Gallen 7).

Brachin, P. 1985: The Dutch Language. A Survey. Translated from the French by P. Vincent. Leiden.

Brandstetter, R. 1890: Prolegomena zu einer urkundlichen Geschichte der Luzerner Mundart. Einsiedeln.

Brandstetter, R. 1892: Die Luzerner Kanzleisprache 1250–1600. Ein gedrängter Abriß mit spezieller Hervorhebung des methodologischen Moments. o. O.

Braumüller, K. 1977: Referenz und Pronominalisierung. Zu den Deiktica und Proformen des Deutschen. Tübingen (Linguistische Arbeiten 46).

Braumüller, K. 1982: Syntaxtypologische Studien zum Germanischen. Tübingen (Tübinger Beiträge zur Linguistik 197).

Braune, W. 1873: Untersuchungen über Heinrich von Veldeke. In: ZfdPh 4, 249–304.

Braune, W. 1874a: Zur Kenntnis des Fränkischen und zur hochdeutschen Lautverschiebung. In: PBB 1, 1–56.

Braune, W. 1874b: Die altslovenischen Freisinger Denkmäler in ihrem Verhältnisse zur althochdeutschen Orthographie. In: PBB 1, 527–534.

Braune, W. 1877: Zur althochdeutschen Lautlehre. In: PBB 4, 540–566.

Braune, W. 1884: Gotisch ddj und altnordisch ggj. In: PBB 9, 545–548.

Braune, W. 1886: ein als Demonstrativpronomen. In: PBB 11, 518–527.

Braune, W. 1887: Nachtrag zu mittelhochdeutsch ein. In: PBB 12, 393–395.

Braune, W. 1900: Handschriftenverhältnisse des Nibelungenliedes. In: PBB 25, 1–222.

Braune, W./Helm, K. 1928: Gotische Grammatik. Mit Lesestücken und Wortverzeichnis. 10. Aufl. bearb. v. K. Helm. Halle/Saale.

Braune, W./Mitzka, W. 1953: Althochdeutsche Grammatik. Tübingen.

Braune, W./Ebbinghaus, E. A. (Hrsg.) 1969: Althochdeutsches Lesebuch. 15. Aufl. Tübingen.

Braune, W./Ebbinghaus, E. A. 1973: Gotische Grammatik, bearb. v. E. A. Ebbinghaus. 18. Aufl. Tübingen.

Braune, W./Ebbinghaus, E. A. 1977: Abriß der althochdeutschen Grammatik. 14. Aufl. bearb. v. E. A. Ebbinghaus. Tübingen.

Braune, W./Eggers, H. 1987: Althochdeutsche Grammatik. 14. Aufl. bearb. v. H. Eggers. Tübingen (Sammlung kurzer Grammatiken germanischer Dialekte. A. Hauptreihe 5).

van Bree, C. 1987: Historische Grammatica van het Nederlands. Dordrecht.

Bremer, O. 1888: Ahd. *leo, lio, leuuo, louuuo.* In: PBB 13, 384–387.

Bremer, O. 1927: Der Schleifton im Nordniedersächsischen. In: NdJb 53, 1–32.

Brenner, O. 1889: Leute. In: Germ 34, 245ff.

Brenner, O. 1895: Zum deutschen Vocalismus. In: PBB 20, 80–87.

Breßlau, H. 1912: Handbuch der Urkundenlehre für Deutschland und Italien. 2 Bde. 2. Aufl. Leipzig.

Breuer, D. 1981: Deutsche Metrik und Versgeschichte. München (UTB 745).

Brinker, K. 1971a: Das Passiv im heutigen Deutsch. München (Heutiges Deutsch, Reihe 1, Bd. 2).

Brinker, K. 1971b: Das Passiv in der „Augsburgischen Konfession". In: Studien zur Syntax des heutigen Deutsch, hg. v. Hugo Moser et al. Düsseldorf (Sprache der Gegenwart 6), 162–188.

Brinkmann, H. 1931: Sprachwandel und Sprachbewegung in ahd. Zeit. Jena (Jenaer Germanistische Forschungen 18).

Brinkmann, H. 1941: Der lautliche Vorgang der germanischen und der hochdeutschen Lautverschiebung. In: Archiv für vergleichende Phonetik 5, 10–20, 77–89. (Wieder abgedruckt in H. Brinkmann: Studien zur Geschichte der deutschen Sprache und Literatur. Bd. 1. Düsseldorf 1965, 237–258).

Brinkmann, H. 1949: Die sprachliche Gestalt. In: Mu 64, 2–25.

Brinkmann, H. 1957/58: Satzprobleme. In: WW 8, 129–141.

Brinkmann, H. 1963: Der Austausch zwischen den Wortarten im Deutschen. In: Die Wissenschaft von deutscher Sprache und Dichtung. FS. F. Maurer, hg. v. W. Besch, S. Grosse, H. Rupp. Stuttgart, 3–25.

Brinkmann, H. 1965: Frühgeschichte der deutschen Sprache. In: H. Brinkmann: Studien zur Geschichte der deutschen Sprache und Literatur. Bd. 1. Düsseldorf, 279–342.

Brinkmann, H. 1971: Die deutsche Sprache. Gestalt und Leistung. 2. Aufl. Düsseldorf.

Brosnahan, L. F. 1959: The Affricates of the High German Consonant Shift. In: Neoph 43, 112–123.

Bruch, R. 1953a: Mittelfränkische Relikte des Zwischenstadiums der Affrikata in der Lautverschiebung zur Spirans (*kraits* „Kreis"). In: ZfM 21, 149–158.

Bruch, R. 1953b: Grundlegung einer Geschichte des Luxemburgischen. 2 Bde. (1953–1954). Luxemburg.

Bruch, R. 1955: Die Lautverschiebung bei den Westfranken. In: ZfM 23, 129–147.

Bruch, R. 1956: Sprache und Geschichte. In: ZfM 24, 129–150.

Bruch, R. 1963: Germanische und romanische *ê* und *ô*-Diphthongierungen. In: Deutsche Wortforschung in europäischen Bezügen, hg. v. L. E. Schmitt. Bd. 2. Gießen, 409–467.

Bruch, R./Goossens, J. 1963: Luxemburgischer Sprachatlas. Laut- und Formenatlas. Marburg.

Brugmann, K./Delbrück, B. 1893: s. Brugmann 1906. s. Delbrück 1893.

Brugmann, K. 1906: Vergleichende Laut-, Stammbildungs- und Flexionslehre nebst Lehre vom Gebrauch der Wortformen der indogermanischen Sprachen. 2. Bearbeitung. Bd. II, 1: 1906, Bd. II, 2: 1911, Bd. II, 3: 1916. Straßburg (= K. Brugmann/ B. Delbrück: Grundriß der vergleichenden Grammatik der indogermanischen Sprachen 2).

Brugmann, K. 1914: Das schwache Präteritum. In: PBB 39, 84–97.

Brugmann, K. 1917: Der Ursprung des Scheinsubjekts „es" in den germanischen und romanischen Sprachen. Leipzig (Berichte über die Verhandlungen der Königl. Sächs. Gesellschaft der Wissenschaften zu Leipzig, phil. hist. Kl. 69/1917, Heft 5).

Brugmann, K. 1925: Die Syntax des einfachen Satzes im Indogermanischen. Berlin.

Bürck, E. 1922: Sprachgebrauch und Reim in Hartmanns Iwein. Mit einem Reimwörterbuch zum Iwein. München.

Burdach, K. (Hrsg.) 1913: Vom Mittelalter zur Reformation. Forschungen zur Geschichte der deutschen Bildung. Berlin (1913–1939).

Burger, H. 1972: Zeit und Ewigkeit. Studien zum Wortschatz der geistlichen Texte des Alt- und Frühmittelhochdeutschen. Berlin, New York.

Burger, H. 1977: Probleme einer historischen Phraseologie des Deutschen. In: PBB (T) 99, 1–24.

Burger, H. 1980: Interjektionen. In: Ansätze zu einer pragmatischen Sprachgeschichte. Züricher Kolloquium 1978, hg. v. H. Sitta. Tübingen (Reihe Germanistische Linguistik 21), 53–69.

Calbert, J. P./Vater, H. 1975: Aspekte der Modalität. Tübingen (Studien zur deutschen Grammatik 1).

Capek, M. J. 1983: Phoneme Theory and Umlaut: A Note on the Creation of Knowledge. In: Monatshefte 75, 126–130.

Cappelli, A. 1961: Lexicon Abbreviaturarum. Dizionario di Abbreviature Latine et Italiane. 6. Aufl. Mailand. (Nebst Suppl. von A. Pelzer).

Cardona, G./Hoenigswald, H. M./Senn, A. (Hrsg.) 1970: Indo-European and Indo-Europeans. Philadelphia.

Cercignani, F. 1979: The consonants of german: synchrony and diachrony. Mailand.

Cherubim, D. (Hrsg.) 1975: Einleitung. In: Sprachwandel. Reader zur diachronischen Sprachwissenschaft, hg. u. eingel. v. D. Cherubim. Berlin, New York, 1–61.

Christmann, E. 1926: Die pfälzischen Mundarten. In: Blätter für die Schulpraxis 37 (Nürnberg), 201–215.

Christmann, H. H. (Hrsg.) 1977: Sprachwissenschaft im 19. Jahrhundert. Darmstadt.

Closs-Traugott, E. 1975: Zu einer Grammatik des syntaktischen Wandels. In: Sprachwandel. Reader zur diachronischen Sprachwissenschaft, hg. v. D. Cherubim. Berlin, New York, 276–304.

Clyne, M. 1971: Zu Änderungen im Pronominalsystem einiger westgermanischer Sprachen oder Dialekte. In: ZfdPh 90, 83–89.

van Coetsem, F. 1963: Zur Frage der internen Ordnung der Ablautsalternanzen im voreinzeldialektischen Germanischen. In: Orbis 12, 262–283. [Auch in: Vorschläge für eine strukturale Grammatik des Deutschen, hg. v. H. Steger. Darmstadt 1970, 385–413.]

van Coetsem, F. 1970: Zur Entwicklung der germanischen Grundsprache. In: Kurzer Grundriß der germanischen Philologie bis 1500. Bd. 1, hg. v. L. E. Schmitt. Berlin, 1–93.

van Coetsem, F./Kufner, H. L. (Hrsg.) 1972: Toward a Grammar of Proto-Germanic. Tübingen.

van Coetsem, F./McCormick, S. 1982: Old High German Umlaut and the Notion of Optimal Patterning. In: ABäG 17, 23–27.

Coletsos, B./Sandra, M. 1979: Storia della lingua tedesca. Alto tedesco medio e moderno. Turin.

Collinder, B. 1941: Zum *i*-Umlaut. In: StN 13, 291–297.

Collitz, H. 1912: Das schwache Präteritum und seine Vorgeschichte. Göttingen.

Collitz, H. 1917: Zu den mittelhochdeutschen kurzen Präterita *gie, fie, lie*. In: MLN 32, 207–215.

Comrie, B. 1985: Tense. Cambridge (Cambridge Textbooks in Linguistics).

Coombs, Y. M. 1976: A Semantic Syntax of Grammatical Negation in the Older Germanic Dialects. Göppingen (Göppinger Arbeiten zur Germanistik 177).

Cordes, G. 1959: Zur Erforschung der Urkundensprache. In: NdJb 82, 63−79.

Cordes, G. 1960: Zur altsächsischen Mundartenfrage und zur Lautverschiebungsgrenze. In: ZfM 27, 1−39.

Cordes, G. 1973: Altniederdeutsches Elementarbuch. Wort- und Lautlehre. Heidelberg.

Cordes, G. 1983: Mittelniederdeutsche Grammatik. In: Handbuch zur niederdeutschen Sprach- und Literaturwissenschaft, hg. v. G. Cordes u. D. Möhn. Berlin, 209−237.

Corpus 1932: Corpus der altdeutschen Originalurkunden bis zum Jahre 1300. Bd. I hg. v. F. Wilhelm, 1932; Bd. II hg. v. R. Newald, 1943; Bd. III hg. v. H. de Boor u. D. Haacke, 1957; Bd. IV hg. v. H. de Boor u. D. Haacke, 1963. Lahr.

Cortez, C. 1975: La problematique des cas. Paris (Palatina 15).

Corves, C. 1909: Studien über die Nibelungenhandschrift A. In: ZfdPh 41, 271−319.

Crous, E./Kirchner, J. 1928: Die gotischen Schriftarten. Leipzig.

Curme, G. O. 1912/13: The Origin of the Relative „welcher". In: ZfdW 14, 112−125.

Czepluch, H./Janssen, H. (Hrsg.) 1984: Syntaktische Struktur und Kasusrelation. Tübingen (Tübinger Beiträge zur Linguistik 234).

Dahlmann, F./Waitz, Ch. 1931: Quellenkunde der deutschen Geschichte, nach Folge der Begebenheiten für eigene Vorträge der deutschen Geschichte geordnet. 2 Bde. 9 Aufl. Leipzig.

Dal, I. 1951: Die althochdeutsche Diphthongierung von ē >ia, ie und ō>uo als Ergebnis einer sog. ‚détresse phonologique'. In: Archiv 188, 115f.

Dal, I. 1952: Berøring mellom infinitiv og participium praeteritum i tysk. In: Festskrift til L. L. Hammerich, den 21. Juli 1952, hg. v. H. Bach et al. Kopenhagen, 79−98.

Dal, I. 1954: Indifferenzformen in der deutschen Syntax. Betrachtungen zur Fügung „ich kam gegangen". In: NTS 18, 489−497.

Dal, I. 1956: Participium praeteriti mit dem syntaktischen Wert eines Infinitivs im Mittelniederländischen und Mittelhochdeutschen. In: Fragen und Forschungen im Bereich und Umkreis der germanischen Philologie. FS. Th. Frings, hg. v. E. Karg-Gasterstädt u. J. Erben. Berlin, 130−142.

Dal, I. 1962: Systemerhaltende Tendenzen in der deutschen Kasusmorphologie. In: Das Ringen um eine neue deutsche Grammatik, hg. v. Hugo Moser, Darmstadt (Wege der Forschung 25), 74−88.

Dal, I. 1966: Kurze deutsche Syntax auf historischer Grundlage. 3. Aufl. Tübingen (Sammlung kurzer Grammatiken germanischer Dialekte 7, Ergänzungsreihe B).

Dal, I. 1969: Über Kongruenz und Rektion im Deutschen. In: FS. Hugo Moser, hg. v. U. Engel, P. Grebe, H. Rupp. Düsseldorf, 9−18.

Dal, I. 1971a: Über den i-Umlaut im Deutschen. In: I. Dal: Untersuchungen zur germanischen und deutschen Sprachgeschichte. Oslo, Bergen, Tromsö, 31−45.

Dal, I. 1971b: Untersuchungen zur germanischen und deutschen Sprachgeschichte. Oslo, Bergen, Tromsö.

Dalby, D. 1965: Lexicon of the Mediaeval German Hunt. A Lexicon of Middle High German Terms (1050−1500), associated with the Chase, Hunting with Bows, Falconry, Trapping, and Fowling. Berlin.

Danielsen, N. 1968: Die negativen unbestimmten Pronominaladjektiva im Alt- und Mittelhochdeutschen. In: ZfdSpr 24, 92−117.

Debus, F. 1983: Deutsche Dialektgebiete in älterer Zeit: Probleme und Ergebnisse ihrer Rekonstruktion. In: Dialektologie, hg. v. W. Besch et al. Berlin, New York, 2. Halbbd., 930−960.

Deeg, K. 1958: Der Infinitiv Perfekt im Frühneuhochdeutschen. München (Diss. Masch.).

Delbrück, B. 1893: Vergleichende Syntax der indogermanischen Sprachen. 1. Theil 1891, 2. Theil 1897, 3. Theil 1900. Straßburg (= K. Brugmann/B. Delbrück: Grundriß der vergleichenden Grammatik der indogermanischen Sprachen 3–5).

Delbrück, B. 1907: Synkretismus. Ein Beitrag zur germanischen Kasuslehre. Straßburg.

Delbrück, B. 1909: Das schwache Adjektivum und der Artikel im Germanischen. In: IF 26, 187–199.

Delbrück, B. 1910a: Germanische Syntax I: Zu den negativen Sätzen. Leipzig (Abhandlungen der Königl. Sächs. Gesellschaft der Wissenschaften, philol.-hist. Kl. 28/1910, Heft 4).

Delbrück, B. 1910b: Beiträge zur germanischen Syntax III: Ellipse des Infinitivs bei Hilfsverben. In: PBB 36, 362–365.

Desportes, Y. 1985: Das System der räumlichen Präpositionen im Deutschen. Strukturgeschichte vom 13. bis zum 20. Jahrhundert. Heidelberg (Germanische Bibliothek, Neuere Forschungen, Reihe 3).

D'Iakonov, I. M. 1985: On the Original Home of the Speakers of Indo-European. [Transl. by O. Kipnis.] In: JIES 13, 92–174.

Diefenbach, L./Wülcker, E. 1965: Hoch- und niederdeutsches Wörterbuch der mittleren und neueren Zeit. Zur Ergänzung der vorhandenen Wörterbücher insbesondere des der Brüder Grimm. Hildesheim.

Diegritz, Th. 1971: Lautgeographie des westlichen Mittelfrankens. Neustadt/Aisch.

Dieth, E. 1968: Vademekum der Phonetik. 2. Aufl. Bern, München.

Dinnsen, D. A. 1979: Current approaches to phonological theory. Bloomington.

Dittmar, H. 1874: Über die altdeutsche Negation ne in abhängigen Sätzen. In: ZfdPh Ergänzungsband 1874, 183–318.

Domhäuser, K. 1985: Der Imperativ im Deutschen. Studien zur Syntax und Semantik des deutschen Modussystems. Hamburg (Bayreuther Beiträge zur Sprachwissenschaft 6).

Dornfeld, E. 1912: Gottfried Hagens Reimchronik der Stadt Köln. Nebst Beiträgen zur mittelripuarischen Grammatik. Breslau.

Dove, A. 1916: Studien zur Vorgeschichte des deutschen Volksnamens. Heidelberg (Sitzungsberichte der Heidelberger Akademie der Wissenschaften, Phil.-Hist. Kl., 8. Abh.).

Draye, L. 1986: Niederländisch und Germanisch. Bemerkungen zu Theo Vennemanns neuer Lautverschiebungstheorie aus niederländischer Sicht. In: PBB (T) 108, 180–189.

Droescher, W. O. 1965: Vowel Length and Stress in German. In: AULLA (= Proceedings of the 9th Congress of the Australian Universities Languages and Literature Association. Edited by M. Adams. University of Melbourne), 127f.

Droescher, W. 1974: Das deutsche Adverbialsystem. In: DaF 11, 279–285.

DSA – Deutscher Sprachatlas s. Wrede, F./Martin, B./Mitzka, W. (Hrsg.) 1927.

Duden 1963: Etymologie. Herkunftswörterbuch der deutschen Sprache. Bearb. v. G. Drosdowski u. P. Grebe. Mannheim, Wien, Zürich (Der Große Duden 7).

Duden 1984: Grammatik der deutschen Gegenwartssprache. 4. Aufl., bearb. u. hg. v. G. Drosdowski et al. Mannheim (Der Große Duden 4).

DWA – Deutscher Wortatlas s. Mitzka, W./Schmitt, L. E. 1951.

Ebert, R. P. 1976: Infinitival Complement Constructions in Early New High German. Tübingen (Linguistische Arbeiten 30).

Ebert, R. P. 1978: Historische Syntax des Deutschen. Stuttgart (Slg. Metzler 167).

Ebert, R. P. 1980: Social and Stylistic Variation in Early New High German Word Order: the Sentence Frame (Satzrahmen). In: PBB (T) 102, 357–398.

Ebert, R. P. 1986: Historische Syntax des Deutschen II: 1300–1750. Bern, Frankfurt/Main, New York (Germanistische Lehrbuchsammlung 6).

Eggenberger, J. 1961: Das Subjektpronomen im Althochdeutschen. Chur.

Eggers, H. 1963: Deutsche Sprachgeschichte. Bd. I: Das Althochdeutsche. 1963; Bd. II: Das Mittelhochdeutsche. 1965; Bd. III: Das Frühneuhochdeutsche. 1969; Bd IV: Das Neuhochdeutsche. 1977. Reinbek.

Eggers, H. (Hrsg.) 1970: Der Volksname Deutsch. Darmstadt (Wege der Forschung 156).

Eggers, H. 1971: Sind Konsekutivsätze Gliedsätze? In: Studien zur Syntax des heutigen Deutsch. FS. P. Grebe, hg. v. Hugo Moser et al. Düsseldorf (Sprache der Gegenwart 6), 85−96.

Eggers, H. 1972: Die Partikel „wie" als vielseitige Satzeinleitung. In: Linguistische Studien I, hg. v. Hugo Moser et al. Düsseldorf (Sprache der Gegenwart 19), 159−182.

Eggers, H. 1973: Modale Infinitivkonstruktionen des Typs „er ist zu loben". In: Linguistische Studien IV, FS. P. Grebe, Teil 2, hg. v. Hugo Moser et al. Düsseldorf (Sprache der Gegenwart 24), 39−45.

Eggers, H. 1986: Deutsche Sprachgeschichte. Bd. 1: Das Althochdeutsche und das Mittelhochdeutsche. Neuaufl. von Eggers 1963, Reinbek b. Hamburg.

Ehlich, K. 1986: Interjektionen. Tübingen (Linguistische Arbeiten 111).

Ehrismann, G. 1897: Untersuchungen über das mhd. Gedicht von der Minneburg. In: PBB 22, 257−341.

Ehrismann, G. 1901: Duzen und Ihrzen im Mittelalter. In: ZfdW 1, 117−149; ZfdW 2 (1902), 118−159; ZfdW 4 (1903), 210−248; ZfdW 5 (1903/04), 127−220.

Ehrismann, G. 1922: Geschichte der deutschen Literatur bis zum Ausgang des Mittelalters. 2. Teil: Die mittelhochdeutsche Literatur. I Frühmittelhochdeutsche Zeit, 1922; II, 1 Blütezeit, 1927; II,2.1 Schlußband; II.2.2. (Blütezeit. Zweite Hälfte, Spätmittelhochdeutsche Literatur 14. und 15. Jh.) 1935. München. Nachdruck München 1959.

Ehrismann, O./Ramge, H. 1976: Mittelhochdeutsch. Eine Einführung in das Studium der deutschen Sprachgeschichte. Tübingen (Germanistische Arbeitshefte 19).

Eichler, W./Bünting, K.-D. 1978: Deutsche Grammatik. Form, Leistung und Gebrauch der deutschen Gegenwartssprache. Frankfurt/M. (Sprachwissenschaft 2136).

Eichner, H. 1987: Zu den geschlechtigen Nominativformen des Kardinalzahlworts ‚drei' im Althochdeutschen. In: Althochdeutsch. In Verb. mit H. Kolb et al. hg. v. R. Bergmann et al. Bd. 1: Grammatik. Heidelberg (Germanische Bibliothek, Neuere Forschungen, Reihe 3), 190−200.

Eilers, H. 1972: Untersuchungen zum frühmittelhochdeutschen Sprachstil am Beispiel der „Kaiserchronik". Göppingen (Göppinger Arbeiten zur Germanistik 76).

Eis, G. 1949: Altdeutsche Handschriften. München.

Eis, G. 1951: Historische Laut- und Formenlehre des Mittelhochdeutschen. Heidelberg.

Eis, G. 1957: Mittelalterliche Fachprosa der Artes. In: Deutsche Philologie im Aufriß, hg. v. W. Stammler. 3 Bde. 2. Aufl. Berlin 1957−1960; Bd. 2, Sp. 1103−1216.

Eis, G. 1967: Mittelalterliche Fachliteratur. 2. Aufl. Stuttgart (Slg. Metzler 14).

Eis, G. 1971: Forschungen zur Fachprosa. Ausgewählte Beiträge. München.

Eisenberg, P. 1980: Das Deutsche und die Universalien: wenn der Kasus zurückschlägt. In: LingBer 64, 63−67.

Eisenberg, P. 1986: Grundriß der deutschen Grammatik. Stuttgart.

Eisenberg, P./Gusovius, A. 1988: Bibliographie zur deutschen Grammatik 1965−1986. 2. Aufl. Tübingen (Studien zur deutschen Grammatik 26).

Elmer, W. 1981: Diachronic Grammar. The History of Old and Middle English. Tübingen (Linguistische Arbeiten 97).

van der Elst, G. 1984: Zur Entwicklung des deutschen Kasussystems. Ein Beispiel für Sprachökonomie. In: ZGL 12, 313−331.

Engel, U. 1970: Studie zur Geschichte des Satzrahmens und seiner Durchbrechung. In: Studien zur Syntax des heutigen Deutsch. FS. P. Grebe, hg. v. Hugo Moser et al. Düsseldorf (Sprache der Gegenwart 6), 45−61.

Engel, U. 1982: Syntax der deutschen Gegenwartssprache. 2. Aufl. Berlin (Grundlagen der Germanistik 22).

Engel, U. 1988: Deutsche Grammatik. Heidelberg.

Engelen, B. 1969: Der Relativsatz. In: Neue Beiträge zur deutschen Grammatik. FS. Hugo Moser, hg. v. U. Engel u. P. Grebe. Mannheim, Wien, Zürich (Duden-Beiträge 37), 53−62.

Erb, E. 1963: Geschichte der deutschen Literatur von den Anfängen bis 1160. (Geschichte der deutschen Literatur von den Anfängen bis zur Gegenwart, hg. v. K. Gysi et al. − Kollektiv für Literaturgeschichte Bd. I., 1 u. 2). Berlin (Ost) 1963/64.

Erben, J. 1950: Syntaktische Untersuchungen zu einer Grundlegung der Geschichte der indefiniten Pronomina im Deutschen. In: PBB 72, 193−221.

Erben, J. 1964: Deutsche Wortbildung in synchronischer und diachronischer Sicht. In: WW 14, 83−93.

Erben, J. 1967: Zur Frage des Konjunktivs. In: ZfdSpr 22, 129−139.

Erben, J. 1970: Frühneuhochdeutsch. In: Kurzer Grundriß der germanischen Philologie bis 1500, hg. v. L. E. Schmitt. Bd. 1. Berlin.

Erben, J. 1972: Deutsche Grammatik. Ein Abriß. 11. neu bearb. Aufl. München.

Erben, J. 1978: Über „Kopula"-Verben und „verdeckte" (kopulalose) Ist-Prädikationen. In: Deutsche Sprache. Geschichte und Gegenwart. FS. F. Maurer, hg. v. Hugo Moser, H. Rupp, H. Steger. Bern, 75−92.

Erben, J. 1983: Einführung in die deutsche Wortbildungslehre. 2. vermehrte u. durchgesehene Aufl. Berlin (Grundlagen der Germanistik 17).

Erben, J. 1985: Syntax des Frühneuhochdeutschen. In: Sprachgeschichte, hg. v. W. Besch, O. Reichmann, St. Sonderegger. 2. Halbband. Berlin, New York 1341−1348.

Erdmann, O./Mensing, O. 1886: Grundzüge der deutschen Syntax nach ihrer geschichtlichen Entwicklung. 2 Bde. (1886 u. 1898) Stuttgart, Neudruck Hildesheim 1985.

Erdmann, P. 1972: Zur strukturalistischen Erklärung des i-Umlautes. In: Ling 78, 16−24.

Erhart, A. 1985: Zur Entwicklung der Kategorien Tempus und Modus im Indogermanischen. Innsbruck (Innsbrucker Beiträge zur Sprachwissenschaft. Vorträge und kleinere Schriften 35).

Ernst, U./Neuser, P.-E. (Hrsg.) 1977: Die Genese der europäischen Endreimdichtung. Darmstadt (Wege der Forschung 444).

Eroms, H. W. 1981: Valenz, Kasus und Präpositionen. Untersuchungen zur Syntax und Semantik präpositionaler Konstruktionen in der deutschen Gegenwartssprache. Heidelberg (Monographien zur Sprachwissenschaft 11).

Esau, H. 1976: The Medieval German Sibilants /s/ und /ʒ/. In: JEGP 75, 188−197.

von Essen, O. 1979: Allgemeine und angewandte Phonetik. 5. neubearb. u. ergänzte Aufl. Darmstadt.

Fehlisch, U. 1986: „Jeder": Stellungs- und Referenzeigenschaften. In: Zur Syntax der Determinantien, hg. v. H. Vater. Tübingen (Studien zur deutschen Grammatik 31), 83−122.

Feist, S. 1910: Die germanische und die hochdeutsche Lautverschiebung sprachlich und ethnographisch betrachtet. In: PBB 36, 307−354.

Feist, S. 1912: Noch einmal zur germanischen und zur hochdeutschen Lautverschiebung. In: PBB 37, 112−121.

Feist, S. 1917: Die germanische und die hochdeutsche Lautverschiebung. In: Neoph 2, 20−34.

Feist, S. 1924: Indogermanen und Germanen. 3. Aufl. Halle/Saale.

Feldbusch, E. 1985: Geschriebene Sprache. Untersuchungen zu ihrer Herausbildung und Grundlegung ihrer Theorie. Berlin.

Fichtenau, H. 1957: Arenga. Spätantike und Mittelalter im Spiegel von Urkundenformeln. Graz, Köln.

Fiedler, H. G. 1928: Two Problems of the German Preterite-Present Verbs. In: MLR 23, 188–196.

Fillmore, Ch. 1968: The case for case. In: Universals in Linguistic Theories, ed. by E. Bach and R. Harms. New York, 1–88.

Fillmore, Ch. 1978: The case for case reopened. In: Syntax and Semantics, Vol. 8: Grammatical Relations, ed. by P. Cole and J. Sadock. New York, 15–43.

Findreng, A. 1976: Zur Kongruenz in Person und Numerus zwischen Subjekt und finitem Verb im modernen Deutsch. Oslo (Germanistische Schriftenreihe der norwegischen Universitäten und Hochschulen 5).

Fischer, F. 1955: Der Formenbestand des Adjektivs in der mittelhochdeutschen Lyrik der Blütezeit. Diss. Zürich.

Fischer, Hanns 1966: Schrifttafeln zum althochdeutschen Lesebuch. Tübingen.

Fischer, Hermann 1889: Zur Geschichte des Mittelhochdeutschen (Universitätsprogramm). Tübingen.

Fischer, Hermann 1894: Theotiscus. Deutsch. In: PBB 18, 203ff.

Fischer, Hermann 1895: Geographie der schwäbischen Mundart. Tübingen.

Fisiak, J. (Hrsg.) 1978: Recent developments in historical phonology. Den Haag.

Fisiak, J. (Hrsg.) 1984: Historical Syntax. New York.

Flämig, W. 1962: Der Konjunktiv in der deutschen Sprache der Gegenwart. Inhalte und Gebrauchsweisen. Berlin (Deutsche Akademie der Wissenschaften zu Berlin, Veröffentlichung des Instituts für deutsche Sprache und Literatur 15).

Fleischer, W. 1966: Strukturelle Untersuchungen zur Geschichte des Neuhochdeutschen. Berlin.

Fleischer, W. 1969: Die Entwicklung des neuhochdeutschen Graphemsystems. In: Die deutsche Sprache. Kleine Enzyklopädie. Bd. I. Leipzig, 228–234.

Fleischer, W. 1982: Wortbildung der deutschen Gegenwartssprache. 5. Aufl. Tübingen, unveränd. Nachdruck der 4. Aufl. Leipzig 1975.

Fleischer, W. et al. (Hrsg.) 1983: Kleine Enzyklopädie. Deutsche Sprache. Leipzig.

Fleischmann, K. 1973: Verbstellung und Relieftheorie. Ein Versuch zur Geschichte des deutschen Nebensatzes. München (Münchner Germanistische Beiträge 6).

Foerste, W. 1957: Geschichte der niederdeutschen Mundarten. In: Deutsche Philologie im Aufriß, hg. v. W. Stammler. 2. Aufl. Bd. 1. Berlin, Sp. 1729–1898.

Foerster, H. 1946: Mittelalterliche Buch- und Urkundenschriften. Bern.

Förster, U. 1966: Der Verfallsprozeß der althochdeutschen Verbalendungen. Tübingen.

Fourquet, J. 1938: L'ordre des éléments de la phrase germanique ancien. Étude de syntaxe de position. Paris (Publication de la Faculté des Lettres de l'Université de Strasbourg fasc. 86).

Fourquet, J. 1948: Les mutations consonantiques du Germanique. Essai de position des problèmes. Paris (Publications de la Faculté des Lettres de l'Université de Strasbourg 111).

Fourquet, J. 1950: La notion du verbe. In: Journal de psychologie normale et pathologique 43, 74–98.

Fourquet, J. 1952: The two e's of Middle High German. A diachronic phonemic approach. In: Word 8, 122–135.

Fourquet, J. 1954: Die Nachwirkungen der ersten und der zweiten Lautverschiebungen. In: ZfM 22, 1–33; 193–198.

Fourquet, J. 1959: Strukturelle Syntax und inhaltsbezogene Grammatik. In: Sprache, Schlüssel zur Welt. FS. L. Weisgerber, hg. v. H. Gipper. Düsseldorf, 134–145.

Fourquet, J. 1962: Germanique *skulum, munum* et la classification des prétérits forts. In: FS. L. L. Hammerich. Kopenhagen, 61–68.

Fourquet, J. 1963: Einige unklare Punkte der deutschen Lautgeschichte in phonologischer Sicht. In: Die Wissenschaft von deutscher Sprache und Dichtung. FS. F. Maurer. Stuttgart, 84–90.

Fourquet, J. 1969: Das Werden des neuhochdeutschen Verbsystems. In: FS. Hugo Moser, hg. v. U. Engel, P. Grebe, H. Rupp. Düsseldorf, 53–65.

Fourquet, J. 1973: Zum Gebrauch des deutschen Konjunktivs. In: Linguistische Studien IV. FS. P. Grebe, Teil 2, hg. v. Hugo Moser et al. Düsseldorf (Sprache der Gegenwart 24), 61–73.

Fourquet, J. 1974: Genetische Betrachtungen über den deutschen Satzbau. In: Studien zur deutschen Literatur und Sprache des Mittelalters. FS. Hugo Moser, hg. v. W. Besch et al. Berlin, 314–323.

Franck, J. 1902: Sîd und sint. In: ZfdA 46, 168–175.

Franck, J. 1910: Mittelniederländische Grammatik. 2. Aufl. Leipzig, Neudruck Arnhem 1967.

Franck, J. 1913: Germanisch b d g. In: ZfdA 54, 1–23.

Franck, J./Schützeichel, R. 1971: Altfränkische Grammatik. 2. Aufl. hg. v. R. Schützeichel. Göttingen.

Freudenberg, R. 1968: Bairische Mundartforschung. In: Germanische Dialektologie, hg. v. L. E. Schmitt. Wiesbaden, 30–74.

Freudenberg, R. 1973: Der alemannisch-bairische Grenzbereich in Diachronie und Synchronie. Studien zur oberdeutschen Sprachgeographie. Marburg.

Freudenberg, R. 1980: Ostoberdeutsch. In: Lexikon der Germanistischen Linguistik, hg. v. H. P. Althaus, H. Henne, H. E. Wiegand. 2. vollständig neubearb. u. erw. Aufl., Bd. 3. Tübingen, 486–491.

Freund, S. 1987: Kommentierte sprachwissenschaftliche Bibliographie zum Frühneuhochdeutschen. In: ZfdPh 106, Sonderheft, 273–282.

Freytag, H. 1974: Frühmittelhochdeutsch (1065–1170). In: Deutsche Wortgeschichte, hg. v. F. Maurer u. H. Rupp. Bd. 1. 3. Aufl. Berlin, New York (Grundriß der germanischen Philologie 17/1), 165–188.

Friedrich, J. 1966: Geschichte der Schrift unter besonderer Berücksichtigung ihrer geistigen Entwicklung. Heidelberg.

Fries, N. 1983: Syntaktische und semantische Studien zum frei werdenden Infinitiv und zu verwandten Erscheinungen im Deutschen. Tübingen (Studien zur deutschen Grammatik 21).

Fries, U. 1981: Zur Kongruenz bei Kollektiven. In: Europäische Mehrsprachigkeit. FS. M. Wandruszka, hg. v. W. Pöckl. Tübingen, 10–27.

Frings, Th. 1916a: Mittelfränkisch-niederfränkische Studien. I: Das ripuarisch-niederfränkische Übergangsgebiet. In: PBB 41, 193–271.

Frings, Th. 1916b: Die rheinische Accentuierung – Vorstudie zu einer Grammatik der rheinischen Mundarten. Marburg (Deutsche Dialektgeographie 14).

Frings, Th. 1922: Rheinische Sprachgeschichte. In: Geschichte des Rheinlandes von der ältesten Zeit bis zur Gegenwart, hg. v. H. Aubin et al. Bd. 2. Essen, 251–298. (Nachdruck in: Th. Frings. Sprache und Geschichte I. Halle/Saale 1956, 1–54).

Frings, Th. 1926: Sprache des Rheinlandes. In: H. Aubin et al.: Kulturströmungen und Kulturprovinzen in den Rheinlanden. Bonn, 90–185. (Nachdrucke: Bonn 1966 und in Th. Frings: Sprache und Geschichte II. Halle/Saale 1956, 40–147).

Frings, Th. 1928: Estrich und oler = ‚speicher'. In: PBB 52, 423–438.

Frings, Th. 1932: Sprache und Siedlung im mitteldeutschen Osten. Leipzig.

Frings, Th. 1936: Der sprachgeographische Aufbau. In: W. Ebert et al.: Kulturräume und Kulturströmungen im mitteldeutschen Osten. Halle/Saale, 174–226. (Nachdruck in: Th. Frings. Sprache und Geschichte III. Halle/Saale 1956, 26–89).

Frings, Th. 1942: sl und scl. In: PBB 66, 227–231.

Frings, Th. 1944a: Die Stellung der Niederlande im Aufbau des Germanischen. Halle/ Saale.

Frings, Th./Schmitt, L. E. 1944b: Der Weg zur deutschen Hochsprache. In: Jahrbuch der deutschen Sprache II. Leipzig, 67–121.

Frings, Th. 1945: Syntax der Kleinwörter. Das unflektierte *al*. In: PBB 67, 404–419.

Frings, Th./Schieb, G. 1945/46: Heinrich von Veldeke. I. Die Servatiusbruchstücke. In: PBB 68, 1–75.

Frings, Th./Schieb, G. 1954: *bis*. In: FS. E. Öhmann. Helsinki, 429–462.

Frings, Th. 1955: Vom *g*, von seinen Lautwerten und von germanischen Sprachlandschaften. In: RhVjbl 20, 170–191.

Frings, Th. 1956: Sprache und Geschichte. 3 Bde. Halle/Saale.

Frings, Th. 1957: Grundlegung einer Geschichte der deutschen Sprache. 3. Aufl. Halle/ Saale.

Frings, Th./Linke, E. 1958: Zwischenvokalisches -*g*- in den Niederlanden und am Rhein. In: PBB (H) 80, 1–32.

Frings, Th. 1961: Flämisch *kachtel* ‚Füllen‘, lateinisch *capitale*, und der Übergang von *ft* zu *cht*, deutsch *Kraft*, niederländisch *cracht*. In: PBB (H) 82, FS. E. Karg-Gasterstädt, 363–393.

Frings, Th. 1962a: Miszellen. 1. Nachtrag zu dem Aufsatz *ft* zu *cht*. 2. Germanisch-Romanisches. In: PBB (H) 84, 469–471.

Frings, Th. 1962b: Ingwäonisches in den Bezeichnungen der Zehnerzahlen. In: PBB (H) 84, 1–66.

Frings, Th./Linke, E. 1963: Westgermanische Pronomen an Nordsee und Rhein. In: Die Wissenschaft von deutscher Sprache und Dichtung. FS. F. Maurer. Stuttgart, 91–117.

Frings, Th./Aubin, H./Müller, J. 1966: Kulturströmungen und Kulturprovinzen in den Rheinlanden. 2. Aufl. Bonn.

Frings, Th. 1971: Possessivpronomen zwischen Niederländisch und Deutsch. Aus dem Nachlaß. In: PBB (H) 91, 153–174.

Fritz, G. 1974: Bedeutungswandel im Deutschen. Neuere Methoden der diachronen Semantik. Tübingen (Germanistische Arbeitshefte 12).

Fritz, L. 1934: Die Steigerungsadverbia in den Denkmälern der mittelhochdeutschen Literatur von der Blütezeit bis zum 15. Jahrhundert. München.

Fulk, R. D. 1986: The Origins of Indo-European Quantitative Ablaut. Innsbruck (Innsbrucker Beiträge zur Sprachwissenschaft 49).

Fulk, R. D. 1987: Reduplicating verbs and their development in Northwest Germanic. In: PBB (T) 109, 159–178.

Furrer, D. 1971: Modusprobleme bei Notker. Die modalen Werte in den Nebensätzen der Consolatio-Übersetzung. Berlin (Das Althochdeutsch von St. Gallen. Texte und Untersuchungen 2).

Gabelentz, H. C. v. d. 1861: Über das Passivum. In: Abhandlungen der phil.-hist. Classe der Königl. Sächs. Gesellschaft der Wissenschaften 3, Leipzig, 449–546.

Gabriel, E. 1969: Die Entwicklung der althochdeutschen Vokalquantitäten in den oberdeutschen Mundarten. Graz, Köln.

Gaca, A. 1964: Zur Frage der Schreibsprache des Deutschen Ordens im Mittelalter (Forschungsstand). In: Zeszyty Naukowe Uniwersytetu im. Adama Mickiewicza w Poznaniu 55, 83–122.

Gärtner, K. 1969: Die constructio ἀπὸ κοινοῦ bei Wolfram von Eschenbach. In: PBB (T) 91, 121–259.

Gärtner, K. 1970: Numeruskongruenz bei Wolfram von Eschenbach. Zur constructio ad sensum. In: Wolfram-Studien 1, hg. v. W. Schröder. Berlin, 28–61.

Gärtner, K./Steinhoff, H. H. 1976: Minimalgrammatik zur Arbeit mit mittelhochdeutschen Texten. Übersicht über die wichtigsten Abweichungen vom Neuhochdeutschen. Göppingen (Göppinger Arbeiten zur Germanistik 183).

Gärtner, K. 1980a: Concordances and indices to Middle High German. In: CHum 14, 39−45.

Gärtner, K. 1980b: Zwischen Konkordanz und Wörterbuch. Zum gegenwärtigen Stand der computerunterstützten Lexikographie des Mittelhochdeutschen. In: Maschinelle Verarbeitung altdeutscher Texte. Beiträge zum dritten Symposion Tübingen 17.−19. Februar 1977, hg. v. P. Sappler u. E. Straßner. Tübingen, 67−77.

Gärtner, K. 1981: Asyndetische Relativsätze in der Geschichte des Deutschen. In: ZGL 9, 152−163.

Gallée, J. H. 1910: Altsächsische Grammatik. 2. Aufl. Halle/Saale.

Galton, H. 1954: Sound shift and diphthongization in Germanic. In: JEGP 53, 585−600.

Galton, H. 1965: Accent, a Chief Factor in Linguistic Change. In: Proceedings of the Fifth International Congress of Phonetic Sciences, hg. v. E. Zwirner u. W. Bethge. Basel, New York, 316−320.

Gamillscheg, E. 1970: Studien zur Vorgeschichte einer romanischen Tempuslehre. 2. Aufl. Tübingen (Tübinger Beiträge zur Linguistik 8).

Gamkrelidze, T. V./Ivanov, V. V. 1985a: The migrations of tribes speaking the Indo-European dialects from their original homeland in the Near East to their historical habitations in Eurasia. In: JIES 13, 49−91.

Gamkrelidze, T. V./Ivanov, V. V. 1985b: The problem of the original homeland of the speakers of Indo-European languages. (In response to I. M. Diakonoff's articles in Vestnik drevnej istorii, 1982.) In: JIES 13, 175−184.

Ganz, P. F./Schröder, W. (Hrsg.) 1968: Probleme mittelalterlicher Überlieferung und Textkritik. Oxforder Colloquium 1966. Berlin.

Ganz, P. F./Schröder, W. (Hrsg.) 1972: Probleme mittelhochdeutscher Erzählformen. Marburger Colloquium 1969. Berlin.

Ganz, P. F. 1973: Editionen spätmittelhochdeutscher Texte. Ein Bericht. In: ZfdPh 92, 65−87.

Gebhardt, A. 1907: Grammatik der Nürnberger Mundart. Unter Mitwirkung von O. Bremer. Leipzig, Neudruck Wiesbaden 1968.

Gelhaus, H. 1974: Untersuchungen zur consecutio temporum im Deutschen. In: Studien zum Tempusgebrauch im Deutschen, hg. v. H. Gelhaus u. S. Latzel. Tübingen (Forschungsberichte des Instituts für deutsche Sprache 15), 1−127.

Gelhaus, H. 1977: Der modale Infinitiv. Tübingen (Forschungsberichte des Instituts für deutsche Sprache 35).

Gellinek, Ch./Rockwood, H. 1973: Häufigkeitswörterbuch zur deutschen Prosa des 11. und 12. Jahrhunderts. Nach der Ausgabe von Friedrich Wilhelm, programmiert v. M. Saunders u. A. Olivenbaum. Tübingen.

Genzmer, F. et al. 1952: Geschichte der deutschen Literatur von den Anfängen bis zum Ende des Spätmittelalters (1490). Stuttgart.

Gerdes, U./Spellerberg, G. 1972: Althochdeutsch − Mittelhochdeutsch. Frankfurt/M.

Gernentz, H.-J. 1980: Niederdeutsch − gestern und heute. Beiträge zur Sprachsituation in den Nordbezirken der DDR in Geschichte und Gegenwart. 2., völlig neu bearb. u. erweiterte Aufl. Rostock.

Gerring, H. 1927: Die unbestimmten Pronomina auf -ein im Alt- und Mittelhochdeutschen bis zum Anfang des 14. Jahrhunderts. Diss. Uppsala.

Gierach, E. 1913: Untersuchungen zum Armen Heinrich. I. In: ZfdA 54, 257−295.

Gierach, E. 1917: Untersuchungen zum Armen Heinrich. II−V. In: ZfdA 55, 303−336; 503−568.

Gierach, E. 1928: Das Märterbuch. Berlin.

Giesecke, M. 1978: Schriftsprache als Entwicklungsfaktor in Sprach- und Begriffsgeschichte. In: Historische Semantik und Begriffsgeschichte, hg. v. R. Koselleck. Stuttgart, 262−302.

Gilbert, L./Hirschmann, R. 1980/81: Computer-aided indexes and concordances to Early German: a critical study. In: ALLCB 8, 249−262.

Gimbutas, M. 1985: Primary and secondary homeland of the Indo-Europeans. Comments on Gamkrelidze-Ivanov articles. In: JIES 13, 185−202.

Gindele, H. 1976: Lateinische Scholastik und deutsche Sprache. Wortgeschichtliche Untersuchungen zur mittelhochdeutschen Thomas-Übertragung. Tl. 1: Lehnbildungen im Bereich der Gotteslehre. München (Münchner Germanistische Beiträge 22).

Gippert, J. 1981: Zur Dativ-Apposition im Deutschen. In: PBB (T) 103, 31−62.

Giuffrida, R. T. 1972: Das Adjektiv in den Werken Notkers. Berlin (Philologische Studien und Quellen 64).

Glaser, E. 1987: Die Stellung der Geminata *ss* im althochdeutschen Konsonantensystem. In: Althochdeutsch. In Verb. mit H. Kolb et al. hg. v. R. Bergmann et al. Bd. 1: Grammatik. Heidelberg (Germanische Bibliothek, Neuere Forschungen, Reihe 3), 345−365.

Gleißner, K. 1935: Urkunde und Mundart. Auf Grund der Urkundensprache der Vögte von Weida, Gera und Plauen. Unveränderter Nachdruck der 1. Aufl. Halle/Saale.

Gleißner, K./Frings, Th. 1941: Zur Urkundensprache des 13. Jahrhunderts. In: ZfM 17, 1−157.

Glier, I. (Hrsg.) 1987: Die deutsche Literatur im späten Mittelalter. Reimpaargedichte, Drama, Prosa. 1250−1370. München (Geschichte der deutschen Literatur von den Anfängen bis zur Gegenwart, begründet v. H. de Boor u. R. Newald. Bd. 3,2).

Glinz, H. et al. 1971/72: Deutsche Grammatik. Bde. 1−3. Frankfurt/M. (Studienbücher zur Linguistik und Literaturwissenschaft 1−3).

Göbel, K. D. 1975: Der Gebrauch der dritten und ersten Person bei der Selbstnennung und in den Selbstaussagen. In: ZfdPh 94, 15−36.

Goebel, U. 1974: Wortindex zum 1. Band des Corpus der altdeutschen Originalurkunden. Hildesheim, New York.

Görner, H. 1956: Die Partikeln *dann* und *want* in der Königsberger Apostelgeschichte. In: PBB (H) 78, 286−306.

Götze, A. 1929: Die mittelhochdeutsche Schriftsprache. In: ZfD 43, 13−31.

Gonda, J. 1956/57: On nominatives joining or „replacing" vocatives. In: Lingua 6, 89−104.

Goossens, J. 1971: Was ist Deutsch − und wie verhält es sich zum Niederländischen? Bonn (Nachbarn 11).

Goossens, J. (Hrsg.) 1973: Niederdeutsch. Sprache und Literatur. Eine Einführung. Bd. 1: Sprache. Neumünster.

Goossens, J. 1974: Historische Phonologie des Niederländischen. Tübingen.

Goossens, J. 1978: Das Westmitteldeutsche und die zweite Lautverschiebung. In: ZDL 45, 281−289.

Goossens, J. 1979: Über Dialektologie und eine angeblich merovingische Lautverschiebung. In: NdW 19, 198−213.

Goossens, J. 1980: Lautverschiebung. In: ZDL 47, 77.

Gräf, H. 1905: Die Entwicklung des deutschen Artikels vom Althochdeutschen zum Mittelhochdeutschen. Diss. Gießen.

Graff, E. G. 1834: Althochdeutscher Sprachschatz oder Wörterbuch der althochdeutschen Sprache. 7 Bde. Berlin, Nachdruck Darmstadt 1963.

Graser, H. 1977: Die Flexion des Verbs im schlesischen Prosaväterbuch. Heidelberg.

Grassmann, H. 1863: Über das ursprüngliche vorhandensein von wurzeln, deren anlaut und auslaut eine aspirate enthielt. In: ZVS 12, 110−138.

Greule, A. 1982a: Valenz, Satz und Text. Syntaktische Untersuchungen zum Evangelienbuch Otfrids von Weißenburg auf der Grundlage des Codex Vindobonensis. München.

Greule, A. (Hrsg.) 1982b: Valenztheorie und historische Sprachwissenschaft. Beiträge zur sprachgeschichtlichen Beschreibung des Deutschen. Tübingen (Reihe Germanistische Linguistik 42).

Greule, A. 1983: Zum Aufbau einer dependentiellen althochdeutschen Syntax. In: Sprachwiss 8, 81–98.

Greule, A. 1985: Syntax des Althochdeutschen. In: Sprachgeschichte, hg. v. W. Besch, O. Reichmann, St. Sonderegger. 2. Halbband Berlin, New York, 1039–1043.

Grewendorf, G. 1984: Besitzt die deutsche Sprache ein Präsens? In: Pragmatik in der Grammatik, hg. v. G. Stickel. Düsseldorf (Jahrbuch 1983 des Instituts für deutsche Sprache, Sprache der Gegenwart 60), 224–242.

von Grienberger, Th. 1907: Thiz und thehein. In: ZfdW 9, 66–77.

Griesbach, H. 1986: Neue deutsche Grammatik. Berlin.

Grimm, J. 1841: sum, sumelich. In: ZfdA 1, 579–580.

Grimm, J. 1848: Geschichte der deutschen Sprache. Leipzig.

Grimm, J./Grimm, W. 1854: Deutsches Wörterbuch, I. Bd. Leipzig.

Grimm, J. 1866a: Über den Personenwechsel in der Rede. In: Kleinere Schriften Bd. 3. Berlin, Gütersloh, 236–311 (Neudruck Hildesheim 1965).

Grimm, J. 1866b: Über einige Fälle der Attraction. In: Kleinere Schriften Bd. 3. Berlin, Gütersloh, 333–338 (Neudruck Hildesheim 1965).

Grimm, J. 1884: Über eine Construction des Imperativs. In: Kleinere Schriften Bd. 7. Berlin, Gütersloh, 338–342 (Neudruck Hildesheim 1966).

Grimm, J. 1893: Deutsche Grammatik. 1. Teil, 2. Ausgabe besorgt durch W. Scherer, 2. Abdruck 1893; 2. Teil besorgt durch W. Scherer 1878; 3. Teil besorgt durch G. Roethe u. E. Schröder 1890; 4. Teil besorgt durch G. Roethe u. E. Schröder 1898; Gütersloh, Neudrucke Hildesheim 1967 u. 1985.

Gröger, O. 1911: Die althochdeutsche und altsächsische Kompositionsfuge. Zürich.

de Groot, A. W. 1939: Des oppositions dans les systèmes de la syntaxe et des cas. In: Mélanges de linguistique offerts à Charles Bally, hg. v. A. Sechehaye et al. Genève, 107–127.

de Groot, A. W. 1978: Classification of cases and uses of cases. In: Die Hierarchie im System der Sprache. Werkauswahl mit Einleitung und Bibliographie, hg. v. G. F. Bos, Übersetzung der niederländischen Texte von O. Reichmann. München, 167–174 [Abdruck eines Aufsatzes von 1956].

Große, R. 1955: Die Meißnische Sprachlandschaft. Dialektgeographische Untersuchungen zur obersächsischen Sprach- und Siedlungsgeschichte. Halle/Saale (Mitteldeutsche Studien 15).

Große, R. 1964: Die mitteldeutsch-niederdeutschen Handschriften des Schwabenspiegels in seiner Kurzform. Berlin.

Große, R. 1967: Zur Periodisierung der deutschen Sprachgeschichte. In: Sprachpflege 16, 68–71.

Grosse, S. 1985a: Syntax des Mittelhochdeutschen. In: Sprachgeschichte, hg. v. W. Besch, O. Reichmann, St. Sonderegger; 2. Halbbd. Berlin, New York, 1153–1159.

Grosse, S. 1985b: Morphologie des Mittelhochdeutschen. In: Sprachgeschichte, hg. v. W. Besch, O. Reichmann, St. Sonderegger; 2. Halbbd. Berlin, New York, 1138–1145.

Grosse, S. 1985c: Reflexe gesprochener Sprache im Mittelhochdeutschen. In: Sprachgeschichte, hg. v. W. Besch, O. Reichmann, St. Sonderegger; 2. Halbbd. Berlin, New York, 1186–1191.

Grosse, S. 1987: Spuren gesprochener Sprache in mittelhochdeutschen Versdichtungen. In: Althochdeutsch. In Verb. mit H. Kolb et al. hg. v. R. Bergmann et al. Bd. 1: Grammatik. Glossen und Texte. Heidelberg, 809–818.

Grubmüller, K. 1984: Gegebenheiten deutschsprachiger Textüberlieferung bis zum Ausgang des Mittelalters. In: Sprachgeschichte, hg. v. W. Besch, O. Reichmann, St. Sonderegger. 1. Halbbd. Berlin, New York, 214–223.

Guchmann, M. M. 1964: Der Weg zur deutschen Nationalsprache. Teil 1,2. Berlin (Bausteine zur Sprachgeschichte des Neuhochdeutschen, Reihe B, 40).

Guchmann, M. M./Semeljuk, N. N. 1981: Zur Ausbildung der Norm der deutschen Literatursprache im Bereich des Verbs (1470–1730). Bd. 5: Tempus und Modus. Berlin (Bausteine zur Sprachgeschichte des Neuhochdeutschen 56/V).

Guélen, E. 1938: Die deutschlothringischen Mundarten. In: Voix de Lorraine 8 (Forbach), 81–175.

Güntert, H. 1927: Über die Ursache der germanischen Lautverschiebung. In: Wörter und Sachen 10 (Heidelberg), 1–22.

Guentherodt, I. 1983: Assimilation und Dissimilation in den deutschen Dialekten. In: Dialektologie, hg. v. W. Besch et al. 2. Halbbd. Berlin, New York, 1139–1147.

Gürtler, H. 1912: Zur Geschichte der deutschen -er- Plurale, besonders im Frühneuhochdeutschen. In: PBB 37, 492–543; PBB 38 (1913), 67–224.

Gütter, A. 1971: Nordbairischer Sprachatlas. München.

Gusinde, K. 1911: Konrad von Heinrichau und die Bedeutung der altschlesischen Vokabulare für die Mundartforschung. Breslau (Mitteilungen der schlesischen Gesellschaft für Volkskunde 13/14).

Gutenbrunner, S. 1960: Läßt sich der Ausdruck ,Praeteritopraesentia' verdeutschen? In: Archiv 196, 327.

Gysseling, M. 1961: Proeve van een Oudnederlandse grammatica. In: Studia Germanica Gandensia. Gent. Bd. III, 9–52; Bd. VI (1964), 9–43.

Haacke, D. 1959: Zahlenzusammensetzung mit dem Adverbialkomparativ *min* (Zur Datierung einer Urkunde der „Monumenta historica ducatus Carinthiae"). In: Carinthia I 149 (Klagenfurt), 274.

Haacke, D. 1962: Studien zur Orthographie der deutschsprachigen Originalurkunden I. In: PBB (T) 84, 184–244.

Haacke, D. 1963a: Rezension zu: Helmut Schwitzgebel: Kanzleisprache und Mundart in Ingelheim im ausgehenden Mittelalter. Diss. Kaiserslautern 1958. In: PBB (T) 85, 267–270.

Haacke, D. 1963b: Methodische Überlegungen zur Datierung einer deutschsprachigen Konstanzer Urkunde des 13. Jahrhunderts. In: PBB (T) 85, 107–146.

Haag, K. 1946: Die Grenzen des Schwäbischen in Württemberg. Stuttgart (Schwäbische Volkskunde N. F. 8).

Haasbauer, A. 1924: Die oberösterreichischen Mundarten. In: Teuth 1, 81–107.

Habermann, P./Mohr, W. 1958: Hebung und Senkung. In: Reallexikon der deutschen Literaturgeschichte, begründet v. P. Merker u. W. Stammler, hg. v. W. Kohlschmidt u. W. Mohr. 2. Aufl. Bd. 1. Berlin, 622–628.

Härd, J. E. 1973: Mittelniederdeutsch. In: Lexikon der Germanistischen Linguistik, hg. v. H. P. Althaus, H. Henne, H. E. Wiegand. Bd. 2. Tübingen, 418–421.

Härd, J. E. 1981: Studien zur Struktur mehrgliedriger deutscher Nebensatzprädikate. Diachronie und Synchronie. Göteborg (Göteborger Germanistische Forschungen 21).

van Haeringen, C. B. 1918: De germaanse inflexieverschijnselen (,umlaut' en ,breking') phoneties beschouwd. Leiden.

van Haeringen, C. B. 1960: Netherlandic Language Research. 2. Aufl. Leiden.

Haftka, B. 1984: Zur inhaltlichen Charakterisierung von Imperativsätzen. In: Linguistische Studien Reihe A, Arbeitsberichte 116. Berlin, 89–163.

Haider, H. 1985: Über „sein" oder nicht „sein". Zur Grammatik des Pronomens „sich". In: Erklärende Syntax des Deutschen, hg. v. W. Abraham. Tübingen (Studien zur deutschen Grammatik 25), 221–252.

Haider, H./Prinzhorn, M. 1986: Verb-second Phenomena in Germanic Languages. Dordrecht (Publications in Language Sciences 21).

Haiman, J. 1974: Targets and Syntactic Change. Berlin, New York, Amsterdam (Janua Linguarum, Series Minor 186).

Hall, R. D. 1973: Upper Hessian Vocalism – Structure and History. Marburg (Deutsche Dialektgeographie 74).

Hammarström, E. 1923: Zur Stellung des Verbs in der deutschen Sprache. Studien in volkstümlicher Literatur und Urkundensprache der Übergangszeit vom Mittelhochdeutschen zum Neuhochdeutschen. Lund.

Hammerich, L. L. 1922: Det germanske svage Praeteritum. In: Arkiv för nordisk filologi 38 (Lund), 21–50.

Hammerich, L. L. 1932: Zur hochdeutschen Lautgeschichte. *ts* < *s* nach Dental. In: ZfdPh 57, 77ff.

Hammerich, L. L. 1955: Die germanische und die hochdeutsche Lautverschiebung. I. Wie entsteht die germanische Lautverschiebung? In: PBB (T) 77, 1–29. II. Worin besteht die hochdeutsche Lautverschiebung? In: PBB (T) 77, 165–203.

Hammerich, L. L. 1960: Über die Modalverba der neugermanischen Sprachen. In: ZfdW 16 (= Neue Folge 1), 47–70.

Hammerschmidt, G. 1948: Die Sprache der ältesten deutschen Urkunden der Stadt Jena. Diss. (Masch.) Jena.

Handschuh, D. 1964: Konjunktionen in Notkers Boethius-Übersetzung. Zürich (Diss.).

Hanewald, J. M. 1971: Untersuchungen zur Lautstruktur des Mittelhochdeutschen. Diss (Masch.) Los Angeles.

Hansen, E. W. 1987: On the Logic of the First and Second Consonant Shifts. Five Postulates. In: Althochdeutsch. In Verb. mit H. Kolb et al. hg. v. R. Bergmann et al. Bd. 1: Grammatik. Heidelberg (Germanische Bibliothek, Neuere Forschungen, Reihe 3), 12–28.

Hartmann, D. 1967: Studien zum bestimmten Artikel in ‚Morant und Galie‘ und anderen rheinischen Denkmälern des Mittelalters. Gießen (Beiträge zur deutschen Philologie 38).

Hartmann, P. 1917: Aorist und Imperfektum. In: ZVS 48, 1–47; 49 (1920), 1–73.

Hartung, W. 1970: Die zusammengesetzten Sätze des Deutschen. 2. Aufl. Berlin (Studia Grammatica 4).

Harweg, R. 1971: Zum Verhältnis von Satz, Hauptsatz und Nebensatz. In: ZDL 38, 16–46.

Harweg, R. 1973: Grundzahlwort und bestimmter Artikel. In: ZPSK 26, 312–327.

Harweg, R. 1979a: Pronomina und Textkonstitution. 2. Aufl. München (Poetika, Beiheft H. 2).

Harweg, R. 1979b: Sind negative Behauptungssätze immer Verneinungen? In: ZGL 7, 279–303.

Harweg, R. 1984: Relativpronomina als Personalpronomina. In: FS. S. Grosse, hg. v. W. Besch et al. Göppingen (Göppinger Arbeiten zur Germanistik 423), 45–62.

Haubrichs, W. 1987: Lautverschiebung in Lothringen. Zur althochdeutschen Integration vorgermanischer Toponyme der historischen Sprachlandschaft zwischen Saar und Mosel. Mit 5 Ktn. und einem Anhang von Frauke Stein. Zur archäologischen Datierung einiger kontinentaler Runendenkmäler. In: Althochdeutsch. In Verb. mit H. Kolb et al. hg. v. R. Bergmann et al. Bd. 2: Wörter und Namen. Heidelberg (Germanische Bibliothek, Neuere Forschungen, Reihe 3), 1350–1391.

Haugen, E. 1982: Scandinavian Language Structures. A Comparative Historical Survey. Tübingen (Historische Sprachstrukturen 5).

Havers, W. 1911: Untersuchungen zur Kasussyntax der indogermanischen Sprachen. Straßburg.

Havers, W. 1926a: Der sogenannte „Nominativus pendens". In: IF 43, 207−257.

Havers, W. 1926b: Zur Bedeutung des Plurals. In: Beiträge zur griechischen und lateinischen Sprachforschung. FS P. Kretschmer. Wien, Leipzig, New York, 39−62.

Havers, W. 1927: Enumerative Redeweise. In: IF 45, 229−251.

Havers, W. 1928a: Primitive Weltanschauung und Witterungsimpersonalia. In: Wörter und Sachen 11, 75−111.

Havers, W. 1928b: Zur Syntax des Nominativs. In: Glotta 16, 94−127.

Havers, W. 1931: Handbuch der erklärenden Syntax. Ein Versuch zur Erforschung der Bedingungen und Triebkräfte in Syntax und Stilistik. Heidelberg.

Havránek, B. 1965: Die verba impersonalia der Naturerscheinungen und ihr stilistischer Wert. In: Beiträge zur Sprachwissenschaft, Volkskunde und Literaturforschung. FS. W. Steinitz zum 60. Geburtstag, hg. v. A. V. Isačenko et al. Berlin, 134−140.

Hefele, F. (Hrsg.) 1940: Freiburger Urkundenbuch. Bd. 1 1940; Bd. 2 1951/52; Bd. 3 1957; Freiburg/Breisgau.

Heffner, R. M. S./Petersen, K. 1942: A Wort-Index to Des Minnesangs Frühling. University of Wisconsin.

Heffner, R. M. S. 1961: Collected Indexes to the Works of Wolfram von Eschenbach. Madison.

Heger, K./Petöfi, J. (Hrsg.) 1977: Kasustheorie, Klassifikation, semantische Interpretation. Hamburg (Papiere zur Textlinguistik 11).

Heger, K. 1985: Flexionsformen, Vokabeln und Wortarten. Heidelberg (Abhandlungen der Heidelberger Akademie der Wissenschaften, phil.-hist. Klasse, Jahrgang 1985, 1).

Heidelberger, A. 1979: Zur neuhochdeutschen Diphthongierung und zur Geschichte der Kurpfälzischen Kanzleisprache in Heidelberg am Ende des Mittelalters. In: Sprachwiss 4, 294−354.

Heidermanns, F. 1986: Zur primären Wortbildung im germanischen Adjektivsystem. In: ZVS 99, 278−307.

Heidolph, K. E./Flämig, W./Motsch, W. 1984: Grundzüge einer deutschen Grammatik. 2. Aufl. Berlin.

Heike, G. 1964: Zur Phonologie der Stadtkölner Mundart. Marburg.

Heike, G. 1972: Phonologie. Stuttgart (Slg. Metzler 104).

Heinemeyer, W. 1962: Studien zur Geschichte der gotischen Urkundenschrift. Köln, Graz.

Heinertz, N. O. 1925: Eine Lautverschiebungstheorie. Lund, Leipzig.

Heinrich, S. O. 1957: Spezialglossar zu den Liedern Friedrichs von Hausen mit einem Reim- und Waisenregister. Diss. (Masch.) Heidelberg.

Heinrichs, H. M. 1954: Studien zum bestimmten Artikel in den germanischen Sprachen. Gießen (Beiträge zur deutschen Philologie 1).

Heinrichs, H. M. 1959: Handelingen van het XXIIIᵉ Vlaams filologencongres. Brüssel.

Heinrichs, H. M. 1961: ‚Wye grois dan dyn andait eff andacht is...‘ Überlegungen zur Frage der sprachlichen Grundschicht im Mittelalter. In: ZfM 28, 97−153.

Heinrichs, H. M. 1967: Lautverschiebung und Sprachschichten im Mittelalter. In: Verhandlungen des Zweiten Internationalen Dialektologenkongresses, hg. v. L. E. Schmitt. Bd. 1. Wiesbaden (ZfM, Beih. NF 3), 363−372.

Heinz, A. 1955: Genetivus w indoeuropejskim systemie przypadkowym. Warschau.

Heinzel, R. 1874: Geschichte der niederfränkischen Geschäftssprache. Paderborn.

Heinzle, J. (Hrsg.) 1984: Geschichte der deutschen Literatur von den Anfängen bis zum Beginn der Neuzeit. Bd. 1: G. Vollmann-Profe: Von den Anfängen zum hohen Mittelalter. Teil 2: Wiederbeginn volkssprachiger Schriftlichkeit im hohen Mittelalter (1050/ 60−1160/70). 1986. Bd. 2: J. Heinzle: Vom hohen zum späten Mittelalter. Teil 2: Wandlungen und Neuansätze im 13. Jh. (1220/30−1280/90). 1984. Königstein/Ts.

Helbig, G./Heinrich, G. 1972: Das Vorgangspassiv. Leipzig (Zur Theorie und Praxis des Deutschunterrichts für Ausländer).

Helbig, G. 1973a: Die Funktion der substantivischen Kasus in der deutschen Gegenwartssprache. Leipzig.

Helbig, G./Kemptner, F. 1973b: Das Zustandspassiv. Leipzig (Zur Theorie und Praxis des Deutschunterrichts für Ausländer).

Helbig, G./Kemptner, F. 1976: Die uneingeleiteten Nebensätze. 2. Aufl. Leipzig (Zur Theorie und Praxis des Deutschunterrichts für Ausländer).

Helbig, G. (Hrsg.) 1977: Beiträge zur Klassifikation der Wortarten im Deutschen. Leipzig.

Helbig, G. 1980: Bemerkungen zu den Relativsätzen (als Subklasse der deutschen Nebensätze). In: Linguistische Arbeitsberichte 26, 86–96.

Helbig, G./Kötz, W. 1985: Die Partikeln. 2. Aufl. Leipzig (Zur Theorie und Praxis des Deutschunterrichts für Ausländer).

Helbig, G./Buscha, J. 1986: Deutsche Grammatik. Ein Handbuch für den Ausländerunterricht. 6. Aufl. Leipzig.

Held, K. 1903: Das Verbum ohne pronominales Subjekt in der älteren deutschen Sprache. Berlin (Palaestra 31).

Helff, B. 1970: Generative Phonologie. In: LingBer 8, 86–116.

Helm, K. 1924: Die Sprechpause in der älteren deutschen Sprache. Erwägungen und Beobachtungen. In: Beiträge zur germanischen Sprachwissenschaft. FS. O. Behaghel, hg. v. W. Horn. Heidelberg, 110–140.

Helm, K. 1949: Zur vorgeschichtlichen Betonung der germanischen Substantiva. In: PBB (H) 71, 250–265.

Helm, K./Ziesemer, W. 1951: Die Literatur des Deutschen Ritterordens. Gießen.

Helm, K. 1980: Abriß der mittelhochdeutschen Grammatik. 5. Aufl. bearb. von E. A. Ebbinghaus. Tübingen (Sammlung kurzer Grammatiken germanischer Dialekte 8, C. Abrisse).

van Helten, W. 1903: Grammatisches. LIV. Zur westgerm. dehnung von consonant und halbvokal u vor i. In: PBB 28, 530–533.

Hempel, H. 1952: Sächsische Nibelungendichtung und sächsischer Ursprung der Thidrikssaga. In: Edda, Skalden, Sagen. FS. F. Genzmer, hg. v. H. Schneider. Heidelberg, 138–156.

Hempel, H. 1966a: Gotisches Elementarbuch. Berlin (Slg. Göschen 79 u. 79a).

Hempel, H. 1966b: Vom „Präsens historicum" im Deutschen. In: Kleinere Schriften. Heidelberg, 422–429 [Aufsatz von 1937].

Hempel, H. 1967: Die Ursprünge der Gralsage. In: ZfdA 96, 109–149.

Hentschel, E. 1986: Funktion und Geschichte deutscher Partikeln. „ja", „doch", „halt" und „eben". Tübingen (Reihe Germanistische Linguistik 63).

Henzen, W. 1954: Schriftsprache und Mundarten. Ein Überblick über ihr Verhältnis und ihre Zwischenstufen im Deutschen. 2. Aufl. Bern, München.

Henzen, W. 1965: Deutsche Wortbildung. 3. durchges. u. erw. Aufl. Tübingen (Sammlung kurzer Grammatiken germanischer Dialekte 5, B. Ergänzungsreihe).

Herchenbach, H. 1911: Das Präsens historicum im Mittelhochdeutschen. Berlin (Palaestra 104).

Heringer, H. J. 1967: Wertigkeiten und nullwertige Verben im Deutschen. In: ZfdSpr 23, 13–34.

Heringer, H. J./Strecker, B./Wimmer, R. 1980: Syntax: Fragen, Lösungen, Alternativen. München.

Heringer, H. J. 1983: Präsens für die Zukunft. In: FS. L. Saltveit, hg. v. J. O. Askedal et al. Oslo, 110–126.

Herman, J. 1963: La formation du système des conjunctions de subordination. Berlin (Deutsche Adademie der Wissenschaften zu Berlin, Veröffentlichung des Instituts für romanische Sprachwissenschaft 18).

Hermann, E. 1927: Objektive und subjektive Aktionsart. In: IF 45, 207−228.

Hermann, E. 1936: Aspekt und Zeitrichtung. In: IF 54, 262−264.

Hermann, E. 1943: Die altgriechischen Tempora. Ein strukturanalytischer Versuch. In: Nachrichten von der Akademie der Wissenschaften in Göttingen, phil.-hist. Klasse Jg. 15/1943. Göttingen, 583−649.

Hermodsson, L. 1953: Reflexive und intransitive Verba im älteren Westgermanischen. Uppsala.

Hermodsson, L. 1968: Die Deklinationsarten der deutschen Substantiva. In: Moderna Språk 62 (Malmö), 144−155.

Hermodsson, L. 1973: Inkonditionalsätze. Zur Semantik der sogenannten „konzessiven" Ausdrücke. In: Studia Neophilologica 45, 298−305.

Hermodsson, L. 1978: Semantische Strukturen der Satzgefüge im kausalen und konditionalen Bereich. Uppsala (Acta Universitatis Upsaliensis, Studia Germanistica 18).

Hernández, J. A. 1984: Studien zum religiös-ethischen Wortschatz der deutschen Mystik. Die Bezeichnung und der Begriff des Eigentums bei Meister Eckhart und Johannes Tauler. Berlin.

Herrlitz, W. 1970: Historische Phonologie des Deutschen. Teil 1: Vokalismus. Tübingen (Germanistische Arbeitshefte 3).

Heusler, A. 1888: Der alemannische Consonantismus in der Mundart von Baselstadt. Straßburg.

Heusler, A. 1925: Deutsche Versgeschichte. Mit Einschluß des altenglischen und altnordischen Stabreimverses. 3 Bde. Berlin, Leipzig 1925−1929. (unveränderte 2. Aufl. Berlin 1956).

Heusler, A. 1932: Altisländisches Elementarbuch. 3. Aufl. Heidelberg (Nachdruck der 3. Aufl. Heidelberg 1962).

Hiersche, R. 1968: Neuere Theorien zur Entstehung des germanischen schwachen Präteritums. In: ZfdPh 87, 391−404.

Hildebrandt, H. 1937: Die altdeutschen Zahlverbindungen. Diss. Berlin.

Hilty, G. 1965: Tempus, Aspekt, Modus. In: Vox romanica 24, 242−247.

Hinderling, R. 1978: Das Phonem /ä:/ im Lichte der Sprachgeschichte. In: Fimfchustim. FS. St. Sonderegger, hg. v. R. Hinderling u. V. Weibel. Bayreuth, 29−61.

Hinderling, R. 1980: Lenis und Fortis im Bairischen: Versuch einer morphologischen Interpretation. In: ZDL 47, 25−51.

Hinderling, R. 1982: Das nhd. Phonem /ä:/ in synchroner Sicht und die Problematik der Aussprachenormierung. In: GLL 35 (1981/82), 287−295.

Hirsch, H. 1965: Aufsätze zur mittelalterlichen Urkundenforschung. Köln, Graz.

Hirt, H. 1921: Indogermanische Grammatik. 7 Teile in 3 Bde. Heidelberg 1921−1937.

Hirt, H. 1925: Geschichte der deutschen Sprache. 2. Aufl. München (Handbuch des deutschen Unterrichts Bd. IV/1).

Hirt, H. 1931: Handbuch des Urgermanischen. Teil 1: Laut- und Akzentlehre 1931; Teil 2: Stammbildungs- und Flexionslehre 1932; Teil 3: Abriß der Syntax 1934. Heidelberg.

Hjelmslev, L. 1935: La catégorie des cas. Étude de grammaire générale. Bd. 1 1935, Bd. 2 1937. Aarhus (Acta Jutlandica VII, 1 und IX, 2).

Hjelmslev, L. 1963: Die Sprache. Eine Einführung. Darmstadt.

Hoberg, U. 1981: Die Wortstellung in der geschriebenen deutschen Gegenwartssprache. München (Heutiges Deutsch, Reihe 1, Bd. 10).

Hockett, Ch. F. 1958: A course in modern linguistics. New York.

Hodler, W. 1954: Grundzüge einer germanischen Artikellehre. Heidelberg (Germanische Bibliothek 3. Reihe).

Höchli, St. 1981: Zur Geschichte der Interpunktion im Deutschen. Eine kritische Darstellung der Lehrschriften von der zweiten Hälfte des 15. Jhs. bis zum Ende des 18. Jhs. Berlin, New York (Studia Linguistica Germanica 17).

Höfler, O. 1955: Stammbaumtheorie, Wellentheorie, Entfaltungstheorie. In: PBB (T) 77, 30–66.

Höfler, O. 1956: Stammbaumtheorie, Wellentheorie, Entfaltungstheorie. In: PBB (T) 78, 1–44.

Höfler, O. 1957a: Die zweite Lautverschiebung bei Ostgermanen und Westgermanen. In: PBB (T) 79, 161–350.

Höfler, O. 1957b: Die hochdeutsche Lautverschiebung und ihre Gegenstücke bei Goten, Vandalen, Langobarden und Burgundern. Wien.

Höfler, O. 1967: Über ‚gekoppelte‘ Lautgesetze. In: Mundart und Geschichte. FS. E. Kranzmayer, hg. v. M. Hornung. Wien (Österreichische Akademie der Wissenschaften. Studien zur österreichisch-bairischen Dialektkunde 4), 1–24.

Höfler, O. 1970: Die germanischen reduplizierenden Verba im Lichte der Entfaltungstheorie. In: Folia Linguistica 4, 110–120.

Höhle, T. N. 1978: Lexikalistische Syntax. Die Aktiv-Passiv-Relation und andere Infinitivkonstruktionen im Deutschen. Tübingen (Linguistische Arbeiten 67).

Höing, H. 1958: Deutsche Getreidebezeichnungen in europäischen Bezügen. Gießen.

Hoenigswald, H. M. 1946: Sound change and linguistic structure. In: Lang 22, 138–143.

Hoenigswald, H. M. 1960: Language change and linguistic reconstruction. Chicago, London.

Hoffmann, J. 1903: Die Wormser Geschäftssprache vom 11.–13. Jahrhundert. Berlin.

Hoffmann, W. 1967: Altdeutsche Metrik. Stuttgart (Slg. Metzler 64).

Hoffmann, W. 1974: Semantische Aspekte des Mittelhochdeutschen. In: Semasia 1 (Amsterdam), 37–64.

Hoffmann, W. 1983: Zum Verhältnis von Schreibschichtung und Sprachwandel im spätmittelalterlichen Köln. In: Literatur und Sprache im historischen Prozeß. Vorträge des Deutschen Germanistentages 1982, Bd. 2: Sprache, hg. v. Th. Cramer. Tübingen, 101–113.

Hoffmann-Krayer, E. 1924: Grundsätzliches über Ursprung und Wirkungen der Akzentuation. In: Beiträge zur germanischen Sprachwissenschaft. FS. O. Behaghel, hg. v. W. Horn. Heidelberg, 35–57.

Hogenhout-Mulder, M. 1983: Cursus Middelnederlands. Groningen.

Hollander, L. M. 1947: Middle High German sch. In: JEGP 46, 82–91.

Hollifield, P. H. 1980: The phonological development of final syllables in Germanic. (Part 2). In: Sprache 26 (Wien), 145–178.

Hollmann, E. 1937: Untersuchungen über Aspekt und Aktionsart unter besonderer Berücksichtigung des Altenglischen. Jena (Diss.).

Holmberg, M. A. 1967: Exzipierend einschränkende Ausdrucksweisen, untersucht besonders auf Grund hochdeutscher Bibelübersetzungen bis zum Anfang des 16. Jahrhunderts. Uppsala (Acta Universitatis Upsaliensis, Studia Germanistica 4).

Holthausen, F. 1921: Altsächsisches Elementarbuch. 2. Aufl. Heidelberg.

Holthausen, F. 1934: Gotisches etymologisches Wörterbuch. Heidelberg.

Honemann, V. et al. (Hrsg.) 1979: Poesie und Gebrauchsliteratur im deutschen Mittelalter. Würzburger Colloquium 1978. Tübingen 1979.

Honemann, V./Palmer, N. 1986: Deutsche Handschriften 1100–1400. Oxforder Kolloquium 1985. Tübingen.

Horacek, B. 1952: Zur Wortstellung in Wolframs Parzival. In: Anzeiger der phil.-hist. Klasse der österreichischen Akademie der Wissenschaften, Jg. 89, 270–299.

Horacek, B. 1971: Betrachtungen zur Konstruktion ἀπὸ κοινοῦ bei Wolfram von Eschenbach und Goethe. In: Marginalien zur poetischen Welt. FS. R. Mülher, hg. v. A. Eder et al. Berlin, 5–18.

Horlitz, B. 1976: Diachronische Valenzbestimmung im Wörterbuch. In: ZGL 4, 302–309.

Hotzenköcherle, R. 1956: Umlautphänomene am Südrand der Germania. In: Fragen und Forschungen im Bereich und Umkreis der germanischen Philologie. FS. Th. Frings, hg. v. E. Karg-Gasterstädt u. J. Erben. Berlin, 221−250.

Hotzenköcherle, R. 1961: Zur Raumstruktur des Schweizerdeutschen. In: ZfM 28, 207−227.

Hotzenköcherle, R. (Hrsg.) 1962a: Sprachatlas der deutschen Schweiz (SDS). 4 Bde. Bern 1962−69.

Hotzenköcherle, R. 1962b: Entwicklungsgeschichtliche Grundzüge des Neuhochdeutschen. In: WW 12, 321−331.

Hotzenköcherle, R. 1963: Alemannisch *klîn/klein*. In: Die Wissenschaft von deutscher Sprache und Dichtung. FS. F. Maurer. Stuttgart, 118−137.

Hübner, A. 1930: Die „mittelhochdeutsche Ironie" oder die Litotes im Altdeutschen. Berlin (Palaestra 175).

Hübner, A. 1934: Grundsätze für die Herausgabe und Anweisungen zur Druckeinrichtung der Deutschen Texte des Mittelalters. In: Deutsche Texte des Mittelalters 38, V−VIII.

Hufeland, K. 1985: Rhetorik und Stil des Mittelhochdeutschen. In: Sprachgeschichte, hg. v. W. Besch, O. Reichmann, St. Sonderegger. 2. Halbbd. Berlin, New York, 1191−1201.

Huisman, J. 1982: Rezension zu H. Paul: Mittelhochdeutsche Grammatik. 22. durchgesehene Aufl. von Hugo Moser, I. Schröbler u. S. Grosse. In: BNF 17, 415−418.

Huldi, M. 1957: Die Kausal-, Temporal- und Konditionalkonjunktionen bei Chr. Kuchimeister, H. Fründ und Niclas von Wyle, mit einem Anhang über die Herkunft vom kausalen *denn*. Zürich, Winterthur (Diss.).

Hundsnurscher, F. 1984a: Historische Syntax. In: Sprachgeschichte, hg. v. W. Besch, O. Reichmann, St. Sonderegger. 1. Halbbd. Berlin, New York, 427−433.

Hundsnurscher, F. 1984b: Prinzipien und Methoden historischer Syntax. In: Sprachgeschichte, hg. v. W. Besch, O. Reichmann, St. Sonderegger. 1. Halbbd. Berlin, New York, 642−653.

Hunger, H. 1961: Antikes und mittelalterliches Buch- und Schriftwesen. In: H. Hunger et al.: Geschichte der Textüberlieferung der antiken und mittelalterlichen Literatur. Bd. I. Zürich, 25−147.

Hutterer, C. J. 1975: Die germanischen Sprachen. Ihre Geschichte in Grundzügen. Budapest.

Ibrom, E. 1973: Die schwäbisch-bairischen Dialekte zwischen Augsburg und Donau. Augsburg (Schwäbische Geschichtsquellen und Forschungen 9).

Isenberg, H. 1975: Diachronische Syntax und die logische Struktur einer Theorie des Sprachwandels. In: Sprachwandel. Reader zur diachronischen Sprachwissenschaft, hg. v. D. Cherubim. Berlin, New York, 208−236.

Ising, G. 1968: Zur Wortgeographie spätmittelalterlicher deutscher Schriftdialekte. Eine Darstellung auf der Grundlage der Wortwahl von Bibelübersetzung und Glossaren. Teil 1.2. Berlin.

Jacobs, J. 1982: Syntax und Sematik der Negation im Deutschen. München (Studien zur theoreischen Linguistik 1).

Jacobsohn, H. 1933: Aspektfragen. In: IF 51, 292−318.

Jäger, S. 1971: Der Konjunktiv in der deutschen Sprache der Gegenwart. München (Heutiges Deutsch, Reihe 1, Bd. 1).

Jäntti, A. 1981: Einige Beobachtungen über den Gebrauch der Modalverben in einem mittelhochdeutschen und einem frühneuhochdeutschen Text. In: Kommunikation und Sprache in ihrer geschichtlichen Entwicklung bis zum Neuhochdeutschen (Konferenz in Oulu/Finnland 26./27. Sept. 1980). Berlin (Linguistische Studien Reihe A, Arbeitsberichte 77), 42–51.

Jakobs, H. 1968: Der Volksbegriff in den historischen Deutungen des Namens Deutsch. In: RhVjbl 32, 86–104.

Jakobson, R. 1931: Prinzipien der historischen Phonologie. In: TCLP 4, 247–267.

Jakobson, R. 1974: Beitrag zur allgemeinen Kasuslehre. Gesamtbedeutungen der russischen Kasus. In: R. Jakobson: Form und Sinn. Sprachwissenschaftliche Betrachtungen. München, 77–124 [Erstveröffentlichung Prag 1936].

Jandebeur, F. 1926: Reimwörterbücher und Reimwortverzeichnisse zum ersten Büchlein, Erec, Gregorius, Armen Heinrich, den Liedern von Hartmann von Aue und dem sog. zweiten Büchlein. München.

Jeffers, R. J. 1976: Syntactic Change and Syntactic Reconstruction. In: Current Papers in Historical Linguistics, ed. by W. B. Christie. Amsterdam, New York, Oxford (North Holland Linguistic Series 31), 1–16.

Jelinek, F. 1911: Mittelhochdeutsches Wörterbuch zu den deutschen Sprachdenkmälern Böhmens. XIII. bis XIV. Jahrhundert. Heidelberg.

Jellinek, M. H. 1908: Zum schwachen Adjektiv. In: PBB 34, 581–584.

Jellinek, M. H. 1926: Geschichte der gotischen Sprache. Berlin, Leipzig (Grundriß der germ. Philologie I/1).

Jellinek, M. H. 1935: Rezension zu: Alois Bernt: Die Entstehung unserer Schreibsprache. Vom Mittelalter zur Reformation. Forschungen zur Geschichte der deutschen Bildung. Im Auftrage der Preußischen Akademie der Wissenschaften hg. v. K. Burdach. Berlin 1934. In: AfdA 54, 25–38.

Jellinek, M. H. 1936: Grundriß der indogermanischen Sprach- und Altertumskunde. Bd. II, 2 Germanisch. 2. Lfg. Berlin, Leipzig.

Jensen, H. 1934: Der steigernde Vergleich und sein sprachlicher Audruck. In: IF 52, 108–130.

Jensen, H. 1969: Die Schrift in Vergangenheit und Gegenwart. 3. neubearb. u. erw. Aufl. Berlin.

Jespersen, O. 1917: Negation in English and other Languages. Kopenhagen (Det Kongelige Danske Videnskabernes Selskab. Hist.-Filol. Meddelelser I.5).

Jespersen, O. 1931: A Modern English Grammar on Historical Principles. Vol IV: Syntax, Part 3: Time and Tense. Heidelberg.

Jilek, H. 1927: Der Umlaut von *u* in den Reimen der bairisch-österreichischen Dichter der mittelhochdeutschen Blütezeit. Reichenberg.

Joesten, M. 1931: Untersuchungen zu althochdeutsch (altsächsisch) *ë, i* vor *u* der Folgesilbe und zur 1. Pers. Sg. Präs. Ind. der starken *e*-Verben (Kl. IIIb, IV, V). Gießen.

Johansen, H. 1982: Zum traditionellen Gebrauch des Wortes „Subjekt". Beschreibung eines grammatischen Sprachgebrauchs und Untersuchung seiner Zweckmäßigkeit. In: Satzglieder im Deutschen, hg. v. W. Abraham. Tübingen (Studien zur deutschen Grammatik 15), 213–244.

Jones, D. 1967: The phoneme: its nature and use. 3. Aufl. Cambridge.

Jones, G. F. et al. (Hrsg.) 1978: Verskonkordanz zur Weingartner-Stuttgarter Liederhandschrift (Lyrik-Handschrift B). 2 Bde. Göppingen.

Jones, G. F./Müller, U./Spechtler, F. W. (Hrsg.) 1979: Verskonkordanz zur Kleinen Heidelberger Liederhandschrift (Lyrik-Handschrift A). Unter Mitwirkung v. I. M. A. Bennewitz u. R. Schaden-Turba. 3 Bde. Göppingen.

Joos, M. 1952: The medieval sibilants. In: Lang 28, 222–231.

Jørgensen, P. 1953: Tysk Grammatik I, Vol. 1 u. 2. Kopenhagen.

Jungandreas, W. 1937: Zur Geschichte der schlesischen Mundart im Mittelalter. Breslau.

Jungandreas, W. 1981: Sprachliche Studien zur germanischen Altertumskunde. Wiesbaden.

Junk, V. 1902: Zum Reimgebrauch Rudolfs von Ems. In: PBB 27, 446–503.

Junk, V. (Hrsg.) 1905: Einleitung zu Rudolf von Ems: Willehalm von Orlens. Berlin (Deutsche Texte des Mittelalters II).

Jutz, L. 1931: Die alemannischen Mundarten (Abriß der Lautverhältnisse). Halle/Saale.

Kästner, H./Schirok, B. 1985: Die Textsorten des Mittelhochdeutschen. In: Sprachgeschichte, hg. v. W. Besch, O. Reichmann, St. Sonдеregger. 2. Halbbd. Berlin, New York, 1164–1179.

Kantola, M. 1982: Studien zur Reimsprache des Lanzelet Ulrichs von Zazikhoven. Ein Beitrag zur Vorlagenfrage. Turku.

Kantorowicz, H. 1921: Einführung in die Textkritik. Systematische Darstellung der textkritischen Grundsätze für Philologen und Juristen. Leipzig.

Karg, F. 1925: Die constructio ἀπὸ κοινοῦ im Mittelhochdeutschen. In: PBB 49, 1–63.

Karg, F. 1929: Die constructio ἀπὸ κοινοῦ im Mittelhochdeutschen. In: F. Karg: Syntaktische Studien 1. Halle/Saale, 1–80 [erweiterte Fassung von Karg 1925].

Karg, F. 1930: hiez-Formel und hiez-Satz im Lucidarius A. In: PBB 54, 268–280.

Karg-Gasterstädt, E. 1957: Ahd. hiuuilôn ,jubeln‘, Otfr. V, 23, 22. In: PBB (H) 79 (Sonderband), 88–93.

Karg-Gasterstädt, E./Frings, Th./Große, R. (Hrsg.) 1968: Althochdeutsches Wörterbuch auf Grund der von E. von Steinmeyer hinterlassenen Sammlungen, bearb. v. R. Große. Bd. I: Hg. v. E. Karg-Gasterstädt u. Th. Frings 1968; Bd. II: Hg. v. R. Große 1983; Bd. III: Hg. v. R. Große 1971–1985; Bd. IV: Hg. v. R. Große 1987. Berlin (Ost).

Karstien, C. 1921: Die reduplizierten Perfekta des Nord- und Westgermanischen. Gießen.

Karstien, C. 1939: Historische deutsche Grammatik. I. Geschichtliche Einleitung. Lautlehre. Heidelberg.

Kauffmann, F. 1887: Zur Geschichte des germanischen Consonantismus. In: PBB 12, 504–547.

Kauffmann, F. 1888a: Geschlossenes e aus ë vor i. In: PBB 13, 393f.

Kauffmann, F. 1888b: Behaghels Argumente für eine mittelhochdeutsche Schriftsprache. In: PBB 13, 464–503.

Kauffmann, F. 1890: Geschichte der Schwäbischen Mundart im Mittelalter und in der Neuzeit. Straßburg.

Kauffmann, F. 1915: Das Problem der hochdeutschen Lautverschiebung. In: ZfdPh 46, 333–393.

Kaufmann, E. 1967: Prädikativa. Zur Geschichte der Begriffe „Prädikatsnomen" und „Prädikativum". In: ZfdPh 88, 420–430.

Kaufmann, G. 1975: Das konjunktivische Bedingungsgefüge im heutigen Deutsch. 2. Aufl. Tübingen (Forschungsberichte des Instituts für deutsche Sprache 12).

Keel, W. D. 1982: Atomic phonology and phonological variation. Tübingen.

Keenan, E. 1976: Towards a Universal Definition of „Subject". In: Subject and Topic, ed. by. C. Li. New York, 303–333.

Keil, G./Assion, P. (Hrsg.) 1974: Fachprosaforschung. Acht Vorträge zur mittelalterlichen Artesliteratur. Berlin.

Keil, G. et al. (Hrsg.) 1984: Fachprosastudien. Beiträge zur mittelalterlichen Wissenschafts- und Geistesgeschichte. Berlin.

Keinästö, K. 1986: Studien zu Infinitivkonstruktionen im mittelhochdeutschen Prosa-Lancelot. Franfurt/M., Bern, New York (Regensburger Beiträge zur deutschen Sprach- und Literaturwissenschaft 30).

Keller, R. E. 1961: German Dialects: phonology and morphology with selected texts. Manchester.

Keller, R. E. 1969: Bibliography of German structural phonology 1930–1965. In: Phonetica 19, 246–261.

Keller, R. E. 1978: The German Language. London, Boston.

Keller, W. 1908: Über die Akzente in den angelsächsischen Handschriften. In: Untersuchungen und Quellen zur germanischen und romanischen Philologie. FS. J. von Kelle, Prag. (Reprographischer Nachdruck Hildesheim 1975, 97–120).

Kern, P./Zutt, H. 1977: Geschichte des deutschen Flexionssystems. Tübingen (Germanistische Arbeitshefte 22).

van de Ketterij, C. 1977: Grammaticale Interpretatie van Middelnederlandse Teksten. Bd. 1 Werkboek 1981; Bd. 2 Verstaalboek 1977; Bd. 3 Instructiegrammatica 1980; Groningen.

Kettmann, G./Schildt, J. (Hrsg.) 1981: Zur Ausbildung der Norm der deutschen Literatursprache 1470–1730. Teil 1: Auf der syntaktischen Ebene. Der Einfachsatz. 2. Aufl. Berlin (Bausteine zur Sprachgeschichte des Neuhochdeutschen 56/1).

Key, A./Richardson, P. 1972: Zum epithetischen -t im Deutschen. In: ABäG 3, 219–228.

Khull, F. 1880: Über die Sprache des Johannes von Frankenstein. Programm Graz.

Kieckers, E. 1928: Handbuch der vergleichenden gotischen Grammatik. München.

Kiefer, E. 1922: Lautlehre der Konstanzer Stadtschrift im XIII. und XIV. Jahrhundert. Diss. (Masch.) Freiburg/Breisgau.

Kienle, R. v. 1969: Historische Laut- und Formenlehre des Deutschen. 2. Aufl. Tübingen (Sammlung kurzer Grammatiken germanischer Dialekte 11, A. Hauptreihe).

Kilian, L. 1983: Zum Ursprung der Indogermanen. Forschungen aus Linguistik, Prähistorie und Anthropologie. Bonn.

King, R. D. 1969: Historical linguistics and generative grammar. Engelwood Cliffs, New Jersey.

King, R. D. 1971: Historische Linguistik und generative Grammatik. Übersetzt, eingeleitet und hg. v. St. Stelzer. Frankfurt/M. (Schwerpunkte Linguistik und Kommunikationswissenschaft 5).

Kip, H. 1900: Zur Geschichte der Steigerungsadverbien in der Deutschen Geistlichen Dichtung des 11. und 12. Jahrhunderts. In: Journal of Germanic Philology III, 2 (Bloomington, Ind.), 143–237.

Kiparsky, P. 1974: From paleogrammarians to neogrammarians. In: Studies in the history of linguistics. Traditions and paradigms, hg. v. D. Hymes. Bloomington, London, 331–345.

Kirch, M. 1952: Der Einfluß des Niederdeutschen auf die hochdeutsche Schriftsprache. Gießen (Gießener Beiträge zur deutschen Philologie 99).

Kirchhoff, H. G. 1957: Zur deutschsprachigen Urkunde des 13. Jahrhunderts. In: Archiv für Diplomatik, Schriftgeschichte, Siegel- und Wappenkunde 3, hg. v. E. E. Stengel. Köln, Graz, 287ff.

Kirchner, J. 1950: Germanistische Handschriftenpraxis. Ein Lehrbuch für die Studierenden der deutschen Philologie. München.

Kishitani, S. 1965: got und geschehen. Die Vermeidung des menschlichen Subjekts in der ritterlichen Sprache. Düsseldorf (Sprache und Gemeinschaft, Studien 5).

Klappenbach, R. 1945: Zur Urkundensprache des 13. Jahrhunderts. In: PBB 67 (I) 155–216; (II) 326–356; (III) PBB 68 (1945/46), 185–264.

Klarén, G. A. 1913: Die Bedeutungsentwicklung von können, mögen und müssen im Hochdeutschen. (Diss. Lund). Umea.

Kleiber, W. 1957: Die Flurnamen von Kippenheim. Freiburg/Breisgau.

Kleiber, W. 1965: Urbare als sprachgeschichtliche Quelle. Möglichkeiten und Methoden der Auswertung. In: Vorarbeiten und Studien zur Vertiefung der Südwestdeutschen Sprachgeschichte, hg. v. F. Maurer. Stuttgart, 151–259.

Kleiber, W. 1968: Die „Grenze" der alemannischen Mundart am nördlichen Oberrhein in sprachhistorischer Sicht. In: FS. F. Maurer, hg. v. W. Besch, S. Grosse und H. Rupp. Düsseldorf, 11−34.

Kleiber, W./Kunze, K./Löffler, H. 1979: Historischer Südwestdeutscher Sprachatlas. Aufgrund von Urbaren des 13. bis 15. Jahrhunderts. Bern, München.

Kleiber, W. 1980: Westoberdeutsch. In: Lexikon der Germanistischen Linguistik, hg. v. H. P. Althaus, H. Henne, H. E. Wiegand. 2. vollständig neubearb. u. erw. Aufl. Bd. 3. Tübingen, 482−486.

Klein, H. G. 1974: Tempus, Aspekt, Aktionsart. Tübingen (Romanistische Arbeitshefte 10).

Klein, K. K./Schmitt, L. E./Kühebacher, E. (Hrsg.) 1965: Tirolischer Sprachatlas. Innsbruck, Marburg.

Klein, Th. 1982: Untersuchungen zu den mitteldeutschen Literatursprachen des 12. und 13. Jahrhunderts. Habil. (Masch.) Bonn.

Kleiner, M. 1925: Zur Entwicklung der Futur-Umschreibung werden mit dem Infinitiv. Berkeley/Calif. (University of California Publications in Modern Philology 12, 1.)

Kliemann, P. 1958: Studien zur deutschen Urkunde in Bayern und Österreich im 13. Jahrhundert [Diphthongierung von î, û, iu]. Diss. (Masch.) Berlin.

Klingenschmitt, G. 1987: Erbe und Neuerung beim germanischen Demonstrativpronomen. In: Althochdeutsch. In Verb. mit H. Kolb et al. hg. v. R. Bergmann et al. Bd. 1: Grammatik. Heidelberg (Germanische Bibliothek, Neuere Forschungen, Reihe 3), 169−189.

Kloocke, H. 1974: Der Gebrauch des substantivierten Infinitivs im Mittelhochdeutschen. Göppingen (Göppinger Arbeiten zur Germanistik 130).

Kluge, F. 1884: Die germanische Consonantendehnung. In: PBB 9, 149−186.

Kluge, F. 1891: Vorgeschichte der altgermanischen Dialekte. In: Grundriß der germanischen Philologie, hg. v. H. Paul. Bd. 1. Straßburg, 300−406.

Kluge, F. 1913: Urgermanisch. 3. Aufl. Straßburg.

Kluge, F. 1920: Deutsche Sprachgeschichte. Leipzig.

Kluge, F. 1925: Abriß der deutschen Wortbildungslehre. 2. Aufl. Halle/Saale.

Kluge, F. 1926: Nominale Stammbildungslehre. 3. Aufl. Halle/Saale.

Kluge, F./Mitzka, W. 1967: Etymologisches Wörterbuch der deutschen Sprache. 20. Aufl. Berlin.

Knapp, F. P. 1970: Got. mizdo − ahd. miata. In: PBB (T) 92, 17−25.

Knapp, F. P. 1979: Zur logischen und grammatischen Struktur des bildhaften Vergleichs in der Sprache der mittelhochdeutschen und neuhochdeutschen Klassik. In: ABäG 14, 59−86.

Kneip, R. 1978: Der Konsekutivsatz. Folge oder Folgerung? Lund (Lunder germanistische Forschungen 46).

Knobloch, J. (Hrsg.) 1986: Sprachwissenschaftliches Wörterbuch. Bd. 1: A−E. Heidelberg.

Koch, W. A. 1970: Zur Theorie des Lautwandels. Hildesheim, New York. (Studia semiotica. Series practica 2).

Köbler, G. 1971: Lateinisch-althochdeutsches Wörterbuch. Göttingen (Göttinger Studien zur Rechtsgeschichte, Sonderband 12).

Köbler, G. 1974: Althochdeutsch-lateinisches Wörterbuch. Göttingen (Göttinger Studien zur Rechtsgeschichte, Sonderband 19).

Köbler, G. 1975: Lateinisch-germanisches Lexikon. Göttingen (Arbeiten zur Rechts- und Sprachwissenschaft 5).

Köbler, G. 1982: Altniederdeutsch-neuhochdeutsches und neuhochdeutsches-altniederdeutsches Wörterbuch. 2. Aufl. Gießen (Arbeiten zur Rechts- und Sprachwissenschaft 18).

Köck, J. 1946: Entwurf einer mittelbairischen Lautgeschichte nach Traditionen, Urbaren und Urkunden. Diss. (Masch.) München.

Kögel, R. 1884a: Über *w* und *j* im Westgermanischen. In: PBB 9, 523–544.

Kögel, R. 1884b: Die schwachen Verba zweiter und dritter Klasse. In: PBB 9, 504–523.

Koekkoek, B. J. 1958: Amerikanische Arbeiten zur Phonologie des Deutschen. In: ZfM 26, 42–57.

Köneke, B. 1976: Untersuchungen zum frühmittelhochdeutschen Versbau. ('Erinnerung an den Tod', 'Priesterleben', 'Rolandslied', 'Straßburger Alexander'). München (Studien u. Quellen zur Versgeschichte VI).

König, W. 1981: dtv-Atlas zur deutschen Sprache. Tafeln und Texte. 4. Aufl. München.

Köpcke, K. M. 1982: Untersuchungen zum Genussystem der deutschen Gegenwartssprache. Tübingen (Linguistische Arbeiten 122).

Körner, R. 1962: Possessivadjektet. In: Moderna Sprak 56, 33–45.

Kohler, K. J. 1977: Einführung in die Phonetik des Deutschen. Berlin.

Kohrt, M. 1979: Verbstellung und doppelter Infinitiv im Deutschen. In: LB 68, 1–31.

Kohrt, M. 1984a: Historische Phonetik und Phonologie. In: Sprachgeschichte, hg. v. W. Besch, O. Reichmann, St. Sonderegger. 1. Halbbd. Berlin, New York, 388–399.

Kohrt, M. 1984b: Prinzipien und Methoden historischer Phonetik und Phonologie. In: Sprachgeschichte, hg. v. W. Besch, O. Reichmann, St. Sonderegger, 1. Halbbd. Berlin, New York, 514–557.

Kolb, H. 1969: Pluralisierung des Abstraktums. In: ZfdSpr 25, 21–36.

Kolb, H. 1983: 'Jeder'. Eine sprachgeschichtliche Untersuchung. In: Sprachwiss 8, 48–76.

Kolditz, G. 1952: Syntaktische Untersuchung der Indefinita *sum, ein, einig* im Germanischen. In: PBB 74, 225–268.

Koller, E. 1984: Zur Anapher im Mittel- und Neuhochdeutschen. In: DS 12, 31–40.

Kolvenbach, M. 1973: Das Genitivobjekt im Deutschen. Seine Interrelationen zu Präpositionalphrasen und zum Akkusativ. In: Linguistische Studien IV. FS. P. Grebe, Teil 2, hg. v. Hugo Moser et al. Düsseldorf (Sprache der Gegenwart 24), 123–134.

Kortlandt, F. 1986: The Germanic first class of weak verbs. In: NOWELE 8, 27–31.

Koschmieder, E. 1928: Studien zum slavischen Verbalaspekt. Teil 1 in: ZVS 55, 280–304, Teil 2 in: ZVS 56, 78–105.

Koschmieder, E. 1929: Zeitbezug und Sprache. Ein Beitrag zur Aspekt- und Tempusfrage. Leipzig.

Koschmieder, E. 1935: Zu den Grundfragen der Aspekttheorie. In: IF 53, 280–300.

Kossuth, K. 1980: A Case Grammar of Old Islandic. Göppingen (Göppinger Arbeiten zur Germanistik 271).

Krämer, P. 1974: Zum Problem der Aktionsarten im Deutschen. Versuch einer terminologischen Klärung mit Hilfe der Diachronie. In: Strukturen und Interpretationen. Studien zur deutschen Philologie, FS. B. Horacek, hg. v. A. Ebenbauer et al. Wien, Stuttgart 1974, 212–225.

Krämer, P. 1976: Die inchoative Verbalkategorie des Alt- und Frühmittelhochdeutschen. In: FS. O. Höfler, hg. v. H. Birkhan. Wien, Stuttgart, 409–428.

Krahe, H. 1943: Indogermanische Sprachwissenschaft. 2 Bde. Berlin (Göschen 59 u. 64). 5. Aufl. Berlin 1966/69.

Krahe, H. 1967: Historische Laut- und Formenlehre des Gotischen. 2. Aufl. Heidelberg.

Krahe, H./Meid, W. 1969: Germanische Sprachwissenschaft. I. Einleitung u. Lautlehre. bearb. v. W. Meid. 7. Aufl. (Göschen 238 a+b); II. Formenlehre. bearb. v. W. Meid. 7. Aufl. (Göschen 780 a+b); III. Wortbildungslehre. bearb. v. W. Meid (1967) (Göschen 1218 a+b). Berlin (West).

Kramer, G. 1957: Die textkritische Bedeutung der Reime in der Heidelberger Handschrift des König Rother. In: PBB (H) 79 (Sonderband), 111–130.

Kranzmayer, E. 1927: Die Schwäbisch-Bairischen Mundarten am Lechrain mit Berücksichtigung der Nachbarmundarten. München (Sitzungsberichte der Bayerischen Akademie der Wissenschaften, phil.-hist. Kl. 5).

Kranzmayer, E. 1938: Die Geschichte des Umlautes im Südbairischen. In: ZfM 14, 73−100.

Kranzmayer, E. 1944: Der bairische Sprachraum. In: Jahrbuch der deutschen Sprache, hg. v. E. Gierach. Bd. 2. Leipzig, 169−180.

Kranzmayer, E. 1948: Der Kärntner Dialekt. In: Kärntner Almanach (Klagenfurt), 200−213.

Kranzmayer, E. 1950: Die steirische Reimchronik Ottokars und ihre Sprache. Wien (Österreichische Akademie der Wissenschaft, Philosophisch-historische Klasse, Sitzungsberichte Bd. 226 Abh. 4).

Kranzmayer, E. 1954: Der pluralische Gebrauch des alten Duals *eß* und *enk* im Bairischen. Ein Beispiel für Homonymenflucht. In: FS. D. Kralik. Horn, 249−259.

Kranzmayer, E. 1956: Historische Lautgeographie des gesamtbairischen Dialektraumes. Wien.

Kranzmayer, E. 1960: Die bairischen Kennwörter und ihre Geschichte. Wien.

Kranzmayer, E. 1961: Die Wiener Mundart im Wandel der Zeiten. Eine sozialhistorische Studie. In: Lebendige Stadt (Wien), 69−82.

Kratz, H. 1960: The Phonemic Approach to Umlaut in Old High German an Old Norse. In: JEGP 59, H. 3, 463−479.

Kratz, H. 1963: The Second Sound Shift in Old Franconian. In: MLQ 24, 66−78.

von Kraus, C. 1894: Deutsche Geschichte des 12. Jahrhunderts. Halle/Saale.

von Kraus, C. 1898: Das sogenannte II. Büchlein und Hartmanns Werke. In: Abhandlungen zur Germanischen Philologie. FS. R. Heinzel. Halle/Saale. (Unveränderter reprographischer Nachdruck Hildesheim, Zürich, New York 1985, 111−172).

von Kraus, C. 1899: Heinrich von Veldeke und die mittelhochdeutsche Dichtersprache. Halle/Saale.

von Kraus, C. 1900: Über die mittelhochdeutsche Conjunction *unde*. In: ZfdA 44, 149−186.

von Kraus, C. 1916: Zu den Liedern Heinrichs von Morungen. Berlin.

von Kraus, C. 1930: Das sog. demonstrative *ein* im Mittelhochdeutschen. In: ZfdA 67, 1−22.

von Kraus, C. 1935: Walther von der Vogelweide. Untersuchungen. Berlin, Leipzig.

von Kraus, C. 1939: Des Minnesangs Frühling. Untersuchungen. Leipzig (neubearb. von H. Tervooren und Hugo Moser, Stuttgart 1981).

Krause, W. 1968: Handbuch des Gotischen. 3. Aufl. München.

Krauß, F. 1957: Die Bedeutung des Siebenbürgischen für die rheinische Sprachforschung. In: Rheinisch-westfälische Zs. für Volkskunde 4 (Bonn, Münster), 61−78.

Krömer, G. 1914: Die Präpositionen in der hochdeutschen Genesis und Exodus nach den verschiedenen Überlieferungen. Untersuchung zur Bedeutungslehre und zur Syntax I. In: PBB 39, 403−523.

Krogmann, W. 1936: Deutsch. Eine wortgeschichtliche Untersuchung. Berlin, Leipzig (Deutsche Wortforschung 1).

Krogmann, W. 1970: Altsächsisch und Mittelniederdeutsch. In: Kurzer Grundriß der germanischen Philologie bis 1500. Bd. 1. Berlin, 211−252.

Kruse, N. 1976: Die Kölner volkssprachige Überlieferung des 9. Jahrhunderts. Bonn (Rheinisches Archiv 95).

Kuck, W. 1927: Dialektgeographische Streifzüge im Hochpreußischen des Oberlandes. In: Teuth 4, 266−281.

Kuck, W./Wiesinger, P. 1965: Die nordöstliche Sprachgrenze des Ermlandes. Eine Studie zur Lautlehre des Hoch- und Niederpreußischen. Bearbeitet v. P. Wiesinger. In: Deutsche Dialektgeographie 56 (Marburg), 107−169.

Kühebacher, E. 1964: Zur Entwicklung von germanisch *eu* im Bairischen, vor allem in Tirol. In: ZfM 31, 199−238.

Kühn, P. 1978: Deutsche Wörterbücher. Eine systematische Bibliographie. Tübingen (Germanistische Linguistik 15).

Kühner, R./Stegmann, C. 1962: Ausführliche Grammatik der lateinischen Sprache. Bd. 2: Satzlehre. 4. Aufl. bearb. v. A. Thierfelder. Darmstadt.

Küpper, K. J. 1971: Studien zur Verbstellung in den Kölner Jahrbüchern des 14./15. Jahrhunderts. Bonn (Rheinisches Archiv 76).

Küppersbusch, E. 1931/32: Born und Brunnen. In: Teuth 8, 55−94.

Kürschner, W. 1983: Studien zur Negation im Deutschen. Tübingen (Studien zur deutschen Grammatik 12).

Kufner, H. L. 1957: History of the Middle Bavarian Vocalism. In: Lang 33, 519−529.

Kufner, H. L. 1960: History of the Central Bavarian Obstruents. In: Word 16 (New York), 11−27.

Kuhn, Hans 1933: Zur Wortstellung und Betonung im Altgermanischen. In: PBB 57, 1−109.

Kuhn, Hans 1939: Die altnordischen Infinitive Praeteriti. In: ZfdA 76, 122−148.

Kuhn, Hans 1964: Hannover und der grammatische Wechsel. In: ZfdA 93, 13−18.

Kuhn, Hans 1973: Perfekt und Perfektiv im Deutschen. In: Linguistische Studien III. FS. P. Grebe, Teil 1, hg. v. Hugo Moser et al. Düsseldorf (Sprache der Gegenwart 23), 184−206.

Kuhn, Hans 1976: Zur zweiten Lautverschiebung im Mittelfränkischen. In: ZfdA 105, 89−99.

Kuhn, Hugo/Stackmann, K./Wuttke, D. (Hrsg.) 1968: Kolloquium über Probleme altgermanistischer Editionen. Marbach a. Neckar 26. und 27. April 1966. Referate und Diskussionsbeiträge. Wiesbaden.

Kunisch, H. 1974: Spätes Mittelalter. In: Deutsche Wortgeschichte, Bd. 1, hg. v. F. Maurer u. H. Rupp. 3. neu bearb. Aufl. Berlin, New York, 255−320.

Kurylowicz, J. 1957: Morphological Gemination in Celtic and Germanic. In: FS. J. Whatmogh, hg. v. E. Pulgram. 's Gravenhage, 131−144.

Kurylowicz, J. 1965: Zur Vorgeschichte des germanischen Verbalsystems. In: Beiträge zur Sprachwissenschaft, Volkskunde und Literaturforschung. FS. W. Steinitz, hg. v. A. V. Isačenko et al. Berlin, 242−247.

Kurylowicz, J. 1973: Le problème du classement des cas. In: J. Kurylowicz: Esquisses Linguistiques I. München, 131−151 [Erstveröffentlichung Krakau 1949].

Kurzova, H. 1981: Der Relativsatz in den indo-europäischen Sprachen. Hamburg, Prag.

Kutzelnigg, A. 1983/84: Die Verarmung des Geruchswortschatzes seit dem Mittelalter. In: Mu 94, 328−345.

Labov, W. 1963: The Social Motivation of a Sound Change. In: Word 19 (New York), 273−309.

Lachmann, K. 1820: Auswahl aus den Hochdeutschen Dichtern des 13. Jahrhunderts. Für Vorlesungen und zum Schulgebrauch. Berlin.

Låftman, E. 1931: Zur Frage des Modus in den deutschen Bedingungssätzen. In: ZfdPh 56, 284−309.

Laistner, L. 1880: Die Vocale der Verbalendungen in der Zwiefalter Benedictinerregel. In: PBB 7, 548−581.

Lane, G. S. 1939: Pure Labials from Labiovelars in Germanic. In: JEGP 38, 184−200.

Langenbucher, K. O. 1965: Zum Aufkommen der deutschen Sprache in den Kölner Schreinsurkunden. In: RhVjbl 30, 70−78.

Langosch, K. 1933: Die Sprache des Göttweiger Trojanerkriegs. Leipzig (Palaestra 187).

Larsen, H. V. 1983: Der Gebrauch der Tempora und der Modi in der indirekten Rede im Althochdeutschen. In: KBgL 21, 134−161.

Literaturverzeichnis

Lasch, A. 1923: Der Conjunktiv als Futurum im Mittelhochdeutschen und im Altsächsischen. In: PBB 47, 325−335.

Lasch, A. 1925: Vom Werden und Wesen des Mittelniederdeutschen. In: NdJb 51, 55−76.

Lasch, A./Borchling, C. 1928: Mittelniederdeutsches Handwörterbuch. Hamburg.

Lasch, A. 1974: Mittelniederdeutsche Grammatik. 2. unveränd. Aufl. Tübingen (Sammlung kurzer Grammatiken germanischer Dialekte 9, A. Hauptreihe).

Lasch, A. 1979: Ausgewählte Schriften zur niederdeutschen Philologie, hg. v. R. Peters u. T. Sodmann. Neumünster.

Latzel, S. 1977: Die deutschen Tempora Perfekt und Präteritum. München (Heutiges Deutsch, Reihe III, Bd. 2).

Lawson, R. H. 1968: The verbal prefix ge- in the Old High German and Middle High German Benedictine Rules. In: JEGP 67, 647−655.

Lawson, R. H. 1973: The Position of the Verb in Notkers Old High German Psalm-Translation. In: ABäG 5, 63−76.

Lawson, R. H. 1976: Apocopation and Addition of Final n in Verb Forms in the Middle High German ‚Arnsteiner Marienleich‘. In: Semasia 3, 87−94.

Lawson, R. H. 1983: Latin influence on German weak verbs in the Expositio in Cantica Canticōrum of Williram of Ebersberg. In: JEGP 82, 157−167.

Lawson, R. H. 1984: Some prominent instances of semantic variation in the Middle High German Benedictine Rules. In: ABäG 22, 147−154.

Leclercq, R. 1975a: Aufgaben, Methode und Geschichte der wissenschaftlichen Reimlexikographie. Amsterdam.

Leclercq, R. 1975b: Reimwörterbuch zu ‚Sankt Brandan‘. Amsterdam.

Lehmann, W. P. 1953: The Conservatism of Germanic Phonology. In: JEGP 52, 140−152.

Lehmann, W. P. 1955: Proto-Indo-European Phonology. Austin/Texas.

Lehmann, W. P. 1963: Some Phonological Observations Based on Examination of the Germanic Consonant Shift. In: Monatshefte 55, 229−235.

Lehmann, W. P. 1966: The grouping of the Germanic languages. In: Ancient Indo-European dialects, hg. v. H. Birnbaum u. J. Puhvel. Berkeley, Los Angeles, 13−27.

Lehmann, W. P. 1972: Comparative Constructions in Germanic of the OV-Type. In: Studies for Einar Haugen, hg. v. E. Scherabon-Firchow. Paris, 323−331.

Lehmann, W. P. 1974: Proto-Indo-European Syntax. Austin, London.

Lehmann, W. P. 1978: Changes in the Negative Sentence Pattern in German. In: Sprache in Gegenwart und Geschichte. FS. H. M. Heinrichs, hg. v. D. Hartmann, H. Linke, O. Ludwig. Köln, Wien, 94−109.

Lehmann, W. P. 1985: Indogermanisch − Germanisch − Deutsch: Genealogische Einordnung und Vorgeschichte des Deutschen. In: Sprachgeschichte, hg. v. W. Besch, O. Reichmann, St. Sonderegger. 2. Halbbd. Berlin, New York, 949−962.

Lehnerdt, W. 1910: Die Anwendung der Beiwörter in den mittelhochdeutschen Epen von Ortnit und Wolfdietrich. Breslau, Neudruck Hildesheim 1977.

Leijstroem, G. 1950: Studier i det germanske adjektivets syntax I. Partitiva adjektiv, en satsanalytisk undersökning. Stockholm.

Leist, F. 1893: Urkundenlehre. Katechismus der Diplomatik, Paläographie, Chronologie und Sphragistik. 2. verbesserte Aufl. Leipzig.

Leitzmann, A. 1926: ἀπὸ κοινοῦ bei Wolfram. In: PBB 50, 90−99.

Lemmer, M. 1968: Deutscher Wortschatz. Bibliographie zur deutschen Lexikologie. 2. Aufl. Halle/Salle.

Lenders, W./Moser, Hugo (Hrsg.) 1978: Maschinelle Verarbeitung altdeutscher Texte. I. Beiträge zum Symposion Mannheim 11./12. Juni 1971; II. Beiträge zum Symposion Mannheim 15./16. Juni 1973. Berlin.

Lenerz, J. 1984: Syntaktischer Wandel und Grammatiktheorie. Eine Untersuchung an Beispielen aus der Sprachgeschichte des Deutschen. Tübingen (Linguistische Arbeiten 141).

Lenerz, J. 1985a: Zur Theorie des syntaktischen Wandels: das explizite „es" in der Geschichte des Deutschen. In: Erklärende Syntax des Deutschen, hg. v. W. Abraham. Tübingen (Studien zur deutschen Grammatik 25), 99−136.

Lenerz, J. 1985b: Diachronic Syntax: Verb Position and COMP in German. In: Studies in German Grammar, ed. by J. Toman. Dordrecht (Studies in Generative Grammar 21), 103−132.

Lerch, E. 1919: Die Verwendung des romanischen Futurums als Ausdruck eines sittlichen Sollens. Leipzig.

Lerchner, G. 1971: Zur II. Lautverschiebung im Rheinisch-Westmitteldeutschen. Halle/Saale.

Lerot, J. 1982: Die verbregierten Präpositionen in Präpositionalobjekten. In: Satzglieder im Deutschen, hg. v. W. Abraham. Tübingen (Studien zur deutschen Grammatik 15), 261−291.

Leskien, A. 1876: Die Deklination im Slavisch-Litauischen und Germanischen. Leipzig.

Lessiak, P. 1903: Die Mundart von Pernegg in Kärnten. In: PBB 28, 1−227.

Lessiak, P. 1908a: Der Vokalismus der Tonsilbe in den deutschen Namen der ältesten kärntnischen Urkunden. Ein Beitrag zur altbairischen Grammatik. In: Untersuchungen und Quellen zur germanischen und romanischen Philologie. FS. J. von Kelle. Prag. [Reprographischer Nachdruck Hildesheim 1975, 241−272.]

Lessiak, P. 1908b: Rezension zu: J. Schatz: Altbairische Grammatik. Göttingen 1907. In: AfdA 32, 121−135.

Lessiak, P. 1910: Rezension zu: Altfränkische Grammatik von J. Franck. In: AfdA 34, 193−222.

Lessiak, P. 1911: Die Mundarten Kärntens. In: Carinthia I 101 (Klagenfurt), 2−18.

Lessiak, P. 1933: Beiträge zur Geschichte des deutschen Konsonantismus, hg. v. E. Schwarz. Brünn (Schriften der Philosophischen Fakultät der Deutschen Universität in Prag 14).

Lessiak, P. 1963: Die Mundart von Pernegg. Marburg. (Nachdruck).

Lexer, M. 1862: Kärntnisches Wörterbuch. Leipzig.

Lexer, M. 1872: Mittelhochdeutsches Handwörterbuch. Bd. 1 1872, Bd. 2 1876, Bd. 3 1878. Leipzig, Neudruck Stuttgart 1979.

Lexer, M. 1874: Mittelhochdeutsches Taschenwörterbuch. 37. Aufl. mit neubearbeiteten u. erweiterten Nachträgen. Unter Mithilfe von D. Hannover und R. Leppin neubearb. und aus den Quellen ergänzt von U. Pretzel. Unveränderter Neudruck Stuttgart 1983.

Leys, O. 1973a: Bemerkungen zum Reflexivpronomen. In: Linguistische Studien IV. FS. P. Grebe, Teil 2, hg. v. Hugo Moser et al. Düsseldorf (Sprache der Gegenwart 24), 152−157.

Leys, O. 1973b: Das Reflexivpronomen. Eine Variante des Personalpronomens. In: Studien zur Texttheorie und zur deutschen Grammatik, hg. v. H. Sitta u. K. Brinker. Düsseldorf (Sprache der Gegenwart 30), 223−242.

Leys, O. 1982: Zur Formulierung der hochdeutschen Tenuesverschiebung. Eine kritische Miszelle. In: PBB (T) 104, 1−9.

Liberman, A. S. 1967: Obščegermanskoe /h/ i nekotorye zakanomernosti zvukovych izmenenij (Germ. /h/ und einige Gesetzmäßigkeiten des Lautwandels). In: Voprosy Jazykoznanija 16 (Moskau), 103−111.

Lightfoot, D. W. 1979: Principles of Diachronic Syntax. Cambridge (Cambridge Studies in Linguistics 23).

Lindemann, F. O. 1970: Einführung in die Laryngaltheorie. Berlin (Göschen 1247 u. 1247a).

Lindgren, K. B. 1953: Die Apokope des mittelhochdeutschen -e in seinen verschiedenen Funktionen. Helsinki.

Lindgren, K. B. 1954: Mhd. Genitivformen auf -ens. FS. E. Öhmann. Helsinki, 667–672.

Lindgren, K. B. 1957: Über den oberdeutschen Präteritumsschwund. Helsinki.

Lindgren, K. B. 1961: Die Ausbreitung der neuhochdeutschen Diphthongierung bis 1500. Helsinki.

Lindgren, K. B. 1968: Nochmals neuhochdeutsche Diphthongierung. Eine Präzisierung. In: ZfM 35, 284–288.

Lindgren, K. B. 1969: Diachronische Betrachtungen zur deutschen Satzstruktur. In: Sprache: Gegenwart und Geschichte. Probleme der Synchronie und Diachronie. Düsseldorf (Jahrbuch des Instituts für deutsche Sprache 1968, Sprache der Gegenwart 5), 147–158.

Lindgren, K. B. 1973: Zur Klärung des Begriffes „Satz". In: Studien zur Texttheorie und zur deutschen Grammatik. FS. H. Glinz, hg. v. H. Sitta und K. Brinker. Düsseldorf (Sprache der Gegenwart 30), 199–208.

Lingl, A. R. 1934: Über den Gebrauch von Abstrakten im Plural im Althochdeutschen und Mittelhochdeutschen. München (Diss.).

Litterae 1971ff: Göppinger Beiträge zur Textgeschichte. Göppingen.

Ljungerud, I. 1955: Zur Nominalflexion in der deutschen Literatursprache nach 1900. Lund, Kopenhagen (Lunder Germ. Forschungen 31).

Ljungerud, I. 1956: Einige Kongruenzerscheinungen im Deutschen. In: Studier i Modern Sprakvetenskap, Vol. XIX. Uppsala, 74–84.

Lloyd, A. L. 1979: Anatomy of the Verb. The Gothic Verb as a Model for a United Theory of Aspect, Actional Type and Verbal Velocity. Amsterdam (Studies in Language Companion Series, Vol. 4).

Lockwood, W. B. 1968: Historical German Syntax. Oxford.

Lockwood, W. B. 1979: Überblick über die indogermanischen Sprachen. (A panorama of Indo-European languages. Aus dem Engl. übers. v. E. Ettinger.) Tübingen (Tübinger Beiträge zur Linguistik 100).

Lockwood, W. B. 1982: Indogermanische Sprachwissenschaft. Eine historisch-vergleichende Untersuchung (aus dem Englischen übersetzt von R. Westermayr). Tübingen (Tübinger Beiträge zur Linguistik 168).

Löffler, H. 1972: Neue Möglichkeiten historischer Dialektgeographie durch sprachliche Auswertung von Güter- und Zinsverzeichnissen. In: RhVjbl 36, 281–291.

Löffler, K. 1929: Einführung in die Handschriftenkunde. Leipzig.

Löfstedt, B. 1963: Zum lateinischen possessiven Dativ. In: ZVS 78, 64–83.

Löfstedt, E. 1928: Syntactica. Studien und Beiträge zur historischen Syntax des Lateins. Bd. 1: Über einige Grundfragen der lateinischen Nominalsyntax. Lund 1928. Bd. 2: Syntaktisch-stilistische Gesichtspunkte und Probleme. Lund 1956.

Löfstedt, I. 1944: Zum Sekundärumlaut von germanisch a im Bairischen. Lund, Kopenhagen (Lunder Germ. Forschungen 15).

Löfstedt, I. 1947/48: Zum Sekundärumlaut von germ. a in bairischen Adjektiven auf mhd. -ic, -ec und -isch. In: StN 20, 225–257.

Loewe, R. 1894: Das schwache Präteritum des Germanischen. In: IF 4, 365–379.

Loewe, R. 1927: Die Dehnung von Vocalen einsilbiger Wörter im Althochdeutschen und Mittelhochdeutschen. In: PBB 51, 271–287.

van Loey, A. 1937: Het Zuidwestbrabantsch in de 13de en 14de eeuw. Den Haag.

van Loey, A. 1968: Middelnederlandse Spraakkunst. 2 Bde. I. Vormleer 1969; II. Klankleer 1968. Groningen, Antwerpen.

Lohmann, J. 1948: Besprechung von E. Wistrand: Über das Passivum. In: Lexis I. Studien zur Sprachphilosophie, Sprachgeschichte und Begriffsforschung. München, 280–298.

van Loon, J. 1986: Die umgelauteten Diphthonge des Gemeingermanischen. In: IF 91, 259–265.

Ludwig, O. 1971: Ein Vorschlag für die semantische Analyse des Präsens. In: LingBer 14, 34–41.

Ludwig, O. 1972: Thesen zu den Tempora im Deutschen. In ZfdPh 91, 58–81.

Lübben, A. 1877: Wörterbuch zu der Nibelunge Not. 3. Aufl. Oldenburg.

Lübben, A./Walther, Ch. 1888: Mittelniederdeutsches Handwörterbuch. Norden, Leipzig. Nachdruck Darmstadt 1979.

Lüdtke, H. 1968: Ausbreitung der neuhochdeutschen Diphthongierung? In: ZfM 35, 97–109.

Lüdtke, H. 1984: Ansätze zu einer Theorie des Sprachwandels auf der syntaktisch-morphologischen Ebene. In: Sprachgeschichte, hg. v. W. Besch, O. Reichmann, St. Sonderegger. 1. Halbbd., Berlin, New York, 753–761.

Lühr, R. 1982: Studien zur Sprache des Hildebrandliedes. Teil 1: Herkunft und Sprache; Teil 2: Kommentar. Frankfurt/M., Bern (Regensburger Beiträge zur deutschen Sprach- und Literaturwissenschaft 22).

Lühr, R. 1987: Zu Veränderungen im System der Modalverben. In: Althochdeutsch. In Verb. mit H. Kolb et al. hg. v. R. Bergmann et al. Bd. 1: Grammatik. Heidelberg (Germanische Bibliothek, Neuere Forschungen, Reihe 3), 262–289.

Lüssy, H. 1974: Umlautprobleme im Schweizerdeutschen. Frauenfeld (Beiträge zur Schweizerdeutschen Mundartforschung 20).

Luick, K. 1886: Die qualität der mittelhochdeutschen ë nach den lebenden dialekten. In: PBB 11, 492–517.

Luraghi, S. 1986: On the Distribution of Instrumental and Agentive Markers for Human and Non-Human Agents of Passive Verbs in Some Indo-European Languages. In: IF 91, 48–66.

Lussky, G. P. 1924: *uuerdan* und *uuesan* mit dem Partizip Passiv in der althochdeutschen Tatian-Übersetzung. In: JEGP 23, 342–369.

Lutz, H. D. 1974: Zur Formelhaftigkeit mittelhochdeutscher Texte und zur „theory of oral-formulaic composition". In: DVS 78, 432–447.

Lutz, H. D. 1975: Zur Formelhaftigkeit der Adjektiv-Substantiv-Verbindung im Mittelhochdeutschen. München (Münchener Texte und Untersuchungen zur deutschen Literatur des Mittelalters 52).

Lutz-Hensel, M. 1975: Prinzipien der ersten textkritischen Editionen mittelhochdeutscher Dichtung. Brüder Grimm – Benecke – Lachmann. Eine methodenkritische Analyse. Berlin.

Maas, P. 1960: Textkritik. Als Separatdruck (mit Ergänzungen). 4. Aufl. Leipzig.

Mackensen, L. 1977: Deutsche Etymologie. Ein Leitfaden durch die Geschichte des deutschen Wortes. 2. Aufl. Bremen.

Magnusson, K. 1976: Zur Gliederung des Konjunktivs in Grammatiken der deutschen Sprache. Uppsala (Acta Universitatis Upsaliensis, Studia Germanistica 16).

Marache, M. 1960: Le composé verbal en *ge-* et ses fonctions grammaticales en Moyen Haut Allemand. Etude fondée sur l'Iwein de Hartmann von Aue et sur les sermons de Berthold von Regensburg. Paris (Germanica 1).

Marchand, J. W. 1956: The Phonemic Status of Old High German *e*. In: Word 12, New York, 82–90.

Marchand, J. W. 1960: Besprechung von Otto Höfler: Die zweite Lautverschiebung bei Ostgermanen und Westgermanen. Tübingen 1958: In: IF 65, 205–210.

Marcq, Ph. 1976: Système des prépositions spatiales dans le „Heliand". In: EG 31, 113–127.

Marcq, Ph. 1978: Le système des prépositions temporelles dans la langue de „Tatien". In: EG 33, 257–269.

Marcq, Ph. 1986: Réflexions sur les ancêtres de *kein*. In: EG 41, 1–7.
Margetts, J. 1969: Die Satzstruktur bei Meister Eckhart. Stuttgart (Studien zur Poetik und Geschichte der Literatur 8).
Markey, T. L. 1977: Germanic and its dialects: a grammar of Proto-Germanic. Bd. 1: Text; Bd. 2: Markey, T. L./Roberge, P. T.: Maps and commentary; Bd. 3: Markey, T. L./Kyes, R. L./Roberge, P. T.: Bibliography and Indices. Amsterdam.
Markus, M. 1977: Tempus und Aspekt. Zur Funktion von Präsens, Präteritum und Perfekt im Englischen und im Deutschen. München (Kritische Information 61).
Martens, G./Zeller, H. (Hrsg.) 1971: Texte und Varianten. Probleme ihrer Edition und Interpretation. München.
Martin, B. 1959: Die deutschen Mundarten. 2. Aufl. Marburg.
Martin, E. 1888: Rezension zu: van Helten, W. L.: Middelnederlandsche Spraakkunst. Groningen 1887. In: Litbl 9, 255f.
Martinet, A. 1937: La gémination consonantique d'origine expressive dans les langues germaniques. Kopenhagen, Paris.
Martinet, A. 1955: Économie des changements phonétiques. Bern.
Marx-Moyse, J. 1985: Modaler Infinitiv mit einem Subjektsatz im Deutschen. In: Zeitschrift für Sprachwissenschaft 4, 37–67.
Masarik, Z. 1961: Zum Lautstand der Brünner deutschen Urkunden. In: Sborník praci Filosoficki fakulty Bruènské University 9, 113–123.
Masarik, Z. 1980: Zum Ausdruck der voluntativen Modalität im Deutschen in diachronischer Sicht. In: Brünner Beiträge zur Germanistik und Nordistik. Brünn (Studia minora Facultatis philosophicae Universitatis Brunensis 2), 29–45.
Massmann, H. F. 1846: Vollständiger alphabetischer Index zu dem ahd. Sprachschatze von E. G. Graff. Berlin. Nachdruck Darmstadt 1963.
Matthei, G. 1902: Die Bairische Hunnensage in ihrem Verhältnis zur Amelungen- und Nibelungensage. In: ZfdA 46, 1–60.
Matzel, K. 1970: Untersuchungen zur Verfasserschaft, Sprache und Herkunft der althochdeutschen Übersetzungen der Isidor-Sippe. Bonn.
Matzel, K. 1981: Nachträge zum Mittelhochdeutschen Handwörterbuch von Matthias Lexer (II). In: Sprachwiss 6, 335–381.
Matzel, K./Ulvestad, B. 1982: Futur I und futurisches Präsens. In: Sprachwiss 7, 282–328.
Maurer, F. 1924: Zur Anfangsstellung des Verbs im Deutschen. In: Beiträge zur germanischen Sprachwissenschaft. FS. O. Behaghel, hg. v. W. Horn. Heidelberg, 141–184.
Maurer, F. 1926a: Untersuchungen über die deutsche Verbstellung in ihrer geschichtlichen Entwicklung. Heidelberg.
Maurer, F. 1926b: Zur Bibliographie zur indogermanischen Wortstellung. In: Wörter und Sachen IX, 195–196.
Maurer, F. 1930: Sprachschranken, Sprachräume und Sprachbewegungen im Hessischen hauptsächlich auf Grund der Karten und Sammlungen des Südhessischen Wörterbuchs versuchsweise dargestellt. In: Hessische Blätter für Volkskunde 28 (Gießen), 43–109.
Maurer, F. 1934: Neue Wege fränkischer Landesforschung. In: Zeitschrift für bayerische Landesgeschichte 7 (München), 449–480.
Maurer, F. 1942: Oberrheiner, Schwaben, Südalemannen. Straßburg.
Maurer, F. 1952: Nordgermanen und Alemannen. Studien zur germanischen und frühdeutschen Sprachgeschichte, Stammes- und Volkskunde. 3. Aufl. Bern, München.
Maurer, F. 1956: Zur oberrheinischen Sprachgeschichte. FS. A. Bach, II. Teil. In: RhVjbl 21, 1–10.
Maurer, F./Stroh, F. (Hrsg.) 1959: Deutsche Wortgeschichte. 3 Bde. 2. Aufl. Berlin 1959–1960.
Maurer, F. (Hrsg.) 1965: Vorarbeiten und Studien zur Vertiefung der südwestdeutschen Sprachgeschichte. Stuttgart.

Maurer, F./Rupp, H. (Hrsg.) 1974: Deutsche Wortgeschichte. 3. neubearb. Aufl. 2 Bde. Berlin, New York.

Mausser, O. 1918: Ergebnisse und Aufgaben der Mundartenforschung in Bayern. In: Bayerische Hefte für Volkskunde 5 (München), 145–176.

Mausser, O. 1932: Mittelhochdeutsche Grammatik auf vergleichender Grundlage. 3 Bde. München 1932–1933, Neudruck Wiesbaden 1972.

Maxwell, H. 1982: Valenzgrammatik mittelhochdeutscher Verben. Frankfurt/M., Bern (europäische Hochschulschriften, Reihe 1, Bd. 504).

Mayer, A. 1929: Zum Alter des Übergangs von *sk* zu *s*. In: PBB 53, 286–290.

Mayer, A. 1934: Die Wirkungsdauer des deutschen Umlauts. In: PBB 58, 149–209.

Mazal, O. 1986: Lehrbuch der Handschriftenkunde. Wiesbaden.

McClean, R. J. 1934: The deictic use of *ein* in Middle High German. In: MLR 29, 336–339.

McClean, R. J. 1953: The use of *ein* with plurals in German. In: MLR 48, 33–38.

McCobb, A. L. 1936: The Double Preterit Forms *gie–gienc, lie–liez, vie–vienc* in Middle High German. Göttingen, Baltimore (Hesperia 11).

McCormick, T. C. 1977: Stammsilbenvokalismus St. Galler Urkunden der ersten Hälfte des 14. Jahrhunderts. Frankfurt/M.

McCray, St. 1982: On the Notion of Morpho-Syntactic Stability: „Aspekt" vs. „Aktionsart" in Indo-European. In: IF 87, 15–21.

McCray, St. 1983: Der Umlaut im Althochdeutschen (AHD). In: ZfdPh 102, 115–120.

McLaughlin, J. C. 1983: Old English Syntax. A Handbook. Tübingen (Historische Sprachstrukturen 4).

McLintock, D. R. 1961/62: Die umgelauteten Praeteritopraesentia und der Synkretismus im deutschen Verbalsystem. In: PBB (T) 83, 271–277.

van der Meer, M. J. 1927: Historische Grammatik der niederländischen Sprache. Bd. 1: Einleitung und Lautlehre. Heidelberg.

Meid, W. 1971: Das germanische Präteritum. Indogermanische Grundlagen und Ausbreitung im Germanischen. Innsbruck (Innsbrucker Beiträge zur Sprachwissenschaft 3).

Meid, W. 1975: Probleme der räumlichen und zeitlichen Gliederung des Indogermanischen. In: Flexion und Wortbildung. Akten der 5. Fachtagung der Indogermanischen Gesellschaft 1973, hg. v. H. Rix. Wiesbaden, 204–219.

Meid, W. (Hrsg.) 1987a: Studien zum indogermanischen Wortschatz. Innsbruck (Innsbrucker Beiträge zur Sprachwissenschaft 52).

Meid, W. 1987b: Germanische oder indogermanische Lautverschiebung? In: Althochdeutsch. In Verb. mit H. Kolb et al. hg. v. R. Bergmann et al. Bd. 1: Grammatik. Heidelberg (Germanische Bibliothek, Neuere Forschungen, Reihe 3), 3–11.

Meillet, A. 1906–1908: La phrase nominale en indo-européen. In: Memoires de la Société de Linguistique de Paris 14, 1–26.

Meillet, A. 1908/09: Notes sur quelques faits gotiques IV. La phrase nominale pure. In: Memoires de la Société de Linguistique de Paris 15, 93–95.

Meinhold, G./Stock, E. 1963: Stimmlosigkeit und Stimmhaftigkeit der Verschlußphase (Plosion) bei deutschen Medien im absoluten Anlaut und nach stimmlosen Lauten. In: ZPSK 16, 137–148.

Meisen, K. 1968: Altdeutsche Grammatik. Bd. 1 Lautlehre; Bd. 2 Formenlehre. 2. Aufl. Stuttgart. (Slg. Metzler 2 u. 3).

Meissburger, G. 1965: Urkunde und Mundart. In: Vorarbeiten und Studien zur Vertiefung der südwestdeutschen Sprachgeschichte, hg. v. F. Maurer. Stuttgart, 47–103.

Menge, H. H. 1985: Lexikologie des Mittelhochdeutschen. In: Sprachgeschichte, hg. v. W. Besch, O. Reichmann, St. Sonderegger. 2. Halbbd. Berlin, New York, 1145–1153.

Menhardt, H. 1956: Zur Herkunft der Vorauer Handschrift. In: PBB (T) 78, 394−452.

Mensing, O. 1891: Untersuchungen über die Syntax der Concessivsätze im Alt- und Mittelhochdeutschen. Kiel (Diss.).

Mensing, O. 1936: Zur Geschichte der volkstümlichen Verneinung. In: ZfdPh 61, 343−380.

Menzel, W. 1980: Zur Didaktik der Tempora. In: Praxis Deutsch 42, 12−20.

Meritt, H. D. 1938: The Construction ἀπὸ χοινοῦ in the Germanic Languages. Stanford/ Calif. (Stanford University Publications, Series Language and Literature 6.2).

Merker, P./Stammler, W. 1984: Reallexikon der deutschen Literaturgeschichte. 4 Bde. 4. Aufl. Berlin.

Merlingen, W. 1986: Indogermanisch, Germanisch und die Glottis. In: PBB (T) 108, 321−332.

Mertes, E. 1929/30: Althochdeutsch *iu* ohne Umlaut im Dialektgebiet des Deutschen Reiches. In: Teuth 6, 161−234; Teuth 7 (1930/31), 43−120; 268−287.

Messing, A. S. 1986: [+]T[h]−[+]T[ı]−[+]Ḍ? Kritische Anmerkungen zu Vennemanns Rekonstruktion des vor-germanischen Konsonantensystems. In: PBB (T) 108, 172−179.

Mettke, H. 1983: Mittelhochdeutsche Grammatik. 5. neubearb. u. erw. Aufl. Leipzig.

Meyer, H. 1901: Über den Ursprung der germanischen Lautverschiebung. In: ZfdA 45, 101−128.

Meyer, R. 1918/19: Zahlensystem. In: Reallexikon der Germanischen Altertumskunde, hg. v. J. Hoops. Bd. 4. Straßburg, 576f.

Meyer-Hermann, R./Rieser, H. (Hrsg.) 1985: Ellipsen und fragmentarische Ausdrücke. 2 Bde. Tübingen (Linguistische Arbeiten 148).

Michels, V. 1921: Mittelhochdeutsches Elementarbuch. 3. und 4. Aufl. Heidelberg.

Michels, V. 1922: Die *n*-losen ostfränkischen-thüringischen Infinitive. Diss. (Masch.) Würzburg.

Michels, V. 1925: Zur deutschen Akzentgeschichte. In: Germanica. FS. E. Sievers. Halle/Saale, 39−89.

Michels, V./Stopp, H. 1979: Mittelhochdeutsche Grammatik. Um ein Verzeichnis neuerer Fachliteratur erweiterter Nachdruck der dritten und vierten Auflage des Mittelhochdeutschen Elementarbuches. 5. Aufl. Heidelberg (Germanische Bibliothek, Neuere Forschungen, 1. Reihe: Grammatiken).

Milan, C. 1985: Das Passiv im Deutschen und Italienischen. Die Partizipialkonstruktionen mit „werden/sein" und „essere/venire". Heidelberg (Germanische Bibliothek 3).

Minis, C. 1952: Die Konstruktion ἀπὸ χοινοῦ In: PBB 74, 285−295.

Mirambel, A. 1960: Aspect verbal et système. Essay d'une typologie. In: Revue des études slaves 37, 71−88.

Mitzka, W. 1934: Ablautstufen im germanischen Adjectiv. In: PBB 58, 312−323.

Mitzka, W. 1936: Stammesgrenzen und Mundarten in Deutschland, insbesondere in Kurhessen. In: Mitteilungen des Universitätsbundes Marburg (Marburg), 2−12.

Mitzka, W. 1946: Beitrag zur hessischen Mundartforschung. Gießen.

Mitzka, W. 1951a: Die althochdeutsche Lautverschiebung und der ungleiche fränkische Anteil. In: ZfdA 83, 107−113.

Mitzka, W. 1951b: Zur Frage des Alters der hochdeutschen Lautverschiebung. In: Erbe der Vergangenheit. FS. K. Helm. Tübingen, 63−70.

Mitzka, W./Schmitt, L. E. 1951: Deutscher Wortatlas. 22 Bde. Gießen 1951−1980.

Mitzka, W. 1952: Das Langobardische und die althochdeutsche Dialektgeographie. In: ZfM 20, 1−7.

Mitzka, W. 1953: Hessen in althochdeutscher und mittelhochdeutscher Dialektgeographie. In: PBB 75, 131−157.

Mitzka, W. 1954: Die dänische und die deutsche Konsonantenschwächung. In: ZfM 22, 65−87.

Mitzka, W. 1955a: Die Wortkarte „Brotkruste". In: ZfM 23, 39—45.

Mitzka, W. 1955b: Die Begründung der althochdeutschen Sprachgeschichte durch die Alemannen. In: Grundfragen der alemannischen Geschichte. Vorträge und Forschungen 1. Darmstadt, 53—63.

Mitzka, W. 1957a: Hochdeutsche Mundarten. In: Deutsche Philologie im Aufriß, hg. v. W. Stammler. Bd. 1. 2. Aufl. Berlin, Sp. 1599—1728.

Mitzka, W. 1957b: Fehlerquellen im Schriftbild deutscher Konsonantenschwächung. In: ZPSK 10, 231—238.

Mitzka, W. 1958: Die Sense dengeln. Ein Bauernwort und seine Verwandten. In: Hessische Blätter für Volkskunde 49/50 (Leipzig), 151—155.

Mitzka, W. 1959a: Grundzüge nordostdeutscher Sprachgeschichte. Halle/Saale, 2. Aufl. Marburg.

Mitzka, W. 1959b: Stämme und Landschaften in deutscher Wortgeographie. In: Deutsche Wortgeschichte, hg. v. F. Maurer u. F. Stroh. 3. Aufl. Bd. II. Berlin, 561—613.

Mitzka, W. 1967: Ostgermanische Lautverschiebung? In: ZfdA 96, 247—259.

Mitzka, W. 1968: Deutsche Mundarten, deutsche Dialekte. In: Brockhaus Enzyklopädie. 17. Aufl. Bd. 4. Wiesbaden, 545—548.

Möller, P. 1915: Fremdwörter aus dem Lateinischen im späteren Mittelhochdeutsch und Mittelniederdeutsch. Diss. Gießen.

Mohrmann, Chr. 1933: Die psychologischen Bedingungen der konstruktionslosen Nominativi im Lateinischen. In: Glotta 21, 20—40.

Mollay, K. 1974: Einführung in die deutsche Sprachgeschichte. Budapest.

Monsterberg-Mückenau, S. v. 1885: Der Infinitiv in den Epen Hartmanns von Aue. Breslau, Neudruck Hildesheim 1977.

Morciniec, N. 1980: Das Niederländische in der Geschichte der deutschen Sprache. In: KN 27, 3—13.

Morciniec, N. 1982: Zentrum und Peripherie der althochdeutschen Monophthongierung. In: FS. E. Coseriu, hg. v. H. Geckeler et al. 5 Bde. Berlin, New York (Logos semanticos 5), Bd. 5, 313—322.

Morgenroth, W. 1959/60: Brechung, Umlaut, Vokalharmonie. Eine Begriffsklärung. In: Wissenschaftliche Zeitschrift der Ernst-Moritz-Arndt-Universität Greifswald. Gesellschafts- und sprachwissenschaftliche Reihe 9 (Greifswald), 201—216.

Moser, Hans/Wellmann, H./Wolf, N. R. 1981: Geschichte der deutschen Sprache. Bd. 1. Heidelberg.

Moser, Hugo 1950/51: Probleme der Periodisierung des Deutschen. In: GRM 32 (= NF. 1), 296—308.

Moser, Hugo 1951/52: Schichten und Perioden des Mittelhochdeutschen. In: WW 2, 321—328.

Moser, Hugo 1953: Schwäbische Sprachinseln in Europa und Übersee. In: Zs. für württembergische Landesgeschichte 12 (Stuttgart), 91—121.

Moser, Hugo 1954: Zu den beiden Lautverschiebungen und ihrer methodischen Behandlung. In: DU 6, H. 4, 56—81.

Moser, Hugo 1955a: Mittlere Sprachschichten als Quellen der deutschen Hochsprache. Eine historisch-soziologische Betrachtung. Nijmegen, Utrecht.

Moser, Hugo 1955b: Die schwäbisch-niederalemannische Grenze. In: Württemberg. Vierteljahreshefte (Stuttgart), 362—366.

Moser, Hugo 1957: Deutsche Sprachgeschichte der älteren Zeit. In: Deutsche Philologie im Aufriß, hg. v. W. Stammler. 2. Aufl. Bd. I. Berlin, Sp. 621—854.

Moser, Hugo 1962: Zur Situation der deutschen Gegenwartssprache. In: Studium Generale 15 (Berlin, Göttingen, Heidelberg), 40—48.

Moser, Hugo 1963: Annalen der deutschen Sprache von den Anfängen bis zur Gegenwart. 2. Aufl. Stuttgart.

Moser, Hugo 1964: Zum Formenausgleich in der heutigen deutschen Hochsprache. In: FS. T. Starck, hg. v. W. Betz, E. Scherabon Coleman und K. Northcott. London, Den Haag, Paris, 91–101.

Moser, Hugo 1969: Deutsche Sprachgeschichte. Mit einer Einführung in die Fragen der Sprachbetrachtung. 6. Aufl. Tübingen.

Moser, Hugo/Stopp, H. (Hrsg.) 1970: Grammatik des Frühneuhochdeutschen. Beiträge zur Laut- und Formenlehre. Heidelberg.

Moser, Hugo 1976: Zum Problem der Ökonomie der Sprachentwicklung im Alt- und Mittelhochdeutschen. In: WW 26, 278–292.

Moser, Hugo/Tervooren, H. 1977: Des Minnesangs Frühling. Bd. II. Editionsprinzipien, Melodien, Handschriften, Erläuterungen. 36., neugestaltete u. erw. Aufl. Stuttgart.

Moser, Hugo 1979: Schichten und Perioden des Mittelhochdeutschen. In: Studien zu Raum- und Sozialformen der deutschen Sprache in Geschichte und Gegenwart. Kleine Schriften. Berlin, 43–53.

Moser, Hugo/Stopp, H./Besch, W. 1987: Grammatik des Frühneuhochdeutschen. Bd. 3: Flexion des Substantivs, bearb. v. K. P. Wegera, Bd. 4: Flexion des Verbs, bearb. v. U. Dammers, W. Hoffmann, H. J. Solms. Heidelberg (Germanische Bibliothek, alte Folge).

Moser, V. 1908: Der angebliche n-abfall im bayrischen. In: ZfdPh 40, 356ff.

Moser, V. 1909: Historisch-grammatische Einführung in die frühneuhochdeutschen Schriftdialekte. Halle/Saale. Nachdruck Darmstadt 1971.

Moser, V. 1916: Über mittelhochdeutsch und neuhochdeutsch i für e und ë in Tonsilben. In: PBB 41, 437–480.

Moser, V. 1927: Über den mittelhochdeutschen Diphthong eü. In: PBB 51, 107–134.

Moser, V. 1929: Frühneuhochdeutsche Grammatik. Bd. I, Teil 1 und 3. Heidelberg 1929 u. 1951.

Mossé, F. 1938: Histoire de la forme périphrastique „être et participe présent" en Germanique. Première partie. Paris (Collection linguistique 42).

Mossé, F. 1950: Bibliographia Gotica. A Bibliography of Writings on the Gothic Language to the End of 1949. In: Mediaeval Studies 12, 237–324. First Supplement, Corrections and Additions to the Middle of 1953. In: ebd. 15 (1953), 169–183. Second Supplement, Corrections and Additions to the Middle of 1957, bes. v. J. W. Marchand. In: ebd. 19 (1957), 174–196.

Mossé, F. 1956: Manuel de la Langue Gotique. Paris.

Mosselman, F. 1953: Der Wortschatz Gottfrieds von Straßburg. Diss. 's-Gravenhage.

Motsch, W. 1967: Zum Ablaut der Verben in der Frühperiode germanischer Sprachen. Berlin (Studia Grammatica 6), 119–144.

Motsch, W. 1971: Syntax des deutschen Adjektivs. 6. Aufl. Berlin (Studia Grammatica 3).

Moulton, W. G. 1954: The stops and spirants of early Germanic. In: Lang 30, 1–42.

Moulton, W. G. 1960: The Short Vowel Systems of Northern Switzerland. A Study in Structural Dialectology. In: Word 16 (New York), 155–182.

Moulton, W. G. 1961/62: Zur Geschichte des deutschen Vokalsystems. In: PBB (T) 83, 1–35. [Nachdruck in: Vorschläge für eine strukturale Grammatik des Deutschen, hg. v. H. Steger. Darmstadt 1970 (Wege der Forschung 146), 480–517.]

Moulton, W. G. 1963: Phonologie und Dialekteinteilung. In: Sprachleben der Schweiz. Sprachwissenschaft. Namenforschung. Volkskunde. FS. R. Hotzenköcherle, hg. v. P. Zinsli et al. Bern, 75–86.

Moulton, W. G. 1967: Types of phonemic change. In: FS. R. Jakobson. Bd. 2. Den Haag, Paris, 1393–1407.

Moulton, W. G. 1970: Zur Geschichte des deutschen Vokalsystems. In: Vorschläge für eine strukturale Grammatik des Deutschen, hg. v. H. Steger. Darmstadt. (Wege der Forschung 146), 480–517.

Moulton, W. G. 1972: The Proto-Germanic non-syllabics (consonants). In: Toward a grammar of Proto-Germanic, hg. v. F. van Coetsem u. H. L. Kufner. Tübingen, 141–173.

Moulton, W. G. 1986: Die Vennemannsche Lautverschiebungstheorie. In: PBB (T) 108, 1–15.

Müllenhoff, K./Scherer, W. (Hrsg.) 1864: Denkmäler deutscher Poesie und Prosa aus dem VIII. bis XII. Jahrhundert. 2. Bde. 4. Aufl. 1964 besorgt von E. Steinmeyer. Berlin.

Müller, E. E. 1960: Wortgeschichte und Sprachgegensatz im Alemannischen. Bern, München (Bibliotheca Germanica 8).

Müller, G./Frings, Th. 1959: Die Entstehung der deutschen daz-Sätze. Berichte über die Verhandlungen der Sächs. Akademie der Wissenschaften, phil.-hist. Kl 103, Heft 6. Leipzig.

Müller, M. 1986: Zur Verbindbarkeit der Determinantien und Quantoren. In: Zur Syntax der Determinantien, hg. v. H. Vater. Tübingen (Studien zur deutschen Grammatik 31), 33–56.

Münch, F. 1904: Grammatik der ripuarisch-fränkischen Mundart. Bonn.

Mumm, S. 1974: Die Konstituenten des Adverbs. Computerorientierte Untersuchung auf der Grundlage eines frühneuhochdeutschen Textes. Hildesheim (Germanistische Linguistik Heft 3–4).

Munske, H. H. 1980: Germanische Sprachen und deutsche Gesamtsprache. In: Lexikon der Germanistischen Linguistik, hg. v. H. Althaus, P. Henne, H. E. Wiegand. 2. Aufl. Bd. 3. Tübingen, 485–495.

Murray, R. W. 1986: Urgermanische Silbenstruktur und die westgermanische Konsonantengemination. In: PBB (T) 108, 333–356.

Must, G. 1951: The Origin of the Germanic Dental Preterit. In: Lang 27, 121–135; 28 (1952), 104–111.

Must, G. 1967: The Spelling of Proto-Germanic /f/ in Old High German. In: Lang 43, 457–461.

Mustanoja, T. F. 1958: The English Syntactical Type „One the best man" and its Occurrence in other Germanic Languages. Helsinki (Memoires de la Société Néophilologique de Helsinki XX.5).

Näf, A. 1979: Die Wortstellung in Notkers „consolatio". Untersuchungen zur Syntax und Übersetzungstechnik. Berlin, New York (Das Althochdeutsch von St. Gallen 5).

Nagel, B. 1985: Das Reimproblem in der deutschen Dichtung. Vom Otfridvers zum freien Vers. Berlin.

Nagl, J. W. (Hrsg.) 1895: Zu den zwei Stufen des Umlautes von ahd., mhd. a. In: Deutsche Mundarten. Zeitschrift für Bearbeitung des mundartlichen Materials 1 (Wien 1895–1901), 210–222. [Unveränderter Neudruck 1973.]

Naumann, H. 1915: Kurze historische Syntax der deutschen Sprache. Straßburg (Trübners philologische Bibliothek 2).

Naumann, H. 1923: Zu ‚Ludwigs Kreuzfahrt'. In: ZfdPh 49, 78–82.

Naumann, H./Betz, W. 1967: Althochdeutsches Elementarbuch. 4. Aufl. Berlin (West) (Göschen 1111 u. 1111a).

Neckel, G. 1900: Über die altgermanischen Relativsätze. Berlin (Palaestra 5).

Neckel, G. 1913: Zu den germanischen Negationen. In: ZVS 45, 1–23.

Nehring, A. 1930: Studien zur Theorie des Nebensatzes I. In: ZVS 57, 118–160.

Neumann, F. 1940: Wie entstand das Wort ‚deutsch'? In: Zeitschrift für deutsche Bildung 16, (Frankfurt/M.) 201ff.

Neumann, F. 1966: Geschichte der altdeutschen Literatur (800–1600). Berlin.

Neumann, H. 1963: Ein ungedrucktes Mechthild-Fragment aus der Karlsruher Hs. St. Georgen 78, mit einem Exkurs über die Stellung der Komparative in mittelhochdeutschen Korrelativsätzen. In: FS. U. Pretzel, hg. v. W. Simon, W. Bachofer, W. Dittmann. Berlin, 316−326.

Neumann, I. 1972: Temporale Subjunktionen. Syntaktisch-semantische Beziehungen im heutigen Deutsch. Tübingen (Forschungsberichte des Instituts für deutsche Sprache 11).

Neumann, W. 1961: Zur Struktur des Systems der reinen Kasus im Neuhochdeutschen. In: ZPSK 14, 55−63.

Nielsen, P. B. 1984: Versuch einer semantischen Prädikativdarstellung. In: KBgL 22, 92−113.

Niewöhner, H. 1957: Kunst oder Methode. In: PBB (H) 79, 415−437.

Nilsson, K. 1979: Concerning Number and Gender in a Non-Congruent Construction. In: Studia linguistica 33, 79−88.

Nörrenberg, K. 1884: Studien zu den niederrheinischen Mundarten. In: PBB 9, 371−421.

Nordin, P. G. 1945: Die Zusammensetzung von Adjektiv oder Adverb mit Adjektiv oder Partizip im Spätmittelhochdeutschen. Lund (Lunder Germanistische Forschungen 18).

Nordmeyer, G. 1936: Lautverschiebungserklärungen. In: JEGP 35, 482−495.

Nordstrandh, I. 1954: Brennessel und Quecke. Studien zur deutschen Wort- und Lautgeographie. Lund.

Noreen, A. 1880: Weiteres zum Vernerschen Gesetze. In: PBB 7, 431−444.

Noreen, A. 1894: Abriß der urgermanischen Lautlehre. Straßburg.

Nyholm, K. 1981: Zur Endstellung des Verbs in spätmittelalterlichen und frühhumanistischen Texten. In: Kommunikation und Sprache in ihrer geschichtlichen Entwicklung bis zum Neuhochdeutschen. Konferenz in Oulu/Finnland 26./27. September 1980. Berlin, 52−64.

Nyman, M. 1985: $\bar{e}/\bar{o}/a$ as an Ablaut Pattern in Indo-European. In: IF 90, 55−61.

Objartel, G./Rennings, P. 1968: Morungens Sprache als Problem der Textkritik. In: ZfdPh 87 (Sonderheft Mittelhochdeutsche Lyrik), 35−47.

Objartel, G. 1977: Der Meißner der Jenaer Liederhandschrift. Untersuchungen, Ausgabe, Kommentar. Berlin.

Objartel, G. 1980: Sprachstudium. In: Lexikon der Germanistischen Linguistik, hg. v. H. Althaus, P. Henne, H. E. Wiegand. 2. vollständig neu bearb. u. erw. Aufl. Bd. 3. Tübingen, 557−563.

Ochs, E. 1921: Die Gliederung des Alemannischen. In: GRM 9, 56ff.

Öhlschläger, G. 1984: Zur Syntax und Semantik der Modalverben im Deutschen. Tübingen (Linguistische Arbeiten 144).

Öhmann, E. 1951/52: Romanische Randwörter der mittelhochdeutschen Zeit im Kontinentalgermanischen. In: ZfM 20, 93−101.

Öhmann, E. 1956: Hochsprache und Mundarten im Mittelhochdeutschen. In: DU 8, H. 2, 24−35.

Öhmann, E. 1974: Der romanische Einfluß auf das Deutsche bis zum Ausgang des Mittelalters. In: Deutsche Wortgeschichte, hg. v. F. Maurer u. H. Rupp. 3. neubearb. Aufl. Bd. 1. Berlin, 323−396.

Okken, L. 1967: Gottfrieds Tristan V. 10383. In: ZfdA 96, 237−239.

Olszok, K. 1983: Infinitive Formen im Vorfeld. In: Zur Wortstellungsproblematik im Deutschen, hg. v. K. Olszok u. E. Weuster. Tübingen (Studien zur deutschen Grammatik 20), 89−169.

Osthoff, H. 1876: Zur Geschichte des schwachen deutschen Adjectivums. Jena (Forschungen im Gebiete der indogermanischen nominalen Stammbildung II).

Osthoff, H./Brugmann, K. 1878: Morphologische Untersuchungen auf dem Gebiet der indogermanischen Sprachen. 1. Teil. Leipzig.

Osthoff, H. 1879: Das physiologische und psychologische Moment in der sprachlichen Formenbildung. Berlin.

Osthoff, H. 1882a: Zum grammatischen wechsel der velaren *k*-reihe. In: PBB 8, 256−287.

Osthoff, H. 1882b: Über aoristpraesens und imperfectpraesens. In: PBB 8, 287−311.

Osthoff, H. 1891: Das Präteritopräsens *mag*. In: PBB 15, 211−218.

Paetzold, F. 1952: Untersuchungen zum Vergangenheitsausdruck im mittelhochdeutschen Epos. Diss. Köln.

Pape-Müller, S. 1980: Textfunktionen des Passivs. Untersuchungen zur Verwendung lexikalisch-grammatischer Passivformen. Tübingen (Reihe Germanistische Linguistik 29).

Paraschkewoff, B. 1967: Entwicklung der Adjektivadverbien im Ostmitteldeutschen vom Beginn der Überlieferung bis Luther. Diss. (Masch.) Leipzig.

Pasch, R. 1982: Untersuchungen zu den Gebrauchsbedingungen der deutschen Kausalkonjunktionen „da", „denn" und „weil". In: Untersuchungen zu Funktionswörtern. Berlin (Ling. Studien. Reihe A. Arbeitsber. 104), 41−243.

Paul, H. 1873: Gab es eine mittelhochdeutsche Schriftsprache? Halle/Saale.

Paul, H. 1874: Zur Lautverschiebung. In: PBB 1, 147−201.

Paul, H. 1876: Zum Parzival. In: PBB 2, 64−97.

Paul, H. 1877: Die Vocale der Flexions- und Ableitungssilben in den ältesten germanischen Dialecten. In: PBB 4, 315−475.

Paul, H. 1879a: Untersuchungen über den germanischen Vokalismus. Halle/Saale.

Paul, H. 1879b: Zur Geschichte des germanischen Vocalismus. In: PBB 6, 1−257.

Paul, H. 1879c: Beiträge zur Geschichte der Lautentwicklung und Formenassociation. In: PBB 6, 538−556.

Paul, H. 1879d: Oberdeutsch *ch-k*. In: PBB 6, 556−560.

Paul, H. 1880a: Prinzipien der Sprachgeschichte. Halle/Saale.

Paul, H. 1880b: Beiträge zur Geschichte der Lautentwicklung und Formenassociation. Die westgermanische Konsonantendehnung. In: PBB 7, 105−135.

Paul, H. 1882: Zu Walther von der Vogelweide. In: PBB 8, 161−209.

Paul, H. 1884a: Grammatische Kleinigkeiten. In: PBB 9, 582ff.

Paul, H. 1884b: Beiträge zur Geschichte der Lautentwicklung und Formenassociation. 11. Vokaldehnung und Vokalverkürzung im Neuhochdeutschen. In: PBB 9, 101−134.

Paul, H. 1887: Nachträgliches zum germanischen Vocalismus. In: PBB 12, 548−554.

Paul, H. (Hrsg.) 1900: Grundriß der germanischen Philologie. 2. Aufl. 3 Bde. Straßburg 1900−1909.

Paul, H. 1901: Mittelhochdeutsch *oder* zur Einleitung von Nebensätzen. In: ZfdW 1, 248−250.

Paul, H. 1916: Deutsche Grammatik. Bd. 1: 1916; Bd. 2: 1917; Bd. 3: 1919; Bde. 4 u. 5: 1920. Halle/Saale. Nachdruck 1968.

Paul, H. 1966: Mittelhochdeutsche Grammatik, fortgeführt von E. Gierach und L. E. Schmitt. 19. Aufl. bearb. v. W. Mitzka. Tübingen (Sammlung kurzer Grammatiken germanischer Dialekte 2, A. Hauptreihe).

Paul, H. 1975: Prinzipien der Sprachgeschichte. 9. unveränd. Aufl. Tübingen (Konzepte der Sprach- und Literaturwissenschaft 6).

Paul, O./Glier, I. 1974: Deutsche Metrik. 9. Aufl. München.

Pensel, F. J. 1981: Die Satznegation. In: Zur Ausbildung der Norm der deutschen Literatursprache auf der syntaktischen Ebene 1470−1730. Der Einfachsatz, hg. v. G. Kettmann u. J. Schildt. 2. Aufl. Berlin (Bausteine zur Sprachgeschichte des Neuhochdeutschen 56,1), 285−326.

Penzl, H. 1947: The development of Germanic *ai* and *au* in Old High German. In: Germanic Review 22, 174−181.

Penzl, H. 1949: Umlaut und Secondary Umlaut in Old High German. In: Lang 25, 223−240. [Dt. Übersetzung s. Penzl, H. 1970.]

Penzl, H. 1957: The evidence for phonemic changes. In: Studies presented to J. Whatmough, hg. v. E. Pulgram. Den Haag, 193−208.

Penzl, H. 1961: Old High German *r* and its phonetic identification. In: Lang 37, 488−496.

Penzl, H. 1964: Die Phasen der althochdeutschen Lautverschiebung. In: FS. T. Starck, hg. v. W. Betz, E. C. Coleman, K. Northcott. London, Den Haag, Paris, 27−41.

Penzl, H. 1968a: The History of the Third Nasal Phoneme of Modern German. In: PMLA 83, Bd. 1, 340−346.

Penzl, H. 1968b: Die mittelhochdeutschen Sibilanten und ihre Weiterentwicklung. In: Word 24 (New York), 340−349.

Penzl, H. 1969: Geschichtliche deutsche Lautlehre, I. München.

Penzl, H. 1970: Umlaut und Sekundärumlaut im Althochdeutschen. In: Vorschläge für eine strukturale Grammatik des Deutschen, hg. v. H. Steger. Darmstadt (Wege der Forschung 146), 545−574.

Penzl, H. 1971: Lautsystem und Lautwandel in den althochdeutschen Dialekten. München.

Penzl, H. 1972: Methoden der germanistischen Linguistik. Tübingen.

Penzl, H. 1974: Zur Entstehung der frühneuhochdeutschen Diphthongierung. In: Studien zur deutschen Literatur und Sprache des Mittelalters. FS. Hugo Moser, hg. v. W. Besch et al. Berlin, 345−357.

Penzl, H./Reis, M./Voyles, J. B. 1974: Probleme der historischen Phonologie. Wiesbaden (Zeitschrift für Dialektologie und Linguistik, N.F. Beiheft 12).

Penzl, H. 1975: Vom Urgermanischen zum Neuhochdeutschen. Eine historische Phonologie. Berlin (Grundlagen der Germanistik 16).

Penzl, H. 1982: Zur Methodik der historischen Phonologie: Schreibung-Lautung und die Erforschung des Althochdeutschen. In: PBB (T) 104, 169−189.

Penzl, H. 1983: The Old High German *i*-Umlaut and the models of historical sound change. In: Monatshefte 75, 131−136.

Penzl, H. 1984a: Das Frühneuhochdeutsche und die Periodisierung der Geschichte der deutschen Sprache. In: Barocker Lust-Spiegel. Studien zur Literatur des Barock. FS. B. L. Spahr, hg. v. M. Bircher et al. Amsterdam, 15−25.

Penzl, H. 1984b: Zur relativen Chronologie der hochdeutschen Konsonantenverschiebungen. In: Dialectology, Linguistics, Literature. FS. C. E. Reed, ed. by W. W. Moelleken. Göppingen, 208−221.

Penzl, H. 1984c: Frühneuhochdeutsch. Bern, Frankfurt/M. (Germanistische Lehrbuchsammlung 9).

Penzl, H. 1985: Zur gotischen Urheimat und Ausgliederung der germanischen Dialekte. In: IF 90, 147−167.

Penzl, H. 1986: Zu den Methoden einer neuen germanischen Stammbaumtheorie. In: PBB (T) 108, 16−29.

Penzl, H. 1987: Dialektmerkmale und Dialektkriterien im Althochdeutschen. In: Althochdeutsch. In Verb. mit H. Kolb et al. hg. v. R. Bergmann et al. Bd. 1: Grammatik. Heidelberg (Germanische Bibliothek, Neuere Forschungen, Reihe 3), 103−113.

Peters, R. 1973: Mittelniederdeutsche Sprache. In: Niederdeutsch. Sprache und Literatur: Eine Einführung. Bd. I: Sprache, hg. v. J. Goossens. Neumünster, 66–115.

Petit, L. D. 1888: Bibliographie der middelnederlandsche taal- en letterkunde. 3 Teile. Leiden 1888–1925.

Petzet, E./Glauning, O. 1910: Deutsche Schrifttafeln des 9. bis 16. Jhs. 5 Bde. Leipzig, München 1910–1930.

Pfalz, A. 1913: Kurze Übersicht über die bayerischen Mundarten Österreichs. In: Bayerischer Heimatschutz 11 (München), 14–22.

Pfalz, A. 1918: 1. Suffigierung der Personalpronomina im Donaubairischen. 2. Reihenschritte im Vokalismus. Wien (Beiträge zur Kunde der bayerisch-österreichischen Mundarten, hg. v. der Wörterbuchkommission der Kaiserlichen Akademie in Wien. Sitzungsbericht der Wiener Akademie. H. 1).

Pfalz, A. 1925: Grundsätzliches zur deutschen Mundartforschung. In: Germanistische Forschungen (Wien), 203–226.

Pfalz, A. 1952: Zur Phonologie der bairisch-österreichischen Mundart. Wien.

Pfalz, A. 1954: Zur Phonetik des Mittelhochdeutschen. In: FS. D. Kralik. Horn, 239ff.

Pfanner, J. 1954: Die deutsche Schreibsprache in Nürnberg von ihrem ersten Auftreten bis zum Ausgang des 14. Jhs. In: Mitteilungen des Verbandes für Geschichte der Stadt Nürnberg 45, 148–207.

Pfeffer, J. A./Lorentz, J. P. 1979: Der analytische Genitiv mit „von" in Wort und Schrift. In: Mu 89, 53–70.

Pfeiffer, F. 1858: Über Gottfried von Straßburg. In: Germ 3, 59–80.

Pfeiffer, F. 1861: Über Wesen und Bildung der höfischen Sprache in mittelhochdeutscher Zeit. Wien.

Pfister, R. 1940: Das historische Präsens im Gotischen. In: IF 57, 134–139.

Philipp, M. 1965: Le système phonologique de parler de Blaesheim. Etude synchronique et diachronique. Nancy (Annales de l'est. Publiées par la faculté des lettres et des sciences humaines de l'université de Nancy. Mémoire 27).

Philipp, M. 1970: Phonologie de l'Allemand. Paris.

Philipp, M. 1974: Phonologie des Deutschen. Stuttgart, Berlin, Köln, Mainz.

Philippi, F. 1920: Einführung in die Urkundenlehre des deutschen Mittelalters. Bonn, Leipzig.

Pieritz, A. 1912: Die Stellung des Verbums im „König Rother" mit Berücksichtigung des St. Trudperter Hohenliedes. Diss. Greifswald.

Piirainen, I. T. 1969: Die absoluten Konstruktionen des Deutschen in diachronischer Sicht. In: NeuphilMitt 70, 448–470.

Piirainen, I. T. 1980: Frühneuhochdeutsche Bibliographie. Literatur zur deutschen Sprache des 14.–17. Jahrhunderts. Tübingen (Bibliographische Arbeitsmaterialien 4).

Pinborg, J. 1980: Can Constructions be Construed? A Problem in Medieval Syntax Theory. In: Studies in Medieval Linguistic Thought, dedicated to G. L. Bursill-Hall. Amsterdam, 201–210.

Pisani, V. 1949: Zur Chronologie der germanischen Lautverschiebung. In: Sprache 1, FS. W. Havers. Wien, 136–142.

Plank, F. 1985: Prädikativ und Koprädikativ. In: ZGL 13, 252–260.

Plant, H. R. 1969: Syntaktische Studien zu den Monseer Fragmenten. Ein Beitrag zur Beschreibung der inneren Form des Althochdeutschen. The Hague, Paris.

Pleines, J. (Hrsg.) 1981: Beiträge zum Stand der Kasustheorie. Tübingen (Tübinger Beiträge zur Linguistik 133).

von Polenz, P. 1954: Die altenburgische Sprachlandschaft. Tübingen.

von Polenz, P. 1956a: Rezension zu: Josef Pfanner: Die deutsche Schreibsprache in Nürnberg von ihrem ersten Auftreten bis zum Ausgang des 14. Jahrhunderts. In: ZfM 24, 63f.

von Polenz, P. 1956b: „trocken" In: Trübners Deutsches Wörterbuch. Bd. 7. Berlin.

von Polenz, P. 1961: Landschafts- und Bezirksnamen im frühmittelalterlichen Deutschland. Bd. 1: Namentypen und Grundwortschatz. Marburg.

von Polenz, P. 1972: Neue Ziele und Methoden der Wortbildungslehre. In: PBB (T) 94, 204−225; 398−428.

von Polenz, P./Sperber, H. 1978: Geschichte der deutschen Sprache. Erweiterte Neubearbeitung der früheren Darstellung v. H. Sperber. 9. überarb. Aufl. Berlin, New York (Göschen 2206).

Pollak, H. W. 1920: Über Aktionsarten. In: PBB 44, 353−425.

Pollak, W. 1970: Aspekt und Aktionsart. In: LuD 1, 40−47; 155−163.

Porzig, W. 1927: Zur Aktionsart indogermanischer Präsensbildungen. In: IF 45, 152−167.

Porzig, W. 1942: Die Namen für Satzinhalte im Griechischen und im Indogermanischen. Berlin.

Pretzel, U./Thomas, H. 1957: Deutsche Verskunst. In: Deutsche Philologie im Aufriß, hg. v. W. Stammler. 3 Bde. 2. überarb. Aufl. Berlin (1957−1962). Bd. 3, Sp. 2358−2546.

Pretzel, U. 1973: Zum Prolog von Hartmanns „Gregorius" mit einem Exkurs über einen Sondergebrauch von mhd. ein. In: FS. G. Cordes, hg. v. F. Debus u. J. Hartig. 2 Bde. Bd. I, Neumünster, 117−125.

Pretzel, U. 1979: Aus der Geschichte des Adverbs. In: Kleine Schriften, hg. v. W. Bachofer u. K. Stackmann. Berlin, 330−334.

Pretzel, U. 1982: Mittelhochdeutsche Bedeutungskunde. Unter Mithilfe v. R. Leppin. Heidelberg.

Preusler, W. 1940: Zur Stellung des Verbs im deutschen Nebensatz. In: ZfdPh 65, 18−26.

Prokosch, E. 1917: Die Deutsche Lautverschiebung und die Völkerwanderung. In: JEGP 16, 1−26.

Prokosch, E. 1922: Lautverschiebung und Lenierung. In: JEGP 21, 119−126.

Prokosch, E. 1939: A comparative Germanic grammar. Philadelphia.

Protze, H. 1957: Das Westlausitzische und Ostmeißnische. Halle/Salle.

Pütz, H. 1986: Über die Syntax der Pronominalform „es" im modernen Deutsch. 2. Aufl. Tübingen (Studien zur deutschen Grammatik 3).

Putmans, J. L. C. 1980: Verskonkordanz zum Herzog Ernst (B, A und Kl). 2 Bde. Göppingen.

Putschke, W. 1968: Ostmitteldeutsche Dialektologie. In: Germanische Dialektologie, hg. v. L. E. Schmitt. Bd. 1. Wiesbaden (ZfM, Beihefte NF 5), 105−154.

Putschke, W. 1969: Zur forschungsgeschichtlichen Stellung der junggrammatischen Schule. In: ZDL 36, 19−48.

Putschke, W. 1980: Ostmitteldeutsch. In: Lexikon der Germanistischen Linguistik, hg. v. H. P. Althaus, H. Henne, H. E. Wiegand. 2. vollständig neubearb. Aufl. Bd. 3. Tübingen, 474−479.

Putzer, O. 1979: Konjunktionale Nebensätze und äquivalente Strukturen in der Heinrich von Langenstein zugeschriebenen „Erkenntnis der Sünde". Wien (Schriften zur deutschen Sprache in Österreich 2).

Quak, A. 1983: Zum Umlaut des /ā/ in den Wachtendonckschen Psalmen. In: ABäG 19, 67−78.

Raabe, H. 1979: Apposition. Untersuchungen zu Begriff und Struktur. Tübingen (Tübinger Beiträge zur Linguistik 119).

van Raad, A. A./Voorwinden, N. Th. J. 1973: Die historische Entwicklung des Deutschen. I. Einführung und Phonologie. Culemborg, Köln.

Ramat, P. 1981: Einführung in das Germanische. Tübingen (Linguistische Arbeiten 95).

Ranheimsaeter, H. 1945: Flektierte und unflektierte Nominativformen im deutschen Adjektivsystem bis zum Ausgang des 12. Jahrhunderts. Oslo.

Rask, R. 1818: Undersøgelse om det gamle Nordiske eller Islandske Sprogs Oprindelse. Kopenhagen.

Rauch, I. 1967: The Old High German Diphthongization. A Description of a Phonemic Change. Den Haag, Paris.

Rauch, I. 1983: On the modality of the article. In: Monatshefte 75, 156–162.

Rauh, G. 1982/83: Über die deiktische Funktion des epischen Präteritums. In: IF 87, 22–55; 88, 33–53.

Rauh, G. 1984/85: Tempora als deiktische Kategorien. Eine Analyse der Tempora im Englischen und Deutschen. In: IF 89, 1–25; 90, 1–38.

von Raumer, R. 1837: Die Aspiration und die Lautverschiebung. Leipzig.

Rausch, G. 1897: Zur Geschichte des deutschen Genitivs seit der mittelhochdeutschen Zeit. Diss. Gießen, Darmstadt.

Reichelt, H. 1922: Die Labiovelare. In: IF 40, 40–81.

Reichenkron, G. 1957: Die Umschreibungen mit „occipere“, „incipere“ und „coepisse“ als analytische Ausdrucksweise eines ingressiven Aorists. In: Syntactica und Stilistica. FS. E. Gamilschegg, hg. v. G. Reichenkron et al. Tübingen, 451–480.

Reichmann, O. 1976: Germanistische Lexikologie. 2. vollständig umgearbeitete Aufl. v. ‚Deutsche Wortforschung'. Stuttgart (Slg. Metzler 82).

Reichmann, O. 1978: Zur Edition frühneuhochdeutscher Texte. In: ZfdPh 97, 337–361.

Reiffenstein, I. 1955: Salzburgische Dialektgeographie – Die südmittelbairischen Mundarten zwischen Inn und Enns. Gießen (Beiträge zur deutschen Philologie 4).

Reiffenstein, I. 1965: Geminaten und Fortes im Althochdeutschen. In: FS. W. Wissmann, hg. v. K. Hoffmann u. H. Humbach. Teil III (Münchner Studien zur Sprachwissenschaft 18), 61–77.

Reiffenstein, I. 1969: Endungszusammenfall in diachroner und synchroner Sicht. In: Sprache. Gegenwart und Geschichte. Düsseldorf (Sprache der Gegenwart 5), 171–186.

Reiffenstein, I. 1971: *Diutisce*. Ein Salzburger Frühbeleg des Wortes *deutsch*. In: Peripherie und Zentrum. FS. A. Schmitt. Salzburg, Stuttgart, Zürich, 249–263.

Reiffenstein, I. 1980: Sprachschichten in der Regensburger Urkundensprache des 13. Jahrhunderts. In: Sprache und Name in Österreich. FS. W. Steinhauser, hg. v. P. Wiesinger. Wien, 203–225.

Reiffenstein, I. 1986: Zur Begründung der Schriftlichkeit in deutschen Urkunden des 13. Jahrhunderts. In: Sprache und Recht. Beiträge zur Kulturgeschichte des Mittelalters. FS. R. Schmidt-Wiegand, hg. v. K. Hauck et al. Bd. 1, 2. Berlin, New York, 659–669.

Rein, K. 1972: Die ‚Kärntner Dehnung'. Ein Beitrag generativer Phonologie zur bairischen Lautgeschichte. In: ZDL 39, 129–146.

Rein, K. 1983a: Metathese in den deutschen Dialekten. In: Dialektologie, hg. v. W. Besch et al. 2. Halbbd. Berlin, New York, 1136–1139.

Rein, K. 1983b: Kontraktion in den deutschen Dialekten. In: Dialektologie, hg. v. W. Besch et al. 2. Halbbd. Berlin, New York, 1147–1153.

Reis, H. 1908: Die Mundarten des Großherzogtums Hessen. In: ZfdM 3, 302–316; ZfdM 4 (1909), 97–117; 289–334.

Reis, M. 1974: Lauttheorie und Lautgeschichte. Untersuchungen am Beispiel der Dehnungs- und Kürzungsvorgänge im Deutschen. München.

Reis, M. 1982: Zum Subjektbegriff im Deutschen. In: Satzglieder im Deutschen. Vorschläge zur syntaktischen, semantischen und pragmatischen Fundierung, hg. v. W. Abraham. Tübingen (Studien zur deutschen Grammatik 15), 171–212.

Relleke, W. 1974: Funktionsverbgefüge in der althochdeutschen Literatur. In: ABäG 7, 1–46.

Renicke, H. 1961: Deutsche Aspektpaare. In: ZfdPh 80, 86–99.

Renicke, H. 1966: Grundlegung der neuhochdeutschen Grammatik. Zeitlichkeit – Wort und Satz. 2. Aufl. Berlin.

Repp, F. 1929: Studien zur mittelhochdeutschen Reimgrammatik. In: PBB 53, 272–286.

Rettig, W. 1972: Sprachsystem und Sprachnorm in der deutschen Substantivflexion. Tübingen (Tübinger Beiträge zur Linguistik 32).

Reutercrona, H. 1920: Svarabhakti und Erleichterungsvokal im Altdeutschen bis ca. 1250. Heidelberg.

Rexroth, K. H. 1960: Die Entstehung der städtischen Kanzlei in Konstanz. Konstanz.

Rieck, S. 1977: Untersuchungen zu Bestand und Varianz der Konjunktionen im Frühneuhochdeutschen. Heidelberg (Studien zum Frühneuhochdeutschen 2).

Riemann, E. 1971: Die preußische Sprachlandschaft. In: FS. F. von Zahn. Bd. II: Zur Sprache und Literatur Mitteldeutschlands, hg. v. R. Olesch et al. Köln, Wien, 1–34.

Riemer, G. C. L. 1912: Wörterbuch und Reimverzeichnis zu Dem Armen Heinrich Hartmanns von Aue. Göttingen (Hesperia 3).

Ries, J. 1931: Was ist ein Satz? Prag (Beiträge zur Grundlegung der Syntax 3).

Rijpma, E./Schuringa, F. G./van Bakel, J. 1978: Nederlandse spraakkunst, bearb. v. J. van Bakel. 25. Aufl. Groningen.

Rißleben, F. 1931: Die Geschichte der Verbgruppe hâhan–hangên–hengen–henken. Diss. Greifswald.

Robinson, O. W. 1975: Abstract phonology and the history of Umlaut. In: Lingua 37, 1–29.

Rockwood, H. M. 1975: A syntactic analysis of selected Middle High German prose as a basis for stylistic differentiations. Bern, Frankfurt/M. (Europäische Hochschulschriften, Reihe 1, Bd. 127).

Rönnebeck, G. 1922: Studien zum dialektgeographischen Unterschied von er und he. Diss. (Masch.) Marburg.

Rönnebeck, G. 1926/27: Studien zum dialektgeographischen Unterschied von he und er. In: Teuth 3, 170ff.

Roethe, G. 1899: Die Reimvorreden des Sachsenspiegels. Berlin.

Roethe, G. 1919: Bemerkungen zu den deutschen Worten des Typus úxx. In: Sitzungsberichte der preußischen Akademie der Wissenschaften, Philosophisch-Historische Klasse. 2. Halbbd. Berlin, 770–802.

Rogge, Ch. 1927: Die Entstehung des schwachen Präteritums im Germanischen als psychologische Formangleichung (Association). In: PBB 50, 321–331.

Rohde, W. P. 1971: Überlegungen zur Syntaxtheorie mit besonderer Berücksichtigung eines alten Textes. Diss. Hamburg.

Rohrer, Chr. (Hrsg.) 1977: On the Logical Analysis of Tense and Aspect. Tübingen (Tübinger Beiträge zur Linguistik 80).

Rohrer, Chr. (Hrsg.) 1978: Papers on Tense, Aspect and Verbal Classification. Tübingen (Tübinger Beiträge zur Linguistik 110).

Rompelmann, T. A. 1953: Form und Funktion des Präteritums im Germanischen. In: Neoph 37, 65–83.

Rooth, E. 1929: Nordfriesische Streifzüge. Laut- und Wortgeographische Studien. Lund, Leipzig.

Rooth, E. 1974: Das Vernersche Gesetz in Forschung und Lehre 1875–1975. Lund.

Rosenfeld, H. F. 1956/57: Die germanischen Zahlen von 70–90 und die Entwicklung des Aufbaus der germanischen Zahlwörter. In: Wissenschaftliche Zeitschrift der Ernst Moritz Arndt-Universität Greifswald, Gesellschafts- und sprachwissenschaftliche Reihe 3, Jg. VI. Greifswald, 171–215.

542 Literaturverzeichnis

Rosenfeld, H. F. 1957: Niederdeutsche Zahlwortstudien. In: NdJb 80, 69–92.

Rosenkranz, H. 1964: Der Thüringische Sprachraum. Untersuchungen zur dialektgeographischen Struktur und zur Sprachgeschichte Thüringens. Halle/Saale.

Rosenkranz, H. 1968: Die sprachlichen Grundlagen des thüringischen Raumes. In: Geschichte Thüringens, hg. v. H. Patze u. W. Schlesinger. Bd. 1. Köln, Graz, 113–173.

Rosenquist, A. 1932: Der französische Einfluß auf die mittelhochdeutsche Sprache in der 1. Hälfte des 14. Jahrhunderts. Helsinki.

Rosenquist, A. 1943: Der französische Einfluß auf die mittelhochdeutsche Sprache in der 2. Hälfte des 14. Jahrhunderts. Helsinki.

Ross, J. R. 1967: Der Ablaut bei den deutschen starken Verben. In: Studia Grammatica 6 (Berlin), 47–118.

Ross, J. R. 1979: Wenn der Kasus schlägt. In: LingBer 63, 26–32.

Ross, J. R. 1982: Portraying analogy. Cambridge.

Rothe, W. 1967: Strukturen des Konjunktivs im Französischen. Tübingen (112. Beiheft der Zeitschrift für romanische Philologie).

Rotter, I. 1956: Zur Wortstellung in der Kudrun. Die einleitenden Satzglieder und die Stellung des Verbums in den selbständigen Sätzen der Kudrun. Diss. (Masch.) Wien.

Le Roux, T. H./Le Roux, J. J. 1963: Middelnederlandse grammatica. 4. Aufl. Pretoria.

Rudolf, R. 1962: Die Anfänge der deutschen Urkundensprache in Südböhmen. In: ZfM 29, 97–133.

Rüttenauer, M. 1978: Vorkommen und Verwendung der adverbialen Proformen im Deutschen. Hamburg (Papiere zur Textlinguistik 16).

Ruh, K. et al. (Hrsg.) 1978: Die deutsche Literatur des Mittelalters. Verfasserlexikon. Begründet v. W. Stammler, fortgeführt v. K. Langosch. 2. völlig neu bearb. Aufl. unter Mitarbeit zahlreicher Fachgelehrter. Berlin, New York.

Ruh, K. 1985: Überlieferungsgeschichtliche Prosaforschung. Beiträge der Würzburger Forschergruppe zur Methode und Auswertung. Tübingen (Texte und Textgeschichte 19).

Rundgren, F. 1966: Kausativ und Diathese. In: Die Sprache 12, 133–143.

Runge, R. M. 1974: Proto-Germanic /r/: The Pronunciation of /r/ throughout the History of the Germanic Languages. Göppingen (Göppinger Arbeiten zur Germanistik 115).

Rupp, H. 1951: Entstehung und Sinn des Wortes Deutsch. In: DU 3, H. 1, 74–79.

Rupp, H. 1956: Zum Passiv im Althochdeutschen. In: PBB (H) 78, 265–286.

Russ, Ch. V. J. 1967: Studien zur hochpreußischen Mundart in Ostpreußen. Newcastle-on-Tyne.

Russ, Ch. V. J. 1969: Die Ausnahmen zur Dehnung der mittelhochdeutschen Kurzvokale in offener Silbe. In: ZDL 36, 82–88.

Russ, Ch. V. J. 1976: Die Vokallänge im Deutschen: Eine diachronische Untersuchung. In: Akten des V. Internationalen Germanisten-Kongresses Cambridge 1975, Bd. II. Bern, Frankfurt/M., 131–138.

Russ, Ch. V. J. 1977: Die Entwicklung des Umlauts im Deutschen im Spiegel verschiedener linguistischer Theorien. In: PBB (T) 99, 213–240.

Russ, Ch. V. J. 1978a: Historical German Phonology and Morphology. Oxford.

Russ, Ch. V. J. 1978b: The Development of the New High German Allophonic Variation [x] ≈ [ç]. In: Semasia 5 (Amsterdam), 89–98.

Russ, Ch. V. J. 1982: Studies in Historical German Phonology. A Phonological Comparison of MHG. and NHG. with Reference to Modern Dialects. Bern, Frankfurt/M.

Russer, W. S. 1931: De germaansche Klankverschuiving. Haarlem.

Saltveit, L. 1962: Studien zum deutschen Futur. Bergen, Oslo (Acta Universitatis Bergensis. Series Humaniorum Litterarum 2).

Saltveit, L. 1970: Befehlsausdrücke in mittelniederdeutschen Bibelübersetzungen. In: Gedenkschrift für W. Foerste, hg. v. D. Hofmann. Wien, Köln, 278−289.

Saltveit, L. 1973: Präposition, Präfix und Partikel als funktionell verwandte Größen im deutschen Satz. In: Linguistische Studien IV. FS. P. Grebe, Teil 2, hg. v. Hugo Moser et al. Düsseldorf (Sprache der Gegenwart 24), 173−195.

Sanders, W. 1982: Sachsensprache. Hansesprache. Plattdeutsch. Sprachgeschichtliche Grundzüge des Niederdeutschen. Göttingen.

Sappler, P./Straßner, E. (Hrsg.) 1980: Maschinelle Verarbeitung altdeutscher Texte. Beiträge zum dritten Symposion Tübingen 17.−19. Februar 1977. Tübingen.

Saran, F. 1907: Deutsche Verslehre. München.

Sarauw, Ch. 1921: Niederdeutsche Forschungen, Bd. I: Vergleichende Lautlehre der niederdeutschen Mundarten im Stammlande. Kopenhagen.

Sarauw, C. 1926: Nedertysk. En Inledring till Sprogets Historie. Kopenhagen.

Saule, L. 1925: Reimwörterbuch zur Nibelunge Nôt. München.

de Saussure, F. 1879: Mémoire sur le système primitif des voyelles dans les langues indo-européennes. Leipzig. Reprographischer Nachdruck Hildesheim 1968.

Scaglione, A. 1981: Die Theorie der Wortstellung im Deutschen. Stuttgart (Komponierte Prosa von der Antike bis zur Gegenwart 2).

Scardigli, P. 1973: Die Goten. Sprache und Kultur. München.

Schäftlein, R. 1962: Zur ostthüringischen Sprachgeschichte. Jena.

Schatz, J. 1903: Die tirolische Mundart. In: Zeitschrift des Ferdinandeums für Tirol und Vorarlberg 3/47 (Innsbruck), 1−84. Nachdruck Innsbruck 1928.

Schatz, J. 1907: Altbairische Grammatik. Göttingen.

Schatz, J. 1925: Von der bairisch-österreichischen Mundart. In: Wiener Zeitschrift für Volkskunde 30 (Wien), 4−15.

Schatz, J. 1927: Althochdeutsche Grammatik. Göttingen.

Schatz, J. 1930: Sprache und Wortschatz der Gedichte Oswalds von Wolkenstein. Wien.

Scheidt, H. 1955: Vollständiges Glossar zu den Liedern Heinrichs von Morungen. Diss. (Masch.) Heidelberg.

Schellenberger, B. 1974: Studien zur Kölner Schreibsprache des 13. Jahrhunderts. Bonn (Rheinisches Archiv 90).

Schenker, W. 1977: Plädoyer für eine Sprachgeschichte als Textsortengeschichte. In: DS 5, 141−148.

Scherer, A. (Hrsg.) 1968: Die Urheimat der Indogermanen. Darmstadt (Wege der Forschung 166).

Scherer, W. 1876: Allerlei Polemik. Die neuhochdeutsche und althochdeutsche Tenuis-Media. In: ZfdA 20, 205−213.

Scherer, W. 1878: Zur Geschichte der deutschen Sprache. 2. Aufl. Berlin.

Scheuermann, R. 1923: Die Geschichte der Urkundensprache des Herzogtums Berg. 1257−1423. Diss. (Masch.) Bonn.

Schieb, G. 1952: *al, alein(e), an(e)* im Konzessivsatz. Ein Beitrag zur Veldekekritik. In: PBB 74, 268−285.

Schieb, G. 1957: *ich will, du willst, er will*. Ein Beitrag zur Veldekekritik. In: PBB (H) 79 (Sonderband), 131−162.

Schieb, G. 1959: *bis*. Ein kühner Versuch. In: PBB (H) 81, 1−77.

Schieb, G. 1967: Editionsprobleme altdeutscher Texte. In: PBB (H) 89, 404−430.

Schieb, G. 1969: Die deutsche Sprache im hohen Mittelalter. In: Die deutsche Sprache. Kleine Enzyklopädie, hg. v. W. Fleischer et al. Leipzig, Bd. 1, 147−188.

Schieb, G. 1970: Zum Nebensatzrepertoire des ersten deutschen Prosaromans. Die Temporalsätze. In: Gedenkschrift für W. Foerste, hg. v. D. Hofmann. Wien, Köln (Niederdeutsche Studien 18), 61−77.

Schieb, G./Kramer, G./Mager, E. 1970: Henric van Veldeken, Eneide. III. Wörterbuch. Berlin (DTM 62).

Schieb, G. 1972: Zur Syntax der Nebensätze im ersten deutschen Prosaroman. Die Objekt- und Subjektsätze. In: Studien zur Geschichte der deutschen Sprache 49. Berlin (Bausteine zur Sprachgesch. des Nhd. 49), 167–230.

Schieb, G. 1974: Zu Synchronie und Diachronie der Konjunktionen im Bereich der Voraussetzung. Berlin (Linguistische Arbeitsberichte 10).

Schieb, G. 1978: Zum Nebensatzrepertoire des ersten deutschen Prosaromans. Die Attributivsätze. In: PBB (H) 99, 5–31.

Schieb, G. 1981: Der Verbkomplex aus verbalen Bestandteilen. In: Zur Ausbildung der Norm der deutschen Literatursprache 1470–1730. Teil 1: Der Einfachsatz, hg. v. G. Kettmann u. J. Schildt. 2. Aufl. Berlin, 39–234.

Schieb, G. 1986: Zu den Kommunikationsverhältnissen in der Periode des Mittelhochdeutschen um 1200. In: BES 6, 37–48.

Schildt, J. 1970: Die Ausbildung einer ostmitteldeutschen Norm im Gebrauch lokaler Präpositionen (1200–1550). Berlin (Bausteine zur Sprachgeschichte des Neuhochdeutschen 44).

Schildt, J. 1980a: Abriß der Geschichte der deutschen Sprache. Zum Verhältnis von Gesellschafts- und Sprachgeschichte. 2. Aufl. Berlin (Ost) (Sammlung Akademie-Verlag 20 – Sprache).

Schildt, J. 1980b: Zu einigen Problemen der Periodisierung der deutschen Sprachgeschichte. In: ZPSK 33, 386–394.

Schildt, J. (Hrsg.) 1982: Zur Periodisierung der deutschen Sprachgeschichte. Prinzipien – Probleme – Aufgaben. Berlin (Linguistische Studien, Reihe A, Arbeitsberichte 88).

Schiller, K./Lübben, A. 1875: Mittelniederdeutsches Wörterbuch. 6 Bde. Bremen 1875–1881, Neudruck Wiesbaden 1969.

Schindler, F./Thürmann, E. 1971: Bibliographie zur Phonetik und Phonologie des Deutschen. Tübingen.

Schirmer, A. 1969: Deutsche Wortkunde. Kulturgeschichte des deutschen Wortschatzes. 6. verb. u. erw. Aufl. v. W. Mitzka. Berlin (Slg. Göschen 929).

Schirmunski, V. M. 1957: Probleme der vergleichenden Grammatik der deutschen Mundarten. In: PBB (H) 79 (Sonderband), 351–387.

Schirmunski, V. M. 1961: Der Umlaut im Englischen und Deutschen. Ein historisch-grammatischer Vergleich. In: Zeitschrift für Anglistik und Amerikanistik 9 (Berlin, Leipzig), 139–153.

Schirmunski, V. M. 1962: Deutsche Mundartenkunde. Vergleichende Laut- und Formenlehre der deutschen Mundarten. Berlin.

Schirmunski, V. M. 1966: Die gemeinsamen Tendenzen in der Lautentwicklung der germanischen Sprachen. In: Zeitschrift für Anglistik und Amerikanistik 14 (Berlin, Leipzig), 5–29.

Schirokauer, A. 1923: Studien zur mittelhochdeutschen Reimgrammatik. In: PBB 47, 1–126.

Schirokauer, A. 1941: Zur Geschichte des Artikels im Deutschen. In: Monatshefte 33, 349–355; 34 (1942), 14–22.

Schirokauer, A. 1957: Frühneuhochdeutsch. Bearb. v. W. Stammler. In: Deutsche Philologie im Aufriß, hg. v. W. Stammler. 3 Bde. 2. Aufl. Berlin 1957–1960. Bd. 1, Sp. 855–930.

Schlachter, W. 1959: Der Verbalaspekt als grammatische Kategorie. München (Münchener Studien zur Sprachwissenschaft 13).

Schlageter, E. (Hrsg.) 1926: Reimwörterbuch zu Gottfrieds Tristan. München.

Schmalstieg, W. R. 1980: Indo-European Linguistics: A New Synthesis. Pennsylvania.

Schmeller, A. J. 1827: Bayerisches Wörterbuch. 4 Teile. Stuttgart, Tübingen 1827–1837.

Schmidt, K. H. 1963: Zum Agens beim Passiv. In: IF 68, 1–12.

Schmidt, K. H. 1984/85: Rekonstruktion und Ausgliederung der indogermanischen Grundsprache. In: IncLing 9, 135–152.

Schmidt, K. M. 1980: Begriffsglossare und Indices zu Ulrich von Lichtenstein. 2 Bde. München.

Schmidt, O./Vennemann, Th. 1985: Die niederdeutschen Grundlagen des standarddeutschen Lautsystems. In: PBB (T) 107, 1–20; 157–173.

Schmidt, U. 1987: Impersonalia. Diathesen und die deutsche Satzgliedstellung. Bochum (Bochumer Beiträge zur Semiotik 13).

Schmidt, W. (Hrsg.) 1980: Geschichte der deutschen Sprache. Verfaßt von einem Autorenkollektiv unter Leitung v. W. Schmidt. 3. Aufl. Berlin (Ost).

Schmitt, A. 1931: Akzent und Diphthongierung. Heidelberg.

Schmitt, A. 1949: Zur germanischen und hochdeutschen Lautverschiebung. In: ZPSK 3, 1–25.

Schmitt, L. E. 1936: Die deutsche Urkundensprache in der Kanzlei Kaiser Karls IV. (1346–1378) Halle/Saale.

Schmitt, L. E. (Hrsg.) 1970: Kurzer Grundriß der germanischen Philologie bis 1500. Bd. 1: Sprachgeschichte. Berlin.

Schneider, G. 1973: Zum Begriff des Lautgesetzes in der Sprachwissenschaft seit den Junggrammatikern. Tübingen.

Schneider, H. 1943: Heldendichtung – Geistlichendichtung – Ritterdichtung. Neugestaltete u. vermehrte Aufl. Heidelberg.

Schöndorf, K. E. 1972/73: Zu den temporalen Gliedsätzen der mittelniederdeutschen Bibelfrühdrucke. In: Niederdeutsche Mitteilungen 28, 109–125; 29, 153–175.

Schöndorf, K. E. 1983: Zum Gebrauch der Vergangenheitstempora in den mittelniederdeutschen Bibelfrühdrucken. In: FS. L. Saltveit, hg. v. J. O. Askedal et al. Oslo, 171–181.

Schönfeld, M. 1932: Historiese Grammatika van het Nederlands. 3. druk. Zutphen.

Schönfeld, M./van Loey, A. 1971: Schönfelds historische grammatica van het Nederlands. 8. Aufl. bes. v. A. van Loey. Zutphen.

Schoenthal, G. 1976: Das Passiv in der deutschen Standardsprache. München (Heutiges Deutsch, Reihe I, Bd. 7).

Schöpf, J. 1866: Tirolisches Idiotikon. Nach dessen Tod vollendet von Anton J. Hofer. Innsbruck. Neudruck Wiesbaden 1968.

Scholz, M. G. 1980: Hören und Lesen. Studien zur primären Rezeption der Literatur im 12. und 13. Jahrhundert. Wiesbaden.

Schopf, A. 1984: Das Verzeitungssystem des Englischen und seine Textfunktion. Tübingen (Linguistische Arbeiten 140).

Schrader, W. 1935: Studien über das Wort *höfisch* in der mittelhochdeutschen Dichtung. Würzburg.

Schramm, G. 1957: Namenschatz und Dichtersprache. Studien zu den zweigliedrigen Personennamen der Germanen. Göttingen.

Schrodt, R. 1976: Die germanische Lautverschiebung und ihre Stellung im Kreise der indogermanischen Sprachen. 2. Aufl. Wien.

Schrodt, R. 1983: System und Norm in der Diachronie des deutschen Konjunktivs. Der Modus in althochdeutschen und mittelhochdeutschen Inhaltssätzen (Otfrid von Weissenburg – Konrad von Würzburg). Tübingen (Linguistische Arbeiten 131).

Schröbler, I. 1950: Bemerkungen zur althochdeutschen Syntax und Wortbedeutung. In: ZfdA 82, 240–251.

Schröbler, I. 1966: Vergleichendes und relatives *und* im Mittelhochdeutschen. In: FS. H. de Boor, hg. v. J. Bumke et al. Tübingen, 136–149.

Schröder, E. 1893: Pfennig. In: ZfdA 37, 124–127.

Schröder, E. 1897: Deutsches Wörterbuch von Moriz Heyne. In: AfdA 23, 152–159.

Schröder, E. 1898: Wilmanns Deutsche Grammatik. In: AfdA 24, 12–32.

Schröder, E. 1902: Walther 76, 18. In: ZfdA 46, 90ff.

Schröder, E. 1904: Zum Reimgebrauch Rudolfs von Ems. In: PBB 29, 197–200.

Schröder, E. 1919: Burgonden. In: ZfdA 56, 240–246.

Schröder, E. 1923a: *Genôz*. In: ZfdA 60, 70.

Schröder, E. 1923b: Zum Partizip Präteritum perfectiver Verba. In: AfdA 42, 193.

Schröder, E. 1928: Dinkelsbühl und Verwandtes. In: Zeitschrift für Ortsnamenforschung 4 (München, Berlin), 110–115.

Schröder, E. 1929: Hetele von Hegelingen. In: ZfdA 66, 14.

Schröder, E. 1936: *d-h, g-h, b-h*. In: ZfdA 73, 269.

Schröder, E. 1939: *Geschehen: (Ge) sehen*. In: ZfdA 76, 303.

Schröder, H. 1929: Anord. *Hiadningar* – mhd. *hegelinge*. In: ZfdPh 54, 181–187.

Schröder, W. 1955: Zur Passivbildung im Althochdeutschen. In: PBB (H) 77, 1–76.

Schröder, W. 1957: Die Gliederung des gotischen Passivs. In: PBB (H) 79, 265–286.

Schröder, W. 1961: Besprechung von H. Renicke: „Grundlegung der deutschen Grammatik" (Berlin 1961). In: AfdA 73, 31–39.

Schröder, W. 1973: Übergänge aus oratio obliqua in oratio recta bei Wolfram von Eschenbach. In: FS. I. Schröbler, hg. v. D. Schmidtke u. H. Schöppert. Tübingen, 70–92.

Schröder, W. 1984: Editionsprinzipien für deutsche Texte des Früh- und Hochmittelalters. In: Sprachgeschichte, hg. v. W. Besch, O. Reichmann, St. Sonderegger. 1. Halbbd., Berlin, New York, 682–693.

Schröder, W. 1985: Die constructio ἀπὸ κοινοῦ im jüngeren Titurel. In: Studia linguistica et philologica. FS. K. Matzel, hg. v. W. E. Eroms, B. Gajek, H. Kolb. Heidelberg, 263–273.

Schubert, F. 1979: Sprachstruktur und Rechtsfunktion. Untersuchung zur deutschsprachigen Urkunde des 13. Jh. Göppingen (Göppinger Arbeiten zur Germanistik 251).

Schützeichel, R. 1954: Sprachbewegungen im Koblenzer Raum in althochdeutscher und mittelhochdeutscher Zeit. Diss. (Masch.) Mainz.

Schützeichel, R. 1955a: Der Lautwandel von *ft* zu *cht* am Mittelrhein. In: RhVjbl 20, 253–275.

Schützeichel, R. 1955b: Zur Geschichte einer aussterbenden lautlichen Erscheinung (*bit* ,mit'). In: ZfM 23, 201–236.

Schützeichel, R. 1956a: Urkundensprache und Mundart am Mittelrhein. In: ZfdPh 75, 73–82.

Schützeichel, R. 1956b: Zur althochdeutschen Lautverschiebung am Mittelrhein. In: ZfM 24, 112–124.

Schützeichel, R. 1960: Mundart, Urkundensprache und Schriftsprache. Studien zur rheinischen Sprachgeschichte. 2. Aufl. Bonn (Rheinisches Archiv 54).

Schützeichel, R. 1961: Die Grundlagen des westlichen Mitteldeutschen. Tübingen (Hermaea N.F. 10).

Schützeichel, R. 1963: Köln und das Niederland. Zur sprachgeographisch-sprachhistorischen Stellung Kölns im Mittelalter. Groningen.

Schützeichel, R. 1964a: Unter Fettenhennen. Zur Geschichte unverschobener Wortformen im hochdeutschen Raum. In: FS. J. Quint, hg. v. Hugo Moser et al. Bonn, 203–214.

Schützeichel, R. 1964b: Staffulus Regis. Zum Zeugnis der Lex Ribuaria für die zweite Lautverschiebung. In: RhVjbl 29, 138–167.

Schützeichel, R. 1964c: Neue Funde zur Lautverschiebung im Mittelfränkischen. In: ZfdA 93, 19–30.

Schützeichel, R. 1965: Die Franken und die sprachlichen Barrieren am Rhein. In: RhVjbl 30, 30–57.

Schützeichel, R. 1968: Zur Frage der Sprachschichten im Mittelalter. In: ZfM 35, 289ff.

Schützeichel, R. 1974: Althochdeutsches Wörterbuch. 2. Aufl. Tübingen.

Schützeichel, R. 1976: Die Grundlagen des westlichen Mitteldeutschen. 2. Aufl. Tübingen.

Schützeichel, R. 1979a: Nochmals zur merovingischen Lautverschiebung. In: ZDL 46, 205–230.

Schützeichel, R. 1979b: Zur pragmatischen Komponente der Kasus. In: Integrale Linguistik. FS. H. Gipper, hg. v. E. Bülow u. P. Schmitter. Amsterdam, 573–589.

Schützeichel, R. 1981: Althochdeutsches Wörterbuch. 3. Aufl. Tübingen.

Schuler, H. 1982: Lehnprägungen in Konrads von Megenberg Traktat *von der sel*. Untersuchungen zum mittelhochdeutschen theologischen und philosophischen Wortschatz. München.

Schulz, A. 1867: Reimregister zu den Werken Wolframs von Eschenbach. Quedlinburg, Leipzig.

Schulze, B. 1895: Die negativ excipierenden Sätze. In: ZfdA 39, 327–339.

Schulze, U. 1964: Bemerkungen zur Orthographie von *diutisch* in den deutschsprachigen Urkunden des 13. Jahrhunderts und zum Übergang der Lautgruppe *sk > sch*. In: PBB (T) 86, 301–321.

Schulze, U. 1967: Studien zur Orthographie und Lautung der Dentalspiranten *s* und *z* im späten 13. und frühen 14. Jh. Tübingen.

Schulze, U. 1975: Lateinisch-deutsche Parallelurkunden des 13. Jahrhunderts. Ein Beitrag zur Syntax der mittelhochdeutschen Urkundensprache. München (Medium Aevum 30).

Schulze, W. 1924: Personalpronomen und Subjektausdruck im Gotischen. In: Beiträge zur germanischen Sprachwissenschaft. FS. O. Behaghel, hg. v. W. Horn. Heidelberg, 92–109.

Schwarz, E. 1926: Die germanischen Reibelaute *s*, *f*, *ch* im Deutschen. Reichenberg (Schriften der Deutschen Wissenschaftl. Gesellschaft in Reichenberg. H. 1).

Schwarz, E. 1927a: Die ahd. Lautverschiebung im Altbairischen (mit besonderer Heranziehung der Salzburger Güterverzeichnisse). In: PBB 50, 242–287.

Schwarz, E. 1927b: Schlesische Studien. In: Teuth 4, 104–113; 192–203.

Schwarz, E. 1935: Die mundartlichen Grundlagen des gesamtschlesischen Sprachraums. In: Schlesisches Jahrbuch für deutsche Kulturarbeit im gesamtschlesischen Raume 7 (Breslau), 15–28.

Schwarz, E. 1950: Probleme der heimischen Mundartforschung. In: Der Bayerwald, H. 1 (Straubing), 1–11.

Schwarz, E. 1951: Goten, Nordgermanen, Angelsachsen. Studien zur Ausgliederung der germanischen Sprachen. Bern, München.

Schwarz, E. 1954: Beobachtungen zum Umlaut in süddeutschen Ortsnamen. In: BNF 5, 248–268.

Schwarz, E. 1956: Germanische Stammeskunde. Heidelberg.

Schwarz, E. 1957: Die Herkunft der Siebenbürger und Zipser Sachsen. München.

Schwarz, E. 1960: Sprache und Siedlung in Nordostbayern. Nürnberg (Erlanger Beiträge zur Sprach- und Kulturwissenschaft 4).

Schwarz, E. 1962: Sudetendeutsche Sprachräume. 2. Aufl. München.

Schwarz, E. 1967a: Kurze deutsche Wortgeschichte. Darmstadt.

Schwarz, E. 1967b: Das ostfränkische Problem, sprach- und siedlungsgeschichtlich gesehen. In: E. Schwarz: Germanische Stammeskunde zwischen den Wissenschaften. Konstanz, Stuttgart, 55–91.

Schweikle, G. 1964: Akzent und Artikulation. Überlegungen zur althochdeutschen Lautgeschichte. In: PBB (T) 86, 197−265.

Schweikle, G. 1986: Germanisch-deutsche Sprachgeschichte im Überblick. Stuttgart.

Schwentner, E. 1923−1967: Bibliographie zur indogermanischen Wortstellung. Teil 1: 1823−1923 in: Wörter und Sachen 8, 179−183; Teil 2: Nachträge 1924/25 in: Wörter und Sachen 9, 194−195; Teil 3: Bibliographie 1926−36 in: Wörter und Sachen 19, 160−163; Teil 4: Bibliographie 1937−47 in: ZVS 70, 122−124; Teil 5: Bibliographie 1948−55 in: ZVS 81, 159−160.

Schwietering, J. 1932: Die deutsche Dichtung des Mittelalters. Potsdam. Nachdruck 1957.

Ščur, G. S. 1961: Über den Umlaut der deutschen Modalverben. In: NeuphilMitt 62, 206−219.

SDS − Sprachatlas der deutschen Schweiz s. Hotzenköcherle, R. (Hrsg.) 1962a.

Seebold, E. 1970: Vergleichendes und etymologisches Wörterbuch der germanischen starken Verben. Den Haag.

Seefranz-Montag, A. 1983: Syntaktische Funktionen und Wortstellungsveränderung. Die Entwicklung subjektloser Konstruktionen in einigen Sprachen. München (Studien zur theoretischen Linguistik 3).

Seibicke, W. 1967: Beiträge zur Mundartkunde des Nordobersächsischen. Köln, Graz.

Seidel, K. O./Schophaus, R. 1979: Einführung in das Mittelhochdeutsche. Wiesbaden.

Seidelmann, E. 1985: Rezension zu H. Paul: Mittelhochdeutsche Grammatik, 22. durchges. Aufl. von H. Moser, I. Schröbler und S. Grosse. Tübingen 1982. In: ZDL 52, 225−228.

Seiffert, H. W. 1958: Edition. In: Reallexikon der deutschen Literaturgeschichte. Begründet von P. Merker u. W. Stammler, hg. v. W. Kohlschmidt u. W. Mohr. 2. Aufl. Berlin.

Seiffert, H. W. 1969: Untersuchungen zur Methode der Herausgabe deutscher Texte. 2. Aufl. Berlin (Ost).

Senn, A. 1943: Problems of MHG Accentuation. In: Monatshefte 35, 133−137.

Settekorn, W./Teubert, W. H. 1972: Bemerkungen zum Konditionalsatz. In: Linguistische Studien II, hg. v. Hugo Moser et al. Düsseldorf (Sprache der Gegenwart 22), 49−67.

Seymour, R. K. 1968: A Bibliography of Word Formation in the Germanic Languages. Durham.

Shields, K. Jr. 1984: The West Germanic second person singular verb ending -st. An Indo-European desinence? In: NeuphilMitt 85, 405−410.

Sieberer, A. 1925: Das Futurum in der Entwicklung der germanischen Sprachen. Diss. (Masch.) Leipzig.

Siebs, T. 1969: Deutsche Aussprache. Reine und gemäßigte Hochlautung, hg. v. H. de Boor, Hugo Moser, Ch. Winkler. 19. umgearb. Aufl. Berlin.

Siegel, E. 1942: Fünfzig Jahre deutsche Wortkarte (1890−1940). In: ZfM 18, 1−30.

Siegel, E. 1957: Deutsche Wortkarte 1941−1955. In: ZfM 25, 193−208.

Sievers, E. 1876: Grundzüge der Lautphysiologie. Leipzig.

Sievers, E. 1877: Zur Akzent- und Lautlehre der germanischen Sprachen. 1. Das Tieftongesetz außerhalb des Mittelhochdeutschen. In: PBB 4, 522−539.

Sievers, E. 1884: Kleine Beiträge zur deutschen Grammatik. In: PBB 9, 561−568.

Sievers, E. 1892: Grammatische Miscellen. In: PBB 16, 235−265.

Sievers, E. 1894: Grammatische Miscellen. In: PBB 18, 407−416.

Sievers, E. 1895: Grammatische Miscellen. In: PBB 20, 330−334.

Sievers, E. 1901: Grundzüge der Phonetik. 5. Aufl. Leipzig.

Sievers, E. 1903: Mittelhochdeutsch schemen. In: PBB 28, 260−264.

Sievers, E. 1920: Steigton und Fallton im Althochdeutschen mit besonderer Berücksichtigung von Otfrieds Evangelienbuch. In: Aufsätze zur Sprach- und Literaturgeschichte. FS. W. Braune. Dortmund, 148–198.

Sievers, E. 1926: Zum ἀπὸ κοινοῦ im Mittelhochdeutschen. In: PBB 50, 89–111.

Sievers, E. 1927: Ae. me. *wel* und *wēl*. In: PBB 51, 304ff.

Sievers, E./Brunner, K. 1951: Altenglische Grammatik nach der Angelsächsischen Grammatik von E. Sievers, neubearb. v. K. Brunner. 2. revidierte Aufl. der Neubearbeitung, Halle/Saale.

Simmler, F. 1974: Die westgermanische Konsonantengemination im Deutschen unter besonderer Berücksichtigung des Althochdeutschen. München.

Simmler, F. 1976: Synchrone und diachrone Studien zum deutschen Konsonantensystem. Amsterdam (Amsterdamer Publikationen zur Sprache und Literatur 26).

Simmler, F. 1979: Zur Ermittlung althochdeutscher Phoneme. In: Sprachwiss 4, 420–451.

Simmler, F. 1981: Graphematisch-phonematische Studien zum althochdeutschen Konsonantismus, insbesondere zur zweiten Lautverschiebung. Mit 74 Tabellen und Skizzen. Heidelberg (Monographien zur Sprachwissenschaft 11).

Simmler, F. 1983: Konsonantenschwächung in den deutschen Dialekten. In: Dialektologie, hg. v. W. Besch et al. 2. Halbbd., Berlin, New York, 1121–1129.

Simmler, F. 1985: Phonetik und Phonologie, Graphetik und Graphemik des Mittelhochdeutschen. In: Sprachgeschichte, hg. v. W. Besch, O. Reichmann, St. Sonderegger, 2. Halbbd. Berlin, New York, 1129–1138.

Singendonk-Heublein, I. 1980: Die Auffassung der Zeit in sprachlicher Darstellung. Göppingen (Göppinger Arbeiten zur Germanistik 295).

Singer, S. 1912: Die mittelhochdeutsche Schriftsprache. In: Aufsätze und Vorträge. Tübingen, 123–143.

Slotty, F. 1936: Zur Theorie des Nebensatzes. In: TCLP 6, 133–146.

de Smet, G. 1975: *Ehefrau* in altdeutschen Originalurkunden bis zum Jahre 1300. Eine historisch-wortgeographische Skizze. In: FS. K. Bischoff, hg. v. G. Bellmann, G. Eifler, W. Kleiber. Köln, Wien, 27–39.

Smith, J. R. 1971: Word Order in the Older Germanic Dialects. Urbana Champaign.

Snyder, W. H. 1987: Die Verwandtschaftsverhältnisse der germanischen Sprachen. Ein neuer Versuch. In: Althochdeutsch. In Verb. mit H. Kolb et al. hg. v. R. Bergmann et al. Bd. 1: Grammatik. Heidelberg (Germanische Bibliothek, Neuere Forschungen, Reihe 3), 371–379.

Socin, A. 1888: Schriftsprache und Dialekte im Deutschen nach Zeugnissen alter und neuer Zeit. Beiträge zur Geschichte der deutschen Sprache. Heilbronn, Neudruck Hildesheim 1970.

Sodmann, T. 1973: Der Untergang des Mittelniederdeutschen als Schriftsprache. In: Niederdeutsch. Sprache und Literatur: Eine Einführung. Bd. I: Sprache, hg. v. J. Goossens, Neumünster, 116–129.

Sørensen, H. Chr. 1949: Contribution à la discussion sur la théorie des cas. In: Travaux du cercle linguistique de Copenhagen 5. Kopenhagen, 123–133.

Soeteman, C. 1967: Praeteritopräsentia Revisa. In: Satz und Wort im heutigen Deutsch. Düsseldorf (Jb. des Instituts für deutsche Sprache I 1965/66), 137–147.

Sonderegger, St. 1959a: Die Umlautfrage in den germanischen Sprachen. In: Krat 4, 1–12.

Sonderegger, St. 1959b: Rezension zu: O. Höfler: Die zweite Lautverschiebung bei Ost- und Westgermanen. Tübingen 1958. In: Krat 4, 191–195.

Sonderegger, St. 1961: Das Althochdeutsche der Vorakte der älteren St. Galler Urkunden. In: ZfM 28, 251–286.

Sonderegger, St. 1962: Die schweizerdeutsche Mundartforschung 1800−1959. Frauenfeld.

Sonderegger, St. 1965: Aufgaben und Probleme der althochdeutschen Namenkunde. In: Namenforschung. FS. A. Bach, hg. v. R. Schützeichel u. M. Zender, Heidelberg, 55−96.

Sonderegger, St. 1968: Alemannische Mundartforschung. In: Germanische Dialektologie I, hg. v. L. E. Schmitt. Wiesbaden, 1−29.

Sonderegger, St. 1970a: Althochdeutsche Sprache. In: Kurzer Grundriß der germanischen Philologie bis 1500. Bd. 1, hg. v. L. E. Schmitt. Berlin, 288−346.

Sonderegger, St. 1970b: Althochdeutsch in St. Gallen. Ergebnisse und Probleme der althochdeutschen Sprachüberlieferung in St. Gallen vom 8. bis ins 12. Jahrhundert. St. Gallen (Bibliotheca Sangallensis 6).

Sonderegger, St. 1974: Althochdeutsche Sprache und Literatur. Eine Einführung in das älteste Deutsch. Darstellung und Grammatik. Berlin, New York (Slg. Göschen 8005).

Sonderegger, St. 1979: Grundzüge deutscher Sprachgeschichte. Diachronie des Sprachsystems. Bd. I: Einführung − Genealogie − Konstanten. Berlin, New York.

Sonderegger, St. 1980: Gesprochene Sprache im Althochdeutschen und ihre Vergleichbarkeit mit dem Neuhochdeutschen. In: Aufsätze zu einer pragmatischen Sprachgeschichte, hg. v. . Sitta. Tübingen (Reihe Germanistische Linguistik 21), 71−88.

Sonderegger, St. 1981: Gesprochene Sprache im Nibelungenlied. In: Hohenemser Studien zum Nibelungenlied, hg. v. A. Masser unter Mitarbeit von I. Albrecht. Dornbirn (Montfort H. 3/4), 360−379.

Sowinksi, B. 1971: Lehrhafte Dichtung des Mittelalters. Stuttgart (Slg. Metzler 103).

Spaarnay, H. 1948: K. Lachmann als Germanist. Bern.

Spangenberg, K. 1962: Die Mundartlandschaft zwischen Rhön und Eichsfeld. Halle/ Saale.

Sparmann, H. 1961: Die Pronomina in der mittelhochdeutschen Urkundensprache. In: PBB (H) 83, 2−116.

Sparmann, H. 1968: Das Verbum sein in der mittelhochdeutschen Urkundensprache. In: PBB (H) 90, 425−433.

Spitz, E. 1967: Das deutsche substantivische Deklinationssystem und seine Realisierung. In: DaF 4, 292−301.

Spitzer, L. 1929: Über den Schwund des einfachen Präteritums. In: Donum Natalicium Schrijnen. Nijmegen.

Spitzer, L. 1956: Mittelhochdeutsch ein in auffälliger Verwendung (mit romanischen Parallelen). In: NeuphilMitt 57, 285−315.

Stackmann, K. 1964: Mittelalterliche Texte als Aufgabe. In: FS. J. Trier, hg. v. W. Foerste u. K. H. Borck. Köln, Graz, 240−267.

Stammler, W./Langosch, K. (Hrsg.) 1933: Die deutsche Literatur des Mittelalters. Verfasserlexikon. Berlin, Leipzig. 2. Aufl. Bd. Iff, hg. v. K. Ruh et al. Berlin, New York 1978ff.

Stammler, W. 1957: Mittelalterliche Prosa in deutscher Sprache. In: Deutsche Philologie im Aufriß. hg. v. W. Stammler. 3 Bde. 2. Aufl. Berlin 1957−1960. Bd. 2, Sp. 749−1102.

Stanich, H. M. 1972: Phonologische Studien zur althochdeutschen Benediktinerregel. Diss. (Masch.) Berkeley.

Stanley, P. C. 1985: Grassmann's law, Verner's law, and Proto-Indo-European root structure. In: IF 90, 39−54.

Stanzel, F. K. 1959: Episches Präteritum, erlebte Rede, historisches Praesens. In: DVjs 33, 1−12.

Starke, G. 1977: Zur Abgrenzung und Subklassifizierung der Adverbien. In: Beiträge zur Klassifizierung der Wortarten, hg. v. G. Helbig. Leipzig, 190−203.

Štech, S. 1967: Zur Gestalt der etymologischen Figur in verschiedenen Sprachen. In: ZVS 81, 134−152.

Steche, Th. 1937: Zeit und Ursachen der hochdeutschen Lautverschiebung. In: ZfdPh 62, 1−56.

Steche, Th. 1939: Die Entstehung der Spiranten in der hochdeutschen Lautverschiebung. In: ZfdPh 64, 125−148.

von Stechow, A. 1986: Notizen zu Vennemanns Anti-Grimm. In: PBB (T) 108, 159−171.

Steger, H. 1963: Konrad von Megenberg und die Sprache des Nürnberger Raumes im vierzehnten Jahrhundert. Eine wortgeographische Untersuchung. In: ZfdPh 82, 63−86.

Steger, H. 1968: Hochmittelalterliche Ortsnamenbeschreibungen als Quelle für die historische Dialektgeographie. In: Onoma 14 (Leuven), 165−174. (Auch in: Probleme der Namenforschung im deutschsprachigen Raum, hg. v. H. Steger. Darmstadt 1977 [Wege der Forschung 383], 212−222).

Stein, G. 1970: Zur Typologie der Suffixentstehung (Französisch, Englisch, Deutsch). In: IF 75, 131−165.

Stein, G. 1979: Studies in the Function of the Passive. Tübingen (Tübinger Beiträge zur Linguistik 97).

Steiner, E. 1924: Die Gliederung des Hochalemannischen. In: ZfdM 19, 238−249.

Steinhauser, W. 1926: Die deutsche Sprache in Südtirol. In: ZfD 40, 467−483.

Steinhauser, W. 1928: Eintritt der Stimmhaftigkeit bei den westgermanischen Reibelauten f, b, s, χ. In: FS. M. H. Jellinek. Wien, Leipzig, 139−160.

Steinitz, R. 1981: Der Status der Kategorie „Aktionsart" in der Grammatik (oder: Gibt es Aktionsarten im Deutschen?). Berlin 1981 (Linguistische Studien Reihe A, Arbeitsbericht 76).

van Sterkenburg, P. G. J. 1984: Van Woordenlijst tot Woordenboek. Inleiding tot de geschiedenis van woordenboeken van het Nederlands. Leiden.

Steube, A. 1980: Temporale Bedeutung im Deutschen. Berlin (Studia Grammatica 20).

Stickel, G. 1970: Untersuchungen zur Negation im Deutschen. Braunschweig (Schriften zur Linguistik 1).

Stoelke, H. 1916: Die Inkongruenz zwischen Subjekt und Prädikat im Englischen und in den verwandten Sprachen. Heidelberg (Anglistische Forschungen 49).

Stoett, F. A. 1923: Middelnederlandsche spraakkunst. Syntaxis. 3. Aufl. Den Haag. Neudruck Den Haag 1968.

Stötzel, G. 1966: Zum Nominalstil Meister Eckharts. In: WW 16, 289−309.

Stopp, H./Moser, Hugo 1967: Flexionsklassen der mittelhochdeutschen Substantive in synchronischer Sicht. In: ZfdPh 86, 70−101.

Stopp, H. 1974: Veränderungen im System der Substantivflexion vom Althochdeutschen bis zum Neuhochdeutschen. In: Studien zur deutschen Literatur und Sprache des Mittelalters. FS. Hugo Moser, hg. v. W. Besch et al. Berlin, 324−344.

Stopp, H. 1977: *gewesen−gesin−gewest*. Zur Behandlung von Einzelphänomenen in einer frühneuhochdeutschen Flexionsmorphologie. In: ZfdPh 96, 1−34.

Stopp, H. 1978: Bibliographie zur Namenforschung, Mittelalterforschung und Historischen Sprachwissenschaft Bayerisch-Schwabens. München.

Stosch, J. 1902: Ritter. Kleine Beiträge zum neuhochdeutschen Wortschatz. In: ZfdW 2, 76.

Strasser, I. 1984: *diutisk−deutsch*. Neue Überlegungen zur Entstehung der Sprachbezeichnung. Wien.

Straßner, E. 1972: Graphemsysteme, Graphemklassen und Wortkonstituenz. Schreibsprachliche Entwicklungstendenzen vom Frühneuhochdeutschen zum Neuhochdeutschen in Nürnberg. Habil. Erlangen.

Straßner, E. 1980: Nordoberdeutsch. In: Lexikon der Germanistischen Linguistik. hg. v. H. P. Althaus, H. Henne, H. E. Wiegand. 2. vollständig neubearb. u. erw. Aufl. Bd. 3. Tübingen, 479–482.

Strebl, L. 1967: Zur Urkundensprache im Stift Klosterneuburg. In: Mundart und Geschichte, hg. v. M. Hornung. Wien, 145–161.

Streitberg, W. 1891: Perfective und imperfective Aktionsart im Germanischen. In: PBB 15, 70–177.

Streitberg, W. 1905/06: Gotica. 2. Gotisch *ni waihts*. In: IF 18, 401–404.

Streitberg, W. 1920: Gotisches Elementarbuch. 5. u. 6. Aufl. Heidelberg.

Streitberg, W./Michels, V./Jellinek, M. H. (Hrsg.) 1936: Die Erforschung der indogermanischen Sprachen. Germanisch. 1. Allgemeiner Teil und Lautlehre. 2. Lfg. Berlin, Leipzig.

Streitberg, W. 1963: Urgermanische Grammatik. 3. Aufl. Heidelberg (Germanische Bibliothek, Reihe 1).

Streitberg, W. (Hrsg.) 1965: Die Gotische Bibel. Teil 1: Der gotische Text und seine griechische Vorlage. 5. durchgesehene Aufl., Teil 2: Gotisch – Griechisch – Deutsches Wörterbuch. 4. unveränderte Aufl. Nachdruck Darmstadt.

Stroh, F. 1931: Die rheinfränkische Sprachlandschaft. In: O. Behaghel, A. Götze, F. Stroh: Weihnachtsgabe für die Mitarbeiter am Südhessischen Wörterbuch und am Atlas der deutschen Volkskunde. Gießen, 12–22.

Stroh, F. 1952: Handbuch der germanischen Philologie. Berlin, unveränderter Nachdruck Berlin 1985.

Stutterheim, C. F. P. 1961: Structuralism and Reconstruction. In: Lingua 9 (Amsterdam), 237–257.

Stutz, E. 1966: Gotische Literaturdenkmäler. Stuttgart (Slg. Metzler 48).

Stutz, E. 1985: Der Quellenwert des Gotischen für die sprachgeschichtliche Beschreibung der älteren Sprachstufen des Deutschen. In: Sprachgeschichte, hg. v. W. Besch, O. Reichmann, St. Sonderegger. 2. Halbbd. Berlin, New York, 962–975.

Suchsland, P. 1969: Zum Strukturwandel im morphologischen Teilsystem der deutschen Nominalflexion. In: WZFSU 18, 87–103.

Sütterlin, L. 1924: Neuhochdeutsche Grammatik I. München.

Suida, U. 1971: Präteritum und Plusquamperfekt im präsentischen Erzählkontext. In: Studien zur Syntax des heutigen Deutsch. FS. P. Grebe, hg. v. Hugo Moser et al. Düsseldorf (Sprache der Gegenwart 6), 118–136.

Suolahti, H. 1910: Der französische Einfluß auf die deutsche Sprache im dreizehnten Jahrhundert. Helsinki. 1–42 (Suomalaisen Tiedeakatemian Toimituksia); Bd. 8 (1929), 1–310; Bd. 10 (1933), 1–485. (Mémoires de la Société Néo-Philologique de Helsingfors 8 u. 10).

Sverdrup, J. 1929: Das germanische Dentalpräteritum. In: Norsk Tidsskrift for Sprogvidenskap 2 (Oslo), 5–96.

Svennung, J. 1958: Anredeformen. Vergleichende Forschungen zur indirekten Anrede in der dritten Person und zum Nominativ für den Vokativ. Uppsala, Wiesbaden (Skrifter utgivna af k. humanistiska vetenskapssamfundet i Uppsala 42).

Swaen, A. E. H. 1930: The Elliptic Genitive. In: A Grammatical Miscellany offered to Otto Jespersen. Kopenhagen, 275–286.

Szemerényi, O. 1960: Studies in the Indo-European System of Numerals. Heidelberg.

Szemerényi, O. 1980: Einführung in die vergleichende Sprachwissenschaft. 2. Aufl. Darmstadt.

Szulc, A. 1969: Abriß der diachronischen deutschen Grammatik. I. Das Lautsystem. Warschau.

Szulc, A. 1974: Diachronische Phonologie und Morphologie des Althochdeutschen. Warschau.

Szulc, A. 1987: Historische Phonologie des Deutschen. Tübingen.

Tervooren, H. 1968: Metrik und Textkritik. Eine Untersuchung zum dreisilbigen Takt in ‚Des Minnesangs Frühling‘. In: ZfdPh 87 (Sonderheft), 14–34.

Tervooren, H. 1979: Minimalmetrik zur Arbeit mit mittelhochdeutschen Texten. Göppingen (Göppinger Arbeiten zur Germanistik 285).

Tessmann, W. 1969: Kurze Laut- und Formenlehre des Hochpreußischen. In: Jahrbuch der Albertus-Universität zu Königsberg/Preußen 19 (Berlin), 115–171.

Teuchert, H. 1931/32: Rezension zu: Maria Joesten: Untersuchungen zu althochdeutsch (altsächsisch) ë, i vor u der Folgesilbe und zur 1. Pers. Sg. Präs, Ind. der starken e-Verben (Kl. IIIb, IV, V) Gießen 1931. In: Teuth 8, 117ff.

Teuchert, H. 1949: Reste der niederländischen Siedelsprache in der Mark Brandenburg. (Nachtrag 2). In: PBB 71, 266–306.

Thalmann, K. 1925: Reimformenverzeichnis zu den Werken Wolframs von Eschenbach. München.

Thun, H. 1986: Personalpronomina für Sachen. Ein Beitrag zur romanischen Syntax und Textlinguistik. Tübingen (Tübinger Beiträge zur Linguistik 262).

Tobler, L. 1877/78: Conjunctionen mit mehrfacher Bedeutung. Ein Beitrag zur Lehre vom Satzgefüge. In: PBB 5, 358–388.

Törnqvist, N. 1974: Zur Geschichte der deutschen Adjektivflexion. In: NeuphilMitt 75, 317–331.

van den Toorn, M. C. 1982: Nederlandse Grammatica. 8. Aufl. Groningen.

Trimborn, K. 1985: Syntaktisch-stilistische Untersuchungen zu Chrétiens „Yvain" und Hartmanns „Iwein". Ein textlinguistischer Vergleich. Berlin (Philologische Studien und Quellen 103).

Trost, P. 1939: Bemerkungen zum deutschen Vokalsystem. In: TCLP 8, 319–326.

Trost, P. 1957: Die ‚gestürzten Diphthonge‘ des Nordbairischen. In: Philologica 9, Ceskoslovenská Akademie Věd, Kabinet pro Moderni Filologii (Prag), 9f.

Trost, P. 1958: Der Zusammenfall der Diphthongreihen in der neuhochdeutschen Schriftsprache. In: Philologia Pragensia I (Prag), 15f.

Trubetzkoy, N. S. 1931: Die phonologischen Systeme. In: TCLP 4, 96–116.

Trubetzkoy, N. S. 1939: Grundzüge der Phonologie. Prag.

Tschinkel, H. 1908: Grammatik der Gottscheer Mundart. Halle/Saale.

Tschirch, F. 1971: Geschichte der deutschen Sprache. Bd. 1: 1971; Bd. 2: 1975. 2. Aufl. Berlin (Grundlagen der Germanistik 5 u. 9).

Tschirch, F. 1983: Geschichte der deutschen Sprache. Bd. 1,3. durchgesehene Aufl. bearb. v. W. Besch. Berlin (Grundlagen der Germanistik 5).

Twaddell, W. F. 1938: A note on Old High German Umlaut. In: Monatshefte 30, 177–181.

Twaddell, W. F. 1939: The Inner Chronology of the Germanic Consonant Shift. In: JEGP 38, 337–359.

Twaddell, W. F. 1956: Pre-OHG */t/. In: FS. R. Jakobson, hg. v. M. Halle et al. Den Haag, 559–566.

Twaddell, W. F. 1970: Einige Bemerkungen zum althochdeutschen Umlaut. In: Vorschläge für eine strukturale Grammatik des Deutschen, hg. v. H. Steger. Darmstadt (Wege der Forschung 146), 538–544. [Engl.: A note on Old German Umlaut. In: Monatshefte 30, 1938, 177–181.]

Ullmer-Ehrich, V. 1977: Zur Syntax und Semantik von Substantivierungen im Deutschen. Kronberg/Ts. (Monographien zu Linguistik und Kommunikationswissenschaft 37).

Ullmer-Ehrich, V. 1983: „da" im System der lokalen Demonstrativadverbien des Deutschen. In: Zeitschrift für Sprachwissenschaft 2, 197−219.

Ulvestad, B. 1973: Zur Rettung des Temporalrelativums „als". In: Linguistische Studien IV. FS. P. Grebe, Teil 2, hg. v. Hugo Moser et al. Düsseldorf 1973 (Sprache der Gegenwart 24), 226−237.

Ulvestad, B. 1987: Potentiale Modalisierung der deutschen Zukunftsäußerung. In: DS 15, 226−236.

Unger, T./Khull, F. 1903: Steirischer Wortschatz als Ergänzung zu Schmellers Bayerischem Wörterbuch. Für den Druck bearb. v. F. Khull. Graz.

von Unwerth, W. 1908: Die Schlesische Mundart in ihren Lautverhältnissen grammatisch und geographisch dargestellt. Breslau. Erweiterte Neuausgabe Breslau 1931.

von Unwerth, W. 1911: Das Entwicklungsgebiet der schlesischen Mundart. In: FS. zur Jahrhundertfeier der Universität Breslau, hg. v. Th. Siebs. Breslau, 155−176.

Vaas, H. 1924: Die Entwicklung des Begriffs *deutsch*. Diss. Berlin.

Valentin, P. 1962: Althochdeutsche Phonemsysteme (Isidor, Tatian, Otfrid, Notker). In: ZfM 29, 341−356.

Valentin, P. 1969a: Phonologie de l'allemand ancien. Les systèmes vocaliques. Paris (Études Linguistiques 8).

Valentin, P. 1969b: L'isochronie syllabique en ancien. In: Mélanges pour J. Fourquet, hg. v. P. Valentin u. G. Zink. Paris, München, 341−347.

Valentin, P. 1971: Die Entstehung von mhd. /ø/: Zur phonologischen Deutung des Umlauts. In: Dichtung, Sprache, Gesellschaft. Akten des IV. Internationalen Germanisten-Kongresses 1970 in Princeton. Frankfurt/M. (Beihefte zum Jahrbuch für Internationale Germanistik 1), 495−502.

Valentin, P. 1979: Das althochdeutsche Verbsystem. Modus und Tempus. In: Linguistic Method. Essays in Honour of H. Penzl, ed. by I. Rauch and G. F. Carr. Paris, New York, 425−441.

Valentin, P. 1984: Zur Geschichte der Modalisation im Deutschen. In: Deutsch-französische Germanistik. Mélanges pour E. G. Zink. Göppingen (Göppinger Arbeiten zur Germanistik 364), 185−195.

Valk, M. E. 1936/37: The Meaning of the Verbal Prefix *ge*- in Gottfried's Tristan. Diss. Wisconsin.

Valk, M. E. 1958: Word-Index to Gottfried's Tristan. Madison.

Vancsa, M. 1895: Das erste Auftreten der deutschen Sprache in den Urkunden. Leipzig.

Vater, H. 1979: Das System der Artikelformen im gegenwärtigen Deutsch. 2. Aufl. Tübingen (Linguistische Arbeiten 78).

Vater, H. 1983: Zum deutschen Tempussystem. In: FS. L. Saltveit, hg. v. J. O. Askedal et al. Oslo, 201−214.

Vater, H. 1986: Zur Abgrenzung der Determinantien und Quantoren. In: Zur Syntax der Determinantien, hg. v. H. Vater. Tübingen (Studien zur deutschen Grammatik 31), 13−32.

Vaverkova, I. 1983: Der adnominale und adverbale Genitiv im Frühneuhochdeutschen. In: Walther-von-der-Vogelweide-Kolloquium. Referate und Diskussionsbeiträge zu aktuellen Fragen der Erforschung der mittelalterlichen deutschen Sprache und Literatur in der CSSR. Prag, 114−121.

Vennemann, Th. 1968: Die Affrikaten in der generativen Phonologie des Deutschen. In: Phonetica 18, 65−76.

Vennemann, Th. 1970: The German Velar Nasal. A Case for Abstract Phonology. In: Phonetica 22, 65−81.

Vennemann, Th. 1972a: Phonetic detail in assimilation: problems in Germanic phonology. In: Lang 48, 863−892.

Vennemann, Th. 1972b: Sound Change and Markedness Theory: On the History of the German Consonant System. In: Linguistic Change and Generative Theory, hg. v. R. P. Stockwell u. R. K. S. Macaulay. Bloomington, London, 230–274.

Vennemann, Th. 1974a: The German Velar Nasal. A Case for Concrete Phonology. In: Towards Tomorrow's Linguistics, hg. v. R. W. Shuy u. Ch.-J. N. Bailey. Washington D. C., 212–219.

Vennemann, Th. 1974b: Zur Theorie der Wortstellungsveränderung. In: Zur Theorie der Sprachveränderung, hg. v. G. Dinser. Kronberg/Ts. (Skripten Linguistik und Kommunikationswissenschaft 3), 265–314.

Vennemann, Th. 1978: Universal syllabic phonology. In: TheorLing 5, 175–215.

Vennemann, Th. 1984: Hochgermanisch und Niedergermanisch. Die Verzweigungstheorie der germanisch-deutschen Lautverschiebungen. In: PBB (T) 106, 1–45.

Vennemann, Th. 1987: Betrachtung zum Alter der Hochgermanischen Lautverschiebung. In: Althochdeutsch. In Verb. mit H. Kolb et al. hg. v. R. Bergmann et al. Bd. 1: Grammatik. Heidelberg (Germanische Bibliothek, Neuere Forschungen, Reihe 3), 29–53.

Verdam, J./Ebbinge Wubben, C. H. 1932: Middelnederlandsch Handwoordenboek. Den Haag. Neudruck Den Haag 1968.

Vernay, H. 1980: Syntaxe et sémantique. Les deux plans des rélations syntaxiques à l'exemple de la transitivité et de la transformation passive. Étude contrastive français-allemand. Tübingen (Linguistische Arbeiten 90).

Verner, K. 1877: Eine Ausnahme der ersten Lautverschiebung. In: ZVS 23, 97–130.

Verwijs, E./Verdam, J. 1885: Middelnederlandsch Woordenboek. 12 Bde. Den Haag 1885–1952.

Vigener, F. 1901: Bezeichnungen für Volk und Land der Deutschen vom 10. bis zum 13. Jahrhundert. Heidelberg.

Voegelin, C. F./Voegelin, F. M. 1977: Classification and index of the world's languages. Bloomington.

Vonficht, F. 1964: Mischung von Affrikaten mit Aspiraten für germanisch *p t k* in hochdeutschen Mundarten. In: ZPSK 17, 25–32.

de Vooys, C. G. N. 1963: Nederlandse Spraakkunst. 6. Aufl. bes. v. M. Schönfeld. Groningen.

de Vooys, C. G. N. 1975: Geschiedenis van de Nederlandse taal. 7. Aufl. Groningen.

Voyles, J. B. 1972: The phonetic quality of OHG *z*. In: JEGP 71, 47–55.

Voyles, J. B. 1976: The Phonology of Old High German. Wiesbaden (ZDL Beihefte NF 18).

Voyles, J. B. 1983: Ansätze zu einer deutschen Grammatik. Eine Einführung in die syntaktische Analyse. Göppingen (Göppinger Arbeiten zur Germanistik 389).

de Vries, J. 1971: Nederlands Etymologisch Woordenboek. Leiden.

Wackernagel, J. 1912/13: Lateinisch Griechisches. In: IF 31, 251–272.

Wackernagel, J. 1920: Vorlesungen über Syntax mit besonderer Berücksichtigung von Griechisch, Lateinisch und Deutsch. 1. Reihe 1920, 2. Reihe 1924. Basel.

Wackernagel, J. 1953: Genitiv und Adjektiv. In: Kleine Schriften. 2. Halbbd. Göttingen, 1346–1374 (Neudruck Göttingen 1969).

Wagenknecht, Ch. 1981: Deutsche Metrik. Eine historische Einführung. München.

Wagner, K. 1921: Die Eilhartfrage. In: ZfdM 16, 124–143.

Wagner, K. 1925/26: Die Geschichte eines Lautwandels. *ks < chs > s*. In: Teuth 2, 30–46.

Wagner, K. 1927: Deutsche Sprachlandschaften. Tafel 4. Marburg.

Wagner, K. 1960/61: Rezension zu: FS. A. Bach. 1. Teil RhVjbl 20 (1955), 2. Teil RhVjbl 21 (1956). In: AfdA 72, 49–59.

Wagner, K. 1964: Der westmitteldeutsche Dialekt. In: FS. W. Jungandreas. Trier (Schriftenreihe zur Trierschen Landesgeschichte und Volkskunde 13), 123–136.

Wagner, R. 1910: Die Syntax des Superlativs im Gotischen, Altniederdeutschen, Althochdeutschen, Frühmittelhochdeutschen, im Beowulf und in der älteren Edda. Berlin (Palaestra 91). Nachdruck New York 1967.

Walde, A./Pokorny, J. 1927: Vergleichendes Wörterbuch der indogermanischen Sprachen, hg. u. bearb. v. J. Pokorny. 3 Bde. Bde. 1, 2: 1927; Bd. 3: 1932. Berlin, Leipzig.

Walther, C. 1982: Einblicke in die Geschichte unserer Futurform (werden + Inf.). In: WZHUB 31, 597–601.

Walther, J. 1954: *hwanda* und *wan* (praeter). Die Bewegung im Bereich der kausalen und exzipierenden Partikeln des Alt- und Mittelhochdeutschen. Diss. (Masch.) Berlin.

Wapnewski, P. 1966: Der Sänger und die Dame. Zu Walthers Schachlied (II, 23). In: Euph 60, 1–29.

Wasserzieher, E. 1963: Woher? Ableitendes Wörterbuch der deutschen Sprache. 16. Aufl. bes. v. W. Betz. Bonn.

Waterman, J. T. 1976: A History of the German Language. With Special Reference to the Cultural and Social Forces that Shaped the Standard Literary Language. 2. Aufl. Seattle, London.

Wattenbach, W. 1896: Das Schriftwesen im Mittelalter. 3. Aufl. Leipzig.

Weber, G. 1954: Spezialglossar zu den Liedern Hartmanns von Aue mit einem Reim- und Waisenregister. Diss. (Masch.) Heidelberg.

Weber, H. 1971: Das erweiterte Adjektiv- und Partizipialattribut im Deutschen. München (Linguistische Reihe 4).

Weber, H. 1978: Der bestimmte Artikel als All-Quantor. In: Sprache in Gegenwart und Geschichte. FS. H. M. Heinrichs, hg. v. D. Hartmann, H. Linke, O. Ludwig. Köln 215–235.

Wegener, H. 1985: Der Dativ im heutigen Deutsch. Tübingen (Studien zur deutschen Grammatik 28).

Wegera, K. P. (Hrsg.) 1986: Zur Entstehung der neuhochdeutschen Schriftsprache. Eine Dokumentation von Forschungsthesen. Tübingen (Reihe Germanistische Linguistik 64).

Weigand, F. 1849: Zu Gramm. 4.15 anm. In: ZfdA 7, 557–558.

Weimann, K.-H. 1955: *Schnupfen*. Studien zum Deutschen Wortatlas. In: ZfM 23, 148–176.

Weinhold, K. 1863: Alemannische Grammatik. Berlin (Grammatik der deutschen Mundarten 1).

Weinhold, K. 1867: Bairische Grammatik. Berlin (Grammatik der deutschen Mundarten 2).

Weinhold, K. 1883: Mittelhochdeutsche Grammatik. 2. Aufl. Paderborn. Nachdrucke 1967 u. 1983.

Weinhold, K./Ehrismann, G./Moser, Hugo 1986: Kleine mittelhochdeutsche Grammatik. 18. verbesserte Aufl. Wien.

Weinrich, H. 1985: Tempus. Besprochene und erzählte Welt. 4. Aufl. Stuttgart, Berlin, Köln, Mainz (Sprache und Literatur 16).

Weinstock, J. 1968: Grimm's Law in Distinctive Features. In: Lang 44, 224–229.

Weisgerber, L. 1949: Der Sinn des Wortes *Deutsch*. Göttingen.

Weisgerber, L. 1953: Deutsch als Volksname. Darmstadt.

Weisgerber, L. 1963: Die Welt im Passiv. In: Die Wissenschaft von deutscher Sprache und Dichtung. FS. F. Maurer, hg. v. S. Gutenbrunner et al. Stuttgart, 25–59.

Weiss, E. 1956: Tun – Machen. Bezeichnungen für die kausative und die periphrastische Funktion im Deutschen bis um 1400. Stockholm (Stockholmer Germanistische Forschungen 1).

Weithase, I. 1961: Zur Geschichte der gesprochenen deutschen Sprache. 2 Bde. Tübingen.

Weleda, J. 1974: Die Kaiserchronik. Untersuchung am Lautstand. Alphabetisches Reimwörterbuch. Wien.

Weller, A. 1977: Die Sprache in den ältesten deutschen Urkunden des deutschen Ordens. Hildesheim, New York (Germanistische Abhandlungen 39).

Welte, W. 1980: Zur Syntax, Semantik und Pragmatik exklamatorischer Vokative. In: IF 85, 1−34.

Welter, H. G. 1974: Zur Technik der Wortwiederholungen in Wolframs Parzival. In: ZfdPh 93, 34−63.

Werner, O. 1965: Vom Formalismus zum Strukturalismus in der historischen Morphologie. Ein Versuch, dargestellt an der Geschichte deutscher Indikativ-/Konjunktiv-Bildungen. In: ZfdPh 84, 100−127.

Werner, O. 1968: Das deutsche Pluralsystem. Strukturelle Diachronie. In: Sprache der Gegenwart 5. Schriften des Instituts für deutsche Sprache in Mannheim. Düsseldorf, 92−128.

Werner, O. 1970: Linguistische Überlegungen zur mittelhochdeutschen Metrik. In: Formen mittelalterlicher Literatur. FS. S. Beyschlag, hg. v. O. Werner u. B. Naumann. Göppingen, 109−130.

Werner, O. 1972: Phonemik des Deutschen. Stuttgart.

Werner, O. 1977: Kongruenz und Sprachtypologie. In: Geschichte des deutschen Flexionssystems, hg. v. P. Ch. Kern u. H. Zutt. Tübingen.

Wesle, K. 1925: Frühmittelhochdeutsche Reimstudien. Jena.

Wessen, E. 1970: Schwedische Sprachgeschichte. Bd. 3: Grundriß einer historischen Syntax. Berlin (Grundriß germanischer Philologie 18/3).

Weuster, E. 1983: Nicht-eingebettete Satztypen mit Verbendstellung im Deutschen. In: K. Olszok/E. Weuster: Zur Wortstellungsproblematik im Deutschen. Tübingen (Studien zur deutschen Grammatik 20), 7−88.

Weydt, H. (Hrsg.) 1979: Die Partikeln der deutschen Sprache. Berlin, New York.

Wichter, S. 1978: Probleme des Modusbegriffs im Deutschen. Tübingen (Studien zur deutschen Grammatik 7).

Wiehl, P. 1974: Die Redeszene als episches Strukturelement in den Erec- und Iwein-Dichtungen Hartmanns von Aue und Chrestiens de Troyes. München.

Wienesen, L. 1952: Die Brombeere. Untersuchungen zum deutschen Wortschatz. Gießen.

Wiesinger, P. 1962: Die Entwicklung von mittelhochdeutsch *î−û−iu* im Schlesischen. In: ZfM 29, 228−258.

Wiesinger, P. 1967: Mundart und Geschichte in der Steiermark. Ein Beitrag zur Dialektgeographie eines österreichischen Bundeslandes. In: Beiträge zur oberdeutschen Dialektologie, hg. v. L. E. Schmitt. Marburg (Deutsche Dialektgeographie 51), 83−184.

Wiesinger, P. 1968: Dialektgeographie − Phonologie − Entfaltungstheorie. Ein Beitrag zur Frage des Lautwandels und seiner räumlichen Gültigkeit in den deutschen Dialekten. In: FS. O. Höfler, hg. v. H. Birkhan u. O. Gschwantler. 2 Bde. Wien, Bd. 2, 445−471.

Wiesinger, P. 1970: Phonetisch-phonologische Untersuchungen zur Vokalentwicklung in den deutschen Dialekten. Bd. 1: Die Langvokale im Hochdeutschen. Bd. 2: Die Diphthonge im Hochdeutschen. Berlin.

Wiesinger, P. 1971: Zur Entwicklungsgeschichte der hochpreußischen Mundarten. In: FS. F. von Zahn. Bd. II: Zur Sprache und Literatur Mitteldeutschlands, hg. v. R. Olesch et al. Köln, Wien, 35−58.

Wiesinger, P. 1974: Möglichkeiten und Grenzen der Dialektologie bei der Erforschung der deutschen Ostsiedlung. In: Die deutsche Ostsiedlung als Problem der europäischen Geschichte, hg. v. W. Schlesinger. Sigmaringen (Vorträge und Forschungen 18), 161–192.

Wiesinger, P. 1975: Grundsätzliches zur Untersuchung des Lautstandes der Reime in der bairisch-österreichischen Dichtung des Spätmittelalters. In: Akten des V. Internationalen Germanisten-Kongresses Cambridge. Bd. II. Bern, Frankfurt/M., 145–154.

Wiesinger, P. 1977: Zur deutschen Urkundensprache des österreichischen Herzogs Friedrich des Schönen (1308–1330). In: FS. F. Hausmann, hg. v. H. Ebner, 559–602.

Wiesinger, P. 1980a: Deutsche Sprachinseln. In: Lexikon der Germanistischen Linguistik, hg. v. H. P. Althaus, H. Henne, H. E. Wiegand, Bd. 3, 2. vollständig neubearb. u. erw. Aufl., Tübingen, 491–501.

Wiesinger, P. 1980b: Die Ermittlung oberschichtiger Sprachformen des mittelalterlichen Deutsch mit Hilfe der Dialektgeographie. In: Akten des VI. Internationalen Germanisten-Kongresses Basel 1980, hg. v. H. Rupp u. H.-G. Roloff. T. 2–4. Bern, Frankfurt/M., Las Vegas, 345–357.

Wiesinger, P. 1980c: Die Stellung der Dialekte Hessens im Mitteldeutschen. In: Sprache und Brauchtum. FS. B. Martin, hg. v. R. Hildebrandt u. H. Friebertshäuser. Marburg (Deutsche Dialektgeographie 100), 68–148.

Wiesinger, P./Raffin, E. 1982: Bibliographie zur Grammatik der deutschen Dialekte. Laut-, Formen-, Wortbildungs- und Satzlehre. 1800–1980. Unter Mitarbeit v. G. Voigt. Bern, Frankfurt/M.

Wiesinger, P. 1983: Die Einteilung der deutschen Dialekte. In: Dialektologie, hg. v. W. Besch et al. 2. Halbbd., Berlin, New York, 807–900.

Wiessner, E. 1901: Über Ruhe- und Richtungsconstructionen mittelhochdeutscher Verba, untersucht in den Werken der drei großen höfischen Epiker, im Nibelungenlied und in der Gudrun. In: PBB 26, 347–556.

Wiessner, E. 1954: Vollständiges Wörterbuch zu Neidharts Liedern. Leipzig.

Wiessner, E./Burger, H. 1974: Die höfische Blütezeit. In: Deutsche Wortgeschichte, hg. v. F. Maurer u. H. Rupp. Bd. I. 3. Aufl. Berlin, New York, 189–253.

Wiget, W. 1924: Der Umlaut von althochdeutsch u in den oberdeutschen Dialekten. In: ZfdM 19, 250–269.

Wiktorowicz, J. 1985: Die semantische Gliederung der Temporaladverbien in der mhd. Zeit. In: Grammatische Studien. Beiträge zur germanistischen Linguistik in Polen, hg. v. R. Lipczuk. Göppingen, 18–53.

Wilbur, T. H. (Hrsg.) 1977: The lautgesetz-controversy: a documentation. Amsterdam (Amsterdam studies in the theory and history of linguistic sience I/9).

Wildenhahn, B. 1983: Über theoretische Unzulänglichkeiten in den Definitionen der sprachlichen Modalität. In: ZPSK 36, 387–398.

Williams, G. 1970: Germanisches ai und au im Altsächsischen und Althochdeutschen. Ein Beitrag zur generativen Phonologie. In: ZDL 37, 44–57.

Wilkens, F. 1891: Zum hochalemannischen Konsonantismus der althochdeutschen Zeit. Beiträge zur Lautlehre und Orthographie auf Grundlage der deutschen Eigennamen in den Sanct Galler Urkunden (bis zum Jahre 825). Leipzig.

Wilmanns, W. 1897: Deutsche Grammatik. Gotisch, Alt-, Mittel- und Neuhochdeutsch. 1. Abt. 2. verbesserte Aufl. 1897, 2. Abt. 2. Aufl. 1899, 3. Abt. 1. Hälfte 1. u. 2. Aufl. 1906, 3. Abt. 2. Hälfte 1. u. 2. Aufl. 1909. Straßburg. Neudruck Berlin, New York 1967.

Winstrup, E. K. 1973: Die temporalen Gliedsätze im Tristrant-Roman. Eine synchrone Untersuchung. Diss. Oslo.

Winter, W. (Hrsg.) 1965: Evidence for laryngals. London.

Winter, W. 1967: Vom Genitiv im heutigen Deutsch. In: ZfdSpr 22, 21–35.

Wipf, E. 1910: Die Mundart von Visperterminen im Wallis. Frauenfeld.

Wirtz, J. 1972: Die Verschiebung der germanischen *p, t* und *k* in den vor dem Jahre 1200 überlieferten Ortsnamen der Rheinlande. Mit 13 Karten. Heidelberg (Beiträge zur Namenforschung, Neue Folge Beiheft 9).

Wisbey, R. A. 1967: Vollständige Verskonkordanz zur Wiener Genesis. Berlin.

Wisbey, R. A. 1968: A Complete Concordance to the Vorau and Strassburg Alexander. Leeds.

Wisniewski, R. 1963: Die Bildung des Schwachen Präteritums und die primären Berührungseffekte. In: PBB (T) 85, 1−17.

Wisniewski, R. 1978: Deutsche Grammatik. Heidelberg, Neuaufl. Frankfurt, Bern, New York 1982.

de Witte, A. J. 1966: Strukturele historische grammatica van het Nederlands. Den Bosch.

Wolf, H. 1967: Mitteldeutsch. Philologische Grundlage und weitere Geltung des Begriffs. In: ZfM 34, 101−123.

Wolf, H. 1971: Zur Periodisierung der deutschen Sprachgeschichte. In: GRM 52, N.F. 21, 78−105.

Wolf, H. 1984: Die Periodisierung der deutschen Sprachgeschichte. In: Sprachgeschichte, hg. v. W. Besch, O. Reichmann, St. Sonderegger. 1. Halbbd. Berlin, New York, 815−823.

Wolf, N. R. 1971: Zur mittelhochdeutschen Verbflexion in synchronischer Sicht. In: The German Quarterly 44, 153−167.

Wolf, N. R. 1975: Regionale und überregionale Norm im späten Mittelalter. Innsbruck.

Wolf, N. R. 1978: Satzkonnektoren im Neuhochdeutschen und Mittelhochdeutschen. Prolegomena zu einer kontrastiven Textsyntax. In: Sprachwiss 3, 16−48.

Wolf, N. R. 1981: Althochdeutsch − Mittelhochdeutsch. Geschichte der deutschen Sprache, hg. v. Hans Moser, H. Wellmann, N. R. Wolf. Bd. 1. Heidelberg (UTB 1139).

Wolf, N. R. 1983: Durchführung und Verbreitung der 2. Lautverschiebung in den deutschen Dialekten. In: Dialektologie, hg. v. W. Besch et al. 2. Halbbd. Berlin, New York, 1116−1121.

Wolf, N. R. 1985: Phonetik und Phonologie. Graphetik und Graphemik des Frühneuhochdeutschen. In: Sprachgeschichte, hg. v. W. Besch, O. Reichmann, St. Sonderegger; 2. Halbbd. Berlin, New York, 1305−1313.

Wolff, G. 1986: Deutsche Sprachgeschichte. Ein Studienbuch. Frankfurt/M.

Wolff, L. 1921: Studien über die Dreikonsonanz in den germanischen Sprachen. Berlin.

Wolff, L. 1973: *Uns wil schiere wol gelingen.* Von den in die Zukunft weisenden Umschreibungen mit *wollen.* In: FS. I. Schröbler, hg. v. D. Schmidtke u. D. Schüppert. Tübingen, 52−69.

Wolfrum, G. 1960: Syntaktische Studien zu althochdeutsch *bi thiu.* In: PBB 82, 226−241.

Woods, J. D. 1981: The preterite-present verbs of Old Saxon. A derivational Morphology. In: BES 1, 199−211.

Woronow, A. 1962: Die Pluralbildung der Substantive in der deutschen Sprache des XIV.−XVI. Jahrhunderts. In: PBB (H) 84, 173−198.

Worstbrock, F. J. 1978: *Thiutisce.* In: PBB (T) 100, 205−212.

Wrede, F. 1893: Berichte über G. Wenkers Sprachatlas des Deutschen Reichs VII. In: AfdA 19, 346−360.

Wrede, F. 1894: Berichte über G. Wenkers Sprachatlas des Deutschen Reichs VIII. In: AfdA 20, 95−110.

Wrede, F. 1895: Berichte über G. Wenkers Sprachatlas des Deutschen Reichs XII. In: AfdA 21, 260−296.

Wrede, F./Martin, B./Mitzka, W. (Hrsg.) 1927: Deutscher Sprachatlas. Marburg 1927−1956.

Wunder, D. 1965: Der Nebensatz bei Otfrid. Untersuchungen zur Syntax des deutschen Nebensatzes. Heidelberg.

Wunderli, P. 1970: Die Teilaktualisierung des Verbalgeschehens (subjonctif) im Mittelfranzösischen. Eine syntaktisch-stilistische Studie. Tübingen (123. Beiheft der Zeitschrift für romanistische Philologie).

Wunderli, P. 1976: Modus und Tempus. Beiträge zur synchronischen und diachronischen Morphosyntax der romanischen Sprachen. Tübingen (Tübinger Beiträge zur Linguistik 62).

Wunderlich, D. 1970: Tempus und Zeitreferenz im Deutschen. München (Linguistische Reihe 5).

Wunderlich, D. 1973: Vergleichssätze. In: Generative Grammar in Europe, hg. v. F. Kiefer u. N. Ruwet. Dordrecht (Foundations of Language, Supplementary Series, Vol. 13), 629–672.

Wunderlich, H./Reis, H. 1924: Der deutsche Satzbau. Bd. I 1924; Bd. II 1925. 3. Aufl. Stuttgart.

Wurzel, W. U. 1970: Studien zur deutschen Lautstruktur. Berlin (Studia Grammatica VIII).

Wurzel, W. U. 1980: Der deutsche Wortakzent: Fakten – Regeln – Prinzipien. Ein Beitrag zu einer natürlichen Akzenttheorie. In: ZfG 1, H. 3, 299–318.

Zabrocki, L. 1963: Die Stimmhaftigkeit der Laute. In: ZPSK 16, 261–275.

Zabrocki, L. 1965: Die dritte Lautverschiebung im Deutschen. In: FS. G. Kurylowicz. Breslau, Warschau, Krakau, 359–368.

Zäch, A. 1931: Der Nominativus pendens in der deutschen Dichtung des Hochmittelalters. Diss. Bern.

Zaefferer, D. 1984: Frageausdrücke und Fragen im Deutschen. Zu ihrer Syntax, Semantik und Pragmatik. München (Studien zur theoretischen Linguistik 2).

Zandvoort, R. W. 1962: Is „Aspect" an English Verbal Category? In: Contributions to English Syntax and Philology, ed. by F. Behre. Göteborg (Acta Universitatis Gothoburgensis, Gothenburg Studies in English 14), 1–20.

Zeheter, A. 1924: Lautliche Untersuchung oberbairischer Urkunden des 13. und 14. Jahrhunderts. Diss. München.

Zelissen, P. G. J. 1969: Untersuchungen zu den Pronomina im Rheinisch-Maasländischen bis 1300. Ein Beitrag zu einer mittelripuarischen Grammatik. Diss. Nijmegen.

Zemb, J. M. 1983: Zur Urverwandtschaft von Tempus und Modus. In: FS. L. Saltveit, hg. v. J. O. Askedal et al. Oslo, 250–258.

Ziesemer, W. 1924: Die ostpreußischen Mundarten. Kiel, Nachdruck Wiesbaden 1970.

Zimmert, F. 1901: Das artikellose Substantiv in den Predigten Bertholds von Regensburg. In: PBB 26, 321–366.

Zingerle, I. V. 1862: Über die bildliche Verstärkung der Negation bei mittelhochdeutschen Dichtern. In: Sitzungsberichte der philos.-hist. Classe der kaiserlichen Akademie der Wissenschaften zu Wien 39, 414–477.

Züllig, A. M. 1951: Konjunktionen und konjunktionelle Adverbien in den Predigten Johannes Taulers. Ein synchronischer Beitrag zur Geschichte der Konjunktionen. Diss. Zürich, Einsiedeln.

Zupitza, J./Tschirch, F. 1953: Einführung in das Studium des Mittelhochdeutschen. 16. Aufl. v. F. Tschirch. Jena, Leipzig.

Zutt, H. 1976: Der Gebrauch der Negationen in der Gießener Iwein-Handschrift. In: Alemannisches Jahrbuch 1973–75. Bühl, 373–391.

Zutt, H. 1985: Wortbildung des Mittelhochdeutschen. In: Sprachgeschichte, hg. v. W. Besch, O. Reichmann, St. Sonderegger. 2. Halbbd. Berlin, New York, 1159–1164.

Zwierzina, K. 1896a: Rezension zu: E. Henrici (Hrsg.), Hartmanns Iwein. In: AfdA 22, 180–196.

Zwierzina, K. 1896b: Allerlei Iweinkritik. In: ZfdA 40, 225–242.

Zwierzina, K. 1898: Beobachtungen zum Reimgebrauch Hartmanns und Wolframs. In: Abhandlungen zur Germanischen Philologie. FS. R. Heinzel. Halle. Unveränderter reprographischer Nachdruck Hildesheim, Zürich, New York 1985, 437–511.

Zwierzina, K. 1900: Mittelhochdeutsche Studien. In: ZfdA 44, 1–116; 249–316; 345–406.

Zwierzina, K. 1901: Mittelhochdeutsche Studien. In: ZfdA 45, 19–100; 253–313; 317–419.

Zwierzina, K. 1903: Zum Reimgebrauch Rudolfs von Ems. In: PBB 28, 425–453.

Zwierzina, K. 1925a: Mittelhochdeutsch *ait* < *aget*. In: Neusprachliche Studien. FS. K. Luick. Marburg (Die neueren Sprachen, 6. Beiheft), 122–140.

Zwierzina, K. 1925b: Mittelhochdeutsch *e* < *i*. In: Vom Werden des Deutschen Geistes. FS. G. Ehrismann, hg. v. P. Merker u. W. Stammler. Berlin, Leipzig, 56–60.

Zwierzina, K. 1926: Schwankungen im Gebrauch der mittelhochdeutschen *e*-Laute. In: ZfdA 63, 1–19.

Zwierzina, K. 1928: Iwein 3473 und Armer Heinrich 1046. C. von Kraus zum 60. Geburtstag. Graz.

Sachregister

auf der Grundlage der von Manfred Kaempfert (Laut- und Formenlehre) und Ingeborg Schröbler (Syntax) erstellten Register zusammengeführt, neu bearbeitet und erweitert von Christiane Groß, Siegfried Grosse, Helmut Kuntz und Peter Wiehl.

Die Zahlen beziehen sich auf die Paragraphen, ggf. mit Unterteilungen oder Anmerkungen (= A.); fett gedruckte Paragraphen zeigen ausführliche Behandlung des genannten Begriffes an. Die Verweise auf den sachlichen Zusammenhang stehen, soweit sie sich auf Einleitung, Laut- und Formenlehre beziehen (§§ 1−299), in Klammern hinter den Stellenangaben, soweit sie die Syntax betreffen (ab § 300), ohne Klammern vor den Stellenangaben. Bei der alphabetischen Einordnung der Begriffe werden die Umlaute ä, ö und ü wie ae, oe und ue behandelt. Zu den Abkürzungen s. Abkürzungsverzeichnis.

schwund); 124 *(l)*; 125; 129; 130; 159,7;
162,6 *(mb>mm)*; 126 u. A.5 *(n/m)*;
126; 137 A.2 (nhd. *ng*); 129 A.3
(bt>pt); 134 (in ,Markgraf' *k>g*); 141
(hs>ss); 143; 146 *(t>d* nach *n, l, r)*;
203 A.3 *(grœste* u.a.); 219 A.4 *(diser –
dirre)*; 243 A.2 *(ge-* im Part. Prät.).
Zur Syntax s. Attraktion.
a-Stamm: 41 A.2 (Uml. im Pl.); 67 (*ö*
Pl. Uml.); 174ff. (allg.); **177** (Mask);
180 (Neutr.); 192 (synchron. : histor.
Grammatik); 196 (*a*-Dekl. der Adj.);
197 (Nom. Sg. des Adj. nach *a*-Dekl. o.
nach Pron.).
Athematische Flexion: 174 (allg.); 278
(Wurzelverben); 280 A.2 (Übergang in
themat. Flexion bei *geist, geit*).
Attraktion: des Kasus 339; zwischen Relativpron. und Beziehungswort im über-
geordneten Satz 454; 431; des Tempus
313; 474; bei der Consecutio temporum
468; bei der Gestaltung des Modus im
abh. Satz 468; 470.
Attributiver Gebrauch des Adj.: 197
(Adj.); 203 (Komp., Sup.).
Stellung, Verbindung von Pron. bzw.
Art. mit Adj. und Subst., Möglichkei-
ten der Flexion 391; Verbindung mit
einem Vokativ 347,1; mehrere attr.
Adj. 392.
a-Umlaut s. Brechung.
Ausfall von Lauten s. Apokope, Elision,
Konsonantenschwund, Kontraktion,
Synkope.
Ausgleich s. Analogie.
Auslaut s. Apokope, Auslautverhärtung,
Endsilbenkonsonantismus und -voka-
lismus.
Auslautverhärtung: 12; 90 (Medienverschiebung); **100**; 127; 129 *(b>p)*; 133;
136 *(g>c)*; 143f. *(d>t)*; 146 *(rt)*.
Aussprache: 12 *(sk>sch)*; 13 *(sp, st; sl,
sm, sn, sw; hs)*; **18–20**; 24; 27 (nhd. Vokale: Öffnungsgrad : Quantität); 41 u.
A.8 (Uml.); 43 A.1 *(ie)*; 45 A.1
(Dehng.); 46β (Dehng.); 48 (Rundg.);
63 (Uml.); 64 (nhd. Ausspr.); 71 *(æ)*; 72
(ê); 73 *(ei<i)*; 76 *(û* im Md.); 79 *(ou/
au)*; 88 passim (2. LV); 99 (Geminaten
des Mhd.); 101 (binnendt. Konsonantenschwächung); 105 A.4 *(s = sch*-Aus-
sprache); 107 A.4 *(ei<egi*; altes *ei)*; 108

A.2 *(ei < -age-, -egi-)*; 115ff. *(w)*; 118
(j); 121 *(r)*; 131 u. A.2 *(f, v)*; 132 *(f*
mal.); 136 *(g; ng; gg)*; 139 *(ch)*; 140 *(ht,
hs)*; 142 (Verstummen des *h* im Nhd.);
150 *(z, tz, ȝ)*; 152 u. A.1 *(s, ȝ)*; 159 A.1
(bair. alem. *kch)*; 159,2 (bair., alem. *b*,
g als Fortis); 159,18 (bair. *â)*. – Vgl.
Betonung.

Bairisch: Überblick: 2–5; 8 (Schreibland-
schaft); 9f.; **159**. – Einzelnes: 12 (*ô* in
Endsilbe); 19 (Ausspr. *ei*; Vokalgraphie); 20 (Kons.-Ausspr.); 34 A.1 *(u/
o)*; 40 (ahd. Diphth.); 41 A.4 *(ë>e)*; 41
A.5 (kein *œ* vor *n)*; 42 (nhd. Diphth.);
42 A.5 *(ai>oi, oa)*; 43 A.3 (gestürzte
Diphthonge); 44 (Diphthong-Öffnung);
45 (Dehng.); 47 (Kürzg.); 48 (Rdg.
â>ô); 49 (Entrdg.); 50 (Senkg. *u, ü)*;
53,a (Apok.); 53,c; 54,b u. A.1
(Synk.); 57 (Sproßvokal); 58 A.1
(-lîch); 59,1 (Endung *-eu)*; 59,4 (Part.
Präs. *-unde; -ô-* in Endungen); 59 A.2
(-ein<-în); 60 (Kontr.; *a/o)*; 63 *(â>a)*;
64 *(-er->-ir-)*; 64 A.4 (*e*-Laute); 65 *(i)*;
65 A.1 (offenes *i)*; 65 A.6 (*y* für *i)*; 65
(i>ie; -er>-ir; Sproßvokal *i)*; 66 (Reime *-or-:-ar-)*; 68 *(u>uo)*; 69 *(ü>üe)*;
70 *(â* verändert); 71 *(æ > â* o. Diphthong); 72 A.2 *(hërre)*; 72 *(ê* halboffen); 74 *(ô > ou*, Niederösterr. *> â)*;
75 *(-ôn-* statt *-œn-)*; 76 (nhd. Diphth.
û>au; û>â); 77 (Uml. *ü: / Diphthong
iu)*; 78 (bair. *ai* statt *ei*; nhd. Diphth.
î>ei; ei>oi>oa; ei>ie = gestürzter
Diphthong); 79 *(au* statt *ou*; nhd.
Diphth. *û>ou*; mbair. *ou>â; ô>ou*;
ou>uo = gestürzter Diphthong); 80
(Schreibung *öu)*; 81 Reim *ie:î; ie>ea*;
i>ie; ei>ei = gestürzter Diphthong);
82 (Reim *uo:û, u; u>uo, ue; uo>ue,
oa)*; 83 *(ü>üe)*; 86 passim (2. LV); 100
A.1 (Auslautverhärtung); 101 A.1 (Lenisierung); 102 A.1 Lenisierung, *teng)*;
103 A.2 (mbair. Lenisierung; Vokalisierung); 104 (Spirantisierung von *b, d,
g)*; 107 A.2, A.3; 108 (Kontr. über *-g-)*;
110 A.2 *(b>u)*; 113 (Sproßkonsonant);
116 (*w*-Schwund in *qu)*; 116 A.2 (*w*-
Schwund); 116 A.3 (*w* und *b)*; 119
(j>g); 121 A.7 *(wëlt < wërlt)*; 121 A.8
(*r*-Einschub); 124 *(-l>-i)*; 125, 130

Endsilbenkonsonantismus: 98 (Geminatenverkürzung); 100 (Auslautverhärtung; vgl. 89ff.); 106 A.1 (inl. Nasalschwund vor Kons.); 113 (Sproßkonsonant -d, -t; vgl. 149, 220 A.4; 222 A.1; 227 A.2); 121 (r-Schwund, Dissim. r>l); 159 A.3 (ausl. -c (<g) > bair. -ch); 159,5 (l>i, r>o bair.); 164,2 (rhfrk. -f>-b); 240 A.8 (Inf. ohne -n; vgl. 161,3; 162,8). – Vgl. Sandhi, Flexionssilbe.

Endsilbenvokalismus: 2 (germ. i, u); 7 (Periodisierung); 9,2; 12 (Mhd.-Ahd.); 14 (Formenbau); 21,3 (Nebentonsilben); 22 A.7 (abgeschwächte Kompositionsglieder); 29,b (Abl.); 31–35 (Wechsel, Brechg.); 38 (ahd. Monophth. ei>ê); 40 (keine ahd. Diphth. v. ô); 51–54; 56 (Synk. u. Apok.); 57 (Sproßvokal); 58 (Wechsel Lang-/Kurzvokal); 59 (Vollvokal/ e); 159,16 (bair. -en-Schwund); 160,3 (alem. volle Vokale); 174f. (Abschwächung des Endsilbenvokalismus u. Deklinationssystem); 176 passim (e in Deklinationsendungen); 179 A.6 (fuoʒ); 183 A.2 (e-Zuwachs bei st.Fem. auf -en); 183 A.9 (alem. volle Endungen -a, -on in ô-Stämmen); 189 A.2 (sw.Fem. mit vollen Endvokalen im Alem.); 196 (Adj.); 199 A.2 (Adj. nhd. ohne -e); 200 A.1 (Apok. bei adj. wa-Stämmen); 203 A.2–4 (Komp. u. Sup.-Endungen); 205 A.1 (Adv. -o>-e); 240 (Synk., Apok. bei st.V.); 255 (Zusammenfall der drei Klassen der sw.V.); 257 A.1 (volle Endungsvokale der sw.V. im Alem.); 264 A.2 (-ôt, -ot im Part.Prät. sw.V. II).

Endungslose Form s. unflektierte Form.

Enklise: 23; 41 A.9 (Uml.); 100 A.1 (Enkl. ohne Auslautverhärtung); 213 A.1 (Personalpron.); 214 A.7 (Personalpron. der 3. Pers.); 218 A.6 (dër, diu, daʒ); 258 (-te der sw.V. als Enkl. von -dôn).

Entlehnung: 9,1 (Afrz., Ndfrk.); 21 A.1 (Namen; Betonung); 22 A.8 (Betonung); 33; 35 A.1 (Brechg.); 40 (ahd. Diphth. lat. -ē-); 41 A.4, A.5, A.7 (Uml. e, ö); 42 (unterbliebene nhd. Diphth.); 42 A.4 (ei); 57 (hora > Uhr);

64 (ë>ę); 64 A.1b (vënster, fëst); 64 (Lehnreime); 65 A.5 (ritter, sniter); 65 A.6 (y); 67 (ö); 68 A.2 (busîne); 72 (ê); 73 (î); 73 A.1 (-îe>ei); 80 (ou als oi, oy); 81,3 (germ. ê² > mhd. ie, lat. ê>ie); 82 (lat. ō > mhd. uo); 88 A.2 (niederrhein. Lehnwörter); 94 (schrift); 106 (Dissim.); 117 (lewe); 117 A.1 (w>b); 118 u. A.2 (j nach Kons.); 121 u. A.3 (r>l, r>Ø; Dissim.); 127; 129 (pl b); 128 (pf); 131 A.1 (f); 131 A.2 (v); 133 A.4 (punt, tinte Konsonanzerleichterung); 133 (Zeichen ⟨x⟩); 136 A.2 (k-lg-); 147 A.1 (dl, tl>gl, kl); 148,3 (t > nhd. d); 149,3 (Sproßkons. -t); 150 (t>z); 152 A.1 (dt. s); 155 (rs); 156 (y); 159,13 (Kirchenwörter im Bair.); 165 A.2 (ndd. cht); 165 A.3 (mfrk. Formen in alem. Dichtersprache); 177 A.6 (Dat. ohne e).

Entrundung: 13 (allg.); 42 (û>î); 48; 49; 69 (ü>i); 77 (iu>ei); 80 (öu>ei); 83 (üe>ü:>i: omd.); 166,4 (ü>i, ö>e im Omd.); 166,5 (o>a).

Enumerative Redeweise: 339,3.

ên-Verben (sw.V. III): 255 (allg.); 256 A.3 (1.Sg.Ind.Präs. -en); 256 A.4 (Konj.Präs.alem. -ege- u.a.); 264.

Epik: ein besonderer Gebrauch des Präs. 305 A.1 u. 2; 306.

Erhöhung s. Hebung.

Ersatzdehnung bei Nasalschwund: 2; 36 (germ.; auch alem.); 70 (anh>âh); 73 (inh>îh); 76 (unh>ûh).

Ersparung s. Sparsamkeit des Ausdrucks.

Erweiterung s. Senkung.

Expressive Gemination: 95 (urgerm. Gem.); 134 A.1 (henken Fortisierung); 255 (sw. Verben). – Vgl. Emphase.

Exzipierender, abhängiger Satz: konjunktivisch, durch ne negiert; mit danne (Adv.) als zusätzlichem oder als einzigem formalem Charakteristikum 447.

Faktitivum: 255.

Finalsatz: 463; 481. – Vgl. auch: Konjunktionen als Einleitung abhängiger Sätze.

Flexionssilbe (-endung): 59 (Wechsel Vollvokal/e); 64 A.3 (ë/e); 173 (Stamm + Flexionsendung allg.); 174f. (allg.); 176 (Kasuskennzeichnung); 192 (syn-

Konsonantenschwächung); 105,4 (Ass. *nt>nd*); 114 (Lenes im System); 127 (anl. *b-* in Fremdwörtern); 129 *(p>b)*; 131,2 *(f, v)*; 145f. *(nt>nd* u. ä.); 151 *(s)*; 159,2 (bair. *p >* Lenis); 193 (Lenis : Fortis synchronisch: Subst.); 201 (Lenis : Fortis synchronisch: Adj.); 257 *(-te>-de* Prät. sw. V.). – Vgl. Konsonantenschwächung.

Literatursprache s. Hochsprache.

Litotes: 436.

Lokativ: 180 A. 5 *(hûs)*; 209, i (adverbial).

Metathese: 25,a (allg.); **122**; 159,22 (bair. alem.); 160,5 (alem.); 23,5 (scheinbare *n*-Metathese bei *ne/en*; vgl. 230,a u. 233).

Metrik: 22 A. 2; **23** (u. Lit.); 53,g (Synk., Apok., Hiatus n. Elision).

Mischform: 29 (st. u. sw. Konjugation); 179 (alte kons. Stämme); 184 (fem. Dekl. aus *ô-* u. sw. Dekl.); 267 (st. u. sw. Verbflexion); 280 *(gân/gên* : st. V. VII u. Wurzelverb); 281 *(stân/stên* : st. V. VI u. Wurzelverb); 290; 293 (gemischte Konjug. synchronisch). – S. auch Kontaminationserscheinungen, Suppletivwesen.

Mitteldeutsch: Überblick: 2ff.; 6; **162.** – Einzelnes: 19 (Vokalgraphie); 40 (nhd. Monophth.); 41 (Uml. oft unbezeichnet); 41 A. 3 (Uml. *æ*); 41 A. 5 (kein *ö, œ*); 41 A. 6, A. 7 *(ü, öu)*; 42 A. 1 (nhd. Diphth.); 43 (nhd. Monophth.); 44 (Diphthongwandel); 45 u. A. 1, A. 3 (Dehng.); 47 (Kürzg.); 48 (Rundg. *â>ô*); 50 (Senkg. *u, ü; i>e*); 53,b; 54 A. 1 (unbetontes *e*); 59,1 (Adj.-Endung *e*); 59,2 (Nomen agentis auf *-er*); 60 *(van, wal, sal)*; 64 (Reime *e:i*); 64 A. 4 *(e-Laute)*; 65 *(i; i>e)*; 65 A. 1 (kein Reim *i:î*); 65 *(-ir>î)*; 66 (Senkg. *u>o*; *von > van* u. a.); 68; 76 (keine Reime *u:û*; Senkg. *u>o*); 69 (Senkg. *ü>ö*); 70 *(â>ô*; Kürzg. *â>a)*; 71 (Reime *æ:ё*); 71 f. (*ê* statt *æ*); 72 A. 2 *(hêre)*; 73 (nhd. Diphth.); 73 *(vint* statt *vîant)*; 75 *(ô* statt *œ)*; 77 *(iu,* z. T. *iu* als *û)*; 77 A. 1 *(iuw>au)*; 78 *(ei>ê)*; 79 *(ou>ô)*; 80 *(öu)*; 81 (nhd. Monophth. *ie>i:)*; 82 *(uo>u:,* nhd. Monophth.); 83 (üe>ü:; nhd. Monophth.); 86 passim (2. LV.);

93 A. 1 (G. W. *sehen – sâgen)*; 101 (binnendt. Konsonantenschwächung); 107 A. 3, A. 4; 108 A. 5 (Kontr. über *g)*; 111 (Schwund von *h* zwischen Vokalen); 115 (⟨v⟩ für *w)*; 116 A. 1 *(w>m)*; 122 (Pronomina ohne *-r,* vgl. 213 A. 4); 125 *(turn > turm)*; 125; 130 *(mb>mm)*; 128 *(pp, mp)*; 128 A. 2 *(ff/pf)*; 129 A. 4 (md. Burgonden im Bair.); 132 *(f)*; 135 *(tw>qu)*; 136 *(g* = Spirans); 139 (Aussprache *ch)*; 141 A. 1 *(ss>hs)*; 142 A. 1 *(h-*Schwund); 143 (z. T. *d>t)*; 144f. *(d)*; 144 A. 1 *(nd>ng)*; 155 A. 5 *(sch<s* vor *l, m, n, w)*; 178 A. 1 *(site* Fem.); 178 A. 3 *(sune)*; 180 (*-er* ohne Uml. spätmd.); 180 A. 4 *(worte)*; 198 u. A. 1 (Dat. Sg. des st. Adj.); 198 A. 2 (Uml. vor Adj.-Endung *-iu)*; 213 A. 1 (Pers.-pron. *îch, îr* u. a.); 213 A. 3 *(mîn eines > mînes)*; 213 A. 4 *(mir > mî* u. a.); 213 A. 5 *(iuch, iu)*; 214 A. 1 *(hёr, hê,* Pers.-pron.); 214 A. 3 *(iȝ)*; 214 A. 5 *(ime, ire, eme, ome, ume;* Dat. Pers.-pron.); 215 A. 2 *(sîn > sînes, sîneȝ,* Reflexivpron.); 216 A. 2 *(unses, unsem* usw.); 216 A. 3 Poss. pron. *ir* flektiert); 218 A. 1 (Artikel *dê, die, di = dёr)*; 218 A. 2 *(die* für *diu)*; 218 A. 4 *(dёme, dёre)*; 218 (Instr. *die)*; 219 A. 1, A. 3 *(dёser* usw., *dёsse* Gen.); 221 A. 2 *(jener* mit best. Artikel); 222 A. 1 *(sёlbes)*; 223 *(wielich, wilch)*; 223 A. 2 *(wê, wie, wi* Interrog.-pron.); 229,b *(dichein)*; 233 *(nûwet)*; 234 A. 1 *(zwei/zwê)*; 234 A. 3 *(ehtzich, eihzig)*; 235 *(dirte, derde)*; 236 *(zwîs, drîs)*; 240 A. 1 (1. Sg. Präs. *-en,* 2. Sg. Präs. *-s/-st)*; 240 A. 4 (3. Pl. Präs. *-en)*; 240 A. 7 (2. Sg. Ind. Prät. st. V. *-es, -est)*; 242 A. 1 (Alternanz in 1. Sg. Präs.); 240 A. 8 (Inf. ohne *-n)*; 248 (Flexion v. *vёhten, vlёhten* nach st. V. III); 248 A. 1 *(quam, quâmen)*; 249 A. 1 *(sёhen, geschёhen; jёhen* mit G. W.); 251 *(slân)*; 251 A. 1 *(gebacken,* 15. Jh.); 256 A. 1 *(w* statt *j: mêwen)*; 256 A. 3 (1. Sg. Ind. Präs. *-en)*; 261 A. 1 *(lahte, gelaht,* von *legen)*; 262 A. 2 *(kârte, lârte)*; 262 A. 2 (Konj. sw. Prät. mit Uml.); 267 A. 1 *(brengen* sw. V.); 268 *(begunst,* Part. Prät. v. *beginnen)*; 270,1 *(gewust, gewist)*; 274 *(mogen, mögen)*; 277 *(wollen)*; 280 *(gên)*; 281 A. 2 *(stunt* neben

haben 436 A.1; Gebrauch von *niht, ne, nieman, nie, dehein* (‚klein‘), *nehein/ enhein, deweder* (‚keiner von beiden‘) 437; Häufung von Negationen (abgesehen von *ne*) 438; Anreihung und Korrespondenz negierter Glieder, bezeichnet durch *noch, noch-noch, de(weder)-noch* 439; *iht, ieman, ie, iender* statt *niht, nieman, nie, niender* in abh. Sätzen; Negation in abh. Sätzen: in *daz*-Sätzen, die von Verben mit prohibitiver Bedeutung abhängen; *ne* in konjunktionslosen Sätzen, wenn der übergeordnete Satz negiert ist 441; Vorhandensein und Fehlen von *ne* in konjunktionslosen konjunktivischen Sätzen von exzipierender Bedeutung 447.

Neuhochdeutsch (Entwicklung zum) s. Frühneuhochdeutsch.

Neutrum: die Rolle des Neutr. bei Inkongruenz des Num. zwischen Prädikatsverbum und Subj. 341a; 430; bei Inkongruenz des Genus 426.

Niederdeutsch (auch Mittelniederdeutsch): Allg.: 2ff.; **7**; 16 j (Lit. Mndd.). – Einzelnes: 36 (Nasalschwund); 42 A.1 (nhd. Diphth.); 43f. (Monophth.); 57 *(ûr)*; 65 *(i>e)*; 72 A.2 *(hêre)*; 86 passim (2.LV.); 88 (ndd. Tenues: 2.LV.); 116 A.4 *(wr-)*; 122 (*r*-Metathese); 122 *(hê)*; 128 (*f* für *pf*); 132; 165 A.2 *(ft>cht)*; 137 A.1 *(-ch-* für *-g-*); 141 A.1 *(ss>hs)*; 142 A.6 (nhd. *Laken*); 147 A.1 *(Gêrnôt)*; 148,2 (ndd. Einfluß im Nhd., *t – d*); 155 *(schol* statt *sol* u.a.); 165,6 (ndd. Längezeichen *e* in ONN); 167 (im Thüring.); 170 (in Danzig); 213 A.6 (Dual); 234 A.3 *(zachzig,* Maa.); 267 A.1 *(brengen* sw.V.); 280 *(gân).* – Vgl. Niederfränkisch.

Niederfränkisch: Allg.: 2; **7**; 16 k (Lit.Mndl.). – Einzelnes: 30 (Ablautreihe III); 45 u. A.1 (Dehng.); 65 A.5 *(rîter > riddere)*; 116 A.4 *(wr-)*; 165 A.3 *(ors, ritter)*; 196 (unbest. Artikel bei sw.Adj.); 198 A.1 (st.Adj. – Flexion); 219 A.2 *(ditte,* neutr. Demonstr.-pron.); 233 A.2 *(niet).* – Vgl. Niederdeutsch.

Nomen agentis: 59,2 *(-ære, -er)*; 178,a u. A.2 *(-ære, -ere, -er)*; 187 A.7 (sw.Mask.).

Nominalsatz, reiner: 338,9.

Nominalstil: 9,3.

Nominativ: 176,a (st.N.Sg.); 176,d (st.N.Pl.); 179 (N.Pl. der kons. Stämme endungslos); 183 A.6 (N.Sg. der *ô*-Stämme auf *-e* o. endungslos); 184 A.1 (Neubildung nhd. *-e* bei st.Fem.); 186 (N.Sg. Schwund des urspr. *-n; en>e*); 187 (nhd. Apok. beim sw.Mask.); 187 A.3 *(-n* nhd. in N.Sg. eingedrungen); 190 (st.fem. Personennamen ohne *-e*); 197 (N.Sg. beim st.Adj.; vgl. 198 A.1); 198 A.1 (N. des Adj. im Md.); 203 (Komp. u. Sup. ohne Endung); 218 A.1f. (Nebenformen v. *dër, diu, daʒ, die*); 219 A.2 *(diz,* neutr.); 219 A.4 *(dirre, diser)*; 222 (*sëlp* im N. meist sw.); 229 A.1 (unflekt. *ein).* – Vgl. Plural.

Isolierter Nom. 346; 403; Nom. als Subjektskasus **336**; 337,2; als Kasus des Prädikatsnomens 358,2,5,6; 339,3; als Kasus des nominalen Prädikats 338,9; vokativisch gebrauchter Nom. 347.

Normalisierung des Mhd.: 11f.; 18ff. (allg.); 27 (Phonemsystem Vokale); 41 (Uml. im normalisierten Mhd.); 53,b u. g (Synk., Apok.); 63 *(ä)*; 77 (Zeichen ⟨ *iu* ⟩); 90 (Auslautverhärtung); 103 u. A.1 (Lenisierung); 105,4 (*-nt* im Ausl. geg. *-nd-*); 131 A.1 (⟨f/v⟩). – Vgl. Editionstechnik, Schrift u. Schreibung. Synt. Norm 300, 490.

n-Präsentien: 251 A.2 *(*standen)*; 252 A.5 *(gewähenen)*; 254 *(backen, gewähenen;* vgl. A.1); 281 u. A.2 *(stantan).*

n-Stamm s. schwache Deklination.

nt-Stamm s. konsonantische Stämme.

Nullwert eines sprachlichen Zeichens: 318.

Numeralia: 17 (Zahlzeichen); 59,5 *(-ic/-ec)*; 146 (Ordinalzahlen *-nd*); 172 (allg.); 179 A.6 *(fuoʒ* nach Zahl); 183 A.6 (Zahlangaben u. *-leie* u.a.); 217 (Zahlwort *ein* als unbest. Artikel); 220 *(ander* als Dem.pron.); 225; 229 u. A.1 *(ein* als Indefinitpron.); **234ff.** (Kardinal-, Ordnungs-, Multiplikationszahlen, Zahladverbien).

Gleiche Kardinalzahlen sowohl adj. wie subst. 398; auf subst. Kardinalzahl ist

im Sinne eines Futurum exactum; perfektisch 311; Prät. in perfektischer ‚Be-
deutung‘ 308,b; Inf. Perfekti s. unter
Infinitiv.
Perfektives *ge-*: 243 (Part. Prät.); 243 A. 3
(er-, ver-).
Perfektopräsentien: 269 (zum Terminus s.
A. 3).
Periodisierung des Deutschen: 7.
Periphrastische Bildung: 237 (beim Verb
allg.).
Zur Syntax vgl. Aktionsart, Futur, Perfekt und Plusquamperfekt.
Personalpronomen: 14; 23,2f. u. A. 1 (Enklise u. Krasis); 59,3 *(im/em/om* usw.);
65 (Dehng. im Nhd.; vgl. 46,β); 122
(md. ohne *-r*; vgl. 165,9); 196 (Pl. des
Pers.pron. bei sw. Adj.); 212 (allg.);
213ff. (Pers.pron. der 1.u.2. Pers.; der
3. Pers.; Reflexivpron.); 216 A. 1 (Poss.
pron.).
Ersparung des Personalpron. neben
Verbum finitum 399; Wechsel im Bezug
des Pron. der 3. Pers. 400; deiktische
Bedeutung des Pron. der 3. Pers. 401;
ez 402 (s. Wortregister unter *ez*); Personalpron. der 1. u. 2. Pers. in relativi-
scher Funktion 404.
Personifikation: 9,3; 183 A. 4 (oft sw. flektiert); 277 A. 6 (Personifikation als Subjekt v. *wellen*).
Pertinentiv s. Genitiv, adnominaler.
Phonemschwund: 25,b (allg.).
Phonemspaltung: 2 (germ. *u* u. *eu*); 25,b
(allg.); 27 (Vokalsystem); 31−35
(Wechsel, Brechg.); 37ff. (ahd. Monophth.); 41 (Uml.; Phonemisierung);
44 (Öffng.); 72 (ahd. Monophth. *ê*); 74
(ahd. Monophth. *ô*); 77,1; 81,1 (germ.
eu > *iu/eo*); 85 (1.LV.); 87 (ahd. Tenuesverschiebung); 140 (*h* > Spirans u.
Hauchlaut im Ahd.)
Phonemsystem: 24 (Sprachwandel); 25b u.
A. 1 (Phonemhinzufügung); 25,c (Analogie); **27** (Vokale); 39f. (ahd. Monophth., Diphth.); 43 (nhd. Monophth., ahd. Monophth.); 85 (Ge-
räuschlaute, 1.LV.); 171 (Mhd. Konsonantensystem); **114** (Formenlehre).
Phonemverbindung (sp, st, u. a.): 85 (idg);
87 (2.LV.); 94 (*ht, ft* ohne 2.LV.); 101
A. 1 (Fortis *st, sp, ts, pf* lenisiert im

Anl.); 127 *(sp)*; 131,2 (mhd. *ft, fs*); 136;
137 u. A. 2 *(ng)*; 138; 140 *(ht, hs)*; 143;
145 *(ft, ht, st, tr)*; 152 (*s*-Aussprache in
st, sp, ts u. a.); 155 (*sk, sch, sl, sm, sn,
sw* u. a.); 159,8 (bair. alem. inl.
st>scht).
Phonemverschiebung: 2 (germ. *ê¹* >
wgerm. *â*); 25,b (allg.); 27 (Vokalsystem); 40 (ahd. Diphth.); 85−90 (1. u.
2.LV.).
Phonemwandel: 7; 24; **25,b** (allg.); 41
(Uml.).
Phonemzusammenfall (-verschmelzung): 2
(germ.); 12 (ahd. *ea, ia; eo, io* > mhd.
ie); 25,b (allg.); 27 (System); 30 (germ.
a, â, o, ô; Ablautreihe VI); 35 *(iu; ie)*;
40 (ahd. Diphth.); 41 (Uml. von *a* u.
germ. *ë*); 42 (nhd. Diphth.); 43 (nhd.
Monophth.); 44 (Öffng.); 73; 78 *(ei : ei
< î)*; 76; 79 *(ou:ou<û)*; 77 *(û>iu)*; 80
(öu/öu<iu); 85 (1.LV.; Tenues u.
Tenues aspiratae; germ. sth. Spiranten); 87 (ahd. Tenuesverschiebg.); 91
(Spiranten); 144 (germ. *P, đ* > md. *d*);
154 (mhd. *ʒ, s* > nhd. *s*); 159,6 (bair. *h,
ch* > *ch*); 159,14 (*ë* u. *e*); 159,17 (*uo, ei*
> bair. *oa; üe, ie* > bair. *ea*); 159,18
(*-ar, -or* > bair. *-ar*); 253 (ahd. *ia, io* >
mhd. *ie* : Klassenzusammenfall in st. V.
VII).
Phonologie: 24f. (allg.); 27 (Vokalquantität u. Öffnungsgrad); 41 (Uml.); 44
(Öffng.; phonolog. Schub); 57 (Sproßvokal); 85 (Phonemisierung); 87; 89
(Tenues- u. Medienverschiebg. der
2.LV.); 151 (Phoneme *s, ss, ʒ, ʒʒ*).
Pleonastische Erscheinungen: 382,2; 408
A. 2.
Plural: 14; 41 u. A. 2 (Uml.); 67 (Uml. *ö*);
175; 176,d; 177 A. 4; 180 u. A. 2 (*-er* u.
Uml. als Pl.-Zeichen der st. Dekl.); 177
A. 2 (Pl. mit Uml.); 179 (N. A. Pl. der
kons. Stämme endungslos; dazu 181;
185 *naht*; 185 A. 3); 185,3 (*muoter, tohter* im Pl. mit/ohne Uml.); 188 (Pluraletantum *hîwen*); 189 A. 3 (Vokativ Pl.
vrouwe); 194 (Pluralschemata der synchron. Gliederung); 213 A. 6 (Dual mit
Pluralbedeutung); 217; 229 A. 1 (Pl.
von *ein*). Zur Syntax s. unter Numerus.
Plusquamperfekt: 237 (allg.).
Umschreibung mit *haben* oder *sîn* 310;

Bedeutung **312**; Prät. in plusquamperfektischer ‚Bedeutung' 308,c.

Polygenese: 41 (Uml.); 42 (nhd. Diphth.); 45 (Dehng.); 86 (2.LV.).

Possessivpronomen: 9,1 (kurzvokal. Formen *(min, din, sin)*; 53,e (Synk., Apok.); 196 (Poss.pron. bei st. Adj.); 212 (allg.); **216**.
Unsicherheit der Abgrenzung zwischen dem Gen. des Personalpron. und dem Poss.pron. 346; **407**; Substantivierung 407a; zur Bedeutung 407b; Wechsel im Bezug des gleichen Pron. 407b; attr. Poss.pron. in Verbindung mit best. Art. mit *ein*, mit *ander* oder mit Indef.pron. 408; 419; attr. Poss.pron. in Verbindung mit substantiviertem Komp. 396; der Typus: *so sal men einir kuninginne ir botin minnin* 382 A. 1; 408 A. 2.

Prädikat: Erscheinungsformen **338**; präd. Subst. 338,6; präd. Adj. 338,7; nominales Präd. 338,9; Terminologie im Bereich des Präd. 338,7; 393; Gestalt des präd. Nomens 339; Neutralisierung des subst. Charakters eines Prädikatsnomens 339,2.

Prädikativ: 339; 344.

Prädikativer Gebrauch des Adjektivs: 197; 203 (Komp., Sup.).

Flexionsloser Gebrauch und Möglichkeiten der Flexion 393; präd. Verbindung eines Adj. mit anderen Verben als *wesen* und *werden*, synt. Charakter dieser adj. Glieder, gramm. Terminologie 393; Substantivierung von Adj. 394; substantiviertes Adj. in vokativischer Funktion 347 A. 1; Adjektivierung von Subst. 395; Steigerung: Komp. 396; Verbindung von Poss.pron. und substantiviertem Komp. 396β; Sup. 397; okkasionelle Steigerung von Subst. 395.

Präfix: 21 (Betonung); 55 (Kürzg., Vokalschwund); 59,3 u. 6 (Vollvokal/*e*); 121 A. 2 (*zer-*/*ze-*); 129 (bair. *p-* statt *b-*); 147 (Gleitlaut *der* < *er*); 149 (*en-, ent-* > nhd. *ent-*); 162,7 (md. *i* statt *e*); 212 (Indef.pron.); 225 passim (verallgem. Präfix bei Indef.pron.); 237 (*ge-* vor Plusqu.); 239 (*ge-* vor Part. Prät.); 243 (Part. Prät. st. V. ohne *ge-*); 243 A. 1 (bei Part. Prät. *ge-*/*g-*); 265 A. 2 (Part. Prät. der sw. V. *ge-, g-*); 272 *(gunnen < gi + un-*

nen); 294 (*ge-* des Part. Prät. in synchron. Gliederung). – Einzelne Präfixe s. Wortregister.

Präposition: 14; 23,1 u. 6 (Verschmelzung mit Artikel; Prokl.); 53,a (Satzton, Apok.); 53 A. 3 (Synk.); 204 A. 1 (als Grundform zu Komp. u. Sup.); 208,4; 209,4 (präp. Verbindung als Adv.; vgl. 211 A. 2); 218 (Instr. *diu* nach Präp.). Präposition als Wortart 433; verbunden mit dem Gen. 377; mit Dat. 384; mit Akk. 357; mit Instr. 387. – Zu einzelnen Präpositionen s. Wortregister.

Präsens: 237 (allg.); 240 (Endungszusammenfall Ind.-Konj.); 241 (Uml. 2. 3. Sg. Präs.); 244 (Stammzeiten); 256 (Präs. der sw. V.); 256 A. 3 (1. Sg. Ind. Präs. *-en*); 267f. (st. Präs., sw. Prät. *bringen, beginnen*); 269 (Präteritopräs.); 278 passim (1. Sg. Präs. der Wurzelverben auf *-n*); 289 (Opp. Präs.: Prät. in synchron. Gliederung); 295 (in synchron. Gliederung).

Präsens für Gegenwart **304a**; atemporales Präs. 304b; Präsensformen mit Vergangenheitsbedeutung 305; Präs. historicum 305; Autor-Präs. 305 A. 1; Präsensformen zur Bezeichnung von zukünftigem Geschehen (Ind. Präs., Konj. Präs.) 306.

Präteritopräsentien: 41 (Uml.); 172; 238 (allg.); **269–276**; 290 u. A. 1; 295 (in synchron. Gliederung).

Präteritum: 54,a (synkopierte Formen beim sw. Prät.); 59,4 (Bindevokal *ô*); 94 A. 1 (*ht/ct : dahte/dacte*); 105,4 (mit *d* nach Nasal; *rûmde*); 105 A. 4 (*sch>s* vor *t*; *laste*); 107–110 (Kontraktionsformen beim sw. Prät.); 159,25 (Prät. von *hân* im Bair.); 237f. (allg.; *ge-* + Prät.); 240 (Endungen st. V.); 240 A. 6, A. 7 (st. V. 3. Sg. *-e*; 2. Sg. *-es, -est*); 241 (Uml. Konj. u. 2. Sg. Ind.); 244 (Stammzeiten); **257–266** (sw. V.); 267f. (sw. Prät. urspr. starker Verben); 269 (Präteritopräsentien: Prät. sw. ohne Bindevokal); 281 A. 2 (alte Form *stuot* von *stân/stên*); 288 u. A. 3 (Formen bei *hân*); 289 (Opp. Präs.: Prät. in synchron. Gliederung); 296 (in synchron. Gliederung). – Vgl. Partizip des Prät. Prät. als Vergangenheitstempus **307**;

graphien); **20** (mhd. Konsonantengraphien); 9,2; 13 (Schreibwandel *sl* u.a., *hs*); 24 (Schreibg.: Reim); 41 (fehlende Umlautbezeichnung); 42 (nhd. Diphth.); 43 (nhd. Monophth.); 44 A.1 (Öffng.); 48 (Rdg.); 49 (Entrdg., Zeichenvermischung); 53,g (Synk., Apok.); 59,3 (*i* für unbetontes *e*); 62 (Uml. von *a*); 63 (nhd. *e/ä*); 64 (*e/i*); 65 (*i, j, y; i* als Längezeichen); 66 (*o*); 67 (*ö*); 68 (*u, v, w*); 68 A.3 (*ow* für *ouw* u.a.); 69 (*ü*); 71 (*æ*); 73 (î); 74 (ô); 77 (Zeichen *iu*); 77 (Schreibung nhd. *eu/ äu*); 78 u. A.1 (*ei/ai*); 79 (*ou/au; ouw = ow*); 80 (*öu*); 82 (*uo*); 83 (*üe*); 88; 90 (2.LV.); 91 (Spiranten); 99 (nhd. Doppelkonsonanz); 100 u. A.1 (Auslautverhärtung); 103 u. A.1 (Lenisierung); 115–156 (Schreibung der einzelnen Konsonanten); 156 (*i/y*); 159 A.2 (bair.-alem. *kch, k, ch*); 159,2 (*b, g>p, k* bair.-alem.); 159,13 (*ei* > bair. *ai, î* > *ei*); 159,21 („Kärntner Dehnung‘); 162,3 (*e*-Laute im Md., *æ* als ⟨ê⟩); 162,4 (keine Umlautbezeichnung im Md.). – Vgl. Editionstechnik, Normalisierung, Urkunden.

Synt. Instabilität: 300; 490.

Schwache Deklination: 2 (allg.); 59,4 *(-o-)*; 126 A.7 (*n* im Nom.Sg.); 172; 174f. (allg.); 178 A.1 (st./sw. Dekl.); 183 (Mischdekl. st./sw.); 183 A.2 (Fem. ahd. *-ina*, mhd. *-en*); 184 (fem. *i*-Dekl. ‚schwach‘ o. ‚gemischt‘); **186–189**; 187 u. A.1; A.3 (sw. > st. Dekl. im Nhd.; auch st. > nhd. sw.); 187 A.4 (mhd.st./ sw.Dekl.); 189 (sw.Fem. > *ô*-Dekl. im Nhd.); 190 (Personennamen); 191–195 (synchron. Gliederung); 196 (Adj.-Dekl.); 201f. (Adj.synchronisch); 203 (st./sw. Komp., Sup.); 216 A.1 (vereinzelt beim Poss.pron.); 220,222 (Pronominaladj.); 225 (Indefinitpron.); 234ff. (Zahlwörter).

Schwaches Verb: Allg.: 238; **255–266**. – Einzelnes: 2; 14; 29 (Abl.); 41 (Rückuml.); 59,4 *(-ôn)*; 105 A.4 (Ass. *-scht-* > *-st-*); 146 (*nt>nd* u.ä. im Prät.); 172 (Definition); 269 (sw.Prät. der Präteritopräs.); 271 (*tougen* vom Präteritopräs. zum sw.V.); 277 (*wellen* mit sw.Prät.); 290, 292 (schwache Konjug.

synchronisch). – Übergang zur starken Flexion: 245 A.4 (*nîden*); 264 A.4 *(trûwen)*; 268 A.4 *(eischen)*; 268 A.5 *(er-, verkunnen). –* Vgl. starke Verben (Übergang zu schwacher Flexion).

Schwachtonige Sonderformen s. Betonung.

Schwäbisch: Allg.: 4f.; 12. – Einzelnes: 42 (nhd. Diphth.); 41 A.5 *(ei>oi, oa)*; 44 (Diphthong-Öffnung); 48 (Rdg.); 50 (Senkg. *u, ü*); 53,a (Apok.); 59,4 (volle Endsilbenvokale); 65 (Rdg. *i>ü*); 68 (Senkg. *u>o*); 70 *(â>au)*; 72 A.2 *(hêrre)*; 72 (ê halboffen); 77 (Uml. *ü:/*Diphthong: *iu, ui*); 78 *(ei>oi* > wschwäb. *oa*); 102 A.1 (Lenisierung); 104 (keine Spirantisierung von *b*); 107 A.4 (*ei (<egi)*: altes *ei*); 117 *(rw>rb)*; 122 (*r*-Metathese); 126 (Nasalierung); 133 *(kch)*; 134 (*k* usw.); 137 *(gagen)*; 141 *(swelch)*; 147 (Gleitlaut *d*-); 159,11 (Diphth. von *ê, ô, œ*); **160** (nhd. Diphth.; Diphth. *â>au, ô>ou*); 233 A.2 *(nit)*; 288 A.4 *(heite* Prät. v. *hân).* – Vgl. Alemannisch.

Schwund s. Apokope, Assimilation, (totale) Dissimilation, Konsonantenschwund, Kontraktion, Nasalschwund, Synkope, Vokalisierung.

Sekundärumlaut s. Umlaut.

Selbständiger Satz in der Form abhängiger Sätze: eingeleitet mit *daz, ob* (interr.), *wer, wie* 448; in der Form eines Relativsatzes 455.

Senkung: 13 (mhd. *u, ü* > nhd. *o, ö*); 25,a (Lautwandeltypen); 31; 33ff. (Brechg.); 39 (ahd. Monophth.); 43 (Öffng.); **50** (nhd. Senkg. von *u, ü* vor Nasal; md. *i>e*); 64 u. A.2; 65 (*i>ë*); 67; 69 *(ü>ö)*; 66, 68 (*u>o*, germ. u. md.); 159,14 (*ë>*bair. *i?*); 162,5 (md. *i>e, u>o*); 166,4 u. A.3 (omd. *i, ü>e*); 266 *(worhte, vorhte);* 270 passim *(wësse, tohte, dorfte, torste, solde).* – Vgl. Brechung, Öffnung.

Singular s. Numerus.

Sparsamkeit des Ausdrucks: Nicht-Bezeichnung eines pron. Subj. 399; 492A; eines Pron. im Kasus obliquus 492B; eines Inf. 492C; des Verbums finitum 492D; *wan, niuwan* mit Subst. im Nom. „wenn nicht ... gewesen wäre" 492E;

Nichtbezeichnung eines nominalen Obj. *(rüeren, rennen, sprengen)* 492F.

Spirans: 85 (idg.-germ. Spirans); 86ff. (2. LV.); 88 (ahd. Doppelspiranten vereinfacht); 91 (Verschiebung der germ. Spiranten); 94 (Spiranten vor *t*); 101 (Lenisierung); 104 (Spirantisierung von *b, d, g* vgl. 90 A.1); 114 (Spiranten im System); 127 (2. LV.); 131 *(f, v)*; 133 (2. LV.); 137 *(g>ch* bair.-alem.); 138−142 *(h, ch)*; 144 (rhfrk. Spirantisierung von *d*); 151−155 *(ʒ, s, sch)*; 159,2−4 (bair. *b, w, g, j, f*); 159,6 (bair. *h, ch*); 159,8 (bair. alem. *st>scht*); 165,3 (mfrk. *-ch, -v-, -f*; vgl. A.3); 165,4 *(ft>cht)*; 193 (Spirans : Hauchlaut; synchron. Subst.); 201 (Spirans : Hauchlaut; synchron. Adj.); 230 u. A.1 *(nechein > nekein)*. − Vgl. auch Primärberührungseffekt.

Sprachschichten: **8**; 9; 25,d (Übertragung).

Sprechsprache, mhd.: 8; 9; 23 (Betonung); 53,g u. A.3 (Kurzformen, Synk.; Apok.).

Sproßkonsonant: **113**; 116 (alem.); 118 (intervokal. *g*); 121 A.8 *(r)*; 129 *(b)*; 141 A.1 *(ch, h* vor *s)*; 146 *(t)*; 147 (Gleitlaut *d-)*; 149 *(t)*; 165 A.1 (falsches *w*); 220 A.4 *(anderthalp)*; 222 A.1 *(sëlbes > selbst)*; 227 A.2 (nhd. *jemand)*. − Vgl. Gleitlaut.

Sproßvokal: 2 (germ.); 28 (Abl.); 51; **57**; 96,β (Sproßvokal u. Gem. vor wgerm. *l, r*); 123 (nhd. Sproßvokal vor *-r, -re*); 159,1; 166 A.1 (omd. *u* vor *l*).

Stamm: 173 (Stammbildung, Begriff ‚Stamm‘); 191; 193 (synchron. Gliederung der Subst.); 201f. (synchron. Gliederung der Adj.); 214 (drei Stämme des Pronomens d. 3. Pers.); 215 (Stamm des Reflexivpron.); 219 (Stamm des Demon. pron.); 223 (Stamm des Interrog. pron.); 237 (Verben allg.); 255 (sw. V. allg.); 277 (Optativstamm *wellen*; vgl. A.1); 280 (zwei Stämme bei *gân/gên)*; 281 (zwei Stämme bei *stân/stên)*; 282 (drei Wurzeln bei *sîn)*.

Starke Deklination: 172; 174f. (allg.); **176−185**; 187 (Mask. sw. Dekl. > st. Dekl.); 190 (Personennamen); 191−194 (Subst. synchronisch); 196

(Adj.); 201f. (Adj. synchronisch); 203 (st./sw. Dekl. Komp. u. Sup.); 216 (Poss. pron.); 220ff. (Pronominaladj.); 225 passim (Indef. pron.); 234ff. (Zahlwörter).

Starkes Verb: 2; 14; 28ff. (Abl.); 35 *(iu/ie* Reihe II); 36 (Reihe I); 37ff. (Reihe I, II; ahd. Monophth.); 40 (ahd. Diphth. Reihe VIIa); 41 u. A.3, A.8 (Uml.); 72 *(ei/ê* Reihe I; Ausgleich); 73 (st. V. I *î>ei*: abgeleitete Verben *ei)*; 74 (st. V. II *ô)*; **77** (Reihe II *iu/ie)*; 78 (Reihe I *ei/ê)*; 79 (Reihe II *ou/ô)*; 80 (Reihe II *ie/iu)*; 82 (Reihe VI *uo)*; 83 (Reihe VI Konj. Prät. *üe)*; 93 (G. W.); 126 (Part. Prät. mit *n*-Schwund moselfrk.); 142 A.4 (Analogie); 172 (Definition); 238 (allg.); **239−254**. − Übergang zur schwachen Flexion: 245 A.2 *(schrîen, spîwen, snîwen)*; 249 A.1f. *(geschëhen, jëhen, pflëgen)*; 252 A.1ff. *(heven, entseben, schepfen?)*; 253 *(erren)*; 254 *(ruofen, wuofen)*; 267f. *(bringen, beginnen*; st. u. sw. Flexion); 268 A.2 *(brûchen*, urspr. st./sw.); 269 (Präteritopräs.); 271 *(tougen* > sw. V.); 290f. (starke Konjug. synchronisch). − Vgl. schwache Verben (Übergang zur starken Flexion).

Steigerung: 41; 62 (Uml.); **203f.**; 210 (Steigerungsadverbien); 211 (der Adjektivadverbien). − Vgl. Komparativ, Superlativ.

Zur Syntax s. unter Adj. u. Komp. u. Sup.

Steigerungsadverb: 210.

Stilistik: 9, 3. − Berührung mit der Syntax, Abgrenzung gegen sie: 338,9; 429; 436; 443; 448,2; 458; 460 A.2; 492; 494.

Subjekt: Gen. part. als Subj. 362; Inf. in der Funktion des Subj. **336**; **337**; Part. Prät. in der Funktion des Subj. 331e; Nicht-Bezeichnung eines pron. Subj. 399; Nicht-Bezeichnung bei unpers. Konstruktionen 336; 337 A.2; *ez* als formales Subj. bei unpers. Konstruktionen 402; *ez* als Scheinsubj., wenn nominales Subj. folgt 402; pron. Subj. neben *jâ* oder *nein* 405.

Subjektsatz: Relativsatz 455; *daz*-Satz 466,1.

Substantiv: 2 (sw. Dekl.); 14 (Genuswech-

sel im Nhd.; Kasus); 29 (Abl.); 41
(Uml. u. Wortbildung); 172 (allg.);
174−195; 212 (Pronominalsubst.); 222
(*sëlp* als Subst.); 225; 227 (Subst. *man*
als Indefinitpron.); 233 *(niwiht)*; 234
(hundert, tûsent; neutr.).
Substantivierung: von Adj. 394.
Süd(rhein)fränkisch: Allg.: 4f.; 6,1b; **161**.
 − Einzelnes: 43 (nhd. Monophth.); 44
(Diphthongwandel); 64 A.4 (*e*-Laute
im Reim); 81 (nhd. Monophth. *ie*>*i:*);
86 (2.LV.); 107 A.3 (Kontr.); 163 A.2
(germ. *p-, -pp-⟨pf⟩*); 240 A.3
(2.Pl.Präs. *-ent*). − Vgl. Rheinfränkisch, Elsässisch, Oberdeutsch.
Suffix: 2 (Dentalsuff.sw.V.); 9,1 (Lehnsuff.); 21,3 (Betonung); 29 (Suffixabl.);
30 (Ablautreihe IV); 41 (Uml. durch *i*-
Suff.); 41 A.11 (mhd. kein Uml. durch
-nisse, -ære); 47,5 (Kürzg. vor Suff.); 58
(Lang-/Kurzvokal); 60 (nhd. Uml. von
a); 62 (Primäruml.); 65 A.4 *(-in,
-în, -inne)*; 96 (*j*-Suff.>wgerm. Gem.);
172f. (Dentalsuff. der sw.V.; Ablei-
tungssuff.; stammbildende Suffixe); 187
A.7 (*o*-Suffix der Nomina agentis im
Ahd.); 203f. (Adj., Komp., Sup.);
205ff. (Adv.-Suffixe); 211 (ahd. Steige-
rungssuff. des Adj.Adv.); 225 *(-lîch,
-lich* bei Indefinitpron.); 234 A.3 *(-zic,
-zec, -zoc*; Zahlsuff.); 237 (Verbsuffixe
allg.); 238 (Dentalsuff. beim sw.V.);
255 (germ. Bildungssuffixe der sw.V.);
258 (Dentalsuffix des sw.V.; Herkunft); 278 (idg. Primärsuff. *-mi*);
292 (Dentalsuff. in synchron. Gliederung). − S. auch Endsilbenvokalismus;
einzelne Ableitungssuffixe s. Wortregister.
Superlativ: 54,b (Synk.; Apok.); 59,3 *(-ist,
-ôst, -est)*; 63 (Uml.); **203f.** (Adj.); 211
(Sup. des Adverbs); 235 (Ordinaliafle-
xion wie Sup.). − Vgl. Elativ.
 Synt. Funktion 397; Sup. von (adjekti-
vierten) Subst. 395.
Suppletivwesen: 204 (Adj.-Steigerung);
208,5 *(wol)*; 280 *(gân)*; 281 *(stân)*; 282
(sîn).
Svarabhakti s. Sproßvokal
Synchronie: 27 (ahd., mhd., nhd., Vokal-
systeme); 114 (mhd. Konsonantensystem); 171 (Methoden); 191−195 (Sub-

stantivflexion); 201f. (Adjektivflexion);
289−296 (Verbflexion).
Synkope: 12; 45 (unterbliebene Dehng.);
52−56; 59,3 (Synk. *-esch*); 97 (Synk. u.
ahd. Gem.); 99 (Geminaten durch
Synk.); 113 (Sproßkonsonant); 121 A.5
(*rr*>*r* bei Synk.); 124 (Synk.
>*ll*; >*l*); 126 u. A.4 (*n*-Schwund); 147
A.1 *(-dl, -tl*<*-del, -tel)*; 150 (*nȝ, lȝ* nach
Synk.>*nz, lz*); 175 (bei Substantiv-
Dekl.); 176,b (Gen.Sg.); 177
(st.Mask.); 180 (st.Neutr.); 181
(st.Fem.); 186 (sw.Dekl.); 187 A.6
(sw.Flex., bes. bair.); 189 A.1
(sw.Fem.); 198 (beim Adj.); 203 A.3
(bei Sup.); 203 A.4 (bei Komp.); 219
A.4 *(dirre)*; 220 A.2 *(ander(e)s)*; 239f.
(beim st.Verb); 261 (sw.V. I *nern* −
nerte u.a.); 264 (sw.V. II u. III); 265f.
(Klassifizierung der sw.V.); 290; 292;
295 (in synchron. Gliederung). − Vgl.
Endsilbenvokalismus.
Synkretismus: 174f. (der Substantivklas-
sen); 199 A.3 (der germ. Adjektivklas-
sen); 255 (der sw. Verbklassen).
Synthetische Bildungen: 237.
Systemzwang s. Analogie.

Temporalsatz: 459; Modus 475; vgl. auch:
Konj. als Einleitung abh. Sätze.
Tempusbildung: 29f. (Abl.); 237ff. (allg.);
244−254 (st.V.); 256−266 (sw.V.);
267−288 (bes.Verben).
Tempussystem: 303.
Textkritik s. Editionstechnik.
Themavokal s. Bindevokal.
Thüringisch: Allg.: 2ff.; 6; 9 A.1; 10; **167**.
 − Einzelnes: 42 (nhd. Diphth.); 44
(Diphthong-Öffnung); 64 A.4 (*æ:ê*); 68
(Senkg. *u*>*o*); 77 (Nordthür. *iu* als *û*);
78 (othür. *ei*>*ê*); 79 (othür. *ou*>*ô*); 86
(2.LV.); 101 (keine Lenisierung im
Nordthür.); 116 (*w* in *zwischen*); 122 (*r*-
Metathese); 126 (*n*-Schwund); 132 *(f)*;
139 (unverschobenes *k*); 162,8 (*n*-
Schwund im Inf.); 165,2 (inl. *w*-
Schwund nach Kons.); 165 A.4 *(rp, lp)*;
165 A.5 (Kontr. über *h*); 165,8 *(iu*>*û)*;
165,9 *(mî, dî* u.a.); 166,1 (Südthür. *pf*
statt omd. *f*); 166 A.3 (Reime *ë:e*); 213
A.1 *(iche)*; 219 A.2 (*ditte*, neutr.De-
mon.pron.); 234 A.3 (*zachzig*, Zahl-

wort); 240 A.8 (Inf. ohne -n). – Vgl.
Ostmitteldeutsch.

Übercharakterisierung: Abneigung dagegen 408 A.2; 308b.
Übertragung der Aussageform: 458;
460,1; 461,7; 465,1; 476–478.
Umlaut: 7 (Periodisierung); 12; 14 (Pl.);
19 (Graphien); 25,a (kombinat. Lautwandel); 25,b (Phonemspaltung); 26
(Schema); 27 (Vokalsystem); 29
(st.V.); 30 (Ablautreihe I, VI); 31
(germ. *u-* u. *a-*Uml.); 32 (germ. *i-*
Uml.); 34 *(u/o)*; 35 *(iu)*; 40 *(üe)*; **41**
(ahd. *i-*Uml.); 41 A.1 (unterbliebener
Uml.); 41 A.2 (Sekundär-Uml.); 60 *(e,
ä*; nhd. Umlautung); 61 *(e, ë, ä)*; 62
(Primäruml.); 63 (Sekundäruml. *ä*); 64
(ë>e); 64 A.1b (Uml. vor *sch*); 65 A.8
(wiste > -ü->-u-); 67 *(ö)*; 68f. *(u>ü*;
Umlauthinderung im Obd.); 70f.
(â>æ); 75 *(ô>œ)*; 76 (û>iu = ü:; nicht
obd. vor Labial); 77 *(iu)*; 79 f. (obd.
Umlautverhinderung von *ou*); 82f.
(uo>üe; obd. teils verhindert); 160,1 *(a
> alem. ä* vor *sch*); 162,4; (md. fehlt
Umlautbezeichnung); 165,8 (mfrk.
iu>û, Uml. *iu*); 175f. (als Pluralzeichen); 176,b (Gen.Dat.Sg.); 177ff. passim (in der st.Dekl.); 178,b (*u*-Stamm
Uml. analog); 180 (bei *ja*-Stämmen, bei
-er); 181; 182,a (bei *jô*-Stämmen); 184
(fem. *i*-Stämme im Nhd.); 184 A.2f.
(st.Fem. mit/ohne Uml.); 186; 187 A.1;
189 A.5 (sw. *jan-, jôn*-Stämme); 194 (in
synchron. Gliederung der Subst.); 198
A.2 (vor Adj.-Endung *-iu*); 199 (Uml.
der adj. *ja-/jô*-Stämme); 203 (bei Komp.
u. Sup.); 205 (Adv. von *ja*-Stämmen ohne Uml.); 220 A.1 (Demon.pron. *ändriu*, fränk.alem.); 221 A.1 (Demon.
pron. *jener*); 234 A.2 (bei Zahlwort);
237ff. (beim Verb allg.); 241 (beim
st.V.); 241 A.1 (fehlender Uml. in Kl.
VII); 241 A.2 (Uml. im Pl.Ind.Prät.);
251 (Präs. der st.V. VI); 252 A.5 *(gewähenen)*; 254 (*j*-Präsentien); 255 (bei
jan-Verben); 257 (Konj.Prät. der
sw.V. ohne Uml.); 261 (bei kurzsilbigen sw.V. I in allen Stämmen); 262,b
(langsilbige sw.V. I Prät. ohne Uml.);
262 A.4 (md. Uml. im Konj.Prät.:

brente); 266 (Konj.Prät. sw.V. mit
Uml.); 267 *(bræhte)*; 269 u. A.1 (Uml.
im Pl.Präs.Ind. der Präteritopräs.); 272
(gunnen, kunnen ohne Uml. im Obd.);
288 A.3f. (Uml. im Prät. von *hân*); 290,
293 (in synchron. Gliederung).
Unbetonte Stellung im Satz s. Betonung.
Unflektierte (bzw. endungslose) Form: 179
A.6 *(fuoȝ)*; 179 A.7 *(genôȝ)*; 183 A.7f.
(alter endungsloser Nom. bei *buoȝ,
halp* u.a.); 187 A.6 (sw. Mask. auf *-en*);
190 (bei fem. Personennamen); 197 (endungslose N.Sg. beim Adj.); 198 A.3
(Adj. auf *-en*); 203 (endungsloser N.Sg.
beim Komp. u. Sup.); 216 *(mîn, dîn,
sîn, ir)*; 223 A.3 *(waȝ* als casus indefinitus); 227 A.2 (nhd. *jemand*); 229 A.1
(ein); 231 *(al)*; 234 (Zahlwörter); 262
(Part.Prät. der sw. *jan*-Verben).
Unpersönliche Konstruktion: 9,3.
Mit Akk. der Person 351; mit Pron. *ez*
337 u. 402.
Urkunden: Allg.: 8; 11; 16,a (Quellen u.
Lit.); 25,d (Übertragung). – Einzelnes:
46γ (Längezeichen in Kärntner Urk.);
88 A.3 (Affr. *ph, pf*); 118 *(j/g)*; 126 (*n*-
Schwund alem.); 129 *(p-, b-)*; 132 *(f-, v-*
usw.); 134 (*k* usw.); 135 *(qu)*; 137 (*g*-
usw.); 140 A.5 (*h*-Schwund); 155
(Schreibung *sch, sh* u.a.); 163 A.2
(südfrk., zur 2.LV.). – Zahlreiche Ein-
zelbelege in Laut- u. Formenlehre.
Urkundensprache: 8; 9,2; 10 (allg.); 88
A.3 (Kanzleisprache *ph, pf*); 154 *(s, ȝ)*.
u-Stamm: 174ff. (allg.); 177; **178,b** u. A.4;
180 u. A.1; 181 (> *i*-Stamm); 185 u.
A.1 *(hant)*; 199 A.3 (Adj.).

Valenz: Wertigkeit des Verbs **302**; 336;
obligatorische und fakultative Ergänzungsbestimmungen, freie Angaben,
Abgrenzungsprobleme **344.**
Verbalnomen: 237 (allg.). – Vgl. Gerundium, Infinitiv, Partizip.
Verbalsystem: 29f. (Abl.; st.V.); **237f.**
(allg.); 239ff. (st.V.); 255ff. (sw.V.);
267ff. (sonst Verben); **289–296** (synchron. Gliederung der Verben).
Verengung s. Hebung.
Vergleichssatz s. Modalsatz.
Verhärtung s. Auslautverhärtung.

Verners Gesetz: **92f.**; 102 (Lenisierung).
– Vgl. Grammatischer Wechsel.
Verschiebung der Satzgrenze: 464; 466.
Verslehre s. Metrik, Reim.
Vokalisierung: 103 A.2; 159,5 (mbair. V.
von *l>i; r>o*); 107–110 (Kontr. über
b, d, g); 111 (Kontr. über *h*); 115ff. *(w)*;
121 *(r)*; 256 A.1 (*j* in Präs. der sw. V. I).
Vokalismus: 19 (Schreibung, Ausspr.);
26–83. – Vgl. Ablaut, Apokope, Brechung, Dehnung, Diphthongierung,
Endsilbenvokalismus, Entrundung, Ersatzdehnung, Hebung, Kontraktion,
Krasis, Kürzung, Monophthongierung,
Öffnung, Palatalisierung, Rundung,
Senkung, Sproßvokal, Synkope, Umlaut, Vokalisierung, Wechsel *ë – i*.
Vokal-Wandel (mundartl.): 12f. (allg.); 26
(Schema); 159,9 *(ä, æ* > *bair. a, â)*;
159,11 *(î, û, iu* > bair. *â)*; 159,12 *(iu* >
bair. *iu, ie*); 159,15 *(ô* > bair. *ou>â*;
ou, û > bair. *â*; æ, ä, ou, öu, ei, egi >
bair. *â*); 159,17 *(uo* > bair. *ue*; *uo* >
bair. *oa* vor Nasalen); 159,19 *(egi* > *ei*
> *â)*; 159 A.7 *(â, a* > tirol. *û)*; 160 A.1
(ë>a); 165,5 *(a>o* vor *l*, mfrk.); 165,7
(o > rip. *u* vor *l*); 166,5 *(o* > omd. *a)*;
277 *(wellen > wollen)*.
Vokativ: 189 A.3 (Pl. *vrouwe)*.
Formale Identität von Nom. und Vokativ **347**; schwache und starke Formen
des attr. Adj. in Verbindung mit dem
Vokativ 347; Ketten von Anreden 347,
Vokativ und Art. 347,3.
‚Vordersatz‘ im kondit. Satzgefüge
476–478.
Vorgangspassiv s. Passiv.
Vorwegnahme (Antizipation) eines Nomens im einfachen Satz 403; 346.

wa-Stamm: 174ff. (allg.); 177; **178,2**
(Mask.); 180 (Neutr.); 200 (Adj.).
Wechsel/Wandel zwischen *ë – i, o – u, ie*
– iu: 2 *(e>i)*; 25,a (kombinat. Lautwandel); 26 (Schema); 27 (System); 30
(Ablautreihe III, IV, V); **31f.** (Wechsel); 64 *(ë)*; 65 *(e>i)*; 219 A.1 *(dëser –*
diser); 239f. (allg.); 242 u. A.1 (im

Präs. der st. V.); 266 (funktionsloser
Wechsel).
Westmitteldeutsch: Allg.: 4; 6; 10; **163.** –
Einzelnes: 42 (nhd. Diphth.); 43 (nhd.
Monophth.); 81 (nhd. Monophth.
ie>i:); 82 (nhd. Monophth. *uo>u:*); 86
passim (2. LV.); 107 A.3 (Kontr. *pflît*);
128 A.1 *(ph* für *p)*; 128 *(p)*; 132 *(f)*; 148
(tw > nhd. *zw)*; 166,3 (Monophth.
ei>ê, ou>ô). – Vgl. Hessisch, Mittelfränkisch, Moselfränkisch, Rheinfrän-
kisch, Ripuarisch.
Wörterbücher: 16b.
Wortbildung: 25,c; 28ff. (Abl.); 31–35
(Wechsel, Brechg.); 41 u. A.2 (mit
Uml.); 62 (Uml.); 65 *(e/i)*; 95 (Geminaten); 203 u. A.1 (Komp., Sup.); 205ff.
(Adv.); 225ff. (Indefinitpron.); 255 (sw.
Verben). – Vgl. Adjektivabstraktum,
Diminutiv, Faktitivum, Intensivbildung, Kausativum, Kompositum, Kon-
tamination, Nomen agentis, Personifi-
kation, Präfix, Suffix. – Einzelne Präfi-
xe u. Suffixe s. Wortregister.
Wortgruppe: 344.
Wortstellung 301.
Wortton: **21f.**
wô-Stamm: 174ff. (allg.); **181**; **183 A.5**;
200 (Adj.).
Wunschsatz: Selbst. Satz im Konj. Präs.
oder mit Konj. Präs. von *ich muoz* in
Verbindung mit Inf. 320; 321; selbst.
Satz im Konj. Prät. oder mit Konj.
Prät. eines Modalverbs in Verbindung
mit Inf. 322; mit vorangehender Partikel *wan* 322; unabh. *daz*-Satz 448; abh.
Satz im Konj. Präs. 321 Anm.2.
Wurzelnomen: 41 (Uml.); 173f. (allg.);
176 (Kasusendungen); 177, **179,2**; 181
(st. Fem.); 185,2 u. A.2 *(naht)*.
Wurzelverb: 173 (allg.); **278–282.**

Zahl u. Zahlwort s. Numeralia
Zeitfolge (Consecutio temporum): Ver-
hältnis des konjunktivischen abh. Sat-
zes zum übergeordneten Satz 468; 469.
Zeitstufe 303.
Zustandspassiv s. Passiv.

Wortregister

zur Einleitung, Laut- und Formenlehre (vormals zusammengestellt von E. Rüther u. Mitarbeitern, neu bearbeitet von P. Wiehl u. Ch. Groß) und zur Syntax (auf der Grundlage von I. Schröbler neu bearbeitet von S. Grosse u. H. Kuntz).

Das Register erschließt außer den Wörtern des ‚klassischen' Mhd. auch Mundartformen sowie Präfixe und Suffixe, nicht jedoch mhd. Reimbeispiele sowie Wörter anderer Sprachstufen und Sprachen. Die auf die Nennung des Sachbezugs folgenden Zahlen beziehen sich auf die Paragraphen, gegebenenfalls auf deren Anmerkungen (= A.); fett gedruckte Zahlen zeigen ausführliche Behandlung oder paradigmatische Darlegung des betreffenden Wortes an. Die Verweise auf die Laut- und die Formenlehre sind durch Gedankenstrich voneinander getrennt, die Angaben zur Syntax sind durch neue Zeile davon abgesetzt.

Alphabetisch eingeordnet werden anlautendes c- unter k-, v- unter f- sowie die Umlaute unter den entsprechenden nichtumgelauteten Vokalen (also ö, œ unter o; ä, æ unter a; ü unter u; davon ausgenommen sind der Primärumlaut e und der Umlaut iu, die unter e bzw. i geführt werden). Zu den Abkürzungen vgl. das Abkürzungsverzeichnis.

alle(ʒ) Adv.: 207,a; vgl. *al*
allen(t)halben Adv.: -t- 149,1. – 209,i
aller-: 210
aller hande Subst.-Adv.: 183; 185
alles, als Adv.: 207,b; vgl. *al*
alle stunt Adv.: 209,c
alle wëge Subst.-Adv.: 209,b
alle wîle Subst.-Adv.: 209,c
alleʒ Adv.: mal. *allet* 88; 143; 165,1. –
207,a; vgl. *al*
almähtic Adj.: Akz. 22 A.6
almuosenære, almüesenere stM: Vok. 82
Alphart EN: *bh* > *ph* 100 A.2
alre: Metathese 159, 22
alrêrst(e), alrêst(e) Adv.: Diss. 106; Kontr.
211 A.2
alsam Adv., Konjunktion: 224,2
Konjunktion: modal 365,4
alsô, als(o), als(e) Adv., Konjunktion:
Akz. 22 A.6; Apok. 53,a; Vok. 59,5;
md. *as* 124; 165 A.3. – 210; 224,2
Adv.: 464; 465; Konjunktion: kondit.
460,3; konzess. 461,7; modal, Annäherung an relat. Bedeutung 465,2; temp.
also, alse 459,4
alt Adj.: Uml. 63; Kons. 146. – Komp.
203
alten swV: 255
alumbe Präp., Adv.: Akz. 22 A.6
alwâr Adj.: Akz. 22 A.6
alwære, albære Adj.: mal. 9,1; Akz. 22
A.6; *w* – *b* 117; 130; -n 126 A.7. – 199
A.1
alweinende Adj.: Akz. 22 A.6
alzuges, alzoges Adv.: 209,e; 210
âmaht stF.: Rdg. 48,2; 70
âmât, uomât stN: Bes. Abl. 30; > *uomet*
59,5
ambet stN: Synk. 54,b; 56; Ass. 130; *ambehte* 140 A.3. – 180
âme (Raummaß) stF, swM: Rdg. 70
ameize swMF: -ʒ- 154 A.1. – 187 A.5;
189 A.1
âmer s. *jâmer*
amman stM: *hamman* 141
amme swF: 189 A.1
amme = an deme: Ass. *nm* > *mm* 105,1
ampf- s. *antv-*
amsel stF: Kons. 152
an Präp.: Apok. 53a; *an deme* > *amme*
105,1.
357; 384; 387

ân(e) Präp., Adv., Konjunktion: Rdg. 13;
48,2; 70; Graphie 156,4
Präp.: 377; 380; Konjunktion: konzess.
461,4
andâht stF: Kürzg. 47,1; Kons. 36
ande swM: adjektiviert und gesteigert 395
ander Num., Pron.-Adj.: Num., Pron. 198
A.1–3; 212; Pron. **220** u. A.1–5;
Num. 235
ander(e)s Adv.: 220 A.3
adv. Gen.: 366
ander(t)halp, ander(t)halben Adv.: anderthalb 140 A.5; -t- 149,2. – 183 A.7;
209,b; 209,i; rip. *andert* 220 A.4; Num.
234 A.5
ander sît Adv.: 220 A.4
ander stunt Adv.: 220 A.4; 236
ander warbe Adv.: III Abl. 30. – 236
ander weide Adv.: 236
ander wîs Adv.: 183 A.7; 220 A.4
anebôʒ, anboʒ, ambôʒ stM: Ass. *nb* > *mb*
105,1; 126 A.5
anen swV: *mich* und *mir anet* 351
âne wanc Subst.-Adv.: 209,l
ange Adv.: Synk. 55. – 205
angel stMF: 177 A.5
angest stMF: Synk. 54. – 177 A.5
anges(t)lich Adj.: Kontr. 112
angestlîchen Adv.: Uml. 41 A.2,3
anlegen swV: mal. 9,1
anpfanc s. *antvanc*
anst stF: 272
ant stMF: Uml. 184 A.1
-ant Subst.-Suff. (altes Part.): Vok. 59,2
antvanc, ampfang stM: Akz. Vok. 59,6;
Ass. *ntf* > *mph* 105,3
antheiʒ stM: Vok. 59,6
antlâʒ stM(N): Vok. 59,6
antlitze stN: 180 A.1
antwürte stN: Akz. 21; 22 A.3; Brechg.
34; Vok. 69
antwürten swV: Akz. 21; 22 A.3; Rückuml. 262 A.1
apfel stM: Gem. u. 2.LV 4; 88 u. A.1; 90;
96β; 127f.; 165,3. – 194
ar(e) swM: Dehng. 45 u. A.2; Apok. 53,b.
– **186**; 187 A.1, A.6; 195
arbeit stFN: Uml. 63; alem. *erbeit* 160,1. –
184 A.1
arc Adj.: Komp. 203
arcwân stM: Rdg. 70
-ære, -âre, -er(e) Mask.-Suff.: mal. 9,2;

Akz. 21,3; Uml. 41 A.11; > -er 59,2. –
178, 1a; 178 A.2; 187 A.7
arm Adj.: mal. Komp. 64; 159,14. –
Komp. 203; 206
arm stM: Sproßvokal 57
armbrust stN: 180 A.6
ärmelîche Adv.: 206
armüete stNF: 180 A.6
armuot stF: Vok. 59,1
ärne, erne stswF: Uml. 41 A.2,1; 62
arnôt (obd.) stM: Vok. 59,1
ars stM: Dehng. 46γ; *s* > *sch* 155
art stMF: Dehng. 46γ; Uml. 41 A.1; Kons.
146 A.2. – 177 A.5; 184 A.1
Artus EN: Akz. 21
ärwei3, arwi3 stF: Uml. 63; *w* > *b* 117; *-3*
154 A.1. – 184 A.1
arzât, arzet stM: Synk. 56; *-ât, -et* 59,2. –
177 A.2
ärze stN: Uml. 41 A.2,4; 63; Dehng. 46γ;
Vok. 27
asch stM: 25,c. – 177 A.5; *a* > *e* 184 A.1
asche, äsche swFM: alem. *äsche* 160,1. –
189 A.1
aspe stF: *a* > *e* 184 A.1
âstern = *ôster:* bair. 159, 15
âtem stM: Rdg. 48,2; *-m, -n* 125
âtemen swV: 265 A.1
âventiure stF: Sproßvokal 57; 123; *v* > *b*
117 A.1. – 183 A.1, A.6; A.10
aver Konjunktion, Adv. s. *aber*

bâbes(t) stM: Synk. 56; *b-* > *p-* 127; *-t*
149,3; bair. 159,2. – 177 A.6
bach stMF: *-ch* 20; 139. – 175
bache swM: Gem. 95
bachen, backen stV VI: Uml. 41,2; Gem.
95; 96α. – 251 A.1; 254
(ars)backe swM: Gem. 95; 96γ. – 187 A.5
backen s. *bachen*
baden swV: Synk. 53,d; Kontr. *-ade-* > *-a-*
70 A.1; Kontr. *-ade-* > *-â-* 110 A.1. –
285,c
bâg stM: mal. 9,1
bâgen stV VII: 253
bæjen swV: *j* > *h* 142 A.4
bal stM: 193
balke swM: 187 A.3
balle swM: 187 A.3
balsame swM: 187 A.1
ban stM: 24
banc stMF: 177 A.5

bane stF: 183 A.1
baneken swV: Entl. 88 A.2
bange Adv.: Synk. 55
baniere stF: 183 A.10
bannen stV VII: Prät. 253
bant stN: III Abl. 28; 30
bar Adj.: mfrk. 165 A.1. – 198; 201
bâre stswF: IV Abl. 30
-bære, -bâr Adj.-Suff.: IV Abl. 30. – 199
A.1
barn stNM: IV Abl. 30
bars stM: *s* > *sch* 13; 20; 155
bart stM: Dehng. 46γ; 60
bast stMN: VI Abl. 30; Uml. 41,2; 62. –
180 A.6
baz Adv.: 211
be- Präf.: Akz. 22 u. A.1, A.5; bair. >
we- 159,2
be Präp. s. *bî*
bëch, pëch stN: *b* – *p* 129; *-ch* 139
becke swM: Uml. 41,2; Gem. 96α
beda3 Präp.: Satzton 23,6; vgl. *bidaz*
bêde s. *beide*
bedecken swV: Rückuml. 9,1
bederbe s. *biderbe*
bediu Präp.: Satzton 23,6
bedrie3en, verdrie3en stV IIb: mit Gen.
361; *mich verdriu3et* 351
bedurfen, bedürfen Prät.-Präs.: *u* > *o* 66;
68. – 269, 272
bevëlhen stV IIIb: *be-, bi-* 59,6; *-h-* 13; 140
u. A.3; 142 A.1. – 247
befiln swV: mit Gen. 361; *mich bevilt* 351
bevollen Adv.: Satzton 23,6
begarwe Adv.: mal. 9,1. – 210
begëben stV V: *begëbet* > *begët* 109 A.2
begeg(e)nen swV: Sproßvokal 57
(be)gern swV: mit Gen. 361
begin stMN: Akz. 22
beginnen stV IIIa, swV: *(b)gunde* 55 A.1.
– 247; 267; 268 u. A.1; 290
stV: mit Gen. 361; finite Formen in
Verbindung mit Gen. oder Gerundium
329,3
begirde stF: Dehng. 46γ; 65
begraft s. *bigraft*
behagen swV: Kontr. 108; 285,b
behalten stV VII: Akz. 22 A.4
behaltnisse stF: Akz. 22 A.4; Uml. 41
A.11
behanden Adv.: Satzton 23,6
behende Adv.: Satzton 23,6; Uml. 63

beib = *wîp:* bair. 116 A. 3
beide Num.-Adj.: Vok. *bêde* 72 A. 1. –
234 A. 1
bein stN: Vok. 13; 19; 42; 78; Öffng. 44;
mal. 78; omd. *bên* 166,3
beiten swV: 255
beizen, beiʒen swV: Gem. 96; *z – ʒ* 153
bekorn s. *korn*
belangen swV: *blangen* 55. – < *bî langen*
208
mich belanget 351
bëlgen stV IIIb: 247
belîben stV Ia: I Abl. 30; Diphth. 42; *blîben* 55; Vok. 72. – 245
bëllen stV IIIb: Kons. 114. – 247
belliʒ, belz stM: Uml. 41 A. 4; 64; *lʒ* > *lz*
113; 150
benamen Adv.: Satzton 23,6
beneben Präp.: 377.
bequæme Adj.: Uml. 71; *qu* 116
bër swM: Dehng. 45; 64. – 187 A. 6
ber stNF: 180 u. A. 6
bërc stM: III Abl. 30; Vok. 32; 65; mfrk.
165 A. 3
bereite, bereit Adj.: 199 A. 1
bërgen stV IIIb: III Abl. 30. – 247
Berhthold EN: *r* > Ø 122; 164,3
bërn, bëren stV IV: IV Abl. 30; Wechsel
32; Dehng. 45 u. A. 2; bair. *geworn*
159,2. – 248
bern swV: *berren* > *bern* 121 A. 5
Bërnhard EN: Dehng. 46γ
beschaffen stV VI: *be-, bi-* 59
bëseme swM: *m* > *n* 126. – 187 A. 1
besorgen swV: alem. 256 A. 4
bestaten swV: Synk. 53,d
beste s. *beʒʒest(e)*
bestîn Adj.: Uml. 41,2; 62
besunder Adj.: *u* > *o* 32
bet-, bitalle, met-, mitalle Adv.: < *mit-*
23,6; < *bit-* 129 A. 5. – 210
(= *mit alle* [Instr.]), Adv.: ‚ganz und
gar' 387
bëte stF: 182f.
bëtehûs stN: Opp. Synk. 54,c
bëtelen swV: Vok. 64; Gem. 99
bëten swV: Dehng. 45; Synk. 54,a. –
alem. 256 A. 4; Prät. 264 A. 4; 265
betrâgen swV: *mich betrâget* 351; mit Gen.
361
betrahten swV: 262 A. 4
bette stN: Vok. 27; 2. LV. 90. – 180 A. 1

bewæren, bewêren swV: Uml. 71. – Rückuml. 262 A. 2, A. 3
(be)wegen swV: Kontr. 107 A. 2
(be)wëgen, sich stV: mit Gen. 361
bewîlen Adv.: Satzton 23,6
bezîte Subst.-Adv.: Satzton 23,6. – 209,l
beʒʒer(e), baʒʒer Adj.: Apok. 53 A. 2. –
Komp. 204; Adv. 211
ez ist beʒʒer daz 484; *ez ist beʒʒer* mit
Part. Prät. 331e
beʒʒest(e), beste, bast Adj., Adv.: Ass. <
ahd. *beʒʒisto* 105 A. 5. – 203 A. 3; 204;
211 u. A. 1
bî, bi Präp., Adv.: Diphth. 42 u. A. 1; *i – î*
65 A. 3; > *be* 22 A. 1, A. 5; Akz. 23,6
bibel swF: bair. *w-* 129
biber stM: Dehng. 43; 45
bichen swV: bair. *picken* 9,1
bîchte stF: Diphth. 42; Opp. Kürzg. 47,1;
73; Kontr. 107
bidaz, bedaz Konjunktion: temp. 459,7
biderbe, bederbe Adj.: *bí-* ,*be-* 59,6. – 199
A. 1
bîe, bine, bîne (swF), *bin, bîn* (stF):
Dehng. 43; 45; 65. – 189 A. 1
biegen stV IIa: II Abl. 30; Brechg. 35; Monophth. 37; Vok. 74; 79; 81,1; Gem. 95.
– **246**; 255, 290
bieten stV IIb: II Abl. 30; Monophth. 37;
43; 81; Uml. *iu* 41 A. 8; Diphth. 42; *o*
66; *iu* 77; *ie* 81,1; Vok. 74; 79. – 240
A. 9; 242 u. A. 1; **246**; 290
bivilde stF: *bí-* 59,6; 140 A. 3
bigraft, begraft stF: VI Abl. 30; Akz. 22
A. 5; 59,6
bîhel, bîl stN: Kons. 142 A. 2
bîlangen s. *belangen*
bilde stN: 180 A. 1
bilgrîm, bilgerîn stM: *-m, -n* 121; *b-, p-* 127
billîch Adj.: *-ch* 142 A. 6
bim(e)ʒ s. *bümeʒ*
binde swF: III Abl. 28; 30
binden stV IIIa: III Abl. 28ff.; Opp.
Brechg. 32; 34; Opp. mal. Senkg. 50;
Opp. Dehng. 68. – 242; **247**; 290
bin(e) s. *bîe*
bineʒ s. *büneʒ*
binnen Adv., Präp.: Synk. 55
Präp.: 377, 384
bir swstF: IV Abl. 30. – 189 A. 1; 195
birge s. *gebirge*
birke swF: mal. *birche* 159,1

birsen swV: *s* > *sch* 155
bîschaft stF: *bí*- 59,6
bischof stM: Kons. 128 A. 2; bair. *wischof*
129; 159,2
bisch(e)tuom, bistuom stN: > *bistum* 132
A. 2; 155
bit = *mit* Präp.: mfrk. 129 A. 5; 165,1 u.
A. 3
bitalle s. *betalle*
biten, bitten stV V: Gem. 96α u. A. 3; 99;
114; 153. – Apok. 240 A. 5; mal. 250
A. 1; 254
bîten stV Ia: Abl. 29. – 245; 255
bitter Adj.: Vok. 27; LV 87; Gem. vor *r*
96β; 145. – 201
biuge stF: Brechg. 35
biule stswF: Diphth. 42
bî *unlangen* Adv.: 208
biuwen s. *bûwen*
biȝ stM: Kons. 96β; 145
biȝ, bitz(e), biz Konjunktion, Präp.: bair.
wisȝ 9,1; 159,2; *ȝ* 154; 165,1
Präp.: 357; Konjunktion: *biz (daz)*
temp. 459,6; 466,2
bîzen stV Ia: Diphth. 42; Kons. 96α,β. –
245
blâ, -wes Adj.: *âw* > *au* 70; 117; bair. *w* >
b 129; 159,2. – 200 u. A. 1; 201
blæjen swV: 253 A. 1; 262 A. 4; 268 A. 3
blâsen stV VII: 253
blat stN: Uml. 62; Gem. 99. – 180 A. 2;
194
blâter swF: Kürzg. 47,3
blenden swV: Rückuml. 262 A. 1
blî stN: Diphth. 42. – 180 A. 1
blic stM: Kons. 133f.
blîchen stV Ia: 245
blicken swV: 133; 263
blîde Adj.: 199 A. 1
blint Adj.: Vok. 59,1. – **196**; 197f.; 201
blintslîche swM: 187 A. 5
bliuwen stV IIa: *blou* 74. – 246 A. 1
bloch stN: *ch* – *c* 142 A. 6. – 180 A. 6
blœde Adj.: 199 A. 1
blüejen, blüen swV: Monophth. 43; Vok.
83; *j* > *g* 118; 136; *j* > *w*, *blûwen* 119; *j*
> *h* 120. – 256 A. 1
bluome swMF: Vok. 82; mal. Endg. 159,
16; Graphie 159, 17. – 187 A. 5; 189
A. 1
bluot stMF: 176 A. 2
bluot stN: Monophth. 43

blûwen s. *blüejen*
bodem stM: Dehng. 45; *-m* > *-n* 125f.
boge swM: II Abl. 30; Dehng. 45; *bouge*
108 A. 6. – 187 A. 3
bolz stM: 187 A. 3
borgen stV: III Abl. 30
born s. *brunne*
borst(e) stMNF: 177 A. 5
bort = *wort*: bair. 159,2
borte swM: 187 A. 5
bœse, bôse Adj.: Synk. 54,9. – Sup. *bœste*
199 A. 1
bote swM: II Abl. 30; Dehng. 45; Vok. 27.
– **186**; 195
botech(e) stMswF: Gem. 99
boteschaft stF: Opp. Synk. 54,c
bouc stM: II Abl. 30
böugen swV: II Abl. 30; *bouc* 74
boum stM: Vok. 13; 42; Öffng. 44; 76;
mal. 74; 79; 129; omd. *bôm* 166,3. –
177 A. 2
boumgart(e) swM: Apok. 53,f
brâ, brâwe stswF: *aw* > *au* 117. – 176; 183
A. 5; 192; 194
brâche stF: IV Abl. 30
brâdem stM: Rdg. 48,2; 70
braht stM: 177 A. 5
brâme swM: 70
brâmber stN: Kürzg. 47,4; Rdg. 70
brâte swM: 187 A. 3
brâten stV VII: 253
brâwe s. *brâ*
brëche stF: IV Abl. 30
brëchen stV IV: IV Abl. 30; Gem. 95. –
248
bredige stswF: Uml. 64 A. 1b; Ausl. *-t*
149,4
breit Adj.: mal. 78
breiten swV: Kons. 145
brëme swM: 187 A. 5
brengen s. *bringen*
brennen swV: Uml. 20; 62f.; Kons. 98;
126; > *bernen* 122. – *-te* > *-de* 257 A. 4;
259; 262,a; 262 A. 3, A. 4; 290
brësten, bresten stV IV: *ë* – *e* 41 A. 4; 64
A. 1b; *bersten* 122. – 248
brët stN: Vok. 27; 64; Uml. 41; Gem.
99
brî stswM: Diphth. 42
Brîde EN: Kontr. 107
brîden stV Ia: GW 245
brief stM: Diphth. 81,3; Monophth. 43;

Graphie 131f.; 156; bair. *wrief* 159,2; rhfrk. *brîb* 129; 164,2. − 177 A.1

brimmen stV IIIa: 247

bringen swV (stV IIIa): Kürzg. *brâhte* 47,1; 64; 70; *brengen* 65; *bræhte* 71. − Uml. 241 A.2; Part. 243; 247; 257 A.3; stV 267 u. A.1; 290

brinnen stV IIIa: Metathese *birnen* 122

briutegam(e) swM: -*gâme* 58 A.1; Opp. Synk. 54,c. − -*gome* 187 A.1

briuwen stV IIa: Brechg. 35; *iuw* > *ûw* 77 u. A.1. − 246 A.1

brocke swM: IV Abl. 30; Gem. 95; 96γ

brœde Adj.: 199 A.1

brogen swV: mal. 9,1

brôt stN: mal. 74; 79; 159,11

bruch stM: IV Abl. 30

brûchen swV: Diphth. 42. − 268 A.2

brücke (md.), *brugge* (obd.) stswF: Uml. 41 A.6; 68; *gg* − *ck* 90; 133,1; 136. − 183

brüelen swV: Kürzg. 83

brugge s. *brücke*

brun stM: 187 A.4

brûn Adj.: Diphth. 42

Brünhilt, Prünhilt EN: mal. 129 A.4

brunne swM: Brechg. 34; Vok. 68; *born, burne* 122. − 187 u. A.3, A.4

bruoder stM: Monophth. 13; 43; 83; GW 92; mfrk. *brôder* 165 A.3. − Uml. 179,1 u. A.1; 185,3

brust stF: 185,2

brût stF: Uml. 41,1 u. A.8; Diphth. 42

brûtlouf(t) stF(MN): Synk. 54,c

bû stMN: Diphth. 42. − 178,2

bûch stM: Diphth. 42; *ch* 139

bücken swV: II Abl. 30; Uml., obd. -*u*- 41 A.6; 68; Gem. 95; *ck* − *cch* 133,2. − 255

büezen, büeʒen swV: Vok. 83; Gem. 96α u. A.3

bülleʒ stM: Entrdg. 49,1; 69; > *bülz* 113; 150

bümeʒ, bimeʒ stM: Entrdg. 49,1; -*ʒ* 154 A.1

bündel stN: III Abl. 30

büne stF: Opp. Senkg. 69

büneʒ, bineʒ stMswF: > *bünz* 150; -*ʒ* 154 A.1. − 177

bunt stM: III Abl. 28; 30

buobe swM: mal. 9,1

buoc stM: 178 A.4

buoch stN: Monophth. 43; bair. *buech* 82; 159, 17. − 180

buochstap (stM), *buochstabe* (swM): 187 A.4

buosem stM: -*m* > -*n* 125. − 192

buost stMN: VI Abl. 30

buoʒe stF: *buoʒ* 182; 183 A.7; 197 stF.: *im wirt buoz*, mit Gen. der Sache 336; 337 A.5

bûr(e) s. *gebûr(e)*

burc stF: III Abl. 30. − 184 A.1

-*burc* EN: 190

burgære stM: Uml. 41 A.11

bürge swM: III Abl. 30. − 187 A.2

Burgonden, Burgunden EN: Brechg. 34 A.1; 129 A.4

bürn swV: IV Abl. 30

burne s. *brunne*

burse stswF: *s* > *sch* 155

busch stM: Vok. 68

busîne, busûne swstF: *u* > *o* 68

bütel stM: II Abl. 30; Gem. 99

büten stF: 183 A.2

buter swFM: Opp. Dehng. 68; Gem. 99

bûwen, biuwen swV (stV VII): *ûw* > *au* 117. − 253 A.1; 262 A.4; 264 A.4; 268 A.3

dâ s. *dâr*

dach stN: Gem. 96; 139

dach = *doch*: omd. 166,5

David EN: Akz. 21

dagen swV: Kontr. 264; 285,b

dâhe s. *tâhe*

da mite und Konjunktion: temp. 459,14; 465 A.1

dan(e) Adv.: Apok. 53,a

danc stM: *c* − *k* 133. − Subst.-Adv. *dankes* 209,e

mînes, dînes, sînes dankes adv. Gen. 366

danken swV: 264

danne, denne Adv., Konjunktion: *e* statt *ë* 62; 64

danne, denne Partikel: zur Einführung des verglichenen Gegenstandes nach Komp. 396; nach *ander* 396 A.1; in Konkurrenz mit *wan* 396 A.1; Adv. oder Partikel: als formales Charakteristikum abh. Sätze von exzipierender Bedeutung 447; Konjunktion: zur Einleitung modaler Sätze 465,7; Gebrauch von Ind. und Konj. in den mit *danne* eingeleiteten Vergleichssätzen 465,7;

483; *denn* (nhd.) koordin. Konjunktion: 462,3

dannen Adv.: *-ân* 59,4. − 224,2

relat. Adv.: 450

dâr, dar, dâ, dô Adv.: *dô, duo* 74 A.2; *-r* 121. − *dar* 224,1 u. 2;

dâ, dar relativierende Partikel: 404; 410; relat. Adv.: 450 A.1

dar(e) Adv.: Dehng. 46β; 160 A.1

relat. Adv.: 450; relativierende Partikel: 404; 410

darben swV: GW 93. − 264

dar bî, derbî Adv.: Satzton 23,4

dârinne, darinne, drinne Adv.: Satzton 23,4; *-r-* 121. − 224,2

dar mite, dermite Adv.: Satzton 23,4

därren, derren swV: Uml. 41 A.2,1; Rdg. 48,1

darumbe Adv.: 224,2

darûze, drûze Adv.: Satzton 23,4

dast = daʒ ist: Satzton 23,3; Ass. 105 A.5; vgl. *dêst, deist*

da wider und Konjunktion: adversativ 465 A.1

daʒ Art.: LV 4; 6; Satzton 23,1 u. 3; vgl. *dër*

daz Konjunktion: synt. und sem. Funktion 458; 466; Einleitung finaler Sätze 463; modalkonsekutiver 464; modaler 465,6; Einleitung von Objekt- und Subjektsätzen 466,1; von explikativen Sätzen 466,2; zweiter Bestandteil mehrgliedriger Konjunktionen bzw. konjunktionale Stütze von Adv. oder adv. Ausdrükken 451; 459; 5, 6, 8, 9, 10, 11, 12; 461; 462; 463; 466; in der Verbindung *wie daz* 466; an Stelle einer zu wiederholenden Konjunktion von speziellem sem. Wert 466

dech- Pron.-Präf.: 212; 225; 229,b u. e

dëchan stswM: *-t* 149,1

dechein, dehein, dekein Pron.: Kons. 133 A.3. − > *kein* 225; 229b; 230b u. A.1 Pron. ,irgendein, kein' 417

dechwëder, dewëder Pron., Adv.: 226,e

decken swV: *ct − ht* 94 A.1; Gem. 96α; 139; *ct* 98; *ch − cch* 138; 159,1. − 262,b; 266 A.2

dehein/kein s. *dechein*

dëhsen stV IV: IV Abl. 30. − 248

deich (< *daʒ ich*): Satzton 23,3

deir (< *daʒ ër*): Satzton 23,3

deist (< *daʒ ist*): Kontr. 23,3; 125; 153; vgl. *dêst, dast*

deiswâr, deswâr (< *daʒ ist wâr*): Kontr. 112

deiz (< *daʒ ëʒ*): Satzton 23,3

dëmere stF: Vok. 64

dëmeren swV: Gem. 99

denen, dennen swV: Gem 96α; Kons. 103 A.3. − 256,2 u. A.5; 257; 261

denken swV, Prät. *dâhte*: Kürzg. 47,1; Vok. 70; Kons. 36; 126. − *dæhte* 257 A.3; Flexion 266; 290

denne Konjunktion, Adv. s. *danne*

den wëc Subst.-Adv.: 209,b

dër, diu, daʒ Pron., Art.: V Abl. 30; Krasis *dërst*, Satzton 23,1 u. 3; Dehng. 45 A.3, 46β; 64; Apok. *dëm* 53,a; *ë* 64 A.3; md. *dër* > *dê* > *de* > *die* 122; 162,9; *-eme* > *-em* 125; *-ʒ* 154; mal. *dat* 88; 143; 165,1. − 183 A.7; 197; 198 A.1 (rip.); 212, **217**; 221; 223f.

der, dir relativierende Partikel: 404; 410

der Demonstrativpron.: 409; Art.: 422; Relativpron.: 410; demonstr. Bezugswort und Relativum zugleich 453; Wiederholung 409 A.1; des adv. Gen.: 366

derren s. *därren*

dês, des Art.: Akz. 23,1

des endes Subst.-Adv.: 209,f

dêst, dest (< *daʒ ist*): Uml. 41 A.9; *deist* 23,3; Ass. *deist, dest, dast* 105 A.5

des tages Subst.-Adv.: 209,g

deste Adv.: Uml. *-ë-* > *-e-* 41 A.4, 64; < *dës diu* 59,5; *sd* > *st* 105 A.3; *dester* 121 A.8. − *desto* 218 Entstehung 387; Verbindung mit Komp. 387; 396

dewëder Pron., Adv.: *dechwëder* 226,e Pron.: 415; *dewëder − noch* 438

dich s. *du*

dicke, dic Adj.: 199 A.1

die Art.: Akz. 23,1; vgl. *dër*

die lenge Subst.-Adv.: 209,c

die mâʒe Subst.-Adv.: 209,d

diemüete Adj.: 199 A.1

dienen swV: Monophth. 43; *-nte* > *-nde* 105,4; 146; Endg. mal. 159,16. − 256 A.4 (alem.); 257 A.4; 264

dienest stM: Synk. 53 A.3; 54,b; 56; bair. *deanst* 159,17. − **177**; 193f.

diep, diup stM: Brechg. 35 A.2; Monophth. 43; Kons. 129 A.2; bair. *iu* 159,12

dierne, dirne stswF: Kürzg. 47,6; 81; Sproßvokal 57
Dietrich EN: Kürzg. 47,5; 58
die wîle daz Konjunktion: temp. 451; 459,12; 466,4
diezen stV IIb: Abl. 29. – 246
dîhen stV Ib: Monophth. 37; Vok. 73; > *dîen* 111. – 245; 290
dîhte Adj.: Kürzg. 47,1; Vok. 73
dimpfen stV IIIa: 247
dîn Poss.-Pron. s. *mîn*
dîn (md. *dînes*) Gen. Pers.-Pron. s. *du*
dinc stN: Vok. 65; 81; mal. 159,10; Kons. 137 A.2
dingestac stM: > *dinstac* 136 A.1
dinne, dâ inne Adv.: Satzton 23,4
dinsen stV IIIa: 247
dir Pers.-Pron.: Dehng. 46β; 65; *dier* 81; 159,10; *dî* 122; 165,9; vgl. *du*
dirne s. *dierne*
dirre, disiu, ditze Dem.-Pron.: mal. *dit* 88; 143; 165,1; 167; Ass. 105 A.4; 121 A.6; *diz* 150; *diz, diz* 154. – 212; **219** u. A.1–6
dirte, derde Num.: 235
distel stMF: 177 A.5
diube, diuve stF: *dûf* 129 A.2
diup s. *diep*
diuten, tiuten swV: Uml. 41 A.8; Diphth. 42; *d-, t-* 145. – Rückuml. 262 A.2
diutsch Adj.: 3; s. *tiutsch*
diuwe, diu stF: 183 A.5
dô Adv.: Vok. *duo* 74 A.2. – 224,2 Adv.: 462,3; Konjunktion: 459,1
doch Adv.: *doh* 140; omd. *dach* 60; 66; 166,5
Adv. im übergeordneten Satz, um das konzess. Verhältnis zu betonen 445; 461,1
doln swV: 264f.
dôn, tôn stM: *d-, t-* 13; 148
dœnediep stM: Opp. Synk. 54,c
dœnen swV: *d-, t-* 148
doner stM: Opp. Dehng. 45, 66; Kons. *n* 99; 126
dorf stN: LV 4; 6; 66; 88; 127f.; mfrk. *dorp* 122; 165,7; 167
dorfære stM: LV 88 A.2
dorn stM: 187 A.1
dornach stN: Kons. 149,4
dörper, dörpel stM: Entl. 9,1; 65 A.5; Uml. 67; LV 88 A.2; *-er > -el* 106; 121; 124; *d-, t-* 148; Kons. 127

-dorpf stN: 88; vgl. *dorf*
dôsen swV: *d-, t-* 148
dother = tohter: alem. 160 A.2
dotzet Num.: alem. Diss. 106 A.1
douwen swV: Uml. *-öu-* 41 A.7
draben, draven swV: mal. 9,1; GW 93 A.3; *d-, t-* 148
dræjen, dræn swV (st. Prät.): Uml. 71; *j > h* 118; 120; 142 A.4. – 253 A.1; 256 A.1; 262 A.4; 268 A.3
drât stM: Vok. 70
dræte Adj., *drâte* Adv.: 199 A.1; 205
drëc stM: Vok. 64 A.1a
dreschen stV IV: Uml. *e – ë* 41 A.4; 64 A.1b. – 248
drî(e) Num.: Diphth. 42; *j > g, drîger* 118; Dat. *drin, drîn* 58 u. A.1; 65 A.4. – 234 u. A.1
drîvalte stF: Uml. 41 A.1
drin, drîn Num. s. *drî(e)*
dringen stV IIIa: Vok. 32. – 240 A.11; 247
drîstunt Adv.: 183 A.7; Num. 236
dritte Num.: Kons. *dirte* 122. – 235
drizec, drizic Num.: *-zec, -zic* 59,5. – 234
drîzehen Num.: 234
drô, drouwe, dröuwe, dröu stF: Vok. 74. – 183 A.5
drouwen, dröuwen swV: Uml. 41 A.7; Vok. *dröun, drôn* 74
drozze swFM: mal. 9,1
drûch, drû stM: *-ch* 140 A.2
drücken (md.) swV: Uml., obd. *-u-* 41 A.6; 68; *ct – ht* 94 A.1. – 262,b
drûge (md.) Adj.: Gem. 95
drum stN: *d-, t-* 148
drümen, drumen swV: Uml. 41 A.6
druos stF: 184 A.1
drüzzel stM: mal. 9,1
du, dû Pers.-Pron.: Enkl. 23,2; *dun(e)* 23,5; *du – dû* 58 A.3; 68; Opp. Diphth. 76; bair. *dû* 159, 10. – **213**; vgl. *dir*
dulten swV: Uml. 41 A.6; 68; *lt > ld* 146
dûme swM: 187 A.3
dunken, dünken swV: Uml. 41 A.6; 68f.; *dûhte* 36; 76. – 266 u. A.1
dünne Adj.: 199 A.1
dunreslac stM: Metathese 159,22
duo Adv. s. *dâ(r)*
durch Adv., Präp., Präf.: Uml. 41,2; Kons. 140 A.4; *dur* 93 A.1; 160 A.9; Akz. Präf. 22 A.1 u. 2

durch daz Konjunktion: kausal 462,4; final 463,1; 466,2
durchvarn stV VII: Akz. 22 A.2
durchvart stF: Akz. 22
durchliuhtec Adj.: Akz. 22 A.4
durchliuhten swV: Akz. 22 A.4
durchstechen stV IV: Akz. 22
durfen, dürfen Prät.-Präs.: GW 93; Kons. 131; Vok. 67. − 269 A.1, A.2; **272**; 276; 290; 296
durft Adj., stF: 269
stF: adjektiviert und gesteigert 395
Dürinc EN: 190
dürkel Adj.: Uml. 41,2; Kons. 140 A.4
dürre Adj., stF: GW 93. − 199 A.1
durst stM: mal. Senkg. 50; 68; GW 93; Kons. 155
dürsten swV: Rückuml. 262 A.1
dûsent s. *tûsent*

ê, êr, êre Adv.: Kons. 121. − 211
Präp.: 377; 384; 387
ê, êwe stF: *w* > *h* 117; 142 A.4. − 183 A.5
ëben, eben Adj.: Uml. 41 A.4
-ec, -ic Adj.-Suff.: Vok. 59,3. − 206
ecke, egge stswF, stN: Kons. 133,1. − 180 A.6
eckel stM: mal. 9,1
eckert s. *eht*
-eclîche Adv.-Suff.: 206
ê daz, ê denne daz Konjunktion: temp. und übertragen 459,9
edel(e) Adj., Adv.: Uml. 41,2; Dehng. 45. − 199 A.1; 205
egede, eide swF: Kontr. 107
egedehse, eidehse stswF: Kontr. 62; 78; 107
egeslîch, eislîch Adj.: Kontr. 107
êhaft Adj.: 165 A.2
eher s. *äher*
eht, et Adv., Konjunktion: *eckert, ockert, êt, et, ôt, ot* 23 A.2; > *et* 140 A.3
Adv. und Konjunktion: 460,2
-eht Adj.-Suff.: *-aht, -ôht* 9,1; *-eht, -oht* 59,3
ei stN: *eier, eiger* 118. − 180 A.2
ei- (Kontr.) s. *ege-*
eich stF: 176 A.2; 184 A.1
eigen Adj.: 269f.
eigen Prät.-Präs.: **270**
eigenlich Adj.: Sproßkons. 146; 149,1
eigenschaft stF: 184 A.1
ein Pron., Num., Art.: *ei − ai* 42 A.4;

Synk. 53,e; *eineme* > *eime* 54,b; 98; 105. − Art. 217; Pron. 212; 220; 225; 229,a,b,e,h u. A.1; Num. 234
Pron. indef.: 417; 424; unbest. Art.: pluralischer Gebrauch, hervorhebende Bedeutung 423
einec Pron.: *eininc* 106 A.1
einer hande s. *hant*
eines Adv.: 207,b; 213 A.3; 229 A.1; Num. 236
einfalte stF: Opp. Uml. 41 A.1; 60
einvaltic Adj.: mal. 9,1
einhalp Adv.: 183 A.7
einlant, eilant stN: Diss. 106; 126 A.1
einlif, eilf Num.: Kürzg. 47,7; *nl* > *l* 126 A.4. − 234
einœte stswF: Vok. 59,1
einsidel stM: bair. *dl* > *gl* 147 A.1
einsît Adv.: 183 A.7
einstunt Adv.: 183 A.7; Num. 236
ein teil Subst.-Adv.: 209,d
eintwëder, eindewëder, entwëder Pron.: *endewëder − oder* Konjunktion 229,e
eintwëder Pron.: 415; *eintwëder − oder* 415
einzec, einzic Adj.: *nʒ* > *nz* 113; 150
einzel Adj.: *nʒ* > *nz* 113; 150
eischen swV, stV VII: 253 A.1; 268 A.4
eist, êst (êz ist): Satzton 23,3
eiter stN: LV 87; Gem. 96β. − 180 A.6
Eitwiggi (< *îtwic*) EN: Diphth. 42
eiʒ stM: LV 87
elle, elne, elen swstF: Ass. *ln* > *ll* 105,2
ellende stN, Adj.: Uml. 41,2; Kons. 97; 124. − 180 A.1 (stN); 199 A.1
ellen(t)haft Adj.: Sproßkons. 149,1
em = ümbe (omd.): 166,4
emb- s. *enb-*
emeʒlîche Adv.: Opp. Synk. 54,b
emp- s. *enb-* o. *entb-*
empf- s. *entf-*
emʒec, emeʒʒic Adj.: Synk. 54,b; *-ʒ-* 154 A.1. − 206 A.1
emʒige Adv.: 206 A.1
en = ein: Satzton 23,1 u. 6
en-, in-, ne-, -ne, -n, n- Negationspartikel: Akz. 22 A.1; Satzton 23,5. − 213 A.2; 230,b
Negationspartikel 436; in Verbindung mit *niht* und ohne dieses 437; in Verbindung mit *nieman, nie* und entbehrlich neben *nieman, nie* 436; in Verbindung

mit *dehein/dekein* (‚keiner') *nehein/en-hein, dewëder* (‚keiner von beiden') und entbehrlich neben diesen 436; in anh. konjunktionslosen konj. Sätzen, wenn der übergeordnete Satz negiert ist 441; in abh. konjunktionslosen konj. Sätzen von exzipierender Bedeutung und das Fehlen von *ne* in diesen Sätzen 447
en- s. *ent-*
en(-) Präp. für *in*: Satzton 23,6; Vok. 65
enbieten stV II: *ent-* 149,1
enbilden swV: *ent-* 149,1
enbinden stV III: *ent-* 149,1
enbîʒen, embîʒen stV Ia: *em-, im-* 59,6
enblanden swV: *ez einem enblanden* 402
enbor(e), embor Adv.: Satzton *in-* > *en-* 23,6; Dehng. 46β; 66; Ass. *nb* > *mb* 105,1
ende (mfrk.) = *unde*: III Abl. 30
-ende Part.-Prät.-Suff.: > *-ant* 59,2; bair. *-unde* 59,4
ende stMN: *welchem ende* 178, 1a; 209,b; *des endes* 209,f; *manegen endes* 209,i
enden swV: 264 A.1
enëben, nëben(t) Präp., Adv.: Satzton *in-* > *en-* > *n-* 23,6. – 208
Präp.: 357; 377; 384
enein Adv.: Satzton 23,6
ener s. *jener*
envieriu Adv.: Satzton 23,6
envollen Adv.: Satzton 23,6
enge Adj.: Uml. 62. – 199 A.1; 205
engegen Adv., Präp.: Satzton 23,6; Dehng. 62; mal. 137; *ent-* 149,1
engel stM: Uml. 176f.; Flexion 192; 194
ënhalb, ënt- Adv., Präp.: mal 9,1
enhant Adv.: Satzton 23,6
enhein s. *nehein*
eni(n)kel stM: Diss. 105 A.1
ënk, ënc (bair.) Pers.-Pron. Dual = *iu(ch)*: 9,2; 159,23. – 213 A.6; 216 A.4; vgl. *ëʒ*
ënker (bair.) Poss.-Pron. Dual = *iuwer* s. *ënk*
enlant Adv.: *in-* > *en* 65
enmitten Subst.-Adv.: Satzton 23,6. – 209,1
enouwe, nouwe Adv.: Satzton *in-* > *en-* > *n-* 23,6
enpf- s. *entf-*
enrihte Adv.: Satzton 23,6
ent- Präf.: Akz. 22 A.1; Vok. 59,3; Ass. 105,3; < *en* 149,1

entbrëchen, enbrëchen stV IV: Ass. 105,3
entdecken, endecken, entecken swV: Ass. 105,3
entfâhen, enpfâhen, empfâhen stV VII: Akz., Vok. 36; 59,6; Kons.; GW 93; Ass. 105,3; 126 A.5; *f – v – ph* 132
enpfangen stV VII (obd. *enpfanhen*): Vok. 36; GW 93; *t* 149,1. – 253
entvarn, empfarn stV VI: Ass. 105,3
entpfëlhen, empfëlhen stV IIIb: Ass. 105,3. – 247
entfinden, empfinden stV IIIa: Ass. 105,3
entvüeren, empfüeren swV: Ass. 105,3
entgëlten, enkëlten stV IIIb: Ass. 105,3
entgürten, enkürten swV: Ass. 105,3
ënthalb s. *ënhalb*
entheiʒen stV VII: Vok., Akz. 59,6
entkleiden, enkleiden swV: Ass. 105,3
entlâʒen stV VII: Vok., Akz. 59,6
entrinnen stV IIIa: III Abl. 30; Ass. 105,3. – 247
entriuwen Adv.: Satzton 23,6; Vok. 77
entseben, entseven stV VI, swV: GW 93 A.3. – 250 A.4; 252 u. A.2; 254
entsprechen stV IV: Akz. 21
entsweben swV: 261
entwëder s. *eintwëder*
entwërh, twërhes, entwërhes Adv.: mal. 9,1; *quërhes* 142 A.1. – 208
enwëc Subst.-Adv.: Opp. Dehng. 46α; 64; *in-, en-* 65. – 209,l
enwiht stN: Satzton 23,1
enzelt Adv.: Satzton 23,6
enzît(e) Adv.: Satzton 23,6
enzwei Adv.: Satzton 23,6; *in->en->ent-* 149,1
ër Pers.-Pron.: Enkl. 23,2; Krasis 23,3; *ër-n(e)* 23,5; Dehng. 46β; *e – ë* 64 A.3; *hê, hër* 122; 162,9; 165 A.3; 166 A.5; Vok. *ime* 27; Dehng. *ime* 46β; 65; Apok. *ime* 53,a; *ime > em, om, um* 59,3; *in > en* 59,3; Dehng. *in, inen, ir* 46β; 65; *ir > er* 59,3; *ir* mfrk., *gî, î* 122; 165,9. – **214**
ër, ê Adv.: Vok. 72; Synk. 54,a. – 204 A.1
êr stN: Vok. 72
er- Präf.: Akz. 22 A.1; *ir-* 59,3
-er, -re: Metathese 159,22; 160,5
êrbære Adj.: IV Abl. 30
erbarmen swV: Akz. 22 A.4; Synk. 55
erbe stFN (swM): Uml. 41 A.2,1; *herbe* 141. – 187 A.2

erbeit s. arbeit
erbeiʒen swV: mal. 147
erbermde stF: Akz. 22 A.4
erbërn stV IV: Akz., Vok. 59,6
erbunnen Prät.-Präs.: Synk. 55. – 272
ërde stswF: Vok. 32; Dehng. 46γ; 64. –
183
êre swstF: 182; 183 u. A.4
êren swV: Part. 265 A.2
êrer Komp. s. êrre
erge stF: Uml. 41 A. 2,1
ergetac stM: Kons. 136
ergetzen swV: mal. 9,1; Rdg. 48,1; Gem.
96α. – 262,b
swV: mit Gen. 361
ergëʒʒen (= vergëʒʒen) stV V: Gem. 96
erhaben Part., Adj. s. heben
êrîn Adj.: ê- > ehe 142 A.4
erjen s. ern
erkantnisse stFN: Uml. 41 A.11; 60. – 183
A.1
erkennen swV: Akz. 22; Vok. 64
erkunnen swV: st. Part. 268 A.5
erleschen (intrans.) stV IV: Rdg. 48,1
êrlich Adj.: Kürzg. 47,5
erlœsære stM: Akz. 22 A.4
erlœsen swV: Akz., Vok. 22 A.4; 59,6
erlœsunge stF: Akz. 22 A.4
erlouben swV: Akz. 21; Uml. md. öu 41
A.7; 79
ermel stM: Uml. 62
ermorderôn swV: Ends. 12; 59,4
ern, erren swV, stV VII: Vok. 64; erjen
118 A.1. – 243 A.1 (Part.); 250 A.4;
253 (GW); 254
erne s. ärne
ërnest stM: Synk. 56
ërnestlîch Adj.: -stl- > -sl- 146
eröugen swV: Entrdg. 49,2; 80
erquicken swV: Brechg. 33
êrre, ërre, êrer Adj., Adv.: Synk. 54,a; ê >
ë 72 A.2; Kons. 121. – 204 A.1
(Komp.); 211 (Adv.)
erren s. ern
erslahen, erslân stV VI: mal. 147
ërst (< ër ist): Satzton 23,3
erstân unregelm. V: Akz., Vok. 59,6
erstaten swV: Synk. 53,d
êrste, er(e)st Sup.: omd. îrst 166,3. – Nbff.
204 A.1; 211 u. A.2; Num. 235
erstërben stV IIIb: mal. 147
ërtbibe stF: Dehng. 46

erteilen swV: Akz., Vok. 21; 59,6
ës Pers.-Pron. s. ër
-esch s. -isch
eschîn Adj.: Vok. 25,c. – 184 A.1
esel stM: Uml. 177 A.3
espîn Adj.: 184 A.1
-est Sup.-Suff.: -ôst, -ist 12; 59,3; 203 A.2
êt, et s. eht
ete(s)- Pron.-Präf.: Uml. 41 A.4. – 212;
223 A.1; 225; 229,c,d; 232,b
ete(s)lîch Pron.-Adj.: Uml. 41 A.4; Gem.
ettes- 96 A.2. – Nbff. 226,b; 228 u.
A.1; 229,d
et(e)slîch, et(e)lîch Pron.: 416
etewaʒ Pron., Adv.: Uml. 41 A.4. – Adv.
223 A.4; 232,b
Pron.: 415; ete(s)waʒ adverbial 356
etewër Pron.: Uml. 41 A.4. – 223 A.4;
229,c; 232,b
ete(s)wër Pron.: 415
Etzel(e) EN: 190
êwe s. ê
êwec Adj.: Kons. 117
eʒ Pers.-Pron.: Enkl. 23,2; Krasis 23,3;
ëʒn(e) 23,5; e – ë 64 A.3; Kons. 154;
mfrk. it 88; 143; 165,1. – 214; vgl. ër
eʒ Neutr. des Pron.: formales Subj. bei
unpers. Konstruktionen 402; 337,4;
Scheinsubjekt, wenn ein nominales
Subj. folgt 402; 336; 337 A.1; Obj. in
fester Verbindung mit gewissen Verben
402; in prädikativer Funktion vor prädikativen Personennamen oder Personenbezeichnungen 388 A.1; 402
ëʒ Pers.-Pron. Dual. = ir: bair. 9,2; 159,
23; 213 A.6; 216 A.4
ëʒʒen stV V: Synk. 54. – 243 A.1 (Part.);
249 u. A.3
eʒʒesch, esch stM: Ass. 105 A.5
eʒʒich stM: Vok. 65 A.2
eʒʒischban stMN: > espan Ass. 105 A.5
eʒʒischtor stN: > ester Ass. 105 A.5

vackel stswF: Gem. 96β
vadem stM: Dehng. 45 A.3; -m, -n 125. –
177 A.2; 192
vâhen, vân stV VII: Kürzg. 47,6; 81; GW
36; 93; Vok., Kons. 36; Kontr. 111 u.
A.1; 140; mal. 126; bair. 159,6. – 198
A.3; 201,a; 251; 253 (GW); 280 A.2;
284 u. A.1 (Kontr.); 287; 290

val, -wes Adj.: Lautwandel 25,c; *w > b* 117. – 200 A.1

vâlant stM: Vok. 59,2. – 179,3

vælen swV: Vok. 71. – Rückuml. 262 A.1

vallen stV VII: Kons. 98. – 253

valten, valden stV VII: *lt > ld* 146. – 253

vancnisse stF: Uml. 41 A.11; 60

van(e) (md.) s. *von*

vane swstM, stF: Dehng. 45; 60. – Apok., Synk. 187 A.5 u. A.6; 195

var, -wer Adj.: *-w* 115. – 200 A.1

varch stN: Kons., *varhes* 140; Kons. *värkel, värhel* 134; 140 A.4

vâre stF: Uml. 41,2

varm, varn stM: *-m, -n* 125

varn stV VI: VI Abl. 30; Graphie 20; Uml. 41,1; Monophth. 43; Dehng. 45 A.3. – 240 (Synk., Apok.); 241 (Uml.); 251; 255; 256,2

vart stF: VI Abl. 30; Dehng. 46γ. – 184 A.1

varwe stF: *w > b* 13; 115; 117; Entl. 131 A.2. – 182

värwen, verwen swV: Uml. 41 A.2,1; 63. – Rückuml. 262 A.1

vaste Adv.: 205

vater stM: Kons. 20; 91; 145; Akz. 21 A.3; Uml. 41,2; GW 92. – 175; **177**; 179,1 (Uml.); 179 A.1; 185,3

väterlîch Adj.: Uml. 41 A.2,3 u. A.2,4; 63

väterlîn stN: Uml. 41 A.2,3 u. A.2,4; 63

vëder(e) stswF: 181

vëgen swV: *ë* 64 A.1a

vêhede stF: Kons. 142 A.2

vëhte stF: 182

vëhten stV IV: IV Abl. 30. – 248

veige Adj.: 199 A.1

veile Adj.: 199 A.1

veiʒet Adj.: Synk. 56; *z* 154 A.1

vël stN: Vok. 32

vëlge stswF: Sproßvokal 57

vellen swV: Rückuml. 262 A.1

vels swstM: Uml. 41 A.4. – 187 A.3

Venedige ON: Kons. 118 A.2

venje, venige stswF: Kons. 118 A.2

venster, vënster stN: Uml. 41 A.4; *e – ë* 64 A.1b. – 176; **180**; 194

ver s. *vrouwe*

ver- Präf.: Satzton < *für* 23,6; *vir-, vor-, vur-* 59,3; md. *vir-* 162,7; Nominal-Präf. Akz. 22 u. A.5; Verbal-Präf. Akz. 22 A.1; *ver- > v-* 121 A.2

verbunnen s. *erbunnen*

vërch stN: *ch* 139

verdagen swV: Kontr. 108

verdërben stV IIIb: GW 93. – 247

verderben swV: Uml. 41 A.2,1

verdespen swV: mal. 116; 165 A.3

verdrieʒen stV IIb: 246

vereischen, vreischen stV VII, swV: Synk. 55. – 268 A.4

verëʒʒen, vrëʒʒen stV V: Synk. 55. – 249 u. A.3

verge, verje swM: VI Abl. 30; Gem. 96 A.1; *j > g* 118; 120. – Dehng., Uml. 187 A.2

vergëben stV V: Akz. 22 A.5

vergëʒʒen stV V: Gem. 96α. – 249 Part. Prät. von aktivischer und pass. Bedeutung 331

vergift stFNM: Akz. 22 A.5

verguot = vür guot: Satzton 23,6

verhëln stV IV: Dehng. 45 A.3

verjëhen stV V: *firjehen, vergien* 118

verkunnen swV: st. Part. 268 A.5

verliesen, vliesen stV IIb: mal. 9,1; II Abl. 29; Uml., *verlur* 41 A.6; 68; Synk. 55; Vok., *verlôs* 74; 81,1; GW 93 u. A.4; *verl- > vl-* 121 A.2. – GW 246

verlîhen stV I: bair. 159,6

verlust, vlust stF: mal. 9,1; Akz. 22; Synk. 55; GW 93; *verl- > vl-* 121 A.2. – 184 A.5

vermæren swV: 262 A.4

vërne s. *vërre(n)*

verniht = vür niht: Satzton 23,6

vernoijieren swV: Akz. 22 A.8

vernunst, vernunft stF: IV Abl. 30; Diss. 106

vërre Adj., Adv.: *ë* 32; Ass. 105; Kons. 121 A.5. – 210

vërren(e), vërne Adv.: Synk. 54,b; Ass. 105 A.3

verschulden swV: Uml. 41 A.6

verse F: Kons. *rs* 152; 155

vërsen stswF: Kons. *rs* 155. – 183 A.2

versetzen swV: Akz., Vok. 59,6

versmâhen, versmân swV: Kontr. 111 A.1

versmâhten swV: Kürzg. 70

verteidi(n)gen swV: Synk. 126 A.1

vertil(e)gen swV: Vok., Nbff. 73

verwâʒen stV VII: 253

verwen s. *värwen*

verwërren stV IIIb: *verwarren > stV VI 60 A.3

(ver)wîʒen stV Ia: ʒ 154 A.1. – 245
verwitzet sîn: Akz., Vok. 59,6
verzagen swV: Kontr. 108
verziht stF: 184 A.5
verzihten swV: Akz., Vok. 59,6
fëst, fest stN: *ë – e* 41 A.4; 64; Kons. 131
veste, vast Adj.: Uml. 41,3; 62f. – 199 A.1; 205
vesten swV: Rückuml. 262 A.1
vëtech, vëttach stM: Gem. 96 A.2
vëtel stF: mal. 9,1; 62
veter(e) swM: Uml. 41,2; 62; Vok. 27; Gem. 99. – 187 A.1
vîant, vîent, vînt stM: mal. 9,1; 131 A.2; Diphth. 42; Vok. 59,2; 73. – 179,3 adjektiviert und gesteigert 395
vibich s. *vihewëc*
videle, vigele swF: Kons. *d, g* 147. – 189 A.1; 193; 195
fieber stN: ahd. Diphth. 81,3
viehte stswF: Kürzg. 47,6; 81
vier Num.: *vierde rt > rd* 146 A.2. – 234
vierstunt Num.: 236
vierteil, viertel stN: Akz. 22 A.7; Kürzg. 47,6 u. 7; 59,5; 81
vierzec Num.: Kürzg. 47,6. – 234
vierzëhen Num.: Kürzg. 47,6; 81. – 234
vigilje, vigilge stF: *j > g* 118 A.2
vihe, vich stN: Dehng. 19; 65. – 180 A.1
vihewëc, vibich stM: Akz. 22 A.7
vil(e) Adj., Adv.: Dehng. 43; 45 A.2, A.3; Vok. 64. – Adv. 207,a; 210; 225
fil Subst. indecl.: mit partitivem Gen., appositivem Dat. oder als Adv. 394
villen swV: Vok. 32
finden stV IIIa: Entrdg. 49,1; Synk. 53,d; GW 93 A.2; *f,v* 131; Kürzg. *vindet, vint* 98; Ass. 105,4. – 240 (Synk.); 240 A.1, A.6; 242f.; 247
finf, fünf Num.: Rdg. 13; 48,3; 65; *fîf* 36; 125; bair. *vunf* 159 A.5. – 234
vinster(e), vinsterîn stF: 183 A.3
vînt s. *vîant*
vîol stM, swF: Kons. 131 A.2
vir- s. *ver-*
vîre stF: Sproßvokal 57; 123. – 183 A.1
firmunge stF: Kons. 131 A.1
virre stF: Vok. 32
virren swV: Vok. 32
virwiz stM, *virwitze* stF, Adj.: *vir-, ver-* 59,6
visch stM: Vok. 64; Kons. 155

vischære, vischer stM: Endg. 59,2. – 177 A.6; 192
vischen swV: Vok. 64
fiuhte Adj.: Uml. 41 A.8. – 199 A.1 *(viuhte)*
viur stN: Sproßvokal 57; 123; mal. 77; mfrk. *vûr* 165,8
vlade swM: 187 A.3
vlahs stM: mal. 9,1
vlæjen swV: Bes. Abl. 30
vlât stF: Bes. Abl. 30
vlegel stM: Dehng. 62
vlêhen, vlêgen, vlên swV: mal. *vlêgen* 9,1; GW 93; Kontr. 111; mfrk. 165 A.5. – 264 A.5; 284 (Kontr.)
mit Akk. oder Dat. der Person 348 A.1
vlêhe(n)lîch Adj.: Sproßkons. 149,1
vlëhten stV IV: 248
vlëisch stN: Vok. 42 A.4
vlëc (stM), *vlëcke* (swM): 187 A.3, A.4
vletze stN: Rdg. 48,1
vliege, vliuge swstF: Brechg. 35 A.2; mal. 77; 159,12
vliegen stV IIa: Diphth. *iu > eu* 42; 77. – 246
vliehen stV IIb: Monophth. 43; 81; *vlô, vlôch* 140 A.2
vliesen s. *verliesen*
vlieʒen, vliuʒen stV IIb: 246
flistern swV: Rdg. 48,3; 65
vliuge s. *vliege*
vlîʒ stM: Dipth. 42
vlîʒen stV Ia: 245
vloite stswF: Vok. 80
flôʒ stM: 177 A.5
vluc stM: Dehng. 46α; 68
vlücke Adj.: Kons. 134. – 199 A.1
vluochen swV: Uml. 83
vluor stM: 177 A.5
vluot stF: Bes. Abl. 30. – 184 A.1
vlust s. *verlust*
vogel stM: Brechg. 34; 67; Dehng. 45. – 177 A.2; 180 A.3
voget, vogt, voit stM: Synk. 56; Kontr. 80 A.4; Kons. 136 A.2
vogetîe, vogeteie stF: Entl. 9,1
voit s. *voget*
vol Adj.: Brechg. 34; Kons. 124. – 198 A.2 (mal. Uml.); 255
Adj.: 339,1
volc stN: Graphie 159 A.2
Vol(c)mar EN: Kontr. 112

vol(le), vollen Adv., Präf.: Akz., Präf. 22
A. 1; Kons. 149,1. − 207,c; 210
volge stF: 182f.
volgen swV: 256 A.4 (alem); 264
vomme = *von deme*: Ass. 105,1
von(e) Präp., Adv.: Apok. 53,a; mal.
van(e) 60 u. A.2; 66; 165 A.3; Ass.
105,1
Präp.: 384; 387
fontâne stswF: Kons. *f* 131 A.1
vor(e) Präp., Adv.: Dehng. 46β; 66; Kons.
v 131. − 204 A.1 (Komp., Sup.)
Präp.: 377; 384
vor s. *vrouwe*
vorbrich s. *vorwërc*
vorder Präp., Adj.: *vorderôst* 12; 59,3 u. 4.
− 204 A.1; 211 A.2
vordern swV: Diss. 106; 121 A.4. − 265
(Synk.)
vorgenanden Part.: Ass. 105,4
vorhe swF: Kons. *h* 140 A.4; 142 A.1
vorhen, vorhele stswF: Akz. 21 A.2;
Nbff., *n* > *l* 126 A.2
vorhte stF: 183 A.1
vörhten s. *vürhten*
vormunt stM: mal. 9,1
vorwërc stN: > *vorbrich* Akz. 22 A.7
vrâge stF: V Abl. 30. − 182
vrâgen swV: V Abl. 30; Kontr. 108 A.1. −
264 u. A.3; 285,b (Kontr.)
franzois, franzoys Adj.: Vok. 65 A.6
vrävele Adj.: Uml. 41 A.2,4; 63; GW *vrä-
bel* 93 A.3. − 199 A.1
vrävel(e) stF: 183 A.10
vrëgen swV: V Abl. 30
vreischen s. *vereischen*
vrem(e)de Adj., stF: Synk. Apok. 56;
frömd 62. − 199 A.1
vreude s. *vröude*
vrëȝȝen s. *verëȝȝen*
vrî Adj.: Diphth. 42 u. A.1
-frid EN-Suff.: Dehng. 46
Vrîdanc EN: Kontr. 109
vride st(sw)M: Dehng.45A.3; mal. Senkg.
50. − 178,1b u. A.1
vrîen, vrîgen swV: *j* > *g* 118
vriesen stV IIb: Vok. 74; GW 93. − 246
pers. und unpers. konstruiert 351
vrist stF: 184 A.1
vrîthof stM: Opp. Diphth. 42; Entl. 131
A.2
vriunt stM: Diphth. 42; Vok. 77. − 175;
179,3

vrô s. *vrouwe*
vrô Adj.: Vok. 74. − 200 A.1
vröide s. *vröude*
vrom s. *vrum*
frömd s. *vremede*
frôn(e) Adj.: Vok. 74
vrœren swV: Vok. 74; GW 93
vrosch stM: 177 A.2
vröude, vreude, vröide stswF: mal. 9,1;
Uml. Nbf. 41 A.7; Synk. 54,b; Vok. *öu*
74; 80; Kons. *f, v* 131 A.1. − 182,c; 183
vrouwe sw(st)F: Satzton *vrou, vrô, vro,
vor, ver* 23 A.2; Uml. 41 A.7; 80; Vok.
68 A.3; 79; Kons. 13; 177; Apok. 53,a;
155 A.1; Kürzg. 122. − 189 A.1, A.3
frouwen, fröuwen swV: Uml. 41 A.7;
Vok. 74; Synk. Prät. 54,b; Kons. 13;
117. − 261
vrüeje Adj.: ofrk. *j* > *w* 119. − 205
vrum, vrom Adj.: Vok. 68; Gem. 99
vrumen, vrümen swV: Uml. 41 A.6; 68;
Kons. 125. − 256 A.5 *(-mm-)*; 261
mit Dat. und Akk. der Person 348 A.1;
mit A.c.I. 335,b
vruo Adv.: 205
Fruote EN: 190
vrûwe = *vrüeje*: ofrk. 119
vüeren swV: VI Abl. 30; Monophth. 43;
83. − Rückuml. 255; 262 A.1
vüetern swV: Kürzg. 83. − 262 A.4
vuhs stM: Kons. *hs* 13; 20; 88; 138; 140
vûl Adj.: Diphth. 42; 76
vûlen swV: 255; 264
vüllen swV: Brechg. 34. − Rückuml. 255;
262 A.1
fund, phunt stN: LV 4
vündelhûs stN: Entrdg. 49,1
vündelinc stM: Entrdg. 49,1
vündelkint stN: Entrdg. 49,1
vünf s. *vinf*
vuoge stF: Monophth. 43
vuore stF: VI Abl. 30
vuoter stN: Kürzg. 47,6; 82
vuoȝ stM: Diphth. 40; 82; Kons. 153. −
177 A.6 *(ze vuoȝ)*; 179,2 u. A.6 *(ze,
gein vuoȝen)*
vuoȝschamel stM: Dehng. 46δ
für Präp., Adv.: Akz. 22 A.1, A.5; Satzton > *ver-* 23,6; Dehng. 46β; Kons. *f, v*
131
Präp.: 357; 387
vurch stF: Kons. *ch* 140 A.4. − 184 A.1

fur daz Konjunktion: kausal 462,4; 466,2

vürdern swV: Vok. *ü* > *ö* 69; Diss. > *vu-dern* 121 A.4

vürhten, vörhten swV: Brechg. 34; *vruhten, vrohte* 122. – 266 u. A.1; 269 A.1

fürsaz stM: *für-, ver-* 59,6

vürste swM: Entrdg. 49; Vok. *ü* > *o* 68. – 187

fürstinne, fürstîn stF: 183 A.7

vurt stM: VI Abl. 30; Dehng. 68. – 177 A.5

fürwâr = *für wâr*: Satzton 23 A.5

fürziht stF: *für-, ver-* 59,6

vûst stF: Diphth. 42

gâbe stF: V Abl. 30. – 182

gabel stswF: 193f.

gæbe Adj.: V Abl. 30. – 199 A.1

gâch, gâ Adj.: Kons. 140 A.2. – 199 A.1 *(gæhe, gâh)*; 201 A.1

gadem, gaden stNM: *-m* > *-n* 125

gägen s. *gegen*

gâhen swV: Opp. Kontr. ·111 A.1. – 240 A.2 (Apok. *-n*)

gâhes Adv.: 207,b
adv. Gen.: 366

galge(n) swM: Sproßvokal 57; 65. – 187 A.3

galle swF: 189 A.1

gamen stNM: Akz. 22 A.5, A.7

gân s. *gên*

ganêl(e) s. *kanêl*

ganz Adj.: 198 A.2 (alem. fränk. Uml.); 206

ganzlîche Adv.: 206

gar(e), garwe Adj., Adv.: Uml. 41 A.2,1; Dehng. 45; 58 A.3; Adv. *gâr* 60 A.2; Kons. *w* 117. – 200 A.1; 207,a; 210

garte swM: 187 u. A.3

gartenære stM: Uml. 41 A.11; 60

garwe swF: *w* > *b* 115; 117

gärwen swV: Uml. 41 A.2,1; 63; *w* > *b* 117. – Rückuml. 262 A.1, A.4

garzûn(e) stM: Entl. 9,1; Apok. 53,f. – 177 A.6

gast stM: Uml. 41, 41,1 u. 2; 62f.; 67. – 176; **177**; 178 A.4; 179 A.1; 186; 194

gate swM: VI Abl. 30; Opp. Dehng. 45; Vok. 60; Gem. 99

gater, geter swMN: Vok. 60; *e* > *i* 64 A.2

gaʒʒe swF: 189 A.1

ge- Präf.: Akz. Verb-Präf. 22 A.1; Akz.

Nominal-Präf. 22 u. A.5. – Verb-Präf. 237; 243; Pron.-Präf. 212; 225; 226,d Verbalkomposita mit: Präs. (Ind. und Konj.) zur Bezeichnung der fut. Bedeutung bevorzugt vor dem Präs. der Simplicia 306; Konj. Präs. mit der Nuance eines Fut. exactum 306; 470; Prät. mit der Möglichkeit plusqu. Auffassung 308c

gebaltig = *gewaltec*: bair. 159,2

gebærde stF: Uml. 41,2. – 182,c

gebære Adj.: IV Abl. 30

gebâren swV: IV Abl. 30; Uml. 41,2

gëbe stF: V Abl. 30; Ends. *-a* 59,4; Vok. 32. – **181**; 182; 187 A.7; 194

gebeine stN: 180 A.1

gëben, gên, gën stV V: V Abl. 30; mal. 9,1; 160,6; Satzton 23 A.3; Uml. 41,1; Vok. 27; 64; Dehng. 13; 60; 65; *bt* >*ft* 94; Ausl. 100 A.1; *gib mir* > *gimmir* 105 A.3; Kontr. *ibi*>*î* 12; 65; 73; 109 u. A.1; 285,a; Kontr. *gëben* > *gên* > *gën* 109 A.2; 286 u. A.1; bair. *gewen* 129; 134; 159,2; mfrk. *geven, gaf* 129; 162,10; 165 A.3; Imp. 14; 240 A.5. – 241 (Uml.); 242f. (Part.); **249**; 250 A.1; 256,1 u. A.3; 274; 285,a; 286 u. A.1; 290; 296

gëbende Part. Adj.: 199 A.1

gebende stN: III Abl. 30

gëber stM: 187 A.7

gebërn stV IV: Dehng. 45 u. A.3

gebirge stN: III Abl. 30; Vok. 32; 65; 68; *(g)birge* 55 A.1

gebot stN: II Abl. 30

gebrähte stN: Uml. 41 A.2,1

gebûr stM, *gebûre* swM: *(g)bûre* 55 A.1; Sproßvokal 57; LV 88 A.2. – 187 A.4

gebürn swV: Dehng. 45

geburt stF: IV Abl. 30; Dehng. 46γ; 68; *u* > *o* 66; 68; *b* > *w* 129. – 176; 184 A.1

gedanc stM: Uml. 177 A.2

gedigen Adj.: Vok., GW 36

gedîhen stV Ib: Diphth. 42; Vok. 72; Kons., Vok. 36. – 245; 284 (Kontr. *gedîen*)

gedult stF: *lt* > *ld* 146

gedultec Adj.: Uml. 41 A.6; 68f.; *lt* > *ld* 146

ge-enden, genden swV: Synk. 55

ge-êren, gêren swV: Synk. 55

gevancnisse stFN: Vok. 60

gevangen swM: Akz. 21 A.3; Apok. 53,b; 56; mal. 159,16. – 187 A.6; 201

gevære Adj.: Uml. 41,2. – 199 A.1

gevater(e) swM: 187 A.1

geverte swM: Uml. 41 A.2,1

gevidere stN: 180 A.1

gevilde stN: Vok. 64; mal. 65

gevüege, gevuoc Adj.: 199 A.1

gefügele stN: Brechg. 34; 67

gegen, gägen Adv., Präp.: Uml. 41 A.2,4; Kontr. > *gein* 107 u. A.1; mal. 137 Präp.: 357; 377; 384

gëhen s. *jëhen*

gehiure Adj.: Sproßvokal 57; 123. – 199 A.1

gehôrsame stF: *-sâme* 58 A.1. – 183 A.10

gehôrsamen swV: *-sâmen* 58 A.1

geisel stswF: Vok. 72

geislich, geistlich Adj.: *-t-* 112; 146

geist stM: Diphth. 42 A.4; Kons. 152. – 177

geiʒ stF: 184 A.1

gejegede, gejeide stN: Kontr. 107

gël, -wer Adj.: Kons. 25,c; *w* 117. – 200 u. A.1

gelangen swV: *mich gelanget* 351

gelîch(e) Adj., Adv.: Diphth. 42; *glîch* 55; *gelich* 55 A.2; 58 A.1. – 216 A.2; 225; 226,a *(-gelîch)*
(ge)lîch(e) Adj. und Adv.: *g(e)lîch, -lich* mit dem vorangestellten Gen. Pl. eines Subst. zu einem Begriff verbunden = ‚jeder‘, ‚jeglicher‘ der durch das Subst. Bezeichneten; auch mit vorangehendem Gen. Pl. *aller* 416 A.1; adj. und adv. in Verbindung mit Instr. 387

gelîches Adv.: 207,b

gelimpf, glimpf stswM: Synk. 55

gelingen stV IIIa: 247

gelit, glit stN: Dehng. 46α; Synk. 55; vgl. *lit*

gëllen stV IIIb: 247

geloben swV: Ausl. 100

geloube stswF, stM: Opp. Synk. 12; 55 A.2. – 187 A.3

gelouben swV: II Abl. 30; Uml. *öu* 41 A.7; Synk. 55; mal. 79; *-pt-* 94; 100. – 263
sich gelouben: mit Gen. 361

gëlpf, gëlf Adj., stN: Kons. 128

gëlt stNMF: *lt > ld* 146

gëlten stV IIIb: Synk. 53,d. – 240 (Synk.); 247

gelüb(e)de stFN: II Abl. 30; Brechg. 34

gelücke, glücke stN: Apok., Synk. 55 u. A.2; 56; Kons. 133,2. – 180 A.1

gemach stMN: 177 A.5

gemahel(e) stswM: Kons. *h* 19; 142 A.2. – 187 A.1

gemæʒe Adj.: 199 A.1

gemeinde, gemeine stF: Synk. 54,b. – 182,c

gemeine Adj.: Akz. 22 A.5. – 199 A.1

gemüete stN: 180 A.1

gên (bair. frk.), *gân* unregelm. V: Kürzg. 9,2; 47,6; 81; Synk. *gangen* 55 A.1; *ê >* *ehe* 142 A.4; mal. 9,2; 70; 159,23; 160,6; 162,11. – 243 A.1 (Part.); 251; 253; 278 *(gân)*; 279 A.1; **280** u. A.1–5; 283; 284 A.1; 290

gên, gën s. *gëben*

genâde, gnâde stF: Synk. 55 u. A.2. – 182

genæme Adj.: IV Abl. 30; Uml. 71. – 199 A.1

genanne, gnanne swM: Synk. 55

genden s. *geenden*

genësen stV V: GW 93 u. A.4. – 201; 249 (GW)

genge Adj.: 199 A.1

genieʒen stV IIb: Vok. 74
mit Gen. 361

genist stF: GW 93

genôʒ, gnôʒ stM: II Abl. 30; Kürzg. 47,3; Synk. 55; Vok. 74. – 179,2 u. A.7 *(ir genôʒ)*

genuoc Adj., Adv.: Monophth. 43; Synk. *gnuoc* 55 u. A.2. – 207,a; 210 (Adv.) Adj., Subst., Adv.: 394

George EN: 190

gër, gir Adj.: 182 A.1; 199 A.1

gër, gir stF: Dehng. 45. – 182 A.1

gêr(e) stswM: Vok. 72. – 187 A.4

-gêr, -ger, Gêr- EN-Affix: 58 A.2; *ê – e* 72

gerade, grade Adv.: Synk. 55

Gêrbert EN: Kürzg. 47,4; 72

gërde, girde stF: 182 A.1

gerëch, grëch Adj.: Synk. 55

gêren swV s. *geêren*

gêrhabe swM: mal. 9,1

gerihte stN: Vok. 32. – 180 A.1

gerihtes Subst.-Adv.: 209,f

geriute stN: Uml. 41 A.8

gerlich s. *jærlich*

gerner stM: Kons. *gärner, kerner, kärner* 136 A.2

Gêrnôt, Gêrnôʒ EN: Kons. 129 A.4; 147 A.1. – 190

gërste swF: Kons. *st* 155

Gêrtrût EN: Kürzg. 47,4; 72

gerüefte stN: mal. 165 A.2

(ge)ruochen swV: mit Gen. 361

gerwen swV: *w > b* 130

gescheft(e) stFN: *ft* 94

geschëhen, geschên stV V: mal., Dehng. 45; 60; Kontr. 111; Kons. 138; bair. 159,6; mfrk. *geschien* 165 A.5. – 249 u. A.1; 284 (Kontr.); 284 A.2 pers. und unpers. konstruiert in Verbindung mit *ze* und flektiertem Inf. 335 A.1

geschiht stF: Akz. 22. – 176 A.2; 184 A.1

gesehen stV: *gesach in got* 308 A.1

geselle swM: Uml. 41,2; 62; obd. *gselle* 55 A.1; Gem. 96α; 124. – 187 A.2

gësen s. *jësen*

gesidel(e) stN: Vok. 32

gesihte stN: 180 A.1

gesîn, obd. *gsîn* s. *sîn*

gesinde stN: III Abl. 30

geslähte stN: Uml. 41 A.2,1; 63; Vok. 27. – 180 A.1

gespræche stN: 180 A.1

gesteine stN: 180 A.1

gestern Adv.: *-e-* statt *-ë-* 41 A.4; 64 A.1b

gestîn, gestinne stF: Uml. 41,2; 62

gestirne stN: 180 A.1

gesunt Adj. vs. Subst. (stM): 394

geswër, geswier stN: Rdg. 48,3

geter s. *gater*

geträhte stN: Uml. 41 A.2,1

getregede, getreide stN: Kontr. 107

getriuwe Adj.: 199 A.1

getwërc stNM: Kons. 148. – 180 A.6

gewähenen stV VI: Uml. 41 A.2,1; 63; Kons. 142 A.2. – 252 u. A.5 (Uml., GW); 254

gewalt stMF: 177 A.5; 184 A.1

gewaltec, geweltec Adj.: Uml. 41 A.1; bair. *gebaltig* 159,2

gewar Adj.: Dehng. 46α

gewære Adj.: 199 A.1

gewëder Pron.: 226,d; 415

gewelbe stN: Rdg. 48,1

geweltec s. *gewaltec*

gewërp stM: III Abl. 30

gewihte stN: Kons. *ht* 94

gewin stM: Vok. 32

gewinnen stV IIIa: Brechg. 34; Senkg. 50; 69; Synk. 55. – 243 A.1 (Part.); 247

gewis Adj., Adv.: I Abl. 30; Synk. *gwis* 55; *s – ss* 94; 153. – 269

gewisse stF: Kons. *ss* 153

gewiʒʒede stFN: Opp. Synk. 54,b

gewiʒʒen Adj., Part.: 269f. Part.-Adj. 331

gewiʒʒen stFN: 183 A.10

gewon Adj.: Kons. 149,1

geworn = geborn: bair. 159,2

gewülke stN: Vok. 67

gewürhte stN: Kons. 94

gezæme Adj.: IV Abl. 30. – 199 A.1

geziuc stMN: Diphth. 42. – 177 A.1

gî = ir (md.) s. *ër*

gieʒen stV IIb: Vok. 74; Kons. 94. – 241 (Uml.); **242**; 246; 256,2

gift stNF: V Abl. 30; Vok. 32; Kons. *ft* 94. – 184 A.5

gîge swF: Diphth. 42. – 189 A.1

giht stNF: Kons. 120

Gilge EN: Kons. 118 A.2

gir s. *gër*

gir stswM: Sproßvokal 57; 123

gîsel stM(N): Diphth. 42. – 177 A.5

Giselher EN: *-her, -hêr* 58 A.2

gist s. *jëst*

giuden swV: mal. 9,1

glas stN: Kons. 152

glat Adj.: Gem. 95

glaz, -tzes stM: Gem. 95

glimmen stV IIIa: 247

gli(ch)senære stM: Kons. *ch* 106 A.2

glîten stV Ia: Gem. 99

glîʒen stV Ia: 245

glocke swstF: 189 A.1

glüejen swV: *j > h* 142 A.4

gluot stF: 184 A.1

gollier, kollier stN: Kons. 136 A.2

golt stN: Brechg. 25,c; 34; Vok. 66ff.; mfrk. *guld* 165,7

got stM: Uml. 41 A.5; 69; Vok. 27; Gem. 99. – 177 A.4 (Uml.)

götelîch Adj.: Vok. 67

götinne, gütinne stF: Uml. 41 A.5; 67; 69

gou, gouwe, göu, göuwe stN: Uml. 41 A.7; 79. – 180 A.1, A.6

goukeln, gouggeln, göukeln (md.) swV: Uml. 41 A.7; 79

goume swM: Bes. Abl. (?) 30. − 187 A.3
gouwe s. gou
grâ Adj.: aw > au 70; 117; bair. w > b
159,2. − 200 A.1
grabe swM: VI Abl. 30. − 187 A.3
graben stV VI: VI Abl. 28; 30; Dehng. 45;
Uml. 41,1. − 240; **251**; 290
gracht = graft stF: mfrk. 132; 138; 165,4
grade s. gerade
grâve swM: Uml. md. græve 41 A.3; Entl.
131 A.2; rhfrk. grebe 164,2
grâveschaft stF: Diss. 106 A.2
grap stN: VI Abl. 28; Ausl. 20; 100
grât stM: 177 A.5
grëch s. gerëch
grieʒ stMN: II Abl. 30
grieʒen stV IIb: II Abl. 30
grîf stM, grîfe swM: 187 A.4
grîfen stV Ia: Monophth. 37; Vok. 65;
Diphth. 78. − 240; **245**
grimme Adj.: 199 A.1
grimmen stV IIIa: 247
grînen stV Ia: 245
grîs(e) Adj.: Diphth. 42. − 199 A.1
grîse swM: 187 A.1
gris(t)gram stM: Kontr. 112
gros, grosse stswM: Kons. 155 A.3
grœste Adj., Sup.: Ass. < ahd. grôʒisto
105 A.5
grôʒ Adj.: II Abl. 30; Vok. 27; mal. 74;
bair. grous 159,11; omd. grûʒ 166,3;
Kons. 150. − 198 u. A.2 (alem. frk.
Uml.); 203 (Komp.); 203 A.3 (Sup.)
grœʒe stF: 182,b
grübelen swV: VI Abl. 30
grüene, gruon Adj.: Monophth. 43; 83. −
199 A.1
grüeʒen, grüezen swV: Gem. 96α u. A.3;
Kons. 153. − 262 A.1 (Rückuml.)
gruft stF: VI Abl. 30
gruobe stswF: VI Abl. 28; 30
gruonmât stN: Kürzg. 47,6
grütze stNF: Gem. 96α
grûʒ stMF: II Abl. 30; Gem. 96α
güete stF: Uml. 41,2; Monophth. 43. −
182,b; 183 u. A.3, A.10
gugele, kugel, kogel stswF: Kons. 136 A.2
guldîn, md. güldîn Adj.: Uml. 25,c; 41
A.6; 67f.; Brechg. 34; 68
guldîn, gulden stM: Uml. 25,c; 41 A.6;
Apok. 53,f. − 177 A.6
gülte, gulte stF: Uml. 41 A.6; 68

gümpel stM: Entrdg. 49,1
gunc = junc: bair. 159,3
gunnen, günnen Prät.-Präs.: Synk. 55; ü
> ö 67; 69. − 258; 269; **272**; 275; 290
gunst stFM: mal. Senkg. 50; mal. Diphth.
82; 159,10. − 272
-gunt EN-Suff.: 190
Gunther EN: -her, -hêr, -hêre 58 A.2; dh
> th 100 A.2
guome swM: Bes. Abl. (?) 30. − 187 A.3
guot Adj.: VI Abl. 30; Uml. 41,2; Monophth. 43; Kons. 154; bair. guet 82;
159,17; rip. gôde, gôd 82; 198 A.1. −
204 (Adj.); 208 (Adv.)
Adj. vs. Subst. (Neutr.): 394; ez ist guot
in Verbindung mit Part. Prät. 331,e
guote Adv.: 208 A.1
guotlîch Adj.: Ass. guollîch 105 A.3; 124
güpfel stN: Entrdg. 49,1; 69
gürtel stFM: 183 A.10
güsse stF: Kons. 94
gütinne s. götinne
Gyburg EN: Vok. 65 A.6

habech stM: Kontr. > hauch 110 A.2;
Sproßkons. 149,4
haben, hân swV: Dehng. 9,2; 45; Apok.
53,e; Vok. 70; 72. − 237; 264 u. A.3,
A.5. Kontr. hân: mal. 9,2; 60; Satzton
23 A.3, A.6; 110; mal. Prät. 159,25. −
172; 237; 283; 285,a; 287; **288**; 290; 293
u. A.1; 295
‚halten für': mit doppeltem Akk. oder
mit Präp. und Subst. statt des zweiten
prädikativen Akk. 447 A.1
haber(e), haver(e) stswM: GW 93 A.3;
Kons. 129. − 187 A.1; 193; 195
hac, -ges stMN: Gem. 96α. − 255
hächel stF: Uml. 41 A.2,1; 63
Hadloub EN: II Abl. 30
haven stM: Dehng. 45
-haft Suff.: 12
haft Adj., stFM: Kons. ft 94; mfrk. hacht
165,4
hagel stM: mal. 9,1
Hagene EN: 190
hâhen, hân stV VII: Kürzg. 47,6; 81;
Vok., Kons. 36; Kontr. 111. − 253
(GW); 280 A.2; 284 u. A.1
hahse, hähse swF: Uml. 41 A.2,1
hâke swM: 187 A.3
halbe Adv.: 183 A.7

Wortregister 613

halde swstF: mal. 9,1
hæle Adj.: 199 A.1
hæle stF: IV Abl. 30
halm stM: Uml. 177 A.2
-halm EN-Suff.: Uml. 62
halp Adv.: 183 A.7 (-halp); 209,b (anderhalp)
hals stM: Kons. s 152
halsen stV VII: 253
halsslac stM: Akz. 22 A.3
halsslagen swV: Akz. 22 A.3
halt Adv.: 211 A.3
halten, halden stV VII: VII Abl. 30; Diphth. 40; 81,3; Kons. 146; mfrk. a > o 60; 66; 165,5. – 253; 290
hamel stM: Vok. 60; Gem. 99
hamer stM: Opp. Dehng. 45; Vok. 60; Gem. 99; 125
hân s. haben, hâhen
hane swM: VI Abl. 30; Apok. 53,a; Gem. 96α; Dehng. 19. – 187 A.1, A.6 (Apok.)
hane(n)vuoჳ stM: Kons. 126 A.1
hangen swV: (intrans.): Uml. 41,2; Kons. 134. – 264; 284 A.1
hant stF: Uml. 41,1; mfrk. hont 60; 66; 165,5. – 183 A.6; 185,1; 229 A.1
hantwërc-liute stMN: Akz. 22
hæpe, hæppe, heppe swF: e > i 64 A.2; æ > e 71; Gem. 96 A.4
har stM: mal. 9,1
har = hër: alem. 160 A.1
hærîn Adj.: Vok. 70
harnas, harnasch stNM: Kons. 155 A.3
harpfe, harfe stswF: Kons. 128. – 189 A.1
harte Adv.: 205; 210
härwe Adj.: Uml. 41 A.2,1
harz stMN: Dehng. 46γ; 60
hase swM: Dehng. 45
hasten swV: Kons. 152
Hâwart EN: Kontr. 110
haჳ stM: Gem. 96α; Kons. 154
hebe, heve MF: GW 93 A.3
heben, heven stV VI: Dehng. 45; Vok. 27; GW 93 A.3; Kons. 91; 94; Gem. 96α; Kontr. 109 A.2. – 243 u. A.3 (Part.); 250 A.4; 252 u. A.1, A.2; 254
hecke stswF: Gem. 96α
heven s. heben
heften swV: Kons. ft 94; 98
hegen swV: 255
heiden stM (Pl. auch sw): 187 A.3

heilant stM: Vok. 59,2. – 179,3
heilec, heilic Adj.: mal. helig 42 A.4; Endg. 59,3
heim Adv.: 209,a
heim, hein stN: Kons. 125
heimelîche Adv.: mal. 9,1
heimuot, heimüete stFN: Vok. 59,1. – 180 A.6
Heinrîch, Heimerîch EN: Synk. 54,c. – 177
heischen s. eischen
-heit Suff.: Diphth. 42 A.4. – 184 A.1; 190
heiჳ Adj.: Gem. 96α
heiჳen stV VII: VII Abl. 30. – 243 A.2 (Part.); 253; 268 A.4
  mit doppeltem Akk. 352; heiჳet-, hieჳ-Konstruktionen 399 A.2; 493
heizen, heiჳen swV: Gem. 96α; heiჳჳen 153
helbelinc stM: Diss. 105 A.1
Helche EN: Kons. 121
hëlfe stF: 182
hëlfen stV IIIb: LV 4; Wechsel 32; Uml. 41; Vok. 64; mfrk. helpen, gehulpen 165,7. – 172 (Abl.); 240 A.11; 242; 247; 290
  mit Dat. oder Akk. der Person 348 A.1
helig s. heilec
helle stswF: IV Abl. 30; Rdg. 13; 48,1; 62; Gem. 96α. – 182,a
hëllen stV IIIb: 247
hellewîჳe stFN: Opp. Synk. 54,c
hëlm(e) stswM: IV Abl. 30; Uml. 41 A.4. – 187 A.4
helm ‚Stiel‘ stM: Uml. 62
hëln stV IV: IV Abl. 30; Synk. 56; Gem. 96α; Diss. 106 A.1; 112; 126. – 240 A.10; 248
  mit Akk. und Dat. der Person, dazu mit Gen. oder Akk. der Sache 348 A.1
helt stM: omd. hëlt 41 A.4; 166 A.2. – 187 A.1
hemede stN: Synk. Apok. 56
hengen swV: Vok. a–ä 20; Uml. 41,2; Kons. 134 A.1. – 262 A.1 (Rückuml.)
hengest stM: Synk. 56
henken swV: Kons. 134 u. A.1
henne stswF: Gem. 96
hep(p)e s. hæpe
hër(e), har Adv.: Vok. ë–e 24; Dehng. 46β; 60; 64; mal. Vok. 160 A.1

hër (Pron.) s. ër

hër, her s. hêrre

her(e) stN: Vok. e – ë 24; Dehng. 45 u.
A.3; 62. – 180

-her EN-Suff.: Dehng. 46ð

hêr(e) Adj. (Komp. hêrre): Synk. 54,a. –
199 A.1; 203 A.3 (Sup.)

herbe s. erbe

herbest, herbst stM: Synk. 56; Uml. 62

hêrlîch Adj.: Kürzg. 47,2; 72

hern, herjen swV: Kons. 118 A.1

hêrre, hërre swM: Satzton hêr, hër, ër 23
A.2; 58 A.3; 72 A.2; Kürzg. ê > ë 47,2;
72; Kons. 115 A.1; mal. 65. – 187

hêrschaft stF: Kürzg. 47,2; 72

hêrsen swV: Kürzg. 47,2; 72; s > sch 155

hërt(e) stF: Vok. 32; rt > rd 146. – 183
A.7

herte stF: Uml. 41 A.2,1

herte, hart Adj.: 199 A.1, A.3; 205

hërze swN: Graphie 20. – 186; 188 u. A.1;
195

hërzevriunt stM: Opp. Synk. 54,c

hërzehagel stM: Kontr. 108 A.4

hërzelîche Adv.: 210

herzoge swM: GW 93; mal. hirzog 64f.;
159,14. – 187 A.1, A.7

Hetele EN: Kons. 126 A.2. – 190

hetzen swV: Gem. 96α. – 262,b

hier, hie Adv.: Diphth. 81,3; Kons. -r 121

hierunder Adv.: Kons. 121

Hilde EN: 190

-hilt EN-Suff.: Kons. 140 A.5. – 190

himel stM: Opp. Dehng. 45; Vok. 64f.;
mal. Senkg. 50; Gem. 99; 125

hin(e) Adv.: Apok. 53,a

hînacht Adv.: > hînet, hînt(e) 140 A.3

hinden Adv.: Kons. d 146

hinder Adv., Präp., Adj.: Akz. Präf. 22
A.1; hind(e)r im 53 A.3; nt > nd 105,4;
d > t 146. – 204 A.1
Präp.: 357; 377; 384

hinken stV IIIa: sw. Konjugation 14. –
247

hinne, hie inne Adv.: Satzton 23,4

hinnen, hinnân Adv.: Ends. 59,4

hinz(e) Adv., Konjunktion: mal. 9,1

hîrât stMF: Diphth. 42. – 177 A.5

hirne stN: 180 A.1

hirse swstM: Kons. 155. – 178,1a u. A.1

hirte swstM: Vok. 32. – 176; 177; 178,1a
u. A.1; 178,2; 191f.; 194

hirʒ stM, hirʒe swM: Kons. ʒ – z 153 A.1.
– 187 A.4

hirzog = herzoge: bair. 159,14

hitze stF: Gem. 96α

hiune swM: Diphth. 42

hiure Adv.: Sproßvokal 57

hiuslîche Adv.: Kons. 152

hiute Adv.: Diphth. 42; mal. u. Vok. 77

hîwe swMF, Pl. hîwen swN: 188

hîwen swV: 263

hobel, hovel stM: Kons. b – v 129; 159,4

hôch, hô Adj.: Uml. 41,3; 75; Kons. h-,
-ch 25,c; 88; 140 u. A.1; bair. hôcher
159,6. – 205; vgl. hôhe

hôchvart stF: Kürzg. 47,4; 74; Ass. > hoffart 105 A.3; Diss. > hôvart 106 A.2

hôchzît stFN: Kürzg. 47,4; 74; Kons. ch
140

hof, -ves stM: Brechg. 34; 68; Uml. 41
A.5; Dehng. 46α; 66; GW 93; Kons. 20;
91; 131; mal. 132. – 177 A.2

hovel s. hobel

hoveman stM: Opp. Synk. 54,c

hoveroht, -eht Adj.: Ends. 59,3

hövesch, hübesch Adj.: Entl. 9,1; Uml. 41
A.5; 67; 69; Brechg. 34; GW 93 A.3. –
206

höveschlîche Adv.: 206

hoffenlîch Adj.: Sproßkons. -t- 146;
149,1

hôhe, hô, hôch Adv.: Vok. 74; hô 111 u.
A.1; Kons. 140 u. A.2. – 205; 211
(Komp., Sup.); vgl. hôch

hœhe stF: 182,b

hôhes lûtes Subst.-Adv.: 209,e

hol Adj.: IV Abl. 30. – 198; 201

hol stN: 180 A.2

holden s. halten

holen swV: 256,1; 295

holt Adj.: Brechg. 34; mfrk. huld 165,7

-holt EN-Suff.: 140 A.5

holunder stM: Akz. 21 A.2

holz stN: Brechg. 34; 67; o > u 68; mfrk.
hulz 66; 165,7; omd. houlz 166 A.1

hölzelîn stN: Uml. 67

hœne Adj.: 199 A.1

honec, hönic stN: Diss. 106 A.1. – 180
A.6

hopfe swM: 187 A.3

hor stN: Kons. w 115. – 180 A.1

hôrchen swV: Kürzg. 47,2; 74

hœren swV: Uml. 41; 41,1; Opp. Ass.

105,4. – **257**; 257 A.1; 262 A.1 (Rückuml.); 290
horn stN: Vok. 67
hornuʒ stM: Akz. 21 A.2. – 177 A.5
hose swF: Dehng. 45. – 189 A.1
hou, höu, houwe, höuwe stN: Uml. 41 A.7. – 180 A.1
houbet, md. *höubet* stN: Uml. 41 A.7; 80; Synk. 56
houbet-buochstap stswM: Akz. 22
höuschecke swM: 187 A.5
houwe, höuwe s. *hou*
houwen stV VII: Vok. 80; Kons. 117; *hiewen* 117 A.1. – 253 (Prät.)
hûbe, hoube swF: Diphth. 42
hübel stM: GW 93
hübesch s. *hövesch*
hücken s. *hügen*
hüeten swV: Kons. 145
huf, huft stF: Kons. 149,5. – 184 A.1 (Uml.)
hügen, hücken swV: 256 A.5; 261
hulde stF: Uml. 41 A.6; 68f.; Brechg. 34; 68. – 182,b
hülle swstF: IV Abl. 30
hüllen swV: Gem. 96α
hülse swF: Kons. 152
hulz s. *holz*
hulzîn Adj.: Brechg. 34; Vok. 67
humbel stM: 177 A.5
hundert Num.: *u* > *o* 66; 68. – 234 u. A.3
hunger stM: mal. Senkg. 50
huon stN: VI Abl. 30; Monophth. 43. – 180 A.2
huoste swM: 187 A.3
huote stF: 183 A.1
hüpfen, obd. *hupfen* swV: Uml. 41 A.6
hürnîn Adj.: Vok. 67
hurt stF: 184 A.1
hûs stN: Uml. 41,1; Diphth. 13; 42; 76; *iu* 77; Vok. 79. – 180 A.5
hûsen swV: Vok. 80
hût stF: Diphth. 42; *iu* > *äu* 77

-ic s. *-ec*
ich Pers.-Pron.: LV 4; 6; 88; 138; Aussprache 20; 139; Krasis 23,3; *ichne* > *in(e)* 23,5; vor *iu* 23 A.1; Dehng. *mir* 46β; 65; mal. *mî* 122; 165,9. – 212; **213**
ie Adv.: Vok. 81. – 209,c; 229,d
ie- Pron.-Präf.: Monophth. 43 A.1; Vok. 81. – 212; 225; 226,b-e; 227; 229,d,f

-ie Lehnsuff.: Entl. 9,1; Diphth. 73 A.1
ieder Pron.: Akz. 65 A.7; Vok. 81
iedoch Adv.: 445; 461,1
iegelîch Pron., Adj.: Vok. 81,2. – 226,b (Nbff.); 229,d
ie(ge)lîch/ie(ge)slîch Pron.: 416
iegelîcher Adj., Indefinitpron.: Monophth. 43 A.1
iegewëder s. *iewëder*
ieman, iemen Pron.-Subst.: Monophth. 43 A.1; Vok. 59,5; 81,2; Sproßkons. *-d* 149,1. – 179 A.3; 225; 227 u. A.1; 229,f
Pron.: 418; 440; 441
iemer, im(m)er Adv.: Satzton 23 A.3; Vok. 59,5; Kürzg. 47,6; 81. – 209,c *(iemêr)*
-ieren Lehnsuff.: Entl. 9,1; Akz. 22 A.8
iergen Adv.: Kürzg. 47,6; 81; Sproßkons. *-d* 149,1
iete(s)lîch, ietlîch, ieslîch Pron., Adj.: 226,b; 229,d
ietwëder Adj., Indefinitpron.: Monophth. 43 A.1; 81. – 226,e *(iedewëder)*
ietwëder, iewëder, ieder Pron.: 415
iewëder Pron., Adj.: 226,d u. A.2
iewelch Pron., Adj.: 226,c
iewelih Pron.: 409
iezuo, ieze Adv.: Monophth. 43 A.1; *ieze* > *itz* 47,6; Akz. *iez* 65 A.7; Vok. 81,2; *iezunt* 81,2; Kons. 149,3
iht stN, Adv.: 212; 225 (Pron.-Subst.); 232,a,b u. A.1 (Nbff.)
Pron. und Negationspartikel: 356; 375; 418; 440; 441; *ihtes*, adv. Gen. 366; 375
île stF: Diphth. 42. – 182
îlen swV: 265 A.2 (Part.)
im(e) Pers.-Pron. s. *ër*
imbe stswM: Ass. 130
im(m)er s. *iemer*
imme = *in deme*: Ass. 105,1
in Präp.: Ass. *in deme* > *imme* 105,1; Satzton > *en* 23,6. – 204 A.1 (Komp., Sup.)
Präp.: 357; 384; 387
in(e) < *ichne* s. *ich*
in(en) Pers.-Pron. s. *ër*
în, in Adv.: mal. 9,1; *i – î* 58 u. A.1; 65 A.3, A.4; 68 A.4; 73 A.1
-în Dim.-Suff.: Vok. 59,1. – 180 A.3
-în Adj.-Suff.: *î – e* 59,3
-în, -in(ne) Fem.-Suff.: mal. 9,2; Akz.

21,3; *î*−*i* 12; 58 u. A.1; 65 A.4; Vok.
59,1; *î* > *ei* 59 A.2. − 183 A.1
inbîʒ, imbîʒ stMN: *im-, em-* 59,6; Ass. 12;
105,1; Kons. 126 A.5
-inc Subst.-Suff.: Abl. 29; Vok. 59,1. −
190
-ingen, -ing ON-Suff.: bair. 159,16
ingesigel stN: *inxsigel* 133
-inne s. *-în*
inneclich Adj.: *innercleich* 121 A.8
inneclîche Adv.: 210
innen Präp.: 377; 384; Konjunktion: *innen
des* temp. 459,8
inner Präp., Adj., Adv.: 204 A.1 (Komp.)
Präp.: 377; 384; 387
innerhalp Präp.: 377
insel(e) swF: *îsel* 36
int- s. *ent-*
inziht stF: I Abl. 30
ir Pers.-Pron.: Dehng. 46β; 65; mal. *gî*
122; 165,9; > *er* 59,3; *iuch* Diphth. 42.
− 212; **213ff.;** 269 A.1; vgl. *ër, ëʒ, ënk*
ir Refl.-Pron.: 212; **215**
ir- s. *er-*
irdîn Adj.: Vok. 32; Ends. *-în, -en* 59,3
irdisch Adj.: Vok. 32; 64; Ends. *-isch,
-esch* 59,3
irre Adj.: 199 A.1
îs stN: Diphth. 42; 73; 78
-isch, -esch Adj.-Suff.: *i*−*e* 59,3. − 206
îsen stN: Diphth. 42
îserîn, îsern Adj.: Ass. 105 A.3; Diss. 106
-ist Sup.-Suff. s. *-est*
îtel Adj.: Diphth. 42; obsächs. *aikl* 147
A.1
itewîʒ stMN: I Abl. 30; *î*−*i* 58 u. A.1
iu(ch) Pers.-Pron. s. *ir, ër*
iuch, iuwich Akk. Pers.-Pron. s. *ir, ër*
iuwel swF: 189 A.1
iuwer Poss.-Pron. s. *mîn*
iuwer, iur Gen. Pers.-Pron. s. *ër, ir*
îwe stF: *w* > *b* 117 A.1
Iwein EN: Akz. 21

jâ Interjektion: Akz., *-ne, -n* 23,5
Partikel: mit folgendem pron. Subj. 405
jagen swV: Dehng. 45; Kontr. 108 u. A.2;
Kontr. *jagete* > *jaute* 108 A.6; Kons.
118. − 285,b (Kontr.)
jaget stNF: Synk. 56. − 180 A.6
jâmer stMN: Kürzg. 47,3; 70; alem. *âmer*
118f.; 160,1; Gem. 125. − 180 A.6

jæmerlich Adj.: *jermerleich* 121 A.8
jæmerlîchen Adv.: 206
jâres Subst.-Adv.: 209,g
jærgelich Adv., Adj.: 226,a
jærlich Adj., Adv.: *gerlich* 118
jeger stM: 118. − 192
jegerîe stF: Entl. 9,1
jëhen, jên stV V: mal. 9,1; Abl. 29; Uml.
41 A.4; Synk. 53,c; Kontr. 107; *giht* 20;
118; *yehen* 156,2. − 243 A.2 (Part.);
249 u. A.1 (GW)
mit Gen. 361
jener Pron.: Uml. 41 A.4; Dehng. 45;
alem. *ener* 119; 160,1. − 212; **221**; 221
A.2; 222
jensît Adv., Präp.: 183 A.7; 221 A.3
jësen, gësen stV V: Uml. 41 A.4; Vok. 64
A.2; *gisit* 118; Kons. 120; *s* > *sch* 155
A.3. − 249 (GW)
jëst stM: Vok. 64 A.2; Kons. 120; *s* > *sch*
155 A.3
jëten stV V: Uml. 41 A.4; *gitit* 118; Kons.
120. − 249
jiuch stN: II Abl. 30
joch stN: II Abl. 30; Kons. 118
jôlen swV: Kons. 118
jûbel stM: Kons. 118
jucken (obd.), *jücken* (md.) swV: Uml. 41
A.6
jude swM: Dehng. 45
jugent stF: Dehng. 43; 45; 48; Vok. 27;
Kons. 118. − 184 A.1
jumfer s. *juncfrouwe*
junc Adj.: Kons. 137; bair. *gunc* 119;
159,3. − 203 (Komp.); 211 A.2 (Sup.)
juncfrouwe swF: Akz. 22; > *jumfer* 59,5
juncherre, junker swM: > *junker* 59, 5; *gh*
> *k* 100 A.2. − 187 A.1

kal Adj.: 200 A.1
kâle s. *quâle*
kalp stN: 180 u. A.2
kalt stN, Adj.: Kons. 133
kamer(e) stswF: Gem. 99
kamp stM: Ass. *kambes* 25,c; 130
kan s. *kunnen* u. Modalverben (Sachregister)
Candelberc, Canterbury ON: 121
kanêl stM: Kons. *g*−*k* 136 A.2
kapëlle swstF: 189 A.1
kapfen, kaffen swV: Kons. *pf*−*ff* 128 A.2
karker stM: 179 A.2 *(charcher)*

knolle swM: 187 u. A.3
knopf stM: Gem. 95
knorre swM: 187 A.3
knote s. *knode*
knotze swF: Gem. 95
knouf stM: Gem. 95
knüpfen swV: Kons. 94 A.1. – 262,b
knüsen, knüssen swV: 261
koc s. *quëc*
koch stM: 177 A.2
kocher stM: mal. 9,1
kol(e) swM, stN: Dehng. 45 u. A.2. – 187 A.5, A.6
kolbe swM: 187 A.3
kôle s. *quôle*
koln s. *quëln*
köln s. *queln*
kolze swM: Kons., Entl. 152 A.1
komen, kömen, kumen stV IV: mal. 9,2; 60; 160,4; Opp. Dehng. 45; 66; Synk. 53,c; Senkg. 50; 68 A.5; Gem. 99; Vok. *o – ö, u – ü* 116; *â – ô* 70; Kons. 125; 129; 135; *chomen* 159,1; *kunt* 160 A.4. –.243 (Part.); **248 A.1**; 280 A.2; 286 finite Formen in Verbindung mit dem Part. Prät. von Verben der Bewegung (Typ: *er quam gegangen, geriten*) 331
kone swF: Vok. *o – ö* 116
körder s. *quërder*
(be)korn swV: GW 93
koste stF: 183 A.1
köste s. *queste*
kosten swV: GW 93
kôt s. *quât*
kotember s. *quatember*
kouf stM: 177 A.2
koufen, md. *köufen* swV: Uml. 41 A.7; 79
kraft stF: Uml. 41,1; 62; mfrk. *kracht* 165,4. – 176; **181**; 184f.; 194
krage swM: 187 A.3
krähse swF: Kons. 141 A.1
kræje, kræe, ofrk. *krâwe* swstF: *w – j* 119; Kons. 142 A.4. – 189 A.1; 195
kran(e) swM: 187 A.6 (Apok.)
cranc Adj.: Kons. 133 A.1; mal. *chranch* 159,1
krâpfe swM: 187 A.3
krappeln swV: Gem. 95
kratzen swV: Kons. 94 A.1
krëbez stswM: Synk. 56; Gem. 95; Vok. 64; Kontr. *kreuz* 110 A.2; Kons. 154 A.1

krechse s. *krähse*
kreftic Adj.: Uml. 62. – 203 (Komp.)
kreiʒ stM: Kons. 154 A.1
krësme s. *krisme*
krëte, krote swstF: IV Abl. 30
kriec stM: Monophth. 43
Krieche swM: Vok. 81,3; Kons. 134
kriechen stV IIa: Diphth. 42; Vok. *krôch, krouch* 74; 79; *iu > eu* 77. – 246
Kriemhilt EN: 190
krimmen stV IIIa: 247
krimpfen stV IIIa: 247
krippe, kripfe stswF: mal. Kons. 128 A.3
krisme, krësme swM: Brechg. 33
Kristen stswMF: > *Kirsten* 122. – 187 A.3
kristenheit stF: 184 A.1
kriusel stF: Entrdg. 49,3; 77
kriuze stN: 180 A.1
krône stF: 182; 183 A.6; 194
krœnen swV: Synk. 55 A.1
krote s. *krëte*
krût stN: Diphth. 42
küchen stF: 183 A.2
kücken s. *quicken*
küele Adj.: Monophth. 43; 83. – 199 A.1
küene Adj.: 199 A.1
kugel swF: Dehng. 68
kulter stMNF: Kons. *g – k* 136 A.2
kumen s. *komen*
künde, kunde stF: Uml. 41 A.6
künec, kunic stM: Dehng. 45; 69; Vok. 27; Ends. 59,3; Senkg. 50; 67; 69 u. A.1; Diss. 106 A.1; 126 A.1
küneginne, künegîn stF: mal. 9,2; Akz. 21,3. – 183 A.1, A.7; 194
künne stN: **180** (Uml., Dehng.); 180 A.1; 194
kunnen, künnen Prät.-Präs.: Vok. 65 A.8; *ü > ö* 69; Ausl. 98; 126. – 258; **272**; 276; 290
kunst stF: Kons. 133
kunt, künde Adj.: 199 A.1; 269
kuo stF: 184 A.3
kuoche swM: 187 A.3
Kuonrât EN: Kürzg. 47,6
kupfer stN: Gem. 96β
kür stF: Dehng. 69; GW 93. – 184 A.2 (Uml.)
kürre Adj.: Entrdg. 49,1
kürsen stF: Kons. 155
kürs(e)nære stM: Kons. *s > sch* 155
kurtois Adj.: Graphie 80; 156

kurz Adj.: Opp. Dehng. 68
küssen stN: Entrdg. 13; 49,1
küssen swV: Vok. 65 A. 8; 69. − 262 A. 1
(Rückuml.)
kust stF: GW 93
küte stM: Entrdg. 49,1
kutel swF: Opp. Dehng. 68
küten stF: 183 A. 2

lâ Adj.: 200 A. 1
laben swV: Dehng. 45
lachen stN: Kons. 142 A. 6
lade swM: 187 A. 3
laden stV VI, swV: Dehng. 45; Ends. *ladet*
> *lât* > *lat* 53,d; 70 A. 1; 99; 110 A. 1;
GW 93 A. 2; *du last* 94. − 251 (stV); 264
(swV); 285,c (Kontr.)
lâge stF: V Abl. 30
lam, lamb Adj.: Kons. *m* > *mb* 129
lamp stN: Uml. 62; 67; Ass. *mb* > *mm*
125. − 175f.; **180**; 180 A. 2; 194
lân s. *lâzen*
lanc, lange Adv.: 205; 207,a; 211 (Komp.,
Sup.)
lanc, lenge Adj.: Uml. 41; 62. − 199 A. 1;
203 (Komp., Sup.); 205; 207,a
lant stN: Uml. 41,2; Vok. 60; Ass. *nt* > *nd*
105,4. − 175
-lant Suff.: 180 A. 5
lære Adj.: Uml. 71. − 199 A. 1
last stM, md. F: 177 A. 5; 184 A. 1
Laterân EN: 177 A. 6
laჳ Adj.: Gem. 96α. − 204 A. 1 (Sup.)
lâჳen, lân stV VII: VII Abl. 30; Uml. 41
A. 3; Kürzg. 47,3; 70 u. A. 2; Kons. 88;
153; Satzton *lân* 23 A. 3; Ass. 105 A. 5.
− 240 A. 2 (Apok.); 243 u. A. 2; 253;
283; **287**; 290
lâჳen stV: mit doppeltem Akk. 352; in
Verbindung mit einem durch *un-* negierten Part. Prät. 331b; Nicht-Bezeichnung eines Inf. nach *lâჳen* in gewissen
Verbindungen 492c
lê stM: 178,2
lëben swV: I Abl. 30; Brechg. 33; Dehng.
45; *gelept* 129 A. 3. − 172; **259**; 264;
290; 295f.
lëben stN: Vok. 27
lëbende Part. Adj.: Apok. 56
lëbendec Adj.: Akz. 21 A. 2; Kontr. >
lëmtec 54,b; 105,2; 129 A. 3

lëber(e) stswF: Brechg. 33
lecken swV: Rdg. 48,1
lecken s. *legen*
ledec Adj.: I Abl. 30; Uml. *ë* > *e* 41 A. 4;
64 A. 1b
lëder stN: Vok. 32; 64; Dehng. 45
leffel stM: Rdg. 48,1; 62
legen swV: V Abl. 30; Dehng. 45; 62;
Gem. *leggen, lecken* 96α; 153; Kontr.
9,1; 12; 62; 78; 107 u. A. 1, A. 2; 108
A. 2, A. 6; 136. − 256,1 u. A. 5; 261 u.
A. 1; 285,a
lëger stN: V Abl. 30. − **180**
lei(e), -lei(e) Lehnsuff.: Entl. 9,1. − 183
A. 6
leibe stF: I Abl. 30
leiben swV: I Abl. 30
leiden swV: Opp. *lîden* 42; 73
lei(g)e swM: Vok. 78
leim stM, *leime* swM: 187 A. 4
leinen swV: I Abl. 30
leip stM: Opp. *lîp* 42; Öffng. 44; Vok. 78
leischieren swV: 265 A. 2
leist stM: 187 A. 3
leit stN: Opp. *lîden* 42; Ausl. 20; 144; Vok.
42 u. A. 4
Adj., Subst. (stN): 394
leit (Prät.) s. *legen*
leiten swV: I Abl. 30; GW 93; Gem. 94;
97f.; 145. − 263; 265 A. 1
lemen swV: 261
lëmtec s. *lëbendec*
lenden swV: 262 A. 1 (Rückuml.)
lëne, line stF: Brechg. 33
lënen, linen swV: I Abl. 30; Brechg. 33;
Vok. 65
lenge stF: Graphie 20; Uml. 62. − 209,c
(Adv. *die lenge*)
lenze swM: 187 A. 1
lërche, lërche swF: Kürzg. 47,2; 72; Vok.
27
lêre stF: 182
lêren swV: I Abl. 30; Rückuml. *gelârt* 9,2;
GW 93. − 262 A. 2 (Rückuml.)
lêrer, lêrære stM: 178,1a u. A. 2
lërnen, lirnen swV: I Abl. 30; Vok. 64;
GW 93. − 264
leschen (intr.) stV IV: IV Abl. 30; Uml. *e*
statt *ë* 41 A. 4; 62; 64 A. 1b; Rdg. *erleschen* 48,1. − 243 u. A. 3 (Part.); 248
leschen (trans.) swV: IV Abl. 30; Rdg.
48,1; Ass. *scht* > *st* 105 A. 4; 155

lësen stV V: Wechsel 32; Dehng. 45; GW 93 A.4; Kons. 152. – 249 (GW)
leste, leʒʒeste Adj. Sup.: Ass. 105 A.5. – 203 A.3; 204 A.1; 211 A.2 *(ze lest)*
letzen swV: Gem. 96. – 262,b
leuken s. *lougnen*
lewe, lêwe, louwe swM: mal. *öu* statt *ê* 9,1; Uml. 41 A.4, A.7; Rdg. 48,1; 62; *-w-* 117
lîch stF: 184 A.1
-lîch, -lich Adj.-Suff.: mal. 9,2; Uml. 41 A.2, A.3, A.10; Kürzg. 47,5; 58 u. A.1; 73 A.1. – 206; 225; 229,d
-lîche(n), -liche(n) Adv.-Suff.: Kürzg. 47,5; 58 A.1. – 206 u. A.2
lîchlachen, lîlachen stN: Diss. 106 A.2
lîch(e)nam(e), lîcham stswM: Dehng. 46δ; frk. 58 A.1. – 187 A.1, A.6
lîden stV Ia: I Abl. 30; Diphth. 42; Vok. 65; 73; GW 93; 144. – 243 A.2 (Part.); 245 (GW); 245 A.3
liderîn Adj.: Vok. 32
liebe stF: II Abl. 30. – 182,b
liegen stV IIa: II Abl. 30; Rdg. 48 A.1; Dehng. *gelogen* 45; 66; Vok. *ou* 79; *liugen* 81 u. 81,1. – 246
lieht Adj., stN: Brechg. 35; Vok. 27; 77; Monophth. 43 A.2; 81; Kürzg. 47,6; 81,1; Kons. 124; mfrk. *liet* 165 A.5
liep, liup Adj.: Brechg. 35 A.2; Monophth. 13; 19; 43; Vok. 27; mal. 81; 159,12; mfrk. *lêv* 165 A.3
liet stN: Monophth. 43
ligen, licken, lîn stV V: V Abl. 30; mal. Kontr. 9,1; Dehng. 45; Vok. 48 A.1; Kontr. 65; 73; 107 A.1–3; 136; Gem. 96α; 153. – 249; 250 A.3; 254; 285,a u. A.1 (Kontr.)
lîhen stV Ib: Diphth. 42; Vok. 72; 78; GW 93 A.1. – 245 u. A.1
lîht(e) Adj.: Opp. Kürzg. 47,1; Vok. 36; 73. – 199 A.1
lîlachen s. *lichlachen*
lilie swFM: *lilge* 118 A.2
lîm stM: Diphth. 42
limmen stV IIIa: 247
lîn stM: Diphth. 42
lîn s. *ligen*
-lîn Dim.-Suff.: Akz. 21,3; Uml. 41 A.2, A.3, A.10; alem. *-lî, -î* 59,1; 73 A.1; obd. 158,4; ofrk. 161,4. – 180 A.3
linde Adj.: 199 A.1
line s. *lëne*

linen s. *lënen*
-lint EN-Suff.: 190
lîp stM: I Abl. 30; Diphth. 42; 44; 78. – 177 A.4
lîre stswF: Sproßvokal 57; 123. – 183 A.1
lîse Adj.: Diphth. 42. – 199 A.1
lispeln swV: Kons. *sp* 152
list stM, md. F: I Abl. 30; GW 93. – 177 A.5; 184 A.1
lit, gelit stNM: Dehng. 46α; Synk. 55. – 194
lîte swF: mal. 9,1
liuhse F: Kons. *hs* 141 A.1
liuhten swV: mal. 9,2; Uml. 41 A.8; 77; 81,1; Brechg. 35; Diphth. 42. – 262 A.2 (Rückuml.)
liumde s. *liumunt*
liumunt, liument swstM: Synk. > *liumde*, *liunt* 53,c; 54,b; *u – e* 59,2; Diss. 105 A.1
liup s. *liep*
liut stMN: Uml. 41 A.8; Diphth. 42; *iü* 77. – 177
Liutbold, Liupolt EN: Ass. 105 A.3
liuten swV: Uml. 41 A.8; Kons. 145
Liutgart, Liukart EN: Ass. 105 A.3
lobebære Adj.: 199 A.1
lobelîch, löbelîch Adj.: Uml. 41 A.10
loben swV: III Abl. 30; Brechg. 34; Dehng. 45; *bt > pt* 129 A.3. – 255; 256,1 u. A.3; **259**; 264; 278 A.1
loc stM: 177 A.5
loch stN: Uml. 41,1; Brechg. 34; Gem. 96α; Kons. *ch* 139
lôch, lô stMN: Kons. *-ch* 140 A.2
loger, md. locker Adj.: Gem. 99 A.1
lohe, lô swM: Kons. 142
lôn stNM: Graphie 19. – 180 A.6
lop stNM: II Abl. 30; Kons. 127; mal. Kons. 90; 129. – 177 A.5; 255
lörber stNF: Vok. 74
lôs Adj.: Abl. 29
loschieren swV: Entl. 9,1
lœsen swV: Uml. 41. – 262 A.1 (Rückuml.)
loufen stV VII: VII Abl. 30; Prät. *liuf* 35 A.2; 159, 12. – **253**; 253 A.2 (Part.); 290
lougen stN: II Abl. 30
lougnen, md. löugnen swV: Uml. (Nbff. *louken, leuken*) 41 A.7; 79f. – 262 A.1 (Rückuml.)

mê s. *mêr(e)*
Meginhart, Meinhart EN: Kontr. 107
meie, meige swM: Vok. 78; Kons. *-g-* 118.
  − 187 A.1
meier, meiger stM: Kons. *-g-* 118
meist(e) Adj., Sup.: Vok. 72; GW 93; mal.
  126. − 204; 211
meister stM: 179 A.2
meiʒen stV VII: 253
mël stN: *-wes* 25,c; 115. − 180 A.1
mëlchen, mëlken stV IIIb: Sproßvokal 57;
  65. − 247
menege, menegîn stF: 183 A.3
menen, mennen swV: Gem. 96α
menneschlîch Adj.: Synk. 54,b
mennisch Adj.: Uml. 62
mensche swM, stN: Uml. 41,2; 62; Synk.
  54,b. − 180 A.6; 187
mer stN: Dehng. 62. − 180
mêr(e), mê Adj., Adv.: mal. 9,2; 166,3;
  Vok. 72; GW 93; Kons. *-r-* 121 u. A.1.
  − 204; 211; vgl. *mêrre*
mêr Partikel: 447 A.1
Merge s. *Maria*
merken swV: Vok. 64; Kons. 94 A.1. −
  262,b u. A.4
merle F, *merlekîn* stN: Entl. 88 A.2
mêrre, mërre Komp. zu *mêr*: *ê > ë* 58 A.3;
  72 A.2. − 204; 211
merren swV: 262 A.1 (Rückuml.)
merze swM: 187 A.1
mësse, misse stF: Brechg. 33; Vok. 65
met s. *mit*
metalle s. *betalle*
mëte stM: 178,1b
metten stF: 183 A.2
metze swM: Gem. 96α. − 187 A.5
metziger stM: Kons. 118 A.2
metzje stF: Kons. 118 A.2
mewe swF: Rdg. 48,1
mêwen s. *mæjen*
mëʒʒen stV V: Gem. 96α; Kons. ʒ 98; ʒʒ
  > *ss* 154. − 249
meʒʒer stN: Kontr. < *meʒʒisahs* 59,5
mich s. *ich*
michel Adj.: Synk. 54,b. − 197f.; 204; 229
  A.1
michel(s) Adv.: 207,b; 210
  adv. Gen.: 366; 375
mîden stV Ia: Diphth. 42; GW 93. − 245
miete stF: Diphth. 81,3. − 182
mîle stF: Diphth. 42. − 182; 183 A.6

milte Adj., stF: Kons. *t > d* 146. − 199
  A.1; 206
milteclîche Adv.: 206
milwe swF: *w > b* 117
milze stN: 180 A.6
mîn, md. *mînes* Gen. Pers.-Pron. s. *ich*
mîn, dîn, sîn Poss.-Pron.: Diphth. 13; 42;
  Synk. 53,e; 54,b; 98; 117; bair. *ënker*
  9,1; 216 A.4; *iur* 9,2. − 212; 213 A.6
  (ënker); **216**; 216 A.4 *(ënker)*
mînen(t)halben Adv.: 209,i
minne stswF: 182,a; 183 A.4
minneclîch Adj.: Diss. 106 A.1
minnen swV: 256 A.4 (alem.); 264
minner, minre, minder Komp., Adj.,
  Adv.: Synk. 54,b; Kons. *-d-* 149,1. −
  203 A.4; 204 (Komp.); 211 (Adv.)
minnest, minste Sup.: Vok. 59,3. − 204;
  211
mir s. *ich*
mischen swV: Ass. *miste* 105 A.4; 155
Mîsen ON: Kons. *hs > s* 141 A.1
mis(se)- Präf.: Akz. 22 A.1
misse s. *mësse*
misselîch, mislîch Adj.: Synk. 54,c
mitalle s. *betalle*
mite Adv., *mit* Präp.: Satzton *mit- > met-*
  23,6; Apok. 53,a; mal. 100 A.1
  Präp.: 384; 387
mitiche s. *mitwoche*
mittchun, mittechen s. *mitwoche*
mitte Adj.: Vok. 32; Synk. *mittn* in 53
  A.3; Kons. 145. − 199 A.1; 203 A.3
  (Sup.)
mitwoche, mittewoche swFM: > *mitiche*
  9,1; 59; *mittechen, mittchun* 116 A.2
mogen = mugen: 68
môr stswM: Vok. 74
môrber s. *mûlber*
mordære stM: Opp. Uml. 67
morgen(e); morgens Subst.-Adv.: Synk. >
  morne, Nbff. 54,b; 136 A.1. − 209,g;
  218
morgengabe stF: Akz. 22
morhe swF: Kons. *h* 142 A.1
mort stNM: 180 A.6
mörter, mörtel stM: *-r > -l* 106; 121
most stM: Kons. 13
mücke, obd. *mugge* swF: Uml. 41 A.6; 69;
  Kons. *ck − gg* 133,1. − 189 A.5
müede Adj.: Monophth. 13; 43. − 199
  A.1

nëst, nest stN: Uml. *ë – e* 41 A.4; 64
netze stN: 180 A.1
netzen swV: Gem. 96α; Kons. *tz – zz* 153
Neuenhusen ON: Diphth. 42
ne-, enwëder Adj., Pron.: 230,a
newëder, enwëder Pron.: 415; 436; *ne-wëder (wëder)* – *noch* 415; 439
neȝȝel swF: 189 A.1
Nibelunc EN: 190
nicken swV: Gem. 95
nîden stV Ia, swV: Synk. 54,a; Ausl. 100. – 245 (GW); 245 A.4 (swV)
nider, niderre Adj., Adv.: mal. 65. – 201; 204 A.1 (Komp.)
niderhalp Präp.: 377
nîdinc, nîdunc stM: Abl. 29
nie Adv.: Brechg. 35 A.1. – 233
nieman, niemen Pron.-Subst.: *a – e* 59,5; *niement* > *niemt* 53,c; Kons. *-t* 149,1. – 179 A.3; 225; 227; 230,a Pron.: 418; 436 – 438
niemer, nimmer Adv.: Kürzg. 47,6; 81; Vok. 59,5
niene, nien (< *niht ne*) Adv.: Satzton 23,5 Negationspartikel: 368; 436
niener, niender(t) Adv.: Sproßkons. 113; 149,2
niere swstM: 187 A.5
niergen Adv.: Kürzg. 47,6; 81; Sproßkons. 149,1
niesen stV IIb: 246 (GW)
niewan s. *niuwan*
nieȝen stV IIb: II Abl. 30; Gem. 95. – 246
niftel swF: Kons. *v – f* 20; 131; mfrk. *nich-tel* 132; 165,4
nîgen stV Ia: Diphth. 42; 73; Vok. 72; Gem. 95; Ausl. 100 u. A.1. – 245
niht Pron.-Subst., Adv., Negationsparti-kel: mal. 65; Nbff. 140 A.3; mfrk. *nûwet* 165,8. – 209,d; 225; 233; 233 A.2 (mal.) Pron. und Negationspartikel: 356; 368; 375; 386; 387; 418; 436; in Verbindung mit *ne* und ohne *ne* 437; 440; *nihtes* adv. Gen. 366; 375
nimmer s. *niemer*
-nisse stFN-Suff.: Akz. 21,3; Uml. 41 A.11; Vok. 59,1. – 180 A.1; 183 A.1
nît stM: Diphth. 42; Ausl. 100
niun Num.: Diphth. 42. – 234 u. A.2
niunde Num.: Kons. *d* 146
niuwan, niewan Adv., Konjunktion: Brechg. 35 A.1

niuwe Adj.: Diphth. 13; 42; Kons. 117; mfrk. *nûwe* 77 A.1; 165,8. – 199 A.1
niwer, niur, neur, nuer, u.a. ('nur') Parti-kel: 447 A.1
niwiht s. *niht*
noch Konjunktion: omd. *nach* 166,5 Partikel ('und nicht'): einfaches *noch*, *noch* – *noch, dewëder* – *noch* 439; Konjunktion: *noch denne daz* konzess. 461,6
nôt stF: adjektiviert und gesteigert 395; *mir ist nôt* mit Gen. der Sache 337 A.4; *mir wære nôt* 322
nôtnunft stF: IV Abl. 30
nouwe s. *enouwe*
nôȝ stN: II Abl. 30
nû, nu Adv., Konjunktion: Dehng. 58; 68; Opp. Diphth. 76; Negation *nune, nun* Satzton 23,5; *nun* 126 A.7; bair. 159,10 *nu(n)* Adv.: 462,2; Konjunktion: *nu(n) daz* 459,11; 462,2
nüechtern Adj.: Kürzg. 47,6; 83
nunft stF: IV Abl. 30
-nusse, -nüsse Nominal-Suff.: Vok. 59,1. – 180 A.1
nust (< *nu ist*): Satzton 23,3
nütze, obd. *nutze* Adj., stF: II Abl. 30; Uml. 41 A.6; 68; Gem. 95. – 199 A.1
nützen, obd. *nutzen* swV: Uml. 41 A.6; 68f.; Gem. 95
nûwet mfrk. = *niuwet:* 165,8; s. *niht*
nuz, -tzes stM: II Abl. 30; Gem. 95. – 187 A.3

obe, ob Adv., Präp. Konjunktion: Apok. 53,a; omd. *ab* 66; 166,5. – 204 A.1 (Komp., Sup.) Präp.: 357; 377; 384; Konjunktion: mit der Funktion der Einleitung einer dir. Frage 448; kondit. vs. konzess. 460,1; konzess. 461,5; interr. 467
obene Adv.: Dehng. 45
ober Adj.: Apok. 53 A.2; Sup. *ob(e)rist, oberôst* 59,3; 203 A.2; Komp. *öber(st)* 204 A.1
oberhalp Adv.: 183 A.7 Präp.: 377
obeȝ stN: Synk. 56; Sproßkons. 149,3; Kons. *ȝ* 154 A.1
ôch, och s. *ouch*
ockert s. *eht*
ode(r) Konjunktion: Apok. > *od* 53,a;

Kons. *-r* 121 A. 8; mfrk. *of(f)* 165 A. 3;
omd. *ader, adir* 60; 66; 166,5
koordin. Konjunktion: 460 A. 2
œde Adj.: 199 A. 1
of(f) s. *ode(r)*
oven stM: Dehng. 45; Graphie 159,21
offen Adj.: mal. 66; Graphie 91; 159,21. –
255
offenen swV: 255
offenware = *offenbare:* bair. 159,2
ôheim, œheim stM: Kürzg.: 47,7; > *ôhem*
59,5; Uml. 75; Kons. *-m* 125; *h* 140 A. 5
ohô Interjektion: Kons. *-h-* 142 A. 5
ohse swM: > *osse* 141
oht s. *eht*
-ôht, -oht s. *-eht*
öl stN: Uml. 41 A. 5; 67; Dehng. 45
ont- s. *ent-*
opfer stN: *offer* 128 A. 2
opfern swV: *offern* 128 A. 2
ordenlich Adj.: Sproßkons. 149,1
ordenunge stF: 183 A. 1
ôre swN: Vok. 74. – 188
Orense EN: *s*-Lautung 152 A. 1
organe swF: Diss. > *orgele* 106; 126 A. 2
ors stN: Entl. 9,1; s. *ros*
ort stNM: 180 A. 6
Ortwîn EN: 65 A. 3
-ôst s. *-est*
ôsten Adv.: Vok. 74
ôster Adv.: Vok. 74
ôster stswF: mal. *âstern* 159,15
ôt, ot s. *eht*
-ôt obd. Suff.: Vok. 59,1 u. 4; 74
oter, otter stM: Gem. 96β. – 177 A. 5
Otte EN: 190
ouch Konjunktion: Satzton > *ôch, och* 23
A. 2
Adv.: im Konzessivsatz, evtl. in Korrespondenz mit *doch* im Hauptsatz 445;
479
ouge swN: Entrdg. 49,2; Vok. 74; 79; 80.
– 188 u. A. 2
öugelîn stN: Uml. 80
ouwe stF: Uml. 41 A. 7; 79f.; Kons. *w*
117

palas stNM: Kons. 127; Sproßkons. 149,3
palme, balme swM, swstF: Kons. 127
paradîse, paradîs stN: Kons. 127; *paradys*
156
parlier, parler stM: Diss. > *palier* 106

pfâ s. *pfâwe*
pfaffe swM: mfrk. 165,3
pfaht(e) stFM: Kons. *p* – *pf* 128
pfallenze, pfalze stF: Synk. 126 A. 4;
Kons. 128
pfärt, phärit < *pharvrit* stN: Uml. 41
A. 2,1; 63; Vok. 27
pfat stNM: 180 A. 6
pfâwe, pfâ swM: *âw* > *au* 70; 117. – 187
A. 1, A. 6; 195
pfeffer stMN: Kons. 128
pfellel stM: > *pfeller* 124
pfenden swV: 262 A. 1 (Rückuml.)
pfenni(n)c stM: Vok. 25,c; *-ic* 65 A. 2;
Diss. *-inc* > *-ic* 106 A. 1; 126 A. 1
pfërsich stM: *ë* > *i* 64 A. 2; Kons. *rs* 155
pfîfen stV Ia: 245
pfîl stM: Kons. 128
pfingeste stF: *phinxten* 133
pflëge stF: 182
pflëgen stV V: Dehng. 45; Kons. 94; 128;
138; 165,3; Kontr. 107 u. A. 3; 108. –
249 u. A. 2 (swV); 269; 285,a
pfliht stF: Kons. *ht* 94. – 184 A. 1
pforte, pforze swF: Kons. 128. – 189 A. 1
(*porte*)
pfoste swM: 187 A. 3
pfrieme swM: 187 A. 3
pfruonde, pfrüende stF: Vok. 82
pfülwe swM, stN: 187 A. 1
pfund, phunt stN: LV *funt, punt* 4; 88 u.
A. 1; 127f.; 165,3
picken s. *bichen*
pîn(e) stMF: Diphth. 42; 73. – 177 A. 5;
183 A. 1
porte s. *pforte*
predige s. *bredige*
Presburc, Prezzesburc ON: Ass. 105 A. 5
prior stM: Diss. > *priol* 121
prîs stM: Diphth. 42; 73; Kons. 127
prîsen swV: Entl. 9,1
profezîe stswF: Entl. 9,1
prüeven, brüeven swV: *b* – *p* 127
punct stM: > *punt* 133 A. 4

quahen (omd.) s. *twahen*
quâle stF: > *kâle, kôle* 116. – 183 A. 1
quât stN, Adj.: Rdg. 48,2; 70; > *kât, kôt*
116; 135
quatember stF: > *kotember* 116
quëc, këc Adj.: mal. 9,2; Brechg. 33;
Kons. *qu* > *k* 116; 135

quëden stV V: Kontr. *idi* > *î* 65; 73; 109;
  qu > *k* 116; 135. − 249; 285,a
quêle s. *twähele*
quëllen stV IIIb: 247
quëln stV IV: *qu* > *k* 116; 135. − 248
queln, quellen swV: Dehng. 45 A.3; Gem.
  96α; *qu* > *k* 116. − 256 A.5; 261
quënel, quëndel F: *-d-* 149,1
quër(ch) s. *twërch*
quërder, körder stNM: *quë-* > *kö-* 116;
  körder > *köder* Diss. 106
quëste swMF: *quë-* > *kö-* 116
quicken swV: *qui-* > *kü-* 116
quingen s. *twingen*
quît, quit Adj.: *î* > *i* 73; *quî-* > *kiu-* 116

râbe swF: Bes. Abl. 30
rabe(n) stswM: *b* − *pp* 95; 129 A.1. − 187
  A.3
rache swM: 187 A.3
râche stF: Kürzg. 47,3; 70. − 182
ram(e) stF(M): Apok. 53,a. − 183 A.10
rappe s. *raben*
rase swM: mfrk. *wrase* 165,2. − 187 A.3
raste stF: 183 A.6
rat stN: 180 A.2
rât = *rôt*: bair. 159,15
-rât Suff.: 190
râten stV VII: VII Abl. 30; Uml. 41 A.3;
  Monophth. 43; Vok. 70; Ends. 53,d; 98.
  − 240 (Synk.); 241 (Uml.); 253
rätich s. *retich*
rætsel stN: Kons. 152
ratze, rate swM: 187 A.5
râwe stF = *ruowe*: Bes. Abl. 30
rê stMN: 178,2
rëbe swMF: Dehng. 45. − 187 A.5
rêch stN: Lautwandel 25,c
rëchen stV IV: *ë* 64; Gem. 96α; mfrk. *wrëchen* 60; 116 A.4; 165,2. − 248
rëchenen swV: *ë* 64 A.1a. − 265 A.1
recke swV: Gem. 96α. − 187 A.2
recken swV: 262,b
rede stF: 182,a
reden swV: Synk. 54,a; 99; Kontr. 109
  A.2. − 264 A.5 (Kontr.); 285,a
reviere stF: 183 A.10
Reginmâr, Reinmâr EN: Kontr. *egi* > *ei*
  .107; *nm* > *mm* > *m* 98
rëht Adj.: *ë* 32
  Adj. vs. Subst. (stN): 394a
rëhte Adv.: 210

Reichersberg EN: Diphth. 42
reif stM: Vok. 42
reige, reie swM: Kons. 118. − 187 A.3
reine, rein (md.) Adj.: 199 A.1
reise stF: GW 93. − 182
reizen, reiʒen swV: Gem. 96α; 153
rennen swV: III Abl. 30. − 262 A.3;
  mit Ellipse 492F
rêren swV: Vok. 72; GW 93
resche, rasch Adj.: 199 A.1
retich, rätich stM: Vok. 65 A.2
retten swV: 262,b
rîben stV Ia: Diphth. 42; mfrk. *wrîven*
  165,2. − 245
rîch(e) Adj., stN: Diphth. 42; *ch* − *k* 133
  A.6. − 180 A.1 (Subst.); 199 A.1
  (Adj.)
-rîch, -rich Adj.-Suff.: Kürzg. mal. 9,2;
  Kürzg. in EN 47,5; 58 u. A.1; Kürzg. 73
  A.1
rîch(e)lich, rîlich Adj.: Diss. 106 A.2
rîchsen swV: 264
richter stM: 179 A.2
rîden stV Ia: 245
riechen stV IIa: Vok. 79. − 246
rieme swM: 30. − 187 u. A.3
rieʒen stV IIb: 246
rîf(e) swM: Diphth. 42. − 187 A.1
rîfen swV: 264
riffel stM: Rdg. 48,3
rîhe swF: Diphth. 42
rîhen stV Ib: GW 245
riht(e) stF: Vok. 32. − Adv. *gerihtes* 209,f
rihten swV: Vok. 32; Kontr. 98. − 263;
  265 A.1
rîm stM: Diphth. 42
rimpfen stV IIIa: Rdg. 48,3; 65. − 247
Rîn EN: Diphth. 42
rinde stswF: Vok. 32
ringe Adj.: 199 A.1
ringen stV IIIa: mfrk. *wr-* 165,2. − 247
rinne swF: III Abl. 30
rinnen stV IIIa: III Abl. 30; Ausl. 98. −
  247
rint stN: 180 A.2; 194
rippe, ribbe stNF: *pp* − *bb* 90; 127; 129. −
  180 A.6; 182,a
rîs stN: Diphth. 42. − 180 A.2
rise swM: mal. 9,1; Dehng. 19; 45
rîsen stV Ia: I Abl. 29; Vok. 72; GW 93. −
  245 (GW)
rîten stV Ia: Opp. Dehng. 45; Vok. 65;

Gem. 99; 114. – 240 A. 9; 245; 269 A. 2; 290

Bedeutung des Part. Prät. 331a

rîter (hd.), *ritter* (mfrk. Entl.) stM: Entl. 9,1; 165 A. 3; Synk. 53 A. 3; *î – i* 58; 65 A. 5; Kons. 96 A. 3. – 178 A. 2

ritzen swV: Gem. 95. – 263

riuten swV: Diphth. 42

riuwe stF: Brechg. 35; Diphth. 42; *w* 117. – 182

riuwevar Adj.: Opp. Synk. 54,c

riuwen stV IIa: 246 A. 1

riz, -tzes stM: Gem. 95

riʒ, -ʒʒes stM: Gem. 95

rîʒen stV Ia: Gem. 95; 96α. – 245

rô Adj.: 200 A. 1

rocke, rogge swM: *ck – gg* 95; 96γ; 134. – 187 u. A. 3

ros, ors stN: mal. 9,1; > *ors* 65 A. 5; 122; 165 A. 3; Kons. 140

rôse swFM: *s*-Lautung 152 A. 1. – 187 A. 5; 189 A. 1

rœseloht, -eht Adj.: *-oht, -eht* 59,3

rôt Adj.: Vok. mal. 74f.; 159,15; Kons. 121

rœte stF: Vok. 75

rœten swV: Vok. 75

rotte stF: 183 A. 6

rouch stM: Diphth. 42; 79

roufen swV: Gem. 95

roum stM: Vok. 79

rûch, rû Adj.: *ch – h* 25,c; 140; Diphth. 42; 79; *rû* 140 A. 2

rücheln swV: *ü > ö* 69

rücke (md.), *rugge* (obd.) stswM: Uml. 41 A. 6; *ck – gg* 133,1. – 178,1a u. A. 1; 187 A. 3

rücken (md.), *rucken* (obd.) swV: Uml. 41 A. 6; 69. – 262,b

rüefen swV s. *ruofen*

rüemen swV: Monophth. 43; Vok. 83; Kons. 146. – 262 A. 1 (Rückuml.)

rüeren swV: Monophth. 43 mit Ellipse 492F

rüeʒel stM: Kürzg. 47,6; 83

rugge s. *rücke*

rûm stM: Diphth. 42

rûmen swV: Uml. 41 A. 7; mal. 76; *-mte > -mde* 105,4. – 257 A. 4

rûn EN-Suff.: 190

runs(t) stFM: III Abl. 30

ruobe swF: Bes. Abl. zu *râbe* 30

ruochen swV: Uml. 41 A. 7; 82f.; *ch* 142. – 266 A. 2

ruoder stN: Monophth. 43

ruofen stV VII: VII Abl. 30; LV 88. – 253 (Uml.); 254 A. 1

ruom, ruon stM: Monophth. 43; Ausl. 125

Ruotgêr, Rüedegêr EN: Synk. 54,c; 72

ruowe stF: Bes. Abl. zu *râwe* 30; Monophth. 82; *w > h* 117; 142 A. 4

rüpfen (md.), *rupfen* (obd.) swV: Uml. 41 A. 6; 68; Gem. 95

sâ Adv.: *-r* 121; *sân* 126 A. 3

sac stMN: *s*-Lautung 152 A. 1

sache stF: VI Abl. 30. – 182

saf stN: *-t* 149,5

sage stF: 182

sagen swV: mal. 9,1; Dehng. 45; Vok. 60; Kontr. 107 u. A. 1, A. 2; 108 u. A. 1, A. 2; *s*-Lautung 152. – 240 A. 9; 256,1 u. A. 3; 264 u. A. 3; 285 a u. b; 285 A. 1

sæjen swV: Uml. 41; 41,2; 71; *j > h* 118; *j > w, sêwen* 119. – 256 A. 1; 262 A. 4

sal stMN: Uml. 41,2; Dehng. 46α; 60; Synk. 53 A. 2; Gem. 96α

sal Adj.: 200 A. 1

-sal Suff.: Akz. 21,3; Kons. 152

salbe swstF: 255

salben swV: Ends. 40; Flexion 172. – 255

sælde stF: 182,c

sælec Adj.: *-ic, -ec* 59,3; *sælc* 53 A. 3; Vok. 71. – 206

sæleclîche Adv.: 206

salhe swF: *h* 142 A. 1

salme swM: 187 A. 1

sälwen, selwen swV: Rückuml. 262 A. 1

salzen stV VII: 253

sam(e) Adv., Konj.: *sam mir > sem mir* 41 A. 9; Apok. 53,a. – 224,2 Konjunktion: modal 465,4

-sam Suff.: Kons. 152

sament Adv., Präp.: > *sam(e)t, sant* 53,c; 126 A. 1 Präp.: 384

sam(e)nen swV: > *samelen* 124; 126 A. 2. – 264

sanc stNM: 180 A. 6

sanfte Adv.: 205

sarc stM: Kons. 134. – Uml. 177 A. 2

sârie Adv.: *-r-* 121

sarpf, sarf s. *scharf*

sat Adj.: Gem. 99

sât stF: Uml. 41,2; Vok. 70. − 184 A.1
satel stM: Uml. 177 A.2
schâch stN(M): Kürzg. 70
schade swM: Dehng. 45 A.3. − 187 A.3
 adjektiviert u. gesteigert 395
schaden swV: Ends. 53,d; Kontr. 60; 70 u.
 A.1; 110 A.1. − 264 A.5 (Kontr.);
 285,c
schaf stN: 252 A.3
schaffen stV VI: *-ft-* 94; Gem. 96α; 98;
 Graphie 155. − 240 A.6; 251; 252 A.3
schaffen swV: 252 A.3
-schaft Suff.: 149,5; 184 A.1
schalc stM: *schalch* 159,1; Uml. 177 A.2
schalten stV VII: 253
scham(e) stF: Dehng. 45; Apok. 53,a. −
 183 A.1
schæmel stM: Uml. 71
schamen, schämen, schemen swV: mal.
 9,1; Uml. 41 A.2,5; Apok. 53,a
schande stF: 182
schapel stN: Entl. 88 A.2
schapelekîn stN: Entl. 88 A.2
schar stF: Uml. 41; Dehng. 45; Kons.
 120
scharpf, scharf, scherpfe Adj.: *pf, f* 128 u.
 A.2; *sarpf, sarf* 155. − 199 A.1
schate stswM, *schatewe* swM: Gem. 99; *-n*
 126 A.7. − 178 A.1; 178,2; 187 A.3
schaz, schatz stM: 20
schëf s. *schif*
scheffe swM: Rdg. 48,1
scheiden stV VII: GW 93 A.2. − 253
scheitel stswF: 183 A.10
schëlch Adj.: *-lch, -lh-* 140; 142 A.1
schëllen stV IIIb: 247
schelm stM, *schelme* swM: Uml. 41 A.4.
 − 187 A.1
schëlten, schëlden stV IIIb: *lt > ld* 146. −
 247
schëme swM: 187 A.3
schemen s. *schamen*
schenkel stM: *-e-* statt *-ë-* 64 A.1a
schepfen stV VI: *-ft-* 94; Gem. 96α. − 252
 A.3; 254
schepfen swV: Rdg. 13; 48,1; 62. − 250
 A.4; 252 A.3; 262,b
schepfer stM: 179 A.2
schërbe, schirbe swM: *e − i* 64 A.2. − 187
 u. A.3, A.5
scherge, scherje swM: Uml. 41; Gem. 96
 A.1; *j > g* 120. − 187 A.2

scherlinc, scherninc stM: bair. > *schirlinc*
 64 A.2; 159,14; *n > l* 126 A.2
schërm(en) s. *schirm(en)*
schërn stV IV: 248
scherninc s. *scherlinc*
schërren stV IIIb: 247
schetzen swV: 262,b
schîbe swF: Diphth. 42. − 189 A.1
schîben stV Ia: 245
schicken swV: Kons. 133,2. − 263
schieben stV IIa: Vok. 74; Gem. 95. − 246
schier(e) Adv.: Diphth. 81,3
schiezen stV IIb: 246
schif, schëf stN: Brechg. 33; Opp. Entrdg.
 49; Vok. 65; Kons. 88; Graphie 91
schilhen swV: *h* 142 A.1
schillinc stM: Diss. 106 A.1; *sch-, s-* 155
schilt stM: *lt > ld* 146. − 178 A.4
schimpfen swV: LV 88; mfrk. 165,3
schîn stM: Diphth. 42
schinden stV IIIa: 247
schînen stV Ia: 245
schinke swM: 187 A.3
schirbe s. *schërbe*
schirlinc s. *scherlinc*
schirm, schërm stM: Brechg. 33
schirmen, schërmen swV: Brechg. 33
schiure stswF: Sproßvok. 57; 123. − 183
 A.1
schîzen stV Ia: 245
schnitzen swV: 263
schober stM: Gem. 95
scholn Prät.-Präs. s. *soln*
schône Adv.: Uml. 14; Bes. Abl. (?)
 schuone 30. − Komp., Sup. 205; 211
schœne, schôn(e) Adj.: Bes. Abl. (?)
 schüene 30; Uml. 14; 41; 41,3; 41 A.5;
 75; Apok. 56; Synk. *schœn(e)ste* 54,b;
 Kons. 155. − 199 A.1; 205
schœne stF: alem. *-i* 182,b; 183 u. A.3
schopf stM: Gem. 95
schoup stM: Gem. 95
schouwe stF: 183 A.1
schouwen swV: *-w-* 117
schoz, schôz stN: *o − ô* 58 u. A.1; 74 A.3
schôz stF(M): 184 A.5
schrëcken stV IV: 248
schrecken swV: Gem. 96α. − 262,b; 263f.
schrepfen swV: Rdg. 48,1
schrîbære stM: Apok. 56. − 178,1a
schrîben stV Ia: Kons. 12; Diphth. 42; *ei*
 78; *ft* 94. − 245

schricken swV: Gem. 96α. – 248; 263
schrîen, schrîgen stV Ia (b): Diphth. 42. –
  swV 245 u. A.2
schrift stF: Kons. *ft* 94. – 184 A.1
schrîn stM: Diphth. 42
schrinden stV IIIa: 247
schrit stM: Gem. 99. – 177
schrîten stV Ia: Gem. 99. – 245
schrôt stM: 177 A.5
schrôten stV VII: 253
schüene s. *schœne*
schulde stF: 183 A.1
schuldec Adj.: Uml. 41 A.6
schuln s. *soln*
schult Adj.: 269
schultheiʒe swM: Kürzg. > *schulteʒʒe*
  47,7; > *schulteiz* 140 A.5
schuoch stM: Monophth. 82. – 193
schuohsûtære stM: > *schuohster* >
  schuohter, schuoster 59,5; 112
schuoch-würhte swM: *ht* 94
schuolære stM: Uml. 41 A.11
schuole stF: 182
schuone s. *schône*
schuop(e) swstM: Gem. 96 A.4
schuoster s. *schuohsûtære*
schupfe swM: 187 A.3
schüpfen, obd. *schupfen* swV: Uml. 41
  A.6; 69; Gem. 95
schûr(e) stswM: mal. 9,1; Sproßvok. 57;
  123
schüten, schütten swV: Gem. 96α. – 262,b
schütze swM: 187 A.2
schuʒ stM: Vok. 68
sê Interjekt.: Monophth. 38; Vok. 72
sê, sêwe stM(F): -*w*- 25,c; 116 A.2. – 176;
  177; 178,2; 187 A.1; 193f.
sêdel stMN: Vok. 32
segel stM: 177 A.5
sêgen stM: Dehng. 45; > *sein, sên* 108 A.5
sêgenen swV: 265
sêgense stswF: Kontr. > *seinse* 108 A.4
sêhen, sên stV V: Dehng. 45; Kons. 142;
  Synk. 53,c; GW, *sâgen* 93 A.1; > *sên*,
  sihe > *sie* 13; 111; 140 u. A.1; *ch – h* 20;
  25,c; 88; 138; mal. 65; 81; 126; 159,10;
  165 A.5. – 237; 240 (Synk.); 242 A.1;
  249 u. A.1 (GW); 284 u. A.2
sehs, sêhs Num.: Uml. *e – ê* 41 A.4; 64 u.
  A.1; *ses* 141. – 234 u. A.2
sehste Num. Ordinal: Uml. 41 A.4. – 235
sehster, sester stM: Kontr. 112

sêhzec, sêhzêhen Num.: Opp. Uml. 41
  A.4; mfrk. *sescein* 165 A.5
seife, seipfe swF: Gem. 95
Seifridus EN: Diphth. 42
seite swMF: Opp. *sîte* 42; Öffng. 44; Vok.
  73; 78. – 187 A.5
sêlbe ander, sêlbdritte Pron.: 222
sêlbes Adv.: -*t* 113; 213 A.3; 222 A.1; vgl.
  selp
sêle stF: Vok. 72. – 182; 183 A.11
seln, sellen swV: Gem. 96α; Kons. 124. – 261
sêlp Adj., Pron., Subst.: 198 A.1 (rip.
  selft); 212; **222** u. A.1, A.2
selten Adv.: 362; 436
seltsæne Adj.: 199 A.1
sêmel swstF: Vok. 64
sem mir = sam mir: Uml. 41 A.9
sende < sene(n)de Part.-Adj.: Diss. 106
  A.1; Synk. 54,a; 126 A.4. – Synk. 256
  A.6
senden swV: Graphie 20; III Abl. 30;
  Kons. 98; Ass. 105,4. – 257 A.4 (Ass.);
  262 A.1, A.3
senedære stM: Akz. 21,3; Diss. 106 A.1
senedærinne stF: Akz. 21,3
senen swV: -*e*- statt -*ë*- 64 A.1a; Part. vgl.
  sende
senfte Adj.: Uml. 62. – 199 A.1; 205
senken swV: *k – c* 133. – 255
sêr(e) Adv.: 210
setzen swV: Vok. 24; Uml. 62; *sazte > sa-*
  ste 94 A.1; Gem. 96α; Affr. 150; 153 u.
  A.1; mfrk. *satte, gesat* 165 A.3. – 255;
  262,b; 266 A.2
sêwe s. *sê*
sêwen s. *sæjen*
sewenne s. *swenne*
sêʒ stNM: Gem. 96α
sêʒʒel stM: Gem. 96α
sibbe s. *sippe*
siben Num.: mal. Senkg. 50; mal. Rdg. 65.
  – 234
sibende Num.: *t – d* 146. – 235 A.1
sibenzic Num.: 234 A.3
sich Refl.-Pron.: 212; **215**
  406; mit Dat. o. Akk. 382
sichein Pron.: 417
sicher Adj.: Vok. 32
sîde stswF: Diphth. 42
sider, sîder Adv., Präp., Konjunktion:
  Adv. 211 A.3
  Präp.: 384; 387

632 Wortregister

mal. 9,2; 70; 159,23; 160,6; 162,11; Kürzg. 47,6; *ê* > *ehe* 142 A.4; Vok. *uo* 82. – 251 A.2; 278 *(-n);* 279 A.1; 280 A.2, A.4; **281**; 281 A.1, A.2; 283; 290
stepfen swV: Kons. 94 A.1. – 262,b
stërben stV IIIb: 240 A.9; 247
sterken swV: 262,b
stërne, stërre swM: Ass. 105 A.3; Synk. 121 A.5. – 187 u. A.1
stîc s. *stëc*
stichten = *stiften:* mfrk. 165,4
stieben stV IIa: Ausl. 100. – 246
stief-, stiuf-: Brechg. 35 A.2; mal. 159,12
stîgen stV Ia: Brechg. 33; Vok. 73
stil stM: Dehng. 65. – 192
stille Adj.: 199 A.1
stimme stswF: Akz. 21 A.3; Ass. 97; 125
stinken stV IIIa: 247
Stîre ON: Sproßvok. 57
stirne stF: 183 A.1
stiuf- s. *stief-*
stiur(e) stF: Sproßvok. 57. – 183 A.1
stiuren swV: Rückuml. 262 A.2
stiuʒ stN: Entrdg. 13; 49,3; 77
stoc stM: Vok. 67; *c – ck* 98
stolle swM: 187 A.3
stör s. *stür*
storch stM, *storche* swM: *stork* 140 A.4; 159,1; 160 A.2. – 187 A.4
stoup stM: Gem. 96α; Ausl. 100
stôʒ stM: Gem. 95
stôʒen stV VII: VII Abl. 30; Monophth. 43; 81; Gem. 95. – 241 u. A.1 (Uml.); 253
strackes adv. Gen.: 366
strâle stFM: 183 A.6
strâm, strân, stram stM (Nbff. zu *stroum*): Bes. Abl. 30
strâʒe stswF: ʒ 154. – 183
strëben swV: Dehng. 45
strecken swV: Kons. 94 A.1. – 262,b
streifen, streipfen swV: Gem. 96α
streime swM: I Abl. 30
strenge Adj.: 199 A.1
strîchen stV Ia: 245
stricken swV: Kons. 94 A.1
strîme, strime, strieme swM: I Abl. 30
strît stM: Diphth. 42
strîten stV Ia: Vok. 73; Gem. 99. – 245
strô, strou stN: Vok. 74. – 180 A.1
stroufen, strôfen swV: md. Uml. *-öu-* 41 A.7; *-ô-* 79

stroum stM (vgl. *-â-, -û-*): Bes. Abl. 30; Vok. 79
ströuwen swV: obd. *-ou-* 41 A.7; Vok. 74; *-w-* 117. – *ströute* 261
strûch stM: Diphth. 42
strûm stM = *stroum*: Bes. Abl. 30
strûʒ stM, *strûʒe* swM: Diphth. 42. – 187 A.4
stube swF: 189 A.1
stûche swMF: 187 A.5
stück(e) stN: Uml. 41 A.6. – 180 A.1
stump, stum Adj.: *mb* > *mm* 125
stunde, stunt stswF: *-stunt* 182; 183 A.7; *ze stunt* u. a. 183 A.8; 236; *alle stunt* 209,c; *zeinen stunden* 217
stunt, adv. Akk. *ein stunt, drî stunt* etc. 355
stuol stM: 19
stuot stF: 184 A.1
stüpfen swV: obd. *-u-* 41 A.6; 68
stüppe, stübbe stN: Gem. 96α; *pp – bb* 127
stür(e), stör(e) swM: *ü* > *ö* 69
sturm stM: Sproßvok. 57
stürzen swV: 262,b
stutzen swV: Gem. 95
stuz, -tzes stM: Gem. 95
sû stF: Diphth. 42; *-w-* 117. – 184 A.3
sûber, sûver Adj.: Diphth. 42; GW 93 A.3
süeʒe, suoʒ Adj.: 199 A.1; 205f.
sûfen stV IIa: Diphth. 42. – 241 (Uml.); 246 A.2
sûgen stV IIa: II Abl. 30; Diphth. 42; 76. – 246 A.2
suht stF: II Abl. 30
sûl stF: 184 A.1
suln s. *soln*
sum Pron., Adj.: 212; 225; 228; 229,a Pron.: 414
sumelîch Pron., Adj.: 228; 414
sûmen swV: Uml. 41 A.7; mal. 76
sumer stM: Opp. Dehng. 45; 68; Senkg. 50; 66; 68; *m* 99; 125; *m* > *mb* 126; Adv. *sumeres* 209,g; 218
sun stM: Uml. 41,1; Dehng. 46α; 68; Senkg. 50; 68; mal. 82; 159,10 u. 17; *sune* 178,1b; 178 A.3
sünde stF: Vok. 69. – **181**; 182,a
sunder Adj., Adv., Präp.: *u* > *o* 66 Präp.: 357; 377; 384
sunder wanc Subst.-Adv.: 209,l
sunne swstF(M): bair. MstF 9,1; Brechg.

34; Senkg. 13; 50; 66; 68. – 175; 187
A.5; 189 A.1
sunne(n)schîn stM: Diss. 105 A.1
sunst s. *sus*
suochen swV: VI Abl. 30; Uml. 41 A.7;
82; 83; Monophth. 43; *ch – h* 94. – 266
A.2
suone stF: 182
suoʒe Adv.: *suoʒlîche* 205f.
sûr Adj.: Sproßvok. 57; Vok. 77
sus, sust, sunst Adv.: *sus(t)* > *sunst* 126
A.3; *sus* > *sust* 149,3
süster s. *swester*
swâ relat. Adv.: 450
swâger stM: GW 93
swalwe swstF: *w* > *b* 13; 117; 130; md.
swale 116 A.5; 165,2 u. A.1. – 189 A.1
swan(e) swM: Apok. 53,a. – 187 A.1,
A.6
swanne, swenne Konj.: *-e-* statt *-ë-* 64
A.1a; Sproßvok. 57
swanne, swenne (daʒ) Konjunktion:
temp. vs. kondit. 459,2; vereinzelt konzess. 461,7
swannen relat. Adv.: 450
Swap EN: 187 A.1
swar relat. Adv.: 450; mit Gen. 366
swâre Adv.: 205
swære, swâr Adj.: Lautg. 27; Uml. 71. –
199 A.1, A.3; 205
swarz Adj.: 88
swëbel, swëvel stM: GW, *b – v* 93 A.3;
bair.-alem. *b – v* 129; 132; 159,4
swëder Pron.: 212; 224,3
410; 412; 450
swëher stM: GW 93
sweifen stV VII: 253
swelch Pron.: *swel* 139; 141. – 212; 224,3
410; 412; 450
swëlhen, swëlgen stV IIIb: GW 93. – 247
swëllen stV IIIb: *sw* > *schw* 155. – 247
swenne Konjunktion s. *swanne*
swër, swaʒ Pron.: 212; 223 A.1, A.4;
224,3
410; 412; 450
swërn stV IV: 248
mit Gen. 361
swern, swerigen stV VI: Rdg. 48,1; 62;
Gem. 96 A.1. – 250 A.4; 252 u. A.4;
254; 277
swërt stN: Dehng. 46γ; 64; *sw* > *schw* 20;
155

swester stswF: omd. *-ë-* 41 A.4; 64 A.1b;
166 A.2; md. *söster, süster* 116; 165
A.3. – 185,3
swîchen stV Ia: 245 u. A.3
swie (wie) Konjunktion: konzess. 461,2;
modal 465,5; selten temp.-kondit.
459,13
swîgen stV Ia: 245 u. A.3
swimmen stV IIIa: Vok. 32; Senkg. 50; 66;
Kons. 114; 125. – 247
swîn stN: Diphth. 42
swinden stV IIIa: *sw* > *schw* 155. – 247
swînen stV Ia: 245
swingen stV IIIa: 247
switzen swV: Kons. 94 A.1

tac stM: Ends. 59,4; Dehng. 46α; Ausl. 12;
20; 100; 133; 134; 136; mal. *tach* 138;
159 A.3; mfrk. *dach* 90. – 176; **177**; 178
A.4; 185,2; 191–194; 197; 209,g *(des
tages)*; 218
tages (des): 366
tagelanc, tâlanc Adv.: Kontr. *age* > *â* 108
A.4
tagen swV: 255
tagestërne, tacstërne swM: Synk. 54,c
tâhe, dâhe swF: Rdg. 48,2; 70; *d – t* 148; *h*
142 A.2
tâhele stF: Rdg. 70; *t* 148,1
tâht stMNF: Kürzg. 47,1; Rdg. 70; *t* 148,1.
– 180 A.6
tal stN: VI Abl. 30. – 180 A.2; 194
tam stM: *t* 148,2
tâme swM: *t* 148,3
tanzen swV: Entl. 152 A.1; *t* 148,3
tasche swstF: alem. *-ä-* 160,1. – 189 A.1
tât stF: Bes. Abl. 30. – 184 A.1
tegedinc, teidinc stNM: Kontr. *ege* > *ei* 107
tegelîch Adv., Adj.: 226,a
teidingen, teidigen swV: Diss. 105 A.1;
Kontr. 107
teil stNM: Kons. 145. – Adv. *ein teil* 209,d
adv. Akk.: *ein teil* 356
teilen swV: **259**; 263
tëlben stV IIIb: 247
tëmpel stNM: Kons. 127
tenc Adj.: bair. *teng* 102 A.1
Tene EN: *t* 148,2
tengeln swV: *t* > *d* 103 A.3
tenne stNMF: 180 A.6
tîch stM: *t* 148,2

tief, tiuf Adj.: Brechg. 35 A.2; 81 A.1;
mal. 159,12
tievel s. *tiuvel*
tier stN: Monophth. 43
tihten swV: *t* 148,3
tincte, tinte swF: Kons. 133 A.4
tiuf s. *tief*
tiuvel, tievel, tîvel stM: Brechg. 35 A.1;
Diphth. 42; Vok. 81 A.1
tiure Adj.: Uml. 41 A.8; Diphth. 42;
Sproßvok. 57; 123; *t-* 148,1. − 199 A.1
(Komp. *tiurre, tiurer*); 54,a; 203 A.4
(Synk.); 203 A.3 (Sup. *tiurste*)
tiutsch, tiusch Adj.: Uml. 41 A.8; *tiutesch,*
Synk. 54,b; Vok. 77; Kontr. > *tiusch*
112; *diut(e)sch* 148,3
tiutschen swV: *t* 148,3
tjost, tyost stFM: Vok. 65 A.6
tohter stF: Uml. 41 A.5; Kons. 90; 91; 145;
dohter 160 A.2. − 185,3
töhterlîn stN: Uml. 41 A.5, A.10; 67
tolde swstF: *t* 148,1
topeln, topelen swV: *t* 148,3
tor stN: Dehng. 46α; 66
tôr(e) swM: Uml. 41,2; Opp. Dehng. 46α.
− 187
tœrisch Adj.: Uml. 41,2
tôt Adj., stM: mal. Graphie 65; Uml. 75;
mal. 166,3
tœten swV: Vok. 75
toter swMstN: *t* 148,1
totzen stN: *t-* 148,3; *-t* 149,1
tou(we) stN: Vok. 74 A.1. − 180 A.1
töuben swV: obd. *-ou-* 41 A.7; 79
touf(e) stMF: 175; 177 A.5; 182
täufen: obd. *touven* 41 A.7; 79; Vok. 80
tougen Adv., Adj.: mal. 9,1
toup Adj.: Opp. *tûbe* 42
töuwen swV: *töuwende* > *töude* Part. 106
A.1
trache, tracke swM: *t* 148,3
trâge Adv.: 205
trœge Adj.: 199 A.1; 205
tragen stV VI: VI Abl. 30; Vok. *üe* 83;
Dehng. 45; Uml. 62; Kons. 94; 126;
Kontr. *egi* > *ei* 62; 107 u. A.1; 136;
Diphth. *uo* 82; Opp. Kontr. 107 A.2;
Kontr. *age* > *ei (ai)* 108 u. A.2. − 240
A.9; 251; 285,a
trahen stM: Uml. 41 A.2,4; *h* 142 A.2. −
177 A.5
traht(e) stF: Kons. *ht* 94. − 183 A.1

trahten swV: Prät. 264 A.4
trahter, trehter stM: *e* > *i* 64 A.2
trähtîn, trëhtîn, trohtîn: Uml. 41 A.2,1;
-în, -en 59,2; *ä, ë, o,* Abl. 68 A.1
tranc stNM: III Abl. 29; 30. − 180 A.6
trate stF: V Abl. 30
treber, trester stswF: 180 A.2
trëchen stV IV: 248
trëffen stV IV: IV Abl. 30; Kons. 88; 98; *f*
131. − 243 (Part.); 248
trehter s. *trahter*
trëhtîn s. *trähtîn*
trëne swM: *t* 148,2
trenken swV: III Abl. 29; 30; Uml. 41,2. −
Rückuml. 262 A.1
trennen swV: III Abl. 30. − Rückuml. 262
A.1
trësor, trisor swM: > *trësol* > *trëse* 121 A.3
trester s. *treber*
trëten stV V: V Abl. 30; Vok. 32; Dehng.
45; Gem. 96α. − 249
tretten swV: Gem. 96α. − 262,b
Treuenriut EN: Diphth. 42
trîben stV Ia: Diphth. 42. − 240 A.5
(Imp.); 245
triefen stV IIa: Vok. 74; Gem. 95. − 246;
255
triegen, triugen stV IIa: Brechg. 35 A.2;
Rdg. 48 A.1; Vok. 81; mal. 159,12. −
246
trinken stV IIIa: III Abl. 29; 30; Uml.
41,2; mal. 65. − 247
trinnen stV IIIa: III Abl. 30
Tristan EN: Akz. 21
trit stM: Vok. 32; Gem. 99
triugen s. *triegen*: Brechg. 35 A.2
triure s. *trûre*
triuten swV: obd. *-û-* 41 A.7. − Rückuml.
262 A.3
triuwe stF: Uml. 41 A.8; Brechg. 35;
Diphth. 42; Vok. 68 A.3; Vok. u. mal.
77; LV 87; *w* 117. − 182; 209,h
(triuwen)
triuwen s. *trûwen*
triuwen Subst.-Adv. 209,h
trocken Adj. s. *trucken*
trohtîn s. *trähtîn*
tropfe swM: Gem. 95; 96γ; Kons. 128 A.2.
− 187 A.3
tropfen swV: 255
trœsten swV: Rückuml. 262 A.1
troufe stF: 182

Part. Prät. nach *un-* in aktiver Bedeutung 331; verbunden mit den finiten Formen von ‚haben' oder ‚sein' = Negation der finiten Verbalform 436 A.1
unbillîch Adj.: Ass. *nb* > *mb* 105,1
-unc Subst.-Suff.: Abl. 29; Vok. 59,1. – 190
undankes adv. Gen.: 366
unde, ende, inde Konjunktion, Präp., Adv.: III Abl. 30; *un(d)* 53,a; md. *inde* 165 A.3. – Adv. 224,2
und(e) subordin. Konjunktion: 451; 459,13; 465,3; als Bestandteil mehrgliedriger Konjunktionen, um einem adv. Ausdruck Konjunktionscharakter zu verleihen: *da mite und* 459,14; 465 A.1; *da wider und* ebd.; vgl. auch *die wîle und* 451; den Einsatz eines konjunktionslosen Konditional- oder Konzessivsatzes markierend 445 A.1; relative Partikel: 451; 465,3
-unde (bair.) Part.-Präs.-Suff.: Vok. 59,4; sonst *-ende* 240 A.10; 256 A.6
ünde stF: 183 A.6
unden Adv.: Kons. 146
under Adj., Adv., Präp., Präf.: Ass. *nt* > *nd* 105,4; Akz. Präf. 22 A.1; Kons. 146. – Sup. 203 A.3; Komp. 204 A.1 Präp.: 357; 377; 384; 387; Konjunktion: *under des* temp. 459,8
underbint stN: III Abl. 30
unversunnen Part. Prät.: negiert, mit aktivischem Sinn 331
ungärwe Adj.: mal. 9,1
-unge F-Suff.: Akz. 21,3; Vok. 12; 59,1. – 183 A.1
ungerüemet Part. Prät.: negiert, mit aktivischem Sinn 331
ungeslâfen Part. Prät.: negiert, mit aktivischem Sinn 331
ungewizzen Part. Prät.: negiert, mit aktivischem Sinn 331
unlange(n) Adv.: 207,c
unlût Adj.: *unlûtes* adv. Gen. 366
unmære Adj.: Ass. *nm* > *mm* 105,1
unmâzen Subst.-Adv.: 209,h
unnôt stF; *ez ist uns unnôt daz* ... 484
unprîs stM: Ass. *np* > *mp* 105,1
unreinecheit stF: 184 A.1
unrewert: Metathese 159,22
uns Dat., Akk. Pers. Pron. s. *wir*
unser Poss.-Pron. s. *mîn*

unser Gen. Pers.-Pron. s. *wir*
unt- s. *ent-*
unz(e) Präp., Konjunktion, Adv.: mal. 9,1 Präp.: 357; Konjunktion: *unz (daz)* temp. 459,5; 466,2; vgl. auch *die wîle und* 451 sowie 465 A.2
uoben s. *üeben*: Uml. 41 A.7; Vok. 82f.
uover stN: Kons. 88
uohse swF: VI Abl. 30
Uolrîch EN: Kürzg. 47,6; 82; Ass. 105 A.3
uomât s. *âmât*
-uot Suff.: Vok. 59,1
Uote EN: Vok. 82 A.1; 190
ur- Präf.: bair. *uor-* 159,17
ür- Präf.: bair. *üer-* 159,17
ûr stswM: Sproßvok. 57
ûr(e) stswF: Opp. Sproßvok. 57
urbor stF(N): IV Abl. 30; Akz., Vok. 59,6
urlôse stF: Akz., Vok. 59,6
urloup stMN: Akz. 21
urstende stF(N): Akz., Vok. 59,6
urteil stN: Kürzg. > *urtel* 47,7; mal. Senkg. 50; Akz., Vok. 21; 59,5 u. 6
urteilen swV: Akz. 21
urwære Adj.: 199 A.1
ûʒ Präp.: Diphth. 42; *ʒ* 154. – Komp., Sup. 204 A.1 Präp.: 384; 387
uʒen Präp.: 357
ûʒer Präp., Adj.: Komp., *iuʒer* 204 A.1 Präp.: 384
uʒerhalp Präp.: 377
ûʒfündec Adj.: Entrdg. 49,1

v- s. *f-*

wâ, wâr Pron., Adv.: Rdg. 70; Kons. 121. – 223 interr. Adv.: mit nachgestellter Präp. 457
wâc stM, *wâge* stF: V Abl. 30; Rdg. 48,2; 70. – 177 A.5
wachen swV: LV 88; Gem. 96α u. β; Kons. 139
wackeln swV: Gem. 95
wacken swV: Gem. 95
wacker Adj.: Gem. 96β
wade swM: 187 A.5
wâfen stN: Kürzg. 47,3; LV 88 A.2. – 180 A.6; vgl. *wâpen*
wâge stF: V Abl. 30. – 182

wæge Adj.: V Abl. 30. − 199 A.1
wagen swV: V Abl. 30
wagen stM: V Abl. 30; Dehng. 45. − 177
A.2 (Uml.); 192
wâgen swV: V Abl. 30; Opp. *wagen* 45
wæhe Adj.: 199 A.1
wahs s. *was*
wahsen stV VI: Uml. 41 A.2,1; 63; Opp.
GW 92; *wahsende* > *-ede* 106 A.1; *hs* >
ss 141. − 251
wahtære stM: Uml. 41 A.11; 60. − 178,1a
wæjen swV: Uml. 71. − 256 A.1
wal(e) (md.) s. *wol*
walgen stV VII: 253
Walh stM: Uml. 41 A.2,1
wälhisch, wälsch Adj.: Uml. 41 A.2,1; 63;
Synk. 54,b
walken stV VII: 253
wallen stV VII: 253
wallen swV: 253
walt stM: Uml. 41 A.2,5
walten, walden stV VII: Kons. 146. − 14;
253
Walther EN: *dh* > *th* 100 A.2
wambe stswF: *mb* > *mm* 130
wambes stN: *mb* > *mm* 130
wan Adv., Konjunktion: Apok. 53,a; >
man 116 A.1
(niwan) exzipierende Partikel: ‚außer‘,
‚ausgenommen‘: nach *niht* in Verbindung mit einem Komp. oder mit *ander*
396; Überkreuzung mit *danne* 396 A.1;
mit folgendem *daz*-Satz oder auch allein
in der Funktion von *wan daz* 466,4 A.2;
in Verbindung mit einem Subst. im
Nom., ohne Bezeichnung des Verbums
subst., hinzutretend zu einem Aussagesatz von irrealem Charakter 492E; Partikel: *wan, wanne* aus *wand, wanne* +
ne, als Einleitung von Wunschsätzen;
daneben besteht weiter die Bedeutung
‚warum nicht?‘ 322α
wân stM: 177 A.6
wanc stM: *âne, sunder wanc* 209,l
wande Interr.-Pron., Konjunktion: Apok.
> *wand, wan* 53,a. − 223
wand(e), want(e), wan(e) Konjunktion:
kausal, parataktisch und hypotaktisch
462,3
wandeln swV: Synk. 265
wandelunge stF: Akz. 21,3
wane Adj.: Apok. 53,a

wanen s. *wonen*
wænen swV: Uml. 41; Kons. 146. − Rückuml. 262 A.1
wæn(e) (1. Pers. Sg. Präs. Inf.), zwi-
schengeschaltet, ohne pron. Subj. 399
A.1; 446; *wænen* mit A.c.I. 335b
wange swN: 188 u. A.3
wanne, wenne Adv., Konjunktion: *-e-* statt
-ë- 64 A.1a
(wan(n), wen(n)) interr. Adv.: 457
wannen Pron., Adv.: 223
interr. Adv.: 457; mit Gen. 366
wâpen stN: Entl. 9,1; 65 A.5; 88 A.2;
Kürzg. 47,3; Kons. 127; vgl. *wâfen*
war Pron., Adv.: 223
interr. Adv.: mit nachgestellter Präp.
457
wâr Adj.: 197; 199 A.1 *(wære)*; 201
warbe stF: III Abl. 30. − 236
wârinne Adv.: *-r-* 121
warm Adj.: Uml. 41 A.2,1. − 255
warp stM: III Abl. 30
warte stF: 182
warten swV: Synk. 54,a. − 264 u. A.4
(Synk.); 265
was, wasses, wesse Adj.: Kons. 94; *wahs*
141 A.1. − 199 A.1
waschen stV VI: Opp. Dehng. 45; alem.
-ä- 160,1. − 251
wase swM: 187 A.3
wassen s. *wahsen*
Wate EN: 190
waten stV VI: Dehng. 45. − 251
wætlîche Adv.: Kons. 133 A.6
waȝ s. *wër*
waȝȝer stN: Kons. 20; 88; 114; 150; 153. −
180
wê Interjektion, Adv.: Monophth. 38;
Vok. 72
wê stN: 180 A.1
we- = *be-*: bair. 159,2
wëben stV V: Dehng. 45; GW 93; Gem.
96α. − 249
wëc Adv.: LV 90 A.1
wëc stM: V Abl. 30; Dehng. 46α; 64; LV
90 A.1. − *alle wëge, den wëc* 209,b; *enwëc* 209,l
des weges, adv. Gen. 366
wëcholter stMF: Akz. 21 A.2
wecke stM: 178,1a
wecken swV: Gem. 90; 96α; Kons. 133;
139. − 262,b

wëder Konjunktion, Pron.: Dehng. 45
A.3; Kons. 121 A.8. − 212; 223 u. A.6;
225; 226,d; 229
Interrogativpron.: 411; abgesondert zur
disjunktiven Fragepartikel in Korrespondenz mit *oder*, *ald* als Einleitung
abh. Fragesätze oder auch dir. Fragesätze 456; außerhalb von Fragesätzen:
weder − oder ‚entweder − oder' 456
A.2; Partikel: disjunktiv in Korrespondenz mit *noch* ‚weder − noch' 415; 439
-wëder: 225
wefel stN: GW 93
wëgen stV V: V Abl. 30; Rdg. *wâgen* 70;
Kons. 94; Gem. 95; *wëgen* > *wein* 108
A.5. − 242 A.1; 249 u. A.2
wëgen Präp.: *wëgen* > *wein* 108 A.5
wegen swV: V Abl. 30; Dehng. 45
wëhsel stM: Brechg. 33
wëhseln swV: Brechg. 33
wehsen swV: *e* > *i* 64 A.2
weide stF: 182; 236
wein s. *wëgen*
weinen swV: Vok. 38; 72 u. A.1; *weinende*
Akz. 21 A.3; 59,4. − 256 A.6
weinôt (obd.) stM: Vok. 59,1
weise swMF: Opp. Diphth. 42; Öffng. 44;
Vok. 73; 78. − 187 A.5
weize, weiʒe stswM: Gem. 96 A.4. −
178,1a; 178 A.1; 187 A.3
welben swV: Rdg. 48,1
welch, welh Pron.: Uml. 41 A.4; 62; Kons.
141; mal. *weler* 139; 160 A.2. − 212;
223; 225; 226,c; 229,g
Pron.: 410 A.1; 411; 456
welchen ende Subst.-Adv.: 209,b
wëllen stV IIIb: 247
wellen unr. Verb: Vok. 24; *e − ë* 64 A.1a;
wolde 146. − 237; 257 A.4 *(lt > ld)*;
277; 286 (Kontr.); 290; 293; 295 u. A.1
weln, wellen swV: Dehng. 45; Gem. 96α.
− 261; 277
wenden swV: 262 A.1 (Rückuml.)
wênec, wênic Adj., Adv.: Vok. 72 A.1;
Diss. 106 A.1. − 207,a (Adv.)
Adj., Subst., Adv.: 394; 436
(ge)wenen, wennen swV: Rdg. 48,1; 62;
Dehng. 45; Gem. 96α
wenne s. *wanne*
weppe stN: Gem. 96α
wër, waʒ Interr.-Pron.: V Abl. *(ë − a)* 30;
Dehng. 46β; 64; Apok. *wëm(e)* 53,a;

wê, wie, wi 122; *wëm* 125; Kons. *z* 154;
mal. *wat* 88; 143; 165,1; 223 A.2. − 212;
223; 223 A.1−6; 225; 229,c; 232,b; 218
A.7 *(wës)*
wër/waʒ Pron. 411; 456; *waʒ* adverbial
356; 411; *wës* adv. Gen.: 366; 411; 456
-wër: 225
wërben, wërven stV IIIb: III Abl. 30; mal.
9,1; 90f.; GW 93 A.3; Vok. 64. − 247
wërc, wërch stN: III Abl. 30; Kons. 88;
134; 138; 160 A.2
wërden, werden stV IIIb: Dehng. 46γ; 64;
Synk. 53,e; GW 93 A.2; Kons. 98; Rdg.
65; mal. 159,10 u. 18. − 237 u. A.1; 240
u. A.6; 243 (Part.); 247
keine reine Gegenwartsbedeutung der
Präsensformen 305; 306 A.3; 315d; *werden* mit Part. Präs. 315d; 329,2; *werden*
mit Inf. 315d; 329 A.3; pers. konstruiert in Verbindung mit *ze* und flektiertem Inf. 335 A.1
wërfen stV IIIb: 247; 269 A.2
wërven s. *wërben*
wergen, werigen swV: 256 A.1
wërlt, wërelt stF: Kontr. 59,5; 112; Vok.
64; *wërlt* > *wëlt* 121 A.7; Kons. *d − t*
146. − 184 A.1, A.4 *(wërlde)*
werme stF: Uml. 41 A.2,1; bair. *wirme* 65;
159,14
wermen swV: Uml. 41 A.2,1; bair. *wirmen*
159,14. − 255
wërn swV: Dehng. 45. − 264
wern swV: Dehng. 45; *werren* > *wern* 121
A.5; bair. *wirn* 159,14. − 264
Wern = Bern: bair. 159,2
werner = bernar (Münze): bair. 159,2
wërren stV IIIb: 247 (Part.); 264
wërt, -des stN(M), Adj.: Vok. 32; Uml. 41
A.4; Kons. *t − d* 146
wert, -des stM: omd. *-ë-* 41 A.4; 166 A.2;
Dehng. *-ê-* 46γ; Kons. *t − d* 146. − 180
A.2
wësen stV V (vgl. *sîn*): mal. 9,1; Dehng.
45; Apok., Synk. 53,e; GW 14; 93 u.
A.4. − 249 (GW); **282**; 282 A.1−4
wësenlîch Adj.: Sproßkons. *-t-* 149,1
wespe swF: Kons. 13
wesse s. *was*
wëten stV V: 249
wëter stN: Vok. 64; Gem. 99. − 180; 194
wette stN (md. F): 180 A.6
wetzen swV: Kons. 94

wî s. *wir*
wibel = *bibel:* bair. 159,2
-*wîc*, -*wic*, -*wig* EN-Suff.: mal. 9,2
wîchen stV Ia: 245
wîchnaht s. *wînacht*
wider Adv., Präp., Präf.: Akz. Präf. 22
A.1; Dehng. Adv. 45 u. A.3; Vok. 65
Präp.: 357; 377; 384
wider stM: Opp. Dehng. 45; Vok. 65;
Gem. 99. – 178 A.4
widerrede stF: Akz. 22
widerreden swV: Akz. 22
wie Adv., Pron.: 81. – 223
Adv. interr.: 457; gestützt durch die
Konjunktion *daz* 466,4; fast gleichwertig mit *daz* gebraucht 457
wîgant stM: Vok. 59. – 179,3
wîhen swV: 263
wiht stNM, Pron.-Subst.: 225; 233
wîje, wîwe, wîe swM: ofrk. *wîwe* 119. –
187 A.5
wil s. *wellen* u. Modalverben (Sachregister)
wîl(e) stswF: Diphth. 42. – 182; 209,c *(alle
wîle)*; 209,k
stF: adv. Akk.: *alle wîle, die wîle* 355;
die wîle und 451; *die wîle daz* 451; 466,4;
die wîle (daz) als Einleitung eines Temporalsatzes 459,12, als Einleitung eines
Kausalsatzes 462,5
wilde Adj.: 199 A.1
wîlen Subst.-Adv.: Kons. 149,1. – 209,k
wille swM: Kons. 124. – 187 A.2
(Dehng.)
wil(t)pan stM: Kontr. 112
wiltbræte stN: Kontr. 112. – 180 A.1
wimpel stswM: Kons. 127
wîn stM: Diphth. 42
-*win(e)*, -*wîn* EN-Suff.: Dehng. 46δ; Vok.
i–*î* 58 A.1; 65 A.3
wî(ch)nacht stF: Diss. 106 A.2. – 185,2
(zen wîhen nahten)
winden stV IIIa: 247
wine stM: 178, 1c
winnen stV IIIa: 243 A.1 (Part.)
winseln swV: Kons. 152
wint stM: Vok. 32
winter stM: LV 87. – 176; **177**
wîp stN: Diphth. 42; Kons. 116 A.3
wir Pers.-Pron.: Dehng. 46β; 65; 159,10;
mal. *wî* 65; 122; 162,9; 165,9; > *mir* 116

A.1; 125; âlem. *ûs* 36; 126 – **213**, 269
A.1
wirbel stM: III Abl. 30
wirde stF: Rdg. 48,3; 65
wirdec Adj.: Vok. 32; Rdg. 48,3
wirken s. *würken*
wirme s. *werme*
wirn s. *wern*
wirs Adv.: 211
wirser Adv. Komp: 204; 211
wirsest, wir(se)ste Sup.: 204; 211
wirt stM: mal. 65. – 178 A.4
wirtîn stF: mal. -*ein* 59 A.2
wîs(e) Adj.: Diphth. 42; 73. – 199 A.1
wîs(e) stF: Diphth. 42; 44; 73; 78. – 182;
183 A.7 *(ander wîs, manege wîs)*; 183
A.8 *(dër sëlben wîs, ze solher wîs)*;
209,d *(sô manege wîs)*
adv. Akk.: *manegen wîs, alle(n) wîs, decheinen* (etc.) *wîs* 356
wischen swV: Ass. *wiste, wüste* 105 A.4;
155
wischof = *bischof:* bair. 159,2
wise swstF: Dehng. 45
wîssage swM: I Abl. 30; Kons. 153 A.1
wîssagen swV: Kons. 153 A.1
*wis*ʒ = *bi*ʒ: bair. 159,2
wît Adj.: Diphth. 42
wîte(n) Adv.: 207,c
witewe stswF: Gem. 99. – 189 A.1
witze stF: I Abl. 30; Gen. *witz(es)* 53 A.3;
Gem. 96α; 150. – 183 A.10
wîwe s. *wîje*
*wî*ʒ Adj.: Diphth. 42
*wî*ʒ*e, wî*ʒ*e* stF(N): I Abl. 30; Gem. 96 A.4
*wî*ʒ*en* stV Ia: I Abl. 30
*wi*ʒʒ*en* Prät.-Präs.: I Abl. 30; Vok. 25,c;
Uml. *wëste* – *weste* 41 A.4; 64; Brechg.
33; Rdg. 65; Vok. *i*>*u* 65 A.8; Kons.
94; 150; Gem. 96α; 153. – 258; 269
A.2; **270**; 272; 275; 290
*wi*ʒʒ*enlîch, wi*ʒʒ*entlîch* Adj.: Sproßkons.
149,1
woche swF: Vok. 66. – 189 A.1
wol, wal(e) Adv.: Dehng. 24; 46β; 66;
wal(e) 60; 66. – 208; 210
wolf stM: Brechg. 34; GW 93. – 177 A.2
Wolfwîn EN: 65 A.3
wolken stN, md. *wolke* F: Vok. 67. – 180
A.6
wonen swV: Dehng. 45; Synk. 53,c; 54,b;
wanen 60. – 265

ziunen swV: Vok. 77
zorn stM: Brechg. 34; Sproßvok. 57.
adjektiviert und gesteigert 395
zouber stNM: mal. *b – v* 129; 159,4. – 180
A.6
zöubern, obd. zoubern swV: Uml. 41 A.7;
79
zöugen swV: Entrdg. 49,2
zöumen, obd. zoumen swV: Uml. 41 A.7;
79
zuc, -ges stM: Dehng. 46α; 68; GW 93
zücken, obd. zucken swV: Uml. 41 A.6;
68; Gem. 95. – 262,b
zügel stM: Dehng. 69; GW 93. – 177 A.3
(Uml.)
zuht stF: bair. zueht 159,17
zûn stM: Diphth. 42; 77
zunft stF: IV Abl. 30
zunge swstF: Ends. -a 59,4. – 14; 175;
186; 189 A.1; 195
zuo Adv., Präp.: Monophth. 43; 82; Akz.
Adv. 22 A.2; Akz. Präp. 23,1 u. 2 u. 6;
vgl. ze

Präp.: 357; 384; 387; vgl. auch umbe ...
ze 335 a.
zürnen swV: Brechg. 34; Sproßvok. 57
zwâre s. zewâre
zwei Num.: Kons. 118. – 234 u. A.1
zweinzec, -zic Num.: Kürzg. 47,7; Vok.
59,5; GW 93. – 234 u. A.3
zwelf Num.: Rdg. > zwölf 48,1; 62. – 234
zwî(c) stN(M): Diphth. 42. – 180 A.6
zwibel, zwivel swM: mal. *b – v* 159,4
zwîvel, zwîbel stM: Diphth. 42; Kons.
v > b 129
zwinelinc, zwillinc stM: Ass. 105 A.3;
124,2
zwire, zwîs Num.: 236
zwischen, zwuschen Präp.: Sproßvok. 57;
zuschen, tuschen 65; 116; 148; 165 A.3;
Kons. sch 155; mal. *w > b* 159,2
(en)zwischen Präp.: 377; 384
zwiu Adv. (< ze wiu): Satzton 23,6. –
223
zwuschen, zuschen s. zwischen

Paragraphenkonkordanz

Die im folgenden aufgeführten Paragraphen-Entsprechungen sind nicht als wörtliche oder weitgehend wörtliche zu verstehen, sondern infolge der Neubearbeitung als inhaltlich-thematische. Neu hinzugekommene Textpassagen oder Kapitel mit eigenen Paragraphen werden in der Konkordanz nicht erfaßt.

§§ ALT	§§ NEU	§§ ALT	§§ NEU	§§ ALT	§§ NEU
1	7	39	74	91−92	133−134
	11−13	40	76	93	135
	16	41	71	94−95	136−137
2	4−6	42	75	96−100	138−142
3	8	43	77	101−107	143−149
4	9	44	78	108−112	150−154
5	17−18	45	79	113	155
6	18−20	46	77	114	156
7	10	47	77	115	114
8	21	48	81	116	157−170
9	22	49	82	117	171
10	23	50	80	118	172−175
11	24	51	83	119	176
12	25	52	26	120	177
13	(26)	53	85	121	178
14	z. T. 2, 12	54	86−91	122	179
15	28−30	55	92−93	123	180
16	37	56	84	124	181
17	40	57	94	125	182
18	41	58	36	126	183
19	31−35	59−61	95−97, 99	127	184
20	42	62	100	128	185
21	43	63−65	101−103	129	186
22	48−49	66	104	130	187
23	45−47	67	105	131	188
24	51−56	68	106	132	189
25	57	69−71	107−110	133	190
26	58	72	112	133a	191−195
27	59	73	98	134	196
28	60	74	111	135	197
29	61−62, 64	75	113	136	198
30	65	76−78	115−117	137	199
31	66	79−80	118−120	138	200
32	68	81−83	121−123	138a	201−202
33	63	84	124	139	203
34	67	85	125	140	204
35	69	86	126	141	205−207
36	70	87	127−128	142	209
37	72	88−89	129−130	143	210
38	73	90	131−132	144	211

§§ ALT	§§ NEU	§§ ALT	§§ NEU	§§ ALT	§§ NEU
145	212	220	364	281	410
146	213–215	221	365	282	411
147	216	222	366	283	412
148	217–222	223	378	284	413
149	223	224	377	285	414
150	224	225	379	286	415
151	225–233	226	380	287	416
152	234–236	227 (1.)	381	288	417
153–154	237–238	227 (2.)	382	289	418
155	239	228	383	290	419
156	241–243	229	385	291a	420
157	244	230/235	384	291	421
158	245	236	348	292	422
159	246	237	349	293	423
160	247	238	350	294	424
161	248	239	351	295 (Abs. 2)	303
162	249–250	240	352	295 (Rest)	328
163	251–252	241	353	296	329
164	253	242	354	297 (1. u. 2.)	304
165	254	243	355	297 (3.)	305
166	255	244	356	297 (4.)	306
167	256	245	358	298	314
168	257	246	357	299	315
169	258–265	247	359	300	309
170	266	248	386	301	307
171	267–268	249	387	302	308
172	269–276	250	346	303	310
173	277	251	347	304	311
174	278	252	427	305	312
175	279	253	428	306	313
176	280	254/255	429	307	329
177	281	256	390	308	316
178	282	257	391	309	317
179	283–286	258	392	310	318
180	287–288	259/261	393	311	319
181	289–296	262/263	394	312 (Abs. 1)	320
201	343	264	395	312 (a)	321
202	360	265	398	313	322
203	367	266	396	314	330
204/206	368	267/269	397	315	331
207	369	270	399	316 (a)	332
208	370	271	400	316 (b u. c)	334
209	371	272	401	317	333
210	372	273	402	318	335
211	373	274	403	319 (Abs. 1)	323
212	374	275	404	319 (1.)	324
213	375	276	405	319 (2.)	325
214/216	376	277	406	319 (3.)	326
217	361	278	407	320	327
218	362	279	408	321 (1. u. 2.)	336
219	363	280	409	321 (3. u. 4.)	337

§§ ALT	§§ NEU	§§ ALT	§§ NEU	§§ ALT	§§ NEU
322	338	345	453	368	474
323/324	339	346	454	369 (Anfang)	475
325	340	347	455	369 (AA)	477
326 (1. u. 2.)	341	348	456	369 (BB)	478
326 (3.)	430	349	457	370	479
327	426	350	458	371	480
328	342	351	459	372	481
329	431	352	460	373	482
330	436	353	461	374	483
331	437	354	462	375	475
332	438	355	463	376	484
333	439	356	464	377	486
334	441	357	465	378	487
335	440	358	466	379 (Abs. 1)	491
336	443	359	467	379 (1.)	492
337	444	360	448	380	493
338	445	361	468	381	494
339	446	362	469	382	495
340	447	363	470	383	496
341	449	364	471	384	301
342	450	365	472	385 (Anfang)	488
343	451	366	473	385 (A)	489
344	452	367	485	385 (B)	490